阳泉市
人民代表大会志

（2001—2020）

上　册

《阳泉市人民代表大会志》编纂委员会　编

方志出版社
Publishing House of Local Records

图书在版编目（CIP）数据

阳泉市人民代表大会志：2001—2020 /《阳泉市人民代表大会志》编纂委员会编. -- 北京：方志出版社，2021.11

ISBN 978-7-5144-5036-1

Ⅰ. ①阳… Ⅱ. ①阳… Ⅲ. ①地方各级人民代表大会—工作概况—阳泉—2001-2020 Ⅳ. ① D624.253

中国版本图书馆 CIP 数据核字（2021）第 271738 号

阳泉市人民代表大会志（2001—2020）

编　　者：《阳泉市人民代表大会志》编纂委员会
责任编辑：罗　滔

出 版 者：方志出版社
地址　北京市朝阳区潘家园东里 9 号（国家方志馆 4 层）
邮编　100021
网址　http://www.zgfzcb.cn
发　　行：方志出版社图书经销中心
电话　（010）67110500
经　　销：各地新华书店
排　　版：北京欣成信印刷科技有限公司
印　　刷：阳泉市正达彩色印刷有限责任公司

开　　本：889 × 1194　　1/16
印　　张：61.5
字　　数：1698 千字
版　　次：2021 年 11 月第 1 版　　2021 年 11 月第 1 次印刷
印　　数：0001 ~ 2000 套

ISBN 978-7-5144-5036-1　　定价：498.00 元（上下册）

序　一

中共阳泉市委书记　雷健坤

在举国上下欢庆中国共产党成立100周年的日子里，在备受瞩目的省第十二次党代会、市第十三次党代会胜利闭幕之际，《阳泉市人民代表大会志（2001—2020）》编纂告竣，即将付梓出版。这是阳泉市地方政权和民主法治建设史上的一大盛事，值得祝贺！

习近平总书记强调，“要高度重视修史修志”“不忘历史才能开辟未来，善于继承才能善于创新”。新世纪的头二十年，是我市经济社会各项事业在机遇和挑战中不断战胜困难、寻求突破、全面发展的二十年。二十年来，历届市人大及其常委会始终坚持党的领导、人民当家作主、依法治国有机统一，围绕中心依法履职尽责，推动发展强化工作监督，回应民生加快地方立法，服务代表密切联系群众，铸魂固本加强自身建设，在全市改革发展稳定各项工作中发挥了重要作用。《阳泉市人民代表大会志（2001—2020）》全面记述了二十年间全市社会主义民主政治建设的新进展、坚持和完善人民代表大会制度的新成绩、历届市人大代表依法履职的新风采，突出反映了党的十八大以来，市人大及其常委会坚持以习近平新时代中国特色社会主义思想为指导，推动人民代表大会制度与时俱进的生动实践。二十年来，人民代表大会制度在我市不断巩固发展，有效动员了全市人民群众以主人翁的姿态投身社会主义现代化建设，切实保证了地方国家机关协调高效运转，有力维护了全市社会大局持续和谐稳定，充分体现了人民代表大会制度的旺盛生命力和巨大优越性。正如习近平总书记深刻指出的：“实践充分证明，人民代表大会制度是符合中国国情和实际、体现社会主义国家性质、保证人民当家作主、保障实现中华民族伟大复兴的好制度。”

人民代表大会制度是在中国共产党的领导下建立和发展起来的保证人民当家作主的根本政治制度。坚持和完善好这一制度是我们的重大历史责任。加强党对人大工作的全面领导，是做好人大工作的根本保证。《阳泉市人民代表大会志（2001—2020）》通篇贯穿坚持党的全面领导这条红线，全文体现贯彻党的路线方针政策和重大决策部署这个主题，全市各级党委负责同志都要读读这部地方人大的百科全书，从中得到启迪和感悟，更好把握人大工作发展规律，进一步加强对人大工作的全面领导，支持和保障人大及其常委会依法履行职权，巩固和拓展各项事业在党的领导下统一、协调、高效运行的生动局面。

人民代表大会制度是中国特色社会主义制度的重要组成部分，是支撑我国国家治理体系和治理能力的根本政治制度，在我国国家制度体系中居于十分重要的地位。党的十八大以来，习近平总书记就坚持和完善人民代表大会制度、发展社会主义民主政治发表了一系列重要论述，提出了一系列新思想新观点新论断，成为习近平新时代中国特色社会主义思想的重要组成部分。党中央召开中央人大工作会议，在党的历史上、新中国历史上、人民代表大会制度历史上都是第一次，是意义非凡、影响深远的大事件，对于坚定不移发展中国特色社会主义民主政治具有里程碑式的重大意义。习近平总书记在中央人大工作会议上的重要讲话，为加强和改进新时代人大工作，不断发展全过程人民民主指明了前进方向、提供了根本遵循、注入了强大动力。全市各级人大机关都要以这次志书编纂工作为契机，持续引深学用习近平总书记关于坚持和完善人民代表大会制度的重要思想，坚定人民代表大会制度自信，不断增强做好新时代人大工作的政治自觉、思想自觉和行动自觉，不断加强和改进人大工作，推动人民代表大会制度在阳泉的理论和实践创新，确保党中央和省委、市委的各项决策部署在人大工作中落地生根、开花结果。

盛世修志，是为明理增信，资治育人。在中国实行人民代表大会制度，是中国人民在人类政治制度史上的伟大创造。回顾人民代表大会制度建立和发展的历程，我们深切体会到人民当家作主的权利来之不易，人民代表大会制度的建立和健全来之不易，从而更加格外珍惜这来之不易的探索成果。阳泉市人民代表大会，从新中国成立初期的各界人民代表会议算起，已走过七十多年的奋斗历程，成为全市党的历史的重要组成部分。全市各级各部门都要把学习人民代表大会发展史作为党史学习教育的一项重要内容，以此为契机，全面推进党史学习教育向纵深拓展，在学习中不断坚定勇毅前行的理想信念、不断锤炼实干为民的担当品格、不断树牢清正廉洁的良好作风，在知史学史中汲取爱党爱国爱人民的力量、汲取担当作为的力量、汲取继续前进的力量，不忘初心展宏图，肩负嘱托再出发，在全面建设社会主义现代化新征程中开好局、起好步，奋力谱写全方位推进高质量发展阳泉篇章，以优异成绩交出党中央和省委满意、人民群众认可的合格答卷！

2021 年 10 月

序　二

阳泉市人大常委会党组书记、主任　王旭明

沐浴着习近平新时代中国特色社会主义思想的春风，《阳泉市人民代表大会志（2001—2020）》就要出版了。这既是市人大常委会开展党史学习教育的丰硕成果，也是为我们伟大的党百年华诞献上的一份厚礼，特为之祝贺!

盛世修志，鉴往知来。《阳泉市人民代表大会志》（2001版）记述了从1949年至2000年五十余年间人民代表大会制度在阳泉的生动实践。国务院《地方志工作条例》规定："地方志书每20年左右编修一次。"市第十五届人大届期恰逢《阳泉市人民代表大会志》续修的时间节点。续修工作自2019年末启动，经市人大常委会机关干部职工的艰辛付出，专业人士的广泛参与，各县区人大和有关部门的配合支持，广征博采，集思广益，数易其稿，反复修改，始成本志。在此，谨向所有参与、关心和支持编纂工作的同志们表示敬意和感谢。

《阳泉市人民代表大会志（2001—2020）》记述了新世纪前二十年市人大及其常委会的主要工作情况。二十年间，历届市人大及其常委会在中共阳泉市委的坚强领导下，始终坚持党的领导、人民当家作主、依法治国有机统一，认真履行宪法和法律赋予的各项职权，解放思想、开拓创新，求真务实、担当作为，为推进全市经济建设、政治建设、文化建设、社会建设和生态文明建设做出了积极贡献。特别是党的十八大以来，在习近平新时代中国特色社会主义思想指引下，中共阳泉市委带领全市人民在新的历史起点上坚持和完善人民代表大会制度，把人大工作放在全局工作中来谋划推动，支持和保障人大依法行使职权，加强人大常委会机关和干部队伍建设，大力营造全社会关心、支持和促进人大工作的良好氛围，积累了许多宝贵经验。客观反映这段历史，是职责所在、使命所系，是对历史负责、对人民负责。

《阳泉市人民代表人会志（2001—2020）》以翔实史料告诉我们：人民代表大会制度是符合中国国情和实际、体现社会主义国家性质、保证人民当家作主、保障实现中华民族伟大复兴的好制度。坚持和完善人民代表大会制度，根本上是要坚持党的领导特别是坚持党中央集中统一领导，通过人民代表大会制度，保证党的理论和路线方针政策、决策部署得到全面贯彻落实。市人大常委会要始终坚持以习近平总书记关于坚持和完善人民代表大会制度的重要思想和习近平法治思想为指导，在学思践悟中立足"四个机关"

建设，拓展“三点三同”思路，始终坚持党对立法工作的领导，确保市委重大决策部署通过地方性法规，成为全社会一体遵循的行为规范和准则；始终围绕全市发展大局讨论和决定重大事项，确保市委重大决策部署通过法定程序转化为全市人民的共同意愿；始终坚持正确有效监督，确保市委重大决策部署在市级国家机关不折不扣贯彻落实；始终坚持人民当家作主，确保人大代表发挥好党联系人民群众的桥梁纽带作用；始终坚持党管干部原则，确保市委推荐的人选通过法定程序成为地方国家机关领导人员；始终坚持全面从严管党治党，确保把人大机关建设成为让市委放心、让人民满意的政治机关、国家权力机关、工作机关、代表机关，奋力开拓新时代人大工作新局面。

幸得天地皆同力，长风破浪正当时。中国特色社会主义进入新时代，人民代表大会制度担负起新的历史使命，踏上了新的光辉征程。习近平总书记在中央人大工作会议上的重要讲话，明确提出新时代加强和改进人大工作的指导思想、重大原则和主要工作，深刻回答了新时代发展中国特色社会主义民主政治、坚持和完善人民代表大会制度的一系列重大理论和实践问题，丰富和拓展了中国特色社会主义民主政治和人民代表大会制度的政治内涵、理论内涵、实践内涵，是一篇充满马克思主义真理力量的纲领性文献，为我们在新征程上坚持和完善人民代表大会制度、开创人大工作新局面指明了前进方向，提供了根本遵循。市第十三次党代会明确提出“14510”总体思路和部署，描绘了阳泉在新时代迈出新步伐、蹚出新路子、实现新作为的宏伟蓝图，是指导阳泉未来一个时期发展的行动纲领。航向已明，雄风正劲。全市各级人大代表和人大工作者要更加紧密地团结在以习近平同志为核心的党中央周围，在中共阳泉市委的坚强领导下，弘扬伟大建党精神，传承百年红色基因，不忘初心、牢记使命，团结拼搏、砥砺前行，只争朝夕、不负韶华，切实扛起推进市域治理体系和治理能力现代化的人大担当，为谱写全方位推进高质量发展阳泉篇章做出新的更大的贡献!

2021 年 10 月

《阳泉市人民代表大会志》编纂委员会

主　　任　王旭明

副 主 任　孙金明　吕昌政　刘志强　张永忠　张宝明
申　济　郑清明　孔禄泉　赵素卿　张利军
赵文骥

委　　员　张利平　桑晓飞　赵晓东　邓宝柱　贾小梅
吕志坚　闫　亮　白　平　侯润林　王玉明
王吉贵　董　英　乔军华　高永恩　张俊福

主　　编　王旭明

执行主编　吕昌政　赵文骥　侯润林

副 主 编　王　刚（常务）　高和平　史小梅　任　庆
王建平　李　敏

编　　辑　胡万明　何丽萍　任晓辉　张慧清　李姝君
张国强　康日魁　李东方　王和平　高建芳
史润才　李姝芳　苗志明　高卫娟　高　志
王　敦　许　琨　付　华　杨柳青　王瑞娟
耿雪华　高扬文　王修智　张亚明　王海平
杨殿宝　刘顺平　胡海霞　韩　芃　路　妍
尹丽萍　韩骏升　苗瑞仙　赵建忠　张东升
毕武田　冯建勇　张志明

工作人员 徐　芳　马丽君　高一梅　刘　茜　张　懿
赵俊峰　马　超　王　丹　张晋楠　赵永新
李　楠　何　君　武霄波　董小燕　孙　琦
王彦明　杨承华　赵宏喜　王雅丽　陈雨萌
李文浩

特邀编审 王秋生　郭玉珠　赵雪青　孟宏儒　董雪卉
胡蓉蓉

摄　　影 韩万成　任　庆　石宝华　续　敏等

图　　片 徐　涛

凡 例

一、本志以马克思列宁主义、毛泽东思想、邓小平理论、“三个代表”重要思想、科学发展观、习近平新时代中国特色社会主义思想为指导，坚持辩证唯物主义和历史唯物主义观点、方法，全面、客观、系统记述阳泉市人民代表大会的历史和现状。

二、本志以2020年年末的阳泉市行政区划为记述范围，但市人大履行职务涉及外地的情况不受此限。

三、本志为《阳泉市人民代表大会志(1949—2000)》的续志，记述原则上从2001年记起，下限为2020年。为了适当反映相关史实和志稿成书期间的重要事项，部分章节内容的时限适当上溯下延。

四、本志由彩图、序言、概述、大事记、专志、附录等部分构成。体裁以志为主，兼用述、记、传、图、表、录诸体。专志为全志主体，按照“以类系事，横排竖写”的方法，设11篇、51章、169节，一般于节下行文。

五、本志采用规范的现代语体文，行文力求严谨、朴实、简练、顺畅。

六、本志一般采用公元纪年；涉及中华人民共和国成立前的采用历史纪年，括注公元纪年。历史纪年中，民国纪年以阿拉伯数字表示，其余用汉字数字表示。

七、数字用法、标点符号、计量单位分别执行国家标准《出版物上数字用法》(GB/T15835—2011)、《标点符号用法》(GB/T15834—2011)、《国际单位制及其应用》(GB3100—1993)和《有关量、单位、符号的一般原则》(GB3101—1993)。考虑到社会使用习惯，全书中亩不统一换算。

八、为行文简明，对于一些较长的名称和词组，酌情使用简称和略写。如人民代表大会简称人大、人代会，常务委员会略写为“常委会”，“党”指中国共产党，“省委”指中共山西省委，“市委”指中共阳泉市委。“一府两院”指人民政府、人民法院、人民检察院。

九、本志资料主要由阳泉市人大常委会机关提供，其余来自党政机关文告、史料、档案、报刊及有关人士回忆等。各类资料入志时均经过认真核实。

十、被依纪依法查处的县处级以上人员姓名，在本志中首次出现时，均以＊号标注。

阳泉市第十二届人民代表大会第一次会议代表合影

阳泉市第十三届人民代表大会第一次会议代表合影

阳泉市第十四届人民代表大会第一次会议代表合影

阳泉市第十五届人民代表大会第一次会议代表合影

省人大常委会领导莅临阳泉指导人大工作

2003年9月16日，全国二十四城市人大工作研讨会第十四次会议在阳泉市召开，省人大常委会党组书记、常务副主任纪馨芳出席会议

2006年10月12日至14日，全省基层人大工作研讨会议在阳泉市召开，省人大常委会原主任、省人大工作与理论研究会会长卢功勋出席会议

2008年11月6日，全省人大信访工作座谈会在阳泉市召开，省人大常委会副主任王雅安出席会议

2009 年 11 月 17 日，全省纪念地方人大设立常委会 30 周年理论研讨会暨研究会年会在阳泉市召开，省人大常委会党组副书记、副主任杨安和出席会议

2014 年 10 月 21 日，全省人大财经工作座谈会在阳泉市召开，省人大常委会党组副书记、副主任牛仁亮出席会议

2014 年 5 月 16 日，省人大常委会党组副书记、副主任李政文（左五）到阳泉市就省十二届人大二次会议决议贯彻落实情况进行调研

2018 年 6 月 28 日，省人大常委会副主任李悦娥（前中）要求发挥人大职能作用，强化环境保护常态化监督

2020 年 6 月 9 日至 10 日，全省人大预算联网监督工作培训班暨阳泉现场交流会在阳泉市举行

2020 年 11 月 30 日，省人大常委会党组书记、副主任郭迎光在阳泉市宣讲党的十九届五中全会精神，深入基层村社和人大代表联络站听取群众意见

全国、省人大代表在阳泉视察调研

2006年12月6日至7日，部分全国人大代表视察产业结构调整、社区建设等工作情况

2008年8月20日至21日，部分全国人大代表调研重点企业重点项目发展情况

2009年8月5日，部分省人大代表调研省级科技示范区建设情况

2009 年 8 月 31 日至 9 月 1 日，部分全国人大代表调研安全生产等工作情况

2016 年 12 月 21 日，部分省人大代表调研经济发展情况

2020 年 10 月 14 日，部分省人大代表调研重点项目建设情况

召开全市人大工作会议

2004 年 9 月 21 日，阳泉市纪念人民代表大会成立 50 周年暨地方人大常委会设立 25 周年大会召开

2006 年 9 月 18 日，中共阳泉市委人大工作会议召开

市委书记到市人大常委会机关调研

2007 年 8 月 3 日，市委书记谢海到市人大常委会机关调研指导

2020 年 5 月 7 日，市委书记姜四清（左二）到市人大常委会机关调研指导

会场剪影

2002年3月24日至29日，阳泉市第十二届人民代表大会举行第一次会议

2007年5月28日至6月1日，阳泉市第十三届人民代表大会举行第一次会议

2012年5月26日至30日，阳泉市第十四届人民代表大会举行第一次会议

2017 年 3 月 7 日至 11 日，阳泉市第十五届人民代表大会举行第一次会议

阳泉市第十五届人民代表大会第五次会议

2020 年 4 月 22 日至 24 日，阳泉市第十五届人民代表大会举行第五次会议。会议采取“主会场 + 分会场”视频形式，会前在线审议和会中现场审议相结合的审议方式，有效克服新冠肺炎疫情影响，切实提高会议质量

市委书记出席会议

2002 年 3 月 24 日，市委书记程步云出席市十二届人民代表大会第一次会议

2017 年 3 月 8 日，市委书记陈永奇主持市十五届人民代表大会第一次会议开幕式

2020 年 4 月 24 日，市委书记姜四清在市十五届人民代表大会第五次会议闭幕式上讲话

2007 年 6 月 1 日，市委书记谢海在市十三届人民代表大会第一次会议上讲话

2018 年 3 月 30 日，市委书记关建勋在市十五届人民代表大会第三次会议上讲话

市人大常委会主任报告工作

2007年5月29日，市十二届人大常委会主任丁贵生向市十三届人民代表大会第一次会议报告工作

2012年5月27日，市十三届人大常委会主任孙水生向市十四届人民代表大会第一次会议报告工作

2017年3月8日，市十四届人大常委会主任刘高官向市十五届人民代表大会第一次会议报告工作

2018年2月28日，市十五届人大常委会主任王旭明向市十五届人民代表大会第三次会议报告工作

市人民政府市长报告工作

2003年4月18日，市长郭良孝在市十二届人民代表大会第三次会议上作政府工作报告

2005年4月8日，市长谢海在市十二届人民代表大会第五次会议上作政府工作报告

2010年5月，市长李栋梁在市十三届人民代表大会第五次会议上作政府工作报告

2014年4月22日，市长陈永奇在市十四届人民代表大会第四次会议上作政府工作报告

2017年3月7日，市长董一兵在市十五届人民代表大会第一次会议上作政府工作报告

2019年2月24日，市长雷健坤在市十五届人民代表大会第四次会议上作政府工作报告

市中级人民法院院长、市人民检察院检察长报告工作

2008年4月8日，市中级人民法院院长冯少勇在市十三届人民代表大会第三次会议上作中级人民法院工作报告

2001年2月29日，市人民检察院检察长王元寿在市十一届人民代表大会第六次会议上作检察院工作报告

2008年4月8日，市人民检察院检察长张仲马在市十三届人民代表大会第三次会议上作检察院工作报告

2010年5月6日，市人民检察院检察长胡克勤在市十三届人民代表大会第五次会议上作检察院工作报告

2013年4月10日，市人民检察院检察长王守林在市十四届人民代表大会第三次会议上作检察院工作报告

2018年3月28日，市人民检察院检察长王廉允在市十五届人民代表大会第三次会议上作检察院工作报告

市十五届人大五次会议各代表团举行全团会议

城区代表团分组会议

矿区代表团全团会议

郊区代表团全团会议

平定代表团全团会议

盂县代表团全团会议

2020 年 4 月 23 日，市十五届人大五次会议举行主席团会议

当选国家机关工作人员向宪法宣誓

2017年3月10日，市十五届人民代表大会第一次会议上，新当选的市人大常委会主任、副主任向宪法宣誓

2017年3月10日，市十五届人民代表大会第一次会议上，新当选的市长、副市长向宪法宣誓

2018年3月30日，市十五届人民代表大会第三次会议选举雷健坤为市人民政府市长，雷健坤向宪法宣誓

2017 年 3 月 10 日，市十五届人民代表大会第一次会议上，新当选的市监察委员会主任吴纪平向宪法宣誓

2019 年 2 月 27 日，市十五届人民代表大会第四次会议上，新当选的市人大常委会副主任申济及常委会委员、专门委员会组成人员向宪法宣誓

2017 年 3 月 10 日，市十五届人民代表大会第一次会议上，新当选的市人大常委会秘书长张利军及常委会委员向宪法宣誓

2017 年 3 月 10 日，市十五届人民代表大会第一次会议上，新当选的市人大各专门委员会副主任委员、委员向宪法宣誓

2001年3月16日，市十一届人大常委会主任会议成员

2005年3月3日，市十二届人大常委会主任会议成员

2006 年 4 月 15 日，市十二届人大常委会主任会议成员

2007 年 6 月 1 日，市十三届人大常委会主任会议成员

2011 年 5 月 13 日，市十三届人大常委会主任会议成员

2012 年 5 月 30 日，市十四届人大常委会主任会议成员

2017 年 3 月 11 日，市十五届人大常委会主任会议成员

2020 年 4 月 24 日，市十五届人大常委会主任会议成员

2001年3月2日，市十一届人大常委会组成人员

2006 年 4 月 18 日，市十二届人大常委会组成人员

2007年6月1日，市十三届人大常委会组成人员

2012 年 5 月 30 日，市十四届人大常委会组成人员

2017 年 3 月 11 日，市十五届人大常委会组成人员

市十五届人民代表大会第五次会议之后，市人大常委会主任会议成员与部分常委会委员合影

2005 年 3 月 2 日，市十二届人大常委会党组保持共产党员先进性学习教育交流会议

2006 年 8 月 17 日，市十二届人大常委会党组研究机关党建工作

2009 年 3 月 16 日，市十三届人大常委会党组专题民主生活会议

2010 年 7 月 8 日，市十三届人大常委会机关理论学习中心组会议

2014 年 6 月 19 日，市十四届人大常委会党组党的群众路线教育实践活动民主生活会议

2015 年 7 月 17 日，市十四届人大常委会党组理论中心组学习会

2018 年 7 月 18 日，市十五届人大常委会党的理论中心组学习会议

2020 年 2 月 13 日，市十五届人大常委会党组（扩大）会议，要求切实加强新冠疫情防控，全力做好 2020 年各项工作

2018 年 12 月 13 日，市十五届人大常委会党组学用习近平总书记关于坚持和完善人民代表大会制度重要思想交流会议

2019 年 8 月 23 日，全市学用习近平总书记关于坚持和完善人民代表大会制度重要思想、纪念地方人大设立常委会 40 周年暨全市人大代表联络站全覆盖和规范化建设工作交流会议

2020 年 11 月 25 日至 26 日，全市学用习近平总书记关于坚持和完善人民代表大会制度重要思想暨贯彻落实习近平法治思想交流座谈会议

2001 年 4 月 24 日，市十一届人大常委会举行第二十八次会议

2007 年 2 月 28 日，市十二届人大常委会举行第三十四次会议

2012 年 2 月 22 日，市十三届人大常委会举行第四十一次会议

2014 年 4 月 27 日，市十四届人大常委会举行第十六次会议

2017 年 3 月 12 日，市十五届人大常委会举行第一次会议

2018 年 8 月 27 日，市十五届人大常委会举行第十五次会议

2016年6月24日，市十四届人大常委会召开立法工作座谈会议

2016年8月10日，市十四届人大常委会举行基层立法联系点授牌暨立法咨询专家聘任仪式

2017年7月7日，市十五届人大常委会举行全市立法工作推进会议

2017 年 9 月 28 日，市十五届人大常委会举行立法咨询专家聘任仪式

2018 年 8 月 17 日，市十五届人大常委会举行大气污染防治条例立法安排部署会

2018 年 8 月 20 日，市十五届人大常委会举行《阳泉市爱国卫生条例（草案）》征求意见座谈会议

2020 年 8 月 19 日，市十五届人大常委会举行《阳泉市文明行为促进条例（草案）》征求意见座谈会议

2018 年 1 月 15 日，市十五届人大常委会邀请省人大立法机构对拟出台地方法规草案进行论证

2018 年 6 月 21 日，市委举行全市深入学习宣传贯彻《中华人民共和国宪法》暨《阳泉市道路交通安全管理条例》《阳泉市城市绿化条例》颁布实施启动仪式

2019 年 4 月 10 日，市委举行《阳泉市爱国卫生条例》和《阳泉市市容和环境卫生管理条例》宣传活动启动仪式

2019 年 11 月 7 日，市十五届人大常委会举行地方性法规立法后评估安排部署会议

2020 年 11 月 19 日，市十五届人大常委会主任王旭明（中）、副主任张永忠（左一）参加第二十六次全国地方立法工作座谈会议

依法决定

2006 年 8 月 9 日，市十二届人大常委会第二十九次会议作出《关于大力推进职业教育发展的决议》

2008 年 4 月 29 日，市十三届人大常委会第九次会议作出《关于强力攻坚确保创建国家园林城市目标实现的决议》

2016 年 10 月 20 日，市十四届人大常委会第四十二次会议作出《关于深入开展第七个五年法治宣传教育的决议》

2020 年 8 月 27 日，市十五届人大常委会第三十三次会议作出《关于进一步加强疫情防控工作确保人民群众生命健康安全的决定》

认真学习监督法 正确实施监督法

2006年8月27日，第十届全国人大常委会第二十三次会议表决通过《中华人民共和国各级人民代表大会常务委员会监督法》。市十二届人大常委会集中培训组成人员和“一府两院”负责同志

组织视察调研和执法检查

2001年8月8日，市十一届人大常委会主任张昌和（左三）带队视察工业技术改造工作情况

2010年10月14日，市十三届人大常委会主任孙水生（前左一）带队视察“三城同创”重点工程项目推进情况

2003年7月15日，市十二届人大常委会主任丁贵生（前中）带队视察桃河治理建设工程进展情况

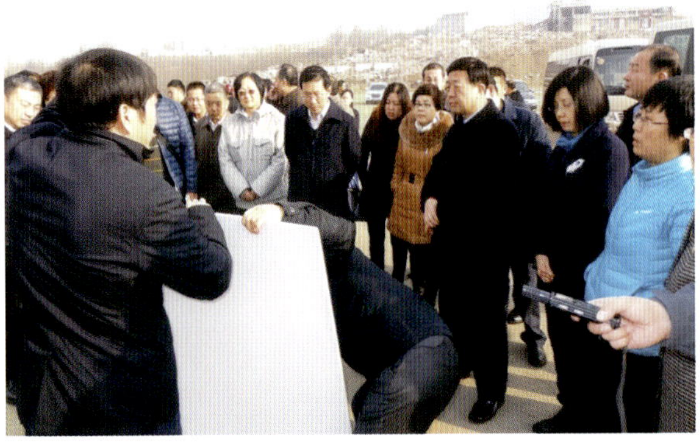

2016年12月20日，市十四届人大常委会主任刘高官（前右三）带队视察城建重点项目建设进展情况

2018年12月18日，市十五届人大常委会主任王旭明（前左二）带队视察经济社会发展情况

2002年10月15日，市十二届人大常委会副主任刘建田（右二）带队视察行政司法工作情况

2005年5月24日，市十二届人大常委会副主任杨清风（前中）带队视察国土资源管理工作情况

2006年7月3日，市十二届人大常委会副主任朱礼厚（右二）带队视察化工厂路建设进展情况

2004年10月8日，市十二届人大常委会副主任王元寿（左五）带队视察检察官队伍建设情况

2006年8月8日，市十二届人大常委会副主任王七孩（右二）带队视察重点工业项目建设情况

2009年8月11日，市十二届、十三届人大常委会副主任张清（左三）带队视察矿山修复治理工作情况

2011年11月29日，市十三届人大常委会副主任郜爱国（中）带队视察代表议案建议办理工作情况

2007年9月11日，市十二届、十三届人大常委会副主任荆东生（前右一）带队视察造林绿化工程建设进展情况

2010年5月27日，市十二届、十三届人大常委会副主任吴学斌（左三）带队视察环保模范城市创建工作情况

2006年7月26日，市十二届、十三届人大常委会副主任段存寿（右二）带队开展道路交通安全法执法检查

2011年7月20日，市十三届、十四届人大常委会副主任王振国（前左三）带队开展安全生产法执法检查

2013年6月20日，市十四届人大常委会副主任刘兆林（前左三）带队开展产品质量法执法检查

2007年9月25日，市十三届、十四届人大常委会副主任吴丽萍（前右二）带队视察广播电视“村村通”工作情况

2018年11月7日，市十四届、十五届人大常委会副主任孙金明（左三）带队视察社会治理工作情况

2017年10月19日，市十四届、十五届人大常委会副主任吕昌政（左三）带队视察村庄绿化及乡村振兴工作情况

2018年5月16日，市十四届、十五届人大常委会副主任刘志强（前右二）带队视察科技成果转化工作情况

2020 年 6 月 11 日，市十五届人大常委会副主任张永忠（前中）带队视察生态环境状况和环境保护目标完成情况

2017 年 4 月 18 日，市十五届人大常委会副主任张宝明（前左二）带队视察中小微企业发展情况

2019 年 7 月 11 日，市十五届人大常委会副主任申济（右三）带队视察平定经济技术开发区平台打造和项目建设进展情况

2020 年 9 月 28 日，市十五届人大常委会副主任郑清明（右一）带队视察市中级人民法院社会矛盾纠纷多元化解工作情况

2020 年 8 月 7 日，市十五届人大常委会副主任孔禄泉（中）带队视察医疗卫生工作情况

2020 年 10 月 16 日，市十五届人大常委会副主任赵素卿（右二）带队视察红色旅游资源保护开发利用工作情况

组织评议垂直条管部门

2009 年 11 月 17 日，市十三届人大常委会召开人大代表评议市工商行政管理局工作会议

2010 年 10 月 12 日，市十三届人大常委会召开人大代表评议市质量技术监督局工作会议

2013 年 8 月 2 日，市十四届人大常委会召开人大代表评议市国土资源局工作会议

2014 年 9 月 14 日，市十四届人大常委会召开人大代表评议市地方税务局工作会议

组织开展专题询问

2013年10月29日，市十四届人大常委会第十四次会议举行联组会议，对市政府“项目推进年”工作实施情况进行专题询问

2015年11月27日，市十四届人大常委会举行城区老工业区搬迁改造工作情况专题询问会议

2014年12月23日，市十四届人大常委会举行第二十三次会议，组织对市政府城乡环境卫生综合整治专题询问整改工作情况进行满意度测评

2018年2月7日，市十五届人大常委会第十次会议举行联组会议，对市政府阳大铁路项目建设情况进行专题询问

市十五届人大常委会启动国有资产专项监督和预算联网审查监督工作

2018 年 9 月 18 日，阳泉市召开全市建立政府向本级人大常委会报告国有资产管理情况制度推进会

2019 年 3 月 26 日，主任会议成员视察市人大预算联网监督中心建设情况

全面开展各项监督工作

2005年11月12日，市十二届人大常委会召开全市信访工作座谈会

2012年11月8日，市十四届人大常委会举行全市人大规范性文件备案审查工作会议

历届市人大常委会每年组织“环保行”记者团深入重点区域和单位开展采访检查活动

提请任命的市人民政府副市长（并代理市长职务）在市人大常委会会议上作供职发言

在市十三届人大常委会议上，被提请任命副市长李栋梁作供职发言

在市十四届人大常委会议上，被提请任命副市长陈永奇作供职发言

在市十四届人大常委会议上，被提请任命副市长董一兵作供职发言

在市十五届人大常委会议上，被提请任命副市长雷健坤作供职发言

市人大常委会主任向被任命人员颁发任命书

市十二届人大常委会主任丁贵生颁发任命书

市十三届人大常委会主任孙水生颁发任命书

市十四届人大常委会主任刘高官颁发任命书

市十五届人大常委会主任王旭明颁发任命书

市人大常委会任命人员向宪法宣誓

2018年1月5日，市十五届人大常委会第九次会议上，新任命的市人民政府副市长（代理市长职务）雷健坤向宪法宣誓

2016年8月26日，市十四届人大常委会第三十九次会议上，新任命的市人民政府副市长郭少敏等向宪法宣誓

2016年10月20日，市十四届人大常委会第四十二次会议上，新任命的市人民检察院副检察长（代理检察长职务）王廉允及市人民政府秘书长、市人民政府工作部门主要负责人向宪法宣誓

2016年12月26日，市十四届人大常委会第四十三次会议上，新任命的市人大专门委员会副主任委员、市人大常委会工作机构负责人及法检“两院”新任命人员向宪法宣誓

2017年2月28日，市十四届人大常委会第四十五次会议上，新任命的市人民政府副市长马爱锋、潘海燕向宪法宣誓

2017年3月12日，市十五届人大常委会第一次会议上，新任命的市人大常委会副秘书长及各工作机构负责人向宪法宣誓

2017年3月12日，市十五届人大常委会第一次会议上，新任命的市人大常委会代表资格审查委员会主任委员孙金明及副主任委员、委员向宪法宣誓

2017年3月12日，市十五届人大常委会第一次会议上，新任命的市监察委员会副主任、委员向宪法宣誓

2017年6月20日，市十五届人大常委会第三次会议上，新任命的市政府秘书长及市政府工作部门主要负责人向宪法宣誓

2017年8月31日，市十五届人大常委会第四次会议上，新任命的市中级人民法院审判委员会委员向宪法宣誓

2017年10月26日，市十五届人大常委会第五次会议上，新任命的市人民政府副市长李君向宪法宣誓

2018年9月11日，市十五届人大常委会第十六次会议上，新任命的市人民政府副市长黄海涛向宪法宣誓

2019 年 1 月 16 日，市十五届人大常委会第十九次会议上，新任命的市人民政府副市长李文兵向宪法宣誓

2020 年 1 月 20 日，市十五届人大常委会第二十八次会议上，新任命的市人民政府副市长王明厚向宪法宣誓

2020 年 2 月 27 日，市十五届人大常委会第二十九次会议上，新任命的市人大常委会办公室主任及市政府工作部门主要负责人向宪法宣誓

2020 年 10 月 29 日，市十五届人大常委会第三十四次会议上，新任命的市中级人民法院副院长（代理院长职务）王东旭等向宪法宣誓

开展对市人大常委会任命人员的述职评议

2003 年 10 月 29 日，市十二届人大常委会举行对“一府两院”干部述职评议动员会

2019 年 9 月 10 日，市十五届人大常委会举行对“一府两院”任命人员述职评议动员会

2019 年 10 月 24 日，市十五届人大常委会对 10 个政府部门主要负责人和市中级人民法院常务副院长、市人民检察院常务副检察长开展述职评议。会议以无记名投票方式，对被任命人员进行满意度测评

2020 年 10 月 29 日，市十五届人大常委会对 10 个政府部门主要负责人和市中级人民法院副院长、市人民检察院副检察长开展述职评议

召开人大代表工作会议

2004年9月8日，市十二届人大常委会举行全市人大代表工作座谈会议

2004年9月18日，市十二届人大常委会召开纪念人民代表大会成立50周年各级各界人大代表座谈会议

2014年4月25日，市十四届人大常委会举行全市人大代表工作会议

2019年5月31日，市十五届人大常委会举行全市人大代表工作会议

举办人大代表履职培训班

2002年8月29日，市十二届人大常委会集中培训各代表活动小组的组长、副组长

2007年12月6日，市十三届人大常委会对市人大代表进行集中培训

2011 年 8 月 22 日，市十三届人大常委会举办组成人员第二十六期法律知识培训班

2012 年 6 月 20 日，市十四届人大常委会举办组成人员首期法律知识培训班

2017 年 4 月 27 日，市十五届人大常委会举办组成人员首期法律知识培训班

2017 年 7 月 5 日，市十五届人大常委会对新任市人大代表进行集中培训

2018 年 10 月 19 日，全市五级人大代表履职培训网络班举办首场讲座

历届市人大常委会定期组织常委会组成人员、人大代表参加全国人大培训基地和中组部全国干部教育培训基地举办的履职能力提升班

督办人大代表议案建议

历届市人大常委会召开代表议案建议集中交办会议（图为2012年7月10日，市委常委、常务副市长王旭明，市十四届人大常委会副主任王振国出席交办会议）

2007年2月8日，市十二届人大常委会主任会议成员视察市十二届人大五次会议议案办理情况

2010年11月10日，市十三届人大常委会主任会议听取市十三届人大五次会议代表重点建议办理情况汇报

2015年12月6日，市十四届人大常委会组织视察市十四届人大五次会议议案和代表建议办理情况

2017年12月20日至21日，市十五届人大常委会部分组成人员和人大代表视察市十五届人大一次会议议案和代表建议办理情况

2019年3月29日，市十五届人大常委会主任王旭明（左二）深入阳煤集团三矿井下调研代表建议落实情况

督办人大代表议案建议

2019年8月21日至22日，市人大常委会组织五级人大代表视察国家卫生城市创建工作。全国人大代表、市长雷健坤（前右二）参加视察

表彰先进

2007年2月28日，市十二届人大常委会表彰优秀人大代表、优秀常委会委员及办理代表议案、建议、意见的先进单位、先进个人

市十五届人大常委会实施“14710三联系”制度，启动人大代表联络站建设全覆盖规范化建设，组织人大代表密切联系群众，听取意见建议

2019年9月27日，市十五届人大常委会举行五级人大代表集中进代表联络站活动启动仪式

2019年10月11日，市委书记关建勋进平定县冠山镇人大代表联络站，同基层人大代表和群众座谈交流

2020年11月4日，市委书记姜四清进盂县东梁乡人大代表联络站，同基层人大代表和群众座谈交流

2019年10月11日，市长雷健坤进盂县秀水镇人大代表联络站，同基层人大代表和群众座谈交流

2019年10月10日，市十五届人大常委会主任王旭明进郊区河底镇人大代表联络站，同基层人大代表和群众座谈交流

2019年10月16日至17日，市十五届人大常委会举行全市人大代表联络站全覆盖和规范化建设观摩交流会

加强对县乡人大工作的联系指导

2008 年 4 月 21 日，市十三届人大常委会主任孙水生深入平定县同乡镇人大主席围绕加强基层民主政治建设进行座谈交流

2013 年 12 月 6 日，市十四届人大常委会主任刘高官深入盂县人大宣讲党的十八届三中全会精神

2018 年 2 月 8 日，市十五届人大常委会主任王旭明深入郊区人大调研加强新时代人大代表工作

2018 年 10 月 31 日至 11 月 2 日，市十五届人大常委会举行市县乡三级人大主任（主席）观摩座谈会议

2018年8月14日，平定县第十六届人大常委会组织视察城乡规划建设情况

2019年7月11日、2020年11月20日，盂县第十六届人大常委会两次组织视察转型发展情况

2019年1月16日、2019年6月25日，郊区第十八届人大常委会两次组织视察重大建设项目推进情况

2019年11月5日，城区第十六届人大常委会组织视察代表联络站活动开展情况

2017年4月28日，矿区第十届人大常委会第九次会议决定聘任工作委员会兼职委员

2017年6月19日至20日，平定县石门口乡人大主席赵计亭参加全国推进县乡人大工作和建设经验交流会议

2004 年 9 月 18 日，市十二届人大常委会举行纪念人民代表大会成立 50 周年暨地方人大常委会设立 25 周年"南煤杯"美术书法摄影展开幕仪式

2006 年 4 月 10 日，市十二届人大常委会主任丁贵生向市委领导介绍市十二届人大六次会议宣传活动布展情况

2007 年 9 月 28 日，市十三届人大常委会召开人大宣传工作会议

2007 年 12 月 26 日至 2008 年 1 月 4 日，市十三届人大常委会举行纪念监督法实施一周年书法作品展

2012 年 10 月 11 日，《人民代表报》宣传发行工作会议在阳泉市召开

2014 年 9 月 25 日至 28 日，市十四届人大常委会举行纪念全国人民代表大会成立 60 周年暨地方人大设立常委会 35 周年书画摄影展

2017 年 8 月 16 日，市十五届人大常委会召开人大宣传工作会议

2018 年 7 月 20 日，市十五届人大常委会举行宣传人民代表大会制度好新闻表彰会议

2018 年 11 月 5 日至 11 日，省人大常委会“三晋人大代表采风行”记者团集中采访阳泉市人大工作

理论研究

2004年12月5日，市十二届人大常委会举行创新人大工作理论研讨暨经验交流会

2008年8月22日，市十三届人大常委会举行人大研究工作座谈会

2012年12月26日，首届市人大工作与理论研究会成立大会暨2012年年会召开

2020年9月23日，第二届阳泉市人大工作与理论研究会理事大会召开

2019年12月25日，山西省人大工作与理论研究会2019年年会暨纪念地方人大设立常委会40周年研讨会召开。市十五届人大常委会主任王旭明撰写的《以“三统一”指导人大工作、围绕“三点三同”履职尽责》稿件获一等奖，并作交流发言，省人大常委会党组书记、副主任郭迎光亲为颁奖

主题教育

2005年2月5日，市十二届人大常委会机关举行保持共产党员先进性教育活动动员大会

2009年3月16日，市十三届人大常委会机关举行深入学习实践科学发展观活动动员大会

2012年3月6日，市十三届人大常委会机关举行保持党的纯洁性学习教育活动动员会议

2014年3月11日，市十四届人大常委会机关举行党的群众路线教育实践活动动员会议

2014年12月12日，市十四届人大常委会机关举行学习讨论落实动员会议

2015年5月21日，市十四届人大常委会机关举行“三严三实”专题教育党课

2016年5月19日，市十四届人大常委会机关举行“两学一做”学习教育专题党课

2018年5月16日，市十五届人大常委会机关举行“改革创新、奋发有为”大讨论交流总结会议

2019年9月11日，市十五届人大常委会机关举行“不忘初心、牢记使命”主题教育工作部署会议

坚强堡垒

2007年6月28日，市十三届人大常委会机关召开全体党员会议，进行党总支委员会换届选举

2012年8月30日，市十四届人大常委会机关召开全体党员会议，补选党总支委员

2016年2月5日，市十四届人大常委会党组书记、主任刘高官以普通党员身份，参加办公厅党支部专题组织生活会议

2017年6月9日，市十五届人大常委会机关召开全体党员会议，进行机关党总支委员改选工作

2019年3月19日，市十五届人大常委会党组书记、主任王旭明以普通党员身份，参加机关第一党支部专题组织生活会议

2018年12月6日，市十五届人大常委会机关党组召开以“坚决彻底肃清腐败流毒影响”为主题的专题民主生活会议

2020年7月23日，市十五届人大常委会机关党总支召开党组织标准化规范化建设动员大会

全力支持派驻纪检监察组开展工作

2018 年 12 月 6 日，市十五届人大常委会党组成员、秘书长、机关党组书记、机关党总支书记张利军同派驻纪检监察组成员研究开展党规党纪和监察法宣传教育

加强对群团组织的全面领导

2016 年 6 月 16 日，市十四届人大常委会党组成员、秘书长、机关党总支书记唐麟主持召开女职工会议

2016 年 6 月 20 日，市十四届人大常委会党组成员、秘书长、机关党总支书记唐麟主持召开工会委员会换届选举会议

2020 年 11 月 17 日，市十五届人大常委会党组成员、秘书长、机关党组书记、机关党总支书记赵文骥主持共青团阳泉市人大常委会支部委员会选举会议

党日活动

2005年6月28日，市十二届人大常委会机关离退休老干部支部党员干部职工赴狮脑山“百团大战”纪念馆缅怀革命先烈

2006年8月25日，市十二届人大常委会党组成员、秘书长、机关党总支书记李明（左二）带领机关党员干部职工赴山东孟良崮战役纪念馆缅怀革命先烈

2009年9月11日，市十三届人大常委会机关党员干部职工赴山西省右玉县接受艰苦奋斗教育

2011年7月19日，市十三届人大常委会机关召开“党的光辉照我心”征文交流座谈会

2012年4月6日，市十四届人大常委会机关党员干部职工在狮脑山“百团大战”纪念碑前缅怀革命先烈

2016 年 7 月 21 日，市十四届人大常委会机关学习习总书记“七一”讲话精神交流会议

2017 年 8 月 3 日，市十五届人大常委会机关党员干部职工赴武乡太行干部学院接受革命传统教育

2018 年 1 月 5 日，市十五届人大常委会机关举办学习宣传贯彻十九大精神知识问答暨弘扬“红船精神”主题党日活动

2018 年 6 月 15 日，市十五届人大常委会机关党员干部职工赴延安接受党的革命传统教育

2020 年 7 月 3 日，市十五届人大常委会机关党员干部职工到市规划展览馆、市党员政治活动中心参观学习，开展“提升归属感、爱我新阳泉”主题党日活动

争先创优

2004年1月5日，市十二届人大常委会机关召开2003年度总结表彰大会

2006年6月16日，市十二届人大常委会机关举办“爱岗敬业、争创一流”演讲活动

2006年6月21日，市十二届人大常委会机关表彰优秀共产党员和优秀党务工作者

2008年4月5日，市十三届人大常委会党组成员、秘书长，机关党总支书记高中和（左二）检查指导机关后勤保障工作

2008年4月25日，市十三届人大常委会机关举行“加强勤政建设，提升机关效能”动员会议

2008年5月21日，市十三届人大常委会机关工作人员踊跃向汶川地震灾区人民捐款

2010 年 11 月 4 日，市十三届人大常委会机关引深“创建先进基层党组织、争当优秀共产党员”及“争创一流工作业绩，争做敬业奉献的表率”活动会议

2011 年 4 月 20 日，市十三届人大常委会党组成员、秘书长、机关党总支书记吕誉耀（前右一）带领机关党员干部职工赴郊区桃林沟村感受新农村建设成果

2012 年 3 月 6 日，市十三届人大常委会机关举行创建学习型人大机关（党组织）总结表彰会

2014 年 3 月 12 日，市十四届人大常委会机关召开干部职工学习培训推进会

2015 年 10 月 10 日，市十四届人大常委会主任会议成员带领机关干部深入包点帮扶的郊区石板片村调研

2017 年 1 月 5 日，市十四届人大常委会机关召开老干部座谈会

2019 年 3 月 25 日，市十五届人大常委会机关召开对标一流述职评议会议

2019 年 6 月 5 日，市十五届人大常委会主任王旭明（前中）赴郊区督导国家卫生城市创建工作

2019 年 12 月 17 日，市十五届人大招商项目汇鑫现代养殖农业产业园项目在郊区签约

2020 年 5 月 20 日，市十五届人大常委会主任王旭明（左三）深入郊区西南舁乡驻村帮扶和包联督导

2019 年 4 月 24 日，市十五届人大常委会机关组织参加市直机关工委举办的广播体操比赛

先进荣誉

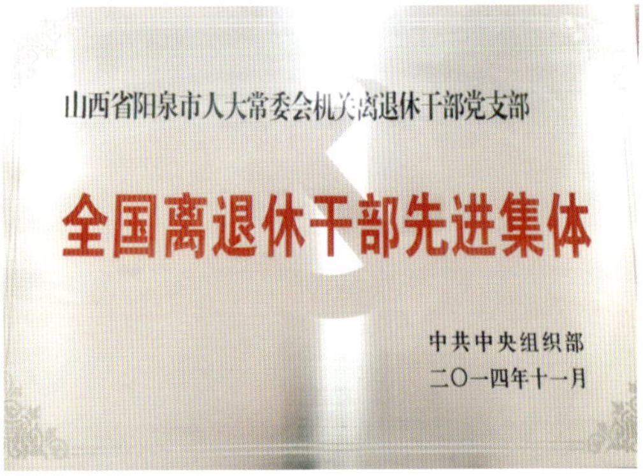
山西省阳泉市人大常委会机关离退休干部党支部
全国离退休干部先进集体
中共中央组织部
二〇一四年十一月

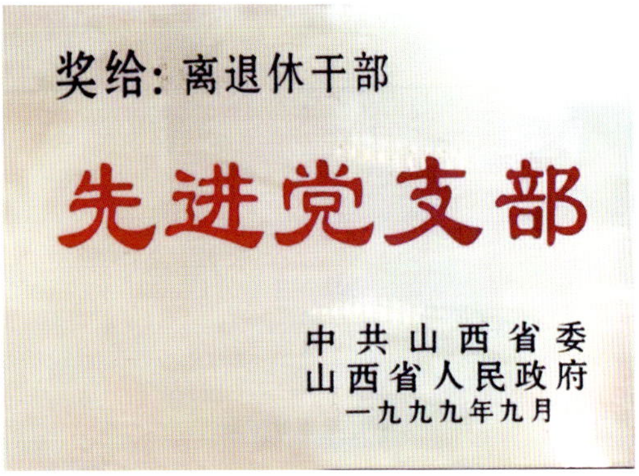
奖给：离退休干部
先进党支部
中共山西省委
山西省人民政府
一九九九年九月

奖
先进离退休干部党支部
中共山西省委
山西省人民政府
二〇〇二年十二月

先进离退休干部党组织
中共山西省委
山西省人民政府
二〇〇五年十二月

证书
授予阳泉市人大常委会
2018-2019年度山西省文明单位称号
山西省精神文明建设指导委员会

荣誉证书
授予：阳泉市人大常委会信访办公室
2013—2017年度信访接待标兵单位。

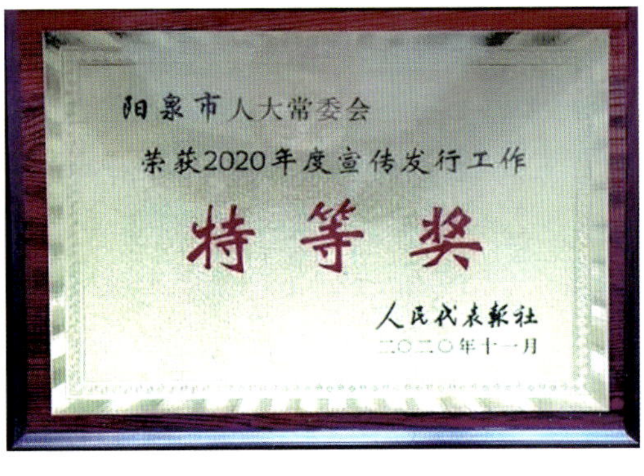
阳泉市人大常委会
荣获2020年度宣传发行工作
特等奖
人民代表报社
二〇二〇年十一月

授予 市人大常委会机关
2019年度招商引资工作
先进单位
中共阳泉市委
阳泉市人民政府
2020年02月

全国人大印发阳泉市人大工作经验材料

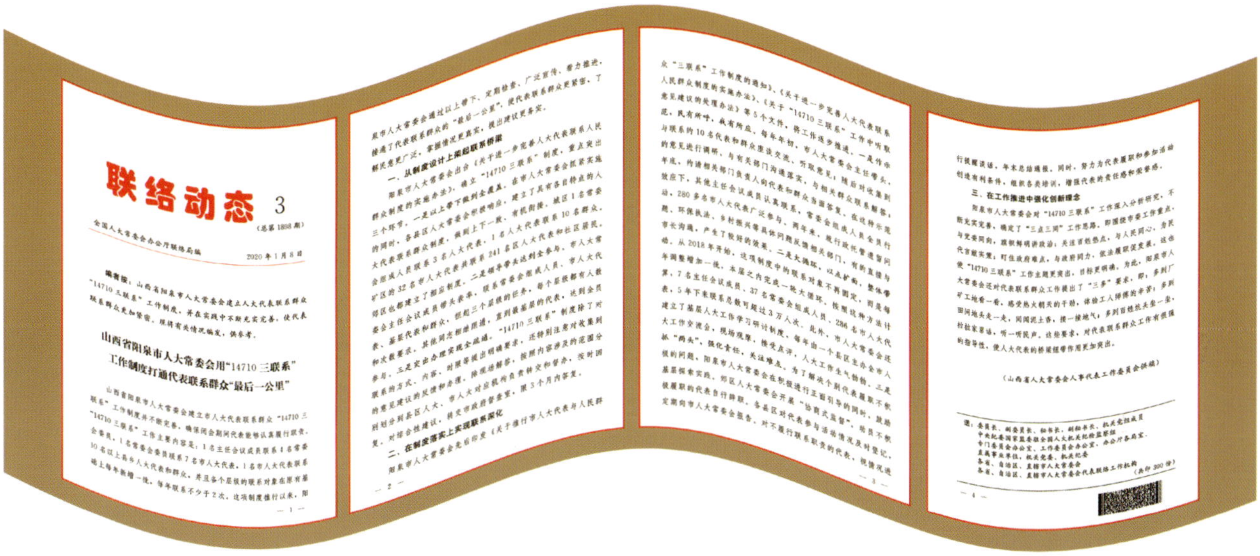

联络动态 3

（总第1888期）

全国人大常委会办公厅联络局编　　2020年1月8日

编者按：山西省阳泉市人大常委会建立人大代表联系群众"14710三联系"工作制度，并在实践中不断完善完备，使代表联系群众更加紧密，现将有关情况编发，供参考。

山西省阳泉市人大常委会用"14710三联系"工作制度打通代表联系群众"最后一公里"

一、从制度设计上完善联系体制

二、在制度落实上实现联系深化

三、在工作推进中强化创新理念

（山西省人大常委会人事代表工作委员会供稿）

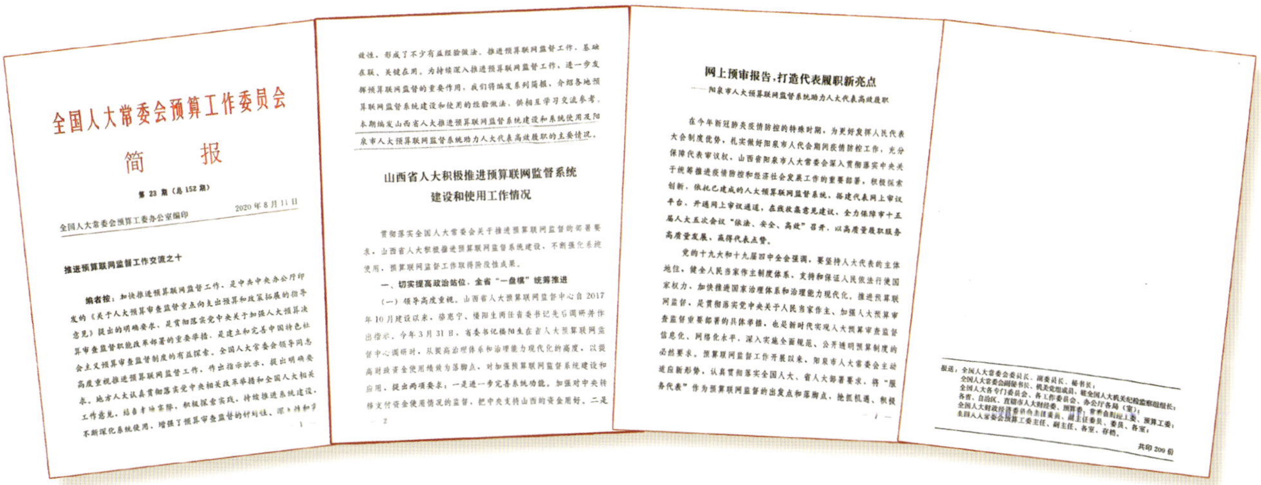

全国人大常委会预算工作委员会

简　报

第23期（总152期）

全国人大常委会预算工委办公室编印　　2020年8月31日

推进预算联网监督工作交流之十

山西省人大积极推进预算联网监督系统建设和使用工作情况

一、切实提高政治站位，全省"一盘棋"统筹推进

网上预审报告，打造代表履职新亮点

——阳泉市人大预算联网监督系统助力人大代表高效履职

编纂纪事

中共阳泉市委书记雷健坤审阅《阳泉市人民代表大会志（2001–2020）》样稿

市十五届人大常委会党组书记、主任王旭明具体指导《阳泉市人民代表大会志》二轮编修工作

2019 年 12 月 13 日，市人大常委会机关召开《阳泉市人民代表大会志》二轮编修工作动员暨培训会议

2020 年 6 月 29 日，市人大常委会召开《阳泉市人民代表大会志》二轮编修工作推进会议

2022 年 2 月 20 日至 23 日，阳泉市第十六届人民代表大会第一次会议在阳泉宾馆举行，圆满完成了预定的各项任务，市人大常委会顺利完成了新老班子的交替，在新的历史起点上，开启新时代人大履职新征程，续写人大工作高质量发展新篇章

市委书记雷健坤（左五）、市委副书记、市长刘文华（右五）与市十六届人大常委会主任任建华，副主任申济、郑清明、孔禄泉、赵素卿、张俊堂、唐麟，秘书长李昱平合影

市委书记雷健坤（右）与市十五届人大常委会主任王旭明亲切握手

市委书记雷健坤（右）向新当选的市人大常委会主任任建华表示祝贺

市十五届人大常委会主任王旭明（右）向新当选的市人大常委会主任任建华表示祝贺

市十六届人大常委会组成人员合影

总目录

第五篇　市人大常委会

第六篇　市人大常委会主任会议

第七篇　市人大常委会主要工作

第八篇　市人大常委会机关

第九篇　县乡人民代表大会

第十篇　人　物

第十一篇　文件选编

上册目录

第三篇　市人大代表选举

第四篇　市人民代表大会

第五篇　市人大常委会

第六篇　市人大常委会主任会议

第七篇　市人大常委会主要工作

概　述

人民代表大会制度是中国人民民主专政的政权组织形式，是中国的根本政治制度。

中共中央总书记习近平在中国共产党第十九次全国代表大会上的报告中强调指出："人民代表大会制度是坚持党的领导、人民当家作主、依法治国有机统一的根本政治制度安排，必须长期坚持、不断完善。要支持和保证人民通过人民代表大会行使国家权力。"

阳泉市人民代表大会作为地方国家权力机关，自它诞生之日起，就同全市经济社会发展和人民幸福安康息息相关。1947年5月2日，晋东工业重镇阳泉在正太战役中浴火重生，获得解放；5月4日，正式组建中共阳泉市委、阳泉市人民政府，成为中国共产党历史上创建的第一座人民城市。1949年9月26日，阳泉工矿区第一届各界人民代表会议第一次会议召开，成为过渡性的地方国家权力机关，为阳泉市人民代表大会的建立准备了条件。1954年6月26日，阳泉市第一届人民代表大会第一次会议召开，标志着人民当家作主的根本政治制度在阳泉全面确立。1982年7月22日，阳泉市第八届人民代表大会选举产生常务委员会，作为市人民代表大会的常设机关，这是加强地方政权建设的重大创举，这是人民代表大会制度的重大发展。

山河为证，岁月为名。翻阅《阳泉市人民代表大会志（1949—2000）》，展现的是一幅20世纪阳泉建市以来，坚持和完善人民代表大会制度、推动社会主义民主法治建设和全市各项事业发展的恢宏画卷。跨入21世纪，人民代表大会制度在阳泉又走过20年历程。20年间，市人大及其常委会坚持以马克思列宁主义、毛泽东思想、邓小平理论、"三个代表"重要思想、科学发展观、习近平新时代中国特色社会主义思想为指导，在中共阳泉市委的坚强领导下，始终秉持人民至上的理念，始终围绕中心、服务大局，始终坚持担当作为、依法履职行权，不断开创阳泉人大工作新局面，为描绘好阳泉改革发展新画卷做出新的更大贡献。

一

2001年1月至2002年3月，是阳泉市第十一届人民代表大会及其常务委员会跨世纪履职的届末之年，举行市人民代表大会会议1次，听取和审议市"一府两院"工作报告6个，就重大事项作出决议6项，选举阳泉市国家机关领导人员1名；召开市人大常委会会议8次，听取和审议市"一府两院"专项工作报告23个，就重大事项作出决议、决定4项，任免国家机关工作人员18人（次）。一年间，市人大常委会紧紧围绕全市赶超发展战略，大胆开拓，积极创新，认真行使宪法和法律赋予的职权，各项工作都有新的进展，发挥了地方国家权力机关应有的作用。强化财政预算监督，提前介入，深化调研，跟踪督办审计查出的违纪问题，推动财政预算审查监督工作由虚到实转变。强化重点工作监督，在推动发展高新技术改造传统工业、提高农村小康建设水平、促进法律法规全面正确实施等方面，加大监督力度，增强监督实效。强化执法活动监督，总结推广执法公示制、评议考核制的经验做法，全面引深执法责任制，推动法治宣传教育和依法治理，加快依法治市进程。强化人大制度宣传，编纂完成《阳泉市人民代表大会志（1949—2000）》，这是阳泉市第一部人大专业志书。强化机关自身建设，适应我国加入 WTO 以后所面临新的形势和任务，全面加强思想、政治、作风建设，努力开创新世纪人大工作新局面。

二

2002 年 3 月至 2007 年 5 月，是阳泉市第十二届人民代表大会及其常务委员会任期的五年，举行市人民代表大会会议 6 次，听取和审议市“一府两院”工作报告 31 个，就重大事项作出决议、决定 35 项，选举阳泉市国家机关领导人员 48 名，选举阳泉市出席山西省第十届人民代表大会代表 29 名；召开市人大常委会会议 35 次，听取和审议市“一府两院”专项工作报告 86 个，就重大事项作出决议、决定 24 项，任免国家机关工作人员 167 人（次）。五年间，市人大常委会按照“围绕中心、关注民生、服务大局、务求实效”的工作思路，依法行使职权，积极开展工作，圆满地完成各项工作任务，为阳泉经济建设、政治建设、文化建设和社会建设协调发展发挥了重要作用。始终致力民富，夯实社会和谐基础。坚持把促进发展作为第一要务，紧紧围绕市委关于经济工作的决策部署，依法作出《关于进一步推进全市科技进步的决议》《关于进一步加快阳泉经济技术开发区建设和发展步伐的决议》《关于进一步创新创优环境，促进非公有制经济发展的决议》，加强对新型能源和新型材料基地建设、改革审批制度和创优发展环境、自主创新和科技进步、国有企业改革和乡镇企业改制、县域经济和民营企业等工作监督，持续推动资源型城市转型、经济结构调整和增长方式转变。制定《阳泉市财政预算审查监督办法》，构建阳光规范、编制科学、约束有力的现代预算制度，努力用好人民的“钱袋子”。始终关注民生，激发社会和谐动力。坚持群众利益无小事，强化对农村税费改革、农村饮水解困、退耕还林、土地管理、城镇下岗职工再就业、阳钢破产重组、社区建设、“非典”防治、新农村建设和企业工会建设等工作的监督，助力解决政府推进工作的难点问题。强化对义务教育、职业教育、城镇职工基本医疗保障、人口与计划生育和农村卫生等工作的监督，推动市政府增加公共支出、完善分配制度，切实解决人民群众反映比较集中的“上学难、就医难、看病贵”问题。坚持弘扬先进文化，积极推进社区文化、村镇文化、企业文化和校园文化的发展，大力支持集展览馆、博物馆、图书馆为一体的市文化中心建设工程，持续满足人民群众精神文化生活的需要。始终心系民安，不断增加和谐因素。坚持把社会安定和谐作为重要责任，推动落实并不断引深执法责任制，强化司法机关和行政执法机关的内部制约，强化对涉法涉诉重大案件的个案监督，依法纠正在执法活动中造成的错案和执法过错，推动执法司法机关提高队伍素质、规范办案行为，有力促进公平正义、保障和谐稳定，维护人民群众的合法权益。始终立足民惠，着力营造和谐环境。坚持推动优化人居环境，强化对城乡环境保护、城市环境综合治理、热电联产集中供热、城市污水处理及污水管网建设、桃河综合治理、耐火行业治理整顿和市区环境保护目标及措施等工作的监督，强力督办加快市区周边严重污染企业治理、倾力打造园林城市等议案，连续五年开展以“治理环境污染，改善人居环境，建设和谐社会”为主题的环保行活动，助力建设环境友好型城市。始终重视民权，积极推动民主政治建设。坚持改革和完善自身决策机制，启动实施电子表决，邀请市民旁听会议，开设人大热线电话和网络信箱，持续扩大公民有序政治参与。按照党管干部和人大依法任免一致性原则和德才兼备的标准，严格依法行使人事任免权，规范人事任免程序，开展述职评议工作，加强对任命干部的监督，保证人民赋予的权力始终为人民谋利益。支持和服务代表依法履职，表彰奖励优秀市人大代表、常委会委员、议案建议办理先进单位，增强人大代表履行职务、国家机关工作人员接受监督的自觉意识。加强对县乡人大换届及村民委员会换届选举工作的指导，充分发挥人大在基层民主政治建设中的作用。积极开展人大宣传和理论研讨工作，举办纪念人民代表大会成立50周年暨地方人大常委会设立25周年系列纪念活动，营造全社会支持和关注人大工作的良好氛围。扎实开展保持共产党员先进性教育活动，加强长效机制建设，狠抓各项制度落实，持续提高常委会工作的科学化、规范化水平。

三

2007年5月至2012年5月，是阳泉市第十三届人民代表大会及其常务委员会任期的五年，举行市人民代表大会会议6次，听取和审议市“一府两院”工作报告31个，就重大事项作出决议、决定34项，选举阳泉市国家机关领导人员60名，选举阳泉市出席山西省第十一届人民代表大会代表27名；召开市人大常委会会议43次，听取和审议市“一府两院”专项工作报告89个，就重大事项作出决议、决定45项，任免国家机关工作人员231人（次）。五年间，市人大常委会坚持以中国特色社会主义理论体系为指导，围绕中心、依法履职，同心同德、开拓进取，为坚持和完善人民代表大会制度、加强和推进社会主义民主法治建设、保障和促进全市转型跨越发展做出积极贡献。坚持依靠党的领导，确立“三坚持”“三围绕”“三注重”工作思路，紧紧围绕市委工作中心，作出《关于强力攻坚，确保我市创建国家园林城市目标实现的决议》《关于大力推进我市创建国家环保模范城市工作的决议》《关于有效促进“三城同创”工作的决定》《关于大力推进林业生态建设，确保创建国家森林城市目标实现的决议》，努力把市委重大决策部署转化为全市人民的统一意志和自觉行动。坚持科学发展理念，把全面、协调、可持续的发展观融入监督工作，监督和支持市政府加快发展战略新兴产业和高科技企业，大力推进农村改革、新农村建设和农业产业化富民工程建设，扎实搞好煤炭资源整合与安全生产，全面落实党中央强农惠农政策，积极优化中小企业和民营经济发展环境，加快省级科技示范区建设步伐，作出《关于加快“3+2”农业产业化富民工程实施步伐的决议》《关于进一步加快我市旅游产业发展的决议》，持续推动经济发展方式加快转变，全市经济平稳较快健康发展。坚持履职为民宗旨，修订完善《阳泉市财政预算审查监督办法》，督促和支持政府及相关部门积极组织财政收入，努力调整支出结构，持续加大对基本公共服务领域的财政投入力度，先后就新北大街（新城大道）建设项目、桃河公园河道梯级蓄水二期工程等8个重点工程项目作出决议，同时督促政府有关方面健全管理机制、防范财政风险、加强资金监管、确保项目实施，充分发挥重点项目的投资拉动作用。强化对劳动就业再就业、社会保障体系建设、公共卫生社会救助、新型农村合作医疗、安全生产和环境保护、文化和教育事业、城市管理创新、棚户区改造、廉租房建设和采煤沉陷区综合治理项目等工作的监督，强力督办娘子关水源地保护议案，推动办好民生实事，增进民生福祉。坚持依法治国方略，强化法律宣传教育和司法监督工作，全面贯彻监督法及山西省实施办法，组织对40多部法律法规的执法检查，启动实施对行政执法部门的工作评议，推动加快审判制度和检察工作改革步伐，强化对信访案件的督察督办，努力营造有利于转型跨越发展的法治环境。坚持发展民主政治，持续强化代表培训和履职保障，推动代表不断提高素质，密切联系群众、广泛集中民智民意、提出高质量议案建议，在经济社会建设中发挥带头作用。强化对县乡人大工作的全面指导，增强全市人大系统的纵向和横向联系，促进了相互间的工作交流和借鉴。

坚持加强和改进人大宣传工作，按照有力有效有声有色“四有”目标，坚定政治方向和正确导向、加强阵地建设和队伍培育，组织深度报道和提升宣传质量，创办《阳泉人大》双月刊，开辟主流媒体人大专栏，持续开展系列宣传活动，党的人大制度更加走进基层，贴近群众，融入人心。坚持加强常委会及机关自身建设，以开展学习实践科学发展观活动、保持共产党员纯洁性活动为契机，持续不懈推进学习型机关建设，构建述学、督学、评学、考学、奖学制度，实现“学理论、议工作、解难题、促发展”常态化。持续不懈加强制度建设，构建严密、系统、科学的管理体系，加强检查考核和督促落实，提升制度执行力。持续不懈加强勤政廉政建设，强化纪律约束，推进作风转变，全力打造学习型、效能型、创新型人大干部队伍，努力推动人大工作不断迈上新的台阶。

四

2012 年 5 月至 2017 年 3 月，是阳泉市第十四届人民代表大会及其常务委员会任期的五年，举行市人民代表大会会议 6 次，听取和审议市“一府两院”工作报告 31 个，就重大事项作出决议、决定 33 项，选举阳泉市国家机关领导人员 49 名，选举阳泉市出席山西省第十二届人民代表大会代表 26 名；召开市人大常委会会议 45 次，听取和审议市“一府两院”专项工作报告 81 个，就重大事项作出决议、决定 41 项，任免国家机关工作人员 259 人（次）。五年间，市人大常委会深入学习贯彻习近平总书记系列重要讲话精神和治国理政新理念新思想新战略，按照“五位一体”总体布局、“四个全面”战略布局，依法履行职责，积极开展工作，为全市经济发展、民生改善、法治进步、社会和谐做出积极贡献。坚持以习近平总书记系列重要讲话精神作为履职行权的行动指南，深入开展党的群众路线教育实践活动、“三严三实”专题教育、学习讨论落实活动、“两学一做”学习教育，自觉坚持市委的集中统一领导，严格执行重大事项向市委请示报告制度，紧紧围绕市委的决策部署思考、谋划和推进人大工作。始终坚持党管干部原则，确保市委人事安排意图的全部实现。强化对基层人大工作的指导，拟定了加强县乡人大工作和建设的实施意见，呈报市委批转全市贯彻执行。出台了落实党管意识形态工作责任制的实施意见，加强和改进人大新闻宣传工作，在国家、省和市级主流媒体发表文章 350 余篇，发挥宣传党的政策、通达社情民意、关注社会热点、回应群众关切、凝聚发展共识的作用。牢牢扛起党要管党、全面从严治党政治责任，组织推动各级人大代表和人大工作者坚定“四个意识”，增强“四个自信”，确保党中央和省委、市委各项决策部署在人大工作中全面贯彻执行。坚持以“五大发展理念”为引领，围绕落实稳中求进工作总基调，围绕“十三五”发展深入调研，依法开展“十二五”规划中期评估，加强对宏观经济运行情况的监督，推动提升经济运行的质量和水平。围绕培育壮大新业态，强化对发展小微企业、特色农业、旅游产业、装备制造业、新能源产业、现代服务业、“互联网 +”产业等工作的监督，首次采用刚性监督方式，就“项目推进年”工作实施情况开展专题询问，助推供给侧结构性改革，培育壮大新业态，打造经济升级版。围绕实施创新驱动战略，强化对行政审批制度改革、市属国有企业改革、科技成果转化、转型综改试验区建设、信息产业示范园建设、金融信用体系建设、先行先试政策创新和“双创”政策落地等工作的监督，推动市政府向改革要动力、向创新要活力，出台《关于授予阳泉市荣誉市民称号的规定》，建立对全市有重要贡献者的荣誉激励机制。围绕管好人民的“钱袋子”，加强全口径预算决算审查监督，推动政府将市级公共财政预算、政府性基金预算、社保基金预算，全部提交人代会审查批准，政府及部门预决算和“三公”经费决算全部向社会公开，政府每年向常委会报告审计查出问题的整改情况。坚持以人民为中心的发展理念，连年开展饮用水安全、食品药品安全、农产品质量安全等工作的监督检查，努力保障人民群众“舌尖上的安全”。强化对桃河流域生态建设、娘子关水源地保护、市污水处理厂二期工程建设和矸石山治理等工作的监督，专题督查大气、水、土壤污染治理工作，连年开展阳泉环保行活动，助推解决突出环境问题，努力打赢环保攻坚战。强化对城市道路建设、交通管理、园林绿化、管网建设、管理执法、公共交通和防震减灾等工作的监督，实施对城乡环境卫生综合整治工作的专题询问，推动完善城市功能、改善城市形象、提升城市品位。强化对教育、文化、体育、医疗卫生、住房安居、社会保障、脱贫攻坚、救灾救济、公共事业等工作的调研和监督，推动新型城镇化、基本公共服务均等化及“民心工程”建设，努力让人民群众有更多的获得感、更强的幸福感。坚持在法治的轨道上推进治理能力现代化，加强地方立法能力建设，积极争取并成功获批地方立法权，组织起草地方立法条例，开启阳泉法治建设的新征程。担当民主法治领域改革组织协调职责，组织市直有关部门坚持目标导向和问题导向，完善体制机制，一批发展民主、健全法治的改革措施在全市渐次推开。坚持把权力关进制度的“笼子”，出台加强和改进人大监督工作、讨论决定重大事项、监督司法工作、地方立法协商、对任命的市“一府两院”国家工作人员加强监督等规范性文件，健全权力监管流程，规范权力运行机制。加强法治宣传教育，出台宪法宣誓实施办法，组织被任命干部公开向宪法宣誓工作走在全国前列。坚持加强人大代表和人大常委会机关建设，启用代表建议网上办理系统，提升代表议案和建议办理质效；对严重违纪违法的人大代表，及时启动追责程序，维护代表队伍的先进性和纯洁性。强化对县乡人大工作的联系指导，起草加强乡镇人大工作和建设的实施意见，呈报市委批转全市贯彻执行。出台落实党管意识形态工作责任制的实施意见，加强和改进人大新闻宣传工作，加快国家权力机关工作的民主化、公开化步伐。积极开展学习型常委会和机关创建活动，实施机关四级干部同台交流学习体会制度、主流媒体发表文章量化考核制度、理论先导小组学习研讨制度，促进理论联系实际，知行合一，学以致用。坚持正确选人用人导向，积极推荐优秀青年干部到乡村挂职锻炼、进企业促进发展、下基层帮扶脱贫、带课题调查研究，实施内部轮岗交流，多岗位锻炼干部。加大党内法规制度落实力度，强化严格遵章执纪有效措施，形成和巩固风清气正、干事创业的良好风尚。常委会机关老干部党支部被中组部授予“全国离退休干部先进集体”荣誉称号。

五

2017 年 3 月至 2020 年 12 月，是阳泉市第十五届人民代表大会及其常务委员会任期的前四年，举行市人民代表大会会议 5 次，听取和审议市“一府两院”工作报告 24 个，就重大事项作出决议、决定 27 项，选举阳泉市国家机关领导人员 55 名，选举阳泉市出席山西省第十三届人民代表大会代表 25 名；召开市人大常委会会议 35 次，听取和审议市“一府两院”专项工作报告 53 个，就重大事项作出决议、决定 28 项，任免国家机关工作人员 192 人（次）。四年间，市人大常委会高举中国特色社会主义伟大旗帜，坚持以习近平新时代中国特色社会主义思想为指导，围绕市委中心工作，认真履行法定职责，积极回应群众期盼，全力服务转型发展，不断推动新时代人大工作与时俱进，为阳泉经济社会发展和民主法治建设做出新贡献。坚持党的全面领导，把握正确政治方向。深学笃用习近平新时代中国特色社会主义思想，每年召开市县乡三级人大学用习近平总书记关于坚持和完善人民代表大会制度的重要思想交流会，在学思践悟中加强理论武装、指导实践创新，总结完善了“三点三同”（围绕市委重点、与党委同向，旗帜鲜明讲政治，坚持党的领导有新境界；关注百姓热点、与人民同心，为民代言献实策，保障人民当家作主有新作为；盯住政府难点、与政府同力，依法履职促发展，落实依法治国方略有新成效）工作思路，确保市委主张通过法定程序转化为全市人民群众的共同意志和自觉行动，确保在全面完成招商引资、疫情防控、创卫攻坚、环保督导、项目包保及民主法治领域改革等重大政治任务中发挥表率作用。坚持党管干部和人大依法任免相统一，严格任免程序，强化跟踪监督，启动对被任命人员的述职评议，每年组织12名“一府两院”领导干部在常委会会议上进行述职，接受组成人员评议，有效贯彻国家机关工作人员由人大产生、对人大负责、受人大监督的宪法精神。坚持科学民主立法，提高地方立法水平。健全市委领导、人大主导、政府依托、各方参与的立法工作格局，完善计划和法规草案公开征求意见机制、“一库一点一基地”工作机制、法规草案多元起草机制、立法沟通协调机制、上下级人大立法工作联系机制、法规草案审议机制。加强重点领域立法，制定完成并颁布实施道路交通安全管理、城市绿化、爱国卫生、市容和环境卫生管理、大气污染防治、集中供热、住宅专项维修资金管理、黑热病防治等地方性法规，提请省人大常委会批准颁发阳泉市文明行为促进条例，启动红色文化保护传承、娘子关泉饮用水水源地保护、滹沱河生态保护立法调研，实施对地方性法规的执法检查和立法后评估，提高立法质效，推动良法善治。全国人大常委会法工委备案审查室主任梁鹰对阳泉“三点三同”的立法思路给予高度评价，指出“三点三同”工作法，概括得非常好，把握住了地方立法的指导方针，值得在全国所有设区市的地方立法工作中学习和推广。坚持依法有效监督，精准服务转型综改。紧紧围绕市委关于推动转型发展的决策部署，强化对中小微企业发展、市属国企国资改革、贯彻落实国发〔2017〕42号文件、项目建设和招商引资、科技创新和成果转化、脱贫攻坚和乡村产业振兴等工作的监督，实施对新材料、数字经济、现代物流等“七大产业板块”发展情况的调研，组织五级人大代表视察转型重点项目建设，作出支持阳泉融盛投资控股集团有限公司转型发展的决议，助力构建支撑阳泉转型发展的“四梁八柱”。坚持聚焦财力保障，提升预算监督水平。全面落实推进全口径预决算审查监督，听取审议国有资产管理综合报告、金融企业国有资产管理情况的报告、行政事业性国有资产管理情况的报告，将国有资产管理情况纳入人大监督视野，有效贯彻“人民资产人民管”的监督理念。启动建成市县乡人大三级预算联网监督中心，形成在线及时发现问题，并追踪整改、落实反馈的闭环式监督机制。省人大在阳泉召开专场培训和观摩会，全国人大编发简报，中国人大杂志刊发纪实报道，推介阳泉预算联网监督工作经验。坚持用好法律武器，努力增进百姓福祉。制定出台执法检查办法，用好法律巡视利剑，围绕落实“五城联创”和“蓝天、碧水、净土保卫战”的目标任务，加强生态环境状况、森林公园建设、河长制等工作监督，组织五级人大代表视察“创卫”和城建工程推进情况，每年开展“环保行”记者团集中采访活动，听取市政府关于生态环境状况和生态环境保护目标完成情况的报告，并对整改落实情况进行满意度测评，助力守护碧水蓝天绿地，建设生态美好家园。围绕促进人的全面发展，强化对安全生产、脱贫攻坚、乡村振兴、水利惠农、城市建设、文化教育旅游事业、城乡规划、医疗卫生、康养产业、社会救助、防震减灾、文物保护、民族宗教、中小学教育、教师队伍建设、道路交通安全、公共文化设施建设、国家卫生城市创建、保障性住房建设、体育和健康产业发展、预防和制止家庭暴力、清真食品监管等工作的监督，开展对阳大铁路建设情况的专题询问，作出批准阳大铁路项目资金缺口列入财政预算的决议，精准对接群众所需，助力办好民生实事。坚持密切联系群众，不断创新联系方法。制定实施提升“14710三联系”工作法，每年联系3000余名各级人大代表和人民群众。通过四年的完善提升，“三联系”工作呈现“大循环”拓展、“直通车”办理、“一体化”实施、“三驱动”推进、“链条式”规范五个特点，代表建议的提出和办理质量明显提高，市委将代表建议办理情况纳入市直部门年度目标责任考核体系，让代表打分，让代表评价。健全代表履职经费保障机制，通信交通补贴发放到位。

加强代表思想政治建设，组织开展“向申纪兰学习，做人民好代表”活动，用实际行动践行“人民选我当代表，我当代表为人民”的庄严承诺。全国人大常委会办公厅编发专刊，全面介绍阳泉代表工作经验。坚持搞好“三级联动”，夯实人大工作基础。加强对县乡人大的联系指导，每年召开市县乡三级人大工作现场观摩会，大规模推进市县乡交流学习一体化，用先进经验推动全市人大事业同步协调发展。加强代表联络站全覆盖和规范化建设，组织县乡人大新改扩建代表联络站45个、联络点119个，实现乡镇、街道有联络站，重点村和社区设联络点。召开联络站建设验收工作会议，举行五级代表集中进站启动仪式，市级领导带头进站，一线听取群众呼声与诉求，紧盯群众关键小事，助力解决民生大事。组织推动县级人大增加机构设置，农业县区人大全部设立法制、财经、教科文卫、城建环保、农村、人事代表及办公室等机构，实现了“一室六委”7个机构。城区、矿区人大将农村和其他机构合署，达到“一室五委”要求。通过增加56个人员编制，县级人大“一委一人”问题得到有效解决，乡级人大全部增配了专职工作人员。各项指标全部达到了省委的规定要求，长期困扰县乡人大发展的问题得到根本性解决。市人大常委会机关机构设置和人员编制相继完善，增设社会建设委员会、监察和司法工作委员会两个正县级机构及老干部服务中心、预算联网监督中心两个正科级全额预算拨款事业单位，信息中心加挂代表联络站牌子，行政事业编制增加23名，监督管理体系进一步理顺，强化和提升了机关整体功能。坚持加强队伍建设，常委会党组从严从实履行管党治党政治责任，坚持不懈抓党建，构建形成“党组、党总支、党支部、党小组”四级联动的机关党建工作格局，成功创建省级文明单位；与时俱进增本领，组织干部参加政治测试、业务测评，检验学习成效，参加创卫、环保督导，驻村帮扶脱贫，锤炼过硬本领，获得市级以上多项荣誉；驰而不息改作风，制定落实中央八项规定精神实施细则，班子领导带头“约法三章”，兑现廉政承诺，引领新风正气，全力支持派驻纪检监察组监督执纪问责、监督调查处置，以钉钉子精神强化警示教育、正风肃纪反腐、整改存在问题；制度建设更规范，修订完善四大板块52项制度，着力形成按制度办事、靠制度管人、用制度规范行为的长效机制；新闻宣传讲质量，巩固和完善以市级为龙头、县区为骨干、乡镇为基础的大宣传格局，争取和承接省人大常委会组织的“三晋人大代表采风行”阳泉活动，来自中央和省级20余家媒体深度采访市县乡人大工作和代表履职亮点，在中央和省级媒体刊发新闻作品百余件，发挥了宣传人大制度、讲好阳泉故事、展示阳泉良好形象的作用。

奋斗成就伟业，担当谱写华章。站在“两个一百年”奋斗目标的历史交汇点，阳泉市人大及其常委会一定会迈出更加坚定的步伐，为坚持和完善人民代表大会制度、加快推进社会主义民主政治建设、谱写全方位推进高质量发展阳泉篇章做出新的更大的贡献！

人民代表大会制度的明天一定会更美好！

大事记

2001年

2月25日—3月2日　阳泉市第十一届人民代表大会第六次会议召开。会议听取和审议阳泉市政府工作报告、国民经济和社会发展第十个五年计划纲要的报告、2000年国民经济和社会发展计划执行情况与2001年国民经济和社会发展计划草案的报告、2000年总预算及市本级预算执行情况和2001年总预算及市本级预算草案的报告、人大常委会工作报告、中级人民法院工作报告和人民检察院工作报告，并通过相关决议。会议补选王元寿为阳泉市人民检察院检察长。

4月24日—25日　市十一届人大常委会第二十八次会议听取和审议市政府《关于全市撤乡并镇人大选举工作情况的报告》。常委会向市委提交《关于在撤并乡镇中严格依法搞好人大选举工作的实施意见的报告》，加强对撤乡并镇人大选举工作的具体指导。在市县乡各级的共同努力下，全市撤乡并镇工作开局良好，进展顺利。乡镇总数由57个减少到32个，精减幅度达43.9%。

12月4日　中共阳泉市委印发《阳泉市人民代表大会常务委员会、政协阳泉市委员会职能配置、内设机构和人员编制方案》（阳发〔2001〕60号），对市人大及其常委会机构设置和各机构主要职责作出规定。

2002年

2月28日—3月5日　阳泉市各县区和阳泉军分区暨驻阳泉部队分别选举产生出席阳泉市第十二届人民代表大会代表。

2月　《阳泉市人民代表大会志（1949—2000）》由山西人民出版社出版。

3月23日—29日　阳泉市第十二届人民代表大会第一次会议召开。会议听取和审议阳泉市政府工作报告、2001年国民经济和社会发展计划执行情况与2002年国民经济和社会发展计划草案的报告、2001年总预算及市本级预算执行情况和2002年总预算及市本级预算草案的报告、人大常委会工作报告、中级人民法院工作报告、人民检察院工作报告。会议表决通过相关决议，确立《切实做好扩大城镇劳动就业工作》《关于进一步发展非公有制经济》两件议事原案立为大会议案。会议选举丁贵生为市十二届人大常委会主任，刘建田、杨清风、朱礼厚（女）、王元寿、王七孩为副主任，李明为秘书长；选举郭良孝为市人民政府市长，王舰民、樊盛武、陈继光、王敬瑞、李体柱、刘兆林为副市长；选举冯少勇为市中级人民法院院长，张仲马为市人民检察院检察长；选举产生23名市十二届人大常委会委员；表决通过市十二届人大各专门委员会主任委员、副主任委员、委员名单。

6月12日—14日　市十二届人大常委会第一次会议表决通过市政府秘书长及组成部门主要负责人任职事项，新一届市政府组建工作全面完成。

7月11日　全市人大宣传工作会议召开，出台《关于加强和改进人大制度与民主法制新闻宣传工作的意见》。

8月14日　市十二届人大常委会第二次会议听取和审议市政府《关于科技工作情况的报告》，作出《关于进一步推进全市科技进步的决议》，动员全市上下加快提升企业自主创新能力，把科技进步体现到经济社会建设各个方面。

9月27日　市十二届人大常委会组成人员视察桃河治理工程，要求大力宣传和弘扬桃河治理中展现出的团结拼搏、勇于奉献、敢于创新的精神；顺应城市未来发展需要，把桃河治理做成城市精品工程，起点再上一层，标准再高一点，做到十几年、几十年不落后；把桃河上游生态环境治理摆在重要位置，充分考虑桃河主河槽蓄水问题，大胆试验，让碧波在桃河荡漾起来，让灵气回到桃河，为全市人民创造一个舒适优美的生活生存环境。

11 月 19 日—20 日　阳泉市第十二届人民代表大会第二次会议召开。会议选举市委书记程步云，市委副书记、市长郭良孝，市人大常委会主任丁贵生等 29 人为阳泉市出席山西省第十届人民代表大会代表。

2003 年

2 月 26 日　市十二届人大常委会第六次会议表决通过《阳泉市人大常委会述职评议办法》，进一步规范述职评议工作，督促常委会任命的市政府组成人员，市中级人民法院、市人民检察院领导人员依法履行职务。

4 月 17 日—22 日　阳泉市第十二届人民代表大会第三次会议召开。会议听取和审议阳泉市政府工作报告、2002 年国民经济和社会发展计划执行情况与 2003 年国民经济和社会发展计划草案的报告、2002 年总预算及市本级预算执行情况和 2003 年总预算及市本级预算草案的报告、人大常委会工作报告、中级人民法院工作报告、人民检察院工作报告，并通过相关决议。会议补选张清为市十二届人大常委会副主任。

5 月 9 日　市十二届人大常委会第八次会议作出《关于进一步贯彻〈中华人民共和国传染病防治法〉，加强全市防治非典型肺炎工作的决议》，号召全市人民紧急行动起来，打好非典型肺炎防治工作的攻坚战，努力夺取全市防治非典型肺炎工作的全面胜利。

6 月 24 日—25 日　市十二届人大常委会第九次会议批准郭良孝辞去市人民政府市长职务，决定任命谢海为市人民政府副市长，代理市长职务。

8 月 20 日—21 日　市十二届人大常委会第十次会议作出《关于进一步创新创优环境促进非公有制经济发展的决议》，推动全市上下深入贯彻落实中共十六大关于“必须毫不动摇地巩固和发展非公有制经济”“必须毫不动摇地鼓励、支持和引导非公有制经济发展”的决策部署。

9 月 15 日—16 日　全国二十四城市人大工作研讨会第十四次会议在阳泉市召开，山西省人大常委会党组书记、常务副主任纪馨芳，市委书记程步云，代市长谢海到会祝贺并讲话。市人大常委会围绕对“一府两院”工作报告实行表决制度的探索实践作会议交流。

10 月 28 日—29 日　市十二届人大常委会第十一次会议作出《关于进一步加快阳泉经济技术开发区建设和发展步伐的决议》，动员全社会力量推动市经济技术开发区加快二次创业步伐。

2004 年

2 月 24 日—28 日　阳泉市第十二届人民代表大会第四次会议召开。会议听取和审议阳泉市政府工作报告、2003 年国民经济和社会发展计划执行情况与 2004 年国民经济和社会发展计划草案的报告、2003 年总预算及市本级预算执行情况和 2004 年总预算及市本级预算草案的报告、人大常委会工作报告、中级人民法院工作报告、人民检察院工作报告。会议表决通过相关决议，确立《关于加强全市社区建设的议案》为大会议案。会议补选谢海为市人民政府市长。

3 月 23 日—24 日　市十二届人大常委会第十四次会议召开述职评议专题会议，对市交通局、市人事局主要负责人履行职务情况进行测评。

9 月 21 日　阳泉市纪念人民代表大会成立 50 周年暨地方人大常委会设立 25 周年大会召开。

市委书记程步云讲话，市人大常委会主任丁贵生主持大会，市四大班子领导、部分人大代表和全市副县级以上干部参加大会。

12月28日　市十二届人大常委会第二十次会议补选市委书记谢海为山西省第十届人民代表大会代表。

2005年

2月5日　市人大常委会机关召开开展保持共产党员先进性教育活动动员大会。教育活动按学习教育、分析评议和整改提高三个阶段分步实施。总体目标是提高党员素质、加强基层组织、服务人民群众、促进各项工作。

4月7日—11日　阳泉市第十二届人民代表大会第五次会议召开。会议听取和审议阳泉市政府工作报告、人大常委会工作报告、中级人民法院工作报告、人民检察院工作报告，审查阳泉市2004年国民经济和社会发展计划执行情况与2005年国民经济和社会发展计划草案的报告、2004年总预算及本级预算执行情况和2005年总预算及市本级预算草案的报告。会议表决通过相关决议，确立《关于加快市区及周边严重污染企业治理的议案》为大会议案。会议补选荆东生为市十二届人大常委会副主任。

10月12日　市委举办人大代表培训班，市人大常委会主任丁贵生，市委常委、市委组织部部长出席开班仪式。

12月13日　市委、市政府印发《关于命名第九批文明单位（村）的决定》（阳发〔2005〕34号），市人大常委会机关被命名为标兵文明单位。

12月28日　省委、省政府召开第八次全省离退休干部暨老干部工作“双先”表彰大会，授予市人大常委会机关老干部支部先进离退休干部党组织。

2006年

2月28日　市十二届人大常委会第二十六次会议批准谢海辞去市人民政府市长职务。决定任命白云*为市人民政府副市长，代理市长职务。

4月11日—15日　阳泉市第十二届人民代表大会第六次会议召开。会议听取和审议阳泉市政府工作报告、人大常委会工作报告、中级人民法院工作报告、人民检察院工作报告；审查阳泉市国民经济和社会发展第十一个五年规划纲要、阳泉市2005年国民经济和社会发展计划执行情况与2006年国民经济和社会发展计划草案的报告、2005年总预算及市本级预算执行情况和2006年总预算及市本级预算草案的报告。会议表决通过相应决议，确立《关于倾力打造园林城市全面提升人居环境的议案》为大会议案。会议补选白云为市人民政府市长，吴学斌、段存寿为市十二届人大常委会副主任。

9月7日　市十二届人大常委会第三十次会议决定任命王旭明为市人民政府副市长。

9月8日　市十二届人大常委会第三十一次会议决定任命王湜洲*为市人民政府副市长。

9月18日　市委人大工作会议召开，出台《关于贯彻省委人大工作会议精神加强和改进人大工作的实施意见》和《中共阳泉市委关于表彰全市人大工作先进集体的决定》。市委书记谢海讲话，市人大常委会党组书记孙水生传达省委人大工作会议精神，市委常委、市委秘书长樊盛武宣读《中共阳泉市委关于表彰全市人大工作先进集体的决定》。市四大班子领导出席会议。

10月12日　全省基层人大工作研讨会在阳泉召开，省人大工作与理论研究会会长卢功勋，副会长王民、张邦应、孙祥炎、光敏出席，市委书记谢海致辞。市人大常委会主任丁贵生就学习贯彻省委人大会议精神作交流发言。

12月28日—29日　市十二届人大常委会第三十三次会议决定任命王冬雪为市人民政府副市长（挂职）。

2007年

4月28日　市人大常委会召开优秀代表、优秀委员暨办理代表议案、建议、意见先进单位和先进个人表彰大会，市委书记谢海作书面讲话。

4月　阳泉市各县区选举产生出席市十三届人民代表大会代表。

5月27日—6月1日　阳泉市第十三届人民代表大会第一次会议召开。会议听取和审议阳泉市政府工作报告、人大常委会工作报告、中级人民法院工作报告、人民检察院工作报告；审查阳泉市2006年国民经济和社会发展计划执行情况与2007年国民经济和社会发展计划草案的报告、2006年总预算及市本级预算执行情况和2007年总预算及市本级预算草案的报告。会议表决通过相关决议，确立《关于娘子关水源亟需保护的议案》为大会议案。会议选举孙水生为市十三届人大常委会主任，张清、荆东生、吴学斌、段存寿、吴丽萍（女，满族）为副主任，高中和为秘书长；选举白云（女）为市人民政府市长，王旭明、王敬瑞、李体柱、刘兆林、王湜洲、王冬雪（挂职）为副市长；选举冯少勇为市中级人民法院院长、张仲马为市人民检察院检察长；选举产生30名市十三届人大常委会委员；表决通过市十三届人大各专门委员会主任委员、副主任委员、委员名单。

7月30日　市十三届人大常委会第二次会议表决通过市政府秘书长及组成部门主要负责人任职事项，新一届市政府组建工作全面完成。

8月3日　市委书记谢海就搞好新时期人大工作，促进社会主义经济、政治、文化、社会建设到市人大常委会机关调研。

9月28日　全市人大新闻宣传工作会议召开，出台《关于进一步加强和改进人大宣传工作的意见》。

11月28日　市人大常委会机关召开创建学习型机关动员大会，出台创建学习型机关活动实施方案，提出“科学理论武装、具有世界眼光、善于把握规律、富有创新精神”总体要求，开展“六个一”读书学习活动（每个党员和干部每月至少读一本好书、每半月至少写一篇学习心得、各党支部每月组织一次学习座谈会、党总支每两个月组织一次学习交流会、每两个月编印一期《学习》专刊、每年召开一次总结表彰会议），届内举办24期学习交流会，164人（次）参加会议交流。

12月5日—7日　阳泉市第十三届人民代表大会第二次会议召开。会议选举省人大常委会党组副书记、常务副主任杨安和，市委书记谢海，市人大常委会主任孙水生等27人为阳泉市出席山西省第十一届人民代表大会代表。

12月27日—28日　市十三届人大常委会第六次会议召开，首次任命检察工作人民监督员，强化人民群众监督检察机关工作的参与度。

2008年

4月7日—11日　阳泉市第十三届人民代表大会第三次会议召开。会议听取和审议阳泉市政府工作报告、人大常委会工作报告、中级人民法院工作报告、人民检察院工作报告；审查阳泉市2007年国民经济和社会发展计划执行情况与2008年国民经济和社会发展计划草案的报告、2007年总预算和市本级预算执行情况及2008年总预算和市本级预算草案的报告。会议表决通过相关决议，确立《关于加强统筹规划，加快全市区域经济协调发展的议案》为大会议案。

5月21日　市人大常委会举行为汶川地震灾区人民献爱心捐助仪式，发出《关于积极投身抗震救灾活动的倡议》，常委会组成人员、全市人大代表和人大工作者共向汶川灾区捐款420万元。

6月26日　市十三届人大常委会第十次会议作出《关于进一步加快我市旅游产业发展的决议》，动员全市各级全力推动旅游产业的持续快速健康发展，为全面建设小康社会，实现阳泉市在全省争先发展、在中部同等城市率先崛起的“两先”目标做出新的贡献。

7月10日　阳泉市机构编制委员会印发《关于阳泉市人大常委会增设民族宗教侨务外事工作委员会的通知》（阳编字〔2008〕9号），决定增设市人大常委会民族宗教侨务外事工作委员会，并明确其主要职责。

10月24日　市十三届人大常委会第十二次会议表决通过《关于修改〈阳泉市财政预算审查监督办法〉的决定》，推动建立阳光规范、编制科学、约束有力的现代预算制度，确保预算运作全过程置于人大代表的监督视角；作出《关于批准有线电视数字平台建设及电视数字整体转换工程项目贷款的决议》，依法支持市政府以财政担保的贷款方式，加快民生领域重点项目建设，更好地满足人民群众日益增长的物质文化生活需要。

2009年

3月16日　市人大常委会机关召开深入学习实践科学发展观动员大会。活动自2009年3月上旬启动，至9月中旬基本完成，整个活动分学习调研、分析检查、整改落实3个阶段。总体目标是党员干部得到教育，履职能力得到增强，人大工作得到提升。

4月14日　市十三届人大常委会第十六次会议决定任命李栋梁为市人民政府副市长，代理市长职务。

5月22日—26日　阳泉市第十三届人民代表大会第四次会议召开。会议听取和审议阳泉市政府工作报告、人大常委会工作报告、中级人民法院工作报告、人民检察院工作报告；审查阳泉市2008年国民经济和社会发展计划执行情况与2009年国民经济和社会发展计划草案的报告、2008年总预算和市本级预算执行情况及2009年总预算和市本级预算草案的报告。会议表决通过相管决议及《阳泉市人民代表大会议事规则》《阳泉市人民代表大会及其常务委员会讨论、决定重大事项的规定》，确立《关于加强我市食用农产品质量安全监管的议案》为大会议案。会议补选李栋梁为市人民政府市长、王志刚*为市中级人民法院院长、胡克勤为市人民检察院检察长。

8月12月　市委召开“三城同创”动员会，全面启动创建国家园林城市、国家卫生城市、国家环保模范城市工作。随后召开的市十三届人大常委会第十九次会议听取和审议市政府《关于创建园林城市工作进展情况的报告》，作出《关于有效促进“三城同创”工作的决定》。

8月28日　全国人大常委会副委员长、民革中央主席周铁农在阳泉市调研，实地察看郊区桃林沟村新农村建设情况。

11月17日　全省纪念地方人大设立常委会30周年理论研讨会暨省人大工作与理论研究会年会在盂县召开。省人大常委会党组副书记、常务副主任杨安和，秘书长朱明；省人大工作与理论研究会会长卢功勋，副会长范堆相、徐生岚、曹馨仪、白陞、张铭，顾问王民、光敏等出席会议。研究会常务理事、市人大常委会主任孙水生作会议交流。

11月18日　市人大常委会召开评议市工商局工作会议，首次对省垂直管理的行政执法部门工作进行评议。

2010年

5月5日—9日　阳泉市第十三届人民代表大会第四次会议召开。会议听取和审议阳泉市政府工作报告、人大常委会工作报告、中级人民法院工作报告、人民检察院工作报告；审查阳泉市2009年国民经济和社会发展计划执行情况与2010年国民经济和社会发展计划草案的报告、2009年总预算和市本级预算执行情况及2010年总预算和市本级预算草案的报告，并表决通过相关决议。会议补选王振国为市十三届人大常委会副主任，吕誉耀为秘书长。

7月21日　全市人大宣传工作会议召开，出台《关于进一步做好人民代表大会制度和人大工作宣传报道的若干意见》。

10月12日　市人大常委会召开评议市质检局工作会议。

10月14日　市人大常委会主任会议成员带队视察“三城同创”重点工程。

11月17日　全国人大常委会副委员长陈至立率检查组在阳泉市进行《中华人民共和国节约能源法》执法检查。

11月18日　阳泉市贯彻《山西省实施〈中华人民共和国各级人民代表大会常务委员会监督法〉办法》工作会议召开，市“一府两院”负责人作表态发言。

2011年

5月9日—13日　阳泉市第十三届人民代表大会第六次会议召开。会议听取和审议阳泉市政府工作报告、人大常委会工作报告、中级人民法院工作报告、人民检察院工作报告；审查阳泉市国民经济和社会发展第十二个五年规划纲要、2010年国民经济和社会发展计划执行情况与2011年国民经济和社会发展计划草案的报告、2010年总预算和市本级预算执行情况及2011年总预算和市本级预算草案的报告，并表决通过相关决议。会议补选郜爱国为市十三届人大常委会副主任，董仙桃（女）为市人民政府副市长。

9月28日　市十三届人大常委会第三十八次会议决定任命赵峰*为市人民政府副市长。

10月20日　市十三届人大常委会第三十九次会议听取和审议市政府《关于全市林业生态建设情况的报告》，作出《关于大力推进林业生态建设的决议》，推动全市上下坚持生态立市战略，努力实现大地增绿、林业增效、农民增收目标。

12月　阳泉市机构编制委员会办公室印发《关于阳泉市人大常委会信访办公室设置为副县级机构的通知》（阳编办字〔2011〕116号），明确市人大常委会办公厅信访科更名为市人大常委会信访办公室，机构升格为副县级，为市人大常委会工作机构。

2012年

2月10日　住房和城乡建设部发布公告，命名阳泉市为国家园林城市。2006年4月，召开的阳泉市第十二届人民代表大会第六次会议作出《关于〈倾力打造园林城市全面提升人居环境〉议案的决定》。市政府认真落实大会议案，先后投资近50亿元，密植生态“绿网”，打造国字号“绿色名片”，成为山西省继太原、长治、晋城后第四个获批“国家园林城市”的地级市。

4月24日—29日　阳泉市各县区选举产生出席阳泉市第十四届人民代表大会代表。

5 月 11 日　市十三届人大常委会举行《走过五年系列丛书》首发式。

5 月 25 日—30 日　阳泉市第十四届人民代表大会第一次会议召开。会议听取和审议阳泉市政府工作报告、人大常委会工作报告、中级人民法院工作报告、人民检察院工作报告；审查阳泉市 2011 年国民经济和社会发展计划执行情况与 2012 年国民经济和社会发展计划草案的报告、2011 年总预算和市本级预算执行情况及 2012 年总预算和市本级预算草案的报告，并表决通过相关决议。会议选举刘高官为市十四届人大常委会主任，王振国、刘兆林、吴丽萍（女，满族）、孙金明、吕昌政、刘志强为副主任，唐麟为秘书长；选举李栋梁为市人民政府市长，王旭明、刘星、任衍钢、董仙桃（女）、赵峰为副市长；选举王志刚为市中级人民法院院长；选举王守林为市人民检察院检察长；选举产生 29 名市十四届人大常委会委员；表决通过市十四届人大各专门委员会主任委员、副主任委员、委员名单。

6 月 25 日—28 日　全国二十四城市人大工作研讨会第二十三次会议在阳泉市举行，省人大常委会副主任王雅安应邀出席并讲话，市委、市政府主要领导分别致欢迎词和介绍市情，市人大常委会主任刘高官主持开幕式。

7 月 30 日　市十四届人大常委会第一次会议表决通过市政府秘书长及组成部门主要负责人任职事项，新一届市政府组建工作全面完成。

8 月 21 日—22 日　市十四届人大常委会第二次会议决定任命徐芃为市人民政府副市长(挂职)。

11 月 27 日—29 日　阳泉市第十四届人民代表大会第二次会议召开。会议选举省委常委、政法委书记王建明，副省长郭迎光，市委副书记、市长李栋梁，市人大常委会主任刘高官等 26 人为阳泉市出席山西省十二届人民代表大会代表；补选陈明华 * 为市中级人民法院院长。

12 月 26 日　市人大工作与理论研究会召开成立大会暨 2012 年年会。会议选举产生首届常务理事会及会长会议成员，刘高官为名誉会长，孙水生为会长。

2013 年

2 月 8 日　市十四届人大常委会第六次会议决定任命陈永奇为市人民政府副市长，代理市长职务。

4 月 2 日　市十四届人大常委会第八次会议表决通过《阳泉市人民代表大会常务委员会专题询问暂行办法》。

4 月 9 日—12 日　阳泉市第十四届人民代表大会第三次会议召开。会议听取和审议阳泉市政府工作报告、人大常委会工作报告、中级人民法院工作报告、人民检察院工作报告；审查阳泉市 2012 年国民经济和社会发展计划执行情况与 2013 年国民经济和社会发展计划草案的报告、2012 年全市和市本级预算执行情况与 2013 年全市和市本级预算草案的报告，并表决通过相关决议。会议补选陈永奇为市人民政府市长。

5 月 7 日　市十四届人大常委会第九次会议决定任命李利生 *、郝培亮为市人民政府副市长。

8 月 2 日　市人大常委会召开评议国土资源工作会议。中国人大新闻网刊发会议纪实报道。

10 月 29 日—30 日　市十四届人大常委会第十四次会议对市政府“项目推进年”工作实施情况进行专题询问。《人民代表报》头版刊发会议纪实报道。

2014 年

2 月 27 日　市人大常委会第十六次会议表决通过《关于进一步规范市人大代表履职行为的暂行办法》。

3月4日　第十二届全国人民代表大会第二次会议预备会议召开前，驻阳泉市全国人大代表石文斌受到中共中央总书记、国家主席、中央军委主席习近平亲切接见。

3月11日　市人大常委会机关召开党的群众路线教育实践活动动员大会。教育实践活动按照“学习教育、听取意见”“查摆问题、开展批评”“整改落实、建章立制”三个环节进行，省委派驻阳泉市督导组组长秦良玉及督导组成员两次到机关督查指导。

4月22日—25日　阳泉市第十四届人民代表大会第四次会议召开。会议听取和审议阳泉市政府工作报告、人大常委会工作报告、中级人民法院工作报告、人民检察院工作报告；审查阳泉市2013年国民经济和社会发展计划执行情况与2014年国民经济和社会发展计划草案的报告、2013年全市和市本级预算执行情况与2014年全市和市本级预算草案的报告；表决通过相关决议，确立《关于加强城乡环境卫生综合整治的议案》为大会议案。

7月29日　全国人大常委会副委员长沈跃跃率全国人大常委会大气污染防治法执法检查组在阳泉市进行执法检查。

9月3日　市人大常委会举行城乡环境卫生综合整治情况专题询问会议。

10月27日　阳泉市机构编制委员会办公室印发《关于成立阳泉市人大常委会机关信息中心的批复》（阳编办字〔2014〕49号），同意成立阳泉市人大常委会机关信息中心。

11月26日　中共中央组织部在人民大会堂召开全国离退休干部先进集体和先进个人表彰大会，市人大常委会机关离退休干部党支部被授予“全国离退休干部先进集体”称号。

12月12日　市人大常委会机关召开学习讨论落实活动动员大会。活动安排集中3个月完成6个方面23项任务，形成73项具体成果。

2015年

4月21日—23日　阳泉市第十四届人民代表大会第五次会议召开。会议听取和审议阳泉市政府工作报告、人大常委会工作报告、中级人民法院工作报告、人民检察院工作报告；审查阳泉市2014年国民经济和社会发展计划执行情况与2015年国民经济和社会发展计划草案的报告、2014年全市和市本级预算执行情况与2015年全市和市本级预算草案的报告；表决通过相关决议，确立《关于实施城市区老工业企业搬迁改造，加快我市“国家中小城市综改试点市”进程的议案》为大会议案。

5月21日　市人大常委会机关召开党员干部会议，对机关县处级以上领导干部开展“三严三实”专题教育进行动员部署。

6月25日　市十四届人大常委会第二十八次会议举行被任命人员向宪法宣誓仪式，宪法宣誓制度在阳泉正式实施。

8月27日　市十四届人大常委会第三十次会议作出《关于授予阳泉市荣誉市民称号的规定》，明确凡是为阳泉改革开放、经济发展、社会进步和生态文明建设等做出突出贡献的华侨、港澳台同胞、外国人士和其他非阳泉籍人士，都可以授予“荣誉市民”的称号。

9月9日　市委民主法制领域改革专项小组召开工作推进会议。市委民主法制领域改革专项小组组长、市人大常委会主任刘高官出席并讲话。

10月23日　市十四届人大常委会第三十一次会议表决通过《关于加强和改进人大监督工作的意见》。

11月26日　市十四届人大常委会第三十二次会议决定任命董一兵为市人民政府副市长，代理市长职务。

11 月 27 日　市人大常委会召开《关于搬迁改造城区老工业区的议案》办理情况专题询问会议。

12 月 8 日　市机构编制委员会办公室印发《关于阳泉市人民代表大会常务委员会法制工作委员会机构编制事项的通知》（阳编办字〔2015〕71 号），同意市人大常委会设立法制工作委员会，与阳泉市人民代表大会法制委员会合署办公。

12 月 30 日　市十四届人大常委会第三十四次会议表决通过《阳泉市国家工作人员向宪法宣誓实施办法》，中央广播电视总台央广网作专题报道。

2016 年

1 月 11 日—12 日　中国关心下一代工作委员会主任、全国人大常委会原副委员长顾秀莲调研阳泉关心下一代工作。

3 月 8 日—11 日　阳泉市第十四届人民代表大会第六次会议召开。会议听取和审议阳泉市政府工作报告、人大常委会工作报告、中级人民法院工作报告、人民检察院工作报告；审查阳泉市国民经济和社会发展第十三个五年规划纲要、2015 年国民经济和社会发展计划执行情况与 2016 年国民经济和社会发展计划草案的报告、2015 年全市和市本级预算执行情况与 2016 年全市和市本级预算草案的报告，并表决通过相关决议。会议补选董一兵为市人民政府市长。

4 月 21 日　市人大常委会机关召开“两学一做”学习教育动员会议，要求深入学习党章党规、深入学习习近平总书记系列重要讲话，增强“四个意识”，在工作、学习和社会生活中起先锋模范作用。

5 月 10 日　山西省十二届人大常委会召开第 56 次主任会议，同意确定阳泉市人民代表大会及其常务委员会自即日起可以制定地方性法规。中共十八届四中全会作出依法赋予设区的市地方立法权的决定。经过持续不懈的努力，阳泉市成功获批地方立法权，开启地方立法工作新征程，成为阳泉民主法治建设史上又一重要里程碑。

6 月 28 日　市十四届人大常委会第三十八次会议表决通过《阳泉市人大常委会关于公民旁听市人民代表大会和常务委员会会议办法》，支持公民旁听市人大常委会会议，“零距离”了解地方国家权力机关决策过程。

8 月 23 日　市委出台《关于加强全市乡镇人大工作和建设的实施意见》（阳发〔2016〕24 号），推动乡镇人大工作和建设科学化、规范化和法治化。

8 月 26 日　市十四届人大常委会第三十九次会议决定任命郭少敏为市人民政府副市长。

9 月 23 日　全国人大常委会副委员长张平率全国人大常委会安全生产法执法检查组在阳泉市进行执法检查。

12 月 29 日　市十四届人大常委会第四十三次会议表决通过《阳泉市人民代表大会常务委员会讨论决定重大事项的规定》《阳泉市人民代表大会常务委员会监督司法工作制度》《阳泉市人民代表大会常务委员会地方立法协商工作办法》《阳泉市人民代表大会常务委员会关于对任命的地方国家机关工作人员加强监督的意见》，推动完善权力运行程序，健全权力监管流程，规范权力运行机制，切实把权力关进制度的笼子。

2017 年

2 月 12 日—24 日　阳泉市各县区和阳泉军分区暨驻阳泉部队分别选举产生出席阳泉市第十五届人民代表大会代表。

2 月 28 日　市十四届人大常委会第四十五次会议决定任命马爱锋、潘海燕为市人民政府副市长。

3月6日—11日　阳泉市第十五届人民代表大会第一次会议召开。会议听取和审议阳泉市政府工作报告、人大常委会工作报告、中级人民法院工作报告、人民检察院工作报告；审查阳泉市2016年国民经济和社会发展计划执行情况与2017年国民经济和社会发展计划草案的报告、2016年全市和市本级预算执行情况与2017年全市和市本级预算草案的报告。表决通过相关决议，确立《关于推进阳泉市开发区改革创新发展的议案》为大会议案。会议审议并表决通过《阳泉市地方立法条例》。会议选举王旭明为市十五届人大常委会主任，孙金明、吕昌政、刘志强、张永忠、张宝明为副主任，张利军为秘书长；选举董一兵为市人民政府市长，马爱锋、潘海燕（女）、郭少敏、靳润喜、呼亚民为副市长；选举吴纪平为市监察委员会主任、陈明华为市中级人民法院院长、王廉允为市人民检察院检察长；选举产生29名市十五届人大常委会委员；表决通过市十五届人大各专门委员会主任委员、副主任委员、委员名单。首次在人代会上举行宪法宣誓仪式。

3月12日　市十五届人大常委会第一次会议贯彻落实国家监察体制改革决策部署，首次任命市监察委员会副主任和委员。

5月19日　山西省第十二届人民代表大会常务委员会第三十八次会议审议阳泉市第十五届人民代表大会第一次会议于2017年3月11日通过的《阳泉市地方立法条例》，决定予以批准。

6月19日—20日　全国加强县乡人大工作和建设座谈会在北京举行，平定县石门口乡人大主席赵继亭作为全省唯一乡镇人大的代表参加座谈会，并交流工作经验。

6月20日　市十五届人大常委会第三次会议表决通过市政府秘书长及组成部门主要负责人任职事项，新一届市政府组建工作全面完成。

7月19日　市委民主法制领域改革专项小组召开工作推进会议。市委民主法制领域改革专项小组组长、市人大常委会主任王旭明出席并讲话。

7月26日　阳泉市机构编制委员会办公室印发《关于阳泉市人民代表大会常务委员会增设内务司法工作委员会及专职副主任领导职数的通知》（阳编办字〔2017〕67号），同意市人大常委会增设内务司法工作委员会。

8月16日　全市人大宣传工作会议召开，决定组建人大新闻宣传队伍，出台加强人大期刊、网站、主流媒体专栏、微信公众平台建设的9项制度。

8月28日　市人大常委会主任会议成员带队督办《关于推进阳泉市开发区改革创新发展的议案》办理情况，要求举全市之力把开发区建设成为新兴产业的集聚区、先行先试的试验田，成为全市经济的重要增长极和主引擎。

9月14日　市人大常委会召开立法工作部署动员会，启动道路交通安全管理、城市绿化领域地方立法工作。

10月25日—26日　市十五届人大常委会第五次会议决定任命李君为市人民政府副市长。

11月7日　《山西日报》专题报道阳泉市加强县乡人大机构建设的工作经验。

11月30日　市十五届人大常委会第七次会议作出《关于批准〈市政府将阳大铁路项目资金缺口列入财政预算的报告〉的决议》，批准市政府对阳大铁路建设、营运资金缺口予以财政补贴，并列入财政预算及中期财政规划的建议。

12月4日—5日　阳泉市第十五届人民代表大会第二次会议召开。省人大常委会党组书记、副主任郭迎光，市委书记陈永奇，市委副书记、市长董一兵，市人大常委会主任王旭明，市委副书记、盂县县委书记李云峰，市委组织部部长任建华等25人当选为阳泉市出席山西省第十三届人民代表大会代表。

12 月 28 日　市人大代表宋晓文作为全国农业劳动模范和先进工作者列席全国农业工作会议。会议期间，中共中央总书记、国家主席、中央军委主席习近平会见全体代表并合影留念。

12 月 29 日　全市市县人大常委会主任座谈会在盂县召开，学习贯彻中共十九大精神和习近平新时代中国特色社会主义思想，推动习近平总书记重要指示精神和党中央决策部署在全市人大工作中全面贯彻执行。

2018 年

1 月 5 日　市十五届人大常委会第九次会议决定任命雷健坤（女）为市人民政府副市长，代理市长职务。

2 月 7 日　市十五届人大常委会第十次会议对市政府阳大铁路（阳泉北至阳泉东段）建设进展情况进行专题询问，助推早日建成运营，惠及全市人民群众。

3 月 27 日—30 日　阳泉市第十五届人民代表大会第三次会议召开。会议听取和审议阳泉市政府工作报告、人大常委会工作报告、中级人民法院工作报告、人民检察院工作报告；审查阳泉市 2017 年国民经济和社会发展计划执行情况与 2018 年国民经济和社会发展计划草案的报告、2017 年全市和市本级预算执行情况与 2018 年全市和市本级预算草案的报告；表决通过相关决议，确立《关于制定〈阳泉市娘子关泉域饮用水水源地保护条例〉的议案》为大会议案。会议补选雷健坤（女）为市人民政府市长。

4 月 17 日　全市人大预算联网监督工作推进会召开。会议要求各县区人大常委会抓紧启动系统建设，有序开展监督工作；市直各有关部门协同配合，自觉接受监督，确保阳泉预算联网监督取得显著效果，走在全省前列。

5 月 17 日　中共中央政治局委员、全国人大常委会副委员长王晨率全国人大常委会大气污染防治法执法检查组在阳泉市进行执法检查。

5 月 29 日—30 日　全国人大常委会法工委备案审查室主任梁鹰带队在阳泉市进行调研，充分肯定阳泉市人大立法工作及“三点三同”工作法。

6 月 21 日　市委举行深入学习宣传贯彻《中华人民共和国宪法》暨《阳泉市道路交通安全管理条例》《阳泉市城市绿化条例》颁布实施启动仪式。市委书记关建勋，市委副书记、市长雷健坤，市委副书记、市委秘书长巩成，市人大常委会主任王旭明，市政协主席杨永生等出席启动仪式。

7 月 30 日　市委常委会听取市人大常委会党组《关于设立中共阳泉市人大常委会机关党组的汇报》，同意设立中共阳泉市人大常委会机关党组。

9 月 11 日　市十五届人大常委会第十六次会议决定任命黄海涛为市人民政府副市长。

9 月 18 日　市人大常委会召开全市建立政府向本级人大常委会报告国有资产管理情况制度推进会，推动年内建立市政府向本级人大常委会报告国有资产管理情况制度，2019 年扩大到各县区，实现全覆盖。

10 月 25 日　省人大常委会党组书记、副主任郭迎光带领调研组在阳泉市调研人大联系代表、代表联系群众工作，实地察看人大代表培训基地和代表联络站建设和运行情况。

10 月 31 日—11 月 2 日　阳泉市市县乡三级人大主任（主席）观摩座谈会召开，学习贯彻习近平总书记关于坚持和完善人民代表大会制度的重要思想。

11 月 5 日—9 日　山西省人大常委会开展“三晋人大代表采风行”阳泉活动，组织人民网、新华网、《山西日报》等20余家媒体深度采访阳泉市市县人大工作和代表履职亮点，在中央和省级媒体刊发新闻作品百余件。

12月13日　全市人大学用习近平总书记关于坚持和完善人民代表大会制度重要思想交流会召开，推动各级人大机关更好肩负起“工作机关”“代表机关”的崇高使命。

12月17日　市人大常委会公布《阳泉市大气污染防治条例》，自2019年1月1日起施行。

12月26日—27日　市十五届人大常委会第十八次会议听取和审议市发改委、市住建局、市交通局、市农委审计查出问题整改情况的报告，并进行满意度测评。

2019年

1月16日　市十五届人大常委会第十九次会议决定任命李文兵为市人民政府副市长，补选市委书记关建勋为阳泉市出席山西省第十三届人民代表大会代表。

2月21日　市人大常委会机关召开“改革创新、奋发有为”大讨论动员会。会议要求以大讨论推动新时代人大工作开创新局面，以优异成绩迎接中华人民共和国成立70周年。

2月24日—27日　阳泉市第十五届人民代表大会第四次会议召开。会议听取和审议阳泉市政府工作报告、人大常委会工作报告、中级人民法院工作报告、人民检察院工作报告；审议阳泉市2018年国民经济和社会发展计划执行情况与2019年国民经济和社会发展计划草案的报告、2018年全市和市本级预算执行情况与2019年全市和市本级预算草案的报告。会议表决通过相关决议，作出《关于设立阳泉市第十五届人民代表大会社会建设委员会的决定》。会议补选申济为市十五届人大常委会副主任。

4月10日　市委书记关建勋深入阳煤集团三矿国家工业遗产项目，调研指导人大代表关于保护和开发国家工业遗产的建议办理情况。

同日　市委举行《阳泉市爱国卫生条例》和《阳泉市市容和环境卫生管理条例》宣传活动启动仪式。

5月31日　全市人大代表工作会议召开，安排部署密切人大代表同人民群众的联系，启动人大代表联络站全覆盖和规范化建设等工作。

6月18日—19日　市十五届人大常委会第二十四次会议对市政府2018年度生态环境状况和生态环境保护目标完成情况进行专题询问。

8月21日—22日　市人大常委会组织五级人大代表视察国家卫生城市创建工作。全国人大代表、市长雷健坤参加视察。

8月27日—28日　市十五届人大常委会第二十五次会议审议通过《市人大常委会关于对被任命人员开展述职评议工作的实施方案》，决定在届内完成对所有市政府工作部门主要负责人、市法检“两院”副职的述职评议工作。

8月28日　市人大常委会根据市委关于将人大代表建议办理情况纳入年度目标责任考核体系决定，出台市人大代表建议办理工作年度目标责任考核实施方案。

9月9日　市人大常委会成立机关老干部服务中心。

9月11日　市人大常委会召开“不忘初心、牢记使命”主题教育工作部署会议。会议要求牢牢抓住“深入学习贯彻习近平新时代中国特色社会主义思想，锤炼忠诚干净担当的政治品格”根本任务，全面把握“守初心、担使命，找差距、抓落实”12字总要求，努力实现“理论学习有收获、思想政治受洗礼、干事创业敢担当、为民服务解难题、清正廉洁作表率”5个具体目标；始终贯穿“学习教育、调查研究、检视问题、整改落实”4项重点举措，确保取得实实在在的成效，加快推动全市人大工作再上新台阶。

9月27日　市人大常委会举行五级人大代表集中进代表联络站活动启动仪式。

10月11日　市委书记关建勋以人大代表身份到平定县冠山镇人大代表联络站，与基层人大代表、群众面对面交流，征求意见建议，研究解决问题。

10月16日—17日　市人大常委会举行学用习近平总书记关于坚持和完善人民代表大会制度的重要思想、纪念地方人大设立常委会40周年暨全市人大代表联络站全覆盖和规范化建设观摩交流会。会议要求，持续加强习近平总书记关于坚持和完善人民代表大会制度的重要思想的学习研究和宣传贯彻；持续加强代表联络站的建设和管理，“建”好制度、“管”好日常、“用”好阵地、“讲”好故事，发挥好服务代表联系群众的作用。

10月23日—24日　市十五届人大常委会第二十六次会议对“一府两院”12名被任命干部进行述职评议，干部任后监督工作迈出实质性步伐。

11月19日　省人大常委会党组书记、副主任郭迎光到平定县冠山镇、阳泉市矿区蔡洼街道代表联络站调研指导，听取基层群众的意见建议。

12月5日　市人大常委会面向“北上广深”，聘任13名招商特使，助力全市招商引资工作。

12月13日　市人大常委会机关召开《阳泉市人民代表大会志》二轮编修工作动员暨培训会。

12月25日　山西省人大工作与理论研究会年会暨纪念地方人大设立常委会40周年研讨会召开，市人大常委会推送的16件调研报告受到表彰。市人大常委会主任王旭明关于探索实施“三点三同”工作法的经验材料获最高奖项，省人大常委会党组书记、副主任郭迎光为王旭明颁奖。

12月26日—27日　市人大常委会组织五级人大代表视察重点项目推进、传统产业提质升级、新兴产业发展壮大等情况。全国人大代表、市长雷健坤参加视察。

12月30日　阳泉市机构编制委员会办公室印发《关于成立阳泉市人大常委会预算联网监督管理中心的批复》（阳编办字〔2019〕138号），同意成立市人大常委会预算联网监督中心。

2020年

1月8日　全国人大常委会办公厅《联络动态》内刊印发《山西省阳泉市人大常委会用“14710三联系”工作制度打通代表联系群众“最后一公里”》经验材料。

1月20日　市十五届人大常委会第二十八次会议决定任命王明厚为市人民政府副市长。

1月26日　市人大常委会发出《致阳泉市各级人大代表的倡议书》，号召全市各级人大代表积极行动，担当社会责任，共同抗击突如其来的疫情，凝心聚力，打赢新型冠状病毒感染肺炎防控战。

2月28日　全市项目建设暨招商引资大会印发《关于表彰2019年度项目建设和招商引资工作先进集体和个人的决定》，市人大常委会机关名列招商引资先进单位榜首。

3月31日　市十五届人大常委会第三十次会议作出《关于严禁清明节等传统祭祀日期间和森林草原高火险期野外用火的决定》。

4月13日　市人大常委会公布《阳泉市集中供热条例》，自2020年7月1日起施行。

4月21日—24日　阳泉市第十五届人民代表大会第五次会议召开。会议听取和审议阳泉市政府工作报告、人大常委会工作报告、中级人民法院工作报告、人民检察院工作报告；审查阳泉市

2019年国民经济和社会发展计划执行情况与2020年国民经济和社会发展计划草案的报告、2019年全市和市本级预算执行情况与2020年全市和市本级预算草案的报告，并表决通过相关决议。会议补选郑清明、孔禄泉、赵素卿（女）为市十五届人大常委会副主任，赵文骥为秘书长。本次会议因疫情防控需要，采用“主会场+分会场”视频会议的形式召开，共设1个主会场、5个县（区）分会场和1个列席人员分会场，并开设代表网上预审通道。《中国人大年鉴（2020）》收编会议纪实报道。

5月7日　市委书记姜四清到市人大常委会机关调研，强调要坚持党对人大工作的全面领导，充分发挥人大职能作用，以“一线”的状态、“一线”的担当和“一线”的作为，同心同向、共谋发展，为“重塑竞争新优势，倾力打造晋东区域中心城”凝聚智慧与力量。

6月1日　市委常委扩大会议审议通过《关于贯彻落实〈中共山西省委关于新时代加强和改进人大工作的意见〉的实施意见》，就进一步加强党对人大工作的全面领导、支持和保障人大依法行使各项职权、充分尊重人大代表的主体地位、全面加强人大自身建设提出新的要求。

6月9日—10日　山西省人大常委会举办“预算联网监督工作培训班暨阳泉现场交流会”。

7月21日　山西省精神文明建设指导委员会颁发《关于表彰2018—2019年度山西省精神文明创建先进典型的决定》（晋文明委〔2020〕5号），授予阳泉市人大常委会“文明单位”称号。

8月7日　市人大常委会公布《阳泉市住宅专项维修资金管理办法》，自2021年1月1日起施行。

8月11日　全国人大常委会预算工作委员会办公室《简报》刊发《网上预审报告打造代表履职新亮点——阳泉市人大预算联网监督系统助力人大代表高效履职》专稿。

8月27日　市人大常委会第三十三次会议表决通过《关于修改〈阳泉市道路交通安全管理条例〉等6件地方性法规的决定》，作出《进一步加强疫情防控工作，确保人民群众生命健康安全的决定》。

9月8日—10日　全国人大常委会副委员长、中华全国总工会主席王东明率调研组围绕工会组织学习贯彻习近平总书记关于工人阶级和工会工作的重要论述，推动重点工作落实情况在阳泉市进行调研。

9月15日—16日　全国人大常委会副委员长、民革中央主席万鄂湘率调研组围绕探索建设现代化农业特区，更好服务保障民生在阳泉市进行调研。

9月18日　市人大常委会组织五级人大代表调研阳大铁路试运行情况，慰问阳大铁路公司及各参建和运营单位员工。

9月23日　第二届阳泉市人大工作与理论研究会理事大会召开。会议表决通过研究会章程，确定研究会名誉会长，推选产生研究会会长、副会长、秘书长、副秘书长、常务理事。孙金明、刘志强为名誉会长，吕昌政当选为会长。

10月19日　全市人大代表履职培训网络班开班，为市人大常委会适应疫情防控常态化形势强化人大代表培训工作的新探索。

10月29日　市十五届人大常委会第三十四次会议表决通过《阳泉市人民代表大会常务委员会执法检查工作办法》，对“一府两院”12名被任命干部进行述职评议。

11月4日　市委书记姜四清以人大代表身份到盂县东梁乡代表联络站，听取基层人大代表和群众意见，对完善优化人大代表联络站制度、加强改进代表联络站工作、及时受理和解决群众反映的问题、发挥好代表联络站桥梁纽带作用作出安排部署。

11月19日　第二十六次全国地方立法工作座谈会在太原召开，市人大常委会主任王旭明、副主任张永忠参加会议。

11月25日—26日，市人大常委会组织召开学用习近平重要思想暨贯彻落实习近平法治思想交流座谈会，动员全市各级人大机关更加自觉以习近平新时代中国特色社会主义思想为指导，全面贯彻落实习近平法治思想，推动新时代人大工作不断与时俱进，为重塑竞争新优势、倾力打造晋东区域中心城做出新贡献。

12月15日　市人大常委会公布《阳泉市黑热病防治规定》，自2020年12月15日起施行。

12月28日　市十五届人大常委会举行第三十五次会议，作出《关于〈阳泉市人民政府关于支持阳泉融盛投资控股集团有限公司转型发展的报告〉的决议》，表决通过《阳泉市文明行为促进条例》。

是年　阳泉市人大工作与理论研究会《关于对阳泉市红色文化保护和传承工作进行立法的调研报告》经市人大常委会主任王旭明批示，提请市委书记姜四清审阅。随后姜四清作出批示：制定《阳泉市红色文化保护和传承条例》意义重大，请尽快启动立法前期准备工作。原则同意设置阳泉市红色文化主题月或宣传月。

第一篇

阳泉概况

阳泉市位于山西省东部，是一座新兴工业城市，是晋东政治、经济、文化中心。现辖平定、盂县两县及城、矿、郊三区和经济技术开发区，总面积4559平方公里，2020年底常住人口为131.85万人。是中国共产党亲手缔造的第一座城市，被誉为“中共创建第一城”，也是国家园林城市、全国绿化模范城市、国家卫生城市和全国双拥模范城。

阳泉是三晋门户、晋冀要衡，地处太原、石家庄两个省会城市的中间位置，相距均为100公里，一重一轻两大城市对阳泉经济互辅性极强。阳泉又处于东部发达地区与中西部的结合地带，具有承东接西、双向支撑的战略地位。阳泉还位于环渤海与长江三角洲两大经济区的合理运输扇区内，是京津塘及沿海发达地区向内地辐射的重要通道。阳泉市公路密度每百平方公里为120余公里，位居全省前列。

阳泉自古是“燕赵秦蜀往来之道”。著名的古关隘、古驿站比比皆是，传世的古神话、古诗文数不胜数。传说周穆王巡天下乐奏过盘石关，秦始皇灵柩悲歌走固关，韩信屯兵击赵在榆关，李世民御驾路经广阳县，唐高祖三女平阳公主驻防娘子关，宋太祖下河东首置平定军，朱元璋部署将士常驻在固关。开创“康乾盛世”的康熙帝过境留下不朽诗篇，清代廉吏于成龙尽兴泼墨也刻在固关。测石驿、平潭驿、甘桃驿、柏井驿等，都是古代官吏与兵家往来的必经之地。

阳泉素有“文献名邦”之称，历代名人灿若繁星，著名历史学家、元朝名臣吕思诚，古文学家王珻，方志学家张佩芳，地理学家张穆，贤臣耿九畴、张三谟、田嵩年，名将王君廓、张士贵、李谦溥、窦瑸，现代文坛名流石评梅、高长虹、张恒寿、关其侗等出生在阳泉。当代从阳泉走出中科院院士张沛霖、百度总裁李彦宏、亚洲首位“雨果奖”获得者著名科幻作家刘慈欣、“世界记忆大师”李嘉铮等精英翘楚。

阳泉是革命老区，是红色家园，是震惊中外的“百团大战”主战场、“七亘大捷”的发生地，周恩来、朱德、任弼时、邓小平、董必武、彭德怀、刘伯承、贺龙、关向应、王震、彭真、徐向前、聂荣臻等老一辈无产阶级革命家在这里留下了光辉足迹，是阳泉人民弥足珍贵的精神财富。

阳泉是山西煤炭能源重化工基地的重要组成部分，改革开放政策给阳泉经济注入活力，经济持续、快速、健康发展，逐步形成煤炭、电力工业为支柱，电解铝、耐火材料、磁性材料、陶瓷、水泥、阀门、粉末冶金、聚氯乙烯等为主导产业的经济体系，产品多达2400余种，具有较强的工业基础和比较雄厚的技术力量。近年来，在省委、省政府的坚强领导下，全市上下深入学习贯彻习近平总书记视察山西重要讲话重要指示，按照省委“四为四高两同步”总体思路和要求，以“重塑竞争新优势，倾力打造晋东区域中心城”为战略目标，奋力在转型发展上率先蹚出一条新路来，全市经济稳中有进、稳中向好，转型发展呈现强劲态势，经济社会发展迈上新台阶。

第一章　地理历史

第一节　位置面积

阳泉市地处山西省东部，黄土高原东缘，太行山中段西麓。北与忻州市接壤，西与太原市连接，南与晋中市相毗，东与河北省石家庄市为邻。地理坐标：北纬 37° 40′ ~ 38° 31′ ，东经 112° 54′ ~ 114° 04′ ，朔黄铁路、石太铁路、石太高速铁路与太旧高速公路、太阳高速公路、307 国道自西向东横穿市境，阳五高速公路、207 国道纵贯市境南北；西距省城太原 119 公里，东距河北省会石家庄市 123 公里，距首都北京 406 公里，距天津新港 561 公里，距黄骅港 500 公里，交通便利。

阳泉市轮廓呈由西北斜向东南的平行四边形，南北长 96 公里，东西宽 99 公里，总面积 4558.93 平方公里，占山西省总面积的 2.92%。

第二节　建置沿革

阳泉历史悠久。春秋后期，北狄的一支在今盂县境内建立仇犹国，此为境内建置之始。春秋末，晋卿智瑶灭仇犹，其境域并入晋国。周贞定王十六年（前 453），韩、魏、赵灭智氏，三分晋地，今阳泉市境域属赵国。秦庄襄王三年（前 247），秦将蒙骜“攻赵榆次、新城（今朔州西南）、狼孟（今阳曲东北），取三十七城”（《史记·秦本纪》），今阳泉市境域归秦国。

秦始皇二十六年（前 221），秦统一全国，“分天下以为三十六郡”（《史记·秦始皇本纪》），市境属太原郡。西汉设置上艾县，隶属于太原郡，故治在今平定县南部阳胜河流域。东汉时上艾县属冀州常山国，三国时属魏并州乐平郡。西晋时属并州乐平郡。西晋以后，上艾县历属后赵、前燕、前秦、后燕和北魏等国。北魏太平真君九年（448）撤销上艾县，孝昌年间（525—527）重新设置上艾县，又改称石艾县，属并州乐平郡。后历属东魏、北齐、北周。

隋开皇初撤销乐平郡，石艾县属太原郡。开皇十六年（596），设置原仇县，故治在今盂县城；设置辽州，石艾县与原仇县同属辽州；设置苇泽县，故治在今平定县娘子关，属并州。大业二年（606），原仇县改名为盂县；撤销辽州，石艾县及盂县同属太原郡。大业三年（607），撤销并州及苇泽县，将苇泽县境域划入井陉县。唐武德元年（618），改太原郡为并州；设置乌河县，故治在今盂县西；石艾县、盂县及乌河县同属并州。武德三年（620），设置受州，故治在今盂县城，盂县属受州；

于乐平设置辽州，石艾县属辽州。武德六年（623），受州移治受阳，石艾县及盂县同属受州。武德八年（625），受州移治赛鱼城，其地在今阳泉市郊区平潭镇赛鱼村。贞观元年（627），撤销乌河县，将其境域划归盂县。贞观八年（634），撤销受州，石艾县及盂县同属并州。开元十一年（723），以并州为太原府，石艾县及盂县同属太原府。天宝元年（742），石艾县移治广阳（今属昔阳县沾尚镇），改名广阳县。大历元年（766），于今平定县娘子关建承天军，后废。五代，广阳县和盂县历属后唐、后晋、后汉、北汉。

宋初攻取广阳，建广阳寨，划归镇州。太平兴国二年（977），在广阳寨设置平定军。太平兴国四年（979），灭北汉，设置并州，盂县属并州；设置平定县，治榆关（今平定县上城），属平定军。元丰年间（1078—1085），设置太原府，属河东路；将并州及平定军划归太原府。金天会六年（1128），将河东路划分为南北二路，太原府、平定军属河东北路；盂县属太原府，平定县属平定军。大定二年（1162），平定军改为平定州，平定县为其属县。兴定年间（1217—1222）盂县升为州。元代，平定州及盂州属太原路。至元二年（1265），撤销平定县建置，其境域直辖于平定州。大德九年（1305），太原路改称冀宁路，平定州及盂州属冀宁路。明洪武二年（1369），盂州降为县；平定州及盂县同属山西太原府。清雍正二年（1724），平定州升为山西省直隶州，盂县属平定州。

民国元年（1912），平定废州设县，平定县和盂县同属山西省冀宁道。民国 16 年（1927），平定县和盂县直辖于山西省。民国 36 年（1947）5 月 2 日，中国人民解放军解放平定县城和阳泉。5 月 4 日，中共冀晋区党委决定设立阳泉市，成为中国共产党亲手创建的第一座人民城市。1949 年 9 月中旬，阳泉市改设为阳泉工矿区，属榆次专区。

1952 年 4 月 1 日，阳泉工矿区改称阳泉市，直辖于山西省。1958 年 7 月 1 日，阳泉市划归榆次专区。8 月，撤销平定县建置，原辖区并入阳泉市。11 月，撤销盂县和昔阳县建置，二县辖区并入阳泉市。1959 年 6 月，恢复盂县和昔阳县建置，直属晋中专区。1961 年 4 月，恢复平定县建置，直属晋中专区。12 月，阳泉市改由山西省直辖。1970 年 4 月，阳泉市划归晋中地区。1972 年 3 月，阳泉市再度直辖于山西省。1983 年 7 月，实行市管县体制，平定县和盂县划归阳泉市，阳泉市共辖 3 区、2 县、11 个街道办事处、1 镇、57 个公社、171 个居民委员会、1043 个生产大队。1984 年 2 月至 8 月，全市完成政社分开、建立乡镇政府：郊区设立 2 镇 11 乡，平定县设立 6 镇 14 乡，盂县设立 4 镇 21 乡。2000 年 12 月，经山西省人民政府批准，阳泉市原有的 16 镇 41 乡，调整为 20 镇 12 乡。其中平定县原有的 8 镇 11 乡调整为 8 镇 2 乡，盂县原有的 4 镇 21 乡调整为 8 镇 6 乡，郊区原有的 4 镇 9 乡调整为 4 镇 4 乡。年内，阳泉市矿区原有的 150 个居民区重新划分为 39 个社区，并分别设立居民委员会。2001 年，阳泉市城区原有的 106 个居民区重新划分为 44 个社区，并分别设立居民委员会。2017 年 5 月 1 日，城区整建制托管郊区义井镇；矿区托管郊区平坦镇的 18 个行政村。至 2020 年底，阳泉市辖 3 个区、2 个县、12 个街道办事处、20 个镇、12 个乡、153 个居民委员会（社区）和 620 个村民委员会。

阳泉经济技术开发区。1993 年 2 月，阳泉经济技术开发区成立，1996 年 1 月被省政府批准成为省级经济技术开发区，辖上五渡、下五渡、河坡、王珑、平坦脑 5 个行政村和康达、大华、惠泽园、宏苑、银龙、巨兴 6 个社区，区域面积 10.56 平方公里。2015 年 5 月 1 日，阳泉经济技术开发区托管郊区侯家沟、长岭、驼岭头、张家洼、路家山 5 个行政村和平定县庙堰村，区域面积达 19.19 平方公里。阳泉经济技术开发区采取“一区多园”模式，以阳泉经济技术开发区为主体，整合东区工业园、白泉工业园、郊区荫营工业园进行扩区，规划面积为 80 平方公里，入区企业 8318 家，总人口约11万人。2018年2月，阳泉经济技术开发区将12个社区、11个农村的社会事务，辖区内幼儿园、学校及培训机构的教育事务，所属人口和计划生育服务站、疾病预防控制中心的卫生计生事务管理职能移交至郊区。

平定经济技术开发区。2017年8月29日，平定经济技术开发区的设立申请，正式获得省政府批准。9月29日，平定经济技术开发区挂牌成立，由龙川工业园区和张庄新型工业园区组成，规划面积46.52平方公里，纳入省级开发区管理。

盂县经济技术开发区。2020年9月10日，山西省公布《关于同意设立盂县经济技术开发区的批复》，同意设立盂县经济技术开发区，由南娄新材料产业园、秀水双创智造园和西烟循环经济产业园构成，规划面积9.42平方公里，纳入省级开发区管理序列。

第二章　自然环境

第一节　地质地貌

地质　阳泉市位于山西中台隆东部，跨越五台隆起的南部、太行拱断束中段西侧、沁水台拗陷东北边缘，系3个构造单元的交会处。

境内的出露地层由老至新依次为：中太古界阜平岩群、龙泉关岩群，上太古界龙华河岩群，下元古界滹沱群，中元古界长城系，下古生界寒武系、奥陶系，上古生界石炭系、二叠系，中生界三叠系，新生界第三系、第四系。各地层的分布情况：中太古界、上太古界和下元古界主要分布于盂县的北部；中元古界主要分布于平定县的东部；下古生界主要分布于盂县的中部、东部和平定县的东部，上古生界主要分布于盂县的南部、阳泉市郊区以及平定县的中部和西部；中生界仅在平定县的西南部有少量分布；新生界分布于盂县、阳泉市郊区以及平定县的中部。

境内岩浆岩分布不广，主要发育在盂县北部基底变质岩系中，中北部和南部盖层中亦有出露。岩性以基性岩为主，中性岩为次，侵入岩、喷出岩、脉岩均有产出；其中吕梁期、燕山期的基性脉岩较为发育，喜山期的喷出岩具一定规模。它们均有不同程度的次生变化，部分已变质或混合岩化，并且与许多重要矿产有密切关系。

地貌　阳泉市地貌以山地为主，山高谷深，地面崎岖不平。东部为太行山，西部为系舟山的支脉，均呈近南北向展布，山地约占总面积的75%。山脉之间分布着一些盆地，面积较大的有西烟盆地、盂城盆地和平定—阳泉盆地。西烟盆地和盂城盆地底部各为一块面积不大的平原，平定—阳泉盆地底部是一片起伏和缓的土石丘陵。平原和丘陵约占总面积的25%。境内黄土层厚度较薄，且西部大于东部，呈黄土高原东缘的特色。从整体看，地势西高东低。最高点为北方山山脉的坪塔梁主峰，海拔1803.6米；最低点在娘子关绵河河谷与井陉县接壤处，海拔350米；最大相对高差1453.6米。市中心海拔约700米。

第二节　气候水文

气候　2020年，阳泉市的气候特点：降水量较常年同期偏多二成至五成，年平均气温大部偏高，日照时数大部偏多。先后出现1月暴雪、3月气温异常偏高、4月霜冻和倒春寒、5月高温、夏季暴雨、12月寒潮天气。其中，4月大范围霜冻过程，使经济林果、部分大田秧苗遭受低温冻害；夏季降水偏多，局部地区强对流天气频发，造成全市多地遭受不同程度的风雹、洪涝灾害。

降水 2020年，阳泉市降水量在601.6毫米～788.8毫米，较常年同期偏多二成～五成，空间分布南北少、中部多。阳泉国家气象观测站年降水量较常年同期（516.0毫米）偏多272.8毫米，比上年偏多1.4倍；盂县国家气象观测站较常年同期（525.3毫米）偏多76.3毫米，比上年偏多近7成；平定国家基本气象站较常年同期（525.3毫米）偏多141.9毫米，比上年偏多近8成。有效降水（日降水量≥0.1毫米）日数分别为阳泉、平定79天，盂县73天，日降水量≥50毫米的日数分别为阳泉、盂县1天，平定2天；三个国家站一日最大降水量分别为阳泉76.6毫米、盂县62.3毫米、平定95.7毫米，均出现在8月6日。

气温 2020年，阳泉市年平均气温介于10.2℃～11.6℃，较常年同期南北偏高近1℃，中部正常。年平均气温分别为阳泉11.3℃、盂县10.2℃、平定11.6℃，其中，阳泉较常年同期偏低0.2℃（2011年阳泉观测站迁至郊区），盂县和平定偏高0.9℃和0.7℃；年极端最高气温36.7℃～37.2℃；年极端最低气温-17.6℃～-15.7℃。其中，4月30日至5月3日出现连续高温天气，时间偏早。1月至3月、5月至6月，3个国家气象站月平均气温较常年同期整体偏高，4月、7月、10月、12月整体偏低。其中，3月平均气温较常年同期偏高2.5℃～3.5℃，为异常偏高。

日照 2020年，阳泉市年日照时数介于2392.2小时～3194.6小时，较常年同期中南部偏多、北部偏少，年日照时数分别为阳泉3194.6小时、盂县2392.2小时、平定3013.0小时。其中，阳泉较常年同期偏多763.3小时，盂县偏少292.1小时，平定偏多338.2小时。

水文 阳泉市境内除西部有约22平方公里属黄河流域外，其余均属海河流域。滹沱河及桃河是境内的主要河流。除滹沱河的干流外，其余河流均属暴雨型间歇河流，含沙量较大。2020年，阳泉水文站实测年输沙量9.1万吨，输沙模数185.7吨/平方公里。境内地下水丰富，主要类型是碳酸盐岩类岩溶裂隙水，在东部露头形成娘子关岩溶大泉。境内降水丰枯程度为“丰水年”。全市平均面降雨量为638.6毫米，折合水体29.2亿立方米，与上年相比增加58.9%，与多年平均值（1956年—2000年系列平均值）相比偏多21.3%。实测年最大雨量947.6毫米，发生在郊区黄沙堰雨量站；实测年最小雨量507.3毫米，发生在盂县上石塘雨量站，其倍比值1.86。

第三节 土壤植被

土壤 2020年，阳泉市土壤面积384555公顷，占全市总面积的86.38%，分为4个土类、6个亚土类、23个土属和91个土种。4个土类是褐土土类、潮土土类、粗古土土类和石质土土类。其中，褐土是一种地带性土壤，为境内主要土壤类型，面积334533公顷，占全市土壤总面积的87%。

植被 阳泉市植被随环境条件不同而形成6种类型：温性针叶林，主要是油松林、侧柏林；温性针阔叶混交林，主要为油松、辽东栎、麻栎混交林；温性阔叶林，主要为刺槐、杨树、鹅耳枥林；灌草丛，境内为山皂荚、白羊草灌草丛；草丛，主要为白羊草草丛；栽培植被，主要有玉米、小麦、谷类、豆类和水稻等。此外，还有常见的北方油料作物、蔬菜和瓜果等。野生经济植物有300余种，其中有较大经济价值且便于利用的药用植物、观赏植物和经济树种有100余种。主要有：银杏、油松、毛白杨、板栗、家榆、地榆、国槐、花椒、沙棘、山茱萸、杠柳、裂叶荆芥、芝麻、车前、知母、穿龙薯蓣等。古老珍稀树有95株，主要树种有银杏、松、柏、国槐、椿、榆、杨、柳、鹅耳枥、栎、云杉、皂角、黄栌、五角枫等。

第四节　自然资源

土地资源　2020年末，阳泉市土地总面积无变更，为4558.93平方公里。其中，城区14.77平方公里，占全市总面积的0.32%；矿区11.83平方公里，占全市总面积的0.25%；郊区627.01平方公里，占全市总面积的13.80%；平定县1391平方公里，占全市总面积的30.50%；盂县2514.38平方公里，占全市总面积的55%。耕地76146.78公顷，占总面积16.70%；园地3142.88公顷，占总面积0.69%；林地155593.90公顷，占总面积34.13%；草地114574.08公顷，占总面积25.13%；城镇村及工矿用地28704.17公顷，占总面积6.30%；交通运输用地7005.92公顷，占总面积1.54%；水域及水利设施用地3625.23公顷，占总面积0.80%；其他土地67100.32公顷，占总面积14.72%。耕地中，水浇地为1529.37公顷，占总耕地的2.01%；旱地为74617.41公顷，占总耕地的97.99%。坡度15°以上耕地为15767.99公顷，占总耕地的20.71%。

矿产资源　截至2020年底，阳泉市已查明矿产资源25种，其中勘查探明资源储量的矿产资源13种，以煤炭、硫铁矿、铝土矿、耐火黏土、石灰石等矿产储量较大。煤炭是阳泉市主要优势矿种，主要分布于阳泉郊区和盂县南部、平定县西部，全市含煤面积934.5平方公里，占全市国土面积的21%。保有资源储量86.55亿吨，累计查明资源储量109.18亿吨；铝土矿是阳泉市主要优势矿种之一，主要分布于盂县—阳泉一线以东。保有资源储量0.87万吨，累计查明资源储量1.17亿吨。耐火黏土是阳泉市主要矿产之一，属铝土矿共生矿产，分布于盂县—阳泉—长治公路两侧。保有资源储量2.92亿吨，累计查明资源储量3.19亿吨；硫铁矿主要分布在盂县—阳泉—平定公路两侧，全市以往设置过多个采矿权，现已全部灭失，保有资源储量3413.73万吨，累计查明资源储量4271.60万吨；石灰岩矿产资源主要分布于盂县中东部、郊区东部及平定县东部，保有资源量2.05亿吨，累计查明资源量2.45亿吨。

水资源　2020年，阳泉市水资源总量34218万立方米，其中地表水资源量40503万立方米（包括娘子关泉水出露量），地下水资源量27719万立方米，地表水与地下水重复计算量34004万立方米（含泉水出露量）。全市产水系数0.12，产水模数7.58万立方米/平方公里。

地下水动态　2020年，平定县选用承压水代表井6眼，与上年末比地下水水位上升2.91米。盂县选用潜水代表井4眼，与上年末比地下水水位上升0.15米；选用承压水代表井2眼，与上年末比地下水水位上升1.41米；选用混合水代表井3眼，与上年末比地下水水位上升0.49米。郊区选用承压水代表井3眼，与上年末比地下水水位上升7.97米。全市地下水位均有不同程度上升。

动植物资源　阳泉市境内野生动物种类不多，据1987年野生动物调查，境内有陆栖脊椎动物4纲、17目、28科、49种。其中两栖纲1目、2科、3种，爬行纲3目、4科、5种，鸟纲8目、14科、27种，哺乳纲5目、8科、14种。至2019年末，境内两栖类动物有中华大蟾蜍、黑斑蛙、中国林蛙，爬行类动物有无蹼壁虎、山地麻蜥、虎斑游蛇、枕纹锦蛇、甲鱼，鸟类有鸢、大鵟、金雕、白肩雕、鹊鹞、红脚隼、红隼、欧洲石鸡、野鸡、雉鸡、岩鸽、灰斑鸠、鹰头杜鹃、大杜鹃、长耳鸮、短耳鸮、麻雀、山麻雀、灰背伯劳、黑枕黄鹂、灰喜鹊、喜鹊、红嘴山鸦、秃鼻乌鸦、家燕、金腰燕、白鹡鸰、戴胜、斑啄木鸟，哺乳类动物有金钱豹、黄鼬、狗獾、猪獾、狼、赤狐、沙狐、草兔、小家鼠、棕色田鼠、梅花鹿、狍、麃、东方蝙蝠。另外有多种昆虫和少量鱼类。由于市境相对狭小，动物常随气候的变化和植被的改变而迁徙，因而动物种类时有增减，变化较为频繁。境内属暖温带落叶林阔叶林地带。古代森林茂密，人烟稀少；后虽屡经破坏和砍伐，但直到元末，仍保存着大片森林，植被情况尚佳。从明代初年开始，森林遭到大规模破坏；特别是明代中期以后，对森林摧残愈烈。至民国年间，深山古庙残留林木也砍伐殆尽。虽然民国初年搞过一点植树造林，但成效甚微。到 1949 年中华人民共和国成立时，森林覆盖率不到 2%。中华人民共和国成立后，境内森林面积逐步扩大，牧坡草地得到保护和改良，植物资源得到有效的恢复和发展。截至 2020 年末，林地面积 13.0 万公顷，森林覆盖率 22.01%。

第三章 经济社会

2020年，是阳泉市与全省、全国同步全面建成小康社会的一年。面对严峻复杂的经济形势和艰巨繁重的改革发展任务，全市上下在中共阳泉市委的坚强领导下，坚持以习近平新时代中国特色社会主义思想为指导，全面贯彻中共十九大和十九届二中、三中、四中、五中全会精神，按照中共山西省委“四为四高两同步”总体思路和要求，聚焦七大产业板块，大力实施“项目兴市”战略，统筹做好稳增长、促改革、调结构、惠民生、防风险、保稳定各项工作，全市经济呈现稳中有进、稳中向好良好态势，各项社会事业呈现新气象，人民群众获得感幸福感安全感显著增强。

第一节 经济发展

综合 2020年，阳泉市实现地区生产总值742.2亿元，按可比价计算，增长3.6%。其中，第一产业完成增加值10.5亿元，增长3.5%；第二产业完成增加值334.4亿元，增长5.7%；第三产业完成增加值397.3亿元，增长1.7%；三次产业构成由2019年1.5∶45.5∶53.0调整为1.4∶45.1∶53.5。居民消费价格同比上涨3.0%，其中食品烟酒价格上涨5.3%。商品零售价格上涨0.6%。城镇新增就业21842人。转移农村劳动力8347人。年末城镇登记失业率3.11%。

农业 2020年，阳泉市农作物种植面积5.7万公顷，比上年增长2.9%。其中粮食种植面积5.5万公顷，增长2.9%；油料种植面积137.0公顷，下降7.9%；中草药种植面积577.4公顷，增长18.3%；蔬菜及食用菌种植面积0.1万公顷，下降1.0%。在粮食种植面积中，玉米种植面积4.6万公顷，增长3.4%。粮食总产量23.1万吨，增长11.2%。其中，夏粮0.09万吨；秋粮23.0万吨，增长10.7%。肉类总产量1.5万吨，增长23.5%。其中，猪肉产量1.1万吨，增长17.1%；牛肉产量0.04万吨，增长51.7%；羊肉产量0.05万吨，增长9.0%；禽肉产量0.3万吨，增长56.2%。牛奶产量0.3万吨，增长0.2%。禽蛋产量3.6万吨，下降20.0%。水产品产量531.0吨，下降25.1%。完成造林面积3.1千公顷，下降38.1%；其中，人工造林面积3.0千公顷，下降34.1%。年末农业机械总动力36.4万千瓦，比上年增长4.0%。机械耕地面积4.5万公顷，下降0.4%；机械播种面积4.6万公顷，下降1.7%；机械收获面积1.9万公顷，增长10.9%。

工业和建筑业 2020年，阳泉市规模以上工业企业达到187个，规模以上工业增加值增长6.1%。其中，煤炭行业增加值增长11.2%，非煤工业增加值下降3.2%。规模以上工业中，战略性新兴产业增加值增长6.1%，占全市工业增加值比重7.3%。规模以上工业企业原煤产量5657.3万吨，增长15.3%；洗煤产量1636.7万吨，增长6.8%；发电量160.2亿千瓦时，下降1.2%；煤层气产量13.5亿立方米，下降1.7%。规模以上工业企业实现营业收入541.4亿元，下降7%；实现利税35.3亿元，下降50.9%；其中，实现利润总额-8.3亿元，同比减少34.6亿元。亏损企业63家，亏损面为

33.7%；亏损额 46.1 亿元，增长 50.2%。建筑业实现增加值 45.7 亿元，增长 4.3%。资质以上建筑业企业共 136 家，同比增加 23 家，其中，一级企业 9 家，同比减少 1 家；二级企业 37 家，同比增加 3 家。资质以上建筑企业实现总产值 119.7 亿元，增长 10.7%；签订合同额 193.4 亿元，增长 4.0%。房屋建筑施工面积 291.7 万平方米，下降 10.3%；竣工面积 52.1 万平方米，增长 218.4%。

固定资产投资　2020 年，阳泉市固定资产投资增长 10.0%。其中，国有及国有控股投资增长 12.9%，民间投资增长 3.5%。分登记注册类型看，内资企业投资增长 10.1%；外商及港澳台商企业投资增长 4.5%；个体经营投资下降 36.6%。分构成看，建安工程投资增长 22.4%，设备工器具购置投资下降 13.3%，其他投资下降 12.8%。分产业看，第一产业投资增长 24.4%。第二产业投资增长 28.8%，其中，工业投资增长 28.7%，工业投资中，企业技改投资增长 18.3%；制造业投资增长 28.5%；煤炭工业投资增长 15.9%，非煤工业投资增长 36.7%。第三产业投资下降 5.0%，其中，基础设施投资下降 21.0%。在建固定资产投资项目（含房地产开发项目）705 个。其中，总投资亿元以上项目 263 个，亿元以上项目完成投资增长 20.8%。房地产开发投资 27.0 亿元，下降 7.3%。其中：住宅投资 20.8 亿元，下降 9.8%；商业营业用房投资 2.4 亿元，下降 29.6%。保障性住房建设实际完成投资 16.0 亿元，棚户区改造住房基本建成 2373 套。

能源　2020 年，阳泉市一次能源生产折标准煤 4210.7 万吨，增长 14.6%，二次能源生产折标准煤 323.59 万吨，增长 1.3%。主要耗能工业企业单位产品能源消耗有：吨原煤生产综合能耗 5.75 千克标准煤 / 吨，下降 7.3%；炼焦工序单位能耗 139.20 千克标准煤 / 吨，下降 1.8%；电厂火力发电标准煤耗 317.23 克标准煤 / 千瓦时，上升 0.9%；单位电解铝综合能耗 1684.48 千克标准煤 / 吨，增长 0.5%；吨水泥综合能耗 77.44 千克标准煤 / 吨，下降 7.8%。全社会用电总量 81.9 亿千瓦时，下降 1.1%。其中，第一产业用电 0.4 亿千瓦时，下降 2.6%；第二产业用电 60.8 亿千瓦时，下降 2.7%，其中工业用电 59.8 亿千瓦时，下降 3.2%；第三产业用电 12.8 亿千瓦时，增长 0.5%；城乡居民生活用电 7.9 亿千瓦时，增长 10.5%。一、二、三产及城乡居民生活用电占全社会用电量比重分别为 0.5%、74.2%、15.6%、9.7%。

服务业　2020 年，阳泉市服务业增加值 397.3 亿元，按可比价格计算，比上年增长 1.7%。其中，批发和零售业增加值 59.4 亿元，下降 4.4%；交通运输、仓储和邮政业增加值 39.1 亿元，增长 2.1%；住宿和餐饮业增加值 13.4 亿元，下降 12.2%；金融业增加值 53.9 亿元，增长 4.1%；房地产业增加值 61.0 亿元，增长 5.3%；营利性服务业增加值 53.6 亿元，增长 5.1%；非营利性服务业增加值 116.6 亿元，增长 2.6%。规模以上服务业企业营业收入比上年增长 2.5%。年末公路线路里程 5716.8 公里，比上年末增加 21 公里。铁路货运量 4238.2 万吨，下降 1.9%，铁路客运量 98.4 万人，下降 48.9%。民用汽车保有量达到 27 万辆（包括三轮汽车和低速货车），增长 6.2%，其中私人汽车 24.1 万辆，增长 6.7%。轿车保有量 16.6 万辆，增长 5.8%，其中私人轿车 15.8 万辆，增长 6.4%。完成邮电业务总量 90.4 亿元，增长 23.0%。其中，邮政业务总量 4.0 亿元，增长 14.9%；电信业务总量 86.4 亿元，增长 23.4%。移动电话用户达到 164.5 万户，其中 4G 移动电话用户年末达 119.6 万户。互联网接入用户达到 51.6 万户。

国内贸易和对外经济　2020 年，阳泉市社会消费品零售总额完成 290.4 亿元，比上年下降 6.3%。其中，城镇消费品零售额 245.9 亿元，下降 7.7%；乡村消费品零售额 44.5 亿元，增长 2.1%。海关进出口总额 21702 万美元，比上年增长 45.8%。其中，出口额 8531 万美元，增长 12.2%；进口额 13171 万美元，增长 80.8%。新设立外商企业 3 家；实际利用外资金额 4782.2 万美元，比上年增长 147.0%。

财政、金融和保险 2020年，阳泉市一般公共预算收入完成56.9亿元，比上年下降0.8%。其中，税收收入34.3亿元，下降13.2%，国内增值税、企业所得税、个人所得税、资源税、城市维护建设税和契税共计完成税收28.2亿元，分别较上年下降10.1%、下降41.5%、增长3.5%、下降15.9%、下降9.7%和增长38.6%。一般公共预算支出154.2亿元，比上年增长16.6%。其中，一般公共服务支出增长13.6%，公共安全支出增长5.7%，教育支出增长0.5%，科学技术支出增长18.4%，社会保障和就业支出增长1.1%，卫生健康支出增长8.3%，节能环保支出增长40.9%，城乡社区支出增长27.6%。年末金融机构本外币各项存款余额1877.6亿元，比年初增加141.0亿元。各项贷款余额1174.8亿元，比年初增加40.1亿元。保费收入35.1亿元，同比下降1.7%。其中，寿险业务保费收入20.7亿元，下降3.6%；健康险和意外伤害险业务保费收入6.4亿元，增长1.9%；财产险业务保费收入8.0亿元，同比增长0.6%。支付各类赔款及给付16.9亿元，同比增长50.8%。其中，寿险业务给付7.2亿元，增长255.0%；健康险和意外伤害险业务赔款及给付3.4亿元，增长9.3%；财产险业务赔款6.3亿元，增长4.6%。

第二节　社会事业

教育、科技 2020年，阳泉市普通高等学校3所，农民实用技术培训3.8万人次。专利申请量为893件，专利授权量为665件，万人有效发明专利量1.7件/万人。共签订各类技术合同202项，技术合同成交总额5.9亿元，获得省级科学技术奖10项。国家认定企业技术中心1家，省级企业技术中心12家，市级企业技术中心34家。高新技术企业数达到96家。

文化、旅游 2020年，阳泉市共有群众艺术馆和文化馆6个、艺术表演团体6个、公共图书馆6个。年末有线电视用户12.7万户。共发行《阳泉日报》582万份。旅游总收入120.3亿元，下降71.3%。星级宾馆9个，其中五星级1个、四星级3个。旅行社35个，其中经营出境旅游业务的2个。A级景区15个，其中AAAA级5个。

卫生、体育 2020年，阳泉市共有卫生机构(含诊所、村卫生室)1539个，编制床位7443张。妇幼保健院（所、站）7个。卫生机构共有卫生技术人员11059人。阳泉市运动员在国内外重大比赛中获金、银、铜牌分别为13枚、7枚、7枚（包括非奥运项目比赛）。销售体育彩票1.03亿元，比上年减少0.27亿元。

人民生活和社会保障 2020年，阳泉市城镇常住居民人均可支配收入35018元，城镇常住居民人均消费支出为21919元；农村常住居民人均可支配收入16510元，农村常住居民人均消费支出为13154元。参加城镇职工基本养老保险37.43万人，比上年增加1.68万人；参加城乡居民养老保险46.80万人，增加0.26万人；城镇职工基本医疗保险参保38.57万人，减少0.51万人；城乡居民基本医疗保险参保82.74万人，增加0.05万人。全市三区两县的最低工资标准：城区、矿区、郊区为1700元，平定县、盂县为1500元。年末共有救助站3个，各类提供住宿的社会服务机构28个，养老服务机构床位数3050张，各类福利院床位数350张。城镇各种社区服务设施807个，其中综合性社区服务中心18个。销售福利彩票1.09亿元,筹集社会福利资金6163.1万元。

资源、环境和安全生产 2020年，市区大气环境质量达标天数256天，达标天数比例69.9%；PM2.5平均浓度46微克/立方米，同比下降9.8%；PM10平均浓度78微克/立方米，同比下降

11.4%；空气质量综合指数 5.32，同比下降 8.4%。二氧化硫、氮氧化物、化学需氧量、氨氮排放量分别同比下降 6.6%、1.5%、0.8%、2.8%。林地面积达 13.6 万公顷，森林覆盖率达 22.01%。

第三节　人口状况

第七次全国人口普查数据显示，2020 年 11 月 1 日零时，阳泉市常住人口为 1318505 人，与 2010 年第六次全国人口普查的 1368502 人相比，十年间减少了 49997 人，减少 3.65%，年平均增长率 -0.37%。共有家庭户 495881 户，集体户 20839 户，家庭户人口为 1235290 人，集体户人口为 83215 人。平均每个家庭户的人口为 2.49 人，比 2010 年第六次全国人口普查的 3.04 人减少 0.55 人。常住人口中，男性人口为 676396 人，占 51.30%；女性人口为 642109 人，占 48.70%。总人口性别比（以女性为 100，男性对女性的比例）为 105.34，与 2010 年第六次全国人口普查的 107.92 相比下降了 2.58。常住人口中，0—14 岁人口为 189897 人，占 14.40%；15—59 岁人口为 853822 人，占 64.76%；60 岁及以上人口为 274786 人，占 20.84%，其中 65 岁及以上人口为 186034 人，占 14.11%。与 2010 年第六次全国人口普查相比，0—14 岁人口的比重下降了 1.27 个百分点，15—59 岁人口的比重下降了 7.14 个百分点，60 岁及以上人口的比重上升了 8.41 个百分点，65 岁及以上人口的比重上升了 6.08 个百分点。常住人口中，拥有大学（指大专及以上）文化程度的人口为 224732 人；拥有高中（含中专）文化程度的人口为 217109 人；拥有初中文化程度的人口为 552416 人；拥有小学文化程度的人口为 234733 人（以上各种受教育程度的人包括各类学校的毕业生、肄业生和在校生）。与 2010 年第六次全国人口普查相比，每 10 万人中拥有大学文化程度的由 8173 人上升为 17044 人；拥有高中文化程度的由 15816 人上升为 16466 人；拥有初中文化程度的由 45844 人下降为 41897 人；拥有小学文化程度的由 21612 人下降为 17803 人。与 2010 年第六次全国人口普查相比，常住人口中，15 岁及以上人口的平均受教育年限由 9.44 年上升至 10.41 年。常住人口中，文盲人口（15 岁及以上不识字的人）为 16330 人，与 2010 年第六次全国人口普查相比，文盲人口减少了 16424 人，文盲率由 2.39% 下降为 1.24%，下降 1.15 个百分点。常住人口中，居住在城镇的人口为 939172 人，占 71.23%；居住在乡村的人口为 379333 人，占 28.77%。与 2010 年第六次全国人口普查相比，城镇人口增加 117963 人，乡村人口减少 167960 人，城镇人口比重提高了 11.22 个百分点。常住人口中，城区居住 225443 人，占比 17.10%；矿区 230691 人，占比 17.50%；郊区 275094 人，占比 20.86%；平定县 306228 人，占比 23.22%；盂县 281049 人，占比 21.32%。常住人口中，少数民族 4568 人，占全市总人口的 0.35%，其中人数最多的是回族和蒙古族，分别各有 2000 余人和 700 余人，超过百人以上的少数民族有满族、壮族、苗族、土家族。

第四章　红色文脉

阳泉是革命老区，又是红色家园，在中国近代发展和革命斗争中做出过重要贡献。这片热土上，无数优秀的中华儿女为了民族解放和人民幸福，浴血奋战，前赴后继，在革命事业的道路上谱写了壮烈的篇章。

山西保矿运动　清光绪二十三年（1897），腐朽无能的清政府，在英帝国主义的威胁利诱下，拱手将山西阳泉等地的煤铁矿开采权出卖给英商福公司。光绪三十一年（1905）7月，福公司借阳泉正太铁路通车之机，霸占矿产，并要挟清政府查封地方小煤窑。阳泉爱国士绅黄守渊、张士林等创立保艾公司，成立矿产公会，慷慨捐资，奔走呼号，拉开了中国近代史上反抗帝国主义列强掠夺矿山资源、维护国家主权和人民利益的一场波澜壮阔的爱国运动。这场爱国运动首发于阳泉，波及全国，震惊海外，不仅动员了绅、农、工、学、商各界民众，连海外的山西留学生也投入其中，经过长达三年的不懈抗争，最终以赎回矿权，国人自办，成立“山西保晋矿务有限公司”而告结束。山西保矿运动和保晋公司的总部，及与湖北汉阳铁厂、辽宁本溪铁厂齐名的保晋铁厂均设在阳泉。

阳泉工人运动的兴起　1912年9月，中国近代民族民主主义革命开拓者、中国民主革命伟大先行者、中华民国和中国国民党的缔造者、三民主义倡导者孙中山先生莅临阳泉，留下“以平定煤铸太行铁，可操全国实业界之牛耳”的构想，发出工业强国、实业强国的先声。阳泉的采煤、炼铁等工业发展，工人阶级队伍壮大，工人运动兴起。1922年12月上旬，正太铁路总工会组建阳泉分会。阳泉铁路工人在中国共产党的领导下，参与和投入正太铁路大罢工。1923年10月15日，正太铁路工会阳泉分会副会长梁永福加入中国共产党，成为阳泉地区第一个中共党员。

阳泉中国共产党组织的建立和“平定起义”　1926年初，中国共产党平定特别支部正式成立，这是阳泉境内第一个中共党组织，也是中共在山西省范围内最早建立的基层组织之一，开辟了山西境内传播马克思主义、发动工农革命运动的新阵地，催生革命种子播撒阳泉，并为之后的“平定起义”奠定了坚实基础。1931年7月4日，驻平定县城的国民党第11师高桂滋部一团的七个连，共1200余人，宣布脱离高桂滋的部队，接受中国共产党的领导，建立工农革命武装。7月5日，起义军在盂县编入中国工农红军序列，为24军。中共山西特委向全国发出通电，宣告红军第24军成立。红24军随后移师五台山，转战至河北阜平，在阜平县建立苏维埃政府，成为中国共产党在北方成立的第一个红色政权，比同年在江西瑞金成立的中华苏维埃政府早三个多月。

抗日战争中的阳泉　1937年7月，日本侵略军发动全面侵华战争。10月，娘子关守军告急。八路军第129师师长刘伯承率部驰援，进军阳泉，在七亘村连续两次伏击进犯太原方向之日军，首次运用“重叠待伏”战术，八路军以伤亡30余人的代价歼毙敌人400余名，“七亘大捷”成为八路军挺进太行山首战胜利的发生地。1940年，日本侵略军对华北抗日根据地实行“囚笼政策”，同时在正面战场上集结重兵，阴谋进犯西南、西北，妄图迫使中国投降。为了有力地打击敌人，粉碎日本侵略军的阴谋，八路军从8月20日起至12月5日，在华北敌后出动105个团，约40万兵力，在2500公里长的战线上，发动规模最大的“以彻底破坏正太路若干要隘，消灭部分敌人，截断该线交通”为目的的举世闻名的“百团大战”。阳泉是“百团大战”主战场之一。抗日战争时期，阳泉人民群众积极支前，配合正规部队作战3100余次，歼敌1.8万余人，还为抗战输送子弟兵1.6万余人，发生在阳泉境内的主要战役、战事还有娘子关保卫战、狼峪战斗、冶西攻坚战、岔口围困战、牛道岭阻击战、兴道大捷以及解放阳泉的正太战役等，涌现出了岳勇、烙钢、赵亨德、李旦孩等令敌闻风丧胆的抗日英雄。

中国共产党创建的第一座城市 1947年4月，晋察冀野战军在司令员兼政治委员聂荣臻指挥下，发起正太战役，攻克正太铁路沿线的7座县城。5月2日，阳泉在这次战役中获得解放。5月4日，晋察冀中央局和晋察冀边区政府从支援全国解放战争的全局出发，决定组建中共阳泉市委、阳泉市人民政府。阳泉建市之初，中共阳泉市委组织带领全市人民荡涤旧社会的污泥浊水，医治战争创伤，建立革命新秩序，巩固新生政权，维护社会稳定，战胜灾荒灾害，安定人民生活，开展土地改革，恢复发展工商业，推动教育、文化、卫生等各项社会事业，为中国共产党接管、建设、管理城市进行探索，积累了经验，提供了试点样本。据中央党史和文献研究院考证，“阳泉市是中共领导创建的第一座城市，是历史事实”。

人民解放军兵员补充的重要基地 解放战争时期，阳泉先后送出上万名青壮年参军；数万民众为前线部队运送伤员、粮食、被服等物资，把盛产的煤、铁、硫黄、手榴弹、地雷等物品运往解放区，还送炭至中共中央驻地西柏坡。1948年2月，中共中央委员会书记刘少奇起草中央工委文件，对新解放的阳泉、石家庄等城市工作经验进行了总结。时任石家庄市委书记刘秀峰、市长柯庆施认为“阳泉市在管理城市、保护工商业、变消费城市为生产城市、郊区农村土地改革等方面都积累了很好经验，值得新解放城市借鉴”。10月，华北人民政府机关路居阳泉，随之抵达的还有延安第二保育院、干部疗养院、华北制药厂等单位。华北人民政府主席董必武说：“阳泉市虽然不大，但支援解放战争的贡献不小。”

中国共产党接管城市的干部输出地 1947年10月至1949年8月，阳泉市先后分5批共519名优秀地方干部，北上绥远，南下湘鄂，东驻沪鲁，西入川陕，成建制地踏上开辟新解放区工作征程。时任晋中一地委宣传部副部长的华国锋在阳泉工作和生活5个月后，随军南下。这些南下北上干部，在接管政权、剿匪除霸、土地改革、民主建设、整党建党以及新中国成立后的社会主义革命和建设中，发挥了重要作用。

老一辈无产阶级革命家战斗工作的驻足地 在抗日战争时期，先后有周恩来、朱德、任弼时、彭德怀、刘伯承、贺龙、关向应、王震、彭真、徐向前等在境内停留驻足，指导工作；聂荣臻、陈赓、杨成武、陈锡联、萧克、秦基伟、李德生等参与和指挥在境内发生的大小战役。解放战争时期，邓小平、董必武、谢觉哉、林伯渠、杨得志、姚依林、杨献珍等均在阳泉战斗工作过。

阳泉市现存红色革命遗址共138处 从地域分，平定县42处、盂县48处、郊区36处、矿区2处、城区10处；从类别分，党组织活动及机构旧址74处、重大战役战事遗址12处、重要人物驻足地及故居29处、纪念设施及纪念地23处；从保护上分，市级6处、县级15处；从利用级别上分，国家级爱国主义教育基地1处、省级2处、市级2处、县级3处，成为爱国主义教育、党史党性教育的重要资源。中共十八大后，阳泉市委、市政府更加重视红色文化资源的挖掘、保护和利用，先后修复或新建了一批纪念设施和纪念场馆，如平东抗日根据地纪念馆、平西抗日根据地纪念馆、南沟狼峪抗战纪念馆、盂县红二十四军纪念馆、梁家寨红色纪念馆等，并组织拍摄《铁血阳泉》故事片，成为阳泉红色文化资源的重要组成部分。

阳泉市经过70多年的发展，由1947年的山区小镇发展到拥有人口131万人，工业门类齐全、城市功能完善的新型现代城市。2020年7月27日至28日，山西省委书记楼阳生在阳泉调研时说："阳泉是一座红色的城市、英雄的城市"。2020年，市委书记姜四清先后4次专题调研革命传统教育和红色文化发展，组织编制红色资源开发和红色文化传承总体规划，修缮阳泉市委市政府旧址、保晋煤铁行小学遗址、《人民日报》阳泉造纸厂旧址等红色遗存，启动红色文化保护和传承地方立法。作为全国人大代表，姜四清向全国人大提交制定《中华人民共和国红色文化保护传承法》的议案，得到全国人大高度关注。全国人大常委会委员、教科文卫委员会副主任委员吴恒组织国家有关部委负责人，通过视频会议方式，就制定《中华人民共和国红色文化保护传承法》工作，向姜四清通报情况，征求意见，赋能革命文物新活力，山城阳泉掀起红色文化传播新浪潮。

薪火相传的红色基因，是阳泉诞生时就深埋在城市内核的文化自信。继往开来，阳泉市吹响"中共创建第一城"再前进的号角。

第二篇

党对人大工作的领导

人民代表大会制度是中国共产党和中国人民的伟大创造，是坚持党的领导、人民当家作主、依法治国有机统一的根本政治制度安排。坚持党的领导是人民代表大会制度的本质要求和最大优势，是做好人大工作的根本保证和关键所在，是任何时候都必须坚持、毫不动摇的根本原则。

中国共产党作为人民代表大会制度的缔造者和完善者，在瑞金时期就确立了党对苏维埃代表大会的领导原则和具体制度，并在各个时期的政权建设中不断巩固。中共十八大以来，以习近平同志为核心的党中央高度重视、全面加强党对人大工作的领导，推动人大工作取得历史性成就。习近平总书记就坚持和完善人民代表大会制度、发展社会主义民主政治发表一系列重要论述，拓展了人民代表大会制度的科学内涵、基本特征和本质要求，形成了习近平总书记关于坚持和完善人民代表大会制度的重要思想，标志着党对人民代表大会制度的规律性认识达到了一个新的高度。可以说，没有党对人大工作的坚强领导，人民代表大会制度作为根本政治制度的作用就无法充分发挥，中国特色社会主义民主政治的优越性就无法完全彰显。60多年的实践也充分证明，坚持和完善人民代表大会制度，必须毫不动摇坚持中国共产党的领导。要始终坚持旗帜鲜明讲政治，以习近平新时代中国特色社会主义思想为指导，增强“四个意识”，坚定“四个自信”，做到“两个维护”，坚决贯彻党中央关于人大工作的重大决策部署，在同级党委的领导下开展工作，确保人大工作正确的政治方向。

第一章　市委对人大工作的领导

中共阳泉市委高度重视、积极支持人大工作，不断加强对人大工作的政治领导、思想领导和组织领导，把人大工作列入重要议事日程，建立完善党委领导人大工作的机制，支持人大及其常委会依法履职。特别是中共十八大后，市委坚持以习近平新时代中国特色社会主义思想为指导，始终把党的领导体现到人大工作各方面、各环节，充分发挥市人大常委会党组作用，扎实推动人大工作与时俱进、创新发展，保证党的路线方针政策和决策部署在人大工作中全面贯彻和有效执行，为坚持和完善人民代表大会制度、推进市域治理体系和治理能力现代化做出新的贡献。

第一节　指导和推进人大工作

市委不断加强对人大工作的领导，适时召开人大工作会议，对加强党的领导，支持依法行权，推进人大工作创新发展，发挥县乡人大作用等方面进行安排部署。市委领导多次到市人大常委会机关调研指导工作，出席和参加人大重要会议及活动，及时对人大工作作出批示，提出要求。

2004 年 9 月 21 日，市委书记程步云出席阳泉市纪念全国人民代表大会成立 50 周年暨地方人大常委会设立 25 周年大会。

2006 年 9 月 18 日，市委召开人大工作会议。市委书记谢海出席并讲话，市人大常委会党组书记孙水生传达省委人大工作会议精神，市委常委、市委秘书长樊盛武宣读《中共阳泉市委关于表彰全市人大工作先进集体的决定》。市领导林玉平、丁贵生、宋林岭、陈继光、王旭明、宋师璇、朱礼厚、张清、荆东生、吴学斌、段存寿、李体柱、刘兆林等出席会议。市政府、市中级人民法院、市人民检察院、市委组织部、市委宣传部负责人和各县（区）委书记作表态发言。郊区区委、平定县人大常委会、盂县人大常委会等单位作书面经验交流。10 月 12 日，市委书记谢海出席在阳泉市召开的山西省基层人大工作研讨会。

2007 年 7 月 12 日，市委书记谢海到市人大常委会机关调研。8 月 3 日，市委书记谢海，市委常委、市委秘书长樊盛武到市人大常委会机关，就搞好新时期人大工作，促进社会主义政治、经济、文化、社会建设进行调研。市人大常委会主任会议成员就人大工作如何围绕中心、服务大局、履行职能、促进经济社会又快又好发展作汇报发言。12 月 26 日，市委副书记郜爱国、林玉平参加全市人大系统“网通杯”纪念监督法实施一周年书法作品展开展仪式。

2009 年 12 月 22 日，市委副书记、市长李栋梁出席市人大纪念地方人大设立常委会 30 周年书法作品展开幕式。

2013 年 2 月 8 日，市委副书记、市长陈永奇出席市十四届人大常委会第六次会议。5 月 7 日，市委副书记、市长陈永奇出席市十四届人大常委会第九次会议。

2014年9月15日，市委副书记、市长陈永奇出席阳泉市纪念全国人民代表大会成立60周年暨地方人大设立常委会35周年座谈会。

2015年11月26日，市委副书记、代市长董一兵出席市十四届人大常委会第三十二次会议。

2018年1月5日，市委副书记、代市长雷健坤出席市十五届人大常委会第九次会议。4月24日上午，市委副书记、市委秘书长巩成到市人大常委会机关调研指导工作。

2019年8月21日至22日，市人大常委会组织五级人大代表视察创建卫生城市和城市建设工作，市委副书记、市长雷健坤参加视察。10月11日，市委书记关建勋以人大代表身份到平定县冠山镇人大代表联络站，与群众和基层人大代表面对面交流，征求意见和建议，研究解决有关问题。12月26日至27日，市人大常委会组织五级人大代表视察重点建设项目，市委副书记、市长雷健坤参加视察。

2020年5月7日，市委书记姜四清，市委副书记、秘书长巩成到市人大常委会机关调研指导工作，听取市人大工作情况汇报及市人大新任领导干部和班子成员发言。姜四清要求市人大常委会坚持以习近平新时代中国特色社会主义思想为指导，坚持党对人大工作的全面领导，牢记职责使命，依法全面履职，加强队伍建设，配齐配强机构、人员力量，不断夯实工作基础，以“一线”的状态、“一线”的担当和“一线”的作为，同心同向，为“重塑竞争新优势，倾力打造晋东区域中心城”凝聚智慧和力量。5月11日，市委常委会传达学习中共山西省委书记楼阳生在省委人大工作会议上的讲话精神及省委《关于新时代加强和改进人大工作的意见》，并就学习贯彻讲话和文件精神作出安排。6月1日，市委常委会（扩大）会议审议通过《关于贯彻落实中共山西省委〈关于新时代加强和改进人大工作的意见〉的实施意见》（以下简称《实施意见》）。《实施意见》分5个部分18个条款，全面对标省委人大工作会议精神，逐条提出深化细化的贯彻措施，明确了抓落实的牵头和配合部门，以明晰的责任分解促进《实施意见》有序有效落实，营造齐抓共管保落实的工作局面。6月9日至10日，市委副书记巩成出席山西省人大预算联网监督工作培训班暨阳泉现场交流会。8月30日，市委书记姜四清在出席全省建筑领域安全隐患专项排查整治电视电话会议后批示要求：“对临汾8月29日坍塌事故举一反三，此次事故暴露出来的寿宴随礼，对满月宴、乔迁宴、升学宴、大操大办等遗风陋俗，人大将如何通过立法规范引导。”

第二节　听取和研究人大重要事项

市委常委会把人大工作列入重要议事日程，适时听取市人大常委会党组工作报告和专项请示报告。中共十九大后，每年听取市人大常委会党组工作报告，作出安排部署和批示，支持人大依法行使各项职权，推动地方国家机关自觉接受人大监督。

2001年1月13日，市委常委会听取市人大常委会关于召开市十一届人大六次会议筹备情况汇报，同意市人大常委会关于市十一届人大六次会议主要议程、日程安排及有关名单（草案）。2月23日，市委常委会听取市人大常委会关于市十一届人大六次会议筹备情况汇报。

2002年2月24日，市委常委会研究2002年市两会换届人事事项。议定市十二届人大一次会议于3月24日至30日召开。3月8日，市委常委会研究并通过市十二届人大一次会议主席团和秘书长等12个名单草案。11月1日，市委常委会研究并决定阳泉市出席省十届人大代表初步人选，议定市十二届人大二次会议于11月20日前后召开，通过市十二届人大二次会议有关名单及选举办法草案。

2003 年 1 月 21 日，市委常委会研究市十二届人大三次会议有关事项，议定市十二届人大三次会议在 4 月中旬前召开。4 月 7 日，市委常委会听取市十二届人大三次会议准备工作情况汇报，同意补选的 3 名市人大常委会委员人选。12 月 18 日，市委常委会同意市人大常委会关于市十二届人大三次会议召开时间的建议。

2004 年 1 月 7 日，市委常委会听取市十二届人大四次会议筹备工作情况汇报。

2006 年 3 月 29 日，市委常委会听取市人大常委会个别干部选配情况汇报，议定市十二届人大六次会议于 4 月 11 日至 15 日召开。9 月 14 日，市委常委会传达学习省委人大工作会议精神，听取市人大常委会关于贯彻落实省委人大工作会议精神的意见。议定 9 月中旬召开市委人大工作会议，传达省委人大工作会议精神，表彰全市人大工作先进集体，出台《中共阳泉市委关于贯彻省委人大工作会议精神，加强和改进人大工作的实施意见》。

2007 年 1 月 22 日，市委常委会听取并通过市人大常委会党组关于县乡人大、政府换届工作的实施意见。5 月 17 日，市委常委会听取市人大常委会关于召开市十三届人大一次会议有关事项的汇报，议定市十三届人大一次会议于 5 月 28 日至 6 月 1 日召开。

2008 年 1 月 8 日，市委常委会听取关于市人大常委会增设新机构事宜，议定市人大常委会增设民族宗教侨务外事工作委员会，机构规格为正县级，行政编制 4 名，领导职数设主任、副主任各 1 名。

2009 年 5 月 11 日，市委常委会听取关于召开市十三届人大四次会议有关工作的汇报，议定市十三届人大四次会议于 5 月 23 日至 27 日召开。

2010 年 4 月 23 日，市委常委会听取市十三届人大五次会议筹备情况汇报，通过市十三届人大五次会议相关名单草案，议定市十三届人大五次会议于 5 月 5 日至 9 日召开。9 月 27 日，市委常委会听取并通过市人大常委会关于落实全省贯彻实施监督法电视电话会议精神及阳泉市贯彻落实建议。

2011 年 4 月 29 日，市委常委会听取市十三届人大六次会议筹备情况的汇报，议定市十三届人大六次会议于 5 月 10 日至 13 日召开。如有调整事宜，授权市人大常委会党组决定。

2012 年 4 月 10 日，市委常委会研究市十四届人大代表名额分配和选举事宜，要求依法做好代表选举工作。5 月 8 日，市委常委会听取市人大常委会关于召开市十四届人大一次会议有关事项的报告，原则同意提交的市十四届人大一次会议有关文件草案。5 月 24 日，市委常委会研究并原则同意市十四届人大一次会议选举和表决办法（草案），同意市十四届人大各专门委员会委员候选人建议名单。要求制定应急预案，一旦电子投票出现问题，则迅速调整为人工计票。11 月 21 日，市委常委会听取市人大常委会关于召开市十四届人大二次会议有关情况汇报，通过了会议议程、有关名单及选举办法草案，议定市十四届人大二次会议于 11 月 28 日至 29 日召开。

2013 年 3 月 26 日，市委常委会听取市人大常委会关于市十四届人大三次会议筹备情况汇报，同意市十四届人大三次会议有关文件草案及建议名单，市十四届人大三次会议于 4 月 8 日至 12 日召开。

2014 年 1 月 29 日，市委常委会传达山西省第十二届人民代表大会第二次会议精神，要求进一步加强对人大工作的领导，充分发挥各级人大代表作用，凝聚正能量，进一步推动全市转型跨越发展。4 月 10 日，市委常委会听取市人大常委会关于市十四届人大四次会议筹备情况汇报，同意市人大常委会关于市十四届人大四次会议召开时间的建议。

2015 年 4 月 13 日，市委常委会听取市十四届人大五次会议筹备情况汇报，原则同意市十四届人大五次会议有关文件草案及建议名单，议定市十四届人大五次会议于4月20日至23日召开。

2016年1月18日，市委常委会听取市人大常委会党组工作汇报，要求牢固树立政治意识、大局意识、核心意识、看齐意识，始终坚定道路自信、理论自信、制度自信、文化自信，更加自觉地在思想上政治上行动上同以习近平同志为核心的党中央保持高度一致，紧紧围绕全市中心大局履职尽责，推动阳泉改革发展稳定各项工作落到实处。

2017年1月20日，市委常委会听取市人大常委会党组工作汇报，要求要高举旗帜、紧跟核心，切实增强“四个意识”；围绕中心、服务大局，在推动转型升级中履职尽责、担当作为；强化主体责任、自身建设，推动全面从严治党向纵深发展。2月25日，市委常委会听取市十五届人大一次会议筹备情况汇报，原则同意《市十四届人大常委会工作报告（草案）》，同意市十五届人大一次会议议程、日程及有关名单草案，定于3月7日上午召开市十五届人大一次全体会议。9月15日，市委常委会传达学习山西省省市人大常委会主任座谈会精神，研究阳泉市贯彻落实方案，要求全面贯彻落实全国人大常委会推进县乡人大工作和建设经验交流会精神、山西省省市人大常委会主任座谈会精神，全面完成省委提出的加强县乡人大工作机构建设的目标要求。9月29日，市委常委会传达学习省委推进县乡人大机构建设会议精神，研究阳泉市贯彻落实意见，要求按照省委书记骆惠宁的讲话要求，不打折扣，不搞变通，不降标准，确保提前全面完成省委关于加强县乡人大机构建设的目标任务。11月2日，市委常委会听取市十五届人大二次会议筹备情况汇报，原则同意市十五届人大二次会议议程、有关名单草案及选举办法（草案），同意市十五届人大二次会议于11月下旬召开。

2018年1月19日，市委常委会听取市人大常委会党组工作汇报，研究并原则通过《阳泉市道路交通安全管理条例（草案）》《阳泉市城市绿化条例（草案）》，要求按法定程序提交市人大常委会审议。2月27日，市委常委会听取市十五届人大三次会议筹备工作情况汇报，原则通过市人大常委会2018年工作要点，要求始终坚持党的领导，牢牢把握正确政治方向；加强民主法治建设，切实提高监督实效；强化自身建设，提升工作本领。4月3日，市委常委会传达学习中共中央《关于深入学习宣传和贯彻实施〈中华人民共和国宪法〉的意见》，要求充分发挥人大及其常委会在宪法实施中的职能作用，推进科学立法、严格执法、公正司法、全民守法，把依法治市工作提高到新水平。6月2日，市委常委会听取并通过《市人大常委会2018年新增立法项目建议》的汇报，要求迅速组织人员，启动立法工作，确保按时保质完成立法任务，为打赢全市蓝天保卫战提供坚强法治保障。7月30日，市委常委会听取关于设立市人大常委会机关党组的汇报，同意设立中共阳泉市人大常委会机关党组。8月16日，市委常委会传达学习全省“建立政府向本级人大常委会报告国有资产管理情况推进会”精神，要求高质量建立“1＋X”国有资产报告制度体系，理顺国有资产管理体制，坚持依法监督，确保国资管理各项工作在法治轨道上有序开展。10月26日，市委常委会传达学习省人大常委会党组书记、副主任郭迎光在阳泉调研座谈时的讲话精神，要求把代表联系群众工作抓实、抓细、抓出成效，创出品牌。原则通过《阳泉市大气污染防治条例（草案）》。11月8日，市委常委会听取并通过《关于建立市人民政府向市人大常委会报告国有资产管理情况制度的意见》。

2019年1月20日，市委常委会听取关于市人大代表补选考察情况的汇报，同意市十五届人大代表补选建议人选，提交市人大常委会履行相关法定程序。2月1日，市委常委会传达学习山西省十三届人大二次会议精神，听取市人大常委会党组工作汇报。2月14日，市委常委会原则通过《阳泉市市容和环境卫生管理条例（草案）》。2月19日，市委常委会听取关于市十五届人大四次会议筹备情况汇报，讨论拟提请市十五届人大四次会议审议的各项工作报告草案，原则通过《市人大常委会2019年工作要点》。3月21日，市委常委会传达学习全国两会精神，要求全市各级各部门把学习贯彻习近平总书记在全国两会期间重要讲话精神作为政治任务，坚持把阳泉工作放到党和国家大局、全省工作全局中谋划和推进；市人大常委会党组要坚持以政治建设为统领，坚持党的全面领导，不断提高履职能力和工作效率。5 月 25 日，市委常委会传达学习全省人大代表工作会议精神，要求各级人大常委会积极探索推进新形势下人大代表工作的新途径新方法，各级党委要支持人大工作，政府要全力保障，扎实推进全市人大代表联络站全覆盖和规范化建设，确保任务如期保质保量完成。12 月 18 日，市委常委会审议并原则通过《阳泉市集中供热条例（草案）》。

2020 年 4 月 10 日，市委常委会听取市十五届人大五次会议筹备情况汇报，讨论拟提请市十五届人大五次会议审议的市人大常委会和市政府工作报告草案，要求精心抓好会议的疫情防控、组织筹备、服务保障等工作，严格会风会纪，确保圆满完成各项任务。4 月 21 日，市委常委会听取关于召开市十五届人大五次会议有关事项的汇报，同意市人大常委会副主任、市人大常委会秘书长候选人和个别专委会主任委员人选，同意关于补选 10 名市人大代表、2 名市人大常委会委员的建议。6 月 1 日，市委常委会研究通过《中共阳泉市委关于贯彻落实〈中共山西省委关于新时代加强和改进人大工作的意见〉的实施意见》《市人大常委会 2020 年工作要点》。6 月 15 日，市委常委会原则通过《阳泉市住宅专项维修资金管理办法（草案）》。7 月 29 日，市委常委会传达学习全省人大代表工作专题会议相关精神，研究阳泉市贯彻落实意见，要求各级各部门高度重视人大代表联络站建设，强化保障措施，推动站点建设规范化、联系形式多样化、活动机制长效化、领导干部进站联系群众常态化。

第三节　市委领导批示人大工作和调研报告

市委历届领导认真阅研人大工作和调研报告，及时予以批示和指导，根据需要提出办理要求，有效发挥人大建议对推进经济社会发展的积极作用。

2008 年 9 月 18 日，市委书记谢海对市人大常委会党组《关于 2008 年上半年工作总结的报告》作出批示：“‘三围绕’‘三注重’‘三坚持’很好，人大常委会为阳泉发展做了大量卓有成效的工作，今后几个月要在全市安全和稳定方面加强监督检查。”

2017 年 6 月 12 日，市委书记陈永奇对市人大常委会《关于全市水利惠农工作情况的调研报告》作出批示：“请海燕及爱聪同志阅研，能办的要立即办。”10 月 9 日，市委书记陈永奇对市人大常委会《关于全市脱贫攻坚调研情况的报告》作出批示：“请海燕同志阅研。报告较为全面地反映了我市脱贫攻坚工作现状，特别是客观指出了存在问题，要研究解决。人大发挥优势，围绕中心工作督查调研，值得充分肯定，要继续发扬。”

2018 年 5 月 11 日，市委书记关建勋对市人大常委会《关于进一步加强环保监督，推进环保问题整改落实的意见》作出批示：“这个意见很好。要加大环保整改监督力度，推动环保整改落实到位，切实改变市环保工作的被动局面。”7 月 23 日，市委书记关建勋对市人大常委会《关于全市实施乡村振兴战略调研情况的报告》作出批示：“调研有深度，农村工作领导组要专题研究有关问题与建议。”10 月 15 日，市委书记关建勋对市人大常委会《关于全市旅游改革发展工作的调研报告》作出批示：“市人大旅游改革发展的报告内容翔实，观点鲜明，请李君同志牵头研究相关建议。”

2019 年 6 月 17 日，市委书记关建勋对市人大常委会《关于全市推进河长制调研情况的报告》作出批示：“请健坤市长阅。有关问题做专题研究，切实把‘河长制’的相关要求落到实处。”同日，市委副书记、市长雷健坤对该报告作出批示:“转文兵副市长，加快推进水环境治理工程，严格落实‘河长制’有关规定。”6月18日，市委书记关建勋在省人大常委会预算工作委员会介绍阳泉工作的《简报》上批示：“要进一步扩大联网监督，并真正落地见效。”7月7日，市委书记关建勋对市人大常委会《关于阳泉市道路交通安全管理条例贯彻实施情况的报告》作出批示：“请健坤同志阅。报告反映的有关问题政府应专题研究。”同日，市委副书记、市长雷健坤对该报告作出批示：“请文兵副市长牵头研究，提出有效措施，拿出工作计划，逐一解决问题。”9月4日，市委书记关建勋在省人大常委会办公厅反映阳泉市五级人大代表视察创建国家卫生城市工作的《情况通报》上作出批示：“代表支持，法制保障，阳泉创卫大有希望。”11月1日，市委书记关建勋对市人大常委会《关于开展阳泉市人大工作与理论研究会换届工作的报告》作出批示：“拟同意，请任建华同志阅。”11月20日，市人大常委会主任王旭明写给市委书记关建勋一封“关于爱国卫生条例立法调研感受”的工作信件。关建勋阅后，进行了为时两周的思考，认为信件反映的情况实事求是，所提建议有可操作性，并于12月7日批示要求：“将旭明同志的这封信印发创卫领导组成员及各县区，办公室研究创卫机制。”12月26日，市委书记关建勋在省人大预算工作委员会反映阳泉工作的《简报》上批示：“市人大预算联网监督工作走在全省前列，受到省人大的肯定，望加强运行管理，真正发挥作用。”

2020年1月9日，市委书记关建勋对市人大常委会《关于全市乡村产业振兴调研情况的报告》作出批示：“请巩成、文兵同志阅，研究乡村产业振兴突出问题。”1月22日，市委书记关建勋在全国人大常委会办公厅《联络动态》编发的《山西省阳泉市人大常委会用“14710”三联系工作制度打通代表联系群众最后一公里》经验材料上批示：“以此为动力，进一步做好人大代表联系群众工作。”2月1日，市委书记关建勋对市人大常委会关于延期召开市十五届人大五次会议的请示报告作出批示：“同意市人大意见。”5月8日，市委书记关建勋对市人大常委会《关于黑热病防控工作指示批示精神的贯彻落实方案》作出批示：“同意所提建议。”5月15日，市委书记姜四清对市人大常委会《关于落实姜四清书记提出“尽快完善监督平台和预警机制”的情况报告》作出批示：“请市财政局就有关问题逐项研究，制定整改措施，迅速整改，并将结果报告市委、人大、政府。”6月19日，市委书记姜四清对市人大常委会党组书记王旭明提交的《全市重点项目建设用地情况分析》作出批示：“原则同意下一步工作举措，请健坤同志阅示。”8月28日，市委书记姜四清对市人大常委会《关于全市乡村生态振兴情况的调研报告》作出批示：“请研究室阅，起草全会报告时研究吸纳。”

第二章　市人大常委会党组

中共阳泉市人大常委会党组是中共阳泉市委在阳泉市人大常委会中设立的领导机构，在市人大常委会中发挥领导作用，是市委对人大工作实施领导的重要组织形式。市人大常委会党组坚决贯彻党的基本理论和路线方针政策，坚决维护市委统揽全局、协调各方的领导地位，充分发挥把方向、管大局、保落实重要作用，持之以恒加强班子建设，凝心聚力落实市委决策，确保党的领导贯穿人大工作全过程和各方面，确保人大工作始终沿着正确政治方向推进。特别是中共十八大后，坚决落实新时代党的建设总要求，全面贯彻《中国共产党党组工作条例》，切实履行党要管党、从严治党政治责任，着力增强“四个意识”，坚定“四个自信”，提高政治站位，强化责任担当，切实在深入学习贯彻习近平新时代中国特色社会主义思想上作表率，在始终同以习近平同志为核心的党中央保持高度一致上作表率，在坚决贯彻落实党中央和省委、市委各项决策部署上做出表率。

第一节　市人大常委会党组班子

市人大常委会党组设书记 1 人，副书记 1—2 人，成员若干人。

市十一届人大常委会党组（2001.1—2002.3）

书　记　张昌和（1997.4—2002.4）

副书记　杨宝国（1997.4—2001.4）

　　　　李奕明（2000.12—2002.4）

成　员　杜肇昆（1997.4—2001.4）

　　　　张希祯（1997.4—2002.4）

　　　　郝爱生（1997.4—2002.4）

　　　　董建堂（1997.4—2002.4）

　　　　王　升（1997.4—2002.4）

市十二届人大常委会党组（2002.3—2007.5）

书　记　丁贵生（2002.4—2006.6）

　　　　孙水生（2006.6—2007.5）

副书记　刘建田（2002.4—2005.3）

　　　　杨清风（2003.6—2006.2）

　　　　丁贵生（2006.6—2007.5）

成　员　杨清风（2002.4—2003.6）

王元寿（2002.4—2006.2）
王七孩（2002.4—2007.5）
张　清（2003.4—2007.5）
荆东生（2005.4—2007.5）
吴学斌（2006.4—2007.5）
段存寿（2006.4—2007.5）
李　明（2002.4—2007.5）

市十三届人大常委会党组（2007.5—2012.5）

书　记　孙水生（2007.5—2012.5）
副书记　丁贵生（2007.5—2007.6）
张　清（2007.6—2010.5）
郜爱国（2011.5—2012.5）
荆东生（2010.5—2012.5）
成　员　张　清（2007.5—2007.6）
荆东生（2007.5—2010.5）
吴学斌（2007.5—2012.5）
段存寿（2007.5—2012.5）
王振国（2010.5—2012.5）
高中和（2007.5—2010.3）
吕誉耀（2010.4—2012.5）

市十四届人大常委会党组（2012.5—2017.3）

书　记　刘高官（2012.5—2017.3）
副书记　王振国（2012.5—2017.3）
成　员　孙金明（2012.5—2017.3）
吕昌政（2012.5—2017.3）
刘志强（2012.5—2017.3）
唐　麟（2012.5—2017.3）

市十五届人大常委会党组（2017.3—　）

书　记　王旭明（2017.2—）
副书记　孙金明（2017.3—2020.1）
成　员　吕昌政（2017.3—2019.12）
刘志强（2017.3—2019.2）
张永忠（2017.3—）
张宝明（2017.3—）
彭喜平（女，2018.11—2019.2）
申　济（2019.3—）
郑清明（2020.3—）
孔禄泉（2020.3—）
张利军（2017.3—2020.4）
赵文骥（2020.4—）

第二节　市人大常委会党组会议

2001 年 1 月至 2020 年 12 月期间，历届市人大常委会党组召开会议 160 次（见表 2–1）。

表 2–1

届　次	时　间	主持人	主要议题
十一届人大	2001.6.26	张昌和	传达市委人事任免文件
十一届人大	2001.8.22	张昌和	传达市委人事任免文件，研究市中级人民法院提请的人事任免事项
十一届人大	2001.12.25	张昌和	讨论机关机构及 7 人的任职事项
十一届人大	2001.12.27	张昌和	传达学习中共十五届六中全会精神
十二届人大	2002.8.13	丁贵生	研究人事任免事项
十二届人大	2002.12.31	丁贵生	学习省人大县区人大换届座谈会精神，研究机关先进集体与先进个人评选、全国 24 城市人大工作研讨会筹备、市人大常委会工作总结起草等情况
十二届人大	2003.5.8	丁贵生	研究常委会八次会议议程和日程草案、人事任免及代表补选事项，讨论《进一步贯彻〈中华人民共和国传染病防治法〉，加强全市防止非典型肺炎工作的决议（草案）》
十二届人大	2003.7.4	丁贵生	学习市委《学习贯彻"三个代表"重要思想学习纲要的安排意见》，研究述职评议工作方案
十二届人大	2003.9.23	丁贵生	研究机关科室部分人员调整事项
十二届人大	2004.3.4	丁贵生	研究纪念人民代表大会制度建立 50 周年活动筹备情况、常委会十四次会议议程和日程草案，听取在阳泉召开的全省人大农村工作会议筹备情况汇报
十二届人大	2004.4.13	丁贵生	学习全省人大农委学习贯彻中央 1 号文件培训班、省人大城建环保座谈会精神，研究常委会十五次会议议程和日程草案，听取对重点述职人员评议后提出的整改意见的汇报
十二届人大	2004.6.28	丁贵生	研究常委会十六次会议议程和日程草案，听取人事代表工委提请的人事任免事项及相关工作准备情况汇报
十二届人大	2004.8.9	丁贵生	研究常委会十七次会议议程和日程草案，听取娘子关提水二期工程工程建设情况汇报、在阳泉召开的全国 24 城市人大工作研讨会筹备情况汇报
十二届人大	2004.9.23	丁贵生	学习吴邦国委员长在社会主义民主法制建设座谈会上的讲话精神，研究常委会十八次会议议程和日程草案，听取关于省人大教科文卫监督工作研讨会情况的汇报
十二届人大	2004.11.16	丁贵生	研究常委会十九次会议议程和日程草案，听取关于省人大代表辞职事项的汇报
十二届人大	2004.12.13	丁贵生	研究常委会十九次会议议程和日程草案修改意见
十二届人大	2004.12.21	丁贵生	传达市委常委会议精神，研究常委会二十次会议议程和日程草案
十二届人大	2005.3.25	丁贵生	讨论通过《新时期市人大常委会党组成员保持共产党员先进性的具体要求》，确定党组成员学习交流会时间及先进性教育转段动员大会事项
十二届人大	2005.3.28	丁贵生	研究市十二届人大六次会议筹备工作，讨论党组成员先进性教育具体要求及阶段性学习教育总结，研究先进性教育转段动员事项

续表 2-1

届　次	时　间	主持人	主要议题
十二届人大	2005.4.12	丁贵生	通报市委先进性教育领导组转达征求到对市人大常委会班子成员的意见，研究确定党组民主生活会召开事宜
十二届人大	2005.4.18	丁贵生	传达市委班子民主生活会情况，党组成员进行自我剖析，开展批评与自我批评
十二届人大	2006.9.7	丁贵生	听取市委人大工作会议准备情况汇报，研究人事任免事项
十二届人大	2006.11.2	孙水生	学习中共十六届六中全会决定和省九届党代会精神，研究机关人事任命事项，讨论第三十三次常委会会议议题
十三届人大	2007.6.11	孙水生	研究市人大常委会机关党总支组成人员拟任人选、常委会机关人事任免事项
十三届人大	2007.6.26	孙水生	传达市委关于市人大常委会部分党组成员的任免决定，听取机关党总支换届筹备情况汇报
十三届人大	2007.7.13	孙水生	听取常委会机关党总支学习胡锦涛总书记“6·25”讲话安排情况汇报
十三届人大	2007.7.30	孙水生	听取市委组织部负责人对市政府组成部门拟任人员情况的介绍
十三届人大	2007.8.22	孙水生	学习《山西省酝酿领导干部工作规定》，传达市委组织部《关于深入学习贯彻〈干部任用条例〉和有关规定的通知》精神，研究人事任命事项
十三届人大	2007.8.28	孙水生	听取市委组织部关于拟任命人员情况的说明
十三届人大	2007.10.22	孙水生	学习中共十七大精神
十三届人大	2007.11.9	孙水生	研究并提出阳泉市出席山西省第十一届人民代表大会代表候选人推荐名单
十三届人大	2008.1.29	孙水生	研究常委会机关人事任免事项
十三届人大	2008.3.19	孙水生	听取机关党总支2008年度工作计划的汇报，研究机关副县级任职人员试用期满转正事项，讨论机关拟调入人员情况
十三届人大	2008.4.10	孙水生	研究讨论孙水生主任在市十三届人大三次会议闭幕会讲话（提纲）
十三届人大	2008.4.17	孙水生	学习吴邦国委员长重要讲话精神，研究人事任免事项、省市行风监督员推荐名单
十三届人大	2008.4.24	孙水生	研究加强机关勤政建设会议有关事项
十三届人大	2008.5.19	孙水生	传达市委常委会议精神，研究向汶川地震遇难同胞默哀事项
十三届人大	2008.5.20	孙水生	传达中组部关于捐献“特殊党费”通知精神，决定以常委会名义发出《关于全市各级人大代表积极投身抗震救灾活动的倡议书》
十三届人大	2008.6.11	孙水生	研究创建学习型机关活动成果展示及评选先进工作方案
十三届人大	2008.8.7	孙水生	研究向市委报告2008年上半年工作及加强人大信访工作等事宜
十三届人大	2008.8.25	孙水生	学习李源潮、沈跃跃等领导讲话精神，对贯彻落实讲话及市委意见精神进行初步安排。
十三届人大	2008.9.17	孙水生	研究市人大代表补选事项，决定机关部分干部任命事项，讨论通过《关于进一步加强自身思想政治建设的意见》
十三届人大	2008.12.1	孙水生	研究学习型机关创建活动总结表彰事宜，同意办公厅拟定的总结表彰方案
十三届人大	2008.12.18	孙水生	研究讨论《市人大常委会党组2008年工作总结（征求意见稿）》
十三届人大	2009.2.3	孙水生	传达市委组织部关于2008年度工作考核安排的通知精神，对开展学习实践科学发展观活动作出预安排，传达全国维护稳定暨信访工作电视电话会议精神，研究加强机关老干部工作及人事任免事项
十三届人大	2009.3.6	孙水生	传达学习市委《关于开展第二批深入学习实践科学发展观活动的实施意见》，研究开展机关学习实践科学发展观活动

续表 2-1

届 次	时 间	主持人	主要议题
十三届人大	2009.3.16	孙水生	研究机关学习实践科学发展观活动实施方案、动员会讲话等事项
十三届人大	2009.3.19	孙水生	研究确定机关学习实践活动流程图、学习调研日程表、联系点、领题调研及专题交流方案
十三届人大	2009.4.13	孙水生	传达市委组织部关于市政府班子人事任命和辞职事项文件
十三届人大	2009.5.5	孙水生	研究机关深入学习实践科学发展观活动第二阶段有关工作，听取机关离退休干部所提意见建议办理情况汇报
十三届人大	2009.5.12	孙水生	传达市委常委会议精神，安排做好市十三届人大四次会议筹备工作；讨论班子贯彻落实科学发展观情况分析检查报告和民主评议情况；听取市人大两个制度性文件起草情况汇报；原则通过纪念地方人大设立常委会 30 周年活动安排；研究机关人事调入事项
十三届人大	2009.7.9	孙水生	研究召开纪念地方人大设立常委会 30 周年座谈会及开展有关宣传活动的方案、常委会领导班子深入学习实践科学发展观活动整改落实方案及机关人事任职事项
十三届人大	2009.8.24	孙水生	通报常委会机关学习实践科学发展观活动群众满意度测评情况，安排纪念地方人大设立常委会 30 周年、庆祝新中国成立 60 周年纪念活动，研究人事免职事项
十三届人大	2009.9.4	孙水生	传达市委关于做好 2009 年国庆节前后有关工作的通知，研究机关人员调入和任免事项
十三届人大	2009.9.28	孙水生	研究组织在阳泉工作的省人大代表外出学习考察事宜，同意办公厅拟定的机关报刊订阅规定，安排国庆节期间机关安全保卫工作
十三届人大	2009.10.9	孙水生	专题研究机关老干部工作
十三届人大	2009.10.26	孙水生	学习中共十七届四中全会精神，研究为《山西年鉴》提供资料事宜
十三届人大	2009.11.19	孙水生	原则通过举办纪念地方人大设立常委会 30 周年书法展览方案，决定召开全市人大工作座谈会，研究规范党报党刊征订事宜，同意有关人事任免事项
十三届人大	2009.12.4	孙水生	专题研究人大常委会机关老干部工作
十三届人大	2009.12.18	孙水生	听取参加“影响山西民主法制建设十项业绩”和“感动山西的人大代表”活动情况汇报，研究关于纪念地方人大设立常委会 30 周年书法作品展览事宜及学习型机关创建活动事宜
十三届人大	2010.1.4	孙水生	原则通过常委会党组 2009 年工作总结、常委会 2010 年工作要点，原则通过《机关干部学习考核办法》，研究机关规章制度征求意见事项
十三届人大	2010.1.14	孙水生	研究人事任免事项
十三届人大	2010.4.23	孙水生	研究拟提请市委常委会议审定的市十三届人大五次会议有关事项
十三届人大	2010.4.28	孙水生	通报市委关于市人大常委会副主任、秘书长、委员提名和免职事项，研究 2009 年公开招考机关公务员考察工作事宜
十三届人大	2010.5.9	孙水生	通报市委关于市人大常委会党组部分组成人员调整事项
十三届人大	2010.5.17	孙水生	研究机关人事任免事项
十三届人大	2010.5.18	孙水生	研究机关后勤管理事项
十三届人大	2010.6.7	孙水生	研究落实《中国共产党党员领导干部廉洁从政若干准则》有关事宜
十三届人大	2010.6.13	孙水生	研究机关学习贯彻廉政准则、党总支换届、人事免职事项
十三届人大	2010.7.5	孙水生	研究机关党总支换届事项，听取并原则同意关于组织离休干部健康疗养的方案
十三届人大	2010.7.8	孙水生	研究机关理论学习中心组专题学习事宜及人事任命事项

续表 2-1

届 次	时 间	主持人	主要议题
十三届人大	2010.7.26	孙水生	听取并原则同意党组 2010 年上半年工作情况报告稿、机关后勤服务中心人员 2009 年度考核事项
十三届人大	2010.9.21	孙水生	研究市管县级干部自主选学、执行党风廉政建设制度、推进“双争”活动等事项
十三届人大	2010.10.8	孙水生	研究落实广泛推行创先争优承诺制及贯彻《廉政准则》活动事项
十三届人大	2010.10.29	孙水生	研究辞退一位机关干部事项
十三届人大	2010.10.29	孙水生	研究对试用期满的 2 位机关干部转正事项
十三届人大	2011.1.5	孙水生	研究加强机关党建工作，开展岗位廉政教育等事项
十三届人大	2011.2.12	孙水生	听取对机关科级及科级以下公务员、事业单位工作人员年度考核情况汇报，安排机关各工作机构及市管干部的年度考核工作，研究人事任免事项
十三届人大	2011.4.13	孙水生	研究《关于做好全市县乡两级人民代表大会换届选举工作的意见（草案）》及机关后勤服务中心人员补充事项
十三届人大	2011.5.23	孙水生	研究人事任免事项
十三届人大	2011.6.1	孙水生	通报省管干部考核情况，研究确定上报市直机关工委功勋党员及人事任免事项
十三届人大	2011.7.15	孙水生	研究向市委报告 2011 年上半年工作情况、机关新录用公务员任职定级事项
十三届人大	2011.8.1	孙水生	研究人事任免及对个别市人大代表采取强制措施事项
十三届人大	2011.9.26	孙水生	研究人事任免事项
十三届人大	2011.11.3	孙水生	研究机关人员调入及公开招考公务员录用事宜
十三届人大	2011.12.9	孙水生	研究人事任免及机关内设机构人员职务事宜
十三届人大	2011.12.27	孙水生	研究向市委报告 2011 年度工作情况、机关人事任免及罢免个别市人大代表职务事宜，听取老干部工作 2011 年度总结及 2012 年安排情况汇报
十三届人大	2012.2.20	孙水生	听取机关党总支 2011 年度工作情况及 2012 年工作安排的汇报，研究人事任免事项
十三届人大	2012.3.5	孙水生	研究开展保持党的纯洁性学习教育活动有关事项
十三届人大	2012.4.20	孙水生	研究落实市委关于换届工作三个通知精神及人事任免事项
十三届人大	2012.5.7	孙水生	研究拟向市委汇报的市十四届人大一次会议筹备工作事项
十四届人大	2012.5.30	刘高官	研究市十四届人大常委会主任会议成员分工
十四届人大	2012.8.20	刘高官	研究设立代表资格审查委员会及机关党总支委员补选事项
十四届人大	2012.12.17	刘高官	安排贯彻中共中央《关于改进工作作风、密切联系群众的有关规定》，听取机关财务工作情况汇报，研究机关人事任免事项
十四届人大	2013.1.7	刘高官	研究党组民主生活会事项
十四届人大	2013.1.7	刘高官	研究常委会党组 2012 年度工作总结和常委会 2013 年工作要点（草案）
十四届人大	2013.5.31	刘高官	研究机关科级干部人事调整事项
十四届人大	2013.11.13	刘高官	学习中共十八届三中全会精神
十四届人大	2014.1.9	刘高官	讨论常委会党组 2013 年工作总结和常委会 2014 年工作要点（草案）
十四届人大	2014.3.10	刘高官	研究常委会党组及机关深入开展党的群众路线教育实践活动方案，确定教育活动领导和工作机构

续表 2-1

届　次	时　间	主持人	主要议题
十四届人大	2014.5.13	刘高官	听取常委会班子“四风”问题梳理情况汇报
十四届人大	2014.11.18	刘高官	研究机关干部选调事宜
十四届人大	2014.11.18	刘高官	研究机关深入开展学习讨论落实活动实施方案及常委会党组 2014 年工作总结，进行“学习、讨论、落实”活动第一个专题学习。
十四届人大	2014.12.31	刘高官	“学习、讨论、落实”活动第二个专题学习
十四届人大	2015.1.8	刘高官	“学习、讨论、落实”活动第三个专题学习
十四届人大	2015.1.16	刘高官	“学习、讨论、落实”活动第四个专题学习
十四届人大	2015.1.21	刘高官	“学习、讨论、落实”活动第五个专题学习
十四届人大	2015.7.7	刘高官	传达学习贯彻市委常委会议精神
十四届人大	2015.7.17	刘高官	开展党风廉政建设进行对照反思
十四届人大	2015.9.21	刘高官	讨论常委会党组《关于落实党风廉政建设主体责任的实施意见（草案）》，研究挂职干部任职事项
十四届人大	2015.9.25	刘高官	“三严三实”专题教育“严以律己”研讨会
十四届人大	2015.9.25	刘高官	研究召开常委会党组“三严三实”专题民主生活会事宜
十四届人大	2015.11.18	刘高官	“三严三实”专题教育
十四届人大	2015.12.28	刘高官	召开“三严三实”专题民主生活会
十四届人大	2016.7.15	刘高官	传达学习“7·12”省委中心组、省政府党组学习会精神
十四届人大	2016.8.17	刘高官	传达学习省委十届八次全会和全省市级经济发展推进会议精神
十四届人大	2016.9.9	刘高官	传达中共中央关于辽宁拉票贿选案查处情况及其教训警示的通报，交流学习《中国共产党问责条例》体会
十四届人大	2016.11.17	刘高官	研究常委会党组《关于把学习贯彻习近平总书记系列重要讲话精神引向深入的实施意见（讨论稿）》《全面构建良好政治生态的实施意见（讨论稿）》
十四届人大	2017.2.21	刘高官	传达学习党中央和省委、市委关于监察体制改革试点工作文件精神，研究安排市监察委员会产生及主任、副主任、委员任命程序事宜
十五届人大	2017.3.11	王旭明	学习《中国共产党党组工作条例（试行）》，研究主任会议成员分工，作出常委会党组成员“约法三章”规定
十五届人大	2017.3.27	王旭明	研究机关党总支改选工作
十五届人大	2017.5.11	王旭明	传达学习全市推进“两学一做”学习教育常态化制度化、开展维护核心见诸行动主题教育动员大会精神，研究部署贯彻落实措施
十五届人大	2017.6.5	王旭明	传达学习市委关于开展肃清原重要负责人严重违纪违法问题流毒影响警示教育的决策部署，安排具体贯彻落实措施
十五届人大	2017.8.1	王旭明	传达学习习近平总书记在省部级主要领导干部“学习习近平总书记重要讲话精神迎接党的十九大”专题研讨班开班式上的重要讲话精神
十五届人大	2017.8.29	王旭明	研讨交流《习近平总书记的成长之路》学习体会，传达学习中共中央办公厅《关于市县党委建立巡察制度的意见》和全省省市人大常委会主任座谈会会议精神
十五届人大	2017.9.13	王旭明	研究和修改常委会党组巡视整改“回头看”工作整改报告和“三清单一制度”草案

续表 2-1

届　次	时　间	主持人	主要议题
十五届人大	2017.9.29	王旭明	听取贯彻落实全省推进县乡人大建设会议精神情况汇报，对“两节”期间党风廉政建设工作进行安排
十五届人大	2017.10.30	王旭明	传达学习中共十九大、十九届一中全会、十九届中共中央政治局会议精神及市委常委（扩大）会议精神
十五届人大	2017.11.01	王旭明	研究市十五届人大二次会议筹备工作
十五届人大	2018.1.11	王旭明	学习习近平总书记在学习贯彻中共十九大精神研讨班开班式上的重要讲话精神、中央农村工作会议精神、全国扶贫开发工作会议精神和全省企业家大会精神，研究常委会党组 2017 年工作报告和常委会 2018 年工作要点
十五届人大	2018.4.3	王旭明	研究机关落实中央八项规定精神实施细则
十五届人大	2018.5.31	王旭明	传达省人大常委会加快推进全省大气污染防治地方立法工作会议精神，研究提出阳泉市新增立法项目建议
十五届人大	2018.7.18	王旭明	传达省委书记骆惠宁在阳泉市调研时的重要讲话和“7・15”市委常委会（扩大）会议精神并交流体会
十五届人大	2018.8.23	王旭明	研究人事任免事项
十五届人大	2018.9.10	王旭明	研究人事任免及接受辞职事项
十五届人大	2018.9.29	王旭明	学习新修订的《中国共产党纪律处分条例》，传达省委十一届六次全会和市委十二届五次全会精神，通报机关党组成员配备情况
十五届人大	2018.12.4	王旭明	研究市十五届人大四次会议筹备工作、2019 年立法计划、2019 年常委会会议计划
十五届人大	2018.12.5	王旭明	宣布对彭喜平同志的任命决定
十五届人大	2018.12.25	王旭明	研究常委会党组 2018 年工作报告、常委会 2019 年工作要点及人事免职事项
十五届人大	2019.1.16	王旭明	研究人事任免事项
十五届人大	2019.1.23	王旭明	传达学习省纪委十一届四次全会、市纪委十二届四次全会、市委十二届六次全会暨经济工作会议精神，研究贯彻落实措施；安排筹备常委会二十次会议、补选市人大代表及“两节”期间安全保卫和反腐倡廉工作
十五届人大	2019.1.31	王旭明	研究人事任免事项
十五届人大	2019.2.2	王旭明	传达学习省十三届人大二次会议和市委 82 次常委会议精神，研究贯彻落实措施
十五届人大	2019.2.22	王旭明	研究人事任免及辞职事项
十五届人大	2019.2.27	王旭明	研究召开常委会党组、机关党组民主生活会事宜及开展机关大讨论活动，要求迅速掀起学习贯彻市两会精神热潮，调整主任会议成员职责分工
十五届人大	2019.4.15	王旭明	研究市委“担当作为先进典型”推荐名单
十五届人大	2019.7.9	王旭明	学习习近平总书记在中央政治局第十五次集体学习时的重要讲话精神；传达中共中央关于在全党开展“不忘初心、牢记使命”主题教育的意见及省委的“实施方案”、中共中央关于形式主义、官僚主义案件查处情况及其教训警示的通报、《关于 2018 年全国窃密泄密案件情况的通报》；学习省委书记骆惠宁在长治进行专题调研时的讲话精神及《党政领导干部选拔任用工作条例》《干部选拔任用工作监督检查和责任追究办法》，市委关于减轻基层负担的文件精神
十五届人大	2019.7.17	王旭明	研究机关公务员职务与职级并行制度工作方案
十五届人大	2019.9.29	王旭明	研究市人大工作与理论研究会换届事宜

续表 2-1

届 次	时 间	主持人	主要议题
十五届人大	2020.1.20	王旭明	研究人事任免及辞职事项
十五届人大	2020.2.25	王旭明	研究人事任免事项
十五届人大	2020.3.30	王旭明	研究市人大常委会《关于森林草原高火险期禁止野外用火的决定（草案）》
十五届人大	2020.4.15	王旭明	研究市十五届人大五次会议召开相关事宜
十五届人大	2020.4.26	王旭明	研究主任会议成员职责分工事宜
十五届人大	2020.5.8	王旭明	研究机关干部职级推荐事项
十五届人大	2020.5.18	王旭明	学习习近平总书记视察山西重要讲话精神，研究代市委起草的贯彻落实省委《关于新时代加强和改进人大工作的意见》实施意见，研究讨论常委会 2020 年工作要点
十五届人大	2020.6.17	王旭明	研究常委会党组《关于进一步加强和改进人大代表工作的意见（草案）》及人事任免事项和机关职级并行工作事宜
十五届人大	2020.8.26	王旭明	研究人事任免事项
十五届人大	2020.9.1	王旭明	传达学习市委十二届九次全会精神，研究贯彻落实措施
十五届人大	2020.11.2	王旭明	传达学习中共十九届五中全会精神，研究部署市人大常委会及机关的学习贯彻工作

第三节　加强思想引领和理论武装

市人大常委会党组坚持和完善党组学习制度和理论中心组学习制度，认真学习马克思列宁主义、毛泽东思想、邓小平理论、“三个代表”重要思想、科学发展观、习近平新时代中国特色社会主义思想。特别是中共十八大后，坚持把学习贯彻习近平新时代中国特色社会主义思想作为首要政治任务，组织党员干部紧密结合实际，深入开展学习，把学习成果转化为做好本职工作、推动事业发展的生动实践，进一步坚定走中国特色社会主义政治发展道路的信心和决心，不断推动人大工作的理论和实践创新。

市十二届人大常委会党组　2002 年 12 月 27 日，召开贯彻十六大精神、创新人大工作理论研讨暨经验交流会，邀请市委常委、宣传部部长出席会议。2003 年 6 月 20 日，出台《关于认真学习〈“三个代表”重要思想学习纲要〉的通知》（阳人党字〔2003〕11 号），要求班子成员在学习《纲要》活动中起到表率作用，努力成为勤奋学习、善于思考的模范，解放思想、与时俱进的模范，勇于实践、锐意创新的模范。7 月 10 日，发出《关于召开中心组（扩大）会议的通知》，对深入学习贯彻胡锦涛总书记在“三个代表”重要思想研讨会上的重要讲话和市委〔2003〕39 号文件精神，迅速兴起学习贯彻“三个代表”重要思想新高潮作出安排部署。

市十三届人大常委会党组　2008 年 8 月 25 日，党组会议集体学习李源潮、沈跃跃关于加强思想政治建设的讲话精神，提出加强党组班子思想建设的初步意见。9 月 18 日，出台《关于进一步加强自身思想政治建设的意见》（阳人党字〔2008〕6 号），就加强理论武装、作风建设、能力建设，增强整体合力作出部署。2010 年 11 月 23 日，出台《关于学习贯彻袁纯清书记、王君省长重要讲话精神的情况报告》（阳人党字〔2010〕12 号），要求提高思想认识，深刻学习领会，服务发展大局，勇于实践探索，增强监督实效，更好推动工作。

市十四届人大常委会党组 2012年8月2日，党组理论中心组学习贯彻胡锦涛总书记在省部级主要领导干部专题研讨班开班式上的重要讲话。8月23日，向市委提交《关于省委人大工作会议精神的报告》（阳人党字〔2012〕10号），汇报会议的基本情况、领导讲话和相关文件精神，提出阳泉市贯彻实施意见。9月16日，出台《关于认真学习贯彻全市“9·14”干部大会精神的安排意见》（阳人党字〔2012〕11号），提出强化思想武装、坚持务实为民、积极奋发有为，打造过硬干部队伍的要求。2016年7月6日，出台《关于学习贯彻习近平总书记“七一”重要讲话精神的通知》（阳人党字〔2016〕9号），要求迅速掀起学习贯彻习近平总书记“七一”重要讲话精神的热潮，不断推进人大工作科学发展。7月15日，党组（扩大）会议集中学习省委书记骆惠宁在省委中心组学习时的重要讲话精神和省长李小鹏在省政府党组（扩大）会议上的重要讲话精神，紧密联系各自学习和工作实际，深入交流学习体会。11月17日，党组（扩大）会议专题学习中共十八届六中全会精神和习近平总书记在全会上的重要讲话精神，讨论通过贯彻落实意见。11月18日，印发《关于把学习贯彻习近平总书记系列重要讲话精神引向深入的实施意见》（阳人党字〔2016〕12号）、《关于深入学习贯彻十八届六中全会精神全面构建良好政治生态的实施意见》（阳人党字〔2016〕13号），要求把学习贯彻习近平总书记系列重要讲话精神作为一项重大而紧迫的政治任务，党组制定实施意见，党组中心组开展集中学习和专题讨论，引导党员干部用重要讲话武装头脑，用党章党规规范行为，以“四讲四有”（讲政治、有信念，讲规矩、有纪律，讲道德、有品行，讲奉献、有作为）标准要求自己，在全面建成小康社会决战决胜中发挥先锋模范作用。

市十五届人大常委会党组 2017年12月18日，传达学习习近平总书记关于进一步纠正“四风”、加强作风建设重要批示精神及中央关于认真学习宣传贯彻中共十九大精神的决定，传达学习中央政治局贯彻执行中央八项规定并以此带动全党加强作风建设情况的文件精神，传达学习省委、市委落实中央八项规定精神的实施办法、细则，传达学习省委关于坚决维护党中央集中统一领导和加强巡视巡查工作等规定精神，传达学习骆惠宁书记在省委十一届五次全会和在全省进一步深化监察体制改革试点工作电视电话会议上的重要讲话精神，传达学习市委十二届四次全体会议及陈永奇书记的讲话精神，研究贯彻落实意见。理论中心组成员还结合自己思想、工作、作风实际，主动检讨班子和自身存在的“四风”突出问题，开展自我批评，提出整改措施。2018年5月2日和2019年5月14日，分别以阳人党字〔2018〕5号和阳人党字〔2019〕7号文件，制定集中研学《习近平谈治国理政》第二卷、学好用好习近平总书记关于坚持和完善人民代表大会制度的重要思想的时间表和流程图。2018年10月29日，专题学习栗战书委员长在学习贯彻习近平总书记关于坚持和完善人民代表大会制度重要思想座谈会上的重要讲话精神，决定每年组织一次学用习近平总书记关于坚持和完善人民代表大会制度重要思想交流会议。2018年12月13日、2019年10月16日至17日、2020年11月25日至26日三次召开全市人大学用习近平总书记关于坚持和完善人民代表大会制度重要思想交流会，推动学习贯彻习近平总书记关于坚持和完善人民代表大会制度重要思想向深里走、实里走，向基层延伸。2018年12月28日，传达学习习近平总书记在庆祝改革开放40周年大会上的重要讲话精神和在中央政治局第九次、第十次集体学习时的讲话精神，中央经济工作会议精神，《中国共产党支部工作条例（试行）》，省委办公厅《关于认真学习贯彻中办发电〔2018〕39号通报精神以实际行动践行“两个维护”的通知》《关于贯彻落实习近平总书记重要讲话精神严肃整治领导干部利用名贵特产类特殊资源谋取私利问题的通知》，对认真学习、深刻领会文件精神，进一步提高政治站位，严明政治纪律和政治规矩，全面强化党支部工作进行安排部署。2019年1月14日，传达学习习近平总书记在中央政治局第十一次集体学习时的重要讲话精神、中纪委十九届三次全会公报、省委书记骆惠宁在省委十一届七次全会上的讲话精神、省委经济工作会议精神，要求学习文件与工作实际结合起来，切实增强“四个意识”，指导实践，推动工作。1月23日，党组（扩大）会议传达学习省纪委十一届四次全会、市委十二届六次全会暨经济工作会议、市纪委十二届四次全会精神，要求以会议精神为指导，认真总结2018年工作，研究部署2019年工作，进一步加强全面从严治党，做好党风廉政建设工作。4月24日，传达学习习近平总书记在中央全面依法治国委员会第二次会议上的重要讲话精神、习近平总书记《关于坚持和发展中国特色社会主义的几个问题》的理论文章，学习《关于加强和改进中央和国家机关党的建设的意见》《中国共产党党组工作条例》《中国共产党党员教育管理工作条例》《中国共产党党委（党组）理论学习中心组学习规则》《党政领导干部考核工作条例》，要求更好履行领导职责、发挥领导作用、提高领导水平，真正做到把方向、管大局、保落实，切实提高党组履职尽责的政治性和有效性，并就学深学透《习近平在正定》一书等作出安排。7月17日，传达学习习近平总书记《增强推进党的政治建设的自觉性和坚定性》的重要文章、习近平总书记在中央和国家机关党的政治建设工作会议上的重要讲话精神、全省“不忘初心、牢记使命”主题教育专题党课暨第三次学用习近平新时代中国特色社会主义思想经验交流会精神，要求坚决以习近平新时代中国特色社会主义思想为指导，始终坚持政治第一，不断强化党的政治建设，把“两个维护”体现在坚决贯彻党中央决策部署的行动上，体现在履职尽责上，体现在工作学习生活的全过程、各方面，全力以赴抓好各项工作落实，全面提升市人大机关党的建设质量和水平。2019年11月5日，传达学习中共十九届四中全会精神、省委书记骆惠宁在省委常委会上的讲话精神和市委理论学习中心组（扩大）会议精神，班子成员分别交流学习体会。会议要求，深入践行习近平总书记关于坚持和完善人民代表大会制度的重要思想，坚持党对人大工作的绝对领导，坚定人民代表大会制度自信，紧扣全会精神谋划和推进各项工作，把全会精神转化为依法履职的生动实践，为助推全市经济社会发展和民主法治建设做出积极贡献。2020年4月28日，传达学习省委人大工作会议精神和省委书记、省人大常委会主任楼阳生在省人大常委会第十七次会议上的讲话、在省人大常委会机关调研时的指示要求以及省人大常委会党组会议精神，要求统一思想，提高认识，全面准确吃透文件精神，认真梳理，逐条对照，明确责任，抓好落实。5月8日，传达学习市委书记姜四清在市人大常委会机关调研时的讲话精神，指出市委书记姜四清到人大常委会机关调研，既是一次务实的深入调研，也是一堂生动的发展宣讲，更是一次奋斗的鼓劲加油，各级人大要牢固树立“一盘棋”思想，围绕中心，服务大局，切实把市委书记姜四清调研讲话精神和市委决策部署转化为依法履职聚合力、真抓实干促发展的强大力量。5月18日，传达学习习近平总书记视察山西重要讲话重要指示精神，指出习近平总书记视察山西重要讲话重要指示，是做好新时代山西工作的“金钥匙”，要精心组织，掀起学习热潮，融会贯通，学深悟透，把学习贯彻成效转化为依法履职的强大动力。会议就贯彻落实《中共山西省委关于新时代加强和改进人大工作的意见》进行讨论，研究市人大常委会2020年工作要点（草案），传达市脱贫攻坚领导组关于调整充实市级领导驻村帮扶包点及包联督导乡镇的通知和其他事项。9月1日，党组（扩大）会议传达学习市委十二届九次全会精神，要求迅速掀起学习宣传、贯彻落实全会精神热潮，在吃透精神上下功夫，认识向高处提领，工作向纵深推进，全面对标市委全会精神，突出问题导向，细化目标任务，做好各项工作。11月2日，党组（扩大）会议传达学习中共十九届五中全会精神，班子成员联系实际谈认识体会，结合工作讲思路打算，依次作交流发言。会议强调，强化政治自觉、引领思想行动，把学习贯彻全会精神与学习贯彻习近平新时代中国特色社会主义思想结合起来，与学习贯彻习近平总书记关于坚持和完善人民代表大会制度的重要思想结合起来，与学习贯彻习近平总书记视察山西重要指示重要讲话精神结合起来，坚持知行合一，做到学以致用，高质量高水平创造性推进人大工作，为“十三五”圆满收官、开启“十四五”新征程贡献人大智慧和力量。

第四节　落实重大事项向市委请示报告制度

市人大常委会党组坚持每年年初向市委报告上年度工作情况和本年度工作要点，坚持所有改革措施、法规制度、监督议题及其他重要事项的计划和启动，都事先向市委请示，得到市委同意后，再按法定程序实施；实施和推进中出现的新情况新问题，都及时向市委报告，取得市委重视和支持；重要人事任免事项表决结果及时向市委反馈情况。

市十二届人大常委会党组　2002年4月2日，向市委提交《关于调整市人大常委会党组成员的请示》（阳人党字〔2002〕4号），针对市十二届人大一次会议选举产生新一届常委会班子的情况，就常委会党组成员提出调整建议。2003年1月2日，向市委提交《关于2003年县区人大换届选举工作实施意见的报告》（阳人党字〔2003〕1号），就搞好县区换届选举工作的指导思想、阶段步骤、关键环节和重点要求提出建议。2月10日，向市委提交《关于召开全省县级人大换届选举培训会议的报告》（阳人党字〔2003〕4号），就会议的时间、地点、人员和经费等提出建议。2月18日，报请市委审定《阳泉市人大常委会述职评议办法（草案）》（阳人党字〔2003〕6号）。5月12日和6月25日，分别向市委提交《关于市十二届人大常委会第八次会议市人民政府市人民检察院人事任命表决结果的报告》（阳人党字〔2003〕10号）和《关于市十二届人大常委会第九次会议市人大常委会市人民政府市中级人民法院市人民检察院人事任命表决结果的报告》（阳人党字〔2003〕12号）。7月22日，向市委提交《关于召开全国24城市人大工作第十四次研讨会的请示》（阳人党字〔2003〕13号），就会议时间和地点、主题和内容、参会人员、邀请上级领导和会议经费等情况作出说明。7月30日，向市委提交《关于设立民族宗教侨务外事工作委员会的报告》（阳人党字〔2003〕14号），建议落实省人大常委会相关文件精神，设立市人大常委会民族宗教侨务外事工作委员会，规格为正县级，行政编制4名，职数2名，联系阳泉市民族、宗教、侨务、外事、旅游、对台等工作部门及社会团体，依法加强监督工作。2005年11月15日，向市委提交《关于调整市人大常委会信访机构的报告》（阳人党字〔2005〕17号），明确根据中央和省委、市委有关精神，结合实际，拟将市人大常委会办公厅信访科升格为阳泉市人大常委会信访处，副县级建制。

市十三届人大常委会党组　2009年1月7日，向市委提交《关于监督检查全市安全和稳定工作情况的报告》（阳人党字〔2009〕3号），对学习贯彻市委书记谢海批示精神，开展安全和稳定工作监督检查情况作出汇报。9月3日，向市委提交《关于对市棚户区改造和廉租住房建设工作审议情况的报告》（阳人党字〔2009〕5号），汇报落实市委书记谢海的批示，强化对市政府棚户区改造、廉租住房建设工作的监督情况。2010年9月19日，向市委提交《关于落实〈全省贯彻实施山西省实施监督法办法电视电话会议精神〉的方案》（阳人党字〔2010〕10号），汇报全省贯彻实施《山西省实施〈监督法〉办法》电视电话会议精神，建议召开全市贯彻实施会议，就会议召开方案及准备工作作出说明。2011年1月5日，印发《关于进一步加强岗位廉政教育的实施方案》（阳人党字〔2011〕2号），就围绕市委中心工作，结合实际深化示范教育、警示教育，提高岗位教育科学化水平作出安排。

市十四届人大常委会党组　2012年8月23日，向市委提交《关于省委人大工作会议精神的报告》（阳人党字〔2012〕10号），就省委人大工作会议的召开情况、主要精神及阳泉市贯彻落实意见进行汇报。2014年8月8日，向市委提交《关于开展纪念全国人民代表大会成立60周年暨地方人大设立常委会35周年系列活动的请示》（阳人党字〔2014〕7号），随文上报纪念活动方案。11月12日，向市委提交《关于加强宪法宣传教育工作的建议的报告》（阳人党字〔2014〕8号），就举办首次国家宪法宣传教育活动提出建议。2015年3月10日，向市委提交《关于市人大常委会秘书长及各工作机构主任参加会议和活动的建议》（阳人党字〔2015〕3号），建议常委会秘书长安排参加市委召开的相关会议和全市性的相关活动，各机构负责人安排参加市委扩大到正县级干部的相关会议和全市性的相关活动。8月12日，向市委提交《关于适应立法工作需要完善市人大工作机构设置的请示》（阳人党字〔2015〕7号），提出规范市人大法制委员会职能，设立市人大常委会法制工作委员会的建议，随文上报《法制委员会和法制工作委员会主要工作职责》和《内务司法委员会主要工作职责》。10月26日，向市委提交《关于〈阳泉市人民代表大会常务委员会关于加强和改进人大监督工作的意见〉的报告》（阳人党字〔2015〕10号）。12月20日，向市委提交《关于做好获批地方立法权和制定地方性法规准备工作的意见的报告》（阳人党字〔2015〕13号），就组建立法专项小组、设立专门立法机构、建立专家咨询制度、设立立法联系点、制定立法计划、开展专项培训、加强立法宣传等工作提出建议。2016年7月21日，向市委提交《关于加强全市乡镇人大工作和建设的实施意见》（阳人党字〔2016〕10号），就支持乡镇人大依法行使各项职权、加强和改进乡镇人大代表工作、加强对乡镇人大代表选举工作的组织领导、加强乡镇人大自身建设、加强对乡镇人大工作的领导和联系指导提出意见。

市十五届人大常委会党组　2018年4月3日、5月31日，分别向市委提交《关于〈阳泉市人大常委会2018年立法计划〉的请示》（阳人党字〔2018〕3号）、《关于〈阳泉市人大常委会2018年新增立法项目建议〉的请示》（阳人党字〔2018〕6号）。12月4日，向市委提交《关于2019年市十五届人大常委会会议安排计划的请示》（阳人党字〔2018〕10号）和《关于〈阳泉市人大常委会2019年立法计划〉的请示》（阳人党字〔2018〕11号），建议及早确定年度常委会会议议题，方便委员提前统筹安排工作，进一步提高市人大常委会会议质量；建议启动制定爱国卫生管理、市容和环境卫生管理、大气污染防治、城市供热管理、住宅专项维修资金管理等地方性法规。2019年10月25日，向市委提交《关于市十五届人大常委会第二十六次会议情况的报告》（阳人发〔2019〕18号）。2020年2月28日，向市委提交《关于〈阳泉市人大常委会2020年立法计划〉的请示》（阳人党字〔2020〕3号），建议启动制定文明行为促进、森林防火等地方性法规。3月30日，报请市委审定《市人大常委会关于严禁清明节等传统祭祀日期间和森林草原高火险期野外用火的决定（草案）》。5月8日，向市委组织部送交《关于增加市人大法制委（法工委）人员编制的请示》（阳人党字〔2020〕7号），建议增加市人大法制委（市人大常委会法制工作委员会）编制。5月26日，报请市委审定《阳泉市人大常委会党组中心组2020年理论学习计划》（阳人党字〔2020〕8号）。5月31日，向市委提交《市委关于贯彻落实〈省委关于新时代加强和改进人大工作的意见〉的实施意见（草案）》和《市人大常委会2020年工作要点》（阳人党字〔2020〕9号）。根据市委安排，市人大常委会代拟《中共阳泉市委关于贯彻落实〈中共山西省委关于新时代加强和改进人大工作的意见〉的实施意见（草案）》；结合贯彻落实省委人大工作会议精神、市十五届人大五次会议精神和市委书记姜四清在人大常委会机关调研时的讲话精神，市人大常委会进一步充实完善《市人大常委会2020年工作要点》，将两个文件提交市委审定。6月17日，向市委提交《关于进一步加强和改进人大代表工作的意见》（阳人党字〔2020〕10号），就贯彻落实省委人大工作会议精神和市委《关于贯彻落实〈中共山西省委关于新时代加强和改进人大工作的意见〉的实施意见》，进一步推进代表工作创新，健全代表工作机制，支持和保障代表依法履职，更好发挥代表作用，不断提升代表工作水平提出具体意见，报请市委审定。7月2日，向市委提交《关于出台〈市人大常委会关于进一步加强疫情防控工作确保人民群众生命健康安全的决定〉的请示》（阳人党字〔2020〕11号）。在深入开展新冠肺炎疫情防控视察调研工作，听取和审议市政府防控工作报告的基础上，市人大常委会拟出台《关于进一步加强疫情防控工作 确保人民群众生命健康安全的决定》，将《决定》草案提交市委审定。12月28日，阳泉市人大工作与理论研究会向市人大常委会主任王旭明提交《关于对阳泉市红色文化保护和传承工作进行立法的调研报告》，王旭明作出批示，并转报市委书记姜四清审阅。随后姜四清作出批示：制定《阳泉市红色文化保护和传承条例》意义重大，请尽快启动立法前期准备工作。原则同意设置阳泉市红色文化主题月或宣传月。

第五节 确立围绕中心服务大局促进发展的工作思路

市人大常委会党组始终坚持党的领导、人民当家作主和依法治国有机统一，紧紧围绕市委工作中心和全市发展大局，不断优化工作思路，完善工作举措，增强工作实效，确保党中央和省委、市委决策部署在人大工作中全面贯彻执行。

2005年2月21日，党组书记丁贵生在给机关党员干部讲党课时，结合正在开展的保持共产党员先进性教育活动，对做好人大工作提出“四个一”（抓住一条主线，学好“三个代表”重要思想；把握一个主题，保持共产党员先进性；明确一个着眼点，提高党的执政能力；坚持一个方针，党要管党，从严治党）、“四个新”（认识上要有新高度，学习上要有新标准，方法上要有新举措，解决问题上要有新成效）、“四句话”（提高党员素质，加强基层组织，服务人民群众，搞好各项工作）、“五个坚持”（坚持理论联系实际，坚持正面教育，坚持发扬党内民主，坚持领导干部带头，坚持区别情况、分类指导）的目标要求。

2008年4月10日，党组会议研究2008年上半年工作总结，党组书记孙水生提出“三围绕”（紧紧围绕经济建设中心、围绕党委工作大局、围绕人民根本利益）、“三注重”（注重工作的全局性，始终紧扣中心，把握大局，与党委的工作部署同向同步；注重工作的针对性，真正抓准事关全局的人民群众切身利益、社会普遍关注的突出矛盾和重大问题；注重工作的前瞻性，着眼长远，扭住根本，推动倾向性问题和深层次矛盾的解决）、“三坚持”（坚持把加快科学发展作为依法履行职责的第一要务，按照全市总体发展思路谋划、部署和开展人大各项工作；坚持全面发展、协调发展、可持续发展的发展观，强化对经济社会发展重大事项的监督；坚持一切为了人民，把维护群众根本利益作为出发点和落脚点，把服务百姓、造福百姓、维护百姓放在第一位）的工作思路。

2013年11月13日，党组会议学习中共十八届三中全会精神，党组书记刘高官围绕贯彻全会精神，推进人民代表大会制度与时俱进，提出坚持“三个必须”（必须始终与党委同向，聚精会神搞建设、一心一意谋发展；必须始终与政府同力，寓监督于支持之中，寓监督于服务之中；必须始终与人民同心，共同努力奋斗，共建美好家园）的工作思路。

2018年7月18日，党组传达学习省委书记骆惠宁在阳泉调研时的重要讲话和7月15日市委常委会（扩大）会议精神并交流体会，党组书记王旭明提出新时代人大工作要坚持“三点三同”（围绕市委重点、与党委同向，旗帜鲜明讲政治，坚持党的领导有新境界；关注百姓热点、与人民同心，为民代言献实策，保障人民当家作主有新作为；盯住政府难点、与政府同力，依法履职促发展，落实依法治国方略有新成效）工作思路。

第六节　完成市委赋予的重大政治任务

市人大常委会党组牢固树立政治意识、民主意识、法治意识、团结意识和责任意识，带头讲党性、识大体、顾大局，自觉贯彻市委主张，确保把市委重大决策和工作部署，通过法定程序转化为全市人民的共同意志。

一、组织筹备和召开市人民代表大会会议

召开人民代表大会会议是全市政治生活中的一件大事，市人大常委会党组科学安排，精心组织，及时就会议的指导思想、筹备情况、议程草案、选举办法草案、日程草案及各类名单草案提出建议；对做好换届选举工作的基本原则、代表名额分配、代表的素质和构成、代表资格审查，以及代表初任培训和会前视察工作等提出建议。各项建议和文件草案经市委常委会审查批准后，确定一名党组副书记或党组成员具体负责大会筹备工作；确定常委会秘书长、副秘书长，市委办公厅主持日常工作的副秘书长，市政府秘书长，市纪委主持日常工作的副书记，市委组织部和宣传部主持日常工作的副部长及信访局局长分工负责，协助做好大会筹备工作。成立会务、生活、组织、议案、资料、宣传、后勤、保卫、信访、会风会纪监督等组织机构，全面开展各项筹备工作。党组会议适时听取筹备工作情况报告，提出具体要求，加强督促指导，协调解决筹备工作中的重要问题，确保会议顺利召开、有序推进和圆满成功。

创新工作举措，提升会议审议质量。本着对人大代表高度负责的精神，加强对市“一府两院”（市人民政府，市中级人民法院、市人民检察院）工作报告的督办，对报告质量和提交时间提出明确要求。委托各选举单位组织代表开展会前视察调研，促进代表知情知政。“一府两院”工作报告稿，均充分征求和吸收人大代表建议意见，有效提升会议审议质量。会议期间，大会秘书处对各代表团团长担当第一责任，各报告机关落实派员驻团听取代表审议发言制度提出明确要求，确保与会代表按议程逐项审议并充分发表意见，确保代表意见建议转化为地方国家机关的工作思路和政策举措。在 2020 年召开的市十五届人大五次会议上，主席团会议表决通过《规范审议组织保障会议质量工作办法》。在因疫情干扰而压缩会议时间的情况下，会前开设代表网上预审通道，依托刚刚投入运营的市县乡三级预算联网监督系统，将拟向大会提交的各项工作报告提前传输到县区预算联网监督中心和乡镇、街道代表联络站，代表就近进入监督中心和代表联络站预审各项报告。在会议召开的前三天，有 237 名市人大代表参加网上预审，占代表总数的 84%；提交意见建议 1138 条，经梳理归纳为 874 条，其中涉及政府报告 208 条、计划报告 126 条、预算报告 126 条、人大报告 159 条、法院报告 132 条、检察院报告 123 条。代表会前预审，对提升上会报告及会议审议质量发挥了积极的促进作用。

把握关键环节，提高会务工作水平。在会前筹备和会期服务工作中，各组之间讲大局、讲团结，协调配合、密切协作；工作人员之间讲风格、讲奉献，相互支持、相互帮助，保证了整个会议程序规范、运行协调。会务组负责与会人员的通知、证件及报到事宜，负责会场安排布置和现场服务，保证大会期间历次会议和各项活动规范有序推进。在市十五届人大三次会议上，启用无线电子会议

报到系统。议案组负责代表议案、建议的收集、梳理等工作，在会议期间深入各代表团和代表驻地，指导代表提出较高质量的议案建议。生活组负责会场、驻地、住宿、餐饮和医疗卫生等服务保障工作，为代表依法履职提供良好环境。资料组负责办理文件资料校印及简报编印等工作，通宵作战，确保文件资料及时准确送达会议现场及各代表团和会议工作机构。组织组负责大会人事、选举方面各类文件、名单的起草、核定工作，负责选举、宣誓程序的安排和组织，确保选举工作合法有效。宣传组制订具体的宣传工作方案，对会前、会中和会后新闻宣传作出详细安排，组织市级新闻单位和驻地中央、省级媒体，坚持“团结稳定鼓劲，正面宣传为主”和“三贴近”的原则，聚焦基层代表，扎实深入采访，让公众在第一时间了解人大代表参与全市大政方针决策的过程。会风会纪组制定代表参会守则，严明工作纪律，强化会纪会风监督管理。特别是中共十八大后，认真落实中央八项规定精神，严格执行中央和省委、市委关于改进会风的规定，坚持勤俭办会，取消各项形式主义的要素；坚持廉洁办会，组织代表签订廉洁自律承诺书；严明会风会纪，在各个代表团设立会风会纪监督员，建立和落实会场和驻地巡查制度，每天通报代表和列席人员遵守各项纪律情况，做到所有代表和工作人员检查监督全覆盖，促进代表和列席人员集中精力履好职、开好会，营造风清气正的良好环境。

强化安全保障，提高应急防范能力。坚持把维护参会代表健康安全和会议工作安全放在第一位，信访组负责大会期间群众来信来访的接待和处理工作，保卫组负责大会和代表驻地等场所的安全保卫工作，做好突发事件的应急预案，排查和化解社会矛盾，防范和消除危险隐患。市十二届人大三次会议筹备期间，组织专业人员加大会场消毒频次，开窗保持空气流通，调整会议日程，压缩会议时间，有效阻隔非典传染渠道，实现参会人员无一人感染 SARS 病毒的目标。市十五届人大五次会议筹备期间，发出《给阳泉市十五届人大五次会议与会人员的一封信》，全面摸底排查了 282 名人大代表、69 名列席人员和 200 多名工作人员会前 14 天的健康状况和出行情况，并按照新冠肺炎病毒疫情防控预案，给出参会与否的相应建议。大会增设疫情防控领导小组，由分管副市长任组长。按照尽量减少人员聚集的要求，大会一律不安排食宿。设立 1 个主会场、5 个县区分会场、列席人员会场和 7 个全团（分组）会议会场共 14 个会场，所有会场均采取参会人员分散就座、座位保持间隔一米以上的防疫防控措施。全体与会人员佩戴大会统一发放的医用口罩，人人填写《健康申报承诺书》。列席人员压缩 59.6%。疫情防控领导小组 56 名工作人员，分 7 个小分队，负责各会场和代表团驻地的疫情防控工作，对所有进场人员测体温，核验健康码，实现参会人员无一人感染新冠肺炎病毒的目标。

二、认真落实市委确定的重大工作部署、重大改革决策、重大转型项目、重大民生工程包保任务

市人大常委会党组紧紧围绕市委决策部署，及时调整工作计划，不断适应新任务新要求。班子成员坚持驻村暖民心、谋富路，联企扶项目、解难题。在创建国家园林城市，推进“三城同创”“五城联创”，服务脱贫攻坚、环保攻坚、创卫攻坚、招商引资、疫情防控工作中，深入基层一线，强化协调指导，解决存在问题，加快补齐短板，同干部群众一道，全力冲刺目标，努力践行“功成必定有我”的历史担当，在服务全市工作大局上发挥表率作用。

市十二届人大常委会党组　2003 年春，面对突如其来的“非典”疫情，组织常委会向全市医务工作者发出慰问信，听取审议市政府《关于市防治非典型肺炎工作情况的报告》《关于全市农村防治非典型肺炎工作情况的报告》《关于全市农村卫生工作情况的报告》，作出《关于进一步贯彻〈中华人民共和国传染病防治法〉加强全市防治非典型肺炎工作的决议》。2006 年初，市十二届人

大六次会议即将召开之际，围绕解决事关人民群众生命和健康安全的突出环境问题，组织人大代表深入视察调研，推动将“倾力打造园林城市全面提升人居环境”议事原案列为大会议案，采取一系列措施，强化监督检查，督办议案落实，促进问题整改，为改善人民群众的生产和生活环境，如期实现创建国家园林城市目标发挥了积极作用。

市十三届人大常委会党组 2008 年 5 月 12 日，四川汶川发生特大地震，按照市委安排部署，党组会议传达贯彻中组部《关于做好部分党员交纳“特殊党费”的通知》精神，决定以常委会名义下发《关于全市各级人大代表积极投身抗震救灾活动的倡议书》。9 月 28 日，班子成员专题学习市委书记谢海的批示精神，研究讨论关于落实批示精神的措施，决定成立以张清、段存寿、吴丽萍副主任为组长的 3 个监督检查组，抓住全市食品药品、安全生产和社会稳定工作中的薄弱环节，推进建立健全安全和稳定工作长效机制。2008 年至 2010 年，面对国际金融危机冲击的严峻形势，在国家扩大内需政策的支持下，阳泉市新增一大批重大公共投资项目，常委会密切关注工程建设的进展情况，着眼于解决建设资金短缺的问题，在深入调查论证、认真听取市政府专项工作报告的基础上，先后作出批准市政府回购阳泉一中新校的决议，批准有线电视数字平台、新北大街、植物园、桃河梯级蓄水二期建设及上游河道治理等 12 个项目贷款的决议，并督促政府有关方面健全管理机制、控制债务规模、防范财政风险、加强项目建设管理和资金使用监管，确保项目顺利实施，充分发挥重点工程项目的投资拉动作用。

市十四届人大常委会党组 认真落实市委加强对权力运行制约和监督的决策部署，牵头承担市委民主法治领域改革工作，党组书记刘高官先后于 2015 年 9 月 9 日，2016 年 5 月 31 日、7 月 26 日和 11 月 17 日组织召开市委民主法制领域改革专项小组工作推进会议，组织协调市委办公厅、市人大常委会办公厅、市政府办公厅、市政协办公厅、市委统战部、市总工会、市民政局、市司法局等部门高质量完成市委交办的改革任务，一批重点改革事项落地实施，出台《关于加强和改进人大监督工作的意见》《讨论、决定重大事项的规定》《监督司法工作制度》《地方立法协商工作办法》《对任命的市“一府两院”国家工作人员加强监督的意见》《关于进一步提高常委会会议审议质量的意见》等规范性文件，健全权力监管流程，规范权力运行机制，为开创弊革风清、依法治市新局面做出努力。

市十五届人大常委会党组 认真落实市委全面深化改革决策部署，继续协调推进民主法治领域改革工作，建立市人民政府向市人大常委会报告国有资产管理情况制度。人大预算联网监督系统建设、人大代表联络站全覆盖和规范化建设等工作走在全省乃至全国人大系统前列。认真落实市委全员上手、大抓招商的决策部署，把招商引资作为“一号工程”和“一把手”工程，开展“贴心行动”，架设“连心桥梁”，选聘招商特使 13 名，洽谈重点项目 33 个。汇鑫现代养殖农业产业园项目等 4 个招商项目落地开工，荣获招商引资先进单位，被市委、市政府通报表彰。认真落实市委创建国家卫生城市的决策部署，组织制定《阳泉市爱国卫生条例》《阳泉市市容和环境卫生管理条例》，为开展爱国卫生运动和“创卫工作”提供强有力的法治保障。党组书记王旭明承担郊区创卫包保任务，党组成员吕昌政担负架空线路和铁路沿线专项整治组组长职责，其他班子成员分项目强化督查督办工作，长年深入基层一线，指导解决老大难问题，为成功创建国家卫生城市做出重要贡献。2020 年初，面对新冠肺炎疫情防控的严峻形势，认真落实习近平总书记重要指示批示精神及中央和省委、市委决策部署，及时向市委申报提出推迟召开市十五届人大五次会议的建议，及时向全市各级人大代表发出以“积极行动起来，担当社会责任，共同抗击疫情”为主题的倡议书，向各级主流媒体推荐宣传人大代表战疫情、履职责、献爱心的新闻稿件，听取审议市政府《关于新冠肺炎疫情防控工作的报告》，作出《关于进一步加强疫情防控工作确保人民群众生命健康安全的决定》；班子成员深入基层，督查指导疫情防控和复工复产，为打赢疫情防控阻击战提供有力支撑。5月起，针对黑热病在阳泉市流行传染的情况，主任会议认真学习市委书记姜四清批示精神及市委决策部署，分管副主任专程到省人大常委会汇报阳泉市黑热病防治工作立法的有关情况，提交《关于阳泉市推进黑热病防控立法的请示报告》。8月27日，市十五届人大常委会第三十三次会议表决通过《阳泉市黑热病防治规定》。在同时表决通过的《阳泉市爱国卫生条例》《阳泉市市容和环境卫生管理条例》修订案中，增设黑热病防控专章，增加有关病媒生物预防控制的内容。9月起，认真贯彻市委书记姜四清关于立法规范引导建筑领域安全工作的批示精神，在启动制定的《阳泉市文明行为促进条例》中，增加"市、县（区）人民政府应当加强城乡精神文明建设，引导居（村）民通过制定村规民约等方式，移风易俗，自觉抵制大操大办、铺张浪费和封建迷信活动"等相关规定，通过立法规范引导改变寿宴随礼，"满月宴""乔迁宴""升学宴"和大操大办等不良风俗习惯。11月11日至12日，根据市委书记姜四清批示要求，市人大常委会分管副主任深入盂县东梁村、郊区东南异村、平定县冶西村幼儿园实地察看，了解学前教育发展及幼儿教师队伍建设情况，并召开调研座谈会，听取相关县区情况汇报，征求基层干部群众意见建议，向市委提交《我市农村公办幼儿园非在编教师工资待遇情况调研报告》，姜四清作出批示："请健坤阅示。所提意见请市教育局认真研究"。

三、紧紧围绕市委工作大局和安排部署，深入经济社会发展主战场、民主法治建设第一线调查研究，推动工作

开展加快阳泉转型发展、跨越发展大调研。2010年7月至8月，围绕加快阳泉转型发展、跨越发展，按照市委统一安排，市人大常委会主任牵头组成资源型产业循环化课题调研组，深入吉天利科技公司、昌鑫生物科技公司、阳煤集团、阳泉铝业、南煤集团、冀东水泥、供销社天元公司、华通粉煤灰砖项目等10多个企业和项目单位进行调研，并召开了相关座谈会，听取各县区和各企业的发展设想、技术需求、意见建议，并就有关项目与省发改委、经信委、科技厅进行了对接。赴全国首家循环经济生态城市试点市——贵阳市进行了考察。向市委提交了《阳泉市推进资源型产业循环化调研报告》《阳泉市资源型产业循环化现状调研报告》《阳泉市资源型产业循环化技术支撑调研报告》《我国循环经济的理论研究和发展概况》《关于赴贵阳市考察循环经济的情况报告》，就推进阳泉资源型产业循环化发展应采取的措施，进行深入研究和探讨。

开展推进转型发展与综改试验区建设调研活动。2012年12月，市人大常委会贯彻落实党中央关于改进工作作风、密切联系群众的八项规定精神，按照市委安排部署，常委会主任、副主任分专题开展领题调研活动。向市委提交了《抢抓综改机遇，推进先行先试》《壮大实体经济，建设工业强市》《谋划转型跨越发展，建好综改试验区》《以改革促发展，以增收惠民生》《关于市园林绿化工作进展情况的调研报告》《统筹规划科学实施，加快建设生态新城》《创新社会管理，服务改革发展》等调研报告。

开展机关干部大调研工作。2017年11月11日，市人大常委会办公厅印发《关于做好机关干部大调研工作的通知》（阳人办发〔2017〕102号），就参加全省万名干部大调研作出安排。明确成立调研工作领导小组，组长由常委会主任担任，副组长由常委会各副主任和秘书长担任。通知围绕加快完善社会主义市场经济体制，加快建设阳泉市支撑和服务转型发展的法治环境，进行调研专题及责任分工："坚持科学民主立法，加快重点领域立法，充分发挥地方立法对转型发展的引领作

用”专题，由教科委承担，城环委协助做好工作；“推进严格规范执法，规范市场经济秩序，充分发挥依法行政对转型发展的推动作用”专题，由财经委承担，农村委协助做好工作；“加强公正司法建设，维护社会公平正义，充分发挥司法机关对转型发展的保障作用”专题，由法制委承担；“引导全民学法守法，加强法治宣传教育，充分发挥法治社会对转型发展的支撑作用”专题，由民侨委承担。在调研过程中，走访基层和联系点53个263人（次），召开各类座谈会38次，向市委提交调研报告5篇，其中《关于加快法治环境建设，支撑服务转型发展的调研报告》被市委确定为优秀调研报告呈报省委决策参考。

开展机关深度调研活动。2018年4月8日，市人大常委会办公厅印发《关于做好机关深度调研活动的通知》（阳人办发〔2018〕35号），根据市委关于在全市开展“全面总结梳理改革开放40年来阳泉发展的历程，思考如何进一步解放思想，完善思路，聚力推动转型发展”深度调研的要求，对深度调研工作进行安排。明确成立调研工作领导小组，组长由常委会主任担任，副组长由常委会各副主任和秘书长担任。通知围绕“全面贯彻落实国务院42号文件，加快推进市转型发展”主题，明确调研专题及责任分工：“构建多元支撑的现代产业体系，加快走出资源型经济转型发展新路”专题，由财经委承担，民侨委协助做好工作；“实施乡村振兴战略，推进美丽乡村建设”专题，由农村委承担，人事委协助做好工作；“加快海绵城市建设，建设美丽家居乡村”专题，由城环委承担，法制委协助做好工作；“实施人才强市战略，完善吸引人才的政策环境”专题，由教科委承担，信访办协助做好工作。在两个月时间里，紧紧围绕市委做好“三篇文章”、补齐“三个短板”、打好“三场硬仗”、做好“五项重点工作”整体部署，召开各类座谈会34次，走访基层和联系点85个，收集意见建议116条，向市委提交调研工作总结和专题调研报告12篇。

四、坚持党管干部和人大依法任免相统一

坚持贯彻党对干部人事工作的绝对领导权。对市委建议的人事任免事项，党组做好统一思想的工作，引导组成人员切实增强政治责任感和历史使命感，切实增强政治意识、大局意识和责任意识，切实把思想和行动统一到市委决定上来，讲政治、顾大局、守纪律，切实搞好审议，依法行使权力，确保市委人事安排意图的顺利圆满实现。市十二届人大常委会党组书记、主任丁贵生在2005年度述职述廉报告中讲道：“在人事任免工作中，常委会党组按照党管干部和人大依法任免一致性原则和德才兼备的标准，把贯彻党委意图与充分发扬民主、严格依法办事统一起来，发挥常委会党组和党员的模范带头作用，保证了市委推荐的干部在市人大常委会会议上全部得到了依法任免。”市十三届人大常委会党组书记、主任孙水生在2011年度述职述廉报告中讲道：“常委会始终坚持党管干部和人大依法行使任免权的有机统一。在今年的各次常委会会议上，市人大常委会共任免国家机关工作人员43人（次），圆满实现了市委的人事安排意图。”中共十八大后，常委会党组把严守政治纪律和政治规矩作为依法行使任免权的第一遵循，在涉及重大人事任免的常委会议期间，党组书记都要就贯彻好党委人事任免意图发表讲话，明确要求组成人员正确处理贯彻党委意图与表达个人意志的关系，投好责任票、信任票、激励票，向市委交出满意答卷。市十四届人大常委会党组书记、主任刘高官在2015年11月26日召开的常委会第三十二次会议上，提出讲政治、讲大局、讲民主的要求，确保阳泉发展需要的好干部，阳泉人民需要的好领导得到高票当选。市十五届人大常委会党组书记、主任王旭明自觉运用民主集中制原则维护党的权威，把谈心谈话作为统一思想、凝聚共识的重要途径和方式，确保市委人事安排意图转化为常委会组成人员的自觉行动，确保市委推荐的干部人选全部高票通过。

第七节 履行管党治党政治责任

市人大常委会党组牢固树立抓好从严治党是本职、不抓从严治党是失职的观念，把党的建设与依法履职同谋划、同部署、同推进、同检查、同考核，党组书记自觉担当“第一责任人”，班子成员认真落实“一岗双责”，严肃党内政治生活制度，认真贯彻民主集中制原则，自觉用好批评与自我批评武器，在历次党性党风党纪教育中，严格落实市委关于召开专题民主生活会的各项要求，深入谈心谈话，广泛征求意见，“抹开面子”找差距、“真刀真枪”摆问题，以普通党员身份参加支部组织生活会，自觉接受监督，形成“头雁效应”。特别是中共十八大后，全面贯彻习近平总书记关于党的建设重要讲话精神，严格执行中央和省委、市委党风廉政建设各项规定要求，层层传导压力，压紧压实责任，引领机关党员干部以党章党规党纪为标尺，秉持政治操守，弘扬廉政文化，以政治生态的风清气正，确保肩负的职权正确规范运行。

市十二届人大常委会党组 2003年3月31日，出台《中共阳泉市人大常委会党组关于加强党风廉政建设的决定》（阳人党字〔2003〕9号），对党组成员和县级党员领导干部进一步加强思想政治教育、落实党风廉政建设责任制度、规范从政行为提出10项要求。3月25日，第14次党组会议就保持共产党员先进性具体要求开展大讨论，党组书记丁贵生对班子成员提出“十个坚持”要求，代表班子成员作出“十不准”承诺。

市十三届人大常委会党组 2010年6月1日，出台《关于学习贯彻〈中国共产党党员领导干部廉洁从政若干准则〉实施意见》（阳人党字〔2010〕3号），对抓好机关《廉政准则》的学习贯彻，促进党员领导干部廉洁从政作出安排部署。6月13日，出台《学习贯彻〈中国共产党党员领导干部廉洁从政若干准则〉实施意见日程安排表》（阳人党字〔2010〕4号），明确学习贯彻《廉政准则》“集中学习”“对照检查”和“整章建制”三个阶段的时间节点和标准要求。10月20日，向市委提交《市人大常委会党组及机关学习贯彻〈廉政准则〉活动总结》（阳人党字〔2010〕15号），汇报机关认真组织学习、广泛进行宣传、深入贯彻落实《廉政准则》的总体情况。12月6日，向市委提交《党组专题民主生活会情况报告》（阳人党字〔2010〕14号），汇报以“贯彻落实党员领导干部廉洁从政若干准则，切实加强领导干部作风建设”为主题的民主生活会召开情况，随文提交《2009年市人大常委会领导班子专题民主生活会整改落实情况报告》及党组成员专题民主生活会发言提纲。2011年1月5日，出台《关于进一步加强岗位廉政教育的实施方案》（阳人党字〔2011〕2号），就结合人大工作实际，开展理想信念教育、廉洁从政教育、党的作风教育、党纪专题教育、反腐形势教育、敬业勤政教育，全面推进人大常委会机关党风廉政建设作出安排。

市十四届人大常委会党组 2013年1月13日，向市委提交《关于专题民主生活会召开情况的报告》（阳人党字〔2013〕1号），就党组及班子成员紧紧围绕“学习贯彻落实党的十八大精神，坚持为民、务实、清廉，推动转型跨越发展”主题，积极开展民主生活会的各项准备工作，紧密结合个人的思想和工作实际，开展好批评与自我批评等情况进行汇报。12月23日，向市委提交《关于专题民主生活会情况的报告》（阳人党字〔2013〕7号），就党组和班子成员紧紧围绕保持党的先进性和纯洁性，按照“照镜子、正衣冠、洗洗澡、治治病”的总要求，以“贯彻落实党的群众路线，坚持为民务实清廉”为主题，以“反对四风、服务群众”为重点，紧密结合思想、工作、作风等方面实际，认真查找“四风”方面存在的突出问题，开展认真的批评与自我批评，提出整改措施等情况进行汇报。2015年2月3日，向市委提交《关于学习讨论落实活动反思剖析情况的报告》（阳人党字〔2015〕1号），认真检查在落实“两个责任”、遵守党的政治纪律、落实中央八项规定精神等方面存在的问题，提出努力方向和整改措施。7月8日，向市委提交《市人大常委会党组召开民主生活会情况的报告》（阳人党字〔2015〕6号），表示要深入学习贯彻习近平总书记系列重要讲话精神，坚决拥护省委、省纪委的正确决定，坚决贯彻省委、市委领导对阳泉工作的指示精神，从发生在身边的腐败案件中深刻汲取教训，认真贯彻落实中央推进党风廉政建设和反腐败斗争的各项部署要求，自觉担负起抓改革、促发展、保稳定、反腐败“四位一体”的主体责任。9月21日，出台《关于〈落实党风廉政建设主体责任的实施意见〉的报告》（阳人党字〔2015〕8号），要求班子成员和机关党员干部严守政治纪律和政治规矩，严格落实中央八项规定精神，把反“四风”作为一项长期工作来抓，推动党风廉政建设责任制的落实，以“零容忍”态度查处党员干部违法违纪案件。9月30日，向市委提交《市人大常委会党组召开专题民主生活会情况的报告》（阳人党字〔2015〕9号），就紧紧围绕洪发科案件以及阳泉市连续发生的系列严重违纪违法案件进行对照反思、深刻剖析，切实抓好“三严三实”专题教育等情况进行汇报。12月11日，出台《关于印发〈中共阳泉市人大常委会党组工作规则（试行）〉的通知》（阳人党字〔2015〕12号），就常委会党组的基本准则、主要职责、组织原则、党组会议、民主生活会、理论学习中心组会议、思想作风和廉政建设等作出8章40条规定。2016年1月7日，向市纪委提交《关于党风廉政建设三个清单的报告》（阳人党字〔2016〕1号），就贯彻市委全面落实“两个责任”的实施意见，制定党风廉政建设主体责任清单、问题清单和整改清单作出汇报。12月7日，进一步健全完善“党风廉政建设三个清单”，分别以阳人党字〔2016〕15号、阳人党字〔2016〕16号文件，向市纪委汇报更加科学、规范、具体、可操作的三个清单报告；同时，提交《市人大常委会机关学习贯彻〈中国共产党问责条例〉情况汇报》（阳人党字〔2016〕17号），从坚持以上率下、强化学习宣传，坚持问题导向、集中整改建制，强化责任担当、严肃执纪问责等方面，就贯彻落实《中国共产党问责条例》情况进行汇报。

市十五届人大常委会党组 2017年3月11日召开的首次党组会议上，党组书记王旭明就加强党风廉政建设，同班子成员“约法三章”，向班子成员作了廉政公开承诺。2017年3月12日召开的第一次常委会会议，常委会主任王旭明代表班子成员向与会组成人员和人大代表、机关干部作出廉政公开承诺。2018年4月8日，出台《阳泉市人大常委会机关落实中央八项规定精神实施细则》（阳人党字〔2018〕4号），从改进调查研究、规范会议管理、精简文件简报、规范因公出国（境）活动、改进新闻报道、严格“三公”经费管理、严格公务接待管理、严格公务用车管理、严格办公用房管理、严格公务出差管理、规范婚丧喜庆事宜、规范培训活动、依法履行信访职责、规范领导干部在企业和社会团体兼职（任职）、规范各类奖补与福利发放、加强干部自律、严格贯彻落实等16个方面作出92项规定。12月12日，向市委提交《中共阳泉市人大常委会党组关于民主生活会召开情况的报告》（阳人党字〔2018〕12号），围绕坚决贯彻市纪委机关、市委组织部《关于认真开好“坚决彻底肃清腐败流毒影响”专题民主生活会和组织生活会的通知》，认真做好会前准备工作，生活会期间严肃开展自我批评和相互批评、提出整改措施等情况进行汇报。2019年2月28日，出台《中共阳泉市人大常委会党组2018年度民主生活会实施方案》（阳人党字〔2019〕6号），要求班子成员深化学习研讨，广泛征求意见，开展谈心谈话，列出问题清单，制定整改措施，确定整改目标和完成时限，真正做到强化理论武装，增强“四个意识”，坚定“四个自信”，做到“两个维护”，勇于担当作为，以求真务实作风坚决把党中央决策部署落到实处。5月24日，出台《关于成立阳泉市人大常委会法治建设领导小组的通知》（阳人党字〔2019〕10号），明确成立由常委会主任担任组长的法治建设领导小组，为切实加强人大法治建设工作，提高人大工作人员法治工作水平提供组织保证。

第三篇

市人大代表选举

《中华人民共和国宪法》规定：中华人民共和国的一切权力属于人民。人民行使国家权力的机关是全国人民代表大会和地方各级人民代表大会；地方各级人民代表大会是地方国家权力机关；设区的市的人民代表大会代表由下一级的人民代表大会选举。《中华人民共和国全国人民代表大会和地方各级人民代表大会代表法》规定：地方各级人民代表大会代表是地方各级国家权力机关组成人员。

阳泉市人民代表大会代表，是根据宪法和法律的规定，按照法定程序，由阳泉市所属各县区人民代表大会及中国人民解放军阳泉军分区暨驻阳泉部队选举产生的，并根据各届任期内代表的出缺情况，依法及时补选。2001 年至 2020 年期间，经历了第十二届至第十五届市人民代表大会代表的换届选举及任期内出缺补选工作。选举和补选工作始终坚持党的全面领导，坚持充分发扬民主、严格依法办事，营造风清气正氛围，保证代表素质高、结构合理，保障人民通过人民代表大会行使国家权力。

第一章　市人大代表换届选举

第一节　市十二届人大代表换届选举

2002年，阳泉市第十一届人大代表任期届满。市人大常委会根据市委关于市人大代表换届的指示要求，制定了《2002年阳泉市人大代表换届选举工作方案》，提出了换届选举的指导思想和时间安排，确定了代表名额分配办法，对代表结构、市人大常委会组成人员的名额和人选提出了要求。郊区、平定县、盂县于3月3日，城区于3月4日，矿区于3月5日分别召开人代会，解放军于2月底召开军人大会，选举市第十二届人民代表大会代表。选举工作于3月5日结束。代表候选人为347名，代表10人联合提名60名，符合法律规定最低五分之一的差额数。全市应选代表288名，实际选出286名。其中城区代表50名，矿区代表59名，郊区代表51名，平定县代表62名（缺额1名），盂县代表56名（缺额1名），阳泉军分区暨驻阳泉部队代表8名。阳泉市第十二届人民代表大会任期自2002年3月起，至2007年4月止。

市十二届人大代表的结构、比例全部符合市委要求，具有较强的参政议政能力，具有先进性、代表性和广泛性。选出的286名代表中，男性231名，占代表总人数的80.8%；女性55名，占19.2%；中共党员212名，占74.1%；民主党派6名，占2.1%；干部103名，占36.01%；工人42名，占14.7%；农民76名，占26.6%；城镇居民23名，占8%；人民解放军、预备役部队和武警部队8名，占2.8%；教科文卫代表34名，占11.9%；少数民族代表2名，占0.7%。其他方面也都有适当的代表。代表中具有大专以上文化程度的210名，占73.4%（比第十一届的53.3%高20.1个百分点）；中专及高中文化程度的46名，占16.1%；初中以下30名，占10.5%。代表中年龄在35岁以下的29名，36至55岁的226名，61岁以上4名。55岁以下的占89.2%。78名连任代表，占27.3%。

第二节　市十三届人大代表换届选举

2007年4月，根据《中华人民共和国全国人民代表大会和地方各级人民代表大会选举法》《中华人民共和国地方各级人民代表大会和地方各级人民政府组织法》《山西省市、县、区人民代表大会组织通则》的有关规定，全市选举产生出席阳泉市第十三届人民代表大会代表。在各县区召开的人民代表大会上，代表候选人由大会主席团和代表10人以上联名提出，提请全体代表反复讨论、酝酿协商，采用差额选举和无记名投票方式选举产生。军队代表按照人民解放军选举办法产生。阳泉市第十三届人民代表大会任期自2007年4月起，至2012年4月止。共有代表288名。其中城区代表 50 名，矿区代表 59 名，郊区代表 51 名，平定县代表 63 名，盂县代表 57 名，中国人民解放军阳泉军分区暨驻阳泉部队代表 8 名。

阳泉市第十三届人民代表大会代表名额为 288 名，实选 288 名，实际参选的代表候选人 349 名，差额 61 名，符合法律规定。在选出的 288 名代表中，男性 221 名，占 76.7%；女性 67 名，占 23.3%。中共党员 187 名，占 64.9%；党外人士 101 名，占 35.1%，其中民主党派 9 名，群众代表 92 名。领导干部 81 名，占 28.1%；工人 48 名，占 16.7%；农民 61 名，占 21.2%；其他劳动者 49 名，占 17%；教育、卫生、科技、文艺、工程等专业技术人员 41 名，占 14.2%；解放军代表 8 名，占 2.8%。少数民族代表 6 名，占 2.1%。代表中具有研究生文化程度的 14 名，占 4.9%；大学本科 158 名，占 54.9%；大专 76 名，占 26.4%；高中及中专 23 名，占 8%；初中以下 17 名，占 5.9%。大专以上文化程度的占 86.1%。代表中年龄在 35 岁以下的 20 名，占 6.9%；36 岁至 45 岁的 137 名，占 47.6%；46 岁至 55 岁的 102 名，占 35.4%；56 岁以上的 29 名，占 10.1%。55 岁以下的占 89.9%。代表中连任代表 84 人，占代表总数的 29.2%。

第三节　市十四届人大代表换届选举

2012 年 4 月 24 日至 29 日，按照全市换届选举工作的统一安排部署，根据《中华人民共和国全国人民代表大会和地方各级人民代表大会选举法》和《山西省各级人民代表大会选举实施细则》的规定，城区、矿区、郊区、平定县、盂县先后召开人民代表大会，选举产生出席阳泉市第十四届人民代表大会代表。4 月 26 日，阳泉军分区召开军人大会和军人代表大会，选举产生出席阳泉市第十四届人民代表大会代表。阳泉市第十四届人民代表大会代表名额为 288 名，各选举单位共选举产生 284 名。阳泉市第十四届人民代表大会任期自 2012 年 4 月起，至 2017 年 2 月止。共有代表 284 名。其中城区代表 50 名，矿区代表 50 名，郊区代表 49 名，平定县代表 66 名，盂县代表 61 名，中国人民解放军阳泉军分区暨驻阳泉部队代表 8 名。

各选举单位在代表选举中，充分发扬民主，严格依法办事，选出的阳泉市第十四届人大代表具有广泛性、代表性和先进性，各方面的代表都有一定比例。其中男性 212 名，占 74.6%；女性 72 名，占 25.4%。中共党员 179 名，占 63%；党外人士 105 名，占 37%，其中民主党派 12 名，群众代表 93 名。领导干部 73 名，占 25.7%；工人 54 名，占 19.%；农民 67 名，占 23.6%；知识分子 44 名，占 15.5%；其他劳动者 38 名，占 13.4%；解放军代表 8 名，占 2.8%。少数民族代表 6 名，占 2.1%。代表中具有研究生文化程度的 33 名，占 11.6%；大学本科 154 名，占 54.2%；大专 58 名，占 20.4%；高中及中专 24 名，占 8.5%；初中以下 15 名，占 5.3%。大专以上文化程度的占 86.3%。代表中年龄在 35 岁以下的 17 名，占 6.%；36 岁至 45 岁的 113 名，占 39.8%；46 岁至 55 岁的 124 名，占 43.7%；56 岁以上的 30 名，占 10.6%；55 岁以下的占 89.4%。连任代表 113 名，占代表总数的 39.8%。

第四节　市十五届人大代表换届选举

2017 年，依照宪法和地方组织法的有关规定，按照全市换届选举工作的统一部署，从 2 月 12 日至 24 日，全市 5 个县区和阳泉军分区根据选举法和解放军选举办法的规定，分别选举产生出席阳泉市第十五届人民代表大会代表。按照有关规定，全市十五届人大代表名额为288名，各选举单位共选举产生287名。其中领导干部76名，占26.5%；工人57名，占19.9%；农民66名，占23%；专业技术人员42名，占14.6%；其他劳动者38名，占13.2%；解放军代表8名，占2.8%。代表中，中共党员175名，占61.%；女性81名，占28.2%；少数民族5名，占1.7%；连任代表85名，占29.6%。代表中具有大专及大专以上文化程度的260名，其中研究生54名，分别占90.6%、18.8%。代表中年龄在55岁以下的277名，其中35岁以下的18名，分别占96.5%、6.3%。与上届相比，一线工人、农民和专业技术人员代表占比提高0.6个百分点，妇女代表占比提高2.9个百分点，大专以上文化程度的占比提高4.3个百分点，55岁以下的占比提高7.1个百分点。

阳泉市第十五届人民代表大会任期自2017年2月起。截至2020年12月31日，共有代表287名。其中城区代表53名，矿区代表49名，郊区代表47名，平定县代表67名，盂县代表63名，中国人民解放军阳泉军分区暨驻阳泉部队代表8名。

第二章　市人大代表出缺与补选

2001年1月至2020年12月，阳泉市第十一届至十五届人民代表大会代表先后共出缺119名，其中：因工作变动调离本市辞去代表职务的85名，去世5名，辞职21名，被罢免代表职务16名，先后68次补选市人大代表122名。

第一节　市十一届人大代表出缺与补选

第六次会议

2000年4月市十一届人大五次会议后，代表名额为288名，实有代表287名。盂县选举的郭宝贵代表因病去世，城区选举的卫克兴因工作变动调离本市，其代表资格终止。2001年2月22日，市第十一届人民代表大会常务委员会第二十七次会议审议通过《阳泉市人大常委会代表资格审查委员会关于出缺及补选代表的代表资格的审查报告》，确认郭宝贵、卫克兴2人的代表资格终止；确认矿区补选的郜爱国，城区补选的王舰民，盂县补选的林玉平3名市十一届人大代表资格有效。此时，阳泉市第十一届人民代表大会实有市人大代表288名。

第二节　市十二届人大代表出缺与补选

第二次会议

阳泉市第十二届人民代表大会代表名额为288名，第一次会议时，实有代表286名，缺额2名。市十二届人大常委会第四次会议时，城区选举的侯志勇、解放军选举的戚保明，因工作变动调离本市，代表资格自行终止。2002年11月14日，阳泉市第十二届人民代表大会常务委员会第四次会议审议通过《阳泉市人大常委会代表资格审查委员会关于出缺代表的代表资格的审查报告》，确认侯志勇、戚保明2人的代表资格终止。此时，阳泉市第十二届人民代表大会实有市人大代表284名。

第三次会议

市十二届人大常委会第四次会议之后，城区选举的冯培一、胡庆辉、姜啸，解放军选举的盛厂，因工作变动调离本市。2003年4月8日，阳泉市第十二届人民代表大会常务委员会第七次会议审议通过《阳泉市人民代表大会常务委员会代表资格审查委员会关于补选代表的代表资格的审查报告》，确认城区选举的冯培一、胡庆辉、姜啸，解放军选举的盛厂4人的代表资格终止；确认城区补选的李强、王礼、许世奎、张清，解放军补选的王黎涛、许金海共6位市十二届人大代表资格有效。此时，阳泉市第十二届人民代表大会实有市人大代表286名。

第四次会议

市第十二届人大常委会第七次会议之后，2003年5月9日，阳泉市第十二届人民代表大会常务委员会第八次会议审议通过《阳泉市人大常委会代表资格审查委员会关于出缺和补选代表的代表资格的审查报告》，确认盂县选举的张存福、郊区选举的胡金贵的代表资格有效。市第十二届人大常委会第七次会议之后，平定县选举的郭良孝因工作变动调离本市，王耀伟因病去世，城区选举的宋建华因工作变动调离本市。2003年12月18日，阳泉市第十二届人民代表大会常务委员会第十二次会议审议通过《阳泉市人大常委会代表资格审查委员会关于出缺及补选代表的代表资格的审查报告》，确认郭良孝、王耀伟、宋建华3人的代表资格终止；确认平定县补选的谢海、李春泽2名市十二届人大代表资格有效。此时，阳泉市第十二届人民代表大会实有市人大代表287名。

第五次会议

市十二届人大常委会第十二次会议之后，盂县选举的巩引贞因病去世，解放军选举的齐胜锁、王黎涛、凌长明因工作变动，先后调离本市。2005年3月31日，阳泉市第十二届人民代表大会常务委员会第二十一次会议审议通过《阳泉市人大常委会代表资格审查委员会关于出缺及补选代表的代表资格的审查报告》，确认巩引贞、齐胜锁、王黎涛、凌长明4人的代表资格终止；确认盂县补选的段存寿，解放军补选的范谦家、甄铭、张明川4名市十二届市人大代表资格有效。此时，阳泉市第十二届人民代表大会实有市人大代表287名。

第六次会议

市十二届人大常委会第二十一次会议之后，郊区选举的李天太调离本市。2006年4月3日，阳泉市第十二届人民代表大会常务委员会第二十七次会议审议通过《阳泉市人大常委会代表资格审查委员会关于出缺及补选代表的代表资格的审查报告》，确认李天太的代表资格终止；确认郊区补选的白云的市十二届人大代表资格有效。此时，阳泉市第十二届人民代表大会实有市人大代表287名。

第三节　市十三届人大代表出缺与补选

第二次会议

阳泉市十三届人大一次会议时，实有代表288名。市十三届人大常委会第五次会议时，矿区选举的王体轩*因工作变动调离本市。2007年11月21日，阳泉市第十三届人民代表大会常务委员会第五次会议审议通过《阳泉市人大常委会代表资格审查委员会关于出缺及补选代表的代表资格的审查报告》，确认王体轩的代表资格终止；确认矿区补选的任福耀的市十三届人大代表资格有效。此时，阳泉市第十三届人民代表大会实有市人大代表288名。

第三次会议

市十三届人大常委会第五次会议之后，城区选举的宋正、张廷启，矿区选举的王冬雪因工作变动调离本市，解放军选举的范谦家、许安武因退休，提出辞去市十三届人大代表职务请求。2008 年 3 月 25 日，阳泉市第十三届人民代表大会常务委员会第八次会议审议通过《阳泉市人大常委会代表资格审查委员会关于出缺及补选代表的代表资格的审查报告》，确认宋正、张廷启、王冬雪、范谦家、许安武等 5 人的代表资格终止；确认解放军补选的方庆灵、蒋鹿 2 名市十三届人大代表的代表资格有效。此时，阳泉市第十三届人民代表大会实有市人大代表 285 名。

第四次会议

市十三届人大常委会第八次会议之后，城区选举的林玉平，郊区选举的冯少勇，平定县选举的王晋平、张仲马，盂县选举的李柏*、谢海，解放军选举的蒋鹿因工作变动调离本市。2009 年 4 月 28 日，阳泉市第十三届人民代表大会常务委员会第十七次会议审议通过《阳泉市人大常委会代表资格审查委员会关于出缺及补选代表的代表资格的审查报告》，确认林玉平、冯少勇、王晋平、张仲马、李柏、谢海、蒋鹿 7 人的代表资格终止；确认城区补选的王民*、郊区补选的王志刚、平定县补选的胡克勤、解放军补选的陆崇相、盂县补选的李栋梁 5 名市十三届人大代表资格有效。此时，阳泉市第十三届人民代表大会实有市人大代表 283 名。

第五次会议

市十三届人大常委会第十七次会议之后，城区选举的李体柱，郊区选举的朱玉，解放军选举的李学军、张陆军 4 人因工作变动相继调离本市；矿区选举的高学文因病去世。2010 年 4 月 29 日，阳泉市第十三届人民代表大会常务委员会第二十七次会议审议通过《阳泉市人大常委会代表资格审查委员会关于出缺及补选代表的代表资格的审查报告》，确认李体柱、朱玉、李学军、张陆军、高学文 5 人的代表资格终止；确认解放军补选的周新革、杜文明，城区补选的李顺宽、李秀敏、郑红，矿区补选的王振国、吕誉耀，郊区补选的白爱勤，平定县补选的朱刚，盂县补选的王斌权 10 名市十三届人大代表资格有效。此时，阳泉市第十三届人民代表大会实有市人大代表 288 名。

第六次会议

市十三届人大常委会第二十七次会议之后，城区选举的刘哲、季玉和，矿区选举的张清河*，解放军选举的陆崇相、李明亮，因工作变动相继调离本市。2011 年 5 月 4 日，阳泉市第十三届人民代表大会常务委员会第三十四次会议审议通过《阳泉市人大常委会代表资格审查委员会关于出缺及补选代表的代表资格的审查报告》，确认刘哲、季玉和、张清河、陆崇相、李明亮 5 人的代表资格终止；确认解放军补选的高振羽、任宝军，城区补选的李定武 3 名市十三届人大代表资格有效。此时，阳泉市第十三届人民代表大会实有市人大代表 286 名。

第四节 市十四届人大代表出缺与补选

第二次会议

阳泉市第十四届人民代表大会代表名额为288名。市十四届人大一次会议时，实有代表284名。之后，城区选举的王建军、矿区选举的王志刚、郊区选举的岳国庆，因工作变动相继调离本市。2012年11月23日，阳泉市第十四届人民代表大会常务委员会第四次会议审议通过《阳泉市人大常委会代表资格审查委员会关于出缺及补选代表的代表资格的审查报告》，确认王建军、王志刚、岳国庆3人的代表资格终止；确认矿区补选的陈明华、城区补选的徐芃、郊区补选的张宝明、盂县补选的张玉斌*4名市十四届人大代表资格有效。此时，阳泉市第十四届人民代表大会实有市人大代表285名。

第三次会议

市十四届人大常委会第四次会议之后，盂县选举的李栋梁、王春雨，解放军选举的任宝军，因工作变动调离本市；城区选举的曹晓红因职务变动，提出辞去代表职务。2013年4月2日，阳泉市第十四届人民代表大会常务委员会第八次会议审议通过《阳泉市人大常委会代表资格审查委员会关于出缺及补选代表的代表资格的审查报告》，确认李栋梁、王春雨、任宝军、曹晓红4人的代表资格终止；确认城区补选的郭玉霞、郭少敏、康晓剑*，盂县补选的陈永奇、杜平华，矿区补选的王明厚6名市第十四届人大代表资格有效。此时，阳泉市第十四届人民代表大会实有市人大代表287名。

第四次会议

市十四届人大常委会第八次会议之后，城区选举的郭长青、郊区选举的许霞，因工作变动调离本市；郊区选举的王春燕因病请辞代表职务；郊区选举的王永珍*、盂县选举的孙祥令和平定选举的田怀所、张石明，涉嫌犯罪，原选举单位分别依法罢免其代表职务；解放军选举的方庆灵、高振羽、史连海、周新革、朱继明、杜文明、伦新民，分别因工作变动、退休、转业退出现役等，其代表资格自行终止。2014年4月17日，阳泉市第十四届人民代表大会常务委员会第十八次会议审议通过《阳泉市人大常委会代表资格审查委员会关于出缺及补选代表的代表资格的审查报告》，确认郭长青、许霞、王春燕、方庆灵、高振羽、史连海、周新革、朱继明、杜文明、伦新民、王永珍、孙祥令、田怀所、张石明14人的代表资格终止；确认盂县补选的郝培亮、杨军，郊区补选的李云峰、韩加政、潘广全，解放军补选的史普山、吴海平*、田桂明、杨兆权、张世庆、张文才、武艺、密国林13名市十四届人大代表资格有效。此时，阳泉市第十四届人民代表大会实有市人大代表286名。

第五次会议

市十四届人大常委会第十八次会议之后，城区选举的徐芃、刘守功、陈明泽，郊区选举的尚保晋，平定县选举的王斌权、魏绍青，解放军选举的密国林、武艺、史普山9人，分别因工作调动、转业退役等原因，代表资格自行终止；城区选举的康晓剑，矿区选举的刘德跃*，郊区选举的郭凯生，平定县选举的王银旺*、王国瑞、赵贵恩、张益智，盂县选举的王民、王新武9人，因违纪违法，被依法罢免代表职务；平定县选举的赵益民请辞代表职务，原选举单位已接受其辞职请求。2015年4月15日，阳泉市第十四届人民代表大会常务委员会第二十六次会议审议通过《阳泉市人大常委会代表资格审查委员会关于出缺及补选代表的代表资格的审查报告》，确认徐芃、刘守功、陈明泽、尚保晋、王斌权、魏绍青、密国林、武艺、史普山、康晓剑、刘德跃、郭凯生、王银旺、王国瑞、赵贵恩、张益智、王民、王新武、赵益民19人的代表资格终止；确认郊区补选的任志刚、荆红军，平定县补选的杨自明、余香兰、贾新兵，盂县补选的尚建军、刘宝才，城区补选的陈友福、曾随正，解放军补选的王志忠、秦建国、原龙胜12名市第十四届人大代表资格有效。此时，阳泉市第十四届人民代表大会实有市人大代表279名。

第六次会议

市十四届人大常委会第二十六次会议之后，盂县选举的洪发科*、聂玉明因涉嫌严重违纪违法、贪污犯罪先后被罢免代表职务。盂县选举的刘星，解放军选举的王志忠、原龙胜调离本市，盂县选举的靳毅刚因病去世。2016年3月3日，阳泉市第十四届人民代表大会常务委员会第三十六次会议审议通过《阳泉市人大常委会代表资格审查委员会关于出缺及补选代表的代表资格的审查报告》，确认洪发科、聂玉明、刘星、王志忠、原龙胜、靳毅刚6人的代表资格终止；确认平定县补选的董一兵、巩成，解放军补选的张太平，城区补选的张晋、潘会平，矿区补选的梁志勇、侯彦军、翟红，盂县补选的王帅红、武润珍、姚劲松11名十四届市人大代表资格有效。此时，阳泉市第十四届人民代表大会实有市人大代表284名。

第五节　市十五届人大代表出缺与补选

第二次会议

阳泉市第十五届人民代表大会代表名额为288名。市十五届人大一次会议时，实有代表287名。之后，郊区选举的王桂林，平定县选举的董仙桃、贾新兵，解放军选举的张太平4位代表因工作变动相继调离本市；解放军选举的秦建国退出现役迁出本市。2017年11月7日，阳泉市第十四届人民代表大会常务委员会第六次会议审议通过《阳泉市人大常委会代表资格审查委员会关于出缺代表的代表资格的审查报告》，确认王桂林、董仙桃、贾新兵、张太平、秦建国5人的市十五届人大代表资格终止。此时，阳泉市第十五届人民代表大会实有市人大代表282名。

第三次会议

市十五届人大常委会第六次会议之后，矿区选举的梁志勇、刘乙佑、董中华，平定县选举的陈永奇、崔小迷，盂县选举的董一兵、李云峰，解放军选举的封士进8位代表调离或迁出本市，郊区选举的荆红军被罢免代表职务。2018年3月20日，阳泉市第十五届人民代表大会常务委员会第十一次会议审议通过《阳泉市人大常委会代表资格审查委员会关于出缺及补选代表的代表资格的审查报告》，确认梁志勇、刘乙佑、董中华、陈永奇、崔小迷、董一兵、李云峰、封士进、荆红等9人的代表资格终止；确认解放军补选的孙季鸿、李泽、杨建国，平定县补选的关建勋、郭卫东、郭富德、徐勤保，矿区补选的张志先、乔继光、师占卿，郊区补选的王文珊，盂县补选的雷健坤、张其光13名市十五届人大代表资格有效。此时，阳泉市第十五届人民代表大会实有市人大代表286名。

第四次会议

市十五届人大常委会第十一次会议之后，城区选举的王文贤，郊区选举的李志强、马爱锋、李文冠，矿区选举的潘海燕、娄森根、师占卿，平定县选举的任镇方因工作变动调离本市；解放军选举的田桂明因退休迁出本市；矿区选举的裴西平＊因涉嫌严重违纪违法辞去代表职务；城区选举的任庆、郭玉霞，盂县选举的史小梅、樊如珍根据工作需要，向选举单位提出辞去市人大代表职务的请求。2019年2月22日，阳泉市第十五届人民代表大会常务委员会第二十一次会议审议通过《阳泉市人大常委会代表资格审查委员会关于出缺及补选代表的代表资格的审查报告》，确认王文贤、李志强、马爱锋、李文冠、潘海燕、娄森根、师占卿、任镇方、田桂明、任庆、郭玉霞、史小梅、樊如珍、裴西平14人的代表资格终止；确认城区补选的任战虹、李东方、任晓辉，矿区补选的李文兵、张立强、王永革，郊区补选的黄海涛、宁文鑫、乔军华，平定县补选的王建义，盂县补选的梁海昌、高永恩、李姝君，解放军补选的马杰14名市十五届人大代表资格有效。此时，阳泉市第十五届人民代表大会实有市人大代表286名。

第五次会议

市十五届人大常委会第二十一次会议之后，平定县选举的关建勋，盂县选举的王铁梅，解放军选举的张文才，因工作变动调离本市；城区选举的刘志强、张晋、高和平、李首明＊，郊区选举的王如生，平定县选举的孙金明、郭少敏、史玉宝、郭富德，盂县选举的吕昌政、白平，向选举单位提出辞去市人大代表职务的请求。2020年4月16日，阳泉市第十五届人民代表大会常务委员会第三十一次会议审议通过《阳泉市人大常委会代表资格审查委员会关于出缺及补选代表的代表资格的审查报告》，确认关建勋、王铁梅、张文才、刘志强、张晋、高和平、李首明、王如生、孙金明、郭少敏、史玉宝、郭富德、吕昌政、白平14人的代表资格终止。确认城区补选的杨建军、高永红、樊志红，矿区补选的王志全，郊区补选的王新哲、田进勇，平定县补选的张文斌、姜四清，盂县补选的王建华，军分区补选的王俊明10名市十五届人大代表资格有效。此时，阳泉市第十五届人民代表大会实有代表282名。

第三章 市人大代表名录

第一节 市十二届人大代表名录

阳泉市第十二届人民代表大会第一次会议时，代表名额为288名，实有代表286名，其中城区50名、矿区59名、郊区51名、平定县62名、盂县56名、解放军8名。

市十二届人大城区代表一览表（50名）

表3-1

姓 名	性别	出生年月	民族	籍 贯	文化程度	党派	工作单位及职务
马 骥	男	1960.5	汉族	山西临猗	大学	中共	阳泉市财政局局长
马文建	男	1952.7	汉族	山西沁源	大专	中共	阳泉市规划局局长
王 崇	男	1950.11	汉族	山西阳泉	初中	中共	阳泉市（平潭垴）建陶厂厂长
王玉兰	女	1962.4	汉族	山西五台	大专		阳泉市群众艺术馆馆员
王敬瑞	男	1953.8	汉族	山西平定	大专	中共	阳泉市人民政府副市长
孔德慧	女	1950.9	汉族	山西太谷	大专	民革	民革阳泉市委副主委
付景华	女	1948.10	汉族	辽宁盘锦	初中	中共	阳泉市城区义井街道办事处南边堰社区支部书记、主任
冯培一	男	1963.4	汉族	山西山阴	大专	中共	山西河坡发电有限责任公司总经理
任锁才	男	1956.10	汉族	山西阳泉	大学	中共	阳泉市城区教育局局长
刘工勤	男	1946.5	汉族	山东菏泽	中专		阳泉勤工技术开发公司经理
刘贵明	男	1964.8	汉族	河北武安	大专	中共	阳泉市城区义井街道办事处主任
刘建田	男	1945.2	汉族	山西阳泉	大学	中共	阳泉市人民政府副市长
毕映富	男	1963.9	汉族	山西阳泉	大学	中共	阳泉市城区财政局局长
安慧鹏	男	1954.2	汉族	山西寿阳	大专	中共	阳泉市城市信用合作中心社董事长
李茂荣	男	1962.3	汉族	山西和顺	大学	中共	阳泉市城区上站街道办事处主任
李树茂	男	1959.4	汉族	山西和顺	大学	中共	阳泉市国税局局长、党组书记
李彦良	女	1948.6	汉族	山西昔阳	大学		阳泉市教育学院副院长

续表 3-1

姓　名	性别	出生年月	民族	籍　贯	文化程度	党派	工作单位及职务
李奕明	男	1943.2	汉族	安徽来安	硕士研究生	中共	阳泉市十一届人大常委会副主任
李保来	男	1953.2	汉族	山西平定	大专	中共	阳泉市城区人民法院院长
李高锁	男	1948.10	汉族	山西河曲	大专	中共	阳泉市城区人大常委会主任
杨永善	男	1949.5	汉族	山西祁县	大学	中共	阳泉市南庄煤炭集团有限公司党委书记、董事长
郜爱国	男	1954.2	汉族	山西黎城	大专	中共	中共阳泉市委副书记
吴祥玉	男	1954.1	汉族	山西阳泉	大专	中共	阳泉市城区环保局局长
宋建华	男	1949.11	汉族	山西襄垣	研究生	中共	阳泉市公安局局长
张　启	男	1955.6	汉族	山西浑源	大专	中共	阳泉市城区人民检察院检察长
张　威	女	1969.4	汉族	山西和顺	大专		阳泉市城区北大街街道办事处中心广场社区副主任
张三锁	男	1962.2	汉族	山西临猗	硕士研究生	中共	阳泉市国土资源局局长
张昌和	男	1937.12	汉族	山西灵邱	初中	中共	阳泉市十一届人大常委会主任
张爱虎	男	1956.8	汉族	山西昔阳	大专	中共	阳泉市城区环境卫生管理处处长
张瑞芳	女	1958.7	回族	河北易县	初中		阳泉市城区上站街道办事处德胜街社区居委会委员
陈腊梅	女	1966.12	汉族	山西吉县	大专		阳泉三中教师
武金锁	男	1969.5	汉族	山西盂县	大学		晋东化工厂科研开发部
范秀玲 *	女	1958.4	汉族	山西阳泉	大专	中共	阳泉市城区总工会常务副主席
周占田	男	1952.5	汉族	山西阳泉	高中	中共	阳泉市城区人大常委会副主任
赵长春	男	1943.10	汉族	山西盂县	大专	中共	阳泉市城区人大常委会原主任
赵秀生	男	1962.9	汉族	山西阳泉	大学	中共	阳泉市城区北大街街道办事处党委书记
郝秀云	女	1955.5	汉族	山西平定	大专		阳泉市计划生育委员会副主任
荆东生	男	1952.11	汉族	山西阳泉	大学	中共	阳泉市人民政府秘书长、办公厅主任
胡庆辉	男	1962.2	汉族	山西洪洞	大学	中共	阳泉市供电分公司经理
胡春平	男	1967.4	汉族	山西阳泉	大学	中共	阳泉市城区下站街道办事处主任
姜　啸	男	1955.6	汉族	吉林长春	研究生	中共	工商银行阳泉市分行党委书记、行长
侯志勇	男	1958.11	汉族	山西平遥	大学	中共	娘子关发电厂厂长
高文元	男	1966.10	汉族	山西阳泉	大学	中共	阳泉市城区南山路街道办事处主任
郗庚寅	男	1950.10	汉族	山西阳泉	大专	中共	阳泉市城区发展计划局局长
梁怀玉	男	1949.10	汉族	山西盂县	大学	中共	中共阳泉市城区区委副书记、区长
梁谢虎	男	1957.1	汉族	山西霍州	硕士研究生	中共	阳泉市煤运分公司经理

续表 3-1

姓　名	性别	出生年月	民族	籍　贯	文化程度	党派	工作单位及职务
董　岩	男	1958.3	汉族	黑龙江宾县	硕士研究生	中共	中共阳泉市委常委、城区区委书记
鲁宏成	男	1945.3	汉族	山西阳高	大学	中共	阳泉经济技术开发区管委会主任
翟振华	男	1954.6	汉族	山西昔阳	大专	中共	阳泉市地方税务局局长
薛银栓 *	男	1951.3	汉族	河北新乐	中专	中共	阳泉市建设局局长、建设工委书记

市十二届人大矿区代表一览表（59 名）

表 3-2

姓　名	性别	出生年月	民族	籍　贯	文化程度	党派	工作单位及职务
丁贵生	男	1942.12	汉族	山西壶关	大学	中共	阳泉市政协主席
马德胜	男	1957.8	汉族	河北井陉	大专		阳煤集团五矿副总工程师
王　升	男	1943.3	汉族	山西阳泉	高中	中共	阳泉市十一届人大常委会秘书长
王万柱	男	1952.7	汉族	山西阳泉	大专	中共	阳泉市人大常委会教科文卫委副主任委员
王小玲	女	1969.10	汉族	山西交城	高中		阳泉市矿区赛鱼街道办事处虎尾沟社区居委会主任
王亦农	男	1944.8	汉族	河北定兴	大学	中共	阳煤集团党委书记、董事长
王宝新	男	1962.2	汉族	河北井陉	大专	中共	阳泉市矿区桥头街道办事处主任
王海珠	男	1949.1	汉族	山西盂县	高中	中共	阳泉市矿区钢窗厂厂长
王梦平	女	1951.9	汉族	河北阜平	大专	中共	阳泉市人大常委会人事代表工委副主任
王善桂	男	1942.10	汉族	山西平定	初中	中共	阳泉市矿区人大常委会原主任
文武全	男	1968.5	汉族	山西交城	大学	中共	阳泉市矿区蔡洼街道办事处主任
方丽平	女	1971.1	汉族	山西平定	中专		辰光热电有限责任公司工程师
石盛奎	男	1949.4	汉族	山西平定	研究生	中共	阳煤集团副总经理、副书记
田建亮	男	1965.10	汉族	山西阳泉	大学	中共	阳泉市矿区贵石沟街道办事处主任
付　鑫	男	1947.1	汉族	山西平定	大学		阳煤集团环保处总工程师
冯少勇	男	1956.9	汉族	山西榆社	大学	中共	阳泉市中级人民法院党组书记
冯礼堂 *	男	1950.3	汉族	山西和顺	大专	中共	华越公司党委书记、董事长
冯俊杰	男	1948.8	汉族	山西平定	中专	中共	阳泉市矿区人大常委会主任
邢志芳	女	1965.2	汉族	山西盂县	大学		阳泉市矿区平潭街街道办事处洪城河社区居委会副主任
吕耀红	女	1965.2	汉族	山西汾阳	高中		阳泉市矿区沙坪街道办事处秋沟社区居委会主任

续表 3-2

姓　名	性别	出生年月	民族	籍　贯	文化程度	党派	工作单位及职务
刘高官	男	1956.5	汉族	山西山阴	大学	中共	中共阳泉市委副书记
刘崇智	男	1948.10	汉族	山西太谷	大专	中共	山西宏厦一公司党委书记、董事长
安站东	男	1963.6	汉族	山西平遥	大学		阳煤集团新景矿机电副总工程师
李红文	女	1967.4	汉族	山西盂县	大学		阳煤集团三矿中学教师
李景荣	女	1954.9	汉族	河北怀安	初中		阳泉市矿区桥头街道办事处西马家坪社区副主任
杨清风	男	1945.10	汉族	江西万安	大学	中共	阳泉市人民政府副市长
吴学华	男	1955.7	汉族	山西平定	大专	中共	阳泉市矿区公安分局政工科长
张玉莹	女	1958.2	汉族	山西平定	大专		阳泉市农行营业部副总经理
张巨海	男	1952.12	汉族	河北鹿泉	研究生	中共	阳煤集团副总经理
张仲马	男	1954.2	汉族	山西忻州	大学	中共	阳泉市人民检察院党组书记
张希祯	男	1944.1	汉族	山西平定	大专	中共	阳泉市十一届人大常委会副主任
张谡明	男	1966.8	汉族	山西昔阳	大学	中共	阳泉市矿区平潭街街道办事处党委书记
陈　海	男	1964.1	汉族	河北邢台	大学		阳泉市建筑设计院总建筑师
武春文	男	1964.5	汉族	山西阳泉	大专	中共	阳泉市矿区赛鱼街道办事处党委书记
范贵明	男	1951.3	汉族	河南林州	中专	中共	阳煤集团发展计划处处长
赵妙珍	女	1962.1	汉族	山西原平	大学		阳煤集团总医院心内科副主任
赵丽军	女	1968.1	汉族	山西盂县	大学		阳泉市矿区人民检察院
赵俊红	男	1964.2	汉族	山西盂县	大专		阳煤集团四矿寿阳新元分公司经理
荆存柱	男	1963.9	汉族	山西阳泉	大学	中共	共青团阳泉市委书记
胡志宏	男	1946.6	汉族	山西昔阳	大专	中共	阳煤集团一矿党委书记
胡丽雅	女	1965.6	汉族	河北唐县	大学		阳泉市矿区中学教师
胡宪忠	男	1954.12	汉族	山西阳泉	研究生	中共	阳泉市自来水公司经理
胡桂珍	女	1941.9	汉族	河北保定	中专		阳泉市矿区蔡洼街道办事处小南坑社区居委会主任
段千寿	男	1952.1	汉族	山西平定	大专	中共	阳煤集团二矿党委书记
贾冬至	男	1945.11	汉族	河北井陉	大专	中共	阳煤集团组织部部长、人事处处长
高全怀	男	1950.9	汉族	山西阳泉	大学	中共	中共阳泉市矿区区委书记
高海明	男	1970.9	汉族	山西阳泉	大学	中共	阳泉市矿区沙坪街道办事处主任
桑晓飞	男	1965.10	汉族	山西左权	大学		阳泉市人大城环委办公室主任
梁春明	男	1956.11	汉族	山西平定	大专		阳煤集团生产技术处副处长
董仙桃	女	1962.10	汉族	山西五台	硕士研究生	中共	中共阳泉市矿区区委副书记、区长

续表 3-2

姓 名	性别	出生年月	民族	籍 贯	文化程度	党派	工作单位及职务
董喜贵	男	1957.9	汉族	山西平定	大专	中共	阳煤集团多营总公司常务副总经理
蒋树人	男	1944.4	汉族	江苏姜堰	大学	农工	阳煤集团职教中心教师
韩全生	男	1957.10	汉族	河北徐水	初中	中共	阳泉市顺达出租汽车有限公司董事长
雷志刚	男	1971.8	汉族	山西平遥	大专		阳泉市矿区地税局征管科副科长
翟玉珊	女	1975.9	汉族	山西浑源	高中		阳泉市矿区贵石沟街道办事处苏村社区居委会委员
樊盛武	男	1954.1	汉族	山西晋城	研究生	中共	阳泉市人民政府副市长
薛国仁	男	1950.6	汉族	山西应县	初中	中共	阳煤集团三矿竖井运输队电车班长
魏松富	男	1964.1	汉族	河南林州	大专		山西宏厦建筑工程第三有限公司项目部经理
魏慈寿	男	1949.2	汉族	山西五台	大学	中共	阳煤集团党委副书记

市十二届人大郊区代表一览表（51 名）

表 3-3

姓 名	性别	出生年月	民族	籍 贯	文化程度	党派	工作单位及职务
丁根晓	男	1951.8	汉族	山西阳泉	大专	中共	阳泉市供销社党委书记、社务管理委员会主任
马玉田	男	1952.5	汉族	山西阳泉	初中	中共	阳泉市郊区旧街乡枣园村支部书记、村委主任
王叶森 *	男	1970.8	汉族	河北辛集	大学		阳泉市郊区国土资源局局长
王向红	女	1974.1	汉族	山西临猗	大学		阳泉市郊区公安分局法医
王国佩	男	1954.6	汉族	山西阳泉	中专	中共	阳泉市郊区荫营镇山底村支部书记
王狗蹄	男	1950.10	汉族	山西阳泉	初中	中共	阳泉市郊区平潭镇西河村支部书记
王变娥	女	1957.8	汉族	山西阳泉	大专	民建	阳泉市郊区义井镇逸夫中学教师
王混洲	男	1960.4	汉族	山西平定	研究生	中共	阳泉市郊区区委副书记、区长
田进勇	男	1962.8	汉族	山西阳泉	大学	中共	阳泉市郊区河底镇镇长
史永记	男	1962.11	汉族	山西阳泉	大专	中共	阳泉市华岭耐火材料有限公司董事长
白锁福	男	1954.9	汉族	山西阳泉	大专	中共	阳泉市青山水泥有限公司董事长
光玉苟	男	1950.11	汉族	山西阳泉	初中	中共	阳泉市郊区河底镇河底村总支书记、村委主任
朱礼厚	女	1944.8	汉族	江苏太仓	大学		阳泉市人民政府副市长
刘兆林	男	1953.9	汉族	山西阳泉	大学		阳泉市郊区人民政府副区长
刘桃风	女	1965.3	汉族	山西盂县	大学		太原理工大学阳泉学院副教授
刘瑞生	男	1965.10	汉族	山西阳泉	大学	中共	阳泉市郊区杨家庄乡乡长

续表 3-3

姓　名	性别	出生年月	民族	籍　贯	文化程度	党派	工作单位及职务
杜丑所	男	1949.7	汉族	山西阳泉	初中	中共	阳泉市郊区荫营镇前洼村支部书记
李小明	男	1956.1	汉族	山西阳泉	中专	中共	阳泉市郊区平潭镇辛兴村支部书记
李天太	男	1957.3	汉族	河北武安	研究生	中共	中共阳泉市委副书记
李生林	男	1949.10	汉族	山西阳泉	大专	中共	阳泉市人大教科委主任委员
李体柱	男	1958.2	汉族	山西黎城	研究生	中共	中共阳泉市郊区区委书记
李　钢	男	1960.6	汉族	山西阳泉	大专	中共	阳泉市郊区义井镇义东沟村支部书记
李素萍	女	1959.10	汉族	山西阳泉	高中		阳泉市华新食品厂厂长
杨玉明	男	1963.3	汉族	山西昔阳	大专	民盟	阳泉市郊区公路管理站站长
杨丽琴	女	1974.3	汉族	山西阳泉	中专		阳泉市郊区文化馆助理馆员
杨承祥	男	1953.11	汉族	山西阳泉	大专	中共	阳泉市郊区发展计划局局长
杨喜平	男	1967.3	汉族	山西阳泉	大学	中共	中共阳泉市委政法委主任科员
余惠章	男	1946.10	汉族	山西阳泉	中专	中共	阳泉市郊区人大常委会主任
张凤英	女	1956.1	汉族	山西阳泉	大学		阳泉市郊区人大常委会副主任、阳泉市二院内科主任
张成林	男	1968.9	汉族	山西阳泉	大学	中共	阳泉市郊区旧街乡乡长
张怀柱	男	1953.11	汉族	山西平定	大学	中共	阳泉一监党委书记、监狱长
张保明	男	1963.4	汉族	山西阳泉	大专	中共	阳泉市人大常委会副秘书长、办公厅主任
张鸿元	男	1959.12	汉族	山西阳泉	大专	中共	阳泉市郊区荫营镇党委副书记、人大主席
张德云	男	1963.9	汉族	山西阳泉	大专	中共	阳泉市郊区李家庄乡大西庄村支部书记
范润生	男	1966.10	汉族	山西阳泉	大专	中共	阳泉市郊区平潭镇镇长
岳国庆	男	1957.10	汉族	山西沁源	大学	中共	阳泉二监副书记、监狱长
郗存祥	男	1956.4	汉族	山西阳泉	大专	中共	阳泉市人大常委会办公室副主任
赵美林	女	1977.2	汉族	山西阳泉	初中		阳泉市郊区河底镇北庄村妇联主任
赵富民	男	1961.4	汉族	山西阳泉	大专	中共	阳泉市郊区李家庄乡乡长
郝秀萍	女	1962.11	汉族	山西平定	中专		阳泉市郊区平潭镇财政所长
郝爱生	男	1942.1	汉族	山西左权	高中	中共	阳泉市十一届人大常委会副主任
段永章	男	1946.8	汉族	山西阳泉	大专	中共	中共阳泉市委常委、政法委书记
皇甫明儒	男	1943.7	汉族	山西左权	大学	中共	阳泉市郊区人大常委会原主任
贾成义	男	1956.4	汉族	山西平定	大专	中共	阳泉市郊区财政局局长
贾秉亮	男	1957.7	汉族	山西阳泉	高中	中共	阳泉市郊区杨家庄乡北村总支书记、村委主任
郭真祥	男	1962.9	汉族	山西阳泉	大专	中共	阳泉市郊区荫营镇镇长

续表 3-3

姓　名	性别	出生年月	民族	籍　贯	文化程度	党派	工作单位及职务
康屹明	女	1962.3	汉族	山西平定	大专		阳泉一监幼儿园园长
梁春堂	男	1955.3	汉族	山西阳泉	初中		阳泉市郊区荫营镇东梁庄村主任、兴东实业公司经理
程志强	男	1962.5	汉族	山西阳泉	大学	中共	阳泉市人大财经委副主任委员
程秀春	男	1968.12	汉族	山西阳泉	大专	中共	阳泉市郊区西南舁乡乡长
程继喜	男	1968.9	汉族	山西阳泉	大专	中共	阳泉市郊区义井镇镇长

市十二届人大平定县代表一览表（62 名）

表 3-4

姓　名	性别	出生年月	民族	籍　贯	文化程度	党派	工作单位及职务
王　伸*	男	1949.2	汉族	山西平定	大专	中共	平定县政协副主席、煤运公司经理
王　斌	男	1947.2	汉族	山西平定	大专	中共	阳泉市人大常委会人事代表工委主任
王长年	男	1946.9	汉族	山西平定	中专	中共	平定县冶西镇尚怡村支部书记
王田文	男	1953.2	汉族	山西平定	中专	中共	平定县碳素厂厂长
王永先	男	1948.2	汉族	山西平定		中共	平定县人大常委会主任
王贵义	男	1947.5	汉族	山西平定	中专	中共	平定县锁簧镇东锁簧村支部书记
王建辉	男	1963.9	汉族	山西平定	大专	中共	平定县固关水泥厂厂长、企管站站长
王变棠	女	1965.2	汉族	山西平定	高中		平定县巨城镇东小麻村会计、妇联主任
王晓华	男	1959.5	汉族	山西平定	中专	中共	平定县发展计划局局长
王骞元	男	1964.10	汉族	山西平定	大学	中共	平定县石门口乡党委书记、人大主席
王耀伟	男	1969.3	汉族	山西太原	大学	中共	平定县少体校教练
石银山	男	1960.8	汉族	山西平定	大专	中共	平定县锁簧镇党委书记、人大主席
卢素昌	男	1962.11	汉族	山西平定	中专	中共	平定县冶西镇镇长
田计罗	男	1959.11	汉族	山西平定	高中	中共	平定县东回镇东回村支部书记
史友松	男	1967.12	汉族	山西寿阳	大学		阳泉市人大常委会办公室副主任
史成明	男	1953.10	汉族	山西平定	大专	中共	平定县公安局副局长
白振东	男	1963.9	汉族	山西平定	大学	中共	平定县娘子关镇党委书记、人大主席
朱海祥	男	1962.7	汉族	山西平定	初中		平定县东回镇东回村民
刘玉荣	男	1940.11	汉族	山西平定	高中	中共	平定县化工（化肥）集团有限公司董事长
刘同礼	男	1965.10	汉族	山西平定	大学	中共	平定县财政局局长
刘伟华	男	1951.11	汉族	山西平定		中共	平定县冠山镇里社村委主任

续表 3-4

姓　名	性别	出生年月	民族	籍　贯	文化程度	党派	工作单位及职务
刘选民	男	1956.9	汉族	山西平定	大专	中共	平定县经济贸易局局长
孙水生	男	1951.1	汉族	山西绛县	大学	中共	中共阳泉市委副书记
苏慧琴	女	1972.1	汉族	山西平定	初中		平定县张庄镇南阳胜村医疗站
杜素仁	男	1951.12	汉族	山西平定	大学	中共	平定县农业局局长
杨永生	男	1961.10	汉族	山西临猗	大学	中共	阳泉日报社社长兼市委副秘书长
杨秀茂	男	1948.2	汉族	山西平定	初中	中共	平定县石门口乡南上庄村支部书记
杨宝国	男	1940.11	汉族	河南潢川	大学	中共	阳泉市十一届人大常委会副主任
杨爱琴	女	1957.6	汉族	山西平定	大专	中共	平定县实验小学校长
李　明	男	1947.4	汉族	山西高平	大学	中共	阳泉市人事局局长
李润怀	男	1956.5	汉族	山西阳泉	大专	中共	阳泉市人民政府办公厅办公室主任
李爱莲	女	1956.1	汉族	山西平定	初中		平定县锁簧镇西锁簧村妇女主任
吴学斌	男	1952.9	汉族	山西大同	大专	中共	平定县委书记、县长
宋林岭	男	1944.4	汉族	山西平遥	大专	中共	中共阳泉市委常委、纪检委书记、监委主任
延俊生	男	1947.3	汉族	山西平定	大专		平定县信用联社理事长
张金凤	女	1960.8	汉族	山西平定	大专	中共	平定县冶西镇党委书记、人大主席
张禄长	男	1948.10	汉族	山西平定	中专	中共	中共阳泉市委政法委副书记、综治办主任
陈志君	男	1959.12	汉族	山西平定	大专	中共	平定县医院内一科主任
陈继光	男	1951.5	汉族	山西平定	大专	中共	阳泉市人民政府副市长
陈继衡	男	1963.12	汉族	山西平定	大学	中共	平定县冠山镇镇长
赵正堂	男	1949.10	汉族	山西平定	大专	中共	平定县锁簧硫酸厂董事长、总经理
赵远长	男	1962.1	汉族	山西平定	大专	中共	山西远鑫实业有限公司董事长
赵海元	男	1962.11	汉族	山西平定	高中	中共	平定县岔口乡红岭村支部书记
郝利涛	女	1957.1	汉族	山西太谷	高中		平定县家乐下岗职工家政服务中心总经理
郝建国	男	1961.10	汉族	山西平定	大专	中共	平定县巨城镇党委书记、人大主席
郝俊智	男	1955.11	汉族	山西平定	中专	中共	平定县巨城镇党委副书记、人大副主席
耿宝红	女	1965.12	汉族	山西平定	大专		平定县图书馆科员
耿黑眼	女	1947.5	汉族	山西平定	小学		平定县柏井镇牌岭村民
郭良孝	男	1952.1	汉族	山西孝义	大学	中共	中共阳泉市委副书记、市政府市长
郭忠实 *	男	1955.5	汉族	山西山阴	大学	中共	中共阳泉市委常委、组织部部长
郭虎堂	男	1949.8	汉族	山西平定	初中	中共	平定县张庄水泥预制厂厂长
梁文友	男	1959.5	汉族	山西平定	大专	中共	平定县岔口乡西头岭村卫生所所长

续表 3-4

姓　名	性别	出生年月	民族	籍　贯	文化程度	党派	工作单位及职务
梁岗平 *	男	1961.7	汉族	山西平定	大专	中共	平定县东回镇党委书记、人大主席
梁艳玲	女	1968.4	汉族	山西平定	高中		平定县娘子关镇河滩村电熔镁厂会计
陶根梅	女	1946.11	汉族	山西平定	初中		平定县冠山镇二道街居委会主任
董俊平	女	1962.8	汉族	山西平定	中专		平定县东回镇七亘村学校教师
韩俊富	男	1963.10	汉族	山西盂县	大学	中共	平定县岔口乡党委书记、人大主席
焦以军	男	1958.9	汉族	山西平定	大专	中共	平定县华兴煤矿矿长
蔡新田	男	1954.5	汉族	山西平定	大学	民建	平定县职业高中副校长
薛晓明	男	1965.2	汉族	山西离石	大专	中共	平定县张庄镇党委书记、人大主席
霍建洲	男	1963.3	汉族	山西平定	大学	中共	平定县柏井镇党委书记、人大主席
穆建民	男	1943.7	汉族	山西平定	大学	中共	平定县人大常委会原主任

市十二届人大盂县代表一览表（56 名）

表 3-5

姓　名	性别	出生年月	民族	籍　贯	文化程度	党派	工作单位及职务
王七孩	男	1949.4	汉族	山西平定	大学	中共	盂县县委书记、县人大常委会主任
王元寿	男	1945.10	汉族	山西盂县	大专	中共	阳泉市人民检察院检察长
王连成	男	1943.7	汉族	山西盂县	初中	中共	盂县孙家庄镇大吉村支部书记
王金全	男	1949.10	汉族	山西盂县	高中	中共	盂县孙家庄镇东吉煤矿党委书记、矿长
王舰民	男	1951.4	汉族	山西榆社	研究生	中共	中共阳泉市委常委、阳泉市人民政府副市长
王振国	男	1956.11	汉族	山西寿阳	大专	中共	盂县县委副书记、县长
王崇佑	男	1963.12	汉族	山西盂县	大专	中共	盂县北下庄乡党委书记、人大主席
尹贵花	女	1956.2	汉族	山西盂县	初中		盂县西烟镇乌耳庄村民
巩引贞	女	1949.12	汉族	山西高平	大学	中共	阳泉市妇联主席
杜肇昆	男	1941.1	汉族	山东东平	大学	中共	阳泉市十一届人大常委会副主任
刘秀芳	女	1954.7	汉族	山西盂县	大专	中共	盂县财政局局长
刘春玲	女	1951.8	汉族	河北保定	大学	中共	阳泉市科协主席
刘福贵	男	1953.7	汉族	山西盂县	大专	中共	盂县经贸局局长
杨忠献	男	1962.8	汉族	山西盂县	大专	中共	盂县上社镇党委书记、人大主席
何海平	男	1956.5	汉族	河北井陉	大学	中共	中共阳泉市纪委副书记、监委副主任
李计栓	男	1953.10	汉族	山西盂县	大学	中共	盂县信用联社理事长
李进章	男	1959.9	汉族	山西盂县	中专	中共	盂县南娄集团董事长

续表 3-5

姓　名	性别	出生年月	民族	籍　贯	文化程度	党派	工作单位及职务
李命华	女	1959.9	汉族	山西盂县	中师		盂县秀水镇秀水联校教师
李俊林	男	1961.6	汉族	山西盂县	大学	中共	盂县西潘乡党委书记、人大主席
李裕厚	男	1950.7	汉族	山西盂县	大专	中共	阳泉市发展计划委员会主任
李素明	男	1954.1	汉族	山西盂县	大专	中共	盂县农业局局长
张　昆	男	1962.10	汉族	山西盂县	大专	中共	盂县苌池镇党委书记、人大主席
张文星 *	男	1963.8	汉族	山西盂县	大专	中共	盂县牛村镇党委书记、人大主席
张存义	男	1952.11	汉族	山西盂县	初中	中共	盂县秀水镇西关村支部书记
张存元	男	1964.11	汉族	山西盂县	大专	民革	盂县建筑工程有限责任公司总会计师、财务科长
张丽平	女	1964.7	汉族	山西盂县	中师		盂县实验小学教师
张连瑛	男	1958.5	汉族	河北井陉	大专	中共	盂县煤运公司经理
张俊青	男	1962.11	汉族	山西盂县	大专	中共	盂县东坪煤矿矿长
张德厚	男	1942.2	汉族	山西盂县	大专	中共	盂县人大常委会原主任
武建功	男	1964.9	汉族	山西山阴	大学	中共	阳泉市人大常委会调研室主任、副秘书长
武秋良	女	1952.10	汉族	山西盂县	中师		盂县苌池镇神泉学校教师
武润珍	男	1960.10	汉族	山西盂县	大学	中共	盂县秀水镇党委书记、人大主席
武根进	男	1955.1	汉族	山西盂县	中专	中共	盂县南娄镇人大副主席
林玉平	男	1955.3	汉族	山西寿阳	研究生	中共	中共阳泉市委常委、宣传部部长
周林娥	女	1954.5	汉族	山西盂县	中师		盂县路家村镇联校教师
赵宽营	男	1949.3	汉族	河南禹州	大专	中共	盂县县委常委、政法委书记
赵银万	男	1963.4	汉族	山西盂县	中专		盂县东梁乡卫生院院长
胡元军	男	1960.9	汉族	山西盂县	大专	中共	盂县下社乡党委书记、人大主席
胡贵卿	男	1964.10	汉族	山西盂县	大专	中共	盂县梁家寨乡党委书记、人大主席
侯秀元	男	1955.4	汉族	山西盂县	高中	中共	盂县上社镇上社村总支书记、村委主任
秦保林	男	1959.11	汉族	山西盂县	大专	中共	盂县路家村镇党委书记、人大主席
栗美花	女	1965.8	壮族	广西贵港	高中		盂县北下庄乡北下庄村民
郭义忠	男	1950.4	汉族	山西盂县	初中		盂县牛村镇牛村村委主任
曹爱明	男	1955.10	汉族	山西盂县	高中		盂县西潘乡白石村委主任
阎贵寿	男	1965.2	汉族	山西盂县	大专	中共	盂县西烟镇党委书记、人大主席
阎庶民	男	1962.10	汉族	山西盂县	大专	中共	盂县仙人乡党委书记、乡长
董建堂	男	1943.3	汉族	山西太谷	大学	中共	阳泉市十一届人大常委会副主任
常　军	女	1958.8	汉族	河南林州	研究生	中共	盂县东梁乡党委书记、人大主席

续表 3-5

姓　名	性别	出生年月	民族	籍　贯	文化程度	党派	工作单位及职务
康晓燕	女	1954.1	汉族	山西盂县	大专		盂县医院内一科副主任
梁雨亮	男	1954.4	汉族	山西盂县	中专	中共	盂县发展计划局局长
梁爱和	男	1968.12	汉族	山西盂县	初中		盂县梁家寨乡梁家寨村委主任
韩加印	男	1945.2	汉族	山西盂县	大专	中共	盂县人大常委会副主任
韩志平	男	1958.12	汉族	山西盂县	大专	中共	盂县南娄镇党委书记、人大主席
韩忠义 *	男	1963.8	汉族	山西盂县	大专	中共	盂县孙家庄镇党委书记、人大主席
程步云	男	1945.11	汉族	山西河曲	大学	中共	中共阳泉市委书记
鄯怀林	男	1952.5	汉族	山西盂县	大专	中共	阳泉市人大财经委主任委员

市十二届人大代表补选一览表（15 名）

表 3-6

姓　名	性别	出生年月	民族	籍　贯	文化程度	党派	工作单位及职务
王　礼	男	1966.5	汉族	山西朔州	硕士研究生	中共	山西河坡发电有限责任公司总经理
李　强	男	1963.1	汉族	江苏常州	大学	中共	娘子关电厂厂长
许世奎	男	1949.8	汉族	山西左权	自考大专	中共	市委组织部副部长、正县级组织员
张　清	男	1948.11	汉族	阳泉市郊区	省委党校大专	中共	市经贸委主任，市直企业工委书记
王黎涛	男	1961.10	汉族	山东莱芜	硕士研究生	中共	军代表
许金海	男	1961.10	汉族	湖北监利	大学	中共	预备役某团团长
张存福	男	1957.7	汉族	山西盂县	市委党校在职大专	中共	盂县人大常委会主任
胡金贵	男	1951.2	汉族	阳泉市郊区	函授本科	中共	郊区人大常委会主任
谢　海	男	1953.10	汉族	山西繁峙	大学本科	中共	阳泉市人民政府副市长、代市长
李春泽	男	1963.8	汉族	山东菏泽	大学本科	中共	平定县委副书记、县长
段存寿	男	1953.3	汉族	山西平定	大学	中共	中共盂县县委书记
范谦家	男	1952.4	汉族	山西万荣	大学	中共	市委常委、阳泉军分区司令员
甄　铭	男	1959.4	汉族	山西神池	大专	中共	阳泉军分区政治部主任
张明川	男	1961.8	汉族	山西阳高	大学	中共	武警阳泉支队支队长
白　云	女	1960.12	汉族	山西五台	硕士研究生	中共	中共阳泉市委副书记、市人民政府代市长

第二节　市十三届人大代表名录

阳泉市第十三届人民代表大会第一次会议时，代表名额为288名，实有代表288名，其中城区50名、矿区59名、郊区51名、平定63名、盂县57名、解放军8名。

市十三届人大城区代表一览表（50名）

表3-7

姓　名	性别	出生年月	民族	籍　贯	文化程度	党派	工作单位及职务
弓鸿馨	女	1970.6	汉族	山西左权	大学本科	民建	阳泉市城区人民检察院公诉科副科长
王军莲	女	1966.11	汉族	阳泉郊区	大学本科		阳泉市城区统计局副局长
王建军	男	1958.10	汉族	山西五台	函授专科	中共	山西煤运总公司阳泉分公司党委书记
王新华	女	1965.11	汉族	山东梁山	函授专科		阳泉市城区财政局副局长
冯正杰	男	1968.5	汉族	河北井陉	函授本科	中共	阳泉市城区上站街道办事处党工委书记
冯成平	男	1960.10	汉族	山西离石	在职本科	中共	阳泉市国税局局长
朱建玲	女	1977.7	汉族	山东胶南	在职本科		阳泉市城区人口和计划生育局副局长
乔亦青	女	1961.7	汉族	山西祁县	在职本科		阳泉市城区教育局教研室副主任
任美福	男	1957.12	汉族	山西昔阳	大学本科	中共	阳泉市审计局局长
刘　哲	男	1962.12	汉族	河北阜平	函授本科	中共	北京铁路局阳泉站站长
刘桃凤	女	1965.3	汉族	山西盂县	大学本科		太原理工大学阳泉学院数学教研室主任
刘高官	男	1956.5	汉族	山西山阴	函授本科	中共	阳泉市政协党组书记
李利生	男	1966.10	汉族	山西柳林	硕士研究生	中共	阳泉经济技术开发区管委会主任
李体柱	男	1958.2	汉族	山西黎城	在职研究生	中共	阳泉市人民政府副市长
李忠祥	男	1954.10	汉族	山西平定	函授本科	中共	阳泉市城区人大常委会主任
李春泽	男	1963.6	汉族	山东菏泽	在职研究生	中共	阳泉市城区区委书记
李荣贵	男	1964.2	汉族	山西盂县	大学本科	中共	阳泉市城区义井街道办事处党工委书记
李海珍	女	1965.8	汉族	山西平定	大学本科	民革	太原理工大学阳泉学院资源地质系地质教研室主任
李高锁	男	1948.10	汉族	山西河曲	函授专科	中共	阳泉市城区人大常委会原主任
李银志	男	1959.6	汉族	山西昔阳	在职专科	中共	阳泉五龙市政建筑工程有限公司董事长、开发区下五渡村党支部书记

续表 3-7

姓　名	性别	出生年月	民族	籍　贯	文化程度	党派	工作单位及职务
李银花	女	1967.8	汉族	山西阳泉	在职本科	九三学社	阳泉六中教师
杨喜平	男	1967.3	汉族	阳泉郊区	在职本科	中共	阳泉市人大法制委副主任委员
吴丽萍	女	1956.11	满族	北京市	大学本科		阳泉市商务局副局长
宋　正	男	1966.3	汉族	江苏泰兴	硕士研究生	中共	中国工商银行阳泉分行行长
宋师璇	男	1951.6	汉族	山西介休	函授本科	中共	中共阳泉市委常委、市委组织部部长
宋燕明	男	1968.11	汉族	山西昔阳	自考本科	中共	阳泉市城区北大街街道办事处党工委书记
陈继光	男	1951.5	汉族	山西平定	函授中专	中共	中共阳泉市委常委、市委政法委书记
张　清	男	1950.1	汉族	阳泉郊区	脱产专科	中共	阳泉市人大常委会副主任
张廷启	男	1960.3	汉族	山西怀仁	函授本科	中共	中国移动通信集团山西有限公司阳泉分公司经理
张津平	男	1965.5	汉族	山西平定	函授专科	中共	阳泉市隆泰机电设备有限公司董事长、总经理
张秋明	男	1964.11	汉族	阳泉郊区	函授专科		阳泉市应用技术研究所副所长
张瑞芳	女	1958.8	回族	河北易县	初中		阳泉市城区上站街道办事处德胜街社区副主任
林玉平	男	1955.3	汉族	山西寿阳	在职研究生	中共	中共阳泉市委副书记、市纪检委书记
季玉和	男	1955.2	汉族	山西山阴	在职研究生	中共	阳泉供电分公司经理
赵志勇	男	1970.6	汉族	山西平定	函授本科	中共	阳泉市城区南山路街道办事处党工委书记
赵建军	男	1966.8	汉族	山西盂县	大学本科	中共	阳泉市城区发展和改革局局长
胡春平	男	1967.4	汉族	山西阳泉	函授本科	中共	阳泉市城区下站街道办事处党工委书记
侯永明	男	1970.5	汉族	河北石家庄	大学本科		南煤集团大阳泉公司地测科主任工程师
郗存祥	男	1956.4	汉族	阳泉郊区	函授专科	中共	阳泉市人大农村委主任委员
哈淑珍	女	1953.7	回族	河北保定	初中		阳泉万众商贸城总经理
姚培万	男	1955.2	汉族	山西阳泉	大学普通班	中共	阳泉市城区人大常委会副主任
高海娴	女	1958.9	汉族	阳泉郊区	在职专科	农工党	阳泉市城区疾控中心副主任
唐　麟	男	1967.9	汉族	湖南隆回	大学本科	中共	阳泉市人大常委会副秘书长、调研室主任
曹凯民	男	1957.12	汉族	山西芮城	大学本科	中共	中共阳泉市城区区委副书记、区政府区长
商继杰	男	1966.6	汉族	山西阳泉	大学专科		山西众晨律师事务所主任
梁　琦	男	1963.1	汉族	阳泉郊区	函授本科	中共	阳泉市城区环卫处处长
景建刚	男	1964.3	汉族	山西洪洞	大学本科	中共	阳泉市第一人民医院副院长
路永清	男	1967.5	汉族	阳泉郊区	大学本科	中共	阳泉市城区坡底街道办事处党工委书记、主任

续表 3-7

姓　名	性别	出生年月	民族	籍　贯	文化程度	党派	工作单位及职务
翟振华	男	1954.6	汉族	山西昔阳	在职专科	中共	阳泉市地税局局长
樊明申	男	1968.10	汉族	山西定襄	大学本科		山西北方晋东化工有限责任公司信息中心主任

市十三届人大矿区代表一览表（59 名）

表 3-8

姓　名	性别	出生年月	民族	籍　贯	文化程度	党派	工作单位及职务
丁国忠	男	1958.11	汉族	山西定襄	函授本科	中共	阳泉市人大常委会副秘书长、办公厅主任
马丽娟	女	1977.5	回族	河北徐水	函授本科		阳泉市矿区事业单位登记管理局职员
马德胜	男	1957.8	汉族	河北井陉	在职专科		阳煤集团五矿副总工程师
王利平	男	1958.8	汉族	山西武乡	在职专科		阳煤集团升华实业分公司副总经理
王冬雪	男	1966.11	汉族	河北保定	大学本科	中共	阳泉市政府副市长
王旭明	男	1962.3	汉族	山西临县	在职研究生	中共	中共阳泉市委常委、市政府副市长
王体轩	男	1949.2	汉族	山东单县	函授专科	中共	阳煤集团董事长
王君善	男	1966.11	汉族	山西盂县	在职专科		农行阳泉市分行信贷管理部经理
王建华	男	1970.11	汉族	山西盂县	函授本科	中共	阳泉市矿区蔡洼街道办事处党工委书记
王建萍	女	1972.3	汉族	山西盂县	函授专科	中共	阳泉市矿区赛鱼街道办事处大垴沟社区书记兼主任
王梦平	女	1951.9	汉族	河北阜平	大学普通班	中共	阳泉市人大常委会人事代表工作委员会副主任
王敬瑞	男	1953.8	汉族	山西平定	脱产专科	中共	阳泉市人民政府副市长
石盛奎	男	1949.5	汉族	山西平定	在职研究生	中共	阳煤集团党委书记、副董事长
叶巧芬	女	1969.9	汉族	山西平定	中专		阳泉市矿区桥头街道办事处刘家垴社区副主任
白山巍	男	1961.6	汉族	山西五台	函授本科		山西太行建设开发有限公司总工程师
田建亮	男	1965.10	汉族	阳泉郊区	函授本科	中共	阳泉市矿区赛鱼街道办事处党工委书记
申　彪	女	1965.10	汉族	山西长子	大学专科	中共	阳泉市矿区贵石沟街道办事处党工委书记
冯俊杰	男	1948.8	汉族	山西平定	中专	中共	阳泉市矿区人大常委会原主任
向永碧	女	1957.11	汉族	重庆市	高中	中共	阳泉市矿区平潭街街道办事处平潭西社区书记兼主任
刘成芳	男	1964.7	汉族	山西阳泉	在职本科		阳泉市矿区人民法院民事审判一庭副庭长
刘建文	男	1961.5	汉族	广东兴宁	在职专科		山西宏厦一建中成工程公司经理助理
安慧鹏	男	1954.7	汉族	山西寿阳	自考专科	中共	阳泉城市信用社董事长

续表 3-8

姓　名	性别	出生年月	民族	籍　贯	文化程度	党派	工作单位及职务
孙　伟	男	1965.8	汉族	山西屯留	函授本科	中共	阳泉市矿区桥头街道办事处党工委书记
孙　辉	男	1969.7	汉族	河北沧州	在职专科		阳泉市容利达经贸有限公司董事长
孙红花	女	1979.9	汉族	山西平定	中专		阳泉市矿区蔡洼街道办事处南台社区副主任
孙彦增	男	1954.6	汉族	河北曲阳	大学本科	中共	阳泉市矿区人大常委会主任
杨全生	男	1960.11	汉族	山西闻喜	大学本科	中共	中共阳泉市委组织部部务委员
杨银福	男	1952.8	汉族	阳泉郊区	大学本科	中共	阳煤集团三矿党委书记
李　明	男	1947.4	汉族	山西高平	函授本科	中共	阳泉市人大常委会秘书长
李贵宝	男	1964.9	汉族	阳泉郊区	函授本科	中共	阳泉市矿区发展和改革局局长
李继红	男	1957.3	汉族	山西阳泉	函授本科	农工党	农工民主党阳泉市委专职副主委、阳泉市政协社会法制和联络委副主任
吴爱民	男	1965.2	汉族	山西盂县	函授本科	中共	阳泉市矿区教育局局长
余建全	男	1956.2	汉族	山西平定	函授本科	中共	阳煤集团组织部部长
张文才	男	1962.4	汉族	山西平定	函授本科	中共	阳煤集团新景矿党委书记
张志芳	女	1973.11	汉族	山西左权	高中		阳泉市矿区贵石沟街道办事处水滩社区委员
张俊芳	女	1969.2	汉族	山西盂县	大学本科		阳泉市第十七中学教师
张素敏	女	1965.4	汉族	江苏泰兴	函授本科		阳泉市矿区妇幼保健院医生
张栗平	男	1962.2	汉族	山西平定	函授本科	中共	阳泉市矿区财政局局长
张清河	男	1962.9	汉族	山西朔州	函授本科	中共	中共阳泉市矿区区委副书记、区政府区长
张惠英	女	1963.4	汉族	河北井陉	在职本科		阳泉市矿区地震局局长
张谡明	男	1966.10	汉族	山西昔阳	函授本科	中共	阳泉市矿区平潭街街道办事处党工委书记
张鹏飞	男	1957.4	汉族	山西寿阳	函授本科		阳煤集团一矿维运工区主任工程师
陈　海	男	1964.1	汉族	河北邢台	大学本科		阳泉市建筑设计院总建筑师
邰爱国	男	1954.2	汉族	山西黎城	脱产专科	中共	中共阳泉市委副书记
林彦清	男	1961.1	汉族	山西朔州	函授本科	中共	阳煤集团五矿矿长
苗德明	男	1958.1	汉族	山西平定	中技	中共	阳泉市自来水公司党委副书记经理
荆东生	男	1952.9	汉族	阳泉郊区	自考本科	中共	阳泉市人大常委会副主任
荆素俭	女	1968.7	汉族	山西阳泉	函授本科		阳泉市矿区平潭街街道办事处东山社区主任
赵　芳	女	1970.10	汉族	山西阳泉	在职本科		阳泉市矿区洪城河小学教师
赵石平	男	1955.3	汉族	山西左权	函授本科	中共	阳煤集团总经理

续表 3-8

姓　名	性别	出生年月	民族	籍　贯	文化程度	党派	工作单位及职务
赵彩琴	女	1964.10	汉族	阳泉郊区	高中		阳泉市矿区沙坪街道办事处中沙坪社区委员
段千寿	男	1952.1	汉族	山西平定	函授专科	中共	阳煤集团二矿党委书记
贾江武	男	1954.10	汉族	山西平定	自考本科	中共	阳煤集团总医院党委书记、院长
徐玉龙	男	1963.2	汉族	河北景县	大学本科		山西科林矿山检测技术有限责任公司董事长兼总经理
高中和	男	1950.1	汉族	山西盂县	函授专科	中共	阳泉市人大常委会党组成员
高学文	男	1966.4	汉族	河北泊头	脱产本科		阳泉市矿区沙坪街道办事处党工委书记
董仙桃	女	1962.10	汉族	山西五台	硕士研究生	中共	中共阳泉市矿区区委书记
董贵堂	男	1955.3	汉族	山西平定	函授本科	中共	阳泉市人民政府秘书长
靳培宏	男	1959.3	汉族	山西忻州	在职硕士研究生	中共	阳煤集团副总经理

市十三届人大郊区代表一览表（51 名）

表 3-9

姓　名	性别	出生年月	民族	籍　贯	文化程度	党派	工作单位及职务
马玉田	男	1953.6	汉族	山西阳泉	在职专科	中共	阳泉市郊区旧街乡枣园村党支部书记、村委会主任
王　录	男	1962.10	汉族	阳泉郊区	在职专科	中共	阳泉市郊区义东沟村党总支副书记、村委会主任
王凤英	女	1954.5	汉族	山西盂县	在职专科	民进	阳泉市郊区河底镇中心卫生院燕龛分院院长
王永平	男	1969.2	汉族	阳泉郊区	函授本科	中共	阳泉市郊区西南舁乡党委副书记、乡长
王向红	女	1974.1	汉族	山西临猗	大学本科		阳泉市郊区公安分局法医鉴定所所长
王学春	男	1970.10	汉族	阳泉郊区	高中		阳泉市豪门家俬城经理
王振生	男	1971.7	汉族	山西阳泉	在职专科		阳泉市金满地生态农业科技公司董事长
王舰民	男	1951.4	汉族	山西榆社	在职硕士研究生	中共	阳泉市委常委、市政府常务副市长
王梦贺	男	1956.2	汉族	河北阜平	函授本科	中共	阳泉市郊区人大常委会主任
史友松	男	1967.12	汉族	山西寿阳	大学本科		阳泉市人大农村委副主任委员
史丽娟	女	1977.9	汉族	山西阳泉	在职本科	中共	阳泉市郊区旧街乡党委副书记、乡长
史钰文	男	1970.11	汉族	河南林州	在职本科	中共	阳泉市阳光房地产开发有限公司总经理
冯少勇	男	1956.9	汉族	山西榆社	函授本科	中共	阳泉市中级人民法院院长

续表 3-9

姓　名	性别	出生年月	民族	籍　贯	文化程度	党派	工作单位及职务
朱　玉	男	1959.10	汉族	山西山阴	函授本科	中共	山西河坡发电有限公司党委书记、总经理
朱礼厚	女	1944.8	汉族	江苏太仓	大学本科		阳泉市人大常委会副主任
任保军	男	1959.11	汉族	山东乳山	在职专科	中共	阳泉市郊区煤炭运销公司党委书记、经理
刘　志	男	1969.6	汉族	山西阳泉	函授专科		阳泉市郊区审计局副局长
刘志强	男	1959.5	汉族	河北深州	大学本科	中共	阳泉市发展和改革委员会主任
许世奎	男	1949.8	汉族	山西左权	自考专科	中共	中共阳泉市委组织部常务副部长
孙水生	男	1951.1	汉族	山西绛县	函授本科	中共	阳泉市人大常委会党组书记
祁晓虎	男	1962.11	汉族	山西晋城	函授本科	中共	阳泉第一监狱党委书记、监狱长
杜润花	女	1963.10	汉族	山西阳泉	初中		阳泉市郊区杨家庄乡路家山村润花养鸡场场长
李乃珠	男	1961.10	汉族	山西阳泉	在职专科	中共	阳泉市郊区平潭镇桃林沟村党支部书记
李保寿	男	1958.11	汉族	山西阳泉	初中		阳泉市沈宝耐火责任公司经理
李胜英	男	1963.6	汉族	河北石家庄	在职专科	中共	阳泉市郊区荫营镇党委副书记、镇长
李素萍	女	1959.10	汉族	阳泉郊区	高中		阳泉市郊区华新食品厂厂长
李润怀	男	1956.5	汉族	阳泉郊区	脱产专科	中共	阳泉市人大财经委副主任委员
李新福	男	1957.3	汉族	山西阳泉	在职专科	中共	阳泉市郊区交通局局长
杨　勇*	男	1963.8	汉族	山西盂县	函授本科	中共	中共阳泉市郊区区委副书记、区政府区长
杨士臣	男	1957.6	汉族	山西阳泉	大学本科	中共	阳泉市郊区发展和改革局局长
杨兆明	男	1969.3	汉族	山西阳泉	在职本科	中共	阳泉市郊区义井镇党委副书记、镇长
杨永生	男	1961.10	汉族	山西临猗	大学本科	中共	中共阳泉市委常委、市委统战部部长
杨丽琴	女	1974.3	汉族	阳泉郊区	函授专科		阳泉市郊区文体局群众文化辅导员
吴学斌	男	1952.7	汉族	山西大同	大学专科	中共	阳泉市人大常委会副主任
宋凯宏	女	1978.6	汉族	山西晋中	函授本科		阳泉市郊区区委通讯组办公室主任
张凤英	女	1956.1	汉族	山西阳泉	自考本科		阳泉市郊区人大常委会副主任、阳泉二院副院长
张素文	女	1976.1	汉族	阳泉郊区	函授本科	民进	阳泉市郊区荫营镇计生办主任
张振斌	男	1953.5	汉族	阳泉郊区	在职专科	中共	阳泉市郊区荫营镇下千亩坪村党总支书记、千亨实业总公司董事长
张斌武	男	1966.1	汉族	山西平定	函授本科	中共	阳泉市郊区河底镇党委副书记、镇长
岳国庆	男	1957.8	汉族	山西沁源	大学普通班	中共	阳泉第二监狱党委书记、监狱长
赵　峰	男	1956.10	汉族	山西盂县	函授本科	中共	中共阳泉市郊区区委书记

续表 3-9

姓　名	性别	出生年月	民族	籍　贯	文化程度	党派	工作单位及职务
赵素卿	女	1971.3	汉族	山西盂县	在职本科		阳泉市郊区河底镇副镇长
胡凤林	女	1962.12	汉族	阳泉郊区	初中		阳泉市郊区河底镇北庄村妇联主任
胡金贵	男	1951.2	汉族	山西阳泉	函授本科	中共	阳泉市郊区人大常委会原主任
段永军	男	1967.4	汉族	山西阳泉	函授本科	中共	阳泉市郊区平潭镇党委副书记、镇长
郭志强	男	1967.6	汉族	山西阳泉	函授本科	中共	阳泉市郊区李家庄乡党委副书记、乡长
郭宝牛	男	1967.3	汉族	山西平定	函授专科		阳泉市郊区粮食局总工程师
贾成义	男	1955.4	汉族	山西平定	在职专科	中共	阳泉市郊区财政局局长
黄泽国	男	1942.9	汉族	重庆市	在职专科		阳泉市渝晋能源开发有限公司董事长
梁春堂	男	1955.3	汉族	阳泉郊区	初中		阳泉市郊区荫营镇东梁庄村村委会主任
韩晓东	男	1974.11	汉族	山西阳泉	大学本科	中共	阳泉市郊区杨家庄乡党委副书记、乡长

市十三届人大平定县代表一览表（63 名）

表 3-10

姓　名	性别	出生年月	民族	籍　贯	文化程度	党派	工作单位及职务
丁贵生	男	1942.12	汉族	山西壶关	大学本科	中共	阳泉市人大常委会主任
马　骥	男	1960.5	汉族	山西临猗	中央党校在职研究生	中共	中共平定县委书记
王　伸	男	1949.2	汉族	山西平定	函授专科	中共	山西东升煤业集团董事长
王　享	男	1976.7	汉族	山西平定	在职本科		平定县冠山镇政府科员
王七孩	男	1949.3	汉族	山西平定	函授本科	中共	阳泉市人大常委会副主任、市总工会主席
王玉兰	女	1962.4	汉族	山西五台	函授本科	中共	阳泉市群众艺术馆馆员
王玉明	男	1965.8	汉族	山西盂县	大学本科	中共	市人大常委会调研室副主任
王田文	男	1953.2	汉族	山西平定	中专	中共	山西晋达碳素股份有限公司董事长
王秀庆	男	1969.2	汉族	山西平定	中专		阳泉市利达冶炼有限公司总经理
王国瑞	男	1961.4	汉族	河南滑县	在职研究生	中共	山西华通路桥有限公司董事长、总经理
王庚智	男	1958.2	汉族	山西平定	在职专科	中共	平定县鸿泰煤业有限公司董事长、阳泉大家乐工贸有限公司董事长
王金牛	男	1962.9	汉族	山西平定	高中		平定县庄园汽车联运有限公司董事长
王变棠	女	1965.2	汉族	山西平定	中专		平定县巨城镇东小麻村妇女主任、会计

续表 3-10

姓　名	性别	出生年月	民族	籍　贯	文化程度	党派	工作单位及职务
王贵义	男	1947.5	汉族	山西平定	中专	中共	平定县锁簧镇东锁簧村党支部书记
王晋平	男	1969.9	汉族	山西平定	函授本科	中共	平定县东回镇党委书记
王晓华	男	1959.5	汉族	山西平定	在职专科	中共	平定县发展和改革局局长
王爱林	女	1967.9	汉族	山西平定	在职专科		平定县锁簧镇前锁簧学校校长
王银旺	男	1959.1	汉族	山西盂县	大学专科	中共	平定县委副书记、县政府县长
王瑞英	女	1963.1	汉族	山西平定	在职专科		平定县岔口乡中学教师
田计罗	男	1959.11	汉族	山西平定	高中	中共	平定县东回镇西回村党总支书记
白　云	女	1960.12	汉族	山西五台	在职硕士研究生	中共	中共阳泉市委副书记、市政府市长
白振才	男	1968.8	汉族	山西平定	函授本科	中共	平定县巨城镇党委书记
冯岩松	男	1949.8	汉族	阳泉郊区	大学普通班	中共	阳泉市卫生局局长
朱海祥	男	1962.7	汉族	山西平定	高中		平定县东回镇东回村村民
刘同礼	男	1965.10	汉族	山西平定	函授本科	中共	平定县财政局局长
刘顺彬	男	1967.12	汉族	山西平定	大学本科	中共	平定县柏井镇党委书记
苏秀莲	女	1967.6	汉族	山西平定	函授本科	中共	平定县冶西镇党委书记
苏慧琴	女	1971.9	汉族	山西平定	中专		平定县张庄镇南阳胜村卫生所卫生员
杨日祥	男	1972.9	汉族	山西应县	函授本科	中共	共青团阳泉市委书记
杨红梅	女	1968.2	汉族	山西阳泉	大学本科		阳泉市自来水公司技术设备科科长
杨婵荣	女	1964.12	汉族	山西平定	函授专科	中共	平定县冠山镇人大主席
李有义	男	1966.9	汉族	山西平定	函授专科	中共	平定县娘子关镇党委书记
李志琳	男	1953.11	汉族	山西平定	初中		平定县冠山镇西锁簧村信富印刷厂厂长
李建恩	男	1956.11	汉族	河北武安	函授本科	中共	平定县人大常委会主任
李雪花	女	1974.11	汉族	山西平定	函授专科		平定县冠山镇东关街居委会主任
张仲马	男	1954.2	汉族	山西忻州	函授本科	中共	阳泉市人民检察院检察长
张国强	男	1968.8	汉族	山西寿阳	大学本科	中共	阳泉市人大常委会机关助理调研员、人事代表工委办公室主任
张照俊	女	1974.6	汉族	山西平遥	函授专科		平定县娘子关镇坡底村名府酒家经理
陈志君	男	1952.12	汉族	山西平定	在职本科		平定县人民医院内一科主任
岳兰玉	男	1967.9	汉族	山西平定	大学本科		平定县农业局植保植检站站长

续表 3-10

姓 名	性别	出生年月	民族	籍 贯	文化程度	党派	工作单位及职务
郄新华	男	1963.7	汉族	山西平定	在职硕士研究生	中共	平定县锁簧镇党委书记
赵永东	男	1967.12	汉族	山西盂县	大学本科		阳泉市人大常委会机关助理调研员、财经委办公室主任
赵远长	男	1962.1	汉族	山西平定	函授专科		平定县政协副主席（兼）、山西远鑫实业有限公司董事长
赵建平	男	1965.7	汉族	阳泉郊区	在职专科		平定县经贸局职工
赵勇田	男	1948.6	汉族	山西平定	小学		平定县石门口乡西郊村建新建材厂厂长
赵海元	男	1962.11	汉族	山西平定	高中	中共	平定县岔口乡红岭村党支部书记
郝利涛	女	1957.1	汉族	山西太谷	高中		平定县家乐下岗职工家政服务中心总经理
耿宝红	女	1965.12	汉族	山西平定	函授专科		平定县图书馆科员
耿黑眼	女	1947.5	汉族	山西平定	小学		平定县柏井镇里牌岭村种养植户
郭怀寿 *	男	1955.10	汉族	阳泉郊区	在职研究生	中共	中共阳泉市委宣传部副部长、阳泉日报社长
郭宝忠	男	1959.8	汉族	山西盂县	在职本科	中共	平定县农村信用合作社联合社党委书记、理事长
阎立彪	男	1967.2	汉族	山西平定	函授本科	中共	平定县岔口乡党委书记
梁 璧	男	1950.6	汉族	山西平定	函授本科	中共	阳泉铝业股份有限公司党委书记、董事长
梁宝元	男	1970.11	汉族	山西平定	大学本科	中共	平定县石门口乡党委书记
葛湘萍	女	1976.9	汉族	山西平定	在职专科		平定县供销合作社联合社会计
董俊平	女	1962.8	汉族	山西平定	在职专科		平定县东回镇七亘小学教师
韩俊富	男	1963.10	汉族	山西盂县	大学本科	中共	平定县张庄镇党委书记
程志强	男	1962.5	汉族	阳泉郊区	函授本科	中共	阳泉市人大城环委主任委员
温东升	男	1967.8	汉族	山西榆次	大学本科		山西圣平律师事务所副主任
蔡新田	男	1954.5	汉族	山西平定	大学本科	民建	平定县职业高中副校长
樊盛武	男	1954.1	汉族	山西晋城	函授本科	中共	中共阳泉市委常委、市委秘书长
冀永生	男	1969.6	汉族	山西平定	在职专科	中共	平定县冠山镇杨家沟村党支部书记、村委会主任，阳泉市川玉食品有限公司董事长
魏 润	男	1960.7	汉族	山西平定	在职专科	中共	平定县张庄镇宁艾村党总支书记、华润乳业有限公司董事长

市十三届人大盂县代表一览表（57名）

表3-11

姓　名	性别	出生年月	民族	籍　贯	文化程度	党派	工作单位及职务
一　度	男	1964.12	汉族	河南固始	高中		盂县永清寺住持
马淑英	女	1968.1	汉族	山西盂县	大学专科		盂县牛村镇副镇长
王万柱	男	1952.7	汉族	阳泉郊区	在职专科	中共	阳泉市人大教科文卫委副主任委员
王连成	男	1943.7	汉族	山西盂县	初中	中共	盂县孙家庄镇大吉村党支部副书记
王建华	男	1963.12	汉族	山西盂县	在职专科	中共	盂县路家村镇党委书记
王建明	男	1966.7	汉族	山西昔阳	函授专科	中共	盂县梁家寨乡党委书记
王贵平	女	1964.12	汉族	山西盂县	大学本科		盂县一中教师
王晓程	男	1973.5	汉族	山西盂县	函授本科	中共	盂县北下庄乡党委书记
王崇佑	男	1963.12	汉族	山西盂县	函授专科	中共	盂县路家村镇人大主席
王湜洲	男	1960.4	汉族	山西平定	函授本科	中共	阳泉市人民政府副市长
石永义	男	1962.9	汉族	山西盂县	函授专科	中共	盂县苌池镇党委书记
付晓燕	女	1984.9	汉族	山西盂县	大学专科		盂县仙人中学教师
吕昌政	男	1959.10	汉族	河北井陉	函授本科	中共	盂县县委书记
朱玉芳	女	1957.5	汉族	山西平定	函授本科	中共	阳泉市妇联主席
刘兆林	男	1953.9	汉族	阳泉郊区	大学 普通班	民建	阳泉市人民政府副市长
刘昕亮	男	1955.11	汉族	山西盂县	高中		盂县华厦建筑有限公司经理
刘春玲	女	1951.12	汉族	河北保定	函授本科	中共	阳泉市科协主席
刘德跃	男	1964.5	汉族	山西曲沃	函授本科	中共	盂县县委副书记、县政府县长
齐志华	男	1949.12	汉族	山西盂县	初中	中共	阳泉市纪检委副书记、监委主任
阎贵寿	男	1964.8	汉族	山西盂县	函授本科	中共	盂县秀水镇党委书记
孙祥令	男	1962.5	蒙古族	山西盂县	初中	中共	盂县秀水镇东白水村党支部书记
李　柏	男	1958.11	汉族	山西交城	自考本科	中共	阳泉市公安局党委书记、局长
李进章	男	1959.9	汉族	山西盂县	在职专科	中共	盂县南娄集团总裁
李碰梅	女	1969.8	汉族	山西盂县	高中		盂县东梁乡西梁村卫生所医生
李锦宪*	男	1954.12	汉族	山西阳泉	在职专科	中共	盂县人民检察院检察长
张云龙	男	1957.12	汉族	山西盂县	函授本科	中共	盂县财政局局长
张文星	男	1963.8	汉族	山西盂县	函授本科	中共	盂县孙家庄镇党委书记
张存福	男	1957.7	汉族	山西盂县	函授专科	中共	盂县人大常委会主任

续表 3-11

姓　名	性别	出生年月	民族	籍　贯	文化程度	党派	工作单位及职务
张铭德	男	1962.8	汉族	山西盂县	函授本科	中共	盂县东梁乡党委书记
张瑞霞	女	1972.10	汉族	山西盂县	大学本科		盂县劳动和社会保障局医疗保险所负责人
陈福顺	男	1957.12	汉族	河北盐山	在职本科	中共	盂县人民法院院长
武　英	女	1970.2	汉族	山西盂县	大学本科		盂县二中教师
郑慧芳	女	1967.12	汉族	山西盂县	大学本科		盂县残联副理事长
赵子炳	男	1968.1	汉族	山西盂县	自考专科		盂县恒源建材公司经理
赵银万	男	1963.4	汉族	山西盂县	在职中专		盂县西烟镇中心卫生院院长
胡贵英	女	1958.7	汉族	山西盂县	在职大专	中共	盂县城镇办事处党工委书记、主任
胡俊卿	男	1962.12	汉族	山西盂县	函授专科	中共	盂县西烟镇党委书记
段存寿	男	1953.3	汉族	山西平定	函授本科	中共	阳泉市人大常委会副主任
侯德柱	男	1956.2	汉族	山西盂县	在职大专	中共	盂县京秀磁材有限公司总经理
栗美花	女	1954.5	壮族	广西上林	初中		盂县北下庄乡北下庄村村民
聂玉明	男	1968.7	汉族	山西盂县	函授专科	中共	盂县下社乡党委书记
贾逸凡	男	1970.12	汉族	山西原平	函授本科	中共	盂县煤运公司经理
徐　献	男	1961.12	汉族	山西盂县	高中		盂县路家村镇阎家沟村委会主任
高全怀	男	1950.9	汉族	阳泉郊区	函授本科	中共	中共阳泉市委常委、市委宣传部部长
高建琴＊	男	1965.2	汉族	山西盂县	函授专科	中共	盂县牛村镇党委书记
高彦青	男	1965.12	汉族	山西盂县	大学本科	中共	盂县西潘乡党委书记
郭爱东	男	1968.6	汉族	山西盂县	函授本科	中共	盂县仙人乡党委书记
桑晓飞	男	1965.10	汉族	山西左权	大学本科		阳泉市人大城环委副主任委员
梁怀玉	男	1949.10	汉族	山西盂县	在职研究生	中共	阳泉市人民政府市长助理
梁雨亮	男	1954.4	汉族	山西盂县	中专	中共	盂县发展和改革局局长
梁爱和	男	1969.12	汉族	山西盂县	初中		盂县梁家寨乡梁家寨村委会主任
韩二锁	男	1951.11	汉族	山西盂县	初中		盂县云林种植有限公司经理
韩秋芳	女	1982.9	汉族	山西盂县	在职专科		盂县上社镇计生员
韩爱忠	男	1962.12	汉族	山西盂县	函授专科	中共	盂县跃进煤矿党总支书记、常务副矿长
谢　海	男	1953.10	汉族	山西繁峙	函授本科	中共	中共阳泉市委书记
鄯怀林	男	1952.5	汉族	山西盂县	脱产专科	中共	阳泉市人大常委会副秘书长、财经委主任委员
鄯宝明	男	1963.12	汉族	山西盂县	大学本科	中共	盂县南娄镇党委书记、人大主席

市十三届人大代表补选一览表（21名）

表3-12

姓　名	性别	出生年月	民族	籍　贯	文化程度	党派	工作单位及职务
任福耀	男	1952.12	汉族	山西夏县	在职研究生	中共	阳煤集团董事长、党委副书记
方庆灵	男	1958.1	汉族	河北滦南	大学	中共	阳泉军分区司令员
蒋　鹿	男	1958.12	汉族	安徽怀远	大学	中共	阳泉军分区政治委员
王　民	男	1955.4	汉族	山西蒲县	大学本科	中共	市委常委、市纪律检查委员会书记
王志刚	男	1955.8	汉族	山西太原	函授本科	中共	市中级人民法院代院长
李栋梁	男	1958.8	汉族	山西左云	硕士研究生	中共	市委副书记、市人民政府代市长
陆崇相	男	1958.3	汉族	江苏滨海	大学本科	中共	阳泉军分区政治委员
胡克勤	男	1958.8	汉族	山西长治	大学本科	中共	市人民检察院代检察长
王振国	男	1956.1	汉族	山西寿阳	大学专科	中共	市总工会主席
王斌权	男	1962.2	汉族	山西和顺	大学本科	中共	市长助理、市公安局局长
白爱勤	男	1959.8	汉族	山西临县	大学本科	中共	山西河坡发电有限责任公司总经理
吕誉耀	男	1954.12	汉族	山西和顺	大学	中共	市委政法委副书记、市综治办主任
朱　刚	男	1959.12	汉族	山西临猗	硕士研究生	中共	市纪检委副书记
杜文明	男	1966.3	汉族	河北吴桥	大学	中共	武警阳泉支队支队长
李秀敏	女	1962.8	汉族	河北沙河	大学本科	中共	中国移动通信集团山西有限公司阳泉分公司经理
李顺宽	男	1957.11	汉族	山西河曲	函授本科	中共	市委副秘书长、市委办公厅主任
周新革	男	1971.12	汉族	湖北武汉	大学	中共	郊区人武部政委
郑　红	女	1967.6	汉族	山西临汾	大学本科	中共	中国工商银行阳泉市分行行长
任宝军	男	1974.1	汉族	河北卢龙	大　学	中共	预备役某团团长
李定武	男	1957.11	汉族	山西寿阳	函授本科	中共	市委常委、市委组织部部长
高振羽	男	1958.6	汉族	北京通州	大　专	中共	阳泉军分区政治委员

第三节　市十四届人大代表名录

阳泉市第十四届人民代表大会第一次会议时，代表名额为288名，实有代表284名，其中城区50名、矿区50名、郊区49名、平定66名、盂县61名、解放军8名。

市十四届人大城区代表一览表（50名）

表3-13

姓　名	性别	出生年月	民族	籍　贯	文化程度	党派	工作单位及职务
弓鸿馨	女	1970.6	汉族	山西左权	大学	民建	阳泉市城区检察院公诉科副科长
马　骥	男	1960.4	汉族	山西临猗	研究生	中共	阳泉经济技术开发区管委会主任
王建军	男	1958.10	汉族	山西五台	大学	中共	阳泉煤运公司经理
王树明	男	1969.7	汉族	山西阳泉	大学		阳泉供电分公司农电部副主任
王素娟	女	1964.12	汉族	河北藁城	大专	中共	阳泉中嘉集团公司董事长
申保柱	男	1962.2	汉族	山西寿阳	大学	中共	阳泉市城区教育局局长
白爱勤	男	1959.8	汉族	山西临县	大学	中共	山西河坡发电有限责任公司总经理
冯志中	女	1968.10	汉族	山西阳泉	研究生	民进	国药控股山西阳泉有限公司总经理
乔亦青	女	1961.7	汉族	山西祁县	大专		阳泉市城区教育局教育科科长
朱　卉	女	1968.7	汉族	浙江永康	大学	民建	阳泉市口腔医院副院长
朱　刚	男	1959.12	汉族	山西临猗	研究生	中共	阳泉市纪委常务副书记
朱建玲	女	1977.7	汉族	山东胶南	大学		阳泉市城区计生局副局长
任衍钢	男	1958.10	汉族	山东济宁	大学	民进	阳泉市政协副主席
刘守功	男	1967.9	汉族	山西祁县	大学	中共	阳泉市国税局局长
刘桃凤	女	1965.3	汉族	山西盂县	大学		太原理工大学阳泉学院副教授
刘新东	男	1965.7	汉族	河北张家口	大专		山西新东律师事务所主任
孙丽青	女	1976.3	汉族	山西盂县	大学		市中级人民法院未成年人审判庭副庭长
杨永生	男	1961.10	汉族	山西临猗	大学	中共	中共阳泉市委常委、市委宣传部部长
杨栋善	男	1965.2	汉族	山西平遥	大专	中共	阳泉工贸集团董事长
李国庆	女	1960.10	汉族	河北平山	大学	中共	市妇联副主席
李荣贵	男	1964.2	汉族	山西盂县	大学	中共	阳泉市城区义井街道党工委书记
李忠祥	男	1954.10	汉族	山西平定	大学	中共	阳泉市城区人大常委会主任
李保存	男	1962.7	汉族	山西阳泉	大专	中共	阳泉市城区区委常委、组织部部长
李首明	男	1970.8	汉族	山西阳泉	大学	中共	阳泉市商业银行副行长
李润怀	男	1956.5	汉族	阳泉郊区	大专	中共	阳泉市人大财经委员会主任委员
李海珍	女	1965.8	汉族	山西平定	大学	民革	太原理工大学阳泉学院工会副主席
李银志	男	1959.6	汉族	阳泉郊区	大专	中共	阳泉五龙公司总经理

续表 3-13

姓　名	性别	出生年月	民族	籍　贯	文化程度	党派	工作单位及职务
李银花	女	1967.8	汉族	阳泉郊区	大学	九三学社	阳泉六中教师
李景春	男	1956.5	汉族	河北唐山	大专	中共	阳泉天元家电有限责任公司董事长
吴中华	男	1968.8	汉族	江西崇仁	大学	民建	方大添加剂（阳泉）有限公司厂长
吴丽萍	女	1955.11	满族	北京市	大学		市人大常委会副主任
张津平	男	1965.5	汉族	山西平定	大学	中共	阳泉美隆集团董事长
陈明泽	男	1963.8	汉族	山西柳林	研究生	中共	市地税局局长
武　雪	女	1970.4	汉族	山西盂县	研究生	中共	阳泉市城区人民政府区长
胡万明	男	1958.7	汉族	阳泉郊区	大学	中共	市人力资源和社会保障局副局长
哈淑珍	女	1953.7	回族	河北保定	初中		阳泉市万众商贸城总经理
郭长青	男	1960.1	汉族	山西高平	研究生	中共	市委副书记、市委党校校长
郭智明	男	1962.5	汉族	山西阳泉	大学	中共	阳泉市城区发改局局长
郭锦荣	男	1968.1	汉族	阳泉郊区	大专		阳泉市城区工商联主席
高虎林	男	1966.8	汉族	山西盂县	中专		阳泉泉美餐饮服务有限公司董事长、总经理
高海娴	女	1958.9	汉族	阳泉郊区	大学	农工党	阳泉市城区卫生局卫生监督所所长
高　鹏	男	1969.6	汉族	河北深州	大学	中共	阳泉市城区上站街道党工委书记
曹水清	女	1970.12	汉族	阳泉郊区	大学		市农委畜禽繁育改良站站长
曹晓红	女	1957.5	汉族	阳泉郊区	大专	中共	市人大常委会人事委副主任
曹晓岚	女	1970.1	汉族	山西岚县	研究生	中共	市人才中心主任
康建光	男	1969.1	汉族	山西阳泉	大学	中共	阳泉市城区财政局局长
商继杰	男	1966.6	汉族	山西阳泉	大学		山西众晨律师事务所主任
梁　琦	男	1963.1	汉族	阳泉郊区	大学	中共	阳泉市城区环卫处处长
景建刚	男	1964.3	汉族	山西洪洞	大学	中共	市第一人民医院副院长
温敏芬	女	1971.8	汉族	山西祁县	大学	中共	阳泉市城区下站街道党工委书记

市十四届人大矿区代表一览表（50 名）

表 3-14

姓　名	性别	出生年月	民族	籍　贯	文化程度	党派	工作单位及职务
马丽娟	女	1977.5	回族	河北徐水	大学		阳泉市矿区文体局副局长
马德胜	男	1957.8	汉族	河北井陉	大专		阳煤集团五矿副总工程师
王长军	男	1973.3	汉族	河北邯郸	大专		山西长富房地产开发有限公司董事长

续表 3-14

姓　名	性别	出生年月	民族	籍　贯	文化程度	党派	工作单位及职务
王玉兰	女	1962.4	汉族	山西五台	大专	中共	阳泉市群众艺术馆副馆长
王旭明	男	1962.3	汉族	山西临县	研究生	中共	中共阳泉市委常委、市人民政府常务副市长
王　军	男	1961.5	汉族	山西阳泉	大学	中共	阳煤房地产分公司总经理
王志刚	男	1955.8	汉族	太原小店	大学	中共	阳泉市中级人民法院院长
王湜洲	男	1960.4	汉族	山西平定	大学	中共	中共阳泉市委常委、市委政法委书记
石秀峰	男	1984.4	汉族	山西繁峙	大专		阳煤一矿采煤工区综采五队工长
石富科	男	1963.12	汉族	山西平定	研究生	中共	阳泉市矿区财政局局长
白　英*	男	1957.9	汉族	山西山阴	研究生	中共	阳煤股份公司董事长
吕志坚	女	1962.3	汉族	阳泉城区	大专	中共	阳泉市人大常委会民侨委主任
吕维赟	男	1970.3	汉族	山西昔阳	大学	中共	阳煤三矿矿长
阎　月	男	1962.12	汉族	山西平定	大专	中共	阳煤中小企业集团公司总经理
刘乙佑	男	1972.3	汉族	山西太原	研究生	中共	阳泉市矿区人民政府区长
刘世平	男	1966.7	汉族	山西盂县	大学	中共	阳泉市矿区桥头街道党工委书记
刘　佳	女	1984.4	汉族	山西忻州	大学		阳泉市矿区蔡洼街道办事处小南坑社区副主任
刘春香	女	1966.3	汉族	山西盂县	高中		阳泉市矿区沙坪街道秋沟社区副主任
刘德跃	男	1964.5	汉族	山西曲沃	大学	中共	中共阳泉市矿区区委书记
安站东	男	1963.6	汉族	山西平遥	大学		阳煤二矿副矿长
孙　玮	女	1984.9	汉族	河北曲阳	大学		阳泉市矿区食药局职员
孙金明	男	1960.1	汉族	山西平定	大专	中共	中共阳泉市委组织部常务副部长
孙　辉	男	1969.7	汉族	河北沧州	大学		阳泉市容利达经贸有限公司董事长
杨日红	男	1961.10	汉族	山西怀仁	研究生	中共	山西兆丰铝业有限责任公司党委书记
杨全生	男	1960.11	汉族	山西闻喜	大学	中共	中共阳泉市委组织部副部长
苏满晓	男	1954.7	汉族	山西昔阳	大专	中共	阳泉市矿区人大常委会主任
李建勋	男	1968.3	汉族	山西绛县	大学		阳泉市矿区人民检察院副检察长
李俊萍	女	1964.12	汉族	河北冀县	大专	中共	阳泉市矿区沙坪街道党工委书记
李素鱼	女	1971.6	汉族	山西昔阳	大学		阳泉市矿区人社局就业服务管理中心副主任
李新宇	男	1968.2	汉族	山西定襄	大学	中共	阳泉市矿区赛鱼街道党工委书记
吴亚非	男	1963.11	汉族	河北大名	研究生	中共	阳泉市矿区区委常委、组织部部长
张卫星	男	1959.2	汉族	山西长子	研究生	中共	阳煤发展计划部高级经济师

续表 3-14

姓　名	性别	出生年月	民族	籍　贯	文化程度	党派	工作单位及职务
张旭升	男	1968.11	汉族	山西平定	大学	中共	阳煤地产建设集团有限责任公司党委书记
张素敏	女	1965.4	汉族	江苏泰兴	大学		阳泉市矿区疾控中心主任
张晓美	女	1970.12	汉族	山西平定	大专		阳泉市矿区平潭街小学高级教师
张淑桃	女	1966.10	汉族	山西盂县	大学		华越机械公司技术中心副主任
陈宝庆	男	1962.11	汉族	河南潢川	大专	中共	阳泉市矿区发改局局长
邰爱国	男	1954.2	汉族	山西黎城	大学	中共	阳泉市人大常委会副主任
武万华	男	1966.6	汉族	山西平遥	大学	中共	阳煤国际贸易有限公司董事长
尚中明	男	1964.9	汉族	河北邢台	高中		阳泉市尚领建筑工程有限公司经理
赵石平	男	1955.3	汉族	山西左权	大学	中共	阳煤集团董事长
荆东生	男	1952.9	汉族	阳泉郊区	研究生	中共	阳泉市人大常委会副主任
荆素俭	女	1968.7	汉族	山西阳泉	大学		阳泉市矿区平潭街道东山社区主任
侯润林	男	1963.10	汉族	山西平定	大学	中共	阳泉市人大常委会调查研究室副主任
娄淼根	男	1968.8	汉族	湖南浏阳	研究生	中共	阳煤地产建设集团有限责任公司董事长
秦晓玮	男	1979.3	汉族	山西盂县	大学		阳煤新景矿公司抽采工区副主任
陶慧萍	女	1981.10	汉族	山西平定	大专		阳泉市矿区贵石沟街道苏村社区委员
董玉柱	男	1962.5	汉族	河北唐山	大专	中共	阳煤供应处处长
裴西平	男	1962.1	汉族	山西临猗	研究生	中共	阳煤化工产业管理局高级经济师
潘东红	男	1965.1	汉族	山西昔阳	大学	民革	阳泉市矿区赛鱼社区卫生服务中心主任医师

市十四届人大郊区代表一览表（49 名）

表 3-15

姓　名	性别	出生年月	民族	籍　贯	文化程度	党派	工作单位及职务
马玉田	男	1953.6	汉族	山西阳泉	初中	中共	郊区旧街乡枣园村党支部书记、村主任
王永珍	男	1960.1	汉族	山西盂县	大学	中共	郊区区委书记
王守林	男	1959.5	汉族	山西山阴	大专	中共	市人民检察院代检察长
王红卫	男	1972.8	汉族	山西阳泉	大学	中共	郊区河底镇镇长
王克明	男	1962.1	汉族	山西阳泉	初中		郊区平潭镇甘河村村委会主任
王学春	男	1970.10	汉族	阳泉郊区	高中		豪门家私城经理
王建中	男	1968.3	汉族	山西阳泉	大学		郊区工商联主席
王　录	男	1962.10	汉族	阳泉郊区	大专	中共	郊区义井镇义东沟村党总支书记、村主任

续表 3-15

姓　名	性别	出生年月	民族	籍　贯	文化程度	党派	工作单位及职务
王春燕	女	1964.2	回	北京宣武	大学		阳泉一监干警
王振杰	男	1959.11	汉族	山西平定	大学	中共	郊区区委常委、组织部部长
王梦贺	男	1956.2	汉族	河北阜平	大学	中共	郊区人大常委会主任
王新哲	男	1959.2	汉族	河北唐县	大专	中共	志远工程有限公司党委书记
石久军	男	1965.11	汉族	阳泉郊区	大学	中共	郊区荫营镇人大主席
史小梅	女	1960.8	汉族	阳泉郊区	大专	中共	市人大常委会助理调研员
史丽娟	女	1977.9	汉族	山西阳泉	大学	中共	郊区义井镇镇长
史钰文	男	1970.11	汉族	河南林州	大学	中共	阳泉市阳光房地产开发有限公司总经理
冯金平	男	1956.2	汉族	阳泉郊区	初中		郊区荫营镇三泉纸箱厂厂长
光根存	男	1942.9	汉族	山西阳泉	初中		郊区河底镇河底村村委会主任
朱建芳	女	1975.12	汉族	山西阳泉	大学	中共	郊区杨家庄乡乡长
刘高官	男	1956.5	汉族	山西山阴	研究生	中共	市政协主席
齐敏芝	女	1974.1	汉族	河北晋州	研究生		郊区人大常委会法工委主任
阎立宏	男	1972.5	汉族	山西阳泉	大学	中共	郊区旧街乡乡长
许　霞	女	1962.9	汉族	山西襄垣	研究生	中共	市委常委、市委统战部部长
孙水生	男	1951.1	汉族	河南武陟	大学	中共	市人大常委会主任
杨志荣	男	1972.8	汉族	山西昔阳	研究生		郊区法院刑事审判庭庭长
杨　勇	男	1963.8	汉族	山西盂县	大学	中共	郊区人民政府区长
杨鸿龙	男	1961.12	汉族	山西五台	大学	中共	阳泉日报社社长
李乃珠	男	1961.10	汉族	山西阳泉	大专	中共	郊区平潭镇桃林沟村党总支书记
李定武	男	1957.11	汉族	山西寿阳	大学	中共	市委常委、市委组织部部长
李素萍	女	1959.10	汉族	阳泉郊区	高中		郊区华新食品厂厂长
宋凯宏	女	1978.6	汉族	山西晋中	大学		郊区新闻办副主任
张凤英	女	1956.1	汉族	山西阳泉	大学		郊区人民医院院长
张建生	男	1972.12	汉族	山西阳泉	大学		郊区财政局副局长
张保亮	男	1967.1	汉族	山西阳泉	大学		郊区检察院反贪局副局长
张素文	女	1976.1	汉族	阳泉郊区	大学		郊区杨家庄乡副乡长
张振斌	男	1953.5	汉族	阳泉郊区	初中	中共	郊区荫营镇下千亩坪村党总支书记
张富才	男	1967.4	汉族	阳泉郊区	大学		郊区教育局督导室副主任

续表 3-15

姓　名	性别	出生年月	民族	籍　贯	文化程度	党派	工作单位及职务
陈润祥	男	1960.7	汉族	山西阳泉	大专	中共	郊区李家庄村党总支书记、村委会主任
武永庆	男	1971.4	汉族	阳泉郊区	大学	中共	郊区荫营镇镇长
尚保晋	男	1967.11	汉族	山西阳泉	大学	中共	郊区煤运公司总经理
岳国庆	男	1957.8	汉族	山西沁源	大学	中共	阳泉第二监狱监狱长
胡凤林	女	1962.12	汉族	阳泉郊区	初中		郊区河底镇北庄村妇联主任
赵　峰	男	1956.9	汉族	山西盂县	大学	中共	市人民政府副市长
段江涛	男	1964.3	汉族	山西阳泉	大学	中共	郊区发改局局长
郭凯生	男	1981.2	汉族	山西阳泉	初中		郊区西南舁乡北舁村村委会主任
郭智英	男	1970.3	汉族	山西阳泉	大学	中共	阳泉市郊区平潭镇镇长
黄瑞刚	男	1972.5	汉族	阳泉郊区	大学	中共	阳泉市郊区西南舁乡乡长
常　征	男	1976.4	汉族	山西长子	大学	中共	阳泉市郊区李家庄乡乡长
樊文平	男	1968.4	汉族	山西平遥	大学	中共	阳泉市人大常委会办公厅副主任

市十四届人大平定县代表一览表（66 名）

表 3-16

姓　名	性别	出生年月	民族	籍　贯	文化程度	党派	工作单位及职务
丁国忠	男	1958.11	汉族	山西定襄	大学	中共	阳泉市人大常委会副秘书长、办公厅主任
马双银	男	1962.10	汉族	山西平定	中专	中共	平定县张庄镇宁艾村党总支书记
王成军	男	1963.9	汉族	陕西紫阳	大专	中共	平定古州冠峪煤业有限公司董事长
王成科	男	1956.6	汉族	山西平定	初中		平定县柏井镇固驿铺村务农
王国瑞	男	1961.4	汉族	河南滑县	研究生	中共	华通路桥集团有限公司董事长、总经理
王素英	女	1970.5	汉族	山西平定	大学		平定县信用社部门经理
王振国	男	1956.10	汉族	山西寿阳	大专	中共	阳泉市人大常委会副主任、阳泉市总工会主席
王爱林	女	1967.9	汉族	山西平定	大专		平定县锁簧镇前锁簧村务农
王银旺	男	1959.2	汉族	山西盂县	大学	中共	平定县委书记
王斌权	男	1962.2	汉族	山西和顺	大学	中共	阳泉市公安局局长
田计罗	男	1959.11	汉族	山西平定	大专	中共	平定县东回镇西回村党总支书记
田怀所	男	1967.11	汉族	山西平定	大专	中共	平定县岔口乡党委书记
史友松	男	1967.12	汉族	山西寿阳	大学		阳泉市人大常委会副秘书长、阳泉市人大农村委副主任委员

续表 3-16

姓 名	性别	出生年月	民族	籍 贯	文化程度	党派	工作单位及职务
史军峰	男	1981.6	汉族	山西平定	初中		平定东升市场宣传科科长
朱玉芳	女	1957.5	汉族	山西平定	研究生	中共	阳泉市妇联主席
任 庆	男	1960.11	汉族	阳泉郊区	大学	中共	阳泉市人大常委会民侨委副主任
任晓华	男	1971.8	汉族	山西平遥	研究生	中共	平定县人民政府县长
刘同礼	男	1965.10	汉族	山西平定	大学	中共	平定县财政局局长
刘兆林	男	1953.9	汉族	阳泉郊区	大学	民建	阳泉市人民政府副市长
刘建平	男	1974.5	汉族	山西平定	中专	中共	平定县岔口乡甘泉井村党支部书记
刘顺彬	男	1967.12	汉族	山西平定	研究生	中共	平定县巨城镇党委书记
刘 璇	女	1988.5	汉族	山西平定	大学		平定县文化馆声乐老师
阎立彪	男	1967.3	汉族	山西平定	大学	中共	平定县冠山镇镇长
许贵琴	女	1970.9	汉族	河北井陉	大学		平定县西关街居委会居民
苏秀莲	女	1967.7	汉族	山西平定	大学	中共	平定县冶西镇党委书记
杜 成	男	1960.3	汉族	山西右玉	大学	中共	山西兆丰铝业有限责任公司总经理
李玉娟	女	1978.8	汉族	山西平定	大专		平定县岔口乡岔口村务农
李占刚	男	1971.7	汉族	山西平定	大学	中共	阳泉市长青石油压裂支撑剂有限公司总经理
李有义	男	1966.9	汉族	山西平定	大学	中共	平定县娘子关镇党委书记
李 军	男	1968.12	汉族	山西平定	大专		平定县教育局电教馆馆长
李利生	男	1966.10	汉族	山西柳林	研究生	中共	中共阳泉市委常委、市委秘书长
李建恩	男	1956.11	汉族	河北武安	大学	中共	平定县人大常委会主任
李素泉	男	1962.5	汉族	山西平定	中专	中共	平定县公安局防暴大队大队长
李鸿斌	男	1967.9	汉族	山西平定	大专	中共	平定县张庄镇党委书记
李维程	男	1959.3	汉族	阳泉郊区	大学	中共	中共平定县委常委、组织部部长
吴学斌	男	1952.7	汉族	山西大同	大专	中共	阳泉市人大常委会副主任
张石明	男	1968.12	汉族	山西平定	大专	中共	平定县锁簧镇党委书记
张延山	男	1970.10	汉族	江苏徐州	大学	民建	万和油脂服务中心主任
张守芳	女	1977.6	汉族	山西平定	初中		平定县石门口乡东郊村务农
张国强	男	1968.8	汉族	山西寿阳	大学	中共	阳泉市人大法制委副主任委员
张建华	男	1963.9	汉族	山西平定	大学	中共	平定县发改局局长
张桃林	女	1968.11	汉族	山西平定	中专		平定县东回镇木槽村妇女主任

续表 3-16

姓　名	性别	出生年月	民族	籍　贯	文化程度	党派	工作单位及职务
张益智	男	1968.12	汉族	河南林州	大专		益智地产物业经理
张继红	女	1975.3	汉族	山西晋城	大学		平定县文化活动中心主任
张照俊	女	1974.6	汉族	山西平遥	大学		平定县娘子关镇名府酒家经理
陈冬至	男	1958.11	汉族	河南安阳	大专	中共	山西省昌鑫农业科技有限公司董事长
陈志君	男	1959.12	汉族	山西平定	大学		平定县人民医院内科主任
邰春香	女	1973.1	满族	天津蓟县	大学		平定县佳能燃气综合利用中心职工
季　军	男	1973.9	汉族	山西平定	高中		平定县巨城镇移穰村务农
岳建英	女	1978.11	汉族	山西平定	大学	民盟	平定县农委技术员
赵永东	男	1967.12	汉族	山西盂县	大学	中共	阳泉市人大财经委副主任委员
赵远长	男	1962.1	汉族	山西平定	大专		山西远鑫实业有限公司董事长
赵贵恩	男	1975.11	汉族	山西平定	大学	中共	平定县东回镇党委书记
赵益民	男	1971.10	汉族	山西平定	高中		益鑫盛洗煤有限公司会计
赵续泉	男	1962.5	汉族	山西平定	大专	中共	平定县亮晶晶砂锅有限公司董事长
郝利涛	女	1957.3	汉族	山西太谷	大学		家乐下岗职工家政有限公司董事长
郝怀忠	男	1970.3	汉族	山西平定	中专	中共	平定县锁簧镇官道沟村党支部书记、村委会主任
郝素林	女	1970.8	汉族	山西平定	大专		平定县张庄镇左家村委委员
洪发科	男	1956.10	汉族	山西曲沃	研究生	中共	中共阳泉市委书记
梁宝元	男	1970.11	汉族	山西平定	大学	中共	平定县石门口乡党委书记
董仙桃	女	1962.10	汉族	山西五台	研究生	中共	阳泉市人民政府副市长
董俊平	女	1962.8	汉族	山西平定	大专		平定县东回镇东回联校教师
路海平	男	1968.8	汉族	山西平定	大专	中共	平定县柏井镇党委书记
霍新林	男	1969.10	汉族	山西平定	高中		平定县冶西镇冶西村村委会主任
冀永生	男	1969.6	汉族	山西平定	大专	中共	平定县冠山镇杨家沟村党支部书记
魏绍青	男	1964.9	汉族	山西孝义	大学	中共	阳光发电有限责任公司董事长

市十四届人大盂县代表一览表（61 名）

表 3-17

姓　名	性别	出生年月	民族	籍　贯	文化程度	党派	工作单位及职务
一　度	男	1964.12	汉族	河南固始	高中		阳泉市佛教协会副会长

续表 3-17

姓　名	性别	出生年月	民族	籍　贯	文化程度	党派	工作单位及职务
马淑英	女	1968.1	汉族	山西盂县	大专		盂县牛村镇副镇长
王玉明	男	1965.8	汉族	山西盂县	大学	中共	阳泉市人大常委会人事委主任
王　民	男	1955.4	汉族	山西蒲县	大学	中共	阳泉市委常委、市纪委书记
王　芳	女	1971.12	汉族	山西盂县	大专		盂县白玫瑰经理
王丽君	女	1970.1	汉族	山西盂县	高中		盂县鑫帝超市经理
王建明	男	1966.7	汉族	山西昔阳	大学	中共	盂县仙人乡党委书记
王春雨	男	1968.9	汉族	山西原平	研究生	中共	盂县煤运公司经理
王贵平	女	1964.12	汉族	山西盂县	大学		盂县一中副校长
王俊德	男	1967.10	汉族	山西盂县	大专	中共	盂县上社镇党委书记
王爱军	男	1975.11	汉族	山西盂县	高中		盂县鑫升种植专业合作社法人
王焕娥	女	1964.5	汉族	山西盂县	高中		盂县路家村镇路家村村委主任
王新武	男	1971.5	汉族	山西盂县	高中	中共	盂县南娄镇东宋村党支部书记、主任
石建忠	男	1973.4	汉族	山西盂县	高中	中共	盂县孙家庄镇王炭咀村党支部书记
史向军	男	1972.10	汉族	山西盂县	大专	中共	盂县东坪煤业有限公司董事长
付新文	男	1969.4	汉族	山西盂县	大学		盂县二中校长
吕昌政	男	1959.10	汉族	河北井陉	研究生	中共	中共盂县县委书记
吕誉耀	男	1954.12	汉族	山西和顺	大学	中共	阳泉市人大常委会秘书长
刘志强	男	1959.5	汉族	河北深州	大学	中共	阳泉市发展和改革委员会主任
刘林娣	女	1962.11	汉族	山西盂县	大学	中共	盂县吉天利公司董事长
刘奇瑞	男	1978.7	汉族	山西盂县	大专		盂县孙家庄镇东坪村村主任
刘昕亮	男	1955.11	汉族	山西盂县	高中		盂县昕亮木业董事长
刘　星	男	1969.5	汉族	山西洪洞	研究生	中共	中共阳泉市委常委、市人民政府党组成员
刘家财	男	1964.10	汉族	山西盂县	大学	中共	盂县牛村镇党委书记
孙祥令	男	1962.5	蒙古族	山西盂县	初中	中共	盂县秀水镇东白水村党支部书记
杨日祥	男	1972.9	汉族	山西应县	大学	中共	共青团阳泉市委书记
苏秀瑞 *	男	1963.4	汉族	山西平定	大学	中共	盂县人民政府县长
李进章	男	1959.9	汉族	山西盂县	大专	中共	山西南娄集团董事长
李志强	男	1967.6	汉族	山西阳泉	大学	中共	阳泉市上社二景煤炭公司总经理
李栋梁	男	1958.8	汉族	山西左云	研究生	中共	阳泉市人民政府市长
李秋林	男	1962.8	汉族	山西盂县	大专	中共	盂县天然气公司经理

续表 3-17

姓 名	性别	出生年月	民族	籍 贯	文化程度	党派	工作单位及职务
李海忠	男	1964.11	汉族	山西盂县	大学	中共	盂县秀水镇党委书记
李彩英	女	1971.9	汉族	山西盂县	大学		盂县公路段科员
李础梅	女	1969.8	汉族	山西盂县	高中		盂县东梁乡西梁村卫生所医生
张五太	男	1968.10	汉族	山西盂县	大学	中共	盂县苌池镇党委书记
张丙福	男	1967.10	汉族	山西盂县	大学	中共	盂县南娄镇党委书记
张存福	男	1957.7	汉族	山西盂县	大专	中共	盂县人大常委会主任
张志生	男	1964.1	汉族	山西盂县	大专	中共	石店煤业有限公司董事长
张金波	男	1970.11	汉族	山西盂县	初中	中共	盂县路家村镇下乌纱村支部书记、主任
张铭德	男	1962.8	汉族	山西盂县	大学	中共	盂县发改局经济师
张瑞霞	女	1972.10	汉族	山西盂县	大学		盂县人社局职工医疗中心主任
郑慧芳	女	1967.12	汉族	山西盂县	大学		盂县残联副理事长
赵子炳	男	1968.1	汉族	山西盂县	大专		盂县秀水镇恒源公司总经理
赵丽萍	女	1967.6	汉族	山西盂县	大学		盂县教育局办公室科员
赵保俊	男	1971.5	汉族	山西盂县	中专		盂县北下庄乡围沟村主任
段存寿	男	1953.3	汉族	山西平定	大学	中共	阳泉市人大常委会副主任
秦建新	男	1974.5	汉族	山西盂县	大学		盂县华宇物流有限公司经理
聂玉明	男	1968.7	汉族	山西盂县	大学	中共	盂县北下庄乡党委书记
郭方恺	男	1971.12	汉族	山西盂县	大学	中共	盂县梁家寨乡党委书记
郭玉清	男	1954.11	汉族	山西盂县	大专	中共	盂县南娄镇大沟村党支部书记
郭爱东	男	1968.6	汉族	山西盂县	大学	中共	盂县孙家庄镇党委书记
高尚明	男	1970.1	汉族	山西盂县	大专	中共	盂县西潘乡党委书记
高彦青	男	1965.12	汉族	山西盂县	大学	中共	盂县西烟镇党委书记
唐 麟	男	1967.9	汉族	湖南隆回	大学	中共	阳泉市人大常委会副秘书长、调研室主任
桑晓飞	男	1965.10	汉族	山西左权	大学		阳泉市人大城环委副主任委员
梁 芳	女	1978.12	汉族	山西盂县	大学		盂县检察院办公室科员
梁爱和	男	1969.12	汉族	山西盂县	初中		盂县梁家寨乡梁家寨村主任
韩二锁	男	1951.11	汉族	山西盂县	初中		盂县云林种植公司经理
韩志勇	男	1968.12	汉族	山西盂县	大学	中共	盂县下社乡党委书记
靳毅刚	男	1965.6	汉族	山西忻州	大学	中共	盂县委常委、组织部部长
魏建文	男	1963.12	汉族	山西盂县	大专	中共	盂县妇女儿童医院院长

市十四届人大代表补选一览表（46名）

表3-18

姓　名	性别	出生年月	民族	籍　贯	文化程度	党派	工作单位及职务
张玉斌	男	1963.6	汉族	山西阳泉	研究生	中共	盂县县委书记
张宝明	男	1963.4	汉族	山西阳泉	大　专	中共	市委组织部常务副部长（正县）
陈明华	男	1965.7	汉族	山西柳林	法律硕士	中共	市中级人民法院副院长、代院长
徐　芃	男	1967.5	汉族	湖北襄樊	大学本科	致公党	市人民政府副市长（挂职）
王明厚	男	1973.10	汉族	山西盂县	在职研究生	中共	市政府秘书长
杜平华	男	1971.3	汉族	山西平定	大学本科	中共	盂县县委副书记、副县长、代县长
陈永奇	男	1967.11	汉族	山西怀仁	博士研究生	中共	市委副书记、副市长、代市长
郭少敏	男	1959.3	汉族	山西繁峙	在职研究生	中共	市财政局局长
郭玉霞	女	1971.3	汉族	河北无极	在职研究生	中共	市人大财经委副主任委员
康晓剑	男	1967.8	汉族	山西保德	博士研究生	中共	城区区委书记
史普山	男	1965.9	汉族	山西应县	大学	中共	阳泉市公安消防支队政委
吴海平	男	1973.2	汉族	山西平定	大学	中共	山西陆军预备役某师某团团长
田桂明	男	1963.4	汉族	河北辛集	大学	中共	阳泉军分区政治委员
杨兆权	男	1969.9	汉族	江苏盱眙	大学	中共	郊区人武部部长
杨　军	男	1969.4	汉族	山西阳泉	大学本科	中共	盂县煤运公司经理
李云峰	男	1969.7	汉族	山西洪洞	研究生	中共	市委常委、市委统战部部长
张世庆	男	1974.12	汉族	天津市	大学	中共	矿区人武部部长
张文才	男	1973.10	汉族	河北蔚县	大专	中共	武警阳泉支队支队长
武　艺	男	1974.10	汉族	山西祁县	研究生	中共	平定县人武部部长
郝培亮	男	1963.11	汉族	山西定襄	博士研究生	中共	市人民政府副市长
密国林	男	1963.5	汉族	山西闻喜	大学	中共	市委常委、阳泉军分区司令员
韩加政	男	1966.8	汉族	山西盂县	大学	中共	郊区人民政府区长
潘广全	男	1974.11	汉族	山西阳泉	大专		山西三江融投集团有限公司董事长
王志忠	男	1962.2	汉族	河南镇平	大学本科	中共	阳泉军分区司令员
任志刚	男	1973.6	汉族	山西阳泉	专科	中共	郊区河底镇镇长
刘宝才	男	1963.4	汉族	山西盂县	函授本科	中共	盂县孙家庄镇人大主席
杨自明	男	1960.11	汉族	山西稷山	大学本科	中共	平定县委书记
余香兰	女	1972.3	汉族	山西平定	大学本科	中共	平定县冠山镇人大主席
陈友福	男	1962.6	汉族	山西太原	在职研究生	中共	阳泉市地税局局长
尚建军	男	1965.8	汉族	山西绛县	大学本科	中共	阳泉市公安局局长
荆红军	男	1964.2	汉族	山西阳泉	函授本科	中共	山西煤运阳泉郊区公司经理

续表 3-18

姓 名	性别	出生年月	民族	籍 贯	文化程度	党派	工作单位及职务
秦建国	男	1972.5	汉族	江苏启东	研究生	中共	平定县人武部部长
贾新兵	男	1967.3	汉族	山西山阴	大学本科	中共	山西阳光发电有限公司总经理
原龙胜	男	1966.9	汉族	山西阳城	大学本科	中共	阳泉市消防支队政委
曾随正	男	1965.12	汉族	山西闻喜	大学本科	中共	阳泉市国税局局长
王帅红	男	1973.8	汉族	山西稷山	博士研究生	中共	市委常委、市纪委书记
巩 成	男	1965.7	汉族	山西阳高	硕士研究生	中共	市委常委、市委秘书长
张太平	男	1964.7	汉族	山西原平	硕士研究生	中共	阳泉军分区司令员
张 晋	男	1970.8	汉族	天 津	大学本科	中共	城区区委书记
武润珍	男	1960.10	汉族	山西盂县	大学本科	中共	盂县人大常委会主任
侯彦军	男	1965.1	汉族	山西盂县	研究生	中共	矿区人大常委会主任
姚劲松	男	1968.3	汉族	河北枣强	硕士研究生	中共	国网山西省电力公司阳泉供电公司总经理
梁志勇	男	1967.8	汉族	山西朔州	硕士研究生	中共	矿区区委书记
董一兵	男	1963.1	汉族	山西闻喜	硕士研究生	中共	市人民政府代市长
翟 红	男	1962.6	汉族	山西灵石	博士研究生	中共	阳煤集团董事长
潘会平	男	1964.10	汉族	山西寿阳	大学本科	中共	山西北方晋东化工有限公司总经理

第四节　市十五届人大代表名录

阳泉市第十五届人民代表大会第一次会议时，代表名额为 288 名，实有代表 287 名，其中城区 53 名、矿区 49 名、郊区 47 名、平定 67 名、盂县 63 名、解放军 8 名。

市十五届人大城区代表一览表（53 名）

表 3-19

姓 名	性别	出生年月	民族	籍 贯	文化程度	党派	工作单位及职务
王文玉	男	1966.7	汉族	山西昔阳	大学本科	中共	阳泉市城区区委常委、组织部部长
王文贤	男	1962.11	汉族	山西山阴	本科	中共	国网山西省电力公司阳泉供电公司总经理
王吉贵	男	1964.11	汉族	阳泉郊区	本科	中共	阳泉市委人才工作领导组办公室主任
王建明	男	1972.2	汉族	山西昔阳	大学专科	民盟	阳泉市创客空间科技有限公司总经理
王晓丽	女	1971.8	汉族	山西平定	研究生	中共	城区区委副书记、区长
毛贵青	男	1964.7	汉族	山西昔阳	本科	中共	阳泉市城区上站小学校长

续表 3-19

姓　名	性别	出生年月	民族	籍　贯	文化程度	党派	工作单位及职务
石光源	男	1987.1	汉族	山西长治	研究生	中共	共青团阳泉市委书记
冯利民	男	1976.12	汉族	河南林州	本科	中共	阳泉市城区义井街道党工委书记
朴雪松	男	1970.6	朝鲜	吉林和龙	大专		阳泉市人才交流中心信息部部长
吕　良	男	1982.11	汉族	山西阳泉	研究生	民盟	阳泉市众诚学校校长
朱　卉	女	1968.7	汉族	浙江永康	本科	民建	阳泉市口腔医院副院长
朱艳红	女	1975.5	汉族	山西阳泉	大专		阳泉市豫剧团团长
任　庆	男	1960.11	汉族	阳泉郊区	本科	中共	阳泉市人大法制委员会副主任委员、阳泉市人大常委会法制工作委员会副主任
任建华	男	1965.5	汉族	山西宁武	研究生	中共	阳泉市委常委、组织部部长
刘丙强	男	1968.11	汉族	山东金乡	本科	中共	阳泉市南庄煤矿集团党委书记
刘志强	男	1959.5	汉族	河北深州	本科	中共	阳泉市人大常委会副主任
刘新东	男	1965.7	汉族	河北张家口	本科		山西新东律师事务所主任
刘　慧	女	1986.3	汉族	河北井陉	本科		阳泉市城区上站街道金三角社区委员
齐　帅	男	1983.9	汉族	山西临县	本科		山西移动阳泉分公司客户部行业客户经理
孙丽青	女	1976.3	汉族	山西盂县	本科		阳泉市中级人民法院未成年人案件综合审判庭庭长
杨永生	男	1961.10	汉族	山西临猗	本科	中共	阳泉市委常委、宣传部部长
杨栋善	男	1965.2	汉族	山西平遥	大专	中共	山西阳大铁路有限责任公司董事长、阳泉市太行工贸总公司总经理
李　冲	女	1980.5	汉族	山西襄汾	本科	中共	阳泉市城区北大街街道办事处主任
李金华	女	1967.6	汉族	河北井陉	本科	农工党	阳泉市经济信息中心发展研究室主任
李荣贵	男	1964.2	汉族	山西盂县	本科	中共	阳泉市城区教育局局长
李保存	男	1962.7	汉族	山西阳泉	本科	中共	阳泉市城区人大常委会主任
李首明	男	1970.8	汉族	山西阳泉	本科	中共	阳泉市商业银行董事长
李晓花	女	1980.6	汉族	山西阳泉	大专		阳泉市公交公司第三分公司乘务员
李银花	女	1967.8	汉族	山西阳泉	本科	九三学社	阳泉六中教师、校工会主席
张卫珂	男	1981.9	汉族	山东泰安	研究生	中共	山西省太原理工大学副教授、山西中兴环能科技有限公司总经理
张　云	女	1971.5	汉族	山西阳泉	本科	中共	阳泉市城区上站街道党工委书记
张　云	男	1966.3	汉族	山西阳泉	本科		阳泉市云泉岩土工程科技股份有限公司董事长

续表 3-19

姓　名	性别	出生年月	民族	籍　贯	文化程度	党派	工作单位及职务
张利中	男	1968.1	汉族	山西武乡	本科		阳泉市城区检察院副科级检察员
张　晋	男	1970.8	汉族	天津	本科	中共	阳泉市城区区委书记
张鹏飞	男	1972.3	汉族	山西五台	大专	民革	阳泉市住房城市建设支行业务员
陈友福	男	1962.2	汉族	山西太原	研究生	中共	阳泉市地税局局长
范基光	男	1970.12	汉族	山西阳泉	中专		阳泉天元家用电器有限责任公司售后服务中心维修工
孟梅生	男	1965.1	汉族	山西阳泉	大专		阳泉市商务粮食局外资管理科科长
胡春平	男	1967.4	汉族	山西阳泉	本科	中共	阳泉市城区发改局局长
荆存柱	男	1963.9	汉族	阳泉郊区	本科	中共	阳泉市环保局局长
赵华双	男	1969.8	汉族	山西阳泉	大专		阳泉美术院副院长
郭玉霞	女	1971.3	汉族	河北无极	研究生	中共	阳泉市人大财经委副主任委员
高和平	男	1960.3	汉族	阳泉郊区	本科	中共	阳泉市委统战部常务副部长、阳泉社会主义学院常务副院长
唐慧俊	女	1979.1	汉族	山西阳泉	研究生		山西工程技术学院法学副教授
唐　麟	男	1967.9	汉族	湖南隆回	本科	中共	阳泉市人大常委会秘书长
商继杰	男	1966.6	汉族	山西阳泉	研究生		山西众晨律师事务所主任
梁　琦	男	1963.1	汉族	山西阳泉	本科	中共	阳泉市城区环卫处处长
葛美琴	女	1973.2	汉族	山西阳泉	中专		阳泉北海大饭店楼层经理
景建刚	男	1964.3	汉族	山西洪洞	本科	中共	阳泉市第一人民医院党委书记
曾随正	男	1965.12	汉族	山西闻喜	研究生	中共	阳泉市国税局局长
靳润喜	男	1966.2	汉族	山西代县	研究生	中共	阳泉市公安局局长
潘会平	男	1964.1	汉族	山西寿阳	本科	中共	山西北方晋东化工有限公司总经理
穆红祥	男	1970.4	汉族	山西阳泉	本科		阳泉市城区工商联主席

市十五届人大矿区代表一览表（49 名）

表 3-20

姓　名	性别	出生年月	民族	籍　贯	文化程度	党派	工作单位及职务
王玉明	男	1970.4	汉族	山西阳泉	研究生	中共	阳煤集团财务公司董事长
王付云	男	1965.1	汉族	山西阳泉	本科	中共	阳煤集团副总经理
王其洲	男	1980.9	汉族	山西平定	本科		阳泉市建工程一处一级预结算中心副主任

续表 3-20

姓　名	性别	出生年月	民族	籍　贯	文化程度	党派	工作单位及职务
王　茜	女	1974.8	回	河北定州	本科		阳泉市矿区行政审批服务中心主任
王　洪	男	1967.4	汉族	山西平定	本科	中共	阳泉市矿区区委常委、组织部部长
王廉允	男	1964.3	汉族	山西隰县	研究生	中共	阳泉市人民检察院副检察长、代检察长
孔德芳	女	1986.6	汉族	山西阳泉	本科	民进	阳泉市矿区平潭街街道办事处副主任
田建亮	男	1965.11	汉族	阳泉郊区	本科	中共	阳泉市矿区发改局局长
史生岗	男	1965.1	汉族	山西怀仁	本科	中共	阳泉市第十一中学党委书记
刘乙佑	男	1972.3	汉族	山西太原	研究生	中共	阳泉市矿区区委副书记、区长
刘兴和	男	1966.7	汉族	山西盂县	本科	中共	阳煤集团三矿矿长
阎　月	男	1962.12	汉族	山西阳泉	研究生	中共	阳煤集团中小企业集团公司总经理
杨自明	男	1960.11	汉族	山西稷山	本科	中共	阳泉市委常委、政法委书记
李怀明	男	1962.7	汉族	山西昔阳	研究生	中共	阳煤集团二矿党委书记
李素鱼	女	1971.6	汉族	山西昔阳	本科	民革	阳泉市矿区疾控中心主任
李晓光	男	1966.12	汉族	河北涞源	大专		阳泉市利阳农产品公司经理
何丽萍	女	1967.11	汉族	山西灵石	大专		阳泉市审计局办公室主任
沈风先	女	1968.11	汉族	河南信阳	中技		阳煤集团三矿机电部经营管理组工人
张小英	女	1975.1	汉族	山西孝义	本科		阳泉市矿区贵石沟街道办事处主任
张永忠	男	1962.10	汉族	山西盂县	本科	中共	阳泉市卫计委主任
张旭升	男	1968.11	汉族	山西平定	研究生	中共	阳煤太化集团公司总经理
张青山	男	1970.7	汉族	山西阳泉	本科	中共	阳泉市矿区赛鱼街道党工委书记
张晓美	女	1970.12	汉族	山西平定	大专		阳泉市矿区平潭街小学高级教师
张谡明	男	1966.10	汉族	山西昔阳	本科	中共	阳泉市矿区财政局局长
张慧清	男	1964.8	汉族	山西稷山	本科	中共	阳泉市发改委（市综改办）副主任
周　亮	男	1967.7	汉族	河北 石家庄	研究生	中共	阳煤集团宾馆旅游管理中心副主任
胡金涛	女	1985.1	汉族	山西介休	本科		阳煤集团升华公司环卫中心工人
胡翠英	女	1971.9	汉族	山西盂县	本科		阳泉市矿区食药局副局长
荆素俭	女	1968.7	汉族	山西阳泉	本科		阳泉市矿区平潭街道东山社区主任
荆　鑫	女	1984.2	汉族	山西阳泉	大专		阳煤集团二矿通风工区副工长
赵　彦	男	1972.2	汉族	山西盂县	本科	中共	阳泉市纪委副书记
赵素卿	女	1970.2	汉族	山西盂县	研究生		阳泉市工商联主席

续表 3-20

姓　名	性别	出生年月	民族	籍　贯	文化程度	党派	工作单位及职务
赵慧骄	男	1985.6	汉族	山西阳泉	本科		阳泉市矿区统计局科员
侯彦军	男	1965.1	汉族	山西盂县	研究生	中共	阳泉市矿区人大常委会主任
段宝山	男	1963.9	汉族	山西朔州	本科	中共	阳煤集团总医院院长
娄淼根	男	1968.8	汉族	湖南浏阳	研究生	中共	阳煤集团副总经理
班美丽	男	1981.10	汉族	山西忻州	本科		阳煤集团五矿采煤三队工人
高锋光	男	1970.11	汉族	河北井陉	大专		阳泉市矿区统计局局长
陶慧萍	女	1981.1	汉族	山西平定	本科		阳泉市矿区贵石沟街道苏村社区委员
黄少英	男	1963.8	汉族	山西稷山	研究生	中共	阳泉市交通运输局局长
梁志勇	男	1967.8	汉族	山西朔州	研究生	中共	阳泉市矿区区委书记
梁　译	男	1971.11	汉族	山西平定	本科		阳泉市矿区司法局副局长
韩全生	男	1957.10	汉族	河北徐水	初中	中共	阳泉顺达出租汽车公司总经理
董中华	男	1973.10	汉族	山西平定	研究生	中共	农行阳泉市分行行长
裴西平	男	1962.1	汉族	山西临猗	研究生	中共	阳煤集团总经理
裴利峰	女	1984.11	汉族	山西榆社	本科		阳煤集团一矿选煤厂技术员
翟　红	男	1962.6	汉族	山西灵石	研究生	中共	阳煤集团董事长
潘东红	男	1965.10	汉族	山西昔阳	本科	民革	阳煤集团总医院神经内科主任
潘海燕	女	1969.11	汉族	山西清徐	本科	中共	阳泉市政府副市长

市十五届人大郊区代表一览表（47 名）

表 3-21

姓　名	性别	出生年月	民族	籍　贯	文化程度	党派	工作单位及职务
马军军	男	1971.1	汉族	阳泉郊区	本科	中共	阳泉市郊区河底镇镇长
马爱锋	男	1965.10	汉族	山西临县	本科	中共	阳泉市委常委、市政府副市长
王玉明	男	1965.8	汉族	山西盂县	本科	中共	阳泉市人大教科委主任委员
王东红	男	1973.4	汉族	山西盂县	本科	中共	阳泉市郊区义井镇镇长
王向红	女	1974.1	汉族	山西临猗	本科		阳泉市郊区公安分局法医鉴定所所长
王如生	男	1959.3	汉族	山西昔阳	大专	中共	阳泉市郊区人大常委会主任
王守刚	男	1973.7	汉族	阳泉郊区	本科	中共	阳泉市郊区旧街乡乡长
王旭明	男	1962.3	汉族	山西临县	研究生	中共	阳泉市委副书记、市人大常委会主任、党组书记、市委党校校长、市总工会主席
王明厚	男	1973.10	汉族	山西盂县	研究生	中共	阳泉市郊区区委书记

续表 3-21

姓　名	性别	出生年月	民族	籍　贯	文化程度	党派	工作单位及职务
王　录	男	1962.10	汉族	山西平定	大专	中共	阳泉市郊区义井镇义东沟村党总支书记
王学锦	男	1965.12	汉族	阳泉郊区	大专	中共	阳泉市郊区李家庄乡李家庄村党总支书记
王峙斌	男	1970.3	汉族	阳泉郊区	大专		阳泉华岭耐火材料有限公司外贸经理
王桂林	男	1963.11	汉族	山西古交	本科	中共	中国建设银行阳泉市分行行长
王晓东	男	1974.2	汉族	山西平定	本科	民建	阳泉市郊区李家庄乡乡长
王　雪	女	1986.4	汉族	山西阳泉	本科		阳泉市锦丰种植有限公司、锦丰天和农业科技有限公司董事长
牛良玉	男	1964.10	汉族	山东商河	本科	中共	阳泉市郊区司法局法律援助中心律师
田　玲	女	1985.1	汉族	河北鹿泉	本科	中共	阳泉市郊区杨家庄乡乡长
田俊丽	女	1978.2	汉族	阳泉郊区	高中		阳泉凤舞野生禽类生态养殖有限公司经理
史亨友	男	1967.1	汉族	阳泉郊区	高中	中共	阳泉市郊区平潭镇桃林沟村村委会主任
史振慧	男	1973.10	汉族	阳泉郊区	本科	农工党	阳泉市第二人民医院医务科科长
白青海	男	1970.7	汉族	阳泉郊区	本科		阳泉市鑫海种植专业合作社理事长
冯爱珍	女	1970.8	汉族	山西阳泉	本科		阳泉第二监狱医院护士长
任晓华	男	1971.8	汉族	山西平遥	研究生	中共	阳泉市财政局局长
刘玉琪	男	1963.8	汉族	山西临猗	本科	中共	阳泉市委政法委常务副书记
刘德刚	男	1980.10	汉族	山西长治	本科	中共	阳泉市郊区西南舁乡乡长
苏玉萍	女	1966.1	汉族	山西盂县	高中		阳泉市郊区永唤父母学堂负责人
杨玉明	男	1963.3	汉族	山西昔阳	大专	民盟	阳泉市郊区交通运输局副局长、总工程师
杨志荣	男	1972.5	汉族	山西昔阳	研究生		阳泉市郊区人民法院副院长
杨浩宇	男	1978.5	汉族	阳泉郊区	本科	中共	阳泉市郊区荫营镇镇长
李文冠	男	1975.7	汉族	山西朔州	本科	中共	山西河坡发电有限责任公司副总经理
李志强	男	1967.6	汉族	阳泉郊区	研究生	中共	阳泉市燕龛煤炭有限责任公司董事长
李　君	男	1970.12	汉族	山西平定	本科	民进	阳泉市民营企业局（市中小企业局）局长
李金来	男	1968.12	汉族	阳泉郊区	大专		阳泉市郊区荫营镇下白泉村村委会主任
宋晓文	男	1972.11	汉族	阳泉郊区	本科	中共	阳泉市郊区李家庄乡汉河沟村党支部书记、村委会主任
张东红	女	1966.9	汉族	阳泉郊区	本科		阳泉市郊区住建局规划设计室主任
张宝明	男	1963.4	汉族	阳泉郊区	大专	中共	阳泉市委组织部常务副部长
张保亮	男	1967.1	汉族	阳泉平定	本科		阳泉市郊区检察院副检察长
张海刚	男	1973.2	汉族	阳泉郊区	本科	中共	阳泉市郊区平潭镇镇长

续表 3-21

姓　名	性别	出生年月	民族	籍　贯	文化程度	党派	工作单位及职务
张富才	男	1967.4	汉族	阳泉郊区	本科		阳泉市郊区政府教育督导室副主任
陈丽娟	女	1978.7	汉族	山西大同	研究生	中共	阳泉市郊区蔬菜中心技术站站长
武建功	男	1964.9	汉族	山西山阴	研究生	中共	阳泉市郊区区委副书记、区长
胡凤林	女	1962.12	汉族	阳泉郊区	初中	中共	阳泉市郊区河底镇北庄村妇联主席
荆红军	男	1964.2	汉族	山西阳泉	本科	中共	阳泉市郊区煤炭运销公司经理
荆春莲	女	1969.3	汉族	阳泉郊区	本科		阳泉市郊区荫营中学教师
侯润林	男	1963.10	汉族	山西平定	本科	中共	阳泉市人大常委会副秘书长
郭　续	男	1985.1	汉族	河北保定	本科		阳泉冀东水泥有限责任公司发电工序工序长
梁　敏	女	1977.11	汉族	阳泉郊区	研究生	中共	阳泉市郊区区委常委、组织部部长

市十五届人大平定县代表一览表（67 名）

表 3-22

姓　名	性别	出生年月	民族	籍　贯	文化程度	党派	工作单位及职务
马双银	男	1962.10	汉族	山西平定	中专	中共	平定县张庄镇宁艾村党总支书记
王存玲	女	1963.8	汉族	山西平定	本科	中共	平定县冶西镇政府民政员
王成军	男	1963.9	汉族	陕西紫阳	大专	中共	平定县古州冠峪煤业有限公司工人
王金牛	男	1962.9	汉族	山西平定	大专		平定县庄园公司经理
王俊杰	男	1977.11	汉族	山西平定	本科	中共	平定县锁簧镇党委书记
王植彬	男	1974.12	汉族	山西平定	本科	中共	平定县东回镇党委书记
卢东华	女	1966.8	汉族	山西朔州	本科	中共	阳泉市妇联主席
田永平	男	1972.10	汉族	山西平定	本科	民革	平定县人民医院医生
申　济	男	1966.8	汉族	山西山阴	本科	中共	平定县委书记
史玉宝	男	1962.7	汉族	阳泉郊区	本科	中共	阳泉市委宣传部常务副部长
冯维明	男	1962.5	汉族	山西平定	研究生	中共	阳泉市发改委（综改办）主任
巩　成	男	1965.7	汉族	山西阳高	研究生	中共	阳泉市委常委、秘书长、办公厅主任
吕志坚	女	1962.3	汉族	山西阳泉	大专	中共	阳泉市人大法制委主任委员、市人大常委会法制工委主任
朱继明	男	1966.3	土家族	湖北恩施	本科	中共	平定县娘子关镇党委书记、娘子关管委会主任
延振庆	男	1971.9	汉族	山西平定	本科	民建	平定县住建局副局长
任镇方	女	1991.8	汉族	山西平定	本科		平定县东升社区居民

续表 3-22

姓　名	性别	出生年月	民族	籍　贯	文化程度	党派	工作单位及职务
刘建平	男	1974.5	汉族	山西平定	大专	中共	平定县岔口乡党委副书记、甘泉井村党支部书记
刘建平	男	1964.6	汉族	山西平定	大专	中共	平定县自来水公司经理
刘艳红	女	1972.11	汉族	山西平定	中专		平定县莹玉陶瓷有限公司工人
刘　璇	女	1988.5	汉族	山西平定	本科		平定县文化馆声乐老师
许贵琴	女	1970.9	汉族	河北井陉	本科	民建	平定县驿拓电子有限公司董事长
孙金明	男	1960.1	汉族	山西平定	本科	中共	阳泉市人大常委会副主任
杨文宝	男	1967.8	汉族	山西平定	高中	中共	平定县娘子关镇娘子关村党支部书记
李玉娟	女	1978.8	汉族	山西平定	大专		平定县岔口乡岔口村村民
李占刚	男	1971.7	汉族	山西平定	本科	中共	阳泉长青石油压裂支撑剂有限公司总经理
李　军	男	1968.12	汉族	山西平定	大专		平定县教育局电教馆馆长
李明义	男	1963.1	汉族	山西平定	研究生	民革	平定县县志办科员
李素珍	女	1977.12	汉族	山西平定	本科		平定县锁簧示范小学教师
吴文静	女	1979.7	汉族	山西平定	本科		阳泉师专中文系教师
吴纪平	男	1966.9	汉族	山西永济	本科	中共	阳泉市委常委、市纪委书记
张延山	男	1970.10	汉族	江苏徐州	本科	民建	山西招财鱼投资集团股份有限公司总经理
张利军	男	1961.1	汉族	江苏新沂	本科	中共	阳泉市人大常委会党组成员、阳泉市人民政府副秘书长、阳泉市投资促进局局长
张国强	男	1968.8	汉族	山西寿阳	本科	中共	阳泉市人大农村委副主任委员
张继红	女	1975.3	汉族	山西晋城	本科		平定县文化中心主任
张照俊	女	1974.6	汉族	山西平遥	本科		山西绿德农业科技有限公司董事长
陈永奇	男	1967.11	汉族	山西怀仁	博士 研究生	中共	阳泉市委书记
邵永贵	男	1975.9	汉族	山西平定	本科	中共	平定县柏井镇党委书记
郈春香	女	1973.1	满族	天津蓟县	本科		平定县佳能燃气综合利用中心职工
武变祥	女	1968.7	汉族	山西平定	初中		平定县东回镇七亘村村民
范瑞平	女	1965.4	汉族	山西昔阳	中专		平定恒跃建材有限公司总经理
郝三昌	男	1971.11	汉族	山西平定	初中		平定县巨城镇西岭村村委会主任
郝建国	男	1961.10	汉族	山西平定	大专	中共	平定县人大常委会主任
郝素林	女	1970.8	汉族	山西平定	大专		平定县张庄镇左家村村委委员
赵文骥	男	1964.1	汉族	山西盂县	本科	中共	平定县委常委、组织部部长
赵计平	男	1963.10	汉族	山西平定	大专		平定县财政局社保股股长

续表 3-22

姓　名	性别	出生年月	民族	籍　贯	文化程度	党派	工作单位及职务
赵　帅	男	1975.2	汉族	山西平定	本科	中共	平定县巨城镇党委书记
赵苗怀	男	1974.3	汉族	山西平定	本科	中共	平定县石门口乡党委书记
赵续泉	男	1962.5	汉族	山西平定	大专	中共	平定县亮晶晶砂锅有限公司董事长
侯成军	男	1967.9	汉族	山西平定	本科	中共	平定县冶西镇党委书记
段　芳	女	1986.5	汉族	山西平定	本科		平定县巨城镇副镇长
耿林华	男	1967.11	汉族	山西平定	大专	中共	山西贝特瑞新能源科技有限公司总经理
贾新兵	男	1967.3	汉族	山西山阴	本科	中共	山西阳光发电有限责任公司总经理
郭少敏	男	1960.3	汉族	山西繁峙	研究生	中共	阳泉市政府副市长
郭俨锋	男	1983.5	汉族	山西阳泉	研究生		山西泰东农业有限公司董事长
郭保荣	男	1972.11	汉族	山西平定	大专		平定县盛世煤业有限公司总经理
桑晓飞	男	1965.10	汉族	山西左权	本科		阳泉市人大常委会调研室主任
崔小迷	男	1962.7	汉族	山西长治	研究生	中共	阳煤集团平定化工有限公司董事长
梁丽秀	女	1976.4	汉族	山西平定	高中	中共	平定县柏井镇南青村党支部书记
韩加政	男	1966.8	汉族	山西盂县	本科	中共	平定县委副书记、县长
董仙桃	女	1962.10	汉族	山西五台	研究生	中共	阳泉市政府原副市长
董　英	女	1972.9	汉族	河北邢台	研究生	中共	阳泉市人大城环委副主任委员
程秀宏	男	1975.4	汉族	山西平定	本科	中共	平定县张庄镇党委书记
温东升	男	1967.8	汉族	山西晋中	本科		平定县圣平律师事务所律师
路海平	男	1968.8	汉族	山西左权	大专	中共	平定县冠山镇党委书记
窦崇祥	男	1963.10	汉族	山西平定	大专	中共	平定县冠山镇城里村党支部书记
冀虎平	男	1971.3	汉族	山西平定	本科	中共	平定县岔口乡党委书记
穆军广	男	1970.10	汉族	山西平定	本科	中共	平定县冠山派出所所长

市十五届人大盂县代表一览表（63 名）

表 3-23

姓　名	性别	出生年月	民族	籍　贯	文化程度	党派	工作单位及职务
一　度	男	1964.12	汉族	河南固始	高中		阳泉市佛教协会副会长
马　莉	女	1970.5	汉族	山西盂县	大专		盂县交通运输局职工
王丽君	女	1970.9	汉族	山西盂县	高中		盂县鑫帝超市经理
王丽琴	女	1976.12	汉族	山西盂县	本科		盂县上社镇中学教师

续表 3-23

姓　名	性别	出生年月	民族	籍　贯	文化程度	党派	工作单位及职务
王和平	男	1970.3	汉族	山西平定	本科	中共	阳泉市人大常委会人事代表工委副主任
王俊德	男	1967.10	汉族	山西盂县	大专	中共	盂县上社镇党委书记
王铁梅	女	1971.3	汉族	山西孝义	研究生	中共	阳泉市委常委、统战部部长
王梅芳	女	1972.12	汉族	山西盂县	初中		盂县苌池镇北兴道村村民
王雪梅	女	1979.11	汉族	山西盂县	本科		盂县梁家寨乡乡长
邓宝柱	男	1965.4	汉族	阳泉郊区	本科	中共	阳泉市委农村工作领导组办公室副主任
孔禄泉	男	1965.4	汉族	山西昔阳	本科	中共	盂县县委副书记、县长
古　英	女	1977.12	汉族	山西左权	研究生		盂县中医院内科副主任
石建忠	男	1973.4	汉族	山西盂县	高中	中共	盂县孙家庄镇副镇长、王炭咀村党支部书记
史小梅	女	1960.8	汉族	阳泉郊区	大专	中共	阳泉市人大教科委副主任委员
付庄虎	男	1972.1	汉族	山西盂县	高中		盂县安监局安监员
付新文	男	1969.4	汉族	山西盂县	本科		盂县四中校长
白　平	男	1970.5	汉族	山西大同	研究生	中共	阳泉市文化局副局长
邢晓慧	女	1984.3	汉族	山西盂县	大专		盂县下社乡政府计生员
吕昌政	男	1959.10	汉族	河北井陉	研究生	中共	阳泉市人大常委会副主任
刘志军	男	1971.4	汉族	山西平定	研究生	中共	盂县县委常委、组织部部长
刘志勇	男	1970.3	汉族	山西平定	本科	中共	山西国际能源裕光煤电公司总经理
刘林娣	女	1962.1	汉族	山西盂县	本科	中共	山西灯花文化发展有限公司董事长
刘奇瑞	男	1978.7	汉族	山西盂县	大专	中共	盂县孙家庄镇东坪村党支部书记
阎　亮	男	1963.9	汉族	阳泉郊区	本科	中共	阳泉市经济信息中心主任
杨　军	男	1969.4	汉族	阳泉郊区	本科	中共	盂县煤运公司经理
杨美红	女	1980.1	汉族	山西盂县	大专		盂县跃进煤业有限公司职工
李云峰	男	1969.7	汉族	山西洪洞	研究生	中共	阳泉市委常委、盂县县委书记
李文竹	女	1962.7	彝族	云南禄劝	高中		盂县苌池镇水岭底村村民
李华青	男	1977.9	汉族	山西盂县	本科	中共	盂县仙人乡乡长
李佩斯	男	1975.7	汉族	山西盂县	本科	中共	盂县秀水镇镇长
李贵林	男	1959.1	汉族	山西盂县	大专	中共	盂县乌河农业开发有限公司经理
李富义	男	1963.12	汉族	山西盂县	高中	中共	盂县森绿义务灭火队队长
李瑞峰	男	1969.7	汉族	山西盂县	本科	中共	盂县路家村镇党委书记
张志平	男	1965.7	汉族	山西盂县	大专	中共	山西晋盂煤业（集团）有限公司总经理
张树青	女	1972.8	汉族	山西盂县	大专	民盟	盂县工商局职工

续表 3-23

姓　名	性别	出生年月	民族	籍　贯	文化程度	党派	工作单位及职务
张根全	男	1962.2	汉族	山西盂县	高中	中共	盂县秀水镇北村党支部书记
张瑞霞	女	1972.10	汉族	山西盂县	本科		盂县人社局城镇职工养老保险中心主任
张翠平	女	1970.4	汉族	山西盂县	本科		盂县转型综改办副主任
张　磊	男	1967.8	汉族	山西盂县	本科	中共	盂县法律援助中心律师
陈明华	男	1965.7	汉族	山西柳林	研究生	中共	阳泉市中级人民法院院长
武香萍	女	1972.2	汉族	山西盂县	本科	中共	盂县东梁乡乡长
武润珍	男	1960.8	汉族	山西盂县	本科	中共	盂县人大常委会主任
呼亚民	男	1968.12	汉族	山西汾阳	研究生	中共	阳泉市煤炭工业局局长
郑清明	男	1964.4	汉族	山西盂县	本科	中共	阳泉市政府秘书长、办公厅主任
郑慧芳	女	1967.12	汉族	山西盂县	本科		盂县残联副理事长
房学景	男	1980.12	汉族	河北正定	研究生		盂县凯通商贸有限公司总经理
胡宏明	男	1969.6	汉族	山西盂县	初中	中共	盂县南娄镇下曹四村联合党总支书记
胡变梅	女	1979.6	汉族	山西盂县	大专		盂县南娄镇秀寨村村民
郝金科	男	1968.2	汉族	山西盂县	大专	中共	盂县电子商务协会会长、山西红金云网络科技有限公司董事长
南秀斌	男	1975.1	汉族	山西盂县	初中		盂县启耀中药材种植专业合作社法人
赵子炳	男	1968.1	汉族	山西盂县	高中		盂县融通小额贷款股份有限公司经理
赵丽萍	女	1967.6	汉族	山西盂县	本科		盂县教育局办公室职员
赵建红	女	1972.6	汉族	山西盂县	本科		盂县电视台播音员、编辑
赵　琪	男	1977.11	汉族	山西盂县	大专	中共	盂县牛村镇后元吉村党支部书记
贾凯丽	女	1986.2	汉族	山西盂县	本科		盂县财政局会计师
徐　献	男	1961.12	汉族	山西盂县	高中	中共	盂县路家村镇阎家沟村党支部书记
郭　华	男	1975.9	汉族	山西盂县	本科	中共	盂县牛村镇党委书记
高彦青	男	1965.12	汉族	山西盂县	本科	中共	盂县西烟镇党委书记
崔永新	男	1979.7	汉族	山西盂县	本科	中共	盂县城镇办武装部部长
梁　芳	女	1978.12	汉族	山西盂县	本科		盂县检察院办公室职员
梁海帆	男	1973.3	汉族	山西盂县	大专		盂县住建局人防办职工
董一兵	男	1963.1	汉族	山西闻喜	研究生	中共	阳泉市委副书记、市政府市长
樊如珍	男	1962.10	汉族	山西盂县	本科	中共	阳泉市委组织部副部长、市人社局局长

市十五届人大代表补选一览表（37 名）

表 3-24

姓　名	性别	出生年月	民族	籍　贯	文化程度	党派	工作单位及职务
王文珊	女	1969.5	汉族	山西介休	在职研究生	中共	中国建设银行阳泉分行行长
师占卿	男	1964.4	汉族	山西和顺	研究生	中共	农行阳泉分行行长
乔继光	男	1963.10	汉族	山西介休	大学本科	中共	市烟草专卖局（公司）局长（经理）
关建勋	男	1962.11	汉族	山西临猗	在职研究生	中共	市委书记
孙季鸿	男	1969.2	汉族	河南西华	研究生	中共	阳泉军分区司令员
杨建国	男	1971.6	汉族	山西太原	大学本科	中共	平定县人武部政委
李　泽	男	1981.2	汉族	山西阳泉	研究生	中共	郊区人武部部长
张志先	男	1968.6	汉族	山西平定	在职研究生	中共	矿区区委书记、市直机关工委书记
张其光	男	1977.7	汉族	河北平泉	博士研究生	中共	市委常委、盂县县委书记
徐勤保	男	1974.12	汉族	山东郯城	大学本科	中共	阳煤集团平定化工有限公司董事长、总经理
郭卫东	男	1968.5	汉族	山西河津	研究生	中共	市委常委、统战部部长
郭富德	男	1962.12	汉族	山西汾西	大学本科	中共	山西阳光发电有限责任公司董事长、总经理
雷健坤	女	1971.12	汉族	山西大同	博士研究生	中共	市委副书记、市政府副市长、代市长
马　杰	男	1970.12	汉族	浙江嵊县	研究生	中共	阳泉军分区政治委员
王永革	男	1967.11	汉族	山西运城	在职研究生	中共	阳煤集团党委副书记、副董事长、总经理
王建义	男	1969.5	汉族	河北深县	在职研究生	中共	平定县委副书记、副县长、代县长
宁文鑫	男	1985.6	汉族	山西榆次	研究生	中共	郊区区委副书记、副区长、代区长
乔军华	男	1976.3	汉族	山西平定	大学	中共	市人大城乡建设环境保护委员会副主任委员人选
任战虹	男	1964.11	汉族	山西沁县	大学	中共	国网阳泉供电公司总经理
任晓辉	男	1974.2	汉族	山西昔阳	大学	中共	市人大法制委员会副主任委员人选
李文兵	男	1971.12	汉族	山西文水	大学	中共	市政府副市长
李东方	男	1969.7	汉族	山西和顺	大学	中共	市人大社会建设委员会副主任委员人选
李姝君	女	1969.9	汉族	河南内乡	大学	中共	市人大教育科学文化卫生委员会副主任委员人选
张立强	男	1981.9	汉族	山东蒙阴	大学	中共	矿区区委副书记、副区长、代区长，省经信委办公室主任
高永恩	男	1976.9	汉族	山西盂县	大学	中共	市人大常委会人事代表工作委员会主任
黄海涛	男	1963.11	汉族	山西和顺	大学	中共	市委常委、常务副市长
梁海昌	男	1973.8	汉族	山西平定	大专	中共	盂县县委副书记、副县长、代县长
王志全	男	1975.10	汉族	山西盂县	大学	中共	矿区区委常委、组织部部长

续表 3-24

姓　名	性别	出生年月	民族	籍　贯	文化程度	党派	工作单位及职务
王建华	男	1964.12	汉族	山西盂县	大学	中共	盂县人大常委会党组书记
王俊明	男	1978.10	汉族	山西寿阳	大学	中共	武警阳泉支队政委
王新哲	男	1959.2	汉族	河北唐县	大专	中共	山西志远建设集团有限公司党委书记、董事长，省工商联副主席（兼）
田进勇	男	1962.8	汉族	山西阳泉	大学	中共	郊区人大常委会主任
杨建军	男	1968.9	汉族	山西怀仁	大学	中共	市委常委、宣传部部长
张文斌	男	1972.8	汉族	山西阳泉	大学	中共	平定县委常委、组织部部长
姜四清	男	1965.2	汉族	湖北天门	研究生	中共	市委书记
高永红	男	1973.11	汉族	山西盂县	省委党校研究生	中共	开发区党工委书记、管委会主任
樊志红	男	1972.2	汉族	山西运城	研究生	中共	城区区委副书记、副区长、代区长

第四篇

市人民代表大会

根据《中华人民共和国宪法》和《中华人民共和国地方各级人民代表大会和地方各级人民政府组织法》《中华人民共和国监察法》规定，地方人民代表大会由民主选举产生，对人民负责，受人民监督；人民政府、监察委员会、人民法院、人民检察院都由同级人民代表大会产生，对其负责，受其监督，每届任期五年。市人民代表大会根据本行政区域的具体情况和实际需要，在不同宪法、法律、行政法规相抵触的前提下，可以制定和颁布关于城乡建设与管理、环境保护、历史文化等方面的地方性法规。市人民代表大会行使下列职权：在本行政区域内，保证宪法、法律、行政法规和上级人民代表大会及其常务委员会决议的遵守和执行，保证国家计划和国家预算的执行；审查和批准本行政区域内的国民经济和社会发展计划、预算以及它们执行情况的报告；讨论、决定本行政区域内的政治、经济、教育、科学、文化、卫生、环境和资源保护、民政、民族等工作的重大事项；选举本级人民代表大会常务委员会的组成人员，选举市长、副市长，选举市监察委员会主任、市中级人民法院院长和人民检察院检察长，选举省人民代表大会代表；听取和审查市人民代表大会常务委员会的工作报告；听取和审查市人民政府、市中级人民法院、人民检察院的工作报告；改变或者撤销市人民代表大会常务委员会的不适当的决议，撤销市人民政府的不适当的决定和命令；保护社会主义的全民所有的财产和劳动群众集体所有的财产，保护公民私人所有的合法财产，维护社会秩序，保障公民的人身权利、民主权利和其他权利；保护各种经济组织的合法权益，保障少数民族的权利，保障宪法和法律赋予妇女的男女平等、同工同酬和婚姻自由等各项权利。

阳泉市人民代表大会会议是阳泉市人民代表大会进行工作和行使职权的主要方式。2001 年 1 月至 2020 年 12 月，阳泉市人民代表大会共举行 5 届 24 次会议，听取和审议各项报告 123 个，作出决议、决定 139 项，审议并通过地方性法规 1 件、规范性文件 19 件，选举阳泉市国家机关领导人员 213 人，选举阳泉市出席山西省人民代表大会代表 107 人。

第一章　市十一届人民代表大会

阳泉市第十一届人民代表大会，任期自1997年4月至2002年3月。在2001年后，举行召开1次会议即阳泉市第十一届人民代表大会第六次会议，听取和审议报告6个，通过决议6项。

阳泉市第十一届人民代表大会第六次会议于2001年2月25日至3月2日在阳泉宾馆召开。应出席代表288人，实出席248人。阳泉市出席九届全国人大代表，市委有关部门负责人，市人大常委会工作机构负责人，市政府组成人员，市中级人民法院、市人民检察院及有关部门负责人共138人以及出席市政协十届五次会议的全体委员列席相关会议。

大会于2月25日下午举行预备会议。会议表决通过丁贵生、弓计来、王升、王斌、王玉仙（女）、王亦农、王善桂、牛树雨、石崇德、付景华（女）、冯岳南、巩引贞（女）、任怀金、刘忱（女）、刘文恕、刘高官、孙水生、杜肇昆、李生林、李希曾、李奕明、李彦良（女）、李唐圣、邰爱国、林玉平、杨有怀、杨宝国、杨建国、杨维林、宋林岭、张金、张延生、张希祯、张昌和、张宝同、张德厚、郑耀礼、赵长春、郝爱生、段永章、皇甫明儒、徐来（女）、梁璧、彭喜平（女）、董建堂、蒋庆雨、程步云、鲁宏成、鄯怀林、穆建民等50人为大会主席团成员，李奕明兼任秘书长。会议表决通过阳泉市第十一届人民代表大会第六次会议议案审查委员会组成人员名单。预备会议后，大会主席团举行第一次会议，推定张昌和、杨宝国、李奕明、徐来（女）、杜肇昆、张希祯、郝爱生、董建堂、王升为大会主席团常务主席；决定王升、李畴海、马晋兴、郭靖民、张宝明、荆东生为大会副秘书长。

大会共举行4次全体会议。会议听取和审议市人民政府市长郭良孝作的《关于阳泉市国民经济和社会发展第十个五年计划纲要的报告》，市计划委员会主任孙忠厚作的《关于2000年国民经济和社会发展计划执行情况与2001年国民经济和社会发展计划草案的报告》，市财政局局长马骥作的《关于阳泉市2000年总预算及市本级预算执行情况和2001年总预算及市本级预算草案的报告》，市人大常委会副主任杨宝国作的《阳泉市人民代表大会常务委员会工作报告》，市中级人民法院院长李建忠作的《阳泉市中级人民法院工作报告》，市人民检察院代检察长王元寿作的《阳泉市人民检察院工作报告》，并表决通过相应决议，批准了上述6个报告。

会议表决通过选举办法，以无记名投票、等额选举方式，补选王元寿为阳泉市人民检察院检察长。

会议收到代表10人以上联名提出的议事原案26件。其中，经济结构调整类6件、文化教育卫生类5件、城市建设类3件、财政贸易类3件、行政区划和社区建设类4件、政法类2件、劳动人事类3件，其他2件。大会主席团讨论决定，全部改为按建议、意见处理，连同大会收到的其他意见、建议71件，总计97件意见、建议。

第二章　市十二届人民代表大会

阳泉市第十二届人民代表大会，任期自 2002 年 3 月至 2007 年 5 月，共举行 6 次会议，听取和审议报告 31 个，通过决议、决定 37 项，选举阳泉市国家机关领导人员 48 人，选举阳泉市出席山西省第十届人民代表大会代表 29 名。

第一节　第一次会议

阳泉市第十二届人民代表大会第一次会议于 2002 年 3 月 23 日至 29 日在阳泉宾馆召开。会议应出席代表 286 人，实出席 271 人。阳泉市出席山西省九届人大代表、市委有关部门负责人、市十一届人大常委会组成人员、市人大常委会工作机构负责人、市人民政府组成人员、市中级人民法院、市人民检察院和其他有关部门负责人共 122 人以及出席市政协十一届一次会议的全体委员列席相关会议。

大会于 3 月 23 日下午召开预备会议。表决通过丁贵生、王升、王斌、王七孩、王元寿、王永先、王亦农、尹春生、冯培一、冯俊杰、付景华（女）、巩引贞（女）、朱礼厚（女）、刘建田、刘高官、孙水生、李明、李天太、李生林、李体柱、李奕明、李彦良（女）、李高锁、杨清风、吴学斌、余惠章、宋林岭、张希祯、张昌和、邰爱国、林玉平、郝爱生、荆存柱、段永章、高全怀、董岩、董建堂、程步云、鄯怀林等 40 人为大会主席团成员，刘建田兼任秘书长。预备会议后，大会主席团举行第一次会议，推定程步云、张昌和、丁贵生、李天太、孙水生、邰爱国、刘高官、刘建田、杨清风、朱礼厚（女）、王元寿、王七孩为主席团常务主席，决定李明、张宝明、武建功、尚永葆、马晋兴、荆东生、宋建华为大会副秘书长。

大会共举行 6 次全体会议。会议听取和审议市人民政府市长郭良孝作的《政府工作报告》，市发展计划委员会主任李裕厚作的《关于 2001 年国民经济和社会发展计划执行情况与 2002 年国民经济和社会发展计划草案的报告》，市财政局局长马骥作的《关于阳泉市 2001 年总预算及市本级预算执行情况和 2002 年总预算及市本级预算草案的报告》，市人大常委会副主任李奕明作的《阳泉市人民代表大会常务委员会工作报告》，市中级人民法院院长李建忠作的《阳泉市中级人民法院工作报告》，市人民检察院检察长王元寿作的《阳泉市人民检察院工作报告》，并表决通过相应决议，批准了上述 6 个报告。

会议表决通过选举办法，以无记名投票、差额选举方式，选举丁贵生为市十二届人大常委会主任，刘建田、杨清风、朱礼厚（女）、王元寿、王七孩为副主任，李明为秘书长，郭良孝为市人民政府市长，王舰民、樊盛武、陈继光、王敬瑞、李体柱、刘兆林为副市长，冯少勇为市中级人民法院院长，张仲马为市人民检察院检察长，丁根晓、王斌、王玉兰（女）、付景华（女）、冯培一、巩引贞（女）、刘春玲（女）、安慧鹏、李生林、李彦良（女）、杨永生、何海平、张凤英（女）、张金凤（女）、张宝明、张禄长、武根进、郗存祥、荆存柱、郭忠实、梁春明、程志强、鄯怀林23人为市十二届人大常委会委员。

会议表决通过市人大法制委员会、财政经济委员会、教育科学文化卫生委员会、农村委员会、城乡建设环境保护委员会主任委员、副主任委员、委员名单。张禄长为法制委员会主任委员，杨喜平为副主任委员，史成明、张怀柱、范秀玲（女）、赵丽军（女）、韩忠义为委员；鄯怀林为财政经济委员会主任委员，李润怀为副主任委员，刘选民、李计栓、杨玉明、杨永善、雷志刚为委员；李生林为教育科学文化卫生委员会主任委员，王万柱为副主任委员，石良山、任锁才、赵妙珍（女）、韩志平、程继喜为委员；郗存祥为农村委员会主任委员，史友松为副主任委员，王连成、张鸿元、郝俊智为委员；程志强为城乡建设环境保护委员会主任委员，桑晓飞为副主任委员，王叶森、张爱虎、陈海为委员。

会议收到代表10人以上联名提出的议事原案40件。表决通过董建堂等15名代表提出的《切实做好扩大城镇劳动就业工作》和张希祯等11名代表提出的《关于进一步发展非公有制经济》两件议事原案立为大会议案。其他转为建议、意见处理，会议收到代表提出的建议批评和意见29件，连同议案转建议的38件，总计67件。

市委书记程步云在会议闭幕大会作讲话。

第二节　第二次会议

阳泉市第十二届人民代表大会第二次会议于2002年11月19日至20日在阳泉宾馆召开。应出席代表286人，实出席266人。

大会于11月19日下午召开预备会议。表决通过丁贵生、丁根晓、王斌、王七孩、王元寿、王玉兰（女）、王永先、王亦农、尹春生、冯培一、冯俊杰、付景华（女）、巩引贞（女）、朱礼厚（女）、刘建田、刘春玲（女）、刘高官、孙水生、安慧鹏、何海平、李明、李天太、李生林、李彦良（女）、李高锁、杨永生、杨清风、吴学斌、余惠章、宋林岭、张凤英（女）、张金凤（女）、张宝明、张禄长、郃爱国、武根进、郗存祥、林玉平、荆东生、荆存柱、段永章、高全怀、梁怀玉、梁春明、韩加印、董岩、程步云、程志强、鄯怀林等50人为大会主席团成员，刘建田兼任秘书长。预备会议后，大会主席团举行第一次会议，推定程步云、丁贵生、李天太、孙水生、郃爱国、刘高官、刘建田、杨清风、朱礼厚（女）、王元寿、王七孩、李明为主席团常务主席，决定张宝明、武建功、尚永葆、马晋兴、荆东生、宋建华为大会副秘书长。

大会共举行2次全体会议。

会议表决通过选举办法，以无记名投票、差额选举方式，选举丁贵生、王永先、王亦农、王铁锁、左征、史秀莉（女）、冯少勇、冯俊杰、苏高文、李生茂、李彦良（女）、李高锁、杨补兰（女）、杨建国、张然、张凤英（女）、张秀亲（女）、陈海、赵远长、赵建平、胡朗、信秀莲（女）、郭良孝、梁璧、梁国英、梁谢虎、董美林（女）、程步云、魏德卿等29人为阳泉市出席山西省第十届人民代表大会代表。

第三节　第三次会议

阳泉市第十二届人民代表大会第三次会议于2003年4月17日至22日在阳泉宾馆召开。应出席代表288人，实出席269人。阳泉市出席省十届人大代表、市委有关部门负责人、县（区）委和政府主要负责人、市人大常委会工作机构负责人、市人民政府组成人员，市中级人民法院、市人民检察院及有关单位、部门负责人共85人以及出席市政协十一届二次会议的全体委员列席相关会议。

大会于4月17日下午召开预备会议。表决通过丁贵生、丁根晓、马骥、王斌、王七孩、王元寿、王玉兰（女）、王永先、王亦农、尹春生、付景华（女）、冯俊杰、巩引贞（女）、朱礼厚（女）、刘建田、刘春玲（女）、刘高官、安慧鹏、孙水生、李明、李天太、李生林、李彦良（女）、李高锁、杨永生、杨清风、吴学斌、何海平、余惠章、宋林岭、张凤英（女）、张金凤（女）、张宝明、张禄长、郇爱国、武根进、林玉平、郗存祥、荆东生、荆存柱、段永章、高全怀、郭忠实、梁怀玉、韩加印、董岩、董建堂、程步云、程志强、鄯怀林等50人为大会主席团成员，杨清风兼任秘书长。预备会议后，大会主席团举行第一次会议，推定程步云、丁贵生、李天太、孙水生、郇爱国、刘高官、林玉平、刘建田、杨清风、朱礼厚（女）、王元寿、王七孩、李明为主席团常务主席，决定李明、宋建华、张宝明、李家忠、张锁珍（女）、许世奎、马晋兴、武建功为大会副秘书长。

大会共举行4次全体会议。会议听取和审议市人民政府市长郭良孝作的《政府工作报告》，市发展计划委员会主任李裕厚作的《关于2002年国民经济和社会发展计划执行情况与2003年国民经济和社会发展计划草案的报告》，市财政局局长王振国作的《关于阳泉市2002年总预算及市本级预算执行情况和2003年总预算及市本级预算草案的报告》，市人大常委会副主任刘建田作的《阳泉市人民代表大会常务委员会工作报告》，市中级人民法院院长冯少勇作的《阳泉市中级人民法院工作报告》，市人民检察院检察长张仲马作的《阳泉市人民检察院工作报告》，并通过相应的决议，批准了上述6个报告。

会议表决通过选举办法，以无记名投票方式，选举张清为阳泉市第十二届人大常委会副主任，马德胜、王礼、许世奎等为阳泉市十二届人大常委会委员。

会议收到代表提出的议事原案27件，其中工业交通和财政经济方面5件，教科文卫方面6件，城乡建设环境保护方面8件，农林水利方面3件，劳动和社会保障方面2件，政法方面2件，其他方面1件。大会主席团授权市人大常委会进一步审议赵银万等13名代表提出的《关于加强农村卫生工作的议案》，决定是否立为大会议案，其他议事原案转为建议。会议收到代表提出的建议批评和意见52件，连同议案转建议的26件，总计78件。

会议针对群众普遍关注的有关热点、难点问题，举行了2次记者招待会。

第四节　第四次会议

阳泉市第十二届人民代表大会第四次会议于2004年2月24日至28日在阳泉宾馆召开。应出席会议的市十二届人大代表287名，实际到会270名。阳泉市出席省十届人大代表、市委及有关部门负责人、县（区）委和政府主要负责人、市人大常委会工作机构负责人及有关人员，市人民政府组成人员，市中级人民法院、市人民检察院负责人，人民团体及有关单位、部门负责人共 90 人以及出席市政协十一届三次会议的全体委员列席相关会议。

大会于 2 月 24 日下午召开预备会议。表决通过丁贵生、丁根晓、马骥、马德胜、王礼、王斌、王七孩、王元寿、王玉兰（女）、王永先、王亦农、尹春生、冯俊杰、付景华（女）、巩引贞（女）、朱礼厚（女）、刘建田、刘春玲（女）、刘高官、许世奎、孙水生、安慧鹏、何海平、李明、李天太、李生林、李彦良（女）、李高锁、杨永生、杨清风、吴学斌、宋林岭、张清、张凤英（女）、张存福、张宝明、张禄长、赵宽营、胡金贵、郃爱国、武根进、郗存祥、林玉平、荆东生、荆存柱、段永章、高全怀、梁怀玉、董岩、程步云、程志强、鄗怀林等为大会主席团成员，杨清风兼任秘书长。预备会议后，大会主席团举行第一次会议，推定程步云、丁贵生、李天太、孙水生、郃爱国、刘高官、林玉平、刘建田、杨清风、朱礼厚（女）、王元寿、王七孩、张清、李明为主席团常务主席，决定李明、张宝明、李家忠、张锁珍（女）、许世奎、马晋兴、武建功、李柏为大会副秘书长。

大会共举行 4 次全体会议。会议听取和审议市人民政府代市长谢海作的《政府工作报告》，市发展计划委员会主任李裕厚作的《关于 2003 年国民经济和社会发展计划执行情况与 2004 年国民经济和社会发展计划草案的报告》，市财政局局长王振国作的《关于阳泉市 2003 年总预算及市本级预算执行情况和 2004 年总预算及市本级预算草案的报告》，市人大常委会副主任刘建田作的《阳泉市人民代表大会常务委员会工作报告》，市中级人民法院院长冯少勇作的《阳泉市中级人民法院工作报告》，市人民检察院检察长张仲马作的《阳泉市人民检察院工作报告》，并通过相应的决议，批准了上述 6 个报告。

会议通过大会选举办法，以无记名投票方式，选举谢海为市人民政府市长。

会议收到代表提出的议事原案 35 件，其中涉及城乡建设与管理方面的 12 件，农业产业化方面的 4 件，科教文卫方面的 8 件，财政经济方面的 9 件，经济结构调整方面的 1 件，其他方面的 1 件。表决通过李奕明等 10 名代表提出的《关于加强全市社区建设的议案》立为大会议案，其他 34 件转为建议。会议收到代表提出的建议、批评和意见 45 件，连同议案转建议的 34 件，总计 79 件。

会议期间针对群众普遍关注的有关热点、难点问题，举行了 2 次记者招待会。

第五节　第五次会议

阳泉市第十二届人民代表大会第五次会议于 2005 年 4 月 7 日至 11 日在阳泉宾馆召开。应出席代表 287 人，实出席 264 人。阳泉市出席省十届人大代表、市委及有关部门负责人、县区委和政府主要负责人、市人大常委会工作机构负责人及有关人员、市人民政府组成人员，市中级人民法院、市人民检察院负责人，人民团体及有关单位、部门负责人共 99 人以及出席市政协十一届四次会议的全体委员列席相关会议。

大会于 4 月 7 日下午召开预备会议。表决通过丁贵生、丁根晓、马德胜、王礼、王斌、王七孩、王元寿、王玉兰（女）、王永先、石盛奎、付景华（女）、冯俊杰、朱礼厚（女）、刘建田、刘春玲（女）、刘高官、安慧鹏、许世奎、孙水生、李明、李天太、李生林、李彦良（女）、李高锁、杨永生、杨清风、何海平、宋林岭、张清、张凤英（女）、张存福、张宝明、张禄长、郃爱国、武根进、范谦家、林玉平、郗存祥、胡金贵、荆存柱、段永章、高全怀、董岩、程志强、程步云、鄗怀林等47人为大会主席团成员，王七孩兼任秘书长。预备会议后，大会主席团举行第一次会议，推定程步云、丁贵生、李天太、孙水生、郃爱国、刘高官、林玉平、刘建田、杨清风、朱礼厚（女）、王元寿、王七孩、张清、李明为主席团常务主席，决定李明、张宝明、李家忠、鲁米维、许世奎、马晋兴、周子服、李柏为大会副秘书长。

大会共举行3次全体会议。会议听取和审议市人民政府市长谢海作的《政府工作报告》、市人大常委会主任丁贵生作的《阳泉市人民代表大会常务委员会工作报告》、市中级人民法院院长冯少勇作的《阳泉市中级人民法院工作报告》、市人民检察院检察长张仲马作的《阳泉市人民检察院工作报告》，审查阳泉市发展计划委员会《关于2004年国民经济和社会发展计划执行情况与2005年国民经济和社会发展计划草案的报告》、市财政局《关于2004年总预算及本级预算执行情况和2005年总预算及市本级预算草案的报告》，并表决通过相应决议，批准了上述6个报告。

会议通过选举办法，以无记名投票方式，选举荆东生为市人大常委会副主任。

会议收到代表提出的议事原案43件，其中，城乡建设与管理方面的4件，“三农”问题和农业产业化方面的3件，科教文卫方面的8件，财政经济方面的1件，加强国土资源监管和环境保护方面的20件，其他方面的7件。表决通过陈海等22名代表提出的《关于加快市区及周边严重污染企业治理的议案》立为大会议案，其他42件转为建议。会议收到代表提出的建议、批评和意见83件，连同议案转建议的42件，总计125件。

市十二届人大五次会议借鉴了十届全国人大三次会议和省十届人大三次会议开法，简化了会议程序，缩减了会议时间。计划和财政预算报告改为书面形式审议；缩减了大会主席团人数；大会的各项决议不再重复报告中的内容，只做结论性陈述；会议期间根据代表审议的意见，认真修改和完善了报告，并将报告的修改意见印发全体代表。会议期间举行了1次记者招待会，举办了《辉煌2004》大型图片展。

第六节　第六次会议

阳泉市第十二届人民代表大会第六次会议于2006年4月10日至15日在阳泉宾馆召开。应出席代表287人，实出席272人。在阳泉市工作的省十届人大代表、市委有关部门负责人、县（区）委和政府主要负责人、市人大常委会工作机构负责人及有关人员、市人民政府组成人员，市中级人民法院、市人民检察院负责人，人民团体及有关单位、部门负责人共109人以及出席市政协十一届五次会议的全体委员列席相关会议。

大会于4月10日下午召开预备会议。表决通过丁贵生、丁根晓、马德胜、王礼、王斌、王七孩、王玉兰（女）、王永先、石盛奎、付景华（女）、冯俊杰、朱礼厚（女）、刘春玲（女）、刘高官、安慧鹏、许世奎、孙水生、李明、李生林、李彦良（女）、李高锁、何海平、宋林岭、张清、张凤英（女）、张存福、张宝明、张禄长、郃爱国、武根进、范谦家、林玉平、郗存祥、胡金贵、荆东生、荆存柱、段永章、高全怀、董岩、程志强、谢海、鄯怀林等43人为大会主席团成员，张清兼任秘书长。预备会议后，大会主席团举行第一次会议，推定谢海、丁贵生、孙水生、郃爱国、刘高官、林玉平、朱礼厚（女）、王七孩、张清、荆东生、李明为主席团常务主席，决定李明、张宝明、杨永生、鲁米维、许世奎、马晋兴、周子服、李柏为大会副秘书长。

大会共举行3次全体会议。会议听取和审议市人民政府代市长白云作的《政府工作报告》、市人大常委会主任丁贵生作的《阳泉市人民代表大会常务委员会工作报告》、市中级人民法院院长冯少勇作的《阳泉市中级人民法院工作报告》、市人民检察院检察长张仲马作的《阳泉市人民检察院工作报告》，审查阳泉市国民经济和社会发展第十一个五年规划纲要、市发展和改革委员会《关于2005年国民经济和社会发展计划执行情况与2006年国民经济和社会发展计划草案的报告》、市财政局《关于2005年总预算及本级预算执行情况和2006年总预算及市本级预算草案的报告》，并表决通过相应决议，批准了上述报告和纲要。

会议表决通过选举办法，以无记名投票方式，选举白云为市人民政府市长，选举吴学斌、段存寿为市人大常委会副主任。

会议收到代表10人以上联名提出的议事原案32件，其中涉及产业结构调整的2件，城乡建设与管理方面的5件，“三农”问题和农业产业化方面的4件，科教文卫方面的5件，交通设施建设方面的3件，社会保障方面的1件，环境保护方面的2件，其他方面的10件。表决通过吴祥玉等27名代表提出的《倾力打造园林城市，全面提升人居环境》立为大会议案，其他31件转为建议。会议收到代表提出的建议、批评和意见84件，连同议案转建议的31件，总计115件，确定了其中10件为需要重点办理的建议、意见。

会议期间举行了1次新闻发布会、1次记者招待会，举办了《回顾“十五”成就，憧憬“十一五”蓝图》大型图片展，首次听取了对政府工作报告及规划纲要草案修改情况的说明。

第三章　市十三届人民代表大会

阳泉市第十三届人民代表大会，任期自2007年5月至2012年5月，共举行6次会议，听取审议报告31个，通过决议、决定36项，选举阳泉市国家机关领导人员60人，选举阳泉市出席山西省第十一届人大代表27名。

第一节　第一次会议

阳泉市第十三届人民代表大会第一次会议于2007年5月27日至6月1日在阳泉宾馆召开。应出席代表288人，实出席279人。在阳泉市工作的省十届人大代表、市委有关工作部门负责人、部分市十二届人大常委会组成人员、市人大常委会工作机构负责人及有关人员、市人民政府组成人员，市中级人民法院、市人民检察院负责人，人民团体和有关单位、部门负责人等共102人以及出席市政协十二届一次会议的全体委员列席相关会议。

大会于5月27日下午召开预备会议。表决通过丁贵生、马德胜、王七孩、王玉兰（女）、王体轩、王舰民、王梦贺、朱玉、朱玉芳（女）、朱礼厚（女）、刘春玲（女）、刘高官、安慧鹏、许世奎、孙水生、孙彦增、李明、李建恩、李忠祥、杨日祥、杨永生、吴丽萍（女，满族）、吴学斌、宋师璇、张清、张凤英（女）、张存福、陈继光、邰爱国、范谦家、林玉平、郗存祥、荆东生、段存寿、高中和、高全怀、程志强、谢海、鄱怀林、樊盛武等40人为大会主席团成员，荆东生兼任秘书长。预备会议后，大会主席团举行第一次会议，推定谢海、丁贵生、孙水生、邰爱国、林玉平、张清、荆东生、吴学斌、段存寿、吴丽萍（女，满族）、高中和为主席团常务主席，决定高中和、丁国忠、董贵堂、鲁米维、许世奎、马晋兴、唐麟、鄱怀林、李柏为大会副秘书长。

大会共举行4次全体会议。会议听取和审议市人民政府市长白云作的《政府工作报告》、市人民代表大会常务委员会主任丁贵生作的《阳泉市人民代表大会常务委员会工作报告》、市中级人民法院院长冯少勇作的《阳泉市中级人民法院工作报告》、市人民检察院检察长张仲马作的《阳泉市人民检察院工作报告》，审查市发展和改革委员会《关于阳泉市2006年国民经济和社会发展计划执行情况与2007年国民经济和社会发展计划草案的报告》、市财政局《关于阳泉市2006年总预算及市本级预算执行情况和2007年总预算及市本级预算草案的报告》，并表决通过相应决议，批准了上述6个报告。

会议表决通过选举办法，以无记名投票、差额选举方式，选举孙水生为市十三届人大常委会主任，张清、荆东生、吴学斌、段存寿、吴丽萍（女，满族）为副主任，高中和为秘书长；选举白云

（女）为市人民政府市长，王旭明、王敬瑞、李体柱、刘兆林、王湜洲、王冬雪（挂职）为副市长；选举冯少勇为市中级人民法院院长；张仲马为市人民检察院检察长；选举丁国忠、马德胜、王万柱、王玉兰（女）、王玉明、冯岩松、朱玉、朱玉芳（女）、刘春玲（女）、齐志华、安慧鹏、许世奎、李海珍（女）、李润怀、李继红、杨日祥、杨永生、杨红梅（女）、杨喜平、张凤英（女）、赵远长、荆素俭（女）、郗存祥、郭怀寿、梁怀玉、梁璧、程志强、靳培宏、鄯怀林、鄯宝明等30人为市十三届人大常委会委员。

会议表决通过市人大法制委员会、财政经济委员会、教育科学文化卫生委员会、农村委员会、城乡建设环境保护委员会主任委员、副主任委员、委员名单。杨喜平为法制委员会主任委员，张国强为副主任委员，王晓华、祁晓虎、杨良福、张文星、商继杰为委员；李润怀为财政经济委员会主任委员，赵永东为副主任委员，王利平、任保军、张云龙、赵建军、郭宝忠为委员；王万柱为教育科学文化卫生委员会主任委员，乔亦青（女）、苏秀莲（女）、杨兆明、贾江武、高建琴为委员；郗存祥为农村委员会主任委员，史友松为副主任委员，王连成、王振生、李乃珠、杨婵荣（女）、徐献为委员；程志强为城乡建设环境保护委员会主任委员，桑晓飞为副主任委员，王录、陈海、梁琦、韩爱忠、魏润为委员。

会议收到代表10人以上联名提出的议事原案33件。其中涉及产业结构调整1件，城市建设与管理方面4件，社会主义新农村建设方面的4件，科教文卫方面的11件，交通设施建设方面2件，自然资源保护方面的1件，财税体制方面3件，其他方面的7件。表决通过蔡新田等15名代表提出的《娘子关水源亟需保护》议事原案立为大会议案。会议收到代表提出的建议、批评和意见92件。在未列入大会议案的32件议事原案和92件建议、意见中，又筛选了10件确定为需要重点办理的建议、意见。

市委书记谢海在会议闭幕大会作讲话。

会议期间举行了1次新闻发布会、1次记者招待会。

第二节　第二次会议

2007年12月5日至7日，阳泉市第十三届人民代表大会第二次会议在阳泉宾馆召开。应出席代表288人，实际到会276人。

大会于12月5日下午召开预备会议。表决通过丁国忠、马德胜、王万柱、王玉兰（女）、王玉明、王舰民、王梦贺、冯岩松、朱玉、朱玉芳（女）、任福耀、刘春玲（女）、刘高官、齐志华、安慧鹏、许世奎、许安武、孙水生、孙彦增、李忠祥、李建恩、李润怀、李海珍（女）、李继红、杨日祥、杨永生、杨全生、杨红梅（女）、杨喜平、吴丽萍（女，满族）、吴学斌、宋师璇、张凤英（女）、张存福、张清、陈继光、郃爱国、范谦家、林玉平、赵远长、荆东生、荆素俭（女）、段存寿、郗存祥、高中和、高全怀、郭怀寿、梁怀玉、梁璧、程志强、谢海、靳培宏、鄯怀林、鄯宝明、樊盛武等55人为大会主席团成员，吴学斌兼任秘书长。预备会议后，大会主席团举行第一次会议，推定谢海、孙水生、郃爱国、林玉平、张清、荆东生、吴学斌、段存寿、吴丽萍（女，满族）、高中和为大会主席团常务主席，决定高中和、丁国忠、董贵堂、鲁米维、许世奎、马晋兴、唐麟、鄯怀林、李柏为大会副秘书长。

大会共举行 2 次全体会议。

会议通过了本次大会选举办法。按照选举办法，大会以无记名投票、差额选举方式，选举产生了王铁锁、邓智毅、朱先奇、李战志、杨安和、杨怀恩、马玉田、史秀莉（女）、白云（女）、吕冬（女）、乔泉生、任福耀、孙水生、宋正、张凤英（女）、张立君、张存福、张仲马、陈海、赵万银、赵远长、荆素俭（女）、胡素生、信秀莲（女）、梁璧、董美玲（女）、谢海等 27 人为阳泉市出席山西省第十一届人民代表大会代表。

会议期间进行代表培训，丁国忠等 5 名常委会组成人员围绕人大代表履职应知、应会、应为事项等内容作了辅导报告。

第三节　第三次会议

2008 年 4 月 7 日至 11 日，阳泉市第十三届人民代表大会第三次会议在阳泉宾馆召开。应出席会议代表 285 人，实际到会 278 人。在阳泉市工作的省十一届人大代表、市委有关工作部门负责人、市人大常委会工作机构负责人及有关人员、市人民政府组成人员，市中级人民法院、市人民检察院负责人，人民团体及有关单位、部门负责人，县、区法检两长共 110 人以及出席市政协十二届二次会议的全体委员列席相关会议。

大会于 4 月 7 日下午召开预备会议。表决通过丁国忠、马德胜、王万柱、王玉兰（女）、王玉明、王舰民、王梦贺、方庆灵、冯岩松、朱玉、朱玉芳（女）、任福耀、刘春玲（女）、刘高官、齐志华、安慧鹏、许世奎、孙水生、孙彦增、李忠祥、李建恩、李润怀、李海珍（女）、李继红、杨日祥、杨永生、杨全生、杨喜平、吴丽萍（女，满族）、吴学斌、宋师璇、张凤英（女）、张存福、张清、陈继光、郜爱国、林玉平、赵远长、荆东生、荆素俭（女）、段存寿、郗存祥、高中和、高全怀、郭怀寿、梁怀玉、梁璧、程志强、谢海、靳培宏、鄯怀林、鄯宝明、樊盛武 53 人为大会主席团成员，段存寿兼任秘书长。预备会议后，大会主席团举行第一次会议，推定谢海、孙水生、郜爱国、林玉平、张清、荆东生、吴学斌、段存寿、吴丽萍（女，满族）、高中和为主席团常务主席，决定高中和、董贵堂、鲁米维、马晋兴、鄯怀林、丁国忠、唐麟、李柏为大会副秘书长。

大会共举行 3 次全体会议。会议听取和审议市人民政府市长白云作的《政府工作报告》、市人大常委会副主任张清作的《市人民代表大会常务委员会工作报告》、市中级人民法院院长冯少勇作的《市中级人民法院工作报告》和市人民检察院检察长张仲马作的《市人民检察院工作报告》；审查市发展和改革委员会《关于阳泉市 2007 年国民经济和社会发展计划执行情况与 2008 年国民经济和社会发展计划草案的报告》、市财政局《关于阳泉市 2007 年总预算和市本级预算执行情况及 2008 年总预算和市本级预算草案的报告》，并通过相应决议，批准了上述 6 个报告。

会议共收到代表 10 人以上联名提出的议事原案 65 件，其中涉及产业结构调整 3 件，城市建设与管理方面 10 件，社会主义新农村建设方面的 14 件，科教文卫方面的 24 件，交通方面 4 件，环境保护方面的 1 件，其他方面的 9 件。表决通过赵建军等 10 名代表提出的《加强统筹规划，加快全市区域经济协调发展》议事原案立为大会议案。会议收到代表提出的建议、批评和意见120件，在未列入议案的64件议事原案和120件建议、意见中，筛选10件确定为需要重点办理的建议。

会议期间举行了1次新闻发布会、1次记者招待会。

第四节　第四次会议

2009年5月22日至26日，阳泉市第十三届人民代表大会第四次会议在阳泉宾馆举行。应出席会议代表283人，实出席271人，在阳泉市工作的省十一届人大代表、市委有关工作部门负责人、市人大常委会工作机构负责人及有关人员、市人民政府组成人员，市中级人民法院、市人民检察院负责人，人民团体及有关单位、部门负责人，县、区法检两长共118人以及出席市政协十二届三次会议的全体委员列席相关会议。

大会于5月22日下午召开预备会议。表决通过丁国忠、马德胜、王民、王万柱、王玉兰(女)、王玉明、王舰民、王梦贺、方庆灵、白云(女)、冯岩松、朱玉、朱玉芳(女)、任福耀、刘春玲(女)、刘高官、齐志华、安慧鹏、许世奎、孙水生、孙彦增、李忠祥、李建恩、李润怀、李海珍（女）、李继红、杨日祥、杨永生、杨全生、杨喜平、吴丽萍（女，满族）、吴学斌、宋师璇、张凤英（女）、张存福、张清、陈继光、郃爱国、赵远长、荆东生、荆素俭（女）、段存寿、郗存祥、高中和、高全怀、郭怀寿、梁怀玉、梁璧、程志强、靳培宏、鄙怀林、鄙宝明、樊盛武等53人为大会主席团成员，张清兼任秘书长。预备会议后，大会主席团举行第一次会议，推定白云（女）、孙水生、郃爱国、张清、荆东生、吴学斌、段存寿、吴丽萍（女，满族）、高中和为主席团常务主席，决定高中和、董贵堂、王斌权、冯维明、杨全生、史玉宝为大会副秘书长。

大会共举行3次全体会议。会议听取和审议市人民政府代市长李栋梁作的《政府工作报告》、市人大常委会主任孙水生作的《市人民代表大会常务委员会工作报告》、市中级人民法院代院长王志刚作的《市中级人民法院工作报告》和市人民检察院代检察长胡克勤作的《市人民检察院工作报告》，审查市发展和改革委员会《关于阳泉市2008年国民经济和社会发展计划执行情况与2009年国民经济和社会发展计划草案的报告》、市财政局《阳泉市人民政府关于阳泉市2008年总预算和市本级预算执行情况及2009年总预算和市本级预算草案的报告》，并表决通过相应决议，批准了上述6个报告。

会议通过选举办法，以无记名投票方式，补选李栋梁为市人民政府市长、王志刚为市中级人民法院院长、胡克勤为市人民检察院检察长。

会议收到代表10人以上联名提出的议事原案71件，其中涉及产业结构调整5件，城市建设与管理方面6件，新农村建设方面的8件，科教文卫方面的20件，交通方面的6件，财政金融方面的7件，劳动和社会保障方面的4件，政法方面的6件，其他方面的9件。表决通过荆东生等15名代表提出的《关于加强阳泉市食用农产品质量安全监管》议事原案立为大会议案。会议收到代表提出的建议、批评和意见107件。

会议审议并表决通过了《阳泉市人民代表大会议事规则》《阳泉市人民代表大会及其常务委员会 讨论、决定重大事项的规定》。

会议期间举行了2次新闻发布会。

第五节　第五次会议

2010年5月5日至9日，阳泉市第十三届人民代表大会第五次会议在阳泉宾馆召开。会议应出席代表288人，实出席274人。在阳泉市工作的省十一届人大代表、市委有关工作部门负责人、市人大常委会工作机构负责人及有关人员、市人民政府工作部门负责人，市中级人民法院和市人民检察院有关人员，人民团体及有关单位、部门负责人共105人以及出席市政协十二届四次会议的全体委员列席相关会议。

大会于5月5日下午召开预备会议。表决通过丁国忠、马德胜、王民、王万柱、王玉兰（女）、王玉明、王舰民、王梦贺、方庆灵、白云（女）、朱玉芳（女）、任福耀、刘春玲（女）、刘高官、安慧鹏、孙水生、孙彦增、李忠祥、李建恩、李润怀、李海珍（女）、李继红、杨日祥、杨永生、杨全生、杨喜平、吴丽萍（女，满族）、吴学斌、宋师璇、张凤英（女）、张存福、陈继光、郃爱国、赵远长、荆东生、荆素俭（女）、段存寿、郗存祥、高全怀、郭怀寿、程志强、靳培宏、鄯怀林、鄯宝明、樊盛武等45人为大会主席团成员，荆东生兼任秘书长。预备会议后，大会主席团举行第一次会议，推定白云（女）、孙水生、郃爱国、荆东生、吴学斌、段存寿、吴丽萍（女，满族）为主席团常务主席，决定董贵堂、王斌权、冯维明、杨全生、史玉宝、丁国忠、唐麟、史友松为大会副秘书长。

大会共举行3次全体会议。会议听取和审议市人民政府市长李栋梁作的《政府工作报告》、市人大常委会主任孙水生作的《市人民代表大会常务委员会工作报告》、市中级人民法院院长王志刚作的《市中级人民法院工作报告》和市人民检察院检察长胡克勤作的《市人民检察院工作报告》，审查市发展和改革委员会《关于阳泉市2009年国民经济和社会发展计划执行情况与2010年国民经济和社会发展计划草案的报告》、市财政局《关于阳泉市2009年总预算和市本级预算执行情况及2010年总预算和市本级预算草案的报告》，并表决通过相应决议，批准了上述6个报告。

会议表决通过选举办法，以无记名投票、差额选举方式，补选王振国为市人大常委会副主任，补选吕誉耀为市人大常委会秘书长，补选王建军、史友松、白爱勤、朱刚、李乃珠、李顺宽、唐麟为市人大常委会委员。

会议收到代表10人以上联名提出议事原案40件，其中涉及产业结构调整6件，城市建设与管理方面9件，社会主义新农村建设方面的4件，科教文卫方面的12件，交通运输方面的3件，民主政治方面的4件，应急管理方面的2件。大会主席团讨论决定，将议事原案改按代表建议、意见办理。会议收到代表提出的建议、意见103件，从40件议事原案和103件建议中筛选出11件，确定为需要重点办理的建议、意见。

会议期间举行了2次新闻发布会。

第六节　第六次会议

2011年5月9日至13日，阳泉市第十三届人民代表大会第六次会议在阳泉宾馆召开。会议应出席代表286人，实出席266人，在阳泉市工作的省十一届人大代表、市委有关工作部门负责人、市人大常委会工作机构负责人及有关人员、市人民政府工作部门负责人，市中级人民法院、市人民检察院负责人，人民团体及有关单位、部门负责人，县（区）代县（区）长共110人以及出席市政协十二届五次会议的全体委员列席相关会议。

大会于5月9日下午召开预备会议。表决通过丁国忠、马德胜、王民、王万柱、王玉兰（女）、王玉明、王建军、王振国、王舰民、王梦贺、方庆灵、史友松、白云（女）、白爱勤、吕誉耀、朱玉芳（女）、朱刚、任福耀、刘春玲（女）、刘高官、安慧鹏、孙水生、孙彦增、李乃珠、李忠祥、李建恩、李定武、李顺宽、李海珍（女）、李继红、杨日祥、杨永生、杨全生、杨喜平、吴丽萍（女，满族）、吴学斌、张凤英（女）、张存福、陈继光、郃爱国、赵远长、荆东生、荆素俭（女）、段存寿、郗存祥、郭怀寿、唐麟、程志强、靳培宏、鄯怀林、鄯宝明、樊盛武等53人为大会主席团成员，王振国兼任秘书长。预备会议后，大会主席团举行第一次会议，推定白云（女）、孙水生、郃爱国、荆东生、吴学斌、段存寿、王振国、吴丽萍（女，满族）、吕誉耀为主席团常务主席，决定吕誉耀、董贵堂、王斌权、冯维明、杨全生、史玉宝为大会副秘书长。

大会共举行3次全体会议。会议听取和审议市人民政府市长李栋梁作的《政府工作报告》、市人大常委会主任孙水生作的《市人民代表大会常务委员会工作报告》、市中级人民法院院长王志刚作的《市中级人民法院工作报告》和市人民检察院检察长胡克勤作的《市人民检察院工作报告》，审查《阳泉市国民经济和社会发展第十二个五年规划纲要》《关于阳泉市2010年国民经济和社会发展计划执行情况与2011年国民经济和社会发展计划草案的报告》《关于阳泉市2010年总预算和市本级预算执行情况及2011年总预算和市本级预算草案的报告》，并表决通过相应决议，批准了上述报告和纲要。

会议通过选举办法，以无记名投票方式，补选郃爱国为市人大常委会副主任，选举董仙桃（女）为市人民政府副市长。

会议收到代表10人以上联名提出的议事原案47件，其中涉及经济发展方面的6件，城市建设与管理方面的7件，新农村建设方面的7件，科教文卫方面的15件，社会保障方面的6件，交通运输方面的2件，应急管理方面的2件，其他方面的2件。大会主席团研究决定，将议事原案改按代表建议、意见办理。会议收到代表提出的建议批评和意见74件，连同议案转建议的47件，总计121件，确定了其中10件为需要重点办理的建议、意见。

会议期间举行了2次新闻发布会。

第四章　市十四届人民代表大会

阳泉市第十四届人民代表大会，任期自2012年5月至2017年3月，共举行6次会议，听取审议报告31个，通过决议、决定33项，选举阳泉市国家机关领导人员49名，选举阳泉市出席山西省第十二届人大代表26人。

第一节　第一次会议

2012年5月25日至30日，阳泉市第十四届人民代表大会第一次会议在阳泉宾馆召开。会议应出席代表284人，实出席代表275人。在阳泉市工作的省十一届人大代表、市委有关工作部门负责人、市十三届人大常委会部分委员、市人民政府工作部门负责人，市中级人民法院、市人民检察院及人民团体、有关单位和部门负责人共102人以及出席市政协十三届一次会议的全体委员列席相关会议。

大会于5月25日下午召开预备会议。表决通过丁国忠、马德胜、王民、王玉兰（女）、王玉明、王建军、王振国、王梦贺、王湜洲、方庆灵、史友松、白爱勤、吕昌政、吕誉耀、朱玉芳（女）、朱刚、刘兆林、刘志强、刘高官、许霞（女）、孙水生、孙金明、苏满晓、李乃珠、李利生、李忠祥、李建恩、李定武、李润怀、李海珍（女）、杨日祥、杨永生、杨全生、吴丽萍（女，满族）、吴学斌、张凤英（女）、张存福、郃爱国、赵石平、赵远长、荆东生、荆素俭（女）、段存寿、洪发科、郭长青、唐麟等46人为大会主席团成员，王振国兼任秘书长。预备会议后，大会主席团举行第一次会议，推定洪发科、孙水生、刘高官、郭长青、王振国、刘兆林、吴丽萍（女，满族）、孙金明、吕昌政、刘志强、唐麟为主席团常务主席，决定董贵堂、王斌权、杨全生、史玉宝、段宏华、丁国忠、唐麟、史友松为大会副秘书长。

大会共举行4次全体会议。会议听取和审议市人民政府市长李栋梁作的《政府工作报告》、市人大常委会主任孙水生作的《市人民代表大会常务委员会工作报告》、市中级人民法院院长王志刚作的《市中级人民法院工作报告》和市人民检察院代检察长王守林作的《市人民检察院工作报告》，审查《关于阳泉市2011年国民经济和社会发展计划执行情况与2012年国民经济和社会发展计划草案的报告》《关于阳泉市2011年总预算和市本级预算执行情况及2012年总预算和市本级预算草案的报告》，并通过相应决议，批准了上述6个报告。

会议通过选举办法，以无记名投票、差额选举方式，选举刘高官为市十四届人大常委会主任，王振国、刘兆林、吴丽萍（女，满族）、孙金明、吕昌政、刘志强为副主任，唐麟为秘书长；选举李栋梁为市人民政府市长，王旭明、刘星、任衍钢、董仙桃（女）、赵峰为副市长；选举王志刚为市中级人民法院院长，王守林为市人民检察院检察长。选举丁国忠、马德胜、王玉兰（女）、王玉明、王新哲、史友松、白爱勤、吕志坚（女）、朱玉芳（女）、朱卉（女）、朱刚、刘新东、李乃珠、李国庆（女）、李首明、李海忠、李海珍（女）、李润怀、杨日祥、杨全生、杨栋善、杨鸿龙、赵永东、赵远长、荆素俭（女）、胡万明、娄森根、桑晓飞、樊文平等29人为市十四届人大常委会委员。

会议表决通过市人大法制委员会、财政经济委员会、教育科学文化卫生委员会、农村委员会、城乡建设环境保护委员会主任委员、副主任委员、委员名单。吕志坚（女）为法制委员会主任委员，任庆为副主任委员，马玉田、张丙福、张旭升、张建华、商继杰为委员；丁国忠为财政经济委员会主任委员，侯润林为副主任委员，王春雨、刘同礼、闫月、李景春、段江涛为委员；王玉明为教育科学文化卫生委员会主任委员，史小梅（女）为副主任委员，申保柱、张素敏（女）、张继红（女）、郭智英、秦建新为委员；李国庆（女）为农村委员会主任委员，张国强为副主任委员，王爱军、石久军、张五太、曹水清（女）、冀永生为委员；樊文平为城乡建设环境保护委员会主任委员，桑晓飞为副主任委员，王军、史钰文、李秋林、赵续泉、梁琦为委员。

会议收到代表10人以上联名提出的议事原案91件，其中涉及经济发展方面的22件，城市建设与管理方面的22件，科教文卫方面的17件，社会保障方面的12件，交通运输方面的6件，新农村建设方面的3件，其他方面的9件。大会主席团研究决定，将议事原案全部改为代表建议、意见办理。会议收到代表提出的建议批评和意见98件，连同议案转建议的91件，确定了其中10件为需要重点办理的建议。

会议期间举行2次新闻发布会。

第二节　第二次会议

2012年11月27日至29日，阳泉市第十四届人民代表大会第二次会议在阳泉宾馆召开。会议应出席代表285人，实出席256人。

大会于11月27日下午召开预备会议。表决通过丁国忠、马德胜、王民、王玉兰（女）、王玉明、王振国、王梦贺、王淀洲、王新哲、方庆灵、史友松、白爱勤、吕志坚（女）、吕昌政、朱卉（女）、朱刚、朱玉芳（女）、刘兆林、刘志强、刘高官、刘新东、许霞（女）、孙金明、苏满晓、李乃珠、李利生、李国庆（女）、李忠祥、李定武、李建恩、李首明、李润怀、李海忠、李海珍（女）、杨日祥、杨永生、杨栋善、杨鸿龙、吴丽萍（女，满族）、张存福、郤爱国、赵石平、赵永东、赵远长、荆素俭（女）、胡万明、洪发科、郭长青、娄森根、唐麟、桑晓飞、樊文平等52人为大会主席团成员，王振国兼任秘书长。预备会议后，大会主席团举行第一次会议，推定洪发科、刘高官、郭长青、王振国、刘兆林、吴丽萍（女，满族）、孙金明、吕昌政、刘志强、唐麟为大会主席团常务主席，决定唐麟、王明厚、王斌权、段宏华、李润怀、张宝明、史玉宝、史友松、桑晓飞为大会副秘书长。

大会共举行2次全体会议。

会议表决通过选举办法，以无记名投票、差额选举方式，补选张宝明为市人大常委会委员，陈明华为市中级人民法院院长；选举王凤琴（女）、王建明、王新哲、巴日鲁、史秀莉（女）、刘建平、刘高官、刘新东、李乃珠、李远程、李定武、李栋梁、肖传实、张存福、张建坤、陈海、武雪（女）、赵石平、荆素俭（女）、胡素生、信秀莲（女）、洪发科、郭迎光、郭明、曹水清（女）、蔡转云（女）等26人为阳泉市出席山西省第十二届人民代表大会代表。

第三节　第三次会议

2013 年 4 月 8 日至 12 日，阳泉市第十四届人民代表大会第三次会议在阳泉宾馆召开。会议应出席代表 287 人，实出席 264 人。在阳泉市工作的省十二届人大代表、市人民政府及工作部门负责人、市纪委副书记、市委副秘书长及工作部门负责人、市人大常委会工作机构负责人及有关人员，市中级人民法院、市人民检察院及有关单位部门、人民团体负责人共 115 人以及出席市政协十三届二次会议的全体委员列席相关会议。

大会于 4 月 8 日下午召开预备会议。表决通过丁国忠、马德胜、王民、王玉兰（女）、王玉明、王振国、王梦贺、王湜洲、王新哲、方庆灵、史友松、白爱勤、吕志坚（女）、吕昌政、朱卉（女）、朱刚、朱玉芳（女）、刘兆林、刘志强、刘高官、刘新东、许霞（女）、孙金明、苏满晓、李乃珠、李利生、李国庆（女）、李忠祥、李定武、李建恩、李首明、李润怀、李海忠、李海珍（女）、杨日祥、杨永生、杨栋善、杨鸿龙、吴丽萍（女，满族）、张存福、张宝明、郃爱国、赵石平、赵永东、赵远长、荆素俭（女）、胡万明、洪发科、娄森根、唐麟、桑晓飞、樊文平等 52 人为大会主席团成员，王振国兼任秘书长。预备会议后，大会主席团举行第一次会议，推定洪发科、刘高官、王振国、刘兆林、吴丽萍（女，满族）、孙金明、吕昌政、刘志强、唐麟为主席团常务主席，决定唐麟、王明厚、王斌权、段宏华、李润怀、张宝明、史玉宝、史友松为大会副秘书长。

大会共举行 3 次全体会议。会议听取和审议市人民政府代市长陈永奇作的《政府工作报告》、市人大常委会主任刘高官作的《市人民代表大会常务委员会工作报告》、市中级人民法院院长陈明华作的《市中级人民法院工作报告》和市人民检察院检察长王守林作的《市人民检察院工作报告》，审查市人民政府《关于阳泉市 2012 年国民经济和社会发展计划执行情况与 2013 年国民经济和社会发展计划(草案)的报告》《关于阳泉市 2012 年全市和市本级预算执行情况与 2013 年全市和市本级预算（草案）的报告》，并表决通过相应决议，批准了上述 6 个报告。

会议表决通过选举办法，以无记名投票方式，选举陈永奇为市人民政府市长。

会议共到代表 10 人以上联名提出议事原案 82 件，其中涉及经济发展方面的 21 件，城市建设与管理方面的 13 件，科教文卫方面的 12 件，社会保障方面的 12 件，交通运输方面的 9 件，其他方面的 15 件。大会主席团研究决定，将议事原案改为按代表建议、意见办理。会议收到代表提出的建议、批评和意见 100 件，连同议案转建议的 82 件，确定了其中 13 件为需要重点办理的建议。

第四节　第四次会议

2014 年 4 月 21 日至 24 日，阳泉市第十四届人民代表大会第四次会议在阳泉宾馆召开。会议应出席代表 286 人，实际到会 271 人。在阳泉市工作的省十二届人大代表、市人民政府及工作部门负责人、市纪委副书记、市委副秘书长及工作部门负责人、市人大常委会工作机构负责人及有关人员，市中级人民法院、市人民检察院及有关单位部门、人民团体负责人共112人以及出席市政协十三届三次会议的全体委员列席相关会议。

大会于4月21日下午召开预备会议。表决通过丁国忠、马德胜、王民、王玉兰（女）、王玉明、王旭明、王振国、王梦贺、王湜洲、王新哲、史友松、白爱勤、吕志坚（女）、吕昌政、朱卉（女）、朱刚、朱玉芳（女）、刘星、刘兆林、刘志强、刘高官、刘新东、孙金明、苏满晓、李乃珠、李云峰、李国庆（女）、李忠祥、李定武、李建恩、李首明、李润怀、李海忠、李海珍（女）、杨日祥、杨永生、杨栋善、杨鸿龙、吴丽萍（女，满族）、张存福、张宝明、郤爱国、赵石平、赵永东、赵远长、荆素俭（女）、胡万明、洪发科、娄森根、唐麟、桑晓飞、密国林、樊文平等53人为大会主席团成员，王振国兼任秘书长。预备会议后，大会主席团举行第一次会议，推定洪发科、刘高官、王旭明、王振国、刘兆林、吴丽萍（女，满族）、孙金明、吕昌政、刘志强、唐麟为主席团常务主席，决定唐麟、王明厚、王斌权、段宏华、李润怀、张宝明、史玉宝、史友松为大会副秘书长。

大会共举行3次全体会议。会议听取和审议市人民政府市长陈永奇作的《政府工作报告》、市人大常委会主任刘高官作的《市人民代表大会常务委员会工作报告》、市中级人民法院院长陈明华作的《市中级人民法院工作报告》和市人民检察院检察长王守林作的《市人民检察院工作报告》，审查市人民政府《关于阳泉市2013年国民经济和社会发展计划执行情况与2014年国民经济和社会发展计划(草案)的报告》《关于阳泉市2013年全市和市本级预算执行情况与2014年全市和市本级预算（草案）的报告》，并表决通过相应决议，批准了上述6个报告。

会议收到代表10人以上联名提出议事原案82件，其中涉及经济发展方面的22件，城市建设与管理方面的21件，科教文卫方面的16件，社会保障方面的12件，生态建设方面的5件，其他方面的6件。表决通过李素鱼等15名代表联名提出的《关于加强城乡环境卫生综合整治》议事原案确立为大会议案，其他议事原案改为按代表建议、意见办理。会议还收到代表提出的建议批评和意见104件，连同议案转建议的81件，筛选出10件作为需要重点办理的建议。

会议期间举行了全市人大代表工作会议。

第五节　第五次会议

2015年4月20日至23日，阳泉市第十四届人民代表大会第五次会议在阳泉宾馆召开。会议应出席代表279人，实出席246人，市委常委、在阳泉市工作的省十二届人大代表、市人民政府及工作部门负责人、市纪委副书记、市委副秘书长及工作部门负责人、市人大常委会工作机构负责人及有关人员，市中级人民法院、市人民检察院及有关单位部门、人民团体负责人共113人以及出席市政协十三届四次会议的全体委员列席相关会议。

大会于4月20日下午召开预备会议。表决通过丁国忠、马德胜、王玉兰（女）、王玉明、王旭明、王志忠、王振国、王梦贺、王湜洲、王新哲、田桂明、史友松、白爱勤、吕志坚（女）、吕昌政、朱卉（女）、朱刚、朱玉芳（女）、刘星、刘兆林、刘志强、刘高官、刘新东、孙金明、苏满晓、李乃珠、李云峰、李国庆（女）、李忠祥、李定武、李建恩、李首明、李润怀、李海忠、李海珍（女）、杨日祥、杨永生、杨栋善、杨鸿龙、吴丽萍（女，满族）、张玉斌、张宝明、郤爱国、赵石平、赵永东、赵远长、荆素俭（女）、胡万明、洪发科、娄森根、唐麟、桑晓飞、樊文平等53人为大会主席团成员，王振国兼任秘书长。预备会议后，大会主席团举行第一次会议，推定洪发科、刘高官、王旭明、王振国、刘兆林、吴丽萍（女，满族）、孙金明、吕昌政、刘志强、唐麟为主席团常务主席，决定唐麟、王明厚、尚建军、段宏华、李润怀、张宝明、史玉宝、史友松为大会副秘书长。

大会共举行3次全体会议。会议听取和审议市人民政府市长陈永奇作的《政府工作报告》、市人大常委会主任刘高官作的《市人民代表大会常务委员会工作报告》、市中级人民法院院长陈明华作的《市中级人民法院工作报告》和市人民检察院检察长王守林作的《市人民检察院工作报告》，审查市人民政府《关于阳泉市2014年国民经济和社会发展计划执行情况与2015年国民经济和社会发展计划(草案)的报告》《关于阳泉市2014年全市和市本级预算执行情况与2015年全市和市本级预算（草案）的报告》，并表决通过相应决议，批准了上述6个报告。

会议收到代表10人以上联名提出的议事原案55件，其中涉及经济发展方面的13件，城市建设与管理方面的16件，农业方面的8件，科教文卫方面的9件，社会保障方面的5件，生态建设方面的1件，其他方面的3件。表决通过康建光等13名代表提出的《关于实施城市区老工业企业搬迁改造，加快阳泉市“国家中小城市综改试点市”进程》议事原案确立为大会议案，将其他议事原案改为按代表建议、意见办理。会议收到代表提出的建议批评和意见146件，连同议案转建议的54件，确定其中10件为需要重点办理的建议。

第六节　第六次会议

2016年3月7日至11日，阳泉市第十四届人民代表大会第六次会议在阳泉宾馆召开。会议应出席代表284人，实出席252人。在阳泉市工作的省十二届人大代表、市人民政府及工作部门负责人、市纪委副书记、市委副秘书长及市委工作部门负责人、市人大常委会工作机构负责人及有关人员，市中级人民法院、市人民检察院及有关单位部门、人民团体负责人，县区人民法院和人民检察院负责人，街道人大工委主任、乡镇人大主席共149人以及出席市政协十三届五次会议的全体委员列席相关会议。

大会于3月7日下午召开预备会议。表决通过丁国忠、马德胜、王玉兰（女）、王玉明、王帅红、王旭明、王振国、王梦贺、王提洲、王新哲、田桂明、史友松、白爱勤、巩成、吕志坚（女）、吕昌政、朱卉（女）、朱刚、朱玉芳（女）、刘兆林、刘志强、刘高官、刘新东、孙金明、李乃珠、李云峰、李国庆（女）、李定武、李建恩、李保存、李首明、李润怀、李海忠、李海珍（女）、杨日祥、杨永生、杨栋善、杨鸿龙、吴丽萍（女，满族）、张太平、张宝明、陈永奇、武润珍、郜爱国、胡万明、荆素俭（女）、赵永东、赵远长、侯彦军、娄森根、唐麟、桑晓飞、翟红、樊文平等54人为大会主席团成员，王振国兼任秘书长。预备会议后，大会主席团举行第一次会议，推定陈永奇、刘高官、王旭明、王振国、刘兆林、吴丽萍（女，满族）、孙金明、吕昌政、刘志强、唐麟为主席团常务主席，决定唐麟、王明厚、尚建军、段宏华、李润怀、张宝明、史玉宝为大会副秘书长。

大会共举行3次全体会议。会议听取和审议市人民政府代市长董一兵作的《政府工作报告》、市人大常委会主任刘高官作的《市人民代表大会常务委员会工作报告》、市中级人民法院院长陈明华作的《市中级人民法院工作报告》和市人民检察院检察长王守林作的《市人民检察院工作报告》，审查市人民政府《阳泉市国民经济和社会发展第十三个五年规划纲要》《关于阳泉市 2015 年国民经济和社会发展计划执行情况与 2016 年国民经济和社会发展计划草案的报告》《关于阳泉市 2015 年全市和市本级预算执行情况与 2016 年全市和市本级预算草案的报告》，并表决通过相应决议，批准了上述报告和纲要。

会议表决通过选举办法，以无记名投票方式，选举董一兵为市人民政府市长。

会议收到代表 10 人以上联名提出的议事原案 59 件，其中涉及经济发展方面的 17 件，城市建设与管理方面的 9 件，农业方面的 7 件，科教文卫方面的 10 件，社会保障方面的 3 件，生态建设方面的 2 件，民主法治建设方面的 4 件，其他方面的 7 件。大会主席团研究决定，将议事原案全部改为按代表建议、意见办理。会议收到代表提出的建议批评和意见 137 件，连同议案转建议的 59 件，确定其中 12 件为需要重点办理的建议。

市委书记陈永奇在会议闭幕大会作讲话。

第五章　市十五届人民代表大会

阳泉市第十五届人民代表大会，任期自 2017 年 3 月起。至 2020 年，举行了 5 次会议，听取审议报告 24 个，通过决议、决定 27 项，选举阳泉市国家机关领导人员 55 名，选举阳泉市出席山西省第十三届人大代表 25 人。

第一节　第一次会议

2017 年 3 月 7 日至 11 日，阳泉市第十五届人民代表大会第一次会议在阳泉宾馆召开。会议应出席代表 287 人，实出席 278 人。在阳泉市工作的省十二届人大代表、市十四届人大常委会部分组成人员、市人民政府及其工作部门负责人、市纪委副书记、市委副秘书长及市委工作部门负责人、市人大常委会工作机构负责人及有关人员，市中级人民法院、市人民检察院及有关单位部门、人民团体负责人，县区监委会、人民法院和人民检察院负责人，街道人大工委主任、乡镇人大主席共 161 人以及出席市政协十四届一次会议的全体委员列席相关会议。

大会于 3 月 6 日下午召开预备会议。表决通过王玉明、王旭明、王如生、王铁梅（女）、石光源、卢东华（女）、田桂明、巩成、吕志坚（女）、吕昌政、朱卉（女）、任建华、刘志强、刘新东、孙金明、杨永生、杨自明、杨栋善、李云峰、李保存、李首明、吴纪平、张太平、张永忠、张利军、张宝明、陈永奇、武润珍、荆素俭（女）、郝建国、侯彦军、桑晓飞、翟红等 33 人为大会主席团成员，孙金明兼任秘书长。预备会议后，大会主席团举行第一次会议，推定陈永奇、王旭明、孙金明、吕昌政、刘志强、张永忠、张宝明、张利军为主席团常务主席，决定张利军、郑清明、唐麟、张宝明、史玉宝、刘玉琪、段宏华为大会副秘书长。

大会共举行 5 次全体会议。会议听取和审议市人民政府市长董一兵作的《政府工作报告》、市人大常委会主任刘高官作的《市人民代表大会常务委员会工作报告》、市中级人民法院院长陈明华作的《市中级人民法院工作报告》和市人民检察院代检察长王廉允作的《市人民检察院工作报告》，审查市人民政府《关于阳泉市 2016 年国民经济和社会发展计划执行情况与 2017 年国民经济和社会发展计划草案的报告》《关于阳泉市 2016 年全市和市本级预算执行情况与 2017 年全市和市本级预算草案的报告》，并表决通过相应决议，批准了上述 6 个报告。

会议审议并表决通过了《阳泉市地方立法条例》。

会议表决通过选举办法，以无记名投票的方式，选举王旭明为市十五届人大常委会主任，孙金明、吕昌政、刘志强、张永忠、张宝明为市十五届人大常委会副主任，张利军为市十五届人大常委会秘书长；选举董一兵为市人民政府市长，马爱锋、潘海燕（女）、郭少敏、靳润喜、呼亚民为市人民政府副市长；选举吴纪平为市监察委员会主任，陈明华市中级人民法院院长，王廉允为市人民检察院检察长；选举王玉明、王吉贵、邓宝柱、石光源、卢东华（女）、史玉宝、白平、吕志坚（女）、朱卉（女）、朱艳红（女）、刘丙强、刘志勇、刘建平、刘新东、闫亮、许贵琴（女）、杨栋善、李首明、吴文静（女）、何丽萍（女）、张卫珂、张云、荆素俭（女）、荆鑫（女）、赵素卿（女）、侯润林、高和平、桑晓飞、商继杰等29人为市十五届人大常委会委员。

会议表决通过市人大法制委员会、财政经济委员会、教育科学文化卫生委员会、农村委员会、城乡建设环境保护委员会主任委员、副主任委员、委员名单。吕志坚（女）为法制委员会主任委员，任庆、何丽萍（女）为副主任委员，牛良玉、朱继明、刘建平、张旭升、张磊、唐慧俊（女）为委员；闫亮为财政经济委员会主任委员，张慧清为副主任委员，王建明、李占刚、宋晓文、张翠平（女）、周亮为委员；白平为教育科学文化卫生委员会主任委员，史小梅（女）为教育科学文化卫生委员会副主任委员，刘德刚、李荣贵、张继红（女）、郝金科、段宝山为委员；邓宝柱为农村委员会主任委员，张国强为副主任委员，王植彬、白青海、陈丽娟（女）、徐献、郭俨峰为委员；王玉明为城乡建设环境保护委员会主任委员，董英（女）为副主任委员，王其洲、李佩斯、张东红（女）、赵续泉、梁琦为委员。

会议收到代表10人以上联名提出的议事原案72件，其中涉及经济发展方面的16件、城市建设与管理方面的14件、农业方面的12件、科教文卫方面的17件、社会保障方面的2件、生态建设方面的3件、其他方面的8件。表决通过李素鱼等11名代表提出的《关于推进阳泉市开发区改革创新发展的议案》立为大会议案，其他71件全部改为按代表建议、意见办理。会议收到代表提出的建议批评和意见143件，从议事原案和建议中筛选出8件确立为需要重点办理的建议。

会议首次举行当选人员宪法宣誓仪式。市委书记陈永奇在会议闭幕大会作讲话。

第二节　第二次会议

2017年12月3日至5日，阳泉市第十五届人民代表大会第二次会议在阳泉宾馆召开。会议应出席代表282人，实出席261人。

大会于12月3日下午召开预备会议。表决通过王玉明、王吉贵、王旭明、王如生、王铁梅（女）、邓宝柱、石光源、卢东华（女）、田桂明、史玉宝、白平、巩成、吕志坚（女）、吕昌政、朱卉（女）、朱艳红（女）、任建华、刘丙强、刘志勇、刘志强、刘建平、刘新东、闫亮、许贵琴（女）、孙金明、杨永生、杨自明、杨栋善、李云峰、李保存、李首明、吴文静（女）、吴纪平、何丽萍（女）、张卫珂、张云、张永忠、张利军、张宝明、陈永奇、武润珍、荆素俭（女）、荆鑫（女）、郝建国、赵素卿（女）、侯彦军、侯润林、高和平、桑晓飞、商继杰、梁志勇、翟红等52人为大会主席团成员，孙金明兼任秘书长。预备会议后，大会主席团举行第一次会议，推定陈永奇、王旭明、李云峰、孙金明、吕昌政、刘志强、张永忠、张宝明、张利军为主席团常务主席，决定张利军、郑清明、王国胜、史玉宝、刘玉琪、梁庆为大会副秘书长。

大会共举行2次全体会议。

会议表决通过选举办法，以无记名投票方式，选举王凤琴（女）、王旭明、王宏、卢东华（女）、卢润桃（女）、史秀莉（女）、朴雪松（朝鲜族）、成斌、任建华、刘建平、刘新东、杨文宝、杨志刚、李乃珠、李云峰、李鹤、肖润华（女）、陈永奇、陈胜华（女）、贾海英（女）、郭迎光、郭明、崔建军、韩仁杰、董一兵等25人为阳泉市出席山西省第十三届人民代表大会的代表。

第三节　第三次会议

2018 年 3 月 26 日至 30 日，阳泉市第十五届人民代表大会第三次会议在阳泉宾馆召开。会议应出席代表 286 人，实出席 277 人。在阳泉市工作的十三届全国人大代表、省十三届人大代表、市人民政府及其工作部门负责人，市中级人民法院副院长，市人民检察院副检察长，市委、市政府副秘书长、办公厅副主任及工作部门负责人，市人大常委会工作机构负责人及有关人员，有关单位部门、人民团体负责人，县（区）监委会、人民法院和人民检察院负责人，街道人大工委主任、乡镇人大主席共 168 人以及出席市政协十四届二次会议的全体委员列席相关会议。

大会于 3 月 26 日下午召开预备会议。表决通过王玉明、王吉贵、王旭明、王如生、王铁梅（女）、邓宝柱、石光源、卢东华（女）、田桂明、史玉宝、白平、巩成、吕志坚（女）、吕昌政、朱卉（女）、朱艳红（女）、任建华、刘丙强、刘志勇、刘志强、刘建平、刘新东、闫亮、关建勋、许贵琴（女）、孙季鸿、孙金明、杨永生、杨自明、杨栋善、李保存、李首明、吴文静（女）、吴纪平、何丽萍（女）、张卫珂、张云、张永忠、张利军、张其光、张宝明、武润珍、荆素俭（女）、荆鑫（女）、郝建国、赵素卿（女）、侯彦军、侯润林、郭卫东、高和平、桑晓飞、商继杰、翟红 53 人为大会主席团成员，吕昌政兼任秘书长。预备会议后，大会主席团举行第一次会议，推定关建勋、王旭明、巩成、孙金明、吕昌政、刘志强、张永忠、张宝明、张利军为主席团常务主席，决定张利军、郑清明、谭伟中、王国胜、史玉宝、刘玉琪、梁庆为大会副秘书长。

大会共举行 3 次全体会议。会议听取和审议市人民政府代市长雷健坤作的《政府工作报告》、市人大常委会主任王旭明作的《市人民代表大会常务委员会工作报告》、市中级人民法院院长陈明华作的《市中级人民法院工作报告》和市人民检察院检察长王廉允作的《市人民检察院工作报告》，审查市人民政府《关于阳泉市 2017 年国民经济和社会发展计划执行情况与 2018 年国民经济和社会发展计划草案的报告》《关于阳泉市 2017 年全市和市本级预算执行情况与 2018 年全市和市本级预算草案的报告》，并表决通过相应决议，批准了上述 6 个报告。

会议表决选举办法，以无记名投票方式，选举雷健坤为市人民政府市长。

会议收到代表 10 人以上联名提出的议事原案 62 件，其中涉及经济发展方面的 15 件、城市建设与管理方面的 15 件、农业方面的 6 件、科教文卫方面的 9 件、社会保障方面的 6 件、生态建设方面的 4 件、其他方面的 7 件。表决通过刘新东等 15 名代表提出的《关于制定〈阳泉市娘子关泉域饮用水水源地保护条例〉的议事原案》立为大会议案，其他 61 件转为按建议、意见办理，会议收到代表提出的建议批评和意见 168 件，从议事原案和建议中筛选出 9 件确立为需要重点办理的建议。

市委书记关建勋在会议闭幕大会作讲话。

第四节　第四次会议

2019 年 2 月 24 日至 27 日，阳泉市第十五届人民代表大会第四次会议在阳泉宾馆召开。会议应出席代表 288 人，实出席 286 人。在阳泉市工作的十三届全国人大代表、省十三届人大代表、市人民政府及其工作部门负责人，市中级人民法院副院长、市人民检察院副检察长，市委、市政府副秘书长、办公厅副主任及工作部门负责人，市人大常委会工作机构负责人及有关人员，有关单位部门、人民团体负责人，县区监委会、人民法院和人民检察院负责人，街道人大工委主任、乡镇人大主席共161人以及出席市政协十四届三次会议的全体委员列席相关会议。

大会于2月24日下午召开预备会议。表决通过马杰、王玉明、王吉贵、王旭明、王如生、王明厚、王铁梅（女）、邓宝柱、石光源、卢东华（女）、申济、史玉宝、白平、巩成、吕志坚（女）、吕昌政、朱卉（女）、朱艳红（女）、任建华、刘丙强、刘志勇、刘志强、刘建平、刘新东、闫亮、关建勋、许贵琴（女）、孙季鸿、孙金明、杨永生、杨自明、杨栋善、李保存、李首明、吴文静（女）、吴纪平、何丽萍（女）、张卫珂、张云、张永忠、张志先、张利军、张其光、张宝明、武润珍、荆素俭（女）、荆鑫（女）、郝建国、赵素卿（女）、侯彦军、侯润林、郭卫东、高永恩、高和平、唐麟、桑晓飞、商继杰、韩加政、翟红等59人为大会主席团成员，张永忠兼任秘书长。预备会议后，大会主席团举行第一次会议，推定关建勋、王旭明、巩成、孙金明、吕昌政、张永忠、张宝明、张利军为主席团常务主席，决定张利军、郑清明、史玉宝、刘玉琪、赵彦、崔晓亮、王刚为大会副秘书长。

大会共举行3次全体会议。会议听取和审议市人民政府市长雷健坤作的《政府工作报告》、市人大常委会主任王旭明作的《市人民代表大会常务委员会工作报告》、市中级人民法院院长陈明华作的《市中级人民法院工作报告》和市人民检察院检察长王廉允作的《市人民检察院工作报告》，审查市人民政府《关于阳泉市2018年国民经济和社会发展计划执行情况与2019年国民经济和社会发展计划草案的报告》《关于阳泉市2018年全市和市本级预算执行情况与2019年全市和市本级预算草案的报告》，并表决通过相应决议，批准了上述6个报告。

会议表决通过大会选举办法，以无记名投票方式，补选申济为市人大常委会副主任，高永恩、唐麟为市人大常委会委员。表决通过《关于设立阳泉市第十五届人民代表大会社会建设委员会的决定》。表决通过社会建设委员会组成人员名单和有关专门委员会组成人员名单，王吉贵为社会建设委员会主任委员，李东方为社会建设委员会副主任委员，石建忠、田玲（女）、李素鱼（女）、温东升、潘会平为社会建设委员会委员；任晓辉为法制委员会副主任委员，李姝君（女）为教育科学文化卫生委员会副主任委员，乔军华为城乡建设环境保护委员会副主任委员。

会议收到代表10人以上联名提出的议事原案49件，其中涉及经济发展方面的18件，城市建设与管理方面的8件，农业方面的4件，科教文卫方面的13件，生态建设方面的2件，其他方面的4件。大会主席团讨论决定，上述议事原案改为按代表建议办理，会议还收到代表提出的建议、批评和意见134件，从议事原案和建议中筛选出12件确立为需要重点办理的建议。

第五节　第五次会议

2020年4月21日至24日，阳泉市第十五届人民代表大会召开第五次会议，因新冠（新型冠状病毒肺炎）疫情防控需要，本次会议采用“主会场+分会场”视频会议的形式召开，共设1个主会场、5个县（区）分会场和1个列席人员分会场。本次会议应出席代表286人，实出席270人。在阳泉市工作的十三届全国人大代表、省十三届人大代表、市委、市政府副秘书长及其工作部门负责人，市中级人民法院副院长、市人民检察院副检察长及人民团体、高等院校、新闻单位负责人共

69 人列席会议。

大会于 4 月 21 日下午召开预备会议。表决通过马杰、王玉明、王吉贵、王旭明、王建华、王晓丽（女）、邓宝柱、孔禄泉、田进勇、申济、巩成、吕志坚（女）、任建华、闫亮、孙季鸿、杨永生、杨自明、杨建军、李保存、吴纪平、张永忠、张志先、张其光、张宝明、郑清明、郝建国、赵文骥、赵素卿（女）、侯彦军、侯润林、姜四清、郭卫东、高永恩、桑晓飞、韩加政、翟红等 36 人为大会主席团成员，张宝明兼任秘书长。预备会议后，大会主席团举行第一次会议，推定姜四清、王旭明、巩成、张永忠、张宝明、申济为主席团常务主席，决定郑清明、赵文骥、王刚、赵彦、唐麟、刘玉琪、刘鹏、侯润林、段宏华为大会副秘书长。

大会共举行 3 次全体会议。会议听取和审议市人民政府市长雷健坤作的《政府工作报告》、市人大常委会主任王旭明作的《市人民代表大会常务委员会工作报告》、市中级人民法院院长陈明华作的《市中级人民法院工作报告》和市人民检察院检察长王廉允作的《市人民检察院工作报告》，审查市人民政府《关于阳泉市 2019 年国民经济和社会发展计划执行情况与 2020 年国民经济和社会发展计划草案的报告》和《关于阳泉市 2019 年全市和市本级预算执行情况与 2020 年全市和市本级预算草案的报告》，并表决通过相应决议，批准了上述 6 个报告。

会议表决通过选举办法，以无记名投票方式，补选郑清明、孔禄泉、赵素卿（女）为市人大常委会副主任，赵文骥为市人大常委会秘书长，王新哲、董英（女）为市人大常委会委员。会议通过有关专门委员会组成人员名单，侯润林为市人民代表大会教育科学文化卫生委员会主任委员。

会议收到代表 10 人以上提出的议事原案 37 件，其中：经济发展方面的 8 件，城市建设与管理方面的 3 件，农业农村方面的 5 件，科教文卫方面的 13 件，民生改善方面的 5 件，随军家属就业安置方面的 1 件，其他方面的 2 件。大会主席团讨论决定，上述议事原案均不立为大会议案，改为按代表建议办理，会议收到代表对各方面工作提出的建议、批评和意见 151 件，从议事原案和建议中筛选出 12 件确立为需要重点办理的建议。

会议举行“向申纪兰学习，做人民好代表”宣讲报告会。市委书记姜四清在会议闭幕大会作讲话。

附：阳泉市选举产生的省人大代表

阳泉市选举出席山西省第九届人民代表大会代表一览表（27 名）

表 4-1

序号	姓　名	性别	出生年月	民族	籍　贯	党派	文化程度	单位及职务
1	王亦农	男	1944.8	汉族	河北定兴	中共	大学本科	阳煤集团党委书记、董事长
2	王铁锁	男	1949.8	汉族	山西平定	中共	初　中	平定县岔口乡理家庄村党支部书记
3	王敬瑞	男	1953.8	汉族	山西平定	中共	大　专	阳泉市郊区区委书记
4	王善柱	男	1942.10	汉族	山西平定	中共	初　中	阳泉市矿区人大常委会主任
5	左　征	男	1953.11	汉族	山西盂县		大　学	盂县物资综合开发公司总经理
6	田霍卿	男	1945.8	汉族	山西沁水	中共	大　专	中共阳泉市委书记
7	史秀莉	女	1963.9	汉族	山西阳泉	无党派	大学本科	阳泉市艺校音乐科主任

续表 4-1

序号	姓　名	性别	出生年月	民族	籍　贯	党派	文化程度	单位及职务
8	孙祥炎	男	1933.8	汉族	安徽桐城	中共	大　专	山西省八届人大常委会副主任
9	安文娟	女	1953.5	回族	河北保定	无党派	高　中	阳泉市矿区沙坪办事处副主任
10	李彦良	女	1948.4	汉族	山西昔阳	无党派	大　专	阳泉市教育学院副院长
11	张凤英	女	1956.1	汉族	山西阳泉	无党派	大　专	阳泉市郊区人大常委会副主任、阳泉市第二人民医院内科主任
12	张昌和	男	1937.11	汉族	山西灵丘	中共	初　中	阳泉市人大常委会主任、党组书记
13	张绍瑞	男	1944.11	汉族	山西祁县	中共	大　专	中国人民银行山西省分行行长、党组书记
14	张德厚	男	1942.2	汉族	山西盂县	中共	高　中	盂县人大常委会主任
15	赵义忠	男	1942.11	汉族	山西平定		初　中	阳泉市圆圆公司总经理
16	赵长春	男	1943.10	汉族	山西盂县	中共	高　中	阳泉市城区人大常委会主任
17	郝敬恒	男	1938.1	汉族	山西原平	中共	大　学	山西省国防科技工业办公室主任、党委副书记
18	信秀莲	女	1958.12	汉族	河北枣强	无党派	大　专	盂县残联基金股股长
19	皇甫明儒	男	1943.7	汉族	山西左权	中共	大　专	阳泉市郊区人大常委会主任
20	贾增光	男	1940.4	汉族	山西阳泉	中共	高　中	阳泉市财政局局长、党组书记
21	梁国英	男	1937.12	汉族	河北石家庄	中共	中　专	山西省人大常委会副主任、党组副书记
22	董厚德	男	1939.2	汉族	山西平定	中共	大　学	山西省人大常委会农村工作委员会主任
23	董美林	女	1957.8	汉族	山西平定	民进	大　学	阳泉四中高级教师
24	谢克昌	男	1946.10	汉族	山西太原	民革	研究生	民革山西省委主委、太原理工大学校长
25	蔡醒民	男	1937.7	汉族	山西昔阳	中共	大　学	山西省人大常委会人事代表工作委员会主任
26	穆建民	男	1943.7	汉族	山西平定	中共	大　学	平定县人大常委会主任
27	魏德卿	男	1944.12	汉族	山西平定	中共	大　专	山西省审计厅厅长

阳泉市选举出席山西省第十届人民代表大会代表一览表（30 名）

表 4-2

序号	姓　名	性别	出生年月	民族	籍　贯	党派	文化程度	单位及职务
1	丁贵生	男	1942.12	汉族	山西壶关	中共	大学本科	阳泉市人大常委会主任
2	王永先	男	1947.5	汉族	山西平定	中共	中专	平定县人大常委会主任
3	王亦农	男	1944.8	汉族	河北定兴	中共	大学本科	阳煤集团党委书记、董事长

续表 4-2

序号	姓 名	性别	出生年月	民族	籍 贯	党派	文化程度	单位及职务
4	王铁锁	男	1949.8	汉族	山西平定	中共	初中	平定县岔口乡理家庄村党支部书记、山西省第九届人大常委会委员
5	左 征	男	1953.1	汉族	山西盂县	无党派	高中	盂县万汇钢铁有限公司董事长
6	史秀莉	女	1964.9	汉族	山西阳泉	无党派	大学本科	阳泉文化艺术学校音乐教研室副主任
7	冯少勇	男	1956.9	汉族	山西榆社	中共	大学	阳泉市中级人民法院党组书记、院长
8	冯俊杰	男	1948.8	汉族	山西平定	中共	大专	阳泉市矿区人大常委会主任
9	苏高文	男	1944.5	汉族	山西平定	中共	大学	山西省残疾人联合会理事长、党组书记
10	李生茂	男	1950.8	汉族	山西神池	中共	大学	山西省人大常委会城建环保工作委员会副主任
11	李彦良	女	1948.6	汉族	山西昔阳	无党派	在职大学	阳泉市教育学院副院长
12	李高锁	男	1948.10	汉族	山西河曲	中共	大专	阳泉市城区人大常委会主任
13	杨补兰	女	1947.5	汉族	山西定襄	中共	大专	山西省人大常委会农村工作委员会副主任
14	杨建国	男	1953.2	汉族	河北高阳	中共	大专	山西省人大常委会研究室综合处长
15	张 然	男	1953.10	汉族	山西阳高	中共	大专	山西国际电力集团公司副总经理
16	张凤英	女	1956.1	汉族	山西阳泉	无党派	大学本科	阳泉市第二人民医院副院长
17	张秀亲	女	1964.9	汉族	山西河津	无党派	研究生	阳泉市郊区人民政府副区长
18	陈 海	男	1964.1	汉族	河北邢台	无党派	大学本科	阳泉市建筑设计院总建筑师
19	赵远长	男	1962.1	汉族	山西平定	无党派	大专	山西远鑫实业有限公司董事长
20	赵建平	男	1956.12	汉族	山西忻州	中共	大学	山西省人大常委会财政经济委员会副主任
21	胡 朗	男	1945.2	汉族	安徽泾县	中共	大学	盂县一中党总支书记、物理教师
22	信秀莲	女	1958.12	汉族	河北枣强	无党派	大专	阳泉市残联副理事长
23	郭良孝	男	1952.1	汉族	山西孝义	中共	在职大学	中共阳泉市委副书记，阳泉市人民政府市长
24	梁 璧	男	1950.4	汉族	山西平定	中共	大学本科	山西兆丰铝冶有限责任公司党委书记、董事长
25	梁国英	男	1937.12	汉族	河北石家庄	中共	中专	山西省人大常委会副主任、党组副书记
26	梁谢虎	男	1957.1	汉族	山西临汾	中共	研究生	阳泉煤炭运销公司总经理
27	董美林	女	1957.8	汉族	山西平定	民进	大学	阳泉市第四中学校高级教师
28	程步云	男	1945.11	汉族	山西河曲	中共	大学本科	中共阳泉市委书记

续表 4-2

序号	姓 名	性别	出生年月	民族	籍 贯	党派	文化程度	单位及职务
29	魏德卿	男	1944.12	汉族	山西平定	中共	在职大专	山西省审计厅厅长、党组书记
30	谢 海（补选）	男	1953.10	汉族	山西繁峙	中共	大学本科	中共阳泉市委副书记，阳泉市人民政府市长

阳泉市选举出席山西省第十一届人民代表大会代表一览表（27 名）

表 4-3

序号	姓 名	性别	出生年月	民族	籍 贯	党派	文化程度	单位及职务
1	王铁锁	男	1949.8	汉族	山西平定	中共	初中	山西省人大常委会委员、平定理家庄村党支部书记
2	邓智毅	男	1965.8	汉族	湖南双峰	中共	博士研究生	中国银行业监督管理委员会山西监管局局长
3	朱先奇	男	1954.8	汉族	山西定襄	中共	博士研究生	山西省委组织部常务副部长
4	李战志	男	1949.6	汉族	山东烟台	中共	大学	山西省民航机场集团公司（管理局）总经理（局长）
5	杨安和	男	1948.10	汉族	山西五台	中共	研究生	山西省人大常委会常务副主任
6	杨怀恩	男	1956.11	汉族	山西繁峙	中共	研究生	山西财经大学党委书记
7	马玉田	男	1953.6	汉族	山西阳泉	中共	中专	阳泉郊区旧街乡枣园村书记、村主任
8	史秀莉	女	1963.9	汉族	山西阳泉	无党派	大学本科	阳泉市艺术文化学校副校长
9	白 云	女	1960.12	汉族	山西五台	中共	研究生	中共阳泉市委副书记，阳泉市人民政府市长
10	吕 冬	女	1963.9	汉族	河北辛集	中共	大学本科	阳泉市中级人民法院副院长
11	乔泉生	男	1955.4	汉族	山西洪洞	九三学社	大学	阳泉市体育运动学校副校长
12	任福耀	男	1952.12	汉族	山西夏县	中共	大学	阳泉煤业集团董事长、党委副书记
13	孙水生	男	1951.1	汉族	河南武陟	中共	大学	山西省人大常委会委员、阳泉市人大常委会主任
14	宋 正	男	1966.3	汉族	江苏泰兴	中共	大学	中国工商银行阳泉分行行长
15	张凤英	女	1956.1	汉族	山西阳泉	无党派	大学本科	阳泉市郊区人大常委会副主任（兼）、阳泉市第二人民医院副院长
16	张立君	男	1969.6	汉族	山西平顺	农工党	大学本科	阳泉市工商联会长
17	张存福	男	1957.7	汉族	山西盂县	中共	函授大专	盂县人大常委会主任
18	张仲马	男	1954.2	汉族	山西忻州	中共	函授本科	阳泉市人民检察院检察长
19	陈 海	男	1964.1	汉族	河北邢台	无党派	大学本科	阳泉市建筑设计院总建筑师
20	赵万银	男	1955.2	汉族	山西盂县	中共	初 中	盂县西烟镇南社村书记、村主任

续表 4-3

序号	姓 名	性别	出生年月	民族	籍 贯	党派	文化程度	单位及职务
21	赵远长	男	1962.1	汉族	山西平定		大 专	山西远鑫实业有限公司董事长
22	荆素俭	女	1968.7	汉族	山西阳泉	无党派	函授本科	阳泉市矿区平潭街道东山社区主任
23	胡素生	男	1973.8	汉族	山西寿阳	中共	大专	阳泉市河坡发电有限责任公司检修分场电气专业工人
24	信秀莲	女	1958.12	汉族	河北枣强	无党派	大专	阳泉市侨联主席
25	梁 璧	男	1950.4	汉族	山西平定	中共	函授本科	阳泉铝业股份有限公司董事长
26	董美玲	女	1957.8	汉族	山西平定	民进	函授本科	阳泉市城区政协副主席（兼）、阳泉市第四中学校高级教师
27	谢 海	男	1953.10	汉族	山西繁峙	中共	函授本科	中共阳泉市委书记

阳泉市选举出席山西省第十二届人大代表一览表（29 名）

表 4-4

序号	姓 名	性别	出生年月	民族	籍 贯	党派	文化程度	单位及职务
1	王风琴	女	1964.11	汉族	山西盂县	无党派	大学本科	阳泉市第一人民医院心内一科主任、主任医师
2	王建明	男	1962.12	汉族	福建漳州	中共	研究生	中共山西省委常委、政法委书记
3	王新哲	男	1959.2	汉族	河北唐县	中共	函授大专	山西志远建设集团董事长、总经理兼党委书记
4	巴日鲁	男	1968.9	蒙古族	内蒙古乌审旗	无党派	大学本科	阳泉市体育运动学校训练科副科长
5	史秀莉	女	1963.9	汉族	山西阳泉	无党派	大学本科	阳泉市文化艺术学校校长
6	刘建平	男	1974.5	汉族	山西平定	中共	函授大专	平定县岔口乡甘泉井村党支部书记兼村委会主任
7	刘高官	男	1956.5	汉族	山西山阴	中共	研究生	阳泉市人大常委会主任
8	刘新东	男	1965.7	汉族	河北张家口	无党派	大学本科	山西新东律师事务所主任、阳泉律师协会副会长
9	李乃珠	男	1961.10	汉族	山西阳泉	中共	中专	阳泉市郊区平坦镇桃林沟村党支部书记
10	李远程	男	1954.2	汉族	河北青龙	中共	大学本科	山西广播电影电视管理干部学院党委书记
11	李定武	男	1957.11	汉族	山西寿阳	中共	函授本科	中共阳泉市委常委、组织部长
12	李栋梁	男	1958.8	汉族	山西左云	中共	研究生	阳泉市人民政府市长
13	肖传实	男	1955.9	汉族	吉林梨树	中共	研究生	山西医科大学第一医院院长
14	张存福	男	1957.7	汉族	山西盂县	中共	函授大专	盂县人大常委会主任

续表 4-4

序号	姓　名	性别	出生年月	民族	籍　贯	党派	文化程度	单位及职务
15	张建坤	男	1961.8	汉族	河北馆陶	中共	大学本科	国家电网山西省电力公司总经理、党组副书记
16	陈　海	男	1964.1	汉族	河北邢台	无党派	大学本科	阳泉市规划局总规划师
17	武　雪	女	1970.4	汉族	山西盂县	中共	研究生	阳泉市城区人民政府区长
18	赵石平	男	1955.3	汉族	山西左权	中共	在职大学	阳泉煤业（集团）有限责任公司董事长
19	荆素俭	女	1968.7	汉族	山西阳泉	无党派	函授本科	阳泉市矿区平潭街道办事处东山社区主任
20	胡素生	男	1973.8	汉族	山西寿阳	中共	大专	山西河坡发电有限责任公司检修分场主任工程师
21	信秀莲	女	1958.12	汉族	河北枣强	无党派	大专	阳泉市归国华侨联合会主席
22	洪发科	男	1956.10	汉族	山西曲沃	中共	研究生	中共阳泉市委书记
23	郭迎光	男	1958.5	汉族	山西陵川	中共	大学	山西省人民政府副省长
24	郭　明	男	1957.8	汉族	河北肃宁	中共	研究生	山西国际能源集团有限公司董事长、党委书记
25	曹水清	女	1970.12	汉族	山西阳泉	无党派	大学本科	阳泉市农委畜禽繁育改良站站长
26	蔡转云	女	1968.2	汉族	山西阳泉	九三学社	大学本科	阳泉一中数学教师兼教务处副处长
27	刘宏新（补选）	男	1964.3	汉族	湖北江陵	中共	研究生	国家电网山西省电力公司党组副书记、总经理
28	王　宏（补选）	男	1961.1	汉族	山西沁县	中共	大学本科	山西省直机关工委常务副书记
29	邱水平（补选）	男	1962.6	汉族	江西南丰	中共	研究生	山西省高级人民法院党组书记

阳泉市选举出席山西省第十三届人民代表大会代表一览表（27 名）

表 4-5

序号	姓　名	性别	出生年月	民族	籍　贯	党派	文化程度	单位及职务
1	王风琴	女	1964.11	汉族	山西盂县	无党派	大学本科	阳泉市第一人民医院心内一科主任、主任医师
2	王旭明	男	1962.3	汉族	山西临县	中共	研究生	阳泉市人大常委会主任、党组书记
3	王　宏	男	1961.1	汉族	山西沁县	中共	大学本科	山西省直机关工委常务副书记
4	卢东华	女	1966.8	汉族	山西朔州	中共	大学本科	阳泉市妇联主席、党组书记
5	卢润桃	女	1971.10	汉族	山西大同		大专	阳泉市盂县煤炭运销公司医务室主任
6	史秀莉	女	1963.9	汉族	山西阳泉	无党派	大学本科	阳泉市文化艺术学校校长

续表 4-5

序号	姓　名	性别	出生年月	民族	籍　贯	党派	文化程度	单位及职务
7	朴雪松	男	1970.6	朝鲜族	吉林和龙	无党派	大专	阳泉市人才开发交流服务中心信息部部长
8	成　斌	男	1970.11	汉族	河南内黄	中共	研究生	山西省人大常委会法制工作委员会副主任
9	任建华	男	1965.5	汉族	山西宁武	中共	研究生	中共阳泉市委常委、组织部长，市委党校校长
10	刘建平	男	1974.5	汉族	山西平定	中共	大专	平定县岔口乡党委副书记，甘泉井（联）村党支部书记兼村委会主任，平定县工会副主席
11	刘新东	男	1965.7	汉族	河北张家口	无党派	大学本科	山西新东律师事务所主任、阳泉市律师协会副会长
12	杨文宝	男	1967.8	汉族	山西平定	中共	中专	平定县娘子关镇娘子关村党支部书记
13	杨志刚	男	1959.3	汉族	山西阳泉	民盟	大学本科	山西省电影家协会主席、秘书长
14	李乃珠	男	1961.10	汉族	山西阳泉	中共	中专	阳泉市郊区平坦镇桃林沟村党支部书记
15	李云峰	男	1969.7	汉族	山西洪洞	中共	研究生	中共阳泉市委副书记、盂县县委书记
16	李　鹤	男	1984.1	汉族	河北唐山	民建	研究生	山西天元绿环科技股份有限公司总经理
17	肖润华	女	1967.4	汉族	山西忻州		大学本科	阳泉市第十一中学校教务一处副主任
18	陈永奇	男	1967.11	汉族	山西怀仁	中共	博士研究生	中共阳泉市委书记
19	陈胜华	女	1971.11	汉族	山西平定	民革	博士研究生	山西工程技术学院地质与环境工程系副主任
20	贾海英	女	1965.6	汉族	山西昔阳	民盟	大学本科	阳泉市体育运动学校体操队领队
21	郭迎光	男	1958.5	汉族	山西陵川	中共	研究生	山西省人民政府副省长
22	郭　明	男	1957.8	汉族	河北肃宁	中共	研究生	山西国际能源集团有限公司董事长、党委书记
23	崔建军	男	1963.11	汉族	山西繁峙	中共	在职研究生	阳泉煤业（集团）有限责任公司董事、常务副总经理
24	韩仁杰	男	1988.1	汉族	山西阳泉	中共	大专	阳泉市热力公司供热生产管理中心一次网维运部组长
25	董一兵	男	1963.1	汉族	山西闻喜	中共	研究生	中共阳泉市委副书记、阳泉市人民政府市长
26	关建勋（补选）	男	1962.11	汉族	山西临猗	中共	研究生	中共阳泉市委书记
27	杨临生（补选）	男	1961.6	汉族	山西洪洞	中共	大学	山西省委统战部原副部长，省工商联（总商会）原党组书记、常务副主席

第五篇

市人大常委会

根据《中华人民共和国宪法》和《中华人民共和国地方各级人民代表大会和地方各级人民政府组织法》《中华人民共和国监察法》规定，阳泉市人民代表大会设立常务委员会（以下简称市人大常委会），是阳泉市人民代表大会的常设机关，对市人民代表大会负责并报告工作。市人大常委会由市人民代表大会在代表中选举主任、副主任若干人、秘书长、委员若干人组成。市人大常委会的任期与本级人民代表大会的任期相同。行使下列职权：在本行政区域内，保证宪法、法律、行政法规和上级人民代表大会及其常务委员会决议的遵守和执行；领导或者主持本级人民代表大会代表的选举；召集本级人民代表大会会议；讨论、决定本行政区域内的政治、经济、教育、科学、文化、卫生、环境和资源保护、民政、民族等工作的重大事项；根据本级人民政府的建议，决定对本行政区域内的国民经济和社会发展计划、预算的部分变更；监督本级人民政府、监察委员会、人民法院和人民检察院的工作，联系本级人民代表大会代表，受理人民群众对上述机关和国家工作人员的申诉和意见；撤销下一级人民代表大会及其常务委员会的不适当的决议；撤销本级人民政府的不适当的决定和命令；在本级人民代表大会闭会期间，决定副市长的个别任免；在市长、市中级人民法院院长、市人民检察院检察长因故不能担任职务的时候，从本级人民政府、人民法院、人民检察院副职领导人员中决定代理的人选；决定代理检察长，须报上一级人民检察院和人民代表大会常务委员会备案；根据市长的提名，决定本级人民政府秘书长、委员会主任、局长的任免；任免市监察委员会副主任、委员；任免市中级人民法院副院长、庭长、副庭长、审判委员会委员、审判员，任免市人民检察院副检察长、检察委员会委员、检察员，批准任免下一级人民检察院检察长；在本级人民代表大会闭会期间，决定撤销个别副市长的职务；决定撤销由市人大常委会任命的市人民政府其他组成人员，市监察委员会副主任、委员，市中级人民法院副院长、庭长、副庭长、审判委员会委员、审判员，市人民检察院副检察长、检察委员会委员、检察员的职务；在本级人民代表大会闭会期间，补选上一级人民代表大会出缺的代表和罢免个别代表；决定授予地方的荣誉称号；根据本市的具体情况和实际需要，在不同宪法、法律、行政法规和本省地方性法规相抵触的前提下，可以对城乡建设与管理、环境保护、历史文化保护等方面的事项制定地方性法规，报省人大常委会批准后施行。

市人大常委会会议是市人大常委会进行工作和行使职权的主要方式。常委会会议由主任召集，每两个月至少举行一次。常委会的决议，以全体组成人员的过半数通过。2001年1月至2020年12月，市人大常委会共举行5届166次会议，审议议题738项，听取和审议“一府两院”工作报告332个，作出决议、决定142项，审议并通过地方性法规9部，通过办法、规则等规章制度54项，任命国家机关工作人员578人，批准任命20人，免去职务315人，接受辞职45人。

第一章　市十一届人大常委会

阳泉市第十一届人民代表大会常务委员会，任期为1997年6月至2002年3月。2001年1月至2002年3月期间，共举行会议8次，审议议题52项，听取和审议“一府两院”（阳泉市人民政府、阳泉市中级人民法院、阳泉市人民检察院）工作报告23个，作出决议、决定4项，任命国家机关工作人员77人，免去职务29人，接受辞职3人。

第一节　常委会组成人员

主　任　张昌和（1997.4—2002.3）

副主任　杨宝国（1997.4—2001.6）

李奕明（2000.4—2002.3）

徐　来（女，1997.4—2002.3）

杜肇昆（1997.4—2001.6）

张希祯（1997.4—2002.3）

郝爱生（1997.4—2002.3）

董建堂（1997.4—2002.3）

秘书长　王　升（1997.4—2002.3）

委　员　王　斌（1997.4—2002.3）

王玉仙（女，1997.4—2002.3）

牛树雨（1997.4—2002.3）

石崇德（1997.4—2002.3）

付景华（女，1997.4—2002.3）

冯岳南（1997.4—2001.8）

巩引贞（女，1997.4—2002.3）

任怀金（1997.4—2002.3）

刘　忱（女，1997.4—2002.3）

刘文恕（1997.4—2002.3）

李生林（1997.4—2002.3）

李彦良（女，1997.4—2002.3）

李唐圣（1997.4—2002.3）

杨有怀（1997.4—2002.3）

杨建国（1997.4—2002.3）
张　金（1997.4—2002.3）
张宝同（1997.4—2002.3）
郑耀礼（1997.4—2002.3）
彭喜平（女，1997.4—2002.3）
蒋庆雨（1997.4—2002.3）
鲁宏成（1997.4—2002.3）
鄯怀林（1997.4—2002.3）

第二节　常委会会议

第二十七次会议

会议于2001年2月22日至23日在市人大常委会会议室举行。应出席常委会组成人员31人，实际出席29人。市政协副主席史吉文，市中级人民法院院长李建忠，市人民检察院检察长王元寿，市政府有关委、局负责人，各县（区）人大常委会和市人大各委、室负责人列席会议。

市人大常委会副主任杨宝国、杜肇昆分别主持全体会议。

会议听取和审议市计划生育委员会副主任贾冰宇受市政府委托作的《关于计划生育工作情况的报告》，市公安局局长宋建华受市政府委托作的《关于公安队伍“三项教育”工作情况的报告》，市民政局局长曾庆忠受市政府委托作的《关于撤并乡镇工作情况的报告》；审议市人大政治法律委员会《关于推行执法责任制及“两错”责任追究制工作情况的报告》；审议并表决通过市人大常委会代表资格审查委员会《关于代表变动和补选代表的审查报告》，市十一届人大六次会议议程及有关名单的草案，市人大常委会工作报告稿；审议并表决通过市中级人民法院5人任命事项。

第二十八次会议

会议于2001年4月24日至25日在市人大常委会会议室举行。应出席常委会组成人员31人，实际出席27人。市政府副市长刘建田、陈继光，市人民检察院检察长王元寿，市政府有关委、局负责人，各县（区）人大常委会和市人大各委、室负责人列席会议。

市人大常委会主任张昌和主持预备会议，副主任郝爱生、杨宝国分别主持第一次、第二次全体会议。

会议听取和审议市农业委员会副主任、市扶贫办主任杨在生受市政府委托作的《关于扶贫工作情况的报告》，市环境保护局局长张海东受市政府委托作的《关于环境保护工作情况的报告》，市劳动局局长陈银昌受市政府委托作的《关于城镇社会保障工作情况的报告》；审议市人大常委会人事代表工作委员会《关于全市撤并乡镇人大选举工作情况的报告》；审议并表决通过市人民检察院5人任命、1人免职事项。

第二十九次会议

会议于2001年6月27日至29日在市人大常委会会议室举行。应出席常委会组成人员31人，

实际出席 29 人。市委常委、市政府常务副市长王舰民，副市长王敬瑞，市政协副主席史吉文，市中级人民法院负责人，市人民检察院检察长王元寿，市政府有关委、局负责人，郊区人大常委会和市人大各委、室负责人列席会议。

市人大常委会主任张昌和主持预备会议，副主任董建堂、郝爱生、张希祯分别主持第一次、第二次、第三次全体会议。

会议听取和审议并表决通过市科学技术委员会主任苏元文受市政府委托作的《关于高新技术推广和应用工作情况的报告》，市审计局局长任美福受市政府委托作的《关于 2000 年市本级财政预算执行情况和其他收支情况的审计报告》，市农业机械化技术服务中心副主任沈文光受市政府委托作的《关于农机管理工作情况的报告》，市中级人民法院副院长贾俊作的《关于民事审判工作情况的报告》；听取和审议市财政局局长马骥受市政府委托作的《关于 2000 年市本级财政决算草案的报告》，作出《关于批准 2000 年市本级财政决算的决议》；审议并表决通过市人大常委会 3 人免职，市政府 8 人任命、5 人免职事项；作出《关于接受杨宝国、杜肇昆辞去市十一届人大常委会副主任职务请求的决定》。

第三十次会议

会议于 2001 年 8 月 27 日至 29 日在市人大常委会会议室举行。应出席常委会组成人员 29 人，实际出席 28 人。市委常委、市政府常务副市长王舰民，副市长杨清风、王敬瑞，市中级人民法院院长李建忠，市人民检察院负责人，市政府有关委、局负责人，矿区、郊区人大常委会和市人大各委室负责人列席会议。

市人大常委会主任张昌和主持预备会议，副主任董建堂、李奕明、郝爱生分别主持第一次、第二次、第三次全体会议。

会议听取和审议并表决通过市教育局副局长史润才受市政府委托作的《关于〈中华人民共和国义务教育法〉贯彻执行情况的报告》，市发展计划委员会主任李裕厚受市政府委托作的《关于 2001 年上半年国民经济和社会发展计划执行情况的报告》，市财政局局长马骥受市政府委托作的《关于 2001 年上半年财政预算执行情况的报告》，市水利局局长、市水资源管理委员会副主任段存寿受市政府委托作的《关于水资源管理工作情况的报告》，市司法局局长张万明受市政府委托作的《关于“三五”普法及“四五”普法安排工作情况的报告》，作出《关于进一步开展法制宣传教育的决议》；审议并表决通过市人大常委会 1 人任命、市政府 2 人任命、市中级人民法院 5 人任命事项；作出《关于接受冯岳南辞去市十一届人大常委会委员职务的请求的决定》。

第三十一次会议

会议于 2001 年 10 月 30 日在市人大常委会会议室举行。应出席常委会组成人员 28 人，实际出席 23 人。市政府副市长杨清风，市政协副主席张云翔，市中级人民法院院长李建忠，市人民检察院检察长王元寿，市政府有关委、局负责人，城区、郊区人大常委会和市人大各委室负责人列席会议。

市人大常委会主任张昌和主持预备会议，副主任徐来、李奕明分别主持第一次、第二次全体会议。

会议听取和审议并表决通过市建设局副局长葛明德受市政府委托作的《关于房地产交易市场运行情况的报告》，市人民检察院检察长王元寿作的《关于批捕和起诉工作情况的报告》；审议并表决通过市人大常委会 1 人任命、市人民检察院 14 人任命事项。

第三十二次会议

会议于2001年12月19日至20日在市人大常委会会议室举行。应出席常委会组成人员28人，实际出席25人。市政府副市长杨清风，市政协副主席张云翔，市中级人民法院院长李建忠，市人民检察院负责人，市政府有关委、局负责人，城区和郊区人大常委会和市人大各委、室负责人列席会议。

市人大常委会主任张昌和主持预备会议，副主任张希祯、李奕明分别主持第一次、第二次全体会议。

会议听取和审议并表决通过市经贸委副主任赵英顺受市政府委托作的《关于阳泉市工业技术改造工作情况的报告》，市人事局局长李明受市政府委托作的《关于政府机构改革情况的报告》，市政府秘书长、办公厅主任荆东生受市政府委托作的《关于市十一届人大六次会议代表建议意见办理情况的报告》；审议市人大常委会执法检查组《关于〈中华人民共和国义务教育法〉执法检查情况的报告》；作出《关于召开阳泉市第十二届人民代表大会第一次会议的决定》；审议并表决通过市中级人民法院3人免职、6人任命事项。

第三十三次会议

会议于2002年2月28日至3月1日在市人大常委会会议室举行。应出席常委会组成人员28人，实际出席26人。市委副书记、市政府市长郭良孝，副市长陈继光，市政协副主席朱纯国，市中级人民法院院长李建忠，市人民检察院检察长王元寿，市政府有关委、局负责人，各县（区）人大常委会和市人大各委、室负责人列席会议。

市人大常委会主任张昌和主持预备会议，副主任郝爱生、李奕明分别主持第一次、第二次全体会议。

会议听取和审议市劳动和社会保障局局长陈银昌受市政府委托作的《关于医疗制度改革实施情况的报告》，市安委会常务副主任、市安全生产监督管理局局长许建平受市政府委托作的《关于安全生产工作情况的报告》；作出《关于召开阳泉市第十二届人民代表大会第一次会议时间的决定》《关于认真贯彻实施〈中华人民共和国工会法〉的决议》；审议并表决通过市人大常委会6人任命、2人免职，市政府1人任命，市中级人民法院13人任命、5人免职，市人民检察院10人任命、10人免职事项。

第三十四次会议

会议于2002年3月8日在市人大常委会会议室举行。应出席常委会组成人员28人，实际出席27人。市政府、市中级人民法院、市人民检察院负责人，各县（区）人大常委会和市人大各委、室负责人列席会议。

市人大常委会主任张昌和主持预备会议，副主任徐来、李奕明分别主持第一次、第二次全体会议。

会议听取和审议并表决通过市人大常委会副主任、代表资格审查委员会主任委员李奕明作的《关于阳泉市第十二届人民代表大会代表资格的审查报告》；审议并表决通过市十二届人大一次会议议程及有关名单的草案，市人大常委会工作报告稿。

第二章　市十二届人大常委会

阳泉市第十二届人民代表大会常务委员会，任期为2002年3月至2007年5月，共举行会议35次，审议议题171项，听取和审议“一府两院”工作报告86个，作出决议、决定24项，通过办法、规则等规章制度12项，任命国家机关工作人员89人，批准任命9人，免去职务68人，接受辞职8人。

第一节　常委会组成人员

主　任　丁贵生（2002.3—2007.5）
副主任　刘建田（2002.3—2005.3）
杨清风（2002.3—2006.2）
朱礼厚（女，2002.3—2007.5）
王元寿（2002.3—2006.2）
王七孩（2002.3—2007.5）
张　清（2003.4—2007.5）
荆东生（2005.4—2007.5）
吴学斌（2006.4—2007.5）
段存寿（2006.4—2007.5）
秘书长　李　明（2002.3—2007.5）
委　员　丁根晓（2002.3—2007.5）
王　斌（2002.3—2007.5）
王玉兰（女，2002.3—2007.5）
付景华（女，2002.3—2007.5）
冯培一（2002.3—2003.4）
巩引贞（女，2002.3—2005.3）
刘春玲（女，2002.3—2007.5）
安慧鹏（2002.3—2007.5）
李生林（2002.3—2007.5）
李彦良（女，2002.3—2007.5）
杨永生（2002.3—2005.8）
何海平（2002.3—2007.5）

张凤英（女，2002.3—2007.5）
张金凤（女，2002.3—2003.5）
张宝明（2002.3—2007.5）
张禄长（2002.3—2007.5）
武根进（2002.3—2007.5）
郗存祥（2002.3—2007.5）
荆存柱（2002.3—2007.5）
郭忠实（2002.3—2003.4）
梁春明（2002.3—2003.4）
程志强（2002.3—2007.5）
鄯怀林（2002.3—2007.5）
马德胜（2003.4—2007.5）
王　礼（2003.4—2007.5）
许世奎（2003.4—2007.5）

第二节　常委会会议

第一次会议

会议于 2002 年 6 月 12 日至 14 日在市人大常委会会议室举行。应出席常委会组成人员 30 人，实际出席 29 人。市委常委、市政府常务副市长王舰民，市政协副主席鲁宏成，市中级人民法院院长冯少勇，市人民检察院检察长张仲马，市政府有关委、局、办负责人，各县（区）人大常委会和市人大各委、室负责人列席会议。

市人大常委会主任丁贵生主持预备会议，副主任王七孩、王元寿、刘建田分别主持第一次、第二次、第三次全体会议。

会议听取和审议市财政局局长马骥受市政府委托作的《关于阳泉市 2001 年市本级财政决算（草案）的报告》，作出《关于批准阳泉市 2001 年财政决算的决定》；听取和审议并表决通过市审计局局长任美福受市政府委托作的《关于 2001 年预算执行情况的审计报告》，市国土资源局局长张三锁受市政府委托作的《关于土地管理工作情况的报告》，市教育局局长赵平有受市政府委托作的《关于义务教育“一法一办法”执法检查整改情况的报告》，市公安局局长、市“严打”办主任宋建华受市政府委托作的《关于“严打”整治斗争情况的报告》；审议并表决通过市人大财经委员会《关于“切实做好扩大城镇劳动就业工作”和“进一步发展非公有制经济”两个议事原案审查结果的报告》；审议并表决通过市人大常委会议事规则和人事任免办法；审议并表决通过市政府 19 人任命，市中级人民法院 4 人任命、13 人免职，市人民检察院 8 人免职事项。市人大常委会主任丁贵生作讲话。

第二次会议

会议于 2002 年 8 月 13 日至 15 日在市人大常委会会议室举行。应出席常委会组成人员 30 人，实际出席30人。市政府副市长樊盛武，市人民检察院检察长张仲马，市政府有关委、局负责人，各县（区）人大常委会和市人大各委、室负责人列席会议。

市人大常委会主任丁贵生主持预备会议，副主任王七孩、王元寿、刘建田分别主持第一次、第二次、第三次全体会议。

会议听取和审议并表决通过市政府副市长李体柱受市政府委托作的《关于全市科技工作情况的报告》，作出《关于进一步推进全市科技进步的决议》；听取和审议并表决通过市发展计划委员会主任李裕厚受市政府委托作的《关于2002年上半年全市国民经济和社会发展计划执行情况的报告》，市财政局局长马骥受市政府委托作的《关于2002年上半年全市财政预算执行情况的报告》，市人民检察院检察长张仲马作的《关于反渎职侵权工作情况的报告》；审议并表决通过市政府4人任命、市监察委员会1人任命、市中级人民法院1人任命事项；审议并批准任命县（区）检察长4人任命事项。

第三次会议

会议于2002年10月23日至25日在市人大常委会会议室举行。应出席常委会组成人员30人，实际出席27人。市政府副市长王敬瑞、陈继光，市中级人民法院院长冯少勇，市人民检察院检察长张仲马，市政府有关委、局负责人，各县（区）人大常委会和市人大各委、室负责人列席会议。

市人大常委会主任丁贵生主持预备会议，副主任刘建田、杨清风、朱礼厚分别主持第一次、第二次、第三次全体会议。

会议听取和审议并表决通过市林业局局长连海峰受市政府委托作的《关于退耕还林工作情况的报告》，市政府副市长陈继光受市政府委托作的《关于城镇下岗职工情况及扩大再就业的报告》，市政府市长郭良孝受市政府委托作的《关于桃河治理工程进展情况的报告》，市委常委、市政府常务副市长王舰民受市政府委托作的《关于热电联供、污水处理工程和城市综合治理情况的报告》，市文化局局长周建新受市政府委托作的《关于以网吧为主的网络文化市场管理工作情况的报告》，市中级人民法院院长冯少勇作的《关于刑事审判工作情况的报告》；审议并表决通过《阳泉市人民代表大会专门委员会通则》；作出《关于召开阳泉市第十二届人民代表大会第二次会议的决定》。

第四次会议

会议于2002年11月14日在市人大常委会会议室举行。应出席常委会组成人员30人，实际出席29人。市中级人民法院院长冯少勇，市人民检察院检察长张仲马，市人大各委、室负责人列席会议。

市人大常委会主任丁贵生主持预备会议，副主任刘建田主持全体会议。

会议审议并表决通过《关于2002年述职评议工作方案》，投票推选并确定2名被述职评议对象；审议并表决通过《关于出缺代表的代表资格的审查报告》，作出《关于设立代表资格审查委员会的决定》；审议并表决通过《关于市人大代表活动的办法》、市十二届人大二次会议议程及有关名单的草案。

第五次会议

会议于2002年12月24日至25日在市人大常委会会议室举行。应出席常委会组成人员30人，实际出席24人。市政府副市长樊盛武、李体柱，市公安局负责人，城区人大常委会和市人大各委、室负责人列席会议。

市人大常委会主任丁贵生主持预备会议，副主任刘建田、杨清风分别主持第一次、第二次全体会议。

会议听取和审议并表决通过市农业局局长高中和受市政府委托作的《关于全市畜牧业发展情况的报告》，市政府副市长樊盛武受市政府委托作的《关于环境保护工作情况的报告》，市文化局局长周建新受市政府委托作的《关于以网吧为重点的网络文化市场管理工作情况的报告》；审议《市人大常委会 2003 年工作要点（草案）》；审议并表决通过市政府 1 人任命、1 人免职事项。

第六次会议

会议于 2003 年 2 月 26 日在市人大常委会会议室举行。应出席常委会组成人员 30 人，实际出席 26 人。市政府副市长王敬瑞，市中级人民法院负责人，市人民检察院负责人，市政府有关委、局、办负责人，阳煤集团、晋东集团负责人，各县（区）人大常委会和市人大各委、室负责人列席会议。

市人大常委会主任丁贵生主持预备会议，副主任王七孩、杨清风分别主持第一次、第二次全体会议。

会议听取和审议并表决通过市安委会常务副主任、市安全生产监督管理局局长许建平受市政府委托作的《关于全市安全生产情况的报告》；审议并表决通过《述职评议办法》；作出《关于召开阳泉市第十二届人民代表大会第三次会议的决定》。

第七次会议

会议于 2003 年 4 月 8 日在市人大常委会会议室举行。应出席常委会组成人员 30 人，实际出席 29 人。市中级人民法院负责人，市人民检察院负责人，各县（区）人大常委会和市人大各委、室负责人列席会议。

市人大常委会主任丁贵生主持预备会议，副主任刘建田、杨清风分别主持第一次、第二次全体会议。

会议听取和审议并表决通过市人大常委会副主任杨清风受主任会议委托作的《关于补选代表的代表资格的审查报告》；审议并表决通过《阳泉市预算审查监督办法》；审议并表决通过市十二届人大三次会议议程及有关名单的草案，市人大常委会工作报告稿；作出《关于接受郭忠实、梁春明辞去市人大常委会委员职务的请求的决定》。

第八次会议

会议于 2003 年 5 月 9 日在市人大常委会会议室举行。应出席常委会组成人员 30 人，实际出席 29 人。市中级人民法院负责人，市人民检察院负责人，市政府有关委、局、办负责人，各县（区）人大常委会和市人大各委、室负责人列席会议。

市人大常委会主任丁贵生主持预备会议，副主任朱礼厚、杨清风分别主持第一次、第二次全体会议。

会议听取和审议并表决通过市政府副市长李体柱受市政府委托作的《关于全市防治非典型肺炎工作情况的报告》，作出《关于进一步贯彻〈中华人民共和国传染病防治法〉，加强全市防治非典型肺炎工作的决议》；听取和审议市人大常委会人事代表工作委员会主任王斌作的《关于全市县（区）人大换届选举工作情况的汇报》，听取和审议并表决通过市人大常委会副主任杨清风受主任会议委托作的《关于另选代表的代表资格的审查报告》，作出《关于接受张金凤辞去市人大常委会委员职务的请求的决定》；审议并表决通过市政府组成人员1人任命、2人免职，市中级人民法院1人任命、1人免职，市人民检察院1人任命、4人免职事项；审议并批准各县（区）人民检察院检察长任命事项。

第九次会议

会议于2003年6月24日至25日上午在市人大常委会会议室举行。应出席常委会组成人员30人，实际出席30人。市人民政府有关委、局、办负责人，市中级人民法院负责人，市人民检察院负责人，各县（区）人大常委会和市人大各委、室负责人列席会议。

市人大常委会主任丁贵生主持预备会议，副主任王七孩、刘建田分别主持第一次、第二次全体会议。

会议听取和审议市财政局局长王振国受市政府委托作的《关于2002年市本级财政决算的报告（草案）》，作出《关于批准阳泉市2002年本级财政决算的决议》；听取和审议市人大教科文卫委员会主任委员李生林受主任会议委托作的《关于市十二届人大三次会议代表议案审议意见的报告》，作出关于代表议案审议的决定；听取和审议并表决通过市审计局局长任美福受市政府委托作的《关于2002年财政预算执行情况的审计报告》，市农业局局长高中和受市政府委托作的《关于农村防治"非典"工作情况的报告》，市卫生局局长王保柱受市政府委托作的《关于农村卫生工作情况的报告》；作出《关于接受郭良孝同志辞去市人民政府市长职务的请求的决定》，决定任命谢海为市人民政府副市长，代理市长职务；审议并表决通过市中级人民法院2人任命、3人免职，市人民检察院1人任命、1人免职事项。

第十次会议

会议于2003年8月20日至21日在市人大常委会会议室举行。应出席常委会组成人员30人，实际出席25人。市委常委、市政府常务副市长王舰民，副市长王敬瑞，市中级人民法院院长冯少勇，市人民检察院检察长张仲马，市政府有关委、局、办负责人，各县（区）人大常委会和市人大各委、室负责人列席会议。

市人大常委会主任丁贵生主持预备会议，副主任刘建田、杨清风、王元寿分别主持第一次、第二次、第三次全体会议。

会议听取和审议并表决通过市水利局局长王银旺受市政府委托作的《关于农村饮水解困工作情况的报告》，市发展计划委员会主任李裕厚受市政府委托作的《关于全市2003年上半年计划执行情况的报告》，市财政局局长王振国受市政府委托作的《关于全市2003年上半年财政预算执行情况的报告》，市建设局局长薛银栓受市政府委托作的《关于桃河城区段综合治理工程情况的报告》，市中级人民法院院长冯少勇作的《关于民商事审判工作情况的报告》；听取和审议市经贸委副主任黄少英受市政府委托作的《关于非公有制经济发展环境情况的报告》，提交组成人员表决时，该报告未能通过，作出《关于进一步创新创优环境，促进非公有制经济发展的决议》。

第十一次会议

会议于2003年10月28日至29日在市人大常委会会议室举行。应出席常委会组成人员30人，实际出席28人。市委副书记、市政府代市长谢海，市委副书记李天太，市政府副市长樊盛武、李体柱、刘兆林，市中级人民法院院长冯少勇，市人民检察院检察长张仲马，市政府有关委、局、办负责人，阳煤集团负责人，市十一届人大常委会副主任李奕明、郝爱生、董建堂，各县（区）人大常委会和市人大各委、室负责人列席会议。

市人大常委会主任丁贵生主持预备会议，副主任刘建田、朱礼厚分别主持第一次、第二次全体会议。

会议听取市人大常委会秘书长李明受主任会议委托作的《关于全国二十四城市人大工作研讨会第十四次会议情况汇报》；听取和审议并表决通过市环保局局长张海东受市政府委托作的《关于全市2003年环境保护工作和省人大环保执法检查提出问题整改落实情况的报告》，市计生委主任王新明受市政府委托作的《认真贯彻实施〈人口与计划生育法〉，全面提高计划生育工作水平的报告》，市政府副市长刘兆林受市政府委托作的《关于阳泉经济技术开发区十年发展情况和今后发展规划的报告》，作出《关于进一步加快阳泉经济技术开发区建设和发展步伐的决议》；审议并表决通过《关于学习贯彻〈中共中央关于完善社会主义市场经济体制若干问题的决定〉的意见》和《关于述职评议的实施方案》。

第十二次会议

会议于2003年12月17日至18日在市人大常委会会议室举行。应出席常委会组成人员30人，实际出席26人。市委副书记、市政府代市长谢海，市委常委、市政府常务副市长王舰民，副市长陈继光，市中级人民法院院长冯少勇，市人民检察院检察长张仲马，市政府有关委、局、办负责人，市十一届人大常委会副主任李奕明、张希祯、郝爱生、董建堂，各县（区）人大常委会和市人大各委、室负责人列席会议。

市人大常委会主任丁贵生主持预备会议，副主任张清、王七孩、刘建田分别主持第一次、第二次、第三次全体会议。

会议听取和审议市财政局局长王振国受市政府委托作的《关于2003年预算收入超收部分使用安排情况的报告》，作出《关于2003年市本级财政预算超收部分支出安排的决议》；听取和审议市经贸委副主任黄少英受市政府委托作的《关于阳钢破产工作进展情况汇报》；听取和审议并表决通过市政府秘书长李家忠受市政府委托作的《关于代表议案、建议和意见办理情况的报告》，市人大常委会副主任、代表资格审查委员会主任委员杨清风受主任会议委托作的《关于出缺及补选代表的代表资格的审查报告》；作出《关于召开阳泉市第十二届人民代表大会第四次会议的决定》；审议并表决通过市政府1人任命，市中级人民法院6人任命、7人免职，市人民检察院5人任命事项；听取市人大各专门委员会、常委会各工作机构2003年度工作总结和2004年工作要点，对市人大各专门委员会、常委会各工作机构进行满意度测评。市人大常委会主任丁贵生作讲话。

第十三次会议

会议于2004年2月9日在市人大常委会会议室举行。应出席常委会组成人员30人，实际出席30人。市十一届人大常委会副主任张希祯、郝爱生、董建堂、李奕明，各县（区）人大常委会和市人大各委、室负责人列席会议。

市人大常委会主任丁贵生主持预备会议，副主任刘建田、杨清风分别主持第一次、第二次全体会议。

会议审议并表决通过市十二届人大四次会议议程及有关名单的草案，市人大常委会工作报告稿。

第十四次会议

会议于2004年3月23日至24日在市人大常委会会议室举行。应出席常委会组成人员30人，

实际出席 26 人。市政府副市长樊盛武、陈继光，市政协副主席鲁宏成，市中级人民法院院长冯少勇，市人民检察院检察长张仲马，市政府有关委、局、办负责人，市交警支队负责人，市十一届人大常委会副主任李奕明，各县（区）人大常委会和市人大各委、室负责人列席会议。

市人大常委会主任丁贵生主持预备会议，副主任王七孩、刘建田分别主持第一次、第二次全体会议。

会议首先由全国人大代表、市人大常委会副主任朱礼厚传达十届全国人大二次会议精神。随后，听取和审议并表决通过市安全生产监督管理局局长许建平受市政府委托作的《关于安全生产情况的报告》；听取市人大常委会人事代表工作委员会主任王斌受主任会议委托作的《关于述职评议情况的汇报》；听取市交通局局长李书田、市人事局局长曾庆忠的述职报告，对李书田、曾庆忠履行职务的情况进行评议和测评。

第十五次会议

会议于 2004 年 6 月 3 日至 4 日在市人大常委会会议室举行。应出席常委会组成人员 30 人，实际出席 25 人。市委常委、市政府常务副市长王舰民，副市长王敬瑞、李体柱，市政协副主席鲁宏成，市人民检察院检察长张仲马，市政府有关委、局、办负责人，各县（区）人大常委会和市人大各委、室负责人列席会议。

市人大常委会主任丁贵生主持预备会议，副主任朱礼厚、王元寿分别主持第一次、第二次全体会议。

会议听取和审议市财政局局长王振国受市政府委托作的《关于 2003 年市本级财政决算（草案）的报告》，作出《关于批准 2003 年市本级财政决算的决议》；听取和审议并表决通过市审计局局长任美福受市政府委托作的《关于 2003 年市财政预算执行和其他财政收支情况的审计工作报告》，市政府副市长李体柱受市政府委托作的《关于〈进一步推进全市科技进步的决议〉贯彻落实情况的报告》，市政府副市长王敬瑞受市政府委托作的《关于农村税费改革情况的报告》，市公安局局长李柏受市政府委托作的《关于社会治安管理情况的报告》。市人大常委会副主任刘建田受丁贵生主任委托，就人民代表大会制度建立 50 周年庆祝活动和地方人大常委会设立 25 周年纪念活动的开展和筹备情况作讲话。

第十六次会议

会议于 2004 年 6 月 30 日在市人大常委会会议室举行。应出席常委会组成人员 30 人，实际出席 28 人。市委副书记、市政府市长谢海，市委常委、市政府常务副市长王舰民，市中级人民法院院长冯少勇，市人民检察院检察长张仲马，市人事局负责人，各县（区）人大常委会和市人大各委、室负责人列席会议。

市人大常委会主任丁贵生主持预备会议，副主任刘建田、张清分别主持第一次、第二次全体会议。

会议听取市委常委、市政府常务副市长王舰民受市政府委托作的《关于市政府机构改革情况的说明》；审议并表决通过市人大常委会 1 人免职、1 人任命，市政府 3 人免职、6 人任命事项。

第十七次会议

会议于 2004 年 8 月 11 日至 12 日在市人大常委会会议室举行。应出席常委会组成人员 30 人，实际出席 23 人。市委常委、市政府常务副市长王舰民，副市长李体柱，市政协副主席鲁宏成，市中级人民法院院长冯少勇，市人民检察院检察长张仲马，市政府有关委、局、办负责人，各县（区）人大常委会和市人大各委、室负责人列席会议。

市人大常委会主任丁贵生主持预备会议，副主任王七孩、杨清风分别主持第一次、第二次全体会议。

会议听取和审议并表决通过市发展与改革委员会主任李裕厚受市政府委托作的《关于全市2004年上半年计划执行情况的报告》，市财政局局长王振国受市政府委托作的《关于全市2004年上半年财政预算执行情况的报告》，市政府副市长李体柱受市政府委托作的《关于〈加强农村卫生工作的议案〉办理落实情况的报告》，市中级人民法院院长冯少勇作的《关于中级人民法院队伍建设情况的报告》。会议作出《关于加强全市法院队伍建设的决议》。丁贵生主任就认真组织开展好纪念邓小平同志百年诞辰活动和切实做好人民代表大会制度建立50周年庆祝活动的各项工作作讲话。

第十八次会议

会议于2004年10月27日至28日在南煤集团会议室举行。应出席常委会组成人员29人，实际出席24人。市委副书记、市政府市长谢海，副市长王敬瑞，市政协副主席鲁宏成，市中级人民法院院长冯少勇，市人民检察院检察长张仲马，市政府有关委、局、办负责人，各县（区）人大常委会和市人大各委、室负责人列席会议。

市人大常委会主任丁贵生主持预备会议，副主任刘建田、王元寿、张清分别主持第一次、第二次、第三次全体会议。

会议听取南煤集团董事长杨永善受市政府委托作的《关于南煤集团企业改革与发展情况的报告》；听取和审议并表决通过市政府副市长王敬瑞受市政府委托作的《关于乡镇企业发展情况的报告》，市人民检察院检察长张仲马作的《关于民事行政检察工作情况的报告》；审议并表决通过市政府1人任命、1人撤职事项。

第十九次会议

会议于2004年12月15日在市人大常委会会议室举行。应出席常委会组成人员29人，实际出席25人。市政府副市长樊盛武，市中级人民法院院长冯少勇，市人民检察院检察长张仲马，市政府有关委、局、办负责人，各县（区）人大常委会和市人大各委、室负责人列席会议。

市人大常委会主任丁贵生主持预备会议，副主任杨清风、王七孩分别主持第一次、第二次全体会议。

会议听取和审议并表决通过市政府副市长樊盛武受市政府委托作的《关于全市环境保护工作及耐火行业治理整顿情况的报告》，市政府秘书长李家忠受市政府委托作的《关于代表议案、建议、意见办理情况的报告》。丁贵生主任传达12月13日召开的市委常委扩大会议精神，就市人大常委会抓好贯彻落实作讲话。

第二十次会议

会议于2004年12月28日在市人大常委会会议室举行。应出席常委会组成人员29人，实际出席29人。市委常委、市政府常务副市长王舰民，市政协副主席鲁宏成，市人民检察院检察长张仲马，市中级人民法院负责人，市财政局负责人，各县（区）人大常委会和市人大各委、室负责人列席会议。

市人大常委会主任丁贵生主持预备会议，副主任刘建田、杨清风分别主持第一次、第二次全体会议。

会议首先由市人大常委会副主任王七孩传达全市经济工作会议精神。随后，听取和审议市财政局局长王振国受市政府委托作的《关于2004年预算收入超收部分使用安排情况的报告》，作出《关于批准2004年预算收入超收部分使用安排情况的决议》；审议并表决通过市中级人民法院3人任命、省人大代表1人辞职事项，采用无记名投票方式，补选谢海为山西省第十届人民代表大会代表。

第二十一次会议

会议于2005年3月31日至4月1日在市人大常委会会议室举行。应出席常委会组成人员29人，实际出席28人。市政府副市长樊盛武、陈继光、王敬瑞，市政协副主席鲁宏成，市人民检察院检察长张仲马，市中级人民法院负责人，市政府有关委、局、办负责人，各县（区）人大常委会和市人大各委、室负责人列席会议。毛志宏等12名市民旁听会议。

市人大常委会主任丁贵生主持预备会议，副主任杨清风、王七孩、朱礼厚分别主持第一次、第二次、第三次全体会议。

会议听取和审议并表决通过市政府副市长樊盛武受市政府委托作的《关于实现2005年市区环保目标及相应措施的报告》，市文化新闻出版局局长周建新受市政府委托作的《关于提高城市文化品位，加快重点文化设施建设的报告》，市人口和计划生育委员会主任张锁珍作的《关于计划生育有关奖励政策落实情况的报告》；表决通过《关于出缺及补选代表的代表资格的审查报告》，市十二届人大五次会议议程及有关名单草案，市人大常委会工作报告稿，作出《关于召开市十二届人大五次会议的决定》《关于接受刘建田辞去市人大常委会副主任职务的请求的决定》。丁贵生主任就市人大机关党员先进性教育第二阶段的开展和市十二届人大五次会议的有关事项作安排。

第二十二次会议

会议于2005年6月9日至10日在市人大常委会会议室举行。应出席常委会组成人员29人，实际出席28人。市委副书记、市政府市长谢海，市委常委、市政府常务副市长王舰民，副市长王敬瑞、李体柱，市政协副主席李裕厚，市中级人民法院院长冯少勇，市人民检察院检察长张仲马，市政府有关委、局、办负责人，各县（区）人大常委会和市人大各委、室负责人列席会议。王保国等12名市民旁听会议。

市人大常委会主任丁贵生主持预备会议，副主任王七孩、荆东生分别主持第一次、第二次全体会议。

会议听取和审议市财政局局长王振国受市政府委托作的《关于2004年市本级财政决算（草案）情况的报告》，作出《关于批准2004年市本级财政决算的决议》；听取和审议并表决通过市审计局局长任美福受市政府委托作的《关于2004年度市级财政预算执行和其他财政收支情况的审计工作报告》，市国土资源局局长张三锁受市政府委托作的《关于全市国土资源管理工作情况的报告》，市教育局局长赵平有受市政府委托作的《关于中小学生思想道德建设工作情况的报告》；审议并表决通过《关于对司法工作实施监督的试行办法》；审议并表决通过市政府1人任命、1人免职，市中级人民法院11人任命、6人免职事项。

第二十三次会议

会议于2005年8月16日至17日在市人大常委会会议室举行。应出席常委会组成人员29人，实际出席28人。市委常委、市政府常务副市长王舰民，副市长樊盛武、陈继光，市政协副主席李裕厚，市中级人民法院院长冯少勇，市人民检察院检察长张仲马，市政府有关委、局、办负责人，各县（区）人大常委会和市人大各委、室负责人列席会议。郭建明等11名市民旁听会议。

市人大常委会主任丁贵生主持预备会议，副主任杨清风、张清分别主持第一次、第二次全体会议。

会议听取和审议并表决通过市国有资产监督管理委员会主任黄少英受市政府委托作的《关于市属国有企业改革情况的报告》，市发展和改革委员会副主任刘志强受市政府委托作的《关于2005年上半年国民经济和社会发展计划执行情况的报告》，市财政局局长王振国受市政府委托作的《关于上半年全市财政预算执行情况的报告》；审议并表决通过市政府1人免职、2人任命，市人民检察院5人免职、1人任命事项；作出《关于接受杨永生辞去市人大常委会委员职务的请求的决定》。丁贵生主任就学习贯彻实施中发〔2005〕9号文件精神作讲话。

第二十四次会议

会议于2005年10月11日在市人大常委会会议室举行。应出席常委会组成人员28人，实际出席25人。市政府副市长王敬瑞，市政协副主席李畴海，市中级人民法院院长冯少勇，市人民检察院检察长张仲马，市政府有关委、局、办负责人，各县（区）人大常委会和市人大各委、室负责人列席会议。李冬花等9名市民旁听会议。

市人大常委会主任丁贵生主持预备会议，副主任荆东生、王元寿分别主持第一次、第二次全体会议。

会议听取和审议并表决通过市农业局局长高中和受市政府委托作的《关于全市文明生态村镇创建工作情况的报告》，市民政局局长王银河受市政府委托作的《关于社区建设工作情况的报告》。丁贵生主任作讲话。

第二十五次会议

会议于2005年12月21日在市人大常委会会议室举行。应出席常委会组成人员28人，实际出席27人。市政协副主席李裕厚，市中级人民法院院长冯少勇，市人民检察院检察长张仲马，市政府有关委、局、办负责人，各县（区）人大常委会和市人大各委、室负责人列席会议。

市人大常委会主任丁贵生主持预备会议，副主任张清、王七孩分别主持第一次、第二次全体会议。

会议听取和审议市财政局局长王振国受市政府委托作的《关于2005年市本级财政超收安排及支出方向的报告》，作出《关于批准2005年市本级财政预算超收部分支出安排的决议》；听取和审议并表决通过市政府秘书长杨永生受市政府委托作的《关于代表议案、建议和意见办理情况的报告》。

第二十六次会议

会议于2006年2月28日在市人大常委会会议室举行。应出席常委会组成人员28人，实际出席25人。市委书记、市政府市长谢海，市委副书记白云，市政协副主席李畴海，市人民检察院检察长张仲马，市人事局负责人，各县（区）人大常委会和市人大各委、室负责人列席会议。

市人大常委会主任丁贵生主持预备会议，副主任杨清风、张清分别主持第一次、第二次全体会议。

会议审议并表决通过有关代表资格审查委员会任命事项；作出《关于召开阳泉市第十二届人民代表大会第六次会议的决定》《关于接受谢海辞去市人民政府市长职务的请求的决定》《关于接受杨清风、王元寿辞去市人大常委会副主任职务的请求的决定》，决定任命白云为市人民政府副市长、代理市长职务。

第二十七次会议

会议于2006年4月3日在市人大常委会会议室举行。应出席常委会组成人员28人，实际出席26人。市人民检察院检察长张仲马，市人大各专门委员会副主任委员，各县（区）人大常委会和市人大各委、室负责人列席会议。

市人大常委会主任丁贵生主持预备会议，副主任王七孩、荆东生分别主持第一次、第二次全体会议。

会议审议并表决通过市人大常委会代表资格委员会《关于出缺及补选代表的代表资格的审查报告》，市十二届人大六次会议议程及有关名单草案，市人大常委会工作报告稿。全国人大代表、市人大常委会副主任朱礼厚传达十届全国人大四次会议精神，丁贵生主任对常委会近期的工作作安排和强调，就召开市人大十二届六次会议提出具体要求。

第二十八次会议

会议于2006年6月14日至15日在市人大常委会会议室举行。应出席常委会组成人员28人，实际出席25人。市委常委、市政府常务副市长王舰民，副市长樊盛武、李体柱，市政协副主席李畴海，市中级人民法院院长冯少勇，市人民检察院检察长张仲马，市政府有关委、局、办负责人，各县（区）人大常委会和市人大各委、室负责人列席会议。米楠等10位市民旁听会议。

市人大常委会主任丁贵生主持预备会议，副主任朱礼厚、王七孩分别主持第一次、第二次全体会议。

会议听取和审议市财政局局长王振国受市政府委托作的《关于2005年市本级财政决算（草案）的报告》，作出《关于批准阳泉市2005年市本级财政决算的决议》；听取和审议并表决通过市审计局局长任美福受市政府委托作的《关于2005年市本级预算执行和其他财政收支情况的审计工作报告》，市政府副市长樊盛武受市政府委托作的《关于"十一五"环保工作措施的报告》，市建设局局长薛银栓受市政府委托作的《关于创建国家级园林城市工作情况的报告》，市政府副市长李体柱受市政府委托作的《关于农村卫生工作情况的报告》；审议并表决通过市政府1人任命、1人免职，市中级人民法院2人任命事项。丁贵生主任就做好"十一五"期间的环保工作和创建国家级园林城市工作作讲话。

第二十九次会议

会议于2006年8月8日至9日在市人大常委会会议室举行。应出席常委会组成人员28人，实际出席28人。市委常委、市政府常务副市长王舰民，副市长樊盛武、李体柱，市政协副主席陈保京，市中级人民法院院长冯少勇，市人民检察院检察长张仲马，市政府有关委、局、办负责人，各县（区）人大常委会和市人大各委、室负责人列席会议。李宏等9位市民旁听会议。

市人大常委会主任丁贵生主持预备会议，副主任张清、段存寿分别主持第一次、第二次全体会议。

会议听取和审议并表决通过市发展和改革委员会主任刘志强受市政府委托作的《关于2006年上半年国民经济和社会发展计划执行情况的报告》，市财政局局长王振国受市政府委托作的《关于2006年上半年财政预算执行情况的报告》，市公安局局长李柏受市政府委托作的《关于道路交通安全管理情况的报告》，市教育局局长赵平有受市政府委托作的《关于职业教育工作情况的报告》，市规划局局长马文建受市政府委托作的《关于创建国家级园林城市规划情况的报告》。会议作出《关于推进职业教育发展的决议》《关于市十二届人大常委会第三十次会议审议议程的决定》。

第三十次会议

会议于2006年9月7日下午在市人大常委会会议室举行。应出席常委会组成人员28人，实际出席27人。市委副书记、市政府市长白云，市政协副主席朱纯国，市人民检察院检察长张仲马，市中级人民法院负责人，市人事局负责人，市人大各委、室负责人列席会议。

市人大常委会主任丁贵生主持预备会议，副主任朱礼厚、张清分别主持第一次、第二次全体会议。

会议审议并表决通过免去樊盛武的市人民政府副市长职务，决定任命王旭明为市人民政府副市长。市人大常委会副主任王七孩传达中共阳泉市第十次代表大会精神。

第三十一次会议

会议于2006年9月8日上午在市人大常委会会议室举行。应出席常委会组成人员28人，实际出席27人。市委副书记、市政府市长白云，市政协副主席朱纯国，市人民检察院检察长张仲马，市中级人民法院负责人，市人事局负责人，市人大各委、室负责人列席会议。

市人大常委会主任丁贵生主持预备会议，副主任荆东生、吴学斌分别主持第一次、第二次全体会议。

会议审议并表决通过免去陈继光的市人民政府副市长职务，决定任命王湜洲为市人民政府副市长。市人大常委会副主任段存寿作关于学习《中华人民共和国各级人民代表大会常务委员会监督法》的辅导报告。

第三十二次会议

会议于2006年10月30日至31日在市人大常委会会议室举行。应出席常委会组成人员28人，实际出席22人。市政府副市长李体柱、刘兆林，市政协副主席李裕厚，市人民检察院检察长张仲马，市中级人民法院负责人，阳泉开发区管委会负责人，市政府有关委、局、办负责人，各县（区）人大常委会和市人人各委、室负责人列席会议。

市人大常委会主任丁贵生主持预备会议，副主任朱礼厚、王七孩分别主持第一次、第二次全体会议。

会议听取和审议并表决通过市政府副市长刘兆林受市政府委托作的《关于进一步加快阳泉经济技术开发区发展步伐的报告》，市政府副市长李体柱受市政府委托作的《关于加大自主创新力度，提高阳泉市综合竞争力，推进全面小康建设的报告》，市规划局局长马文建受市政府委托作的《关于石太铁路阳泉城市段综合治理和防护林带建设的报告》，市司法局局长张俊堂受市政府委托作的《关于“四五”普法工作情况和“五五”普法规划的报告》，作出《关于深入开展第五个五年法制宣传教育工作的决议》。

第三十三次会议

会议于2006年12月28日至29日在市人大常委会会议室举行。应出席常委会组成人员28人，实际出席27人。市人大常委会党组书记孙水生，市委常委、市政府常务副市长王舰民，副市长王旭明、王敬瑞，市政协副主席李畴海，市中级人民法院院长冯少勇，市人民检察院负责人，市政府有关委、局、办负责人，各县（区）人大常委会和市人大各委、室负责人列席会议。

市人大常委会主任丁贵生主持预备会议，副主任张清、荆东生分别主持第一次、第二次全体会议。

会议听取和审议并表决通过市政府副市长王敬瑞受市政府委托作的《关于新农村建设情况的报告》，市中小企业局局长任云祥受市政府委托作的《关于县域经济发展情况的报告》，市政府副秘书长董贵堂受市政府委托作的《关于代表议案、建议和意见办理情况的报告》，市政府副市长王旭明受市政府委托作的《关于创建环境友好型企业工作情况的报告》；听取和审议市财政局局长王振国受市政府委托作的《关于2006年市本级财政预算超收安排及支出方向的报告》，作出《关于批准2006年市本级财政预算超收部分支出安排的决议》；审议并表决通过市人大常委会1人免职、1人任命，市政府1人免职、2人任命，市中级人民法院1人免职事项；作出《关于废止〈阳泉市人大常委会述职评议办法〉等三个办法的决定》。丁贵生主任作讲话。

第三十四次会议

会议于2007年2月28日在阳光发电公司会议室举行。应出席常委会组成人员28人，实际出席27人。市人大常委会党组书记孙水生，市中级人民法院院长冯少勇，市人大各委、室负责人列席会议。

市人大常委会主任丁贵生主持预备会议，副主任朱礼厚主持全体会议。

会议审议市人大常委会关于2006年工作总结和2007年工作要点、2007年度听取审议“一府两院”专题工作报告和执法检查计划；审议并表决通过《关于规范性文件备案审查的办法》；作出《关于表彰市十二届人大优秀代表、优秀常委会委员及办理代表议案、建议、意见先进单位、先进个人名单及表彰决定》；审议并表决通过市中级人民法院1人免职、2人任命事项。丁贵生主任作讲话，对市人大常委会总结2006年工作和安排2007年计划提出要求。

第三十五次会议

会议于2007年4月28日在市人大常委会会议室举行。应出席常委会组成人员28人，实际出席27人。市人大常委会党组书记孙水生，市人民政府副市长李体柱，市政协副主席李畴海，市中级人民法院院长冯少勇，市人民检察院检察长张仲马，市人大常委会党组成员高中和，各县（区）人大常委会和市人大各委、室负责人列席会议。

市人大常委会主任丁贵生主持预备会议，副主任朱礼厚、荆东生分别主持第一次、第二次全体会议。

会议审议并表决通过《关于市十三届人民代表大会代表资格的审查报告》，市十三届人大一次会议议程及有关名单的草案，市人大常委会工作报告稿，作出《关于召开市十三届人大一次会议的决定》；审议并表决通过市人大常委会4人免职、5人任命事项；审议并批准县（区）人民检察院检察长5人任命事项。丁贵生主任就做好市十三届人大一次会议的各项筹备工作作讲话。

第三章　市十三届人大常委会

阳泉市第十三届人民代表大会常务委员会，从2007年5月至2012年5月，共举行会议43次，审议议题190项，听取和审议“一府两院”工作报告89个，作出决议、决定45项，通过办法、规则等规章制度12项，任命国家机关工作人员139人，批准任命5人，免去职务71人，接受辞职16人。

第一节　常委会组成人员

主　任　孙水生（2007.5—2012.5）
副主任　张　清（2007.5—2010.4）
荆东生（2007.5—2012.5）
吴学斌（2007.5—2012.5）
段存寿（2007.5—2012.5）
吴丽萍（女，2007.5—2012.5）
王振国（2010.5—2012.5）
郤爱国（2011.5—2012.5）
秘书长　高中和（2007.5—2010.3）
吕誉耀（2010.5—2012.5）
委　员　丁国忠（2007.5—2012.5）
马德胜（2007.5—2012.5）
王万柱（2007.5—2012.5）
王玉兰（女，2007.5—2012.5）
王玉明（2007.5—2012.5）
冯岩松（2007.5—2010.3）
朱　玉（2007.5—2010.3）
朱玉芳（女，2007.5—2012.5）
刘春玲（女，2007.5—2012.4）
齐志华（2007.5—2010.3）
安慧鹏（2007.5—2012.5）
许世奎（2007.5—2010.3）
李海珍（女，2007.5—2012.5）
李润怀（2007.5—2012.5）

李继红（2007.5—2012.5）
李乃珠（2010.5—2012.5）
李顺宽（2010.5—2012.5）
杨日祥（2007.5—2012.5）
杨全生（2007.5—2012.5）
杨红梅（女，2007.5—2008.2）
杨喜平（2007.5—2012.5）
张凤英（女，2007.5—2012.5）
赵远长（2007.5—2012.5）
荆素俭（女，2007.5—2012.5）
郗存祥（2007.5—2012.5）
郭怀寿（2007.5—2011.8）
梁怀玉（2007.5—2010.3）
梁　璧（2007.5—2010.3）
程志强（2007.5—2012.5）
靳培宏（2007.5—2012.5）
鄯怀林（2007.5—2012.5）
鄯宝明（2007.5—2012.5）
王建军（2010.5—2012.5）
史友松（2010.5—2012.5）
白爱勤（2010.5—2012.5）
朱　刚（2010.5—2012.5）
唐　麟（2010.5—2012.5）

第二节　常委会会议

第一次会议

会议于2007年6月25日在市人大常委会会议室举行。应出席常委会组成人员37人，实际出席36人。市政府副市长王敬瑞，市政协副主席王振国，市中级人民法院院长冯少勇，市人民检察院检察长张仲马，市财政局、审计局、国税局、地税局负责人，市人大各专门委员会副主任委员，市人大常委会副秘书长、各工作机构负责人及调研员、助理调研员，各县（区）人大常委会副主任列席会议。

市人大常委会主任孙水生主持预备会议，副主任荆东生、张清分别主持第一次、第二次全体会议。

会议听取和审议市政协副主席、财政局局长王振国受市政府委托作的《关于2006年市本级财政决算（草案）的报告》，作出《关于批准2006年市本级财政决算的决议》；听取和审议并表决通过市审计局局长任美福受市政府委托作的《关于2006年市本级财政预算执行和其他财政收支情况的审计报告》；审议并表决通过市人大常委会2人免职、1人任命事项。市人大常委会秘书长高中和通报市十三届人大常委会委员重点联系市人大专门委员会的安排意见。孙水生主任就认真履行职责，充分发挥常委会组成人员的作用作讲话。

第二次会议

会议于 2007 年 7 月 30 日在市人大常委会会议室举行。应出席常委会组成人员 37 人，实际出席 36 人。市委副书记、市政府市长白云，市委组织部部长宋师璇，市政协副主席李裕厚，市中级人民法院院长冯少勇，市人民检察院检察长张仲马，市人事局负责人，市人大各专门委员会副主任委员，市人大常委会副秘书长、各工作机构负责人及调研员、助理调研员，各县（区）人大常委会副主任列席会议。

市人大常委会主任孙水生主持预备会议，副主任吴学斌、段存寿分别主持第一次、第二次全体会议。

会议听取和审议市政府市长白云提请的市政府秘书长和 22 个组成部门局长（主任）的人事任命事项，市中级人民法院院长冯少勇提请的有关人事免职事项，市人民检察院检察长张仲马提请的有关人事任免事项；审议并表决通过《市人大常委会议事规则》《市人大常委会人事任免办法》《市人大常委会组成人员守则》；表决通过市政府 22 人任命，市中级人民法院 1 人免职，市人民检察院 3 人免职、1 人任命事项。市财政局局长的任命提请未获通过。孙水生主任作讲话。

第三次会议

会议于 2007 年 8 月 28 日至 29 日在市人大常委会会议室举行。应出席常委会组成人员 37 人，实际出席 37 人。市委常委、市政府常务副市长王旭明，副市长王冬雪，市政协副主席王振国，市中级人民法院院长冯少勇，市人民检察院检察长张仲马，市政府有关局、委、办负责人，市人大各专门委员会副主任委员，市人大常委会副秘书长、各工作机构负责人及调研员、助理调研员，各县（区）人大常委会副主任，弓鸿馨等 8 名市人大代表列席会议。

市人大常委会主任孙水生主持预备会议，副主任吴丽萍、张清、荆东生分别主持第一次、第二次、第三次全体会议。

会议听取和审议并表决通过市发展和改革委员会主任刘志强受市政府委托作的《关于阳泉市 2007 年上半年国民经济和社会发展计划执行情况的报告》，市财政局副局长郝千文受市政府委托作的《关于 2007 年上半年财政预算执行情况的报告》，市建设局局长薛银栓受市政府委托作的《关于创建国家级园林城市工作进展情况的报告》，市中级人民法院副院长王志德受院长冯少勇委托作的《关于审判监督工作情况的报告》；通报市十三届人大常委会第四次会议议程（草案）；审议并表决通过市政府 1 人任命、市人民检察院 1 人任命事项。

第四次会议

会议于 2007 年 10 月 25 日至 26 日在市人大常委会会议室举行。应出席常委会组成人员 37 人，实际出席 31 人。市委常委、市政府常务副市长王旭明，市政协副主席马文建，市人民检察院检察长张仲马，市中级人民法院负责人，市政府有关局、委、办负责人，市人大各专门委员会副主任委员，市人大常委会副秘书长、各工作机构负责人及调研员、助理调研员，各县（区）人大常委会副主任，王晓华等 8 名市人大代表列席会议。

市人大常委会主任孙水生主持预备会议，副主任吴学斌、段存寿分别主持第一次、第二次全体会议。

会议听取和审议并表决通过市林业局局长连海峰受市政府委托作的《关于林业六大工程工作情况的报告》，市环保局局长王良义受市政府委托作的《关于环境保护工作情况的报告》，市广播电视局局长李有庆受市政府委托作的《关于广播电视“村村通”工作情况的报告》，市民族宗教事务局局长马爱民受市政府委托作的《关于民族宗教工作情况的报告》；审议并表决通过《关于加强代表工作的意见》《关于邀请人大代表列席市人大常委会会议暂行办法》《代表小组活动制度》《关于代表学习培训工作的意见》《代表接待日制度》；审议并表决通过市十三届人大二次会议议程及有关名单的草案，作出《关于召开市十三届人大二次会议的决定》。

第五次会议

会议于2007年11月21日在市人大常委会会议室举行。应出席常委会组成人员37人，实际出席33人。市政协副主席王振国，市中级人民法院负责人，市人民检察院负责人，市人大各专门委员会副主任委员，市人大常委会副秘书长、各工作机构负责人及调研员、助理调研员，各县（区）人大常委会副主任列席会议。

市人大常委会主任孙水生主持预备会议，副主任荆东生主持全体会议。

会议听取和审议并表决通过市人大常委会副主任、代表资格审查委员会主任委员张清受主任会议委托作的《关于出缺及补选代表的代表资格的审查报告》《关于人民监督员选聘及管理办法（试行）》；听取和审议《关于市十三届人大二次会议主席团和秘书长名单（草案）个别调整的说明》《关于变更市十三届人大二次会议召开时间的说明》；审议并表决通过关于市十三届人大二次会议主席团和秘书长名单（草案）个别调整事项，作出《关于变更市十三届人大二次会议召开时间的决定》。

第六次会议

会议于2007年12月27日至28日在市人大常委会会议室举行。应出席常委会组成人员37人，实际出席33人。市委常委、市政府常务副市长王旭明，市政府副市长王敬瑞、刘兆林，市政协副主席李裕厚，市中级人民法院院长冯少勇，市人民检察院负责人，市政府有关委、局、办负责人，平定县政府负责人，市人大各专门委员会副主任委员，市人大常委会副秘书长、各工作机构负责人及调研员、助理调研员，各县（区）人大常委会副主任，王连成等8名市人大代表列席会议。

市人大常委会主任孙水生主持预备会议，副主任荆东生、张清分别主持第一次、第二次全体会议。

会议听取和审议并表决通过市政府秘书长董贵堂受市政府委托作的《关于代表议案、意见和建议办理情况的报告》，市财政局局长任美福受市政府委托作的《关于2007年市本级财政预算超收安排及支出方向的报告》，市商务局局长武喜科受市政府委托作的《关于商务工作情况的报告》，市政府副市长王敬瑞受市政府委托作的《关于城乡一体化工作情况的报告》；表决通过市人大常委会副主任段存寿受主任会议委托提请的阳泉市检察工作人民监督员任命事项。

第七次会议

会议于2008年2月27日在市人大常委会会议室举行。应出席常委会组成人员37人，实际出席33人。市政府副市长王敬瑞，市政协副主席李裕厚，市中级人民法院院长冯少勇，市人民检察院检察长张仲马，市政府有关委、局、办负责人，市交警支队、市消防支队、阳煤集团负责人，市人大各专门委员会副主任委员，市人大常委会副秘书长、各工作机构负责人及调研员、助理调研员，各县（区）人大常委会副主任，张云龙等5名市人大代表列席会议。

市人大常委会主任孙水生主持预备会议，副主任段存寿主持全体会议。

会议听取和审议并表决通过市安全生产监督管理局局长许建平受市政府委托作的《关于安全生产工作情况的报告》；听取市人大常委会副主任张清受主任会议委托作的《关于市人大常委会工作报告稿起草情况的有关说明》，审议并表决通过市十三届人大三次会议议程（草案）及市人大常委会工作报告稿，作出《关于召开市十三届人大三次会议的决定》《关于接受王冬雪辞去市人民政府副市长职务请求的决定》《关于接受杨红梅辞去阳泉市人大常委会委员职务请求的决定》；审议并表决通过市中级人民法院1人任命、3人免职，市人民检察院1人免职事项。

第八次会议

会议于2008年3月25日在市人大常委会会议室举行。应出席常委会组成人员36人，实际出席31人。市委常委、市政府常务副市长王旭明，市政协副主席李裕厚，市中级人民法院院长冯少勇，市人民检察院检察长张仲马，市人大各专门委员会副主任委员，市人大常委会副秘书长、各办事机构负责人及调研员、助理调研员，各县（区）人大常委会副主任列席会议。

市人大常委会主任孙水生主持会议。

会议听取和审议并表决通过市人大常委会副主任、代表资格审查委员会主任委员张清作的《关于出缺及补选代表的代表资格的审查报告》；审议并表决通过市十三届人大三次会议有关名单草案；审议并表决通过市中级人民法院6人免职、10人任命事项。

第九次会议

会议于2008年4月29日至30日在市人大常委会会议室举行。应出席常委会组成人员36人，实际出席34人。市政府副市长王敬瑞，市政协副主席李裕厚，市中级人民法院院长冯少勇，市人民检察院检察长张仲马，市政府有关委、局、办负责人，市人大各专门委员会副主任委员，市人大常委会副秘书长、各工作机构负责人及调研员、助理调研员，各县（区）人大常委会副主任，田计罗等9名人大代表列席会议。

市人大常委会主任孙水生主持预备会议，副主任吴丽萍主持全体会议。

会议听取和审议并表决通过市农业局局长张宝明受市政府委托作的《关于新农村建设工作情况的报告》，市建设局局长薛银拴受市政府委托作的《关于创建国家园林城市工作进展情况的报告》，市文化新闻出版局局长周建新受市政府委托作的《关于基层文化建设工作情况的报告》，作出《关于强力攻坚确保阳泉市国家园林城市创建目标实现的决议》；审议并表决通过市政府1人免职、1人任命，市人民检察院3人免职、3人任命事项。

第十次会议

会议于2008年6月25日至26日在市人大常委会会议室举行。应出席常委会组成人员36人，实际出席31人。市政府副市长王敬瑞、刘兆林，市政协副主席王振国，市中级人民法院院长冯少勇，市人民检察院检察长张仲马，市政府有关委、局、办负责人，市人大各专门委员会副主任委员，市人大常委会副秘书长、各工作机构负责人及调研员、助理调研员，各县（区）人大常委会副主任，郭宝忠等8名市人大代表列席会议。

市人大常委会主任孙水生主持预备会议，副主任张清主持全体会议。

会议听取和审议市财政局局长任美福受市政府委托作的《关于2007年市本级财政决算（草案）的报告》，作出《关于批准2007年市本级财政决算的决议》；听取和审议并表决通过市审计局局长李润萍受市政府委托作的《关于2007年市本级财政预算执行和其他财政收支情况的审计报告》，市人口和计划生育委员会主任张玉斌受市政府委托作的《关于人口与计划生育工作情况的报告》，市外事旅游局局长高士萍受市政府委托作的《关于旅游产业发展工作情况的报告》，作出《关于进一步加快阳泉市旅游产业发展的决议》《关于批准市政府回购阳泉一中新校（示范高中）项目的决议》。

第十一次会议

会议于2008年8月28日至29日在市人大常委会会议室举行。应出席常委会组成人员36人，实际出席34人。市政府副市长李体柱、刘兆林，市政协副主席李裕厚，市中级人民法院院长冯少勇，市人民检察院检察长张仲马，市政府有关委、局、办负责人，市人大各专门委员会副主任委员，市人大常委会副秘书长、各工作机构负责人及调研员、助理调研员，各县（区）人大常委会副主任，史钰文等8名市人大代表列席会议。

市人大常委会主任孙水生主持预备会议，副主任荆东生主持全体会议。

会议听取和审议并表决通过市发展和改革委员会主任刘志强受市政府委托作的《关于“十一五”规划纲要执行中期评估及2008年上半年国民经济和社会发展计划执行情况的报告》，市财政局局长任美福受市政府委托作的《关于2008年上半年全市财政预算执行情况的报告》，市建设局局长薛银拴受市政府委托作的《关于全市棚户区改造和廉租住房建设进展情况的报告》，市人民检察院检察长张仲马作的《关于2007年以来刑事侦查监督和刑事审判监督工作情况的报告》。

第十二次会议

会议于2008年10月23日至24日在市人大常委会会议室举行。应出席常委会组成人员36人，实际出席31人。市政府副市长李体柱，市政协副主席赵永红，市中级人民法院院长冯少勇，市人民检察院检察长张仲马，市政府有关委、局、办负责人，市人大各专门委员会副主任委员，市人大常委会副秘书长、各工作机构负责人及调研员、助理调研员，各县（区）人大常委会副主任列席会议。王润云等10名《阳泉人大》通讯员应邀旁听会议。

市人大常委会主任孙水生主持预备会议，副主任段存寿主持全体会议。

会议听取和审议并表决通过市政府副秘书长王新明受市政府委托作的《关于阳泉矿区采煤沉陷区综合治理项目进展情况》，市环保局局长王良义受市政府委托作的《关于全市煤矸石综合治理工作情况的报告》，市科技局局长要真受市政府委托作的《关于建设省级科技示范区工作情况的报告》；听取和审议市政府市长助理马玉隆受市政府委托作的《关于阳泉市有线数字电视整体转换工程项目贷款情况的报告》、市人大财经委员会副主任委员赵永东受主任会议委托作的《关于阳泉市有线数字电视整体转换工程项目贷款情况的审查报告》，作出《关于批准有线电视数字平台建设及电视数字整体转换工程项目贷款的决议》；听取和审议市人大财经委员会主任委员李润怀受主任会议委托作的市人大常委会《关于修改〈阳泉市财政预算审查监督办法〉的说明》，作出《关于修改〈阳泉市财政预算审查监督办法〉的决定》；审议并表决通过市人大常委会1人任命事项。

第十三次会议

会议于2008年11月21日在市人大常委会会议室举行。应出席常委会组成人员36人，实际出席34人。市政府副市长李体柱，市政协副主席许文珍，市中级人民法院负责人，市人民检察院负责人，市政府有关部门负责人，市人大各专门委员会副主任委员，市人大常委会副秘书长、各工作机构负责人及调研员、助理调研员，各县（区）人大常委会副主任列席会议。

市人大常委会主任孙水生主持预备会议，副主任吴学斌主持全体会议。

会议审议并表决通过人事任命事项，任命王志刚为市中级人民法院副院长、审判委员会委员，任命胡克勤为市人民检察院副检察长、检察委员会委员，作出《关于接受冯少勇辞去市中级人民法院院长职务请求的决定》《关于接受张仲马辞去市人民检察院检察长职务请求的决定》《关于王志刚代理市中级人民法院院长的决定》《关于胡克勤代理市人民检察院检察长的决定》。

第十四次会议

会议于2008年12月25日至26日在市人大常委会会议室举行。应出席常委会组成人员36人，实际出席32人。市委常委、市政府常务副市长王旭明，市政府副市长王敬瑞，市政协副主席李裕厚，市中级人民法院代院长王志刚，市人民检察院代检察长胡克勤，市政府有关委、局、办负责人，市人大各专门委员会副主任委员，市人大常委会副秘书长、各工作机构负责人及调研员、助理调研员，各县（区）人大常委会副主任，赵建军等9名市人大代表列席会议。

市人大常委会主任孙水生主持预备会议，副主任吴学斌主持全体会议。

会议听取和审议市人大常委会副主任张清受主任会议委托作的《关于〈代表重点建议督办办法（草案）〉起草情况的说明》，审议并表决通过该办法；听取和审议市财政局局长任美福受市政府委托作的《关于2008年市本级财政超收及其他可统筹财力支出安排（草案）的报告》，作出《关于批准2008年市本级财政超收及其他可统筹财力支出安排的决议》；听取和审议并表决通过市政府秘书长董贵堂受市政府委托作的《关于市十三届人大三次会议代表议案、建议办理情况的报告》，市水利局局长王永珍受市政府委托作的《关于娘子关水源保护工程实施情况的报告》，市民政局局长王银河受市政府委托作的《关于全市城乡社会救助工作情况的报告》。孙水生主任作讲话。

第十五次会议

会议于2009年2月25日在市人大常委会会议室举行。应出席常委会组成人员36人，实际出席33人。市政府副市长王敬瑞、王提洲，市中级人民法院代院长王志刚，市人民检察院代检察长胡克勤，市公安局局长王斌权，市政府市长助理及有关委、局、办负责人，市人大各专门委员会副主任委员，市人大常委会副秘书长及各委、厅、室副主任，市人大常委会机关调研员、助理调研员，各县（区）人大常委会副主任，王利平等6名市人大代表列席会议。

市人大常委会主任孙水生主持预备会议，副主任荆东生、张清分别主持第一次、第二次全体会议。

会议听取和审议并表决通过市安全生产监督管理局局长许建平受市政府委托作的《关于全市2008年安全生产工作情况及2009年工作思路的报告》，市长助理、市公安局局长王斌权受市政府委托作的《关于全市社会治安管理工作情况的报告》；作出《关于批准阳泉市新北大街建设项目贷款的决议》；审议并表决通过市人大常委会1人任命、市政府1人任命、市中级人民法院1人免职事项。

第十六次会议

会议于2009年4月14日在市人大常委会会议室举行。应出席常委会组成人员36人，实际出席35人。市委书记、市政府市长白云，市委副书记李栋梁，市政府副市长王敬瑞，市政协副主席李裕厚，市中级人民法院代院长王志刚，市人民检察院代检察长胡克勤，市人事局负责人，市人大各专门委员会副主任委员，市人大常委会副秘书长、各工作机构负责人及调研员、助理调研员，各县（区）人大常委会副主任列席会议。

市人大常委会主任孙水生主持预备会议，副主任吴学斌主持全体会议。

会议审议并表决通过市十三届人大四次会议议程（草案），作出《关于召开市十三届人大四次会议的决定》；审议并表决通过有关人事任命事项，作出《关于接受白云辞去市人民政府市长职务的请求的决定》，决定任命李栋梁为市人民政府副市长，代理市长职务。

第十七次会议

会议于2009年4月28日至29日在市人大常委会会议室举行。应出席常委会组成人员36人，实际出席33人。市政府副市长王敬瑞，市政协副主席李裕厚，市中级人民法院代院长王志刚，市人民检察院代检察长胡克勤，市政府有关委、局、办负责人，市人大各专门委员会副主任委员，市人大常委会副秘书长、各工作机构负责人及调研员、助理调研员，城区、矿区、平定县人大常委会副主任，王连成等6名市人大代表列席会议。

市人大常委会主任孙水生主持预备会议，副主任段存寿、吴丽萍分别主持第一次、第二次全体会议。

会议听取和审议并表决通过市环保局局长王良义受市政府委托作的《关于全市工业废弃物治理及综合利用情况报告》，市政府副市长王敬瑞受市政府委托作的《关于全市“3＋2”农业产业化富民工程实施情况的报告》，市卫生局局长张永忠受市政府委托作的《关于全市新型农村合作医疗工作情况的报告》，作出《关于加快“3＋2”农业产业化富民工程实施步伐的决议》《关于批准桃河河道梯级蓄水二期工程等三个项目贷款的决议》；审议并表决通过市人大常委会代表资格审查委员会《关于出缺及补选代表的代表资格的审查报告》，市十三届人大四次会议有关名单草案，市人大常委会工作报告稿。孙水生主任就做好市十三届人大四次会议筹备工作和进一步贯彻落实科学发展观作讲话。

第十八次会议

会议于2009年6月23日在市人大常委会会议室举行。应出席常委会组成人员36人，实际出席33人。市政府副市长刘兆林，市政协副主席赵永红，市中级人民法院院长王志刚，市人民检察院负责人，市政府有关委、局、办负责人，市人大各专门委员会副主任委员，市人大常委会副秘书长、各工作机构负责人及调研员、助理调研员，各县（区）人大常委会副主任，赵建军等6名市人大代表列席会议。

市人大常委会主任孙水生主持预备会议，副主任张清、荆东生分别主持第一次、第二次全体会议。

会议听取和审议并表决通过市审计局局长李润萍受市政府委托作的《关于2008年市级财政预算执行和其他财政收支的审计工作报告》，市中级人民法院院长王志刚作的《关于执行工作情况的报告》；听取和审议市财政局局长任美福受市政府委托作的《关于2008年市本级财政决算（草案）的报告》，市人大财政经济委员会副主任委员赵永东受主任会议委托作的《关于2008年市本级财政决算的审查报告》，市人大财政经济委员会主任委员李润怀受主任会议委托作的《关于2008年市本级预算执行及其他财政收支审计工作的审查报告》，作出《关于批准2008年市本级财政决算的决议》。

第十九次会议

会议于2009年8月25日至26日在市人大常委会会议室举行。应出席常委会组成人员36人，实际出席32人。市政府副市长刘兆林、王湜洲，市政协副主席李裕厚，市中级人民法院院长王志刚，市人民检察院负责人，市政府有关委、局、办的负责人，市人大各专门委员会副主任委员，市人大常委会副秘书长及各委、厅、室副主任，市人大常委会机关调研员、助理调研员，各县（区）人大常委会副主任，王君善等7名市人大代表列席会议。

市人大常委会主任孙水生主持预备会议，副主任段存寿、吴学斌分别主持第一次、第二次全体会议。

会议听取和审议并表决通过市财政局局长任美福受市政府委托作的《关于2009年上半年全市财政预算执行情况的报告》，市发展和改革委员会主任刘志强受市政府委托作的《关于全市2009年上半年国民经济和社会发展计划执行情况报告》，市建设局局长薛银拴受市政府委托作的《关于创建国家园林城市工作情况的报告》，市中小企业局局长任云祥受市政府委托作的《关于全市中小企业发展情况的报告》；作出《关于有效促进"三城同创"工作的决定》《关于接受李体柱辞去阳泉市人民政府副市长职务请求的决定》；审议并表决通过市中级人民法院1人免职事项。

第二十次会议

会议于2009年10月21日在市人大常委会会议室举行。应出席常委会组成人员36人，实际出席28人。市政协副主席李裕厚，市中级人民法院、市人民检察院负责人，市政府有关委、局、办的负责人，市人大各专门委员会副主任委员，市人大常委会副秘书长及各委、厅、室副主任，市人大常委会机关调研员、助理调研员，各县（区）人大常委会副主任，梁琦等6名市人大代表列席会议。

市人大常委会主任孙水生主持预备会议，副主任张清、荆东生分别主持第一次、第二次全体会议。

会议听取和审议并表决通过市城市管理行政执法局局长孙希平受市政府委托作的《关于全市城市管理行政执法情况的报告》，市司法局局长张俊堂受市政府委托作的《关于阳泉市第五个五年法制宣传教育规划实施情况的报告》，市食品药品监督管理局局长贺聪明受市政府委托作的《关于全市食品安全工作情况的报告》；作出《关于批准阳泉市消防车辆装备建设贷款的决议》。

第二十一次会议

会议于2009年11月24日在市人大常委会会议室举行。应出席常委会组成人员36人，实际出席32人。市委常委、市政府常务副市长王旭明，市政协副主席李裕厚，市人民检察院检察长胡克勤，市中级人民法院负责人，市人事局负责人，市人大各专门委员会副主任委员，市人大常委会副秘书长及各委、厅、室副主任，市人大常委会机关调研员、助理调研员，各县（区）人大常委会副主任列席会议。

市人大常委会主任孙水生主持预备会议，副主任吴学斌、段存寿分别主持第一次、第二次全体会议。

会议听取市委常委、市政府常务副市长王旭明作的《关于市政府机构改革情况的汇报》；审议并表决通过市人大常委会 2 人任命，市政府 5 人任命、2 人免职，市人民检察院 1 人任命、1 人免职事项。

第二十二次会议

会议于 2009 年 12 月 17 日在市人大常委会会议室举行。应出席常委会组成人员 36 人，实际出席 32 人。市人民政府副市长王湜洲，市政协副主席李裕厚，市人民检察院检察长胡克勤，市中级人民法院负责人，市政府有关委、局、办的负责人，市人大各专门委员会副主任委员，市人大常委会副秘书长及各委、厅、室副主任，市人大常委会机关调研员、助理调研员，各县（区）人大常委会主任或副主任，史钰文等 6 名市人大代表列席会议。

市人大常委会主任孙水生主持预备会议，副主任吴丽萍、张清分别主持第一次、第二次全体会议。

会议听取和审议并表决通过市政府秘书长董贵堂受市政府委托作的《关于市十三届人大四次会议代表议案、建议办理情况的报告》，市劳动和社会保障局局长樊如珍受市政府委托作的《关于全市劳动就业再就业和社会保障体系建设情况的报告》。孙水生主任就常委会组成人员进一步深入学习社会主义法治理念、全面贯彻落实监督法作讲话。

第二十三次会议

会议于 2010 年 1 月 18 日在市人大常委会会议室举行。应出席常委会组成人员 36 人，实际出席 36 人。市政府副市长王敬瑞，市政协副主席李裕厚，市人民检察院检察长胡克勤，市中级人民法院负责人，市政府有关委、局、办的负责人，市人大各专门委员会副主任委员，市人大常委会副秘书长及各委、厅、室副主任，市人大常委会机关调研员、助理调研员列席会议。

市人大常委会主任孙水生主持预备会议，副主任荆东生主持全体会议。

会议听取和审议市政府副秘书长王耀东受市政府委托作的《关于赛鱼路大修工程和桃河城区段上游河道治理工程项目贷款情况的报告》，市人大财政经济委员会主任委员李润怀受主任会议委托作的《关于赛鱼路大修工程和桃河城区段上游河道治理工程项目贷款情况的审查报告》，作出《关于批准赛鱼路大修工程和桃河城区段上游河道治理工程两个项目贷款的决议》；审议并表决通过市人大常委会 1 人免职、市政府 13 人任命事项。孙水生主任对被任命人员提出期望和要求。

第二十四次会议

会议于 2010 年 2 月 4 日在市人大常委会会议室举行。应出席常委会组成人员 36 人，实际出席 33 人。市政府副市长王湜洲，市政协副主席李裕厚，市中级人民法院院长王志刚，市人民检察院负责人，市政府有关委、局、办的负责人，市人大各专门委员会副主任委员，市人大常委会副秘书长及各委、厅、室副主任，市人大常委会机关调研员、助理调研员，各县（区）人大常委会副主任，赵建军等 5 名市人大代表列席会议。

市人大常委会主任孙水生主持预备会议，副主任吴学斌主持全体会议。

会议听取和审议并表决通过市煤炭工业局（安全生产监督管理局）局长王永珍受市政府委托作的《关于 2009 年煤炭资源整合与安全生产工作情况及 2010 年工作思路的报告》；听取和审议市政府副秘书长王耀东受市政府委托作的《关于阳泉市植物园工程、赛鱼路大修二期工程、泉东路南段工程、泉西路工程等四个项目贷款情况的报告》，市人大财政经济委员会主任委员李润怀受主任会议委托作的《关于阳泉市植物园工程、赛鱼路大修二期工程、泉东路南段工程、泉西路工程等四个项目贷款情况的审查报告》，作出《关于批准植物园工程和赛鱼路大修二期工程、泉东路南段工程、泉西路工程等四个项目贷款的决议》。

第二十五次会议

会议于2010年3月23日在市人大常委会会议室举行。应出席常委会组成人员36人，实际出席29人。市政协副主席李裕厚，市中级人民法院院长王志刚，市人民检察院负责人，市人大各专门委员会副主任委员，市人大常委会副秘书长及各委、厅、室副主任，市人大常委会机关调研员、助理调研员，各县（区）人大常委会主任或副主任列席会议。

市人大常委会主任孙水生主持预备会议，副主任段存寿主持全体会议。

会议审议并表决通过《阳泉市人民代表大会代表建议、批评和意见的提出和处理办法》；审议并表决通过市十三届人大五次会议议程（草案），作出《关于召开市十三届人大五次会议的决定》《关于调整代表资格审查委员会组成人员的决定》《关于接受高中和同志辞去市十三届人大常委会秘书长职务请求的决定》《关于接受冯岩松等六位同志辞去市十三届人大常委会委员职务请求的决定》。孙水生主任就做好市十三届人大五次会议的筹备工作作讲话。

第二十六次会议

会议于2010年4月15日在市人大常委会会议室举行。应出席常委会组成人员29人，实际出席26人。市政协副主席李裕厚，市人民检察院检察长胡克勤，市中级人民法院负责人，市政府有关委、局、办的负责人，市人大各专门委员会副主任委员，市人大常委会副秘书长及各委、厅、室副主任，市人大常委会机关调研员、助理调研员，各县（区）人大常委会副主任列席会议。

市人大常委会主任孙水生主持预备会议，副主任吴丽萍、张清分别主持第一次、第二次全体会议。

会议听取和审议并表决通过市农业委员会主任张宝明受市政府委托作的《关于贯彻中央强农惠农政策、推动农村经济发展工作情况的报告》，市卫生局副局长刘振发受市政府委托作的《关于全市民营医疗机构管理工作情况的报告》；审议并表决通过市人大常委会工作报告稿，作出《关于变更市十三届人大五次会议召开时间的决定》。

第二十七次会议

会议于2010年4月29日在市人大常委会会议室举行。应出席常委会组成人员29人，实际出席22人。市政府副市长刘兆林，市政协副主席李裕厚，市人民检察院检察长胡克勤，市中级人民法院负责人，市政府有关委、局、办的负责人，市人大各专门委员会副主任委员，市人大常委会副秘书长及各委、厅、室副主任，市人大常委会机关调研员、助理调研员，县（区）人大常委会副主任列席会议。

市人大常委会主任孙水生主持预备会议，副主任吴学斌主持全体会议。

会议听取和审议并表决通过市人大常委会副主任荆东生受主任会议委托作的《关于代表出缺情况和补选代表的代表资格审查的报告》；听取和审议关于市十三届人大五次会议有关名单草案的说明，审议并表决通过该名单草案；作出《关于接受张清同志辞去市人大常委会副主任职务的请求的决定》。

第二十八次会议

会议于2010年6月21日在市人大常委会会议室举行。应出席常委会组成人员37人，实际出席31人。市政府副市长刘兆林，市长助理、市公安局局长王斌权，市中级人民法院、市人民检察院和市政府有关部门负责人，市人大各专门委员会副主任委员，市人大常委会副秘书长及各委、厅、室副主任，市人大常委会机关调研员、助理调研员，各县（区）人大常委会副主任，弓鸿馨等4名市人大代表列席会议。

市人大常委会主任孙水生主持预备会议，副主任荆东生、王振国分别主持第一次、第二次全体会议。

会议听取和审议市财政局局长任美福受市政府委托作的《关于2009年市本级财政决算（草案）和2010上半年市级财政预算执行情况的报告》，作出《关于批准2009年市本级财政决算的决议》；听取和审议并表决通过市审计局局长李润萍受市政府委托作的《关于2009年市级财政预算执行和其他财政收支的审计工作报告》，市环境保护局局长王良义受市政府委托作的《关于阳泉市创建国家环保模范城市工作进展情况的报告》，作出《关于大力推进阳泉市创建国家环保模范城市工作的决议》；听取和审议市长助理、市公安局局长王斌权受市政府委托作的《关于城市道路交通管理工作情况的报告》，在提交组成人员表决时，该报告未获通过；表决通过市人大常委会1人免职事项。

第二十九次会议

会议于2010年8月25日在市人大常委会会议室举行。应出席常委会组成人员37人，实际出席30人。市政府副市长刘兆林，市政协副主席马文建，市中级人民法院院长王志刚，市人民检察院负责人，市政府有关部门负责人，市人大各专门委员会副主任委员，市人大常委会副秘书长及各委、厅、室副主任，市人大常委会机关调研员、助理调研员，各县（区）人大常委会副主任，王利平等6名市人大代表列席会议。

市人大常委会主任孙水生主持预备会议，副主任吴丽萍、荆东生分别主持第一次、第二次全体会议。

会议听取和审议并表决通过市发展和改革委员会主任刘志强受市政府委托作的《关于阳泉市2010年上半年国民经济和社会发展计划执行情况的报告》，市教育局局长赵平有受市政府委托作的《关于2010年中小学校舍安全工程实施进展情况的报告》；审议并表决通过市人大常委会1人任命事项。

第三十次会议

会议于2010年10月22日在市人大常委会会议室举行。应出席常委会组成人员37人，实际出席32人。市政府副市长王敬瑞，市中级人民法院院长王志刚，市人民检察院检察长胡克勤，市政府有关部门的负责人，市人大各专门委员会副主任委员，市人大常委会副秘书长及各委、厅、室副主任，市人大常委会机关调研员、助理调研员，各县（区）人大常委会副主任，王建明等6名市人大代表列席会议。

市人大常委会主任孙水生主持预备会议，副主任吴学斌、段存寿分别主持第一次、第二次全体会议。

会议听取和审议市财政局局长任美福受市政府委托作的《关于2010年市本级预算调整方案（草案）的说明》，市人大财政经济委员会主任委员李润忻受主任会议委托作的《关于2010年市本级预算调整方案（草案）的审查报告》，作出《关于批准2010年市本级预算调整方案的决议》：听取和审议市人大法制委员会主任委员杨喜平受主任会议委托作的《关于规范性文件备案审查的办法（草案）的说明》，审议并表决通过该办法；听取和审议市人大常委会副秘书长、办公厅主任丁国忠受主任会议委托作的《关于市人大常委会会议审议意见的形成和处理办法（草案）的说明》，审议并表决通过该办法；听取和审议并表决通过市旅游局局长韩晓晨受市政府委托作的《关于贯彻落实〈阳泉市人大常委会关于进一步加快阳泉市旅游产业发展的决议〉情况的报告》，市国家卫生城市创建办公室主任、市住房城乡建设局局长王伟锁受市政府委托作的《关于创建国家卫生城市工作进展情况的报告》，市人民检察院检察长胡克勤作的《市人民检察院关于刑事立案监督工作情况的报告》。孙水生主任就学习贯彻《山西省实施〈中华人民共和国各级人民代表大会常务委员会监督法〉办法》作讲话。

第三十一次会议

会议于2010年12月21日在市人大常委会会议室举行。应出席常委会组成人员37人，实际出席33人。市政府副市长王敬瑞，市政协副主席李天祥，市中级人民法院院长王志刚，市人民检察院负责人，市政府有关部门负责人，市人大各专门委员会副主任委员，市人大常委会副秘书长及各委、厅、室负责人，人大常委会机关调研员、助理调研员，各县（区）人大常委会副主任，王连成等6名市人大代表列席会议。

市人大常委会主任孙水生主持预备会议，副主任王振国、荆东生分别主持第一次、第二次全体会议。

会议听取和审议市财政局局长任美福受市政府委托作的《关于2010年市级超收财力安排情况草案的报告》，作出《关于批准2010年市级超收财力安排情况的决议》；听取和审议并表决通过市政府秘书长董贵堂受市政府委托作的《关于市十三届人大五次会议代表建议办理情况的报告》，市政府副市长王敬瑞受市政府委托作的《关于城市道路交通管理工作整改情况的报告》，市林业局局长张玉斌受市政府委托作的《关于全市集体林权制度改革工作情况的报告》；审议并表决通过市中级人民法院8人免职事项。

第三十二次会议

会议于2011年2月23日在市人大常委会会议室举行。应出席常委会组成人员37人，实际出席32人。市政府副市长王湜洲，市政协副主席李裕厚，市中级人民法院院长王志刚，市人民检察院检察长胡克勤，市政府有关部门负责人，市人大各专门委员会副主任委员，市人大常委会各工作机构负责人及机关调研员、助理调研员，各县（区）人大常委会副主任，赵建军等5名市人大代表列席会议。

市人大常委会主任孙水生主持预备会议，副主任吴学斌主持全体会议。

会议听取和审议并表决通过市煤炭工业局局长王永珍受市政府委托作的《关于全市煤炭安全生产和煤矿企业兼并重组整合工作情况的报告》；审议并表决通过市人民检察院9人免职、6人任命事项。孙水生主任就进一步全面贯彻市委十届七次全会精神作讲话。

第三十三次会议

会议于2011年4月19日在市人大常委会会议室举行。应出席常委会组成人员37人，实际出席33人。市政府副市长王敬瑞，市政协副主席李裕厚，市中级人民法院负责人，市人民检察院负责人，市政府有关部门负责人，市人大各专门委员会副主任委员，市人大常委会各委、厅、室负责人，市人大常委会机关调研员、助理调研员，各县（区）人大常委会副主任及王录等6名市人大代表列席会议。

市人大常委会主任孙水生主持预备会议，副主任王振国、段存寿分别主持第一次、第二次全体会议。

会议听取和审议并表决通过市住房和城乡建设局局长王伟锁受市政府委托作的《关于全市环境卫生管理工作情况的报告》、市科技局局长要真受市政府委托作的《关于阳泉市科技型企业及高新技术创业园发展情况的报告》；作出《关于召开市十三届人大六次会议的决定》。孙水生主任作讲话。

第三十四次会议

会议于2011年5月4日在市人大常委会会议室举行。应出席常委会组成人员37人，实际出席33人。市人大各专门委员会副主任委员，市人大常委会各委、厅、室负责人，市人大常委会机关调研员、助理调研员，各县（区）人大常委会副主任列席会议。

市人大常委会主任孙水生主持预备会议，副主任吴丽萍主持全体会议。

会议听取和审议并表决通过市人大常委会副主任、代表资格审查委员会主任委员荆东生受主任会议委托作的《关于出缺及补选代表的代表资格的审查报告》；听取和审议市人大常委会副主任王振国受主任会议委托作的《关于市十三届人大六次会议有关名单草案的说明》，审议并表决通过该名单草案；听取和审议市人大常委会副秘书长、调查研究室主任唐麟受主任会议委托作的《关于市人大常委会工作报告稿起草情况的说明》，审议并表决通过该报告稿。孙水生主任对开好人代会提出四点明确要求。

第三十五次会议

会议于2011年6月14日在市人大常委会会议室举行。应出席常委会组成人员38人，实际出席32人。市委常委、市政府常务副市长王旭明，市政协副主席许文珍，市中级人民法院院长王志刚，市人民检察院检察长胡克勤，市人大各专门委员会副主任委员，市人大常委会各委、厅、室负责人，市人大常委会机关调研员、助理调研员，各县（区）人大常委会副主任，任保军等6名市人大代表列席会议。

市人大常委会主任孙水生主持预备会议，副主任荆东生、吴学斌分别主持第一次、第二次全体会议。

会议听取和审议市财政局局长任美福受市政府委托作的《关于2010年市级财政决算（草案）的报告》，作出《关于批准2010年市本级财政决算的决议》；听取和审议并表决通过市审计局局长李润萍受市政府委托作的《关于2010年市级财政预算执行和其他财政收支的审计工作报告》，市司法局局长张俊堂受市政府委托作的《关于阳泉市第五个五年法制宣传教育规划实施情况的报告》，市水务局局长尚永葆受市政府委托作的《关于娘子关水源地保护工程实施情况的报告》，作出《关于进一步加强法制宣传教育工作的决议》；审议并表决通过市政府1人免职、1人任命，市人民检察院1人任命事项。

第三十六次会议

会议于2011年8月4日在市人大常委会会议室举行。应出席常委会组成人员38人，实际出席

30人。市中级人民法院院长王志刚，市人民检察院检察长胡克勤，市人大各专门委员会副主任委员，市人大常委会各委、厅、室负责人，市人大常委会机关调研员、助理调研员列席会议。

市人大常委会主任孙水生主持预备会议，副主任段存寿、王振国分别主持第一次、第二次全体会议。

会议表决通过市人民检察院4人免职、1人任命事项；审议并批准县（区）人民检察院检察长5人任命事项；作出《关于许可对市人大代表郭怀寿采取强制措施的决定》。孙水生主任就进一步深入学习贯彻胡锦涛总书记“七一”重要讲话精神提出要求。

第三十七次会议

会议于2011年8月16日在市人大常委会会议室举行。应出席常委会组成人员38人，实际出席30人。市政府副市长刘兆林，市政协副主席李裕厚，市中级人民法院院长王志刚，市人民检察院负责人，市政府有关部门负责人，各县（区）人大常委会副主任，市人大各专门委员会副主任委员，市人大常委会各委、厅、室负责人，市人大常委会机关调研员、助理调研员，赵建军等6名市人大代表列席会议。

市人大常委会主任孙水生主持预备会议，副主任段存寿、王振国分别主持第一次、第二次全体会议。

会议听取和审议并表决通过市财政局局长任美福受市政府委托作的《关于2011年上半年财政预算执行情况的报告》，市发展和改革委员会主任刘志强受市政府委托作的《关于阳泉市2011年上半年国民经济和社会发展计划执行情况的报告》，市中级人民法院院长王志刚作的《市中级人民法院关于刑事审判工作情况的报告》。

第三十八次会议

会议于2011年9月28日在市人大常委会会议室举行。应出席常委会组成人员38人，实际出席36人。市委常委、市政府常务副市长王旭明，市政协副主席李裕厚，市中级人民法院院长王志刚，市政府有关部门负责人，市人大各专门委员会副主任委员，市人大常委会各委、厅、室负责人，市人大常委会机关调研员、助理调研员，各县（区）人大常委会副主任列席会议。

市人大常委会主任孙水生主持预备会议，副主任荆东生主持全体会议。

会议审议并表决通过免去王湜洲的市人民政府副市长职务，决定任命赵峰为市人民政府副市长；审议并表决通过市政府3人任命、2人免职事项。

第三十九次会议

会议于2011年10月20日在市人大常委会会议室举行。应出席常委会组成人员38人，实际出席30人。市政府副市长董仙桃，市政协副主席李裕厚，市中级人民法院负责人，市政府有关部门负责人，市人大各专门委员会副主任委员，市人大常委会各委、厅、室负责人，市人大常委会机关调研员、助理调研员，各县（区）人大常委会副主任，杨丽琴等4名市人大代表列席会议。

市人大常委会主任孙水生主持预备会议，副主任吴丽萍、荆东生分别主持第一次、第二次全体会议。

会议听取和审议并表决通过市林业局局长张玉斌受市政府委托作的《关于全市林业生态建设情况的报告》，市文化广电新闻出版局局长高士萍受市政府委托作的《关于阳泉市文化市场管理工作情况的报告》，作出《关于大力推进阳泉市林业生态建设，确保创建国家森林城市目标实现的决议》。

第四十次会议

会议于2011年12月21日在市人大常委会会议室举行。应出席常委会组成人员38人，实际出席30人。市政协副主席李裕厚，市中级人民法院院长王志刚，市人民检察院负责人，市政府有关部门的负责人，市人大各专门委员会副主任委员，市人大常委会各委、厅、室负责人，市人大常委会机关调研员、助理调研员，各各县（区）人大常委会副主任，乔亦青等4名市人大代表列席会议。

市人大常委会主任孙水生主持预备会议，副主任郜爱国主持全体会议。

会议听取和审议并表决通过市政府秘书长董贵堂受市政府委托作的《关于市十三届人大六次会议代表建议办理情况的报告》；审议并表决通过市中级人民法院4人免职、16人任命事项。

第四十一次会议

会议于2012年2月22日在市人大常委会会议室举行。应出席常委会组成人员38人，实际出席30人。市政协副主席曹凯民，市中级人民法院院长王志刚，市人民检察院检察长胡克勤，市政府有关部门的负责人，市人大各专门委员会副主任委员，市人大常委会各委、厅、室负责人，市人大常委会机关调研员、助理调研员，各县（区）人大常委会副主任列席会议。

市人大常委会主任孙水生主持预备会议，副主任吴学斌主持全体会议。

会议听取和审议并表决通过市安全生产监督管理局局长呼亚民受市政府委托作的《关于全市安全生产工作情况的报告》，市人大常委会副主任、代表资格审查委员会主任委员荆东生受主任会议委托作的《关于罢免郭怀寿市十三届人大代表职务的审查报告》；审议并表决通过市人民检察院2人免职、3人任命事项。

第四十二次会议

会议于2012年4月28日在市人大常委会会议室举行。应出席常委会组成人员37人，实际出席30人。市政协副主席马文建，市中级人民法院院长王志刚，市人民检察院代理检察长王守林，市人大各专门委员会副主任委员，市人大常委会各委、厅、室负责人，市人大常委会机关调研员、副调研员列席会议。

市人大常委会主任孙水生主持预备会议，副主任段存寿主持全体会议。

会议听取和审议市人大常委会副秘书长、调研室主任唐麟受主任会议委托作的《关于市人大常委会工作报告稿起草情况的说明》，审议并表决通过该报告稿；作出《关于接受刘春玲辞去市十三届人大常委会委员职务的请求的决定》《关于接受胡克勤辞去市人民检察院检察长职务的请求的决定》《关于王守林代理市人民检察院检察长的决定》；审议并表决通过市中级人民法院19人任命、13人免职，市人民检察院1人任命事项。

第四十三次会议

会议于 2012 年 5 月 11 日在市人大常委会会议室举行。应出席常委会组成人员 36 人，实际出席 27 人。市政府副市长赵峰，市中级人民法院院长王志刚，市人大各专门委员会副主任委员，市人大常委会各委、厅、室负责人，市人大常委会机关副调研员，县（区）人大常委会副主任列席会议。

市人大常委会主任孙水生主持预备会议，副主任王振国主持全体会议。

会议听取和审议市人大常委会副主任、代表资格审查委员会主任委员荆东生受主任会议委托作的《关于代表资格的审查报告》《关于市十四届人大一次会议有关名单草案的说明》，审议并表决通过该审查报告和名单草案，作出《关于召开市十四届人大一次会议的决定》。孙水生主任就开好市十四届人大一次会议作讲话。

第四章　市十四届人大常委会

阳泉市第十四届人民代表大会常务委员会，任期为2012年5月至2017年3月，共举行会议45次，审议议题180项，听取和审议“一府两院”工作报告81个，作出决议、决定41项，通过办法、规则等规章制度25项，审议地方性法规（草案）1部，任命国家机关工作人员158人，批准任命5人，免去职务87人，接受辞职9人。

第一节　常委会组成人员

主　任　刘高官（2012.5—2017.3）

副主任　王振国（2012.5—2017.3）

刘兆林（2012.5—2017.3）

吴丽萍（女，2012.5—2017.3）

孙金明（2012.5—2017.3）

吕昌政（2012.5—2017.3）

刘志强（2012.5—2017.3）

秘书长　唐　麟（2012.5—2017.3）

委　员　丁国忠（2012.5—2017.3）

马德胜（2012.5—2017.3）

王玉兰（女，2012.5—2017.3）

王玉明（2012.5—2017.3）

王新哲（2012.5—2017.3）

史友松（2012.5—2016.6）

白爱勤（2012.5—2017.3）

吕志坚（女，2012.5—2017.3）

朱玉芳（女，2012.5—2017.3）

朱　卉（女，2012.5—2017.3）

朱　刚（2012.5—2017.3）

刘新东（2012.5—2017.3）

李乃珠（2012.5—2017.3）

李国庆（女，2012.5—2017.3）
李首明（2012.5—2017.3）
李海忠（2012.5—2017.3）
李海珍（女，2012.5—2017.3）
李润怀（2012.5—2016.6）
杨日祥（2012.5—2016.6）
杨全生（2012.5—2012.7）
杨栋善（2012.5—2017.3）
杨鸿龙（2012.5—2017.3）
赵永东（2012.5—2017.3）
赵远长（2012.5—2017.3）
荆素俭（女，2012.5—2017.3）
胡万明（2012.5—2017.3）
娄森根（2012.5—2017.3）
桑晓飞（2012.5—2017.3）
樊文平（2012.5—2017.3）
张宝明（2012.11—2017.3）

第二节　常委会会议

第一次会议

会议于2012年7月30日在市人大常委会会议室举行。应出席常委会组成人员37人，实际出席36人。市委副书记、市政府市长李栋梁，市委常委、组织部部长李定武，市政协副主席曹凯民，市中级人民法院院长王志刚，市人民检察院检察长王守林，市政府有关部门的负责人，市人大各专门委员会副主任委员，市人大常委会各委、厅、室负责人，市人大常委会机关副调研员，各县（区）人大常委会负责人列席会议。

市人大常委会主任刘高官主持预备会议，副主任王振国主持全体会议。

会议听取和审议市人大常委会副主任王振国受主任会议委托提请的《关于提请接受杨全生辞职的议案》《关于提名李润怀等六名同志任命职务的议案》，市政府市长李栋梁提请的《市政府组成部门三十二人的人事任命议案》，市中级人民法院院长王志刚提请的《关于提名刘瑞光等任免职务的议案》，市人民检察院检察长王守林提请的《关于提名邓百福等任免职务的议案》；表决通过市人大常委会6人任命，市政府32人任命，市中级人民法院1人免职、1人任命，市人民检察院9人免职、2人任命事项，作出《关于接受杨全生辞去市十四届人大常委会委员职务请求的决定》。刘高官主任作讲话。

第二次会议

会议于2012年8月21日至22日在市人大常委会会议室举行。应出席常委会组成人员36人，

实际出席32人。市政府副市长董仙桃、徐芃，市政协副主席曹凯民，市中级人民法院代理院长陈明华，市人民检察院负责人，市政府有关部门负责人，市人大各专门委员会副主任委员，各县（区）人大常委会副主任，刘同礼等5名市人大代表列席会议。

市人大常委会主任刘高官主持预备会议，副主任刘兆林、孙金明、吕昌政分别主持第一次、第二次、第三次全体会议。

会议首先由刘高官主任传达省委人大工作会议精神及省委书记袁纯清的讲话精神，并就学习贯彻会议和讲话精神提出要求。随后，听取和审议市财政局局长郭少敏受市政府委托作的《关于2011年市本级财政决算（草案）和2012年上半年财政预算执行情况的报告》，作出《关于批准2011年市本级财政决算的决议》；听取和审议并表决通过市审计局局长李润萍受市政府委托作的《关于2011年市本级预算执行及其他财政收支情况的审计报告》，市发改委主任杨全生受市政府委托作的《关于2012年上半年国民经济和社会发展计划执行情况的报告》，市民政局局长于秉富受市政府委托作的《关于全市社会救助工作情况的报告》，市规划局局长乔岚受市政府委托作的《关于阳泉市城市总体规划修编工作的报告》，市人口和计划生育委员会主任郑清明受市政府委托作的《关于全市人口和计划生育工作情况的报告》；作出《关于设立代表资格审查委员会的决定》《关于接受王志刚辞去市中级人民法院院长职务请求的决定》《关于陈明华代理阳泉市中级人民法院院长的决定》；审议并表决通过市政府1人任命、市中级人民法院1人任命事项。

第三次会议

会议于2012年10月30日在市人大常委会会议室举行。应出席常委会组成人员36人，实际出席34人。市政府副市长任衍刚、市政协副主席曹凯民、市中级人民法院代院长陈明华、市人民检察院检察长王守林、市人民政府有关部门的负责人、各县（区）人大常委会副主任、市人大各专门委员会副主任委员及王军等6名市人大代表列席会议。

市人大常委会主任刘高官主持预备会议，副主任刘志强、王振国分别主持第一次、第二次全体会议。

会议听取和审议并表决通过市水务局局长申志纯受市政府委托作的《关于加快全市水利改革，推进水利建设情况的报告》，市住房保障和城乡建设局局长王伟锁受市政府委托作的《关于全市保障性住房建设情况的报告》，市人民检察院检察长王守林作的《关于公诉工作情况的报告》；作出《关于召开阳泉市第十四届人民代表大会第二次会议的决定》；审议并表决通过市人民检察院2人任命事项。

第四次会议

会议于2012年11月23日在市人大常委会会议室举行。应出席常委会组成人员36人，实际出席33人。市人民检察院负责人、市人大各专门委员会副主任委员、市人大常委会各工作机构副主任列席会议。

市人大常委会主任刘高官主持预备会议，副主任吴丽萍、刘兆林分别主持第一次、第二次全体会议。

会议听取和审议并表决通过市人大常委会人事代表工作委员会主任、代表资格审查委员会副主任委员胡万明受主任会议委托作的《关于出缺及补选代表的代表资格的审查报告》；听取和审议市人大常委会副主任王振国受主任会议委托作的《关于阳泉市第十四届人民代表大会第二次会议主席团和秘书长名单（草案）的说明》，审议并表决通过该名单草案；审议并表决通过市人民检察院3人任命事项。

第五次会议

会议于2012年12月28日在市人大常委会会议室举行。应出席常委会组成人员37人，实际出席30人。市政府副市长刘星、市政协副主席任美福、市中级人民法院院长陈明华、市人民检察院负责人、市政府有关部门负责人、市人大各专门委员会副主任委员、市人大常委会各工作机构副主任、各县（区）人大常委会副主任及石久军、李银花等市人大代表列席会议。

市人大常委会主任刘高官主持预备会议，副主任孙金明、吕昌政分别主持第一次、第二次全体会议。

会议听取和审议并表决通过市政府秘书长王明厚受市政府委托作的《关于市十四届人大一次会议代表建议办理情况的报告》，市交通运输局局长黄少英受市政府委托作的《关于阳泉市农村街巷道路硬化“全覆盖”工程完成情况的报告》。

第六次会议

会议于2013年2月8日在市人大常委会会议室举行。应出席常委会组成人员37人，实际出席36人。市委副书记陈永奇，市委常委、市政府常务副市长王旭明，市委常委、市委组织部部长李定武，市政协副主席曹凯民，市中级人民法院负责人，市人民检察院负责人，市政府有关部门负责人，市人大各专门委员会副主任委员，市人大常委会各工作机构副主任，各县（区）人大常委会副主任列席会议。

市人大常委会主任刘高官主持预备会议，副主任刘志强、刘兆林分别主持第一次、第二次全体会议。

会议决定任命陈永奇为阳泉市人民政府副市长，作出《关于接受李栋梁辞去市政府市长请求的决定》《关于陈永奇代理市人民政府市长的决定》。

第七次会议

会议于2013年2月28日在市人大常委会会议室举行。应出席常委会组成人员37人，实际出席31人。市政府副市长赵峰、市政协副主席赵平有、市中级人民法院院长陈明华、市人民检察院负责人、市政府有关部门负责人、市人大各专门委员会副主任委员、市人大常委会各工作机构副主任、各县（区）人大常委会副主任及李景春等市人大代表列席会议。

市人大常委会主任刘高官主持预备会议，副主任刘兆林、孙金明分别主持第一次、第二次全体会议。

会议听取和审议并表决通过市安全生产监督管理局局长孔禄泉受市政府委托作的《关于全市安全生产工作情况的报告》，作出《关于召开阳泉市第十四届人民代表大会第三次会议的决定》。

第八次会议

会议于2013年4月2日在市人大常委会会议室举行。应出席常委会组成人员37人，实际出席34人。市政府副市长赵峰、市中级人民法院院长陈明华、市人民检察院检察长王守林、市政府有关部门负责人、市人大各专门委员会副主任委员、市人大常委会各工作机构负责人、各县（区）人大常委会一名副主任列席会议。

会议听取和审议并表决通过市人大常委会代表资格审查委员会副主任委员、市人大常委会人事代表工作委员会主任胡万明受主任会议委托作的《关于代表出缺情况和补选代表的代表资格审查的报告》；审议并表决通过市十四届人大三次会议主席团和秘书长名单（草案）、列席人员名单、议案审查委员会组成人员名单（草案）及市人大常委会工作报告稿；审议并表决通过《专题询问暂行办法（草案）》；审议并表决通过市人大常委会 2 人免职、3 人任命事项。

第九次会议

会议于 2013 年 5 月 7 日在市人大常委会会议室举行。应出席常委会组成人员 37 人，实际出席 34 人。市委副书记、市政府市长陈永奇，市委常委、市政府党组副书记李利生，市委常委、组织部部长李定武，市政府党组成员郝培亮，市中级人民法院院长陈明华，市人民检察院检察长王守林，市政府有关部门负责人，市人大各专门委员会副主任委员，市人大常委会各工作机构负责人，各县（区）人大常委会副主任列席会议。

市人大常委会主任刘高官主持预备会议，副主任刘志强、王振国分别主持第一次、第二次全体会议。

会议听取和审议市委副书记、市政府市长陈永奇提请的《关于提名李利生等四人职务任免的议案》，决定免去王旭明、刘星的市人民政府副市长职务，决定任命李利生、郝培亮为市人民政府副市长。

第十次会议

会议于 2013 年 6 月 25 日至 26 日在市人大常委会会议室举行。应出席常委会组成人员 37 人，实际出席 32 人。市委常委、市政府常务副市长李利生，市政府副市长郝培亮，市政协副主席许文珍，市中级人民法院院长陈明华，市人民检察院检察长王守林，市政府有关部门负责人，市人大各专门委员会副主任委员，市人大常委会各工作机构负责人，各县（区）人大常委会副主任列席会议。

市人大常委会主任刘高官主持预备会议，副主任刘兆林、吴丽萍分别主持第一次、第二次全体会议。

会议听取和审议市财政局局长郭少敏受市政府委托作的《关于 2012 年市本级财政决算（草案）情况的报告》，作出《关于批准 2012 年市本级财政决算的决议》；听取和审议并表决通过市审计局局长李润萍受市政府委托作的《关于 2012 年市本级财政预算执行和其他财政收支情况的审计工作报告》，市教育局局长高巨海受市政府委托作的《关于全市职业教育发展情况的报告》，市环保局副局长高小选受市政府委托作的《关于创建环保模范城市工作情况的报告》；审议并表决通过市人民检察院 2 人免职、16 人任命事项。

第十一次会议

会议于 2013 年 7 月 5 日在市人大常委会会议室举行。应出席常委会组成人员 37 人，实际出席 31 人。市人民检察院检察长王守林，市人大各专门委员会副主任委员，市人大常委会机关各厅委室负责人、调研员及副调研员列席会议。

市人大常委会主任刘高官主持预备会议，副主任孙金明主持全体会议。

会议听取市人民检察院检察长王守林作的《关于王永珍涉嫌受贿犯罪报请许可采取强制措施的

报告》，作出《关于许可对市人大代表王永珍采取强制措施的决定》。

第十二次会议

会议于 2013 年 8 月 29 日至 30 日在狮脑山 7 号会议室举行。应出席常委会组成人员 37 人，实际出席 32 人。市委常委、市政府常务副市长李利生，市政协副主席赵永红，市中级人民法院院长陈明华，市人民检察院检察长王守林，市政府有关部门负责人，市人大各专门委员会副主任委员，市人大常委会机关各厅委室负责人、调研员及副调研员，各县（区）人大常委会副主任，马玉田等 4 名市人大代表列席会议。

市人大常委会主任刘高官主持预备会议，副主任吕昌政、刘志强分别主持第一次、第二次全体会议。

会议听取和审议并表决通过市发展和改革委员会主任杨全生受市政府委托作的《关于 2013 年上半年国民经济和社会发展计划执行情况的报告》，市财政局局长郭少敏受市政府委托作的《关于 2013 年上半年全市财政预算执行情况的报告》，市农业委员会主任武建功受市政府委托作的《关于加快全市现代农业发展促进农民持续增收情况的报告》，市卫生局局长张永忠受市政府委托作的《关于全市基本公共卫生服务项目工作开展情况的报告》，市人民防空办公室主任尚永葆受市政府委托作的《关于人民防空工作情况的报告》；听取和审议并表决通过市人大常委会人事代表工作委员会主任、代表资格审查委员会副主任委员胡万明受主任会议委托作的《关于罢免王永珍市十四届人大代表职务的审查报告》；表决通过市中级人民法院 14 人免职、8 人任命，市人民检察院 2 人任命事项。

第十三次会议

会议于 2013 年 9 月 29 日在市人大常委会会议室举行。应出席常委会组成人员 37 人，实际出席 33 人。市人大各专门委员会副主任委员，市人大常委会机关各厅委室负责人、调研员及副调研员列席会议。

市人大常委会主任刘高官主持预备会议，副主任王振国主持全体会议。

会议听取和审议市公安局负责人受市政府委托作的《关于孙祥令涉嫌非国家工作人员受贿罪报请许可采取强制措施的报告》，作出《关于许可对市人大代表孙祥令采取强制措施的决定》。

第十四次会议

会议于 2013 年 10 月 29 日至 30 日在市人大常委会会议室举行。应出席常委会组成人员 37 人，实际出席 35 人。市委常委、市政府常务副市长李利生，市政府副市长任衍刚、郝培亮，市政协副主席李天祥，市中级人民法院院长陈明华，市人民检察院负责人，市政府有关部门负责人，市人大各专门委员会副主任委员，市人大常委会机关各厅委室负责人、调研员及副调研员，各县（区）人大常委会副主任列席会议。

市人大常委会主任刘高官主持预备会议，副主任孙金明、刘兆林、吕昌政分别主持第一次、第二次、第三次全体会议。

会议听取和审议市财政局局长郭少敏受市政府委托作的《关于 2013 年市级财政预算调整方案的报告》，作出《关于批准 2013 年市级财政预算调整方案的决议》；听取和审议并表决通过市林业局局长杨自明受市政府委托作的《关于推进林业生态建设加快创建国家森林城市工作的报告》，市外事侨务办公室主任韩晓晨受市政府委托作的《关于外事工作为经济转型发展服务情况的报告》，市中级人民法院院长陈明华作的《关于民商事审判工作情况的报告》，市住房保障和城乡建设管理局局长王伟锁受市政府委托作的《关于全市建筑法贯彻执行情况的报告》、市重点工程建设办公室主任张东明受市政府委托作的《关于“项目推进年”实施情况的报告》。刘兆林副主任主持会议，就市政府“项目推进年”实施情况进行专题询问。

第十五次会议

会议于2013年12月24日在市人大常委会会议室举行。应出席常委会组成人员37人，实际出席35人。市政协副主席任美福，市人民检察院检察长王守林，市中级人民法院负责人，市政府有关部门负责人，市人大各专门委员会副主任委员，市人大常委会机关各厅、委、室负责人及正、副县级调研员，各县（区）人大常委会副主任及张延山、王学春等市人大代表列席会议。

市人大常委会主任刘高官主持预备会议，副主任刘志强、吴丽萍分别主持第一次、第二次全体会议。

会议听取和审议市发展和改革委员会主任杨全生受市政府委托作的《关于阳泉市国民经济和社会发展第十二个五年规划纲要中期评估的报告》，作出《关于批准阳泉市国民经济和社会发展第十二个五年规划纲要部分指标调整的决议》；听取和审议并表决通过市政府秘书长王明厚受市政府委托作的《关于市十四届人大三次会议代表意见建议办理情况的报告》。

第十六次会议

会议于2014年2月27日在市人大常委会会议室举行。应出席常委会组成人员37人，实际出席34人。市政府副市长郝培亮，市政协副主席任美福，市中级人民法院负责人，市人民检察院负责人，市政府有关部门负责人，市人大各专门委员会副主任委员，市人大常委会机关各委室负责人和正、副县级调研员，各县（区）人大常委会副主任及刘世平、齐敏芝等市人大代表列席会议。

市人大常委会主任刘高官主持预备会议，副主任王振国、刘兆林分别主持第一次、第二次全体会议。

会议听取和审议并表决通过市粮食局局长姬德耀受市政府委托作的《关于全市粮食工作情况的报告》；审议并表决通过《关于切实改进代表工作充分发挥代表作用的若干意见》《关于进一步规范市人大代表履职行为的暂行办法》；作出《关于召开阳泉市第十四届人民代表大会第四次会议的决定》。

第十七次会议

会议于2014年3月25日在市人大常委会会议室举行。应出席常委会组成人员37人，实际出席31人。市人民检察院检察长王守林，市人大各专门委员会副主任委员，市人大常委会各厅委室负责人、调研员及副调研员列席会议。

市人大常委会主任刘高官主持预备会议，副主任孙金明主持全体会议。

会议听取和审议市检察院负责人作的《关于田怀所、张石明涉嫌受贿犯罪的情况报告》，作出《关于许可对市人大代表田怀所采取强制措施的决定》《关于许可对市人大代表张石明采取强制措施的决定》。

第十八次会议

会议于2014年4月17日在市人大常委会会议室举行。应出席常委会组成人员37人，实际出席34人。市人大各专门委员会副主任委员，市人大常委会各厅、委、室负责人及正、副县级调研员列席会议。

市人大常委会主任刘高官主持预备会议，副主任吕昌政、王振国分别主持第一次、第二次全体会议。

会议听取市人大常委会人事代表工作委员会主任胡万明受主任会议委托作的《关于代表出缺情况和补选代表的代表资格审查的报告》《市十四届人大四次会议有关名单草案的说明》，审议并表决通过该报告和名单草案；听取和审议市人大常委会副秘书长侯润林受主任会议委托作的《关于市人大常委会工作报告稿起草情况的说明》，审议并表决通过该报告稿。

第十九次会议

会议于2014年6月25日在市人大常委会会议室举行。应出席常委会组成人员37人，实际出席32人。市委常委、市政府常务副市长李利生，市政协副主席许文珍，市人民检察院检察长王守林，市人大各专门委员会副主任委员，市人大常委会各厅委室负责人及正、副县级调研员，各县（区）人大常委会负责人及张素敏等市人大代表列席会议。

市人大常委会主任刘高官主持预备会议，副主任刘志强、刘兆林分别主持第一次、第二次全体会议。

会议听取和审议并表决通过市公安局常务副局长刘勇受市政府委托作的《关于全市公安工作情况的报告》，市环境保护局局长荆存柱受市政府委托作的《关于全市固体废弃物综合利用及处置情况的报告》，市科技局局长何海平受市政府委托作的《关于全市科技成果转化工作情况的报告》；表决通过市政府1人免职、1人任命，市人民检察院5人免职、7人任命事项。

第二十次会议

会议于2014年7月24日在市人大常委会会议室举行。应出席常委会组成人员37人，实际出席35人。市人民检察院检察长王守林，市人大各专门委员会副主任委员，市人大常委会各厅委室负责人及正、副县级调研员列席会议。

市人大常委会主任刘高官主持预备会议，副主任吴丽萍主持全体会议。

会议听取和审议市人民检察院反贪污贿赂局局长赵彦作的《关于张益智涉嫌单位行贿犯罪的情况报告》，作出《关于许可对市人大代表张益智采取强制措施的决定》。

第二十一次会议

会议于2014年8月26日至27日在市人大常委会会议室举行。应出席常委会组成人员37人，实际出席29人。市政府副市长郝培亮，市政协副主席任美福，市中级人民法院院长陈明华，市人民检察院检察长王守林，各县（区）人大常委会负责人，市人大各专门委员会副主任委员，市人大常委会各厅委室负责人及正、副县级调研员，曹水清等2名市人大代表列席会议。

市人大常委会主任刘高官主持预备会议，副主任孙金明、吕昌政、刘志强分别主持第一次、第二次、第三次全体会议。

会议听取和审议并表决通过市发展和改革委员会主任杨全生受市政府委托作的《关于 2014 年上半年全市国民经济和社会发展计划执行情况的报告》，市审计局局长李润萍受市政府委托作的《关于 2013 年市本级预算执行及其他财政收支情况的审计工作报告》，市食品药品监督管理局局长贺聪明受市政府委托作的《关于全市药品质量监管工作情况的报告》，市农业委员会主任武建功受市政府委托作的《关于全市改善农村人居环境工作的报告》；听取和审议市财政局局长郭少敏受市政府委托作的《关于 2013 年市本级财政决算（草案）暨 2014 年上半年全市财政预算执行情况的报告》，作出《关于批准 2013 年市本级财政决算的决议》。联组会议期间，应组成人员提议，市发改委主任杨全生作《关于阳大铁路建设项目前期工作进展情况的介绍》，市规划局总规科负责人王坚作《关于阳大铁路站场选址方案及周边道路情况的介绍》，铁三院项目总工程师杨军作《关于阳大铁路建设项目方案优化设计情况的汇报》。

第二十二次会议

会议于 2014 年 10 月 30 日在市人大常委会会议室举行。应出席常委会组成人员 37 人，实际出席 33 人。市委常委、市政府常务副市长李利生，市政协副主席任美福，市中级人民法院负责人，市人民检察院负责人，市人民政府有关部门负责人，市人大各专门委员会副主任委员，市人大常委会各厅委室负责人及正、副县级调研员，各县（区）人大常委会负责人及曹水清、马玉田等省、市人大代表列席会议。

市人大常委会主任刘高官主持预备会议，副主任王振国、刘兆林分别主持第一次、第二次全体会议。

会议听取和审议并表决通过市委常委、市政府常务副市长李利生受市政府委托作的《关于阳泉市人民政府职能转变和机构改革情况的报告》、市农业机械化发展中心主任卢怀长受市政府委托作的《关于全市农业机械化工作情况的报告》、市规划局副局长耿年生受市政府委托作的《关于生态新城建设推进情况的报告》、市司法局局长张俊堂受市政府委托作的《关于全市司法行政工作情况的报告》，作出《关于接受徐芃同志辞去阳泉市人民政府副市长职务请求的决定》《关于罢免王银旺阳泉市第十四届人民代表大会代表职务的决定》。

第二十三次会议

会议于 2014 年 12 月 23 日在市人大常委会会议室举行。应出席常委会组成人员 37 人，实际出席 32 人。市政府副市长郝培亮，市政协副主席赵永红，市中级人民法院院长陈明华，市人民检察院检察长土守林，市人民政府有关部门负责人，市人大各专门委员会副主任委员，市人大常委会各厅委室负责人及正、副县级调研员，各县（区）人大常委会负责人及李素鱼等 3 名市人大代表列席会议。

市人大常委会主任刘高官主持预备会议，副主任孙金明、吕昌政分别主持第一次、第二次全体会议。

会议听取和审议并表决通过市政府秘书长王明厚受市政府委托作的《关于市十四届人大四次会议代表议案建议办理情况的报告》；审议市人大常委会代表资格审查委员会《关于市十四届人

大代表出缺情况的审查报告》；听取和审议市住建局局长王伟锁受市政府委托作的《关于城乡环境卫生综合整治专题询问整改工作情况的报告》。会议期间，举行联组会议，对市政府关于城乡环境卫生综合整治专题询问整改工作情况进行满意度测评，市住建局局长王伟锁就进一步扎实做好城乡环境卫生综合整治工作作表态发言。

第二十四次会议

会议于 2015 年 2 月 13 日在市人大常委会会议室举行。应出席常委会组成人员 37 人，实际出席 26 人。市人民检察院负责人，市人大各专门委员会副主任委员，市人大常委会各厅委室负责人及正、副县级调研员列席会议。

市人大常委会主任刘高官主持预备会议，副主任刘志强主持全体会议。

会议听取和审议市人民检察院负责人作的《关于提请许可对犯罪嫌疑人王国瑞采取强制措施的报告》，作出《关于许可对市人大代表王国瑞采取强制措施的决定》。

第二十五次会议

会议于 2015 年 2 月 27 日在市人大常委会会议室举行。应出席常委会组成人员 37 人，实际出席 26 人。市政府副市长任衍钢，市中级人民法院院长陈明华，市人民检察院负责人，市政府有关部门负责人，市人大各专门委员会副主任委员，市人大常委会各厅委室负责人及正、副县级调研员，各县（区）人大常委会负责人及张继红等 2 名市人大代表列席会议。

市人大常委会主任刘高官主持预备会议，副主任刘志强主持全体会议。

会议听取和审议并表决通过市体育局局长马爱民受市政府委托作的《关于全市体育工作情况的报告》，市人大常委会代表资格审查委员会《关于罢免刘德跃、王国瑞市十四届人大代表职务的审查报告》，作出《关于召开阳泉市第十四届人民代表大会第五次会议的决定》《关于批准撤销杨玉春盂县人民法院院长职务的决定》；审议并表决通过市中级人民法院 5 人免职、7 人任命事项。

第二十六次会议

会议于 2015 年 4 月 15 日在市人大常委会会议室举行。应出席常委会组成人员 37 人，实际出席 32 人。市政府副市长董仙桃，市人民检察院检察长王守林，市中级人民法院负责人，市政府相关部门负责人，市人大各专门委员会副主任委员，市人大常委会各厅委室负责人及正、副县级调研员及曹水清等市人大代表列席会议。

市人大常委会主任刘高官主持预备会议，副主任吴丽萍、孙金明分别主持第一次、第二次全体会议。

会议听取和审议并表决通过市环保局局长荆存柱受市政府委托作的《关于全市污染物总量减排工作情况的报告》，市农业委员会主任武建功受市政府委托作的《关于农产品质量安全工作情况的报告》；听取和审议市人大常委会人事代表工作委员会主任、代表资格审查委员会副主任委员胡万明受主任会议委托作的《关于代表出缺情况及补选代表的代表资格的审查报告》《关于市十四届人大五次会议有关名单草案的说明》，市人大常委会副秘书长侯润林受主任会议委托作的《关于市人大常委会工作报告稿起草情况的说明》；表决通过《关于代表出缺情况及补选代表的代表资格的审查报告》，市十四届人大五次会议主席团和秘书长名单（草案）、列席人员名单、议案审查委员会组成人员名单（草案）及市人大常委会工作报告稿。

第二十七次会议

会议于2015年5月26日在市人大常委会会议室举行。应出席常委会组成人员37人，实际出席28人。市人民检察院负责人，市人大各专门委员会副主任委员，市人大常委会各厅委室负责人及正、副县级调研员列席会议。

市人大常委会主任刘高官主持预备会议、副主任吕昌政主持全体会议。

会议听取审议市人民检察院负责人作的《关于提请许可对犯罪嫌疑人史钰文采取强制措施的报告》，作出《关于许可对市人大代表史钰文采取强制措施的决定》。

第二十八次会议

会议于2015年6月25日在市人大常委会会议室举行。应出席常委会组成人员37人，实际出席32人。市委常委、市政府常务副市长李利生，市中级人民法院负责人，市人民检察院负责人，市政府相关部门负责人，市人大各专门委员会副主任委员，市人大常委会各厅委室负责人及正、副县级调研员，各县（区）人大常委会主任或副主任及张凤英、李素鱼、潘东红等市人大代表列席会议。

市人大常委会主任刘高官主持预备会议，副主任刘志强、王振国分别主持第一次、第二次全体会议。

会议听取和审议并表决通过市人力资源和社会保障局局长樊如珍受市政府委托作的《关于城镇基本医疗保险工作情况的报告》，市国资委党委书记、副主任武喜科受市政府委托作的《关于市属国有企业改革工作情况的报告》，市政府秘书长王明厚受市政府委托作的《关于行政审批制度改革工作情况的报告》；审议并表决通过市人大常委会1人免职，市政府1人免职、6人任命事项。郑清明等6位被任命人员向宪法宣誓。

第二十九次会议

会议于2015年7月21日在市人大常委会会议室举行。应出席常委会组成人员37人，实际出席30人。

市人大常委会主任刘高官主持预备会议，副主任刘兆林主持全体会议。

会议审议并表决通过市人大常委会代表资格审查委员会《关于罢免洪发科阳泉市第十四届人大代表职务的审查报告》；作出《关于罢免洪发科山西省第十二届人大代表职务的决议》，报省人大常委会备案。

第三十次会议

会议于2015年8月26日至27日在市人大常委会会议室举行。应出席常委会组成人员37人，实际出席34人。市政府副市长任衍钢，市中级人民法院院长陈明华，市人民检察院检察长王守林，市政府有关部门负责人，各县（区）人大常委会负责人，市人大各专门委员会副主任委员，市人大常委会各厅委室负责人及正、副县级调研员，曹水清、齐敏芝等省、市人大代表列席会议。

市人大常委会主任刘高官主持预备会议，副主任刘兆林、吴丽萍分别主持第一次、第二次全体会议。

会议听取和审议并表决通过市发展和改革委员会主任杨全生受市政府委托作的《关于2015年上半年全市国民经济和社会发展计划执行情况的报告》，市审计局局长李润萍受市政府委托作的《关于2014年市级财政预算执行和其他财政收支的审计工作报告》，市文化局局长高士萍受市政府委托作的《关于全市公共文化服务体系建设情况的报告》，市人民检察院副检察长阎运成作的《关于立案和侦查监督工作情况的报告》；听取和审议市财政局局长郭少敏受市政府委托作的《关于2014年市本级财政决算和2015年上半年全市预算执行情况的报告》，作出《关于批准2014年市本级财政决算的决议》；听取和审议市人大常委会副秘书长侯润林受主任会议委托作的《关于授予阳泉市荣誉市民称号的规定（草案）起草情况说明》，作出《关于授予阳泉市荣誉市民称号的规定》；审议并表决通过市中级人民法院9人免职、8人任命，市人民检察院18人任命事项。

第三十一次会议

会议于2015年10月23日在市人大常委会会议室举行。应出席常委会组成人员37人，实际出席28人。市政府副市长赵峰，市中级人民法院院长陈明华，市人民检察院负责人，市政府有关部门负责人，市人大各专门委员会副主任委员，市人大常委会各厅委室负责人及正、副县级调研员，各县（区）人大常委会负责人及弓鸿馨、朱建玲等市人大代表列席会议。

市人大常委会主任刘高官主持预备会议，副主任孙金明、吕昌政分别主持第一次、第二次全体会议。

会议听取和审议并表决通过市水务局局长申志纯受市政府委托作的《关于城市饮用水水质改善工作情况的报告》，市中级人民法院院长陈明华作的《关于全市法院规范司法行为工作情况的报告》，市人大常委会调查研究室主任史友松受主任会议委托作的《关于加强和改进人大监督工作的意见（草案）》；表决通过市人大常委会代表资格审查委员会《关于罢免聂玉明阳泉市第十四届人大代表职务的审查报告》。

第三十二次会议

会议于2015年11月26日在市人大常委会会议室举行。应出席常委会组成人员37人，实际出席33人。市委常委、市政府常务副市长李利生，市委常委、市委组织部部长李定武，市中级人民法院院长陈明华，市人民检察院检察长王守林，市人社局负责人，市人大各专门委员会副主任委员，市人大常委会各厅委室负责人及正、副县级调研员，各县（区）人大常委会负责人列席会议。

市人大常委会主任刘高官主持预备会议及全体会议。

会议听取和审议市委常委、市政府常务副市长李利生受市政府市长陈永奇委托提请人事任命议案，市人社局负责人作相关任命人员的情况说明，市人大常委会副主任王振国受主任会议委托提请陈永奇市长的辞职议案，决定任命董一兵为阳泉市人民政府副市长，作出《关于接受陈永奇辞去市人民政府市长职务的决定》《关于董一兵代理市人民政府市长的决定》。

第三十三次会议

会议于2015年12月3日在市人大常委会会议室举行。应出席常委会组成人员37人，实际出席29人。

市人大常委会主任刘高官主持预备会议，副主任刘志强主持全体会议。

会议听取和审议市人民检察院负责人作的《关于提请许可对犯罪嫌疑人冀永生采取强制措施的情况报告》，作出《关于许可对市人大代表冀永生采取强制措施的决定》。

第三十四次会议

会议于2015年12月29日至30日在市人大常委会会议室举行。应出席常委会组成人员37人，实际出席30人。市委常委、市政府常务副市长李利生，市中级人民法院院长陈明华，市人民检察院检察长王守林，市政府有关部门负责人，市人大各专门委员会副主任委员，市人大常委会各厅委室负责人及正、副县级调研员，各县（区）人大常委会副主任列席会议。

市人大常委会主任刘高官主持预备会议，副主任王振国、刘兆林分别主持第一次、第二次全体会议。

会议听取和审议市财政局局长郭少敏受市政府委托作的《关于2015年市级财政预算调整方案暨2015年地方政府债务限额分配方案（草案）的报告》，作出《关于批准2015年市级财政预算调整方案暨2015年地方政府债务限额分配方案的决议》；听取和审议并表决通过市委常委、市政府常务副市长李利生受市政府委托作的《关于2014年市本级财政预算执行及其他财政收支审计查出问题的整改工作情况的报告》，市发展和改革委员会主任杨全生受市政府委托作的《关于阳泉市国民经济和社会发展第十二个五年规划纲要实施情况的报告》，市政府秘书长王明厚受市政府委托作的《关于市十四届人大五次会议代表议案建议办理情况的报告》；审议并表决通过《规范性文件备案审查办法》《阳泉市国家工作人员向宪法宣誓实施办法》《人事任免办法（修订）》《关于对任命人员实行年度工作报告的制度》；听取和审议并表决通过省人大代表的补选办法，补选刘宏新为山西省第十二届人民代表大会代表；审议并表决通过市中级人民法院3人免职、市人民检察院2人免职事项。

第三十五次会议

会议于2016年2月19日在市人大常委会会议室举行。应出席常委会组成人员37人，实际出席30人。市政府副市长郝培亮，市中级人民法院负责人，市人民检察院负责人，市政府有关部门负责人，市人大各专门委员会副主任委员，市人大常委会各厅委室负责人及正、副县级调研员，各县（区）人大常委会负责人及王军、赵续泉等市人大代表列席会议。

市人大常委会主任刘高官主持预备会议，副主任刘志强、王振国分别主持第一次、第二次全体会议。

会议听取和审议并表决通过市安全生产监督管理局局长孔禄泉受市政府委托作的《关于全市安全生产工作情况的报告》、市环境保护局局长荆存柱受市政府委托作的《关于阳泉市大气污染防治工作情况的报告》，作出《关于召开阳泉市第十四届人民代表大会第六次会议的决定》，审议并表决通过市政府1人免职事项。刘高官主任在讲话中简要回顾本届人大常委会组成后近四年的工作，对作好新年度工作提出要求。

第三十六次会议

会议于2016年3月3日在市人大常委会会议室举行。应出席常委会组成人员37人，实际出席30人。各县（区）人大常委会负责人，市人大各专门委员会副主任委员，市人大常委会各厅委室负责人及正、副县级调研员列席会议。

市人大常委会主任刘高官主持预备会议，副主任刘兆林、吕昌政分别主持第一次、第二次全体会议。

会议听取和审议市人大常委会人事代表工作委员会主任胡万明受主任会议委托作的《关于出缺及补选代表的代表资格的审查报告》《关于市十四届人大六次会议有关名单草案说明》，审议并表决通过该审查报告和名单草案；听取和审议市人大常委会副秘书长侯润林受主任会议委托作的市人大常委会工作报告稿起草情况说明，审议并表决通过该报告稿。

第三十七次会议

会议于2016年4月27日在市人大常委会会议室举行。应出席常委会组成人员37人，实际出席29人。市政府副市长董仙桃，市中级人民法院院长陈明华，市人民检察院检察长王守林，市政府有关部门负责人，市人大各专门委员会副主任委员，市人大常委会各厅委室负责人及正、副县级调研员，各县（区）人大常委会负责人及齐敏芝、张素敏等市人大代表列席会议。

市人大常委会主任刘高官主持预备会议，副主任吴丽萍、孙金明分别主持第一次、第二次全体会议。

会议听取和审议并表决通过市农业委员会主任武建功受市政府委托作的《关于全市农村土地承包经营权确权登记颁证工作情况的报告》，市人民检察院副检察长范海生受王守林检察长委托作的《关于全市检察机关预防职务犯罪工作情况的报告》；审议并表决通过市人大常委会2人任命事项。

第三十八次会议

会议于2016年6月28日在市人大常委会会议室举行。应出席常委会组成人员37人，实际出席29人。市委常委、市政府常务副市长李利生，市中级人民法院院长陈明华，市人民检察院检察长王守林，市政府有关部门负责人，市人大各专门委员会副主任委员，市人大常委会各厅委室负责人及正、副县级调研员，各县（区）人大常委会负责人及李银花等市人大代表列席会议。

市人大常委会主任刘高官主持预备会议，副主任吕昌政、刘志强分别主持第一次、第二次全体会议。

会议听取和审议并表决通过市教育局局长高巨海受市政府委托作的《关于全市义务教育均衡发展情况的报告》，市住建局局长王伟锁受市政府委托作的《关于改善城市人居环境工作情况的报告》。听取和审议市人大法制委员会主任委员、常委会法制工作委员会主任吕志坚受主任会议委托作的《关于阳泉市地方立法相关文件起草情况的说明》，表决通过《基层立法联系点工作办法》《立法咨询专家工作办法》《立法项目库管理办法》《立法基层联系点名单》《立法咨询专家名单》《地方性法规草案起草工作规程》《立法论证工作规程》《立法协调工作规程》《地方性法规审议工作规程》《地方性法规立法后评估工作规程》；听取和审议市人大常委会副秘书长侯润林受主任会议委托作的市人大及其常委会会议公民旁听办法（草案）的起草说明，表决通过该办法；听取和审议市公安局副局长邵喜受市政府委托作的《关于报请许可对犯罪嫌疑人陈冬至采取强制措施的情况报告》，作出《关于许可对市人大代表陈冬至采取强制措施的决定》；审议并表决通过市人大常委会2人免职、市政府3人免职、市人民检察院1人任命事项；作出《关于接受史友松、李润怀、杨日祥辞去市十四届人大常委会委员职务请求的决定》。

第三十九次会议

会议于2016年8月25日至26日上午在市人大常委会会议室举行。应出席常委会组成人员34人，实际出席32人。市委副书记、市政府市长董一兵，市中级人民法院院长陈明华，市人民检察院检察长王守林，市政府有关部门负责人，市人大各专门委员会副主任委员，市人大常委会副秘书长及各厅委室负责人和正、副县级调研员，各县（区）人大常委会负责人及曹水清、李素鱼等市人大代表列席会议。

市人大常委会主任刘高官主持预备会议，副主任王振国、刘兆林分别主持第一次、第二次全体会议。

会议听取和审议市财政局局长郭少敏受市政府委托作的《关于2015年市本级财政决算（草案）和2016年上半年全市预算执行情况的报告》《关于阳泉市2016年新增地方政府债券市本级预算调整方案（草案）的报告》，作出《关于批准2015年市本级财政决算的决议》《关于批准2016年新增地方政府债券市本级预算调整方案的决议》；听取和审议并表决通过市发展和改革委员会党组副书记巨建军受市政府委托作的《关于2016年上半年全市国民经济和社会发展计划执行情况的报告》，市审计局局长李润萍受市政府委托作的《关于2015年市级财政预算执行和其他财政收支的审计工作报告》，市林业局局长郑清明受市政府委托作的《关于全市村庄绿化工作情况的报告》；听取和审议市人大法制委员会主任委员吕志坚受主任会议委托作的《关于〈阳泉市地方立法条例（草案）〉起草情况的说明》；审议并表决通过市人大常委会1人免职、1人任命，市政府5人免职、5人任命，市中级人民法院1人免职、1人任命事项；审议并批准县（区）人民检察院检察长3人任命事项。

第四十次会议

会议于2016年8月27日上午在市人大常委会会议室举行。应出席常委会组成人员34人，实际出席32人。

市人大常委会主任刘高官主持预备会议，副主任吴丽萍主持全体会议。

会议经联组审议，作出《关于许可对市人大代表郝培亮采取行政拘留措施的决定》。

第四十一次会议

会议于2016年9月27日下午在市人大常委会会议室举行。应出席常委会组成人员34人，实际出席26人。市人民检察院检察长王守林列席会议。

市人大常委会主任刘高官主持预备会议，副主任孙金明主持全体会议。

会议听取市人民检察院常务副检察长范海生作的《报请许可对犯罪嫌疑人杜成采取强制措施的情况报告》，作出《关于许可对市人大代表杜成采取强制措施的决定》。

第四十二次会议

会议于2016年10月20日在市人大常委会会议室举行。应出席常委会组成人员34人，实际出席30人。市政府副市长董仙桃，市中级人民法院院长陈明华，市人民检察院党组书记王廉允，市政府有关部门负责人，市人大各专门委员会副主任委员，市人大常委会副秘书长和各厅委室负责人及正、副县级调研员，各县（区）人大常委会负责人及弓鸿馨、张素敏两位市人大代表列席本次会议。

市人大常委会主任刘高官主持预备会议，副主任吕昌政、刘志强分别主持第一次、第二次全体会议。

会议听取和审议并表决通过市司法局局长张俊堂受市政府委托作的《关于“六五”普法工作暨“七五”普法规划情况的报告》，作出《关于深入开展第七个五年法治宣传教育的决议》；听取和审议并表决通过市卫生和计划生育委员会主任张永忠受市政府委托作的《关于全市县级公立医院综合改革情况的报告》，市发改委党组书记冯维明受市政府委托作的《关于阳大铁路工程进展情况的报告》和市人大常委会代表资格审查委员会《关于代表出缺情况的审查报告》；审议并表决通过市政府7人免职、10人任命，市人民检察院6人免职、1人任命事项；审议并批准县（区）人民检察院检察长2人任命事项；作出《关于接受王守林辞去市人民检察院检察长职务请求的决定》《关于王廉允代理市人民检察院检察长的决定》。

第四十三次会议

会议于2016年12月29日在市人大常委会会议室举行。应出席常委会组成人员34人，实际出席30人。市政府副市长赵峰，市中级人民法院院长陈明华，市人民检察院代检察长王廉允，市政府有关部门负责人，市人大各专门委员会副主任委员，市人大常委会副秘书长和各厅委室负责人及正、副县级调研员，各县（区）人大常委会负责人及张继红、李素鱼两位市人大代表列席会议。

市人大常委会主任刘高官主持预备会议，副主任刘兆林、王振国分别主持第一次、第二次全体会议。

会议听取和审议并表决通过市政府秘书长郑清明受市政府委托作的《关于市十四届人大六次会议代表建议办理情况的报告》，市政府副市长赵峰受市政府委托作的《关于2015年市本级预算执行及其他财政收支审计查出问题整改情况的报告》；审议并表决通过《讨论决定重大事项的规定》《监督司法工作制度》《地方立法协商工作办法》《关于对任命的地方国家工作人员加强监督的意见》《关于代表出缺及补选情况的审查报告》；作出《关于召开阳泉市第十五届人民代表大会第一次会议的决定》；审议并表决通过市人大常委会5人任命，市政府1人免职，市中级人民法院1人免职、2人任命事项。

第四十四次会议

会议于2017年1月10日上午在市人大常委会会议室举行。应出席常委会组成人员34人，实际出席28人。

市人大常委会主任刘高官主持预备会议及全体会议。

会议表决通过本次会议补选办法及监票员计票员名单，以无记名投票方式补选王宏、邱水平为山西省十二届人大代表。

第四十五次会议

会议于2017年2月28日在市人大常委会会议室举行。应出席常委会组成人员34人，实际出席30人。市政府副市长赵峰，市政府党组副书记马爱锋，市政府党组成员潘海燕，市中级人民法院院长陈明华，市政府有关部门负责人，市人大各专门委员会副主任委员，市人大常委会副秘书长和各委厅室负责人及正、副县级调研员，各县（区）人大常委会副主任列席会议。

市人大常委会主任刘高官主持预备会议，副主任吴丽萍、孙金明分别主持第一次、第二次全体会议。

会议听取和审议市人大常委会人事代表工作委员会主任胡万明受主任会议委托作的《关于阳泉市第十五届人民代表大会代表资格的审查报告》及市十五届人大一次会议有关名单草案的说明，审议并通过该审查报告和名单草案；听取和审议市人大常委会副秘书长侯润林受主任会议委托作的《市人大常委会工作报告稿起草情况的说明》，审议通过该报告稿；听取和审议市人大法制委主任委员、常委会法制工委主任吕志坚受主任会议委托作的《〈阳泉市地方立法条例（草案）〉修改情况的说明》，审议通过《关于提请表决阳泉市地方立法条例（草案）的议案》；审议并表决通过市政府1人免职、3人任命事项。刘高官作《站好一班岗 交上无悔的答卷》的讲话。

第五章　市十五届人大常委会

阳泉市第十五届人民代表大会常务委员会2017年3月至2020年12月期间，共举行会议35次，审议议题145项，听取和审议“一府两院”工作报告53个，作出决议、决定28项，通过办法、规则等规章制度5项，审议并通过地方性法规9部，任命国家机关工作人员115人、批准任命1人，免去职务67人，接受辞职9人，任命人员述职测评12人。

第一节　常委会组成人员

主　任　王旭明（2017.3—　）

副主任　孙金明（2017.3—2020.1）

吕昌政（2017.3—2019.12）

刘志强（2017.3—2019.2）

张永忠（2017.3—　）

张宝明（2017.3—　）

申　济（2019.2—　）

郑清明（2020.4—　）

孔禄泉（2020.4—　）

赵素卿（女，2020.4—　）

秘书长　张利军（2017.3—2020.4）

赵文骥（2020.4—　）

委　员　王玉明（2017.3—　）

王吉贵（2017.3—　）

邓宝柱（2017.3—　）

石光源（2017.3—2020.8）

卢东华（女，2017.3—　）

史玉宝（2017.3—2020.4）

白　平（2017.3—2020.4）

吕志坚（女，2017.3—　）

朱　卉（女，2017.3—　）

朱艳红（女，2017.3—　）
刘丙强（2017.3—　）
刘志勇（2017.3—　）
刘建平（2017.3—　）
刘新东（2017.3—　）
闫　亮（2017.3—　）
许贵琴（女，2017.3—　）
杨栋善（2017.3—　）
李首明（2017.3—2020.4）
吴文静（女，2017.3—　）
何丽萍（女，2017.3—　）
张卫珂（2017.3—　）
张　云（2017.3—　）
荆素俭（女，2017.3—　）
荆　鑫（女，2017.3—　）
赵素卿（女，2017.3—2020.4）
侯润林（2017.3—　）
高和平（2017.3—2019.2）
桑晓飞（2017.3—　）
商继杰（2017.3—　）
董　英（女，2020.4—　）
王新哲（2020.4—　）

第二节　常委会会议

第一次会议

会议于 2017 年 3 月 12 日在市人大常委会会议室举行。应出席常委会组成人员 36 人，实际出席 36 人。市委常委、市纪检委书记、市监察委员会主任吴纪平，市人民检察院检察长王廉允，市中级人民法院负责人，市人大各专门委员会副主任委员，市人大常委会副秘书长和各委、厅、室负责人及调研员、副调研员，各县（区）人大常委会副主任列席会议。

市人大常委会主任王旭明主持预备会议，副主任孙金明、吕昌政分别主持第一次、第二次全体会议。

会议听取市人大常委会副主任孙金明受主任会议委托作的《关于阳泉市监察委员会副主任、委员任免和宪法宣誓程序的决定（草案）的说明》，审议并表决通过该决定；审议并表决通过《关于设立代表资格审查委员会的决定》及《代表资格审查委员会组成人员名单（草案）》；审议并表决通过市人大常委会13人任命、市监察委员会7人任命事项。被任命人员向宪法宣誓。王旭明主任作讲话。

第二次会议

会议于2017年4月27日至28日在市人大常委会会议室举行。应出席常委会组成人员36人，实际出席32人。市政府副市长呼亚民，市人民检察院检察长王廉允，市中级人民法院负责人，市政府有关部门负责人，市人大各专门委员会副主任委员，市人大常委会副秘书长及各委、厅、室负责人调研员和副调研员，各县（区）人大常委会副主任列席会议。

市人大常委会主任王旭明主持预备会议，副主任刘志强、张永忠分别主持第一次、第二次全体会议。

会议听取和审议并表决通过市环保局局长荆存柱受市政府委托作的《关于全市2016年度环境状况和环境保护目标完成情况的报告》，市中小企业局局长李君受市政府委托作的《关于全市中小微企业发展情况的报告》；审议市人大常委会执法检查组《关于检查全市贯彻实施〈中华人民共和国消防法〉情况的报告》。

第三次会议

会议于2017年6月20日在市人大常委会会议室举行。应出席常委会组成人员36人，实际出席32人。市委常委、市政府常务副市长马爱锋，市中级人民法院院长陈明华，市人民检察院检察长王廉允，市委、市政府有关部门负责人，市人大各专门委员会副主任委员，市人大常委会副秘书长及各委、厅、室负责人调研员和副调研员，各县（区）人大常委会副主任列席会议。

市人大常委会主任王旭明主持预备会议，副主任张宝明、孙金明分别主持第一次、第二次全体会议。

会议听取和审议并表决通过市中级人民法院院长陈明华作的《关于全市法院未成年人刑事审判工作情况的报告》；审议市人大常委会执法检查组《关于中华人民共和国劳动法执法检查报告》；审议并表决通过市政府31人任命、市人民检察院3人免职事项。王旭明主任作讲话，对新任命人员提出五点要求。被任命人员向宪法宣誓。

第四次会议

会议于2017年8月30日至31日在市人大常委会会议室举行。应出席常委会组成人员36人，实际出席34人。市政府副市长潘海燕，副市长、市公安局局长靳润喜，市中级人民法院院长陈明华，市人民检察院检察长王廉允，市政府有关部门负责人，市纪委监委派驻市人大常委会机关纪检监察组组长，市人大各专门委员会副主任委员，市人大常委会副秘书长及各委、厅、室负责人，副调研员，各县（区）人大常委会副主任列席会议。

市人大常委会主任王旭明主持预备会议，副主任吕昌政、刘志强分别主持第一次、第二次全体会议。

会议听取和审议市财政局局长任晓华受市政府委托作的《2016年市本级财政决算（草案）和2017年上半年全市预算执行情况的报告》《2017年新增地方政府债务限额暨市本级新增债券预算

调整方案（草案）》，作出《关于批准2016年市本级财政决算的决议》《关于批准2017年市本级新增债券预算调整方案的决议》；听取和审议并表决通过市发展和改革委员会主任冯维明受市政府委托作的《关于2017年上半年国民经济和社会发展计划执行情况的报告》，市政府副市长、市公安局局长靳润喜受市政府委托作的《关于城市道路交通安全管理工作情况的报告》，市政府秘书长郑清明受市政府委托作的《关于深化行政管理体制改革工作情况的报告》；审议并表决通过市中级人民法院2人免职、8人任命事项。被任命人员向宪法宣誓。

第五次会议

会议于2017年10月25日至26日在市人大常委会会议室举行。应出席常委会组成人员36人，实际出席36人。市委常委、市政府常务副市长马爱锋，市政府副市长、市公安局局长靳润喜，市中级人民法院院长陈明华，市人民检察院检察长王廉允，市政府有关部门负责人，市人大各专门委员会副主任委员，市人大常委会副秘书长及各工作机构负责人，调研员和副调研员，各县（区）人大常委会副主任，王文贤等7名市人大代表列席会议。

市人大常委会主任王旭明主持预备会议，副主任张永忠、张宝明分别主持第一次、第二次全体会议。

会议听取和审议并表决通过市经信委（国资委）主任彭国勇受市政府委托作的《关于市属国企国资改革情况的报告》，市农业委员会主任安海润受市政府委托作的《关于全市脱贫攻坚工作情况的报告》，市文化局局长张立君受市政府委托作的《关于全市文化产业发展情况的报告》；听取和审议市政府《关于〈阳泉市城市道路交通管理条例（草案）〉起草情况的说明》《关于〈阳泉市城市绿化条例（草案）〉起草情况的说明》，市人大常委会法制工作委员会主任吕志坚受主任会议委托作的《关于〈阳泉市城市道路交通管理条例（草案）〉研究意见的报告》，市人大城环委主任委员王玉明受主任会议委托作的《关于〈阳泉市城市绿化条例（草案）〉审议意见的报告》；审议市人大常委会执法检查组《关于检查〈中华人民共和国教师法〉实施情况的报告》《关于检查〈中华人民共和国旅游法〉实施情况的报告》；审议《阳泉市城市道路交通管理条例（草案）》《阳泉市城市绿化条例（草案）》；审议并表决通过市政府1人任命，市监察委员会1人免职，市人民检察院1人任命、2人免职事项。被任命人员向宪法宣誓。

第六次会议

会议于2017年11月7日在市人大常委会会议室举行。应出席常委会组成人员36人，实际出席33人。市纪委监委派驻市人大常委会机关纪检监察组组长，市人大各专门委员会副主任委员，市人大常委会副秘书长及各工作机构负责人、调研员，各县（区）人大常委会副主任列席会议。

市人大常委会主任王旭明主持预备会议，副主任吕昌政、刘志强分别主持第一次、第二次全体会议。

会议听取和审议并表决通过《阳泉市第十五届人民代表大会常务委员会代表资格审查委员会关于个别代表的代表资格的报告》；听取和审议《阳泉市第十五届人民代表大会第二次会议议程（草案）》《关于阳泉市第十五届人民代表大会第二次会议主席团和秘书长名单草案的说明》，审议并表决通过该议程和名单的草案，作出《关于召开阳泉市第十五届人民代表大会第二次会议的决定》。

第七次会议

会议于2017年11月30日在市人大常委会会议室举行。应出席常委会组成人员36人，实际出席32人。市政府有关部门负责人，市纪委监委派驻市人大常委会机关纪检监察组组长，市人大各专门委员会副主任委员，市人大常委会副秘书长及各工作机构负责人，调研员和副调研员列席会议。

市人大常委会主任王旭明主持预备会议，副主任张宝明、孙金明分别主持第一次、第二次全体会议。

会议听取和审议市财政局局长任晓华受市政府委托作的《市政府关于将阳大铁路项目资金缺口列入财政预算的报告》，表决通过《关于批准〈市政府将阳大铁路项目资金缺口列入财政预算的报告〉的决议》《关于推迟召开阳泉市第十五届人民代表大会第二次会议的决定》《关于罢免张存福省十二届人大代表职务的决定》。

第八次会议

会议于2017年12月27日在市人大常委会会议室举行。应出席常委会组成人员36人，实际出席32人。市委常委、市政府常务副市长马爱锋，市人民检察院检察长王廉允，市政府有关部门负责人，市纪委监委派驻市人大常委会机关纪检监察组组长，市人大专门委员会副主任委员，市人大常委会副秘书长及各工作机构负责人、副调研员，各县（区）人大常委会副主任，城区人大常委会办公室主任及穆红祥等5名市人大代表列席会议。

市人大常委会主任王旭明主持预备会议，副主任吕昌政、刘志强分别主持第一次、第二次全体会议。

会议听取和审议市财政局副局长赵玉兵受市政府委托作的《关于2017年市本级新增债券预算项目调整方案的报告》，作出《关于批准〈阳泉市人民政府关于2017年市本级新增债券预算项目调整方案〉的决议》；听取和审议并表决通过市政府秘书长郑清明受市政府委托作的《关于市十五届人大一次会议议案和代表建议办理情况的报告》，市委常委、市政府常务副市长马爱峰受市政府委托作的《关于2016年市级财政预算执行和其他财政收支审计查出问题整改情况的报告》；听取市人大常委会法制工作委员会主任吕志坚作的《关于〈阳泉市道路交通安全管理条例（草案）〉〈阳泉市城市绿化条例（草案）〉修改情况的汇报》，审议《阳泉市道路交通安全管理条例（草案）》《阳泉市城市绿化条例（草案）》的二审修改稿；审议市人大常委会执法检查组《关于检查〈中华人民共和国老年人权益保障法〉实施情况的报告》。

第九次会议

会议于2018年1月5日在市人大常委会会议室举行。应出席常委会组成人员36人，实际出席34人。市委副书记雷健坤，市委常委、市政府常务副市长马爱锋，市中级人民法院院长陈明华，市人民检察院检察长王廉允，市政府有关部门负责人，市纪委监委派驻市人大常委会机关纪检监察组组长，市人大专门委员会副主任委员，市人大常委会副秘书长及各工作机构负责人、副调研员，各县（区）人大常委会副主任列席会议。

市人大常委会主任王旭明主持预备会议及全体会议。

王旭明主任首先就开好本次常委会会议，完成好省委和市委交给的重大政治任务作讲话。会议审议并表决通过市人民政府市长董一兵提请的人事任命议案，决定任命雷健坤为市人民政府副市长，作出《关于接受董一兵辞去阳泉市人民政府市长职务请求的决定》《关于雷健坤代理阳泉市人民政府市长的决定》。雷健坤向宪法宣誓。

第十次会议

会议于 2018 年 2 月 7 日在市人大常委会会议室举行。应出席常委会组成人员 36 人，实际出席 35 人。市政府副市长郭少敏，市中级人民法院院长陈明华，市政府有关部门负责人，市纪委监委驻市人大常委会纪检监察组组长，市人大各专门委员会副主任委员，市人大常委会副秘书长及各工作机构负责人、副调研员，各县（区）人大常委会副主任和郊区人大常委会办公室主任，吕良等 6 名市人大代表列席会议。

市人大常委会主任王旭明主持预备会议，副主任张永忠、张宝明分别主持第一次、第二次全体会议。

会议听取和审议市发改委主任冯维明受市政府委托作的《关于阳大铁路项目建设情况的报告》，举行联组会议，专题询问阳大铁路项目建设情况；听取和审议市人大法制委主任委员、常委会法制工作委员会主任吕志坚作的《关于〈阳泉市道路交通安全管理条例（草案）〉和〈阳泉市城市绿化条例（草案）〉审议结果的报告》；审议并表决通过《阳泉市道路交通安全管理条例（草案）》《阳泉市城市绿化条例（草案）》。

第十一次会议

会议于 2018 年 3 月 20 日在市人大常委会会议室举行。应出席常委会组成人员 36 人，实际出席 35 人。市委常委、市纪委书记、市监察委员会主任吴纪平，市纪委监委派驻市人大常委会机关纪检监察组组长，市人大各专委会副主任委员，市人大常委会副秘书长及各工作机构负责人、副调研员，各县（区）人大常委会副主任和平定县人大常委会办公室主任列席会议。

市人大常委会主任王旭明主持预备会议，副主任孙金明、吕昌政分别主持第一次、第二次全体会议。

会议听取市人大常委会人事代表工作委员会主任高和平受主任会议委托作的《关于出缺及补选代表的代表资格的审查报告》《关于市十五届人大三次会议有关名单草案的说明》，审议并表决通过该报告和名单草案；听取和审议市人大常委会调研室主任侯润林受主任会议委托作的《关于市人大常委会工作报告稿起草情况的说明》，表决通过该报告稿；作出《关于召开阳泉市第十五届人民代表大会第三次会议的决定》；审议并表决通过市政府 2 人免职，市监察委员会 1 人免职、2 人任命事项。被任命人员向宪法宣誓。

第十二次会议

会议于 2018 年 4 月 26 日在市人大常委会会议室举行。应出席常委会组成人员 36 人，实际出席 30 人。市政府副市长李君，市人民检察院检察长王廉允，市中级人民法院负责人，市政府有关部门负责人，市纪委监委派驻市人大常委会机关纪检监察组组长，市人大各专委会副主任委员，市人大常委会副秘书长及各工作机构负责人、副调研员，各县（区）人大常委会副主任，张根全等3名市人大代表列席会议。

市人大常委会主任王旭明主持预备会议，副主任刘志强、张宝明分别主持第一次、第二次全体会议。

会议听取和审议并表决通过市环保局局长荆存柱受市政府委托作的《关于全市2017年度环境状况和环境保护目标完成情况的报告》；审议并表决通过《关于进一步完善人大代表联系人民群众制度的实施办法》；审议并表决通过市人民检察院2人免职事项；审议并批准县（区）人民检察院检察长1人任命事项。

第十三次会议

会议于2018年6月26日在市人大常委会会议室举行。应出席常委会组成人员36人，实际出席30人。市政府副市长郭少敏，市人民检察院检察长王廉允，市监察委员会负责人，市中级人民法院负责人，市政府有关部门负责人，市纪委监委派驻市人大常委会机关纪检监察组组长，市人大各专委会副主任委员，市人大常委会副秘书长、各工作机构负责人及副调研员，各县（区）人大常委会副主任和城区人大办公室主任，田玲等4名市人大代表列席会议。

市人大常委会主任王旭明主持预备会议，副主任吕昌政、刘志强分别主持第一次、第二次全体会议。

会议听取和审议并表决通过市中级人民法院副院长李永祥作的《阳泉市中级人民法院关于执行工作情况的报告》；听取和审议市发改委主任冯维明受市政府委托作的《阳泉市人民政府关于阳大铁路专题询问审议意见整改落实情况的报告》，对阳大铁路建设整改情况进行满意度测评；审议市人大常委会执法检查组《关于〈中华人民共和国专利法〉贯彻实施情况的报告》；审议并表决通过市人大常委会1人任命、市监察委员会1人免职事项。被任命人员向宪法宣誓。

第十四次会议

会议于2018年7月18日在市人大常委会会议室举行。应出席常委会组成人员36人，实际出席31人。市纪委监委派驻市人大常委会机关纪检监察组组长，市人大各专委会副主任委员，市人大常委会副秘书长、各工作机构负责人及副调研员列席会议。

市人大常委会副主任张永忠主持会议。

会议听取和审议并表决通过市人大常委会人事代表工作委员会主任高和平受主任会议委托作的《关于个别代表的代表资格的报告》。

第十五次会议

会议于2018年8月27日至28日在市人大常委会会议室举行。应出席常委会组成人员36人，实际出席35人。市委常委、市政府常务副市长马爱锋，市中级人民法院院长陈明华，市人民检察院检察长王廉允，市政府有关部门负责人，市人大各专委会副主任委员，市人大常委会副秘书长、各工作机构负责人，各县（区）人大常委会主任，王其洲等5名市人大代表列席会议。

市人大常委会主任王旭明主持预备会议，副主任张宝明、孙金明分别主持第一次、第二次全体会议。

会议听取和审议市环保局副局长李宏革受市政府委托作的《关于〈阳泉市大气污染防治条例（草案）〉起草情况的说明》，市人大城环委主任委员王玉明受主任会议委托作的《关于〈阳泉市大气污染防治条例（草案）〉审议意见的报告》，审议《阳泉市大气污染防治条例（草案）》；听取和审议市卫计委主任段宏华受市政府委托作的《关于〈阳泉市爱国卫生条例（草案）〉起草情况的说明》，市人大教科文卫委主任委员白平受主任会议委托作的《关于〈阳泉市爱国卫生条例（草案）〉审议意见的报告》，审议《阳泉市爱国卫生条例（草案）》；听取和审议市财政局局长任晓华受市政府委托作的《关于2017年市本级财政决算（草案）及2018年上半年预算执行情况的报告》《关于2018年新增地方政府债务限额暨市本级新增债券预算调整方案（草案）的报告》，作出《关于批准2017年市本级财政决算的决议》《关于批准2018年市本级新增债券预算调整方案的决议》；听取和审议并表决通过市发改委主任冯维明受市政府委托作的《关于阳泉市2018年上半年国民经济和社会发展计划执行情况的报告》、市审计局局长巨建军受市政府委托作的《关于2017年市级财政预算执行及其他财政收支审计工作报告》，市人民检察院检察长王廉允作的《关于民事检察监督工作情况的报告》；审议并表决通过市人民检察院1人任命、3人免职事项。被任命人员向宪法宣誓。王旭明作讲话。

第十六次会议

会议于2018年9月11日在市人大常委会会议室举行。应出席常委会组成人员36人，实际出席32人。市委副书记、市政府市长雷健坤，市委常委、市纪委书记、市监察委员会主任吴纪平，市委常委、市政府党组副书记黄海涛，市人社局负责人，市纪委监委派驻市人大常委会机关纪检监察组组长，市人大各专委会副主任委员，市人大常委会副秘书长及各工作机构负责人、副调研员列席会议。

市人大常委会主任王旭明主持预备会议，副主任吕昌政、刘志强分别主持第一次、第二次全体会议。

会议审议并表决通过《关于接受马爱锋辞去阳泉市人民政府副市长职务请求的决定》；审议并表决通过市政府2人任命、1人免职，市监察委员会1人任命事项。被任命人员向宪法宣誓。

第十七次会议

会议于2018年10月30日在市人大常委会会议室举行。应出席常委会组成人员36人，实际出席35人。市政府副市长郭少敏，市中级人民法院院长陈明华，市政府有关部门负责人，市人大各专委会副主任委员，市人大常委会副秘书长及各工作机构负责人、副调研员，各县（区）人大常委会副主任，郊区人大常委会办公室主任以及王晓东等五名市人大代表列席本次会议。

市人大常委会主任王旭明主持预备会议，副主任张永忠、张宝明分别主持第一次、第二次全体会议。

会议听取和审议并表决通过市发改委主任冯维明受市政府委托作的《关于阳泉市贯彻落实国发〔2017〕42号文件工作情况的报告》，市林业局副局长王洪波受市政府委托作的《关于全市林业生态建设情况的报告》，市卫生和计划生育委员会主任段宏华受市政府委托作的《关于全市公立医院薪酬制度改革试点工作情况的报告》；听取和审议市住建局局长杜平华受市政府委托作的《关于〈阳泉市市容和环境卫生管理条例（草案）〉起草情况的说明》，市人大城环委主任委员王玉明受主任会议委托作的《关于〈阳泉市市容和环境卫生管理条例（草案）〉审议意见的报告》，审议《阳泉市市容和环境卫生管理条例（草案）》；听取和审议市人大法制委主任委员、常委会法制工作委员会主任吕志坚作的《关于〈阳泉市大气污染防治条例（草案）〉审议结果的报告》，审议并表决通过《阳泉市大气污染防治条例（草案）》及市人大常委会组成人员守则。王旭明作讲话。

第十八次会议

会议于2018年12月26日至27日在市人大常委会会议室举行。应出席常委会组成人员36人，实际出席31人。市委常委、市政府常务副市长黄海涛，市中级人民法院院长陈明华，市政府有关部门负责人，市纪委监委派驻市人大常委会机关纪检监察组组长，市人大各专委会副主任委员，市人大常委会副秘书长及各工作机构负责人、副调研员，各县（区）人大常委会副主任及李荣贵等五名市人大代表列席会议。

市人大常委会主任王旭明主持预备会议，副主任孙金明、吕昌政分别主持第一次、第二次全体会议。

会议听取和审议市发改委主任冯维明受市政府委托作的《阳泉市国民经济和社会发展第十三个五年规划〈纲要〉实施情况中期评估报告》，作出《关于批准阳泉市“十三五”规划〈纲要〉部分指标调整的决议》；听取和审议市直机关事务管理局副局长王保全受市政府委托作的《关于行政事业单位国有资产管理情况的报告》，该报告提交组成人员表决未获通过；听取和审议并表决通过市委常委、市政府常务副市长黄海涛受市政府委托作的《关于2017年市本级财政预算执行和其他财政收支审计查出问题整改情况的报告》，市政府秘书长郑清明受市政府委托作的《关于深入学习宣传和贯彻实施宪法工作情况的报告》，市教育局局长薛利敏受市政府委托作的《关于全市普通高中教育工作情况的报告》，市财政局局长任晓华受市政府委托作的《关于国有资产管理情况的综合报告》，市政府秘书长郑清明受市政府委托作的《关于市十五届人大三次会议代表建议办理情况的报告》；听取和审议市发改委主任冯维明、市住建局局长杜平华、市交通局局长黄少英、市农委副主任乔玉珍分别作的审计查出问题整改情况报告，并进行满意度测评；听取和审议市人大法制委主任委员、常委会法制工作委员会主任吕志坚作的《关于〈阳泉市爱国卫生条例（草案）〉审议结果的报告》，审议并表决通过《阳泉市爱国卫生条例（草案）》《阳泉市国家工作人员向宪法宣誓实施办法（修订）》《阳泉市人民代表大会代表议案的提出和处理办法（修订）》，作出《关于召开阳泉市第十五届人民代表大会第四次会议的决定》；审议并表决通过市政府2人免职、市人民检察院1人免职事项。

第十九次会议

会议于2019年1月16日在市人大常委会会议室举行。应出席常委会组成人员36人，实际出席32人。市委常委、市政府常务副市长黄海涛，市人民检察院检察长王廉允，市监察委员会、市中级人民法院以及市人社局等单位负责人，市纪委监委派驻市人大常委会机关纪检监察组组长，市人大各专委会副主任委员，市人大常委会副秘书长及各工作机构负责人、副调研员列席会议。

市人大常委会主任王旭明主持预备会议，副主任刘志强、张永忠分别主持第一次、第二次全体会议。

王旭明主任首先就贯彻落实好省委和市委的人事安排事项，完成好省委和市委交给的重大政治任务作讲话。会议作出《关于接受董一兵同志辞去山西省十三届人民代表大会代表职务的决定》，决定任命李文兵为市人民政府副市长；以无记名投票方式，补选市委书记关建勋，省委统战部原副部长、省工商联（总商会）原党组书记、常务副主席杨临生为省十三届人大代表。李文兵向宪法宣誓。

第二十次会议

会议于2019年1月31日在市人大常委会会议室举行。应出席常委会组成人员36人，实际出席35人。市委常委、市政府常务副市长黄海涛，市中级人民法院院长陈明华，市监察委员会、市人民检察院负责人，市人社局等部门负责人，市人大各专委会副主任委员，市人大常委会副秘书长以及各工作机构负责人、副调研员，各县（区）人大常委会副主任列席会议。

市人大常委会主任王旭明主持预备会议，副主任张宝明、孙金明分别主持第一次、第二次全体会议。

王旭明主任首先就开好本次常委会作讲话。会议听取市委常委、市政府常务副市长黄海涛受市政府委托作的《关于市政府机构改革情况的报告》；审议并表决通过市政府3人免职、22人任命事项。被任命人员向宪法宣誓。王旭明主任代表市十五届人大常委会对新任命人员提出五点要求。

第二十一次会议

会议于2019年2月22日在市人大常委会会议室举行。应出席常委会组成人员36人，实际出席33人。市住建局、司法局、公安局、城市管理局等部门负责人，市纪委监委派驻市人大常委会机关纪检监察组组长，市人大各专委会副主任委员，市人大常委会副秘书长及各工作机构负责人、调研员、副调研员列席会议。

市人大常委会主任王旭明主持预备会议，副主任吕昌政、张永忠分别主持第一次、第二次全体会议。

会议听取和审议市人大法制委主任委员、常委会法制工作委员会主任吕志坚代表市人大法制委作的《关于〈阳泉市市容和环境卫生管理条例（草案）〉审议结果的报告》，审议并表决通过《阳泉市市容和环境卫生管理条例（草案）》；听取和审议市人大常委会人事代表工作委员会主任高和平受主任会议委托作的《关于市十五届人大四次会议有关名单草案的说明》，市人大常委会调研室主任侯润林受主任会议委托作的《关于市人大常委会工作报告稿起草情况的说明》，审议并表决通过该名单草案和报告稿；听取和审议并表决通过市人大常委会人事代表工作委员会主任高和平受主任会议委托作的《市十五届人大常委会代表资格审查委员会关于个别代表的代表资格的报告》，作出《关于调整阳泉市第十五届人民代表大会第四次会议召开时间的决定》《关于接受刘志强辞去市十五届人大常委会副主任职务请求的决定》《关于接受高和平辞去市十五届人大常委会委员职务请求的决定》；审议并表决通过市人大常委会7人任命事项。被任命人员向宪法宣誓。

第二十二次会议

会议于2019年4月25日在市人大常委会会议室举行。应出席常委会组成人员37人，实际出席31人。市政府副市长、公安局局长靳润喜，市监察委员会、市中级人民法院、市人民检察院负责人，市政府有关部门负责人，市纪委监委派驻市人大常委会机关纪检监察组组长，市人大各专委会副主任委员，市人大常委会副秘书长及各工作机构负责人、调研员、副调研员，各县（区）人大常委会副主任，李冲等5位市人大代表列席会议。

市人大常委会主任王旭明主持预备会议，副主任张宝明、孙金明分别主持第一次、第二次全体会议。

会议听取和审议市人大常委会副主任孙金明受主任会议委托提请的《关于调整市十五届人大常委会代表资格审查委员会组成人员的议案》，作出《关于调整代表资格审查委员会组成人员的决定》；审议市人大常委会执法检查组《关于〈阳泉市道路交通安全管理条例〉执法检查情况的报告》。会议期间，组成人员结合"改革创新、奋发有为"大讨论，就《中共中央关于加强党的政治建设的意见》《阳泉市人民代表大会常务委员会组成人员守则》交流学习心得和履职体会。

第二十三次会议

会议于2019年5月16日在市人大常委会会议室举行。应出席常委会组成人员37人，实际出席31人。市政府有关部门负责人，市纪委监委派驻市人大常委会机关纪检监察组组长，市人大各专委会副主任委员，市人大常委会副秘书长及各工作机构负责人、调研员、副调研员，各县（区）人大常委会副主任列席会议。

市人大常委会主任王旭明主持预备会议，副主任吕昌政主持全体会议。

会议听取市公安局副局长李宝祥受市政府委托作的《关于提请许可对市人大代表王学锦采取刑事强制措施的报告》，作出《关于许可对市人大代表王学锦采取刑事强制措施的决定》。

第二十四次会议

会议于2019年6月18日至19日在市人大常委会会议室举行。应出席常委会组成人员37人，实际出席27人。市政府副市长郭少敏，市监察委员会、市人民检察院负责人，市政府有关部门负责人，市纪委监委派驻市人大常委会机关纪检监察组组长，市人大各专委会副主任委员，市人大常委会副秘书长及各工作机构负责人、二级调研员、四级调研员，各县（区）人大常委会主任，张海刚等四位市人大代表列席会议。

市人大常委会主任王旭明主持预备会议，副主任孙金明主持联组会议，副主任张永忠、吕昌政分别主持第一次、第二次全体会议。

会议听取和审议市城市管理局局长赵建军受市政府委托作的《关于〈阳泉市集中供热管理条例（草案）〉起草情况的说明》，市人大城环委主任委员王玉明受主任会议委托作的《关于〈阳泉市集中供热管理条例（草案）〉审议意见的报告》，审议《阳泉市集中供热管理条例（草案）》；听取和审议并表决通过市生态环境局局长李宏革受市政府委托作的《关于2018年度全市生态环境状况和生态环境保护目标完成情况的报告》，市河长制办公室副主任、市水利局局长郭爱聪受市政府委托作的《关于全市河长制推进情况的报告》，市直属机关事务管理局局长陶文平受市政府委托作的《关于行政事业性国有资产管理情况的专项报告》，市财政局局长任晓华受市政府委托作的《关于金融企业国有资产管理情况的专项报告》，市政协副主席、市文化旅游局局长张立君受市政府委托作的《关于全市公共文化设施建设情况的报告》；审议并表决通过市政府《关于国有资产管理情况的综合报告》；审议市人大常委会执法检查组《关于〈中华人民共和国体育法〉〈山西省全民健身促进条例〉贯彻实施情况的检查报告》；审议并表决通过阳泉市监察委员会2人的人事免职事项。联组会议就市政府关于2018年度全市生态环境状况和生态环境保护目标完成情况开展专题询问。市政府副市长郭少敏，市政府副秘书长闫立彪，市生态环境局、市发改委、市工信局等15个涉及环保职责的部门主要负责人到会应询。王旭明主任主持，省人大常委会副秘书长顾昭明作《坚定不移走中国特色社会主义政治发展道路》专题讲座。

第二十五次会议

会议于2019年8月27日至28日在市人大常委会会议室举行。应出席常委会组成人员37人，实际出席32人。市政府有关部门负责人，市纪委监委派驻市人大常委会机关纪检监察组组长，市人大各专委会副主任委员，市人大常委会副秘书长及各工作机构负责人、二级调研员、四级调研员，各县（区）人大常委会副主任列席会议。

市人大常委会主任王旭明主持预备会议，副主任张宝明、孙金明分别主持第一次、第二次全体会议。

会议首先由王旭明主任传达习近平总书记关于地方人大及其常委会工作的重要指示精神和全国人大纪念地方人大设立常委会40周年座谈会精神，省人大常委会学用习近平总书记关于坚持和完善人民代表大会制度的重要思想、纪念地方人大设立常委会40周年座谈会和全省设区的市人大常委会秘书长工作交流会精神。随后，听取和审议市财政局局长任晓华受市政府委托作的《关于2018年市本级财政决算和2019年上半年全市预算执行情况的报告》《2019年新增地方政府债务限额暨市本级新增债券预算调整方案的报告》，作出《市人大常委会关于批准2018年市本级财政决算的决议》《市人大常委会关于批准2019年市本级新增债券预算调整方案的决议》；听取和审议并表决通过市发改委主任冯维明受市政府委托作的《关于阳泉市2019年上半年国民经济和社会发展计划执行情况的报告》，市审计局局长巨建军受市政府委托作的《关于2018年市本级财政预算执行和其他财政收支的审计工作报告》；听取市公安局副局长李宝祥受市政府委托作的《关于开展扫黑除恶专项斗争工作情况的报告》；审议市人大常委会执法检查组《关于检查〈中华人民共和国文物保护法〉实施情况的报告》；听取和审议市住建局局长杜平华受市政府委托作的《关于〈阳泉市住宅专项维修资金管理办法（草案）〉的说明》，市人大城环委副主任委员乔军华受主任会议委托作的《关于〈阳泉市住宅专项维修资金管理办法（草案）〉审议意见的报告》，审议《阳泉市住宅专项维修资金管理办法（草案）》；听取和审议市人大常委会人事代表工作委员会主任高永恩受主任会议委托作的《关于〈对任命人员开展述职评议工作的实施方案（草案）〉的说明》，审议并表决通过该方案；审议并表决通过市中级人民法院1人任命、5人免职，市人民检察院1人任命事项。被任命人员向宪法宣誓。吕昌政副主任主持专题讲座，市委党校教育长、教授李青魁作《共产党人的初心和使命》专题辅导。

第二十六次会议

会议于2019年10月23日至24日在市人大常委会会议室举行。应出席常委会组成人员37人，实际出席32人。市人民政府副市长呼亚民，市中级人民法院院长陈明华，市人民检察院检察长王廉允，市政府有关部门负责人，市纪委监委派驻市人大常委会机关纪检监察组组长，市人大各专委会副主任委员，市人大常委会副秘书长及各工作机构负责人、二级调研员、四级调研员，各县（区）人大常委会副主任，郊区人大常委会办公室主任以及张翠平等5名市人大代表列席会议。

市人大常委会主任王旭明主持预备会议，副主任张宝明、孙金明、吕昌政分别主持第一次、第二次、第三次全体会议。

会议听取和审议并表决通过市财政局局长任晓华受市政府委托作的《关于重点领域支出预算及政策落实情况的报告》，市科技局局长武雪受市政府委托作的《关于全市科技创新工作情况的报告》，市人民检察院检察长王廉允作的《市人民检察院关于开展公益诉讼工作情况的报告》；审议市人大常委会执法检查组《关于〈中华人民共和国农民专业合作社法〉和〈山西省农民专业合作社条例〉执法检查报告》《关于〈中华人民共和国反家庭暴力法〉执法检查报告》；听取和审议市生态环境局局长李宏革受市政府委托作的《关于2018年生态环境状况和生态环境保护目标完成情况暨专题询问审议意见整改落实情况的报告》，并进行满意度测评；听取和审议市发展和改革委员会（市国家资源型经济转型综合配套改革试验区办公室）主任冯维明、市经济和信息化委员会（市政府国有资产监督管理委员会）主任彭国勇、司法局局长冉志伟、市财政局局长任晓华、市住房保障和城乡建设管理局局长杜平华、市环境保护局局长李宏革、市农业委员会主任安海润、市商务粮食局局长孙存恩、市卫生和计划生育委员会主任段宏华、市体育局局长姚文新、市中级人民法院常务副院长吕冬、市人民检察院常务副检察长范海生的述职报告，并对履职情况进行评议。王旭明主任主持，省人大常委会委员、省电影家协会主席、秘书长杨志刚作《重温〈为人民服务〉，我找到中国共产党长盛不衰的密码》专题讲座。王旭明作总结讲话。

第二十七次会议

会议于2019年12月25日在市人大常委会会议室举行。应出席常委会组成人员37人，实际出席30人。市委常委、市政府常务副市长黄海涛，市人民检察院检察长王廉允，市监察委员会、市中级人民法院负责人，市政府有关部门负责人，市纪委监委派驻市人大常委会机关纪检监察组组长，市人大各专委会副主任委员，市人大常委会副秘书长及各工作机构负责人、二级调研员、四级调研员，各县（区）人大常委会副主任，平定县人大常委会办公室主任，刘慧等五位市人大代表列席会议。

市人大常委会主任王旭明主持预备会议，副主任张宝明主持全体会议。

会议首先由王旭明主任宣讲中共十九届四中全会精神，对组成人员学习宣传贯彻好中共十九届四中全会精神，重温习近平总书记“三篇光辉文献”，落实省委书记楼阳生近期讲话精神提出要求。随后，听取和审议市财政局局长任晓华受市政府委托作的《关于2019年市本级收支预算调整方案（草案）的报告》，作出《关于批准2019年市本级收支预算调整方案的决议》；听取和审议并表决通过市委常委、市政府常务副市长黄海涛受市政府委托作的《关于2018年市级财政预算执行和其他财政收支审计查出问题整改情况的报告》，市政府秘书长郑清明受市政府委托作的《关于市十五届人大四次会议代表建议办理情况的报告》；听取和审议市人大法制委员会主任委员吕志坚作的《关于〈阳泉市集中供热条例（草案）〉审议结果的报告》，审议并表决通过《阳泉市集中供热条例（草案）》；听取和审议市人大常委会执法检查组《〈阳泉市城市绿化条例〉执法检查情况报告》；作出《关于加强和支持检察公益诉讼工作的决定》《关于接受吕昌政辞去市十五届人大常委会副主任职务请求的决定》；审议并表决通过市人民检察院16人免职事项。市人大常委会副主任孙金明主持，市委党校副教授王燕玲作《中国共产党第十九届四中全会精神》专题讲座。

第二十八次会议

会议于2020年1月20日在市人大常委会会议室举行。应出席常委会组成人员36人，实际出席32人。市委常委、市政府常务副市长黄海涛，市人民检察院检察长王廉允，市监委、市中级人民法院负责人，市人社局等部门负责人，市纪委监委派驻市人大常委会机关纪检监察组组长，市人大各专委会副主任委员，市人大常委会副秘书长及各工作机构负责人、二级调研员、四级调研员列席会议。

市人大常委会主任王旭明主持预备会议，副主任张宝明、张永忠分别主持第一次、第二次全体会议。

会议首先由王旭明主任传达省十三届人大第三次会议精神。随后通过联组审议，作出《关于召开阳泉市第十五届人民代表大会第五次会议的决定》《关于接受孙金明辞去市十五届人大常委会副主任职务请求的决定》《关于接受郭少敏辞去市人民政府副市长职务请求的决定》；审议并表决通过市政府1人免职、1人任命事项；决定任命王明厚为阳泉市人民政府副市长。王明厚向宪法宣誓。

第二十九次会议

会议于2020年2月27日上午在市人大常委会会议室举行。应出席常委会组成人员35人，实际出席32人。市人民政府副市长王明厚，市人大常委会党组成员赵文骥，市监察委员会、市人民检察院、市人社局等单位负责人列席会议。

市人大常委会主任王旭明主持预备会议，副主任张宝明、张永忠分别主持第一次、第二次全体会议。

会议首先由王旭明主任传达中共中央统筹推进新冠肺炎疫情防控和经济社会发展工作部署会议精神、省委专题会议及市委常委扩大会议精神，通报市人大常委会的贯彻落实意见，对各位组成人员带头学习宣传和贯彻落实党中央、省委、市委各项部署要求，一手抓好疫情防控，一手做好复工复产，落实落细精准化防控和有序恢复生产生活秩序的各项措施提出要求。随后，审议并表决通过人事任免表决办法和监票员名单，无记名投票表决通过市人大常委会1人免职、1人任命，市政府1人免职、2人任命，市监察委员会1人任命事项。被任命人员向宪法宣誓。

第三十次会议

会议于2020年3月30日上午在市人大常委会会议室举行。应出席常委会组成人员35人，实际出席30人。市政府副市长呼亚民，市规划和自然资源局、应急管理局、公安局、民政局、生态环境局、城市管理局、农业农村局、交通局、文化和旅游局等单位负责人列席会议。

市人大常委会主任王旭明主持预备会议，副主任张永忠、张宝明分别主持第一次、第二次全体会议。

会议听取市人大农村委员会主任委员邓宝柱受主任会议委托作的《关于〈阳泉市人大常委会关于严禁清明节等传统祭祀日期间和森林草原高火险期野外用火的决定（草案）〉的说明》，作出《关于严禁清明节等传统祭祀日期间和森林草原高火险期野外用火的决定》。

第三十一次会议

会议于2020年4月16日上午在市人大常委会会议室举行。第一次全体会议应出席常委会组成人员35人，实际出席27人；第二次全体会议以后，应出席常委会组成人员32人，实际到会27人。市政府副市长呼亚民，市人大常委会党组成员、办公室主任赵文骥，市发改委、财政局、卫健委、应急管理局等部门负责人列席会议。

市人大常委会主任王旭明主持预备会议，副主任张永忠、张宝明分别主持第一次、第二次全体会议。

会议听取和审议并表决通过市卫健委主任段宏华受市政府委托作的《关于新冠肺炎疫情防控工作的报告》，市应急管理局局长孙金宁受市政府委托作的《关于全市安全生产情况的报告》；听取市人大常委会人事代表工作委员会主任高永恩受主任会议委托作的《市十五届人大常委会代表资格审查委员会关于个别代表的代表资格的报告》《关于市十五届人大五次会议有关名单草案的说明》，审议并表决通过该报告和名单草案；听取市人大常委会调研室、监察和司法工委主任侯润林受主任会议委托作的《关于市人大常委会工作报告稿起草情况的说明》，审议并表决通过该报告稿；作出《关于调整阳泉市第十五届人民代表大会第五次会议召开时间和议程的决定》《关于接受张利军辞去市十五届人大常委会秘书长职务的决定》。

第三十二次会议

会议于2020年6月23日上午在市人大常委会会议室举行。应出席常委会组成人员36人，实际出席34人。市委常委、市政府常务副市长黄海涛，副市长李文兵，市中级人民法院院长陈明华，市监委负责人，市人民检察院负责人，市政府有关局、委负责人，市人大及其常委会各机构负责人、二级调研员、四级调研员列席会议。

市人大常委会主任王旭明主持预备会议，副主任郑清明、孔禄泉分别主持第一次、第二次全体会议。

会议听取和审议并表决通过市工信局局长彭国勇受市政府委托作的《关于全市国有企业资产管理情况的报告》，市农业农村局局长安海润受市政府委托作的《关于全市乡村产业振兴情况的报告》，市生态环境局局长李宏革受市政府委托作的《关于2019年度全市生态环境状况和生态环境保护目标完成情况的报告》；听取并审议市人大法制委员会主任委员、常委会法制工作委员会主任吕志坚作的《关于〈阳泉市住宅专项维修资金管理办法（草案）〉审议结果的报告》，审议并表决通过《阳泉市住宅专项维修资金管理办法（草案）》；听取和审议市人大常委会人事工作委员会主任高永恩受主任会议委托作的《关于调整市十五届人大常委会代表资格审查委员会组成人员的议案》，作出批准该议案的决定；审议市人大执法检查组《关于〈中华人民共和国就业促进法〉执法检查报告》；审议并表决通过市政府 1 人免职、1 人任命，市人民检察院 1 人免职事项。新任命人员向宪法宣誓。

第三十三次会议

会议于 2020 年 8 月 27 日在市人大常委会会议室举行。应出席常委会组成人员 36 人，实际出席 32 人。市委常委、市政府常务副市长黄海涛，市纪委监委负责人，市中级人民法院负责人，市人民检察院负责人，市政府有关局、委、办负责人，市纪委监委派驻市人大常委会机关纪检监察组组长，市人大及其常委会有关机构负责人，二级调研员、四级调研员列席会议。

市人大常委会主任王旭明主持预备会议，副主任赵素卿、张永忠分别主持第一次、第二次全体会议。

听取和审议市财政局局长任晓华受市政府委托作的《关于 2019 年财政决算及 2020 年上半年预算执行情况的报告》《关于阳泉市 2020 年新增地方政府债务限额暨市本级新增债券预算调整方案（草案）的报告》，作出《关于批准 2019 年市本级财政决算的决议》《关于批准 2020 年市本级新增债券预算调整方案的决议》；听取和审议并表决通过市发改委党组书记石峥受市政府委托作的《关于阳泉市 2020 年上半年国民经济和社会发展计划执行情况的报告》，市审计局局长巨建军受市政府委托作的《关于 2019 年市级财政预算执行和其他财政收支的审计工作报告》，市公安局副局长邵喜受市政府委托作的《阳泉市人民政府关于社会治安防控体系建设情况的报告》；听取和审议市委宣传部副部长刘瑞平受市政府委托作的《〈阳泉市文明行为促进条例（草案）〉起草情况的说明》，市人大教科文卫委主任委员侯润林受主任会议委托作的《关于〈阳泉市文明行为促进条例（草案）〉审议意见的报告》，审议《阳泉市文明行为促进条例（草案）》；听取和审议市人大法制委主任委员、常委会法制工作委员会主任吕志坚受主任会议委托作的《关于〈阳泉市黑热病防治规定（草案）〉起草情况的说明暨审议结果的报告》，作出《阳泉市黑热病防治规定》；听取和审议市人大法制委副主任委员任晓辉受主任会议委托作的《关于〈阳泉市人民代表大会常务委员会关于修改阳泉市道路交通安全管理条例等六件地方性法规的决定（草案）〉的审议结果的报告》，作出《关于修改〈阳泉市道路交通安全管理条例〉等六件地方性法规的决定》；审议市人大常委会执法检查组《关于检查〈中华人民共和国动物防疫法〉实施情况的报告》；听取和审议并表决通过市人大常委会人事代表工作委员会主任高永恩受主任会议委托作的《关于个别代表的代表资格的报告》；听取和审议侯润林受主任会议委托作的《〈关于进一步加强疫情防控工作，确保人民群众生命健康安全的决定（草案）〉的说明》，作出《关于进一步加强疫情防控工作确保人民群众生命健康安全的决定》；审议并表决通过市政府 3 人免职、3 人任命事项。新任命人员向宪法宣誓。

第三十四次会议

会议于 2020 年 10 月 29 日在市人大常委会会议室举行。应出席常委会组成人员 35 人，实际出席 32 人。市人民政府副市长呼亚民，市监察委员会负责人，市中级人民法院负责人，市人民检察院负责人，市政府有关委、局负责人，市纪委监委派驻市人大常委会机关纪检监察组组长，市人大常委会副秘书长及各工作机构负责人，张东红等 5 位市人大代表列席会议。

市人大常委会主任王旭明主持预备会议，副主任张永忠、张宝明、孔禄泉分别主持第一次、第二次、第三次全体会议。

会议听取和审议并表决通过市中级人民法院《关于矛盾纠纷多元化解工作情况的报告》，市人民检察院《关于适用认罪认罚从宽制度工作情况的报告》；审议并表决通过《执法检查工作办法》；审议市人大常委会执法检查组关于检查《中华人民共和国传染病防治法》《阳泉市大气污染防治条例》和《阳泉市爱国卫生条例》等实施情况的报告。市人大常委会副主任张宝明受主任会议委托提请人事任免议案，市政府副市长呼亚民受市长雷健坤委托提请人事任免议案，市纪委副书记、市监委副主任郭彦云受市委常委、市纪委书记、市监委主任吴纪平委托提请人事任免议案，市检察院常务副检察长范海生受市检察院检察长王廉允委托提请人事免职议案。听取和审议市文化和旅游局局长张立君、市城市管理局局长赵建军、市交通运输局局长梁庆、市水利局局长郭爱聪、市退役军人事务局局长王建华、市审计局局长巨建军、市政府外事办公室主任张丽娟、市能源局局长崔正宏、市应急管理局局长孙金宁、市统计局局长魏海文、市中级人民法院副院长刘瑞光、市人民检察院副检察长杨喜平的述职报告，并对上述被任命人员履职情况进行评议；审议并表决通过市政府 1 人免职、1 人任命，市监察委员会 1 人免职、1 人任命，市中级人民法院 1 人免职、1 人任命，市人民检察院 1 人免职事项。王旭明为新任命人员颁发任命书。新任命人员进行宪法宣誓。

第三十五次会议

会议于 2020 年 12 月 28 日在市人大常委会会议室举行。应出席常委会组成人员 35 人，实际出席 32 人。市委常委、市政府常务副市长黄海涛，市中级人民法院负责人，市人民检察院负责人，市政府有关部门负责人，市人大及其常委会有关机构负责人列席会议。

市人大常委会主任王旭明主持预备会议，副主任郑清明、赵素卿分别主持第一次、第二次全体会议。

会议听取和审议并表决通过市人民政府关于 2019 年市本级预算执行及其他财政收支审计查出问题整改情况、市十五届人大五次会议代表建议办理情况、2020 年全市项目建设和招商引资情况等报告；听取和审议市人民政府《关于 2020 年全市及市本级财政收支预算调整方案（草案）》等报告，作出《关于批准 2020 年全市及市本级财政收支预算调整方案的决议（草案）》；听取和审议市委常委、市政府常务副市长黄海涛受市政府委托作的《关于支持阳泉融盛投资控股集团有限公司转型发展的报告》，作出《阳泉市人民代表大会常务委员会关于〈阳泉市人民政府关于支持阳泉融盛投资控股集团有限公司转型发展的报告〉的决议》；听取和审议市人大法制委员会主任委员、常委会法制工委主任吕志坚受主任会议委托作的关于《阳泉市文明行为促进条例（草案）》审议结果的报告，审议并表决通过了《阳泉市文明行为促进条例（草案）》。市人大常委会副主任张宝明受市人大常委会主任会议委托、市委常委、市政府常务副市长黄海涛受市长雷健坤委托提请人事任免议案并作相关说明，审议并表决通过市人大常委会 1 人任命、2 人免职，市政府 1 人任命、2 人免职事项。王旭明为新任命人员颁发任命书。新任命人员进行宪法宣誓。王旭明作讲话。

第六篇

市人大常委会主任会议

《中华人民共和国地方各级人民代表大会和地方各级人民政府组织法》第四十八条规定，设区的市的人民代表大会常务委员会主任、副主任和秘书长组成主任会议。主任会议处理常务委员会的重要日常工作，其工作原则是：合议制原则，即会议决定问题、集权行使职权。合法性原则，即必须在现行法律、法规规定的属于主任会议职权范围内行使职权。不直接行使权力的原则，即主任会议不直接行使地方国家权力，而是采用议案的方式提请常委会审议决定，通过常委会行使权力。

主任会议的主要职责是：讨论、决定常委会每次会议的日期，拟定会议议程草案，决定日程安排和列席人员。安排常委会组成人员围绕会议议题进行调查研究，为常委会审议做准备。讨论、决定提交常委会审议的决议、决定草案。讨论、决定由常委会会议或专门委员会会议办理的质询案。讨论、决定提交常委会审议组织关于特定问题的调查委员会。讨论、决定提交常委会审议的人事任免名单草案。拟定常委会的年度工作要点草案，讨论安排常委会各个阶段的工作。审查常委会各部门的工作计划。听取工作汇报，指导工作。研究常委会和机关自身建设的重要事项。召开本级人民政府、人民法院、人民检察院领导人联席会议，通报情况，交换意见，研究解决不需要由常委会作出决议、决定的重要问题。听取政府、人民法院、人民检察院的专项工作汇报，提出意见，交有关部门研究办理。对政府不适当的决定、命令和下一级人大及其常委会不适当的决议、决定，提出撤销意见，提请常委会会议决定。向常委会提出召集人代会会议的筹备事项。拟订组织代表视察、检查、调查的方案。作出执法检查的安排，并组织抽查、验收，听取政府、法院、人民检察院检查结果的汇报，提出改进意见。检查对人代会及其常委会的决议、决定的贯彻执行情况。督促承办单位认真办理人大代表的议案和意见、建议。研究人大代表和人民群众来信来访中重大问题的处理。在紧急情况下讨论、决定属于常委会职权范围内的个别问题，提交下一次常委会会议追认。如批准对人大代表中的现行犯的拘留、逮捕或者审判，提请常委会下次会议追认。研究办理上级人大常委会交办的事项。处理常委会其他重要日常工作。

2001 年 1 月至 2020 年 12 月，阳泉市人民代表大会常务委员会主任会议召开 302 次。

第一章　市十一届人大常委会主任会议

阳泉市第十一届人民代表大会常务委员会主任会议由下列人员组成：

主　任　张昌和（1997.4—2002.3）

副主任　杨宝国（1997.4—2001.6）

李奕明（2000.4—2002.3）

徐　来（女，1997.4—2002.3）

杜肇昆（1997.4—2001.6）

张希祯（1997.4—2002.3）

郝爱生（1997.4—2002.3）

董建堂（1997.4—2002.3）

秘书长　王　升（1997.4—2002.3）

市十一届人大常委会主任会议 2001 年 1 月至 2002 年 3 月，共召开会议 18 次。

市十一届人大常委会主任会议简况一览表

（2001 年 1 月至 2002 年 3 月）

表 6-1

会　议	时　间	主持人	主　要　内　容
第五十次会议	2001.1.5	张昌和	讨论 2000 年工作总结，研究 2001 年工作要点
第五十一次会议	2001.1.6	张昌和	研究十一届人大六次会议有关事项
第五十二次会议	2001.2.21	杨宝国	确定常委会二十七次会议建议议程、日程，讨论人事任免事项；研究十一届人大六次会议有关事项
第五十三次会议	2001.3.8	张昌和	讨论常委会二十八次会议建议议程、日程；研究编修《阳泉市人民代表大会志》相关事项；研究环境保护和城镇社会保障相关工作
第五十四次会议	2001.4.20	张昌和	确定常委会二十八次会议建议议程、日程，讨论人事任免事项
第五十五次会议	2001.4.26	张昌和	听取和讨论市政府关于高新技术推广和运用工作情况的报告等 4 个报告；听取市中级人民法院《关于民事审判工作情况的报告》
第五十六次会议	2001.6.26	张昌和	确定常委会二十九次会议建议议程、日程，讨论人事任免事项
第五十七次会议	2001.7.9	张昌和	确定常委会三十次会议建议议程、日程，讨论人事任免事项；研究常委会主任重新分工事项

续表 6-1

会　议	时　间	主持人	主　要　内　容
第五十八次会议	2001.9.13	郝爱生	讨论作风问题
第五十九次会议	2001.9.17	张昌和	研究成立市人大廉洁自律领导组及办公室
第六十次会议	2001.10.29	张昌和	确定常委会三十一次会议建议议程、日程，讨论人事任免事项
第六十一次会议	2001.11.5	张昌和	确定常委会三十二次会议建议议程、日程；讨论精简机构相关事项
第六十二次会议	2001.12.3	张昌和	讨论提前退休申请的相关问题；讨论推荐党外后备干部的相关问题
第六十三次会议	2002.1.6	张昌和	讨论常委会三十三次会议建议议程、日程
第六十四次会议	2002.1.15	张昌和	研究讨论市十二届人大一次会议有关事项
第六十五次会议	2002.2.25	张昌和	确定常委会三十三次会议建议议程、日程，讨论人事任免事项；研究市十二届人大一次会议有关事项
第六十六次会议	2002.3.6	张昌和	确定常委会三十四次会议建议议程、日程；研究讨论市十二届人大一次会议有关事项
第六十七次会议	2002.3.14	张昌和	研究讨论召开市十二届人大一次会议准备工作有关事项

第二章　市十二届人大常委会主任会议

阳泉市第十二届人民代表大会常务委员会主任会议由下列人员组成：

主　任　丁贵生（2002.3—2007.5）

副主任　刘建田（2002.3—2005.3）

杨清风（2002.3—2006.2）

朱礼厚（女，2002.3—2007.5）

王元寿（2002.3—2006.2）

王七孩（2002.3—2007.5）

张　清（2003.4—2007.5）

荆东生（2005.4—2007.5）

吴学斌（2006.4—2007.5）

段存寿（2006.4—2007.5）

秘书长　李　明（2002.3—2007.5）

市十二届人大常委会主任会议 2002 年 3 月至 2007 年 5 月，共召开会议 68 次。

市十二届人大常委会主任会议简况一览表

（2002 年 3 月至 2007 年 5 月）

表 6-2

会　议	召开时间	主持人	主　要　内　容
第一次会议	2002.4.10	丁贵生	研究常委会主任、副主任、秘书长、副秘书长分工及有关事项
第二次会议	2002.5.15	丁贵生	讨论常委会一次会议建议议程、日程；讨论主任会议议事规则；讨论 2002 年度市人大常委会主要工作责任分解
第三次会议	2002.6.6	丁贵生	听取参加全国 24 城市人大工作研讨会情况汇报；讨论常委会议事规则
第四次会议	2002.6.11	丁贵生	确定常委会一次会议建议议程、日程，讨论常委会人事任免事项
第五次会议	2002.7.5	丁贵生	讨论常委会二次会议建议议程、日程；听取机关党总支、支部选举情况汇报；听取机关老干部座谈会情况的汇报；听取实践“三个代表”重要思想、创新人大工作经验交流及理论研讨会筹备情况的汇报；讨论召开人大新闻宣传工作座谈会有关事项；讨论关于召开专委会工作座谈会有关事宜
第六次会议	2002.7.30	丁贵生	讨论市人大专委会通则；确定常委会二次会议建议议程、日程，研究人事任免事项
第七次会议	2002.8.5	丁贵生	讨论常委会二次会议有关人事任免事项

续表 6-2

会　议	召开时间	主持人	主　　要　　内　　容
第八次会议	2002.8.23	丁贵生	讨论常委会三次会议建议议程、日程；听取市人大代表培训工作安排意见的汇报
第九次会议	2002.9.27	丁贵生	讨论 10 月下旬召开常委会有关事宜；研究讨论述职评议、执法责任制等事项
第十次会议	2002.10.18	丁贵生	确定常委会三次会议建议议程、日程；研究十二届人大二次会议相关事项；讨论《关于市人大代表活动的办法（草案）》
第十一次会议	2002.11.11	丁贵生	确定常委会四次会议建议议程、日程；研究十二届人大二次会议有关事项；讨论述职评议工作方案；听取铜川市秘书长会议情况汇报
第十二次会议	2002.12.6	丁贵生	确定常委会五次会议建议议程、日程；听取研究室关于创新地方人大工作研讨会筹备情况汇报；听取录用公务员情况汇报等事宜
第十三次会议	2002.12.20	丁贵生	讨论常委会五次会议人事任免事项；研究常委会 2003 年工作要点
第十四次会议	2003.2.18	丁贵生	确定常委会六次会议建议议程、日程；研究十二届人大三次会议有关事项；讨论全国 24 城市人大工作第十四次研讨会筹备工作有关事宜；讨论《市人大常委会关于对市政府预决算的审查监督办法（草案）》；讨论《市人大常委会述职评议工作办法》
第十五次会议	2003.3.28	丁贵生	确定常委会七次会议建议议程、日程；研究十二届人大三次会议有关事项；讨论进一步引深执法责任制和“两错”责任追究制的实施意见；讨论市人大常委会工作报告草案
第十六次会议	2003.4.1	丁贵生	讨论常委会七次会议有关人事事项
第十七次会议	2003.4.21	丁贵生	讨论各县区选举事宜
第十八次会议	2003.4.30	丁贵生	听取县区换届选举工作情况汇报；确定常委会八次会议建议议程、日程；学习《中华人民共和国传染病防治法》，研究防治“非典”相关事项
第十九次会议	2003.5.14	丁贵生	传达温家宝总理视察山西时的讲话精神；讨论常委会九次会议建议议程、日程；讨论市十二届人大三次会议代表议案办理的有关问题；研究关于 2003 年财政预算批复的问题；研究常委会副主任分工事项
第二十次会议	2003.6.20	丁贵生	确定常委会九次会议建议议程、日程，讨论人事任免事项；组织学习“三个代表”重要思想；听取关于山西保诚汽车维修有限公司申诉案件的调查汇报
第二十一次会议	2003.8.19	丁贵生	确定常委会十次会议建议议程、日程；听取和讨论市人大常委会《关于“一府两院”被任命人员 2003 年进行述职评议的实施方案（草案）》；讨论关于召开全国 24 城市人大工作研讨会筹备工作的有关事宜；讨论市人大常委会《关于进一步创新创优环境，促进非公有制经济发展的决议（草案）》
第二十二次会议	2003.9.12	丁贵生	听取全国 24 城市人大工作研讨会筹备情况汇报
第二十三次会议	2003.9.23	丁贵生	讨论常委会十一次会议建议议程、日程；讨论“一府两院”被任命人员述职评议相关事项
第二十四次会议	2003.10.23	丁贵生	确定常委会十一次会议建议议程、日程；讨论市人大常委会《关于进一步加快阳泉经济技术开发区建设和发展步伐的决议（草案）》
第二十五次会议	2003.11.10	丁贵生	研究常委会十二次会议建议议程、日程；讨论关于省十届人大代表视察的安排意见；讨论市人大常委会《关于加强法官队伍建设的决议（草案）》
第二十六次会议	2003.12.12	丁贵生	确定常委会十二次会议建议议程、日程，讨论人事任免事项；研究十二届人大四次会议相关事项；听取各委室工作安排
第二十七次会议	2004.1.12	丁贵生	确定常委会十三次会议建议议程、日程；研究十二届人大四次会议有关事项
第二十八次会议	2004.2.20	丁贵生	传达省十届人大二次会议精神；研究市十二届人大四次会议有关事项
第二十九次会议	2004.3.4	丁贵生	研究纪念人民代表大会制度建立五十周年活动安排事宜；确定常委会十四次会议建议议程、日程；研究述职评议有关事项

续表 6-2

会 议	召开时间	主持人	主 要 内 容
第三十次会议	2004.4.13	丁贵生	讨论常委会十五次会议建议议程、日程；听取述职评议整改情况汇报
第三十一次会议	2004.5.28	丁贵生	确定常委会十五次会议建议议程、日程
第三十二次会议	2004.6.15	刘建田	研究常委会十六次会议建议议程、日程及人事辞职事项
第三十三次会议	2004.6.28	丁贵生	确定常委会十六次会议建议议程、日程，讨论人事任免事项；研究常委会十七次会议建议议程、日程
第三十四次会议	2004.8.9	丁贵生	确定常委会十七次会议建议议程、日程；听取娘子关供水二期工程项目相关情况汇报；听取全国 24 城市人大工作研讨会十五次会议情况汇报；研究机关作风整改相关事宜；研究三晋环保行相关工作
第三十五次会议	2004.9.23	丁贵生	研究常委会十八次会议建议议程、日程；学习吴邦国同志在社会主义民主法制建设座谈会上的讲话
第三十六次会议	2004.10.25	丁贵生	确定常委会十八次会议建议议程、日程，研究常委会会议人事事项；讨论常委会下一步工作
第三十七次会议	2004.11.16	丁贵生	研究常委会十九次会议建议议程、日程；听取省人大代表辞职及补选事项的汇报
第三十八次会议	2004.12.13	丁贵生	确定常委会十九次会议建议议程、日程
第三十九次会议	2004.12.21	丁贵生	研究常委会二十次会议建议议程、日程
第四十次会议	2004.12.27	丁贵生	确定常委会二十次会议建议议程、日程；听取省人大代表辞职及补选相关事项的汇报；听取全国 24 城市秘书长会议精神汇报
第四十一次会议	2005.1.14	丁贵生	讨论 2004 年工作总结，研究 2005 年工作要点；讨论市人大常委会工作报告草案
第四十二次会议	2005.3.3	丁贵生	确定常委会二十一次会议建议议程、日程
第四十三次会议	2005.4.30	丁贵生	确定常委会二十二次会议建议议程、日程
第四十四次会议	2005.5.19	丁贵生	听取市审计局关于 2004 年全市经济责任审计结果的报告
第四十五次会议	2005.6.22	丁贵生	学习《中共中央转发〈中共全国人大常委会党组关于进一步发挥全国人大代表作用，加强全国人大常委会制度建设的若干意见〉的通知》；确定常委会二十三次会议建议议程、日程
第四十六次会议	2005.8.12	丁贵生	听取关于省委人大代表培训班有关情况的汇报；听取关于省、市、县（区）人大常委会主任培训班有关情况的汇报；研究常委会二十三次会议人事任免事项；听取关于全面推进资源节约与综合利用执法检查有关工作的汇报；听取关于 24 城市人大工作研讨会第十六次会议情况的汇报
第四十七次会议	2005.10.9	丁贵生	确定常委会二十四次会议建议议程、日程；听取关于山西省人大研究工作座谈会情况的汇报；听取关于全国 24 城市人大工作研讨会秘书长会议情况的汇报；听取关于省、市两级人大信访工作座谈会情况的汇报
第四十八次会议	2005.10.21	丁贵生	学习贯彻十六届五中全会精神；研究常委会二十五次会议建议议程、日程
第四十九次会议	2005.12.16	杨清风	确定常委会二十五次会议建议议程、日程；听取机关各厅委室 2005 年工作总结和 2006 年工作要点
第五十次会议	2006.1.20	丁贵生	传达省十届人大四次会议精神；讨论市人大常委会 2005 年工作总结和 2006 年工作要点；讨论市人大常委会工作报告草案
第五十一次会议	2006.2.27	丁贵生	确定常委会二十六次会议建议议程、日程；研究十二届人大六次会议有关事项
第五十二次会议	2006.3.20	丁贵生	研究十二届人大六次会议有关事项；确定常委会二十七次会议建议议程、日程

续表 6-2

会　议	召开时间	主持人	主　　要　　内　　容
第五十三次会议	2006.5.9	丁贵生	研究常委会二十八次会议建议议程、日程；听取人事代表工作委员会关于十二届人大六次会议代表议案、意见、建议交办仪式筹备情况的汇报；听取关于编印《市十二届人大常委会履职图说》准备情况的汇报
第五十四次会议	2006.6.9	丁贵生	确定常委会二十八次会议建议议程、日程
第五十五次会议	2006.6.27	丁贵生	研究常委会二十九次会议建议议程、日程；研究关于召开市委人大工作会议的有关筹备事宜；学习昆山市人大工作经验
第五十六次会议	2006.7.4	丁贵生	确定常委会二十九次会议建议议程、日程
第五十七次会议	2006.8.8	丁贵生	研究常委会三十次会议建议议程、日程
第五十八次会议	2006.9.7	丁贵生	确定常委会三十次、三十一次会议建议议程和日程，就两次会议人事任免事项进行研究讨论
第五十九次会议	2006.10.9	丁贵生	学习《中共中央关于学习〈江泽民文选〉的决定》；听取关于召开“山西省基层人大工作研讨会议”筹备情况的汇报；确定常委会三十二次会议建议议程、日程
第六十次会议	2006.11.2	丁贵生	研究常委会三十三次会议建议议程、日程；传达全国 24 城市秘书长会议精神
第六十一次会议	2006.12.20	丁贵生	确定常委会三十三次会议建议议程、日程，研究人事任免事项；听取市财政局关于 2006 年度财政收入情况及超收部分安排使用的初步意见；传达全省人大学习贯彻监督法培训班精神；研究举办阳泉市人大学习贯彻监督法培训班事宜；讨论阳泉市人大常委会机关学习贯彻监督法若干意见（草案）
第六十二次会议	2007.1.15	丁贵生	研究常委会 2007 年工作要点
第六十三次会议	2007.2.7	丁贵生	传达省十届人大五次会议精神；听取关于县乡人大换届选举工作进展情况的报告；听取、讨论市人大常委会《关于规范性文件备案审查的办法（讨论稿）》；确定常委会三十四次会议建议议程、日程
第六十四次会议	2007.3.14	丁贵生	讨论常委会三十五次会议建议议程、日程；听取关于召开“市十二届人大优秀代表、优秀常委会委员及办理代表议案、建议、意见先进单位、先进个人表彰会”筹备情况的汇报；听取代表名额分配和有关选举问题的汇报；听取关于《阳泉市第十二届人民代表大会常务委员会履职图说》大型画册编纂情况的汇报
第六十五次会议	2007.4.15	丁贵生（孙水生）	讨论人大换届相关名单草案
第六十六次会议	2007.4.17	丁贵生（孙水生）	通报市委常委会会议精神，确保两会的召开
第六十七次会议	2007.4.25	丁贵生	确定常委会三十五次会议建议议程、日程，研究有关人事任免事项；讨论市人大常委会工作报告稿；研究“优秀代表、优秀委员表彰大会”有关事宜
第六十八次会议	2007.5.24	丁贵生	研究十三届人大一次会议有关事项

第三章　市十三届人大常委会主任会议

阳泉市第十三届人民代表大会常务委员会主任会议由下列人员组成：

主　任　孙水生（2007.5—2012.5）

副主任　张　清（2007.5—2010.4）

荆东生（2007.5—2012.5）

吴学斌（2007.5—2012.5）

段存寿（2007.5—2012.5）

吴丽萍（女，2007.5—2012.5）

王振国（2010.5—2012.5）

郃爱国（2011.5—2012.5）

秘书长　高中和（2007.5—2010.3）

吕誉耀（2010.5—2012.5）

市十三届人大常委会主任会议 2007 年 5 月至 2012 年 5 月，共召开会议 93 次。

市十三届人大常委会主任会议简况一览表

（2007 年 5 月至 2012 年 5 月）

表 6-3

会　议	召开时间	主持人	主　要　内　容
第一次会议	2007.6.5	孙水生	议定常委会主任、副主任、秘书长分工；议定常委会机关人事调整及办公用房调整；听取关于全省人大信访工作会议的主要精神汇报
第二次会议	2007.6.11	孙水生	确定常委会一次会议建议议程、日程，讨论人事任免事项；议定常委会副秘书长分工
第三次会议	2007.6.26	孙水生	研究常委会二次会议建议议程、日程；研究市人大常委会议事规则、人事任免办法和常委会组成人员守则的起草工作；研究常委会副主任联系单位的分工事项；听取《关于〈市人大常委会组成人员分工联系代表的安排意见〉的说明》
第四次会议	2007.7.13	孙水生	确定常委会二次会议建议议程、日程；听取市人大常委会议事规则、人事任免办法和组成人员守则等 3 个草案起草及征求意见情况的汇报；讨论市人大常委会秘书长会议制度草案；讨论市人大常委会机关公务活动食宿安排和机关值班制度暂行办法草案
第五次会议	2007.7.27	孙水生	讨论常委会二次会议人事任免有关事项；听取十三届人大二次会议筹备情况的汇报
第六次会议	2007.8.7	孙水生	研究常委会三次会议建议议程、日程，讨论有关人事任免事项；研究关于代表资格审查委员会名单（草案）相关事宜；研究代表工作相关事宜

续表 6-3

会 议	召开时间	主持人	主 要 内 容
第七次会议	2007.8.22	孙水生	研究组织省市两级人大代表进行专题调研事宜；研究常委会三次会议有关议题准备工作；讨论人事任免有关事项；研究常委会组成人员培训有关事宜；研究关于开好常委会及列席和旁听常委会会议有关事项
第八次会议	2007.8.27	孙水生	确定常委会三次会议建议议程、日程；研究常委会组成人员及代表培训有关事宜
第九次会议	2007.9.14	孙水生	确定常委会四次会议建议议程、日程；研究十三届人大代表培训有关事宜；研究召开人大宣传工作会议事宜
第十次会议	2007.9.27	孙水生	研究十三届人大二次会议有关筹备工作；听取关于《阳泉人大》刊物编辑情况的汇报
第十一次会议	2007.10.22	孙水生	研究十三届人大二次会议有关事项
第十二次会议	2007.11.2	孙水生	研究常委会五次会议建议议程、日程；研究十三届人大二次会议有关事项
第十三次会议	2007.11.9	孙水生	确定常委会五次会议建议议程、日程；研究十三届人大二次会议有关事项；讨论矿区人大常委会关于补选市十三届人大代表的请示报告；研究关于开展监督法颁布实施一周年纪念活动的有关事宜
第十四次会议	2007.11.20	孙水生	研究讨论十三届人大二次会议有关事项；听取市人民检察院、市人大法制委关于人民监督员选聘管理工作有关情况的汇报；听取、讨论市人大常委会代表资格审查委员会《关于出缺及补选代表的代表资格的审查报告（草案）》
第十五次会议	2007.12.24	孙水生	研究组织省人大代表培训及视察事项；研究召开 2007 年度市人大常委会机关工作总结大会事项；确定常委会六次会议建议议程、日程；研究关于举办阳泉市人大系统纪念监督法颁布实施一周年“网通杯”书法作品展事项；研究关于市人大代表辞职及补选事项；研究关于人民监督员任命事项
第十六次会议	2008.1.11	孙水生	确定常委会七次会议建议议程、日程；研究关于机关工作人员休假事项
第十七次会议	2008.2.22	孙水生	讨论并原则通过《市人大常委会 2007 年工作总结、2008 年工作要点》和《2008 年度市人大常委会审议“一府两院”专项工作报告、执法检查计划（草案）》；听取、讨论市十三届人大三次会议上常委会工作报告稿；研究讨论十三届人大三次会议有关事项；讨论常委会七次会议人事任免事项
第十八次会议	2008.3.19	孙水生	确定常委会八次和九次会议建议议程、日程，讨论常委会八次会议人事任免事项；研究讨论市人大常委会代表资格审查委员会《关于出缺及补选代表的代表资格的审查报告（草案）》
第十九次会议	2008.4.17	孙水生	学习吴邦国《坚持中国特色社会主义政治发展道路，努力把人大工作提高到一个新水平》的重要讲话；讨论常委会九次会议人事任免事项
第二十次会议	2008.5.8	孙水生	确定常委会十次会议建议议程、日程；研究关于举办全市乡镇人大主席、街道人大工委主任培训班有关事宜
第二十一次会议	2008.6.11	孙水生	听取乡镇人大主席、街道人大工委主任培训班筹备情况汇报；研究讨论市人大常委会《关于进一步加快阳泉市旅游产业发展的决议（草案）》
第二十二次会议	2008.6.24	张 清	听取阳泉一中关于新校（示范高中）工程的汇报
第二十三次会议	2008.7.8	孙水生	确定常委会十一次会议建议议程、日程；研究机关干部职工体检事项
第二十四次会议	2008.8.7	孙水生	听取并原则通过市人大常委会 2008 年上半年工作总结；研究市人大常委会关于加强对市级财政性贷款监督事项；研究关于加强代表议案及重点建议督办制度建设事项
第二十五次会议	2008.9.4	孙水生	确定常委会十二次会议建议议程、日程；研究讨论召开全市人大工作座谈会的有关事项；研究关于完善市人大常委会会议系统管理工作的有关事项

续表 6-3

会　议	召开时间	主持人	主　　要　　内　　容
第二十六次会议	2008.9.28	孙水生	研究关于落实谢海书记批示精神的安排意见；审议《阳泉市财政预算审查办法修正草案》
第二十七次会议	2008.10.8	孙水生	听取娘子关水源保护领导组各成员单位工作情况的汇报
第二十八次会议	2008.10.14	孙水生	讨论决定常委会十二次会议召开时间变更事项，研究有关人事任命事项
第二十九次会议	2008.10.22	孙水生	听取和讨论阳泉市有线数字电视整体转换工程项目贷款情况的汇报
第三十次会议	2008.10.27	孙水生	听取和审议市公安局局长王斌权作的《关于强化社会治安管理，全力维护社会稳定工作情况的报告》；研究常委会十三次会议建议议程、日程；研究讨论《市人大常委会关于代表重点建议的督办办法（草案）》
第三十一次会议	2008.11.20	孙水生	确定常委会十三次会议建议议程、日程，审议有关人事任命及辞职事项；研究代表补选事项
第三十二次会议	2008.12.18	孙水生	听取人大及其常委会各部门 2008 年度工作情况汇报；确定常委会十四次会议建议议程、日程
第三十三次会议	2008.12.26	孙水生	确定常委会十五次会议建议议程、日程；研究十三届人大四次会议有关事项；听取并讨论《市人大常委会 2009 年工作要点（征求意见稿）》；讨论并原则通过《市人大常委会关于 2009 年听取和审议“一府两院”专项工作报告和执法检查计划（草案）》
第三十四次会议	2009.2.3	孙水生	研究讨论十三届人大四次会议有关事项；研究有关常委会十五次会议人事任免事项；研究出缺代表补选事项
第三十五次会议	2009.2.23	孙水生	听取阳泉市新北大街建设工程贷款项目情况的汇报
第三十六次会议	2009.3.30	孙水生	研究常委会十六次会议建议议程、日程；研究并初步确定 2009 年度常委会拟对全市农业产业化和社会保障工作作出决议
第三十七次会议	2009.4.13	孙水生	确定常委会十六次会议建议议程、日程，讨论人事任免事项；研究讨论十三届人大四次会议有关事项；研究出缺代表补选事项
第三十八次会议	2009.4.23	孙水生	听取桃河城区段梯级蓄水二期等 5 个工程项目贷款情况的报告；确定常委会十七次会议建议议程、日程；讨论十三届人大四次会议有关事项；讨论并通过市人大常委会代表资格审查委员会《关于出缺及补选代表的代表资格的审查报告（草案）》；讨论并原则通过《市人大常委会工作报告稿》；研究讨论并原则通过市人大常委会《关于加快全市“3 + 2”农业产业化富民工程实施步伐的决议（草案）》
第三十九次会议	2009.4.27	孙水生	讨论并原则通过《阳泉市人大常委会机关关于上级人大常委会领导在阳泉进行公务活动的接待办法（草案）》
第四十次会议	2009.5.5	孙水生	确定常委会十八次会议建议议程、日程；讨论十三届人大四次会议有关事项
第四十一次会议	2009.6.25	孙水生	确定常委会十九次会议建议议程、日程；讨论确定十三届人大四次会议代表重点建议
第四十二次会议	2009.8.12	孙水生	研究常委会十九次会议人事辞职事项；研究市人大常委会《关于开展“山西民主法制建设十大业绩”暨“感动山西十佳人大代表”评选活动方案》
第四十三次会议	2009.8.24	孙水生	讨论常委会十九次会议人事免职事项；讨论并原则通过市人大常委会《关于有效促进“三城同创”工作的决定（草案）》
第四十四次会议	2009.9.4	孙水生	研究确定常委会二十次会议建议议程、日程
第四十五次会议	2009.10.20	孙水生	听取、讨论市政府《关于利用城投贷款加强阳泉市消防车辆装备建设情况的报告》
第四十六次会议	2009.10.26	孙水生	研究常委会二十一次会议建议议程、日程

续表 6-3

会　议	召开时间	主持人	主　要　内　容
第四十七次会议	2009.11.5	孙水生	听取《阳泉市甲型 H1N1 流感疫情防控工作情况的报告》
第四十八次会议	2009.11.19	孙水生	确定常委会二十一次会议建议议程、日程，讨论有关人事任免事项；听取、讨论市政府关于机构改革情况的汇报
第四十九次会议	2009.11.24	孙水生	专题听取、审议市政府《关于市十三届人大四次会议代表议案、重点建议办理工作情况的报告》
第五十次会议	2009.12.4	孙水生	研究市人大常委会机关“我与人大共奋进”征文活动有关事宜；确定常委会二十二次会议建议议程、日程
第五十一次会议	2009.12.18	孙水生	研究常委会二十三次会议建议议程、日程
第五十二次会议	2010.1.4	孙水生	讨论并原则通过《市人大常委会 2010 年听取和审议“一府两院”专项工作报告和执法检查计划》；研究十三届人大五次会议有关筹备事项；研究市人大常委会机关 2010 年度主要工作责任分解表
第五十三次会议	2010.1.14	孙水生	确定常委会二十三次会议建议议程、日程，讨论常委会会议有关人事任免事项；听取赛鱼路大修、桃河城区段上游治理项目贷款情况说明
第五十四次会议	2010.2.3	孙水生	确定常委会二十四次会议建议议程、日程；听取阳泉市植物园工程等 4 个项目贷款情况说明
第五十五次会议	2010.3.15	孙水生	研究编印市人大常委会《履职述要 · 2009 年》事项；研究与陕西电子音像出版社共同制作《阳泉人大杂志数据库》光盘事项；研究办理关于盂县皇后村村委会换届选举信访件事项
第五十六次会议	2010.3.22	孙水生	确定常委会二十五次会议建议议程、日程，讨论人事辞职事项；研究十三届人大五次会议有关筹备事项；讨论《阳泉市人民代表大会代表建议、批评和意见的提出和处理办法（草案）》；讨论并通过《关于调整代表资格审查委员会组成人员的决定（草案）》；讨论市人大常委会工作报告稿
第五十七次会议	2010.4.14	孙水生	确定常委会二十六次会议建议议程、日程；研究十三届人大五次会议相关事项；安排机关市管干部 2009 年度工作考核及补充调整县级后备干部有关事宜
第五十八次会议	2010.4.23	孙水生	研究市十三届人大五次会议有关筹备事项；研究有关市十三届人大代表补选事宜
第五十九次会议	2010.4.28	孙水生	确定常委会二十七次会议建议议程、日程；研究讨论常委会二十八次会议建议议程、日程，研究人事辞职事项；研究十三届人大五次会议有关事项；讨论市人大常委会代表资格审查委员会《关于代表出缺情况和补选代表的代表资格审查的报告（草案）》
第六十次会议	2010.5.17	孙水生	研究常委会主任会议成员工作分工事项；研究常委会二十八次会议有关议题准备工作
第六十一次会议	2010.6.7	孙水生	确定常委会二十八次会议建议议程、日程；讨论并原则通过《市人大常委会关于大力推进创建国家环保模范城市工作的决议（草案）》
第六十二次会议	2010.6.13	孙水生	研究常委会二十八次会议有关人事免职事项
第六十三次会议	2010.7.8	孙水生	确定常委会二十九次会议建议议程、日程，讨论会议有关人事任命事项；研究加强和改进人大宣传工作事项；通报市人大领导领题调研事项
第六十四次会议	2010.8.21	孙水生	研究规范性文件备案审查事项；研究进一步规范常委会会议审议意见的形成和处理的有关事项
第六十五次会议	2010.8.26	孙水生	确定常委会三十次会议建议议程、日程
第六十六次会议	2010.9.21	孙水生	研究贯彻落实《山西省实施监督法办法》的有关事项；研究“代表风采”征文表彰事项；研究常委会会议审议意见的形成和办理的有关事项

续表 6-3

会　议	召开时间	主持人	主　　要　　内　　容
第六十七次会议	2010.10.8	孙水生	研究常委会第三十次会议时间变更事项；研究召开全市人大工作座谈会有关事项
第六十八次会议	2010.10.18	孙水生	研究召开全市人大工作座谈会有关事项
第六十九次会议	2010.10.25	孙水生	确定常委会三十一次会议建议议程、日程
第七十次会议	2010.11.3	孙水生	研究就阳泉市“十二五”规划制定情况开展调研事项
第七十一次会议	2010.11.10	孙水生	审议市政府《关于市十三届人大五次会议代表重点建议办理工作情况的汇报》
第七十二次会议	2010.12.17	孙水生	审议 2010 年市级超收财力安排事项；讨论市人大常委会三十一次会议有关人事免职事项；研究组织阳泉市省人大代表进行会前视察及省两院工作报告征求意见座谈会事项；研究常委会机关 2011 年主要工作计划事项
第七十三次会议	2010.12.28	孙水生	确定常委会三十二次会议建议议程、日程；研究市人大常委会 2011 年工作要点
第七十四次会议	2011.2.12	孙水生	讨论常委会三十二次会议有关人事任免事项；研究市人大常委会领导及机关干部下乡驻村有关事项
第七十五次会议	2011.3.2	孙水生	确定常委会三十三次会议建议议程、日程；研究市十三届人大代表补选事宜
第七十六次会议	2011.4.7	孙水生	听取、讨论常委会三十一次会议有关议题审议意见处理结果的审查报告
第七十七次会议	2011.4.13	孙水生	研究讨论十三届人大六次会议有关事项；研究市十三届人大代表补选事宜；研究关于筹备省人大城建环保工作座谈会事项
第七十八次会议	2011.4.26	孙水生	研究讨论十三届人大六次会议有关事项
第七十九次会议	2011.5.3	孙水生	确定常委会三十四次会议建议议程、日程；研究常委会三十五次会议建议议程、日程；研究十三届人大六次会议有关事项；讨论市人大常委会代表资格审查委员会《关于代表出缺情况和补选代表的代表资格审查报告》；讨论市人大常委会工作报告稿
第八十次会议	2011.5.23	孙水生	确定常委会三十五次会议建议议程、日程，讨论常委会会议有关人事任免事项；研究讨论市人大常委会《关于进一步加强法制宣传教育工作的决议（草案）》
第八十一次会议	2011.6.1	孙水生	研究落实市十三届人大六次会议精神相关工作；讨论常委会三十五次会议有关人事任免事项
第八十二次会议	2011.7.15	孙水生	研究常委会三十六次会议建议议程、日程
第八十三次会议	2011.8.1	孙水生	确定常委会三十六次会议建议议程、日程，讨论常委会会议有关人事任免事项，讨论关于许可对郭怀寿采取强制措施的有关事项；八十二次主任会议研究召开的常委会会议顺延为第三十七次，建议议程、日程均不变
第八十四次会议	2011.8.24	孙水生	讨论常委会三十八次会议建议议程、日程；对市级领导包办信访积案化解工作进行安排
第八十五次会议	2011.9.26	孙水生	确定常委会三十八次会议建议议程、日程，讨论有关人事任免事项；八十四次主任会议研究召开的常委会会议顺延为第三十九次，建议议程、日程均不变
第八十六次会议	2011.10.14	孙水生	研究常委会主任会议成员分工事项；讨论市人大常委会《关于大力推进林业生态建设，确保创建国家森林城市目标实现的决议（草案）》
第八十七次会议	2011.11.3	孙水生	确定常委会四十次会议建议议程、日程
第八十八次会议	2011.12.9	孙水生	讨论常委会四十次会议有关人事任免事项
第八十九次会议	2011.12.27	孙水生	确定常委会四十一次会议建议议程、日程，研究罢免郭怀寿市十三届人大代表资格的有关事项；研究十四届人大一次会议筹备工作启动事项；研究常委会 2012 年度工作要点及工作计划

续表 6-3

会议	召开时间	主持人	主要内容
第九十次会议	2012.2.20	孙水生	研究常委会四十一次会议有关人事任免事项；听取和讨论代表资格审查委员会《关于罢免郭怀寿市十三届人大代表职务的审查报告》
第九十一次会议	2012.3.5	孙水生	研究落实市委关于市级领导抓信访两个通知精神的事项
第九十二次会议	2012.4.20	孙水生	确定常委会四十二次会议建议议程、日程，研究有关人事任免事项；研究十四届人大一次会议有关筹备工作
第九十三次会议	2012.5.7	孙水生	研究讨论十四届人大一次会议有关事项；确定常委会四十三次会议建议议程、日程；听取和讨论代表资格审查委员会《关于代表资格的审查报告》

第四章　市十四届人大常委会主任会议

阳泉市第十四届人民代表大会常务委员会主任会议由下列人员组成：

主　任　刘高官（2012.5—2017.3）

副主任　王振国（2012.5—2017.3）

刘兆林（2012.5—2017.3）

吴丽萍（女，2012.5—2017.3）

孙金明（2012.5—2017.3）

吕昌政（2012.5—2017.3）

刘志强（2012.5—2017.3）

秘书长　唐　麟（2012.5—2017.3）

市十四届人大常委会主任会议 2012 年 5 月至 2017 年 3 月，共召开会议 64 次。

阳泉市十四届人大常委会主任会议简况一览表

表 6-4

会　议	召开时间	主持人	主　要　内　容
第一次会议	2012.5.30	刘高官	研究十四届人大常委会主任会议成员分工事项；研究市人大机关近期工作安排
第二次会议	2012.6.15	刘高官	研究全国 24 城市人大工作研讨会筹备工作；研究市十四届人大常委会组成人员培训会议事宜
第三次会议	2012.7.18	刘高官	听取、讨论市政府《关于阳泉市城市总体规划编制工作进展情况的汇报》；研究市人大常委会秘书长会议提请审议的有关事项
第四次会议	2012.7.29	刘高官	确定常委会一次会议建议议程、日程，讨论常委会一次会议有关人事辞职及任免事项
第五次会议	2012.8.2	刘高官	研究《市人大常委会机关 2012 年 8 月主要工作安排（草案）》；研究常委会二次会议建议议程、日程
第六次会议	2012.8.20	刘高官	确定常委会二次会议建议议程、日程，讨论有关人事辞职及任命事项；研究讨论设立代表资格审查委员会的决定（草案）的有关事项
第七次会议	2012.9.24	刘高官	确定常委会三次会议建议议程、日程，讨论有关人事任命事项；传达贯彻省、市委关于维稳工作的有关文件精神
第八次会议	2012.11.13	刘高官	讨论市十四届人大二次会议有关事项；确定常委会四次会议建议议程、日程，研究人事任命议案
第九次会议	2012.12.17	刘高官	确定常委会五次会议建议议程、日程

续表 6-4

会议	召开时间	主持人	主要内容
第十次会议	2013.1.7	刘高官	确定常委会六次会议建议议程、日程；听取各工作机构2012年度工作汇报和2013年度工作计划
第十一次会议	2013.2.7	刘高官	讨论常委会六次会议有关人事任命及辞职事项
第十二次会议	2013.2.27	刘高官	确定常委会七次会议建议议程、日程；研究十四届人大三次会议有关事项；通报市人大常委会2013年度主要工作目标任务分解情况
第十三次会议	2013.4.1	刘高官	研究市十四届人大三次会议有关事项；确定常委会八次会议建议议程、日程，讨论常委会会议有关人事任免事项；讨论市人大常委会代表资格审查委员会《关于出缺及补选代表的代表资格的审查报告》；讨论《市人大常委会工作报告（讨论稿）》及说明；研究讨论《市人大常委会专题询问暂行办法（草案）》
第十四次会议	2013.5.2	刘高官	确定常委会九次会议建议议程、日程
第十五次会议	2013.5.31	刘高官	听取市人大财经委《关于专题询问工作的考察报告》；研究本年度专题询问议题和工作评议议题；确定常委会十次会议建议议程、日程，研究有关人事任免事项
第十六次会议	2013.7.4	刘高官	听取市人大常委会人事工委《关于王永珍涉嫌受贿犯罪等有关情况的报告》；确定常委会十一次会议建议议程、日程；研究常委会十二次会议建议议程、日程
第十七次会议	2013.8.27	刘高官	确定常委会十二次会议建议议程、日程，讨论人事任免事项；研究市十四届人大常委会代表资格审查委员会《关于罢免王永珍市十四届人大代表职务的审查报告（草案）》；研究市人大常委会《关于全市“项目推进年”实施情况专题询问的工作方案（草案）》
第十八次会议	2013.9.29	刘高官	研究市公安局关于对市十四届人大代表孙祥令采取强制措施报告的提请事项；确定常委会十三次会议建议议程、日程；研究常委会十四次会议建议议程、日程
第十九次会议	2013.10.28	刘高官	确定常委会十四次会议建议议程、日程；研究专题询问组织筹备工作情况；研究市人大常委会《关于市政府2013年市级财政预算调整方案的审查报告》《关于批准2013年市级财政预算调整方案的决议（草案）》
第二十次会议	2013.11.20	刘高官	确定常委会十五次会议建议议程、日程；研究讨论《阳泉市人大常委会机关带薪年休假暂行办法（征求意见稿）》
第二十一次会议	2014.1.9	刘高官	研究常委会十六次会议建议议程、日程
第二十二次会议	2014.2.25	刘高官	确定常委会十六次会议建议议程、日程；研究讨论十四届人大四次会议相关事项；研究讨论市人大常委会人事工委关于加强代表工作的两个制度（草案）
第二十三次会议	2014.3.25	刘高官	听取市人大常委会人事工委关于市人大代表田怀所、张石明涉嫌受贿犯罪相关情况的汇报；确定常委会十七次会议建议议程、日程；研究召开市人大机关党的群众路线教育实践活动学习交流会议事项
第二十四次会议	2014.4.16	刘高官	讨论市十四届人大四次会议有关事项；确定常委会十八次会议建议议程、日程；讨论市人大常委会代表资格审查委员会《关于出缺及补选代表的代表资格的审查报告》；讨论《市人大常委会工作报告（讨论稿）》及说明；通报十四届人大常委会机关2013年度考核情况
第二十五次会议	2014.5.13	刘高官	研究常委会十九次会议建议议程、日程；研究市十四届人大四次会议议案和重点建议督办工作安排计划
第二十六次会议	2014.6.23	刘高官	确定常委会十九次会议建议议程、日程，研究讨论人事任免议案、《山西省阳泉市荫营地区人民检察院变更隶属关系相关事项的报告》
第二十七次会议	2014.7.11	刘高官	研究常委会二十次会议建议议程、日程；研究《2014年度市人大常委会专题询问工作实施方案（征求意见稿）》；研究市人大常委会《关于纪念全国人民代表大会成立60周年暨地方人大设立常委会35周年活动方案（草案）》；研究市人大常委会机关部分制度新建、修改工作

续表 6-4

会 议	召开时间	主持人	主 要 内 容
第二十八次会议	2014.7.24	刘高官	研究市人民检察院关于对市十四届人大代表张益智采取强制措施报告的提请事项；确定常委会二十次会议建议议程、日程；二十七次主任会议研究召开的常委会议顺延为第二十一次，建议议程、日程均不变
第二十九次会议	2014.9.16	刘高官	研究常委会二十二次会议建议议程、日程；研究关于对市地方税务局工作的评议意见
第三十次会议	2014.10.29	刘高官	讨论关于接受徐芃同志辞职事项；讨论关于终止王银旺代表职务事项；确定常委会二十二次会议建议议程、日程；审议关于市政府职能转变和机构改革情况报告事项；研究关于测评地税工作事项
第三十一次会议	2014.11.18	刘高官	传达《中共中央关于湖南衡阳破坏选举案处理情况及其教训警示的通报》精神；确定常委会二十三次会议建议议程、日程；审议市人大常委会代表资格审查委员会《关于市十四届人大代表出缺情况的审查报告》；研究市人大常委会机关制度新建、修订工作
第三十二次会议	2015.1.21	刘高官	确定常委会二十四次会议建议议程、日程，讨论人事任免事项
第三十三次会议	2015.2.13	刘高官	讨论市人民检察院关于对市十四届人大代表王国瑞采取强制措施报告的提请事项
第三十四次会议	2015.2.25	刘高官	确定常委会二十五次会议建议议程、日程；讨论市十四届人大五次会议有关事项；讨论市人大常委会代表资格审查委员会关于罢免刘德跃、王国瑞市十四届人大代表职务的审查报告（草案）
第三十五次会议	2015.4.14	刘高官	讨论市十四届人大五次会议有关事项；确定常委会二十六次会议建议议程、日程；讨论市人大常委会代表资格审查委员会《关于出缺及补选代表的代表资格的审查报告》；讨论《市人大常委会工作报告（讨论稿）》及说明
第三十六次会议	2015.5.7	刘高官	研究常委会二十七次会议建议议程、日程；研究市十四届人大五次会议议案及代表重点建议督办方案事项
第三十七次会议	2015.5.26	刘高官	讨论市人民检察院关于对市十四届人大代表史钰文采取强制措施报告的提请事项；确定常委会二十七次会议建议议程、日程
第三十八次会议	2015.6.24	刘高官	确定常委会二十八次会议建议议程、日程，讨论人事任免事项；研究组织被任命人员向宪法宣誓事项；讨论《阳泉市人民代表大会常务委员会关于授予阳泉市荣誉市民称号的规定（征求意见稿）》
第三十九次会议	2015.7.15	刘高官	确定常委会二十九次会议建议议程、日程
第四十次会议	2015.7.21	刘高官	研究讨论关于罢免洪发科山西省十二届人大代表职务的提请事项；讨论市人大常委会代表资格审查委员会《关于罢免洪发科市十四届人大代表职务的审查报告》；确定常委会二十九次会议建议议程、日程；三十九次主任会议确定召开的常委会会议顺延为第三十次，建议议程、日程均不变
第四十一次会议	2015.8.24	刘高官	确定常委会三十次会议建议议程、日程，讨论人事任免事项
第四十二次会议	2015.9.21	刘高官	研究常委会三十一次会议建议议程、日程
第四十三次会议	2015.10.22	刘高官	确定常委会三十一次会议建议议程、日程；研究讨论《关于加强和改进人大监督工作的意见（草案）》
第四十四次会议	2015.11.5	刘高官	研究常委会三十二次会议建议议程、日程；研究讨论《关于实施城市区老工业企业搬迁改造，加快阳泉市“国家中小企业城市综改试点市”进程的议案办理专题询问工作方案》
第四十五次会议	2015.11.25	刘高官	确定常委会三十二次会议建议议程、日程，研究人事任命及辞职事项

续表 6-4

会　议	召开时间	主持人	主　要　内　容
第四十六次会议	2015.12.2	刘高官	研究讨论市检察院关于对市十四届人大代表冀永生采取强制措施的提请事项；确定常委会三十三次会议建议议程、日程
第四十七次会议	2015.12.7	刘高官	研究讨论获批地方立法权准备工作的有关事项
第四十八次会议	2015.12.28	刘高官	确定常委会三十四次会议建议议程、日程，研究常委会会议有关人事免职事项；研究补选省十二届人大代表事项
第四十九次会议	2016.1.14	刘高官	确定常委会三十五次会议建议议程、日程
第五十次会议	2016.2.25	刘高官	听取讨论市财政局 2016 年财政预算草案编制情况汇报
第五十一次会议	2016.3.2	刘高官	研究市十四届人大六次会议相关事项；确定常委会三十六次会议建议议程、日程；讨论市人大常委会代表资格审查委员会《关于出缺及补选代表的代表资格的审查报告》；讨论《市人大常委会工作报告（讨论稿）》
第五十二次会议	2016.3.30	刘高官	确定常委会三十七次会议建议议程、日程；听取人事工委关于重点建议办理及督办情况的汇报
第五十三次会议	2016.5.19	刘高官	研究常委会三十八次会议建议议程、日程；研究市人大常委会立法工作有关事项
第五十四次会议	2016.6.27	刘高官	确定常委会三十八次会议建议议程、日程，研究常委会会议人事任免及辞职事项；讨论市人大常委会《关于许可对市人大代表陈冬至采取强制措施的决定（草案）》；讨论市人大常委会《关于公民旁听市人民代表大会和常务委员会会议办法（草案）》
第五十五次会议	2016.7.20	刘高官	研究常委会三十九次会议建议议程、日程；研究讨论《关于加强全市乡镇人大工作和建设的意见（草案）》
第五十六次会议	2016.8.24	刘高官	确定常委会三十九次会议建议议程、日程，研究人事任免事项；研究讨论《阳泉市地方立法条例（草案）》
第五十七次会议	2016.8.27	刘高官	研究讨论太原市公安局关于许可对市十四届人大代表郝培亮采取行政拘留的提请事项；确定常委会四十次会议建议议程、日程
第五十八次会议	2016.9.9	刘高官	确定常委会四十一次会议建议议程、日程
第五十九次会议	2016.9.27	刘高官	研究关于许可对市十四届人大代表杜成采取强制措施的提请事项
第六十次会议	2016.10.19	刘高官	确定常委会四十二次会议建议议程、日程，研究人事任免事项；讨论市人大常委会代表资格审查委员会《关于代表出缺情况的审查报告》
第六十一次会议	2016.11.17	刘高官	研究常委会四十三次会议建议议程、日程；研究讨论《阳泉市人民代表大会常务委员会讨论决定重大事项的规定（草案）》《阳泉市人民代表大会常务委员会监督司法工作制度（草案）》《关于加强阳泉市地方立法协商工作的办法（草案）》《阳泉市人民代表大会常务委员会关于对任命的地方国家工作人员加强监督的意见（送审稿）》
第六十二次会议	2016.12.26	刘高官	确定常委会四十三次会议建议议程、日程，研究常委会会议人事任免事项；研究十五届人大一次会议有关事项；听取、讨论市人大常委会代表资格审查委员会《关于代表出缺及补选情况的审查报告》；讨论关于市十五届人大代表名额分配和有关选举工作的安排意见
第六十三次会议	2017.1.10	刘高官	确定常委会四十四次会议建议议程、日程；研究补选省人大代表有关事项；确定常委会四十五次会议建议议程、日程
第六十四次会议	2017.2.27	刘高官	研究确定常委会四十五次会议建议议程、日程，讨论人事任免事项；讨论《常委会工作报告（讨论稿）》及说明

第五章　市十五届人大常委会主任会议

阳泉市第十五届人民代表大会常务委员会主任会议由下列人员组成：

主　任　王旭明（2017.3—　）

副主任　孙金明（2017.3—2020.1）

　　　　吕昌政（2017.3—2019.12）

　　　　刘志强（2017.3—2019.2）

　　　　张永忠（2017.3—　）

　　　　张宝明（2017.3—　）

　　　　申　济（2019.2—　）

　　　　郑清明（2020.4—　）

　　　　孔禄泉（2020.4—　）

　　　　赵素卿（女，2020.4—　）

秘书长　张利军（2017.3—2020.4）

　　　　赵文骥（2020.4—　）

市十五届人大常委会主任会议 2017 年 3 月至 2020 年 12 月，共召开会议 59 次。

市十五届人大常委会主任会议简况一览表

（2017 年 3 月至 2020 年 12 月）

表 6-5

会　议	召开时间	主持人	主　　要　　内　　容
第一次会议	2017.3.11	王旭明	学习传达市委书记陈永奇在市十五届人大一次会议闭幕式上的讲话；研究市十五届人大常委会主任会议成员分工；确定常委会第一次会议建议议程、日程，讨论会议有关人事任免事项；讨论宪法宣誓程序的决定（草案）；讨论市十五届人大常委会代表资格审查委员会组成人员名单（草案）
第二次会议	2017.3.27	王旭明	研究常委会二次会议建议议程、日程；讨论常委会 2017 年工作要点；研究常委会组成人员履职培训有关事项
第三次会议	2017.4.26	王旭明	确定常委会二次会议建议议程、日程；研究常委会组成人员培训事宜
第四次会议	2017.6.6	王旭明	研究常委会三次会议建议议程、日程；听取人事工委关于组织市政府工作部门拟任命人员任前培训考试准备情况的汇报
第五次会议	2017.6.19	王旭明	确定常委会三次会议建议议程、日程，讨论会议有关人事任免事项

续表 6-5

会　议	召开时间	主持人	主　要　内　容
第六次会议	2017.7.25	王旭明	研究常委会四次会议建议议程、日程；讨论通过《计划审查咨询专家库管理办法》《预算审查咨询专家库管理办法》；听取关于市人大代表培训工作的总结
第七次会议	2017.8.29	王旭明	确定常委会四次会议建议议程、日程，讨论会议人事任免事项；传达省、市人大常委会主任座谈会会议精神等
第八次会议	2017.9.20	王旭明	研究常委会五次会议建议议程、日程；讨论立法项目情况的说明等相关事项；讨论推进代表与人民群众“三联系”工作的相关事项；研究讨论加强县乡人大工作机构建设相关事项
第九次会议	2017.10.24	王旭明	确定常委会五次会议建议议程、日程，研究会议有关人事任免事项；传达贯彻全省人大预算联网监督工作推进会精神
第十次会议	2017.11.6	王旭明	确定常委会六次会议建议议程、日程；研究讨论市十五届人大二次会议有关事项
第十一次会议	2017.11.8	王旭明	专题研究、安排部署市人大常委会机关大调研工作
第十二次会议	2017.11.30	王旭明	听取和讨论市政府《关于将阳大铁路项目资金缺口列入财政预算的报告》；讨论市十五届人大二次会议有关事项；讨论《关于罢免张存福山西省十二届人大代表职务的决定（草案）》；确定常委会七次会议建议议程、日程
第十三次会议	2017.12.7	王旭明	研究常委会八次会议建议议程、日程；研究预算联网监督工作相关事项；听取常委会机关关于万名干部大调研工作情况的汇报；研究市十五届人大一次会议议案和建议落实情况视察方案
第十四次会议	2017.12.26	王旭明	确定常委会八次会议建议议程、日程；听取市人大及其常委会各机构关于 2017 年工作总结和 2018 年工作思路的汇报
第十五次会议	2018.1.5	王旭明	确定常委会九次会议建议议程、日程，听取市委常委、组织部部长任建华作有关人事变动情况的说明，研究本次常委会会议人事任命及辞职事项
第十六次会议	2018.1.11	王旭明	研究常委会十次会议建议议程、日程
第十七次会议	2018.1.19	王旭明	研究阳大铁路建设情况专题询问相关事项
第十八次会议	2018.2.1	王旭明	传达学习省十三届人大一次会议精神；听取市人大财经委关于阳大铁路建设情况专题询问筹备情况的汇报；确定常委会十次会议建议议程、日程
第十九次会议	2018.2.26	王旭明	研究市十五届人大三次会议筹备工作及相关事项
第二十次会议	2018.3.19	王旭明	研究讨论市十五届人大三次会议有关事项；确定常委会十一次会议建议议程、日程，讨论会议有关人事任免事项；讨论《常委会工作报告（讨论稿）》
第二十一次会议	2018.4.3	王旭明	研究常委会十二次会议建议议程、日程；安排部署近期重点工作
第二十二次会议	2018.4.25	王旭明	确定常委会十二次会议建议议程、日程，讨论本次常委会会议有关人事任免事项；听取市人大法制委关于 2018 年度立法项目情况的说明；研究进一步健全完善“14710 三联系”工作制度的具体方案；讨论《阳泉市人大常委会关于进一步完善人大代表联系人民群众制度的实施办法（草案）》
第二十三次会议	2018.5.10	王旭明	研究常委会十三次会议建议议程、日程
第二十四次会议	2018.6.5	王旭明	讨论关于 2018 年新增立法项目情况的说明；听取预算联网学习考察及财经监督培训情况汇报；听取省代表培训情况汇报
第二十五次会议	2018.6.25	王旭明	确定常委会十三次会议建议议程、日程，讨论会议有关人事任免事项；听取关于全省人事代表工作座谈会精神的汇报；听取关于全省建立政府向本级人大常委会报告国有资产管理情况制度推进会精神的汇报

续表 6-5

会 议	召开时间	主持人	主 要 内 容
第二十六次会议	2018.7.18	王旭明	确定常委会十四次会议建议议程、日程；研究常委会十五次会议建议议程、日程；研究《关于建立市政府向市人大常委会报告国有资产管理情况制度的工作方案（草案）》；听取《关于对〈阳泉市禁止燃放烟花爆竹规定〉备案审查情况的说明》
第二十七次会议	2018.8.23	王旭明	确定常委会十五次会议建议议程、日程，讨论本次常委会会议有关人事任免事项；研究无固定收入市人大代表补贴事宜；研究“14710 三联系”工作
第二十八次会议	2018.9.10	王旭明	确定常委会十六次会议建议议程、日程，讨论会议有关人事任免及接受辞职事项；研究常委会十七次会议建议议程、日程
第二十九次会议	2018.10.29	王旭明	确定常委会十七次会议建议议程、日程；研究讨论《阳泉市人大常委会机关工作运行规程》等十项制度的修订起草情况
第三十次会议	2018.11.20	王旭明	研究常委会十八次会议建议议程、日程
第三十一次会议	2018.12.25	王旭明	确定常委会十八次会议建议议程、日程，研究会议有关人事免职事项；讨论市十五届人大四次会议有关事项
第三十二次会议	2019.1.16	王旭明	确定常委会十九次会议建议议程、日程，讨论会议有关人事任命、辞职事项及补选省十三届人大代表事项
第三十三次会议	2019.1.31	王旭明	确定常委会二十次会议建议议程、日程，研究会议有关人事任免事项；研究常委会二十一次会议建议议程、日程
第三十四次会议	2019.2.18	王旭明	讨论市十五届人大四次会议有关事项；讨论《常委会工作报告（草案）》
第三十五次会议	2019.2.22	王旭明	确定常委会二十一次会议建议议程、日程，讨论会议有关人事任免及辞职事项；讨论十五届人大四次会议有关事项；听取、讨论“14710 三联系”收集到的意见建议转办事项的说明
第三十六次会议	2019.3.26	王旭明	传达十三届全国人大二次会议精神；研究常委会二十二次会议建议议程、日程；听取关于 2018 年度全市环境状况和环境保护目标完成情况专题询问工作方案有关情况的汇报；听取关于阳泉市道路交通安全管理条例执法检查筹备情况的汇报；学习《党政领导干部选拔任用工作条例》
第三十七次会议	2019.4.24	王旭明	确定常委会二十二次会议建议议程、日程；听取省人大常委会水污染防治法执法检查工作部署会议精神及阳泉市贯彻落实意见的汇报
第三十八次会议	2019.5.16	王旭明	确定常委会二十三次会议建议议程、日程
第三十九次会议	2019.5.23	王旭明	研究常委会二十四次会议建议议程、日程；研究市人大常委会《关于加强全市人大代表联络站建设全覆盖的指导意见》《关于进一步完善提升市人大代表“14710 三联系”制度的指导意见》；听取关于全市人大代表工作会议筹备情况的汇报
第四十次会议	2019.6.17	王旭明	确定常委会二十四次会议建议议程、日程，讨论会议有关人事免职事项；听取关于 2018 年度全市环境状况和环境保护目标完成情况专题询问提纲及有关情况的汇报
第四十一次会议	2019.7.17	王旭明	研究常委会二十五次会议建议议程、日程；研究《市人大代表建议办理工作年度目标责任考核实施方案》《市人大常委会关于对“一府两院”被任命人员进行述职评议工作的实施方案》《市人大常委会关于加强全市人大代表联络站全覆盖和规范化建设的指导意见（草案）》《市人大常委会关于进一步完善提升市人大代表“14710 三联系”制度的指导意见（草案）》；听取关于启动《阳泉市人民代表大会志（2001—2020 年）》编纂工作的报告
第四十二次会议	2019.8.26	王旭明	传达省人大常委会“学用习近平总书记关于坚持和完善人民代表大会制度的重要思想暨纪念地方人大设立常委会 40 周年座谈会”和“全省设区的市人大常委会秘书长工作交流会”精神；确定常委会二十五次会议建议议程、日程，讨论会议有关人事任免事项；听取关于驻市省人大代表和市人大代表小组召集人履职能力提升培训工作情况的汇报；研究市人大常委会机关招商引资工作方案；研究市人大常委会机关公务员职务与职级并行工作领导组成员名单

续表 6-5

会议	召开时间	主持人	主要内容
第四十三次会议	2019.9.24	王旭明	研究常委会二十六次会议建议议程、日程；安排部署人大代表进代表联络站活动事宜；研究开展“不忘初心、牢记使命”主题教育相关事项
第四十四次会议	2019.10.21	王旭明	确定常委会二十六次会议建议议程、日程；听取关于《阳泉市人民代表大会志》编纂工作实施方案的汇报等；讨论并通过市人大常委会《关于市人大代表反映或转递的群众信访事项办理办法（讨论稿）》；研究关于做好省级文明单位创建工作相关事宜
第四十五次会议	2019.11.21	王旭明	研究常委会二十七会议建议议程、日程；讨论通过市人大常委会《关于市人大代表活动经费管理使用的意见（草案）》；听取关于《阳泉市人民代表大会志》筹备工作情况汇报
第四十六次会议	2019.12.24	王旭明	确定常委会二十七会议建议议程、日程；研究设立地方立法研究基地和增加聘请地方立法咨询专家事项；听取关于《阳泉市人民代表大会志》二轮编修前期工作情况的汇报
第四十七次会议	2020.1.20	王旭明	传达省十三届人大三次会议精神；确定常委会二十八次会议建议议程、日程，讨论会议关于接受辞职和人事任免事项；讨论市十五届人大五次会议有关事项
第四十八次会议	2020.2.25	王旭明	传达中央、省委统筹推进新冠肺炎疫情防控和经济社会发展工作部署会议精神及市委常委扩大会议精神，听取市人大机关疫情防控工作情况汇报；确定常委会二十九次会议建议议程、日程，讨论会议有关人事任免事项；听取常委会工作报告起草情况汇报
第四十九次会议	2020.3.30	王旭明	研究常委会 2020 年度立法计划安排；确定常委会三十次会议建议议程、日程，研究常委会三十一次会议建议议程、日程；听取关于 2020 年国民经济计划草案、预算草案网上审查工作的汇报；讨论《市人大常委会关于严禁清明节等传统祭祀期间和森林草原高火险期野外用火的决定（草案）》；听取关于 2019 年度市人大代表建议办理考核工作的汇报
第五十次会议	2020.4.15	王旭明	确定常委会三十一次会议建议议程、日程，讨论接受辞职事项；讨论十五届人大五次会议有关事项；讨论《常委会工作报告（草案）》；讨论通过《关于加强代表大会会议审议的组织保障工作办法（草案）》
第五十一次会议	2020.4.26	王旭明	传达学习姜四清书记在市十五届人大五次会议闭幕式上的讲话精神，研究贯彻落实意见
第五十二次会议	2020.5.29	王旭明	研究常委会三十二次会议建议议程；听取关于省人大在阳泉市召开“全省人大系统预算联网监督工作交流暨培训会议”的汇报
第五十三次会议	2020.6.17	王旭明	传达市委常委会关于全市新冠疫情防控工作情况、集中开展脱贫攻坚问题整改“回头看”等通知精神；确定常委会三十二次会议建议议程、日程，讨论市十五届人大常委会代表资格审查委员会组成人员调整的议案和人事任免事项；研究《阳泉市人大常委会党组关于进一步加强和改进人大代表工作的意见（草案）》
第五十四次会议	2020.7.16	王旭明	研究常委会三十三次会议建议议程、日程；研究对已颁布实施的六部地方性法规进行打包修改的有关事项；听取关于全省人大代表工作专题会议有关情况的汇报
第五十五次会议	2020.8.26	王旭明	确定常委会三十三次会议建议议程、日程，讨论人事任免事项；听取和讨论市人大常委会调研室关于《阳泉市人大工作与理论研究会章程（草案）》起草情况汇报、市人大常委会监察和司法工委关于《司法监督专家咨询小组管理办法（草案）》和司法监督专家咨询小组初选名单（草案）的说明

续表 6-5

会　议	召开时间	主持人	主　　要　　内　　容
第五十六次会议	2020.9.23	王旭明	研究常委会三十四次会议建议议程，听取关于开展文明行为促进和水资源保护地方立法情况的调研报告，听取对《阳泉市大气污染防治条例》开展立法后评估的报告，听取关于开展评选表彰履职优秀人大代表、优秀代表议案和建议、代表建议先进承办单位活动的实施方案（征求意见稿）和关于举办市人大代表履职培训网络班的方案的汇报
第五十七次会议	2020.10.27	王旭明	研究常委会三十四次会议议程（草案）和日程安排，听取关于检查《中华人民共和国传染病防治法》《阳泉市爱国卫生条例》和《阳泉市大气污染防治条例》实施情况的报告，研究关于进一步规范全市人大代表联络站运行的指导意见和开展2020 年度市人大常委会任命人员述职评议工作等相关事宜
第五十八次会议	2020.11.16	王旭明	研究常委会三十五次会议建议议程，研究关于推进矛盾纠纷多元化解工作情况和适用认罪认罚从宽制度工作情况的报告的审议意见，听取关于《阳泉市人民代表大会志》二轮编修进展情况汇报
第五十九次会议	2020.12.25	王旭明	研究常委会三十五次会议议程（草案）和日程安排，听取关于支持阳泉融盛投资控股集团有限公司转型发展的报告，听取全省人大信访工作座谈会议暨信访工作培训会议精神的汇报，研究《阳泉市文明行为促进条例（草案）》《阳泉市人大常委会预算联网监督系统管理办法（草案）》

第七篇
市人大常委会主要工作

阳泉市人大常委会在中共阳泉市委的坚强领导下，始终坚持党的领导、人民当家作主、依法治国有机统一，依法行使宪法和法律赋予的各项职权，在立法、监督、决定重大事项、选举任免、代表工作及人大宣传和理论研究等方面都取得明显成效，为坚持和完善人民代表大会制度做出积极贡献。特别是中共十八大后，坚持习近平新时代中国特色社会主义思想在政治和社会生活中的指导地位，坚持和加强党对人大工作的全面领导，加快获批和启动地方立法，加强县乡人大工作和建设，完善人大立法、监督、决定重大事项、代表工作、人大宣传和理论研究机制等，不断赋予人民代表大会制度新的实践特色、理论特色、时代特色，人民代表大会制度持续创新发展，展现出蓬勃生机和活力。

第一章　行使地方立法权

立法权是国家制定、修改和废止法律的权力。按照1954年宪法的规定，只有自治区、自治州、自治县的自治机关可以制定自治条例和单行条例，报全国人大常委会批准。地方人大没有立法权。1979年7月1日，五届全国人大二次会议通过的地方组织法、1982年宪法以及修改后的地方组织法，赋予了省一级、较大的市一级人大及其常委会制定地方性法规的权力。中共十八大后，以习近平同志为总书记的党中央就加强立法工作提出一系列新思想新观点新论断。2015年3月15日，十二届全国人大三次会议表决通过关于修改立法法的决定，依法赋予设区的市地方立法权，规定“设区的市可以对城乡建设与管理、环境保护、历史文化保护等方面的事项制定地方性法规”。2015年6月10日，省人大常委会主任会议向省委呈送报告，明确根据人口数量、地域面积、经济社会发展情况以及立法需求、立法能力等因素，逐步放开设区的市地方立法权。阳泉市着力克服辖区面积和经济总量较小等不利因素，积极开展地方立法权的申报、争取和筹备工作，市委出台了《关于贯彻落实党的十八届四中全会精神，加快推进法治阳泉建设的实施意见》，要求市人大常委会承担协调推进地方立法工作的领导职责。市人大常委会成立了地方立法筹备工作领导小组，通过设立专门立法机构、健全专家咨询制度、建立立法联系点、实施立法项目储备、制定立法规划计划、开展专项业务培训等，全面加强立法能力建设，及时获批地方立法权，以此为开端，深入学习贯彻习近平总书记和党中央关于“抓住立法质量这个关键”“发挥人大立法主导作用”“发挥立法的引领推动作用”的新思想、新要求，加快构建地方立法体系，持续推进重点领域立法，不断提升地方立法质量，先后出台10部地方性法规，发挥了地方立法对改革发展的引领和推动作用。

第一节　地方立法筹备

2015年初，阳泉市人大常委会把立法工作列入工作要点。经市委批准，成立地方立法筹备工作领导小组及办公室，制定了《阳泉市地方立法筹备工作方案》。

2015年8月，向市委提交《关于适应立法工作需要完善市人大工作机构设置和办公用房的请示》，申请设立市人大常委会法制工作委员会，主要负责地方立法调研论证、起草、审议、协调、修改、废止、评估等具体工作，为正县级机构，设主任1名、副主任2名，内设法规科、备案审查科和综合科3个科级机构，人员编制8人，与法制委员会合署办公。

2015年9月起，组织起草市人大常委会《基层立法联系点工作办法》《立法项目库管理办法》《立法咨询专家工作办法》《地方性法规草案起草工作规程》《立法论证工作规程》《立法协调工作规程》《地方性法规审议工作规程》《地方性法规立法后评估工作规程》等配套制度。筹建地方立法基层联系点和立法咨询专家库。

2015 年 10 月，向省人大常委会提交了《关于申请将阳泉市列为全省享有地方立法权城市的报告》，指出阳泉市在区位优势、经济基础、人文历史以及立法需求、立法能力等方面具有良好的基础和条件，建议省人大常委会予以充分考虑，及早批准阳泉市为全省享有立法权的城市。

2015 年 12 月 8 日，阳泉市机构编制委员会办公室印发《关于阳泉市人民代表大会常务委员会法制工作委员会机构编制事项的通知》（阳编办字〔2015〕71 号），明确为适应开展地方立法工作的需要，经市编委会议研究并报省编办批准（晋编办字〔2015〕151 号），同意市人大常委会设立法制工作委员会，与阳泉市人民代表大会法制委员会一个机构、两块牌子，编制 9 名（内部调整）。领导职数设主任委员 1 名、副主任委员 2 名，重新核定正县级领导职数 1 名、副县级领导职数 2 名。法制委员会（法制工作委员会）重新确定内设机构 3 个：法规处、备案审查处、综合处，规格均为正科级。

2016 年 4 月，市委批准设立市人大常委会法制工作委员会。当月举行的市十四届人大常委会第三十七次会议作出人事任命。通过公开招考、部门选调等方式，引进 5 名工作人员充实到立法岗位。

2016 年 4 月 19 日至 20 日，山西省人大常委会组织对阳泉市立法基础工作建设进行评估验收，指出市委、市人大、市政府高度重视，认识到位，积极主动，准备充分，各项工作卓有成效，具备了行使地方立法权的条件。

2016 年 5 月 10 日，山西省第十二届人民代表大会常务委员会第五十六次主任会议同意，确定阳泉市人民代表大会及其常务委员会自即日起可以开始制定地方性法规，要求相关机构抓紧做好后续工作。

2016 年 8 月 24 日，阳泉市机构编制委员会办公室印发《关于阳泉市人民代表大会常务委员会调整内设机构的批复》（阳编办字〔2016〕67 号），明确为适应工作需要，同意法制委员会（法制工作委员会）重新确定内设机构 3 个：法规科、综合科、备案审查科，规格均为正科级。法规科编制 2 名，职数 1 名；综合科编制 2 名（含副主任 1 名），职数 1 名；备案审查科，编制 2 名，职数 1 名。

2019 年 3 月 22 日，中共阳泉市委办公室印发《关于调整市人大常委会机关机构编制的通知》，明确市人大法制委员会（市人大常委会法制工作委员会）编制调整为 7 名。

2020 年 11 月 16 日，中共阳泉市委编制委员会办公室印发《关于阳泉市人民代表大会常务委员会机关机构编制调整的批复》，市人大法制委员会（市人大常委会法制工作委员会）增加行政编制 3 名。

第二节　完善立法体制机制

市人大常委会贯彻落实中共十九届四中全会精神，始终坚持科学立法、民主立法、依法立法，改进立法组织方式，推进全过程民主，构建和完善党委领导、人大主导、政府依托、各方参与的立法工作格局。

一、健全党领导立法的工作机制

坚持党对立法工作的全面领导，认真贯彻落实党中央和省委、市委加强立法工作的决策部署，所有立法项目都报经市委批准再启动实施；每部地方性法规出台前，都要提交市委常委会审议后，再提请常委会审议通过；重大立法问题随时报请市委决定，争取市委支持。市委先后听取和审议立法事项 27 次，作出安排部署，常委会精准对表对标，全力贯彻落实，切实把党的领导贯彻立法工作全过程和各方面，确保立法工作始终沿着正确政治方向不断前进。

二、完善人大主导立法的工作格局

坚持完善立法工作制度，不断增加有效制度供给。2016 年 6 月举行的市人大常委会第三十八次会议审议通过关于地方立法的一系列办法和规程，在此基础上，不断完善发展，加快构建系统完备、科学规范、运行有效的地方立法制度体系，不断完善党委领导、人大主导、政府依托、各方参与的地方立法工作格局，确保在市委的坚强领导下，蹄疾步稳、扎实推进，不断开创地方立法工作新局面。

完善立法计划和法规草案公开征求意见机制。2016 年 5 月 23 日，市人大常委会发出公告，面向社会征询地方立法建议项目，为拟定第一部地方性法规立项做准备，将民主立法的大门敞开到立法程序的最前沿。2016 年 12 月 29 日，常委会举行第四十三次会议审议通过市人大常委会《立法协商工作办法》，协调市政协组成单位和政协委员参与立法协商。2017 年 1 月 4 日，办公厅印发《立法协商工作办法》（阳人办发〔2017〕3 号）全文，对市政协参与立法协商进行了规范。2017 年 1 月 23 日，组织召开《阳泉市地方立法条例（草案）》评估论证会，来自省人大立法机关和市行政学院、山西工程技术学院的法学教授及全市知名律师代表为条例“号脉问诊”，开启了阳泉市法规草案的首场评估论证。2017 年 5 月 8 日，办公厅印发《关于征集立法项目建议的通知》（阳人办发〔2017〕36 号），向市住建局、规划局、环保局、文化局、教育局、公安局、民政局、人社局、交通局、水务局、林业局、卫计委、体育局、食药局、旅游局、物价局、安监局、工商局、文物管理处、园林管理局、阳泉供电公司等机关单位征集立法项目建议。2017 年 8 月至 9 月上旬，在深入调查研究、公开征集建议、广泛听取各方面意见、认真分析论证的基础上，提出了 53 件立法建议项目，构建完成五年立法项目库，并根据新的情况和需求，不断充实、完善和调整，为市十五届人大常委会编制年度立法计划提供了参考和依据。

完善“一库一点一基地”工作机制。2016 年 8 月 10 日，举行基层立法联系点授牌暨立法咨询专家聘任仪式，聘请 40 名法律专家参与法规草案的起草、评估、论证工作；确定 30 个单位为基层立法联系点，涵盖县区人大、乡镇和街道、高等院校和法律协会，成为开展市十四届人大常委会立法工作的重要“外脑”和“智库”。2017 年 8 月至 9 月上旬，市人大常委会提出 53 件立法建议项目，构建完成五年立法项目库。9 月 28 日，举行立法咨询专家聘任仪式，确定 20 名法律专家为市十五届人大立法咨询专家。2020 年 1 月 3 日，举行地方立法研究基地授牌暨立法咨询专家聘任仪式，增加聘请张桃贵等 6 人为立法咨询专家，确定山西硕明律师事务所、新东律师事务所、阳煤集团法律事务部为市十五届人大常委会地方立法研究基地。

完善法规草案多元起草机制。已经出台的地方性法规，既有人大立法机构起草的《阳泉市地方立法条例》，更多专业性立法项目，由政府组织起草为主，并探索委托第三方起草法规草案。山西硕明律师事务所、新东律师事务所在参与地方立法工作中先行先试，协同市法学会联合成立了地方立法研究中心，先后承接了大气污染防治、爱国卫生、市容和环境卫生管理、集中供热条例、文明行为促进条例 5 部法规案的起草工作。

完善立法沟通协调机制。坚持同市政府共同研究法规起草、审议过程中的重大问题，从源头上遏制部门利益倾向。2017 年 7 月 7 日，组织召开立法工作推进会议，常委会主任、分管副主任和常务副市长出席会议，要求市人大常委会和市政府有关工作部门找准各自定位，理顺各自关系，加强协同配合，形成立法工作整体合力，共同提高地方立法工作水平。

完善上下级人大立法工作联系机制。坚持接受省人大立法机构指导和监督，及时请示汇报立法进展情况，调整修改法规条文。指导和推动县级人大发现立法线索，提炼立法选题，形成立法建议；主动配合立法调研，广泛参与立法评估，提供有价值的参考意见。2018 年 10 月 19 日，《阳泉市大气污染防治条例（草案）》（以下简称《条例（草案）》）论证会在太原召开，省人大法制委员会主任委员赵建平、常委会法制工委主任蔡汾湘等领导和立法专家出席会议，对《条例（草案）》给予了高度评价。这是市人大常委会首次在省城举行的地方立法专题会议。

完善法规草案审议机制。强化专门委员会在相关领域立法的审议职能，重点审议制定法规的必要性、可行性以及重要的制度设计，并提交书面审议意见。强化法制委员会统一审议职能，负责法规草案的统一审议，并向常委会提出高质量的法规草案修改稿、表决稿。强化常委会会议主导职能，对法规草案合法性、合理性、规范性进行全面审议，对意见分歧较大的条款作出决定。

三、落实围绕中心、服务大局的基本职责

坚持围绕市委工作重点，政府工作难点和人民群众关注热点开展地方立法工作，受到上级人大常委会的充分肯定。全国人大法工委备案审查室主任梁鹰于 2018 年 5 月在阳泉调研时，对市人大常委会实施“三点三同”、提升立法水平的经验和成效进行了点评，指出：与党委同向，就是围绕党委的决策部署制定法规；与政府同力，就是立法要突出问题导向，针对问题立法、立法解决问题，政府在改革发展过程中的难点焦点问题，要通过立法一个一个去解决、落实、推动；与人民同心，是立法价值观的体现。达到了这“三同”的有机统一，立法就有了政治方向，就真正实现了良法善治。“三点三同”工作法，概括得非常好，把握住了地方立法的指导方针，值得在全国所有设区市的地方立法工作中学习和推广。

四、确立特色化、精细化立法的工作理念

坚持把“特色化、精细化”作为地方立法的价值所在、活力所在。特色化，就是从本地的具体情况和实际需要出发，需要规定什么就制定什么，使地方性法规有针对性和可操作性，节约立法成本，提高立法效率，增强立法效能。精准化，就是定位要精准，厘清立法与监督的关系，避免把执法不到位问题作为立法问题来解决，做到不缺位、不越位、不错位；立项要精选，坚持按需立法、急用先立的原则，避免与上级同口径立法，不搞立法数量攀比、不搞应景式立法；内容要精致，开门见山，直奔主题，有几条写几条，哪条有用就写哪条，尽量不搞“大而全”“小而全”的文本，尽量减少空泛规定，进而实现有效、管用的目标，让地方性法规可操作、“接地气”。进入 2020 年，常委会总结地方立法工作经验，进一步明确了“坚持问题导向，紧扣阳泉实际，突出地方特色，重在细化补充”“以‘小切口’为切入点，立管用之法、实用之法、好用之法，接地气、汇民智”“以良法促发展、保善治、强创新、扬正气、惠民生”的新目标，为做好新时代地方立法工作进行了新探索。

五、加强立法工作队伍能力建设

坚持多形式多途径提升立法队伍能力素质。通过开展政治理论培训，提高立法干部政治素养，加强对立法专业知识的培训，提高干部专业能力，打造业务过硬的地方立法干部队伍。采取跟班学习、挂职锻炼、岗位交流等多种方式，提高立法干部综合素质。公开择优选拔具有较高法律素质和丰富实践经验的优秀人才，充实人大立法队伍。2016 年市人大法制委人员编制由 4 名增至 7 名，2020

年市委批准再增加3名。2019年推荐2名从事立法工作的硕士研究生到省人大立法机构和团省委挂职锻炼。9次组织立法工作考察，赴25个兄弟城市学习立法经验；8次参加全国人大和全国高校干部培训基地举办的立法业务培训。2019年5月6日至11日，在浙江大学光华法学院举办阳泉市地方立法能力提升培训班，市县两级人大常委会机关及市政府有关部门选派70人参加培训学习。围绕立法重点难点问题，组织218人（次），深入98个基层单位，开展了31次实地调研，了解民生需求，掌握第一手资料，把立法工作扎根于基层群众，用工匠精神打磨每一部地方性法规。

第三节　重点领域地方立法

市人大常委会始终坚持党对立法工作的领导，坚持围绕市委的决策部署制定法规，颁布实施《阳泉市地方立法条例》《阳泉市道路交通安全管理条例》《阳泉市城市绿化条例》《阳泉市爱国卫生条例》《阳泉市市容和环境卫生管理条例》《阳泉市大气污染防治条例》《阳泉市集中供热条例》《阳泉市住宅专项维修资金管理办法》《阳泉市黑热病防治规定》，审议通过《阳泉市文明行为促进条例（草案）》，启动红色文化保护传承、滹沱河生态保护、娘子关泉域保护、森林防火等法规制定和立法调研工作。

为地方立法定规矩。市人大常委会把制定《阳泉市地方立法条例》，作为获批地方立法权后首项立法工作。2016年8月25日至26日，市十四届人大常委会第三十九次会议初审《阳泉市地方立法条例（草案）》；2017年2月28日，市十四届人大常委会第四十五次会议初次审议条例（草案）；3月11日，市十五届人大第一次会议表决通过条例（草案），按程序报省人大常委会备案审查；5月19日，省十二届人大常委会第三十八次会议批准《阳泉市地方立法条例》；6月14日，市十五届人大常委会予以公布，决定于2017年7月1日起正式施行。

《阳泉市地方立法条例》内容共分9章72条8046字。总则部分（第一章）规定了立法目的和依据、适用范围和基本原则等；分则部分（第二至八章）主要包括立法权限、立法准备、立法程序、法规解释、市人民政府规章、适用与备案审查、其他规定；附则部分（第九章）规定了条例施行的日期。条例是阳泉市依法制定的首部规范地方立法工作的地方性法规，立法计划编制、法规草案的起草审议和通过公布等立法活动均形成规范，对于加强对地方立法工作的组织协调，提升地方立法质量，发挥立法的引领和推动作用，具有重要意义。

两部首规联袂出台。市十五届人大常委会把加快制定首部实体性法规，提到重要议事日程。主任会议认为，随着经济社会快速发展，阳泉市汽车保有量和交通流量快速增长，市民出行方式和交通状况发生了很大变化，道路交通安全管理出现一些新情况、新问题。同时认为，阳泉市创建国家园林城市工作成果丰硕，绿化建设取得很大进展，城市生态环境、人居环境得到较大改善。但城市绿化发展不平衡，绿地布局不尽合理，损毁、占用绿地和改变绿地用途的现象时有发生。为此，经市人大常委会主任会议研究并报市委同意，启动制定《阳泉市道路交通安全管理条例》和《阳泉市城市绿化条例》。2017年10月，市十五届人大常委会第五次会议对两部条例（草案）进行初次审议；12月，市十五届人大常委会第八次会议进行二次审议；2018年2月，市十五届人大常委会第十次会议三审通过；2018年3月，省十二届人大常委会第三十八次会议批准两部条例；4月23日，市十五届人大常委会予以公布，决定自2018年7月1日起施行。

《阳泉市道路交通安全管理条例》内容共分8章47条6915字。总则部分（第一章）规定了立法目的和依据、适用范围、执法主体、宣传教育等内容；分则部分（第二章至第七章）主要包括车辆和驾驶人、道路通行条件、道路通行规定、交通事故预防和处理、执法监督、法律责任六方面内容；附则部分（第八章）解释了相关用语含义，规定了条例施行的日期。条例对阳泉市长期存在的道路行车秩序混乱、占道经营摆摊普遍、乱停乱放现象严重、车辆抛洒污染以及非机动车、新型车辆缺乏有效管理等问题进行规范，明确了道路管理执法主体，明晰了道路交通管理及其他相关部门的职能职责，明确规定了相关违法行为应承担的法律责任，对于维护道路交通秩序，改善道路交通环境，保障道路交通安全、畅通，提高道路交通管理与服务能力具有重要意义。

《阳泉市城市绿化条例》共 5 章 52 条 6682 字。总则部分（第一章）规定了立法目的和依据、适用范围、政府职责、职能划分、经费保障等内容；分则部分（第二章至第四章）主要包括城市绿化的规划和建设、保护和管理以及相应的法律责任；附则部分（第五章）解释了相关用语的含义，规定了条例施行的日期。条例的立法宗旨在于规范城市绿化的规划、建设、保护和管理，对于改善城市人居环境、景观环境、生态环境，促进绿色发展，提升城市品位具有重要意义。

“两法”助力创卫攻坚。2017 年，阳泉市开始创建全国卫生城市工作。2018 年，“创卫”进入攻坚阶段。市十五届人大常委会主任会议研究并报市委同意，启动实施爱国卫生及市容和环境卫生管理领域立法工作。2018 年 8 月 27 日至 28 日，常委会第十五次会议对《阳泉市爱国卫生条例（草案）》进行初次审议；12 月 26 日至 27 日，常委会第十八次会议二审通过《阳泉市爱国卫生条例（草案）》。2018 年 10 月 30 日，常委会第十七次会议对《阳泉市市容和环境卫生管理条例（草案）》进行初次审议；2019 年 2 月 22 日，常委会第二十一次会议二审通过《阳泉市市容和环境卫生管理条例（草案）》。2019 年 3 月 22 日，省十三届人大常委会第九次会议批准上述两部条例；4 月 8 日和 9 日，市十五届人大常委会先后予以公布，决定《阳泉市爱国卫生条例》《阳泉市市容和环境卫生管理条例》自 2019 年 5 月 1 日起施行。

《阳泉市爱国卫生条例》共 8 章 36 条 3886 字。总则部分（第一章）规定了立法目的和依据、工作原则和规划与经费保障等内容；分则部分（第二章至第七章）主要包括组织和职责、健康教育和健康促进、环境卫生治理、烟草烟雾危害控制、监督和考核、法律责任六个方面的内容；附则部分（第八章）规定了条例施行的日期。条例突出环境卫生治理和烟草烟雾危害控制，明确规定了环境卫生治理标准、影响环境卫生行为、控制吸烟管理主体、禁止吸烟场所和区域，重点突出了违反病媒生物预防控制规定、擅自处置生活垃圾和违反控烟禁烟相关规定三条法律责任，对于强化公共卫生意识，预防和控制疾病，减少危害健康因素，改善环境卫生，倡导文明卫生习惯，提高人民健康水平具有重要意义。

《阳泉市市容和环境卫生管理条例》共 6 章 54 条 6402 字。总则部分（第一章）规定了市容和环境卫生管理适用范围、管理体系等内容；分则部分（第二章至第五章）主要包括责任区制度、市容管理、环境卫生管理、法律责任四个方面的内容；附则部分（第六章）规定了条例施行的日期。《阳泉市市容和环境卫生管理条例》重点对责任区的划分方式和体系、建筑物和构筑物管理、道路和公共设施管理、广告和照明管理、环境卫生设施建设和管理、公共场所环境卫生管理、废弃物处置、养犬管理等内容作出了具体规定，参考外地经验创设了违反养犬管理规定所需要承担的法律责任，对于加强城市市容和环境卫生管理，创造清洁、优美的城市工作、生活环境，促进城市物质文明、精神文明和生态文明建设具有重要意义。

立法推动环境保护。阳泉是一座典型的煤炭资源城市，全国闻名的“煤城”，也是晋煤外运、陕煤过境的重要通道，燃煤污染、粉尘污染、扬尘污染、通道污染、煤矸石污染等环境问题十分突出，大气污染形势异常严峻。2018 年 5 月 17 日，中央政治局委员、全国人大常委会副委员长王晨率大气污染防治法执法检查组到阳泉市开展执法检查，要求地方人大运用法治的力量打赢蓝天保卫战。5 月 25 日，省人大常委会召开专题会议，认真学习贯彻王晨副委员长讲话精神，要求各市人大启动大气污染防治条例的立法工作。5 月 30 日，市十五届人大常委会党组会议、主任会议依次召开，研究大气污染立法计划，经 6 月 1 日市委常委会研究同意立即启动。《阳泉市大气污染防治条例（草案）》经 8 月 27 日至 28 日举行的常委会第十五次会议初次审议；10 月 30 日举行的常委会第十七次会议审议通过；11 月 27 日举行的省十三届人大常委会第七次会议批准；12 月 17 日，市十五届人大常委会予以公布，决定自 2019 年 1 月 1 日起施行。

《阳泉市大气污染防治条例》共分 6 章 49 条 5936 字。总则部分（第一章）规定了立法目的和依据、考核评价、部门职责、保障投入等方面的内容；分则部分（第二章至第五章）主要包括监督管理、防治措施、重污染天气应对、法律责任四方面的内容；附则部分（第六章）规定了条例施行的日期。条例结合阳泉实际，回应社会关切，对考核评价、部门职责、保障投入、监督管理、防治措施、重污染天气应对、法律责任等事项作出具体规定，着力解决实践中存在的突出问题，合理构建了阳泉市大气污染防治的制度体系，对于从根本上防治大气污染，改善全市大气环境质量，保障人民身体健康和生活安全，推进生态文明建设，促进经济社会可持续发展具有重要意义。

立法回应民生诉求。市人大常委会主任会议认为，人民群众美好生活需要有了新内涵，民生立法就有了新任务。立法就要积极回应人民群众最关心最直接最现实的权益。城市集中供热关乎百姓冷暖，情系千家万户。阳泉市从 1988 年启动实施集中供热工程，经过 30 多年的发展，全市集中供热用户总数达 34.6 万户，入网面积 3210 万平方米，名列全国同类型城市前列。虽然阳泉市集中供热事业有了长足发展，但还存在许多矛盾和问题，供热纠纷时有发生。市十五届人大常委会主任会议研究并报市委同意，启动实施集中供热领域立法工作。《阳泉市集中供热条例（草案）》在 2019 年 6 月 18 日至 19 日举行的常委会第二十四次会议进行初次审议；12 月 25 日举行的常委会第二十七次会议二审通过；2020 年 3 月 31 日举行的省十三届人大常委会第十七次会议批准；4 月 13 日，市人大常委会予以公布，决定自 2020 年 7 月 1 日起施行。

《阳泉市集中供热条例》共 9 章 40 条 6370 字。总则部分（第一章），明确了立法目的和依据、适用范围、政府责任、部门职责；分则部分（第二章至第八章）主要包括供热规划与建设、供热设施维护与管理、供热管理、用热管理、价格与热费管理、监督管理与争议处理、法律责任七个方面的内容；附则部分（第九章），解释了相关用语的含义，规定了条例施行的日期。《阳泉市集中供热条例》吸纳以往行之有效的管理经验，规范集中供热工作，解决所存在的监管职责不清、管理手段薄弱、保障措施不力的问题，对于维护用户合法权益，促进供热事业发展，实现城市精细化管理具有重要意义。

住宅专项维修资金是居民住房的“养老金”，备受社会各界关注。围绕管好用好住宅专项维修资金，市十五届人大常委会主任会议研究并报市委同意，启动实施住宅专项维修资金管理领域立法工作。《阳泉市住宅专项维修资金管理办法（草案）》在 2019 年 8 月 27 日至 28 日举行的常委会第二十五次会议进行初次审议；2020 年 6 月 23 日举行的常委会第三十二次会议二审通过；7 月 31 日举行的省十三届人大常委会第十九次会议批准；8 月 7 日市十五届人大常委会予以公布，决定自 2021 年 1 月 1 日起施行。

《阳泉市住宅专项维修资金管理办法》共 7 章 43 条 6536 字。总则部分（第一章）明确了立法目的和依据、适用范围、基本原则、政府责任、职责划分和宣传工作；分则部分（第二章至第六章）

主要包括交存管理、资金管理、使用管理、监督管理和法律责任，明确了交存主体和标准、资金权属、管理主体、管理方式、保值增值，常规使用、应急使用、信息化建设和信息安全等相关内容；附则部分（第七章）规定了法规的生效日期。办法对加强住宅专项维修资金事前事中事后全过程的规范化监管作出明确具体规定，有利于推动市政府及主管部门切实履行法律责任，对于加强对住宅专项维修资金的管理，保障住宅共用部位、共用设施设备的维修和正常使用，最大限度地发挥住宅专项维修资金的作用具有重要意义。

娘子关泉是中国北方地区最大的岩溶泉，是阳泉人民极为重要的生产生活水源。针对娘子关泉流量下降，水体遭到严重污染的情况，市十五届人大常委会在强化监督职能，推动实施娘子关泉保护工程的同时，探索通过立法方式加大泉域保护力度。2017 年 8 月，常委会将娘子关泉域保护条例列入立法项目库。2018 年 3 月 30 日，市十五届人大三次会议审议决定，将制定娘子关泉饮用水水源地保护条例的代表议事原案确定为大会议案。常委会及时成立立法专题调研组，深入市饮用水水质改善工程、五龙泉公园、娘子关镇污水处理厂、平定县提水泵站、盂县温池和兴道集中式供水站、郊区温河灌区以及寿阳山南水库等地，了解掌握水源地保护区域内的污染源治理、水质监测、生态环境监管等情况，针对发现的部分水源地保护范围与现状不相适应、全市地下水水质持续恶化、上游水源水质严重恶化、中水利用率偏低、缺乏必要的应急供水水源和备用水源等问题，提出了结合实际加强水源地保护管理、多措并举有效治理煤矿沉积老窑水、尽快启动龙华口调水工程立项等对策，向市委提交了《关于娘子关泉饮用水水源地保护立法调研情况的报告》，为娘子关泉饮用水水源地保护立法提供了重要依据。

立法保障疫情防控。2015 年后，阳泉市黑热病发病人数呈逐年上升态势，病例分布区域扩大至 5 个县区 26 个乡镇（街道）。2017 年至 2019 年，全市黑热病病例报告总数占全省同期报告病例总数的 61.11%，截至 2020 年 7 月 15 日，全市本年度累计报告病例为 56 例，占到了全省同期报告病例总数的 85.7%。通过对犬只进行检测筛查，全市黑热病发病率最高的郊区，犬只杜氏利什曼原虫阳性检出率达 17.56%。全市新发生黑热病病例总数已位居全国首位，黑热病在全市大范围流行传染，严重威胁人民群众生命健康，严重影响全市经济社会稳定发展。为坚决遏制黑热病蔓延，市委多次召开黑热病专题会议，对全市防治工作作出了全局安排和整体部署，市委书记姜四清明确要求市人大常委会要积极推进黑热病防控立法，通过制定相关地方性法规，确保黑热病防控工作于法有据。2020 年 6 月 17 日，市人大常委会第五十三次主任会议决定起草阳泉市黑热病防治规定；7 月 28 日，组织立法咨询专家召开论证会议，征求对规定草案初稿的意见建议；8 月 3 日，在省城太原邀请省人大常委会有关专家就规定（草案）的合法性、合理性和可行性征询意见；8 月 12 日，规定草案征求意见稿通过《阳泉日报》、阳泉市政府网向社会公布，公开征求意见建议。同时，再次征求了市政府相关部门的意见建议。8 月 24 日，市委书记姜四清对规定（草案）作出批示。8 月 26 日，市人大常委会第五十五次主任会议，研究规定（草案）修改稿。8 月 27 日，常委会第三十三次会议表决通过规定（草案）。11 月 27 日，省十三届人大常委会第二十一次会议通过《阳泉市黑热病防治规定》；12 月 15 日，市十五届人大常委会予以公布，决定自 2020 年 12 月 15 日起施行。

《阳泉市黑热病防治规定》全文 20 条，明确了政府及卫生健康、公安、农业农村等相关部门的职责，规定实施病犬和疫情报告制度，规定了公民的责任和义务，规定了公职人员失职渎职的法律责任，使黑热病在环境卫生防疫、病犬筛查检测、疫情报告监测等方面都有法可依。

立法为文明划“硬杠杠”。贯彻落实中共中央关于“把社会主义核心价值观的要求体现到宪法法律、法规规章和公共政策之中，转化为具有刚性约束的法律规定”的指示精神，推动阳泉文明城市建设走上法治化、常态化轨道，总结多年创建文明城市宝贵经验，启动制定文明行为促进条例。市人大常委会第三十五次会议通过《阳泉市文明行为促进条例（草案）》。

《阳泉市文明行为促进条例》草案以倡导奖励方式为主，内容包括5章38条4898字。总则部分（第一章），明确了立法的目的依据、适用范围、基本原则、文明办及政府职责、经费保障、社会参与和舆论宣传等；分则部分（第二章到第四章）主要包括倡导和规范、促进和保障以及法律责任三个方面的内容；附则部分（第五章），规定了法规的生效日期。条例草案以立法形式规范文明行为，目的在于维护公序良俗，进一步提高人民群众文明素养，引导和推动全市人民树立文明观念，养成良好行为习惯，以凝聚更强大的文明力量，促进文明城市创建工作常态化、规范化、法治化，发挥法治对精神文明建设和提升城市品位的支撑保障作用。

第四节　立法后宣传实施和评估修改

阳泉市高度重视地方性法规的学习宣传和贯彻实施工作。市委两次举行地方性法规宣传启动仪式。2018年6月21日，市委举行深入学习宣传贯彻《中华人民共和国宪法》暨《阳泉市道路交通安全管理条例》《阳泉市城市绿化条例》颁布实施启动仪式。市委书记关建勋，市长雷健坤，市委副书记、市委秘书长巩成，市人大常委会主任王旭明，市政协主席杨永生等市四大班子领导出席启动仪式。关建勋、雷健坤、王旭明分别讲话。巩成主持会议。市人大常委会副主任吕昌政介绍“两个条例”的出台过程和主要内容。市住建、公安、园林、交警、阳煤集团、县区人大、基层立法联系点等12个部门和单位现场接收了“两个条例”单行本，市公安局交警支队、市住建局负责人作了表态发言。2019年4月10日，市委在北山公园广场举行《阳泉市爱国卫生条例》和《阳泉市市容和环境卫生管理条例》宣传活动启动仪式。市委书记关建勋宣布活动启动。市长雷健坤致辞。市领导巩成、王旭明、孙金明、郭少敏、李文兵、史友松出席。副市长李文兵主持仪式。市卫健委、市城管局、青年志愿者代表先后发言。出席会议的市领导为市民发放法规读本。市十五届人大常委会及时发布省人大常委会批准出台的各项地方性法规，每项地方性法规出台后，都要立即召开新闻发布会，邀请中央和省、市各级主流媒体，阐述立法背景、通报制定过程，解读法规条文，多形式宣传法治理念，弘扬法治精神，引领法治风尚。

市十五届人大常委会坚持加大对地方性法规实施工作的指导和监督，在每部法规实施一年后，都要启动执法检查工作，完成对《阳泉市道路交通安全管理条例》《阳泉市城市绿化条例》《阳泉市爱国卫生条例》《阳泉市市容和环境卫生管理条例》和《阳泉市大气污染防治条例》的执法检查，执法检查报告提请市人大常委会进行审议，对发现的突出问题，督促“一府两院”限期解决，报告整改结果。坚持落实地方性法规立法后评估机制，成立立法后评估领导组，制定立法后评估工作方案，引入第三方机构“把脉问诊”，对法规的制度设计、实施效果、存在问题等进行客观分析评价，提出实施意见和建议。2019年11月7日，召开《阳泉市道路交通安全管理条例》和《阳泉市城市绿化条例》立法后评估工作会议进行安排部署，先后对2部法规进行了评估，为相关地方性法规的修订和完善及配套制度建设提供了科学依据。2020年8月27日，市十五届人大常委会第三十三次会议表决通过《关于修改〈阳泉市道路交通安全管理条例〉等六件地方性法规的决定》，根据新形势新要求，结合机构改革部门名称变化、职能调整，集中修改法规条文，有效维护法律尊严和国家法治统一。

市十四届人大常委会立法咨询专家一览表（共40人）

表7-1

姓名	性别	工作单位及职称、职务
梁　鹰	男	全国人大常委会法制工委研究室主任
张永志	男	全国人大常委会预算工委法案室副主任
邓永明	男	山西省人大法制委员会主任委员
蔡汾湘	男	山西省人大法制委员会副主任委员
张世文	男	山西省人大常委会法制工作委员会副主任
张　钧	男	中国人民大学法学博士、山西大学法学院教授
张晓永	男	北京大学法学博士、山西大同大学教授
段俊富	男	阳泉市法学会常务副会长
刘扬德	男	众晨律师事务所律师
刘新东	男	新东律师事务所主任
商继杰	男	众晨律师事务所主任
张桃贵	男	阳泉市司法局法律援助中心主任
呼旭光	男	山西省委党校法学教研部主任
王燕玲	女	中共阳泉市委党校马列教研室主任
李燕凌	女	中共阳泉市委党校工运教研室主任
毛文清	男	山西工程技术学院法学专业副教授
梁利生	男	山西工程技术学院建筑工程专业副教授
唐慧俊	女	山西工程技术学院法学专业副教授
管正付	男	阳煤集团法律事务部副部长、律师
张瑾琦	女	阳泉师范高等专科学校中文系副教授
赵志华	男	阳泉师范高等专科学校中文系副教授
梁　明	男	阳泉市住建局总工程师
孙希平	男	阳泉市住建局副局长
王贵平	男	阳泉市住建局调研员
陈巧玲	女	阳泉市园林科研所所长
陈　海	男	阳泉市规划局副局长
王建源	男	阳泉市环保局总工程师
丁超美	女	阳泉市环保局调研员
张海军	男	阳泉市林业科学技术研究所所长

续表 7-1

姓 名	性别	工作单位及职称、职务
田忠科	男	阳泉市应用技术研究所副所长
张江华	男	阳泉市水务局水资源管理办主任
胥　辉	男	阳泉市节能监察支队工程师
王孝邦	男	阳泉市群众艺术馆副馆长
张宏亮	男	平定冠窑砂器陶艺有限公司董事长、省级工艺美术大师
潘荣本	男	盂县人民文化馆副馆长、副研究馆员
高铁所	男	阳泉市环境信息监控中心主任
王改英	女	阳泉市环境辐射站站长
赵秀鸿	男	阳泉市环境监测站站长
马启富	男	阳泉市环境检测支队支队长
武文杰	男	阳泉市热力公司副经理

市十五届人大常委会立法咨询专家一览表（共 26 人）

表 7-2

姓 名	性别	工作单位及职称、职务
赵建平	男	省人大法制委员会主任委员
蔡汾湘	男	省人大法制委员会副主任委员、法工委主任
张世文	男	省人大常委会副秘书长
王海贵	男	市法学会常务副会长
杜衡茂	男	市政府法制办主任
程志强	男	市财政局副局长
陈　海	男	市规划局副局长
商继杰	男	山西硕明律师事务所主任
刘新东	男	山西新东律师事务所主任
工燕玲	女	市委党校政法教研室主任
冯俊明	男	山西众晨律师事务所律师
孙希平	男	市住建局原副局长
梁　明	男	市住建局总工程师
张存庆	男	市检察院检察委员会专职委员
毛志宏	男	阳泉市图书馆馆长

续表 7-2

姓名	性别	工作单位及职称、职务
陈巧玲	女	市园林科研所所长
张江华	男	市水务局水资源管理办主任
赵秀鸿	男	市环境监测站站长
王孝邦	男	市群艺馆副馆长
唐慧俊	女	山西工程技术学院法学专业副教授
张桃贵	男	市法律援助中心主任
杨　慧	男	山西硕明律师事务所副主任律师
赵仲琴	女	山西新东律师事务所副主任律师
牛良玉	男	郊区法律援助中心律师
孙文科	男	阳煤集团法律事务部律师
赵　倩	女	阳煤集团法律事务部律师

市人大常委会立法项目库一览表（共 53 件）

表 7-3

序号	立法项目	类别	项目来源
1	阳泉市养犬管理条例	城建	市公安局
2	阳泉市城乡规划管理技术规定	城建	市规划局
3	阳泉市国有土地上房屋征收与补偿管理办法	城建	市规划局
4	阳泉市公园管理条例	城建	市园林局
5	阳泉市城乡环境综合治理条例	城建	市住建局
6	阳泉市城市绿化条例	城建	市园林局
7	阳泉市城乡规划实施办法	城建	市规划局
8	阳泉市生活饮用水卫生监督管理条例	城建	市卫计委
9	阳泉市客运出租汽车管理条例	城建	市交通局，立法协商
10	阳泉市城市供热管理条例	城建	市住建局，立法协商
11	阳泉市森林防火条例	城建	市林业局
12	阳泉市非机动车辆暂行管理办法	城建	市公安局
13	阳泉市车辆停放管理办法（停车场收费管理办法）	城建	立法协商
14	阳泉市电梯安全监督管理办法	城建	市质监局
15	阳泉市绿色建筑管理办法	环保	市住建局

续表 7-3

序号	立法项目	类别	项目来源
16	阳泉市建筑业企业资质管理条例	城建	市住建局
17	阳泉市房屋建筑和市政基础设施建筑市场管理条例	城建	市住建局
18	阳泉市住宅专项维修资金管理办法	城建	市住建局
19	阳泉市建筑垃圾处理管理办法	环保	常委会组成人员
20	阳泉市户外广告管理条例	城建	常委会组成人员
21	阳泉市河道管理条例	城建	常委会组成人员
22	阳泉市城市节约用水管理条例	城建	常委会组成人员
23	阳泉市建设工程质量管理条例	城建	法制委委员
24	阳泉市道路运输管理条例	城建	立法协商
25	阳泉市娘子关泉域保护条例	城建	立法协商
26	阳泉市餐厨废弃物管理条例	城建	立法协商
27	阳泉市饮用水水源保护条例	城建	常委会组成人员
28	阳泉市城乡生活垃圾分类处理条例	城建	常委会组成人员
29	阳泉市城市供水管理条例	城建	法制委委员
30	阳泉市物业管理办法	城建	立法协商
31	阳泉市市区道路车辆行人通行规则	城建	立法协商
32	阳泉市供电设施收费及管理办法	城建	立法协商
33	阳泉市城市规划制定、修改、实施办法	城建	立法协商
34	阳泉市城市卫生管理办法	城建	立法协商
35	阳泉市城市园林建设与保护办法	城建	立法协商
36	阳泉市饮食服务业卫生安全管理办法	城建	立法协商
37	阳泉市底商住宅综合管理办法	城建	立法协商
38	阳泉市房屋出租管理办法	城建	立法协商
39	阳泉市住宅使用性质变更管理办法	城建	立法协商
40	阳泉市煤气管道管理办法	城建	立法协商
41	阳泉市快递车辆通行办法	城建	社会征集
42	阳泉市城市管理行政执法监督条例	城建	社会征集
43	阳泉市煤炭经营管理办法	环保	市工商局
44	阳泉市大气污染防治法实施办法	环保	社会征集，立法协商
45	阳泉市废弃电器电子产品回收处理管理条例	环保	市工商局

续表 7-3

序号	立法项目	类别	项目来源
46	阳泉市机动车排气污染防治条例	环保	常委会组成人员
47	阳泉市娘子关、固关长城保护条例	文化	市旅发委
48	阳泉市非物质文化遗产保护办法	文化	市文化局
49	阳泉市文物保护条例 / 阳泉市文物保护管理办法	文化	市旅发委
50	阳泉市历史文化名镇名村保护条例	文化	常委会组成人员
51	阳泉市传统文化保护管理办法	文化	立法协商
52	阳泉市娘子关风景名胜区保护条例	文化	常委会组成人员
53	阳泉市古村落保护管理办法	文化	立法协商

市人大常委会立法工作基层联系点（共 32 个）

一、城乡建设与管理类

城区人大常委会、城区上站街道办事处

矿区人大常委会、矿区平潭街街道办事处

郊区人大常委会、郊区平潭镇、郊区西南舁乡

平定县张庄镇、平定县巨城镇

盂县西烟镇、盂县南娄镇

二、生态环境保护类

郊区人大常委会、郊区河底镇、郊区旧街乡

矿区蔡洼街道办事处

平定县东回乡、平定县岔口乡

盂县人大常委会、盂县仙人乡、盂县东梁乡

三、历史文化保护类

郊区义井镇

平定县人大常委会、平定县冠山镇、娘子关镇

盂县人大常委会、盂县梁家寨乡、盂县苌池镇

四、大专院校

山西省工程技术学院

阳泉师范高等专科学校

市行政干部学院

五、行业协会

阳泉市法学会

阳泉市律师协会

市人大常委会地方立法工作研究基地（共 3 个）

一、山西硕明律师事务所

二、山西新东律师事务所

三、阳煤集团法律事务部

市人大常委会组织赴兄弟城市考察学习立法经验情况一览表

表 7-4

序号	项 目	时 间	兄弟城市	参加单位
1	阳泉市城市绿化条例	2017 年 11 月	重庆市、成都市	市人大机关、市园林局
2	阳泉市道路交通安全管理条例	2017 年 12 月	深圳市、珠海市	市人大机关、市公安交管部门
3	阳泉市市容和环境卫生管理条例	2018 年 9 月	青岛市、临沂市、连云港市	市人大机关、市政府法制办、市住建局
4	阳泉市爱国卫生条例	2018 年 11 月	三亚市、株洲市	市人大机关、市卫计委、新东律师事务所
5	集中供热、物业管理、水源地保护、工业遗产保护和历史文化保护领域立法	2019 年 4 月	大同市、朔州市、忻州市	市人大机关
6	阳泉市集中供热条例、阳泉市住宅专项维修资金管理办法	2019 年 6 月	兰州市、张掖市、酒泉市、银川市	市人大机关、硕明律师事务所
7	阳泉市集中供热条例、水资源保护地域立法	2019 年 7 月	海东市、玉树藏族自治州	市人大机关
8	阳泉市集中供热条例	2019 年 11 月	临沂市、菏泽市、洛阳市	市人大机关、市住建局、市城管局
9	阳泉市住宅专项维修资金管理办法	2019 年 11 月	福州市、宁德市、南宁市、成都市	市人大机关、硕明律师事务所

第二章　依法行使监督权

人大及其常委会的监督权，是宪法赋予国家权力机关的重要职权。《中华人民共和国各级人民代表大会常务委员会监督法》第一章第二条规定，各级人民代表大会常务委员会依据宪法和有关法律的规定，行使监督职权。人大监督制度是人民代表大会制度的重要组成部分。人民代表大会制度的重要原则和制度设计的基本要求，就是任何国家机关及其工作人员的权力都要受到制约和监督。2001 年 1 月至 2020 年 12 月，阳泉市历届人大常委会根据监督法规定，深化监督认识，完善制度规范，加强能力建设，实施监督公开，不断加强对计划和预算的审查监督、对经济社会发展重大事项和民生问题的监督、对法律法规实施的监督、对规范性文件的备案审查监督。中共十八大后，习近平总书记就坚持和完善人民代表大会制度，就加强和改进人大监督工作提出了一系列重要论述，为推动人大监督工作提供了根本遵循。市人大常委会监督理念和思路不断更新、监督制度和规则不断完善、监督方式和程序不断规范、监督领域和渠道不断拓宽，监督质量和效果不断提升。20 年间，先后听取和审议专项工作报告 332 个，开展执法检查和执法调研 144 次，组织专题调研 175 次，有效推动了“一府两院”依法行政、公正司法，改进工作，为全市经济社会发展和民主法治建设做出积极贡献。

第一节　计划和预算监督

2001 年 1 月至 2020 年 12 月，历届市人大常委会对计划、预算草案及报告进行常态化、全过程、实质性审查监督。在每次人民代表大会会议召开之前，由市人大财政经济委员会组织常委会委员、财经委委员进行视察调研，初步审查上年度计划、预算执行情况和本年度计划、预算草案。会议期间，财经委及时收集整理代表对计划、预算报告的意见建议，召开财经委会议研究讨论，提出关于计划、预算的审查报告（草案），提交大会主席团审议。在市人代会闭会期间，市人大常委会在每年的 6 至 9 月，听取和审议市政府关于上半年全市国民经济和社会发展计划执行情况的报告；听取和审议市政府关于上年度财政决算草案的报告；听取和审议市政府关于上半年全市财政预算执行情况的报告、关于上年度市本级财政预算执行和其他财政收支的审计工作报告。如果当年有计划、预算调整等事项，市人大常委会都要根据市政府的提请适时召开会议审议审查。20 年间，先后听取审议相关工作报告 71 个，强化对本级计划、预算的审查监督，更好地为地方经济建设服务。中共十八大后，进一步加强对政府全口径预算决算审查和监督，深入推进预算审查监督重点向支出预算和政策拓展，积极开展人大预算联网监督，有力地推动人大计划、预算审查监督向常态化、全过程、实质性审查监督转变。

市十一届人大常委会（2001 年 1 月至 2002 年 3 月） 围绕落实全市赶超发展战略，根据改革开放和经济建设中的重大问题，加强对国民经济和社会发展计划以及财政预算执行情况的监督检查。对审计报告中提出的涉及8个方面的违纪问题，要求市政府认真整顿，限期改正。在审议计划报告过程中，常委会组成人员针对全市经济工作中存在的问题，提出适应加入WTO的新形势，进一步加强经济结构调整，加快国有企业改革和脱困步伐，大力发展非公有制经济，拓宽经济发展领域，进一步转变政府职能，切实为经济社会发展创造良好环境等方面的意见和建议。

市十二届人大常委会 坚持贯彻落实科学发展观，围绕推动资源型城市转型、经济结构调整和增长方式转变，组织视察调研重点工程建设情况，推动市政府加强宏观调控，创新体制机制，改善发展环境，加大招商引资力度，全力推进在建重点项目实施，全面实现年度经济社会发展目标。围绕搞好“十一五”规划编制，常委会组织召开座谈会、论证会，广泛听取人大代表、基层群众、专家学者的意见建议；组成“资源型城市可持续发展”课题调研学习考察组，赴东北和山东等地学习考察，努力使阳泉市“十一五”规划编制更科学、更有利于促进资源型城市可持续发展。制定实施《阳泉财政预算审查监督办法》，对预算审查、批准、监督的程序、时限、重点内容作出明确规定，增强了预算监督的规范性和可操作性。成立计划、预算审查专家咨询组，为人大计划、预算审查监督向“实质性”迈进提供了专业支撑。强化审计查出问题的监督整改，针对娘子关供水二期工程存在的项目管理粗放、工程不招标，工程监理形同虚设，投资长期严重失控、超支，置换国债资金，挪用国债资金等问题，要求市政府尽快拿出处理意见，给人大常委会专题汇报处理情况。2005年至2006年，市本级预算超收较多，常委会建议市政府优化和调整财政支出结构，向事关人民群众切身利益的方面倾斜，加大对社会保障、基础设施建设、特色城镇化和新农村建设的支持力度。

市十三届人大常委会 坚持狠抓发展第一要务不动摇，围绕全市重大战略、重点项目的加快实施，在投资环境、项目推进和资金保障三个方面加强工作监督。围绕搞好“十一五”规划中期评估，市人大常委会深入了解执行情况，细致研讨存在问题，提出更加注重经济结构调整、更加注重节能减排和大力发展循环经济等意见建议。围绕搞好“十二五”规划编制，常委会选择转型跨越发展、城乡一体化、科技教育事业发展、城乡建设与环境保护、劳动就业与社会保障、农业与农村发展、文化卫生事业发展和民主法治建设等专题，深入基层调查研究，形成专题调研报告35个，提出建议和意见120多条，为审查和批准“十二五”规划纲要做了充分准备。高度关注政府债务风险，修改完成《阳泉市财政预算审查监督办法》，对预算调整概念及其审批权限进行了明确，对财政偿还间接贷款的申请办理程序、财政偿还间接贷款资金使用及还贷机制的管理与监督等作了具体规定。督促财政部门规范和强化部门预算管理，将提交人代会审议的部门预算单位逐渐增加到6个，不断提高政府财政资金使用的透明度；建立和完善项目支出预算管理制度，加强项目支出预算评审论证和绩效考评工作，市级列入预算的专项资金都基本落实到项目。

市十四届人大常委会 深入学习贯彻习近平总书记系列重要讲话精神，牢牢抓住资源型城市转型发展这条主线，针对国际、国内经济形势严峻、下行压力增大的情况，每年深入各县区和市直经济综合部门、金融机构及重点企业，听取汇报、实地察看，对重点工程项目的部署安排、完成目标任务的保障措施等进行重点审查。围绕搞好“十二五”规划中期评估，提出了全面深化改革、把转型放在首位和大力发展实体经济等意见建议。围绕搞好“十三五”规划编制，各专委会提前介入编制工作，加强与政府有关部门的联系，撰写调研报告7件，提出意见建议92条，为市委制定规划建议提供了参考依据，为十四届人大六次会议审查批准规划纲要做了充分准备。坚持以新预算法实施为契机，推动市政府将市级公共财政预算、政府性基金预算、社保基金预算、国有资本经营预算全部提交人代会审查批准。市财政局通过门户网站向全社会公开市级财政预算、决算和“三公”经费汇总决算，有28个市本级预算部门向全社会公开了本单位的预算、决算和“三公”经费决算情况。深化拓展审计监督职能，从2015年起，每年听取和审议市政府审计查出问题整改情况的报告。规范预算调整及地方债审批程序，针对2013年、2014年财政收入不达预算进度，预算目标难以实现的情况，听取和审议了市政府调整财政预算的报告。2015年至2016年，都听取和审议了市政府《关于财政减收市级预算调整方案暨地方政府债务限额分配方案的报告》。

市十五届人大常委会 以习近平新时代中国特色社会主义思想和中共十九大精神为统领，紧紧围绕统筹推进稳增长、促改革、调结构、惠民生、防风险、保稳定各项工作。2017年7月25日，市十五届人大常委会主任会议研究通过财政经济委员会关于组建计划、预算专家咨询小组的意见。10月10日，市人大办公厅印发《阳泉市人大常委会计划审查咨询专家库管理办法》《阳泉市人大常委会预算审查咨询专家库管理办法》。从2017年开始，每年邀请计划预算审查专家参与计划预算草案审查。围绕全口径监督首次提出将国民经济计划与财政预算安排结合审查，一定程度上改善了计划任务与预算安排两张皮的问题。首次将政府预算与部门预算结合审查，实现了人大预算监督由粗放式审查向规范化、有效性监督的转变。首次提出向人大报告财政结转结余规模、转移支付分配、存量资金使用等规避人大监督进行二次分配的情况，连续多年督促财政对未细化的和未向人大反映的存量资金分配等40亿元财政资金进行调整与细化并向大会如实报告。创新性提出将年度人大监督重点与审计计划安排有效衔接，聚焦重点项目，同步开展了政府重大投资项目绩效、国有资产监督与审计。高度关注政府债务风险防控，要求审计部门将政府债务审计列入年度计划，为常委会审议提供重要参考。更加重视审计整改，全省率先对相关部门审计查出问题整改情况并进行满意度测评，有效提升了人大与审计合力监督效应，推动了审计整改工作的长效常态。围绕搞好“十三五”规划中期评估，针对阳泉市经济社会发展中存在的实体经济发展与现代经济体系不够匹配、民生福祉建设与高质量发展要求有所差距，以及中期评估报告中部分指标未予评估和完成困难较大等问题，要求政府相关部门认真分析研判，积极采取措施，切实加以解决。围绕阳泉人民百姓最关注的出行难问题，2017年开展了阳大铁路建设情况进专项调研，调研报告呈报市委批示，作出了《关于将阳大铁路建设资金缺口纳入财政预算的决议》。2018年2月，市人大常委会上组织开展了专题询问，推动阳大铁路建设取得了突破性进展。2020年阳大铁路正式开通运行，充分展现了人大为民谋福的力量。2020年，面对突如其来的新冠肺炎疫情，认真贯彻中央精神，听取和审议中央特殊转移支付资金报告，实时跟踪资金落实情况，两次下达监督意见，推动中央纾困政策有效落地，为打赢精准脱贫、污染防治、防范化解重大风险三大攻坚战，做好“六稳”（稳就业、稳金融、稳外贸、稳外资、稳投资、稳预期）工作，落实“六保”（保居民就业、保基本民生、保市场主体、保粮食能源安全、保产业链供应链稳定、保基层运转）任务，强调全面落实党中央决策部署，坚持稳中求进工作总基调，坚持新发展理念，扎实全面努力克服新冠肺炎疫情带来的不利影响，确保完成决战决胜脱贫攻坚目标任务，全面建成小康社会，夺取疫情防控和经济社会发展双胜利发挥了积极作用。全面落实中央和省委、市委加强国有资产管理情况监督、预决算审查监督等文件精神，召开建立政府向人大报告国有资产管理情况制度推进会，市县两级政府认真履行报告职责，分别听取审议了国有企业、金融企业、行政事业性国有资产、自然资源国有资产专线报告以及全市国有资产管理情况的综合报告，交出各类国有资产的“明白账”。在全省首家听取和审议重点领域支出预算及政策落实情况报告，推动预算审查监督重点向支出预算和政策落实拓展，更好体现和落实党中央决策部署，保障党的路线、方针、政策在财经工作中全面贯彻和有效执行。审查批准财政决算、新增债券预算调整方案、收支预算调整方案，首次在常委会上对审计查出问题整改单位整改情况进行满意度测评，推动审计整改落实到位。加强政府投资项目管理，提高项目投资绩效，努力为百姓管好“钱袋子”。

预算联网监督工作 市十五届人大常委会贯彻落实全国人大常委会办公厅印发《关于推进地方人大预算联网监督工作的指导意见》，2017 年 12 月 7 日，第 13 次主任会议听取了财政经济委员会提交的《关于预算联网监督工作实施方案的汇报》。2018 年 2 月 28 日，办公厅印发《阳泉市人大常委会预算联网监督工作实施方案》（阳人办发〔2018〕16 号），明确“各县区人大要结合实际提前做好预算联网的相关准备、制定联网方案，同步推进预算联网监督工作，不断提高预算审查监督水平”。4 月 8 日，办公厅印发《关于召开全市人大预算联网监督工作推进会的通知》（阳人办发〔2018〕34 号），明确召开预算联网监督工作推进会的人员范围、方式方法等事项。4 月 17 日，全市人大预算联网监督工作推进会召开，参加会议的市县两级人大财经委及财政、审计、人社部门负责人到省人大常委会机关参观学习。会议明确全市预算联网监督系统建设的目标任务。2018 年 6 月正式启动预算联网建设工作。2018 年 12 月，市人大预算联网监督中心建成，实现了与财政国库集中支付系统的联网与实时监督，以及与审计部门的网上双向互动。2019 年 2 月 28 日，办公室向市机构编制委员会办公室提交《关于成立市人大常委会预算监督管理中心的请示》（阳人办发〔2019〕25 号）。12 月 30 日，阳泉市机构编制委员会办公室印发《关于成立阳泉市人大常委会预算监督管理中心成立的批复》（阳编办字〔2019〕138 号），同意成立阳泉市人大常委会预算联网监督中心，为正科级财政拨款事业单位，并明确了编制 3 名及其主要职责。2019 年 3 月，在全省率先开发建设预算联网监督私有云平台，整合了财政、审计、政策法规等相关资源，基本具备了代表参与网上预算监督的条件。5 月，全市 5 个县区预算联网监督中心全部建成，实现市县两级人大对财政国库集中支付系统实时监督全覆盖。2019 年 12 月，在全省率先建成横向联通市直各相关部门和 370 多个预算单位、市人大常委会各机构，纵向直通市委书记、贯通省、市、县、乡四级人大，连接 45 个乡镇街道代表联络站的预算联网监督平台；率先成功开发了数据标准规范、信息真实完整的全覆盖、全过程、全链条式人大预算联网监督软件，实现了对财政四本预算的全口径、全方位、实时化监督。省人大预工委预算监督处到阳泉考察预算联网监督系统并做出高度评价，三次编发专报向各地市宣传阳泉经验。2020 年 4 月，市十五届人民代表大会第五次会议召开前，针对新冠肺炎疫情期间代表聚集不便的问题，将市人大常委会、市人民政府、市中级人民法院、市人民检察院工作报告（草案）及计划、预算报告（草案）电子版载入市人大预算联网监督平台，组织代表在市县两级人大预算联网监督中心及各代表联络站预先审议审查。4 月 18 日至 20 日，有 237 名市人大代表参加网上预审，参加率 84.04%，共提交意见建议 1138 条，经梳理归纳为 863 条，涉及政府报告 208 条、计划报告 126 条、预算报告 126 条、人大常委会报告 159 条、法院报告 121 条、检察院报告 123 条，编发大会快报呈报大会主席团和市政府市长、副市长，进入了决策层视野，做到了会期缩短，但代表审议时间没有减少，审议质量有所提高。在线审议国家机关工作报告，为全国首创，《人民代表报》《山西人大》等报刊作了纪实报道。2020 年 4 月，省人大预工委授权阳泉开发全省人大预算联网监督系统升级版。2020 年 5 月，市委书记姜四清到市人大机关调研，听取人大预算联网监督建设情况汇报，要求健全预算联网监督工作机制，完善风险日常研判、动态预警、常态防范的闭环管控机制。5 月底，“山西版”预算联网监督系统正式完成，认真落实市委书记意见，构建了多功能、智能化、闭环式的联网监督机制，实现了转移支付资金从省到市到县的纵向监督，并率先实现了省市县乡四级人大纵向贯通，5 月 26 日，省人大常委会预算工作委员会到阳泉调研，对阳泉预算联网监督工作和授权阳泉开发的“山西版”预算联网监督系统给予高度肯定，指出，阳泉人大在预算联网监督工作中先行先试，加强系统研发，整体设计的框架和技术相对超前，应用实在，效果明显，具有很好的复制和推广价值，开发的“山西版”预算联网监督系统具备向全省各市推广的条件。6月11日，全省人大预算联网监督工作培训班暨阳泉现场交流会在阳泉召开，会议指出，“山西版”软件系统建设成效明显，阳泉预算联网工作领导重视、推进快、成效大，特别是转移支付、纵向监督等工作走在全省前列，各市要认真落实培训会精神，充分学习借鉴阳泉经验，加快推进预算联网建设工作，确保预算联网真正联得上、用得好、有效果。会议确定，由阳泉开发的“山西版”预算联网监督系统正式向全省各地市推广，在全省率先开展联网的监督应用，一年三次下达预算执行联网监督预警意见，三次预决算审查意见，财政部门均全面落实和回复。8月11日，全国人大常委会预算工委印发第23期简报，刊发《网上预审报告打造代表履职新亮点——阳泉市人大预算联网监督系统助力人大代表高效履职》专稿。特别是3月和11月，两次配合省人大常委会完成向栗战书委员长和省委书记的预算联网监督工作汇报，得到全国和省人大常委会领导的充分肯定。之后，中国人大杂志社记者来阳泉进行专访，刊发《阳泉人大：预算联网监督让每一分钱花在百姓心坎上》的纪实报道，让阳泉人大预算监督进入全国人大视野。

第二节　经济工作监督

2001年1月至2020年12月，历届市人大常委会加强对经济工作的监督，把握结构调整、转型升级和综改示范区建设主题主线，在加快改革开放、优化营商环境、推动项目建设、发展优势产业等方面依法加强监督，听取和审议专项工作报告24个，开展执法检查和执法调研20次，组织专题调研35次。

一、听取和审议专项工作报告

（一）市十一届人大常委会（2001年1月至2002年3月）听取和审议专项工作报告1个

推动加快工业技术改造步伐。2001年12月，第三十二次会议听取和审议市政府《关于工业技术改造工作情况的报告》。要求增加骨干企业技术改造的投资，切实走内涵扩大再生产之路；深化企业内部改革，增强企业技术创新的内生动力；在技改项目投向上，突出重点，择优扶强，带动整个行业的重组，壮大全市工业经济实力和市场竞争能力。

（二）市十二届人大常委会听取和审议专项工作报告4个

高度重视开发区的建设和发展。2003年10月，第十次会议听取和审议市政府《关于阳泉经济技术开发区十年发展情况和今后发展规划的报告》，要求切实把阳泉经济技术开发区作为新的经济增长区，创新发展机制、加大扶持力度，赋予相应的管理权限，努力营造全社会关注开发区建设、支持开发区发展的良好氛围。要求开发区管委会解放思想，更新观念，围绕经济技术开发主题发展，优化政务环境，提高服务质量，加快改革创新，实现超常规发展。

推动国有企业改革发展。2005年8月，第二十三次会议听取和审议《市政府关于市属国有企业改革情况的报告》，要求站在加快资源型城市转型、建设新型材料工业基地的高度，切实把国企改革作为“一把手”工程，加强领导、科学施策，突出重点、抓住关键，与时俱进，创新机制，放活管好，攻坚克难，全力打好国有企业改革的攻坚战。

推动县域经济健康发展。2006年12月，第三十三次会议听取和审议市政府《关于县域经济发展情况的报告》，要求进一步提高思想认识，增强加快发展县域经济的紧迫感和危机感。制定发展规划，明确目标任务，完善政策措施，协调解决县域经济发展中出现的困难和问题，从根本上消除一切不利于县域经济发展的观念、体制和政策障碍，立足自身优势，突出新型支柱产业的培育发展，牢固树立环境保护、效益经济和长远发展的观念，走出一条适合本地实际的可持续发展道路。

（三）市十三届人大常委会听取和审议专项工作报告6个

推动提升商务工作水平。2007年12月，第六次会议听取和审议市政府《关于商务工作情况的报告》，要求牢固树立“大开放促进大发展，大流通促进大发展”的理念，增强在新的市场经济条件下做好商务工作的紧迫感和使命感，以全新的思维、务实的作风、有力的举措，不断优化招商引资结构，加大招商项目的落实力度，加快外贸进出口产品的转型步伐，加强对重要消费品的市场监管，进一步整顿和规范市场经济秩序；以抓好“万村千乡”市场建设工程为切入点，扎实推进社会主义新农村建设。

加快旅游产业发展。2008年6月，第十次会议听取和审议市政府《关于旅游产业发展工作情况的报告》，要求提高认识，加强领导，科学规划，合理开发，优化环境，创新机制，加大投入，扩大宣传，不断增强旅游产业的综合竞争力，促进旅游产业又好又快发展。2010年10月，第三十次会议听取和审议市政府《关于贯彻落实〈阳泉市人大常委会关于进一步加快阳泉市旅游产业发展的决议〉情况的报告》，要求制定发展规划，优化产业布局，完善政策措施，推动优先发展；加强市场监管，提高从业队伍整体素质；加快资源开发和建设，大力引导社会资本进入，努力打造级别更高的知名景区；加大宣传推广力度，加快旅游与文化的有机融合；构建产业链条，促进旅游消费，把旅游打造成重要的支柱产业。

推动煤炭企业转型升级。2010年2月第二十四次会议、2011年2月第三十二次会议听取和审议市政府《关于煤炭资源整合工作情况的报告》《关于煤矿企业兼并重组整合工作情况的报告》，要求坚持以科学发展观为指导，高度重视煤炭资源整合和兼并重组，抓好“回头看”检查工作，推进主体企业实质性全面接管所属保留矿井，健全完善法人治理结构和现代企业制度，督促兼并重组补偿资金按协议进度足额到位；抓好兼并后矿井的改扩建和恢复生产工作，帮助企业早日达产达效，高标准高质量全面完成煤矿企业兼并重组整合工作任务，为煤炭产业可持续发展奠定坚实基础；围绕“以煤为基、多元发展”的总体思路，抓好煤矿企业发展地面工业企业的项目选型、认定和立项等工作，为阳泉市转型跨越发展提供强有力的支撑。

（四）市十四届人大常委会听取和审议专项工作报告2个

推动加快重点项目建设。2013年10月，第十四次会议听取和审议市政府《关于“项目推进年”实施情况的报告》，要求坚持以习近平总书记重要讲话精神为指针，加强重点项目的前期规划研究，保证项目建设的开工率、资金到位率和序时进度；加大土地收储力度，最大限度地获取新增建设用地指标；建立多元化投融资机制，努力破解资金短缺难题；坚持以人为本，科学规范征地拆迁方案，争取群众的理解、支持和配合，破解征地拆迁难题；加快产业集聚园区建设，以产业集聚化、企业园区化引领项目发展，使产业园区成为阳泉市发展的强大引擎；优化项目建设环境，切实帮助项目单位协调解决建设过程的实际困难和问题，为项目建设、投产创造良好外部环境。

推动市属国有企业健康发展。2015年6月，第二十八次会议听取和审议市政府《关于市属国有企业改革工作情况的报告》，要求深入学习贯彻党中央《关于全面深化改革若干重大问题的决定》和习近平总书记系列重要讲话精神，准确把握深化国有企业改革的方向目标和重大举措，明确改革目的和思路，以规范经营决策、资产保值增值、提高企业效率、增强发展活力、承担社会责任为重点，抓好资产统一监管、商贸服务企业分类改革、优势企业改革重组和退城进园、劣势企业依法依规破产关闭或歇业关闭等工作，落实重大信息公开、深化煤炭企业改革等重点工作，力争用三年左右的时间，全面完成重点改革任务，做大做强市属国有经济，促进全市经济转型跨越发展。

（五）市十五届人大常委会听取和审议专项工作报告 11 个

推动中小微企业快速健康发展。2017 年 4 月，第二次会议听取和审议市政府《关于中小微企业发展情况的报告》，要求深入学习贯彻习近平总书记关于中小微企业发展的重要讲话精神，加大宣传力度，做好政策引导，完善发展思路，挖掘发展优势，加大扶持和减负力度，完善小微企业的公共服务体系，探索创新小微企业融资方式，合理配置土地资源，做好人才培养储备，引导小微企业树立二次创业的信心，加快向新业态新行业转型，走企业集中、产业集聚、土地集约的发展道路，不断增强良性发展和市场竞争能力，推动全市高质量发展。

推动资源型经济转型发展。2018 年 10 月，第十七次会议听取和审议市政府《关于贯彻落实国发〔2017〕42 号文件工作情况的报告》，要求深入学习贯彻习近平总书记视察山西重要讲话精神，充分领会中央政策意图，深入研究影响转型发展的困难和问题，坚持改革引领、聚焦产业转型、突出生态优先、加强协同联动、实施创新驱动、强化项目支撑，加快构建现代能源体系，优化投资环境，用好政策红利，锐意改革创新，大力拓展来之不易的转型发展良好态势，努力推动全市经济实现高质量转型发展。

推动完善国有资产监督管理体系。2018 年 12 月第十八次会议、2019 年 6 月第二十四次会议、2020 年 6 月第三十二次会议听取和审议市政府关于国有资产管理及行政事业单位、金融企业国有资产管理情况的报告，要求深入学习贯彻习近平总书记关于国企国资改革发展的重要讲话精神，加强组织领导，统筹部门联动，完善管理机制，落实监管责任，形成纵向到底、横向到边的监管体系和工作合力，加快实现国有资产规范化、法治化、科学化管理，让国有资产最大限度地保值增值，发挥效益。

经济工作监督听取和审议专项工作报告一览表

表 7-5

序号	时 间	会 议	专 项 工 作 报 告
1	2001 年 12 月	市十一届人大常委会第三十二次会议	市政府关于工业技术改造工作情况的报告
2	2003 年 10 月	第十二届市人大常委会第十次会议	市政府关于阳泉经济技术开发区十年发展情况和今后发展规划的报告
3	2003 年 10 月	第十二届市人大常委会第十次会议	市政府关于非公有制经济发展环境情况的报告
4	2005 年 8 月	市十二届人大常委会第二十三次会议	市政府关于市属国有企业改革情况的报告
5	2006 年 12 月	市十二届人大常委会第三十三次会议	市政府关于县域经济发展情况的报告
6	2007 年 12 月	市十三届市人大常委会第六次会议	市政府关于商务工作情况的报告
7	2008 年 6 月	市十三届人大常委会第十次会议	市政府关于旅游产业发展工作情况的报告
8	2010 年 1 月	市十三届人大常委会第二十三次会议	市政府关于赛鱼路大修工程和桃河城区段上游河道治理工程项目贷款情况的报告
9	2010 年 2 月	市十三届人大常委会第二十四次会议	市政府关于煤炭资源整合工作情况的报告

续表 7-5

序号	时 间	会 议	专 项 工 作 报 告
10	2010 年 10 月	市十三届人大常委会第三十次会议	市政府关于贯彻落实《阳泉市人大常委会关于进一步加快旅游产业发展的决议》情况的报告
11	2011 年 2 月	市十三届人大常委会第三十二次会议	市政府关于煤矿企业兼并重组整合工作情况的报告
12	2013 年 10 月	市十四届人大常委会第十四次会议	市政府关于“项目推进年”实施情况的报告
13	2015 年 6 月	市十四届人大常委会第二十八次会议	市政府关于市属国有企业改革工作情况的报告
14	2017 年 4 月	市十五届人大常委会第二次会议	市政府关于中小微企业发展情况的报告
15	2017 年 10 月	市十五届人大常委会第五次会议	市政府关于市属国企国资改革情况的报告
16	2018 年 10 月	市十五届人大常委会第十七次会议	市政府关于贯彻落实国发〔2017〕42 号文件工作情况的报告
17	2018 年 12 月	市十五届人大常委会第十八次会议	市政府关于国有资产管理情况的综合报告
18	2018 年 12 月	市十五届人大常委会第十八次会议	市政府关于行政事业单位国有资产管理情况的报告
19	2019 年 6 月	市十五届人大常委会第二十四次会议	市政府关于国有资产管理情况的综合报告
20	2019 年 6 月	市十五届人大常委会第二十四次会议	市政府关于金融企业国有资产管理情况的报告
21	2019 年 6 月	市十五届人大常委会第二十四次会议	市政府关于行政事业性国有资产管理情况的报告
22	2020 年 6 月	市十五届人大常委会第三十二次会议	市政府关于国有资产管理情况的报告
23	2020 年 12 月	市十五届人大常委会第三十五次会议	市政府关于支持阳泉融盛投资控股集团有限公司转型发展的报告
24	2020 年 12 月	市十五届人大常委会第三十五次会议	市政府关于项目建设和招商引资情况的报告

二、执法检查和执法调研

（一）市十一届人大常委会（2000 年 1 月至 2002 年 3 月）开展执法检查和执法调研 5 次

《中华人民共和国煤炭法》《山西省煤炭管理条例》执法检查。2001 年 10 月，执法检查组召开有关县区及单位参加的动员大会，深入平定县、郊区的重点煤矿进行检查。检查发现个别乡镇和煤矿负责人存在对关闭整顿乡镇煤矿的重要性和必要性认识不足，态度不坚决，工作不到位，等待观望思想较重；煤炭市场中间环节太多，流通领域混乱现象仍未得到有效控制；一些乡镇、村办煤矿安全投入少，开采技术落后，资源回采率低，安全隐患突出等问题。针对这些问题，要求市政府及有关部门加大法律法规宣传力度，从根本上增强人们的法治观念，真正把煤炭生产经营活动纳入法治化轨道；增强依法行政意识，提升行政执法水平，从严把好生产许可证发放关，严肃查处各项违法行为；加大煤炭产品产业结构调整力度，推进产业优化升级，走出一条投入少、见效快、产出多、效益高的新路子。

进行《中华人民共和国广告法》《中华人民共和国商标法》《中华人民共和国会计法》和《山西省会计管理条例》的执法检查和执法调研。

配合省人大常委会开展《中华人民共和国烟草专卖法》执法检查。

（二）市十二届人大常委会开展执法检查和执法调研4次

《中华人民共和国审计法》执法检查。2003年7月至9月，执法检查组深入市政府主管部门和各县区，本着“突出重点，兼顾一般，认真检查，督促整改”的精神，在国家审计、内部审计和社会审计三方面进行重点检查。针对审计力量不足、人员素质不高、审计决定执行难、经济责任审计跟不上等问题提出改进建议。

《中华人民共和国矿产资源法》《山西省矿产资源管理条例》执法检查。2004年6月，执法检查组召开由市政府及有关部门、各县区人大财经工委、各新闻单位负责人参加的执法检查动员会议，深入各县区及阳煤集团座谈走访、抽查资料、现场问询、接受举报，对检查中发现的重点和难点问题组织新闻单位进行专门采访和跟踪报道，注重解剖正反两方面的典型，以事说法，以查促改，促进热点难点问题解决。

进行《中华人民共和国煤炭法》《山西省煤炭管理条例》和《中华人民共和国节约能源法》《山西省节约能源条例》的执法检查和执法调研。

配合省人大常委会开展《山西省人大常委会关于全面推进资源节约与综合利用的决定》执法检查。

（三）市十三届人大常委会开展执法检查和执法调研3次

《中华人民共和国节约能源法》《山西省节约能源条例》执法检查。2007年5月，执法检查组深入市直有关部门、各县区及部分企业，系统了解节能降耗情况，针对一些县区和部门工作不到位、措施不落实、进展不平衡的问题，要求市政府及职能部门进一步加大节能宣传力度，提高全民节能意识；充实节能监管工作机构，建立强有力的节能监管体系，做到机构、人员、经费的“三落实”和“三到位”。

《中华人民共和国税收征收管理法》执法检查。2011年8月，执法检查组深入市国税局、地税局及部分企业听取汇报，实地检查，了解税务部门贯彻法律法规、履行职能情况。针对税法宣传还不够深、综合治税效果不明显、税源控管存在缺位现象、执法中的新问题处理不及时等问题，要求市政府继续加大税法宣传力度，依法强化税收征管，切实提高综合治税水平。要求税务部门进一步落实征管责任，依法严格征管，保证各种税款应收尽收；强化税源动态监管，多措并举提高监管效率，保障税收及时足额入库；着力提升纳税服务水平，为企业自觉纳税、依法纳税创造宽松和谐的环境；支持培植后续税源，扶持发展一批科技含量高、环保节能、发展后劲强的新型现代产业；大力实施人才兴税战略，树立税务机关的良好形象。

进行《中华人民共和国产品质量法》的执法检查和执法调研。配合省人大常委会开展《中华人民共和国循环经济促进法》执法检查。

（四）市十四届人大常委会开展执法检查和执法调研6次

《中华人民共和国道路运输管理条例》执法检查。2012年10月，执法检查组深入市交通部门及公大驾校、市客运总站等单位实地检查、座谈讨论，指出条例实施过程中存在的问题和不足，要求认真学习宣传贯彻中共十八大精神，充分认识交通部门的重要职能作用，增强交通大有可为、大有作为的信心和决心；围绕实施工业强市战略，把交通建设与园区规划布局、统筹城乡发展、特色产业开发结合起来，为营造良好的创新创业环境做出新贡献；围绕实施扩城阔市战略，推进城际快速通道建设，切实提升道路功能性和网络化水平；围绕实践交通惠民理念，搞好公共交通服务体系建设，不断提供便捷、舒适、温馨的公交服务，为提升居民的交通幸福指数做出新贡献。

《中华人民共和国产品质量法》执法检查。2013年6月，执法检查组深入重点企业采取检查、抽查、座谈等方式，全面了解法律贯彻实施情况。针对存在的思想认识不够高、宣传力度不够大、政策措施不够强、监管工作存在盲区等问题，要求市政府及主管部门深入学习贯彻习近平总书记系列重要讲话精神，进一步加大宣传教育力度，不断提升全社会的质量标准意识；严格市场准入制度，健全产品质量监管机制；强化统筹规划和组织领导，大力推进科技创新、管理创新和服务创新；加大服务企业发展力度，抓好技术保障能力建设，全面提升企业质量管理整体水平。

进行《中华人民共和国煤炭法》《中华人民共和国税收征收管理法》《中华人民共和国矿产资源法》《中华人民共和国节约能源法》的执法检查和执法调研。

（五）市十五届人大常委会开展执法检查和执法调研 2 次

《关于山西转型综合改革示范区行政管理事项的决定》执法检查。2017 年 3 月 30 日，执法检查组深入百度云计算、阳煤华鼎机械公司、上海御目、三和国投以及中兴环能等单位，了解阳泉市依法授权、支持推动开发区改革发展的情况，以及开发区体制机制改革、产业转型升级、规划布局等情况，与市编办、发改、经信、国土、商粮等部门负责人座谈交流，听取意见建议，要求市政府认真贯彻落实省、市决策部署，进一步提高思想认识，强化责任担当，坚持问题导向，解决突出矛盾，确保开发区改革创新各项措施落实到位；坚持党的领导，充分发挥人大作用，依法监督，提升人大监督实效。

进行《中华人民共和国中小企业促进法》的执法检查和执法调研。

经济工作监督执法检查和执法调研一览表

表 7-6

序号	时　间	执法检查和执法调研主题
1	市十一届人大常委会	《中华人民共和国广告法》实施情况
2	市十一届人大常委会	《中华人民共和国商标法》实施情况
3	市十一届人大常委会	《中华人民共和国煤炭法》《山西省煤炭管理条例》实施情况
4	市十一届人大常委会	《中华人民共和国会计法》《山西省会计管理条例》实施情况
5	市十一届人大常委会	《中华人民共和国煤炭法》《山西省煤炭管理条例》实施情况
6	市十二届人大常委会	《中华人民共和国审计法》实施情况
7	市十二届人大常委会	《中华人民共和国矿产资源法》《山西省矿产资源管理条例》实施情况
8	市十二届人大常委会	《中华人民共和国煤炭法》《山西省煤炭管理条例》实施情况
9	市十二届人大常委会	《中华人民共和国节约能源法》《山西省节约能源条例》实施情况
10	市十三届人大常委会	《中华人民共和国节约能源法》《山西省节约能源条例》实施情况
11	市十三届人大常委会	《中华人民共和国税收征收管理法》实施情况
12	市十三届人大常委会	《中华人民共和国产品质量法》实施情况
13	市十四届人大常委会	《中华人民共和国道路运输管理条例》实施情况
14	市十四届人大常委会	《中华人民共和国煤炭法》实施情况

续表 7-6

序号	时 间	执法检查和执法调研主题
15	市十四届人大常委会	《中华人民共和国税收征收管理法》实施情况
16	市十四届人大常委会	《中华人民共和国矿产资源法》实施情况
17	市十四届人大常委会	《中华人民共和国产品质量法》实施情况
18	市十四届人大常委会	《中华人民共和国节约能源法》实施情况
19	市十五届人大常委会	《中华人民共和国中小企业促进法》实施情况
20	市十五届人大常委会	《关于山西转型综合改革示范区行政管理事项的决定》实施情况

三、专题调研

（一）市十二届人大常委会组织专题调研 7 次

调研乡镇财政运行情况。2004 年 11 月至 12 月，市人大常委会副主任、市总工会主席王七孩带领调研组深入平定县、盂县和郊区，选取 9 个具有代表性的乡镇开展专题调研。针对以分税制为基础的现行财政体制中，乡镇财政所受负面影响较大，财权与事权不对等，权责利不统一；收支矛盾尖锐，运转保障不够，社会公共事业资金匮乏；乡镇可用财力减少，收支缺口加剧；债务异常沉重，财政风险呈上升趋势等问题，要求进一步加强财源建设，实现乡镇财政收入的快速增长；完善财政管理体制，调动乡镇聚财理财积极性；建立规范的转移支付制度，确保乡镇经济的平衡发展；妥善清理乡镇债务，进一步防范财政风险；推进财政法制建设，强化预算约束和依法征管。

调研乡镇企业产权制度改革和经营机制创新进展情况。2004 年 9 月至 10 月，市人大常委会副主任刘建田带领调研组听取平定县、盂县和郊区政府工作汇报，深入重点乡镇企业实地走访，召开座谈会议，了解到全市乡镇企业经过大力度、深层次的改制调产，显现出强有力的经济贡献力。特别是 2004 年，依托经济整体快速发展大环境，紧抓时机，加快发展，列入全省考核的 8 项主要指标有 7 项增幅在 10% 以上。要求各级政府积极引导企业深化产权制度改革，加快建立产权清晰、权责明确、 政企分开、科学管理的现代企业制度，使企业真正成为独立的市场运行主体。加快规划建设特色工业园区，推进城镇工业化和农业规模经营步伐。

调研耐火材料行业发展情况。2005 年 11 月，市人大常委会副主任朱礼厚带领调研组深入郊区华岭耐火材料有限公司等企业听取情况汇报，进行会议座谈。针对耐火行业存在的产业集中度低、企业规模小、龙头少；产品品种单一、科技含量低等问题，要求高度重视耐火产业发展，充分依托资源优势和产业基础，走好兼并重组道路，加大打击私挖滥采力度，着力提高产品科技含量，加快产品结构优化升级，增强企业核心竞争力。

进行非公有制经济发展情况、重点调产项目推进情况、税收状况及其运行趋势等专题调研。

配合省人大常委会开展对副省长靳善忠的述职评议工作，认真搞好其履行职责情况的调查研究。

（二）市十三届人大常委会组织专题调研 8 次

调研工业循环经济发展情况。2009 年 7 月，市人大常委会副主任张清带领调研组两次深入华通路桥集团加气混凝土砌块、粉煤灰蒸压砖项目，平定东升集团和华丰陶瓷有限公司合办年产 8000 万件高档骨质瓷陶瓷园区，南煤集团煤矸石发电等企业，对工业循环经济项目进行实地调研，听取市经信委和相关企业关于循环经济工作情况的汇报。针对缺乏技术支撑、激励和约束机制不完善等问题，要求进一步加强循环经济法制宣传教育，增强社会各界的环境法制观念；发挥政府主导作用，建立工业循环经济长效机制；明确政府作为的重点，切实解决当前存在的突出问题；加大公共财政的支持力度，提高公共资源的利用效率。

调研资源型产业循环化发展情况。2010 年 7 月，市人大常委会主任孙水生带领调研组深入吉天利科技公司、昌鑫生物科技公司、阳煤集团、阳泉铝业、南煤集团、冀东水泥、供销社天元公司、华通粉煤灰砖项目等 10 多个企业和项目单位进行调研，听取各县区和各企业的发展设想、技术需求、意见建议，就有关项目与省发改委、省经信委、省科技厅进行对接，赴全国首家循环经济生态城市试点市贵阳市进行考察。针对阳泉市产业循环化发展中存在的企业关联度不强，很多企业习惯于各自为政、单打独斗，不能形成集群；原料外购成本高，市场开发孤独，难以持久经营；园区建设滞后、企业产品层次不高、废物综合利用还处于启动阶段、缺乏技术支撑、产品附加值不高、部分资源已经枯竭、有些资源已经不能支撑产业发展、原有的资源和能源优势逐渐丧失等问题，提出推进阳泉资源型产业循环化的总体思路、工作目标、主要领域和主攻方向，要求市政府及有关部门延伸煤炭开采及综合利用产业链、发展电力及电力转化产业链、拉长铝及深加工产品产业链、壮大煤化工产业链、拓展再生资源的加工利用产业链、延伸材料工业产业链，加大观念更新力度、整体规划力度、项目策划力度、资金支持力度、科技支撑力度、开放引进力度，向市委提交了《阳泉市资源型产业循环化技术支撑调研报告》。

调研工业经济运行工作。2011 年 12 月，市人大常委会副主任、市总工会主席王振国带领调研组深入市经信委及各县区，听取市工业企业生产经营、节能降耗、重点工业项目情况汇报。调研组认为，全市工业整体运行情况良好，各项任务指标基本完成，要求各县区和有关部门按照省第十次党代会和市第十一次党代会的安排部署，认真贯彻落实市委经济工作会议精神，牢固树立争先意识，把握经济全局，结合工作实际，加强组织协调，科学精准施策，将重点工作和主要经济指标落实到位，着力促进产业结构优化升级，加快推动工业经济集聚发展，全面提升企业综合素质，积极为企业提供优质服务，千方百计推动工业经济平稳健康发展。

进行工业产业结构优化情况、中小企业发展情况、服务业发展情况、地方税收工作情况、电网建设情况等专题调研。

配合省人大常委会开展煤炭可持续发展政策措施试点工作情况专题调研。

（三）市十四届人大常委会组织专题调研 10 次

调研金融服务地方转型发展情况。2010 年 7 月，市人大常委会主任刘高官带领调研组深入市人民银行听取各金融机构服务经济发展情况汇报，深入部分重点企业实地了解融资情况，要求市政府充分发挥金融机构的职能作用，加快构建制度性的政银企对接机制，尽快建立市政府金融办公室，做好融资对接的牵线搭桥工作，推进政银企深度合作、共同发展；加强企业信用培植，引导企业坚持合法经营，加强内部管理，完善法人治理结构，增加科技研发投入，增强盈利还贷能力，自觉接受银行监督，为争取信贷支持创造条件；完善担保体系，建立激励机制，优化政务环境，着力降低小微企业的融资成本。地方金融部门创新金融体制机制，建立完善为小微企业服务的专营机构；创新金融产品，积极开发适合小微企业特点的融资产品；创新金融服务，为小微企业开办“金融超市”，开辟“绿色通道”，提供满意服务。人行、银监部门健全和完善协调机制、调度机制和考核机制，充分调动银行业机构加大信贷投放的积极性，形成扩大有效信贷投放的合力，确保全市信贷增速、新增贷款规模都高于全国全省的平均水平，都高于历年的水平，为全市转型发展提供坚实有力的资金保障。

调研装备制造业发展情况。2012年11月，市人大常委会副主任刘兆林带领调研组深入各县区实地了解情况，召开座谈会，听取市政府主管部门情况汇报，针对存在的经济总量较小、综合实力薄弱，产品层级较低、配套能力缺乏，条块部门分割、协作水平较低，企业境况艰难、发展后劲不足等问题，要求进一步强化组织领导，搞好协调服务；加大改革力度，培育优势企业；发展产业集群，加快园区建设；开发人才资源，提供智力支撑；推进自主创新，提升研发水平；加大支持力度，提供优质服务，全力推进装备制造业又好又快发展。

进行重点工程、重大项目资金使用情况，金融支持小微企业发展情况，东坪煤业集团科技促转型的情况，经济技术开发区发展信息产业示范园情况，国有企业改革情况，小微企业发展情况，大众创业、万众创新情况，优化经济发展环境情况等专题调研。

配合省人大常委会组织煤炭供给侧结构性改革和电力体制改革、扶贫资金使用情况专题调研。

（四）市十五届人大常委会组织专题调研10次

调研旅游产业发展情况。2017年7月，市人大常委会副主任张宝明带领调研组深入平定县、郊区、盂县的旅游示范点，详细了解旅游景点吃、住、行、游、购、娱等建设情况，景区体制机制改革现状以及旅游新业态发展，并组织召开座谈会，听取城区和矿区的旅游部门、旅游企业有关情况汇报，与旅游景区、旅行社、行业协会、星级饭店代表座谈，建议进一步解放思想、完善思路，立足阳泉市旅游资源特色，做好规划，增强旅游景区的文化内涵。完善基础配套设施，深化旅游体制改革，打造独具特色的旅游景点和项目。坚持生态优先、绿色发展，大力发展好全域旅游，加快美丽乡村建设，让人民群众的生活环境更优、品质更高。

调研资源型经济转型发展。2017年11月，市人大常委会主任王旭明带领调研组深入中广核太阳能有限公司100兆瓦光伏基地建设项目和市星火金源工贸有限公司年产30万吨氧化钙项目现场，实地查看项目建设进展情况，深入了解存在的困难，研讨预判未来发展中可能遇到的问题，要求紧紧围绕学习贯彻中共十九大精神和习近平总书记视察山西重要讲话精神，以及省委十一届五次全会精神和市委重点工作部署，紧抓《国务院关于进一步支持山西省深化改革促进资源型经济转型发展的意见》（国发〔2017〕42号文件）赋予的战略机遇，持续深化转型发展。要在政策解读上下功夫，用好政策红利，全面推动各项政策、改革措施落实落地；在对口衔接上下功夫，争取上级支持；在深化改革上下功夫，大胆破除阻碍经济转型的观念理念和体制机制束缚，激发内生动力；在项目建设上下功夫，加快开发区平台建设，用非常之功、恒久之力，真正走出一条产业优、质量高、效益好、可持续的发展新路。

调研物流产业园项目建设情况。2020年6月，市人大常委会副主任申济带领调研组调研平定县综合物流产业园，通过实地查看、听取汇报等方式了解项目建设进展情况，协调解决项目推进过程中的困难和问题。要求有关部门及乡镇认识加快综合物流产业园建设的重要意义，坚持问题导向，积极作为、高效服务，推动项目早日建成发挥效应。项目单位要合理规划布局，完善建设方案，优化功能定位，高标准、高质量打造精品工程，促进物流园区健康快速发展。

调研涉侨企业发展情况。2020年6月，市人大常委会副主任、市工商联主席赵素卿带领调研组深入全市涉侨企业山西云承欣达消防工程有限公司、阳泉市郊区金宏源购物中心、山西迈克芬科技有限公司走访调研。详细了解各企业生产、发展情况，了解企业运行过程中遇到的困难和问题，征求企业的意见建议。要求相关部门进一步把握好工作方向，加大普法宣传力度；积极拓展维护侨益、为侨服务的途径和方法，不断增强侨界群众的获得感幸福感；积极深入涉侨企业开展调研，为阳泉市创造更好的投资营商环境，吸引更多的外部投资做出侨界贡献。

进行开发区改革发展情况、新型产业发展情况、光伏基地建设情况、深化转型发展情况、民营经济发展情况、煤炭行业去产能工作情况等专题调研。

经济工作监督专题调研一览表

表 7-7

序号	时　间	专题调研内容
1	市十二届人大常委会	非公有制经济发展情况
2	市十二届人大常委会	重点调产项目推进情况
3	市十二届人大常委会	税收状况及其运行趋势
4	市十二届人大常委会	乡镇企业产权制度改革和经营机制创新进展情况
5	市十二届人大常委会	乡镇财政运行情况
6	市十二届人大常委会	耐火材料行业发展情况
7	市十二届人大常委会	非公有制经济发展情况
8	市十三届人大常委会	工业循环经济发展情况
9	市十三届人大常委会	资源型产业循环化情况
10	市十三届人大常委会	工业产业结构优化情况
11	市十三届人大常委会	中小企业发展情况
12	市十三届人大常委会	服务业发展情况
13	市十三届人大常委会	地方税收工作情况
14	市十三届人大常委会	工业经济运行情况
15	市十三届人大常委会	电网建设情况
16	市十四届人大常委会	金融服务地方转型发展情况
17	市十四届人大常委会	重点工程、重大项目资金使用情况
18	市十四届人大常委会	金融支持小微企业发展情况
19	市十四届人大常委会	东坪煤业集团科技促转型的情况
20	市十四届人大常委会	经济技术开发区发展信息产业示范园情况
21	市十四届人大常委会	国有企业改革情况
22	市十四届人大常委会	小微企业发展情况
23	市十四届人大常委会	装备制造业发展情况
24	市十四届人大常委会	大众创业、万众创新情况
25	市十四届人大常委会	优化经济发展环境情况
26	市十五届人大常委会	旅游产业发展情况

续表 7-7

序号	时　间	专题调研内容
27	市十五届人大常委会	资源型经济转型发展情况
28	市十五届人大常委会	开发区改革发展情况
29	市十五届人大常委会	新型产业发展情况
30	市十五届人大常委会	光伏基地建设情况
31	市十五届人大常委会	深化转型发展情况
32	市十五届人大常委会	民营经济发展情况
33	市十五届人大常委会	煤炭行业去产能工作情况
34	市十五届人大常委会	物流产业园项目建设情况
35	市十五届人大常委会	涉侨企业发展情况

四、国有资产管理专题监督

市十五届人大常委会贯彻落实党中央《关于建立国务院向全国人大常委会报告国有资产管理情况制度的意见》，2018 年 6 月至 7 月，先后召开第 25 次、第 26 次主任会议，研究讨论《关于建立市政府向市人大常委会报告国有资产管理情况制度的工作方案》，报经市委常委会第 64 次会议通过。9 月 18 日，阳泉市建立政府向本级人大常委会报告国有资产管理情况制度推进会召开，就推进国有资产管理情况报告制度化、规范化、科学化作出安排部署。10 月 24 日，受市委委托，召开《中共阳泉市委关于建立市政府向市人大常委会报告国有资产管理情况制度实施意见》（讨论稿）和《阳泉市十五届人大常委会听取和审议市政府国有资产管理情况报告规划》（讨论稿）征求意见座谈会。11 月 8 日，市委召开常委会议，研究通过《关于建立市人民政府向市人大常委会报告国有资产管理情况制度的意见》。11 月 23 日，组织部分常委会委员和人大代表视察国有资产综合管理情况。12 月 26 日至 27 日举行的市人大常委会第十七次会议听取和审议市政府《关于行政事业单位国有资产管理情况的报告》，经常委会组成人员表决，未通过该报告。2019 年 6 月 18 日至 19 日，市人大常委会第二十四次会议分别听取和审议市政府《关于行政事业性国有资产管理情况的专项报告》《关于金融企业国有资产管理情况的专项报告》《关于国有资产管理情况的综合报告》。

第三节　农业和农村工作监督

2001 年 1 月至 2020 年 12 月，历届市人大常委会围绕贯彻落实党中央和省委、市委加强“三农”工作的决策部署，认真履行宪法和法律赋予的监督职责，听取和审议专项工作报告 34 个，开展执法检查和执法调研 21 次，组织专题调研 30 次。中共十八大以来，市人大常委会深入贯彻落实习近平总书记关于乡村振兴、脱贫攻坚工作重要指示要求，为夯实现代农业基础，加快乡村振兴步伐，促进农民持续增收发挥了积极作用。

一、听取和审议专项工作报告

（一）市十一届人大常委会（2001 年 1 月至 2002 年 3 月）听取和审议工作报告 3 个

促进水资源的可持续利用。第三十次会议听取和审议市政府《关于水资源管理工作情况的报告》，要求把地下水资源的调查、规划、保护和管理列入重要议事日程，加强组织领导，加强计划控制，加强目标管理，加强监督检查，加强地下水动态和地面沉降监测，严格凿井审批，合理布局水井，综合运行技术、经济、法律、行政、教育和政策等措施，确保有限的水资源得到持续合理的开发利用，更好地满足经济社会持续发展和居民生活水平不断提高的用水需求。

（二）市十二届人大常委会听取和审议工作报告 9 个

助推畜牧业持续健康发展。第五次会议听取和审议市政府《关于畜牧业发展情况的报告》，要求加大宣传力度，引导广大农民充分认识发展畜牧业对发展农村经济、增加农民收入的重要作用；加强组织领导，形成一级抓一级、一级促一级的工作格局；加强政策措施，确保土地供给、资金保障到位；加强综合服务，组织各部门及时为养殖户提供信息、技术及产供销全过程的优质服务，努力实现畜牧业发展的新突破。

助推实施农村饮水解困工程。第十次会议听取和审议市政府《关于农村人畜饮水解困工作情况的报告》，要求进一步提高实施农村饮水解困的思想认识，积极响应省委、省政府用三年时间基本解决全省农村饮水困难问题的决定，把解决农村饮水困难问题作为践行“三个代表”重要思想的德政工程来抓，科学规划、分类指导，加快农村饮水解困工程的进程，切实加强饮水工程水源地的保护，健全和落实加强管网维护的各项规章制度，确保农村饮水安全工程建得成、管得好、用得起、长受益。

助推乡镇企业健康发展。第十八次会议听取和审议市政府《关于乡镇企业发展情况的报告》，要求高度重视制度创新，完善改制，不断提升乡镇企业的自身素质；高度重视人才建设，储备能量，不断加强乡镇企业的科技力量；高度重视融资问题，创造条件，不断提高乡镇企业的发展水平；高度重视改善乡镇企业的融资环境，切实解决乡镇企业特别是高新技术企业的融资难问题；高度重视政府职能转变，加快多元化服务体系建设，不断优化乡镇企业的发展环境，全力为企业发展排忧解难。

助推生态文明村镇建设。第二十四次会议听取和审议市政府《关于生态文明村镇建设情况的报告》，要求抓好经济发展，为创建工作提供坚实的基础支持；抓好资金投入，确保文明生态村镇创建的顺利实施；抓好发展规划，避免造成人力财力上不必要的浪费；抓好示范带头，营造比学赶超的良好氛围；抓好特色建设，分类分级开展创建工作，不断发展优势经济以提升创建质量，形成村村有亮点、有特点的大好局面。

（三）市十三届人大常委会听取和审议工作报告 10 个

关注林业生态建设。第四次、三十一次、三十九次会议分别听取和审议市政府《关于六大造林绿化工程建设情况的报告》《关于集体林权制度改革工作进展情况的报告》《关于林业生态建设情况的报告》，要求认真贯彻落实市委造林绿化建设总体部署，坚持科学规划、合理布局，整体提高阳泉的生态品位；坚持质量为先、注重实效，高起点规划、高标准实施，治一片、成一片，保证实效；坚持全面动员、全面覆盖，全面推进，挖掘各方面潜力，加快造林绿化和林业生态建设步伐；坚持深化改革、完善政策，健全服务，规范管理，促进集体林权规范有序流转，推进集体林业适度规模经营，实现资源增长、农民增收、生态良好的目标。

助推实施娘子关水源地保护工程。第十四次、第三十五次会议两次听取和审议市政府《关于娘子关水源地保护工作情况的报告》，要求把娘子关水源地保护这一功在当代、利在千秋的工程摆上重要议事日程，深入学习贯彻科学发展观，以超前的理念，高起点、高标准完善各项规划；多渠道筹集资金，确保工程建设任务和正常运行；明确责任主体，理顺工作体制，千方百计抓好落实，加快工程建设进度，保证工程质量，力争向全市人民交上一份满意答卷。

助推加快农业产业化富民工程建设。第十七次会议听取和审议市政府《关于“3+2”农业产业化富民工程实施情况的报告》，要求进一步加强组织引导，加大政策支持，聚集产业化发展合力；大力培育主导产业，加快优势农产品基地建设；做大做强龙头企业，增强辐射带动能力；创新完善农业生产经营体系，培育壮大市场竞争主体；加强农业科技服务体系和培训体系建设，加快构建现代农业产业体系，不断提升农业产业化水平。

助推贯彻中央强农惠农政策落地见效。第二十六次会议听取和审议市政府《关于贯彻中央强农惠农政策，推进农村经济发展情况的报告》，要求从政治和全局高度进一步提高认识，强化领导，精心组织，不折不扣地落实各项强农惠农政策，使之成为调动广大农民积极性、促进农业生产发展的强大动力。坚持以政策为导向，加强农业基础建设，加快农业科技进步，推进农业产业化经营，不断提高农业综合生产能力，促进粮食稳定发展和农民持续增收，为促进经济社会又好又快发展提供有力支撑。

（四）市十四届人大常委会听取和审议工作报告8个

助推贯彻2011年中央一号文件《关于加快水利改革发展的决定》。第三次会议听取和审议市政府《关于加快水利改革促进水利建设情况的报告》，要求深入贯彻落实科学发展观，把思想和行动统一到全省大水网建设规划中来，统一到全省实施“兴水战略”的决策部署上来，强化组织领导，精心安排实施，落实目标责任，用战略眼光审视、谋划、推进水务工作；强抓机遇，确保重点工程项目全面推进；多措并举，不断完善水利投入稳定增长机制；立足市情，加快水务一体化改革步伐。

助推现代农业发展。第十二次会议听取和审议市政府《关于加快现代农业发展促进农民持续增收情况的报告》，要求深入学习贯彻习近平总书记关于“三农”工作的新理念新思想新战略，进一步坚定发展现代农业的总体思路，在稳定粮食生产的基础上，以服务城市、富裕农民为目标，大力实施“3+N”农业产业化富民工程，加快发展“一村一品”“一县一业”，大力推进农业标准化、品牌化建设，加快构建多元化农业科技推广体系，努力改善现代农业装备条件，加大政策资金扶持力度，积极发展各种经济合作组织，不断提高专业化、标准化、规模化种养水平，全面提高农业综合生产能力，不断推进农业农村经济持续健康发展。

助力提升农业机械化发展水平。第二十二次会议听取和审议市政府《关于推进农业机械化工作情况的报告》，要求坚持以习近平总书记系列重要讲话精神为指导，提高认识，高起点谋划农机工作；因地制宜，加快山区农机具推广应用；培育载体，扶持农机专业合作社做大做强；加大投入，确保各项政策落实到位；强化监管，维护良好的农机市场秩序；加强队伍建设，全面提升业务能力，为全市农机化健康发展提供更加优质的指导和服务。

助推加快农村土地承包经营权确权登记颁证。第三十七次会议听取和审议市政府《关于农村土地承包经营权确权登记颁证工作情况的报告》，要求深入学习贯彻习近平总书记关于巩固和完善农村基本经营制度的重要讲话精神，进一步提高认识，从严压实责任，为全面完成确权工作目标任务创造良好条件；加强专业人员队伍建设，做好工作跟进，为实现土地确权工作重点突破与整体推进提供强有力的支撑；因地制宜规范操作，确保精准确权，为全省推进土地确权工作做表率、树典范；

加快建设农村产权交易市场，激活土地资本，加快构建新型农业经营体系、引导土地经营权规范有序流转，努力实现激活土地资本、实现资本运营、促进农民增收的目标。

（五）市十五届人大常委会听取和审议工作报告4个

助力坚决打赢脱贫攻坚战。第五次会议听取和审议市政府《关于脱贫攻坚工作情况的报告》，要求深入学习贯彻习近平总书记关于脱贫攻坚工作的重要指示，进一步加强组织领导，下大力持续有效推动；进一步对标精准要求，下大力做实基础工作；进一步突出产业扶贫，下大力夯实发展根基；进一步实施生态扶贫，下大力推动绿色发展；进一步完善基础设施，下大力推进易地搬迁；进一步加大落实力度，下大力提升公共服务；进一步强化资金保障，下大力健全支持体系；进一步统筹各方力量，下大力凝聚攻坚合力，确保打赢脱贫攻坚战。

助力发挥林业在生态文明建设中的重要作用。第十七次会议听取和审议市政府《关于林业生态建设情况的报告》，要求深入学习贯彻习近平生态文明思想，深化认识，加强领导，按照新时代林业生态建设新要求，持续巩固提升林业生态建设成果；完善规划，引领推进，把林业生态建设规划实施情况纳入考核，确保规划逐年落地；增绿增效，壮大产业，持续打造特色林业产业和具有区域优势的林业产业基地；全面管护，夯实基础，巩固发展林业生态基础和优势；创新机制，深化林改，加快构建多元化林业投融资机制，促进林业生态建设持续健康发展。

助推河长制由全面建立转向全面见效。第二十四次会议听取和审议市政府《关于河长制推进情况的报告》，要求深入学习贯彻习近平总书记全面推行河长制的重要讲话精神，提高政治站位，强化组织领导；完善思路规划，实行流域治理；压实河长责任，落实职责任务；加大宣传力度，引导公众参与；强化重点治理，消除源头污染；加强考核问责，完善奖惩制度；强化法治保障，巩固整治成效；严格执法监管，加大治水投入，加快实现河畅、水清、岸绿、景美的美丽阳泉建设目标，为全市人民创造更加美好的生态和生活环境。

助力探索具有阳泉特色的乡村振兴之路。第三十二次会议听取和审议市政府《关于乡村产业振兴情况的报告》，要求进一步提高思想认识，把乡村产业振兴与学习贯彻落实习近平总书记视察山西重要讲话重要指示结合起来，与实施乡村振兴战略结合起来，与全市“五城联创”工作结合起来，凝心聚力、合力攻坚，让农业成为有奔头的产业，让农民成为有吸引力的职业，让农村成为安居乐业的美丽家园。要突出“特”字，在特色发展上下功夫；突出“强”字，在规模发展上下功夫；突出“优”字，在优势发展上下功夫；突出“富”字，在融合发展上下功夫；突出“精”字，在品牌发展上下功夫；突出“活”字，在创新发展上下功夫，努力推动乡村产业高质量发展，切实把乡村产业打造成提升农业、繁荣农村、富裕农民的产业，为“重塑竞争新优势，倾力打造晋东区域中心城”做出新的贡献。

农业和农村工作监督听取和审议专项工作报告一览表

表7-8

序号	时间	会　议	报告事项
1	2001年4月	市十一届人大常委会第二十八次会议	市政府关于扶贫工作情况的报告
2	2001年6月	市十一届人大常委会第二十九次会议	市政府关于农业机械化工作的报告

续表 7-8

序号	时间	会　议	报告事项
3	2001 年 8 月	市十一届人大常委会第三十次会议	市政府关于水资源管理工作情况的报告
4	2002 年 6 月	市十二届人大常委会第一次会议	市政府关于土地管理工作情况的报告
5	2002 年 10 月	市十二届人大常委会第三次会议	市政府关于退耕还林工作情况的报告
6	2002 年 12 月	市十二届人大常委会第五次会议	市政府关于畜牧业发展情况的报告
7	2003 年 8 月	市十二届人大常委会第十次会议	市政府关于农村人畜饮水解困工作情况的报告
8	2004 年 6 月	市十二届人大常委会第十五次会议	市政府关于农村税费改革工作情况的报告
9	2004 年 10 月	市十二届人大常委会第十八次会议	市政府关于乡镇企业发展情况的报告
10	2005 年 6 月	市十二届人大常委会第二十二次会议	市政府关于国土资源管理情况的报告
11	2005 年 10 月	市十二届人大常委会第二十四次会议	市政府关于生态文明村镇建设情况的报告
12	2006 年 12 月	市十二届人大常委会第三十三次会议	市政府关于林业生态建设情况的报告
13	2007 年 10 月	市十三届人大常委会第四次会议	市政府关于六大造林绿化工程建设情况的报告
14	2007 年 12 月	市十三届人大常委会第六次会议	市政府关于统筹城乡发展推进城乡一体化工作情况的报告
15	2008 年 4 月	市十三届人大常委会第九次会议	市政府关于社会主义新农村建设情况的报告
16	2008 年 12 月	市十三届人大常委会第十四次会议	市政府关于娘子关水源地保护工作情况的报告
17	2009 年 4 月	市十三届人大常委会第十七次会议	市政府关于“3 + 2”农业产业化富民工程实施情况的报告
18	2009 年 8 月	市十三届人大常委会第十九次会议	市政府关于中小企业民营经济发展情况的报告
19	2010 年 4 月	市十三届人大常委会第二十六次会议	市政府关于贯彻中央强农惠农政策，推进农村经济发展情况的报告
20	2010 年 12 月	市十三届人大常委会第三十一次会议	市政府关于集体林权制度改革工作进展情况的报告
21	2011 年 6 月	市十三届人大常委会第三十五次会议	市政府关于娘子关水源地保护工作情况的报告
22	2011 年 10 月	市十三届人大常委会第三十九次会议	市政府关于林业生态建设情况的报告
23	2012 年 4 月	市十四届人大常委会第三次会议	市政府关于加快水利改革促进水利建设情况的报告
24	2013 年 8 月	市十四届人大常委会第十二次会议	市政府关于加快现代农业发展促进农民持续增收情况的报告
25	2013 年 10 月	市十四届人大常委会第十四次会议	市政府关于推进林业生态建设、加快创建国家森林城市工作情况的报告
26	2014 年 8 月	市十四届人大常委会第二十一次会议	市政府关于推进改善农村人居环境工作情况的报告
27	2014 年 10 月	市十四届人大常委会第二十二次会议	市政府关于推进农业机械化工作情况的报告
28	2015 年 4 月	市十四届人大常委会第二十六次会议	市政府关于农产品质量安全监管工作情况的报告
29	2016 年 4 月	市十四届人大常委会第三十七次会议	市政府关于农村土地承包经营权确权登记颁证工作情况的报告
30	2016 年 8 月	市十四届人大常委会第三十九次会议	市政府关于村庄绿化工作情况的报告
31	2017 年 10 月	市十五届人大常委会第五次会议	市政府关于脱贫攻坚工作情况的报告

续表 7-8

序号	时间	会 议	报告事项
32	2018 年 10 月	市十五届人大常委会第十七次会议	市政府关于林业生态建设情况的报告
33	2019 年 6 月	市十五届人大常委会第二十四次会议	市政府关于河长制推进情况的报告
34	2020 年 6 月	市十五届人大常委会第三十二次会议	市政府关于乡村产业振兴情况的报告

二、执法检查和执法调研

（一）市十一届人大常委会（2001 年 1 月至 2002 年 3 月）开展执法检查和执法调研 1 次

《中华人民共和国水法》执法检查。2001 年 5 月，执法检查组深入各县区及市县两级水利部门听取工作汇报，实地视察水利建设情况，召开各种形式座谈会，广泛听取各方面的意见和建议。针对存在的投入仍然不足、涉水事务管理体制没有理顺、农村饮水安全问题仍然十分严峻、水利工程管理和用水管理水平较低、水生态环境保护和水污染防治面临的压力越来越大等问题，要求市政府及有关部门进一步加强组织领导，充分发动群众，鼓励社会各界多渠道、多方式投资兴办水利项目；科学规划管理，除害兴利、开源节流、开发保护，切实减轻水旱灾害；杜绝用水浪费，根治水污染，搞好水法宣传教育，严厉打击各种违反水法行为，保证水资源可持续利用；理顺体制机制，加快构建地表水和地下水、城乡水资源实行统一规划、统一调配、统一管理格局，发挥水资源综合效益，保障国民经济持续快速健康发展。

（二）市十二届人大常委会开展执法检查和执法调研 5 次

《中华人民共和国农业法》《山西省农业投资条例》执法检查。2002 年 7 月，执法检查组围绕减轻农民负担主题，听取各县区和市直各有关部门贯彻实施《中华人民共和国农业法》《山西省农业投资条例》《农民承担费用和劳务管理条例》和《山西省农民承担费用和劳务监督管理条例》的情况。针对检查中发现个别地方和部门对减轻农民负担工作认识不足、重视不够；农民承担费用收缴难度大；农网改造在部分地区加重了农民负担；农业资金的使用、管理、监督不够规范以及农业资金管理松散等问题，提出了整改意见和建议，并加强跟踪监督，推动整改落实。对涉及法律法规修改完善及属于省政府的事权问题，向省人大常委会进行了反映。

《中华人民共和国农村土地承包法》执法检查。2003 年 10 月，执法检查组深入市农业局及各县区听取汇报，实地检查。检查发现，由于农村土地承包法刚刚实施半年多，法律实施主管部门和一些干部、群众对法律的主要内容还了解不深，法律的贯彻实施中还存在一些问题，部分农户没有签订土地承包合同、没有领到土地承包经营权证书；一些地方征占用农村集体土地的补偿标准低，失地农民安置不落实，个别地方甚至克扣、挪用征地补偿费；有的地方土地承包经营权流转不规范，个别地方不顾群众意愿，采用行政手段流转土地承包经营权；相关部门之间协调不够、操作不够规范，这些问题为今后土地承包纠纷埋下了隐患等。检查组要求加大对土地承包法的宣传力度，促进各级农村基层干部准确掌握法律的各项规定，正确适用法律，依法行政；促进农村土地承包当事人尽快熟悉法律、正确运用法律，依法保护自己的合法权益；坚持依法保障农民土地承包经营权，完善失地农民的补偿安置机制，有序推进土地承包经营权流转，发展适度规模经营和多种形式的联合与合作，推进传统农业向现代化农业的转变。

《中华人民共和国防洪法》《山西省河道管理条例》执法检查。2005 年 7 月，执法检查组听取各县区及市水利部门情况汇报，深入山南水库、桃河、平定县城南河、南川河、原平水库等重点防汛河道和水库进行检查。检查发现，由于特殊的自然环境，加之部分人员思想认识片面，造成有的河道内垃圾成堆，有的占用防洪设施，同时历年来资金投入不足，致使大部分防洪设施不完善、标准低而不能适应经济社会发展需要。检查组要求，加大宣传动员力度，做好预警研判和应急准备工作；强化部门协调联动，明晰各级各部门具体职责，狠抓工作落实，确保防洪工作严格按照法律规定有序开展。针对桃河治理后未经受过大洪水的考验，阳钢铁路桥段主槽的防洪标准仅为6年一遇，成为市区防洪的重大隐患，检查组要求通过各方协调努力，尽快组织拆除，切实解决问题，保障安全度汛，维护人民的财产和生命安全。

配合全国人大常委会开展《中华人民共和国种子法》《中华人民共和国农村土地承包法》执法检查，配合省人大常委会开展《中华人民共和国中小企业促进法》《中华人民共和国乡镇企业法》执法检查和执法调研。

（三）市十三届人大常委会开展执法检查和执法调研6次

《中华人民共和国水土保持法》执法检查。2009年11月，执法检查组深入农业县区，听取贯彻情况汇报，实地查看水土保持综合治理工程和开发建设项目的水土保持工作。要求市政府及有关部门进一步提高思想认识，加强组织领导，把水土保持融入经济社会发展全过程，编制水土保持中长期规划，倡导“绿色、生态、自然”的生产生活方式，全面加强生产建设项目管理，构建全覆盖、全要素、全过程的水土保持监测网络，严厉打击重点违法行为，促进水土资源永续利用，促进产业转型升级和农村发展、农民增收。

《中华人民共和国气象法》执法检查。2009年12月，执法检查组深入气象部门听取工作汇报，实地检查了解，要求市政府和气象部门继续把公益性气象放在首位，加大法律宣传教育贯彻力度，依法保护气象设施和气象探测环境，依法加强气象灾害防御保障能力建设，健全完善与各行业、各媒体互联互通的信息发布网络，不断加大气象服务“三农”力度，提高气象预报准确率、预报工作精细化水平和气象防灾减灾能力。

《中华人民共和国农产品质量安全法》执法检查。2010年11月，执法检查组深入平定县、盂县和郊区部分乡村及市农产品检测检验中心，就农产品从田园到餐桌的质量安全监管工作进行检查，要求市政府及有关部门进一步提高思想认识，加强组织领导，加快农产品质量安全监管体系建设，提高各级检验检测和执法人员的能力和素质；深入开展农产品检验检测和农业行政综合执法工作，严厉打击制售假劣农资和禁用农业投入品行为；加大扶持力度，推动农产品向优质化、品牌化、标准化发展；加大宣传力度，动员全社会广泛参与农产品质量安全监管；指导农民科学合理使用农业投入品，从源头上把住农产品质量安全关，真正让老百姓吃上安全放心的农产品。

配合省人大常委会开展《中华人民共和国中小企业促进法》《山西省实施〈中华人民共和国中小企业促进法〉办法》《中华人民共和国农村土地承包法》和《中华人民共和国农村土地承包经营纠纷调解仲裁法》执法检查和执法调研。

（四）市十四届人大常委会开展执法检查和执法调研4次

《中华人民共和国农业技术推广法》执法检查。2012年9月，执法检查组听取市农委和农业县区工作情况的汇报，深入平定县部分乡村实地察看。针对存在的体制不顺、农技推广服务功能弱化、经费投放总量不足等问题，要求市政府及农业部门进一步加强领导，整合优势，下大力气健全农业科技推广体系，加大先进实用技术的推广，通过外部引进和内部培养的方式，加强农业技术人才队伍建设；通过本级财政拨付、上级财政争取、鼓励民间投入等方式，构建多元化投入保障机制，扶持农业技术推广事业，加快农业技术的普及应用，发展高产、优质、高效、生态、安全农业。

《中华人民共和国森林法》执法检查。2012 年 10 月、2016 年 9 月两次成立执法检查组，深入市县林业部门及森林防火站、造林绿化区、林业产业基地，听取汇报，实地察看，会议座谈。针对存在的宣传力度不够、执法体制不顺、补偿机制不健全、执法水平有待提升等问题，要求市政府及有关部门加大法律学习宣传教育力度，激发全社会参与林业建设的自觉性和积极性；坚持统筹城乡、全城覆盖、整体推进、重点突破的造林绿化思路，组织各级各部门高标准推进森林城市创建；建立完善以政府为主导的公共财政持续支持林业建设的增长机制，保障执法装备、“三防”资金、人员经费等必要支出；严格林业资源管护目标责任制，用严格的制度去管林管树管地，依法严厉打击毁林毁树行为，创造营林护林大氛围。

《中华人民共和国土地管理法》执法检查。2014 年 7 月，执法检查组深入平定县部分乡镇和土地管理部门，认真听取汇报，实地调研指导， 组织会议座谈，详细了解情况，就法律实施过程中存在的困难和问题进行了分析、研究。要求市政府及有关部门深入学习贯彻习近平总书记关于土地管理问题的重要指示批示精神，高度重视并切实加强土地管理工作，加强土地法律法规的学习宣传力度，切实提高干部群众特别是领导干部法治意识、国策意识和土地忧患意识，正确处理经济发展同保护土地资源、保障农民利益的关系；牢固树立正确的发展理念，克服急功近利的思想，处理好合理用地与地方招商引资、全面建设小康社会的关系。

配合省人大常委会开展《中华人民共和国农产品质量安全法》《山西省农产品质量安全条例》执法检查和执法调研。

（五）市十五届人大常委会开展执法检查和执法调研 5 次

《中华人民共和国农业机械化促进法》执法检查。2018 年 8 月，执法检查组听取市直部门工作汇报，深入盂县部分乡村了解农机化推广、管理、服务工作情况。针对存在的基础保障制约突出、服务体系不够健全、新型适用机具短缺及推广乏力、农机队伍“青黄不接”等问题，要求市政府及有关部门深入学习贯彻习近平总书记“大力推进农业机械化、智能化”重要论述，进一步提高认识，高起点谋划农机化工作；因地制宜，加快山区农机具推广应用；抓好示范，扶持农机专业合作社做大做强；加大投入，推进农机化更快更好发展；强化监管，维护良好的农机市场秩序，更好地推进全市农机化发展。

《中华人民共和国农民专业合作社法》《山西省农民专业合作社条例》执法检查。2019 年 9 月，执法检查组深入盂县后元吉村创园种植专业合作社、苌池村缘梦种植专业合作社、下南庄村股份经济合作社和泥河村益民种植专业合作社实地调研，听取有关情况汇报并进行座谈，要求市政府及有关部门深入学习贯彻习近平总书记关于“农业合作社是发展方向”的重要论述，进一步强化思想认识，提高重视程度，帮助广大农民深入了解专业合作社的性质、作用以及发展优势和前景，使他们转变思想观念，增强合作意识；完善政策措施，加大扶持力度，落实财政资金扶持、建设项目安排、税收优惠、信贷支持、土地流转等方面政策措施，形成一整套支持农民专业合作社发展的政策体系；强化行业监管，提升合作水平，完善并严格执行内部运作和管理制度，增强农民专业合作社的凝聚力和竞争力，促进农民专业合作社稳定健康发展。

配合省人大常委会开展《中华人民共和国野生动物保护法》《山西省永久性生态公益林保护条例》执法检查和执法调研。

农业和农村工作监督执法检查和执法调研一览表

表 7-9

序号	时间	执法检查和执法调研主题
1	市十一届人大常委会	《中华人民共和国水法》《山西省水资源管理条例》实施情况
2	市十二届人大常委会	《中华人民共和国农业法》《山西省农业投资条例》实施情况
3	市十二届人大常委会	《中华人民共和国农村土地承包法》实施情况
4	市十二届人大常委会	《中华人民共和国气象法》《山西省气象条例》实施情况
5	市十二届人大常委会	《中华人民共和国水土保持法》实施情况
6	市十二届人大常委会	《中华人民共和国防洪法》《山西省河道管理条例》实施情况
7	市十三届人大常委会	《中华人民共和国水土保持法》实施情况
8	市十三届人大常委会	《中华人民共和国气象法》《山西省气象条例》实施情况
9	市十三届人大常委会	《中华人民共和国农产品质量安全法》实施情况
10	市十三届人大常委会	《中华人民共和国土地管理法》实施情况
11	市十三届人大常委会	《中华人民共和国水法》《山西省水资源管理条例》实施情况
12	市十三届人大常委会	《中华人民共和国防洪法》《山西省河道管理条例》实施情况
13	市十四届人大常委会	《中华人民共和国农业技术推广法》实施情况
14	市十四届人大常委会	《中华人民共和国森林法》实施情况（2 次）
15	市十四届人大常委会	《中华人民共和国土地管理法》实施情况
16	市十五届人大常委会	《中华人民共和国农业机械化促进法》实施情况
17	市十五届人大常委会	《中华人民共和国农民专业合作社法》《山西省农民专业合作社条例》实施情况
18	市十五届人大常委会	《中华人民共和国农村土地承包法》实施情况
19	市十五届人大常委会	《中华人民共和国动物防疫法》实施情况
20	市十五届人大常委会	《中华人民共和国野生动物保护法》实施情况

三、专题调研

（一）市十一届人大常委会（2001 年 1 月至 2002 年 3 月）组织专题调研 1 次

调研畜牧业发展情况。2001 年 1 月，市人大常委会副主任郝爱生带领调研组深入 3 个农业县区、9 个乡镇、18 个重点发展畜牧业的村及养殖大户了解情况，通过走村串户，走访座谈，撰写了关于全市畜牧业发展情况的调研报告，提出了完善畜牧业现代化建设规划、加大对畜牧业发展的资金投入、抓好畜禽良种繁育体系建设、推动向适度规模经营发展、加强综合服务体系建设等意见，为市委指导农业调产和农业发展起到了积极作用。

（二）市十二届人大常委会组织专题调研 5 次

调研退耕还林工作情况。2002 年 9 月，市人大常委会副主任刘建田带领调研组听取市县林业部门工作汇报，深入平定县石门口乡、盂县苌池镇部分村走访座谈。认为，全市各级政府坚定不移地把退耕还林工作作为当前农村工作的重点工作，提高思想认识、统一战略步调、改进工作方法，不断增力加压，退耕还林工作步入了快车道，取得了阶段性成果。要求进一步加强对退耕还林工作的领导，努力夯实苗木基础，突出苗木基地建设；采取切实可行措施，确保完成配套荒山造林任务；把桃河上游的生态建设作为退耕还林的重中之重，加强林木管护体系建设，增强林业资源的管护能力。

调研农村税费改革和退耕还林工作情况。2004 年 11 月，市人大常委会副主任杨清风带领调研组深入盂县部分乡村，听取工作汇报，实地了解情况。在充分肯定农村税费改革和退耕还林工作成效的基础上，指出，财政支出要向公共服务领域倾斜、向农村基层倾斜，不断增加对农业和农村的投入，切实减轻基层财政负担，增强乡镇政府履行职责和提供公共服务的能力，让公共财政的阳光普照农村。强化对退耕还林工作的组织领导，制定目标管理办法，建立工程质量责任追究制度，加强森林资源保护管理，抓好护林员队伍建设，巩固还林成果，加快造林步伐，促进农民增收、农业增效。

（三）市十三届人大常委会组织专题调研 5 次

调研龙华河水利枢纽工程建设情况。2011 年 9 月，市人大常委会副主任荆东生带领调研组听取盂县水利部门情况汇报，实地察看龙华河水利工程现场，要求进一步提高思想，加强组织领导，精心安排部署，严格落实责任，强化目标管理，统筹各方力量，狠抓工作落实，确保建成流域治理的优质工程，经济社会发展的惠民工程，把好事办好，让广大人民群众切实得到实惠。调研组针对工程推进中遇到的一些具体问题，协调市政府及有关部门予以解决，为搞好这项省级重点工程、全市百项工程，促进山西大水网规划建设做了积极努力。

（四）市十四届人大常委会组织专题调研 7 次

调研农村饮水安全工作情况。2013 年 5 月，市人大常委会主任刘高官带领调研组听取市水务部门工作汇报，深入郊区部分乡村实地察看，充分肯定农村饮水工作重点由饮水解困转移到提高饮水安全标准上所取得的成绩，要求深入学习贯彻中共十八大精神和习近平总书记重要讲话精神，进一步提高认识，强化措施，大力实施饮水安全巩固提升工程；加强科学谋划、统筹协调，强化应急管理，堵塞安全风险，落实落细各项安全举措；完善农村饮水工程运行管理配套办法，健全农村饮水安全投入和管护体制机制，推进农村供水工程标准化建设、规范化管理、常态化运行、长效化受益。

调研娘子关供水二期续建工程情况。2015 年 6 月，市人大常委会副主任吕昌政带领调研组深入娘子关供水二期续建工程现场，通过实地查看、听取汇报、座谈等方式，详细了解工程进度和存在的困难问题。在肯定工作成绩的同时，要求进一步提高思想认识，加大工作力度，强化部门监管，保质保量按时完成工程任务。工程指挥部及各施工单位要按照基本建设程序，严格对工程进度、造价、质量、安全进行控制，严格全过程管理，努力克服施工过程中遇到的各种困难，全力推进工程建设，力争早日实现通水，切实从根本上缓解水资源供需矛盾，更好满足人民群众生产生活和转型跨越发展对水资源的需求。

（五）市十五届人大常委会组织专题调研 12 次

调研脱贫攻坚工作情况。2017 年 7 月至 8 月，市人大常委会副主任吕昌政带领调研组深入 5 个县区、9 个乡镇、22 个村、48 个农户及 1 个易地搬迁集中安置点，召开了产业扶贫、金融扶贫、基础设施扶贫、基本公共服务扶贫、各县区和全市扶贫等 10 个座谈会，听取市县两级 26 个部门分类汇报，完成问卷调查 161 份，全面摸底脱贫攻坚整体推进情况，完成了深度脱贫攻坚调研报告。

调研报告坚持以习近平总书记关于扶贫工作的重要论述为指导，全面贯彻党中央和省委、市委决策部署，从八方面总结了脱贫攻坚成效和做法，梳理出八方面重点问题和困难，针对性提出八方面意见和建议。市委书记陈永奇批示："报告较为全面地反映了我市脱贫攻坚工作的现状，特别是客观指出了存在的问题，要研究解决。人大发挥优势，围绕全市中心工作督查调研，值得充分肯定，要继续发扬。"

调研乡村产业振兴情况。2019 年 10 月，市人大常委会主任王旭明带领调研组深入各农业县区的部分乡镇、村庄、企业进行实地调研，充分收集利用市直部门和县区政府有关资料，广泛学习借鉴各地相关成功经验，深入研究分析全市乡村产业振兴情况。调研报告从六方面总结了乡村产业振兴的基础和条件，分析了六方面问题和困难，针对性提出了六方面意见和建议。报告针对存在的产业基础设施仍然薄弱、产业发展水平仍然滞后、产业融合发展仍然欠缺、自我发展活力仍然不足、发展要素制约仍然突出、服务供给能力仍然不够等问题，建议突出特色发展，乡村产业"小而特"；突出规模发展，乡村产业"小而强"；突出优势发展，乡村产业"小而优"；突出融合发展，乡村产业"小而富"；突出品牌发展，乡村产业"小而精"；突出创新发展，乡村产业"小而活"。市委书记关建勋批示："研究乡村产业振兴突出问题。"市委和市政府有关领导高度重视，组织有关部门认真研究办理，付诸工作实践。

调研机耕路建设管理情况。2020 年 10 月，市人大常委会副主任郑清明带领调研组深入平定县东回镇前黄安村，柏井镇里牌岭村、柏井三村，实地查看机耕路建设推进玉米全程机械化发展情况，详细了解了机耕路建设示范乡东回镇前黄安村着力解决土地撂荒问题等基本情况。市农机中心负责人介绍了近年来阳泉市在机耕路建设管理方面所做的工作、取得的成效以及存在的问题和对策建议。要求继续把机耕路建设管理作为发展现代农业、实施乡村振兴的一项重要工作来抓，坚持民办、公助的筹集原则，确保资金投入，敢于破解难题，善于总结经验，切实把机耕道路建设成为农村经济发展的致富路。

农业和农村工作监督专题调研一览表

表 7-10

序号	时间	专题调研内容
1	市十一届人大常委会	畜牧业发展情况
2	市十二届人大常委会	调研退耕还林工作情况
3	市十二届人大常委会	乡镇企业发展情况
4	市十二届人大常委会	城乡统筹发展情况
5	市十二届人大常委会	城乡统筹发展和社会主义新农村建设情况
6	市十二届人大常委会	调研农村税费改革和退耕还林工作情况
7	市十三届人大常委会	娘子关水源地保护情况
8	市十三届人大常委会	"十二五"规划纲要编制工作情况
9	市十三届人大常委会	水务一体化情况
10	市十三届人大常委会	农业机械化工作情况

续表 7-10

序号	时间	专题调研内容
11	市十三届人大常委会	龙华河水利枢纽工程建设情况
12	市十四届人大常委会	蔬菜产业发展情况
13	市十四届人大常委会	“三农”工作情况
14	市十四届人大常委会	娘子关水源地保护工程建设情况
15	市十四届人大常委会	农村饮水安全工作情况
16	市十四届人大常委会	气象事业发展情况
17	市十四届人大常委会	精准扶贫工作情况
18	市十四届人大常委会	娘子关供水二期续建工程情况
19	市十五届人大常委会	水利惠农工作情况
20	市十五届人大常委会	脱贫攻坚工作情况
21	市十五届人大常委会	农村土地改革情况
22	市十五届人大常委会	推进河长制工作情况
23	市十五届人大常委会	农村集体建设用地和宅基地改革情况
24	市十五届人大常委会	实施乡村振兴情况
25	市十五届人大常委会	气象服务保障情况
26	市十五届人大常委会	森林公园建设管理情况
27	市十五届人大常委会	乡村产业发展情况
28	市十五届人大常委会	农村人居环境整治情况
29	市十五届人大常委会	机耕路建设管理情况
30	市十五届人大常委会	乡村生态振兴情况

第四节　城乡建设环境保护工作监督

2001 年 1 月至 2020 年 12 月期间，市人大常委会把城乡建设和生态环境保护作为监督工作的重点，认真履行宪法和法律赋予的监督职责，听取和审议专项工作报告 41 个，开展执法检查和执法调研 19 次，组织专题调研 37 次。持续开展“阳泉环保行”活动。

一、听取和审议专项工作报告

（一）市十一届人大常委会（2001 年 1 月至 2002 年 3 月）听取和审议工作报告 2 个

规范房地产交易市场有序运行。第三十一次会议听取和审议市政府《关于房地产交易市场运行情况的报告》，要求进一步解放思想，大胆改革，加大住房改革力度，实施住房货币化分配政策，健全和完善配套政策和措施，提高城镇居民对住房商品化的认识，推动房地产交易市场繁荣发展；集中力量清理整顿房地产中介机构，严厉打击不法行为；加强房地产交易市场管理机构和队伍建设，理顺管理机制，提高服务水平，确保对房地产市场的有效监管，推动房地产市场健康有序发展。

（二）市十二届人大常委会听取和审议工作报告9个

支持桃河综合治理。第三次、第十次会议两次听取和审议市政府《关于桃河治理工程进展情况的报告》，要求加大桃河治理工程的宣传力度，坚定全市上下治理桃河的信心和决心；解放思想，探索实践，质量第一，安全为先，把治理桃河做成城市精品工程，做到十几年、几十年不落后；全面综合考虑，统筹规划安排，强化桃河上游生态环境治理，配套建设城市污水管网工程，同步推进桃河两岸综合整治，让碧波在桃河荡漾起来，让灵气回到桃河；解放思想，创新机制，加强管理，保护好桃河公园，为全市人民打造舒适优美的休闲活动场所。

加大环保监督力度。第十一次、十九次、二十一次、二十八次、三十三次会议分别听取和审议市政府《关于环保工作及三晋环保行提出意见建议整改情况的报告》《关于环保工作及耐火行业清理整顿情况的报告》《关于市区环境保护目标及相应措施安排情况的报告》《关于“十一五”环保工作措施的报告》《关于创建“环境友好型企业”工作情况的报告》，要求牢固树立和贯彻落实以人为本，全面、协调、可持续的科学发展观，切实把环境保护放在国策地位，把保护人民群众身体健康、改善生活环境作为各项工作的出发点和落脚点，统筹考虑，科学决策，依法行政，强化监管，用足用活相关政策，多方筹措治理资金，推动产业结构调整，支持企业技术革新，鼓励发展低能耗、少污染、节水型和资源综合利用的项目，向经济效益良好、资源合理利用、生产环境清洁优美、环境与经济协调发展的新型工业化道路迈进。

推动创建国家级园林城市工作。第二十八次会议听取和审议市政府《关于创建国家级园林城市工作的报告》，要求加强组织领导，科学制定规划；加大资金投入，确保建设需要；采取有效措施，加快建设步伐；狠抓绿化工程建设，提高城市的档次和品位；推进单位庭院绿化，加大城市绿化总量；抓好道路绿化，创造优美景观；实施大环境绿化，提高城市整体环境质量；加强队伍建设，提高管理水平；强化舆论宣传，营造创建氛围。通过五年的不懈努力，确保实现国家级园林城市创建目标。

推动石太铁路市区段综合治理。第三十二次会议听取和审议市政府《关于石太铁路阳泉市区段绿色通道综合治理工作进展情况的报告》，要求加强组织领导，明确细化责任，认真修订和全力实施综合治理规划；广泛宣传发动，营造浓厚氛围，增强全民参与、广泛参与、共同参与的自觉性和主动性；坚持依法治理，尽快组织启动，积极争取铁路部门尤其是北京路局的大力配合；广开多种渠道，筹集建设资金，充分调动社会各方面的积极性，全力保障整个铁路市区段绿色通道综合治理的顺利实施。

（三）市十三届人大常委会听取和审议工作报告12个

推动加快国家园林城市创建工作。第三次、九次、十九次会议都听取和审议市政府《关于创建国家园林城市工作进展情况的报告》，要求进一步认清形势，明确目标，加强领导，落实责任，以扎扎实实的措施保障创建工作有效推进。团结和带领广大群众，恪尽职守，兢兢业业，一心一意谋创建，在创建园林城市的实践中建功立业；建立创建投入机制，采取多种形式吸纳和鼓励社会单位投身园林绿化公益事业；加强宣传，营造氛围，唤起全民的参与意识，形成全民动员，齐抓共管的工作格局，保障创建工作落到实处。

推动做好城市管理行政执法工作。第二十次会议听取和审议市政府《关于城市管理行政执法工作情况的报告》，要求进一步强化责任意识，创优城市环境，逐步将工作重心从治脏、治乱、治差转移到做优、做靓、做美、做出特色上来，创出城管执法的阳泉品牌；坚持以人为本，提升管理水平，及时解决市民群众反映的热点难点问题，把群众满意度作为衡量工作的标准；创新管理理念、提升工作效能，使城市管理工作逐步走向科学化、规范化、精细化轨道，真正把阳泉建设成为生态文明、平安和谐的宜居家园和具有较强竞争力的现代化区域中心城市。

推动开展国家环保模范城市创建工作。第二十八次会议听取和审议市政府《关于创建国家环保模范城市工作进展情况的报告》，要求进一步加强领导，深入发动，形成群策群力，齐抓共管，合力共建的良好氛围和高效机制；突出重点，全面推进，继续加大节能减排力度，加快节能新工艺、新技术的推广应用，加速传统产业改造升级，大力发展新型产业，构建生态工业产业链，提高能源、资源综合利用效率；强化监管，严格执法，认真落实新上项目的环评制度，继续搞好工业企业全面达标巩固提高工作；广泛宣传，全面动员，营造全社会关心环保、重视环保的浓厚氛围，实现经济发展与环境保护并重，协调发展。

推动开展国家卫生城市创建工作。第三十次、三十三次会议分别听取和审议市政府《关于创建国家卫生城市工作情况的报告》《关于环境卫生管理工作情况的报告》，要求进一步提高认识，加强领导，全面落实各项创卫措施；严格督查，依法监管，不断提高创卫工作质量；拓宽渠道，增加投入，保证创卫工作顺利开展；突破重点，攻克难点，确保创卫工作整体推进；广泛宣传，深入发动，营造全民创卫良好氛围；立足长远，统筹谋划，建立城市长效管理机制，为建设形象好、品位高、环境优、和谐有序、生活舒适的美好家园不懈努力。

（四）市十四届人大常委会听取和审议工作报告 13 个

重视和关注城市总体规划修编工作。第二次会议听取和审议市政府《关于城市总体规划修编工作的报告》，要求准确把握全省构建“一核一圈三群”城镇体系框架的发展规划，充分认识省委把阳泉纳入太原都市圈和“省域经济与社会事业最为发达的核心区域和最为重要的城镇密集地区”的重要意义，切实找准阳泉市未来发展的科学定位，全力推动阳泉区域经济协调发展，提升阳泉的城市形象和地位，实现华北区域性中心城市目标。依托阳泉现有的区位优势、交通优势，有针对性地指导阳泉市未来规划和布局，科学处理新区和老区的关系、市区与县区的关系、城市与农村的关系、产业与环境的关系、地上与地下的关系、近期和长远的关系，加快编制城市控制性详细规划、分区规划及专业规划，增强总体规划的可操作性，为建立更加繁荣宜居和谐的新阳泉提供行动指南。

高度重视保障性住房建设工作。第三次会议听取和审议市政府《关于保障性住房建设工作情况的报告》，要求进一步完善住房保障体系，做好公租房保障，稳步实施棚户区改造，因地制宜发展共有产权住房，努力把住房保障和供应体系建设办成一项经得起实践、人民、历史检验的民生工程、德政工程。会议从加快工程建设进度、确保工程建设质量、积极筹措建设资金、加大土地收储力度、继续完善配套政策和保证住房公平分配等方面提出意见建议。

推动国家建筑法律全面正确实施。第十四次会议听取和审议市政府《关于建筑法贯彻执行情况的报告》，要求坚持以习近平新时代中国特色社会主义思想为指导，贯彻新发展理念，坚持质量第一、效益优先，不断推动建筑业发展的质量变革、效率变革、动力变革；加强法律宣传教育，促使全社会形成贯彻实施建筑法的良好氛围；加强执法队伍建设，加大执法工作力度，促进建筑业的健康发展；加强建筑市场管理，规范建筑市场行为；切实维护广大劳务人员的合法权益和社会稳定；加强施工安全管理，提高建筑工程质量，强化对安全事故的调查处理和责任追究，巩固和发展全市建筑施工安全的良好形势。

助推城市饮用水水质改善。第三十一次会议听取和审议市政府《关于城市饮用水水质改善工作情况的报告》，要求深入学习贯彻习近平总书记重要讲话精神，始终把人民群众的切身利益放在首位，切实提高对城市饮水安全重要性的认识，继续加强领导，有效组织、狠抓落实，严格标准、质量先行，精细把关、保证安全，扎扎实实抓好工程后期建设，确保工程如期完成，确保送水目标按计划实现，确保给市民的承诺圆满兑现，确保市民尽早吃上放心水、长期饮用安全水。统筹推进娘子关供水工程一期维护、二期供水和城市供水水质改善工程，最大限度发挥三项工程的综合效益，切实把安全用水作为惠泽子孙后代的百年大计工程，为阳泉今后的转型跨越发展提供强有力的支撑。

（五）市十五届人大常委会听取和审议工作报告5个

持续监督生态环境状况和生态环境保护目标完成情况。第二次、第十二次、第二十四次、第三十二次会议均听取和审议市政府上年度生态环境状况和生态环境保护目标完成情况的专项报告，要求深入贯彻习近平生态文明思想和全国生态环境保护大会精神，将生态环境质量只能更好、不能变坏作为责任底线，进一步提高政治站位，坚定治污决心，强化组织领导，坚持底线思维，保持高压态势，促进问题化解，整合多方力量，加大资金投入，提升治理效能；健全生态补偿机制，强化生态保护修复，提升支撑保障能力；加大宣传力度，强化舆论引导，营造治污氛围；深化执法队伍建设，夯实监管基层基础，提高依法行政水平，全力推进大气、水、土壤污染防治，坚决打赢污染防治攻坚战。

推动加快阳大铁路项目建设。第十次会议听取和审议市政府《关于阳大铁路项目建设情况的报告》，要求加大宣传引导力度，凝聚全社会共识，营造合力推进工程进度的氛围；加强领导，精心组织，解放思想，用创新的办法解决建设中遇到的问题，尽快将项目资本金全部落实到位，研究解决搬迁事宜，保障项目有序推进。各级各部门要克服困难，切实担起责任，着力解决项目建设中的难点问题。各建设单位要加快进度，确保质量和施工安全，力争按计划如期顺利完工，让人民群众早日感受到阳大铁路带来的出行便利。

城乡建设环境保护工作监督听取和审议专项工作报告一览表

表7-11

序号	时 间	会 议	内 容
1	2001年4月	市十一届人大常委会第二十八次会议	市政府关于环境保护工作情况的报告
2	2001年10月	市十一届人大常委会第三十一次会议	市政府关于房地产交易市场运行情况的报告
3	2002年10月	市十二届人大常委会第三次会议	市政府关于桃河治理、城市环境综合整治等工作的报告
4	2003年8月	市十二届人大常委会第十次会议	市政府关于桃河治理工程建设情况的报告
5	2003年10月	第十二届市人大常委会第十一次会议	市政府关于环保工作及三晋环保行提出意见建议整改情况的报告
6	2004年12月	市十二届人大常委会第十九次会议	市政府关于环保工作及耐火行业清理整顿情况的报告
7	2005年3月	市十二届人大常委会第二十一次会议	市政府关于市区环境保护目标及相应措施安排情况的报告
8	2006年6月	市十二届人大常委会第二十八次会议	市政府关于“十一五”环保工作措施的报告
9	2006年6月	市十二届人大常委会第二十八次会议	市政府关于创建国家级园林城市工作的报告

续表 7-11

序号	时间	会议	内容
10	2006 年 10 月	第十二届市人大常委会第三十二次会议	市政府关于石太铁路阳泉城市段综合治理和防护林带建设情况的报告
11	2006 年 12 月	第十二届市人大常委会第三十三次会议	市政府关于创建环境友好型企业工作情况的报告
12	2007 年 8 月	市十三届人大常委会第三次会议	市政府关于创建国家级园林城市工作进展情况的报告
13	2007 年 10 月	市十三届人大常委会第四次会议	市政府关于环境保护工作情况的报告
14	2008 年 4 月	市十三届市人大常委会第九次会议	市政府关于创建国家园林城市工作进展情况的报告
15	2008 年 8 月	市十三届人大常委会第十一次会议	市政府关于棚户区改造和廉租住房建设工作进展情况的报告
16	2008 年 10 月	市十三届人大常委会第十二次会议	市政府关于煤矸石综合治理工作情况的报告
17	2009 年 4 月	市十三届人大常委会第十二次会议	市政府关于阳泉矿区采煤沉陷区综合治理工作的报告
18	2009 年 4 月	市十三届人大常委会第十七次会议	市政府关于工业废弃物治理及综合利用工作情况的报告
19	2009 年 8 月	市十三届人大常委会第十九次会议	市政府关于创建国家园林城市工作进展情况的报告
20	2009 年 10 月	市十三届人大常委会第二十次会议	市政府关于城市管理行政执法工作情况的报告
21	2010 年 6 月	市十三届人大常委会第二十八次会议	市政府关于创建国家环保模范城市工作进展情况的报告
22	2010 年 10 月	市十三届人大常委会第三十次会议	市政府关于创建国家卫生城市工作情况的报告
23	2011 年 4 月	市十三届人大常委会第三十三次会议	市政府关于环境卫生管理工作情况的报告
24	2012 年 8 月	市十四届人大常委会第二次会议	市政府关于城市总体规划修编工作的报告
25	2012 年 10 月	市十四届人大常委会第三次会议	市政府关于保障性住房建设情况的报告
26	2012 年 12 月	市十四届人大常委会第五次会议	市政府关于农村街巷道路硬化“全覆盖”工程完成情况的报告
27	2013 年 6 月	市十四届市人大常委会第十次会议	市政府关于创建环保模范城市工作的报告
28	2013 年 10 月	市十四届人大常委会第十四次会议	市政府关于建筑法贯彻执行情况的报告
29	2014 年 6 月	市十四届人大常委会第十九次会议	市政府关于固体废弃物综合利用及处置工作的报告
30	2014 年 8 月	市十四届市人大常委会第二十一次会议	市政府关于阳大铁路建设项目前期工作进展情况的汇报
31	2014 年 10 月	市十四届人大常委会第二十二次会议	市政府关于关于生态新城建设推进情况的报告
32	2015 年 4 月	市十四届人大常委会第二十六次会议	市政府关于污染物总量减排工作情况的报告
33	2015 年 10 月	市十四届人大常委会第三十一次会议	市政府关于城市饮用水水质改善工作情况的报告
34	2016 年 2 月	市十四届人大常委会第三十五次会议	市政府关于大气污染防治工作情况的报告
35	2016 年 6 月	市十四届人大常委会第三十八次会议	市政府关于改善城市人居环境工作情况的报告
36	2016 年 10 月	市十四届人大常委会第四十二次会议	市政府关于阳大铁路工程进展情况的报告
37	2017 年 4 月	市十五届人大常委会第二次会议	市政府关于全市 2016 年度环境状况和环境保护目标完成情况的报告

续表 7-11

序号	时间	会议	内容
38	2018 年 2 月	市十五届人大常委会第十次会议	市政府关于阳大铁路项目建设情况的报告
39	2018 年 4 月	市十五届人大常委会第十二次会议	市政府关于全市 2017 年度环境状况和环境保护目标完成情况的报告
40	2019 年 6 月	第十五届市人大常委会第二十四次会议	市政府关于 2018 年度全市生态环境状况和生态环境保护目标完成情况的报告
41	2020 年 6 月	第十五届市人大常委会第三十二次会议	市政府关于 2019 年度全市生态环境状况和生态环境保护目标完成情况的报告

二、执法检查和执法调研

（一）市十二届人大常委会开展执法检查和执法调研 6 次

《城市供水条例》《山西省城市供水和节约用水管理条例》执法检查。2004 年 6 月，执法检查组深入了解行政主管部门依法履行职责、供水企业经营服务、水源地及水质保护、节水技术推广和节水政策的落实等情况。针对执法工作中存在的问题与困难，要求市政府及有关部门进一步加大法规宣传力度，把城市供水用水工作真正纳入法治化轨道，确保城市节约用水技术政策落到实处；积极开展中水回用工作，充分发挥污水处理厂的效益；严格城市规划区范围内自备井的管理，从政策上、价格上和供水机制改革等方面多管齐下，形成合力，妥善解决自备井问题；加快推进城市供水市场化，提高城市供水企业服务水平；维护条例的严肃性和权威性，对个别县区城市供水管理体制不完善，一定要严肃对待，尽快理顺，确保城市供水正常运行。

《中华人民共和国环境影响评价法》执法检查。2004 年 11 月，执法检查组听取市县两级环保部门及重点企业工作汇报，实地检查落实情况。针对存在的宣传力度还不够，一些企业领导对环评工作认识不足，存在误区；环评工作开展不全面，还局限于基本建设范围，规划环评尚未取得实质性进展；一些违法建设项目仍然存在，违反国家产业政策、先搭车后补票的现象仍有发生等问题，要求进一步提高思想认识，完善相关制度，采取有效措施，把环评工作纳入综合决策，用好这一法律武器，推进产业结构调整中循环经济的建立，保证环境影响评价执行率，并不断提高环评工作水平，把环保基础工作打牢；加大执法力度，严肃查处违法建设项目，强化管理，促进环评措施同步建设到位。

配合省人大常委会开展以“实施蓝天碧水工程，建设资源节约型、环境友好型社会”为主题的执法检查。

（二）市十三届人大常委会组织开展执法检查和执法调研 3 次

《中华人民共和国招标投标法》执法检查。2010 年 9 月，执法检查组听取市住建局自查情况汇报，对市区部分招投标工程进行检查，邀请部分市人大代表进行座谈。针对存在的虚假招标、围标串标、挂靠、假借资质投标、中标后转包、分包、场外交易和综合监管工作力度较弱等问题，要求市政府及有关部门深入宣传贯彻有关法律和政策，加强招投标制度建设，强化招投标事后检查监督，理顺招投标综合监管机构职能，积极推动招投标行业健康发展。

《中华人民共和国城乡规划法》《山西省城乡规划条例》执法检查。2010 年 9 月，执法检查组通过召开汇报座谈会、查阅档案资料、实地检查、听取市人大代表意见、委托执法检查和召开检查组讨论会等形式，深入了解贯彻实施法律情况。针对存在的一些单位领导干部和规划执法人员对法律的学习宣传不够深入，认识不够到位，自觉遵纪守法的意识仍不够强，在认识上存在误区；规划领域专业人才缺乏，经费保障机制不健全，规划的公告工作有待改进等问题，要求市政府从加大法律学习和宣传力度；引导社会公众参与城乡规划的编制和管理；注重规划顶层设计，提高规划成果质量；完善规划保障机制，强化执法能力建设；严格落实审批报告制度，切实规范行政执法行为。

配合省人大常委会开展《中华人民共和国环境影响评价法》执法检查。

（三）市十四届人大常委会开展执法检查和执法调研4次

《中华人民共和国大气污染防治法》《山西省大气污染防治条例》执法检查。2014年6月，执法检查组听取市县两级政府及环保部门、部分企业情况汇报，围绕工业企业大气污染防治、机动车尾气污染防治、油气回收治理、城市环境综合整治等情况，赴各县区及17个企事业单位和点源，进行了实地查看，发现了山西新景矿煤业有限责任公司皮带走廊污染防治设施运行不正常，煤粉尘腾空排放，造成了环境污染等18个具体环境问题，向市政府及有关部门进行意见反馈，要求深入学习贯彻习近平总书记关于环境保护工作的重要讲话精神，进一步提高认识、落实责任，努力形成防治大气污染工作合力；突出重点，依法推进大气污染防治工作；强化执法监管，确保法律制度有效实施；完善政策措施，科学推动大气污染防治工作；加快法律修改进程，完善大气污染防治法律制度，确实改善空气环境质量，保障人民群众身体健康。

《中华人民共和国建筑法》执法检查。2015年10月，执法检查组深入市区泉西路、古城小区、供热管网307复线上烟桥顶管工程项目和万隆国际等建筑工地实地检查，听取市住建局、平定县政府、盂县政府和郊区政府的工作汇报。针对检查发现的工程质量和安全生产仍不容乐观，部分工程前期程序不够规范，拖欠工程款和农民工工资，建筑业产值增幅持续下滑，工程造价管理职能交叉等问题，要求市政府及有关部门深入学习贯彻习近平总书记系列重要讲话精神，进一步加强法律宣传教育、加强执法队伍建设、加强建筑市场管理、加强建筑项目管理和强化政策引导，推动党中央、国务院关于建筑业改革发展的决策部署落地生根，进一步规范建筑市场秩序，提升工程质量安全和建筑节能水平。

配合省人大常委会开展《中华人民共和国环境影响评价法》执法检查。

（四）市十五届人大常委会开展执法检查和执法调研6次

《中华人民共和国环境保护法》《山西省环境保护条例》执法检查。2018年10月，执法检查组分设明查和暗访两路，深入城区义井洗煤厂、无名家俱厂和义井河整治工地，矿区国电满庭春建筑工地，郊区燕龛煤矿，平定县尚怡水库、阳光电厂和柏井五村地质灾害治理工程，盂县东坪煤矿、大贤煤矿，开发区宁波北路建设工程等处听汇报、实地看、座谈会、随机查，开通专门信息邮箱，接受群众举报。针对存在的环保责任落实不到位，压力传导不够、有应付整改的行为、企业违法排污现象依然存在等问题，要求市政府及有关部门深入学习贯彻习近平生态文明思想，既要看到工作成绩，更要看到任务艰巨；既要集中攻坚，更要持续用力；既要强化守土有责，更要强化联防联控，在转变观念、落实责任、突出重点、能力建设、整改落实和探索上持续用力，以主战场的意识、攻坚克难的毅力、负重拼搏的干劲打赢污染治理战役。

《中华人民共和国水污染防治法》执法检查。2019年4月，市人大常委会成立以主任王旭明为组长的执法检查领导组，召开市政府及相关职能部门、市中级人民法院、市人民检察院和各县区人大常委会分管负责人共计20个单位参加的情况汇报会议，充分了解面上执法情况，召开两个不同类型的座谈会，组织进行问卷调查。5月起，采取全覆盖暗访和随机抽查的方式，深入郊区山西深港产学研环保工程技术有限公司、矿区半坡村和白羊墅断面水污染防治重点工程等地，实地查看工业废水处理、矿井水提标改造和城市黑臭水体治理等情况，随机抽查污水处理运行、中水回用等有关台账。针对发现的7方面25个具体问题，要求进一步坚持习近平生态文明思想为指导，深入开展“夏季攻坚”行动，狠抓水污染防治法在阳泉市的贯彻落实；坚持问题导向，强化组织领导，完善工作机制，营造防治氛围，系统推进“五水同治”，坚决打赢碧水保卫战；坚持严字当头，保持铁腕治污高压态势，依法依规严厉打击环境违法行为；加强队伍建设，提高执法人员综合素质，努力打造政治强、本领高、作风硬、敢担当的生态环保铁军，为实现阳泉山更青、水更秀做出新的贡献。

《阳泉市城市绿化条例》执法检查。《阳泉市绿化条例》是阳泉市获批地方立法权后，首先制定出台的重要实体性法规。为推动条例全面正确实施，2019年10月至12月上旬，执法检查组深入城区绿矾沟小区、保晋公园、东城水岸小区、五渡湿地公园、平阳街、二青会射击射箭馆、阳泉职业技术学院等地，实地检查条例贯彻实施情况，听取市城管、住建、规划、发改、财政、司法和园林等单位工作情况汇报。针对存在的8个方面的问题，市政府及有关部门深入学习贯彻习近平生态文明思想，进一步提高政治站位，坚持绿色发展，扎实推进条例的贯彻实施；加强组织领导，细化制定配套办法，建立健全绿化监管体制机制；严格执法检查，推动城市绿化工作再上新水平；加大绿化力度，加强条例宣传，增加财政投入，扩大绿化面积，提高绿化覆盖率，努力营造全社会爱绿护绿的良好氛围，让绿色成为阳泉最靓丽的底色。

城乡建设环境保护工作监督执法检查和执法调研一览表

表7-12

序号	届别	主题
1	市十二届人大常委会	《中华人民共和国环境保护法》
2	市十二届人大常委会	《中华人民共和国固体废物防治法》
3	市十二届人大常委会	《城市供水条例》《山西省城市供水和节约用水管理条例》
4	市十二届人大常委会	《中华人民共和国环境影响评价法》
5	市十二届人大常委会	《中华人民共和国城市规划法》
6	市十二届人大常委会	《中华人民共和国水污染防治法》
7	市十三届人大常委会	《中华人民共和国招标投标法》
8	市十三届人大常委会	《中华人民共和国城乡规划法》《山西省城乡规划条例》
9	市十三届人大常委会	《中华人民共和国水污染防治法》
10	市十四届人大常委会	《中华人民共和国大气污染防治法》《山西省大气污染防治条例》
11	市十四届人大常委会	《中华人民共和国水污染防治法》
12	市十四届人大常委会	《中华人民共和国建筑法》
13	市十四届人大常委会	《山西省建筑工程质量和建筑安全生产管理条例》
14	市十五届人大常委会	《中华人民共和国大气污染防治法》

续表 7-12

序号	届 别	主 题
15	市十五届人大常委会	《中华人民共和国环境保护法》和《山西省环境保护条例》
16	市十五届人大常委会	《中华人民共和国水污染防治法》
17	市十五届人大常委会	《阳泉市城市绿化条例》
18	市十五届人大常委会	《中华人民共和国土壤污染防治法》《山西省土壤污染防治条例》
19	市十五届人大常委会	《阳泉市大气污染防治条例》

三、专题调研

（一）市十一届人大常委会（2001 年 1 月至 2002 年 3 月）组织专题调研 1 次

调研城镇职工住房资金管理情况 。2001 年 7 月和 11 月，市人大常委会副主任郝爱生带领调研组深入市住房资金管理中心及经济适用住房中心听取汇报，调研座谈。针对存在问题，要求进一步坚持以邓小平理论和“三个代表”重要思想为指导，始终把改善群众居住条件作为城市住房制度改革和房地产业发展的根本目的，健全工作机制、落实工作责任，完善制度规程，规范资金使用，加强监督管理，盘活用活这块资金，促使其保值增值。

（二）市十二届人大常委会组织专题调研 6 次

调研环境保护“十一五”规划编制情况 。2005 年 10 月至 11 月，市人大常委会副主任杨清风带领调研组深入各县区及有关部门了解环境保护“十五”计划的进展完成情况，结合环境保护工作现状，要求进一步落实以人为本的科学发展观，大力发展循环经济和清洁生产，努力建设人与自然和谐共处的环境友好型城市；广泛深入宣传贯彻环保法律法规，严格执行国家产业政策和宏观经济调控政策；围绕建立新型能源和新型材料工业基地和扩容提质战略，加快经济结构调整步伐，引进环境污染少、经济效益好的项目，推进传统产业新型化；明确目标，抓住重点，搞好“一控双达标”，尤其搞好电力行业烟气脱硫治理，冶金、化工等行业的污染治理；继续开展区域环境综合整治，加强小城镇环境综合治理工作；对“十五”计划中触及较少的行业和领域要重视起来，指导各县区及高污染行业搞好专项环保规划。

城市管理相对集中行政处罚权试点工作情况。2006 年 12 月，市人大常委会副主任吴学斌带领调研组深入了解城市管理行政执法工作。调研中了解到，阳泉市自 2002 年被国务院批准为省内首家开展相对集中行政处罚权工作试点城市以来，市城市管理行政执法局在队伍建设、管理模式以及综合整治等方面进行了有益的尝试和大胆的改革，取得了可喜的成效。调研发现，城市管理行政执法在运行过程中存在着一定的法治缺失，导致了处罚依据不足、自由裁量权过大、执法针对性不强等缺陷。建议市政府在城市管理方面尽快出台更具可操作性的地方性规章制度，进一步加大行政执法力度，提高城市管理水平。

调研电力企业脱硫设备建设工程进展情况 。2007 年 2 月，市人大常委会主任丁贵生带领调研组深入阳光发电有限责任公司等单位，现场了解除尘控制系统的改造及粉煤灰综合利用工作情况，充分肯定阳光发电有限责任公司积极利用先进技术，加快烟气脱硫工程建设步伐，有效地降低二氧化硫排放量取得的成效。要求进一步将环保提到影响企业生存与发展的高度来认识，始终把环保工作放在重要位置，坚持经济效益与环境效益并举、生产经营与环保协调发展的原则，加快企业环境治理，不断取得良好经济效益、环境效益和社会效益，为建设“生态阳泉”和打造中国鲁尔区、建设晋东明珠城做出新的贡献。

（三）市十三届人大常委会组织专题调研6次

调研供热运行情况。2008年3月，市人大常委会副主任吴学斌带领调研组深入主管部门、供热企业和基层单位、居民家庭，走访座谈，抽样检查，现场了解情况。调研认为，全市三家热源合计总供热能力1070万平方米，市区有建筑及2010年前新规划建筑共约1150万平方米，超过了预期供热能力。集中供热由于其社会公共产品的特殊性，经营成本与价格倒挂，形成了较为严重的政策性亏损。而现行供热政策中，并未涉及困难群体的热补贴、室内采暖设施的维修责任，及供热企业政策性亏损补偿等内容。这些条款的缺失，既使企业承担了过多的社会职能，又严重影响了合理的热费收缴，也极易引发供需双方之间在维修问题上的矛盾。调研组要求要加大投入，加快热源建设，完善供热政策，拓宽投资渠道，保持全市集中供热的良性发展态势。

调研“三城同创”工作进展情况。2010年10月，市人大常委会主任孙水生带领调研组深入市区赛鱼路大修工程、赛鱼公园建设工程、桃北路整治工程、深圳街、城市广场维修改造工程、新城大道、保晋路建设工程、大连路改造工程、泉东路建设工程、广阳路建设工程，详细了解工程规划和建设进展情况、存在的困难和问题及解决办法、工程建成后的经济效益和社会效益。调研组对全市“三城同创”重点工程项目之多、布局之好、投资之巨、建设之快、质量之高，感到振奋和鼓舞，对市政府推进“三城同创”所做的工作给予充分肯定和高度评价，要求市政府及有关部门要总结经验，发扬成绩，正视问题，攻坚克难，在现有工作成果的基础上，进一步强化领导、科学统筹、加大力度、开拓向前，更加有力有序有效地推进“三城同创”各项工作，确保优质、高效、如期完成建设任务，为建设更大更强更富更美阳泉做出贡献。

调研“三城同创”工作进展情况。2010年12月，市人大常委会副主任荆东生带领调研组深入市区深圳泉西路、保晋路、大连路、广阳路、泉东路实地了解交通规划、建设和管理情况，以及港湾式停车站建设情况，听取市交警、建设、规划、交通、行政执法等部门负责人工作情况汇报，召开座谈会，听取各类车辆运营单位和驾驶人员及居民代表的意见建议。在充分肯定市政府加强城市道路交通规划、建设、管理取得成绩的基础上，要求交警、规划、建设等部门更好地发挥职能作用，齐抓共管，形成长效管理机制；各有关职能部门严格执法、公正执法、规范管理、科学管理，建立一套行之有效的城市道路交通管理办法；加大宣传力度，在全社会形成遵守交通规则的和谐氛围。

（四）市十四届人大常委会组织专题调研13次

调研城乡环境卫生综合整治情况。2014年8月，市人大常委会主任刘高官带领调研组深入市区义井公园、义井河、预制厂棚户区改造项目、大阳泉马路市场、兴隆步行街、中医院周边环境、金花园小区、郊区东西大街改造工程、康达小区、污水处理厂等处实地了解情况，听取了市政府及相关部门工作汇报，进行了座谈交流，还到昔阳县学习了环境卫生综合整治中的好经验、好做法。调研指出，深化城乡环境卫生综合整治是关系群众切身利益的民生工程、关系阳泉发展全局的基础工程、关系创建国家卫生城市的重点工程。要进一步凝聚共识，增强责任，大力营造整洁、优美、舒适的城乡环境；要牢固树立建管并重的观念，做好乡村环境卫生整治、城乡接合部环境治理以及市区内小街小巷和老旧小区环境卫生综合整治工作，并进一步做好宣传工作，营造全民共同参与的氛围，推进城乡环境卫生综合整治。

调研土壤污染防治情况。2016年8月，市人大常委会副主任吴丽萍带领调研组深入平定县铬渣及含铬污染物处置工程和阳煤集团山西吉天利科技有限公司等地，听取情况汇报，组织会议座谈，进行实地察看。检查发现的主要问题：现有涉重金属行业环境整治工作和重金属削减任务尚未完成，重金属污染防治压力仍然很大且在持续增加；化肥农药的长期过量使用、矿产资源的无序开发造成土壤中个别重金属元素超标，土壤环境质量状况堪忧；土壤环境保护方面法律法规缺失，相关技术、标准、规范的缺失，土壤污染防治工作起步晚，没有引起各级政府的足够重视，各部门之间的职责划分不够清晰；土壤环境保护财政投入不足，市场化投资渠道不够畅通。调研组要求坚持以习近平系列重要讲话精神为指导，不断加大法律法规的学习和宣传力度，组织开展土壤污染状况详查，重点摸清耕地、林地的土壤环境质量，评估土壤污染对农产品质量的影响和人群健康的风险；深入开展土壤污染治理与修复试点，逐步建立土壤污染治理与修复技术体系；强化工矿企业和农业生产过程环境监管，以危险废物收集、贮运和处理处置为重点，严管废物处理处置活动，严厉打击随意倾倒、堆放危险废物的行为，有效控制土壤污染加重趋势；拓宽土壤环境保护和污染治理资金渠道，积极推进土壤污染治理工作；建立政府引导、部门联动、公众参与、协同推进的工作机制，对于因违规审批、违规建设项目等原因造成土壤严重污染的，依法终身追究责任，确保土壤污染防治工作顺利推进，切实打赢“净土”保卫战。

（五）市十五届人大常委会组织专题调研 11 次

调研大气污染治理情况。2018 年 7 月，市人大常委会主任王旭明带领调研组听取市环保、发改、经信、住建等部门情况汇报，实地查看太旧高速阳泉西入口、旧街路段车辆管控情况，三矿矸山生态恢复治理情况，山西河坡发电公司超低排放改造情况，天成煤炭铁路集运公司煤场全封闭改造情况以及平定县石板坪村“煤改气”工程。在召开的座谈会上，认真听取各部门负责人和与会人大代表意见建议，要求认真学习贯彻习近平生态文明思想和全国生态环境保护大会精神，提高政治站位，扛起生态环境保护的政治责任，坚决打好蓝天保卫战；狠抓整改落实，对照问题清单，层层压实责任，严格治理举措，把环保工作抓紧抓实；加大监督检查力度，强化部门联动，形成齐心协力推进生态文明建设和环境保护工作的强大合力，为全市转型发展做出应有的贡献。

调研海绵城市规划建设情况。2018 年 9 月，市人大常委会副主任、市总工会主席张永忠带领调研组深入市住建局、市规划局及城区泉西路游园、桃河湿地公园等地，认真查看海绵城市建设项目实施推进情况，召开汇报座谈会。针对存在的组织机构不健全、规划滞后、标准不高和投入不足等问题，要求深入学习贯彻习近平总书记关于海绵城市建设工作重要论述精神，进一步统一思想认识，提高政治站位，以改革创新的思维，围绕“源头减排、过程控制、系统治理”建设目标和“渗、滞、蓄、净、用、排”六字箴言，进一步强化组织领导，狠抓工作落实，加快推进步伐，确保按时保质保量完成国家、省里规定的海绵城市建设目标任务。

调研平定县城建重点项目推进情况。2019 年 12 月，市人大常委会副主任、平定县委书记申济带领调研组深入县城嘉美花园路、一中路、嘉美花园停车场和游园建设项目、沙坡段游园建设项目、南关至姜家沟路段、公安局旧址游园、姜家沟至孙家沟道路改造项目、南磛石村绿化项目、北磛石新村改造项目等路段和项目建设现场，实地查看项目进展，听取项目推进情况的汇报，了解项目实施中遇到的问题，督促项目进度。针对发现的问题，要求县政府各有关部门和各乡镇要高度重视，自加压力，压实责任，加大协调配合力度，加快工作进度，大力推进项目建设；结合实际，因地制宜，进一步完善用地规划，优化项目设计，打造一批高标准、高质量的工程；沉下心，动脑筋、想办法，拿出实实在在的举措，下大功夫解决项目推进中存在的拆迁问题，严格按照时间节点、任务进度，推进各项城建项目顺利完成，确保项目早日发挥效益，早日造福群众。

调研《山西省禁止公共场所随地吐痰的规定》贯彻落实情况。2020 年 7 月 23 日，市人大常委会副主任孔禄泉带领部分常委会委员和市人大代表，深入城区滨河西社区、矿区日潭商业步行街和部分单位，详细了解情况，听取市城市管理局、市公安局、市文明办、市教育局、市交通运输局、市文旅局等部门和单位有关负责人工作汇报，就贯彻规定情况和进一步加大落实力度进行座谈，听取意见建议。针对发现的问题，要求进一步加强组织领导，列入重要议事日程，强化宣传发动，完善体制机制，推动部门协作，建好执法队伍，加大督查力度，层层压实责任，常抓不懈，久久为功，确保制度规范转化为治理效能。

城乡建设环境保护工作监督专题调研一览表

表 7-13

序号	届别	主　　题
1	市十一届人大常委会	城镇职工住房资金管理情况
2	市十二届人大常委会	城市出租客运行业管理工作情况
3	市十二届人大常委会	电力行业烟气脱硫工程进展情况
4	市十二届人大常委会	环境保护“十一五”规划编制情况
5	市十二届人大常委会	城市管理相对集中行政处罚权试点工作情况
6	市十二届人大常委会	电力企业脱硫设备建设工程进展情况
7	市十二届人大常委会	《政府工作报告》有关城市建设方面工作落实进展情况
8	市十三届人大常委会	供热运行情况
9	市十三届人大常委会	小区绿化管护情况
10	市十三届人大常委会	“十二五”经济增长与环境容量
11	市十三届人大常委会	生态新城规划建设情况
12	市十三届人大常委会	“三城同创”工作进展情况
13	市十三届人大常委会	城市道路交通管理工作情况
14	市十四届人大常委会	保障性住房建设情况
15	市十四届人大常委会	桃河流域生态治理水利项目和中小河流治理工程实施情况
16	市十四届人大常委会	生态新城规划编制及执行情况
17	市十四届人大常委会	2011 年三晋环保行记者团所提意见整改落实情况
18	市十四届人大常委会	城市生活垃圾处理及医疗废弃物处置情况
19	市十四届人大常委会	园林绿化工作进展情况
20	市十四届人大常委会	城市管理行政执法情况
21	市十四届人大常委会	房地产市场管理及去库存情况
22	市十四届人大常委会	城乡环境卫生综合整治情况
23	市十四届人大常委会	拆迁安置工作情况

续表 7-13

序号	届别	主　　题
24	市十四届人大常委会	土壤污染防治工作情况
25	市十四届人大常委会	城市总体规划执行情况
26	市十四届人大常委会	城市饮用水水质改善情况
27	市十五届人大常委会	大气污染治理情况
28	市十五届人大常委会	古村落保护工作情况
29	市十五届人大常委会	煤矸石治理情况
30	市十五届人大常委会	城市停车场建设情况
31	市十五届人大常委会	海绵城市规划建设情况
32	市十五届人大常委会	固体废物污染环境防治情况
33	市十五届人大常委会	保障房建设情况
34	市十五届人大常委会	阳大铁路建设情况
35	市十五届人大常委会	平定县城建重点项目推进情况
36	市十五届人大常委会	《山西省禁止公共场所随地吐痰的规定》贯彻落实情况
37	市十五届人大常委会	城市管理综合行政执法工作

四、生态环境保护工作专项监督

历届人大常委会按照年度工作要点，加强对生态环境保护工作专题监督。同时，根据市委安排和形势需要，适时出台新的监督措施，加大生态环境保护工作专题监督工作力度，推动解决生态环境突出问题。

（一）市十二届人大常委会　牢固树立人与自然和谐共生的科学理念，努力推进资源节约型、环境友好型社会建设。2004 年春，全国公布了 113 个国家重点监控城市名单，按照环境污染指数大小排名，阳泉市名列重点污染城市第三位。市十二届人大常委会迅速组成调查组，走遍了全市大大小小的工业企业及其他排污单位。经过半年多时间的认真了解情况、详细汇总数据，向市委提交了《关于加快市区周边严重污染企业治理的调查报告》。2005 年 4 月举行的市十二届人大五次会议作出了《关于加快市区周边严重污染企业治理的决定》，要求市政府及有关部门以科学发展观为统领，坚持环保工作与经济、社会发展同部署、同检查、同考核，加快重点行业、重点区域和重点领域污染治理力度，切实维护广大人民群众的身心健康，促进人与自然的和谐发展，推动市政府开展专项环境整治、关停重污染耐火企业、拆除燃煤倒烟窑，督促各大企业开展矸石山治理、实施电厂脱硫改造工程，取得明显效果。2006 年 4 月举行的十二届人大六次会议确定了《倾力打造园林城市全面提升人居环境》的大会议案。会后，市政府迅速成立创建国家级园林城市领导组，出台了实施方案，召开了动员大会，加大了投入力度，掀起了轰轰烈烈的创建活动。当年，全市二级以上的天气天数从 2002 年的 28 天增加到 275 天，增幅排全省第一位，为改善人民群众的生产和生活环境做出了积极贡献。

（二）市十三届人大常委会　坚持以改善生态环境质量为核心，打造宜居宜业城市为目标，围绕贯彻市委关于创建国家园林城市、国家环保模范城市和国家卫生城市工作的决策部署，作出《关于强力攻坚，确保阳泉市创建国家园林城市目标实现的决议》《关于大力推进阳泉市创建国家环保模范城市工作的决议》和《关于有效促进“三城同创”工作的决定》，号召全市人民充分认识“三城同创”重大意义，自觉投身“三城同创”工作实践，有力促进“三城同创”深入开展，为打造宜居家园做出应有贡献。特别要求全市人大代表，高度关注、主动投身创建工作，充分发挥代表作用，以模范言行影响和带动广大群众，尽全力推进“三城同创”工作，努力让山城大地天更蓝、山更绿、水更清、环境更优美。

（三）市十四届人大常委会　深入学习贯彻习近平总书记系列重要讲话精神和治国理政新理念新思想新战略，全面落实党中央和省委、市委对生态环境保护工作的新部署新任务新要求，针对全市大气污染防治形势严峻的现状，围绕解决 PM2.5 对人民健康的危害问题，综合运用多种监督方式，大力推动国务院“大气十条”和京津冀及周边地区防治行动计划实施细则以及山西省防治行动计划实施方案的贯彻落实，不断回应人民群众加大雾霾治理力度的殷切期盼。2012 年 11 月，针对环境保护部对阳泉市政府进行约谈时指出的具体环境问题，常委会制定环境保护督查方案，组织部分常委会组成人员和市人大代表，进行全面督查，要求市政府及相关部门对指出的环境问题要迅速整改，抓好落实，尽快遏制环境质量恶化趋势。撰写《关于阳泉市土壤污染防治工作情况的调研报告》，从开展土壤状况详查、实施土壤修复工程、严格土壤环境监管、加大土壤治理投入、建立健全工作机制等五个方面提出针对性的意见和建议，并向有关部门和单位进行通报与反馈，为城乡生态环境明显好转发挥了积极作用。2016 年 11 月 3 日，环境保护部针对 1 月至 9 月阳泉市环境质量严重恶化的情况，对市政府进行了约谈。11 月 4 日，主任会议听取城环委和市政府相关部门相关情况汇报，针对严峻的环境形势及存在问题，作出启动环保大督查的决定。办公厅当日印发《关于督查阳泉市环境保护工作情况的方案》的通知（阳人办发〔2016〕88 号），明确督查工作的主要内容、方法步骤、组织领导和具体要求。

（四）市十五届人大常委会　坚持以习近平生态文明思想为指导，牢固树立“绿水青山就是金山银山”新发展理念，围绕实现经济高质量发展和生态环境高水平保护，监督和推动各级政府发挥主导作用、各类企业担好主体责任，协同打好污染防治攻坚战和生态文明建设持久战。2018 年 5 月 3 日，生态环境部就大气污染防治问题约谈了市政府主要负责同志，所有的涉气项目被限制审批。面对异常严峻的生态环保形势，围绕解决生态环境部提出的粉尘污染十分突出、企业无组织排放现象多发频发、物料露天堆放、煤炭不按要求棚化仓化、日常洒水降尘措施不到位等问题，5 月 9 日召开第 23 次主任会议，针对性地提出了关于进一步加强环保监督、推进环保问题整改落实的“七条措施”，即跟踪抓好市人大常委会相关审议意见落实工作；组织环保整改问题专项督查；组织大气污染防治法执法检查；开展固体废物污染环境防治情况执法调研；继续开展阳泉环保行活动；加大对涉及环保方面代表建议意见办理的督办力度；组织县区人大常委会上下联动，同频共振。5 月 10 日，人大常委会办公厅印发《关于进一步加强环保监督推进环保问题整改落实的意见》（阳人办发〔2018〕50 号），转交市政府办公厅，要求按照意见要求做好相关工作。5 月 11 日，市委书记关建勋对《意见》作出批示：“这个意见很好。要加大环保整改监督力度，推动环保整改落实到位，切实改变阳泉市环保工作的被动局面。”围绕提升“七条措施”落实成效，常委会采取集中检查、分组暗访、地方立法、专题询问、跟踪督办相结合的方式，打出监督“组合拳”，助力“铁腕治污”常态化，特别是主任会议成员分工督办，推动整改落实清仓见底，不留死角。10 月 16 日，办公厅印发《关于开展全市环保执法检查的通知》（阳人办发〔2018〕102号），对常委会“七条措施”落实情况开展全面系统的检查督查。2019年4月，生态环境部华北督导局对阳泉市的空气质量管控工作进行现场考核。5月6日，生态环境部发文解除了阳泉市的“限批令”。

五、阳泉环保行

1994年在全国中华环保世纪行、省三晋环保行的带动下，经市委、市人大、市政府批准，由市人大常委会城乡建设环境保护工作委员会牵头，联合市委宣传部、市环境保护局及市级主流媒体开展首次阳泉环保行活动。此后，阳泉环保行活动每年开展一次，围绕全市环境保护工作重点，确定年度活动主题，组织记者团深入基层、深入群众，宣传环境保护法律法规，弘扬先进典型，曝光违法行为，支持和监督政府及有关部门依法开展环保工作，促成了一批突出环保问题的有效解决。2001年以来，环保行活动由市人大城乡建设环境保护委员会牵头组织，加大依法监督力度，促进环保法律实施，为提高公众环保意识、增强群众法治观念、提升城乡环境质量、推进生态文明建设发挥了积极作用。

2001年阳泉环保行　8月下旬，开展以“综合整治环境，建设绿色家园”为主题的“2001年阳泉环保行”活动。记者团围绕耐火行业环保达标后反弹较为严重的问题，深入郊区白泉乡一带耐火企业、市耐火厂、高速公路沿线的污染企业固关水泥厂、娘子关地区的钙粉厂等28家停业整顿进行检查监督，督促环保部门对13家企业进行了处罚，罚款达8万余元，受到当地群众好评。

2002年阳泉环保行　8月中下旬，开展以“强化环境保护执法监督，推动环境协调发展”为主题的“2002年阳泉环保行”活动。记者团深入16个省、市营企业，平定、郊区、盂县及部分县区营和乡镇企业集中采访，采访县区政府领导、企业负责人12人次，播发各类稿件40篇（条），对阳泉铝业公司、郊区三都耐火材料有限公司、平定固关水泥厂等企业大力推行清洁生产，进行技术改造，积极防治污染，完成治理任务进行了表彰，对盂县东坪焦化厂、晋玉物资公司焦化厂违法建设等进行了曝光批评。

2003年阳泉环保行　8月中旬至10月中旬，开展以“依法促进经济结构调整和清洁生产，走新型工业化道路”为主题的“2003年阳泉环保行”活动。记者团深入53个企事业单位集中采访，听取了市县两级政府及有关部门的情况介绍，在省市各类新闻媒体播发各类稿件60余篇（条），对阳泉铝业公司环保技术改造、郊区白泉耐火工业园区综合开发建设、山西新派塑胶有限公司和大寨核桃露饮品有限公司高科技含量、高附加值项目进行了表彰和宣传，对狮头特种水泥公司、国泰耐火材料公司治理不力污染环境、蒙村河治理工程、城市污水处理厂建设进展迟缓及部分建设项目未进行环境影响评价和“三同时”等给予了曝光批评。推动市县两级环保部门对发现的环境违法行为及时现场取证，进行查处，提出限期整改要求。开展对耐火行业污染治理改造、狮头特种水泥公司污染治理、侯家沟一带污染等情况的跟踪监督，加大了对曝光批评企业限期整改情况的监督检查力度。

2004年阳泉环保行　8月下旬至11月下旬，开展以“树立科学发展观，促进经济社会环境协调持续发展”为主题的“2004年阳泉环保行”活动。记者团深入平定县、盂县、郊区及阳煤集团、阳光发电厂、河坡发电厂、娘子关发电厂等20多家企业集中采访。对郊区、平定县耐火行业大力推行清洁生产工艺，坚决关停燃煤倒烟窑，蒙村河治理工程进展顺利等进行了宣传表扬，对盂县南娄、华泰、慧誉耐火企业、平定县的光大神州等耐火企业依然采用倒烟窑违法生产污染严重进行了曝光批评，推动市县两级环保部门密切配合，对环境违法行为进行了处罚，责令限期关停和整改。同电力企业的负责人就电厂脱硫工程进展情况进行座谈交流，大力呼吁各级政府和全社会共同关心，建议各企业要加快进程，早日还阳泉人民清新的空气，企业负责人面对新闻媒体郑重作了表态和承诺。

2005年阳泉环保行　8月下旬至10月下旬，开展以“治理环境污染，改善人居环境，建设和谐社会”为主题的“2005年阳泉环保行”活动。记者团深入阳煤集团、南煤集团、阳光发电公司、河坡发电公司、辰光发电公司等20多家企业集中采访，对沿桃河市区段的河道排污沟（口）进行了实地追踪调查，对南煤集团积极推行循环经济，开展煤矸石综合利用、瓦斯发电等环保项目，阳煤集团发供电分公司第三热电厂脱硫工程、280＃矸石山治理工程及蒙村河综合治理工程进展顺利等宣传表扬，对阳煤集团亚美水泥有限公司烟尘超标排放、桃河部分排污设施严重损坏致使污水直排河道、狮头特种水泥有限公司五渡分公司及金石化工有限公司李家庄电石厂烟尘无组织排放、污染治理设施运行不正常等致使环境严重污染现象曝光批评，对阳光发电公司、辰光发电公司、河坡发电公司脱硫工程进展缓慢进行督促检查。夏泉耐火材料公司负责人向媒体承诺年底前实施厂区搬迁。推动市县两级环保部门密切配合，对环境违法行为进行了查处，明确了限期整改的要求，加强了监督管理。各新闻媒体播发各类稿件共4余篇（条）。配合省三晋环保行记者团对城区、矿区、郊区、盂县、平定等五县区和35家企业及污染点源进行了采访。

2006年阳泉环保行　9月上旬，开展以“保护蓝天碧水绿地，创造美好居住环境”为主题的“2006年阳泉环保行”活动。记者团深入各县区及阳煤集团的60多家企业和单位进行了深入细致的采访，宣传表扬了在环境污染防治、环境综合整治和生态建设工作中取得的成就和涌现出的先进典型，揭露批评了破坏资源、污染环境的违法行为，在各新闻媒体播发各类稿件共60余篇（条）。

2007年阳泉环保行　6月下旬，开展以“推进节能减排，守护碧水蓝天”为主题的“2007年阳泉环保行”活动。记者团与省三晋环保行记者团对贯彻省委、省政府关于环境保护工作的重要部署、落实节能减排工作、推进蓝天碧水工程建设的情况进行集中采访，听取了市县两级政府情况汇报，实地采访部分县区和重点企业的环境保护情况，针对发现问题，反馈检查意见。

2008年阳泉环保行　6月中旬，开展以“保护环境，迎接奥运”为主题的“2008年阳泉环保行”活动。记者团与省三晋环保行联合行动，深入矿区、郊区、平定县、盂县，对南煤、荫营、固庄和国阳新能矸石山综合治理，狮头特种水泥厂粉尘治理、阳光发电厂脱硫治理以及西小坪耐火小区天然气改造工程等7个省政府确定的2008年必须完成的大气污染治理项目所属企业进行了采访，听取了市县两级政府及有关部门的情况介绍，播发各类稿件22篇（条），对阳光发电有限公司脱硫治理项目、国阳新能股份有限公司南煤集团、荫营煤矿、固庄煤矿矸石山综合治理工程、盂县西小坪耐火小区天然气改造工程等6个项目进行了宣传报道，对狮头特种水泥厂粉尘治理进展迟缓进行了曝光批评，推动市县（区）环保部门密切配合，对发现的环境违法行为及时现场取证，进行查处，提出了限期整改要求。

2009年阳泉环保行　9月中旬，开展以“保护生态环境，建设宜居家园”为主题的“2009年阳泉环保行”活动。记者团与省三晋环保行联合行动，以治气、治尘、治水及环境影响评价法等有关法律法规的实施情况为重点，深入阳煤集团亚美水泥公司等12家企业，对水源地保护、城镇公共环境治理、生态建设、大气污染综合防治、小城镇建设中的环境保护等情况进行专题报道。对矸石山综合治理、耐火产业结构优化节能减排、龙华口水电站和环评法贯彻落实等情况进行了采访报道，对郊区污水处理厂建设缓慢、市污水处理厂处理流程不规范等进行了批评。

2010年阳泉环保行　11月中旬，开展以“推进三城同创，打造百万新城”为主题的“2010年阳泉环保行”活动。记者团深入阳煤集团、山西吉天利科技实业有限公司、耀森耐火等十几家企业，以治气、治尘、治水及环境影响评价法、清洁生产促进法等有关法律法规的实施情况，“十一五”污染减排目标完成情况，工业污染源治理达标情况为重点，对水源地保护、城镇公共环境治理、生态建设、大气污染综合防治等情况进行了集中采访和专题报道，宣传表扬了在“三城同创”、环境污染防治、环境综合整治和生态建设工作中取得的成就和涌现出的先进典型，揭露批评了破坏生态、污染环境的违法行为。督促落实了市十三届人大常委会第二十八次会议所作的《关于大力推进阳泉市创建国家环保模范城市工作的决议》，对三晋环保行、阳泉环保行活动中记者团提出的意见建议的整改情况进行跟踪监督。

2011年阳泉环保行　9月下旬，开展以“推进三城同创，加快转型跨越”为主题的“2011年阳泉环保行”活动。记者团与省三晋记者团联合行动，听取了市政府关于水污染防治和水环境保护工作情况的汇报，对城区、盂县、郊区、平定县和开发区的部分工业企业、污水处理厂和水源地等进行了实地采访。活动结束后，记者团进行了意见反馈，认为，近年来，尽管阳泉市在水污染防治和水环境保护方面做了大量工作，取得了积极进展，但阳泉市的水环境形势依然十分严峻。水污染物排放总量依然位居高位，污染减排任务艰巨；饮用水源地建设与保护任重道远；重点流域水污染防治水平有待进一步提高。

2012年阳泉环保行　9月中旬，开展以“全力提升城市环境质量，推进环保模范城市创建”为主题的“2012年阳泉环保行”活动。记者团深入盂县汇荣养殖有限公司、上社煤矿，平定县古州伟峰煤业公司，郊区污水处理厂、汉河沟村和阳光发电有限公司等地集中采访。记者团指出，阳泉市创建国家环保模范城市的难度依然很大，水污染物排放总量依然位居高位，污染减排任务艰巨；饮用水源地建设与保护任重道远；大气污染重有抬头趋势，按期建成国家环保模范城市，尚需付出巨大的努力。

2013年阳泉环保行　8月中旬，开展以“推进生态文明，建设美丽阳泉”为主题的“2013年阳泉环保行”活动。记者团围绕创建国家环保模范城市目标和环境影响评价法、清洁生产促进法、水法、水污染防治法等法律法规的实施情况，以及2012年阳泉环保行记者团提出的意见建议的整改落实情况，深入三区两县和开发区的26个企事业单位和点源，开展了集中宣传采访，发现具体环境问题11个，强化舆论监督，推动问题解决。

2014年阳泉环保行　6月下旬，开展以“共同行动，守护蓝天”为主题的“2014年阳泉环保行”活动。记者团深入城区、矿区、郊区、盂县、平定、开发区的17个企事业单位的项目、点源实地采访，重点了解净空工程专项行动实施情况，大气污染防治法和省大气污染防治条例的贯彻落实情况，工业企业污染防治情况，机动车尾气污染防治情况，2013年省三晋环保行记者团、阳泉环保行记者团提出的意见建议的整改落实情况，发现了山西新景矿煤业有限责任公司皮带走廊污染防治设施运行不正常，煤粉尘腾空排放，造成了环境污染等18个具体环境问题，向市政府及有关部门进行了意见反馈和情况通报。

2015年阳泉环保行　8月下旬，开展以“加强水资源保护，保障饮用水安全”为主题的“2015年阳泉环保行”活动。记者团同省三晋环保行联合行动，深入城区、矿区、郊区、盂县、平定县、开发区的部分工业企业、污水处理厂和水源地等17个单位和点源进行了实地采访，发现了荫营煤矿矿井水处理站、盂县东坪煤业矿井水处理站未实现水质在线监测和数据上传、平定尚怡水库坝下河道堆存大量建筑及生活垃圾、古州冠裕煤业公司矿井水处理站长年未进行环保设施竣工验收、阳煤集团总医院未按国家排放标准要求对传染病房污水与非传染病房污水进行分流收集处理等问题，要求市县环保部门立即推动整改，限期反馈整改情况。继续督促阳泉污水处理厂二期工程加快建进程。

2016年阳泉环保行　2016年9月下旬，开展以“低碳减排、消除雾霾”为主题的“2016年阳泉环保行”活动。记者团深入了解脱硝脱硫除尘限期治理情况，机动车污染防治情况，矸石山污染治理情况，大气冬防攻坚战役实施情况，大气污染防治法和省大气污染防治条例的贯彻落实情况，2015年省三晋环保行记者团、阳泉环保行记者团提出的意见建议的整改落实情况，听取市县两级环保部门工作汇报，深入阳泉煤业(集团)有限责任公司奥伦胶带分公司、山西阳光发电有限责任公司、郊区环保局、平定县、市交警支队、城区烧烤密集区等单位和点源，进行了实地采访，对阳煤奥伦胶带分公司锅炉煤改汽改造工程进展缓慢等进行了批评。

2017年阳泉环保行　9月下旬，开展以“坚持绿色发展理念，促进生态阳泉建设”为主题的“2017年阳泉环保行”活动。记者团听取了市环保局、市经信委和市住建局的工作汇报，深入盂县孙家庄镇磨子山、路家村镇王彦忠洗煤厂、中信焦化有限公司、郊区天泉洗煤厂、保安煤业有限公司、西河村、平定县冠山镇西关村储煤场、南川河治理工程、娘子关电厂宿舍、城区义井桥洪城北路保障房项目等13个单位和点源实地采访，对采访中发现的部分“散乱污”企业未完全达到“两断三清”，“煤改电”“煤改气”清洁取暖工作推进缓慢，平定县南川河治理拆迁扫障滞后等具体环境问题，当场要求相关责任单位加快治理进度，严格限期整改到位。

2018年阳泉环保行　10月中旬，开展以“建设绿色阳泉，助力五城联创”为主题的“2018年阳泉环保行”活动。记者团采取听汇报、实地看、座谈会、随机查等方式，深入城区义井洗煤厂、无名家俱厂和义井河整治工地，矿区国电满庭春建筑工地，郊区燕龛煤矿，平定县尚怡水库、阳光电厂和柏井五村地质灾害治理工程，盂县东坪煤矿、大贤煤矿，开发区宁波北路建设工程等处进行了现场检查，并成立暗访组，根据生态环境部强化督查反馈问题、群众举报以及平时掌握的线索，对各县区进行了全覆盖式抽查。针对发现的16个具体环境问题，要求相关单位按时报回整改情况，并适时组织“回头看”活动。

2019年阳泉环保行　9月下旬，开展以“守护绿水青山、建设美丽阳泉”为主题的“2019年阳泉环保行”活动。记者团围绕全省违法排污大整治“百日清零”专项行动和全市生态环境保护“夏季攻坚”行动开展情况，聚焦扬尘污染、矸山污染、裸露土地治理和黑臭水体治理等大气、水、土方面存在的突出环境问题，特别是污水处理厂提标改造、扩能及城乡生活污水配套管网建设、雨污合流制管网改造等2019年水污染治理攻坚重点工程建设情况以及中央、省、市生态环保督察组发现问题整改情况、环保专题询问审议意见落实情况等，对环境保护工作进行了集中采访报道，对6个具体环境问题进行了跟踪督办。

2020年阳泉环保行　9月下旬，开展以“践行‘两山’理论、创造绿色生活”为主题的“2020年阳泉环保行”活动。记者团赴郊区山底村、盂县跃进煤业有限公司、开发区驼岭头村工业园区等地，实地了解污染防治措施落实情况，召开汇报座谈会，听取市生态环境局等政府相关部门工作汇报，并进行座谈交流。会上，对暗访发现的突出环境问题进行通报，要求相关单位限期整改。

第五节　教育科学文化卫生工作监督

2001年1月至2020年12月，历届市人大常委会聚焦教育科学文化卫生领域的热点难点，认真履行宪法和法律赋予的监督职责，听取和审议专项工作报告44个，开展执法检查和执法调研32次，组织专题调研32次。特别是中央十八大以来，深入贯彻落实习近平总书记关于教育、科技、文化、卫生事业重要讲话重要指示精神，服务发展大局，回应民生关切，奋力谱写新时代教育、科技、文化、卫生事业阳泉新篇章。

一、听取和审议专项工作报告

（一）市十一届人大常委会（2001年1月至2002年3月）听取和审议工作报告4个

贯彻落实科学技术是第一生产力的思想。第二十九次会议听取和审议市政府《关于高新技术推广应用工作情况的报告》，要求加大对高新技术推广应用工作的投入，大力发展高新技术，引导企业增强技术创新能力，加快技术改造步伐，建立真正意义上的现代企业制度，建立公平公开的市场用人机制和完善的科技服务体系，切实排除非经济因素对企业经济发展的影响，增强企业发展经济的原动力，把高新技术企业做大做强。

（二）市十二届人大常委会听取和审议工作报告16个

关心支持教育事业发展。第一次、二十二次、二十九次会议分别听取和审议市政府《关于义务教育"一法一办法"执法检查整改情况的报告》《关于中小学生思想道德建设工作情况的报告》《关于职业教育工作情况报告》，要求依法落实义务教育经费保障机制，加快推动义务教育均衡发展，不断提升教师队伍整体素质和待遇保障水平；全面落实中小学生思想道德建设各项任务，加强思想教育，注重实践养成，构建长效机制，统筹协调，齐抓共管，为青少年健康成长营造良好环境；把加强职业教育纳入各级发展总体规划，加大公共财政对职业教育的投入，构建有利于职业教育发展的激励机制，切实解决职业教育发展和改革中的困难和问题，促进职业教育与其他各类教育协调发展。

推动网络文化市场依法规范管理。第三次会议听取和审议市政府《关于对以网吧为重点的网络文化市场管理工作情况的报告》。组成人员对存在的管理和监控不够到位，一些网吧经营不够规范、一些业主违规违法经营、一些网络游戏提供不健康内容，给社会特别是未成年人造成负面作用和不良影响等问题深表担忧。该报告在常委会表决时，未获通过。两个月之后召开的第五次会议听取和审议市政府《关于进一步整顿治理网络文化市场情况的报告》。会议认为，市政府认真落实市十二届人大常委会第三次会议审议意见，态度端正，认识明确，措施得力，整改到位，成效明显。会议要求进一步加强管理，加大力度，常抓不懈，积极营造健康向上的文化环境，确保网络文化市场的健康有序发展，更好地满足人民群众日益增长的多样化文化需求。

把促进科技进步摆在突出位置。第二次、十五次、三十二次会议分别听取和审议市政府《关于科技工作情况的报告》《关于〈阳泉市人大常委会关于进一步推进全市科技进步的决议〉贯彻落实情况的报告》《关于加大自主创新力度提高阳泉市综合竞争力推进全面小康建设情况的报告》，要求深化科技体制改革，强化企业创新主体地位，建立健全多元科技投入体系，加强全民科技素质的培养，做好招才引智工作，激发全社会创新潜能，为阳泉市跨越式发展提供强有力的创新氛围和科技支撑。

推动农村卫生工作健康发展。第九次、二十八次会议两次听取和审议市政府《关于农村卫生工作情况的报告》，第十七次会议听取和审议市政府《关于加强农村卫生工作议案办理落实情况的报告》，推动建立农村卫生工作领导干部任期目标管理责任制，逐年增加对农村卫生工作的投入，切实加大农村卫技人员业务培训力度，不断提高乡村医生待遇水平，加强农村公共卫生服务设施建设，全面提升基层医疗卫生服务能力，更好地维护农村社会发展和稳定大局。

（三）市十三届人大常委会听取和审议工作报告10个

助力打造广播电视服务全覆盖工程。第四次会议听取和审议市政府《关于广播电视“村村通”工作情况的报告》，要求统筹规划布局，加大资金投入，完善支持政策，构建长效机制，全面增强基础设施保障能力，全面提升队伍素质和服务质量，确保建成覆盖城乡、便捷高效、功能完备、服务到户的新型广播电视覆盖服务体系，更好地满足人民群众日益增长的广播电视服务需求。

聚焦医疗卫生事业改革发展。第十七次会议听取和审议市政府《关于新型农村合作医疗工作情况的报告》，要求借鉴城镇职工医疗保险模式，增加新农合大病报销病种，适度上调报销标准，扩大受益面，提高补偿率；下大力改善乡镇卫生院基础设施条件，加强人才培养培训，不断提高基层医院服务能力和服务质量，以满足广大农民就医和健康需要；加大定点医疗机构、医疗服务和药品价格管理力度，加快建成新型农村合作医疗信息化管理系统，真正方便群众，增强工作实效。第二十六次会议听取和审议市政府《关于民营医疗机构管理工作情况的报告》，要求加大对民营医疗机构发展的支持力度，健全民营医疗机构发展的各项配套政策和措施，创新适合阳泉市实际的监管模式，争取在医保定点、人员流动、政策知情等方面有实质性的进展；强化对民营医疗机构的综合监管，切实规范医疗行为，保障医疗安全，维护正常医疗秩序和患者的合法权益。

助推加大食品安全监督管理力度。第二十次会议听取和审议市政府《关于食品安全工作情况的报告》，要求进一步加强对食品安全的监督管理工作，尽快健全安全质量认证体系、技术支持体系及食品安全责任追究制度，加强原料供应、制造加工、储运和流通全过程的食品安全控制，严厉打击各种制售假冒伪劣食品的违法行为，切实保障食品安全，造福广大人民群众。

贯彻落实市委关于建设省级科技示范区的实施意见。第十二次、三十三次会议分别听取和审议市政府《关于建设省级科技示范区工作情况的报告》《关于高新技术创业园区建设情况的报告》，要求紧紧抓住京晋科技合作战略机遇，加强组织协调，创新政策举措，创优发展环境，以科技需求为导向，搞好产业、企业、项目与科技资源的对接，最大限度地应用好北京丰富的科技资源，加快科技创新公共服务平台建设，大力发展高新技术产业，真正把阳泉建设成山西省科技示范区。

（四）市十四届人大常委会听取和审议工作报告8个

促进医疗卫生事业健康发展。第十二次、二十一次、四十二次会议分别听取和审议市政府《关于基本公共卫生服务项目工作情况的报告》《关于药品质量监管工作情况的报告》《关于县级公立医院综合改革工作情况的报告》，要求加强组织领导、细化政策措施，理顺体制机制、优化管理制度，增加资金投入、强化资源保障，加大执法力度、落实监管责任，优化医疗执业环境、提高医务质量水平，进一步提升基本公共卫生服务均等化水平，筑牢全市人民用药安全的监管防线，激发公立医院发展活力，更好满足人民群众对医疗服务的美好需求。特别是第四十二次会议明确要求市政府深入学习贯彻习近平总书记在全国卫生与健康大会上的重要讲话精神，切实把医药卫生体制改革任务落到实处，着力推进基本医疗卫生制度建设，努力在分级诊疗制度、现代医院管理制度、全民医保制度、药品供应保障制度、综合监管制度等基本医疗卫生制度建设上取得突破。

贯彻创新驱动发展战略。第十九次会议听取和审议市政府《关于科技成果转化工作情况的报告》，要求深入学习贯彻习近平总书记关于实施创新驱动发展战略的重要讲话精神，抓紧出台实施创新驱动发展的决策部署，加强组织领导，加大落实力度，促进科技与经济整体布局、统筹发展；建立健全科技资金投入体系和使用监督体系，逐步形成多元化、多渠道、高效益的科技投入格局；破除人才流动的制度障碍，激发科研人员的创新热情；加快推进科技园区建设，全力打造高新技术产业，为阳泉市转型跨越发展做出新的更大的贡献。

推动公共文化服务体系建设。第三十次会议听取和审议市政府《关于公共文化服务体系建设工作情况的报告》，要求深入学习贯彻习近平总书记关于建设社会主义文化强国的重要讲话精神，把公共文化服务体系建设纳入国民经济和社会发展规划，强化组织领导，统筹规划布局，健全体制机制，增加财力投入，完善基础设施，不断提高公共文化服务人才队伍的素质和能力，努力实现全市公共文化服务体系建设的标准化、均等化发展目标。

支持义务教育均衡发展。第三十八次会议听取和审议市政府《关于义务教育均衡发展情况的报告》，要求深入学习贯彻习近平总书记关于均衡发展九年义务教育的重要讲话精神，加强对义务教育均衡发展工作的统筹协调、组织实施、督促检查，加快推进农村中小学校基础设施建设，努力推动师资力量重点向农村学校、边远学校、薄弱学校倾斜，合理配置教育资源，切实改善办学条件，全面规范办学行为，确保城乡义务教育一体化健康发展，努力办好人民满意的教育。

（五）市十五届人大常委会听取和审议工作报告6个

聚焦提升文化“软实力”。第五次会议听取和审议市政府《关于文化产业发展情况的报告》，要求深入学习贯彻习近平总书记关于文化产业的重要论述，始终把社会效益放在首位，增加优质文化产品供给，把握文化产业正确的发展方向；加强规划引导，推进文化产业领域供给侧结构性改革，努力打造特色鲜明、重点突出、布局合理、链条完整、效果显著的现代文化产业新格局；打造规模化、高品质人才队伍，开发本土优质文化资源，提高阳泉知名度、美誉度，为阳泉转型崛起注入强劲新动能。

推动高中阶段教育改革发展。第十八次会议听取和审议市政府《关于普通高中教育工作情况的报告》，要求深入学习贯彻习近平总书记在全国教育大会上的重要讲话精神，全面落实党的教育方针，落实立德树人根本任务，不断深化育人关键环节和重点领域改革，健全完善良好的用人机制和管理机制，充分调动有关部门、地方政府、学校和社会等各方面的积极性，更好地担负起青少年成长成才的责任，确保普通高中教育始终沿着正确的方向发展和提升，培养和造就德智体美劳全面发展的社会主义建设者和接班人。

推进创新型城市建设。第二十六次会议听取和审议市政府《关于全市科技创新工作情况的报告》，要求深入学习贯彻习近平关于科技创新的重要思想，进一步加强对科技创新工作的领导，建立以企业为主体、市场为导向、产学研深度融合的技术创新体系，加大科技创新的投入力度，促进科技成果转化；优化发展环境，完善体制机制，千方百计招才引智，全民动员招商引资，加强创新能力开放合作，更加广泛汇聚各方面创新资源，促进高科技人才和高品质项目落地生根，为高质量发展培育新的发展动能。

教育科学文化卫生工作监督听取和审议专项工作报告一览表

表7 14

序号	时 间	会 议	报告事项
1	2001年2月	市十一届人大常委会第二十七次会议	市政府关于计划生育工作情况的报告
2	2001年6月	市十一届人大常委会第二十九次会议	市政府关于高新技术推广和运用工作情况的报告
3	2001年8月	市十一届人大常委会第三十次会议	市政府关于《中华人民共和国义务教育法》《山西省实施〈中华人民共和国义务教育法〉的办法》贯彻执行情况的报告

续表 7-14

序号	时 间	会 议	报告事项
4	2002 年 2 月	市十一届人大常委会第三十三次会议	市政府关于医疗制度改革实施情况的报告
5	2002 年 6 月	市十二届人大常委会第一次会议	市政府关于义务教育“一法一办法”执法检查整改情况的报告
6	2002 年 8 月	市十二届人大常委会第二次会议	市政府关于科技工作情况的报告
7	2002 年 10 月	市十二届人大常委会第三次会议	市政府关于对以网吧为重点的网络文化市场管理工作情况的报告
8	2002 年 12 月	市十二届人大常委会第五次会议	市政府关于进一步整顿治理网络文化市场情况的报告
9	2003 年 5 月	市十二届人大常委会第八次会议	市政府关于防治非典型肺炎工作情况的报告
10	2003 年 6 月	市十二届人大常委会第九次会议	市政府关于农村卫生工作情况的报告
11	2003 年 6 月	市十二届人大常委会第九次会议	市政府关于农村防治非典型肺炎工作情况的报告
12	2003 年 10 月	市十二届人大常委会第十一次会议	市政府关于《中华人民共和国人口和计划生育法》贯彻执行情况的报告
13	2004 年 6 月	市十二届人大常委会第十五次会议	市政府关于《阳泉市人大常委会关于进一步推进全市科技进步的决议》贯彻落实情况的报告
14	2004 年 8 月	市十二届人大常委会第十七次会议	市政府关于《加强农村卫生工作的议案》办理落实情况的报告
15	2005 年 3 月	市十二届人大常委会第二十一次会议	市政府关于提高城市文化品位加快文化设施建设的报告
16	2005 年 3 月	市十二届人大常委会第二十一次会议	市政府关于计划生育奖励政策兑现落实情况的报告
17	2005 年 6 月	市十二届人大常委会第二十二次会议	市政府关于中小学生思想道德建设工作情况的报告
18	2006 年 6 月	市十二届人大常委会第二十八次会议	市政府关于农村卫生工作情况的报告
19	2006 年 6 月	市十二届人大常委会第二十九次会议	市政府关于职业教育工作情况报告
20	2006 年 10 月	市十二届人大常委会第三十二次会议	市政府关于加大自主创新力度提高阳泉市综合竞争力，推进全面小康建设情况的报告
21	2007 年 10 月	市十三届人大常委会第四次会议	市政府关于广播电视“村村通”工作情况的报告
22	2008 年 4 月	市十三届人大常委会第九次会议	市政府关于基层文化建设的报告
23	2008 年 6 月	市十三届人大常委会第十次会议	市政府关于人口和计划生育工作情况的报告
24	2008 年 10 月	市十三届人大常委会第十二次会议	市政府关于建设省级科技示范区工作情况的报告
25	2009 年 4 月	市十三届人大常委会第十七次会议	市政府关于新型农村合作医疗工作情况的报告
26	2009 年 10 月	市十三届人大常委会第二十次会议	市政府关于阳泉市食品安全工作情况的报告
27	2010 年 4 月	市十三届人大常委会第二十六次会议	市政府关于全市民营医疗机构管理工作情况的报告
28	2010 年 8 月	市十三届人大常委会第二十九次会议	市政府关于中小学校舍安全工程进展情况的报告
29	2011 年 4 月	市十三届人大常委会第三十三次会议	市政府关于高新技术创业园区建设情况的报告
30	2011 年 10 月	市十三届人大常委会第三十九次会议	市政府关于文化市场管理工作情况的报告

续表 7-14

序号	时 间	会 议	报告事项
31	2012 年 8 月	市十四届人大常委会第二次会议	市政府关于计划生育工作情况的报告
32	2013 年 6 月	市十四届人大常委会第十次会议	市政府关于职业教育情况的报告
33	2013 年 8 月	市十四届人大常委会第十二次会议	市政府关于基本公共卫生服务项目工作情况的报告
34	2014 年 6 月	市十四届人大常委会第十九次会议	市政府关于科技成果转化工作情况的报告
35	2014 年 8 月	市十四届人大常委会第二十一次会议	市政府关于药品质量监管工作情况的报告
36	2015 年 8 月	市十四届人大常委会第三十次会议	市政府关于公共文化服务体系建设工作情况的报告
37	2016 年 6 月	市十四届人大常委会第三十八次会议	市政府关于义务教育均衡发展情况的报告
38	2016 年 10 月	市十四届人大常委会第四十二次会议	市政府关于县级公立医院综合改革工作情况的报告
39	2017 年 10 月	市十五届人大常委会第五次会议	市政府关于文化产业发展情况的报告
40	2018 年 10 月	市十五届人大常委会第十七次会议	市政府关于公立医院薪酬制度改革试点工作情况的报告
41	2018 年 12 月	市十五届人大常委会第十八次会议	市政府关于普通高中教育工作情况的报告
42	2019 年 6 月	市十五届人大常委会第二十四次会议	市政府关于公共文化设施建设情况的报告
43	2019 年 10 月	市十五届人大常委会第二十六次会议	市政府关于科技创新工作情况的报告
44	2020 年 4 月	市十五届人大常委会第三十一次会议	市政府关于新冠肺炎疫情防控工作的报告

二、执法检查和执法调研

（一）市十一届人大常委会（2001 年 1 月至 2002 年 3 月）开展执法检查和执法调研 2 次

《中华人民共和国义务教育法》《山西省实施〈中华人民共和国义务教育法〉办法》执法检查。2001 年 3 月中旬开始，组织各县区政府和各有关部门先期开展自查自纠，各县区人大常委会和各有关部门在规定期间内提交自查报告。7 月，市人大常委会 3 名副主任带队，对全市自查情况进行了抽样检查，听取了市教育局、财政局、卫生局、公安局等重点部门的情况汇报。检查组针对盂县自查工作不深不细，情况不明、底数不清等问题，责令盂县重新进行自查。8 月 5 日至 6 日，检查组对盂县整改工作进行抽查，对盂县整改情况表示满意。

（二）市十二届人大常委会开展执法检查和执法调研 10 次

《中华人民共和国食品卫生法》执法检查。2002 年 7 月初，执法检查组安排市卫生局、市工商局、市城管办组织本系统进行自查，各县区人大常委会组织本行政区域的自查，并及时提交书面汇报材料。下旬，深入市直有关部门和生产单位、餐饮企业、集贸市场进行重点检查，详细了解各监管部门法定职责落实情况，食品原料采购、加工操作、流通销售、仓储设施等各环节和各方面的防疫消毒、卫生清洁、保鲜保质情况，从业人员健康检查和持证上岗制度落实情况。8 月 28 日，检查组在兴隆集贸市场发现当日出售的几片胴体猪肉上所盖检疫印章日期为 8 月 29 日，而且印章的样式、大小也有异样，现场要求执法人员查扣这批猪肉并立案查处。检查发现兴隆集贸市场和凯源商城的食品销售摊点卫生环境差，食品乱堆乱放，货物不分家，生熟不隔离，无防蝇、防尘、防鼠设施，部分商户进货不索取食品质量检验合格证，且存在销售腐败变质和过期食品的问题；发现夜市街头食品摊点无证经营、食品卫生状况极差等问题，当即责成有关执法部门加强管理，限期整改，并将处理和整改情况向市人大常委会报告。通过执法检查，市政府各职能部门加大监管力度，市场食品卫生状况有了较大改进。

《中华人民共和国人口与计划生育法》《山西省人口与计划生育条例》执法检查。2004年4月，执法检查组召开专题会议，要求市政府按照执法检查通知要求，安排各职能部门和县区政府先期开展自查自纠。从下半年起，集中听取计划生育、财政、工商、人事、民政、公安、劳动与社会保障、卫生、统计等部门情况汇报，深入各县区了解法律法规贯彻落实情况，就发现的存在问题及意见建议，向市政府进行了反馈，并就市政府整改落实情况强化了跟踪监督。

《中华人民共和国文物保护法》执法检查。在2002年9月开展的执法检查中，重点了解文物数量、保护级别、安全防护设施建设等情况，摸清了全市国保、省保、市保和县区保的重点文物保护底子；认真检查政府管理机构运行及监管责任落实情况，推动市县两级政府坚持文物保护与旅游开发的有机结合，构建多元投资机制，多方筹措资金，对固关长城、冠山书院、平定县太庙大成殿、石评梅故居、盂县水神山烈女祠、郊区玉泉山关王庙以及小河石家花园、官沟张家大院等一大批文物古迹进行了整修保护和开发。2005年11月下旬，再次组织执法检查，深入盂县、平定、郊区，重点检查国家和省级重点文物保护单位贯彻法律情况，要求市政府及有关部门进一步加强组织领导，完善体制机制，加大执法力度、加强队伍建设，努力提高监管和执法水平；加强对文物的科学研究、宣传教育、合理开发和保护利用，整合文物资源、开放文物景点，积极举办文物展览，努力把文物资源转化为文化和经济资源，把文物优势转化为经济优势。

配合省人大常委会开展《中华人民共和国科学技术普及法》《中华人民共和国红十字会法》及《山西省人大常委会关于依法防治疫病保护公共卫生和环境安全夺取抗击“非典”全胜的决定》执法检查和执法调研。

（三）市十三届人大常委会开展执法检查和执法调研10次

《中华人民共和国食品安全法》执法检查。2008年10月、2009年8月、2011年4月3次检查食品安全法实施情况，听取各县区政府及市政府各职能部门情况汇报，深入市农产品质量检测检验中心、市食品总厂、阳泉宾馆、华龙超市等20余个单位实地检查，要求市政府及有关部门要加大以食品卫生法为主要内容的法治宣传力度，严格执行卫生许可证制度，坚决依法取缔无证经营；加强对日常食品、学校食堂、会议用餐、节假日食品及食品的生产、批发等环节的监管，加大对制假售假特别是地下黑窝和出售违禁食品的打击力度；加大食品安全工作人员与经费的投入与落实，逐步建立稳定增长的财政投入机制。在2011年8月开展的执法检查中，建议成立食品安全委员会办公室，以便在更高层面上行使食品安全组织协调职能，提高食品安全行政协调能力。

《中华人民共和国药品管理法》《〈中华人民共和国药品管理法〉实施条例》执法检查。2007年7月至8月，执法检查组听取了市食品药品监督管理局、市工商局、市卫生局的工作汇报，深入市妇产医院药库、市第三人民医院药库和药房、矿区金象大药房、开发区天陆达药业有限公司等处了解情况，重点检查药品生产经营过程中的质量管理、价格管理和广告管理情况，制售假劣药品、发布药品虚假广告和药品价格等方面违法案件的查处情况，要求市政府及有关部门加大法律法规宣传教育力度，建立健全药品安全监管责任体系，加强药品监管基础设施和技术能力建设，努力探索市场经济条件下改进监管方式、加强监督管理、加大整治力度、强化法律责任的政策措施，切实保证药品质量和用药安全，保障和维护人民身体健康和用药的合法权益。

《中华人民共和国促进科技成果转化法》执法检查。2008年8月起，检查组利用3个月时间，深入各县区和市政府各职能部门、重点企业单位，重点了解各级政府及有关行政职能部门履行法定职责，加大学习宣传贯彻力度，所采取的措施是否卓有成效，是否形成有利于专利申请保护和促进科技成果转化的激励机制和工作环境；了解厂矿企业建立完善知识产权管理制度、科技成果转化推进机制，增强自主创新能力等情况，监督和支持市级政府和司法机关依法加强知识产权保护，优化创新环境，引导企业自觉运用知识产权制度推进自主创新。要求政府及职能部门切实把科技成果转化摆在重要位置，加大对科技成果转化工作的投入和扶持力度，完善提升科技服务体系建设，多层次培育人才，多渠道引进人才，发展壮大科技创新队伍。

配合省人大常委会开展《中华人民共和国义务教育法》《中华人民共和国红十字会法》《山西省促进旅游产业发展条例》执法检查和执法调研。

（四）市十四届人大常委会开展执法检查和执法调研 6 次

《中华人民共和国科学技术进步法》《山西省科学技术进步条例》执法检查。2013 年 9 月，执法检查组听取市政府有关职能部门工作汇报，深入山西大正伟业农牧有限公司、山西春明激光科技有限公司等重点企业了解情况，要求市政府及有关职能部门深入学习贯彻习近平总书记关于科技创新的重要论述精神，把科技进步工作纳入目标责任考核体系，创新体制机制，优化发展环境，大力引进科技含量高、经济效益好、市场竞争力强的高新技术投资项目，努力构建以政府投入为导向、企业投入为主体、社会投入为补充、上级科技专项资金为支持的多元化投入格局，最大限度地开发人才资源、完善激励机制、优化人才成长环境，不断发展壮大阳泉市科技人才队伍，为加快创新型、智慧型城市建设提供有力的科技支撑。

《中华人民共和国传染病防治法》执法检查。2015 年 6 月，执法检查组听取各县区和市政府有关职能部门情况汇报，深入市第二中学、市第三人民医院、郊区荫营镇、郊区疾控中心等单位实地了解情况，要求市政府深入学习贯彻习近平总书记把人民群众生命安全身体健康放在第一位的重要指示精神，进一步认清形势，增强做好传染病防治工作的责任感和紧迫感；强化措施，科学做好各类传染病的防控工作；加强领导，真正抓好传染病防治工作的关键环节；狠抓落实，重点做好学校、托幼机构的相关工作，为确保人民群众身体健康和生命安全、确保全市经济社会和谐发展做出新的贡献。

《中华人民共和国国家通用语言文字法》《山西省实施〈中华人民共和国国家通用语言文字法〉办法》执法检查。2016 年 10 月，执法检查组深入市第十五中学、矿区小南坑学校、平定县立壁学校和平定县实验小学进行实地检查，听取各县区情况汇报，进行座谈，针对存在的对语言文字工作的认识还不够到位、政府统筹协调的力度有待于进一步加强，特别是农村和城郊接合部的工作比较薄弱等问题，要求市政府及职能部门深入学习贯彻习近平总书记关于人文素养在教育中的价值和地位的重要论述，进一步加大宣传力度，增强广大人民群众的语言文字规范意识，努力营造全社会说普通话、用规范字的良好氛围；加强组织领导，推动各国家机关、学校、新闻媒体和公共服务行业严格遵照有关规定，认真履行法定管理监督职责，形成政府统一领导下，条块结合、齐抓共管的工作格局，共同把全市的语言文字工作做得更好。

配合省人大常委会开展了《中华人民共和国档案法》《中华人民共和国职业教育法》《山西省地方志工作条例》等法律法规的执法检查工作或执法调研。

（五）市十五届人大常委会开展执法检查和执法调研 4 次

《中华人民共和国教师法》执法检查。2017 年 9 月，执法检查组深入阳泉师范高等专科学校、市实验幼儿园、盂县路家村镇刘家村中心学校、盂县第一中学等单位实地检查，要求市政府及有关部门深入学习贯彻习近平总书记关于教育尤其是教师队伍建设的重要论述，把贯彻实施教师法放在更加突出的位置，进一步加大学习宣传力度，营造尊师重教良好氛围；深化学校人事制度改革，优化教师资源配置；加大教育经费投入力度，改善教师生活和工作条件；完善激励和培训机制，加强教师队伍建设，加快营造全社会关心支持教育和尊重教师的良好氛围。

《中华人民共和国专利法》《〈中华人民共和国专利法〉实施细则》执法检查。2018 年 5 月，执法检查组深入山西天宇泰工贸有限公司、平定金得蜂蜜饮料有限公司等地，现场了解专利申请和保护情况。针对存在的专利意识有待进一步提高，专利发展、分布不平衡，对专利权人合法权益的保护还不够有力，知识产权人才短缺等问题，要求市政府及有关部门深入学习贯彻习近平总书记关于知识产权工作的重要指示精神，提高思想认识，切实把专利实施和保护工作摆上重要位置；强化组织领导，营造专利实施和保护工作的良好环境；创新产品开发，更好地发挥专利产品对产业发展的支撑和引领作用；加大保护力度，维护公平公正的市场经济秩序；坚持素质优先，打造新时代专利创新人才队伍。

配合省人大常委会开展了《中华人民共和国科学技术普及法》执法检查。

教育科学文化卫生工作监督执法检查和执法调研一览表

表 7-15

序号	届 别	主 题
1	市十一届人大常委会	《中华人民共和国义务教育法》《山西省实施〈中华人民共和国义务教育法〉办法》实施情况
2	市十一届人大常委会	《中华人民共和国红十字会法》实施情况
3	市十二届人大常委会	《中华人民共和国食品卫生法》实施情况
4	市十二届人大常委会	《山西省全民健身促进条例》实施情况
5	市十二届人大常委会	《中华人民共和国药品管理法》实施情况
6	市十二届人大常委会	《山西省人大常委会关于依法防治疫情保护公共卫生和环境安全夺取抗击“非典”全胜的决定》实施情况
7	市十二届人大常委会	《中华人民共和国职业教育法》实施情况
8	市十二届人大常委会	《中华人民共和国科学技术进步法》《山西省科学技术进步条例》实施情况
9	市十二届人大常委会	《中华人民共和国人口与计划生育法》《山西省人口与计划生育条例》实施情况
10	市十二届人大常委会	《山西省农村初级卫生保健条例》实施情况
11	市十二届人大常委会	《中华人民共和国文物保护法》实施情况
12	市十二届人大常委会	《中华人民共和国传染病防治法》实施情况
13	市十三届人大常委会	《中华人民共和国食品安全法》实施情况（3 次）
14	市十三届人大常委会	《中华人民共和国药品管理法》《〈中华人民共和国药品管理法〉实施条例》实施情况（2 次）
15	市十三届人大常委会	《中华人民共和国药品专利法》实施情况
16	市十三届人大常委会	《中华人民共和国促进科技成果转化法》实施情况
17	市十三届人大常委会	《中华人民共和国人口与计划生育法》《山西省人口与计划生育条例》实施情况

续表 7-15

序号	届 别	主 题
18	市十三届人大常委会	《中华人民共和国义务教育法》实施情况
19	市十三届人大常委会	《中华人民共和国防震减灾法》《山西省防震减灾条例》实施情况
20	市十四届人大常委会	《中华人民共和国科学技术进步法》《山西省科学技术进步条例》实施情况
21	市十四届人大常委会	《中华人民共和国食品安全法》实施情况
22	市十四届人大常委会	《中华人民共和国国家通用语言文字法》《山西省实施〈中华人民共和国国家通用语言文字法〉办法》实施情况
23	市十四届人大常委会	《中华人民共和国传染病防治法》实施情况
24	市十四届人大常委会	《中华人民共和国文物保护法》实施情况
25	市十四届人大常委会	《山西省全民健身促进条例》实施情况
26	市十五届人大常委会	《中华人民共和国教师法》实施情况
27	市十五届人大常委会	《中华人民共和国文物保护法》实施情况
28	市十五届人大常委会	《中华人民共和国专利法》《〈中华人民共和国专利法〉实施细则》《山西省专利实施和保护条例》实施情况
29	市十五届人大常委会	《阳泉市爱国卫生条例》实施情况

三、专题调研

（一）市十一届人大常委会（2001 年 1 月至 2002 年 3 月）组织专题调研 1 次

调研民营科技企业发展情况。2001 年 10 月，市人大常委会副主任董建堂带领调研组深入各县区听取汇报、会议座谈、实地调查。针对发现的优惠政策不落实、科技人才缺乏、科研工作开展不够、融资渠道不畅等问题，要求进一步提高认识，抓住机遇，强化服务意识，营造良好环境，强化资金扶持，全力推动民营科技企业发展壮大。

（二）市十二届人大常委会组织专题调研 5 次

调研中小学校危房改造进展情况。2002 年 5 月，市人大常委会副主任朱礼厚带领调研组深入盂县、平定县的部分乡镇实地了解情况，要求在全市危房改造专项资金的使用上，必须专款专用，在确保列入全市改造计划的 95 所学校的危房改造完成的情况下，对没有列入市改造计划但确实存在严重危房的学校，也要挤出一定资金予以适当扶持。市政府及教育部门充分采纳调研组意见。9 月 10 日至 11 日，市人大常委会主任丁贵生带领主任会议成员冒雨深入平定县、盂县的 7 个中小学校实地调研，对危房改造工程表示满意。

（三）市十三届人大常委会开展重点专题调研 6 次

调研中小学校安全情况。2010 年 9 月，市人大常委会主任孙水生带领调研组深入城区北大街小学、市级机关幼儿园和矿区赛鱼小学、马家坪小学、市第十一中学和市第十五中学等地实地调研，听取了市教育局、市公安局、市文广新局和消防阳泉支队等职能部门的工作情况汇报，就全市中小学校安全工作进行了座谈。针对发现的问题，要求市政府及各级各部门和各级各类学校要进一步高度重视校园安全工作，将其作为事关政治稳定、社会和谐的大事来抓；加强领导，不断加大工作力度，协调各有关方面切实形成合力，真正实现学校安全工作全方位推进；加强校园安全规范化建设，强化校园安全岗位责任制，建立健全校园安全常规管理制度，努力构建校园安全预警机制和校园应急救援体系等，真正实现依法治校、依规办学的目标；强化安全教育工作，确保安全教育进课堂，通过定期开展多种形式的应急演练等活动，努力增强学生的安全防范意识，提高学生自我防范、自我保卫、自我救护能力；深入开展校园安全隐患大排查，狠抓安全隐患的整治，积极维护校园内部的安全稳定局面；提升校园安全保卫工作的水平，大力推行学校全封闭式管理，严格实行门卫外来人员准入登记制度、领导带班值日制度以及夜间巡逻制度；做好校园周边的治安综合治理工作，对不安全因素早排查、早发现、早处置，全力营造确保校园安全的良好环境。

调研科学技术发展和教育"十二五"规划意见。2011 年 1 月至 2 月，市人大常委会副主任吴丽萍带领调研组深入市科技局、教育局等有关部门及重点科技型企业和部分学校广泛征求意见，撰写了《积极发展高新技术，促进阳泉转型跨越发展》《加强区域科技创新体系建设，为建设"千亿百万"新阳泉提供坚实的科技支撑》《关于阳泉市教育均衡发展的现状和对象的思考》《坚持将教育摆在优先发展的战略地位》等 4 个专题调研报告，就全市"十二五"期间加强科技创新工作和教育均衡发展的问题提出了积极的建议。

（四）市十四届人大常委会组织专题调研 6 次

调研科技事业发展工作情况。2012 年 10 月、2015 年 9 月、2016 年 8 月，市人大常委会副主任刘志强带领调研组围绕科技创新、科技投入、科技创新服务体系建设工作等专题，3 次组织调查研究。针对阳泉市科技创新对经济发展的贡献率低，创新动力不足，引领示范能力弱等问题，要求进一步提高思想认识，加强组织领导，落实优惠政策，增加科技投入，优化发展环境，扎实推进科技创新服务体系建设，加快吸引高端产业、高端人才、高端项目、高端技术服务和中介服务向园区聚集；全市科技部门要把工作重点放在提高企业主体意识、服务企业创新能力上，使科技在阳泉市转型跨越发展中切实发挥好支撑和引领作用。

（五）市十五届人大常委会组织专题调研 10 次

调研体育公共服务体系建设情况 。2017 年 5 月，市人大常委会副主任刘志强带领调研组到市区城市中心公园、南山公园、新华东街社区、晋东社区，市体育场、体育馆、市体校等地，平定县评梅广场、全民健身活动中心等处实地了解情况，听取市体育局负责人工作情况汇报，进行了交流座谈。要求深入学习贯彻习近平总书记关于体育事业的重要指示精神，从落实全面建成小康社会奋斗目标、推进阳泉市"四大定位"目标实现的高度出发，充分认识加强新时期体育工作的重要意义，创新体制机制，全面加强体育公共服务体系建设，全面加强体育队伍建设，全面加强对体育公共设施的监管，不断提高现有场所、设施的利用率、共享率和服务效能，真正让体育福祉普惠于民。

调研科技创新工作情况。2020 年 6 月，市人大常委会副主任孔禄泉带领调研组深入山西中兴环能科技有限公司、哈德托普华亨（山西）耐磨铸业有限公司、山西盂县西小坪耐火材料有限公司、盂县永恒工艺加工厂等企业，通过听取企业负责人介绍、参观生产车间的形式，详细了解了企业在创新主体作用发挥、研发机构建设、创新能力提升等方面的情况。要求深刻学习领会习近平总书记"科学技术是第一生产力、创新是引领发展的第一动力"的重要论述，紧紧围绕高质量发展大局，进一步完善科技创新规划，强化科技创新引导，努力改善人才队伍、体制机制、科技金融等创新软环境，不断优化产业、生态、交通等创新硬环境，营造科技创新的浓厚氛围，激发全社会科技创新的活力和潜力，为重塑阳泉竞争新优势、打造晋东区域中心城提供有力科技支撑。

配合省人大常委会调研健康产业、大数据发展情况。

教育科学文化卫生工作监督专题调研一览表

表 7-16

序号	届 别	主 题
1	市十一届人大常委会	民营科技企业发展情况
2	市十二届人大常委会	中小学校危房改造情况
3	市十二届人大常委会	民办教育发展情况
4	市十二届人大常委会	农村卫生暨新型农村合作医疗工作情况
5	市十二届人大常委会	旅游业发展情况
6	市十二届人大常委会	科技创新工作情况
7	市十三届人大常委会	京晋农业科技合作工作进展情况
8	市十三届人大常委会	乡镇卫生院和村卫生所建设情况
9	市十三届人大常委会	校舍安全改造工程进展情况
10	市十三届人大常委会	义务教育均衡发展情况
11	市十三届人大常委会	中小学校安全情况
12	市十三届人大常委会	科学技术发展和教育“十二五”规划意见
13	市十四届人大常委会	科技事业发展情况
14	市十四届人大常委会	调研“单独两孩”政策实施情况
15	市十四届人大常委会	基层文化建设情况
16	市十四届人大常委会	卫生民生工程实施情况
17	市十四届人大常委会	中小学教师队伍建设情况
18	市十四届人大常委会	电子商务发展情况
19	市十五届人大常委会	体育公共服务体系建设情况
20	市十五届人大常委会	广电新闻出版发展情况
21	市十五届人大常委会	农村中小学教育工作情况
22	市十五届人大常委会	大数据应用工作情况
23	市十五届人大常委会	科技创新工作情况
24	市十五届人大常委会	文明行为促进工作地方立法探索情况
25	市十五届人大常委会	黑热病防控及突发公共卫生事件应急处置工作情况
26	市十五届人大常委会	医疗卫生工作情况
27	市十五届人大常委会	职业院校改革进展情况情况
28	市十五届人大常委会	学前教育发展及幼儿教师队伍建设情况

第六节　社会建设和民侨外事旅游工作监督

2001 年 1 月至 2020 年 12 月，历届市人大常委会围绕解决社会建设及民族宗教侨务外事领域的热点难点问题，认真履行宪法和法律赋予的监督职责，听取和审议专项工作报告 22 个，开展执法检查和执法调研 36 次，组织专题调研 30 次。特别是中共十八大以来，深入贯彻落实习近平总书记关于社会建设及民族、宗教、侨务、外事等方面的重要讲话重要指示精神，持续推动民生改善和社会进步，努力让人民群众享有更多改革发展成果。

一、听取和审议专项工作报告

（一）市十一届人大常委会（2001 年 1 月至 2002 年 3 月）听取和审议工作报告 3 个

推动社会保障体系建设。第二十八次会议听取和审议市政府《关于城镇社会保障工作情况的报告》，要求加快健全和完善城市居民最低生活保障制度，建立稳定可靠的最低生活保障资金筹措机制，重点做好下岗职工、失业人员家庭的最低生活保障工作，逐步使所有符合条件的困难人口都能享受保障；妥善处理改革发展稳定三者关系，加快城镇企业职工基本养老保险制度、基本医疗保险制度改革，实现社会保障管理和服务的社会化。

（二）市十二届人大常委会听取和审议工作报告 4 个

推动应对严峻复杂的就业形势。第三次会议听取和审议市政府《关于城镇下岗职工情况及扩大再就业的报告》，要求采取积极有效措施，加快经济发展步伐，促进下岗职工最大限度地实现再就业；加大优惠政策落实力度，为下岗职工再就业提供优质高效的服务；加大教育培训力度，努力提高下岗职工的就业能力；充分调动各方面的积极性，为下岗职工再就业服好务，形成促进下岗职工再就业的良好氛围。

推动安全生产形势不断向好。第六次、第十四次会议先后两次听取和审议《市政府关于全市安全生产情况的报告》，要求抓紧安全生产的宣传教育和职工的安全培训工作，从根本上提高全体职工的安全素质；强化安全评价和检测检验工作，真正把安全生产工作重点转移到预防为主的轨道上来；抓好安全生产责任制的落实工作，从根本上形成一级为一级负责、人人抓安全、人人关心安全生产的局面；加大技术装备投入，改善基础设施，搞好基础工作，严格各项规程，强化现场管理，努力营造全社会都在支持安全、关心安全、关爱生命的社会环境。

推动社区建设事业发展。第二十四次会议听取和审议了市政府《关于社区建设工作情况的报告》，要求把社区建设列入重要的议事日程，用科学、民主、法治的方式来指导社区工作；建立多渠道投入机制，为社区建设提供必要的财力支撑；增强社区自治功能，积极探索实现居民自我管理、自我服务、自我教育的新路子；强化组织宣传发动，推进社区共驻共建，资源共享；完善社区服务体系，满足社区居民多方面的服务需求；加大硬件建设力度，把社区办公用房和配套设施规划建设好；加强社区干部队伍建设，提升社区干部保障水平。

（三）市十三届人大常委会听取和审议工作报告 6 个

关注党的民族宗教政策落实。第四次会议听取和审议市政府《关于民族宗教工作情况的报告》，要求始终坚持党对民族宗教工作的领导，加强对党的民族宗教理论、方针政策、法律法规和宗教基本知识的学习宣传教育；加强民族宗教事务局的队伍建设，提高应对和处理民族宗教事务的能力，牢固树立民族宗教无小事的理念，巩固和发展民族团结、宗教稳定的社会局面。

推动提升社会救助服务水平。第十四次会议听取和审议市政府关于《城乡社会救助工作情况的报告》，要求切实加强组织领导，加大投入力度，凝聚社会力量，多渠道筹集救助经费，营造诚信友爱、扶危济困的良好社会氛围；健全完善各项制度机制，继续加强基础设施建设，多管齐下运作好敬老院，打造多元化社会救助体系，更多地扶助困难群体，让困难群众切实感受到党和政府的温暖；加强社会救助工作机构和队伍建设，健全完善管理和服务网络，提升社会救助的规范化、精细化、科学化水平。

推动劳动就业与再就业和社会保障再上新台阶。第二十二次会议听取和审议市政府《关于劳动就业再就业和社会保障体系建设情况的报告》，要求进一步加大政策落实力度，强化技能培训，加大帮扶力度，完善服务措施，营造宽松环境，健全完善稳定就业的长效机制；进一步创新工作方法，加大依法扩面征缴工作力度；进一步增加投入，加强基金监管，确保社会保障可持续健康推进。

（四）市十四届人大常委会听取和审议工作报告8个

推动人民防空建设与城市协调发展。第十二次会议听取和审议市政府《关于人民防空工作情况的报告》，要求深入学习贯彻习近平总书记关于国防动员的重要论述，统一思想，提高认识，开拓思路，健全机构，把人防工作推进与中心工作紧密结合，把人防事业发展与经济社会发展紧密相连，不断加大人防融合发展、人防工程开发利用和依法监督管理力度，努力实现人防整体工作的战备效益、经济效益、社会效益高度统一和协调发展。

推动提升外事服务工作水平。第十四次会议听取和审议市政府《关于外事工作为经济转型发展服务情况的报告》，要求深入学习贯彻习近平总书记关于外事工作的重要讲话精神，始终坚持党对外事工作的集中统一领导，加强对外事工作的组织领导和涉外部门的统筹协调，开展深层次的互访交流合作，引进国际知名的企业和团队、先进的产业和项目、顶级的管理和人才；加大外事和涉外干部的培养培训力度，创新外事工作体制机制，全面提高业务素质、服务水平和行政效能，为拓展对外开放空间和加快经济转型跨越发展做出积极贡献。

推动全民健身战略实施。第二十五次会议听取和审议市政府《关于体育工作情况的报告》，要求深入学习贯彻习近平总书记关于体育工作的系列重要论述，进一步贯彻发展体育运动、增强人民体质的根本方针，把体育工作放在十分重要的位置，继续加强基层体育基础和规范化、法治化、产业化建设，更好地推进社会全面进步和人的全面发展，为不断提高人民群众的健康和幸福指数、实现全面建成小康社会奋斗目标做出新的贡献。

（五）市十五届人大常委会听取和审议工作报告1个

推动安全生产的科学管理水平和保障能力。第三十一次会议听取和审议市政府《关于安全生产工作的报告》，要求充分认识安全生产工作的严峻性、长期性、艰巨性和复杂性，加强对安全生产的宣传教育，提高安全生产意识，营造全社会关注、参与安全生产的浓厚氛围；加强各部门之间的协调配合，完善具体的协调配合机制，明确部门业务职责；加大基层人员、资金的投入力度，狠抓各项工作政策措施落实，全面提升安全生产法治化水平。

社会建设和民侨外事旅游工作监督听取和审议工作报告一览表

表 7-17

序号	时 间	会 议	报 告 事 项
1	2001 年 2 月	市十一届人大常委会第二十七次会议	市政府关于撤并乡镇工作情况的报告
2	2001 年 4 月	市十一届人大常委会第二十八次会议	市政府关于城镇社会保障工作情况的报告
3	2002 年 3 月	市十一届人大常委会第三十三次会议	市政府关于安全生产工作情况的报告
4	2002 年 10 月	市十二届人大常委会第三次会议	市政府关于城镇下岗职工情况及扩大再就业的报告
5	2003 年 2 月	市十二届人大常委会第六次会议	市政府关于安全生产情况的报告
6	2004 年 3 月	第十二届市人大常委会第十四次会议	市政府关于安全生产情况的报告。
7	2005 年 10 月	市十二届人大常委会第二十四次会议	市政府关于社区建设工作情况的报告
8	2007 年 10 月	市十三届人大常委会第四次会议	市政府关于民族宗教工作情况的报告
9	2008 年 2 月	市十三届人大常委会第七次会议	市政府关于安全生产工作情况的报告
10	2008 年 12 月	市十三届人大常委会第十四次会议	市政府关于城乡社会救助工作情况的报告
11	2009 年 2 月	市十三届市人大常委会第十五次会议	市政府关于 2008 年安全生产工作情况的报告
12	2009 年 12 月	市十三届人大常委会第二十二次会议	市政府关于劳动就业再就业和社会保障体系建设情况的报告
13	2012 年 2 月	市十三届人大常委会第四十一次会议	市政府关于安全生产工作情况的报告
14	2012 年 8 月	市十四届人大常委会第二次会议	市政府关于城乡社会救助工作情况的报告
15	2013 年 2 月	市十四届市人大常委会第六次会议	市政府关于安全生产工作情况的报告
16	2013 年 7 月	市十四届人大常委会第十二次会议	市政府关于人民防空工作情况的报告
17	2013 年 10 月	市十四届人大常委会第十四次会议	市政府关于外事工作为经济转型发展服务情况的报告
18	2014 年 2 月	市十四届市人大常委会第十六次会议	市政府关于粮食工作情况的报告
19	2015 年 2 月	市十四届人大常委会第二十五次会议	市政府关于体育工作情况的报告
20	2015 年 6 月	市十四届市人大常委会第二十八次会议	市政府关于城镇基本医疗保险工作情况的报告
21	2016 年 2 月	市十四届人大常委会第三十五次会议	市政府关于安全生产工作情况的报告
22	2020 年 4 月	市十五届市人大常委会第三十一次会议	市政府关于安全生产工作情况的报告

二、执法检查和执法调研

（一）市十一届人大常委会（2001 年 1 月至 2002 年 3 月）开展执法检查和执法调研 3 次

《中华人民共和国工会法》执法检查。2001 年 7 月，执法检查组深入市县两级工会组织和财政、税务、教育、卫生等部门及部分企业单位，开展以“五抓五化”（抓发动，深化认识；抓方案，细化程序；抓自查，强化自纠；抓抽查，硬化落实；抓整改，严化法规）为主题的执法检查活动。针对检查发现的问题，要求市政府认真研究新形势下职工队伍和工会工作面临的新情况新问题，探索做好新时期工会工作的新途径新方法，真正做到工会组织建设再加强、工会干部责任感再提高、保护职工合法权益工作再进步，使全心全意依靠工人阶级的方针进一步落到实处，为全市改革发展稳定做出新的贡献。

（二）市十二届人大常委会开展执法检查和执法调研9次

《中华人民共和国人民防空法》执法检查。2006年11月，执法检查组听取市人防办工作情况汇报，深入各县区及市阳煤集团一矿、阳光发电有限责任公司实地察看人防设施和人防工程维护工作情况。针对检查发现的部分干部群众人防战备意识和人防法治观念淡薄，特别是一些单位领导履行法律义务的自觉性很差等问题，要求市政府及有关部门加大人防法律政策的宣传力度，增强全民人防意识；规范执法程序和执法行为，强化人防工程建设管理，保障人防工程在城市开发建设中的合理布局，科学管理，平战结合，推动人民防空工作持续健康发展。

《中华人民共和国台湾同胞投资保护法》执法检查。2005年8月，执法检查组深入阳泉方大添加剂有限公司了解情况，随着经济技术开发区日益成为居民区的发展定位，作为化工企业，显然缺乏发展余地，前景不容乐观。企业的搬迁应及早提到议事日程，政府应发挥主导作用，帮助企业制定规划，解决具体问题，千方百计消化搬迁造成的经济损失，把台商的损失减少到最低限度，确保企业留住心，扎下根，前途好，作为阳泉扶持台资企业发展的成功范例。做好对有关部门的协调指导工作，增强为纳税人服务的意识，进一步优化台资企业的发展环境，全面提高服务水平，不断增强阳泉市吸引外资的能力。

《中华人民共和国劳动法》《山西省劳动监察条例》执法检查。2006年下半年，执法检查组在三个多月时间里，深入市直有关部门和8家县区企业，对劳动法贯彻实施情况进行重点抽查。针对存在的问题，要求市政府及各职能部门站在建设社会主义和谐社会及党代会提出的“两先”阳泉的战略高度，充分认识新形势下贯彻实施劳动法的重要性和必要性，迎难而上，扎实工作，共同推动劳动法及其配套法规的贯彻执行，从根本上维护劳动者的合法权益。

配合全国人大常委会开展《中华人民共和国工会法》执法检查，配合省人大常委会开展《中华人民共和国防震减灾法》《中华人民共和国归侨侨眷权益保护法》《中华人民共和国老年人权益保障法》《中华人民共和国残疾人保障法》《山西省地质灾害防治条例》执法检查执法调研。

（三）市十三届人大常委会开展执法检查和执法调研6次

《中华人民共和国防震减灾法》《山西省防震减灾条例》执法检查。2009年8月，执法检查组深入市应急指挥中心、市地震监测台等重点部门和单位实地了解情况。12月，召开全市贯彻执行防震减灾法工作汇报会，听取各县区及市地震局及发改、建设、规划、民政、财政、交通、教育、卫生等部门的工作汇报，市直供水、供电、供气、通信等部门提交了书面汇报材料。要求市政府及有关部门把抗震设防工作摆上重要议事日程，加快完善地震安全监管体系，增强科学应对地震灾害能力，切实消除地震灾害安全隐患，推进防震减灾科普和法治教育全覆盖，全面提升防震减灾能力水平。

《中华人民共和国劳动合同法》执法检查。2011年8月，执法检查组深入市政府有关部门及各县区、部分重点企业，认真了解情况。针对检查发现的部分劳动者不愿签订劳动合同、用人单位签订劳动合同不规范，造成劳资纠纷不断，损害劳动者合法权益事件时有发生等问题，要求市政府及有关部门进一步加大对法律法规的宣传力度，推动企业业主和劳动者学法、知法、守法，用法律维护自身的合法权益；全面贯彻落实劳动监察“两网化”管理，充分发挥基层劳动保障平台的职能作用；建立依法用工监督监管长效机制，严格实施监管责任追究制度，统筹组织各有关部门共同维护好劳动市场秩序，化解矛盾，维护社会稳定。

《中华人民共和国残疾人保障法》《山西省残疾人保障条例》执法检查。2011 年 10 月，执法检查组深入市康复中心、阳泉鑫源电线电缆有限责任公司实地察看残疾人保障体系和服务体系建设情况，听取市政府残疾人康复、教育、就业、扶贫等方面工作汇报，召开相关部门和残疾人座谈会，充分听取意见。要求市政府及有关部门深入贯彻落实法律法规，在全社会形成理解、尊重、关心、帮助残疾人的良好社会风尚；落实残疾人权益保障政策，加大培训力度，千方百计让残疾人就业；加快服务基本设施建设，为广大残疾人提供方便快捷的服务；加强就业保障金征缴工作，让残疾人群体得到更多实惠。

配合省人大常委会开展《中华人民共和国劳动法》《中华人民共和国劳动合同法》《中华人民共和国就业促进法》《中华人民共和国妇女权益保障法》《山西省实施〈妇女权益保障法〉办法》《山西省实施〈中华人民共和国国防教育法〉办法》《山西省职工劳动权益保障条例》执法检查和执法调研。

（四）市十四届人大常委会开展执法检查和执法调研 8 次

《中华人民共和国档案法》《山西省档案管理条例》执法检查。2013 年 7 月，执法检查组深入郊区、平定县档案馆实地走访查看，召开汇报座谈会，听取市档案局及各县区档案工作汇报，针对检查发现的档案管理体制不顺、档案馆库建设不平衡、档案管理人才缺乏等问题，要求市政府及有关部门深入学习贯彻习近平总书记重要讲话精神，加强组织领导，增加资金投入，强化法治宣传，明确档案执法主体，推进档案信息化、规范化、标准化建设，提高全民档案法治意识，提高档案队伍专业素质，提高档案开发利用水平，为档案工作开展营造良好社会环境，为经济发展和社会进步提供优质服务。

《中华人民共和国村民委员会组织法》《中华人民共和国城市居民委员会组织法》执法检查。2015 年 10 月，执法检查组深入郊区、城区的部分乡村和街道、社区，实地了解情况，听取汇报，座谈征求意见。针对检查发现的宣传教育不够广泛深入、民主监督不到位、社区工作体制尚未完全理顺等问题，要求市政府及有关部门深入学习贯彻习近平总书记加强农村基层组织建设、发挥村民自治重要作用的重要讲话精神，努力做好法治宣传教育，提高干部群众法治意识；加大执法监督力度，促进村（居）务民主规范；加强村（居）委建设指导，依法保障村（居）民权利；依法理顺管理体制，充分发挥基层自治作用。

《中华人民共和国妇女权益保障法》执法检查。2016 年 8 月，执法检查组深入矿区法院和矿区人社局进行了实地检查，听取了市政府、妇联、总工会、团市委、人社局、农委、中院的工作情况汇报。针对存在的侵害妇女劳动权益现象还不同程度地存在，农村妇女土地承包权益受侵害问题还没有得到根本解决，妇女参政的比例和层次仍然偏低，妇女的人身、财产和婚姻家庭方面的合法权益仍然不同程度地受到侵害等问题，要求深入学习贯彻习近平总书记关于妇女事业和妇女工作的重要讲话精神，加大宣传力度，营造全社会都关心妇女权益保障的良好氛围；健全维护妇女合法权益的各项机制；切实解决妇女权益保障中的突出问题；加大执法力度，切实保护妇女的合法权益。

（五）市十五届人大常委会开展执法检查和执法调研 10 次

《中华人民共和国老年人权益保障法》执法检查。2017 年 10 月，执法检查组深入市养老公益苑项目建设工地、平定老年服务中心、市老年颐养中心、阳泉天佑安康养护院等单位进行实地检查。要求市政府及相关部门深入学习贯彻习近平总书记对养老服务发展的重要讲话精神，加大相关法律法规的宣传力度，完善养老社会保障体系，加快各类养老服务载体的建设，做好老年人合法权益维护工作，进一步形成敬老、养老、爱老、助老的良好氛围。

《中华人民共和国体育法》《山西省全民健身促进条例》执法检查。2019年6月4日，执法检查组深入市体育运动学校、市体育中心、郊区李家庄乡、盂县南娄镇等单位实地检查，听取市体育局、卫生健康委员会、住建局、教育局等有关部门工作汇报。要求市政府及有关部门深入学习贯彻习近平总书记关于推进人民健康、全民健身的重要论述，进一步做好“一法一条例”的宣传贯彻工作，切实提高各级领导干部和广大群众对体育事业的认识，积极倡导健康、科学、文明的生活方式。科学编制公共体育设施规划建设，多措并举增加全民健身事业资金投入，不断加大公共文化体育场地设施建管力度，坚持市场化和公益化相结合的原则发展体育经济。统筹谋划好新建射击馆的赛后综合利用。

《中华人民共和国就业促进法》执法检查。2020年6月，执法检查组深入平定县山西天弘晋腾商贸有限公司就业创业基地、市养老保险服务中心、市失业保险服务中心等地详细了解情况，并进行了交流座谈。要求市政府及有关部门进一步提高思想认识，切实把促进就业摆在重要位置，做好促进就业工作；要创优服务，加强宣传，增强法律意识，强化法律刚性约束，切实用法律规范保障和促进就业工作；要把握形势，依法履职，推进就业促进法实施；要健全机制，齐心合力，提升就业服务水平，切实推动就业工作稳步发展。

《中华人民共和国归侨侨眷权益保护法》《〈中华人民共和国归侨侨眷权益保护法〉实施办法》《山西省实施〈中华人民共和国归侨侨眷权益保护法〉办法》执法检查。2020年6月，执法检查组深入山西云承欣达消防工程有限公司、阳泉市郊区金宏源购物中心、山西迈克芬科技有限公司等涉侨企业，了解各企业生产、发展情况，了解企业运行过程中遇到的困难和问题，征求企业的意见建议，要求市政府及有关部门深入学习贯彻习近平总书记关于侨务工作重要论述，继续把握好工作方向，加大普法宣传力度；拓展维护侨益、为侨服务的途径和方法，增强侨界群众的获得感幸福感；深入涉侨企业开展调研，为阳泉市创造更好的投资营商环境，吸引更多的外部投资做出侨界贡献。

配合省人大常委会开展《山西省女职工劳动保护条例》执法检查和执法调研。

社会建设和民侨外事旅游工作监督执法检查和执法调研一览表

表7-18

序号	届　别	主　　题
1	市十一届人大常委会	《中华人民共和国防震减灾法》实施情况
2	市十一届人大常委会	《中华人民共和国文物保护法》实施情况
3	市十一届人大常委会	《中华人民共和国工会法》实施情况
4	市十二届人大常委会	《中华人民共和国人民防空法》实施情况
5	市十二届人大常委会	《中华人民共和国安全生产法》实施情况
6	市十二届人大常委会	《中华人民共和国防震减灾法》《山西省防震减灾条例》实施情况
7	市十二届人大常委会	《中华人民共和国婚姻法》实施情况
8	市十二届人大常委会	《中华人民共和国台湾同胞投资保护法》实施情况
9	市十二届人大常委会	《中华人民共和国妇女权益保障法》实施情况
10	市十二届人大常委会	《中华人民共和国工会法》实施情况

续表 7-18

序号	届　别	主　题
11	市十二届人大常委会	《中华人民共和国劳动法》《山西省劳动监察条例》实施情况
12	市十二届人大常委会	《山西省全民健身促进条例》实施情况
13	市十三届人大常委会	《中华人民共和国劳动合同法》实施情况
14	市十三届人大常委会	《中华人民共和国就业促进法》实施情况
15	市十三届人大常委会	《中华人民共和国安全生产法》实施情况
16	市十三届人大常委会	《中华人民共和国防震减灾法》《山西省防震减灾条例》实施情况
17	市十三届人大常委会	《中华人民共和国残疾人保障法》《山西省残疾人保障条例》实施情况
18	市十三届人大常委会	《中华人民共和国台湾同胞投资保护法》《〈中华人民共和国台湾同胞投资保护法〉实施细则》实施情况
19	市十四届人大常委会	《中华人民共和国就业促进法》实施情况
20	市十四届人大常委会	《中华人民共和国劳动法》实施情况
21	市十四届人大常委会	《中华人民共和国档案法》《山西省档案管理条例》实施情况
22	市十四届人大常委会	《中华人民共和国村民委员会组织法》《中华人民共和国城市居民委员会组织法》实施情况
23	市十四届人大常委会	《中华人民共和国残疾人保障法》《山西省残疾人保障条例》实施情况
24	市十四届人大常委会	《中华人民共和国妇女权益保障法》实施情况
25	市十四届人大常委会	《山西省清真食品监督管理条例》实施情况
26	市十四届人大常委会	《旅行社条例》实施情况
27	市十五届人大常委会	《中华人民共和国老年人权益保障法》实施情况
28	市十五届人大常委会	《中华人民共和国体育法》《山西省全民健身促进条例》实施情况
29	市十五届人大常委会	《中华人民共和国劳动法》实施情况
30	市十五届人大常委会	《中华人民共和国旅游法》实施情况
31	市十五届人大常委会	《中华人民共和国反家庭暴力法》实施情况
32	市十五届人大常委会	《山西省清真食品监督管理条例》实施情况
33	市十五届人大常委会	《中华人民共和国归侨侨眷权益保护法》实施情况
34	市十五届人大常委会	《中华人民共和国慈善法》实施情况
35	市十五届人大常委会	《中华人民共和国就业促进法》实施情况
36	市十五届人大常委会	《中华人民共和国归侨侨眷权益保护法》《〈中华人民共和国归侨侨眷权益保护法〉实施办法》实施情况

三、专题调研

（一）市十一届人大常委会（2001 年 1 月至 2002 年 3 月）组织专题调研 2 次

调研基层民主政治建设工作情况。2001 年 8 月，市人大常委会副主任张希祯带领调研组深入平定、盂县和郊区部分乡镇了解撤并乡镇工作情况，要求进一步加强宣传教育，作好思想发动工作，把搞好撤并乡镇工作的基点放到干部群众充分理解和积极参与上，营造有利于推进改革的环境氛围；加强组织领导，扎实稳妥推进，突出工作重点，采取有力措施，切实提高工作质量，确保大局稳定，加快促进城镇化建设和社会发展。

（二）市十二届人大常委会组织专题调研 5 次

调研乡镇换届选举工作情况。2002 年 9 月，市人大常委会副主任王元寿带领调研组深入平定县张庄镇及宁艾村，对其近十年的乡、村换届的时间、次数、经费、耗费的人力、工时、存在问题及群众意见进行了解，完成了《关于对乡镇换届选举工作的调查报告》，陈述了目前乡镇换届选举中存在的任期短、选举频繁、选举时间长、人财物浪费大、严重影响干部队伍稳定和农村经济发展等问题，建议将乡镇和村的换届选举改为五年一次，并设法解决换届选举上下不同步的问题。

调研职工大病医疗互助工程进展情况。2005 年 8 月，市人大常委会副主任、市总工会主席王七孩带领调研组深入阳泉市电子工程实业有限公司等困难企业听取情况汇报，走访困难职工家庭，召开座谈会，详细了解职工大病医疗互助政策落实情况，现场指导解决存在问题。要求各级政府、各类企业加强组织领导，广泛宣传发动，扩大互助范围，积极探索农民工、灵活就业人员、劳务派遣工等加入职工大病互助的问题，为困难职工撑起一片希望的天空。各级工会组织高度重视，积极争取党政领导和社会各方面的重视与支持，为更多的职工参加互助保障提供政策和资金扶持，努力营造“党政支持、工会运作、企业和职工踊跃参与”的工作格局，形成共同推进职工互助保障工作的强大合力。

（三）市十三届人大常委会组织专题调研 5 次

调研民族宗教工作情况。2007 年 9 月，市人大常委会副主任段存寿带领调研组深入部分宗教场所、民族聚居村进行实地了解情况，听取了市民族宗教部门的工作汇报，要求进一步加强对民族宗教工作的领导，深入宣传党的民族政策，着力激发信教群众的爱国热情和建设中国特色社会主义事业的积极性，巩固和发展民族团结宗教稳定的社会局面，有效地促进民族宗教工作的健康发展，共同为经济社会发展做贡献。

（四）市十四届人大常委会组织专题调研 8 次

调研加强和创新社会管理工作情况。2013 年 5 月，市人大常委会主任刘高官带领调研组深入矿区法院、美沙酮戒毒门诊、平潭街东社区、矿区社会管理指挥中心开展工作调研，充分肯定了矿区在加强和创新社会管理工作方面取得的成绩，要求矿区把社会管理工作摆上更加突出的位置，继续加强领导、转变职能、突出重点、多措并举，坚持依法管理、民主管理、科学管理，率先在全省乃至全国探索出一套“矿区经验”。

调研重点企业工会工作情况。2014 年 8 月，市人大常委会副主任、市总工会主席王振国带领调研组深入阳煤集团五矿工业广场、职工图书室、职工营养餐厅、井口群监工作站、文化宣教长廊和基层队组等处现场调研，充分肯定企业党委对工会工作的支持和企业工会工作取得的成绩，要求进一步深入学习贯彻习近平总书记系列重要讲话精神，切实将工会工作作为党的工作的重要组成部分，努力探索，勇于创新，不断为全市企业工会改革发展趟新路、当表率、作示范，提供可借鉴的好经验和好做法。企业工会组织更加自觉地接受党的领导，进一步增强责任感和使命感，积极担当，主动作为，最大限度保障职工利益，团结动员广大职工为企业深化改革、阳泉转型发展做出新的贡献。

调研宗教活动场所规范化管理工作情况。2014 年 12 月，市人大常委会副主任孙金明带领调研组深入盂县建福寺、报国寺、永清寺实地了解宗教活动场所规范管理方面基本情况，详细询问规范管理工作遇到的困难和问题，要求深入学习贯彻习近平总书记重要论述精神，充分认识宗教工作的长期性、复杂性和重要性，增强做好宗教工作的责任感和紧迫感，进一步加强领导，严格按政策和法规办事，采取切实有效措施，进一步夯实基层宗教工作基础，健全和完善宗教工作协调机制，确保宗教工作层层有人抓、时时有人管、处处全覆盖，使宗教工作沿着法治化、制度化、规范化轨道持续健康发展。

调研社会建设与管理工作情况。2015 年 8 月，市人大常委会副主任刘兆林带领调研组深入城区南边堰社区爱心手工坊、养老服务站等处了解情况，听取情况汇报，并召开座谈会，听取居民意见建议。肯定社区建设与管理取得的成绩，要求深入学习贯彻习近平总书记治国理政新理念新思想新战略，充分认识加强社区建设、创新社区治理的重大意义，进一步完善社区治理结构，优化社区服务体系，拓展社区服务功能，推进社区信息化建设，加强社区依法治理，强化社区社会组织和专业人才队伍建设，全力推进社区建设各项措施的落实，努力提升社区治理能力和社区建设现代化水平。

（五）市十五届人大常委会组织专题调研 10 次

调研城乡特困人员救助供养工作情况。2019 年 8 月，市人大常委会副主任张宝明带领调研组深入郊区西南舁乡中心敬老院、郊区荫营镇中心敬老院，实地了解特困供养政策落实、特困人员救助供养及机构安全运行情况，听取了全市城乡特困人员救助供养工作情况汇报及意见建议，并召开座谈会，要求深入学习习近平总书记重要指示精神，切实把思想和行动统一到党中央和省委、市委决策部署上来，进一步提高政治站位，强化担当作为，增强做好疫情防控期间兜底保障工作的政治自觉、思想自觉和行动自觉；充分利用现有资源，引进营销、管理人才，进行市场化运作，把养老事业打造成为大众参与、社会共享的服务产业；在提高特困救助的服务能力和服务水平上下功夫，吸纳社会资金，形成社会参与和国家保障有机配合、共同发展的良性循环，积极营造全社会关心、支持、参与困难群众兜底保障工作的良好氛围。

调研基层工会建设工作情况。2020 年 6 月，市人大常委会副主任、市总工会主席张永忠带领调研组深入盂县通达出租汽车公司、盂县福跃耐火材料公司、山西紫轩国际酒店实地了解职工队伍稳定风险专项排查化解、城市困难职工解困脱困、产业工人队伍建设、智慧工会建设等工作情况，了解煤炭、耐火、餐饮、出租汽车等行业生产经营情况，了解疫情发生后，企业疫情防控、复工复产及企业职工收入、福利、文化活动开展情况，以及对工会工作的意见建议。针对发现问题和职工诉求，要求各级工会组织深入学习领会习近平总书记视察山西重要讲话重要指示，坚持党的领导，提高政治站位，积极引导职工群众为社会建功立业，为企业排忧解难，在企业复工复产、达产达效中，发挥工人阶级主力军作用。企业工会要更多关心关爱职工，特别是对困难职工要采取多种行之有效的措施，帮助他们解决生产生活中遇到的困难问题。在城市困难职工解困脱困工作中一个都不能少。争创职工信赖的职工之家，争当职工信赖的娘家人、贴心人。

调研红色旅游资源保护开发情况。2020 年 10 月，市人大常委会副主任、市工商联主席赵素卿带领调研组深入盂县梁家寨乡，实地查看牛道岭阻击战遗址，椿树底村朱德、任弼时路居旧址，大汖古村，梁家寨革命历史纪念馆等地，通过参观图片、文字、实物等方式，详细了解红色旅游资源保护、发掘和利用情况。要求大力弘扬红色文化，传承红色基因，提升对红色旅游事业发展的认识，充分挖掘红色文化内涵，科学统筹红色旅游资源，着力打造红色旅游精品，跟进宣传红色旅游品牌，推动红色文化和红色旅游融合发展，促进全市旅游经济发展。

社会建设和民侨外事旅游工作监督专题调研一览表

表 7-19

序号	届　别	主　　题
1	市十一届人大常委会	基层民主政治建设工作情况
2	市十一届人大常委会	体育工作情况
3	市十二届人大常委会	乡镇换届选举工作情况
4	市十二届人大常委会	特困职工援助工作情况
5	市十二届人大常委会	城镇职工医疗保险制度改革情况
6	市十二届人大常委会	民族宗教工作情况
7	市十二届人大常委会	职工大病医疗互助工程进展情况
8	市十三届人大常委会	民族宗教工作情况
9	市十三届人大常委会	城乡低保工作情况
10	市十三届人大常委会	民族宗教侨务外事旅游对台六方面工作情况
11	市十三届人大常委会	新联通公司便民服务工作情况
12	市十三届人大常委会	山西省妇女儿童发展“十二五”规划实施情况
13	市十四届人大常委会	重点企业工会工作情况
14	市十四届人大常委会	档案工作情况
15	市十四届人大常委会	加强和创新社会管理工作情况
16	市十四届人大常委会	民族宗教工作情况
17	市十四届人大常委会	宗教场所规范化管理
18	市十四届人大常委会	社会保障的情况
19	市十四届人大常委会	社会建设与管理工作情况
20	市十四届人大常委会	邮政业发展情况
21	市十五届人大常委会	体育公共服务体系建设工作情况
22	市十五届人大常委会	城乡特困人员救助供养工作情况
23	市十五届人大常委会	防震减灾工作情况
24	市十五届人大常委会	古生物化石的保护和利用工作情况
25	市十五届人大常委会	民族宗教工作情况
26	市十五届人大常委会	侨务工作情况
27	市十五届人大常委会	规范村（社）级权力运行建立治理新体系试点工作情况
28	市十五届人大常委会	基层工会建设工作情况
29	市十五届人大常委会	红色旅游资源保护开发情况
30	市十五届人大常委会	地质旅游资源保护开发情况

第七节　司法工作监督

2001年1月至2020年12月，阳泉市人大常委会聚焦司法活动中的重大事项、依法治市领域的热点难点，履行宪法和法律赋予的监督职责，听取和审议专项工作报告42个，开展执法检查和执法调研15次，组织专题调研15次。

一、听取和审议专项工作报告

（一）市十一届人大常委会（2001年1月至2002年3月）听取和审议工作报告4个

推动提高公安队伍的整体素质和执法水平。第二十七次会议听取和审议市政府《关于公安队伍"三项教育"工作情况的报告》，要求进一步加强公安机关队伍政治思想和工作作风建设，深化全心全意为人民服务的宗旨教育、实事求是的思想路线教育、严格公正文明执法的法治教育，建立和完善公安队伍管理的长效机制，更好地巩固教育成果，扎实推进公安工作和民警队伍正规化、规范化、法治化建设。

（二）市十二届人大常委会听取和审议工作报告9个

推动"严打"整治斗争的深入开展。第一次会议听取和审议市政府《关于"严打"整治斗争情况的报告》，要求进一步发动群众、深挖犯罪，突出重点、强化打击，遏制刑事发案上升的势头；集中整治治安乱点，大力开展治安防范，落实综合治理的各项措施，切实维护社会稳定，增强人民群众的安全感。

推动强化民商事审判职能。第十次会议听取和审议市中级人民法院《关于民商事审判工作情况的报告》，要求坚持以"三个代表"重要思想为指导，坚持司法为民的宗旨和"公正与效率"的主题，大胆进行审判改革，强化队伍建设，提高审判质量，为维护社会稳定、促进经济发展、保障人民群众安居乐业做出积极贡献。

推动做好社会治安管理工作。第十五次会议听取和审议市政府《关于社会治安管理情况的报告》，要求正确估价全市社会治安形势，围绕大局，突出重点，为全面建设小康社会创造良好的治安环境；认清形势，把握规律，积极探索社会治安管理工作的新途径；加强队伍建设，不断提高队伍的政治素质、业务素质和身体素质，真正担负起"巩固党的执政地位，维护国家长治久安，保障人民安居乐业"的历史使命。

推动加强法院队伍建设。第十七次会议听取和审议市中级人民法院《关于法院队伍建设情况的报告》，要求充分认识搞好法院队伍建设的重要性，切实加强领导班子和党组织建设，引深执法责任制和"两错"责任追究制，严格竞争机制、法官准入制和任命程序，建立科学严密的任职考察制度。认真解决两级法院的人、财、物力困难，严肃处理暴力抗法事件和干扰依法办案人员，改善法官待遇，减轻司法压力，支持审判机关独立行使审判权，不断维护和优化公正执法的环境条件。

（三）市十三届人大常委会听取和审议工作报告10个

推动强化审判监督职能。第三次会议听取和审议市中级人民法院《关于审判监督工作情况的报告》，要求充分发挥审判监督的职能作用，坚持有错必纠，最大限度地增加和谐因素，最大限度地减少不和谐因素，切实解决少数法官的司法能力和水平与承担的工作任务不相适应、"申诉难"和

"申请再申难"等问题，为构建和谐社会，促进经济发展社会进步做出新的更大贡献。

推动做好城市道路交通管理工作。第二十八会议听取和审议市政府《关于城市道路交通管理工作情况的报告》，该报告未获通过。第三十一次会议继续审议该报告，要求进一步加强对道路交通设施、道路交通秩序、车辆和驾驶人的管理，加强对道路交通违法行为和交通事故的处理，加强道路交通法律法规的宣传，有效解决道路建设相对滞后、道路交通基础设施建设欠账很多、道路交通拥堵现象时有发生等问题，确保道路交通有序、顺畅、安全，为"三城同创"营造更加安全、畅通、有序、文明的道路交通环境。

推动强化诉讼监督职能。第三十次会议听取和审议市人民检察院《关于刑事立案监督工作情况的报告》，要求进一步加强队伍建设，提高监督水平；深化工作研究，健全监督机制；突出监督重点，加大监督力度；强化跟踪监督，进一步增强监督效果。

推动做好刑事审判工作。第三十七次会议听取和审议市中级人民法院《关于刑事审判工作情况的报告》，要求正确执行法律和宽严相济刑事政策，确保法律效果和社会效果的有机统一；加强工作指导，完善监督机制，不断提高刑事案件审判质量和效率；加强法治宣传，化解社会矛盾，努力促进社会和谐稳定；加强队伍建设，提高人员素质，确保严格公正文明司法。

（四）市十四届人大常委会听取和审议工作报告8个

认真履行宪法和法律赋予的职责，进一步增强审判创新意识，加强审判监督管理，不断提高审判的质量和效率，努力提升司法公信力，积极营造良好的司法环境；加大调解工作力度，有效化解社会矛盾，切实维护公民、法人和其他组织的合法权益，保障经济健康有序发展，促进社会和谐稳定建设。

推动公安工作再上新台阶。第十九次会议听取和审议市政府《关于公安工作情况的报告》，要求进一步深入学习贯彻习近平总书记关于加强新时代公安工作的重要论述，牢牢把握新时代公安机关的本质属性，牢牢把握新时代公安工作的规律特点，牢牢把握新时代公安机关的使命任务，牢牢把握新时代公安工作的发展思路，牢牢把握新时代公安队伍的治警方略，坚持严打、严治、严管并举，加大对多发性侵财案件和黑恶势力等严重刑事犯罪的打击力度；加强社会管理创新及治安综合治理，建立完善有效的防控体系，预防和减少违法犯罪发生；增加资金和科技投入，加强基层基础建设，提高公安机关实战效益和社会效益；提高公安工作效能，努力建设一支信念坚定、执法为民、敢于担当、清正廉洁的过硬公安队伍。

推动司法行政工作健康发展。第二十二次会议听取和审议市政府《关于司法行政工作情况的报告》，要求坚持以习近平新时代中国特色社会主义思想为指导，坚持党对司法行政工作的绝对领导，坚持以人民为中心的发展思想，深入开展发展宣传教育，积极推进多层次多领域依法治理，全力推进依法治市进程；完善法律援助制度，提高法律服务实效，满足经济社会发展和人民群众法律服务需求；建立完善强制戒毒、社区矫正等法律保障工作的机制和管理制度，最大限度地减少刑释解教人员重新违法犯罪；发挥人民调解在社会矛盾纠纷化解体系中的基础性作用，筑牢维护社会稳定的"第一道防线"；加大财政支持力度，为充分发挥司法行政工作作用提供基础保障；加强司法行政队伍建设和律师队伍建设，努力推进司法行政队伍正规化、专业化、职业化。

推动规范司法行为、促进司法公正。第三十一次会议听取和审议市中级人民法院《关于法院规范司法行为工作情况的报告》，要求把深化司法规范化建设作为践行习近平新时代中国特色社会主义思想的重要举措，强化司法为民理念，维护公民合法权益，有效解决群众反映强烈的诉讼受理难、有理当事人胜诉难、执行难等问题；健全管理机制，规范和统一裁判尺度，落实错案责任终身追究制，着力解决影响司法公正、制约司法能力的深层次问题；深化审务公开，全力推进阳光司法，发挥诉前调解的积极作用，保护各类主体的合法权益，不断提升司法公信力；加强队伍建设，不断提高法官的政治素质、业务素质和道德素质，促进干警清正、队伍清廉、司法清明。

（五）市十五届人大常委会听取和审议工作报告 11 个

推动优化未成年人健康成长的社会环境。第三次会议听取和审议市中级人民法院《关于未成年人刑事审判工作情况的报告》，要求认真学习贯彻习近平总书记关于未成年人工作的重要指示精神，全面落实党中央关于加强未成年人保护的方针政策，进一步提高思想认识，强化实务研究，再接再厉、改革进取，积极探索保护未成年人合法权益和预防减少未成年人犯罪的新方法、新途径，切实保护未成年人的身心健康和合法权益，有效预防未成年人犯罪，力争使未成年人刑事审判工作形成特色效应，迈上新台阶。

推动巩固交通秩序综合大整治行动成果。第四次会议听取和审议市政府《关于城市道路交通安全管理工作情况的报告》，要求坚持以习近平新时代中国特色社会主义思想为指导，认真贯彻落实党中央和省委、市委关于加强道路交通安全工作的决策部署，健全交通管理工作体制机制、加快城市畅通工程及交通基础设施建设，积极探索源头管控、综合整治、长效治理的有效措施，加强文明出行宣传教育工作、切实加强执法队伍自身建设、切实解决道路安全设施建设不尽完善、影响交通管理不文明现象大量存在、居民交通安全意识比较淡薄、工作合力尚未形成等问题，努力为人民群众创造更加畅通、有序、安全、文明、和谐的交通环境。

推动强化法院执行工作。第十三次会议听取和审议市中级人民法院《关于执行工作情况的报告》，要求以习近平新时代中国特色社会主义政法思想为指导，紧紧围绕“努力让人民群众在每一个司法案件中感受到公平正义”的工作目标，进一步提高思想认识，切实增强做好执行工作的责任感和使命感；创新体制机制，持续推进执行工作规范化建设；强化协作意识，努力形成破解执行难整体合力；加强队伍建设，不断提高执行工作质效；加强普法宣传，积极营造良好社会舆论环境，确保生效法律文书确定的合法权益最大限度地得以实现。

推动强化适用认罪认罚从宽制度职能。第三十四次会议听取和审议市人民检察院《关于适用认罪认罚从宽制度工作情况的报告》，要求坚持以习近平新时代中国特色社会主义政法思想为指导，恪守法治原则、积极探索创新，完善协调机制、加强工作协同，健全配套制度、规范司法行为，加强队伍培训、提升办案质量，严明纪律规矩、依法强化监督，确保认罪认罚从宽制度全面正确实施，确保每个认罪认罚从宽案件都得到公正处理，确保让人民群众在每一个司法案件中感受到公平正义。

司法工作监督听取和审议专项工作报告一览表

表 7-20

序号	时 间	会 议	报告事项
1	2001 年 2 月	市十一届人大常委会第二十七次会议	市政府关于公安队伍“三项教育”工作情况的报告
2	2001 年 6 月	市十一届人大常委会第二十九次会议	市中级人民法院关于刑事审判工作情况的报告
3	2001 年 8 月	市十一届人大常委会第三十次会议	市政府关于“三五”普法和“四五”普法安排工作情况的报告
4	2001 年 10 月	市十一届人大常委会第三十一次会议	市人民检察院关于批捕起诉工作情况的报告
5	2002 年 6 月	市十二届人大常委会第一次会议	市政府关于“严打”整治斗争情况的报告

续表 7-20

序号	时 间	会 议	报告事项
6	2002 年 8 月	市十二届人大常委会第二次会议	市人民检察院关于反渎职侵权工作情况的报告
7	2002 年 10 月	市十二届市人大常委会第三次会议	市中级人民法院关于刑事审判工作情况的报告
8	2003 年 8 月	市十二届人大常委会第十次会议	市中级人民法院关于民商事审判工作情况的报告
9	2004 年 6 月	市十二届人大常委会第十五次会议	市政府关于社会治安管理情况的报告
10	2004 年 8 月	市十二届人大常委会第十七次会议	市中级人民法院关于法院队伍建设情况的报告
11	2004 年 10 月	市十二届人大常委会第十八次会议	市人民检察院关于民事行政检察工作情况的报告
12	2006 年 8 月	市十二届人大常委会第二十九次会议	市政府关于道路交通安全管理情况的报告
13	2006 年 10 月	市十二届人大常委会第三十二次会议	市政府关于“四五”普法工作情况和“五五”普法规划的报告
14	2007 年 8 月	市十三届人大常委会第三次会议	市中级人民法院关于审判监督工作情况的报告
15	2008 年 8 月	市十三届人大常委会第十一次会议	市人民检察院关于刑事侦查监督和刑事审判监督工作情况的报告
16	2009 年 2 月	市十三届人大常委会第十五次会议	市政府关于社会治安管理工作情况的报告
17	2009 年 6 月	市十三届人大常委会第十八次会议	市中级人民法院关于法院执行工作情况的报告
18	2009 年 10 月	市十三届人大常委会第二十次会议	市政府关于阳泉市第五个五年法制宣传教育规划实施情况的报告
19	2010 年 6 月	市十三届人大常委会第二十八次会议	市政府关于城市道路交通管理工作情况的报告
20	2010 年 10 月	市十三届人大常委会第三十次会议	市人民检察院关于刑事立案监督工作情况的报告
21	2010 年 12 月	市十三届人大常委会第三十一次会议	市政府关于城市道路交通管理工作整改情况的报告
22	2011 年 6 月	市十三届人大常委会第三十五次会议	市政府关于阳泉市第五个五年法制宣传教育规划实施情况的报告
23	2011 年 8 月	市十三届人大常委会第三十七次会议	市中级人民法院关于刑事审判工作情况的报告
24	2012 年 10 月	市十四届人大常委会第三次会议	市人民检察院关于公诉工作情况的报告
25	2013 年 10 月	市十四届人大常委会第十四次会议	市中级人民法院关于法院民商事审判工作情况的报告
26	2014 年 6 月	市十四届人大常委会第十九次会议	市政府关于公安工作情况的报告
27	2014 年 10 月	市十四届人大常委会第二十二次会议	市政府关于司法行政工作情况的报告
28	2015 年 8 月	市十四届人大常委会第三十次会议	市人民检察院关于立案和侦查监督工作情况的报告
29	2015 年 10 月	市十四届人大常委会第三十一次会议	市中级人民法院关于法院规范司法行为工作情况的报告
30	2016 年 4 月	市十四届人大常委会第三十七次会议	市人民检察院关于检察机关预防职务犯罪工作情况的报告
31	2016 年 10 月	市十四届人大常委会第四十二次会议	市政府关于“六五”普法工作暨“七五”普法规划情况的报告
32	2017 年 6 月	市十五届人大常委会第三次会议	市中级人民法院关于法院未成年人刑事审判工作情况的报告
33	2017 年 8 月	市十五届人大常委会第四次会议	市政府关于城市道路交通安全管理工作情况的报告

续表 7-20

序号	时 间	会 议	报告事项
34	2018 年 6 月	市十五届人大常委会第十三次会议	市中级人民法院关于执行工作情况的报告
35	2018 年 8 月	市十五届人大常委会第十五次会议	市人民检察院关于民事检察监督工作情况的报告
36	2018 年 12 月	市十五届人大常委会第十八次会议	市人民法院关于深入学习宣传和贯彻实施宪法工作情况的报告
37	2018 年 12 月	市十五届人大常委会第十八次会议	市人民检察院关于深入学习宣传和贯彻实施宪法工作情况的报告
38	2019 年 8 月	市十五届人大常委会第二十五次会议	市政府开展扫黑除恶专项斗争工作情况的报告
39	2019 年 10 月	市十五届人大常委会第二十六次会议	市人民检察院关于开展公益诉讼工作情况的报告
40	2020 年 8 月	市十五届人大常委会第三十三次会议	市政府关于社会治安防控体系建设情况的报告
41	2020 年 10 月	市十五届人大常委会第三十四次会议	市中级人民法院关于矛盾纠纷多元化解工作情况的报告
42	2020 年 10 月	市十五届人大常委会第三十四次会议	市人民检察院关于适用认罪认罚从宽制度工作情况的报告

二、执法检查和执法调研

（一）市十二届人大常委会开展执法检查和执法调研 4 次

《中华人民共和国监狱法》执法检查。2004 年 12 月，执法检查组深入阳泉一监、阳泉二监及荫营地区检察院，听取情况汇报，实地察看了犯人生活、劳动和学习场所，对监狱法的贯彻实施情况有了较为全面的了解，对存在的问题进行了分析研究，要求进一步加大对监狱法的学习和贯彻力度，全方位推行执法责任制，切实规范干警的执法行为；积极争取省主管部门及人事、财政部门的支持，不断改善干警队伍结构，逐步将监狱各项经费足额列入财政预算；加强干警队伍建设，为建设“平安阳泉”做出新的贡献。

《中华人民共和国律师法》执法检查。2005 年 11 月，执法检查组听取市司法局、中级人民法院、人民检察院和公安局的情况汇报，检查泽晋、君衡、一森和众晨等律师事务所，与律师代表进行座谈，针对存在的律师队伍的整体素质还不能完全适应经济社会发展的要求、司法行政机关与律师协会“两结合”管理存在不协调不到位的问题、律师执业环境有待进一步改善等问题，要求继续加大司法行政机关的指导和监督力度，认真履行法律赋予的管理职能；按照“坚持信念、精通法律、维护正义、恪守诚信”的要求，探索律师队伍建设的长效机制；公、检、法、司及各有关部门进一步加大《律师法》的学习宣传和贯彻实施力度，努力改善律师执业的市场环境、法治环境和政策环境，充分调动律师工作的积极性；各有关部门要大力配合支持司法行政机关，齐抓共管，形成合力，推进阳泉市律师事业的健康发展。

配合省人大常委会开展《中华人民共和国法官法》《中华人民共和国检察官法》《中华人民共和国未成年人保护法》《山西省法律援助条例》等执法检查和执法调研。

（二）市十三届人大常委会开展执法检查和执法调研 3 次

《中华人民共和国公证法》执法检查。2008 年 11 月，执法检查组深入市县两级公证部门，召开座谈会议，集中听取情况汇报，实地查看公证机关的办公场所、公证卷宗和收费票据等档案资料，全面了解两年来公证事业发展情况和当前遇到的困难问题，要求进一步加大学习宣传贯彻力度，加强公证机构及队伍建设，加强公证业务指导，严格公证执业监督，规范公证制度行为，提升公证服务层次和水平，切实增强公证工作的严肃性和公信力，确保为经济社会持续健康发展提供良好服务。

《中华人民共和国未成年人保护法》执法检查。2009 年 11 月，执法检查组集中听取团市委、公安局、教育局、民政局及市中级人民法院、市人民检察院的工作汇报，实地察看市区青少年服务中心及部分中小学校贯彻落实法律情况，要求加大未成年人保护法的贯彻落实力度，尽快调整充实未成年人保护委员会主任及成员单位，制订操作性强的工作方案，明确各成员单位职责；加强青少年公共活动场所设施的建设和投入，为青少年健康成长创造良好的社会环境。

《中华人民共和国民事诉讼法》执法检查。2010 年 8 月，执法检查组深入调查研究，采取听取情况汇报、旁听庭审活动、查阅案卷、重点案例剖析、听取汇报、召开座谈会、走访诉讼双方当事人、抽样调查、实地考察等多种形式，广泛听取民事案件双方当事人、审判人员、检察人员、律师、人大代表及社会各界群众意见，要求进一步加大宣传力度，营造良好法治氛围；进一步加大调解力度，化解好社会矛盾；进一步加大执行力度，解决好“执行难”问题；进一步加强队伍建设，打造高素质的审判队伍等意见建议，促进了民事诉讼工作进一步开展。

配合省人大常委会开展《中华人民共和国刑事诉讼法》《全国人民代表大会常务委员会关于司法鉴定管理问题的决定》《山西省司法鉴定条例》等执法检查和执法调研。

（三）市十四届人大常委会开展执法检查和执法调研 3 次

《中华人民共和国国家安全法》执法检查。2016 年 9 月，执法检查组深入市国安局、公安局听取工作汇报，实地了解情况，就新形势下进一步做好法律贯彻实施工作进行研究和探讨。针对发现的法律宣传不够广泛深入、部门协作机制不够强化等问题，要求深入学习贯彻习近平总书记关于国家安全工作重要论述，严格职责分工，加强沟通联系，形成工作合力，强化责任担当，进一步增强全体社会成员维护国家安全的法律意识，切实把法律贯彻实施提高到一个新水平。

《山西省社会治安综合治理条例》执法检查。2015 年 12 月，执法检查组深入平定县、城区、市公安局交警支队车管所、市第一人民医院等地，认真听取汇报和实地检查，要求深入学习贯彻习近平总书记关于平安中国建设的重要讲话精神，紧紧围绕治理社会治安问题的综合性特点，加强和改进社会治安综合治理工作，把条例的规定和要求落到实处、落到基层，为山城经济社会发展营造更加良好的社会环境。

配合省人大常委会开展《中华人民共和国刑事诉讼法》《中华人民共和国民事诉讼法》《中华人民共和国保守国家秘密法》《山西省预防职务犯罪工作条例》《山西省社会治安综合治理条例》《山西省人大常委会关于加强人民检察院对诉讼活动法律监督工作的决定》等执法检查和执法调研。

（四）市十五届人大常委会开展执法检查和执法调研 5 次

《中华人民共和国消防法》执法检查。2017 年 3 月，执法检查组深入平定嘉和众美商厦、市第一人民医院、市公安消防支队特勤中队等单位，详细了解法律贯彻推进情况，召开座谈会，听取市公安局等部门情况汇报，要求深入学习贯彻习近平总书记关于消防工作的重要讲话精神，进一步加大消防法宣传教育力度，让消防安全警钟长鸣；健全消防安全责任制，让社会化工作网络实现全覆盖；加强装备和队伍建设，让灭火和救援能力做到与时俱进；加大督查力度，让各类违反《消防法》的行为无处遁形。

《阳泉市道路交通安全管理条例》执法检查。《阳泉市道路交通安全管理条例》是阳泉市获批地方立法权后，制定出台的首部实体性法规。为推动条例全面贯彻实施，2019 年 4 月至 6 月，常委会集中组织 3 个月的执法检查。检查组列出涵盖 6 个方面 40 项内容，涉及公安交管、交通、住建、城管、财政等10多个部门的责任清单；制作共计20题的调查问卷，在阳泉日报、阳泉人大网、政府网、交警网等新闻媒体刊发，收回答卷500余份，收集反映解决停车难问题、加大停车场开发力度、对危险驾驶行为严格处罚、应对重污染天气等方面的意见建议；及时整理汇集检查发现问题，汇总调查问卷，列出问题清单54条；根据常委会组成人员审议发言结合掌握情况，列出问题整改清单54条，涵盖强化宣传教育、强化制度建设、强化规划建设等10个方面，最后连同常委会审议意见、调查问卷、问题清单一并转交市政府落实办理。市委、市政府主要领导及分管领导分别作出批示，要求制定工作计划，拿出有效措施，逐一解决问题。

配合省人大常委会开展《中华人民共和国刑事法》《山西省人大常委会关于加强人民检察院对诉讼活动法律监督工作的决定》等的执法检查和执法调研。

司法工作监督执法检查和执法调研一览表

表7-21

序号	届　别	主　题
1	市十二届人大常委会	《全国人民代表大会常务委员会关于司法鉴定管理问题的决定》《山西省司法鉴定条例》实施情况
2	市十二届人大常委会	《中华人民共和国消防法》实施情况
3	市十二届人大常委会	《中华人民共和国监狱法》实施情况
4	市十二届人大常委会	《中华人民共和国律师法》实施情况
5	市十三届人大常委会	《中华人民共和国公证法》实施情况
6	市十三届人大常委会	《中华人民共和国民事诉讼法》实施情况
7	市十三届人大常委会	《中华人民共和国国旗法》实施情况
8	市十四届人大常委会	《山西省社会治安综合治理条例》实施情况
9	市十四届人大常委会	《中华人民共和国道路交通安全管理法》实施情况
10	市十四届人大常委会	《中华人民共和国国家安全法》实施情况
11	市十五届人大常委会	《中华人民共和国消防法》实施情况
12	市十五届人大常委会	《中华人民共和国律师法》《法律援助条例》《山西省法律援助条例》实施情况
13	市十五届人大常委会	《阳泉市道路交通安全管理条例》实施情况
14	市十五届人大常委会	《中华人民共和国民事诉讼法》实施情况
15	市十五届人大常委会	《中华人民共和国出入境管理法》实施情况

三、专题调研

（一）市十一届人大常委会（2001年1月至2002年3月）组织专题调研1次

调研推行执法责任制和“两错”责任追究制工作情况。2001年9月，市人大常委会副主任张希祯带领调研组深入城区上站办事处、南山办事处、矿区桥头办事处、赛鱼办事处进行检查，听取城区、矿区人大常委会情况汇报，要求进一步提高对街道推行执法责任制工作的认识，统一思想，加强组织和领导，结合机构改革，认真研究和解决基层执法工作存在的问题和困难，增强街道办事处综合执法职能，使其职责、任务、权限协调一致，行政和管理工作真正纳入法治化、规范化管理轨道，在依法治市、推进民主与法治建设中发挥更重要的作用。

（二）市十二届人大常委会组织专题调研 2 次

调研审判和检察机关工作情况。2004 年 8 月，市人大常委会主任丁贵生带领调研组深入市中级人民法院和市人民检察院听取“两院”整体工作情况的汇报，视察“两院”新办公楼重点部位的工作环境，充分肯定“两院”本届任期内所做的工作，同时指出：加强信息化建设，促进办公和办案方式的现代化，是新时期的发展要求，是不断推进司法审判和检察工作再上新水平的必然选择。“两院”办公环境的改善，为依法治市提供了优越条件，希望以此为契机，紧紧围绕市委工作中心，认真接受人大监督，按照上级“两院”的总体部署，不断加强队伍建设和基层院建设力度，坚持表里如一，维护法律尊严，确保司法公正，使各项工作有一个良好的开端，不断迈上新的台阶。

调研劳动教养管理工作执法情况。2004 年 7 月，市人大常委会副主任王元寿带领调研组深入市司法局劳教所听取劳教所工作汇报，慰问一线劳教干警，充分肯定劳教所多年来工作取得的成绩，要求劳教所全面贯彻“教育、感化、挽救”方针，认真履行司法职能，加强人性化管理和服务，克服条件困难因素，甘于奉献，加强安置帮教，加强规范管理，全面提高教育挽救质量，更好地发挥劳教管理工作在预防和减少违法犯罪，维护社会稳定方面的重要作用。

（三）市十三届人大常委会开展重点专题调研 2 次

调研新联通公司便民服务工作情况。2008 年 12 月，市人大常委会副主任张清带领调研组深入正在筹备中的新联通公司，参观公司营业大厅、客户服务中心、数据交换中心和网络维护中心。针对中国网通阳泉分公司和中国联通阳泉分公司合并组建的新情况，要求新联通公司精心组织实施，加快组建进度，强化业务建设，创新创优服务，提升服务质量，更好满足人民群众日益增长的通信需求。

调研社会治安管理工作情况。2008 年 10 月，市人大常委会副主任段存寿带领调研组深入市县两级公安机关实地了解情况，要求公安机关始终坚持正确的政治方向，以科学发展观为统领，坚持稳定压倒一切的方针，坚持严打方针不动摇，保持对各种违法犯罪活动严打的高压态势，努力维护社会治安，保持社会稳定；继续加强公安队伍的正规化、制度化建设，努力提高适应能力、驾驭能力、化解人民内部矛盾的能力和维护社会稳定的能力，确保公安机关依法、严格、公正、文明执法，更好为全市经济发展保驾护航。

（四）市十四届人大常委会组织专题调研 5 次

调研监所检察工作情况。2013 年 1 月，市人大常委会副主任孙金明带领调研组深入荫营地区检察院、阳泉第一监狱、阳泉第二监狱调研指导工作，要求监所检察机关深入学习宣传贯彻中共十八大精神，深刻认识监所检察工作的重要性，充分发挥打击、预防、监督、保护职能作用，努力提高检察人员的监督能力和执法质量，着力营造公平正义的法治环境。要求监所要把强化监区的安全与稳定作为首要任务，注重培养干警的心理素质，强化干警心理抗压能力，不断提高队伍素质，确保监所安全稳定。

调研公安工作情况。2013 年 3 月，市人大常委会主任刘高官带领调研组深入市公安局网上督察系统、110 指挥中心及城区公安分局上站派出所调研指导工作，对公安工作给予充分肯定，要求全市公安机关深入学习贯彻习近平总书记重要讲话精神，适应形势、提高认识、找准定位、强化措施，切实增强维护社会稳定的责任感和紧迫感，不断提升人民群众的安全感和满意度，始终保持公安队伍的先进性和纯洁性，为全市经济发展保驾护航，为老百姓安居乐业贡献力量。

（五）市十五届人大常委会开展专题调研 5 次

优化法治环境大调研活动。2017 年，围绕市委开展"解放思想、完善思路、聚力推动转型发展"大调研统一部署，市人大常委会主任王旭明组织班子成员领题调研，形成《关于加快法治环境建设，支撑服务转型发展的调研报告》，充分肯定全市深入贯彻落实市委加快推进法治阳泉建设的决策部署，以法治优化政务环境、营商环境、社会环境，推动转型发展取得明显成效。指出法治宣传教育、制度法规建设、执法司法行为方面存在的主要问题。围绕贯彻好习近平新时代中国特色社会主义法治思想，实现中共十九大关于"着力构建市场机制有效、微观主体有活力、宏观调控有度的经济体制"目标，不断增强阳泉市转型发展创新力和竞争力，提出了推进科学立法、严格执法、公正司法、全民守法及强化人大监督的建议。市委确定为优秀调研报告呈省委决策参考。

调研社区矫正工作情况。2020 年 11 月，市人大常委会副主任郑清明带领调研组深入矿区社区矫正中心、平定县社区矫正教育基地和冠山司法所等地，围绕把握新发展阶段、贯彻新发展理念、构建新发展格局，以法治思维推进社区矫正工作等内容，与基层干部群众座谈研究、互动交流。通过查阅工作轨迹、听取案例介绍、征求群众建议，全面掌握社区矫正工作机构队伍框架、工作运行机制、基层基础设施、刑事执行效果等基本情况。要求把学习贯彻五中全会精神与抓好各项工作结合起来，按照"执法规范化、管理信息化、教育专业化、帮扶社会化、工作制度化"要求提高社区矫正工作水平，为推进市域治理体系和治理能力现代化蹚新路、立新功。

配合省人大常委会调研适用认罪认罚从宽制度工作开展情况。

司法工作监督专题调研一览表

表 7-22

序号	届　别	主　题
1	市十一届人大常委会	推行执法责任制和"两错"责任追究制工作情况
2	市十二届人大常委会	审判和检察机关工作情况
3	市十二届人大常委会	劳动教养管理工作执法情况
4	市十三届人大常委会	预防职务犯罪工作情况
5	市十三届人大常委会	社会治安管理工作情况
6	市十四届人大常委会	消防工作情况
7	市十四届人大常委会	监所检察工作情况
8	市十四届人大常委会	审判工作情况
9	市十四届人大常委会	公安工作情况
10	市十四届人大常委会	检察机关反贪污贿赂工作情况
11	市十五届人大常委会	法治宣传教育情况
12	市十五届人大常委会	公正司法建设情况

续表 7-22

序号	届　别	主　题
13	市十五届人大常委会	优化法治环境情况
14	市十五届人大常委会	社区矫正工作情况
15	市十五届人大常委会	道路交通安全管理工作情况

四、落实人民监督员制度

人民监督员制度是检察事业改革的一项探索性举措，其目的是为了强化查办职务犯罪工作的外部监督，促进执法公正。阳泉市检察机关从 2004 年 10 月开始试行人民监督员制度，第一届人民监督员三年任职届满后，2007 年起改革选任和管理体制，由市人大常委会选任第二届人民监督员。

2007 年 11 月 23 日，市十三届人大常委会办公厅印发《关于做好人民监督员推荐工作的通知》（阳人办发〔2007〕65 号），明确经市人大常委会主任会议 11 月 20 日研究决定，由市人大常委会负责人民监督员的选任及管理工作，在全市开展人民监督员的推荐工作，对人民监督员的推荐条件、推荐程序、人民监督员的职责、任期及名额等事项作出规定。11 月 21 日，常委会第五次会议表决通过《关于人民监督员选聘及管理办法（试行）》，明确人民监督员应当具备的条件和选任程序。会后，经社会各界广泛推荐，严格审核，确定第二届人民监督员候选人 18 人。2007 年 12 月 27 日至 28 日，常委会第六次会议对拟选聘人民监督员任命事项，进行了逐人表决，提高了人民监督员的履职责任感、荣誉感，也提高了人民监督员的法律地位，推动了人民监督员制度向着规范化、法治化的方向健康发展。

市十三届人大常委会把加强人民监督员的指导和管理工作放在重要位置，认真履行人民监督员的选任、培训、管理职责，建立了人民监督员履职档案，加强了人民监督员的考核管理工作。2008 年 5 月和 2010 年 7 月，市人大常委会两次开展对第二届人民监督员进行的业务培训，来自各县区人民监督员一同参加培训。检察机关主动向人民监督员通报工作情况、加强联系沟通、主动接受监督，为人民监督员有效开展监督提供了良好环境。2008 年，市人大法制委组织人民监督员对市检察机关办理的两件职务犯罪案进行了监督，在对犯罪嫌疑人不服逮捕决定的某案进行监督时，参与监督工作的人民监督员态度非常慎重，仔细听取了案件承办人的侦查情况汇报，认真审查了各种证据和法律依据，经过两次严肃的评议和独立表决，大家一致认为该案件证据确凿充分、适用法律正确、办案程序合法，检察机关的逮捕决定是完全正确的，有效地维护了法律的权威。第二届所有人民监督员认真履行职责，先后对贪污、贿赂、渎职等职务犯罪案依法进行了监督，有效防止了冤假错案的出现和执法中的种种偏差，保障了检察权的正确行使，增强了执法的公信度，为促进社会公平正义发挥积极作用。

阳泉市第二届检察机关人民监督员一览表

表 7-23

姓　名	民　族	性　别	出生年月	文化程度	工作单位及职务
牛贵生	男	汉	1963.10	大学	阳泉市纪检委纪检监察室主任
马玉田	男	汉	1953.6	初中	郊区旧街乡枣园村党支部书记

续表 7-23

姓　名	民　族	性　别	出生年月	文化程度	工作单位及职务
马　静	女	回	1980.10	大学	共青团阳泉市委组宣部科员
王惠君	女	汉	1968.4	大学	市国税局征收管理科副科长
白海雁	男	汉	1956.9	大专	阳煤集团纪监委专职委员
孙安龙	男	汉	1956.7	大学	市政协社会法制委员会主任
李银花	女	汉	1967.8	大学	阳泉市六中教师
杨海平	男	汉	1966.10	大学	阳泉市总工会民主管理部部长
张国强	男	汉	1968.8	大学	市人大法制委员会副主任
张瑞芳	女	回	1958.8	初中	城区上站街道德胜街社区副主任
陈　海	男	汉	1964.1	大学	市建筑设计院总设计师
罗虎云	男	汉	1971.3	大学	市博丰会计事务所审计部经理
胡文祥	男	汉	1967.7	大学	市环保局污染控制与科技科科长
赵学斌	男	汉	1966.11	大专	盂县人大法工委副主任
赵笑长	男	汉	1970.9	大专	远鑫实业有限公司副董事长
康翠荣	女	汉	1964.12	大学	市妇联维权部部长
梁素萍	女	汉	1962.1	大专	市地震局分析预报中心副主任
霍美文	男	汉	1966.2	大专	市委宣传部办公室主任

第八节　人大信访工作

人大信访工作是人大及其常委会密切联系人民群众的桥梁和纽带，也是人大及其常委会落实对“一府两院”工作监督，依法维护人民群众利益的重要渠道。1982 年 7 月设立阳泉市人大常委会，即把信访工作列入重要日常工作。1989 年 6 月，市九届人大常委会第 23 次主任会议决定在市人大常委会办公厅设立信访科。2011 年 12 月，经省市编制委员会办公室批准，市人大常委会设信访办公室，信访机构升格为常委会工作部门。历届市人大常委会坚持“一把手”负总责，分管副主任亲自抓、秘书长协助抓、委室负责人配合抓、信访部门具体抓，严格按照宪法和地方组织法的有关规定，针对新特点，适应新变化，研究新情况，摸索新路子，认真做好人大信访工作。2001 年至 2020 年，历届市人大常委会共接待人民群众来电来信来访 6332 件 8109 人次，其中办理来信 667 件 958 人次、来电 53 件，接待来访群众 5612 件 7098 人次；接待群众集体来访 197 件 1306 人次，重点督办和解决的事项达 444 件。信访事项涵盖申诉、控告、检举揭发和意见建议方方面面。特别是中共十八大以来，常委会深入学习贯彻习近平总书记关于加强和改进人民信访工作的重要思想，坚持在源头治理上想办法，在督促解决问题上下功夫，着力创新信访工作机制，把信访工作与人大监督和代表工作有机结合起来，努力构建上下联动、左右互动的人大信访工作新格局，不断提升预警能力，增强工作合力，推动信访工作不断迈上新台阶，为维护公民正当权益、帮助群众排忧解难，促进改革发展做出了突出贡献。

市十一届人大常委会（2001年1月至2002年3月） 组织召开全市人大信访工作会议，研究了新形势下加强人大信访工作的新途径。坚持认真听取和办理人民群众的每一件信访诉求，都及时进行了解释、转办、督办。对影响大、久拖不决的案件专题研究，积极协调，立案查处，有效维护群众合法权益和社会大局稳定。

市十二届人大常委会 召开了全市人大信访工作座谈会，成立了信访工作领导组，充实了信访工作机构，规范了信访工作程序，明确了信访工作责任制，通过走访、座谈等方式，加强调查研究，突出重点，强化督办，提高工作效能。2005年6月2日，主任会议审议通过《阳泉市人大常委会机关信访工作办法》，共8章33条4300字，对来信来访的受理、信访情况的综合分析、信访件的交办、信访件办理情况的反馈、信访科的督查、异常上访情况的处理、信访工作的组织与程序、信访干部队伍的建设等事项做出规定。办公厅以阳人办发〔2005〕26号文件印发市政府办公厅、市中级人民法院、市人民检察院、市公安局和市人大常委会各机构遵照执行。8月18日，办公厅印发《关于开展全市人大信访工作调研的通知》（阳人办发〔2005〕28号），组织开展全市人大信访工作的大调研。由常委会分管领导带队，深入各县区和重点单位了解信访机构设置和人员配备、经费保障、制度建设、领导重视、协调联动等方面的情况。9月2日，办公厅印发《关于成立阳泉市人大常委会信访工作领导组的通知》（阳人办发〔2005〕32号），明确由常委会成立信访工作领导组，由分管副主任任组长、秘书长任副组长。印发《关于建立阳泉市人大常委会机关信访联络员制度的通知》（阳人办发〔2005〕33号），明确各专门委员会办公室主任履职机关信访工作联络员职责。11月10日，全市人大信访工作座谈会召开，常委会主任出席会议，就充分认识搞好新形势下人大信访工作的重要性，增强做好人大信访工作的责任感，进一步加强和改进人大信访工作进行安排部署。坚持加强个案监督，督促处理重大信访案件，助力提高办案质量，杜绝和减少错案。依法督办了阳泉昌盛煤热服务公司与阳泉铝矾土矿服务公司欠款纠纷案、平定阳胜煤矿工人集体上访案、盂县南娄镇大沟村集体上访案、河南商丘建筑安装公司执行案、郭玉梅美容伤害案、高贵莲诉阳煤集团医院和市三院医疗事故案、任力群诉新景矿拒付铁矿粉贷款案、港商林湘经济纠纷案等46件重点案件。在督办港商林湘经济纠纷案过程中，常委会先后8次召开座谈会，调查核实案件历时2个多月，向法院下发了监督意见书，使案件得到公正处理。林湘给常委会赠送了锦旗，以表谢意。坚持每月在《人大工作动态》反映信访工作情况，为常委会依法监督提供参考依据。积极督办解决群众反映强烈的底商餐厨污染、通信设施电磁辐射污染及安全供水等信访案。出台《阳泉市人大办公厅向市政府、市中级人民法院、市人民检察院交办信访事项暂行办法》，应当转办交办的信访事项全部转交有关单位办理，对全国和省人大常委会交办的信访件，按规定如期办结并上报回复，督办全国人大交办信访事项45件，省人大转办信访事项22件，都及时办结并上报办理结果。在人大六次会议期间，开通了“人大热线”，接听人民群众热线电话219个，总结归纳重点建议意见137条，交付“一府两院”和相关单位办理，限期答复了反映意见和建议的群众。全国人大办公厅主办的《人大信访工作情况交流》刊发《实践“三个代表”重要思想创新人大信访工作》专稿，介绍阳泉市加强人大信访工作的做法和经验。

市十三届人大常委会 坚持把人大信访工作作为倾听群众呼声、解决信访难题、推进法治建设的重要内容，建立“来信来访认真办、上级交案盯着办、疑难信访领导办、缠访闹访依法办”的“四办”制度，建立人大信访件登记建档制度，完善上下级人大信访工作的联动机制，加强对信访工作的综合分析和信访案件的督办，有效提高信访工作质效。2008年3月20日，办公厅印发《关于建立〈对涉诉信访案件主审法官通报制度〉的通知》（阳人办发〔2008〕10号），明确常委会将根据通报反映情况向主审法官、审判长提出询问和质询，将通报情况作为对主审法官、审判长履职情况考核和职务任免的参考，先后对两起案件的4名法官进行了通报。届内督办市人大常委会确定的重大信访事项19件，全国人大常委会交办案7件，省人大常委会交办案24件，接待省人大常委会转办全国人大常委会介绍来访7人次，协助省人大常委会信访局督办重点信访案件两起。按规定如期办结并上报回复。先后编发《信访月报》48期、《重要信访情况摘要》14期和《信访情况分析》13期。2008年11月6日，全省人大信访工作座谈会议在阳泉召开，市人大常委会作为唯一交流经验的市级单位，分管副主任作了《解放思想、以民为本，在创新中提升人大信访工作》的交流发言。2010年3月18日，办公厅印发《阳泉市人大常委会机关信访工作办法》的通知（阳人办发〔2010〕32号），对处理人民群众来信来访的重要意义、总体要求，信访件受理、转办、督办，信访情况分析、机关信访工作联席会议职责、异常上访情况的处理等事项作出规定。印发《阳泉市人大常委会机关信访督查督办工作规则》（阳人办发〔2010〕33号），对省人大常委会发函交办件、市人大常委会领导批示件、机关信访工作领导组会议研究的信访案件、省人大代表和市人大代表提出的信访事项、信访科接待和受理等信访交办件的督查督办程序、方式及严格请示报告制度等事项作出规定。印发《阳泉市人大常委会办公厅办理人民来信工作规则》（阳人办发〔2010〕34号），明确办公厅办理信访案件的基本原则、报告制度、程序安排、时间限定和保密要求。印发《阳泉市人大常委会办公厅接待人民来访工作规则》（阳人办发〔2010〕35号），对信访工作人员热情、文明、礼貌接待群众来访，认真、耐心听取来访人提出的问题、意见和要求作出规定。对办理重要来访、集体来访、异常上访等程序和方法作出规定。印发《阳泉市人大常委会办公厅信访信息报送制度》（阳人办发〔2010〕36号），明确机关信访机构畅通同市联席会议办公室、市信访局、各级人大信访部门和事件相关单位的联系渠道，及时掌握、报送重要信访信息，对信访信息报送的原则、内容、时限、程序等作出规定。

市十四届人大常委会　坚持信访工作与代表履职相结合、与监督工作相结合、与维护社会稳定相结合，以积案化解为突破，以领导接访下访为保障，加强信访信息的搜集研判工作，及时发现异常敏感信访信息，支持和监督属地单位和相关部门主动作为，为民服务，切实将群体性矛盾化解于萌芽状态。常委会主任深入城区下站街道走访干部群众，对群众反映的“新市街拆迁遗留问题需加快解决步伐”“下站片区旧城改造需要关注支持”“东营盘二巷路况及照明设施亟待解决”等8件意见建议作出批示，要求相关部门坚持“群众利益无小事”，高度重视城市拆迁过程中的遗留问题，从城市建设和提高人民生活质量的结合上统筹考虑，拿出解决方案。常委会信访机构以此作为重点督办事项，加大了督办力度，市住建局、国资委、文化广电新闻出版局、市政工程管理局等责任单位积极联系上访群众，拿出妥善处理意见并付诸实施，在规定时间内反馈了办理结果。建立多形式、多方位信息沟通渠道，加强与“一府两院”信访部门的联系和沟通，重点督办了31件关系人民群众切身利益和社会普遍关注的重大信访事项，协助省人大信访局督办5件重点信访案，做到“案结事了”。2012年10月，全省人大信访工作座谈会议在晋城召开，市人大常委会分管副主任作了题为“四措并举 确保实效 扎实做好人大信访工作”的交流发言。2016年12月，《人民代表报》刊发市人大常委会副主任署名文章《消减增量、消化存量，扎实做好新常态下信访工作》。

市十五届人大常委会　深入学习贯彻习近平总书记关于加强和改进人民信访工作的重要思想，秉承“把来访群众当家人，把群众来信当家书，把群众诉求当家事”的工作理念，坚持以人民为中心答好新时代信访工作考卷。常委会主任要求把“四个到位”贯穿人大信访工作始终，即思想认识到位、责任落实到位、教育疏导到位、依法处理到位。重点督办了22件关系人民群众切身利益和社会普遍关注的重大信访案件。面对信访工作新形势新任务的新要求，常委会坚持用法治思维和法治方式办理来信来访，修订完善《阳泉市人大常委会信访工作办法》《阳泉市人大常委会信访督查督办工作规则》《阳泉市人大常委会接待人民来访工作规则》《阳泉市人大常委会办理人民来信工作规则》和《阳泉市人大常委会信访信息报送制度》等规章制度，不断提升人大信访工作规范化、法治化水平。坚持发挥代表参与化解信访突出问题的积极作用，2019年1月16日，办公厅印发《关于〈涉法涉诉信访事项集中对口转交办法〉〈全国人大代表、省人大代表反映或转递的群众信访事项办理办法〉的通知》（阳人办发〔2019〕9号），印发两个办法全文。建立代表参与人大信访多元调处机制专家库制度，遴选出50名政治过硬、业务精通、素质较好的人大代表参与全市信访多元调处工作，着力增强信访矛盾多元化解合力。按照省人大常委会安排，对全市中小企业信访突出问题开展了一系列的深度调研活动，努力提交有情况、有分析、有建议的高质量调研报告，为省人大常委会化解中小企业信访突出问题提供了阳泉良方。2017年12月，全省人大信访工作座谈会议在太原召开，市人大常委会分管副主任在大会作了经验交流。2019年10月，全省人大信访工作座谈会议在太原召开，常委会分管副主任作了题为《苦干实干，忠诚担当，全力推动全市人大信访工作再上新台阶》的交流发言。2019年11月28日，《人民代表报》刊发市人大常委会主任署名文章《实施五大举措 努力做好新时代人大信访工作》。

2011年至2013年，连续3年获得市信访工作联席会议领导组颁发的“全市信访工作先进集体”荣誉称号。2013年至2017年，获得全省人大系统“信访接待标兵单位”的荣誉称号。2018年被市信访工作联席会议领导组授予“全市信访工作先进集体”。

2011—2020年市人大常委会接待人民群众来电来信来访一览表

表7-24

年 份	来 电	来 信	一般来访	集体来访	督办信访
2001	—	—	596件次	26件80人次	30件
2002	—	152件	201件282人次	—	43件
2003	—	—	370件次	—	—
2004	—	—	630件次	—	26件
2005	—	127件	319件548人次	30件	77件
2006	—	118件	319件次	13件62人次	113件
2007	—	51件	409件607人次	2件20人次	10件
2008	—	24件	362件486人次	8件81人次	—
2009	—	32件	296件367人次	4件31人次	15件
2010	—	36件	200件273人次	4件28人次	25件
2011	—	5件	211件282人次	14件126人次	11件
2012	—	7件	219件361人次	18件119人次	5件

续表 7-24

年 份	来 电	来 信	一般来访	集体来访	督办信访
2013	—	45 件	256 件 370 人次	17 件 98 人次	15 件
2014	—	28 件	311 件 363 人次	12 件 51 人次	11 件
2015	—	16 件 275 人次	253 件 337 人次	23 件 351 人次	6 件
2016	2 件	9 件 9 人次	176 件 278 人次	12 件 135 人次	3 件
2017	1 件	4 件 9 人次	103 件 129 人次	2 件 14 人次	3 件
2018	12 件	4 件 30 人次	178 件 236 人次	6 件 42 人次	22 件
2019	21 件	—	165 件 196 人次	3 件 11 人次	9 件
2020	17 件	9 件 10 人次	38 件 68 人次	3 件 27 人次	19 件

第九节　监督工作创新发展

一、学习宣传贯彻宪法

2018 年 3 月 11 日，十三届全国人大一次会议通过并公布施行《中华人民共和国宪法修正案》。按照中央和省委、市委关于深入学习宣传和贯彻实施宪法的安排部署，市十五届人大常委会在向市委提交的年度工作要点、向市十五届人大三次会议提交的工作报告，均把深入开展宪法宣传教育，强化宪法和法律实施情况监督检查，作为 2018 年监督工作的一项重要任务，摆放在要点和报告的突出位置。5 月 31 日，召开视察市政府深入学习宣传和贯彻实施宪法工作部署会，印发视察实施方案，明确成立由市人大常委会主任任组长，各副主任任副组长的视察工作领导组，常委会主任出席会议并讲话，市委常委、常务副市长代表市政府作表态发言。9 月 13 日，市十五届人大常委会办公厅印发《关于全市深入学习宣传和贯彻实施宪法工作情况进行视察的通知》（阳人办发〔2018〕89 号），明确视察时间、视察内容、视察组织、视察方式及具体要求等事项。会后，主任会议成员带队，分 6 个小组，深入 43 个部门进行视察，对市政府各部门学习宣传和贯彻实施宪法工作的主要做法和成效、存在问题、对策建议进行讨论研究。11 月 15 日，召开学习宣传和贯彻宪法实施情况汇报座谈会，听取市政府工作部门情况汇报。12 月 26 日至 27 日，常委会第十八次会议听取和审议《关于深入学习宣传和贯彻实施宪法工作情况的报告》，会议指出，要始终坚持党全面领导，进一步提高认识，创新形式，推动宪法宣传教育常态化，在宪法统领下全面推进依法治市和法治阳泉建设，推动全市各项事业在法治轨道上有序运行。

二、执法责任制和“两错”责任追究制

阳泉市推行“两制”工作从 1998 年开始，市十一届人大常委会提出了“规范执法、强化监督，双向延伸、立体推进”的工作思路，加大对全市推行执法责任制工作的监督、指导力度，在 2001 年 2 月举行的第二十七次会议上，听取和审议市人大政法委员会《关于推行执法责任制和“两错”

责任追究制工作情况的报告》。主任会议成员多次深入市级国家机关、城矿两区街道办事处进行经常性的督促检查。市人大各专门委员会、市人大常委会各工作委员会加强与对口单位的联系，通过各种形式检查执法责任制的进展情况，形成《精心组织、严格监督、全力推动“两错”责任追究制的落实》经验材料，在全省引深推行执法责任制和错案责任追究制工作会上进行了交流。

市十二届人大常委会引深执法责任制和“两错”责任追究制。2002 年 8 月，常委会两位副主任带队赴长治市和沁县就“两制”工作进行考察学习。9 月 27 日，主任会议听取考察学习情况的汇报，提出“加强执法监督，把引深执法责任制和‘两错’责任追究制作为一项重要工作，与实施赶超发展战略相匹配，与全面建设小康社会同步伐，推动阳泉市执法、司法水平和依法治市水平提升到一个新的境界”的总体要求；审定了法制委员会起草的《关于进一步引深执法责任制和“两错”责任追究制的实施意见》，提交市委以阳办发〔2003〕34 号文件印发全市贯彻执行。主任会议建议市委调整充实“两制”工作领导组，市人大各专门委员会主任均担任领导组成员，领导组办公室设在市人大法制委员会。2003 年 5 月 21 日，领导组召开第一次会议，对贯彻市委实施意见、引深“两制”工作进行安排部署。市直行政、司法部门进一步明确推进“两制”工作的主体职责，普遍完善以行政首长为组长的“两制”工作领导组，设立专门办公室，由分管领导具体负责，组织制定落实方案和配套制度，对本系统、本部门“两制”贯彻情况进行指导、协调和监督，定期检查通报，年终考核评比，做到领导重视、组织健全、人员落实、经费保障，使执法责任更加明确，执法程序更为规范，促进“两制”工作顺利开展。2003 年，市公安局追究了 7 名干警的过错责任，市中院 1 名干警受到了错案责任追究，市检察院以“王俊平案”为教训，加强了对干警的管理和教育，加大了对案件的评查和监督力度，有效地避免了错案的发生。领导组办公室在常委会分管副主任带领下，深入市直司法和行政执法部门检查，认为所办案件基本上做到了事实清楚、证据确凿、程序合法、适用法律准确。

三、述职评议及被任命干部任后监督

市十二届人大常委会将述职评议工作纳入了重要的议事日程，在 2002 年 11 月举行的常委会第四次会议表决通过《阳泉市人大常委会 2002 年述职评议工作方案》，12 月召开动员会议，对常委会任命的政府组成部门负责人和“两院”副职进行了普遍述职测评。2003 年 2 月 26 日举行的常委会第六次会议表决通过《阳泉市人大常委会述职评议办法》，10 月 28 日至 29 日举行的常委会第十一次会议表决通过《阳泉市人大常委会关于述职评议的实施方案》，决定对常委会任命的市人民政府秘书长和 22 个组成部门的主要负责人，市中级人民法院，市人民检察院副职进行普遍述职评议。述职人在回顾总结工作，写出述职报告后，在本单位干部职工大会上述职并对其进行民主测评，市人大常委会根据述职评议情况和测评结果提出重点述职对象初选人选，然后向社会各界发表《述职评议对象征询表》，提出重点述职评议的初步对象，提请常委会组成人员表决，表决结果，市人事局局长和市交通局局长获多数票，经请示市委同意，定为重点述职评议对象。为充分了解评议对象履职情况，常委会 2 位副主任带队，抽调 24 名常委会委员和部分市人大代表组成调研考评组，分赴市交通局、市人事局，开展了为期 1 个月的深入调查研究。各调查组采取与被评议单位和个人见面、召开动员大会、民主测评等听谈访察形式，掌握了翔实的第一手材料，为客观公正的评议提供可靠依据。在 2004 年 3 月 23 日至 24 日举行的常委会第十四次会议上，市交通局局长李书田、市人事局局长曾庆忠先后作了述职报告，调研考评组报告调研情况，9 名常委会委员和 7 名市人大代表进行评议发言，两名常委会副主任作了重点评议发言。经过一天的评议，组成人员以无记名投票方式，对被评议对象进行了民主测评，当场公布测评结果。李书田得满意票 31 张，基本满意票 5 张；曾庆忠得满意票 28 张，基本满意票 6 张，不满意票 2 张。整个评议过程，新闻媒体都进行了较为翔实的跟踪报道，体现了述职评议的公开透明。

2006 年 12 月 29 日，市十二届人大常委会第三十三次会议决定自即日起废止《述职评议办法》。

中共十八大后，以习近平同志为核心的党中央以彻底的自我革命精神，坚定不移推进全面从严治党，持之以恒正风肃纪反腐，把制约监督权力作为永葆党的肌体健康的重要保障，以党内监督带动促进其他监督，健全党和国家监督体系。根据党中央和省委、市委安排部署，市人大常委会探索建立人大任命国家机关工作人员任后监督机制。2015 年 12 月 29 日至 30 日，市十四届人大常委会第三十四次会议表决通过《关于对任命人员实行年度工作报告的制度》，确定“凡由市人大常委会任命和决定任命的市人民政府秘书长及各工作部门的局长、主任，市中级人民法院副院长，市人民检察院副检察长，每年年初向市人大常委会书面报送上一年度履职报告”。30 日，办公厅以阳人办发〔2015〕96 号文件，印发意见全文，对地方国家工作人员的任后监督纳入常态化轨道。按照《制度》要求，市十四届人大常委会期间，32 位市政府工作部门的正职领导、4 位市中级人民法院副院长和 4 位市人民检察院副检察长，每年都向常委会书面报告年度工作情况。2016 年 12 月，市十三届人大常委会第四十三次会议通过《阳泉市人大常委会关于对任命的地方国家工作人员加强监督的意见》，规定“市人大常委会主任会议每年确定 3 至 5 名国家工作人员，向市人大常委会会议作口头履职报告，接受评议”。2017 年 1 月 9 日，常委会办公厅以阳人办发〔2017〕4 号文件，印发《意见》全文，为恢复开展述职评议工作提供了制度支撑。

市十五届人大常委会提出“实现届期内所有常委会任命人员述职评议全覆盖”的目标。2019 年 8 月 27 日至 28 日举行的常委会第二十五次会议表决通过《市人大常委会关于对任命人员开展述职评议工作的实施方案》，对述职评议工作的指导思想、对象范围、主要内容、实施步骤、组织领导，及评议指出问题的整改等作出 22 项安排。8 月 28 日，办公室印发《市人大常委会关于对任命人员开展述职评议工作的实施方案》的通知（阳人办发〔2019〕98 号），印发方案全文。9 月 10 日，常委会召开任命人员述职评议工作动员部署会议。在 10 月 24 日举行的常委会第 26 次会议上，市发改委等 10 个政府部门主要负责同志和市中级人民法院常务副院长、人民检察院常务副检察长作述职报告，出席会议的组成人员及人大代表对被评议人员进行了无记名测评。测评结果为满意。无论是被评议人员，还是参加评议的人大代表和组成人员，都深深感受到，这次述职评议真正评出了精气神、评出了新动力、评出了正能量，有效促进国家机关负责同志树牢公仆意识、法律意识和服务意识，增强了依法履职、依法办事的自觉性，让人民赋予的权力在监督下阳光运行。

四、部门工作评议

对本行政区域内行政执法部门进行工作评议，是《中华人民共和国各级人民代表大会常务委员会监督法》赋予地方人大及其常委会的一项重要职责。历届市人大常委会坚持把开展对执法部门的工作评议，作为依法履行职责，增强监督实效的重要举措，不断加强和改进对行政执法部门的工作评议，有效促进宪法、法律和行政法规在本行政区域内正确贯彻实施。

市十三届人大常委会探索开展对市垂直管理部门的工作评议，2009 年至 2010 年，先后开展对市工商行政管理局、市质量技术监督局的工作评议。评议工作主要分四个阶段进行：动员阶段，常委会副主任带队，深入相关部门召开动员会议，监督开展自上而下的自查活动。调研阶段，常委会副主任带队组成工作评议调研组，听取了部门总体工作情况汇报，深入局机关及其下属单位和重点企业充分了解情况，广泛征求经营主体和干部群众的意见。评议阶段，常委会召开人大代表评议会议，被评议部门负责人报告总体工作情况，评议调研组报告调研掌握的情况，与会常委会委员和人大代表作评议发言，以填写评议卡的方式，对部门工作进行满意度测评。对市工商行政管理局、市质量技术监督局工作的测评结果均为满意。会议结束前，市政府及被评议部门负责人都要根据会议精神作表态发言，常委会主任和分管副主任就进一步强化认识、扎实整改、确保评议工作取得实效提出了具体要求。推动落实阶段，常委会向被评议单位及其市主管部门、市政府提出评议意见，加强对评议意见落实的跟踪督查，促进被评议单位依法执法、严格执法、文明执法。测评结果和评议意见反馈省级主管部门。

市十四届人大常委会深化对市垂直管理部门的工作评议，2013 年至 2014 年，先后开展对市国土资源局、市地方税务局的工作评议。常委会分管副主任带领部分常委会委员和人大代表，深入被评议部门全面动员，监督开展自查自评，采取实地考察、听取汇报、座谈交流相结合的方式，全面了解被测评部门整体工作情况。参与测评的人大代表扩大到驻阳泉市的省人大代表，特别邀请与被测评部门有业务联系的企业界人大代表和基层人大代表。为确保常委会提出的评议意见落到实处，适时听取被测评部门整改工作情况报告，并对整改结果再次进行满意度测评，有效促进被测评部门依法行政，改进作风；有效增强监督实效，树立了人大工作良好形象。测评结果和评议意见反馈省级主管部门。

五、专题询问

专题询问是人大常委会组成人员在人大常委会会议上审议工作报告或议案时，向有关国家机关询问、了解有关情况的一种方式，是人大对“一府两院”实施监督的法定形式。中共十八大以来，历届市人大常委会坚持运用专题询问监督方式，聚焦社会热点，回应群众关切，有力推动“一府两院”依法行政、公正司法，改进工作。这种“面对面”“题对题”的监督方式，彰显了人大监督刚性，增强了人大监督实效。

市十四届人大常委会首次运用专题询问监督方式。2013 年 4 月 2 日，常委会第八次会议表决通过《阳泉市人民代表大会常务委员会专题询问暂行办法》（以下简称《暂行办法》），明确专题询问的总体要求、议题提出和确定、前期视察调研、询问和应询主体、结果处理等事项。明确对询问问题回答不认真，或对所分管工作情况不明、解释不清，多数市人大常委会组成人员不满意的，主任会议可以决定受询问单位或相关部门再作回答，也可以依法提出质询和组织特定问题调查，并决定是否对其专项工作报告进行电子表决。专题询问结束后，形成审议意见，按有关规定和程序交“一府两院”办理，“一府两院”应将办理情况在规定时间内书面报告市人大常委会。4 月 17 日，办公厅印发《暂行办法》全文。4 月 23 日至 27 日，组成以分管财经工作的副主任为组长、秘书长为副组长、部分常委会委员和人大代表为成员的调研组，分赴太原、大同、晋中、临汾、运城等地，考察学习人大专题询问工作情况。10 月 29 日举行的常委会第十四次会议，对市政府“项目推进年”工作实施情况进行专题询问。这是市人大常委会举行的第一次专题询问。为确保专题询问质量，专题询问调研组深入 12 家项目建设单位、21 家金融财税部门、20 家政府相关部门，了解掌握实际情况。在召开的专题询问工作会议上，常委会委员针对项目推进涉及的科技创新、循环经济、民生改善、环境保护、招商引资、行政审批和资金保障等 14 个问题提出询问；市重点工程建设领导组办公室、发展改革委员会、经济和信息化委员会、人民银行阳泉中心支行等 12 个部门及经济技术开发区管委会的负责人认真回答了询问，并就组成人员提出的意见建议，作出了整改承诺，市政府常务副市长作了表态发言。这次专题询问，受到各方关注，《人民代表报》头版刊发了纪实报道。2014 年 9 月 3 日，举行城乡环境卫生综合整治情况专题询问会议，听取和审议市政府关于城乡环境卫生综合整治工作情况的报告，观看全市城乡环境卫生综合整治情况电视专题片和记者暗访电视资料片，结合事前视察调研了解掌握的情况，与会常委会委员和人大代表，围绕人代会关于加强城乡环境卫生综合整治议案的落实情况、全市城乡环境卫生整治情况及建筑垃圾乱堆乱倒、交通堵塞、停车难、污水处理能力不足、城乡接合部及城中村脏乱差、农村垃圾无处处理、马路市场占道经营、大气环境质量下滑、宠物粪便污染、城市基础设施建设滞后、餐厨垃圾填埋场缺失、给环卫工人提供免费早餐、违章建筑乱搭乱建、建筑施工污染、“拉链路”、广告招牌管理混乱、小街小巷卫生死角、“牛皮癣”屡禁不止、住宅底商饭店油烟噪声污染和长效机制建立等方面的问题进行问询，市住建局、爱卫办、规划局、环保局、公安局等 22 个相关部门负责人逐项认真回答。市政府常务副市长作表态发言。会议之后，市政府按照专题询问会议形成的审议意见，及时开展城乡环境卫生集中整治。常委会听取市政府落实审议意见的情况，就整改落实情况进行了满意度测评。2015 年 11 月 27 日，常委会召开城区老工业区搬迁改造专题询问会，围绕办好《关于搬迁改造城区老工业区的议案》，运用专题询问方式，监督和支持市政府落实规划方案，加快项目实施，严格规范建设，积极争取国家支持，努力实现企业再生、产业重构、功能再造、环境重塑、民生改善的目标。

市十五届人大常委会坚持把开展专题询问作为新时代加强人大监督工作、增强人大监督实效的重要形式。2018 年初，常委会将阳大铁路建设进展情况列入专题询问监督议题。围绕搞好专题询问，常委会专项调研组，对阳大铁路总体进展和各标段进展情况进行调研。在 2 月 7 日举行的常委会第十次会议上，有 12 名常委会委员分别就阳大铁路的筹集资金方式和到位资金、综合交通枢纽工程设计和建设、财政负担还款压力、国市政策和资金支持、清障拆迁、征地手续、环境评估、车辆型号和采购、建成通车时间、入网运行路段、运营管理方式和效益估算、配套公路交通建设、阳涉铁路电气化改造及可持续发展等问题提出询问。市政府及发改、交通、财政、规划、国土、阳大铁路公司等 11 个部门和单位负责人详细答复。分管副市长到会听取意见并作表态发言。6 月 6 日，常委会组织对专题询问审议意见落实情况进行督查督办。6 月 26 日，常委会第十三次会议上对市政府整改落实情况进行了满意度测评。

2019 年 6 月 18 日，市十五届人大常委会举行第二十四次会议，听取和审议市政府《关于 2018 年度生态环境状况和生态环境保护目标完成情况的报告》，对 2018 年度全市生态环境状况和生态环境保护目标完成情况开展专题询问。专题询问采取举手提问方式，16 名常委会委员分别就扬尘污染、矸山治理、黑臭水体整治等制约阳泉市生态环境改善的问题和“煤改电”“煤改气”“限行”等群众关注度高的民生问题提出询问。市政府及生态环境、发改、工信等 15 个部门和单位负责人详细答复。分管副市长到会听取意见并作表态发言。10 月 23 日至 24 日，常委会第二十六次会议听取和审议市政府《关于 2018 年生态环境状况和生态环境保护目标完成情况暨专题询问审议意见整改落实情况的报告》，对市人民政府关于 2018 年生态环境状况和生态环境保护目标完成情况暨专题询问审议意见整改落实情况进行满意度测评。初步实现对专题询问审议意见落实情况满意度测评的规范化、常态化。

六、个案监督和监督司法工作制度

个案监督是指各级人民代表大会常务委员会对本级行政执法机关、司法机关处理并已生效但属违法又不依法纠正的案件进行的监督。市十一届人大常委会在 2000 年 10 月举行的第二十五次会议作出《阳泉市人大常委会个案监督办法（试行）》，明确了实施个案监督的目的意义、基本原则、案件来源、处理方式、责任追究等事项。市十二届人大常委会在2005年6月举行的第二十二次会议作出《阳泉市人大常委会对司法工作实施监督的试行办法》，对监督市中级人民法院、市人民检察院和市人民政府的公安、司法行政机关个案，作出了具体化的规定。市十二届人大常委会把个案监督作为加大对执法部门监督力度的重要措施，依据两个办法规定，坚持从人民群众提出的举报、申诉或控告中摸排线索，坚持在行使职权过程中发现案源，通过选择“影响面较大、反映强烈且又涉嫌违法”的典型案件，依法开展对行政、司法机关执法活动的个案监督，督促办案机关依法纠正执法工作中的失误和偏差，有效促进行政、司法机关严肃执法、公正司法，依法维护广大公民和法人单位的合法权益。

2005年6月10日，市十二届人大常委会第二十二次会议审议通过《阳泉市人大常委会对司法工作实施监督的试行办法》。试行办法第七条第5款规定，市人大常委会受理公民、法人和其他组织的检举、控告和申诉，进行个案监督；第十四条规定“市人大常委会接受公民、法人和其他组织不服司法机关作出的已经发生法律效力的判决、裁定、裁决、决定的申诉及对司法机关工作人员违法犯罪的控告，依法进行个案监督”。并对个案监督的范围、方式和法律保护、错案追究等，作出了具体规定。

2006年12月29日，市十二届人大常委会第三十三次会议决定自即日起废止《个案监督办法（试行）》《对司法工作实施监督的试行办法》。

中共十八大后，中共中央高度重视对司法活动的监督。中共十八届三中全会明确提出，要加强和规范对司法活动的法律监督和社会监督。市十四届人大常委会探索建立和完善监督司法工作制度。2016年12月，市十四届人大常委会第四十三次会议通过《阳泉市人民代表大会常务委员会监督司法工作制度》，对市人大常委会受理公民、法人和其他组织对司法机关及其工作人员的控告、申诉作出规定。2017年1月4日，常委会办公厅印发《制度》（阳人办发〔2017〕2号）全文。

七、贯彻实施监督法

《中华人民共和国各级人民代表大会常务委员会监督法》及《山西省实施〈中华人民共和国各级人民代表大会常务委员会监督法〉办法》，是全市地方人大常委会开展监督工作的主体法律。监督法及省实施办法颁布实施以来，历届市人大常委会高度重视，精心安排部署，采取有力措施，狠抓学习宣传和贯彻实施工作。

（一）市十二届人大常委会　2006年10月8日，常委会办公厅印发《关于全市人大系统开展学习监督法活动实施意见的通知》（阳人办发〔2006〕37号），对学习活动的目的意义、实施步骤、方式方法、组织领导作出规定。12月18日召开主任会议，传达全省人大学习贯彻监督法培训班精神，研究举办市人大学习贯彻监督法培训班事宜，讨论阳泉市人大常委会机关学习贯彻监督法若干意见。12月19日，办公厅印发《关于举办阳泉市人大学习贯彻监督法培训班的通知》（阳人办发〔2006〕51号）文件，明确培训班主题为听取学习监督法辅导报告，把握监督法的精神实质和主要内容，常委会全体组成人员，机关全体干部，“一府两院”各一名副职，市政府秘书长、局长、主任，市政府法制办主任参加了培训会议。12月27日，阳泉市学习贯彻监督法培训班在市人大机关举行，会议印发市委书记书面讲话，要求从全局的高度进一步提高对制定和实施监督法重要意义的认识，准确把握监督法的主要原则和精神实质，扎实做好各方面工作，确保监督法得到全面正确实施，共同开创全市人大监督工作的新局面。2007年1月22日，办公厅印发《阳泉市人大机关贯彻实施监督法若干意见》（阳人办发〔2007〕4号），作出认真学习，准确把握监督法的精神实质和主要内容，规范常委会听取和审议“一府两院”专项工作报告程序，做好审查决算、监督计划和预算执行情况的服务工作，监督工作情况的通报和公布，规范性文件的备案审查，加强机关内部、外部的沟通与协调方面的32项具体安排，要求市政府及组成部门、市中级人民法院、市人民检察院、市人大各委室结合实际，认真贯彻执行。随文件印发《听取和审议专项工作报告工作流程图》《审查决算及监督计划和预算执行情况工作流程图》《执法检查工作流程图》《代表议案、建议督办工作流程图》，确保人大监督工作在法律框架内有序推进。办公厅编印《阳泉市人大监督法培训材料汇编》，向全市各级人大代表和人大工作者发放，力求做到一手一册，将监督学习宣传和贯彻落实工作推向高潮。

（二）市十三届人大常委会　2009年11月召开全市人大工作座谈会，回顾总结全市各级人大常委会贯彻《监督法》、开展监督工作的历程，总结人大监督工作的做法和经验，安排部署下一步全市人大监督工作。2010年9月14日，组织参加全省贯彻实施《山西省实施〈监督法〉办法》电视电话会议。9月21日，常委会召开第66次主任会议，研究关于落实电视电话会议精神有关事项。10月19日，全市人大工作会议召开，对贯彻实施办法作出安排部署，要求提高认识，切实增强贯彻的自觉性；服务大局，切实增强贯彻的针对性；积极探索，切实增强贯彻的实效性。10月22日，常委会第三十次会议审议通过《关于市人大常委会会议审议意见的形成和处理办法》，进一步规范了常委会会议审议意见的形成和处理程序。11月18日，全市贯彻实施监督法办法工作会议在人大常委会机关召开，市委书记出席并讲话，市政府、市中级人民法院、市人民检察院负责人分别作表态发言。会议要求，各级人大常委会要围绕中心、服务大局，不断加强和改进监督工作；各级政府和法院、检察院要忠实履行宪法和法律赋予的职责，自觉接受人大监督，努力提高依法行政、公正司法水平；各级党委要高度重视新形势下人大监督工作，尊重和支持人大及其常委会依法履行监督职能。

（三）市十四届人大常委会　坚持以习近平总书记重要讲话精神为指针，根据监督法及山西省实施办法，总结提炼多年来人大监督工作积累的经验做法，在2015年10月26日召开第三十一次会议，表决通过《关于加强和改进人大监督工作的意见》，就扩大监督领域、深化监督层面、完善监督程序、压实监督责任，作出了12项具体规定。在2016年12月29日召开第四十三次会议，表决通过《监督司法工作制度》《对任命的市“一府两院”国家工作人员加强监督的意见》，完善权力运行程序，健全权力监管流程，规范权力运行机制。常委会主任在讲话中指出，在制度设计中，把对事的监督与对人的监督结合起来，把对事的问责与对人的问责结合起来，进一步促进“一府两院”依法行政和公正司法、惩治和预防腐败、加快法治阳泉建设进程，无论是立足当前还是放眼长远，都具有重要意义和积极作用。

（四）市十五届人大常委会　深入学习贯彻习近平总书记关于坚持和完善人民代表大会制度的重要思想，坚持把法律法规实施情况的检查作为依法履行监督权最为有效的监督形式之一，从制度和实践层面进行探索和实践，制定出台《阳泉市人民代表大会常务委员会执法检查办法》，对执法检查工作的指导思想、总体要求、选题与计划、前期准备、组织实施、报告与审议、审议意见的处理与落实、宣传与公开等事项作出39条规定。常委会主任在讲话中要求，执法检查工作要紧扣法律查找和分析问题，坚持用事实说话，通过准确、翔实的案例和数据说明法律实施和开展工作的实际情况，敢于较真碰硬，该曝光的曝光，该点名的点名，不搞遮遮掩掩、语焉不详，更不能碍于情面“放水、粉饰、打埋伏”，发挥好执法检查的“法律巡视”监督利剑作用，助推法律法规贯彻实施不落空、不走样、不变形，真正形成监督的压力，让压力转化为有关方面改进工作的动力，确保党中央重大决策部署和省市委要求贯彻落实、法律法规得到全面有效实施，推动解决人民群众关注的突出问题。在开展的《阳泉市道路交通安全管理条例》《阳泉市城市绿化条例》执法检查中，开列了责任、问题、整改清单，“三清单一报告制度”被外地人大广泛借鉴。

八、提高常委会会议质量

地方人大召开常委会听取和审议“一府两院”的工作报告，是地方人大依法行使职权的基本形式和重要途径，会议质量的高低是衡量地方人大常委会工作水平的一个重要标志。历届人大常委会围绕提高常委会会议质量，完善配套制度，细化操作程序，狠抓工作落实，取得了实实在在效果。

（一）会议议题选定。历届市人大常委会坚持围绕大事择议题，紧紧抓住宪法和法律法规贯彻执行中存在的一些问题、当前社会和经济发展中存在的突出问题以及人民群众普遍关心的热点、难点问题，认真选题，使人大监督与党委、政府的中心工作同步合拍，与上级人大常委会开展的审议议题衔接一致。为克服安排会议议题的随意性，历届人大常委会各专（工）委密切同“一府两院”、人大代表和人民群众的联系，广泛征求意见，研究筛选议题，制定监督工作计划，按程序提请主任会议、常委会会议研究，报市委常委会批准，在年初就编排制定出新一年的审议计划，做到一年早知道，便于组成人员及“一府两院”及早准备。

（二）会前集中视察。每次会议召开前，有关专（工）委都要根据会议议题，组织开展相关视察活动。历届市人大常委会围绕避免会前视察过程中视而不察、走马观花、浮光掠影等形式主义问题，坚持完善视察程序，精细务实操作，努力提升会前视察质量，增强会前视察实效。市十二届人大常委会提出，到困难大矛盾多的地方，把问题的症结找出来，把破解的思路理清楚，为提高会议质量创造条件。市十五届人大常委会高度重视视察成果转化运用，把每次会前视察作为新的工作起点，继续深入基层摸实情、反映民意讲实话、突出重点出实招，向市委呈报有情况、有分析、有建议的调研报告，关于乡村产业振兴、脱贫攻坚、旅游业发展、河长制推进、改善城市道路交通环境、提升招商引资效能等调研报告，由市委主要领导批转市政府有关部门研究办理，推进工作。

（三）搞好会议审议。会议审议采取分组审议或联组审议的方式进行。分组审议时，小组召集人是本组审议第一责任人，引导与会人员围绕议题充分发表意见；与议题相关的专门委员会组成人员和参与调研活动的委员作重点发言；常委会办公厅（室）会同有关专（工）委，督促涉及审议议题的有关部门、单位委派相关负责同志到会听取意见、回答询问。为方便整理归纳组成人员意见，准确反映组成人员的意愿，市十三届人大常委会要求组成人员会前填写审议意见卡，努力提高审议发言质量。

（四）表决通过制度。市十二届人大常委会利用电子表决系统，对“一府两院”提请常委会审议的工作报告，实行了组成人员表决通过制。组成人员在审议各项工作报告时，不仅要发表自己的意见，还要对审议的工作报告进行满意度无记名表决。凡常委会组成人员半数以上不满意的工作报告，由有关机关作出说明和修正，在下次常委会会议上重新报告。该项制度的创新，产生了积极的监督效应。市十四届人大常委会完成有线电子表决系统建设工作，为组成人员提供了更为宽松的表决环境。市十二届、十三届人大会常委会议在对市政府专项工作报告的表决中，各有一次由于不满意率超过了半数，对该专项工作报告进行再次审议、再次票决。

（五）跟踪督办问效。每次常委会议之后，都要启动对审议意见贯彻情况的跟踪督办，采取实地考察、走访座谈、问卷调查、明察暗访、随机抽查等方式，逐条对照常委会审议意见，督促责任单位限期整改，一时难以解决的，督促拿出方案、建立台账、明确时限、抓紧解决。市十三届人大常委会在2010年10月22日举行的第三十次会议上审议通过《关于市人大常委会会议审议意见的形成和处理办法》，对审议意见的形成、督办、公开等事项作出11条具体规定，增强审议过程和督办工作的严肃性和权威性。

（六）推进监督公开。坚持邀请人民群众走进人民代表大会和常委会会议现场，近距离感受权力机关审议决定阳泉发展大事的过程，拓宽人民群众参与管理国家和社会事务的渠道。2010年10月25日，市十三届人大常委会机关理论中心组会议举行集体学习，围绕落实监督法关于监督事项公开的规定，要求及时编印常委会公报，着力办好机关网站，更好地利用《阳泉人大》内刊等，充分利用市级主流媒体人大专栏和专题节目，尽可能增加监督公开的内容。2016年6月28日，市十四届人大常委会第三十八次会议审议通过《阳泉市人民代表大会及其常务委员会会议公民旁听办法》，对公民旁听工作的人大及其常委会会议的组织准备、人数确定、申报程序、时间告知、权利义务等作出13项规定。6月29日，办公厅印发《关于阳泉市人民代表大会及其常务委员会会议公民旁听办法》（以下简称《办法》）的通知（阳人办发〔2016〕42号），发布《办法》全文。坚持人大监督和舆论监督的有机结合，按照监督法有关规定，市人大常委会建立完善舆论监督机制，通过常委会公报、内刊信息、人大网站、主流媒体等途径，向社会公开监督议题、过程和结果，使监督工作置于人大代表和人民群众的监督之下。市十五届人大常委会对重大改革事项、重点转型项目、重点民生工程的监督工作，邀请国家级主流媒体记者全程参加，指导做好宣传报道工作，一批反映阳泉市人大监督工作的文稿在部分省和兄弟城市网站转载。

九、规范性文件备案审查

规范性文件备案审查是一项宪法性制度。对规范性文件实行备案审查，是保障宪法法律实施、维护国家法治统一的重要制度安排。宪法、组织法、立法法、监督法都对备案审查工作作出明确规定。中共十八大以来，以习近平同志为核心的党中央高度重视宪法实施和监督，作出健全规范性文件备案审查制度，加强备案审查制度和能力建设，推进合宪性审查工作等一系列安排部署。历届市人大常委会（2001年1月至2020年12月）按照党中央的安排部署和宪法法律规定，逐步完善备审机构、创新工作机制、加强能力建设，推动备案审查工作依法高效有序开展。

（一）市十三届人大常委会　2010年10月22日，常委会第三十次会议审议通过《关于规范性文件备案审查的办法》，全面启动了规范性文件备案审查工作。11月29日，办公厅以（阳人办发〔2010〕100号）印发《规范性文件备案审查工作流程》，对规范性文件备案审查的接受、初审、转办、审查、反馈、沟通、撤销、公布、审查建议办理作出10项规定。组织召开全市人大规范性文件备案审查工作会议，依法对市政府报送的《阳泉市爱国卫生条例》等6个规范性文件进行了合法性审查。自此，市人大常委会规范性文件备案审查工作正式启动并规范运行。

（二）市十四届人大常委会　2015年12月29日至30日，常委会第三十四次会议审议通过《规范性文件备案审查办法》（修订稿），明确规范性文件的报备范围、审查标准、报备要求、接收机构、审查机构、审查程序、审查结果的处理等内容。届内依法对市政府报送的《阳泉市住宅专项维修资金管理办法》《阳泉市行政效能监察暂行办法》《阳泉市公共租赁住房管理暂行办法》《阳泉市市级企业国有资本收益收取管理暂行办法》《阳泉市地震应急物资方便食品储备管理办法》《阳泉市建设工程抗震设防要求纳入基本建设管理程序及审批程序的规定》《阳泉市人民政府工作规则》《阳泉市农村街巷硬化养护管理暂行办法》《阳泉市道路交通事故社会救助基金管理实施办法》《阳泉市农村供水管理办法（试行）》《阳泉市企业信用行为联合奖惩实施细则（试行）》《阳泉市公共信用信息管理办法（试行）》《阳泉市运用大数据加强对市场主体服务和监管实施细则》等35个规范性文件进行了合法性审查。对同法律、行政法规规定存在抵触的2个规范性文件提出了修改建议。

（三）市十五届人大常委会　加快推进规范性文件废改立工作，印发《关于做好报送备案审查材料工作有关事项的通知》，对市政府和各县区人大常委会出台的规范性文件或作出的决议、决定进行系统化的全面审查，依法审查《阳泉市禁止燃放烟花爆竹规定》《阳泉市人民政府起草地方性法规草案和制定政府规章程序规定》《阳泉市行政机关行政应诉工作规定》《阳泉市人民政府规章立法后评估办法》《阳泉市重大行政决策合法性审查办法》《阳泉市政务服务管理办法》《阳泉市人民政府关于向阳泉经济技术开发区下放和授予行政职权事项的通知》《阳泉市行政规范性文件制定程序办法》《阳泉市行政规范性文件“三统一”规定》《阳泉市行政规范性文件备案审查程序规定》《阳泉市行政规范性文件清理规定》《阳泉市行政规范性文件异议审查处理规定》《阳泉市矿区人大常委会关于深入开展第七个五年法治宣传教育的决议》《平定县人大常委会关于深入开展第七个五年法治宣传教育的决议》《平定县人大常委会关于在县城主街道等重点地段禁止燃放烟花爆竹的决定》《平定县人民代表大会常务委员会讨论、决定重大事项的规定》《平定县人大代表联络站（点）接待选民意见、建议和批评办法》《平定县人大代表反映或转递的群众信访事项办理办法》《阳泉市郊区人大常委会关于开展第七个五年法治宣传教育的决议》《阳泉市城区人大常委会关于深入开展第七个五年法治宣传教育的决议》《盂县人大常委会关于深入开展第七个五年法治宣传教育的决议》等20个规范性文件，规范性文件备案审查工作实现市政府及县区人大常委会两个层面全覆盖。

第三章　依法行使重大事项决定权

讨论决定本行政区域内的重大事项，是宪法和法律赋予地方人大及其常委会的一项重要职权。根据《中华人民共和国地方各级人民代表大会和地方各级人民政府组织法》规定，阳泉市人民代表大会常务委员会可以讨论、决定本行政区域内的政治、经济、教育、科学、文化、卫生、环境和资源保护、民政、民族等工作的重大事项。2009 年 5 月，阳泉市第十三届人民代表大会第四次会议出台《阳泉市人民代表大会及其常务委员会讨论决定重大事项的规定》。2016 年 12 月，阳泉市第十四届人民代表大会常务委员会第四十三次会议出台《阳泉市人民代表大会常务委员会讨论决定重大事项的规定》（以下简称《规定》）。2017 年 1 月 8 日，阳泉市第十四届人民代表大会常务委员会办公厅印发《规定》（阳人办发〔2017〕5 号）全文。20 年间，市人大常委会紧紧围绕全市经济、政治和社会发展任务，坚持“抓大事、议大事”的原则，围绕本行政区域内的经济、政治、教育、文化、卫生、环境和资源保护等方面的重大事项，对人民群众普遍关心和要求解决的重大问题，对实施监督中发现的重大问题，对人大常委会依法行使职权方面的重大问题，及时审议并作出相应的决议和决定 94 项。

第一节　批准财政预算决算

批准财政决算是管好用好财政资金，保障中央决策落地的重要举措，是各级人大常委会的法定职责。历届市人大常委会坚持在每年 6 月至 9 月听取和审议上年度财政决算报告、审查上年度财政决算草案，参考财经委提交的审查结果报告，作出批准决议。市十一届人大常委会在 2001 年 6 月举行的常委会二十九次会议作出《关于批准阳泉市 2000 年市本级财政决算的决议》。决议对阳泉市经济低速运行和经济生活中突出的矛盾和问题，进行客观深入分析，要求市政府进一步深化财税改革，逐步建立与市场经济发展相适应的财政运行机制，狠抓开源节流，确保财政收入稳定增长。

依法将预算收入超收部分的支出安排纳入重点审查监督范围。市十二届人大常委会期间，财经委在 2003 年 1 月，组织部分常委会委员、财经委员会委员和预算咨询专家对 2002 年预算收入超收部分的支出安排进行初审，提请主任会议审查备案。围绕加强对 2003 年预算收入超收部分的支出安排的审查监督，在财经委初审、主任会议审查的基础上，12 月召开的常委会十二次会议作出《关于 2003 年市本级财政预算超收部分支出安排的决议》，赋予了超收部分支出安排的合法性，避免了可用财力使用的随意性。

依法支持市政府以财政担保的贷款方式，加快民生领域重点项目建设，更好满足人民群众日益增长的物质文化生活需要。市十三届人大常委会通过深入调查论证、认真听取和审议市政府专项工作报告，先后作出《关于批准阳泉市人民政府回购阳泉一中新校（示范高中）项目的决议》《关于批准有线电视数字平台建设及电视数字整体转换工程项目贷款的决议》《关于批准阳泉市新北大街（新城大道）建设项目贷款的决议》和《关于批准桃河公园河道梯级蓄水二期工程等五个项目贷款的决议》《关于批准阳泉市消防车辆装备建设贷款的决议》《关于批准赛鱼路大修工程和桃河城区段上游河道治理工程两个项目贷款的决议》《关于批准植物园工程、赛鱼路大修二期工程、泉东路南段工程和泉西路工程四个项目贷款的决议》，督促政府健全管理机制、控制债务规模、防范财政风险、加强项目建设管理和资金使用监管，确保项目顺利实施，充分发挥重点项目的投资拉动作用。2008 年 6 月，常委会第十次会议，听取和审议市政府《关于阳泉一中新校（示范高中）建设项目情况的报告》，作出《关于批准阳泉市人民政府回购阳泉一中新校（示范高中）项目的决议》，同意市政府指定阳泉市城市建设投资有限公司作为借款主体，采取 BT 模式利用国家开发银行贷款进行项目建设，项目资本金由财政预算资金提供。待项目建设完成后，政府每年安排足额财政资金，支付给市城市建设投资有限公司，用于项目回购。

2010 年以后，受国际国内经济下行和阳泉市历史形成的产业结构特殊性等因素的影响，全市财政收入不达预算进度的情况多有发生。根据预算法的规定，需调整年度市本级预算。常委会及时作出批准预算调整的相关决议。市十四届人大常委会在 2013 年 10 月举行的第十四次会议听取和审议市政府《关于 2013 年市级财政预算调整方案的报告》。会议同意财经委提出的审查报告，决定批准 2013 年市级财政预算调整方案，作出《关于批准 2013 年市级财政预算调整方案的决议》。

2015 年以后，为有效应对国际国内经济下行压力，市政府把新增债券预算作为破解融资难题，筹集建设资金的重要渠道。市人大常委会根据市政府提请，及时听取和审议年度市本级新增债券预算调整方案（草案）的报告，根据财经委审查结果报告，做出批准决议。市十四届人大常委会在 2016 年 8 月举行的常委会第三十九次会议听取和审议市政府《关于阳泉市 2016 年新增地方政府债券预算调整方案（草案）的报告》，对预算调整方案进行了审查。会议同意财经委提出的审查结果报告，决定批准阳泉市 2016 年新增地方政府债券市本级预算调整方案（草案），作出《关于批准 2016 年新增地方政府债券市本级预算调整方案的决议》。

阳泉北至大寨铁路，是国家铁路投融资体制改革后第一条由地方全资建设的以客运为主的铁路，是国内首条高速动车组下线的客货共线铁路，是晋东铁路网的重要组成部分，是近年来山西省委、省政府确定的“十大标志性工程”的重点项目之一。作为全国首条动车下线运行地方铁路，兼具客运专线及货运线路标准，是服务阳泉、晋中两市沿线客运和煤炭集运的客货共线铁路。全线贯通后，将与石太客专、石太铁路、阳涉铁路连在一起，向南与邯长线、中南部铁路通道、太焦线相连通，形成东纵铁路快速通道，对推动地区经济可持续发展具有十分重要的意义。项目总投资 49.75 亿元，阳大铁路公司多方式、多渠道筹措建设资金，但是根据测算，阳大铁路项目建设、运营费用存在一定缺口。为进一步确保阳大铁路工程建设顺利、营运正常，充分发挥阳大铁路的公共服务功能，满足人民群众出行的需要，2017 年 11 月，市十五届人大常委会第七次会议作出《关于批准市政府将阳大铁路项目资金缺口列入财政预算的报告的决议》。决议批准市政府对阳大铁路建设、营运资金缺口予以财政补贴，并列入财政预算及中期财政规划的建议。要求市政府加强阳大铁路建设项目管理和资金使用监督，确保项目的顺利实施，确保资金安全并发挥预期效益。

第二节　经济工作

一、促进非公经济发展

围绕促进非公有制经济发展环境的创新优化，2003 年 5 月，市十二届人大常委会成立调研组，深入 12 家非公有制企业进行视察调研，召集 8 位企业家进行座谈交流，听取了 3 个县区和 7 个市直主管部门的工作汇报，摸清了全市非公有制经济发展的基本状况，向常委会提交了视察报告。8 月，常委会第十次会议听取和审议了市政府《关于非公有制经济发展环境情况的报告》，出台了《关于进一步创新创优环境，促进非公有制经济发展的决议》，指出阳泉市非公有制经济的总量和质量大大落后于同类先进发达地区，政府服务不到位、扶持政策不到位、发展环境不宽松的问题还比较突出。要求认真贯彻中共十六大关于“必须毫不动摇地巩固和发展非公有制经济”“必须毫不动摇地鼓励、支持和引导非公有制经济发展”的决策部署，切实转变政府职能，强化服务意识，制定和完善规范性的优惠政策措施并落实到位，以体制的创新推进环境创新创优的进程。

二、加快经济技术开发区发展

围绕加快阳泉经济技术开发区发展步伐，2003 年 9 月，市十二届人大常委会全体组成人员赴太原、晋中、淄博和天津等地考察，学习外地开发区建设中好的经验和做法。在 10 月，市十二届人大常委会第十一次会议听取和审议了市政府《关于经济技术开发区十年发展情况和今后发展规划的报告》，作出了《关于进一步加快阳泉经济技术开发区建设和发展步伐的决议》，指出 1993 年开发区成立后，在前进中发展，在发展中壮大，取得了一定的成绩，但是与全国、全省同类开发区相比，经济总量和发展速度有相当差距。要求市政府必须高度重视开发区的建设和发展，加大对阳泉经济技术开发区的扶持力度，赋予开发区相应的管理权限，不断创新机制，加大宣传力度，营造全社会关注开发区事业，支持开发区发展的良好氛围。阳泉经济技术开发区要紧紧围绕“六区建设”（建设富裕开发区、生态开发区、创新开发区、科技开发区、开放开发区、文明开发区）、“三大目标”（建立与 WTO 规则全面接轨先行区，建立城市建设与管理样板区，建立产业升级和制度创新带动区），总结十年建区的经验教训，树立与市场经济体制相适应的创新意识、竞争意识、市场意识、服务意识，与时俱进，负重拼搏，切实抓好第二次创业，实现超常规跨越式发展，把开发区建设成为投资者的乐园，创业者的天堂，经济和科技紧密结合的示范区，人才和资金的聚集区，阳泉经济的闪光点，物质文明、政治文明和精神文明协调发展的样板区。

三、加快旅游产业发展

为加快旅游产业发展，更好地发挥旅游产业在经济社会发展中的重要作用，2008 年 5 月，市十三届人大常委会成立调研组，深入盂县藏山、滹沱河旅游风景带、大宋古村落、梁家寨温泉、郊区翠枫山、平定冠山等旅游景点景区，采取实地察看、听取汇报等形式，详细调研规划、建设和运营情况，听取全市旅游产业发展规划情况汇报。6 月，市十三届人大常委会第十次会议听取和审议了市政府《关于旅游产业发展工作情况的报告》，作出《关于进一步加快旅游产业发展的决议》，要求进一步确立旅游产业在全市经济社会发展中的地位，迅速提高旅游产业化水平，创新机制，加大投入，不断增强旅游产业的综合竞争力，加强领导，扩大宣传，有效促进旅游产业又好又快发展。各级人大要加强对旅游工作的监督，重视和支持旅游产业，全力推动旅游产业的持续快速健康发展，为全面建设小康社会，实现阳泉市在全省争先发展、在中部同等城市率先崛起的“两先”目标做出新的贡献。

四、推动农业和农村经济发展

为加快农业和农村经济结构战略调整，推动农业和农村经济发展，持续增加农民收入，2009年3月，市十三届人大常委会成立调研组，深入平定冠山镇、张庄镇，盂县路家村镇、牛村镇、南娄镇、秀水镇，郊区李家庄乡、河底镇、平潭镇等乡镇田间地头、企业基地，实地了解“3＋2”富民工程农业产业化进展情况，听取市农业局相关工作汇报。4月，市十三届常委会第十七次会议听取和审议了市政府《关于全市“3＋2”农业产业化富民工程实施情况的报告》，作出加快“3＋2”农业产业化富民工程实施步伐的决议。决议指出，几年中，全市农业产业化经营有较快发展，取得较为明显的成效：形成一批优势主导产业，建成一批产业化龙头企业，开发了一批名优特色产品，带动了基地建设，增加了农民收入。但必须清醒地看到，全市农业产业化经营的水平还不高，主要表现为：农产品加工型龙头企业不多不强；产品附加值低，品牌产品少；龙头企业与生产基地不配套，生产基地的标准还不高，特别是缺乏龙头企业与生产基地、农户双赢的利益联结机制。要求各级政府全面贯彻落实党中央关于“工业反哺农业、城市支持农村”“提高农业综合生产能力”的重要方针，统一思想认识、狠抓工作落实；完善发展规划，科学合理布局；落实富民政策，壮大龙头企业；注重人才培养，普及实用技术；搞好综合服务，强化服务保障。各级人大及其常委会要切实加强对农业产业化经营发展情况的工作监督，定期听取关于农业产业化经营发展情况的报告，并适时组织视察检查，全力支持和推进全市农业产业化经营不断向纵深发展。

五、“十二五”和“十三五”规划

为推动“十二五”规划各项目标的顺利实施，2013年11月，市十四届人大常委会部分组成人员、财经委委员和计划咨询专家，对“十二五”规划中期评估报告进行初审。针对“十二五”规划执行中的情况及存在的问题，提出更加注重经济结构调整，大力发展新兴产业，加快资源型城市转型步伐；更加注重节能减排和大力发展循环经济，推进经济发展方式转变；更加注重民生和增加群众福祉，推进和谐社会建设；更加注重搞好区域经济协调发展，逐步形成区域间相互促进、优势互补、协调发展、共同富裕的经济发展格局等意见建议。12月举行的常委会第十五次会议，听取和审议了《阳泉市国民经济和社会发展第十二个五年规划纲要实施情况中期评估报告》，结合财经委提交的审查报告，认为市政府提出的阳泉市国民经济和社会发展第十二个五年规划纲要部分指标调整，符合客观实际，符合转型跨越发展的要求，同意市政府《阳泉市国民经济和社会发展第十二个五年规划纲要实施情况中期评估报告》，并作出批准阳泉市国民经济和社会发展第十二个五年规划纲要部分指标调整的决议。

为推动“十三五”规划高质量顺利实施，2018年9月，市十五届人大常委会部分组成人员、财经委委员及计划审查专家，对阳泉市“十三五”规划纲要实施中期评估情况进行视察。视察组深入郊区山西梵尔奇家居有限公司、市职业技术学院以及平定经济技术开发区，了解重点项目进展情况；并召开座谈会，听取市发改委“十三五”中期评估报告及部分指标调整建议，及时反馈意见建议。随后，市政府及发改委等部门再次结合全市情况、视察组意见进行研究与调整。12 月举行的常委会第十八次会议听取和审议了《阳泉市国民经济和社会发展第十三个五年规划纲要实施情况中期评估报告》，作出批准阳泉市“十三五”规划纲要部分指标调整的决议。会议要求，全市上下坚持以习近平新时代中国特色社会主义思想为指引，全面贯彻落实党中央和省委、市委决策部署，重新审视“十三五”后期阳泉市经济社会发展定位，加强“十三五”规划指标体系与上下级发展指标的有机衔接，抓住新一轮改革开放的战略机遇，强化举措，攻坚克难，奋力赶超，着力做好速度与质量、经济与民生“两个统筹”，努力巩固经济积极向好势头，不断打造发展新高地，争当全省排头兵，确保全面建成小康社会和“十三五”规划圆满收官，并适时启动“十四五”前瞻性研究，为编制“十四五”规划提供科学依据。

第三节　城乡建设和环境保护

为加快园林城市建设，改善城市环境，提升城市品位，夯实经济社会发展后劲。市十三届人大常委会在 2008 年 3 月成立调研组，深入城区、矿区、开发区部分单位了解庭院绿化、道路绿化和公园、游园、公共绿地建设等情况，听取市政府及建设、园林等部门工作情况的汇报。4 月举行的常委会第九次会议听取和审议市政府《关于创建国家园林城市工作进展情况的报告》，作出《关于强力攻坚确保阳泉市创建国家园林城市目标实现的决议》。决议指出，市政府以加快科学发展为第一要务，以造福阳泉人民为最高追求，在立地条件差、绿化欠账多的太行山区腹地，进行创建国家园林城市的艰难实践，动员全市上下做了大量工作，取得明显成效，得到广大干部群众的充分肯定和广泛赞誉。要求各级政府进一步动员全市广大群众和一切社会力量积极投身创建活动，形成攻坚克难的强大合力，万众一心，团结奋斗，确保创建目标实现。各级人大常委会围绕中心，服务大局，高度重视创建园林城市工作，认真依法履行职责，加大监督支持力度，通过执法检查、组织视察、开展调研、听取和审议专项工作报告等方式，督促和支持创建工作向纵深发展，为创建园林城市做出积极贡献。

2009 年 8 月 12 日，市委召开“三城同创”动员会，全面启动了国家园林城市、国家卫生城市、国家环保模范城市的“三城同创”工作。市十三届人大常委会在 2009 年 8 月 25 日至 26 日举行的常委会第十九次会议听取和审议市政府《关于创建园林城市工作进展情况的报告》，作出《关于有效促进“三城同创”工作的决定》。决定要求市人大及其常委会立足阳泉大局，充分认识“三城同创”重大意义；依法履行职责，有力促进“三城同创”深入开展；发挥代表作用，竭全力为“三城同创”做出贡献。

为加快阳泉市环保模范城市创建步伐，提升城乡环境质量，促进经济社会持续发展，市十三届人大常委会常委会在 2010 年 5 月成立调研组，深入固庄煤矿污水处理厂、华岭耐火公司、郊区污水处理厂等地实地视察，听取市政府有关部门工作汇报，全面了解环保模范城市创建进展情况。在 6 月举行的常委会第二十八次会议作出《关于大力推进阳泉市创建国家环保模范城市工作的决议》。决议指出，市委、市政府以促进生态文明、建设宜居家园为目标，在基础条件差、环保欠账多的不利条件下，自我加压，负重拼搏，团结带领全市人民奋力创建国家环保模范城市，经过一年多的努力，取得阶段性成果，得到了广大人民群众的充分肯定和广泛赞誉。要求各级政府、部门和单位以对人民群众、对子孙后代高度负责的精神，下更大决心、花更大力气、做更大努力，坚持决心不改、目标不变、标准不降、力度不减，更为有效地推进创建工作。各级人大常委会要围绕中心，服务大局，高度重视创建环保模范城市工作，认真依法履行职责，加大监督支持力度，通过执法检查、视察、调研、审议等方式，督促和支持创建工作向纵深发展。

国家森林城市是城市生态文明建设的最高荣誉，是对城市生态建设成就的最高评价，围绕加快国家森林城市创建步伐，市十三届人大常委会在2011年9月成立调研组，深入狮脑山林区、平定县北川生态修复示范工程、宋家庄万亩生态经济林建设工程等地视察了解情况，听取市政府有关部门工作汇报。在10月举行的常委会第三十九次会议听取和审议市政府《关于全市林业生态建设情况的报告》，作出《关于大力推进林业生态建设，确保创建国家森林城市目标实现的决议》。决议在充分肯定创建工作取得成绩的基础上，指出了存在的森林资源总量不足、质量偏低，尤其是城郊森林覆盖率不达指标，水岸道路绿化断档及标准不高，生态防灾减灾体系不够健全，集体林权制度改革还不彻底，持续造林绿化资金短缺等问题。要求市政府及林业部门以提高森林资源管护水平为抓手，切实巩固林业生态建设成果；以深化集体林权制度改革为动力，充分激发全社会参与林业生态建设热情；以做大核桃产业为重点，有效加快林业产业发展；以创新投入机制为重心，倾力保障林业生态建设持续发展；以依法治林为保障，全面提升林业生态建设整体水平。全市上下要坚定信心，勠力同心，锐意开拓，坚持不懈，努力实现大地增绿、林业增效、农民增收，为实施生态立市战略做出积极的贡献，为把阳泉市建成“华北第一森林城市”而努力奋斗。

森林草原防火事关人民群众生命财产安全和生态安全，围绕严防发生森林草原火灾，确保安全度过森林草原高火险期，市十五届人大常委会在2020年3月举行的常委会第三十次会议作出《关于严禁清明节等传统祭祀日期间和森林草原高火险期野外用火的决定》。决定共10条1100字，明确了清明节等传统祭祀日期间和森林草原高火险期范围、禁止性规定、政府和相关部门职责、宣传奖励及有关法律责任等事项。

第四节　社会事业发展

为全面实施科教兴市战略，动员和组织全市人民加快科技进步，2002年7月，市十二届人大常委会成立调研组，深入各县区重点企业、农业科技示范园区及科研机构共12个基层单位和20余个企业进行视察，向常委会议提交了视察报告。2002年8月，常委会第二次会议作出《关于进一步推进科技进步的决议》，要求坚持把科技进步摆在经济社会发展战略的首要位置，尽快制定科技进步的主要目标、实施规范和具体政策措施，深化科技体制改革，健全科技投入机制，加强人才队伍建设，依靠全社会的力量，全面提升企业自主创新能力，扎实推动科研成果产业化、科技产业市场化、高新产业园区化。

2003年春，重症急性呼吸综合征(SARS)即“非典型性肺炎”疫情输入阳泉市。市十二届人大常委会成立视察组，深入医院、学校、农村、机关、企业、医疗垃圾处理等处实地了解情况，监督检查群众反映强烈的医疗垃圾、废水处理问题，使市区的医疗生活垃圾和废水得到规范处理，有效阻断了“非典”疫情的传播。在常委会第八次、第九次会议上，听取和审议市政府《关于防治非典型肺炎工作情况的报告》《关于农村防治非典型肺炎工作情况的报告》《关于农村卫生工作情况的报告》，作出《关于进一步加强防治非典型肺炎工作的决议》。决议要求市政府把防治非典型肺炎疫情的蔓延作为严肃的政治任务，放在一切工作的重中之重，进一步加强组织领导，落实防控责任，加大宣传力度，加快构建科学防护的监测网络、便捷高效的救治网络、坚强有力的社会治安保卫网络和稳定畅通的市场供应保障机制。坚持防治“非典”工作和抓好经济社会工作两手抓，保持经济和社会发展的良好势头，切实维护社会稳定，努力把非典型肺炎造成的负面影响降低到最低限度。号召全市人民紧急行动起来，打好非典型肺炎防治工作的攻坚战，努力夺取阳泉市防治非典型肺炎工作的全面胜利。

围绕办好市十二届人大三次会议《关于加强农村卫生工作的议案》的决定，市十二届人大常委会在2003年6月成立两个视察组，对平定县、郊区和开发区的农村卫生工作与农村防非典情况进行了视察，先后深入6个乡镇卫生院、14个村级卫生所实地了解情况，听取了各县区工作情况汇报、市农业局关于“非典”防控工作情况的汇报、市卫生局关于农村卫生工作情况的汇报。在6月举行的常委会第九次会议听取和审议市政府《关于农村卫生工作情况的报告》，作出《关于〈加强农村卫生工作的议案〉审议意见的决定》。决定要求，全市各级各有关部门领导，特别是各农业县区的党政主要领导，要站在全面贯彻中共十六大精神，认真践行“三个代表”重要思想的高度，以对人民利益高度负责的精神，认真办理和落实好人大会议确定的议案，切实把农村卫生工作融入领导的工作思路和工作计划中，摆上重要日程，定期研究，予以重视，切实抓紧抓好。要按照2003年6月25日市十二届人大常委会第九次会议通过的《关于〈加强农村卫生工作的议案〉审议意见的决定》的要求，建立并落实农村卫生工作领导干部任期目标管理责任制，并作为政绩考核的重要内容，确保各项农村卫生工作任务的完成。

为加快阳泉市职业教育发展步伐，切实发挥职业教育在经济社会发展中的基础性作用，市十二届人大常委会在2006年7月成立视察组，深入各类职业教育学校实地了解情况，听取市教育局及盂县、郊区、平定县和阳煤集团情况汇报，针对大多数学校存在的办学规模偏小，难以形成规模效益；职业教育的投入还有一定的差距；产教结合，企校联合发展存在不足；职业教育园区建设还停留在规划阶段等问题，针对性地提出建议，向常委会提交视察报告。在8月举行的常委会第二十九次会议听取和审议市政府《关于职业教育工作情况的报告》，作出《关于大力推进职业教育发展的决议》。决议要求全市各级政府积极行动起来，以科学发展观为指导，认真贯彻落实《国务院关于大力发展职业教育的决定》，继续坚持“以服务为宗旨，以就业为导向，以技能为本位”的发展思路，以加强基础能力建设为主攻方向，以提高劳动者职业能力、促进就业再就业为主要目标，逐步完善职业教育管理体系，提升职业教育发展水平，努力实现职业教育快速、健康、可持续发展，为构建和谐阳泉提供智力支持和人才保证。

2020年初，一场突如其来的新型冠状病毒感染的肺炎疫情输入阳泉市，市十五届人大常委会及时调整监督工作计划，成立由常委会主任担任组长的调研组，深入市第三人民医院（市定点救治医院）、第一人民医院发热门诊、城区集中隔离点、平定旧关卫生防疫检查站等处详细了解情况，听取市卫健委负责人的工作汇报，进行了交流座谈。4月召开的常委会第三十一次会议听取和审议市政府《关于新冠肺炎疫情防控工作的报告》。7月组织调研黑热病防控工作及突发公共卫生事件应急处置工作。8月召开常委会第三十三次会议作出《关于进一步加强疫情防控工作确保人民群众生命健康安全的决定》。决定要求进一步深入学习贯彻习近平总书记关于新冠肺炎疫情防控的重要讲话和重要指示批示精神，坚决把思想和行动高度统一到党中央对新冠肺炎疫情形势的精准判断和疫情防控的重要部署上来，清醒认识疫情防控的紧迫性、长期性、复杂性和艰巨性，牢固树立人民至上、生命至上理念，切实强化打好“外防输入、内防反弹”持久战的思想准备和工作准备，从严从紧、抓实抓细常态化疫情防控工作，进一步加强组织领导、夯实防控责任，确保疫情防控工作科学有序高效运行；进一步深化体制改革、健全防控体系、优化重大突发公共卫生事件应急机制；进一步强化制度配套，深入宣传发动，全面提高公众防病意识和自我防护能力；进一步深化依法治理，提高司法效率，为疫情防控工作提供有力法治保障，切实把疫情隐患消灭在萌芽状态，全力确保人民群众生命健康安全。全市各级人大及其常委会充分行使法律赋予的各项职权，各级人大代表充分发挥党和政府联系群众的桥梁和纽带作用，同心协力构筑起群防群治的人民防线。

第五节 依法治市

中共十六大提出“建设一支政治坚定、业务精通、作风优良、执法公正的司法队伍”，围绕加强法官队伍建设，市十二届人大常委会在2004年7月成立调研组，深入基层法院了解情况，召开座谈会征求人民群众和案件当事人意见。8月举行的常委会第十七次会议听取和审议市中级人民法院《关于法院队伍建设情况的报告》，作出《关于加强法官队伍建设的决议》。决议指出，全市两级法院坚持把队伍建设作为法院工作的重中之重，通过开展“双满意”“一教育三整顿”“改进审判作风年”“司法大检查”等活动，队伍建设取得了明显成效。但必须看到，法官队伍建设离党和人民的要求还有不小的差距，还不能完全适应新形势新任务的要求。法官队伍文化结构偏低且发展不平衡，一些法院干部宗旨意识淡漠，作风粗暴，态度蛮横，严重脱离群众；极少数人滥用审判权和执行权，有法不依，执法不严，裁判不公，甚至贪赃枉法，严重败坏了人民法院和人民法官的形象。要求全市两级法院强化政治建设，牢固树立司法为民的理念；严肃作风建设，努力塑造清正廉洁的法官形象；加强教育培训，努力提高法官队伍的司法水平；深化司法改革，积极推进法官职业化建设，更好地为改革发展稳定提供有力的司法保障。

法治宣传教育是提高全民法律素质、推进依法治国、建设社会主义法治国家的一项重要的基础性工作。市人大常委会坚持按时间节点听取和审议市政府《五年普法规划落工作情况》，为进一步深化普法教育、落实依法治国方略作出了规划部署，提出目标任务、方法步骤和主要措施。2016年是实施“七五”普法工作的第一年，为认真总结“六五”普法经验，启动“七五”普法工作，市十四届人大常委会成立调研组，深入市审计局、郊区法治文化广场、郊区固庄村、阳泉二监、城区新华小学等地了解掌握情况。调研组充分肯定全市“六五”普法及依法治市工作取得的丰硕成果，针对法治宣传教育工作的认识有待进一步加强，普法工作机制有待进一步完善，普法方式的针对性和实效性还不够，普法机制与工作需要不相适应等存在问题，提出了意见建议。10月举行的常委会第四十二次会议听取和审议市政府《关于“六五”普法工作暨“七五”普法规划情况的报告》，作出《关于深入开展第七个五年法治宣传教育的决议》。决议要求始终坚持以宪法为核心，积极推进法律法规的学习宣传；突出普法宣传教育重点，切实增强法治宣传教育的针对性；创新丰富普法宣传形式，不断促进社会主义法治文化建设；健全完善普法工作体制机制，扎实推动法治宣传教育深入开展。各级人大及其常委会要充分运用执法检查、听取和审议专项工作报告以及组织代表视察、开展专题调研等形式，加强对法治宣传教育和依法治理工作的监督检查，确保“七五”普法取得更大的实效与成就。

为深入贯彻落实党中央关于建立检察机关提起公益诉讼制度的重大决策部署和省委、市委工作要求，市十五届人大常委会在2019年11月成立视察组，深入娘子关镇渔场、桃南东街青年加油站、天陆达药业公司，实地了解相关案件办理情况。在随后召开的汇报座谈会上，市人民检察院有关负责人汇报全市公益诉讼工作情况，市中级人民法院、市公安局、市司法局、市规划和自然资源局、市水利局等部门单位负责人作了交流发言，较为全面系统地掌握检察机关公益诉讼工作开展情况。12月举行的常委会第二十七次会议听取和审议市人民检察院《关于开展公益诉讼工作情况的报告》，作出《关于加强和支持检察公益诉讼工作的决定》。决定要求检察机关认真贯彻中共十九届四中全会精神，进一步加大办案力度、提升案件质量，加强制度建设、规范办案程序，加强能力建设、提升业务水平，更好发挥开展公益诉讼工作的主体作用。各级行政机关自觉接受检察机关的法律监督，各级公安和司法行政机关、审判机关、检察机关严格依法办事，形成支持公益诉讼工作的合力。各级各有关部门加大公益诉讼法律法规及相关工作的宣传力度，努力营造公益诉讼工作的良好社会氛围。各级人大常委会通过开展执法检查和视察调研、听取和审议专项工作报告、作出决定决议等方式，督促检察机关不断改进和加强工作，监督人民法院、行政执法机关依法办理检察机关提出的监督事项。

第六节　决定授予市级荣誉称号

为更加充分地调动国内外各界人士参与、支持和服务阳泉市经济社会建设的积极性，2015年8月，市十四届人大常委会第三十次会议作出《关于授予阳泉市荣誉市民称号的规定》。规定共9条，明确了授予“阳泉市荣誉市民”称号的适用范围、授予条件、授予程序、荣誉市民的权利和义务、荣誉市民称号的撤销等。按照规定，凡是为阳泉改革开放、经济发展、社会进步和生态文明建设等做出突出贡献的华侨、港澳台同胞、外国人士和其他非阳泉籍人士，都可以授予“荣誉市民”的称号，其范围不受国籍（或籍贯）、地域限制。

第七节　决定市人民代表大会召开时间

决定召开人民代表大会，是地方人大常委会的法定职权。会议的召开时间和期限，以及因故需要延期或推迟，依法由人大常委会作出决定。

2007年10月25日，市十三届人大常委会第四次会议作出《关于召开市十三届人大二次会议的决定》。11月21日，市十三届人大常委会第五次会议，审议主任会议提交的《关于变更市十三届人大二次会议召开时间的说明》。说明指出，省换届选举工作领导组对全省各市省人大代表的选举工作进行了统筹安排，确定阳泉市召开人民代表大会会议的时间为2007年12月5日。本着服从全省大局的原则，经主任会议研究，建议市十三届人大二次会议的召开时间由2007年11月26日变更为2007年12月5日。经组成人员分组审议，会议作出《关于变更召开市十三届人大二次会议召开时间的决定》，会后办公厅、调研室和人事委及时履行文件印发和公告发布程序。

2020年1月20日，市十五届人大常委会第二十八次会议作出决定：市十五届人大五次会议于2月11日召开。但受全国新冠肺炎疫情的影响，为贯彻落实省委、省政府启动重大公共卫生事件一级响应的要求，2月1日，市人大常委会及时发布推迟市十五届人大五次会议召开时间的通告，具体时间理性决定。4月16日，市十五届人大常委会第三十一次会议审议并表决通过《关于调整阳泉市第十五届人民代表大会第五次会议召开时间和议程的决定》，会议召开时间调整为4月22日。

市人大常委会讨论决定重大事项一览表

表 7-25

序号	类别	时间	会 议	决定决议
1	财政预决算	2001 年 6 月	市十一届人大常委会第二十九次会议	关于批准阳泉市 2000 年市本级财政决算的决议
2	依法治市	2001 年 8 月	市十一届人大常委会第三十次会议	关于进一步开展法制宣传教育的决议
3	财政预决算	2002 年 6 月	市十二届人大常委会第一次会议	关于批准阳泉市 2001 年市本级财政决算的决议
4	社会事业	2002 年 8 月	市十二届人大常委会第二次会议	关于进一步推进科技进步的决议
5	决定人代会召开时间	2002 年 10 月	市十二届人大常委会第三次会议	关于召开阳泉市第十二届人民代表大会第二次会议的决定
6	决定人代会召开时间	2002 年 11 月	市十二届人大常委会第四次会议	关于召开阳泉市第十二届人民代表大会第二次会议的具体时间的决定
7	决定人代会召开时间	2003 年 2 月	市十二届人大常委会第六次会议	关于召开阳泉市第十二届人民代表大会第三次会议的决定
8	社会事业	2003 年 5 月	市十二届人大常委会第八次会议	关于进一步加强防治非典型肺炎工作的决议
9	财政预决算	2003 年 6 月	市十二届人大常委会第九次会议	关于批准阳泉市 2002 年市本级财政决算的决议
10	社会事业	2003 年 6 月	市十二届人大常委会第九次会议	关于加强《农村卫生工作的议案》审议意见的决定
11	经济工作	2003 年 8 月	市十二届人大常委会第十次会议	关于进一步创新创优环境，促进非公有制经济发展的决议
12	经济工作	2003 年 10 月	市十二届人大常委会第十一次会议	关于进一步加快阳泉经济技术开发区建设和发展步伐的决议
13	财政预决算	2003 年 12 月	市十二届人大常委会第十二次会议	关于批准阳泉市 2003 年财政预算超收部分支出安排的决议
14	决定人代会召开时间	2003 年 12 月	市十二届人大常委会第十二次会议	关于召开阳泉市第十二届人民代表大会第四次会议的决定
15	财政预决算	2004 年 6 月	市十二届人大常委会第十五次会议	关于批准阳泉市 2003 年市本级财政决算的决议
16	依法治市	2004 年 8 月	市十二届人大常委会第十七次会议	关于加强法官队伍建设的决议
17	财政预决算	2004 年 12 月	市十二届人大常委会第二十次会议	关于批准阳泉市 2004 年市本级财政预算收入超收部分使用安排的决议
18	决定人代会召开时间	2005 年 4 月	市十二届人大常委会第二十一次会议	关于召开阳泉市第十二届人民代表大会第五次会议的决定
19	财政预决算	2005 年 6 月	市十二届人大常委会第二十二次会议	关于批准阳泉市 2004 年市本级财政决算的决议
20	财政预决算	2005 年 12 月	市十二届人大常委会第二十五次会议	关于批准阳泉市 2005 年市本级财政预算收入超收部分支出安排的决议
21	决定人代会召开时间	2006 年 2 月	市十二届人大常委会第二十六次会议	关于召开阳泉市第十二届人民代表大会第六次会议的决定
22	财政预决算	2006 年 6 月	市十二届人大常委会第二十八次会议	关于批准阳泉市 2005 年市本级财政决算的决议
23	社会事业	2006 年 8 月	市十二届人大常委会第二十九次会议	关于推进职业教育发展的决议

续表 7-25

序号	类别	时间	会 议	决定决议
24	经济工作	2006 年 10 月	市十二届人大常委会第三十二次会议	关于批准阳泉市人民政府回购化工厂路建设项目等七个项目的决议
25	依法治市	2006 年 10 月	市十二届人大常委会第三十二次会议	关于深入开展第五个五年法制宣传教育工作的决议
26	财政预决算	2006 年 12 月	市十二届人大常委会第三十三次会议	关于批准阳泉市 2006 年市本级财政预算超收部分支出安排的决议
27	决定人代会召开时间	2007 年 4 月	市十二届人大常委会第三十五次会议	关于召开阳泉市第十三届人民代表大会第一次会议的决定
28	财政预决算	2007 年 6 月	市十三届人大常委会第一次会议	关于批准阳泉市 2006 年市本级财政决算的决议
29	决定人代会召开时间	2007 年 10 月	市十三届人大常委会第四次会议	关于召开阳泉市第十三届人民代表大会第二次会议的决定
30	决定人代会召开时间	2007 年 11 月	市十三届人大常委会第五次会议	关于变更阳泉市第十三届人民代表大会第二次会议召开时间的决定
31	财政预决算	2007 年 12 月	市十三届人大常委会第六次会议	关于批准阳泉市 2007 年市本级财政预算超收部分支出安排的决议
32	决定人代会召开时间	2008 年 2 月	市十三届人大常委会第七次会议	关于召开阳泉市第十三届人民代表大会第三次会议的决定
33	城乡建设和环境保护	2008 年 4 月	市十三届人大常委会第九次会议	关于强力攻坚确保创建国家园林城市目标实现的决议
34	财政预决算	2008 年 6 月	市十三届人大常委会第十次会议	关于批准阳泉市 2007 年市本级财政决算的决议
35	财政预决算	2008 年 6 月	市十三届人大常委会第十次会议	关于批准阳泉市人民政府回购阳泉一中（示范高中）新校项目的决议
36	经济工作	2008 年 6 月	市十三届人大常委会第十次会议	关于进一步加快阳泉市旅游产业发展的决议
37	财政预决算	2008 年 10 月	市十三届人大常委会第十二次会议	关于批准阳泉市有线电视数字平台建设及电视数字整体转换工程项目贷款的决议
38	财政预决算	2008 年 12 月	市十三届人大常委会第十四次会议	关于批准阳泉市 2008 年市本级财政超收及其他可统筹财力支出安排的决议
39	财政预决算	2009 年 2 月	市十三届人大常委会第十五次会议	关于批准阳泉市新北大街建设项目贷款的决议
40	决定人代会召开时间	2009 年 4 月	市十三届人大常委会第十六次会议	关于召开阳泉市第十三届人民代表大会第四次会议的决定
41	财政预决算	2009 年 4 月	市十三届人大常委会第十七次会议	关于批准阳泉市桃河河道梯级蓄水二期工程等五个项目贷款的决议
42	经济工作	2009 年 4 月	市十三届人大常委会第十七次会议	关于加快“3 + 2”农业产业化富民工程实施步伐的决议
43	财政预决算	2009 年 6 月	市十三届人大常委会第十八次会议	关于批准阳泉市 2008 年市本级财政决算的决议
44	城乡建设和环境保护	2009 年 8 月	市十三届人大常委会第十九次会议	关于有效促进“三城同创”工作的决定
45	财政预决算	2009 年 10 月	市十三届人大常委会第二十次会议	关于批准阳泉市消防车辆装备建设贷款的决议

续表 7-25

序号	类别	时间	会 议	决定决议
46	财政预决算	2010 年 1 月	市十三届人大常委会第二十三次会议	关于批准阳泉市赛鱼路大修工程和桃河城区段上游河道理工程两个项目贷款的决议
47	财政预决算	2010 年 2 月	市十三届人大常委会第二十四次会议	关于批准阳泉市植物园工程、赛鱼路大修二期工程、泉东路南段工程和泉西路工程四个项目贷款的决议
48	决定人代会召开时间	2010 年 3 月	市十三届人大常委会第二十次会议	关于召开阳泉市第十三届人民代表大会第五次会议的决定
49	决定人代会召开时间	2010 年 4 月	市十三届人大常委会第二十六次会议	关于变更阳泉市第十三届人民代表大会第五次会议召开时间的决定
50	财政预决算	2010 年 6 月	市十三届人大常委会第二十八次会议	关于批准阳泉市 2009 年市本级财政决算的决议
51	城乡建设和环境保护	2010 年 6 月	市十三届人大常委会第二十八次会议	关于大力推进创建国家环保模范城市工作的决议
52	财政预决算	2010 年 10 月	市十三届人大常委会第三十次会议	关于批准阳泉市 2010 年市本级预算调整方案的决议
53	财政预决算	2010 年 12 月	市十三届人大常委会第三十一次会议	关于批准阳泉市 2010 年市级财政超收财力支出安排的决议
54	决定人代会召开时间	2011 年 4 月	市十三届人大常委会第三十三次会议	关于召开阳泉市第十三届人民代表大会第六次会议的决定
55	财政预决算	2011 年 6 月	市十三届人大常委会第三十五次会议	关于批准阳泉市 2010 年市本级财政决算的决议
56	依法治市	2011 年 6 月	市十三届人大常委会第三十五次会议	关于进一步加强法制宣传教育工作的决议
57	城乡建设和环境保护	2011 年 10 月	市十三届人大常委会第三十九次会议	关于大力推进林业生态建设，确保创建国家森林城市目标实现的决议
58	决定人代会召开时间	2012 年 5 月	市十三届人大常委会第四十三次会议	关于召开阳泉市第十四届人民代表大会第一次会议的决定
59	财政预决算	2012 年 8 月	市十四届人大常委会第二次会议	关于批准阳泉市 2011 年市本级财政决算的决议
60	决定人代会召开时间	2012 年 10 月	市十四届人大常委会第三次会议	关于召开阳泉市第十四届人民代表大会第二次会议的决定
61	决定人代会召开时间	2013 年 2 月	市十四届人大常委会第七次会议	关于召开阳泉市第十四届人民代表大会第三次会议的决定
62	财政预决算	2013 年 6 月	市十四届人大常委会第十次会议	关于批准阳泉市 2012 年市本级财政决算的决议
63	财政预决算	2013 年 10 月	市十四届人大常委会第十四次会议	关于批准阳泉市 2013 年市本级预算调整方案的决议
64	经济工作	2013 年 12 月	市十四届人大常委会第十五次会议	关于批准阳泉市国民经济和社会发展第十二个五年规划纲要部分指标调整的决议
65	决定人代会召开时间	2014 年 2 月	市十四届人大常委会第十六次会议	关于召开阳泉市第十四届人民代表大会第四次会议的决定
66	财政预决算	2014 年 8 月	市十四届人大常委会第二十一次会议	关于批准阳泉市 2013 年市本级财政决算的决议
67	决定人代会召开时间	2015 年 2 月	市十四届人大常委会第二十五次会议	关于召开阳泉市第十四届人民代表大会第五次会议的决定

续表 7-25

序号	类别	时间	会　议	决定决议
68	财政预决算	2015 年 8 月	市十四届人大常委会第三十次会议	关于批准阳泉市 2014 年市本级财政决算的决议
69	决定授予荣誉市民称号	2015 年 8 月	市十四届人大常委会第三十次会议	关于授予阳泉市荣誉市民称号的规定
70	财政预决算	2015 年 12 月	市十四届人大常委会第三十四次会议	关于批准阳泉市 2015 年市级财政预算调整方案暨 2015 年地方政府债务限额分配方案的决议
71	决定人代会召开时间	2016 年 2 月	市十四届人大常委会第三十五次会议	关于召开阳泉市第十四届人民代表大会第六次会议的决定
72	财政预决算	2016 年 8 月	市十四届人大常委会第三十九次会议	关于批准阳泉市 2015 年市本级财政决算的决议
73	财政预决算	2016 年 8 月	市十四届人大常委会第三十九次会议	关于批准阳泉市 2016 年新增地方政府债券市本级预算调整方案的决议
74	依法治市	2016 年 10 月	市十四届人大常委会第四十二次会议	关于深入开展第七个五年法治宣传教育的决议
75	决定人代会召开时间	2016 年 12 月	市十四届人大常委会第四十三次会议	关于召开阳泉市第十五届人民代表大会第一次会议的决定
76	财政预决算	2017 年 8 月	市十五届人大常委会第四次会议	关于批准阳泉市 2016 年市本级财政决算的决议
77	财政预决算	2017 年 8 月	市十五届人大常委会第四次会议	关于批准阳泉市 2017 年市本级新增债券预算调整方案的决议
78	决定人代会召开时间	2017 年 11 月	市十五届人大常委会第六次会议	关于召开阳泉市第十五届人民代表大会第二次会议的决定
79	财政预决算	2017 年 11 月	市十五届人大常委会第七次会议	关于批准阳泉市政府将阳大铁路项目资金缺口列入财政预算的报告的决议
80	决定人代会召开时间	2017 年 11 月	市十五届人大常委会第七次会议	关于推迟召开阳泉市第十五届人民代表大会第二次会议的决定
81	决定人代会召开时间	2018 年 3 月	市十五届人大常委会第十一次会议	关于召开阳泉市第十五届人民代表大会第三次会议的决定
82	财政预决算	2018 年 8 月	市十五届人大常委会第十五次会议	关于批准阳泉市 2017 年市本级财政决算的决议
83	财政预决算	2018 年 8 月	市十五届人大常委会第十五次会议	关于批准阳泉市 2018 年市本级新增债券预算调整方案的决议
84	经济工作	2018 年 12 月	市十五届人大常委会第十八次会议	关于批准阳泉市“十三五”规划《纲要》部分指标调整的决议
85	决定人代会召开时间	2018 年 12 月	市十五届人大常委会第十八次会议	关于召开阳泉市第十五届人民代表大会第四次会议的决定
86	决定人代会召开时间	2019 年 3 月	市十五届人大常委会第二十一次会议	关于调整阳泉市第十五届人民代表大会第四次会议召开时间的决定
87	财政预决算	2019 年 8 月	市十五届人大常委会第二十五次会议	关于批准阳泉市 2018 年市本级财政决算的决议
88	财政预决算	2019 年 8 月	市十五届人大常委会第二十五次会议	关于批准阳泉市 2019 年市本级新增债券预算调整方案的决议
89	财政预决算	2019 年 12 月	市十五届人大常委会第二十七次会议	关于批准阳泉市 2019 年市本级收支预算调整方案的决议

续表 7-25

序号	类别	时间	会 议	决定决议
90	依法治市	2019 年 12 月	市十五届人大常委会第二十七次会议	关于加强和支持检察公益诉讼工作的决定
91	决定人代会召开时间	2020 年 1 月	市十五届人大常委会第二十八次会议	关于召开阳泉市第十五届人民代表大会第五次会议的决定
92	城乡建设和环境保护	2020 年 3 月	市十五届人大常委会第三十次会议	关于严禁清明节等传统祭祀日期间和森林草原高火险期野外用火的决定
93	决定人代会召开时间	2020 年 4 月	市十五届人大常委会第三十一次会议	关于调整阳泉市第十五届人民代表大会第五次会议召开时间和议程的决定
94	社会事业	2020 年 8 月	市十五届人大常委会第三十三次会议	关于进一步加强疫情防控工作，确保人民群众生命健康安全的决定
95	经济工作	2020 年 12 月	市十五届人大常委会第三十五次会议	关于支持融盛投资控股集团转型发展的决议

第四章　依法行使人事任免权

人事任免权是宪法和法律赋予地方人大常委会的一项重要职权。其内涵是由常委会行使任命、决定任命、批准任命、决定代理人选，免职、接受辞职，撤换、批准撤换、撤职等职权。其特点：1. 法律法规直接确认并赋予的，具有国家意志性、规范性和不可侵犯性；2. 具有法律效力，不可替代性；3. 其职权所代表的是国家和本地区全体人民的利益；4. 其职权的行使采取集体负责制，集体讨论决定问题。阳泉市人大常委会牢牢把握坚持党的领导、充分发扬民主和严格依法办事的工作原则；坚持党管干部与人大依法任免干部的有机统一，依法履行人事任免权，规范人事任免程序，完善任免制度，强化任后监督职能，任免工作逐步纳入程序化、规范化、制度化的轨道。从 2001 年 1 月至 2020 年 12 月，阳泉市人大常委会依法任免国家工作人员 993 人（次），其中，任命和决定任命 578 人（次），批准任命 20 人（次），代理决定 12 人（次）；免职和决定免职 311 人（次），批准免职 4 人（次），撤销职务 1 人（次），接受辞职 45 人（次）；补选省人大代表 5 人（次），罢免和接受省人大代表辞职 3 人（次），许可对市人大代表采取强制措施 14 人（次）。市人大常委会对相关任免办法、任免程序和配套制度逐步进行了完善和规范。

第一节　制度建设

一、完善任免办法

市人大常委会在 2002 年 6 月十二届第一次会议、2007 年 7 月十三届第二次会议、2015 年 12 月十四届第三十四次会议，先后三次表决通过《阳泉市人大常委会人事任免办法》，对任免议案的提出、资格审查、审议表决等工作程序进行完善。2017 年 3 月，市十五届人大常委会第一次会议表决通过了《阳泉市人大常委会关于阳泉市监察委员会副主任、委员任免和宪法宣誓程序的决定》。

二、规范任免程序

经过多年探索，人事任免程序逐步规范化。凡提请人大常委会审议的人事任免议案，首先由人事代表工作委员会进行初审，依法落实任前法律考试制度。初审情况及考试结果，依次提交常委会党组和主任会议决定，列入常委会会议议程草案，通过提请任免议案、与常委会组成人员见面、供职发言、分组审议、全体会议表决、颁发任命书、宪法宣誓、媒体公告等八个环节，确保任免工作的严谨规范。

三、完善相关配套制度

人大常委会逐步完善了人事任免的一系列配套制度：

（一）任免议案初审制度。对“一府一委两院”提请任免人员的材料进行审核把关，按照“规范统一、简明清晰”的原则，严格“三规范”，即提请文件行文规范、文件内容结构规范、内容填写齐全规范，为市人大常委会组成人员审议人事任免议案提供最翔实的第一手材料。

（二）法律考试制度。对拟任人员坚持凡任必考的原则，精心选择考试内容，及时更新考试题库，认真组织法律知识考试，切实增强任命人员的法治意识、人大意识。考试成绩不及格者，不予提请市人大常委会审议、表决。市十五届人大常委会对本届首次提请任命的31名政府部门负责人，集中进行任前法律培训及考试，当场检查拟任命人员个人听课笔记，给予考评得分，笔记和试卷分数分别占考试成绩的30%和70%，有效提升法律培训质量。

（三）供职发言制度。拟任命人员必须在市人大常委会会议上作供职表态发言，阐述自己的主要工作经历、拟任岗位职责、对拟任职务的思考、完成任务的措施和对市人大常委会任命能否通过的态度。2002年6月，在市十二届人大常委会第一次会议上，所有拟任命的政府组成部门负责人均向常委会报送履职报告，使市人大常委会组成人员进一步加深了对拟任命人员的了解。

（四）审议表决制度。在审议人事任免案时，市人大常委会组成人员根据拟任免人员的任前情况、法律考试成绩、供职发言等进行审议，既说优点长处，又指出不足和努力的方向，通过无记名电子表决方式，可以投赞成票，可以投反对票或弃权票。

（五）宪法宣誓制度。在中共十八大后建立实施。2015年6月，市十四届人大常委会主任会议研究通过《市人大常委会任命人员向宪法宣誓暂行规程》，正式实施宪法宣誓制度，所有经市人大及其常委会选举或者决定任命的国家工作人员正式就职时，全部公开向宪法宣誓。市十四届人大常委会第二十八次会议举行首次被任命人员向宪法宣誓仪式，郑清明等6位被任命的政府工作部门负责人面朝国徽，手抚宪法，肃立举拳，郑重宣誓。2015年12月，市十四届人大常委会第三十四次会议表决通过《阳泉市国家工作人员向宪法宣誓实施办法》，按照全国人大常委会提出的宪法宣誓誓词和相关规程组织宪法宣誓仪式。中央广播电视总台央广网进行了报道。2017年3月，阳泉市第十五届人民代表大会第一次会议首次举行了当选人员宪法宣誓仪式。2018年12月，市十五届人大常委会第十八次会议对《阳泉市国家工作人员向宪法宣誓实施办法》进行修订，增加了与监察委员会有关的内容，修改宣誓誓词，规定宣誓仪式奏唱国歌，进一步完善了宪法宣誓制度。

第二节　任免名单

市十一届人大常委会

（任命66名，决定任命11名，免职21名，决定免职5名，接受辞职3名，批准免职3名，共任免109名）

第二十七次会议(2001年2月22日通过)

任　　命：吴怡东、胡旭辉（女）、裴元钊、王健、张瑞文为市中级人民法院审判员。

第二十八次会议(2001年4月25日通过)

任　　命：王建明、付利宝、赵彦、贾建胜、岳虎平为市人民检察院检察员。

免　　去：张镇的市人民检察院检察员职务。

第二十九次会议（2001 年 6 月 29 日通过）

接受辞职：杨宝国、杜肇昆辞去市十一届人大常委会副主任职务。

免　　去：郭靖民的市人大常委会副秘书长职务；
吕清英（女）的市人大城环委副主任委员职务；
牛有义的市人大常委会办公室副主任职务。

决定任命：荆东生为市人民政府秘书长；
李裕厚为市发展计划委员会主任；
张清为市经济贸易委员会主任；
要真为市科学技术局局长；
薛银栓为市建设局局长；
周建新为市文化局局长；
张三锁为市国土资源局局长；
王新明为市计划生育委员会主任。

决定免去：张王亮的市人民政府秘书长职务；
陈保京（女）的市计划生育委员会主任职务；
李裕厚的市交通局局长职务；
许治书的市粮食局局长职务；
王孝先的市文化局局长职务。

第三十次会议 (2001 年 8 月 27 日通过)

决定任命：李书田为市交通局局长；
陈银昌为市劳动和社会保障局局长。

任　　命：孙丽青（女）、任晓辉、张敏芳（女）、李彦、魏增玲（女）、张爱国为市中级人民法院审判员。

接受辞职：冯岳南辞去市十一届人大常委会委员职务。

第三十一次会议 (2001 年 10 月 30 日通过)

任　　命：史友松为市人大常委会办公室副主任。

任　　命：姚建强、吴珺（女）、邵玉明、张素庭、孔海峰、马全友、万里侠、张彦丽（女）、王伟平、李燕林（女）为市人民检察院检察员。

任　　命：冯来川、谷开元、贾晓东、贾宏国为荫营地区人民检察院检察员。

第三十二次会议 (2001 年 12 月 19 日通过)

任　　命：李继成、马葳（女）、王翔、梁庆、赵丽萍（女）、段晓斌为市中级人民法院审判员。

免　　去：何海平的市中级人民法院副院长、审判委员会委员、审判员职务；
周克让、温玉娥（女）的市中级人民法院审判员职务。

第三十三次会议 (2002 年 3 月 1 日通过)

任　　命：张宝明为市人大常委会副秘书长兼办公厅主任；

丁国忠为市人大常委会办公厅副主任；
唐麟为市人大常委会办公厅副主任；
武建功为市人大常委会副秘书长兼调查研究室主任；
王玉明为市人大常委会调查研究室副主任；
王梦平（女）为市人大常委会人事代表工作委员会副主任。

免　　去：武建功的市人大常委会调查研究室副主任职务；
高素珍（女）的市人大常委会人事代表工作委员会副主任职务。

决定任命：赵平有为市教育局局长。

任　　命：吕冬（女）为市中级人民法院副院长、审判委员会委员；
杨玉春（女）、张利平为市中级人民法院审判委员会委员；
吕泉生为市中级人民法院立案庭庭长；
于昌明为市中级人民法院民事审判二庭庭长；
武计恒为市中级人民法院行政审判庭庭长；
李继成为市中级人民法院立案庭副庭长；
郭文华为市中级人民法院刑事审判一庭副庭长；
张彩虹（女）为市中级人民法院刑事审判一庭副庭长；
王计元为市中级人民法院刑事审判二庭副庭长；
聂士洲为市中级人民法院民事审判一庭副庭长；
胡锐锋为市中级人民法院民事审判二庭副庭长；
李泉梅(女)为市中级人民法院行政审判庭副庭长。

免　　去：门世高的市中级人民法院审判委员会委员职务；
吕冬（女）的市中级人民法院立案庭庭长职务；
张建国的市中级人民法院审判员职务；
杨士明的市中级人民法院行政审判庭庭长职务；
吕泉生的市中级人民法院刑事审判一庭副庭长职务。

任　　命：孟祥智为市人民检察院副检察长、检察委员会委员；
郭隆文为市人民检察院副检察长；
张建国为市人民检察院检察委员会委员；
高秉明、李达茂为市人民检察院检察员。

免　　去：潘致的市人民检察院副检察长、检察委员会委员职务；
毕映福、土永强的市人民检察院检察委员会委员、检察员职务；
张启、戚学贤的市人民检察院检察员职务。

任　　命：叶晓利为荫营地区人民检察院检察长；
严志勇为荫营地区人民检察院副检察长、检察委员会委员；
赵冬冬、徐云焕（女）、田俊英（女）为荫营地区人民检察院检察员。

免　　去：焦振富的荫营地区人民检察院检察长职务；
孙喜爱的荫营地区人民检察院副检察长、检察委员会委员职务。

刘俭的城区人民检察院检察长职务；
高秉明的矿区人民检察院检察长职务；
李达茂的平定县人民检察院检察长职务。

市十二届人大常委会

（任命 46 名，决定任命 43 名，批准任命 9 名，免职 50 名、决定免职 10 名，接受辞职 8 名，批准免职 1 名，共任免 167 名）

第一次会议 (2002 年 6 月 14 日通过)

决定任命：李裕厚为市发展计划委员会主任；
张清为市经济贸易委员会主任；
赵平有为市教育局局长；
要真为市科学技术局局长；
宋建华为市公安局局长；
张万明为市司法局局长；
马骥为市财政局局长；
陈银昌为市劳动和社会保障局局长；
张三锁为市国土资源局局长；
薛银栓为市建设局局长；
李书田为市交通局局长；
高中和为市农业局局长；
连海峰（女）为市林业局局长；
周子服为市对外贸易经济合作局局长；
周建新为市文化局局长；
王保柱为市卫生局局长；
王新明为市计划生育委员会主任；
任美福为市审计局局长；
马文建为市规划局局长。

任　　命：贾忠海为市中级人民法院民事审判一庭庭长；
靳计明为市中级人民法院民事审判三庭庭长；
赵瑞平为市中级人民法院民事审判二庭副庭长；
李华为市中级人民法院民事审判三庭副庭长。

免　　去：靳计明的市中级人民法院民事审判一庭庭长职务；
贾忠海的市中级人民法院民事审判二庭庭长职务；
李华的市中级人民法院民事审判一庭副庭长职务；
王秀明（女）的市中级人民法院民事审判二庭副庭长职务；
张秋籽的市中级人民法院刑事审判二庭副庭长职务；
牛景源的市中级人民法院行政审判庭副庭长职务；
武绍晋的市中级人民法院审判监督庭副庭长职务；

门世高、李保国、常富财、李双田、范书田、杨士明的市中级人民法院审判员职务。

免　　去：单祯忠的市人民检察院检察委员会委员、检察员职务；

郭乃根、赵海波、张英俊、武守德、牛景民、郭成海的市人民检察院检察员职务。

批准免去：孟祥智的盂县人民检察院检察长职务。

第二次会议 (2002 年 8 月 15 日通过)

决定任命：林玉平为市监察委员会主任；

李家忠为市人民政府秘书长；

曾庆忠为市人事局局长；

王银河为市民政局局长；

王银旺为市水利局局长。

任　　命：黄计生为市中级人民法院立案庭副庭长。

批准任命：张　启为城区人民检察院检察长；

王永强为矿区人民检察院检察长；

毕映福为平定县人民检察院检察长；

李锦宪为盂县人民检察院检察长。

第五次会议 (2002 年 12 月 25 日通过)

决定任命：王振国为市财政局局长。

决定免去：马骥的市财政局局长职务。

第七次会议（2003 年 4 月 8 日通过）

接受辞职：郭忠实、梁春明辞去市十二届人大常委会委员职务。

第八次会议（2003 年 5 月 9 日通过）

接受辞职：张金凤（女）辞去市十二届人大常委会委员职务。

第九次会议（2003 年 6 月 25 日通过）

接受辞职：郭良孝辞去市人民政府市长职务。

决定任命：谢海为市人民政府副市长。

代理决定：谢海代理市人民政府市长。

任　　命：高志民、冯晋明为市中级人民法院审判委员会委员。

免　　去：张利平、杨玉春（女）的市中级人民法院审判委员会委员、审判员职务；

丁玉明的市中级人民法院审判员职务。

任　　命：庞有清为荫营地区人民检察院检察委员会委员。

免　　去：韩思明的荫营地区人民检察院检察委员会委员、检察员职务。

第十二次会议（2003 年 12 月 18 日通过）

决定任命：周建新为市文化新闻出版局局长。

任　　命：吕泉生为市中级人民法院刑事审判一庭庭长；

高志民为市中级人民法院刑事审判二庭庭长；

王秀明为市中级人民法院民事审判一庭庭长；

郝连昱为市中级人民法院民事审判三庭庭长；

武绍晋为市中级人民法院审判监督庭庭长；

张彩虹（女）为市中级人民法院立案庭庭长；

免　　去：冯建国的市中级人民法院刑事审判一庭庭长职务；
李俊魁的市中级人民法院刑事审判二庭庭长职务；
贾忠海的市中级人民法院民事审判一庭庭长职务；
靳计明的市中级人民法院民事审判三庭庭长职务；
高志民的市中级人民法院审判监督庭庭长职务；
吕泉生的市中级人民法院立案庭庭长职务；
张彩虹（女）的市中级人民法院刑事审判一庭副庭长职务。

任　　命：杨振田、刘振斌、张存庆、车建丽（女）、付利宝为市人民检察院检察委员会委员。

任　　命：黄鑫平为荫营地区人民检察院检察委员会委员。

第十六次会议（2004 年 6 月 30 日通过）

任　　命：周子服为市人大常委会副秘书长。

免　　去：武建功的市人大常委会副秘书长、调研室主任职务。

决定任命：李裕厚为市发展和改革委员会主任；
杨晋波为市经济委员会主任；
齐志华为市监察委员会主任；
武喜科为市商务局局长；
冯岩松为市卫生局局长；
张锁珍（女）为市人口和计划生育委员会主任。

决定免去：林玉平的市监察委员会主任职务；
王保柱的市卫生局局长职务；
张万明的市司法局局长职务。

第十八次会议（2004 年 10 月 28 日通过）

撤销决定：陈银昌的市劳动和社会保障局局长职务。

决定任命：张俊堂为市司法局局长。

第十九次会议（2004 年 12 月 15 日通过）

任　　命：于昌明为市中级人民法院审判委员会委员；
魏晓俊、王俊杰为市中级人民法院审判员。

第二十一次会议（2005 年 3 月 31 日通过）

接受辞职：刘建田辞去市十二届人大常委会副主任职务。

第二十二次会议（2005 年 6 月 10 日通过）

决定任命：樊如珍为市劳动和社会保障局局长。

决定免去：李裕厚的市发展和改革委员会主任职务。

任　　命：张彩虹（女）、吕泉生、王秀明、张秋籽、郝连昱、武计恒、武绍晋为市中级人民法院审判委员会委员；
吴怡东为市中级人民法院立案庭副庭长；
张爱国为市中级人民法院刑事审判一庭副庭长；
张卫华为市中级人民法院民事审判一庭副庭长；
赵林英（女）为市中级人民法院审判监督庭副庭长。

免　　去：冯建国、李俊魁、靳计明的市中级人民法院审判委员会委员职务；

黄计生、李继成的市中级人民法院立案庭副庭长职务；
杨建新的市中级人民法院民事审判一庭副庭长职务。

第二十三次会议（2005年8月17日通过）

决定任命：杨永生为市人民政府秘书长；
刘志强为市发展和改革委员会主任。

决定免去：李家忠的市人民政府秘书长职务。

任　　命：邓百福为市人民检察院检察委员会委员。

免　　去：杨振田的市人民检察院检察委员会委员职务；
李达茂、高秉明、刘海银、白萍生（女）的市人民检察院检察员职务。

第二十六次会议（2006年2月28日通过）

接受辞职：杨清风、王元寿辞去市十二届人大常委会副主任职务；
谢海辞去市人民政府市长职务。

决定任命：白云（女）为市人民政府副市长。

代理决定：白云（女）代理市人民政府市长。

第二十八次会议（2006年6月15日通过）

决定任命：王永珍为市水利局局长。

决定免去：王银旺的市水利局局长职务。

任　　命：尚锐利、李林为市中级人民法院审判委员会委员。

许可决定：市十二届人大代表冯礼堂因涉嫌职务犯罪，许可市人民检察院对其采取强制措施。

第三十次会议（2006年9月7日通过）

决定任命：王旭明为市人民政府副市长。

决定免去：樊盛武的市人民政府副市长职务。

第三十一次会议（2006年9月8日通过）

决定任命：王湜洲为市人民政府副市长；

决定免去：陈继光的市人民政府副市长职务。

第三十三次会议（2006年12月29日通过）

决定任命：王冬雪为市人民政府副市长（挂职）；
董贵堂为市人民政府秘书长；

决定免去：杨永生的市人民政府秘书长职务。

任　　命：唐麟为市人大常委会调研室主任。

免　　去：唐麟的市人大常委会办公厅副主任职务。

免　　去：韩启明的市中级人民法院审判员职务。

第三十四次会议（2007年2月28日通过）

任　　命：刘瑞光为市中级人民法院审判委员会委员；
王计元为市中级人民法院未成年人案件综合审判庭庭长。

免　　去：王计元的市中级人民法院刑事审判二庭副庭长职务。

第三十五次会议（2007年4月28日通过）

任　　命：鄯怀林为市人大常委会副秘书长
丁国忠为市人大常委会副秘书长兼办公厅主任，

唐麟为市人大常委会副秘书长；
樊文平为市人大常委会办公厅副主任；
曹晓红（女）为市人大常委会人事代表工作委员会副主任。
免　　去：张宝明的市人大常委会副秘书长兼办公厅主任职务；
周子服的市人大常委会副秘书长职务；
丁国忠的市人大常委会办公厅副主任职务；
王斌的市人大常委会人事代表工作委员会主任职务。
批准任命：张启为城区人民检察院检察长；
王永强为矿区人民检察院检察长；
贾建胜为郊区人民检察院检察长；
范海生为平定县人民检察院检察长；
李锦宪为盂县人民检察院检察长。

市十三届人大常委会

（任命 90 名，决定任命 49 名，批准任命 5 名，免职 64 名、决定免职 7 名，接受辞职 16 名，共任免 231 名）

第一次会议（2007 年 6 月 25 日通过）
任　　命：王玉明为市人大常委会人事代表工作委员会主任。
免　　去：王玉明的市人大常委会调查研究室副主任职务；
王梦平（女）的市人大常委会人事代表工作委员会副主任职务。

第二次会议（2007 年 7 月 30 日通过）
决定任命：董贵堂为市人民政府秘书长；
刘志强为市发展和改革委员会主任；
杨晋波为市经济委员会主任；
赵平有为市教育局局长；
要真为市科学技术局局长；
李柏为市公安局局长；
何海平为市监察委员会主任；
王银河为市民政局局长；
张俊堂为市司法局局长；
尚永葆为市人事局局长；
樊如珍为市劳动和社会保障局局长；
薛银栓为市建设局局长；
李书田为市交通局局长；
王永珍为市水利局局长；
张宝明为市农业局局长；
连海峰（女）为市林业局局长；
武喜科为市商务局局长；

周建新为市文化新闻出版局（市版权局）局长；
张永忠为市卫生局局长；
张玉斌为市人口和计划生育委员会主任；
李润萍（女）为市审计局局长；
乔岚为市规划局局长。

免　　去：冯晋明的市中级人民法院审判委员会委员、审判员职务。

任　　命：刘敬辉为市人民检察院检察委员会委员。

免　　去：谢书海的市人民检察院检察委员会委员职务；
杜文元的市人民检察院检察员职务；
王伟琳（女）的市人民检察院检察员职务。

第三次会议（2007 年 8 月 29 日通过）

决定任命：任美福为市财政局局长。

任　　命：张宏思为市人民检察院副检察长、检察委员会委员。

第六次会议（2007 年 12 月 28 日通过）

任　　命：牛贵生、马玉田、马　静（女）、王惠君（女）、白海雁、孙安龙、李银花（女）、杨海平、张国强、张瑞芳（女）、陈海、罗虎云、胡文祥、赵学斌、赵笑长、康翠荣（女）、梁素萍（女）、霍美文为市检察工作人民监督员。

第七次会议（2008 年 2 月 27 日通过）

接受辞职：王冬雪辞去市人民政府副市长职务（挂职）；
杨红梅（女）辞去市十三届人大常委会委员职务。

任　　命：于昌明为市中级人民法院副院长。

免　　去：周保武的市中级人民法院副院长职务；
李香莲（女）的市中级人民法院审判员职务；
高桂林（女）的市中级人民法院审判员职务。

免　　去：孟祥智的市人民检察院副检察长职务。

第八次会议（2008 年 3 月 25 日通过）

任　　命：李泉梅（女）为市中级人民法院立案一庭庭长；
张彩虹（女）为市中级人民法院立案二庭庭长；
王翔为市中级人民法院立案一庭副庭长；
王健为市中级人民法院立案二庭副庭长；
魏增玲（女）为市中级人民法院刑事审判一庭副庭长；
裴元钊为市中级人民法院刑事审判二庭副庭长；
吴怡东为市中级人民法院民事审判二庭副庭长；
胡旭辉为市中级人民法院民事审判三庭副庭长；
王俊杰为市中级人民法院行政审判庭副庭长；
孙丽青（女）为市中级人民法院未成年人案件综合审判庭副庭长。

免　　去：张彩虹（女）的市中级人民法院立案庭庭长职务；
吴怡东的市中级人民法院立案庭副庭长职务；
郭文华的市中级人民法院刑事审判一庭副庭长职务；

赵瑞平的市中级人民法院民事审判二庭副庭长职务；
李华的市中级人民法院民事审判三庭副庭长职务；
李泉梅（女）的市中级人民法院行政审判庭副庭长职务。

第九次会议（2008年4月30日通过）

决定任命：王斌权为市公安局局长。
决定免去：李柏的市公安局局长职务。
任　　命：刘振斌为市人民检察院副检察长；
张建国、毕映福为市人民检察院检察员。
免　　去：范海生、贾建胜、朱秀娥（女）的市人民检察院检察员职务。

第十二次会议（2008年10月24日通过）

任　　命：刘春玲（女）为市人大常委会民族宗教侨务外事工作委员会主任。

第十三次会议（2008年11月21日通过）

接受辞职：冯少勇辞去市中级人民法院院长；
张仲马辞去市人民检察院检察长。
任　　命：王志刚为市中级人民法院副院长、审判委员会委员。
任　　命：胡克勤为市人民检察院副检察长、检察委员会委员。
代理决定：王志刚代理市中级人民法院院长；
胡克勤代理市人民检察院检察长。

第十五次会议（2009年2月25日通过）

任　　命：史友松为市人大常委会副秘书长（兼）。
决定任命：何海平为市监察局局长（兼）。
免　　去：周成保的市中级人民法院审判委员会委员、审判员职务。

第十六次会议（2009年4月14日通过）

接受辞职：白云（女）辞去市人民政府市长职务。
决定任命：李栋梁为市人民政府副市长。
代理决定：李栋梁代理市人民政府市长。

第十九次会议（2009年8月26日通过）

接受辞职：李体柱辞去市人民政府副市长职务。
免　　去：周保武的市中级人民法院审判委员会委员、审判员职务。

第二十一次会议（2009年11月24日通过）

任　　命：侯润林为市人大常委会调查研究室副主任；
任庆为市人大常委会民族宗教侨务外事工作委员会副主任。
决定任命：王伟锁为市住房保障和城乡建设管理局局长；
张玉斌为市林业局局长；
郑清明为市人口和计划生育委员会主任；
王永珍为市煤炭工业局局长兼市安全生产监督管理局局长；
潘维新为市统计局局长。
决定免去：连海峰（女）的市林业局局长职务；
张玉斌的市人口和计划生育委员会主任职务。

任　　命：许清华为市人民检察院检察员。

免　　去：许清华的荫营地区人民检察院副检察长、检察委员会委员职务。

第二十三次会议（2010 年 1 月 18 日通过）

免　　去：鄯怀林的市人大常委会副秘书长职务。

决定任命：杨晋波为市经济和信息化委员会（市政府国有资产监督管理委员会）主任；

樊如珍为市人力资源和社会保障局局长；

王良义为市环境保护局局长；

李书田为市交通运输局局长；

尚永葆为市水务局局长；

张宝明为市农业委员会主任；

高士萍（女）为市文化广电新闻出版局（市版权局）局长；

王励为市体育局局长；

韩晓晨为市旅游局局长（市人民政府外事侨务办公室主任）；

马爱民为市民族宗教事务局局长；

姬德耀为市粮食局局长；

贺聪明为市食品药品监督管理局局长；

王立宾为市人民防空办公室主任。

第二十五次会议（2010 年 3 月 23 日通过）

接受辞职：高中和辞去市十三届人大常委会秘书长职务；

冯岩松、朱玉、齐志华、许世奎、梁怀玉、梁璧辞去市十三届人大常委会委员职务。

第二十七次会议（2010 年 4 月 29 日通过）

接受辞职：张清辞去市十三届人大常委会副主任职务。

第二十八次会议（2010 年 6 月 21 日通过）

免　　去：鄯怀林的市人大常委会副秘书长职务。

第二十九次会议（2010 年 8 月 25 日通过）

任　　命：吕志坚（女）为市人大常委会民族宗教侨务外事工作委员会主任。

第三十一次会议（2010 年 12 月 21 日通过）

免　　去：李俊魁、冯建国、靳计明、赵福元、王素英（女）、荆山池、段晓斌、魏晓俊的市中级人民法院审判员职务。

第三十二次会议（2011 年 2 月 23 日通过）

任　　命：孔海峰为市人民检察院检察委员会委员；

谷开元、周秀萍（女）、岳华、魏秋霞（女）、王正云为市人民检察院检察员。

免　　去：张宏思的市人民检察院副检察长、检察委员会委员职务（挂职）；

李庆堂、郝占彪、郑协里、许天水、常风萍（女）、高四来、申修成、杨腊果（女）的市人民检察院检察员职务。

第三十五次会议（2011 年 6 月 14 日通过）

决定任命：呼亚民为市安全生产监督管理局局长。

决定免去：王永珍的市安全生产监督管理局局长职务。

任　　命：刘新春（女）为市人民检察院副检察长（挂职）、检察委员会委员。

第三十六次会议（2011年8月4日通过）

任　　命：范海生为市人民检察院检察委员会委员。

免　　去：严志勇的荫营地区人民检察院副检察长、检察委员会委员、检察员职务；
孔海峰的市人民检察院检察委员会委员、检察员职务；
王建明、王新荣（女）的市人民检察院检察员职务。

批准任命：贾建胜为城区人民检察院检察长；
严志勇为矿区人民检察院检察长；
王建明为郊区人民检察院检察长；
孔海峰为平定县人民检察院检察长；
高秀瑾为盂县人民检察院检察长。

许可强制：市十三届人大代表郭怀寿涉嫌经济犯罪问题，许可市人民检察院对其采取强制措施。

第三十八次会议（2011年9月28日通过）

决定任命：赵峰为市人民政府副市长；
于秉富为市民政局局长；
申志纯为市水务局局长；
尚永葆为市人民防空办公室主任。

决定免去：王湜洲的市人民政府副市长职务；
尚永葆的市水务局局长职务；
王立宾的市人民防空办公室主任职务。

第四十次会议（2011年12月21日通过）

任　　命：陈福顺、李保来、高武、郝惠平、周满财、郭素刚、陈亮、闫永明、谭建波、郭严旻、王保才、刘海涛、王世明、任文东、江彦辉、古晓丽（女）为市中级人民法院审判员。

免　　去：张秋籽的市中级人民法院审判委员会委员、民事审判二庭庭长、审判员职务；
黄计生、梁庆、王世海的市中级人民法院审判员职务。

第四十一次会议（2012年2月22日通过）

任　　命：张存庆为荫营地区人民检察院副检察长、检察委员会委员；
庞有清为荫营地区人民检察院副检察长；
张福拴为荫营地区人民检察院检察委员会委员。

免　　去：张存庆的市人民检察院检察委员会委员、检察员职务；
孟祥智的市人民检察院检察委员会委员职务。

第四十二次会议（2012年4月28日通过）

接受辞职：刘春玲（女）辞去市十三届人大常委会委员职务；
胡克勤辞去市人民检察院检察长职务。

任　　命：刘敬辉、李永祥为市中级人民法院审判委员会委员；
王健为市中级人民法院立案二庭庭长；
裴元钊为市中级人民法院刑事审判二庭庭长；
吴怡东为市中级人民法院民事审判二庭庭长；
张卫华为市中级人民法院民事审判三庭庭长；

王俊杰为市中级人民法院行政审判庭庭长；
郭晋江为市中级人民法院立案一庭副庭长；
付建红（女）为市中级人民法院立案二庭副庭长；
郭严旻为市中级人民法院立案二庭副庭长；
郭素刚为市中级人民法院刑事审判一庭副庭长；
任文东为市中级人民法院刑事审判二庭副庭长；
田志国为市中级人民法院民事审判一庭副庭长；
谷守乾为市中级人民法院民事审判二庭副庭长；
郝丽琴（女）为市中级人民法院民事审判二庭副庭长；
潘紫华为市中级人民法院民事审判三庭副庭长；
闫永明为市中级人民法院行政审判庭副庭长；
刘海涛为市中级人民法院审判监督庭副庭长；
谭建波为市中级人民法院未成年人案件综合审判庭副庭长。

免　　去：尚锐利的市中级人民法院审判委员会委员职务；
张彩虹（女）的市中级人民法院立案二庭庭长职务；
高志民的市中级人民法院刑事审判二庭庭长职务；
郝连昱的市中级人民法院民事审判三庭庭长职务；
武计恒的市中级人民法院行政审判庭庭长职务；
王翔的市中级人民法院立案一庭副庭长职务；
王健的市中级人民法院立案二庭副庭长职务；
张爱国的市中级人民法院刑事审判一庭副庭长职务；
裴元钊的市中级人民法院刑事审判二庭副庭长职务；
张卫华的市中级人民法院民事审判一庭副庭长职务；
胡锐锋的市中级人民法院民事审判二庭副庭长职务；
吴怡东的市中级人民法院民事审判二庭副庭长职务；
王俊杰的市中级人民法院行政审判庭副庭长职务。

任　　命：王守林为市人民检察院副检察长、检察委员会委员。

代理决定：王守林代理市人民检察院检察长。

市十四届人大常委会

（任命97名，决定任命61名，批准任命5名，免职64名、决定免职23名，接受辞职9名，共任免259名）

第一次会议（2012年7月20日通过）

任　　命：李润怀为市人大常委会副秘书长、办公厅主任；
史友松为市人大常委会副秘书长、调查研究室主任；
桑晓飞为市人大常委会副秘书长；
胡万明为市人大常委会人事代表工作委员会主任；
赵永东为市人大常委会民族宗教侨务外事工作委员会主任；

曹晓红（女）为市人大常委会人事代表工作委员会副主任。

决定任命：王明厚为市人民政府秘书长；

杨全生为市发展和改革委员会主任；

王良义为市经济和信息化委员会（市政府国有资产监督管理委员会）主任；

高巨海为市教育局局长；

何海平为市科学技术局局长；

王斌权为市公安局局长；

李立国为市监察局局长；

于秉富为市民政局局长；

张俊堂为市司法局局长；

郭少敏为市财政局局长；

樊如珍为市人力资源和社会保障局局长；

荆存柱为市环境保护局局长；

王伟锁为市住房保障和城乡建设管理局局长；

黄少英为市交通运输局局长；

申志纯为市水务局局长；

武建功为市农业委员会主任；

杨自明为市林业局局长；

王励为市商务局局长；

高士萍（女）为市文化广电新闻出版局（市版权局）局长；

张永忠为市卫生局局长；

郑清明为市人口和计划生育委员会主任；

李润萍（女）为市审计局局长；

呼亚民为市煤炭工业局局长；

马爱民为市体育局局长；

潘维新为市统计局局长；

孔禄泉为市安全生产监督管理局局长；

韩晓晨为市旅游局局长（市政府外事侨务办公室主任）；

刘海明为市民族宗教事务局局长；

姬德耀为市粮食局局长；

贺聪明为市食品药品监督管理局局长；

尚永葆为市人民防空办公室主任；

乔岚为市规划局局长。

任　　命：刘瑞光为市中级人民法院副院长。

免　　去：贾俊的市中级人民法院副院长职务。

任　　命：邓百福为荫营地区人民检察院检察长；

尚锐利为市人民检察院检察委员会委员。

免　　去：杨璋年的市人民检察院副检察长、检察委员会委员职务；

叶晓利的荫营地区人民检察院检察长，市人民检察院副检察长、检察委员会委员、检察员职务；

刘敬辉的市人民检察院检察委员会委员职务；

张建国、毕映福、许清华、王功的市人民检察院检察员职务；

孙慧源的荫营地区人民检察院检察委员会委员、检察员职务；

田俊英的荫营地区人民检察院检察员职务。

接受辞职：杨全生辞去市十四届人大常委会委员职务。

第二次会议（2012 年 8 月 22 日通过）

决定任命：徐芃为市人民政府副市长(挂职)。

任　　命：陈明华为市中级人民法院副院长、审判委员会委员。

接受辞职：王志刚辞去市中级人民法院院长职务。

代理决定：陈明华代理市中级人民法院院长。

第三次会议（2012 年 10 月 30 日通过）

任　　命：范海生为市人民检察院副检察长；

杨喜平为市人民检察院检察委员会委员。

第四次会议（2012 年 11 月 23 日通过）

任　　命：赵彦、李燕林（女）、吴珺（女）为市人民检察院检察委员会委员。

第六次会议（2013 年 2 月 8 日通过）

决定任命：陈永奇为市人民政府副市长。

接受辞职：李栋梁辞去市人民政府市长职务。

代理决定：陈永奇代理市人民政府市长。

第八次会议（2013 年 4 月 2 日通过）

任　　命：侯润林为市人大常委会副秘书长；

郭玉霞（女）为市人大财政经济委员会副主任委员；

高永恩为市人大常委会办公厅副主任。

免　　去：曹晓红（女）的市人大常委会人事代表工作委员会副主任职务；

侯润林的市人大财政经济委员会副主任委员职务。

第九次会议（2013 年 5 月 7 日通过）

决定任命：李利生、郝培亮为市人民政府副市长；

决定免去：王旭明、刘星的市人民政府副市长职务。

第十次会议（2013 年 6 月 26 日通过）

任　　命：郭状、单一清、李懿婷（女）、张军、王艳娥（女）、葛宏娟（女）、刘艳丽（女）、王海东、张晓峰（女）、代中海、石磊、郭晓亮、宋林海、郭志燕（女）、荆蔚（女）、邵莲花（女）为市人民检察院检察员。

免　　去：刘新春（女）的市人民检察院副检察长（挂职）、检察委员会委员。

王军平的市人民检察院检察员职务。

第十一次会议（2013 年 7 月 5 日通过）

许可强制：市十四届人大代表王永珍涉嫌受贿犯罪，许可市人民检察院对其采取强制措施。

第十二次会议（2013 年 8 月 20 日通过）

任　　命：赵林英（女）为市中级人民法院立案一庭庭长；

王计元为市中级人民法院刑事审判一庭庭长；
武绍晋为市中级人民法院民事审判一庭庭长；
李泉梅（女）为市中级人民法院审判监督庭庭长；
赵丽萍（女）为市中级人民法院未成年人案件综合审判庭庭长；
任晓辉为市中级人民法院立案一庭副庭长；
张敏芳（女）为市中级人民法院民事审判一庭副庭长；
王世明为市中级人民法院民事审判三庭副庭长；
赵东东、贾宏国为荫营地区人民检察院检察委员会委员。

免　　去：贾俊、高志民、武计恒的市中级人民法院审判委员会委员职务；
李泉梅（女）的市中级人民法院立案一庭庭长；
吕泉生的市中级人民法院刑事审判一庭庭长；
王秀明（女）的市中级人民法院民事审判一庭庭长；
武绍晋的市中级人民法院审判监督庭庭长；
王计元的市中级人民法院未成年人案件综合审判庭庭长；
郭晋江的市中级人民法院立案一庭副庭长；
聂士洲的市中级人民法院民事审判一庭副庭长；
潘紫华的市中级人民法院民事审判三庭副庭长；
赵林英（女）的市中级人民法院审判监督庭副庭长；
李保来、郝惠平的市中级人民法院审判员。

第十三次会议（2013 年 9 月 29 日通过）

许可强制：市十四届人大代表孙祥令涉嫌非国家工作人员受贿罪，许可市公安局对其采取强制措施。

第十七次会议（2014 年 3 月 25 日通过）

许可强制：市十四届人大代表张石明、田怀所涉嫌受贿，许可市人民检察院对二人采取强制措施。

第十九次会议（2014 年 6 月 25 日通过）

决定任命：尚建军为市公安局局长。

决定免去：王斌权的市公安局局长职务。

任　　命：王军义、姚建强、王伟平、马全友、岳虎平为市人民检察院检察委员会委员；
赵忠、王晋勤为市人民检察院检察员。

免　　去：邓百福的市人民检察院检察委员会委员职务；
郭状、李继敏（女）、胡冰、张涛源的市人民检察院检察员职务。

第二十次会议（2014 年 7 月 24 日通过）

许可强制：市十四届人大代表张益智涉嫌单位行贿犯罪，许可市人民检察院对其采取强制措施。

第二十二次会议（2014 年 10 月 30 日通过）

接受辞职：徐芃辞去市人民政府副市长职务。

第二十四次会议（2015 年 2 月 13 日通过）

许可强制：市十四届人大代表王国瑞涉嫌单位行贿罪，许可市人民检察院对其采取强制措施。

第二十五次会议（2015 年 2 月 27 日通过）

任　　命：赵林、侯仲才、张艳（女）、薛利华（女）、郭丽丽（女）、贾志强、黄哲霞（女）

为市中级人民法院审判员。

免　　去：王宪忠、韩慧芳（女）、武计恒、牛景源、李华的市中级人民法院审判员职务。

第二十七次会议（2015 年 5 月 26 日通过）

许可强制：市十四届人大代表史钰文涉嫌行贿犯罪，许可市人民检察院对其采取强制措施。

第二十八次会议（2015 年 6 月 25 日通过）

免　　去：史友松的市人大常委会副秘书长职务。

决定任命：郑清明为市林业局局长；

姬德耀为市商务粮食局局长；

高士萍（女）为市文化局（市文物局、市版权局）局长；

张永忠为市卫生和计划生育委员会主任；

贾权为市工商行政管理局局长；

张志成为市质量技术监督局局长。

决定免去：杨自明的市林业局局长职务。.

因机构改革，王励担任的市商务局局长职务和以上人员原任职务自行免去。

第二十九次会议（2015 年 7 月 21 日通过）

罢　　免：洪发科的省十二届人大代表职务，确认洪发科的市十四届人大代表资格终止。

第三十次会议（2015 年 8 月 27 日通过）

任　　命：王健为市中级人民法院民事审判一庭庭长；

魏增玲（女）为市中级人民法院立案二庭庭长；

孙丽青（女）为市中级人民法院未成年人案件综合审判庭庭长；

付建红（女）为市中级人民法院刑事审判一庭副庭长；

古晓丽（女）为市中级人民法院立案二庭副庭长；

贾志强为市中级人民法院民事审判三庭副庭长；

陈亮为市中级人民法院审判监督庭副庭长；

张艳（女）为市中级人民法院未成年人案件综合审判庭副庭长；

免　　去：武绍晋的市中级人民法院民事审判一庭庭长职务；

王健的市中级人民法院立案二庭庭长职务；

魏增玲（女）的市中级人民法院刑事审判一庭副庭长职务；

胡旭辉的市中级人民法院民事审判三庭副庭长职务；

孙丽青（女）的市中级人民法院未成年人案件综合审判庭副庭长职务；

付建红（女）的市中级人民法院立案二庭副庭长职务；

刘海涛的市中级人民法院审判监督庭副庭长职务。

任　　命：梁金龙、张岚（女）、郭云丽（女）、陈占军、王文博、石瑞生、牛子敬（女）、黄红梅（女）、张亚东、蒯晓波、戎健（女）、郝艳龙、赵杨瑞、赵瑾（女）、马岗峰、任晓君、刘舒、刘婷婷（女）为市人民检察院检察员。

免　　去：张建平、吕崇明的市人民检察院检察员职务。

第三十二次会议（2015 年 11 月 26 日通过）

接受辞职：陈永奇辞去市人民政府市长。

决定任命：董一兵为市人民政府副市长。

代理决定：董一兵代理市人民政府市长。

第三十三次会议（2015 年 12 月 3 日通过）

许可强制：市十四届人大代表冀永生涉嫌行贿犯罪，许可市人民检察院对其采取强制措施。

第三十四次会议（2015 年 12 月 30 日通过）

免　　去：王志德的市中级人民法院副院长、审判委员会委员职务；
　　　　　杨建新、高志民的市中级人员法院审判员职务。

免　　去：郭隆文的市人民检察院副检察长职务；
　　　　　王如湖的市人民检察院检察员职务。

补　　选：刘宏新（下派）为省十二届人大代表。

第三十五次会议（2016 年 2 月 19 日通过）

决定免去：李立国的市监察局局长职务。

第三十七次会议（2016 年 4 月 27 日通过）

任　　命：吕志坚（女）为市人大常委会法制工作委员会主任；
　　　　　任庆为市人大常委会法制工作委员会副主任。

第三十八次会议（2016 年 6 月 28 日通过）

接受辞职：史友松、李润怀、杨日祥辞去市十四届人大常委会委员职务。

免　　去：李润怀的市人大常委会副秘书长、办公厅主任职务；
　　　　　史友松的市人大常委会调查研究室主任职务。

决定免去：尚建军的市公安局局长职务；
　　　　　何海平的市科学技术局局长职务；
　　　　　高士萍（女）的市文化局（市文物局、市版权局）局长职务。

任　　命：杨喜平为市人民检察院副检察长。

许可强制：市十四届人大代表陈冬至涉嫌拒不支付劳动报酬罪，许可市公安局对其采取强制措施。

第三十九次会议（2016 年 8 月 26 日通过）

任　　命：桑晓飞为市人大常委会调查研究室主任。

免　　去：桑晓飞的市人大常委会副秘书长、市人大城环委副主任委员职务。

决定任命：郭少敏为市人民政府副市长；
　　　　　武雪（女）为市科学技术局局长；
　　　　　郭爱聪为市水务局局长；
　　　　　安海润为市农业委员会主任。

决定免去：李利生的市人民政府副市长职务；
　　　　　申志纯的市水务局局长职务；
　　　　　武建功的市农业委员会主任职务；
　　　　　孔禄泉的市安全生产监督管理局局长职务；
　　　　　乔岚的市规划局局长职务。

任　　命：李永祥为市中级人民法院副院长。

免　　去：于昌明的市中级人民法院副院长、审判委员会委员、审判员职务。

批准任命：高秀瑾为城区人民检察院检察长；
　　　　　孔海峰为矿区人民检察院检察长；

严志勇为郊区人民检察院检察长。

第四十次会议（2016年8月27日通过）

许可强制：市十四届人大代表郝培亮涉嫌赌博违法，许可太原市公安局对其采取行政拘留措施。

第四十一次会议（2016年9月27日通过）

许可强制：市十四届人大代表杜成涉嫌受贿罪，许可市人民检察院对其采取强制措施。

第四十二次会议（2016年10月20日通过）

接受辞职：王守林辞去市人民检察院检察长职务。

决定任命：郑清明为市人民政府秘书长；

冯维明为市发展和改革委员会(市国家资源型经济转型综合配套改革试验区办公室)主任；

靳润喜为市公安局局长；

任晓华为市财政局局长；

杜平华为市住房保障和城乡建设管理局局长；

王建义为市林业局局长；

张立君为市文化局（市文物局、市版权局）局长；

崔正宏为市安全生产监督管理局局长；

苏涛为市旅游局局长（市人民政府外事侨务办公室主任）；

王伟锁为市规划局局长。

决定免去：郝培亮的市人民政府副市长职务；

王明厚的市人民政府秘书长职务；

杨全生的市发展和改革委员会（市国家资源型经济转型综合配套改革试验区办公室）主任职务；

郭少敏的市财政局局长职务；

王伟锁的市住房保障和城乡建设管理局局长职务；

郑清明的市林业局局长职务；

韩晓晨的市旅游局局长（市人民政府外事侨务办公室主任）职务。

任　　命：王廉允为市人民检察院副检察长、检察委员会委员。

免　　去：王守林的市人民检察院检察委员会委员职务；

郭隆文的市人民检察院检察委员会委员职务；

闫运成的市人民检察院副检察长、检察委员会委员职务；

赵彦的市人民检察院检察员、检察委员会委员职务；

刘艳萍（女）、刘瑛（女）的市人民检察院检察员职务。

批准任命：王建明为平定县人民检察院检察长；

贾建胜为盂县人民检察院检察长。

决定代理：王廉允代理市人民检察院检察长。

第四十三次会议（2016年12月29日通过）

任　　命：董英（女）为市人大城乡建设环境保护委员会副主任委员；

王刚为市人大常委会调查研究室副主任；

王和平为市人大常委会人事代表工作委员会副主任；

李东方为市人大常委会民族宗教侨务外事工作委员会副主任；

张俊福为市人大常委会信访办公室主任。

决定免去：潘维新的市统计局局长职务。

任　　命：刘秀成为市中级人民法院审判委员会委员；

张爱国为市中级人民法院审判委员会委员。

免　　去：张克勤的市中级人民法院审判员职务。

第四十四次会议（2017年1月10日通过）

补　　选：王宏、邱水平（下派）为省十二届人大代表。

第四十五次会议（2017年2月28日通过）

决定任命：马爱锋为市人民政府副市长；

潘海燕（女）为市人民政府副市长；

魏海文为市统计局局长。

决定免去：董仙桃（女）的市人民政府副市长职务。

市十五届人大常委会

（任命48名，决定任命67名，批准任命1名，免职50名、决定免职17名，接受辞职9名，共任免192名）

第一次会议（2017年3月12日通过）

任　　命：张利军为市人大常委会办公厅主任；

桑晓飞为市人大常委会副秘书长兼办公厅副主任；

高永恩为市人大常委会副秘书长兼办公厅副主任；

侯润林为市人大常委会调查研究室主任；

高和平为市人大常委会人事代表工作委员会主任；

吕志坚（女）为市人大常委会法制工作委员会主任；

王吉贵为市人大常委会民族宗教侨务外事工作委员会主任；

王刚为市人大常委会调查研究室副主任；

王和平为市人大常委会人事代表工作委员会副主任；

任庆为市人大常委会法制工作委员会副主任；

何丽萍（女）为市人大常委会法制工作委员会副主任；

李东方为市人大常委会民族宗教侨务外事工作委员会副主任；

张俊福为市人大常委会信访办公室主任。

任　　命：朱刚为市监察委员会副主任；

谭伟中为市监察委员会副主任；

赵彦为市监察委员会副主任；

穆素平、李贵亮、要旗、李燕林（女）为市监察委员会委员。

第三次会议（2017年6月20日通过）

决定任命：郑清明为市人民政府秘书长；

冯维明为市发展和改革委员会（市国家资源型经济转型综合配套改革试验区办公室）主任；

彭国勇为市经济和信息化委员会（市政府国有资产监督管理委员会）主任；

薛利敏为市教育局局长；
武雪（女）为市科学技术局局长；
靳润喜为市公安局局长；
于秉富为市民政局局长；
冉志伟为市司法局局长；
任晓华为市财政局局长；
樊如珍为市人力资源和社会保障局局长；
荆存柱为市环境保护局局长；
杜平华为市住房保障和城乡建设管理局局长；
黄少英为市交通运输局局长；
郭爱聪为市水务局局长；
安海润为市农业委员会主任；
王建义为市林业局局长；
孙存恩为市商务粮食局局长；
张立君为市文化局（市版权局）局长；
段宏华为市卫生和计划生育委员会主任；
巨建军为市审计局局长；
孙金宁为市煤炭工业局局长；
张俊堂为市工商行政管理局局长；
张志成为市质量技术监督局局长；
刘文军为市食品药品监督管理局局长；
姚文新为市体育局局长；
魏海文为市统计局局长；
崔正宏为市安全生产监督管理局局长；
苏涛为市旅游发展委员会主任（市政府外事侨务办公室主任、市文物局局长）；
文武全为市民族宗教事务局局长；
张东民为市人民防空办公室主任；
王伟锁为市规划局局长。

免　　去：余占斌、高培荣（女）、刘国强的市人民检察院检察员职务。

第四次会议（2017 年 8 月 31 日通过）

任　　命：王计元、裴元钊、王健、吴怡东、张卫华、王俊杰、李泉梅（女）、张朝晖为市中级人民法院审判委员会委员。

免　　去：李林的市中级人民法院审判委员会委员职务；
高武的市中级人民法院审判员职务。

第五次会议（2017 年 10 月 26 日通过）

决定任命：李君为市人民政府副市长。

免　　去：朱刚的市监察委员会副主任职务。

任　　命：尚锐利为市人民检察院副检察长。

免　　去：石素春（女）、郝艳龙的市人民检察院检察员职务。

第七次会议（2017 年 11 月 30 日通过）

罢　　免：张存福省十二届人大代表资格。

第九次会议（2018 年 1 月 5 日通过）

接受辞职：董一兵辞去市人民政府市长职务。

决定任命：雷健坤（女）为市人民政府副市长。

代理决定：雷健坤（女）代理市人民政府市长。

第十一次会议（2018 年 3 月 20 日通过）

决定免去：张志成的市质量技术监督局局长职务；

苏涛的市旅游发展委员会主任（市人民政府外事侨务办公室主任、市文物局局长）职务。

任　　命：王磊、穆成明为市监察委员会委员。

免　　去：穆素平的市监察委员会委员职务。

第十二次会议（2018 年 4 月 26 日通过）

免　　去：刘振斌的市人民检察院副检察长职务；

卢宁的市人民检察院检察员职务。

批准任命：姚建强为盂县人民检察院检察长。

第十三次会议（2018 年 6 月 26 日通过）

任　　命：乔军华为市人大常委会内务司法工作委员会专职副主任。

免　　去：谭伟中的市监察委员会副主任职务。

第十五次会议（2018 年 8 月 28 日通过）

任　　命：王海军为市人民检察院副检察长（挂职）。

免　　去：刘振斌、姚建强的市人民检察院检察委员会委员职务；

王永强的市人民检察院检察员职务。

第十六次会议（2018 年 9 月 11 日通过）

接受辞职：马爱锋辞去市人民政府副市长职务。

决定任命：黄海涛为市人民政府副市长；

李宏革为市环境保护局局长。

决定免去：荆存柱的市环境保护局局长职务。

任　　命：郭彦云为市监察委员会副主任。

第十八次会议（2018 年 12 月 27 日通过）

决定免去：潘海燕（女）的市人民政府副市长职务；

王建义的市林业局局长职务。

免　　去：付利宝的市人民检察院检察委员会委员、检察员职务。

第十九次会议（2019 年 1 月 16 日通过）

决定任命：李文兵为市人民政府副市长。

接受辞职：董一兵辞去省十三届人大代表职务。

补　　选：关建勋、杨临生为省十三届人大代表。

第二十次会议（2019 年 1 月 31 日通过）

决定任命：郑清明为市政府办公室主任；

彭国勇为市工业和信息化局局长；

樊如珍为市民政局局长；
孙毅为市人力资源和社会保障局局长；
李宏革为市生态环境局局长；
杜平华为市住房和城乡建设局局长；
赵建军为市城市管理局局长；
梁庆为市交通运输局局长；
郭爱聪为市水利局局长；
安海润为市农业农村局局长；
孙存恩为市商务局局长；
张立君为市文化和旅游局局长；
段宏华为市卫生健康委员会主任；
王建华为市退役军人事务局局长；
孙金宁为市应急管理局局长；
张丽娟（女）为市政府外事办公室主任；
张俊堂为市市场监督管理局局长；
王耀东为市医疗保障局局长；
王骞元为市行政审批服务管理局局长；
王刚为市信访局局长；
雷永平为市政府金融工作办公室主任；
崔正宏为市能源局局长。

决定免去：于秉富的市民政局局长职务；
樊如珍的市人力资源和社会保障局局长职务；
黄少英的市交通运输局局长职务。
因机构改革，属于合并、不再保留或者更名的政府工作部门，其原任局长、主任即予免职。

第二十一次会议（2019 年 2 月 21 日通过）

任　　命：张利军为市人大常委会办公室主任；
董英（女）为市人大常委会副秘书长；
侯润林为市人大常委会监察和司法工作委员会主任；
高永恩为市人大常委会人事代表工作委员会主任；
王刚为市人大常委会监察和司法工作委员会副主任；
王建平为市人大常委会调查研究室副主任兼监察和司法工作委员会副主任；
任晓辉为市人大常委会法制工作委员会副主任。

免　　去：高永恩的市人大常委会副秘书长职务；
董英（女）的市人大城乡建设环境保护委员会副主任委员职务；
高和平的市人大常委会人事代表工作委员会主任职务；
任庆的市人大常委会法制工作委员会副主任职务。

因机构改革，不再保留或者更名的市人大常委会工作机构，其原任主任、副主任即予免职。

接受辞职：刘志强辞去市十五届人大常委会副主任职务；

高和平辞去市十五届人大常委会委员职务。

第二十三次会议（2019年5月16日通过）

许可强制：市十五届人大代表王学锦涉嫌非法采矿、寻衅滋事等多起违法犯罪，许可市公安局对其采取刑事强制措施。

第二十四次会议（2019年6月19日通过）

免　　去：李贵亮、要旗的市监察委员会委员职务。

第二十五次会议（2019年8月28日通过）

任　　命：冯华锐为市中级人民法院审判员。

免　　去：边进兴、陈福顺、张强、赵瑞平、贾忠海的市中级人民法院审判员职务。

任　　命：张存庆为市人民检察院检察员、检察委员会委员。

第二十七次会议（2019年12月25日通过）

接受辞职：吕昌政辞去市十五届人大常委会副主任职务。

免　　去：李燕林（女）的市人民检察院检察委员会委员职务；
徐计忠、石文亮、韩淑芳（女）、张素庭、赵忠、王正云、刘艳丽（女）、葛宏娟（女）、魏秋霞（女）、张军、单一清、陈占军、赵杨瑞、赵瑾（女）、王文博的市人民检察院检察员职务。

第二十八次会议（2020年1月20日通过）

接受辞职：孙金明辞去市十五届人大常委会副主任职务；
郭少敏辞去市人民政府副市长职务。

决定任命：王明厚为市人民政府副市长。

决定免去：杜平华的市住房和城乡建设局局长职务。

第二十九次会议（2020年2月27日通过）

任　　命：赵文骥为市人大常委会办公室主任。

免　　去：张利军的市人大常委会办公室主任职务。

决定任命：郗文保为市住房和城乡建设局局长；
武雪（女）为市大数据应用局局长。

决定免去：武雪（女）的市科技局局长职务。

任　　命：蔡学林为市监察委员会委员。

第三十一次会议（2020年4月16日通过）

接受辞职：张利军辞去市十五届人大常委会秘书长职务。

第三十二次会议（2020年6月23日通过）

决定任命：张俊堂为市政府秘书长、市政府办公室主任。

决定免去：郑清明的市政府秘书长、市政府办公室主任职务。

免　　去：刘志刚的市人民检察院检察员职务。

第三十三次会议（2020年8月27日通过）

决定任命：石峥为市发展和改革委员会主任；
王刚为市市场监督管理局局长；
文武全为市信访局局长。

决定免去：冯维明的市发展和改革委员会主任职务；

张俊堂的市市场监督管理局局长职务；

王刚的市信访局局长职务。

第三十四次会议（2020 年 10 月 29 日通过）

任　　命：王东旭为市中级人民法院副院长、审判委员会委员。

免　　去：陈明华的市中级人民法院审判委员会委员职务。

决定任命：陈步瑜为市生态环境局局长。

决定免去：李宏革的市生态环境局局长职务。

任　　命：张华林为市监察委员会副主任。

免　　去：赵彦的市监察委员会副主任职务。

免　　去：王海军的市人民检察院副检察长（挂职）职务。

接受辞职：陈明华辞去市中级人民法院院长职务。

代理决定：王东旭代理市中级人民法院院长。

第三十五次会议（2020 年 12 月 28 日通过）

任　　命：董　英（女）为市人大常委会调查研究室主任兼监察和司法工作委员会主任。

免　　去：侯润林的市人大常委会调查研究室主任兼监察和司法工作委员会主任职务；

董英（女）的市人大常委会副秘书长职务。

决定任命：武雪（女）为市教育局局长。

决定免去：薛利敏的市教育局局长职务；

武雪（女）的市大数据应用局局长职务。

市人大常委会补选省人大代表和任免国家机关工作人员等一览表（2001 年 1 月至 2020 年 12 月）

表 7-26　　单位：人次

届别			十一届	十二届	十三届	十四届	十五届	合计
省人大代表		补选	—	1	—	3	2	6
		罢免	—	—	—	1	1	2
		辞职	—	1	—	—	1	1
市人大代表		强制许可	—	1	1	11	1	14
市人大常委会	常委会组成人员辞职	主任	—	—	—	—	—	—
		副主任	2	3	1	—	3	9
		秘书长	—	—	1	—	1	2
		委员	1	3	8	4	1	17
	人大机关	任	7	7	6	17	23	60
		免	5	6	4	6	7	28
市人民政府	合计	任	11	43	49	61	67	231
		免	5	10	7	23	17	62
		辞职	—	2	3	3	3	11
		撤职	—	1	—	—	—	1

续表 7-26

届别				十一届	十二届	十三届	十四届	十五届	合计
市人民政府	合计	市长	辞职	—	2	1	2	1	6
		代理市长	决定	—	2	1	2	1	6
		副市长	任	—	5	2	8	5	20
			免	—	2	1	5	1	9
			辞职	—	—	2	1	2	5
		秘书长委办局负责人	任	11	38	47	53	57	206
			免	5	8	6	18	10	47
			撤职	—	1	—	—	—	1
监委会	任			—	—	—	—	12	12
	免			—	—	—	—	6	6
法院	代理院长			—	—	1	1	1	3
	任			30	31	47	28	10	146
	免			8	31	37	32	8	116
	辞职			—	—	1	1	1	3
检察院	代理检察长			—	—	2	1	—	3
	任			29	8	37	52	3	129
	免			8	13	23	26	29	99
	辞职			—	—	2	1	—	3
	批准任命			—	9	5	5	1	20
	批准免去			3	1	—	—	—	4

第五章　代表工作

人大代表是国家权力机关的组成人员，是人民代表大会的主体，担负着代表人民当家作主、依法参与行使国家权力的重要职权。2001 年至 2020 年，历届市人大常委会把代表工作作为坚持中国特色社会主义民主政治建设的基础工程和常委会的基础工作，高位谋划，主动作为，持续加力，不断加强和改进代表工作。中共十八大后，深入学习贯彻习近平总书记关于坚持和完善人民代表大会制度的重要思想，积极探索做好新时代人大代表工作，建设同人民群众保持密切联系的代表机关，保障人大代表依法执行代表职务、参与管理地方经济和各项社会事务，为阳泉市的改革发展贡献智慧和力量。

第一节　代表工作总体布局

坚持适应新形势新任务新要求，认真总结工作经验，持续加大落实力度，通过召开专题会议、工作会议和出台相关制度、构建履职平台等多种方式，从总体上布局本届人大代表工作，确保代表工作的正确方向，推动代表活动制度化和规范化。

市十二届人大常委会　2002 年 4 月举行纪念《中华人民共和国全国人民代表大会和地方各级人民代表大会代表法》颁布实施十周年座谈会，各县区人大常委会围绕提高代表素质、拓宽代表知情知政渠道、加强同代表联系、加大办理代表意见建议力度、组织代表开展活动，发挥代表作用等专题介绍工作经验，部分人大代表畅谈履职感想，提出进一步贯彻实施代表法的意见建议。2002 年 11 月常委会第四次会议审议通过《关于市人大代表活动的办法（试行）》，对代表开展活动的方式方法、主要内容、建议办理和服务保障作出 21 项规定。2004 年，举行全国人民代表大会成立 50 周年、地方人大常委会设立 25 周年纪念活动，8 月 20 日，办公厅印发《关于召开全市人大代表工作座谈会的通知》（阳人办发〔2004〕46 号），明确座谈会作为纪念活动之一，总结交流各级人大做好代表工作和代表履行职务的经验，以促进代表更好地发挥作用。2005 年 12 月出台《关于发挥代表作用加强代表活动的规定》，对代表视察调研、代表列席会议、代表知情知政、代表述职评议、代表同原选区联系、代表约见国家机关领导人和代表活动的保障服务等作出 10 项规定。

市十三届人大常委会　2007 年 10 月，常委会第四次会议审议通过《市人大常委会关于加强代表工作的意见》，就代表联系、代表活动、代表作用发挥作出 22 条规定。2007 年 12 月，利用市十三届人大二次会议召开之机，围绕加强和改进代表工作，主动征求与会代表的意见建议。常委会主任在闭幕式上发表《切实加强代表工作充分发挥代表作用》讲话，提出“十个加强”的总体思路，即加强代表培训工作，提高代表依法履职的能力和水平；加强代表知情知政渠道的拓宽工作，为代表履职提供条件；加强对代表履职活动的指导，切实把代表活动组织好、开展好；加强与代表的联系，及时听取代表的意见建议；加强制度建设，促进代表工作的制度化、规范化；加强代表履职考核，为人民群众监督代表提供条件；加强代表议案、建议办理工作，进一步提高办理质量；加强对代表法实施情况的检查，切实保障代表的合法权益；加强对代表履职活动的宣传，提高社会的认知度；加强人大常委会机关建设，为代表履职提供良好服务。2008 年 8 月，举行人大代表“心系奥运、履职为民”座谈会，来自全市农村、企业、机关、学校、社区、妇联、侨联、残联等方面的部分省、市人大代表，围绕“迎奥运、抓发展、促和谐”主题，畅谈和交流了各自支持奥运、参与奥运、奉献奥运、服务奥运的做法、经验和打算。会议要求各级人大代表围绕全市工作大局，牢记宗旨，不负重托，发挥带头作用，积极参与、支持和服务奥运会各项工作。

市十四届人大常委会 2014 年 2 月 27 日，常委会第十六次会议审议通过《关于切实改进代表工作充分发挥代表作用的若干意见》，从保障代表知情知政权、提高代表议案建议办理质量、增强闭会期间代表活动实效、强化代表培训工作、为代表履职提供支持与保障等五个方面，明确了发挥代表作用的 22 项具体做法和要求。2 月 28 日，办公厅以阳人办发〔2014〕7 号文件，印发《若干意见》全文。2014 年 4 月 25 日，召开有省市县乡四级代表约 400 人参会的全市人大代表工作会议，总结交流近年来全市各级人大代表工作经验，城区、矿区人大常委会作典型发言，部分代表介绍履职体会。2015 年 12 月 23 日，市人大常委会办公厅印发《关于服务和保障市人大代表围绕发展大局建言献策的实施意见》（阳人办发〔2015〕92 号），对代表履职渠道、代表履职形式、服务和保障代表履职作出 23 项规定，支持和保障代表依法履行职责，为阳泉市转型发展和综改试验区建设汇集大智慧、凝聚正能量。

市十五届人大常委会 2019 年 5 月 20 日，办公室印发《关于召开全市人大代表工作会议的通知》（阳人办发〔2019〕53 号）。5 月 31 日，召开全市人大代表工作会议，传达学习全省人大代表工作会议精神，对加强和完善人大代表联系群众以及推动人大代表联络站全覆盖和规范化建设等工作进行安排部署。与会人员实地观摩盂县秀水、孙家庄、路家村、牛村等乡镇代表联络站和部分代表联络点的建设运行情况，各县区人大常委会主任和部分乡镇、街道人大负责人作经验交流和表态发言。2020 年 5 月，常委会党组根据省委人大工作会议精神，向市委提交《关于加强和改进人大工作的意见》（阳人党字〔2020〕9 号），就加强代表工作提出一系列建设性意见。2020 年 6 月 1 日，市委常委会召开扩大会议，审议通过《关于贯彻落实〈中共山西省委关于新时代加强和改进人大工作的意见〉的实施意见》，对完善代表联系群众长效机制、深化拓展代表知政知情渠道、完善和落实代表大会期间代表审议意见办理和反馈办法、提高代表议案建议办理质量、保障和支持人大代表依法履职作出明确规定。随后，常委会党组向市委提交《关于进一步加强和改进人大代表工作的意见》（阳人发〔2020〕10 号），就贯彻落实市委实施意见的指导思想、基本原则、组织领导、支持保障和代表能力建设、议案建议办理、代表小组活动、代表联系制度、代表履职管理、代表述职评议、优秀代表评选、履职情况通报、代表风采宣传等若干方面提出 26 条细化措施，市委办公室转发县区贯彻执行，指导新时代人大代表工作向纵深拓展。

第二节 代表能力素质建设

市人大常委会把加强代表能力素质建设作为一项经常性工作，统筹安排代表培训工作，先后举办各类学习培训班 55 次，参训代表 3390 余人（次）。注重规范培训内容、创新培训形式、健全培训机制、完善培训制度，初任培训、强化培训、专题培训梯次推进，使培训工作不断走向系统化、制度化和常态化。代表初任培训有集中组织和委托选举单位分别进行两种方式，主要学习人大基础理论和履职知识；强化培训主要围绕提升代表综合素质，在深化解读代表法、组织法、选举法、监督法、立法法等相关法律法规的基础上，重点学习党政国策和时事政治、经济金融、社会建设、文化教育等领域的专业基本知识；专题培训则根据全市工作大局和常委会年度工作要点，按照"缺什么补什么，需什么学什么"的原则，精选内容，量身定制，确定专题，组织专题学习。坚持点面结合，定期为代表寄送会议公报、机关刊物和学习资料，通报全市重点工作，做到各级代表全覆盖。特别加强《人民代表报》《中国人大》《山西人大》"一报两刊"发行工作，不仅及时为每位市人大代表订阅寄送，还专门发文要求县区人大做好征订工作，基本做到人手一份，至少保证每个代表活动小组一份。在此基础上，通过三种形式拓宽学习渠道：一是充分利用本地资源"自办班"，由常委会组成人员带头授课，聘请党校教授和有关部门领导重点讲授；二是定期"请进来"，邀请国家和省级专家学者举办专题讲座；三是组织代表分批次"走出去"，赴全国人大培训基地及全国干部教育培训基地集中学习。坚持省市县乡四级代表履职培训同步抓，市人大常委会组成人员、县区人大常委会主任会议成员及乡镇人大（街道人大工委）主席（主任）的履职培训重点抓，推动各级人大代表坚持用科学理论武装头脑，不断提高思想政治水平和依法履职能力。中共十八大后，常委会把加强代表思想政治作风建设放在首位，深入开展以"习近平总书记关于坚持和完善人民代表大会制度的重要思想"为主题的集中学习培训，引导广大代表始终坚定正确的政治方向，切实增强政治意识、大局意识、核心意识和看齐意识，不断强化政治自觉和制度自信，修身正己，廉洁自律，主动接受监督，争做依法履职的模范，树立新时期人大代表良好形象。

2001 年至 2020 年，市人大各届常委会举办了多次各类培训学习。

市十一届人大常委会（2001 年 1 月至 2002 年 3 月） 2001 年 11 月举行为期 3 天的代表履职培训班，本届市人大代表及新当选的市十二届人大代表共 546 人参加培训学习。

市十二届人大常委会 2002 年 8 月集中培训各代表活动小组组长、副组长；编发《人大代表手册》，为各级人大代表提供日常学习资料。2004 年组织编印《人大代表履职知识读本》，收录党和国家领导人关于加强人大工作的重要讲话，党中央和省委、市委关于加强人大工作的重要文件，全市各级人大代表人手一册。2005 年 10 月，市委举办人大代表培训班，驻阳泉市的省人大代表及市人大代表、常委会组成人员、常委会各专工委副主任、县区人大常委会分管人事工作的副主任及人事代表工委主任共 76 人参加，集中学习中央 9 号文件，传达学习中共十六届五中全会公报。先后邀请省人大常委会副秘书长朱元和、人事工委副主任杨竞赛、研究室副主任杨义成和省高级人民法院院长助理罗锁堂举办专题讲座。先后有 11 名人大代表在《阳泉日报》刊发学习体会文章。

市十三届人大常委会 2007 年 7 月常委会第二次会议期间，举办首场组成人员培训会议。同年 10 月常委会第四次会议审议通过《关于代表学习培训工作的意见》，就届内代表培训的主要内容、组织方式、实施保障和目标要求作出安排。2007 年 12 月市十三届人大二次会议召开期间，编发《人大代表履职知识读本》，集中培训全体市人大代表，5 名常委会委员就人大代表神圣地位、权利义务、如何履行职责等方面作知识辅导，并先后两次在代表大会期间举办履职知识讲座。坚持在常委会会议期间，举办法律讲座，所有组成人员轮流登台，讲述学习体会，辅导法律学习，共举办法律讲座 29 次，登台辅导的组成人员 46 人（次），将法律辅导讲稿汇编成册，为全市各级人大代表提供参考资料。2010 年 6 月，组织驻阳泉市的省人大代表赴上海世博会参观学习，促进代表开阔视野，激发履职主动性和实效性。

市十四届人大常委会 2012 年 6 月举行组成人员培训会，对新当选的组成人员进行集中培训；11 月举行的市十四届人大二次会议期间，聘请省人大常委会人事代表工委副主任霍晓琴，为与会代表作履职业务辅导。两次邀请省人大常委会副秘书长、研究室主任何涛为组成人员讲授人大理论知识。每年组织人大代表赴全国人大培训基地和重点高校参加学习培训。2013 年 1 月，组织对新当选驻阳泉市的省人大代表进行集中培训，全面解读中共十八大报告，讲授人大基本理论和代表履职基础知识，并请优秀连任代表介绍履职体会，为代表开启履职历程提供帮助和支持。2015 年 8 月和 9 月，分两批组织驻阳泉市的省人大代表赴北戴河参加全国人大举办的地方人大代表培训班，向市委提交学习情况报告。2016 年 9 月，针对阳泉市新一届县乡两级人大代表换届后新代表较多的情况，印发《关于加强全市县乡人大代表学习培训的意见》（阳人办发〔2016〕76 号），对加强县乡人大代表学习培训提出具体要求。10 月，分两批组织驻阳泉市的省人大代表及部分市、县、乡人大代表在北京全国人大培训基地、北京大学参加集中培训。11 月，按照省人大常委会安排，在市县乡三级人大代表中，开展人大制度及法律知识学习竞赛，报纸答题参与率达 99%，并选拔学习竞赛标兵，组成代表队赴省城参加全省人大制度及法律知识学习电视复赛，获得优秀奖项，展示了阳泉市人大代表好学上进、勤勉履职新风采。

市十五届人大常委会 2017 年 4 月举行组成人员专题培训，邀请省人大常委会法工委副主任张世文作履职知识辅导。7 月，组织 180 余名新任市人大代表在市委党校开展初任培训。8 月，《人民代表报》刊发题为“阳泉市人大集中培训新当选人大代表”的纪实报道。10 月，分两批组织驻阳泉市的省人大代表赴北京全国人大培训基地、浙江大学参加集中培训。2018 年 1 月和 5 月，两次组织驻阳泉市的省人大代表，在市内和云南昆明进行初任培训及专题培训。8 月、9 月、10 月，3 次组织常委会组成人员和部分市人大代表赴深圳全国人大培训基地、北戴河全国人大培训基地学习。2018 年 8 月、9 月、10 月和 2019 年 9 月共 4 次，安排组成人员或部分市人大代表参加全国人大培训基地举办的习近平新时代中国特色社会主义思想、习近平总书记关于坚持和完善人民代表大会制度的重要思想专题学习。2019 年 6 月和 8 月分别在中国政法大学贵州培训基地、哈尔滨工业大学继续教育学院举办履职能力提升培训班，组织常委会组成人员、部分人大代表和市人大代表小组召集人参加学习。支持盂县王硖咀村、大崔家庄村人大代表培训基地建设，组织代表就近学习，全年培训人大代表 166 人（次）。组织开展“向申纪兰学习”“提升立法质效”“代表小组活动”“保障和改善民生”等专题培训学习。把严格要求、严格管理放在突出位置，每次集中培训，都组织学习《党政机关厉行节约反对浪费条例》《关于在干部教育培训中进一步加强学员管理的规定》，加强纪律教育，严格考勤考核，确保学有所获、学以致用。

第三节　闭会期间代表活动

坚持把组织闭会期间代表活动作为一项经常性的重要工作，通过强化履职意识、整合代表资源、创新活动形式、强化组织保障，推动闭会期间代表活动取得实效。通过高质量的履职活动，充分发挥代表管理国家和社会事务的职能，同时，促进代表知情知政，掌握第一手材料，为代表出席例会、审议报告，酝酿提出议案建议提供平台和支撑。

代表小组活动 代表小组活动是闭会期间代表活动的基本形式。历届市人大常委会坚持把推动代表小组活动作为基础性工作，每次换届之初，就按照便于组织的原则，及时委托选举单位编制代表分组名单，确定小组召集人（联络人、组长），明确活动地点，制订活动计划，编发《代表手册》，推动代表就地就近定期开展活动。常委会分管主任深入代表小组调研指导，督查活动实效。市十二届人大常委会后，各代表小组围绕改革发展稳定中的重大问题，围绕人民群众普遍关心的热点难点问题，组织小组代表学习理论政策和法律法规，传达有关精神，开展座谈交流，组织小型视察调研，每年活动都在50次以上。2008年3月24日，市十三届人大常委会办公厅印发《关于建立代表小组、加强代表小组活动的通知》（阳人办发〔2008〕13号），明确代表小组的组建方式、活动计划、检查指导、考核评比等事项。2014年6月14日，市十四届人大常委会办公厅印发《关于认真组织开展市人大代表小组活动的通知》（阳人办发〔2014〕29号），明确各选举单位对代表小组活动负组织指导责任，对小组活动的主题、形式和管理作出规定。市十五届人大常委会统筹安排全市各级代表履职全局，将市县乡三级代表统一编排，分成164个活动小组。城区、矿区由街道人大工委负责，农业县区由乡镇人大负责，实行同管理、同服务、同活动、同考核、同推进。2019年6月5日，市人大常委会办公室印发《关于认真组织开展市人大代表小组活动的通知》（阳人办发〔2019〕62号），要求各选举单位提高思想认识，紧扣发展大局，指导和推动各代表小组多形式开展学习培训、视察调研、交流经验、联系群众等活动，每次活动都要形成书面报告，并明确小组活动质量情况，作为选优评差、资金补助的重要依据。

列席人大常委会会议 每年年初，人事代表工委根据工作关联度较强且熟悉基层情况的原则，按照年内每次常委会会议计划的主要议题，将列席代表名单确定下来，提前通知其做好相关准备，督促代表进行会前调研，掌握实际情况，听取群众意见。代表全程列席常委会全体会议、联组和分组审议，除不参与会议表决外，能就各项审议报告提出建议、批评和意见，会议工作机构在起草常委会决议、决定和审议意见时，吸收列席代表提出的意见建议。市人大各专门委员会举行会议时，也邀请具有相关专业知识的代表列席，帮助专委会开展有关议案和报告的审议。2002年6月4日，市十二届人大常委会办公厅向主任会议提交《关于市人大常委会会议列席人员的建议》，经主任会议批准，确定："市人大各专门委员会委员列席与其有关的会议""必要的时候，可以邀请在本市的全国人大代表、个别省人大代表和部分市人大代表列席会议"。2002年6月12日至14日，市十二届人大常委会第一次会议邀请史成明等18名市人大代表列席会议。2007年10月25日至26日，市十三届人大常委会第四次会议审议通过《关于邀请人大代表列席市人大常委会会议暂行办法》，明确每次常委会会议根据议题安排，邀请部分市人大代表列席会议，并对列席代表的名单产生、权利和义务及服务保障作出规定，全年有31位市人大代表列席常委会会议。市十四届、十五届人大常委会每次例会均邀请6至8名市人大代表列席，做到了届内基层代表列席例会全覆盖。

邀请和推荐代表参加国家机关征求意见活动 市委、市人大、市政府重大决策和重要工作报告都要听取代表意见，市法、检"两院"就社会普遍关注的案件，邀请代表现场旁听案件审理。各市直机关每年召开座谈会，邀请代表参加，听取代表意见。2003年8月，市十二届人大常委会举行非公有制企业人大代表座谈会，围绕优化经济发展环境，实施大民营战略开展研讨，征求改善投资环境、破解融资难题、扶持产业发展、吸引人力资源等方面的意见建议，对常委会监督非公有制经济工作提供了重要支持和参考。市十二届人大常委会后，共有86名人大代表被聘请担任党风廉政监督员、行政执法监督员、机关效能督察员、政风行风评议员、廉洁征兵监督员、政府监督员、河长制工作监督员和检察机关人民监督员等。特别在历次党内主题教育活动和历年年度考核期间，各级各部门都把听取代表意见、接受代表评议作为规定动作和必经程序，代表参加国家机关活动的途径和平台不断拓展。

视察调研 坚持采取驻市省代表单独开展、本级代表专项组织、多级代表联合行动、委托选举单位自行举办等不同方式，组织人大代表适时开展视察调研。按照省人大常委会统一安排，组织驻阳泉市的省人大代表开展视察调研。视察调研主要围绕3个主题实施和推进，一是围绕市委、市政府重大决策、重大部署和重点工程开展视察，通过代表宣传造势，营造舆论，凝聚各方面的力量；二是围绕经济社会发展热点难点开展视察，引导代表集思广益，建言献策，积极破解改革发展难题；三是围绕民生领域重大课题开展视察，支持代表深度走访，掌握实情，主动回应人民群众关切。在具体操作上，一是从全市经济社会发展和民生建设的重要领域，从人民群众普遍关注的热点问题中精心选题；二是选调熟悉情况、有履职激情的代表参与，组成精干的调研组；三是开展深入走访，既要保证覆盖面又要突出重点，全面掌握实情；四是形成书面调研成果，向上一级或本级人大常委会提出报告。市十一届人大常委会后，主要开展了以推进经济结构调整、社会主义新农村建设、资源型城市转型、推进就业和社会保障、城乡一体化、安全生产、校园安全、农村街巷硬化全覆盖、推进转型发展与综改试验区建设、桃河治理、基层站所和社区建设、企业改制、下岗职工再就业、低保及困难群体救助、新农村建设、棚户区改造、环境保护、环境卫生综合整治、低热值煤热电项目、煤层气液化调峰项目、光伏发电、公路交通、污水处理、工业园区建设、老旧小区改造、重点调产项目、集中供热工程、循环产业集聚园区建设、政府承诺的实事完成情况、打击刑事犯罪、民商事审判、反贪污贿赂等为主题的集中视察调研，涵盖全市经济社会发展和民生领域的各个方面。代表们进车间、下地头、入农户、到社区，掌握了大量丰富翔实的第一手资料。为了保证视察调研质量，市人大及其常委会工作机构事先精心设计行程，主动与相关部门和单位协调，组织代表查看现场、听取汇报、座谈交流、撰写材料，集思广益，形成综合视察调研报告，提出大量富有建设性的真知灼见，为党委科学决策、人大依法履职、政府指导工作提供了重要参考。特别是在市十五届人大常委会期间，两次组织全市部分全国、省、市、县（区）、乡（镇）五级人大代表，集体视察全市创卫和城市建设、重点项目推进、农村人居环境改善、传统产业提质升级、新兴产业发展壮大等情况，汇集多层次代表的智慧和力量，助推全市经济社会高质量发展。2019年8月29日，《人民代表报》刊发《为城市增“颜值”为百姓添幸福》文章，对市十五届人大常委会组织五级人大代表视察创卫和城市建设情况进行宣传报道。

评议行政执法部门工作 坚持以垂直管理部门为重点对象，以组织代表听取报告、实地考察、走访基层、集中评议、投票测评、督促整改、反馈意见相结合的方式，先后对四个省垂直管理部门进行工作评议。市十三届人大常委会期间，相继评议市工商行政管理局、市质量技术监督局的工作，参与代表既肯定其工作成效，又指出存在问题，两个部门积极整改。对市工商行政管理局，31名参评代表给出23票满意、8票基本满意，无不满意票的评价；对市质量技术监督局，26名参评代表给出20票满意、5票基本满意、1票不满意的评价。市十四届人大常委会期间，省市县三级代表先后评议市国土资源局、市地方税务局的工作，代表们不仅指出问题，更提出整改方向和具体措施，听取整改情况报告。对市国土资源局，41名参评代表给出27票满意、12票基本满意、2票不满意的评价；对市地方税务局，44 名参评代表给出 37 票满意、7 票基本满意，无不满意票的评价。常委会专文印发情况通报，向市政府和省地方税务局反馈了评议意见和测评结果。

第四节　完善代表联系群众机制

坚持牢牢抓住密切联系人民群众这个关键，不断完善人大代表联系人民群众制度，积极探索联系方式，拓宽联系渠道，增强联系实效，使代表工作充满生机和活力。特别是中共十八大后，以深入开展党的群众路线教育实践活动为契机，发挥人大代表联系群众、了解社情民意的桥梁纽带作用，引领各级人大代表做好上情下达、下情上传、解疑释惑、疏通情绪、化解矛盾等工作，自觉接受人民群众监督，更好地为群众说话办事、为党委分忧、为政府解难。

市十二届人大常委会　制定《市人大常委会组成人员分工联系代表制度》，2002 年 5 月 28 日，办公厅印发《关于市人大常委会组成人员分工联系代表的通知》（阳人发〔2002〕14 号），将组成人员分工联系代表名单印发常委会组成人员，要求主任会议成员每人联系 10 名以上人大代表，常委会委员每人联系 5 至 10 名人大代表，每年在市人代会召开前和年末各联系一次，可以采取走访、接待、参加代表小组活动和视察、调研以及座谈会等形式进行。通知附有组成人员分工联系情况登记卡。

市十三届人大常委会　2007 年 7 月 27 日，办公厅印发《关于市人大常委会组成人员分工联系代表的通知》（阳人办发〔2007〕30 号），明确了联系代表工作的重要意义、方式方法和服务保障措施。《通知》附有组成人员分工联系代表名单及联系情况登记卡。人事代表工委建立组成人员走访代表次数和效果统计表。

市十四届人大常委会　2015 年 12 月 23 日，办公厅印发《关于常委会组成人员联系代表办法》的通知（阳人办发〔2015〕90 号），明确组成人员每人固定联系 6 至 8 名市人大代表，并附《联系代表情况登记卡》；印发《关于加强市人大代表与人民群众联系的若干意见》的通知（阳人办发〔2015〕91 号），明确每名市人大代表相对固定联系选举单位的县区人大代表和人民群众不少于 10 名。“两个文件”对代表联系群众的主要内容、方式方法、廉洁自律、服务保障、相关群众知情、群众反映问题的处理、联系情况建档和通报、联系绩效考核评价、优秀代表鼓励和表彰、代表向选举单位述职和报告履职情况等方面作出规定。2016 年 7 月 14 日，办公厅印发《关于推动落实市人大代表联系人民群众工作的通知》（阳人办发〔2016〕46 号），明确对“两个文件”落实情况进行督促检查，对代表联系群众情况作出评价，记入代表履职档案，作为推荐评优、提名连任的重要条件。2017 年 1 月，市人大常委会分管副主任深入各选举单位，调研人大代表联系群众工作，向常委会党组提交调研报告，总结成功经验，分析存在问题，提出整改建议，也为做好下一届代表提名连任工作提供重要依据。

市十五届人大常委会　2017 年 5 月 15 日，办公厅印发《关于推动落实市人大代表联系人民群众工作的通知》（阳人办发〔2017〕42 号），推动落实常委会关于年度代表联系群众工作的任务要求，保持代表联系群众工作的连续性。9 月 27 日，办公厅印发《关于推行市人大代表与人民群众“三联系”工作制度的通知》（阳人办发〔2017〕88 号），要求 1 名主任会议成员联系 4 名常委会委员，联系面覆盖所有常委会委员；1名常委会委员联系7名市人大代表，联系面覆盖所有市人大代表；1名市人大代表联系10名以上县乡人大代表和人民群众（以下简称“14710三联系”制度）。要求每年联系2次以上，联系面覆盖6000余名各级代表和人民群众。文件随同《市人大常委会主任会议成员联系常委会委员名单》《市人大常委会组成人员联系市代表名单》《市人大代表联系县乡人大代表及人民群众登记表》《市人大代表“三联系”工作登记卡》，一并印发全市各级人大常委会机关和全体市人大代表。12月，主任会议成员分组深入县区调研“14710三联系”制度落实情况，并走访相关代表和基层群众，履行“三联系”职责。2018年4月25日，办公厅印发《关于认真落实“14710三联系”工作制度的通知》（阳人办发〔2018〕42号），对完善提升“14710三联系”工作制度作出规定。4月26日，常委会第十二次会议审议通过《关于进一步完善人大代表联系人民群众制度的实施办法》，就人大代表联系人民群众的总体要求、工作内容、方式方法、工作机制和保障措施等作出24项规定。5月3日，办公厅印发《关于进一步完善人大代表联系人民群众制度的实施办法》的通知（阳人办发〔2018〕44号）全文。5月29日，办公厅印发《关于尽快落实市人大“14710三联系”工作制度的通知》（阳人办发〔2018〕58号），明确市人大代表每年同联系对象至少要有2次沟通交流，并填写登记卡、检查抽查联系情况，联系情况记入代表履职档案，并适时通报等方面的具体规定。6月12，办公厅印发《关于“14710三联系”工作中听取意见建议的处理办法》（阳人办发〔2018〕65号），就提交登记卡、对口转办、重大事项及时汇报、限时办理、完善档案资料等内容，进一步规范“14710三联系”制度。8月下旬，主任会议成员带队深入各县区，结合履行“三联系”职责，检查制度实施情况。2019年4月8日，办公室印发《关于2019年度“14710三联系”工作的通知》（阳人办发〔2019〕32号）。7月17日，第二十四次主任会议研究出台《关于进一步完善提升市人大代表“14710三联系”制度的指导意见》。7月22日，办公室印发《关于进一步完善提升市人大代表“14710三联系”制度的指导意见》的通知（阳人办发〔2019〕82号），发布意见全文。“14710三联系”制度在2017年建立后，通过连续两年的实践中完善提升，呈现五个特点：

“大循环”拓展。明确主任会议成员的联系点，实行县区轮换，所有组成人员和市人大代表所联系对象每年拓展，每年联系不少于2次，确保届内所有主任会议成员联系县区全覆盖，直接联系委员全覆盖，所有组成人员和市人大代表联系县乡人大代表、人民群众达到3万余人次。

“直通车”办理。畅通群众意见提出、收集、登记、转办、承办、回复渠道。联系活动每年至少进行两次，每次走访基层代表和群众，都是既答复已提意见的办理结果，又听取新的意见建议。听取收集的意见建议传送到人事代表工委，转交市政府职能部门限期办理，并将办理结果及时回复代表和相关群众。群众向代表反映远离公交站点，出行不便；公路破损，需要修复；路灯不亮，亟待管护；吃水困难，应当兴办水利等等。这些基层群众的烦心事、闹心事、揪心事，通过代表建议“直通车”，传送到市人大常委会工作机构，转交市政府职能部门限期办理，并将办理结果及时答复代表和相关群众。2018年，常委会组成人员和市人大代表收集意见建议343件，比年初召开的市十五届人大三次会议收到的代表建议增长49.1%。2019年10月，《阳泉日报》刊发《延伸“一公里”，把好事办到心坎上》的纪实文章，报道了代表走进社区听取民意、提出建议，相关部门协调解决公交线路延伸问题的事迹，获第二十九届（2019年度）山西新闻奖一等奖。

“一体化”实施。加强对县区人大代表联系群众工作的指导，县区人大常委会全部建立相应制度，做到上下一体、有机衔接，市县乡联动，代表深入基层全覆盖，接待群众常态化。

“三驱动”推进。坚持领导带动、服务推动、考核促动“三轮驱动”，提出多到厂矿工地看一看、多到田间地头走一走、多到百姓炕头坐一坐，体察民情、反映民意、集中民智、排解民忧“三多”“四民”要求。常委会机关、原选举单位和代表所在单位从各自职责出发，及时收集代表联系情况，做好服务保障工作，帮助协调沟通，提供便利条件；加强质效考核工作，探索建立代表联系群众与向群众述职、接受群众评议相结合机制，营造主任会议成员带头，广大代表积极参与的浓厚氛围。

“链条式”规范。常委会通过建立一系列配套制度，全面规范群众意见从征集到办理、从督办到反馈的运作程序，明确将代表联系群众绩效记入履职档案，“一府两院”被任命干部在提交的年度述职报告中，专题汇报代表反映群众意见的办理情况，调动代表和承办部门两个积极性，有效规范代表联系群众活动，增强代表联系活动实效。2020 年 1 月，全国人大常委会办公厅《联络动态》编发《山西省阳泉市人大常委会用“14710 三联系”工作制度打通代表联系群众“最后一公里”》专刊，全面介绍阳泉市密切代表同群众联系的工作经验。

第五节　搭建代表履职平台

坚持不断探索闭会期间代表联系群众、发挥作用的实现途径，积极推进代表活动阵地建设，为代表履职搭建平台，创造条件。2019 年 5 月 31 日，召开全市人大代表工作会议，就结合实际贯彻《山西省人大常委会关于加强全省人大代表联络站建设的指导意见》作出安排部署。市十五届人大常委会坚持上下联动、一体推进，组织指导利用乡镇和街道有效资源，高质量、高标准、高速度启动代表联络站点规范化、全覆盖建设。6 月 5 日，办公室印发《关于对全市乡镇、街道人大代表联络站全覆盖和规范化建设进行督导的通知》（阳人办发〔2019〕61 号），明确主任会议成员对县区人大代表联络站建设工作实行包保制。6 月上中旬，主任会议成员带队，深入责任县区进行督促指导。7 月 22 日，办公室印发关于《阳泉市人大常委会关于加强全市人大代表联络站全覆盖和规范化建设的指导意见》（阳人办发〔2019〕83 号），对全市代表联络站建设重要意义、指导思想、站点设置、进站活动、运行管理、功能发挥、组织保障等事项作出 19 条规定。9 月 27 日，举行五级人大代表集中进站启动仪式，将全市 2976 名五级人大代表全部编入人大代表联络站，动员代表有序进站宣传政策法规、征求意见建议、开展“三服务”等活动，为基层和群众办实事、解难题。会后，市委、市政府主要领导带头，全市 25 名市级领导带头进站，接待群众，听取意见。适应代表进站履职热潮，市县乡三级人大协同加强联络站建设，公布代表轮值计划，制定代表履职规范，启动建立代表在联络站征集的群众意见处理办法，确保联络站工作常态化运行、长效化推进。10 月 16 日至 17 日，召开联络站建设验收工作会议。按照有场地、有标识、有设施、有制度、有人员、有台账及统一名称的“六有一统一”标准，改建代表联络站 45 个、联络点 119 个，实现乡镇、街道人大代表联络站全覆盖，重点村和社区设有人大代表联络点。常委会主任在讲话中要求，加快构建联络站活动长效运行机制，坚持“建”好制度、“管”好日常、“用”好阵地、“讲”好故事，推进联络站信息化建设，启动“五星级”创建试点工作，组织开展“一月一主题”，规范活动流程，确保“进站全员化、活动经常化”。11 月 19 日，省人大常委会党组书记、副主任郭迎光以代表身份走进矿区蔡洼街道人大代表联络站，听取8位群众关于养老、扶贫、社区管理等方面的意见。郭迎光肯定阳泉市代表联络站建设及运行情况，指出，通过调研，感觉到联络站联系代表的制度是正确的，坚持下去，一定要把这个事情办好。《人民代表报》刊发《“连心站”让代表在基层“扎根”》的纪实报道和《为人民一站到底》的时评文章，高度评价阳泉市各级人大代表进站活动，并以《从联络站寄出的一份特别的新年礼物》进行追踪报道。

第六节　监督代表大会议案办理工作

坚持把督办代表议案，作为依法履职、行使好职权的一项重要工作。2001年至2020年间，历届市人大代表坚持依照法律程序，积极向市人民代表大会提出议事原案，大会主席团根据议案审查委员会审查处理意见和各代表团审议意见，先后对12件代表联名提出的议事原案提交大会讨论，立为大会议案，作出相关决定。围绕提高大会议案办理质量，发挥议案作用，常委会加强组织领导，完善工作机制，加大督办力度。市政府根据决定要求，将大会议案办理工作列入重要议事日程，制定实施方案，认真办理落实，办理情况向市人大常委会专题报告。

一、历次人民代表大会议案办理

2001年2月，市十一届人大六次会议将李彦良等10名代表《关于尽快筹建阳泉大学的议案》立为大会议案。市政府将筹建阳泉大学项目列入阳泉市“十五”计划，计划2005年基本建成，2010年形成规模。“十五”期间，省市两级投资2000万元动工修建学院路，将阳泉学院与阳泉经济技术开发区连接在一起，并将原属郊区管辖的学院社区管理移交市开发区管理。学院正式更名为“太原理工大学阳泉学院”，与黄河扶贫学院联合，一校两制，共同发展。

2003年4月，市十二届人大三次会议主席团授权市人大常委会进一步审议赵银万等13名代表《关于加强农村卫生工作的议案》，决定是否立为大会议案。5月，市十二届人大常委会主任会议研究决定，交付市人大教科文卫委员会预审。市人大教科文卫委员会深入各农业县区部分乡村调查研究，并召开专委会全体会议，对该议案进行预审，提出预审意见。6月，常委会第九次会议听取和审议市人大教科文卫委员会《关于市第十二届人大三次会议代表议案的审议情况报告》，决定将该议案立为大会议案。市委、市政府高度重视，组织了较大范围的农村卫生工作调研，作出《关于加强农村卫生工作的决定》，出台一系列政策措施，建立独立医疗救助基金，对农村基层卫生院进行财政补贴，为农民统筹医疗保险，有效解决事关人民群众生命健康的医疗卫生方面突出问题。

2004年2月，市十二届人大四次会议将李奕明等10名代表《关于加强全市社区建设的议案》立为大会议案。市政府确定当年为“社区建设年”，出台《关于全面推进城市社区建设工作的意见》，成立领导组，配套下发提高社区居委会成员生活补贴、“十星级”示范社区评选、社区居委会办公设施建设考评、扶持社区发展优惠政策等文件，掀起大搞社区建设的热潮，社区建设工作得到全方位拓展，扩大了基层民主，提高了社区自治能力和凝聚力。

2005年4月，市十二届人大五次会议将陈海等22名代表《关于加快市区及周边严重污染企业治理的议案》立为大会议案。市政府成立由分管副市长任组长，环保、建设、规划、公安、卫生、林业、行政执法、爱委会等部门及城区、矿区、开发区主要负责人为成员的市区环境污染治理领导组，开展电力行业烟气脱硫、市区大气环境综合治理、淘汰污染严重企业和生产设施、煤矸石综合治理和创建绿色社区“五大战役”，全面推进重点区域、重点流域、重点行业的污染整治工作，全市环境质量有了明显改善。

2006 年 4 月，十二届人大六次会议将吴祥玉等 27 名代表《关于倾力打造园林城市，全面提升人居环境的议案》立为大会议案。市政府确定了创建园林城市的目标，各级各部门围绕创建任务，积极行动，高标准设计，高起点建设，高水平施工。全年建成区绿化面积 164.32 万平方米，绿化覆盖率达 30.1%，人均公共绿地面积达 6.3 平方米。市区空气质量二级以上天数增加到 275 天，在全国 113 个大气污染重点监控城市中由倒数第二位前移到第八位，提前四年实现省委、省政府对阳泉提出的退出“黑三甲”要求。

2007 年 5 月，市十三届人大一次会议将蔡新田等 9 名代表《关于娘子关水源亟需保护的议案》立为大会议案。市政府由市长领办，市水利局牵头，市环保局、市建设局和平定县政府共同参与，坚持科学规划，严格取水许可管理和水资源有偿使用制度，专项整治保护区内污染企业，全面实施水土保持生态治理工程，娘子关泉域得到不同程度保护，市区居民饮水质量逐步提高。

2008 年 4 月，市十三届人大三次会议将赵建军等 10 名代表《关于加强统筹规划、加快全市区域经济协调发展的议案》立为大会议案。市政府成立由市委常委、常务副市长任组长，各县区和市发改委、市规划局、市环保局、市建设局等 22 个部门主要负责人组成的加快区域经济协调发展领导组。在深入各县区多次专题调研的基础上，召开市政府常务会议，先后通过盂县、郊区、平定县的区域经济协调发展规划。市发改委牵头，市规划局、市国土局配合，协调市直各有关部门深入调查研究，广泛听取意见，聘请专家论证，出台《关于阳泉市加快区域经济协调发展的实施意见》，提出阳泉市加快区域经济协调发展的总体目标。

2009 年 5 月，市十三届人大四次会议将荆东生等 9 名代表《关于加强食用农产品质量安全监管的议案》立为大会议案。市政府及有关部门加强农产品质量安全舆论宣传，建立和完善农业质量标准、认证体系、安全检验检测体系、安全应急体系，制定《阳泉市重大农产品质量安全事故应急预案农业部门操作手册》，为农产品出现事故能及时得到处理和控制提供规范和依据。加强源头管理，改善农业生产环境，分批次实行蔬菜、水果、猪肉市场准入，逐步实现向全市人民提供放心安全的农产品目标。

2014 年 4 月，市十四届人大四次会议将李素鱼等 15 名代表《关于加强城乡环境卫生综合整治的议案》立为大会议案。市政府由市长领办，分管副市长具体承办，市住建局牵头，各县区政府和开发区管委会共同办理，全面推行“门前三包”责任制，实行“全天候保洁”和台账式管理，创建环境卫生保洁示范工程，综合整治交通秩序，集中整治主要河道，市容市貌有效改善，居民满意度明显提高。

2015 年 4 月，市十四届人大五次会议将康建光等 13 名代表《关于实施城市区老工业企业搬迁改造，加快全市“国家中小城市综改试点市”进程的议案》立为大会议案。市政府组建由市长任组长、相关职能部门负责人参加的专门领导组，编制出台城区老工业区搬迁改造实施方案，划定改造范围，设立分期目标，计划一年起步、三年初见成效、五年大见成效、八年完成任务。

2017 年 3 月，市十五届人大一次会议将李素鱼等 11 名代表《关于推进阳泉市开发区改革创新发展的议案》立为大会议案，市政府由市长领办，市商务粮食局牵头办理。制定《阳泉市开发区改革创新发展实施方案》获省政府批复。确立“一体两翼”总体布局，市经济技术开发区打造国家级开发区，平定县、盂县打造省级开发区。加快推进“三化三制”改革，市政府向经济技术开发区下放行政职权事项374项，授予派驻机构行政职权事项137项，基本实现了“办事不出区”。率先推行承诺制无审批，启用电子政务办公自动化，完善了首问负责制、服务承诺制、限时办结制，营商环境不断优化。

2018年3月，市十五届人大三次会议将刘新东等15名代表《关于制定〈阳泉市娘子关泉饮用水水源地保护条例〉的议案》立为大会议案，交由市人大法制委员会办理。法制委开展议案专题调研，全面了解娘子关泉水源地及全市主要饮用水水源保护情况。针对存在隐患问题，要求相关部门提高认识，平衡利益诉求，坚持防治并重，采取必要措施，有效治理煤矿沉积老窑水，实现水资源的可持续利用。该条例纳入立法项目储备库，市人大常委会适时启动立法程序。

二、议案办理的监督检查

在历次人民代表大会会议期间，大会秘书处加强对代表提出议案工作的指导。会前向每位代表印发《关于代表向大会提出议案建议的有关说明》，明确议案的基本含义和规范要求。议案组工作人员深入各代表团，对代表提出议案的条件、内容要求、要素结构、填写格式等作出详细说明，严格把好选题关、内容关和文字关。

在历次人民代表大会会议期间，议案审查委员会提交议案办理情况的报告。2007年5月，市十三届人大一次会议期间，议案审查委员会提交《关于市十二届人大六次会议代表议案建议办理情况的报告》，就市政府办理《关于倾力打造园林城市，全面提升人居环境的议案》情况，既肯定工作做法和成效，又指出存在的不足和差距，提出下一步主攻方向和改进措施。同时发放《市十二届人大六次会议议案办理情况测评表》，组织与会代表分满意、基本满意、不满意3个选项，对该议案办理情况进行测评。

在人民代表大会闭会期间，市人大常委会制定和完善议案工作制度。市十五届人大常委会顺应获批地方立法权的新变化，2018年12月常委会第十八次会议对上年市第十一届人大常委会第八次会议通过的《阳泉市人民代表大会代表议案的提出和处理办法》作出修订，进一步规范代表议案的基本要求、代表议案的提出、代表议案的审查、代表议案的处理办法。2019年1月3日，办公厅印发《关于〈阳泉市人民代表大会代表议案的提出和处理办法〉的通知》（阳人办发〔2019〕3号），发布办法全文。

人民代表大会闭会之后，市人大常委会及研究分析大会议案，结合实际，拟定督办方案。市十三届人大常委会制定《关于“加强统筹规划，加快全市区域经济协调发展的议案”的督办方案》，推动加快办理进度，提高办理质量，确保办理实效。明确“市人大常委会每两个月要对办理情况督办一次”“议案主办、协办单位和各县区要定期将议案办理的方案和进展情况及时向市人大常委会汇报，同时，还要加强与提出议案代表的联系和沟通，进一步广泛征求代表们的意见建议。”“市人大还要组织部分市人大代表深入市政府有关部门和各县区就本议案办理工作进行调查研究，通过组织汇报、视察、座谈、走访等形式听取意见建议，共同协商解决问题的办法，确保议案如期顺利结案。”市十五届人大常委会制定《关于对市十五届人大一次会议大会议案进行督办的工作方案》，明确将《关于推进阳泉市开发区改革创新发展的议案》交由市政府办理，市长领办，市商务粮食局具体办理，市人大常委会主任领衔，财经委具体督办。同时要求承办部门在3个月内答复代表。

在人民代表大会闭会期间，市人大常委会多形式强化督办大会议案办理进展情况。围绕办好市十三届人大一次会议《加强娘子关水源地保护的议案》，常委会及早介入市政府实施方案制定工作，组织代表座谈讨论，先后六次邀请提出议案代表深入有关承办部门，与部门负责人面对面沟通，了解办理措施和办理进度，共商解决存在问题。2007 年 12 月，常委会主任带领 23 名人大代表赴娘子关泉域进行实地视察，常委会第六次会议听取并审议了市政府关于代表议案办理工作的报告。在 2009 年省人大常委会举办的“影响山西民主法制建设十项业绩”暨“感动山西的人大代表”评选活动中，市人大常委会“跟踪督办代表议案保护娘子关水源地”，获“影响山西民主法制建设十项业绩”提名奖。围绕办好市十三届人大三次会议《加强统筹规划，加快全市区域经济协调发展的议案》，2008 年 5 月，常委会组织市人大财经委、城环委、农村委、人事代表工委及市发改、国土、规划等部门负责人，召开办理工作前期调研座谈会，进一步明确议案办理工作的重点、面临的主要问题、需要采取的具体措施等。11 月，常委会召开专题督办会，听取和研究市发改委关于《阳泉市加快区域经济协调发展的意见（征求意见稿）》的起草说明。12 月，常委会两位副主任带队，深入平定县实地视察，议案领衔代表提出评价意见。围绕办好市十四届人大四次会议《加强城乡环境卫生综合整治的议案》，2014 年 7 月，常委会召开议案办理推进暨全市城乡环境卫生综合整治情况专题询问工作安排会，听取议案办理推进情况，部署安排专题询问工作。在组织常委会委员和相关代表深入视察调研的基础上，举行城乡环境卫生综合整治情况专题询问会议，听取和审议市政府《关于城乡环境卫生综合整治工作情况的报告》，观看电视专题片和记者暗访电视资料片，与会组成人员和人大代表就视察调研中发现的问题，针对性地开展询问。会议之后，常委会汇总整理询问意见，转交市政府研究处理。12 月，常委会主任带队，深入郊区实地视察，听取市政府整改工作汇报。12 月，常委会举行第二十三次会议，听取和审议市政府《关于城乡环境卫生综合整治专题询问整改工作情况的报告》，并进行了满意度测评。围绕办好市十五届人大一次会议《推进阳泉市开发区改革创新发展的议案》，2017 年 8 月，市人大常委会主任带队，主任会议成员全体参加，深入开发区高新企业实地视察，听取市政府及开发区和相关县区的工作汇报，就市政府办理议案的情况作了评议发言，提出建议意见。9 月，常委会分管副主任带队，跟踪督查常委会视察意见整改情况。

市政府认真落实市人代会关于议案办理工作的决定，会后及时研究部署，出台实施方案，着力强化领导责任，明确目标任务，细化方法步骤，采取有力措施，推动议案办理见实见效，力求到让代表满意，让群众受益。围绕办好市十三届人大一次会议关于《加强娘子关水源地保护》的议案，市政府在多次征求常委会主任会议成员和相关委员、代表意见的基础上，2007 年 11 月召开市政府第 5 次常务会，原则通过议案办理《总体方案》和《实施方案》，明确和细化了有关部门承担的职责任务，决定从 2007 年底开始全面启动娘子关泉域保护工程。12 月，分管副市长带领相关部门深入平定县娘子关镇进行专题调研，市长和分管副市长召集水利、财政、发改、环保、建设、规划、国土、交通、煤炭、农业、林业、旅游及平定县政府负责人召开领导组会议，听取准备情况汇报，作出具体工作部署，明确保护与开发并重，“一年起步、三年明显见效、五年全部完成”的建设思路。

第七节　交办和督办代表建议

坚持把办理人大代表提出建议、批评和意见，作为代表执行职务，参与管理国家事务、管理经济和文化事业、管理社会事务的重要方式。历届市人大代表围绕全市改革发展稳定和人民群众普遍关心的问题，在人民代表大会会议期间提出书面建议、批评和意见，或在闭会期间向市人大常委会提出书面建议、批评和意见。由大会议案审查委员会或市人大常委会主任会议从代表所提书面建议、批评和意见中，遴选若干件综合性强、涉及面广、关注度高、反映集中的建议，作为重点建议交由市政府办理。围绕提高代表建议办理质量，历届市政府将代表建议办理工作列入重要工作日程，制定实施方案，认真办理落实，办理情况向市人大常委会会议及人民代表大会会议报告，办理结果通过媒体向社会公布；历届市人大常委会坚持加强组织领导，完善工作机制，加大督办力度，较好地发挥了代表建议对经济社会发展的推动作用。

一、规范交办和督办机制

市政府高度重视代表建议办理工作，把办理情况作为各承办部门工作考核的重要依据，纳入效能建设和督查重点，明确每项建议办理的领办副市长、牵头单位和协办单位，始终坚持市长和各位副市长具体部署、靠前督促，直接听取代表意见。各承办单位实行“一把手”工程，按照“定岗、定员、定责、定标准”的要求，把责任落实到每位分管负责人、每个承办科室（单位）和每个工作人员。通过层层压实责任，传导压力，不断提高代表建议办理质量，做到了凡应该解决且有条件解决的，抓紧解决；应该解决但因条件限制暂时不能解决的，纳入工作计划，创造条件逐步解决；涉及上级部门职权范围的事项，积极反映情况，争取上级部门支持解决；因各种原因一时难以解决或不可行的，实事求是向代表说明情况，作出解释。2001 年，市政府以阳办发〔2001〕5 号文件，对办好代表建议提出具体化要求。2010 年，市政府将中小学危房改造、落实国家基本药物制度、加强村级医疗卫生工作等 5 项代表建议列入为民办的“十件实事”。

规范交办机制。坚持按照法定期限，每年召开代表建议交办会议，总结上年度建议办理情况，提出存在问题及整改建议；安排当年建议办理工作，明确办理时限，确定办理标准，提出目标要求；常委会分管副主任现场将代表建议交付市政府及有关组织办理，市政府分管副市长作表态发言。同时，高度重视代表在闭会期间提出的意见建议。2010 年，市十三届人大常委会印制市人大代表专用信封，建立代表建议提出办理“直通车”，便于代表在闭会期间提出建议，全年共收到闭会期间代表建议 45 件，全部转交市政府及有关部门办理，得到了有效落实。

完善制度措施。坚持实行重点建议由常委会分管主任领衔督办、相关专（工）委具体督办制度。人事代表工委组织领衔提出建议的人大代表参与督办。督办形式实行会议推进、现场督办、调研督办和组织代表视察督办相结合。健全完善了工作部署、责任落实、措施制定、检查督办、审核把关、见面答复“4 个 100%”的督办程序，即将代表建议 100% 分门别类交付承办部门，承办部门 100% 将办理责任落实到具体单位，责任单位 100% 研究办理，承办部门将办理结果 100% 答复代表。2001 年，根据市十一届人大常委会安排，市政府阳办发〔2001〕5 号文件明确要求，分管副市长对分管部门答复代表的意见、建议签字把关，保证办理落到实处。2005 年，市十二届人大常委会出台《关于进一步加强各专委会对代表建议督办工作的意见》，建立代表建议交办、反馈、视察、督办、反馈流程图，强化各专委会的督办责任，将代表建议办理情况作为固定议题，每年年底听报告、细审议、强督办。2008 年 12 月 26 日，市十三届人大常委会第十四次会议审议和通过《阳泉市人大常委会关于代表重点建议的督办办法》，从 12 个方面对代表建议的形成方式、途径和内容要求作出规定，对代表建议受理、交办、督办和办复作出补充。2019 年，市十五届人大常委会建立代表重点建议督办月制度。将代表建议交办会后的第三个月确定为代表重点建议集中督办月。由人事工委协调市人大相关督办专（工）委员会、重点建议领衔代表、市政府督察室和相关承办单位，采取实地走访调研，听取办理工作情况，召开座谈会等形式，集中开展为期 1 个月的督办活动。2020 年，市十五届人大常委会坚持健全完善和拓展提升，将承办单位的办理情况纳入年度目标考核范围，深化办理激励机制，基本形成动态性、程序性、规范性的督办制度。

加强督促检查。坚持加强前期、中期和后期三个环节的督办工作。前期督办，对每个承办单位的办理工作方案进行督查，主要看方案是否可行，责任是否明确，准备是否充分。中期督办，主要了解办理度，推进解决问题。后期督办，重点查验办理结果，对重答复轻落实和代表不满意的，督促有关单位重新办理。历届人大常委会都基本做到对所有承办单位和整体办理过程的督促检查全覆盖，特别是对办理任务较重的部门和代表重点建议，严格把关各个环节，及时督促工作进展。2010年，涉及城市和交通建设管理方面的建议共43件，占建议总数的30%。市十三届人大常委会把将此列入督办建议的重中之重，分管副主任带队，组织相关承办部门负责人，赴长治、邯郸等地调研取经，两次听取和审议市政府相关工作报告，提升了督办效能。2014年12月，市十四届人大常委会主任带队视察代表建议办理情况，先后深入郊区和平定县乡镇、工业园区、专业合作社了解情况，听取市政府和住建、中小企业、经信、水务等部门工作汇报，并提出明确办理要求。对于个别办理进度和质量不达预期的重点建议，专门向市政府发出督办函，2016年6月第11期的《中国人大》以《为环卫工早餐给政府发“督办函”》为题，对市十四届人大常委会刚性督办代表建议的做法进行了报道。

加强联系交流。多形式密切承办部门同建议提出代表的常态化联系，适时组织代表深入实地，检查所提建议的办理情况，支持相关代表零距离问政，面对面沟通，建立和推行“三见面”制度，即在建议办理过程中承办人员密切与代表的联系，做到办前征求意见、办中问计问策、办后通报情况。人事代表工委还采取走访和电话联系的方式，及时征求代表对办理情况的意见建议。2019年12月，市十五届人大常委会组织驻阳泉市的省人大代表和部分常委会组成人员、市人大代表，集体视察瑞丰建筑、光伏基地、裕光煤电、阳大铁路、耐火产业云数据集成交易等建设现场，详细了解代表建议办理落实情况，听取市政府及有关部门的办理情况汇报。

听取工作报告。坚持在每年年底举行的常委会会议上听取和审议市政府关于代表建议办理情况的报告，会前组织常委会委员和提出重点建议的代表集中视察，向会议提交视察报告。市十一届人大常委会2001年12月举行第三十二次会议，在审议市政府《关于市十一届人大六次会议代表建议意见办理情况的报告》过程中，对建高等卫生学校、桃南中路维修、华联借矿区财政款等问题，要求市财政、建设部门给予解答。市十三届人大常委会2009年11月第49次主任会议听取和研究市政府《关于市十三届人大四次会议代表议案和重点建议办理工作情况的汇报》。这是主任会议首次听取市政府相关工作汇报。市十四届人大常委会建立代表建议综合报告与办理“大户”专项报告相结合制度。2014年12月常委会第十三次会议听取和审议市政府《关于市十四届人大四次会议代表议案建议办理情况的报告》，同时审议市民政局、市教育局两个承办件数较多部门的办理情况报告，首次将市政府重点办理部门工作情况纳入常委会议题。

跟踪监督问效。坚持在听取和审议市政府办理工作报告的基础上，提出审议意见，由相关专（工）委负责跟踪落实，对答复代表已经解决的问题，检查是否兑现；对答复代表正在解决或列入计划解决的问题，抓好跟踪落实；对答复代表暂时不能解决的问题，定期清理，一旦条件成熟尽快解决。市十五届人大常委会推行代表建议滚动办理机制，将上年度没有办理完毕的代表建议纳入下年度办理工作计划，并作为新一年度办理工作内容继续办理，年终作为办理工作的报告内容向人大常委会报告。2018年12月，《人民代表报》《山西人大》刊发《紧盯效果“刚性”督办》纪实文章，介绍了阳泉市人大常委会跟踪督办代表建议的工作经验。

组织代表测评。在代表建议办理法定期限结束后，人事代表工委及时给代表寄发反馈意见表，按满意、基本满意、不满意三个档次，征询代表对办理答复件的意见，对办理工作进行量化打分。

对代表反馈不满意的建议，及时通知承办单位，督促承办单位进行重新办理、重新答复，直到代表满意为止。2014 年 7 月 23 日，市十四届人大常委会办公厅印发《关于人大代表建议办理工作满意度测评实施方案（试行）的通知》（阳人办发〔2014〕42 号），明确测评内容主要包括办理态度、内容和结果，采用“百分制”考核，由提出建议代表和常委会督办机构分别对建议办理情况打分，对两者给分在总分值中占比作出规定。

考核办理结果。2019 年 8 月，市十五届人大常委会第 42 次主任会议研究通过《阳泉市人大代表建议办理工作年度目标责任考核实施方案》，将人代会代表建议办理工作情况纳入全市考核体系当中，作为承办单位年终目标责任考核指标之一，为办理工作增添了刚性约束。至此，代表建议的提出和办理工作机制形成一个较为完善的“工作链”。12 月，制定《阳泉市人大代表建议办理工作年度目标责任考核实施方案》，由各专（工）委牵头，组织提出建议的相关代表，深入对口联系承办部门，调研了解建议办理情况，对办理工作测评打分，代表建议办理工作实施量化考核、动态管理、结果评价。在全市年度工作目标责任考核中，常委会对测评分值较低的 4 个部门，实施了扣分处理。

媒体公开公布。充分利用报刊、电视、网络等新闻媒体，公布办理过程和办理结果，接受人大代表和社会监督。市十四届人大常委会实行办理责任、办理结果“双公示”和满意度测评制度。2014 年，市十四届人大常委会首次通过《阳泉日报》向社会公布重点建议责任分工和办理结果，为社会公众监督办理成效提供了便利。

优化操作系统。市十四届人大常委会探索设置人大代表网上建议办理系统，为代表建议网上提交、反馈提供技术支持和电子化平台。2015 年，市十四届人大五次会议正式启用网上办理系统，实现代表议案建议网上提交、网上交办、网上答复和网上反馈的全程信息化。

二、重点建议办理

（一）市十一届人大

2001 年 2 月，市十一届人大六次会议期间，李国庆等 26 名代表和张延生等 13 名代表分别提出《关于为市检察院提供独立办公场所的建议》。市长召开专题会议研究，决定将市检察院搬迁至市农业大厦，实现相对独立办公。张瑞代表提出《关于大力发展旅游业应解决好三个问题的建议》，在市委、市政府的重视下，三个问题基本得到解决，外事旅游局同时转为具有行政职能的市直部门。市政府拿出一定资金，对投资旅游业贷款给予贴息，并鼓励多形式、多渠道筹措资金投资旅游业。通过各级政府筹资，陆续建设完成通往盂县水神山景区、郊区银元山庄和娘子关苇旧公路等三条旅游公路。市旅游局等部门利用各种手段和渠道，对阳泉市旅游产品进行大力宣传，分别在黄河电视台、石家庄和秦皇岛电视台播放《阳泉旅游》风光片，到北京、天津、成都等地宣传推介。同年 8 月，参加中国山西国际经贸旅游周，配合省“黄河文化展示活动”推出阳泉的旅游产品和民间艺术作品，扩大了阳泉的知名度。

（二）市十二届人大

1. 2002 年 3 月，市十二届人大一次会议期间，赵海元等 11 名代表提出的《关于解决平定县岔口乡、巨城镇部分群众生活及单位工业用煤的建议》，市人代会闭幕后第四天，市长带领市经贸委、阳泉煤运公司深入岔口乡现场办公，决定：包括学校办公在内的民用煤核定为两万吨，由郊区供给，阳泉煤运分公司为郊区煤运公司核减相应的上缴煤炭基金，郊区政府因此减少的 10 万元基金由平定煤运公司代平定县政府支付，平定县政府负责民用煤票的印制、分发、管理和监督，当年 5 月 1 日正式启动。张希祯等 11 位代表提出《关于进一步发展非公有制经济的建议》，市经贸委会同工商局等有关部门协商，成立了阳泉市非公有制经济发展办公室，负责对全市非公有制经济的总体规划、政策指导、项目扶持、资金支持，协调解决非公有制经济发展中各类问题。吴祥玉等11名代表提出《关于理顺城市管理体制，强化城市管理的建议》，市政府将行政执法试点工作作为当年重点工作之一，正式成立市城市管理行政执法局，与市建设局一个机构、两块牌子，为市政府主管全市城市管理和相对集中行政处罚试点工作的执法主体。城区、矿区、阳泉市经济技术开发区分别成立分局及其城市管理行政执法大队。新成立的各城市管理行政执法分局在辖区内实施市容、环保、市政、规划、工商、城市绿化、公安交通等方面法律、法规、规章规定的全部或部分行政处罚权；各城市管理行政执法大队按照定员包片，责任到人的管理模式，在辖区的街面、道路、广场、河道、公共绿地和居民区的公共场所内行使职权。困扰阳泉市多年的城市管理体制不顺、职责不清的老问题基本得到解决。贾诚义等10名代表和刘同礼等46名代表提出《关于税收属地征收的建议》，市政府调整了市对县区财政管理体系，决定在基本维持现行收入征管范围的基础上，根据属地原则，将部分税收收入下划县区征管。张鸿元等17名代表提出《关于加大旅游开发资金投入的建议》和白振东等45名代表提出《关于加快娘子关旅游建设步伐的建议》，由市外事旅游局牵头，提出“谁投资、谁受益”，“扩大融资渠道，积极招募社会资金开发旅游”及政府扶持引导的系列优惠政策。邀请省局领导视察指导，在加强景区安全和开发建设等方面提出建设性意见。陈腊梅等4名代表提出《关于尽快净化校园周边环境的建议》，市政府责成工商、公安、文化等部门迅速调查处理。工商部门对不具备经营资格、超范围经营及内部管理制度不健全的校内外20多户经营单位，责令停业整顿，清理了在校园门前自发形成的集贸场所和无证经营摊点。公安机关组织开展整治校园周边环境和整顿网吧秩序的专项行动。文化部门依法处罚查处市直、各县区部分学校及其周边地区接待未成年人和浏览色情网页的网吧，召开全市整顿和规范网络文化市场秩序会议，明确网吧巡查、登记制度，规定未成年人进入网吧的条件及处罚办法，对计算机数量不达新标准和占地面积不符合要求的营业场所进行整顿，依法取缔小学周边娱乐场所。

2. 2003年4月，市十二届人大三次会议期间，范润生、马玉田等13名代表提出的《关于加大桃河上游治理力度，建设以保安生态经济沟为标志的生态经济区的建议》。市政府编制了桃河上游和保安沟流域水土保持综合治理规划和工程设计，先后完成并启动了系列水利工程和造林工程，桃河上游治理取得初步成效。王变娥等代表提出《关于公厕与城市发展同步建设的建议》，市规划、建设部门和城区、矿区政府积极响应，先后在市区主要干道、路口新建、改造和维修了19座水冲式厕所和67座旱厕。市规划部门重新规划小区公厕、垃圾站点等配套设施的布局。孔德慧代表提出《关于尽快整治沙江小市仿古建筑脏乱差的建议》，在市人代会闭幕10天之内，行政执法部门共送达责令改正通知书40余份，取缔宠物摊点19个，拆除违章亭棚9个，规范店外占道经营16户，并进行了彻底的垃圾清运和消杀灭毒工作，对沿街两侧的仿古建筑重新粉刷和维护。翟玉珊代表提出《关于解决贵石沟地区食品质量问题的建议》，市质监局组织落实行动，邀请部分人大代表参加，局领导带队，50余名行政执法人员和专业技术检测人员同时出动，集中对贵石沟街道苏村社区集贸市场进行质量监督检查。

3. 2004年2月，市十二届人大四次会议期间，付景华等14名代表提出的《关于加快桃河上游治理的建议》，市领导带领市水利局、林业局、环保局等有关部门主要负责人多次考察、调研，先后争取到国债水土保持项目工程和国家水土保持重点建设项目工程，国债项目落实到省以上治理资金260万元，完成综合治理水土流失面积34.2平方公里。同时安排两项国家、省生态建设重点项目，总投资达到100多万元。桃河上游水土保持生态建设在治理规模、项目投资及工程效益等方面均创历史最高水平，被省政府评为全省精品小流域治理工程。

4. 2005年4月，市十二届人大五次会议期间，毕映富代表提出《关于尽快修建城区木器厂到下五渡公路的建议》，道路工程列入市政府重点工程，市长会同常务副市长带领有关部门主要负责人多次实地调研，制定规划。该路南起南外环，经义井村、化工厂跨铁路、桃河至开发区大连路，是一条贯通城市南北重要的交通主干道，规划控制宽度40米。王狗蹄代表提出《关于改善城乡接合部环境卫生状况的建议》、雷志刚代表提出的《关于加强对城市街道管理力度，改变“脏乱差”现象的建议》，市政府组织各方力量对城乡接合部环境卫生进行了一次大清理。首先对群众反映强烈的三角线、天成巷、赛鱼街、沙坪街、西河路、贵石沟等地区的“脏、乱、差”观象进行集中整治，取得明显成效。其次对沙坪菜市场、赛鱼集贸市场等进行规范化管理，有效解决西河路临时摊位拥挤造成的交通堵塞问题。同时开展“党员带头做表率、清洁家园见行动”和第十七个“爱国卫生月”活动，全市各县区、各单位及广大党员群众5万余人参加。市领导带领规划、建设、行政执法、国土、工商、交警等部门负责人检查调研，发现17个问题，责成10个部门限期整改，并组织专题督查组全面督查，对重点整改问题督查情况进行通报，有力促进了市容市貌的改观。武根敬代表提出《关于重视农村医疗事业发展的建议》，列入当年市政府为民办“二十件实事”之一，下发一系列关于加强农村卫生工作的文件，加大工作力度，取得明显成效。全市三个农业县区全面推行新型农村合作医疗工作，农民参合率达81%，成为全省唯一全面推行新型农村合作医疗制度的市。农村卫生投入明显增加，除国家、省、市政府投入的乡镇卫生院建设资金外，还为卫生院配备一定比例的设施和设备，保证乡镇卫生院工作人员50%左右的工资，并为离退休人员上养老保险等。全市推行的新型合作医疗工作，市、县两级财政共拿出资金约700万元，国家财政拿出约400万元。加大对农村卫生技术人员的培训工作，免费对乡村两级卫生技术人员进行业务培训，为每个乡镇卫生院免费培养一名传染病主检医师，为每个村卫生所培训一名乡村医生，对乡镇卫生院长、基层合作医疗管理干部进行分期分批培训。张谡明代表提出《关于解决矿区居民饮用水严重超标问题的建议》，高海明代表提出的《关于矿区老百姓“户户吃上放心水”的建议》，市政府责成矿区政府成立解决居民吃水问题协调领导组，通过市自来水公司、阳煤集团及有关部门共同努力，实现日供水3万吨的需要，有序推进矿区6000户居民的供水管理移交工作。

5. 2006年4月，市十二届人大六次会议期间，赵银万代表提出的《关于缓解群众看病难、看病贵问题的建议》、张凤英代表提出的《关于加大卫生投入，有效缓解群众看病难、看病贵问题的建议》，市卫生局把办理工作纳入卫生工作目标管理责任制，市级8所、省级12所医院影像检验在市内实行“一单通”，市级8所医疗机构试行单病种限价管理，全市县区级医疗机构收费标准下浮10%—64%不等，药品收入占比下降1.4个百分点。全面推行新型农村合作医疗制度，强化乡镇卫生院和村卫生所硬件建设，加大非法行医和推广中医药的打击力度，一定程度缓解了看病难、看病贵的问题。王国佩等代表提出《关于解决阳泉市农村养老保险问题的建议》，市劳动和社会保障局在农民以个人身份参加农村养老保险的基础上，出台《阳泉市乡镇企业职工社会养老保险实施办法》，全市农民及乡镇企业职工养老保险有了政策依据。当年全市4.9万余人参加了农村养老保险，600余人按时足额领取了养老金，农村养老金领取额最高达600余元。梁雨亮代表提出《关于抓紧开工建设北水南调工程的建议》，市政府将盂县滹沱河北水南调工程建设规划列入当年及“十一五”重点工作，争取到省级资金支持。启动了北水南调一期工程，工程建设龙华河水库枢纽和单管线输水到盂县县城，水库规划总库容4800万立方米，估算总投资4.5亿元，建成后可提水1300万立方米，满足盂县“十一五”期间工业和城市生活用水。王变娥等代表提出《关于建设工业园区，推进新农村建设的建议》，市政府按照布局集中化、经营规模化、生产现代化、产权多元化、污染集中治理的发展思路，重点抓了西小坪、白泉、南娄、龙川等4个县区级工业园区和张庄碳素材料、孙家庄冶金铸造等12个乡镇级标准工业小区的建设。同时，改造提升传统产业，发展壮大骨干企业，到“十一五”末，全市营业收入千万元以上企业达到300家，其中亿元以上企业达到40家。王狗蹄代表提出《关于把城中村改造当作社会主义新农村建设的重要组成部分的建议》，市规划局对城中村做整体规划，市政府把加强新农村建设列为“二十件实事”之一，召开全市推进社会主义新农村建设工作会议进行安排部署。张威代表提出《关于修整城信路两侧人行便道的建议》，市建设局组织施工，投资3万余元铺装人行道548.67平方米。王万柱代表提出《关于认真贯彻〈中共中央、国务院关于进一步加强农村卫生工作的决定〉精神，加大农村卫生投入的建议》，市政府加大对农村卫生事业的投入，除国债项目外，按照统一规划，投资200万元用于5个乡镇卫生院的改扩建，投资50万元用于100个村卫生所的标准化建设，县乡村三级医疗机构标准化建设达标率达40%，投资40万元用于农村卫生管理人才培训，乡镇卫生院编制内预防保健人员经费得到解决。高海明代表提出《关于加快桃河蓄水工程的建议》，市委敲定桃河河道梯级蓄水可行性方案，铺开城区段桃河蓄水工程试验段工程，试验段全长2.1公里，西起西河口，东至华联商厦背后，投资1500万元左右，整个工程修建29座溢流坝、28个蓄水池，动用土石方13万立方米、混凝土1.5万立方米，工程于次年4月底完工并蓄水投入使用。王万柱代表提出的《关于在市区新建一所单办高中的建议》，市政府将新建的单办高中命名为阳泉一中新校区，列入重点实施的“百项工程”之一。建成后的阳泉一中新校面向全市招生，在校生达8000人。阳泉一中、二中、三中、教院附中的高中优化整合，全部改为单办初中，阳泉十一中、十五中的高中招生，四中、六中、七中、十中的初中招生压力大幅缓解，从而改善市区内初、高中布局布点不合理现状。阳泉一中新校建设工程当年已完成论证、选址、前期规划，计划2008年竣工投入使用。

（三）市十三届人大

1. 2007年5月，十三届人大一次会议期间，确定10件重点建议。

（1）王连成等14名代表提出的《关于进一步加快全市农民专业合作社发展的建议》。市农业部门积极向上争取资金，扶持农民专业合作社发展，全市有一定规模和辐射带动能力的农民专业合作社60个，社员2200人，带动农户5000余户；社员人均纯收入5200元，比一般农户高出20%至30%。全市32个乡镇中28个建起了农民专业合作社，占87.5%。

（2）杨兆明等11名代表提出的《关于加快城中村改造步伐的建议》。阳泉是全省推进城乡一体化的试点城市。市规划部门开展了城乡一体化规划编制工作。城市周边义井、义东沟、上五渡、下五渡、平潭垴、石卜咀、赛鱼等村均实施“城中村”改造，大多采用村委会组织或委托开发商改造的模式。同时在义白路开发东区、义白路西侧规划高新技术园区，科技孵化器等项目当年建成并投用，新的科技产业园区逐步形成规模。

（3）赵银万等15名代表提出的《关于确保农村卫生事业可持续发展的建议》。2006年、2007年，市、县两级财政共投入1490万元支持农村卫生事业发展。到2007年底，全市32个乡镇卫生院改扩建工程和200个村卫生所规范化建设全部完成。新型农村合作医疗在农村基本实现全覆盖，有力缓解人民群众看病难，看病贵的问题。同时，开展了对口帮扶工作，对三个乡镇卫生院派驻三名具有中级以上职称的医师，逐步解决乡镇卫生院在管理和技术方面的不合理性，完善乡镇卫生院的管理和技术水平。

（4）王万柱等16名代表提出的《关于市三院与市肿瘤研究所卫生资源合理配置尽快成立阳泉

市肿瘤医院的建议》。市委、市政府对筹建阳泉市肿瘤医院进行多次论证，但由于种种原因未能实现。市卫生部门倾向市三院与市肿瘤研究所合并，在市三院基础上挂市肿瘤医院牌子。

（5）赵建军等11名代表提出的《关于进一步深化和推进市属国有企业改革的建议》。全市国有企业围绕“三个一批”进行改革，市国资委出台《关于进一步推进市属国有企业改革的实施意见》，市财政托底解决企业破产费用，市劳动和社会保障部门为职工办理提前退休、养老保险、失业保险、医疗保险以及“4050”人员安置等，政法部门依法为推进国企改革保驾护航，新闻媒体以舆论监督形式营造良好的改革氛围。当年，国资委监管的独资和控股企业由开始的99户减少至65户。

（6）杨喜平等11名代表提出的《关于进一步加强基层司法所建设的建议》。市财政投资10万元，使矿区6个司法所一次性建成投入使用。同时，各县区司法局精简机构，充实基层，落实目标，进一步夯实基层基础工作。关于代表提到的司法所立户空编未能彻底解决、国债资金建设司法所办公用房、司法所职级不明确、办公经费不能落实、司法助理员不能专职专用等问题，市司法局都作了很好的解释。

（7）刘昕亮等11名代表提出的《关于重点扶持盂县苌池煤电工业循环经济园区基础配套建设的建议》。市经委修订《阳泉市工业园区建设发展规划纲要》，规划创建藏山能源化工产业循环经济工业园区。该园区紧邻盂县至五台的干线公路，距阳石干线公路约2公里，占地面积6.35平方公里，以能源化工产业为主导，逐步形成煤炭—洁净发电—粉煤灰特新建材、煤炭—化工、煤—电—铝、工业园区—物流中心等多条产业链。当年，园区牵头项目香港华润公司与市煤运分公司合建的4×600兆瓦发电厂一期工程正在积极筹备。园区建设启动后，有关部门会在配套资金中考虑一定资金对苌池镇小城镇建设给予扶持。

（8）刘春玲等14名代表提出的《关于重视和加强青少年科技教育的建议》。市政府在继续完善已有的赛鱼小学科学宫、气象局教育基地、石家花园教育基地、南上庄蔬菜种植基地4个科普基地的基础上，加快新的科普基地建设，通过太原理工大学阳泉学院等大中专院校实验室的开发，使青少年更多了解煤炭生产、机械加工等本市支柱产业的生产原理。

（9）张斌武等11名代表提出的《关于解决镇、村公路后续养护与管理问题的建议》。市政府早在2005年7月制定出台《阳泉市农村公路养护管理实施办法》，三个农业县区及时到位养护配套资金，设立公路养护管理领导组，组建公路养护公司，成立养护道班，聘用1554名养护工人，签订养护合同，购买养护车辆、标志服等，全面负责全市县乡村公路的养护和路政管理工作，已取得初步成效。三个县区的公路养护中心都已取得由省交通厅颁发的养护资质证书，为养护工程市场化运作打下基础。

（10）王军莲等3名代表提出的《关于节能降耗势在必行的建议》。市政府历来对节能降耗工作高度重视，相继出台《关于加强节能工作决定》和《阳泉市2007—2010年循环经济发展规划》，加强对节能工作的监督管理。在电石、水泥、钢铁、铁合金、焦化等行业规模小、能耗高、技术工艺落后的企业实行差别电价。加大对高耗能行业的约束和限制，严格执行“上大压小”政策，鼓励企业积极进行技术改造，上规模、上档次，实现节能减排。先后关闭、取缔、淘汰80多家污染严重、工艺落后的企业，关闭耐火企业50余家、小煤矿111家、小水泥40家、9家小冶炼的16台炉。截至当年三季度末，单位GDP综合能耗完成2.48吨标煤/万元，同比下降6.06%；规模以上工业企业工业增加值能耗完成4.74吨标煤/万元，同比下降7.3%；节能量实现28.8万吨标准煤，完成年度计划36万吨标准煤的80%；单位GDP电耗3731.37千瓦小时/万元，同比上升12.24%。

2. 2008年4月，市十三届人大三次会议期间，确定了10件重点建议。

（1）杨红梅等10名代表提出的《关于完善市区停车场建设规划的建议》。市政府编制完成了《阳泉市停车场规划（2008—2020）》，市规划局分别在河边街华联商场、隆鑫商场、新建路天桥口、德胜街百货大楼、火车站、第一人民医院、南庄路口、北大街转盘至阳煤集团、天利商场、桃北路四矿口、工程处、煤山路赛鱼口等区段设置各种停车场18个，其中已启用9个。

（2）程志强等13名代表提出的《关于加快中水循环利用促进污水处理企业健康发展的建议》。2005年市政府就将此项目列入议事日程，编写完成阳泉市"十一五"期间再生水利用规划，开始启动再生水利用工程。该项目概算投资5100万元，预计2009年6月底以前完工。

（3）郗存祥代表提出的《关于解决中小企业融资难问题的建议》。市政府建立"中小企业发展基金"，每年由财政预算列支100万元予以保证，并根据财力发展逐年增加。当年全市建立由财政出资并控股的政策性担保机构12家，成立个体担保机构23家。全省首家村镇银行在盂县成立，全市信用担保体系初步形成。加快小额贷款公司创建进度，5家小额贷款公司正式开业。

（4）朱玉芳等10名代表提出的《关于在新农村建设中加强农民素质提高力度的建议》。市政府围绕新农村建设，从科技文化、生产技能、精神文明等方面全面提高农民生产、道德文化等素质。一是实施农村富余劳动力转移培训工程和"阳光工程"，完成农民引导性培训3.1万人、"阳光工程"培训7000人，转移富余劳动力1万余人。二是开展农村生产经营培训，对196个合作社骨干进行培训，组织6次专业培训。三是开展精神文明建设，在加强文化基础设施建设，推进"五个一"工程的同时，开展丰富多彩的群众文化活动和文化下乡活动，启动农村数字电影放映工程，保证全市农村一村一月放映一场电影。四是增加对农民素质建设的投入。各级财政将农民素质建设资金捆绑在农村文化建设、农村基础设施建设等资金中统一使用，并不断增加农民素质培训资金的比例。当年全市财政支农资金仅农村产业发展一项，市级财政投入就达到2700万元，增幅达到60%以上。

（5）刘桃凤代表提出的《关于规范街道路牌和门牌号码的建议》。市政府曾于1995年对全市门牌和路牌进行过一次全面的整顿，但由于城市建设速度不断加快，建成区范围不断拓展，亟须对全市的门牌和路牌再进行一次整顿规范。市财政将门牌设置总费用的10%列入每年的财政预算，2008年拨付10万元专项经费对损坏、缺失的街牌进行更新。

（6）邵满存等12名代表提出的《关于创建全国"双拥"模范城的建议》。市政府对此高度重视，2006年度退役士兵安置率达95%，2007年度的城镇退役士兵完成落户手续办理工作，2008年下拨优抚补贴经费1150多万元。同时，加大对驻地部队的财政投入，坚持将国防后备力量建设所需经费列入政府年度预算，加强驻军、武警、消防部队正规化建设和改善官兵生活、工作、学习、训练、执勤条件。

（7）王万柱代表提出的《关于推进全市基层文化建设，构建公共文化服务体系的建议》。2008年6月，市政府出台《关于推进基层文化建设构建公共文化服务体系的实施意见》，要求到2010年底，各县区两馆（文化馆、图书馆）建设全部达标，开发区建设1个综合文化活动中心，各乡镇、社区全部建成集书报刊阅读、文艺演出和青少年校外活动于一体的综合文化站。2008年完成8个乡镇综合文化站、150个村文化活动室、30个乡镇村和社区信息化示范点的建设。同时，推开有线电视数字化整体转移工程，形成12.19万户的数字电视用户。

（8）李银花等10名代表提出的《关于对学校布局结构进行调整的建议》，"十五"时期，全市实施了农村中小学危房改造工程，使农村中小学建设整体上了一个台阶。城市中小学布局结构调整提上日程，核心问题是教育资源严重不足。市政府加大教育投入，与国家采煤沉陷区综合治理学校建设工作相结合，新建、改扩建12所中小学。以阳泉一中新校区建设工程为依托，整合城区范围内的教育资源，由此调整出原有教育资源用于初中阶段教育，有效缓解城区初中阶段办学资源的紧张状况。

（9）王万柱代表提出的《关于为加快建设省级科技示范园区创造优良环境的建议》，2007年省政府将阳泉列为省级科技示范区，签署了《关于推进京晋科技合作、共同建设阳泉省级科技示范区的框架协议》。根据《框架协议》，节能环保、现代农业、耐火材料、机械装备、废弃资源综合利用等重大合作项目已进入实施阶段，并取得阶段性成果。市政府出台实施意见，制定配套政策，引导全社会加大对科技的投入。到“十一五”末，市级科技研发投入占当年本级财政支出的比例将达到3%，县区同比达2%。

（10）冯岩松等17名代表提出的《关于各方共同努力切实解决群众看病难看病贵问题的建议》。在农村卫生服务方面，新型农村合作医疗实现全覆盖，全市601个村卫生所进行规范化建设，县乡村三级医疗卫生机构基础设施达标率达到70%。在社区卫生服务方面，着力打造“15分钟卫生服务圈”，完善城镇居民医疗卫生服务网络，创建14个社区卫生服务中心，对42个社区卫生服务站进行规范化建设。连续几年，对三个农业县区医院的病房楼和传染病区进行大规模新建和改扩建，基本满足城镇居民群众就医需求，“看病难”得到一定程度缓解。同时，采取措施缓解“看病贵”。一是实行“一单通”，在市第一人民医院、市第三人民医院、阳煤集团总医院，平定、盂县、郊区人民医院及市中医院、第四人民医院等8所医院继续实行临床医学检验项目和影像项目报告单“一单通”。二是实行药品集中采购，当年全市二级以上16所医院参加全省集中药品采购工作，药价下降幅度30.24%，药品让利患者1.2亿元。三是减免贫困群体就医费用158.38万元。

3. 2009年5月，市十三届人大四次会议期间，确定了9件代表重点建议。

（1）李乃珠代表提出的《关于打造全市农村旅游品牌，将“桃花节”提升为“阳泉市桃花旅游节”的建议》。市旅游局对《阳泉市旅游业发展规划》进行了修订，明确提出举办“阳泉市桃花文化节”，将桃林沟村和桃河公园定为开发地点。市旅游局与郊区政府对举办“阳泉市桃花文化节”的具体事宜进行可行性研究，计划待方案确定后于2010年实施。

（2）史钰文代表提出的《关于亟待加快义井河污染段蓬河治理改造的建议》。市政府对义井河治理工作统筹安排，利用河道蓬河建设住房。当年，部分河道蓬河工程开工建设，建成拆迁安置房、廉租房、商品房等15栋857套，建筑面积90025平方米，拆迁安置二期工程2栋安置楼主体完工，三期工程前期工作基本结束，次年3月开工建设。市政府把义井河蓬河建设及绿化工作与“三城同创”要求相结合，在义井桥两侧搞好绿化，把义井河建设成为阳泉又一新亮点。

（3）荆素俭代表提出的《关于加快推进农业产业化进程，实现农民再就业的建议》，当年，全市畜牧业收入预计全年达到6.2亿元，同比增长6.9%，核桃产业收入达到4800万元，日光温室主体工程完成1430亩，蔬菜大棚主体工程完成350亩。三大主导产业预计能为农民提供人均收入730元。同时发展了一批带动能力较强的农业产业化龙头企业，全市年销售收入100万元以上的农业龙头企业达到102家，完成引导性培训农民3.1万人，转移农村富余劳动力1.1万人。

（4）王国瑞代表提出的《关于推广粉煤灰资源环保产业的建议》。2008年全市粉煤灰年产生量200余万吨，年利用量122万吨，利用率达到55%以上，粉煤灰综合利用仅限于建材领域。市政府推广粉煤灰综合利用工作，在能使用的范围全面应用。加大宣传和行政执法力度，坚决依法取缔“禁实”区域内的实心黏土砖生产企业，从城区、矿区、郊区、开发区向平定、盂县县域规划区扩展和延伸，全面有序推进粉煤灰新型墙材发展。

（5）王军莲代表提出的《关于尽快解决市区主要街道交通堵塞问题的建议》。市政府结合“三城同创”，确定实施漾泉大道、赛鱼路、泉东路、泉西路、广阳路、保晋路、平阳路、煤山路、矿山路等9条道路的建设改造工程。当年全部开始进行设计和前期建设的准备工作。与此同时，加大对道路交通的管制力度，开展“四整治一规范”（整治涉牌涉证、整治公路客运车辆、整治危险路段、整治酒后驾车、执法规范化建设）及道路交通秩序专项整治工作，安装约1万米中央隔离护栏，全力解决市区交通拥堵问题。

（6）王建萍代表提出的《关于大力推进廉租房和经济适用房建设的建议》。市政府组织建设、民政、国土、规划等部门编制完成《阳泉市解决城市低收入家庭住房困难发展规划和年度计划（2008—2012）》。当年，全市建成廉租住房100套，在建工程2万平方米（400余套）；阳煤集团加大煤矿棚户区改造，累计开工140余万平方米；城市棚户区改造大力推进，阳钢、后底沟、下站、瓦窑坡等地均进行大面积改造，切实解决低收入家庭的住房困难。

（7）荆素俭代表提出的《关于大力发展文化事业，丰富人民群众的精神文化生活的建议》。市政府加大对基层文化设施投入力度，致力构建市、县、乡、村四级文化服务网络。当年新建24个乡镇文化站、380个村文化室。不断加强基层文化员、文艺骨干队伍、民间艺人队伍和群众文艺创作队伍的建设，定期、不定期进行培训。坚持政府主办和群众自办相结合，继续办好“三节”系列文化活动、夏季“群星风采”广场文化活动等示范性、导向性活动，全面推广农村电影数字化放映服务，确保每个行政村每月放映一场电影。

（8）张瑞霞代表提出的《关于加强农村寄宿制学校建设的建议》。当年市级财政投入23644万元，比上年增长31.35%。对农村寄宿制学校的合理布局、建设标准、食品卫生安全、教师编制、师资队伍建设、学校管理、课程改革等作出具体要求和规划。各县区为农村寄宿制学校配备教职工队伍，根据需要配备专门的炊事、生活管理、寄宿管理和安全保卫人员，并按学生人数600人以上设立医务室，不足600人的学校至少配备1名校医。为3个农业县区增加编制，实施全市义务教育阶段寄宿制学生“营养早餐”工程，改造中小学校舍12.9万平方米。当年竣工项目学校84个，竣工面积14.75万平方米，改造危房面积14.35万平方米。

（9）靳培宏代表提出的《关于加强资源管理，为资源型城市转型提供保障的建议》。市政府在推进煤矿企业兼并重组整合工作中重新对各矿井的资源储量、井田面积等情况调查摸底。全市煤田面积为934平方公里，占全市总面积的21%，保有资源储量为60亿吨，其中：阳煤集团、荫营矿、固庄矿等省营煤炭企业37.51亿吨，地方煤炭企业22.49亿吨。当年全市所有保留矿井全部实现机械化开采，资源回收率提高到80%以上。对“实现国有资源有偿使用”进行明确，加大资源配置向国有企业倾斜力度。全市保留矿井53座，其中48座由国有企业控股或参股。全市382个非煤矿山企业核定关闭111个。此外，非煤矿山企业开始缴纳采矿价款，重新换领采矿许可证。

4. 2010年5月，市十三届人大五次会议期间，确定了11件代表重点建议。

（1）李银花代表提出的《关于中小学危房改造应出台优惠政策的建议》。市政府对中小学校舍安全工程非常重视，将其列为当年为民办的十件实事之一，有序推进全市中小学校舍安全工程。其中关于“对中小学危房改造、扩建、审批等诸环节设立专门窗口，做到方便、快捷、优质、高效”的建议内容，市政府统筹协调各部门采取优先办理、急事急办、设立快捷通道等措施，加快前期手续办理进度。关于“按照‘能免则免、能减则减’原则，落实义务教育学校危房改造建设项目各项费用减免政策”的建议，市政府积极予以采纳，出台《关于进一步加强中小学校舍安全工程管理的通知》，明确规定校舍安全工程涉及行政事业性收费要全部免除，服务性收费要免除或减半收取。当年中央、省、市、县四级配套资金全部足额到位。市、县两级校安办建立校舍安全工程档案室，对各类工程从鉴定到规划、从立项到开工、从施工到监理、从竣工验收到交付使用，全部建立清晰、明确、完整的档案资料。所有中小学校舍安全工程均实行校长负责制，县区长是工程第一责任人，项目负责人、施工单位、监理单位全部实行终身负责制。建立严密的招投标制度，资金管理、预决算审计、招标议标等全部列入政务公开范围，实行阳光操作，严防建设领域滋生腐败，真正将中小学校舍安全工程办成人民群众的“放心工程”“满意工程”。

（2）李乃珠代表提出的《关于解决农村医疗卫生队伍人员短缺问题的建议》。市政府制定全市农村卫生服务体系建设发展规划，将大学生村医招聘工作列为重点。落实各项补助政策，提高村卫生室工作人员服务能力，积极推进村卫生室乡村一体化管理，力争做到乡村两级医疗机构的“五统一”。随着国家对卫生工作的重视，医疗卫生体制改革的不断深入，各级财政对农村卫生事业的投入不断加大，全市乡村医生队伍人员短缺、素质偏低的状况将得到有效缓解。

（3）鄯怀林代表提出的《关于坚持公交优先原则，切实解决公交公司实际困难的建议》。市政府一方面加大财政补助，另一方面加快推进公交公司内部改革。市财政增加对市公交公司的政策性亏损补贴，提高每年的定补数额，当年市公交公司各项财政补贴资金达到了2095万元，基本解决了其因政策性因素造成的亏损问题。市公交公司的改革：一是加大对城市公共交通的投入力度，建立政府长效补贴机制，增加公交运营车辆，增建公交停车场。二是加强成本管理，职工人数和运营车辆的比例要从8：1降到5∶1。三是建立公交职工工资正常增长机制，确保公交职工年均工资不低于市在岗职工年均工资水平的60%，保证公交职工队伍稳定。四是合理确定票价，鼓励和吸引更多市民出行首选公共交通。五是加快公交智能化、信息化建设，逐步构建智能交通系统，提高运营管理水平。六是三年内，对全市所有个体中巴车进行公交一体化改造。

（4）王万柱代表提出的《关于阳泉日报社亟待解决的几个问题的建议》。该建议主要涉及新建阳泉日报社办公场所、理顺用人机制、加大财政补贴等方面的内容。市规划局就阳泉新闻大厦的选址进行调研，提出在北大街阳泉日报社旧址西侧、泉中北路居馨花园南口、泉中路瓦窑坡片区等多个选址方案。按照省委、省政府的安排，市委、市政府确定了加快推进城镇化的战略目标，对全市的整体规划又提出了新的要求，阳泉新闻大厦的选址需要从新的城市建设和发展要求重新定位。下一步，市规划部门将结合全市规划要求，充分考虑阳泉日报社的意见，从既能体现阳泉平面媒体发展的美好未来，又能为阳泉城市发展增添新亮点的角度来确定选址和进行规划建设。关于用人机制方面。阳泉日报社由于工作需要，曾公开招聘了一部分工作人员，由于历史原因一直未纳入与在编人员享受同等待遇的管理范围。全市岗位设置管理工作已全面启动。阳泉日报社的人事问题，纳入人事制度改革和文化体制改革一并进行解决。市财政部门不断加大对阳泉日报社的支持力度。当年，市财政为阳泉日报社安排资金补贴205万元，较上年增加了13万元。随着全市经济的加速发展，阳泉日报社用人机制的逐渐理顺，财政对报社的支持力度会继续增加。

（5）杨喜平代表和张国强代表提出的《关于加强乡镇敬老院建设的建议》。2007年，全市乡镇敬老院建设工程启动；至2010年，全市32所乡镇敬老院全部建成，其中12所接收老人入院，其余20所正在完善设施。市财政对敬老院建设补助资金延长三年，并从2010年起，市财政对集中供养的五保对象每人每年安排供养经费300元。各县（区）比照市财政预算资金对等配套。市财政与民政部门向上争取省对平潭镇敬老院、梁家寨乡敬老院、张庄镇敬老院建设补助资金460万元。

（6）赵银万代表提出的《关于实行基本药物零差率销售需要解决补偿机制的建议》。市政府将“积极落实国家基本药物制度，率先在60%政府举办的基层医疗卫生机构实行基本药物的统一配送和零差率销售”确定为市政府为民办的十件实事之一。2010年7月14日，市医改办草拟了阳泉市《基层医药卫生体制综合改革实施意见（试行）》及相关配套文件，并拟定《关于公共卫生与基层医疗卫生事业单位实施绩效工资的意见》《基层医疗卫生机构运行补偿办法》《乡镇卫生院分流人员安置办法》《基层医疗卫生机构人事制度改革意见》《基层医疗卫生服务体系建设规划》《关于乡镇卫生院机构编制的调整意见》等文件，涵盖了该建议的各项内容。此外，市财政安排30万元，将根据各考核单位的实施情况，采取以奖代补的办法，对实施效果好的单位进行考核奖励。

（7）王万柱代表提出的《关于在古城地段建设古城墙遗址公园的建议》。市委、市政府对古城公园建设非常重视，2006年编制的《阳泉市创建国家园林城市规划（2006—2020）》，就将“古城残垣”纳入古城公园的绿地建设规划，邀请省文物局专家对古城进行实地考察和鉴定。经专家集体评议，认为类似古城遗址在山西并不多见，且周围还有墓葬，建议地方政府妥善保护，并在不触动文化层和妥善保护好地表遗迹的前提下，将古城墙周围建为绿化带或遗址公园。将古城公园纳入重点建设实施项目，规划面积近1万平方米，计划次年开工建设。

（8）弓鸿馨代表提出的《关于对阳泉火车站旧址进行复原性修缮保护的建议》。2007年，市规划部门编制了《阳泉市文物保护规划》，对全市各类文物分门别类，提出了保护与发展的规划意见，阳泉站已被列入优秀历史建筑文物保护范围。全市按照保护要求，本着“只修不建，修旧如旧”的原则进行维护修缮，并制定了“非因特殊需要并经市政府批准，不得改建或扩建，不得改变房屋结构，不得改变使用性质”的措施对其进行管理保护。

（9）王录代表提出的《关于加快义井河治理建设的建议》。对义井河进行综合治理工程，市规划部门于2004年委托太原理工大学水利勘测设计研究所编制了《义井河阳泉市区段河道治理开发可行性研究报告》，2005年完成了《阳泉市义井河义东沟桥下游河道覆盖工程防洪影响评价报告》，在此基础上，2006年提出了《义井河治理规划方案》。《方案》的主要治理措施有：一是彻底清理河道内垃圾、淤泥和杂土，沿河敷设600—800管径的污水干管，实施河道两岸污水分流排放的截流式排水系统，彻底治理污水乱流、臭气散发的环境污染。该项工程已完成。二是充分利用河道公共空间，实施建设政府廉租房、经济适用住房、旧区改造拆迁安置房和市政公用设施场地。现该项工程正在逐步实施。当年还启动了义井公园建设工程（义井河义井桥—体育馆区段综合治理工程），主要利用蓬河形成的用地空间进行绿化景观建设。该工程整治范围全长约900多米，绿化景观面积3万多平方米，估算投资约8000多万元。该工程由市规划部门为建设单位，采取BT模式投融资建设，计划次年上半年完工。

（10）杨日祥代表提出的《关于净化未成年人上网环境的建议》。全市出台实施了多项措施：一是加强网吧监管，先后制定了未成年人禁入制度、限时营业制度、场地巡查制度、上网实名登记制度等有关规定；为每个网吧配置了未成年人禁止入内标志、营业时间限时标志和请出示身份证等有效证件标志；向社会公布了举报专线“12318”，在全市范围聘请了130名网吧义务监督员，建立了不定期联席会议制度和反馈意见制度；举办了多期网吧经营人员的业务和职业道德培训班；扶持成立了阳泉市网吧协会；全市网吧按照核准电脑台数都安装了“阳光骑士监管软件”；在全市开展了“净化社会文化环境集中整治互联网络及校园周边治安秩序专项整治行动”，以城乡接合部、校园周边、居民住宅区、农村等地区为重点，组织民警开展摸排工作，清理违规经营的网吧。二是加强网络监管，重点侦破境内人员在境外建设淫秽色情网站和组织网络淫秽表演、通过开设色情网站或低俗网站进行挂马实施网络盗窃等案件；重点对为境外淫秽色情网站提供境外主机托管代理服务的境内互联网接入服务商，未落实日志留存制度的移动网络接入商，为违法网站提供域名注册服务的域名注册服务商等进行集中整治。通过以打促建，加强重点阵地控制。

（11）王万柱代表提出的《关于建设阳泉市地震应急中心的建议》。市规划部门多次和地震部门进行协调，提出了对原有办公楼进行加固或通过市场化运作进行置换等多种方案。计划启动苹果园片区改造项目，将把市地震应急中心列入该项目统一规划。

5. 2011 年 5 月，市十三届人大六次会议期间，确定了 10 件代表重点建议。

（1）李乃珠代表提出的《关于拓宽青年路的建议》。市政府将青年路拓宽工程列入了 2011 年城市维护建设计划，实施了青年路—大连西路改扩建工程。

（2）张素敏代表提出的《关于合理调整部分公交车站的建议》。2010 年，市政府实施了公交站牌和候车厅改造工程，将该工程列入了为民办实事之一，计划改造公交站牌 270 对、候车厅 218 个。2011 年，公交站牌和候车厅改造工程已全部完工，泉中路（至李家庄新村）、平定路、桃北西路、北大街、南大街、南大西街、德胜街、南山南路 8 个路段的 60 个站点已改建为港湾式站点。市政府结合城市总体规划修编，同步启动了城市综合交通体系规划的编制工作，对城市道路路网、主要交通节点的控制、公交站点设置等提出了规划意见。

（3）李乃珠等 10 名代表提出的《关于在沃尔玛、市一中等路段增设过街天桥的建议》。市规划部门经深入调研，从节约投资和城市美观的角度出发，提出了在市政府广场建设地下通道的方案，已进入决策程序，沃尔玛路段建设过街天桥方案已进入论证阶段，矿一中路段过街天桥已建成并启用。此外，在北大街环岛、市一院门口、市一中门口（平定路河下段）、南外环路义东沟村口等路段建设过街天桥方案也已完成，进入审查阶段。

（4）乔亦青等 10 名代表提出的《关于在城市扩建和住宅小区建设规划的同时，同步规划配套中小学校的建议》。按照国家标准，城市居住区中小学校配建标准为：1 个小区（居住人口以 1—1.5 万人）配建 1 所小学，1 个居住区（居住人口以 3—5 万人）配建 1 所中学。市规划部门认真调查了全市中小学校现状，核定了中小学校建设规模，组织编制了《城市中小学布局总体规划》。全市拟建的生态新城按要求规划了中小学校，盛世新城和巨兴小区也规划了小学建设用地。此外，实验中学实施了搬迁，启用了阳泉一中新校。

（5）方庆灵等 10 名代表提出的《关于打造阳泉文化品牌，加快推进特色旅游产业发展的建议》。市政府制订了阳泉市“十二五”旅游发展规划，重点打造狮脑山、娘子关、藏山、翠枫山等 10 大旅游景区。加快旅游景区申 A 步伐，增加 3—5 个 AAAA 级景区，力争实现 AAAAA 级景区突破。大力发展星级酒店，加快酒店申星步伐。强化五台山、藏山、西柏坡“晋冀旅游金三角”合作机制，精心打造旅游线路，积极开发客源市场，加强宣传，提高阳泉“区域旅游中心城市”知名度。结合阳泉旅游发展实际，以文化建设与品牌宣传为抓手，全面推进阳泉旅游文化建设，对全市旅游文化精品线路进一步整合，重点抓好忠义、红色、山水、民俗、生态、版画等旅游文化内涵的挖掘，认真实施“八个旅游文化”工程，努力把阳泉创建为全国优秀旅游目的地城市和晋东旅游集散中心城市。

（6）赵子炳等 11 名代表提出的《关于加强食品安全监管的建议》。2010 年 2 月成立了阳泉市食品安全委员会，逐步建立了政府统一领导，食安委办综合协调，各职能部门监管的体制。为加强食品安全风险监测，提高预警预判能力，建立了包括卫生行政部门、疾控部门和医疗机构在内的食源性疾病监测体系。设立了食品安全举报奖励基金，建立了投诉举报奖励制度。成立了农产品质量安全检验检测中心，建立了一系列保障农产品质量安全的规章制度。围绕食品添加剂、乳制品、食用油、保健食品、鲜肉和肉制品、酒类、“瘦肉精”等七类重点，开展了一系列专项整治行动，查处了一批违法违规案件，有力地震慑了违法行为。

（7）赵永东等 14 名代表提出的《关于提升“十二五”期间全市电力保障能力的建议》。阳泉电网“十二五”发展专项规划按照电力与经济、社会、环境协调发展和适度超前的方针编制，与城市总体规划相结合，既考虑电网建设的经济效益，又考虑电网建设的社会效益，在“十二五”期间，加快电网的技术创新，提高能源利用率，确保电网的安全运行。到“十二五”末，建成与太原、晋中、河北连接的500千伏电网通道，以保证阳泉地区富裕电力的外送，同时为地区220千伏电网提供可靠的电源支撑。为保证电网建设的顺利进行，全市成立了煤电油运综合协调领导组，帮助协调解决电网建设过程中遇到的各种问题。智能电网建设将按照国家、省供电公司的整体规划进行改造建设。2011年，阳泉供电分公司开始实施城市居民用户智能电表改造，今后将逐步覆盖全市。

（8）韩晓东代表提出的《关于解决洗煤企业煤源紧张，建立煤矿和洗煤企业联合经营机制的建议》。经过三年煤矿资源整合，全市煤矿个数、产能都发生了较大变化，全市煤矿从2009年的151个减少到了2011年的52个，规划产能达到了4550万吨。从2010年开始80%的煤矿陆续进入整合改造建设期，造成实际原煤产量减少，致使许多洗煤企业煤源紧张。全市洗煤企业洗煤能力在180万吨/年以下，且工艺落后，应对市场能力较弱。为做大做强洗煤企业，全市出台了《阳泉市独立洗煤企业发展规划方案》。“十二五”期间，全市洗煤产业将结合全市煤炭生产、产品结构调整优化布局，淘汰取缔落后产能，提高独立洗煤企业准入标准（规定新建独立洗煤企业生产规模为180万吨/年以上），鼓励整合后煤矿主体配套建设洗煤厂，规划新建独立洗煤企业20家。到“十二五”末，全市地方煤炭原煤入洗率达到80%以上。

（9）王万柱等12名代表提出的《关于加快高新技术创业园建设，提升全市科技创新能力的建议》。市政府先后投资7000多万元用于高新技术创业园区建设。当年，一期工程已完工。市政府积极主导建立科技风险投资机制，实施以建立金融担保，风险投资，科技银行三位一体工作模式的科技金融服务体系。全市在全省科技系统建成首个科技担保中心基金，该基金自建立后，共为全市160多户中小企业担保贷款近1亿元。

（10）杨日祥等10名代表提出的《关于彻底排除校园周边安全隐患的建议》。2010年，全市出台了《关于切实加强学校（幼儿园）及周边治安综合治理工作的实施意见》，对加强学校（幼儿园）及周边治安综合治理工作提出了明确要求。全市所有学校（幼儿园）都建立了校园警务室，由属地派出所安排1名正式警员担任负责人，同时招聘了526名公安协勤人员长期派驻学校，具体负责校园警务室治安日常管理工作；聘用专职保安和合同制门卫770名；安装了校园治安视频监控系统，并实现与公安110社会治安网联网；市、县两级财政设立专项资金予以保障。下发《关于进一步加强学校（幼儿园）及周边治安综合治理工作的实施意见》，市综治、教育、公安、文化、工商、城管、食药等部门在全市学校（幼儿园）及周边开展了为期一个月的专项整治行动。对学校周边重点路段的交通、治安、食品流动摊点、网吧等进行了治理，学校及周边环境得到进一步净化。为保障学校及周边长治久安，健全了校园安全管理长效机制，建立了校园周边环境专项治理联席会议制度、校园周边环境治理责任公示牌制度和校园周边环境专项治理考核通报制度。

（四）市十四届人大

1. 2012年5月，市十四届人大一次会议期间，确定了10件代表重点建议。

（1）李素鱼代表提出的《关于解决免费公厕布局不合理、建设数量少、管理落后、卫生状况差的问题的建议》。市规划部门进一步完善了社区公共服务设施规划，对市区公厕进行了合理布局，计划在市区再分批新建高标准水冲式厕所41座，公园游园、繁华街道等公共场所周边设置的公厕不低于二类标准。基于市区公厕建设用地紧张的现状，临街单位全部对外免费开放内部厕所，并在显著位置设置了引导标识。同时，市政府制定了《公厕管理制度》，印发了《关于加强公厕管理的通知》，统一公厕开放时间，严格公厕管护人员职责，进一步改进和加强了公厕管理工作。

（2）荆素俭代表提出的《关于强化城市管理，治理占道经营、车辆乱停问题的建议》。市政府采取“疏堵结合”的办法进行综合治理。市规划部门编制了社区公共服务设施规划，每个社区都规划了小型商业网点（市场），为流动摊点提供专用场所；根据全市实际，规划新增了公共停车场所。同时，公安、行政执法等部门加大执法力度，对重点路段进行集中整治，占道经营、车辆乱停问题逐步得到解决。

（3）郭智明等代表提出的《关于加快建设“智能阳泉”的建议》。成立了由市长任组长、所有副市长任副组长，各县区和市直有关部门负责人参加的智能阳泉建设领导组，加强了对此项工作的组织领导；编制完成了《智能阳泉总体规划》《智能阳泉一期工程实施方案》和《智能阳泉一期工程首批实施项目推进意见》，总体规划涵盖四大领域、分两期付诸实施，其中一期工程 31 项，首批实施项目 18 项。当年，智能电网、智能供气、智能供热、智能供水、智能环保、智能交通等工程已经建成或部分建成；公共场所免费无线互联网覆盖区域达到 20 个。

（4）石久军等代表提出的《关于加快全市设施蔬菜发展的建议》。市政府不断加大对设施蔬菜的扶持力度，加大科技和人才投入，加快蔬菜标准园建设，大力培育品牌产品，积极推进农超对接，合理布局蔬菜批发市场，设施蔬菜在全市取得了较大发展。从 2007 年开始，市、县财政实行了对日光温室各补助 1 万元 / 亩、蔬菜大棚各补助 1000 元 / 亩的政策；出台了《阳泉市 2012 年蔬菜标准园创建实施方案》，明确 10 个部、省、市级创建目标。深入推进晋京科技合作，加大菜农培训，不断引进新技术新品种，为设施蔬菜发展提供人才和技术支撑。多个蔬菜基地同华龙超市建立了农超对接机制。2011 年启动编制的城市总体规划和近期建设规划，在充分征求农业、蔬菜部门意见的基础上，根据区域发展趋势合理布局了数量不等的批发市场。

（5）聂玉明等代表提出的《关于解决核桃产业科技管理服务等有关问题的建议》。针对全市核桃采摘后缺少烘干设备的问题，市政府多次组织有关专家到省内外实地考察、专题研讨。在盂县西潘乡建成第一个核桃智能烘干房。共组织核桃技术培训 271 期，培训人员 1.73 万人次；全年投入核桃病虫害防治资金 30 多万元，防治率达到 91.3%。

（6）李银花等代表提出的《关于加强对学校周边环境综合整治力度的建议》。2010 年，市政府出台《关于切实加强学校（幼儿园）及周边治安综合治理工作的实施意见》。全市所有学校（幼儿园）都建立了校园警务室，招聘 526 名公安协勤人员长期驻校，聘用 770 名专职保安和合同制门卫，安装了校园治安视频监控系统，并实现与公安 110 社会治安网联网。组织开展了校园及周边社会治安重点整治活动，集中力量对学校、幼儿园内部及周边地区进行拉网式摸排整治，集中打击侵害师生人身、财产安全的各类违法活动；清理整顿和取缔校园及周边网吧、电子游戏厅、歌舞厅、录像厅、棋牌馆等娱乐场所；加强学校周边交通管理，打击“黑校车”“黑出租车”的揽客营运等行为；整治学校食堂卫生、校外餐饮店、食品摊点和各类非法经营无牌无证摊点。全市共排查整改校园周边各类安全隐患 94 个。同时，积极落实校园周边环境治理责任公示牌制度，明确各职能部门在每个学校周边的监管责任人，提高校园周边环境整治的效果。

（7）高海娴等代表提出的《关于建设阳泉市卫生系统公共卫生信息平台项目的建议》。市政府成立了公共卫生信息平台建设工作领导组，制定了《阳泉市区域卫生信息平台建设方案》。平台分三期建设：一期建立健康档案市级平台和基层医疗集中信息管理系统，与国家和省卫生应急平台联网，建成市卫生应急指挥系统平台；二期建立数据中心，把辖区人民医院、妇幼保健院、中医院等医疗机构的信息系统并入平台，实现医疗信息互联互通、信息共享；三期建立区域电子病历等信息系统，实现真正意义上的“一卡通”。至2012年底，该项目通过有关部门审核，拟投资720万元进行建设。系统中心的基础硬件设备已基本建设完成。

（8）朱卉等代表提出的《关于加强食品安全监管，保障市民饮食健康的建议》。市政府于2010年2月成立市食品安全委员会之后，进一步加大了食品安全监管力度，逐步建立了政府统一领导，食安委办综合协调，各职能部门分段负责的监管体制；建立了食品安全投诉举报奖励、舆情监测和农产品质量安全等一系列规章制度，出台了《阳泉市食品安全事故应急预案》，规范了食品安全事故应急处置流程；组建了食源性疾病监测体系、农产品质量安全检验检测中心、食品安全专家咨询委员会和食品安全事故调查队伍；组织开展了以食品添加剂、重点场所食品安全以及乳制品、食用油等为重点的专项整治活动，查处了一批违法违规案件，有力地震慑了违法行为，促进了全市食品市场的总体好转。

（9）潘东红代表提出的《关于解决全市交通拥堵问题的建议》。市政府力求从根本上解决城市交通拥堵问题，将其作为一项长期工作积极推进。一是加快新城建设，通过城市扩容缓解交通压力。二是编制了《阳泉市城市综合交通规划》。三是加快道路建设。2009年提出的9条道路建设，已有8条道路实现通车或即将通车。当年又规划了新南外环路等多条道路。四是加快停车场建设。在旧城区结合城市用地规划设置了45处公共停车场；在新城规划中按国家标准上限配置停车场；新建项目加大配建停车设施的规划建设力度。五是加强管理。开展了整治涉牌涉证、整治公路客运车辆、整治危险路段、整治酒后驾车和执法规范化建设以及道路交通秩序专项整治工作。

（10）王建中等代表提出的《关于扶持小微企业发展已刻不容缓的建议》。市政府组织编写了《阳泉市加快扶持小型微型企业发展的实施意见》（讨论稿）。实施意见主要涵盖了加大上级政策执行和落实力度、建立小微企业发展基金和服务体系建设专项基金、加大政府采购支持小微企业力度、鼓励金融机构加大对小微企业信贷支持、加大中小企业信用担保体系建设力度、建设小微企业创业创新基地、完善公共服务体系建设等内容。同时，积极为小微企业发展创优环境。一是政府支付一定费用，指定律师事务所为企业提供诉讼代理、合同草拟、免费法律培训等优惠服务；二是建立小微企业负担监督员制度，对重点小微企业实行缴费监督登记；三是建立健全小微企业公共服务体系，为小微企业提供创业指导、产业引导、管理咨询、知识产权、检验检测等服务；四是积极组织企业参加中博会、中小企业技术博览会等，为企业搭建对外合作平台。

2. 2013年4月，市十四届人大三次会议期间，确定了13件代表重点建议。

（1）刘新东等19名代表提出的《关于新建大型市级养老机构，推进养老事业发展的建议》。市政府及时出台《关于加快推进全市社会养老服务体系建设的实施意见》，详细规划了“十二五”期间“新增养老床位3765张，达到每千名老人拥有养老床位30张”的发展目标。市民政局制定出台《阳泉市2013年城乡社区老年人日间照料中心建设工作实施方案》，年内建成14个农村社区、50个城市社区老年人日间照料中心，圆满完成预定任务。同时，市级养老服务机构“阳泉市养老公益苑”项目立项筹建，选址在郊区义井镇瀑里村，占地面积4.58万平方米，总投资预算9800万元。建设内容包括老年公寓、失能老人养护中心、老年人康复中心、后勤服务中心、管理中心和其他附属设施等。该项目建成后，可接纳安置1000名老人，很大程度上提高全市养老服务的能力和水平。工程建设前期手续基本就绪，将尽快开工建设。

（2）桑晓飞代表提出的《关于整顿和规范再生资源（废旧物品）收购管理，进一步推进全市再生资源体系建设的建议》。阳泉市被省商务厅确定为第二批省级再生资源回收体系建设试点城市。市政府从加强再生资源回收体系建设入手，专门成立了由分管副市长任组长，市商务、发改、公安、工商、环保、住建等部门为成员单位的再生资源回收体系建设领导组，出台了《阳泉市再生资源回收体系建设工作方案》，争取到2015年底，在全市建立以社区回收站点为基础、分拣集散市场为核心、加工利用为目标、点面结合、三位一体的再生资源回收网络体系。当年，推动一批重点回收项目建成投产。建成铅酸蓄电池回收生产基地1个，生产规模和技术水平居全国领先水平；建设和改造报废汽车回收拆解中心2个，年拆解能力达到2000台；建成废旧家用电器回收拆解中心1个，年拆解能力达到120万台。在全市建立社区再生资源固定回收站点60个、分拣中心2个、集散市场1个，年再生资源回收量30多万吨。回收方式由对废纸、废塑料、废金属等单一再生资源的回收分拣，扩展到了对废旧电器、报废汽车、各种废旧商品的回收拆解利用，在全市初步形成了多品种、多渠道、深加工的回收利用网络。

（3）杨栋善等11名代表提出的《关于打造阳泉市信息产业园区的建议》。省政府将阳泉市列入全省电子信息产业示范城市。市政府计划以百度云计算中心、浪潮集团服务器项目落户为契机，以软件信息网络与服务为重点，以招才引智为突破口，以孵化器、园区建设为依托，全力引进信息技术和承接IT项目，通过延伸产业链和提升产业层次，提高产业集聚能力，形成新的经济增长点。规划2年内实现云计算相关信息产业的初步集聚，3年内打造成省内领先的信息技术产业基地，建成国家级电子信息产业园。开发区成立了以管委会主任为组长的电子信息产业推进领导小组，建立和完善了联席会议制度，定期召开专题会议，研究、协调、解决产业发展中的问题；制定出台了《阳泉开发区科技研究与开发资金管理暂行办法》，重点支持重大项目的实施，鼓励引导民营资本投资电子信息产业。百度云计算数据中心工程进展顺利，进入内装修和机电调试阶段。

（4）李建勋代表提出的《关于在沃尔玛路段修建人行天桥的建议》。经多次调研和专业设计人员论证，市政府最终确定建设桃北东街（沃尔玛路段）人行地下通道。该工程北起滨河路沃尔玛，南至华盛桥北口，与玛丽购物广场地下通道贯通，建筑面积3000平方米，其中通道面积1500平方米，总投资3600万元。工程建设采用"地下通道＋商铺"形式组织实施，实行"谁投资、谁建设、谁受益、谁管理"建设模式。该工程于2013年7月25日开工，当年已实现路面通车，地下通道已投入使用。此外，市政府还在实施道路交通畅通工程中，先后完成了洪城北路、桃北东路改扩建、政府广场地下通道、阳泉一中人行天桥建设等一大批市政基础设施重点工程，有效缓解了全市交通拥堵问题。

（5）石久军代表提出的《关于加快新城的基础设施和公共设施建设的建议》。生态新城规划建设总体目标分三个阶段：到2015年为第一阶段，修编完善新城控制性详细规划，加快编制与完善各专项规划；基本形成新城主干路网，全面推进供水、供电、供气、排水、通信、垃圾处理等市政公用基础设施建设，加快建设水系和绿地系统；启动金融商务区、职教园区、东城科技园区、装备制造园区、总部经济园区、生态休闲区等项目；到2018年为第二阶段，依据城市总体规划和新城控制性详细规划，进一步完善各专项规划；新城基础设施和公共服务设施框架基本形成，新城水系和绿地系统进一步完善，金融商务区、职教园区、东城科技园区、装备制造园区、总部经济园区等开发建设初具规模；生态休闲区等其他功能区基本框架逐步形成，新城建设初具雏形；到2022年为第三阶段，建立起由总体规划、详细规划和专项规划组成的系统完善的新城规划体系；新城产业、行政办公、商业服务、体育休闲娱乐等各种功能合理布局，交通、市政设施、医疗、教育、环保和绿地系统基本完善，生态新城基本建成。新城建设第一阶段目标正在实施，新城大道、307复线、李荫路、义白路等主干路网形成，新城供热、供水管网完工，漾泉大道二期工程顺利开工，宁波北路、平阳路前期工作基本完成。

（6）朱玉芳代表提出的《关于进一步规范0—3岁婴幼儿早教机构的建议》。市政府出台了《婴幼儿早期发展工作方案》，对开展此项工作提出了具体要求。相关部门分别在郊区、城区、矿区、开发区开展了婴幼儿早教试点工作，其中郊区作为省级婴幼儿早期发展示范点进行重点建设。各试点县区在县、乡、村逐级建立了婴幼儿早期发展指导中心、服务站、服务室，在适龄家庭设立了比较规范的“宝宝档案”，开展了“送教进社区”“科学育儿社区行”等项活动。但鉴于国家和省尚未出台对早教机构管理的相关政策，没有早期教育师资培养的院校和专业，也没有针对0—3岁婴幼儿早期教育工作者资格的培养、考核和准入标准，因此在执行中缺乏相应的政策依据。

（7）高海娴等10名代表提出的《关于尽快启动市区第二污水处理厂工程建设的建议》。市政府计划实施市污水处理厂二期工程及一期提标改造工程项目，项目建设总规模日处理污水能力18万吨（新建污水处理厂二期工程处理能力12万吨/日，对一期工程8万吨/日的处理能力进行降量提质，升级改造成为6万吨/日），并预留三期工程用地。市污水处理厂二期工程项目概算总投资约5亿元。项目建成后，将可使桃河水体水质得到显著改善，从根本上解决桃河水体污染严重的状态，使娘子关泉域地下水资源得到有效保护。2013年，该项目的可研、环评、能评等前期工作基本完成，项目建设合作方案及资金落实渠道经市政府常务会议研究批准。工程初步选址在平定县乱流村。

（8）王爱军代表提出的《关于继续扶持盂县东部地区设施蔬菜水利设施建设的建议》。市水务局组织有关技术人员深入盂县孙家庄镇禅房村实地踏勘，计划在村境内新打井一眼作为新水源，以满足该地区温室灌溉和人畜饮水应急需要，并拨付禅房村鑫升农业合作社15万元补助资金，用于灌溉节水设施配套建设。在地表水缺乏、地下水资源也不丰富的地区（如盂县东部地区），发展雨水集蓄灌溉工程，采取滴灌、微灌等现代节水技术提高用水效率，同时新建和利用原有人畜饮水工程作为补充水源，以推动这些地区包括设施蔬菜在内的现代农业健康发展。

（9）史钰文等19名代表提出的《关于阳泉市应加强机动车尾气检测工作的建议》。市交警支队制定出台《开展集中治理交通环境污染工作的实施方案》，全面部署机动车尾气检测工作，并进一步加强警力，加大对无环保合格标志机动车的查处力度。提高机动车转入门槛，排量低于国三标准的机动车禁止过户转入阳泉市。

（10）刘新东等14名代表提出的《关于制定阳泉市城市道路交通管理办法的建议》。市公安局、市交警支队多次组织专题调研，并会同交通、公路、规划等部门反复分析研究，起草完成了全市《城市道路交通管理办法》草案。

（11）王学春等11名代表提出的《关于市煤炭“五统一”区域经销管理体制应该取消的建议》。市政府开展了煤炭生产营销秩序整顿，先后出台了《关于整顿规范煤炭生产营销秩序实施方案》《关于促进当前煤炭工业健康发展的意见》，从减轻煤炭企业负担、促进煤炭行业健康发展等方面作出了安排部署。当年，盂县和郊区的地销煤炭（市内）经销差价已全部取消。由于历史原因，全市地方煤炭公路销售仍通过煤运公司统一经销，这种体制的决策权在省一级，市政府已通过多种渠道向上反映，建议调整煤炭经销体系，取消煤炭经销差价，积极推动煤炭价格的市场化进程。

（12）张延山等10名代表提出的《关于支持中小企业发展的建议》。市政府制定了《阳泉市扶持小型微型企业发展的实施意见》（讨论稿），建立了中小企业融资联动工作机制，积极落实金融机构小微企业贷款风险补偿政策，为4家市级金融机构申报了小微企业贷款风险补偿资金，建立了企业负担监督员制度，实行中小企业（民营企业）经济运行分析每月例会制度；建设中小企业公共服务平台网络，为4家服务机构申报了2013年度省级中小企业发展专项资金平台网络建设项目与服务平台项目；加大支持力度，2013年市财政安排预算资金1000万元，向上争取专项资金3119万元，支持中小企业发展。

（13）陈志君等10名代表提出的《关于规范阳泉市城乡公交客运管理的建议》。针对全市客运中存在的问题，市交通局制定出台了《全市旅客运输经营区域划分暂行规定》，并先后与相关县区、公交客运企业沟通协商，积极推动问题的解决，以进一步理顺城乡公交运营秩序。

3. 2013年4月，在市十四届人大三次会议上，80多名市人大代表联名提出《关于撤销新建住宅小区供电设施工程建设收费及管理实施办法的建议》。对此，市人大常委会高度重视，本着了解事实真相、稳定阳泉房价、规范市场行为、维护企业法人和人民群众合法权益的目的，组成调研组，通过实地察看、召开座谈会、听取汇报、赴外地调研等形式，进行了专题调研，提出如下建议：一是自行中止《实施办法》。二是暂缓执行省物价局《关于新建住宅小区供电设施工程费（试行）的批复》（晋价商字〔2012〕258号）。三是进一步修改完善《阳泉市新建住宅项目供电设施工程建设收费及管理办法》。有关部门要积极探索解决原体制下存在问题的其他途径。

4. 2014年4月，市十四届人大四次会议期间，确定了10件代表重点建议。

（1）石富科代表提出的《关于做大做强地方金融业，扶持地方经济发展的建议》。市政府责成市金融办深入调研，并充分征求相关部门意见，形成了《关于阳泉市煤业集团有限责任公司入股阳泉市商业银行的意见》，市政府进行了专题研究。2014年11月4日，阳煤集团正式向市商业银行提出入股申请，市商业银行已受理。阳煤集团入股事宜经集团董事会、股东大会审议通过，将入股事宜上报至省国资委等待审核批准。

（2）张延山等代表提出的《关于扶持小微企业发展的建议》。市政府出台《关于扶持中小微企业发展的实施意见》，设立了1000万元的专项发展资金。建立市中小企业政银企保工作联席会议制度，深化政银企保合作，引导金融机构支持中小微企业发展。探索拓宽融资渠道，多家企业在山西省股权交易中心挂牌展示。实施了中小微企业管理素质提升计划，组织一批企业家参加了清华大学管理创新高级研修班和省中小微企业优秀经营者总裁研修班。鼓励技术创新，对新认定的市级以上工程技术研究中心、重点实验室、科技创新团队按照国家级、省级、市级的标准分别给予100万元、20万元、10万元不等的资金支持。鼓励发展高新产业，减征企业所得税，并一次性资助30万元。积极推进各类园区、孵化器建设，大力发展楼宇经济，每个县（区）至少建设1个中小微企业创业基地，引导中小微企业集群、集聚、集约发展。

（3）史友松、石久军等代表提出的《关于整合工业园区资源，促进“工业强市”战略实施的建议》。市政府出台了《阳泉市工业园区建设指导意见》和园区考核办法，明确产业定位，打造招商引资平台。在3–5年内，拟创建1个国家级产业示范区、2个省级产业示范区、5个市级工业园区，园区销售收入达到400亿元，在全市工业收入中占比40%。强力推进在建的鑫磊循环经济产业园循环经济项目、龙川工业园乙二醇项目、平定新型工业园（张庄）天元废旧家电回收利用及洗衣机电冰箱制造项目、东城工业园百度云计算项目、盂县牛村煤电化工业园阳煤化工和裕光2×1000兆瓦发电等重点项目建设，以示范引领后期中小企业配套项目入园建设，尽快形成园区集聚和辐射效应。

（4）朱卉等代表提出的《关于尽快改善娘子关饮用水水质的建议》。市政府启动实施了饮用水水质改善工程，建设内容为：采用“自清洗过滤器+二级纳滤”工艺，日处理能力达到3.5万吨（纯水）软化水，工程总投资1.56亿元。工程建成后，城市饮用水总硬度指标、硫酸盐指标均达到国家饮用水标准。工程的可研报告、环评报告、水环境影响评价、节能评价、土地预审、立项、招投标等多项前期工作已经完成，工程已开工建设。

（5）张照俊等代表提出的《关于推进全市农业专业合作社建设的建议》。市政府责成市农委牵头，建立了农业专业合作社发展协商机制。强化宣传培训，吸引农民加入合作社，分类型分层次进行培训。将农业专业合作社专项资金列入财政预算，加大扶持力度，表彰奖励优秀典型。出台农业专业合作社示范社建设指南，大力推进规范化建设，已培育国家级示范社 25 个、省级示范社 65 个、市县级示范社 280 个。政府各职能部门联手提供全方位服务，引导农民专业合作社健康发展。

（6）李国庆代表提出的《关于加强新型职业农民培训的建议》。市政府在全市遴选出 13 所新型职业农民培训实训基地，选聘了包括 12 名省厅专家在内共 90 多名中高级专业技术人员作为培训师资，培训补助标准人均达到 800—3000 元，年内组织各类系统性精细培训 40 多批次，培训新型职业农民 3000 人次。

（7）朱玉芳等代表提出的《关于为城乡居民建立健康档案的建议》。该项工作自 2009 年启动后，已在全市城乡基层医疗卫生机构普遍实施。2014 年，重点从两方面推进落实。一是加强卫生信息化建设，启动建立“全人全程”的居民电子健康档案信息系统，该项工作已进入基础数据录入阶段，已录入 116707 份。二是加强考核督导，对 12 个服务项目的规范管理和服务质量进行绩效考核和督导检查，并根据考核结果奖优罚劣，促进基层提高项目服务的积极性。当年，全市共建立居民健康档案 116.99 万份，其中农村 55.98 万份、城市 61.01 万份。

（8）胡凤林等代表提出的《关于解决农民就近看病难问题的建议》。市政府全力推进县级公立医院改革，全市 7 所县级公立医院全部取消药品加成，实行零差率销售，全部完成“五升两降”医疗服务价格调整工作，在平定县实行了分级诊疗试点。实施“名医工程”，通过召开人才引进评审会，确定专项经费补贴，为市、县级公立医院引进所需专业人才，按标准对“名医”进行专项补助。各级财政累计投入资金 1300 多万元，实现了村卫生室全覆盖，村卫生室基础设施有了新改善。不断加强农村卫生队伍建设，严格执业资格准入制度，规范村医执业行为，开展农村订单定向免费医学生培养工作，组织村医培训活动，落实各项补助和养老保险政策，积极探索村医退养补助机制，努力提高村医待遇水平。

（9）张晓美等代表提出的《关于解决环卫工人免费早餐的建议》。市政府责成市住建局、财政局进行了专题调研，拟定了《环卫工人免费早餐工程实施方案》。按照财权与事权相匹配原则和现行财政体制，确定免费早餐补助标准为每人每天 5 元，市财政和城区、矿区按比例分别承担，采用市场化招标方式确定早餐供应企业，由市住建局组织实施，经费列入 2015 年预算。其他县区和单位参照此方案执行。

（10）商继杰、史钰文等代表提出的《关于解决市公安局交警支队协管员待遇问题的建议》。2015 年市交警支队协管员的工资将根据单位预算申报，列入财政预算，今后将逐步提高协管员工资水平。

5. 2015 年 4 月，市十四届人大五次会议期间，确定了 10 件代表重点建议。

（1）王素娟代表提出的《关于切实落实中小企业扶持政策的建议》。市政府不断加大对中小企业在税收、人才培育、科技创新等方面的政策扶持力度。年内申报 4 家省级中小企业技术中心，争取到省支持中小微企业加速壮大专项项目资金，3 家企业获资金补助支持。开展中小企业信用担保机构信息报送，向金融机构推荐有融资需求的中小企业 101 家，积极探索新三板上市工作，努力帮助企业解决融资难问题，切实减轻企业负担，促进中小企业快速健康发展。

（2）许贵琴代表提出的《关于进一步促进阳泉市电子商务发展的建议》。市政府出台加快电子商务发展实施意见，稳步推进电子商务育才工程，积极培育电子商务示范企业，推动本土名优产品网络消费，发展农村电子商务，取得明显成效。平定县供销社金都购物中心建立了县级电子商务运营服务中心，阳泉市向日葵信息技术服务有限公司实施乐村淘商城项目并已开设 150 家村级体验店，山西红金云网络科技有限公司实施美淘村项目且发展农村网店167家，阳泉乐村淘电子商务有限公司发展69个村级旗舰店。截至2014年底，全市快递件总量达到1493万件，其中出港178万件、进港1315万件，进出港比例为1∶7.4，人均进出港11件，居全省第一。

（3）刘春香代表提出的《关于加强煤矸山生态恢复治理与环境保护的建议》。市政府将煤矸石山治理和生态恢复工作列入全市大气污染防治目标责任书和2015年净空工程，加大资金投入比例，加快治理步伐。截至2015年底，全市矸石山治理完成投资2217.38万元，完成治理面积314.92亩。为进一步加大环境监察执法力度，专门约谈阳煤集团并督促其整改，推进重点治理项目，不断提高治理标准。

（4）任庆等代表提出的《关于尽快新建泉中路—北大街（环岛）环形天桥的建议》。市政府组织了多方论证和专题研讨，形成了综合改造北大街环岛区域交通的实施方案，主要建设内容包括：一是修建地下通道，方便行人快捷穿越道路，实现人车分流、各行其道；二是对道路进行渠化改造，使各方向来往车辆有序快速通过，减少相互干扰；三是合理设置公交专用车道和公交停靠站，方便市民换乘各条公交线路；四是按规划要求整理现有地下管网。2015年7月已通过公开招标选定山西建工为项目投资人，项目规划、可研、环评、用地等前期手续正在加紧办理，预计2016年年底建成并投入使用。

（5）李银花代表提出的《关于着力打造全市精品旅游线路的建议》。市政府组织开展了全市旅游发展详细规划编制工作，依托五台山、大寨、藏山等全国著名景点，打造全市精品旅游路线，全力推动旅游产业快速发展。重点推出郊区桃林沟、小河古村、辛庄、南沟、咀子上、汉河沟；盂县小独头村（藏山翠谷）、大汖古村、桃峪沟；平定南庄、主铺掌村（红岩岭景区）、七亘等3条乡村旅游线路。争取乡村旅游发展补助资金344万元，进一步加大了对乡村旅游的扶持力度。全市有5个乡村被评为“山西最美旅游村”，向省级申报了3家乡村旅游示范村、30个乡村旅游示范户、30家金牌“农家乐”、30名乡村旅游致富带头人，为乡村旅游发展增色添香。

（6）李鸿斌等代表提出的《关于促进食用菌（双孢菇）产业发展的建议》市政府按照园区化、标准化和适度规模化的发展思路，将技术培训作为推动全市食用菌产业发展的重要抓手，加大政策扶持力度，不断提升食用菌综合竞争力，当年已形成平定县双孢菇为主、盂县香菇为主、郊区袖珍菇和平菇等特色菇为主的发展格局。聘请省内权威专家对种植户进行集中培训，组织农户到发达地区取经学习。全市先后有20多个食用菌生产基地及合作社、30多户食用菌种植户享受到政府扶持资金280.68万元，年内新增食用菌生产面积27万平方米。

（7）商继杰等代表提出的《关于加快简子沟桥等市政桥梁维修改造工程的建议》。市政府不断加强市政桥梁的检测排查和后期管护工作，“六座”病害城市桥梁管理维护进展顺利。马家坡桥、桃河桥的维护工作已经完成；芦湖桥、简子沟桥的维护工作正在积极推进；义井桥、泉中路跨线桥拟于2016年初实施加固工程。

（8）荆素俭代表提出的《关于加强对食品安全综合治理的建议》。市政府对食品安全领域违法违规行为始终保持高压态势，大力开展食品安全专项整治行动，坚决杜绝区域性、行业性问题隐患。年内共出动执法人员6万人次，检查单位2万户次，受理各类投诉举报253起，查办案件254起，罚没款103.92万元，全市未发生食品药品安全事故。新《中华人民共和国食品安全法》施行后，市政府积极开展法律培训和普及工作，以集中宣传日活动为载体，营造食品安全大如天的氛围。不断加强监管能力建设，由市食药局和市农委牵头，积极筹建食品药品综合性检验中心，提升监管水平。

（9）赵丽萍代表提出的《关于加强山区师资力量，提高津贴标准稳定教师队伍的建议》。市政府责成市教育局牵头，通过在城乡之间均衡配置师资、创新教师交流机制，改善农村中小学教师补充机制，引导教师职称晋升重点向农村及边远山区倾斜等多种措施，努力提高农村中小学边远地区教育教学质量。全市年内交流校长76人，占应交流校长比例20%；交流教师814人，占应交流教师比例12.6%，实现了区域内义务教育学校校级领导和教师交流全覆盖，交流比例均超过10%。

（10）杨日祥等代表提出的《关于构建和谐劳动关系保障职工合法权益的建议》。市政府不断完善考核激励机制，引导企业依法签订劳动合同、缴纳社会保险、办理用工备案手续，稳步推进工资集体协商工作，积极构建和谐劳动关系。一是加大劳动保障监察执法力度，年内共接受劳动者投诉举报案件78起，立案50件，结案42件。二是强化信访仲裁，全年受理劳动人事争议案件69件，结案65件，结案率94%，为劳动者解决保险待遇、经济补偿、赔偿金等445万余元；受理来信来访320件，涉及709人，息诉罢访率97%。三是创新机制，将企业文化建设与创建模范劳动关系企业相结合，用良好的企业文化推动劳动关系的和谐稳定。全市全年共有2202户企业开展了工资集体协商，签订了工资协议，覆盖职工36.5万人。

6. 2016年3月，市十四届人大六次会议期间，确定了12件代表重点建议。

（1）刘宝才等11名代表提出的《关于加强乡镇人大工作和建设的建议》。2016年6月，市人大常委会党组根据中央和省委精神，及时提出《中共阳泉市人大常委会党组关于加强全市乡镇人大工作和建设的实施意见》，使之成为规范提升乡镇人大工作的指导性文件。实施意见重点从三个方面具体规定乡镇人大的各项职权，从加强政治建设、思想建设、制度建设、作风建设、机构建设、基础建设等六个方面提出加强和改进乡镇人大工作的意见，同时还对各级党委加强对乡镇人大工作的领导和联系指导提出要求。市人大常委会配合市委组织部，全程蹲点指导，确保县乡换届工作依法合规，风清气正，顺利推进。为适应地方立法工作需要，市人大常委会设立32个立法联系点，进一步密切与县乡人大的联系。2016年10月中下旬，常委会还先后组织50余名新当选的县乡人大代表和乡镇人大主席（街道工委主任）分两批赴全国人大北京培训基地，集中开展为期一周的履职培训，以增强其代表意识，提高履职能力。

（2）石久军等10名代表提出的《关于加快产业园区建设的建议》。市政府出台《关于加快阳泉市产业集聚区建设的意见》和考核办法，督促各县区成立领导机构，编制总体发展规划，积极推动园区基础设施建设和投融资机制创新。召开全市开发区改革创新发展大会，确定未来5到10年全市打造4个省级以上开发区（1个国家级、至少3个省级）的目标任务。扩区调规工作进展有序，平台建设稳步推进，特别是下大力推动平定龙泉工业园、盂县中岚国际物流园、郊区苇泊高新装备制造园等在建园区上档升级，成为全市经济的重要增长极和主引擎。

（3）王丽君等11名代表提出的《关于加大力度促进全市民营企业发展的建议》。市委、市政府成立促进民营经济发展工作领导小组，出台《关于加快民营经济发展的实施意见》《阳泉市减轻企业负担促进工业稳定运行的若干措施》，全年新创办小微企业1937户。扎实开展领导干部入企帮扶活动，全市县以上领导联系民营企业248家，同时选派1057名干部深入329户企业，摸排问题641个，解决或初步解决621个，为企业减负15.45亿元；积极争取国家、省政策和资金支持，共争取专项建设基金、“两区”建设资金、中央预算内投资等13.5亿元。积极开展民营经济“待批项目大起底”活动，组织完善土地使用和房产手续专项行动，积极助推政银企合作，实施“一企一策”，提供“量身定制”解决方案，帮助企业解决实际困难，促进中小企业快速健康发展。

（4）张延山等10名代表提出的《关于帮扶企业上市融资的建议》。市委、市政府出台《关于全面推动阳泉金融振兴的实施意见》《阳泉市加快推进多层次资本市场发展的实施细则》，并将“新三板”企业挂牌工作列入县区目标责任考核范围，对各县区挂牌企业给予一定的资金支持。当年，山西天元绿环科技有限公司“新三板”挂牌成功，山西云泉岩土工程科技股份有限公司近期挂牌，实现了中小企业进入资本市场“零的突破”。

（5）张志生、史向军等24名代表提出的《关于加大扶持力度解决煤企走出困境的建议》。市政府积极落实“三去一降一补”工作部署，大力实施煤炭行业“去产能、减产量、增洗配、强营销、保增长”战略，制定《阳泉市化解煤炭过剩产能初步方案》《阳泉市化解煤炭过剩产能实施方案》和《阳泉市煤炭供给侧结构改革实施意见》，全市将利用3—5年时间，淘汰关闭11座煤矿，化解过剩产能1195万吨。各煤矿严格落实去产能政策要求，严格执行276个工作日和节假日公休制度，严禁新建煤矿企业，重新核定煤与瓦斯突出矿井和一般矿井生产能力，科学合理安排采掘衔接计划，进一步加大煤炭洗选配力度，搭建公路煤炭销售协商平台，建立区域煤炭价格协同制度，提高了全市煤炭销量、稳定了煤炭价格。提出“化解煤炭产能过剩”“优化经济运行环境”“推动行业转型升级”等五个方面18条意见，帮助企业走出困境。在综合精准施策的作用下，全市煤炭经济回归到正增长通道。

（6）许贵琴、张晓美代表提出的《关于加快发展“互联网+”产业推动全市经济转型发展的建议》。市政府积极开展大众创新、万众创业活动，出台《阳泉市积极推进“互联网+”行动计划》《阳泉市“互联网+”行动联席会议制度》，加强组织领导和统筹推进，加快网络基础设施建设；强化财政扶持和金融支持，完善“互联网+”融合发展；加大人才培养与引进力度，夯实“互联网+”发展智力基础；多部门联动，推动互联网与产业发展深度融合，使“互联网+”行动计划涵盖国民经济和社会发展多个领域。大力发展信息产业，百度云计算二期、云谷创业科技等项目进展顺利，百度阳泉创新中心项目成功签约；电子商务发展迅猛，成功入选“宽带中国”示范城市，全年快递人均发生量14件，继续领跑全省；不断完善基础设施建设，产业融合范围不断扩大，公共服务水平显著提升，创新发展环境持续优化，带动全市经济进一步转型升级。

（7）李素鱼代表提出的《关于加强规划管理营造城市宜居环境的建议》。市政府依据《阳泉市城市总体规划（2011—2030）》，制定92.8平方公里控制性详细规划，实现中心城区市本级控制性详规全覆盖。编制《阳泉市城市综合交通规划（2011—2030）》《阳泉市生态新城总体城市设计》《阳泉市生态专项规划》《阳泉市城市地下管线综合规划》和《阳泉市地下空间开发利用规划》，着手启动《海绵城市建设规划》《地下管廊建设规划》《城市道路红线退让要求及绿化带宽度》编制工作，确保城乡统筹建设工作合法依规顺利发展。下大力气推进市容市貌、环境卫生、交通秩序综合整治。稳步推进新南外环路、漾泉大道、阳大铁路、宁波北路、生态新城等重点工程建设，克服多种阻力，坚定不移推进南大街、义平路两条样板街（路）建设，共拆除建筑物259处，整饰楼体129处，建设绿地39处，宜居性通达性正在逐步显现。按照“清洁城乡、美化家园”为核心的区域性生态文明建设思路，大力实施城乡统筹规划，统筹投入、统筹建设、统筹发展。充分利用辖区社会网格化管理平台，强化联动执法，塑造城市绿色风貌，营造城市宜居环境工作取得实质性进展。

（8）王俊德代表提出的《关于精准扶贫实现脱贫攻坚的建议》。市委、市政府出台《关于加快打赢脱贫攻坚战的实施意见》，明确到2018年在全省率先全面脱贫。综合运用产业发展、移民搬迁、生态建设、教育扶贫和社保兜底等脱贫措施，分别制定《阳泉市易地扶贫搬迁有关政策规定》《林业生态脱贫攻坚实施方案》，将易地扶贫搬迁工作、林业五大特色工程和脱贫攻坚结合起来，拓展贫困地区脱贫致富新渠道，实现生态治理与脱贫攻坚互动共赢。全面实施单位包村、干部保户、下派第一书记驻村等工作举措。各县区制定脱贫攻坚“时间表”“作战图”，建档立卡，找穷根、明靶向，精准施策，多方发力，2016年脱贫8843人，退出贫困村45个，企业产业扶贫项目累计完成投资4.7亿元，完成省定任务。城乡低保人均月标准分别提高到452元、268元，农村五保集中供养标准达到每人每年6400元，分散供养达到3400元，两项保障水平均在全省前列。1600户农村危房改造全部竣工，排全省第二。

（9）李素鱼代表提出的《关于改善农村生态环境建设美丽乡村的建议》。市政府积极推进农村人居环境改善工作，特别是在环境整治示范和生态环境建设方面做了大量工作。一是推进乡村清洁工程，积极开展农村环境连片整治。二是开展农村生态创建工作，建成一批生态乡村典型。三是稳步推进畜禽粪污治理，实现畜禽废弃物循环利用。四是分步实施农村污水治理工程，不断优化农村人居环境。五是严打“土小”企业，出台《大气冬防攻坚战役工作方案》《“土小”燃煤矾石竖窑、石灰窑取缔关闭工作规范》，坚持无禁区、全覆盖、零容忍。坚决打好“七大攻坚战”，从严落实“三个清零行动”和“六项整治”工作要求，取缔“土小”竖窑1150支，受到省通报表扬。对境内32条河流启动实行“河长”制。六是积极实施宜居示范村工程，建设美丽乡村。以创建“城乡一体示范村”“历史文化示范村”“绿色生态示范村”“休闲旅游示范村”“现代农业示范村”为抓手，大力开展省、市级美丽宜居示范村创建工作，重点实施全市乡村常态化保洁工程，积极开展饮用水源地保护、生活污水收集处理系统、生活垃圾污染防治等工作。广泛开展植树造林，共完成各类营造林12万亩。农村人居环境改善工程成效明显，全市累计创建生态乡镇28个、生态村156个，8个村达到省级美丽宜居示范村标准。扎实推进城中村和棚户区改造，全市新开工城中村改造项目21个6375套。

（10）张继红等4名代表提出的《关于进一步完善公共文化服务体系的建议》。市政府出台《阳泉市加快构建现代公共文化服务体系的实施意见》《阳泉市公共文化服务建设“十三五”规划》，明确“十三五”期间建设完成文化艺术中心，县级完成文化馆、图书馆等文化中心，使全市公共文化服务设施建设达标率达到80%以上，民办博物馆、行业博物馆纳入免费开放范围。推动科技馆、工人文化宫、妇女儿童活动中心，以及青少年校外活动场所免费提供基本公共文化服务项目。加强“三个文化建设”，精心举办各类公益性文化活动。以“五进”活动为载体，继续推进基层公共文化设施提档升级，为51个社区文化中心配送活动设备；市图书馆“社区图书流动站”建设取得突破性成果，在城区46个社区实现全覆盖，在全省首家实现单县区社区流动图书站全覆盖；搭建专业文化创意集聚交流平台，市文化精品展示馆完成布展并免费开放，以煤炭文化为主题的阳泉煤雕文化博物馆开馆；扎实推进广播影视惠民工程，圆满完成4.6万户广播电视卫星户户通工程，完成面向行政村、农村寄宿制学校公益电影放映1.2万场次，全市拥有数字化电影院8家、数字影厅36个，率先在全省实现了县级影院全覆盖，打通公共文化服务“最后一公里”，基本建成城乡一体、区域均衡、人群均等的现代公共文化服务体系。

（11）王爱林、朱玉芳代表提出的《关于为农村留守儿童创造健康成长环境的建议》。市政府十分重视，首次召开全市农村留守儿童、留守妇女、留守老人（简称“三留守”）摸底排查工作会议。分别建立县、乡农村留守儿童基本信息库，实行动态管理，创建农村留守儿童关爱服务体系、救助保护机制和关爱联动机制，积极动员社会力量参与关爱服务活动，充分发挥志愿者与社会工作者的作用，广泛开展系列关爱服务活动，在全社会营造关爱留守儿童的氛围，确保农村留守儿童得到更好关爱保护，为孩子们健康成长保驾护航。

（12）孙丽青等13名代表提出的《关于完善行政机关负责人出庭应诉机制的建议》。市政府把规范行政机关行政应诉行为，提高行政应诉质量列入重要工作日程，统筹安排各级行政机关特别是法制工作机构积极配合人民法院的行政审判活动。加强对新修订的《中华人民共和国行政诉讼法》及其司法解释的宣传培训工作。同时积极宣传行政机关负责人出庭应诉典型案例，提高行政负责人对出庭应诉工作的理解和认识，将自身摆在“服务者”的角色，在法庭上与群众平等对话，合理化解矛盾纠纷，进一步推动法治政府建设进程。

（五）市十五届人大

1. 2017 年 3 月，市十五届人大一次会议期间，确立了 8 件代表重点建议。

（1）董英代表提出的《关于加快城市路网建设拉大城市框架的建议》。围绕城市扩容提质，市交通部门计划建设“八纵三横一环路”。“八纵”即平潭路、泉西路、泉中路、新城大道、宁波北路、广阳路、义白路和东城大道；“三横”为漾泉大道、平阳街、南大街；“一环路”是平潭路--漾泉大道二期北段—义白路--规划新南外环街。中环快速路以正在建设的漾泉大道、平潭路、义白路、义平路和新建的南环为基本框架，主线全长 26.1 公里。建成后可迅速拉大城市框架，提升城市形象品位，提高城市承载能力，对于阳泉未来发展具有里程碑式的意义。

（2）张国强代表提出的《关于做好全市全面脱贫攻坚工作的建议》。一是大力推进产业扶贫。市政府出台了特色产业扶贫规划和《关于推进“一村一品一主体”产业扶贫的实施意见》。全市未脱贫的 79 个贫困村中，78 个村有了主导产业，73 个村建立了合作经济组织，71 个村有了带动企业；全市 2360 户贫困户中 2002 户有了增收项目。二是聚焦易地扶贫搬迁。出台了《2017 年易地扶贫搬迁行动计划》，组建了 4 个工作组驻点督导，全市共实施易地扶贫搬迁 1292 人，完成任务 103%。三是创新脱贫攻坚模式。实施联村党建，好村领差村；实施联村开发，富村帮穷村；实施结对牵手，强村带弱村。四是加大金融扶贫力度。出台《金融扶贫小额信贷实施意见》《“五位一体”扶贫小额信贷实施方案》，制定扶贫资金管理办法，统筹整合精准扶贫，全市共向 1969 户贫困户投放扶贫小额贷款 9672 万元。

（3）张晓美、唐慧俊、史亨友等 19 名代表提出的《关于加快全市全域旅游发展的建议》。一是积极推进体制机制改革。市政府成立了阳泉市旅游投融资公司，积极拓宽投融资渠道。全市 11 家 A 级景区全部完成两权分离，实现企业化运作，超额完成了省定改革任务。二是统筹推进旅游规划编制。全市全域旅游规划前期工作完成，2018 年开始编制。盂县全域旅游规划通过了专家评审，平定县、郊区以及娘子关镇全域旅游规划正在等待专家组评审。三是加快推进重点景区建设。娘子关旅游景区与乌镇古镇联盟景区建设管理公司开展合作，签订了投资 30 亿元的项目合作意向书。药林寺国际旅游康养度假区和华北奕丰 VR 体验式主题公园两个项目正在进行招商引资和项目前期工作。四是大力开展旅游景区宣传。建立了涵盖 19 个项目、总投资 118 亿的项目库。《人说山西好风光》等评选活动，进一步扩大了知名度。五是加强旅游市场监管。在全国率先建立了旅游诚信系统，旅游市场监管和游客服务水平有了新提高。

（4）李素鱼、许贵琴等 25 名代表提出的《关于持续推进“双创”促进民营经济健康发展的建议》。一是提供政策支撑。市政府制定了中小企业民营经济“十三五”发展规划、扶持中小微企业发展的实施意见等一系列政策措施。二是强化分类指导。对耐火、陶粒砂、陶瓷、碳素、矿机装备制造等有基础的产业集群和电子商务、信息技术服务、现代物流等新兴产业，加以分类指导。三是实施“双创”工程。制定了新的中小企业创业创新基地管理服务办法。其中平定县被列为全省 8 个“双创示范县”之一，连续 3 年每年获得 800 万元—1000 万元资金补贴。四是改善融资服务。市财政累计发放企业资金链应急周转保障资金 7.07 亿元，帮助 60 余家中小企业度过还贷续贷难关。召开创新服务助推企业发展洽谈会，达成意向 6.62 亿元。建立“新三板”企业培育库，天元绿环、云泉岩土 2 家企业在"新三板"成功挂牌。40 家企业在山西股权交易中心展示，5 家企业在青创板挂牌。五是加快人才培养。启动中小企业非公有制经济初级专业技术职务评审工作，对 212 名中级专业技术、61 名初级专业技术职务人员进行评审。积极为符合条件的人员申报高级专业技术职务评审。六是强化公共服务。市中小企业公共服务平台已进入运行阶段，有 30 余家服务机构入驻。

（5）王东红代表提出的《关于进一步加强全市生态环境保护的建议》。一是领导重视，精心组织。市委、市政府年内先后召开 32 次会议研究部署环保工作，市委书记、市长就环保工作先后作出 113 次批示。相继出台《"双百日攻坚"行动方案》等"1+4"方案，确保了各项任务的有效落实。二是精准施策，铁腕治污。重拳整治"散乱污"企业，完成煤改气、煤改电、集中供热任务，淘汰城市建成区不达标锅炉，改造超低排放电力企业，启动国道 207、307 改线工程，淘汰废旧黄标车 2167 辆，对重点行业实施错峰生产。三是聚焦问题，重拳整治。围绕中央和省委环保督察意见进行整改，开展专项督查，立案查处环境违法案件，整改销号率和四类案件查处数量均排全省前列。四是加大宣传，营造氛围。开设专题专栏报道环保工作，营造浓厚氛围。

（6）王其洲、王玉明等 14 名代表提出的《关于加快推进国有企业改革的建议》。一是制定市属国企改革"1+7"政策体系。二是加快推进混合所有制改革。水泵、阀门"退城进园、搬迁改制"进展有序。蔬菜公司农产品批发市场项目建设已完成投资 1.6 亿元。启动了食品总厂混合所有制改革。三是鼓励商贸流通企业实施民营化改革，逐步实现国有资本退出。四是支持自来水、煤气、天然气等公益类企业进行股权多元化改革。五是清理退出"僵尸企业"。六是成立市国有资本运营投资有限责任公司，实现从"管资产"向"管资本"转变。七是积极推进厂办大集体企业。八是推进晟鑫期货经纪有限公司增资工作。九是推进 11 户全民、国有企业公司制改制。

（7）史小梅代表提出的《关于加快职业院校建设培育职业技能人才的建议》。一是优化整合资源。阳泉职业技术学院新校区建成后，将市工业学校、卫生学校、第一高级职业中学、交通职业学校四校整合迁入。二是精心打造培训基地。优化整合教学资源，成立机电工程、信息工程、经济管理、医学护理、建筑工程、资源安全等专业教学，构建以高职教育为龙头，中职教育和短期培训为两翼，以职业技能人才培养为主体的培训基地。

（8）史小梅、朱艳红等 18 名代表提出的《关于启动阳泉大剧院等公共文化设施建设的建议》。一是组织赴大同、太原、深圳等城市实地考察调研，为全市大剧院建设提供参考。二是规划、国土、发改、设计院等部门对接，就大剧院建设寻求政策支持和专业指导，促进了各项前期工作有序推进。三是先后两次邀请全国剧院建设领域的顶尖团队深圳中孚泰公司的专家，来阳泉实地考察。四是认真制订建设策划方案，由规划部门选址，大剧院拟坐落在东接新城大道、北邻新城北路的地块，用地面积为 80561 平方米（约 120 亩），总建筑面积约 37470 平方米，投资估算 4.63 亿元。同时，提出财政全投、PPP 模式、银行贷款三种可行的投资模式建议。

2. 2018 年 3 月，市十五届人大三次会议期间，确定 9 件代表重点建议。

（1）王茜等代表提出的《关于设立物联网与大数据管理机构，推进山西（阳泉）智能物联网应用基地试点建设的建议》。一是市政府成立了大数据及智能物联网应用领导小组，办公室设在市经信委，负责这项工作的组织协调和统筹推进。二是国家高端智库中国信息通信研究院中标编制完成了《阳泉市新型智慧城市与智能物联网应用示范基地建设规划（2019—2023 年）》，2018 年 12 月 15 日通过了专家评审。同时与中国信息通信研究院签订《合作成立中国信息通信研究院智能物联网（阳泉）研究中心战略合作协议》，聘请 6 名相关专家为市政府决策咨询专家。三是重点建设千兆光纤、高速移动网络等电信基础设施，在工业、交通、环保、教育等领域开展了应用基地试点建设。四是深入推进与百度合作。百度云计算（阳泉）中心于 2018 年 9 月 14 日整体交付，中心总投资 47.08 亿元，包括 8 个模组 16 万台服务器。同时 12 月 17 日市政府与百度公司签订《携手打造 AI CITY 中小城市样板市，共建山西（阳泉）自动驾驶车路协同示范区战略合作协议》，开辟了新的合作领域。五是大力推进信息平台建设。平台范围涵盖政务、警务、教育、供热、气象、城管等方面。其中，政务方面建成了“政务云平台”，整合市直 30 个单位 50 个应用，实现了指挥、监控、管理、服务综合一体化功能；“警务云”平台已完成一期工程，共汇集各类警务信息 6 大类 185 小项，5.8 亿条信息；其他平台正在积极完善应用。六是市政府成立了大数据应用局，将进一步推动全市大数据及智能物联网产业发展。

（2）王东红等代表提出的《关于全市实施乡村振兴战略提升城乡融合发展的建议》。市政府编制完成了《城乡融合发展总体规划》和产业发展、生态宜居、城乡文明、治理有效、生活富裕、体制机制等 6 个专项规划以及平定县、盂县、郊区 3 个县区规划。《城乡融合发展总体规划》和 6 个专项规划通过专家评审，并经市政府常务会研究后正在进一步修改完善。在乡村振兴和城乡融合发展方面做了大量工作，包括一二三产业融合发展、人居环境改善、城乡社会事业统筹、农村集体产权制度改革等都取得明显成效。着力实施了特色产业壮大、品牌农业创建、现代农业建设、旱作农业提升和新型经营主体培育等工程；大力推进农村人居环境综合整治，制定出台了《阳泉市农村人居环境整治三年行动实施方案》；积极改善农村学校办学条件，推动优质教学资源向薄弱农村覆盖；构建农村居民基本医疗保险、大病保险、医疗救助、医疗商业补充保险“四重保障”体系；2018 年全市新建了农村日间照料中心 30 个，投资 1100 万元用于加强基层文化设施改善，共放映农村公益电影 1.2 万场；持续深化农村土地制度改革，2018 年全面完成土地承包经营权确权登记颁证善后工作，全市共完成近 16 万户（占应确权到户的 96.52%）的登记工作。同时全市被农业农村部确定为国家农村集体产权制度改革整市试点，获得省政府奖助资金 900 万元。

（3）耿林华等代表提出的《关于优化投资环境，加大招商引资力度的建议》。2018 年市政府启动了政务中心大楼的新建提升工作，新的政务中心共 2.2 万平方米，可容纳 48 家审批单位进驻，预计 2019 年 3 月竣工。同时，重点推进“放管服效”改革，营造“六最营商环境”。在招商引资方面进一步完善了制度体系并加大了招商力度。

（4）荆春莲等代表提出的《关于推动阳泉市文旅产业发展的建议》。一是组织专家对阳煤三矿工业遗址项目进行考察调研，成功申报为国家第二批工业遗产。二是积极开展文旅产业招商引资。山西文旅集团与平定县政府合作成立了山西娘子关旅游发展有限公司。娘子关景区成为全市第一家完成全部经营权出让改革的试点景区。三是推动旅游产权制度改革。支持小河古村评梅景区开展企业法人结构改革试点，推动关王庙景区体制改革。四是积极打造文旅产业投融资平台，全市成立了阳泉市文旅公司和盂县高宸文化旅游发展有限公司两个文旅投融资平台。五是积极争取上级资金扶持。梁家寨生态旅游项目古村保护开发工程已列为全国金融支持旅游扶贫重点项目，藏山风景名胜区项目获得 155 万元的国家重点项目扶持资金。六是提升文旅产业从业人员素质。举办了阳泉市首届金牌导游大赛暨山西省首届百名金牌导游大赛选拔赛，组织全市导游参加“云课堂”在线培训。七是推动文旅深度融合。打造文旅融合产品，推动非遗文化活动、演艺小剧目进景区。拉长旅游产业链条，组织刻花瓷、煤雕、剪纸、面塑等地方特色旅游商品企业参加 2018 中国（山西）国际房车露营博览会，举办了“第九届关公文化节”“首届娘子关河灯文化节”“阳泉市首届旗袍文化摄影展”等活动。

（5）侯成军等代表提出的《关于煤矸石矸山治理的建议》。市政府将矸石山治理列入 2018 年全市10件民生实事之一。市政府与各县区签订了责任状，多次召开现场会推进工程进度。全市全部大小矸石山共145座中，已治理90座，正在治理53座，其余2座已制定治理方案。2018年确定实施的20个矸山生态恢复示范工程已全部完成主体工程建设，部分绿化任务于2018年3月开始实施。

（6）赵琪等代表提出的《关于将农村环境整治常态化纳入乡村振兴战略的建议》。2018年，市政府制定出台了《阳泉市农村人居环境整治三年行动方案》，各县区也制定了相应的行动方案，确定了人居环境整治示范村和提升村的创建标准，明确了推进村庄规划编制、拆违治乱、生活垃圾治理、生活污水治理、农村改厕、特色风貌整治和长效机制建设等重点任务。从2018年3月开始启动了农村人居环境整治工作，全市20个示范村实用性村庄规划编制已基本完成。农村垃圾分类在313个村试点推行，开工建设乡镇垃圾中转站12座，整治非正规垃圾堆放点126个。污水治理纳入城镇管网处理的村16个，建设污水处理厂站4个，分散处理生活污水项目10个。完成农村卫生厕所改造400多个，新建改造农村公厕45个，完成厕所粪污与畜禽粪污协同处理45个。推进农村特色风貌整治村18个，美丽宜居示范村创建44个，开展绿色生态村庄建设12个，"农村四好公路"建设354公里，农村危房改造296户。农村人居环境得到了显著改善和提升。

（7）任庆等代表提出的《关于加强老旧小区管理和基础设施改造，改善居民居住条件的建议》。市政府把实施10万平方米的市区老旧小区综合整治确定为2018年的10件为民办实事之一，在对全市老旧小区全面调查摸底的基础上，确定了城区、开发区先行开展试点，共整治老旧住宅小区26栋，1382户，总建筑面积11.09万平方米。2018年完成老旧小区综合整治面积11.2万平方米，超额完成任务。包括：城区小阳泉绿矾沟小区、乐居小区完成整治任务，共8.56万平方米；开发区完成整治任务，共2.64万平方米。

（8）张晓美等代表提出的《关于加强公共交通建设，着力推进绿色出行的建议》。公共交通绿色出行是市政府推进生态环保工作和"五城联创"的重要内容，重点做了四项工作：一是规划先行。由规划部门牵头，组织编写了《阳泉市城市综合交通规划（2011—2030）年》，包括公共交通发展线路、公交线路规划、公交场站设施规划、城乡公交规划、公交车辆发展规划、出租车发展规划，以及公共交通发展的保障措施。二是市政府出台了《阳泉市城乡公交一体化实施方案》，全市基本实现了城乡公交一体化，实现了以公益性为主的公交运营模式。三是公交票制票价调整已列入议事日程。如免费换乘，IC卡月底不清零等制度将充分采纳群众建议后逐步实施。同时加大收费系统升级改造，实现"互联网+"的多种付费形式。四是绿色公交长足发展。2018年全市新增电动公交279台，总数达到786台，其中市区599台。同时建成了公交智能调度平台，实现了所有公交车视频数据监控全覆盖和掌上公交查询，大大方便了市民的出行。

（9）荆鑫等代表提出的《关于加速推进停车场建设的建议》。2018年，市财政前期拨付专项资金100万元重点推进了8个停车场建设。当年完成情况为：3个已建成并投入使用，分别为天桥摩尔港停车场、保晋路盛世天街停车场、平潭街道庙台停车场；3个主体完工，分别为万通花园暨万通广场停车场、南山幼儿园停车场、北山西大门停车场；2个正在建设，分别为六中停车场、南大街原教育学院停车场。8个停车场建成后累计增加停车位约1500个。

3. 2019年2月，市十五届人大四次会议期间，确定了12件代表重点建议。

（1）王东红代表提出的《关于进一步推进全市项目建设的建议》。市委、市政府提出了"项目兴市"理念，持续深化转型项目建设年，全力推动项目建设工作提速增效，取得了明显成效。一是紧紧围绕能源革命、智能物联网、现代物流等领域，积极谋划新产业、新动能、新项目，项目储备提前完成年度目标任务，储备项目转化率为55%，全省排名第6。二是在优化投资结构上下功夫，多措并举推动工业投资扩规模、稳增长，当年全市工业投资实现大幅增长，全省排名第3。三是继续实施市级领导包保等制度，强化重点工程项目协调调度，切实加快省市重点工程进度。当年省市重点工程完成102.1亿元，完成率129.3%，位列全省第3。国道307、207阳泉市绕城改线工程及阳大铁路、阳泉交通客运枢纽工程等基础设施工程进度不断加快，盂县裕光电厂2×100万千瓦发电、平定中能建投10万千瓦风电项目等项目取得较大进展，特别是阳中新材气凝胶项目实现了当年开工、当年建成、当年投产。

（2）朱卉代表提出的《关于加快国企改革步伐的建议》。市委、市政府主要领导将国资国企改革列为亲力亲为抓改革台账的重要内容，多次组织召开深度调研会议，并深入市水泵、阀门等公司进行调研座谈，研究推进改革工作。一是结合全市实际，在全省率先完成“1＋7”顶层设计，创造性地制定了僵尸企业处置和商贸流通企业改革2个配套文件。受到了国家、省领导的充分肯定。二是强化组织领导，成立了由国资委、政府相关部门、企业“破产关闭”专业人士和法律专家共同组成的清算组，加快“僵尸企业”处置进度。21户“僵尸企业”中，12户企业已经终结了破产程序，6户企业已经宣告破产，仪表厂的第二次债权人会议已经召开，铝业和盂钢的审计评估工作正在进行。三是按照国有企业“三供一业”供气业务分离移交政策，完成对阳煤集团居民供气业务的整合，经市财经委员会会议研究同意，以阳泉市太行工贸总公司为主体，已经组建了阳泉市融盛投资控股集团有限公司。

（3）刘新东等代表提出的《关于支持民营经济发展的建议》。一是出台了民营经济发展“1+6”《行动方案》，制定了36项具体实施细则，明确了具体责任落实单位，明确把民营经济发展情况纳入各部门年度目标考核内容。二是全面优化发展环境，商事制度改革方面，企业开办全流程办理时限正在向3个工作日规范，80%新设立企业申领营业执照做到当日办结、立等可取。不动产登记方面，抵押权首次登记等5类事项办理分别压缩至3个、2个、1个工作日，正在推进商品房转移登记、抵押登记“当日”“当次”办结。三是积极争取政策支持，累计共争取省、市奖励扶持资金共计1910万元，用于奖励股改企业、“小升规”企业、创业创新示范基地。四是促进企业做大做强，当年推动8家企业启动股改程序，7家企业完成股份制改造，13家优质企业在山西股权交易中心“晋兴板”实现挂牌。

（4）冀虎平代表提出的《关于巩固脱贫攻坚成效，推动乡村振兴的建议》。市委、市政府将巩固脱贫攻坚成效、推动乡村振兴，作为全市“三农”工作的总抓手，强化要素支撑，实化工作举措，取得了良好成效。一是出台了《关于支持社会资本“上山下乡”促进城乡融合发展的若干措施》《阳泉市扶贫龙头企业和扶贫农民专业合作社认定管理办法》一揽子政策措施，从政策层面引导推动全市脱贫攻坚、乡村振兴工作。二是按照中央、省要求，持续巩固提升脱贫成效，在2018年实现130个村、2.6万人整体脱贫的基础上，2019年实现2018年底新识别贫困人口全部脱贫，全年无1例返贫，为2020年高质量完成脱贫攻坚任务打下了坚实基础。三是市级财政安排乡村振兴专项资金5500万元、专项扶贫资金3025万元，较上年分部增长10%、42%，实现双增长。四是以“一村一品一主体”为抓手，出台特色产业扶贫规划和《关于推进“一村一品一主体”产业扶贫的实施意见》，实施扶贫产业项目309个，扶贫产业带贫益贫机制全覆盖，集体经济全面破零。

（5）张东红等代表提出的《关于全力做好创卫和农村人居环境整治工作的建议》。市政府将创建国家卫生城市作为五城联创的重中之重，举全市之力加以推进。经过不懈努力，建成区的基础设施建设、城市综合管理、市民生活环境和精神面貌等方面均有较大改观和进步。共修缮主次干道、背街小巷共175条，60余万平方米；更换路牌1050个、公园标识牌802个；新建及规范农贸市场12个；

新增城市生活垃圾无害化处理厂 1 个、垃圾焚烧电厂 1 个，餐厨垃圾实现上门收集，建成区生活垃圾无害化处理率达到 100%，城市生活污水集中处理率达到 94%。先后整治“四小”场所共计 770 个，规范“三小”场所共计 4251 个。同时，以创卫工作为契机，积极推进农村人居环境连片整治行动，重点加快平定张庄镇、盂县秀水镇、郊区西南舁乡 3 个农村人居环境整治示范片、20 个示范村建设，整治成效得到省农业农村厅充分肯定。

（6）张翠平代表提出的《关于打造营商环境，为高质量转型发展提供保障的建议》。市政府从政策、平台、改革、制度等方面多措并举，实招硬招推动全市优化营商环境工作。一是政策上，严格兑现“减税降费”政策，出台了《阳泉市人才激励二十条（试行）》《阳泉市营商环境专项整治行动方案》《关于进一步加强招商引资工作的意见》等系列政策文件，多措并举创优营商环境。二是在平台上，完成了新政务服务大厅搬迁改造，共整合 36 家部门和单位 596 政务服务事项，实现了“只进一扇门，可办百家事”。三是在改革上，加快工程建设项目审批制度改革，大幅压缩审批时限，一般性工业项目压缩到 38 天，中能建 10 万千瓦风电项目成为全省首个实行“承诺制”核准类项目。在晋城现场会后在全省率先同步启动市县两级相对集中行政许可权改革，年底前全面完成，实现“一枚印章管审批”。四是在制度上，在政务大厅设立“市长（副市长）接待服务日”、建立部门负责人“带班值周”制度，并开展“现场接、现场办，现场问、现场服，现场督、现场改”的活动，收到显著效果。在当年全省域营商环境评价评估中，全市排名全省第 5 位，标志着全市营商环境优化工作走在了全省前列。

（7）张志平代表提出的《关于加大大气污染治理力度，推动阳泉绿色发展的建议》。一是先后开展了“夏季攻坚”“百日清零”行动工作、秋冬季大气污染防治，将大气污染治理贯穿全年，全面提升工作成效。2019 年全年，全年空气质量综合指数 5.81，同比改善 2.2%，改善率排名全省第 4，特别是进入秋冬期，全市 PM2.5 平均浓度同比下降 15.1%，降幅全省排名第 2，“2+26”城市排名第 4。二是推进产业结构和布局转型，严格控制“两高”行业产能，未审批钢铁、水泥、电解铝、铸造等新增产能项目；多部门联合开展钢铁行业化解过剩产能、严防“地条钢”死灰复燃工作。三是加快重污染企业搬迁改造或关闭退出，阳泉水泵、阀门两厂已将原有“重污染”工艺（铸造工序）全部取缔，阳煤集团天成煤炭集运站搬迁改造工作正在开展。四是强化扬尘综合治理，在市区主次干道采取机械作业 + 人工保洁的作业模式，机扫率达 80% 以上。

（8）李素鱼等代表提出的《关于推进“厕所革命”的建议》。市委、市政府本着“小厕所、大民生”理念，厕所革命逐步从景区扩展到全域、从城市扩展到乡村、从数量增加到质量提升、从封闭管理到开放管理，做了大量工作，取得了较好的成效。结合创卫工作开展，一是建成区共新建改建公厕 246 座。特别是新建星级公厕 15 座，如香岛公园公厕，西高速口公厕，桃河公园、赛鱼公园内多座公厕等，增设了第三卫生间及休闲区，提升了城市品位和形象。二是大力推进企业内不达标厕所新建改造工作，共计 70 余家企业新建改建厕所 75 座，且大部分对外开放，缓解了城市公厕不足问题。三是加快全国旅游厕所管理系统录入工作，共录入旅游厕所 99 座，有力改善了旅游景区的环境卫生。四是改造完成农村户厕 8336 座，极大改善了乡村环境卫生和人居环境。五是城市区于今年正式启动实施了环卫一体市场化外包服务改革，公厕管理是环卫外包的项目之一，由外包企业加强公厕清扫保洁，搞好公厕内外环境卫生，延长开放时间。

（9）朱卉等代表提出的《关于推进全市清洁取暖工程的建议》。市委、市政府主要领导多次亲自作出批示指示，全年完成年度目标任务的 102.88%。一是及时调整了市冬季清洁取暖工作领导组成员单位及办公室，由分管副市长担任组长，多次组织召开会议，及时研究解决问题。二是积极探索新改造路径，先后举办了“煤改甲醇”和生物质生态热能研讨会，完成了全市“煤改甲醇”确村确户工作，明确了“煤改甲醇”补贴标准。三是实行了一日一调度、一周一报告和一月一督查，将清洁取暖工作列为市政府“13710”信息系统督办的重要事项，全面加强调度、督办。四是督促6个燃气企业签订了气源保障合同（协议）并作出严格执行价格政策的承诺，制定了迎峰度冬、“压非保民”实施方案和遇重大事故或极端天气应急预案；针对未列入改造范围的地区，出台了洁净煤取暖补贴政策，真正确保群众温暖过冬。

（10）许贵琴等代表提出的《关于推进智能物联网应用，加快全市国家新型智慧城市创建步伐的建议》。市委、市政府高度重视国发42号文赋予阳泉建设智能物联网应用基地试点战略机遇。一是完善顶层设计，健全体制机制，重新调整了全市大数据及智能物联网发展领导小组，组建成立市大数据应用局和专家咨询委员会，积极筹建数字政府服务中心和数字阳泉运营有限公司，制定出台全市《加快数字政府建设实施方案》《政务数据资产管理试行办法》，修订出台《政府投资信息化项目管理办法（暂行）》，全年审核政府投资信息化项目13个，为新型智慧城市建设提供了制度保障。二是积极推进示范应用，雪亮工程（智慧安防）已完成项目勘察设计，进入财评阶段；“智慧教育”项目已完成评审，“双师课堂”在郊区开通试运行；全民健康大平台（智慧医疗）完成建设方案编制，糖尿病互联网医疗模式走在全国前列，获得了“医生云奖”；数据共享交换平台（一期）项目基础框架三中心两网站已搭建完成，成为全省唯一一家采用市县（区）一体化模式的数据交换平台。三是努力壮大数字经济，与省移动公司签署5G战略合作协议，大力发展“5G+智慧矿山”；自动驾驶车路协同示范区项目完成签约，并列为交通强国重点项目上报交通运输部；百度云计算二期项目已经开工，建成后将成为亚洲单体最大的云计算中心。四是积极引进国内一流团队及企业，依托中国信通院建立了智能物联网（阳泉）研究中心，建成投用大数据与智能物联网应用基地体验中心，积极完善各类双创平台，三和园被科技部确定为国家级科技企业孵化器，云谷产业园项目进展顺利。

（11）王雪梅等代表提出的《关于推进龙华口水库北水南调工程的建议》。按照2017年8月《山西省人民政府关于印发山西省水资源全域化配置方案的通知》（晋政发〔2017〕38号），滹沱河（经盂县至阳泉）龙华口调水工程，从已建的盂县龙华口水库提水，设计年供水能力为5000万立方米，水质为Ⅲ类地表水。规划在阳泉市范围内新建工程主要为夫城口水电站改扩建工程、水库补水工程、龙华口提水工程三部分。管线全长约88公里，规划投资约14亿元。为加快推进龙华口调水工程，市财政局落实可研编制经费1500万元，成立龙华口调水工程前期工作领导组。2017年，龙华口调水工程可研阶段勘测及报告编制完成招投标工作，中标单位开始进行可研编制工作，预计2020年4月完成可研报告、年内立项。

（12）白平、朱继明代表提出的《关于组建旅游开发集团，促进全市文化旅游产业发展的建议》。市政府将文旅产业发展作为转型发展四大主攻方向之一，多措并举，全力推进。一是召开了阳泉市旅游发展大会，全面部署安排全市文化旅游业发展工作，特别是对发展乡村旅游做出重大部署。二是多次组织相关部门赴外地调研大型旅游开发建设集团组建经验，结合文旅企业改制，高起点、高标准推动市旅游开发集团组建。三是加快重点景区项目建设。全年全市27个重点项目累计完成投资3.99亿元，开工率92.59%。娘子关景区和山西文旅长城公司正式签订了合作协议，娘子关创建国家AAAAA级旅游景区工作全面启动。梁家寨生态旅游项目加快推进；大汖古村文化旅游区项目正式运营。四是积极聘请上海景域集团、北京土人城市规划设计公司等国内知名旅游规划策划公司开展规划策划调研，为全面启动《阳泉市全域旅游规划编制》奠定基础。2019年1—12月，全市旅游总收入420.21亿元，同比增长17.01%，完成省定任务。

4. 2020 年 4 月，市十五届人大五次会议期间，确定了 12 件代表重点建议。

（1）刘新东和许贵琴代表提出的《关于推动新一代信息技术产业发展，助力智慧城市建设的建议》。为努力将阳泉打造成山西新型智慧城市建设新标杆，市政府陆续出台《关于推进智慧阳泉建设的意见》《阳泉市促进大数据发展应用的落实意见》《建设智慧阳泉实施方案》等重要文件。按照“打基础、建平台、树标杆”的要求，2020 年 8 月 20 日，数字阳泉运营有限公司正式揭牌，同年 10 月 11 日，市大数据管理服务中心揭牌，全面理顺了政府投资信息化项目建设的体制机制。在城管建设方面，推进智慧城管与城市大脑协同运行，融合智慧环保、智慧交通等应用，进一步打造城市管理的指挥决策平台；在教育建设方面，积极推进在线远程教学，提升智慧教育应用效果，打造“全国智慧教育试点市”；在产业建设方面，培育和引进大数据、物联网产业，推动传统产业赋能改造，形成以百度云计算（阳泉）中心为轴，阳泉市开发区为基，云谷创业科技园、阳泉市高新技术创业服务中心等 8 家“双创”园区为翼的产业聚集区。

（2）史亨友和王晓东代表提出的《关于巩固脱贫攻坚成效，致力乡村振兴，推进农村农业发展的建议》。近年来，市委、市政府坚持规划引领，强化要素支撑，全市乡村振兴战略稳步推进。2020 年前三季度，全市农林牧渔业增加值完成 6.3 亿元，同比增速 3%；全市农村常住居民人均可支配收入 11410 元，同比增速 6.3%。一是脱贫攻坚成效明显。全市培育扶贫车间 6 个、扶贫企业 48 家、扶贫合作社 164 家，累计实施扶贫产业项目 1287 个，实现贫困村有脱贫产业、有带动主体、有合作经济组织，有增收产业项目、有劳动技能。二是农业供给侧改革不断深入。省级有机旱作示范工作扎实推进。全市粮食播种面积 82 万亩，同比增长 3.2%。畜牧产业平稳有序，改扩建生猪规模养殖场 69 个，2020 年 1—11 月，全市畜禽综合产量 4.89 万吨，同比增长 14.3%。蔬菜种植面积 10.62 万亩、产量 18.26 万吨，新栽果树 3213 亩，水果产量 1.3 万吨。三是特色农业蓬勃发展。培育功能农业和品牌农业，市财政列支 500 万元支持杂粮新品、果蔬制品等食品深加工产业项目。成立“阳泉市药茶产业联盟”，药茶生产企业发展到 13 家，注册商标 9 个。2020 年 1—11 月，全市药茶加工量 48 吨，同比翻两番。认定省级龙头企业 25 个，培育省级农业产业化联合体 6 个。2020 年 1—11 月，全市 500 万元以上农产品加工企业销售收入 34.8 亿元，同比增长 13.6%。四是乡村环境治理成效显著。以建设美丽宜居村庄为导向，扎实推进农村人居环境整治。平定县娘子关镇、盂县孙家庄镇等示范片整治成果明显，545 个村建立了村庄保洁机制，完成农村厕所改造 8864 座，471 个村达到了清洁村庄标准。五是农村改革纵深推进。国家农村集体产权制度整市试点改革走在全省前列。86 个集体经济组织分红 2783.23 万元，农民幸福感进一步增强。农业经营体系进一步完善，培育生产托管服务组织 814 个，托管服务面积 86.4 万亩次。六是村社治理先行先试。“党建引领，三治融合”，村社治理新体系拓展到 12 个乡镇街道 355 个村社，其中 5 个村成为全省农村社区建设示范单位。

（3）孟梅生和王晓东代表提出的《关于加大招商引资力度，创优营商环境，促进地方经济高质量发展的建议》。2020 年，市委提出“市场换项目”的理念，对公共资源特许经营、购买服务、资产置换等项目，在实施招标的同时，引进一个或多个招商引资项目，成立了阳泉经济技术开发区招商服务有限责任公司。在驻外招商方面，选派了一批政治过硬、作风扎实的优秀年轻干部到招商一线，出台了《阳泉市招商引资优惠及奖励办法》《驻外招商人员管理考核办法》等，首次重奖 280 万元表彰 2019 年度项目建设和招商引资工作先进集体、单位和个人。围绕全市重点发展的七大产业板块，紧盯产业链上下游，推进产业带动性强的大企业落户。2020 年，重点围绕华阳新材料集团产业布局，市委、市政府主要领导多次与山东如意集团沟通对接，仅用两个月时间，促成华阳新材料集团与山东如意集团总投资100亿元的中国（阳泉）时尚科创产业城项目。同年12月22日，2020年中国纺织大会在省城太原召开。中国纺织工业联合会、中国化学纤维工业协会授予牌匾，确定阳泉市为“中国纤维新材料产业示范基地”，为阳泉市创建“时尚之城”增加了一个“重量级”的砝码。

（4）胡金涛代表提出的《关于加快国企改革，推动“三供一业”改造顺利进行的建议》。2020年全市进一步深化国资国企改革，取得阶段性成效。21户“僵尸企业”宣告破产，16户完成破产终结程序，处置率排名全省第一。盘活闲置土地和财产，上马氧化锌、宝珠砂等5个项目。制定《关于鼓励市属国有企业从一般竞争性领域退出的意见》，在交易价格、土地出让、付款期限等方面进行制度创新，建立市级领导包联制度。服装公司、药材公司、云阁肉制品公司改制成功，利用水泵厂厂房建设“阳泉记忆·1947”文化园。阀门公司与开发区开创集团合作，2020年12月25日阳泉阀门水泵公司退城入园搬迁正式启动。深化功能类企业改革，市国资委与阳煤股份公司、华润燃气公司签署三方合资合作协议，拉开与央企合作序幕。同时，市政府高度重视“三供一业”维修改造工作，与华阳集团成立由市长、董事长任双组长的联合推进领导组，多次召开组长对接会，解决重大问题，为工作顺利推进奠定基础。通过组织调度例会，成立督导组，及时协调解决矛盾和问题，保证“三供一业”维修改造工程安全有序快速推进。截至2020年底，全市“三供一业”共完成改造57.84万户，总进度为96.52%，得到省政府高度认可。

（5）李素鱼和张晓美代表提出的《关于健全疫情防控长效机制及完善疾控体系建设的建议》。全市建立健全市、县、乡三级疾病预防控制体系，疾病预防控制能力得到进一步提升。一是应急防控体系更加健全。成立由市委书记、市长任组长的市疫情防控工作领导小组。通过疫情研判、超前谋划、抓紧抓细，做到指令清晰、有的放矢和权威高效，取得新冠疫情防控的阶段性胜利。二是智慧化多点触发预警防控机制逐步建成。依托“三晋通”APP，建立新冠肺炎常态化监测预警系统，在火车站、汽车站、学校等各级各类场所均建立监测哨点；市、县（区）疾控中心作为疫情监测预警响应单位，进一步提高早期监测的时效性和敏感性。三是应急医疗救助机制得到完善。市政府办公室印发《阳泉市医药储备管理实施办法》和《阳泉市市级医药储备调拨应急预案》，进一步强化和健全应急物资保障机制。四是卫生机构基础设施得到提升。市疾病预防控制中心迁址及实验室改扩建项目按照计划稳步推进，目前对旧有楼体进行加固。同时，各县（区）也加大对疾控中心的财政投入，加强PCR实验室的改造建设。全市13家机构具备核酸检测能力。到2021年1月底前，全市单日核酸检测能力将确保达到5—7天完成全市全员核酸检测的要求。五是加大防控宣传力度。广泛开展全民健康教育，普及预防知识，加大宣传力度，拓宽宣传渠道，努力提高居民防控疫情的意识和能力。

（6）潘东红、李冲、李银花代表提出的《关于加快城镇老旧小区改造，鼓励居民加装电梯的建议》。2020年全市城镇老旧小区改造计划任务为82个小区、396栋住宅，建筑面积132.12万平方米，涉及居民16489户，总投资3.7亿元。市政府办公室印发《关于下达2020年度城镇老旧小区改造目标任务的通知》，改造任务分解下达至各县区。省财政厅、省住建厅已下达全市中央财政城镇保障性安居工程老旧小区改造资金7151万元。截至2020年底，82个小区全部开工，累计完成投资0.77亿元。其中，23个小区、54栋住宅楼、17.8万平方米、2122户改造完毕。为既有住宅自愿加装电梯实施奖补是市政府“十件民生实事”之一，市政府办公室印发《关于做好市级既有住宅加装电梯项目补助资金工作的通知》，明确规定每部电梯给予财政补助20万元。市住建局等部门联合印发《关于阳泉市既有住宅加装电梯的实施办法的通知》，明确加装电梯基本原则、适用范围、实施主体、资金筹措、实施程序、保障措施等内容。2021 年 1 月 5 日，全市提出加装电梯申请 174 部，进入实施阶段 55 部，开工 28 部，正在施工 27 部，完工 1 部。

（7）田永平代表提出的《关于发展全域旅游打造魅力阳泉的建议》。市政府紧紧围绕“四为四高两同步”总体思路和要求，以太行、长城旅游板块为支撑，努力实现旅游产业全域布局、旅游服务全域配套、旅游市场全面拓展，加快把文化旅游业培育成全市的战略性支柱产业。一是紧密结合《长城、大运河、长征国家文化公园建设方案》《山西省三大板块旅游规划》，编制《阳泉市全域旅游规划》和《阳泉市“十四五”文化旅游体育康养产业发展规划》。做强娘子关、藏山、百团大战遗址公园三大品牌，完善太行一号公路（阳泉段）旅游黄金走廊。二是项目为王，建设一批重点文化旅游项目。娘子关旅游开发项目落实注册资本金 1 亿元。盂县梁家寨康养小镇项目，已经完成立项、规划、土地、环评手续，藏山 AAAAA 级景区提升项目积极推进。三是深化文旅融合，以娘子关景区创建国家 AAAA 级旅游景区为切入点，全面整合长城文化、太行民俗、泉水瀑布、古村古迹等旅游资源。发挥百团大战遗址公园、南庄抗战地道遗址等红色教育主阵地作用，开发红色旅游项目。四是创新营销模式，举办“阳泉市旅游宣传口号和形象标识设计作品网络征集活动”，征集作品 5000 多个。举办“抖出咱的阳泉美”抖音短视频大赛，网友上传参赛作品 3908 件，视频累计播放次数 1.3 亿余次。邀请央视《味道》《美丽中华行》栏目到阳泉市取景拍摄，并于 2020 年 10 月 11 日晚播出《国庆节有味道・丰收中国》阳泉篇，阳泉魅力绽放在全国观众面前。

（8）任晓辉、孔德芳、吕良、朱卉代表提出的《关于强化市容环境卫生责任区划分，巩固提升创卫工作成果的建议》。市政府制定《阳泉市市容环境卫生责任区管理办法》《阳泉市建成区环境卫生考核实施方案》等规章制度，明确全市市容和环境卫生工作，实行责任区制度，规定管理责任、管理标准和管理考核等内容。建成区 910 个居民小区、32 个城中村道路纳入城市建成区环卫保洁范围，配全配齐了果皮箱、垃圾桶、清运车等。街巷清扫覆盖率达 100%。拆除违建临建 3500 余处 22 万平方米，整饰外立面 192 万平方米，规范门头牌匾 2892 块，更换街道路牌 1050 个，施划交通标识线 7.3 万余平方米，施划停车位 5034 个，规范店外经营 8000 余户，清理占道经营 6000 余处，粉刷墙体小广告 3 万余条，清理广告灯箱 1000 余个，清理乱堆乱放卫生死角 7000 余处，下达整改督办通知 1400 余份，有效整治“十乱”问题 5 万多个，确保环境卫生整治不搞一阵风，不断提升城市管理精细化水平。

（9）朱卉代表提出的《关于加快医养结合，推进康养产业高质量发展的建议》。市政府出台《关于推进医疗卫生与养老服务相结合的实施意见》，着力打造富有阳泉特色的康养产业。申请将梁家寨康养小镇项目、冠山书院小镇项目等康养项目纳入省“十四五”规划纲要重大工程项目。利用不同平台推介阳泉市连翘茶、灵芝醋、砂器、富硒小米、树莓酒等康养文创产品。在城区老年护理中心、阳泉天佑安康养护院、阳泉友爱医院开展医养结合试点工作。医养结合机构共有床位 550 张，入住老人 322 人，医护人员 116 人。16 个民办养老机构与就近医院签订医养结合协议，104 个日间照料中心与村卫生室签订医养融合发展服务协议。

（10）张晓美代表提出的《关于推进城市垃圾分类、改善人居环境的建议》。2019 年 7 月，市政府、市人大、市政协、市机关事务管理局、政府机关食堂及旭志华府小区、惠泽苑小区、瑞康小区 5 个单位、3 个小区全面启动城市生活垃圾分类试点工作。通过合理设置摆放智能垃圾回收机和干湿分类垃圾桶，制定严格的运输路线等有效措施，居民垃圾投放准确率为 86%，垃圾减量 33%。根据《阳泉市建成区垃圾分类实施方案》，明确 2020 年在继续巩固去年垃圾分类试点的基础上，实现公共机构生活垃圾分类全覆盖。南大街迎宾路至拥军路、北大西街洪城北路至河神庙、大连街华盛北路至青岛路基本建成生活垃圾分类示范片区。

（11）张翠平代表提出的《关于加快推进龙华口水库北水南调工程建设的建议》。龙华口调水工程是山西省“两纵十横、六河连通”大水网建设的组成部分。建设阳泉市龙华口调水工程，将为全市城乡供水安全提供有力保障。2020年8月17日，副省长王成就龙华口调水工程作出批示；8月27日，省水利厅制定《关于山西大水网“第二横”项目的实施意见》（征求意见稿）。雷健坤市长、李文兵副市长多次带领市水利局相关人员与省水利厅、万家寨水控集团对接；11月9日，省政府组织省水利厅、省发改委等部门及万家寨水控集团、阳泉市和忻州市召开山西大水网“第二横”项目推进会议。截至当年，忻州—阳泉线可研已编制完成，计划2021年3月底前完成土地预审、规划选址、地质灾害评估等工作，2021年9月底前完成初步设计报告编制并报省发改委批复，2021年12月底开工建设。

（12）李素珍代表提出的《关于阳泉市农村清洁取暖可持续发展的意见建议》。阳泉市2018年8月获批北方地区清洁取暖试点城市。按照实施方案，优先将资源投入散煤取暖情况最普遍的农村居民取暖领域。全市试点煤改甲醇项目，为每户配备了150升—200升的甲醇燃料罐，最长10天集中配送一次燃料。2020年度的清洁取暖工作中，采取“煤改电”、全面使用高能效空气源热泵热风机，引入“生物质成型燃料＋环保节能炉具”等措施，尽力降低群众后续运行费用。积极向上级部门申请将农村地区建筑节能改造列入计划。同时，制订“城乡有别”的基本补贴政策，各县区针对困难群众也有相应的额外补贴政策，努力提高清洁取暖改造的可持续性，使用清洁能源的取暖费用接近清洁煤取暖的费用。

第八节　代表履职监督和保障

一、建立和完善代表履职监督和保障机制

历届市人大常委会坚持把建立和完善代表履职监督管理机制作为坚持和完善人民代表大会制度的重要组成部分，总结成功经验，积极探索实践，建立起一套行之有效的制度体系，有效提升代表履职日常管理和监督水平。特别是中共十八大后，全面贯彻落实习近平总书记关于“任何国家机关及其工作人员的权力都要受到制约和监督”的重要指示，在与时俱进中强化代表监管职能，丰富代表监管内容，完善代表监管机制，规范代表履职行为，激发代表履职热情，增强代表履职成效。2014年2月27日，市十四届人大常委会第十六次会议审议通过《关于进一步规范市人大代表履职行为的暂行办法》，对代表履职的基本行为、代表大会期间的履职行为、闭会期间的履职行为和日常行为等五个方面提出25项规范性要求。2月28日，办公厅以阳人办发〔2014〕7号文件，印发《暂行办法》全文。

加强思想作风建设。2010年6月3日，市十三届人大常委会召开全市教育系统部分省、市、县（区）、乡（镇）人大代表学校安全工作座谈会。由市人大代表蔡新田牵头，与会代表共同向全市教育系统的各级人大代表发出《关于自觉投身、积极推进学校安全工作的倡议》。6月13日，办公厅以阳人办发〔2010〕62号文件印发倡议全文，要求全市各级人大代表响应倡议，认真履行职责，为学校安全工作做出应有的贡献。市十五届人大常委会组织开展“向申纪兰学习，做人民好代表”活动，充分运用革命圣地延安、梁家河知青精神、狮脑山百团大战遗址、武乡八路军纪念馆等红色教育资源，

开展现场教学，选树朱继明等履职为民好代表先进典型，动员全市各级人大代表见贤思齐、争做先锋，争当服务群众的急先锋、改革发展的排头兵、创新创业的带头人。持续深入开展“创卫攻坚、人大代表走在先”“聚力脱贫攻坚、人大代表在行动”等活动，用实际行动践行“人民选我当代表，我当代表为人民”的庄严承诺。

实施信息公开制度。坚持通过设立人大代表联系选民信箱、公示人大代表联系电话、建立人大代表接待日、印发代表与选民联系手册等方式，既方便联系基层群众，又方便接受公众监督。市十五届人大常委会依托代表联络站点，统一制定《履职手册》，包括人大代表基本信息、代表履职活动登记和年度履职汇总表，议案、建议、批评和意见登记表等内容，实施代表信息上墙，公开代表姓名和照片，推动驻市全国、省人大代表，及市县乡（镇）五级人大代表“亮身份”，增强代表履行责任的主动性和自觉性。

完善履职登记制度。坚持建立健全代表履职纪实台账，记录代表参加会议、视察调研、联系和接待群众等情况，督促提醒代表增强履行职务的主动性和务实性。2008 年 2 月，市十三届人大常委会第七次会议上，常委会主任作题为“建立履职档案，激励委员促履职”的讲话。会后，启动建立本届人大常委会委员个人履职档案，主要内容包括出勤历次常委会情况；参加视察、调研、执法检查等活动以及撰写相关报告情况；走访代表、联系群众以及民情民意反映情况；参加历次常委会所填审议意见卡情况；人代会期间所提意见、建议以及其他工作建议情况。建立规范代表履职、加强考量力度的履职建档制度，要求各选举单位从参加会议、审议发言、小组活动、建议意见等几个方面为每一位代表建立履职档案。通过对代表日常履职行为的完整记录，建档总结，有效增强代表履职意识。市十五届人大常委会完善代表履职档案和纪实台账，按照“一人一档”标准，翔实记录代表参加会议、视察、联系接待选民等情况，规范代表档案的内容、收集、管理和运用。统一制作履职档案盒，以一年度为一期限，按届期存档，随时收集存入，确保代表活动全掌握、代表履职全记录。

推进述职评议工作。积极支持原选举单位建立代表述职评议制度，规范市人大代表述职评议的组织方式、基本程序和述评内容。2019 年，矿区东山社区代表联络点首次组织点上活动的省、市、区三级人大代表向社区群众代表述职，接受群众以无记名投票方式进行的满意度测评。

严格履职情况考评。坚持对大会期间代表出席会议、审议发言、提出议案建议和闭会期间参加学习培训、小组活动、接待群众、视察调研、执法检查、参与立法和监督、列席人大常委会议以及支持“一府两院”工作等情况进行综合考评，将考评结果作为代表连任和评选优秀代表的重要依据。2008 年 3 月 20 日，市十三届人大常委会办公厅印发《关于对市十三届人大代表履职情况进行统计建档的通知》（阳人办发〔2008〕12 号），明确人大代表依法履职的重要意义、统计建档的责任主体、主要内容、资料来源和管理使用。

构建代表退出机制。鼓励和支持县区人大常委会探索建立代表辞职制度，让履职不作为、不称职、群众不满意的代表，以及不能履职、不愿履职的代表及时退出代表队伍。对涉嫌违法乱纪的代表，依法启动罢免程序或责令辞去代表职务。市十四届人大常委会高度关注全市各级人大代表执行代表职务情况，认真分析个别代表违纪违法的深层次原因，出台了规范代表履职行为的制度规定，对严重违纪违法的市人大代表及时启动追责程序，许可对 11 名代表采取强制措施，终止了 8 名代表的代表资格，维护了代表队伍的先进性和纯洁性。

二、支持和保障代表依法履职

历届市人大常委会始终支持和保障代表依法履职，在实践中形成系统性思路和举措，服务代表工作措施更加具体和细化，为代表依法履职营造良好环境。特别是中共十八大后，坚持严格管理监督和支持服务保障相结合，尊重代表主体地位，激发代表履职热情，在各选举单位的支持和协助下，为市人大代表履职提供更高质量的服务保障。

时间保障。坚持深入代表所在单位调研指导，确保所在单位为代表履职提供时间保障，确保代表本职业务服从履职工作需要，确保代表履职期间各种待遇不受影响。

组织保障。市人大常委会坚持尊重代表主体地位，支持和保障代表依法履职。机关各委室采取多种形式，同本级人大代表保持联系，扩大代表对常委会活动的参与，积极组织代表开展各种形式的活动，认真研究处理代表对提出的建议、批评和意见，并按规定向代表答复研究处理的情况。

经费保障。坚持代表各项活动经费全部列入本级财政预算予以保证，并随着经济发展适当增加。对无固定收入的代表给予履职补贴。2012 年 7 月 18 日，市十三届人大常委会办公厅印发《关于切实落实和保障县（区）、乡（镇）人大代表活动经费的通知》（阳人办发〔2012〕21 号），明确县（区）人大代表一般每人每年不低于 1200 元，乡（镇）人大代表一般每人每年不低于 1000 元。2014 年 11 月 19 日，市十四届人大常委会办公厅印发《关于下拨 2014 年市人大代表小组活动补助经费和加强使用管理的通知》（阳人办发〔2014〕87 号），明确按各选举单位的代表小组数下拨经费，每个小组 2000 元，对经费使用情况作出规定。2015 年 4 月 1 日，办公厅和市财政局联合发出《关于印发无固定工资收入市人大代表履职补贴意见的通知》（阳人办发〔2015〕12 号），明确落实代表法第 34 条第 2 款规定，对无固定工资收入代表执行代表职务，根据实际情况由本级财政给予适当补贴，对发放无固定工资收入市人大代表履职补贴的范围、条件、标准、方式、经费来源和管理等进行了规范，要求各县（区）人大可参照市人大常委会的做法，结合当地实际，分别制定各级人大代表中的无固定工资收入代表履职补贴发放意见，经费应列入本级财政预算中予以保障。市十五届人大常委会从 2020 年起，市人大代表人均经费提升到 2000 元，每年为代表个人补助交通费、通信费共 2400 元。

三、表彰和激励优秀代表及先进单位

历届市人大常委会坚持通过召开会议、印发文件、媒体公布等方式，表彰和激励依法履职成绩突出的优秀代表及支持代表工作、接受代表监督的相关单位。在市十二届人大常委会期间，2005 年 3 月 7 日，办公厅印发《关于采编出版阳泉人大代表纪实系列报告文学集〈神圣的使命〉一书的通知》（阳人办发〔2005〕4 号），明确组织阳泉市部分作家，深入实际，采编出版阳泉市人大代表纪实系列报告文学集《神圣的使命》一书，以生动记述全市人大代表履行职责、发挥作用的体会和感想，真实反映人大代表强烈的政治使命感和责任感，全面展示人大代表代表人民、服务人民的精神风貌，也为人民群众了解和认识人民代表大会制度，提供鲜活的素材。2007 年 4 月 17 日，办公厅印发《关于召开市十二届人大常委会优秀代表、优秀委员暨办理代表议案、建议、意见先进单位、先进个人表彰会的通知》（阳人办发〔2007〕10 号），对 32 名优秀市人大代表、6 个办理代表议案建议先进单位、11 名办理代表议案建议先进个人予以表彰。在市十三届人大常委会期间，2008 年 2 月 13 日，办公厅印发《王铁锁等六名省人大代表履职体会文章》（阳人办发〔2008〕3 号），动员全市各级人大代表向先进代表学习，坚持正确的政治立场，牢记中国共产党的宗旨，依法履行职责，在各自岗位上建功立业，努力维护并实现人民群众的根本利益。3 月 6 日，《阳泉人大》编辑部在各新闻媒体刊发《“财保杯·我的履职故事”有奖征文启事》，征文以宣传全市各级人大代表紧贴中心议大事、深入基层解难事、立足本职办实事、为民服务做好事的先进事迹为目的，在一年的时间里，收到应征作品116篇，评选出一、二、三等奖和优秀奖共40篇，授予盂县、城区、平定县人大常委会优秀组织奖。在2009年省人大常委会举办的“影响山西民主法制建设十项业绩”暨“感动山西的人大代表”评选活动中，王铁锁获“感动山西的人大代表”称号，李秋林、李乃珠、杨敬典获“感动山西的人大代表”提名奖。市十五届人大常委会期间，2018年8月，司法部、全国普法办、中央电视台联合全国法制办启动评选“2018年度全国法治人物”。省、市人大代表刘新东成为省人大系统推荐的唯一一名候选人。11月，省人大常委会“三晋人大代表采风行”记者团，深度采访刘新东、刘建平、李乃珠、荆素俭、张三虎、任红梅、李素鱼、景建刚、杨文保等优秀人大代表。在人民网、新华网、山西日报等中央和省级媒体刊发人物通讯45篇。2020年11月，办公室印发《市人大常委会关于开展评选表彰履职优秀人大代表、优秀代表议案和建议、代表建议先进承办单位活动的实施方案的通知》（阳人办发〔2020〕33号）。12月，按照“内容高质量”的要求，开展优秀议案建议评选；按照“办理高质量”的要求，结合代表建议办理考核工作，开展先进办理单位评选，以“双评”促“双高”，实现“双提升”。经常委会会议决定，对朱卉、刘新东等15名履职优秀代表、10件优秀代表议案建议和市委组织部等6个先进承办单位在次年人代会上予以表彰。

第九节　代表资格审查委员会

根据《中华人民共和国地方各级人民代表大会和地方各级人民政府组织法》规定，市人大常委会设立代表资格审查委员会。代表资格审查委员会的主任委员、副主任委员和委员的人选，由常委会主任会议在组成人员中提名，常委会会议通过。代表资格审查委员会的职责是，在本届任期内，如有补选的代表产生，代表资格审查委员会要对其进行资格审查，审查代表的选举是否符合法律规定。市人民代表大会常务委员会代表资格审查委员会依法行使职权，认真开展工作，完成了历届市人大增选、补选代表的资格审查工作。

市十一届人大常委会代表资格审查委员会

主任委员：杨宝国（1997.6—2001.6）
李奕明（2001.8—2002.3）
副主任委员：王　斌（1997.6—2002.3）
委　　员：（以姓氏笔画为序）
李彦良（女，1997.6—2002.3）
张禄长（1997.6—2002.3）
郭忠实（1997.6—2002.3）

2001年2月22日，阳泉市第十一届人民代表大会常务委员会第二十七次会议审议通过常委会代表资格审查委员会《关于补选代表的代表资格的审查报告》。会议指出，阳泉市第十一届人民代表大会代表名额为288名。2000年，市十一届人大五次会议召开时实有代表287名。之后，盂县选举的郭贵宝代表因病去世，城区选举的卫克兴代表因工作变动调离阳泉市，其代表资格终止。截至2001年1月9日已补选出阳泉市第十一届人民代表大会代表3名，矿区人大常委会补选郜爱国，城区人大常委会补选王舰民，盂县人大常委会补选林玉平等3人为市十一届人民代表大会代表。代表资格审查委员会对补选的代表资格进行了审查，确认当选代表资格有效。阳泉市第十一届人民代表大会第六次会议时，实有市人大代表288名。

2002年3月8日，阳泉市第十一届人民代表大会常务委员会第三十四次会议审议通过常委会代表资格审查委员会《关于第十二届人民代表大会代表资格的审查报告》。会议指出，2002年3月7日，市第十一届人民代表大会常务委员会代表资格审查委员会召开会议，根据选举法、地方组织法和《山西省市、县、区人民代表大会组织通则》的有关规定，对出席阳泉市第十二届人民代表大会代表资格进行审查。综观当选的第十二届人大代表政治素质高，参政议政能力强，年龄结构合理，各种比例关系协调，具有先进性、代表性和广泛性。会后发布公告指出，按照《中华人民共和国全国人民代表大会和地方各级人民代表大会选举法》《中国人民解放军选举全国人民代表大会和地方各级人民代表大会代表的办法》和《山西省人民代表大会常务委员会关于阳泉市人民代表大会代表名额的决定》，由县区人民代表大会和中国人民解放军阳泉军分区暨驻阳泉部队分别选举产生阳泉市第十二届人民代表大会代表286名，暂缺2名。阳泉市第十一届人民代表大会常务委员会第三十四会议根据代表资格审查委员会提出的报告，确认286名代表资格有效。阳泉市第十二届人民代表大会第一次会议时，实有市人大代表286名。

市十二届人大常委会代表资格审查委员会

主任委员：杨清风（2002.11—2006.2）
　　　　　张　清（2006.2—2007.5）
副主任委员：王　斌（2002.11—2007.5）
委　　员：（以姓氏笔画为序）
　　　　　李彦良（女，2002.11—2007.5）
　　　　　张禄长（2002.11—2007.5）
　　　　　郭忠实（2002.11—2003.4）
　　　　　许世奎（2006.2—2007.5）

2002年11月14日，阳泉市第十二届人民代表大会常务委员会第四次会议审议通过常委会代表资格审查委员会《关于补选代表的代表资格的审查报告》。会议指出，阳泉市第十二届人民代表大会代表名额为288名，阳泉市第十二届人民代表大会第一次会议时，实有代表286名，缺额2名。之后，城区选举的侯志勇，解放军选举的戚保明因工作变动调离阳泉市，代表资格审查委员会根据代表法的有关规定确认，以上2名代表的代表资格终止。阳泉市第十二届人民代表大会第二次会议时，实有市人大代表284名。

2003年4月8日，阳泉市第十二届人民代表大会常务委员会第七次会议审议通过常委会代表资格审查委员会《关于补选代表的代表资格的审查报告》。会议指出，阳泉市第十二届人民代表大会代表名额为288名，实际选出286名。市十二届人大二次会议时实有代表284名，之后，城区选举的冯培一、胡庆辉、姜啸因工作变动，解放军选举的盛厂因转业先后调离阳泉市，其代表资格终止。冯培一的市人大常委会委员职务也相应终止。对以上出缺的市十二届人大代表应予补选。为此，城区人大常委会召开会议补选李强、王礼、许世奎、张清，解放军补选王黎涛、许金海为市十二届人民代表大会代表。2003 年 4 月 7 日，阳泉市第十二届人民代表大会常务委员会代表资格审查委员会召开会议，根据选举法、地方组织法、代表法的有关规定，对补选的 6 名市十二届人民代表大会代表的代表资格进行了认真审查，认为补选的代表符合法律规定和补选程序，确认其代表资格有效。阳泉市第十二届人民代表大会第三次会议时，实有市人大代表 286 名。

2003 年 5 月 9 日，阳泉市第十二届人民代表大会常务委员会第八次会议审议通过常委会代表资格审查委员会《关于另选代表的代表资格的审查报告》。会议指出，阳泉市第十二届人民代表大会代表名额为 288 名，实际选出 286 名，缺额 2 名。2003 年 4 月 27 日，盂县第十三届人民代表大会第一次会议选举张存福为市十二届人大代表；2003 年 4 月 28 日，郊区第十五届人民代表大会第一次会议选举胡金贵为市十二届人大代表。2003 年 5 月 8 日，阳泉市第十二届人民代表大会常务委员会代表资格审查委员会召开会议，根据选举法、地方组织法、代表法的有关规定，对盂县选举的张存福、郊区选举的胡金贵等 2 名市十二届人民代表大会代表资格进行了审查，确认其代表资格有效。

2003 年 12 月 18 日，阳泉市第十二届人民代表大会常务委员会第十二次会议审议通过《阳泉市人大常委会代表资格审查委员会关于出缺及补选代表的代表资格的审查报告》。会议指出，阳泉市第十二届人民代表大会代表名额为 288 名。之后，平定县选举的郭良孝代表因工作变动，调离阳泉市，王耀伟代表因病去世，城区选举的宋建华代表因工作变动，调离阳泉市，依照法律规定，其三位代表的代表资格终止。2003 年 12 月 11 日，平定县十三届人大常委会第六次会议补选谢海、李春泽为阳泉市第十二届人民代表大会代表。阳泉市第十二届人民代表大会常务委员会第十二次会议经过审议，同意代表资格委员会关于出缺及补选代表的代表资格的审查报告。根据选举法和代表法有关规定，确认谢海、李春泽 2 名代表的代表资格有效。阳泉市第十二届人民代表大会第四次会议时，实有市人大代表 287 名。

2005 年 3 月 31 日，阳泉市第十二届人民代表大会常务委员会第二十一次会议审议通过常委会代表资格审查委员会《关于出缺及补选代表的代表资格的审查报告》。会议指出，阳泉市第十二届人民代表大会代表名额为 288 名，市十二届人大四次会议时，实有代表 287 名，之后，盂县选举的巩引贞代表因病去世，解放军选举的齐胜锁、王黎涛、凌长明代表因工作变动，先后调离阳泉市，依照法律规定，其 4 人的代表资格终止。2005 年 2 月 3 日，盂县十三届人大常委会第十一次会议补选段存寿为阳泉市第十二届人民代表大会代表。2005 年 3 月 23 日，武警阳泉支队召开军人大会补选张明川为阳泉市第十二届人民代表大会代表，3 月 28 日，阳泉军分区召开军人代表大会补选范谦家、甄铭。2005 年 3 月 29 日，阳泉市第十二届人民代表大会常务委员会代表资格审查委员会召开会议，根据选举法、地方组织法、代表法的有关规定，对补选的 4 名市十二届人大代表的代表资格进行了审查，认为补选的代表符合法律规定，确认其代表资格有效。阳泉市第十二届人民代表大会第五次会议时，实有市人大代表 287 名。

2006 年 4 月 3 日，阳泉市第十二届人民代表大会常务委员会第二十七次会议审议通过常委会代表资格审查委员会《关于出缺及补选代表的代表资格的审查报告》。会议指出，市十二届人大五次会议时，实有代表 287 名，之后，郊区选举的李天太代表因工作变动调离阳泉市，依照法律规定，其代表资格终止。2006 年 3 月 15 日，郊区第十五届人大常委会第二十次会议补选白云为市第十二届人民代表大会代表。市第十二届人民代表大会常务委员会代表资格审查委员会根据选举法、地方组织法、代表法的有关规定，对白云的代表资格进行审查，认为符合法律规定，确认其代表资格有效。阳泉市第十二届人民代表大会第六次会议时，实有市人大代表 287 名。

2007 年 4 月 28 日，阳泉市第十二届人大常委会第三十五次会议审议通过常委会代表资格审查委员会《关于第十三届人民代表大会代表资格的审查报告》。会议指出，出席阳泉市第十三届人民代表大会代表是依据《中华人民共和国全国人民代表大会和地方各级人民代表大会选举法》《中国人民解放军选举全国人民代表大会和县级以上地方各级人民代表大会代表的办法》和《山西省各级人民代表大会选举实施细则》选举产生的。按阳泉市第十三届人民代表大会代表 288 名应选名额，实际参选的代表候选人 349 名，差额 61 名，符合法律规定。所当选的市十三届人大代表政治素质较高，参政议政能力较强，年龄、文化结构合理，各种比例关系协调，具有代表性和广泛性。市十二届人大代表中有 84 人当选为市十三届人大代表，有利于保持人大工作的连续性。选出的市十三届人民代表大会 288 名代表的代表资格有效。阳泉市第十三届人民代表大会第一次会议时，实有市人大代表 288 名。

市十三届人大常委会代表资格审查委员会

主任委员：张　清（2007.8—2010.3）
荆东生（2010.3—2012.5）
副主任委员：高中和（2007.8—2010.3）
王玉明（2007.8—2012.5）
委　　员：（以姓氏笔画为序）
丁国忠（2007.8—2012.5）
杨全生（2007.8—2012.5）
杨喜平（2007.8—2012.5）
郗存祥（2007.8—2012.5）
程志强（2007.8—2012.5）
鄯怀林（2007.8—2010.6）

2008 年 3 月 25 日，阳泉市第十三届人民代表大会常务委员会第八次会议审议通过常委会代表资格审查委员会《关于出缺及补选代表的代表资格的审查报告》，认为：阳泉市第十三届人民代表大会代表名额为 288 名，市十三届人大二次会议时，实有代表 288 名。之后，城区选举的宋正、张廷启，矿区选举的王冬雪因工作变动调离阳泉市，按照法律规定，其代表资格自行终止。解放军代表团的范谦家、许安武由于退休原因，提出辞去市十三届人大代表职务。根据有关法律规定，2007 年 12 月 19 日，阳泉军分区召开军人代表大会，表决通过了范谦家、许安武关于辞去市十三届人大代表职务的请求，补选方庆灵、蒋鹿为市十三届人民代表大会代表。2008 年 3 月 14 日，阳泉市第十三届人民代表大会常务委员会代表资格审查委员会召开会议，根据选举法、地方组织法、代表法的有关规定，对补选的方庆灵、蒋鹿的市十三届人民代表大会的代表资格进行了审查，认为补选程序符合法律规定，其代表资格有效。补选后，阳泉市第十三届人民代表大会实有代表 285 名。阳泉市第十三届人民代表大会第三次会议时，实有市人大代表 285 名。

2009年4月29日，阳泉市第十三届人民代表大会常务委员会第十七次会议审议通过常委会代表资格审查委员会《关于出缺及补选代表的代表资格的审查报告》。会议指出，阳泉市第十三届人民代表大会代表名额为288名，市十三届人大三次会议时，实有代表285名。之后，城区选举的林玉平，郊区选举的冯少勇，平定选举的王晋平、张仲马，盂县选举的李中、谢海，解放军选举的蒋鹿等7位同志因工作变动调离阳泉市，按照法律规定，其代表资格自行终止。根据有关法律规定，2008年10月20日，城区第十四届人民代表大会常务委员会第十次会议补选王民为市十三届人民代表大会代表。2008年10月23日，郊区第十六届人民代表大会常务委员会第十二次会议补选王志刚为市十三届人民代表大会代表。2008年12月18日，平定县第十四届人民代表大会常务委员会第十三次会议补选胡克勤为市十三届人民代表大会代表。2009年2月5日，阳泉军分区召开军人代表大会，补选陆崇相为市十三届人民代表大会代表。2009年4月21日，盂县第十四届人民代表大会常务委员会第十三次会议补选李栋梁为市十三届人民代表大会代表。2009年4月22日，阳泉市第十三届人民代表大会常务委员会代表资格审查委员会召开会议，根据选举法、地方组织法、代表法的有关规定，对补选的王民、王志刚、胡克勤、陆崇相、李栋梁等5位同志的市十三届人大代表资格进行了认真审查，认为补选程序符合法律规定，其代表资格有效。阳泉市第十三届人民代表大会第四次会议时，实有市人大代表283名。

2010年4月29日，阳泉市第十三届人民代表大会常务委员会第二十七次会议审议通过常委会代表资格审查委员会《关于代表出缺情况和补选代表的代表资格审查的报告》。会议指出，阳泉市第十三届人民代表大会代表名额为288名，市十三届人大四次会议时，实有代表283名。之后，城区选举的李体柱，郊区选举的朱玉，解放军选举的李学军、张陆军等4人因工作变动相继调离阳泉市；矿区选举的高学文因病去世。按照有关法律规定，上述5位代表的代表资格自行终止。2010年4月24日，阳泉军分区和武警阳泉支队分别召开军人代表大会，补选周新革、杜文明为市十三届人民代表大会代表。2010年4月26日，城区第十四届人民代表大会常务委员会第二十次会议补选李顺宽、李秀敏、郑红为市十三届人民代表大会代表。同日，矿区第八届人民代表大会常务委员会第二十二次会议补选王振国、吕誉耀为市十三届人民代表大会代表。郊区第十六届人民代表大会常务委员会第二十三次会议补选白爱勤为市十三届人民代表大会代表。平定县第十四届人民代表大会常务委员会第二十三次会议补选朱刚为市十三届人民代表大会代表。盂县第十四届人民代表大会常务委员会第二十次会议补选王斌权为市十三届人民代表大会代表。2010年4月27日，阳泉市第十三届人民代表大会常务委员会代表资格审查委员会召开会议，根据选举法、地方组织法、代表法的有关规定，对补选的周新革、杜文明、李顺宽、李秀敏、郑红、王振国、吕誉耀、白爱勤、朱刚、王斌权等10位同志的市第十三届人民代表大会的代表资格进行了认真审查，认为补选程序符合法律规定，其代表资格有效。阳泉市第十三届人民代表大会第五次会议时，实有市人大代表288名。

2011年5月4日，阳泉市第十三届人民代表大会常务委员会第三十四次会议审议通过常委会代表资格审查委员会《关于代表出缺情况和补选代表的代表资格审查的报告》。会议指出，阳泉市第十三届人民代表大会代表名额为288名。市十三届人大五次会议时，实有代表288名。之后，城区选举的刘哲、季玉和，矿区选举的张清河，解放军选举的陆崇相、李明亮等五人因工作变动相继调离阳泉市。按照有关法律规定，这5位代表的代表资格自行终止。2011年3月14日，阳泉军分区和预备役某团分别召开军人代表大会和军人大会，补选高振羽、任宝军为市十三届人民代表大会代表。2011年4月29日，城区第十四届人民代表大会常务委员会第二十六次会议补选李定武为市十三届人民代表大会代表。2011年4月29日，阳泉市第十三届人民代表大会常务委员会代表资格审查委员会召开会议，根据选举法、地方组织法、代表法的有关规定，对补选的高振羽、任宝军、李定武同志的市十三届人民代表大会的代表资格进行了审查，认为补选程序符合法律规定，其代表资格有效。阳泉市第十三届人民代表大会六次会议时，实有市人大代表286名。

2012年5月11日，阳泉市第十三届人民代表大会常务委员会第四十三次会议审议通过常委会代表资格审查委员会《关于阳泉市第十四届人民代表大会代表资格的审查报告》。会议指出，按照全市换届选举工作的统一安排部署，从4月24日至29日，阳泉市城区、矿区、郊区、平定县、盂县根据《中华人民共和国全国人民代表大会和地方各级人民代表大会选举法》和《山西省各级人民代表大会选举实施细则》的规定，先后召开了人民代表大会，选举产生了出席阳泉市第十四届人民代表大会代表。4月26日，阳泉军分区召开军人大会和军人代表大会，选举产生了出席阳泉市第十四届人民代表大会代表。阳泉市第十四届人民代表大会代表名额为288名。各选举单位共选举产生了阳泉市第十四届人民代表大会代表284名。市十三届人大代表中有113人当选为市十四届人大代表，有利于保持人大工作的连续性。2012年5月3日，阳泉市第十三届人大常委会代表资格审查委员会召开会议，对284名阳泉市第十四届人民代表大会代表的代表资格进行了审查，认为阳泉市第十四届人民代表大会代表的选举符合法律规定，284名代表的代表资格有效。阳泉市第十四届人民代表大会第一次会议时，实有市人大代表284名。

市十四届人大常委会代表资格审查委员会

主任委员：王振国（2012.8—2017.3）
副主任委员：唐　麟（2012.8—2017.3）
胡万明（2012.8—2017.3）
委　　员：（以姓氏笔画为序）
丁国忠 （2012.8—2017.3）
王玉明 （2012.8—2017.3）
史友松（2012.8—2017.3）
吕志坚（女，2012.8—2017.3）
朱　刚（2012.8—2017.3）
李国庆（女，2012.8—2017.3）
李润怀（2012.8—2017.3）
赵永东（2012.8—2017.3）
桑晓飞（2012.8—2017.3）
樊文平（2012.8—2017.3）

2012年11月23日，阳泉市第十四届人民代表大会常务委员会第四次会议审议通过常委会代表资格审查委员会《关于出缺及补选代表的代表资格的审查报告》。会议指出，阳泉市第十四届人民代表大会代表名额为288名，市十四届人大一次会议时，实有代表284名。之后，城区选举的王建军、矿区选举的王志刚、郊区选举的岳国庆等3位代表因工作变动相继调离阳泉市，按照有关法律规定，上述3位代表的代表资格自行终止。2012年11月，矿区、城区、郊区、盂县分别补选陈明华、徐岚、张宝明、张玉斌为阳泉市第十四届人民代表大会代表。11 月 23 日，阳泉市第十四届人民代表大会常务委员会代表资格审查委员会召开会议，根据选举法、地方组织法、代表法的有关规定，对补选的陈明华、徐芃、张宝明、张玉斌的市第十四届人民代表大会的代表资格进行了认真审查，认为补选程序符合法律规定，补选代表的代表资格有效。阳泉市第十四届人民代表大会第二次会议时，实有市人大代表 285 名。

2013 年 4 月 2 日，阳泉市第十四届人民代表大会常务委员会第八次会议审议通过常委会代表资格审查委员会《关于出缺及补选代表的代表资格的审查报告》。会议指出，阳泉市第十四届人民代表大会代表名额为 288 名，市十四届人大二次会议时，实有代表 285 名。之后，盂县选举的李栋梁、王春雨，解放军选举的任宝军等三位代表，因工作变动调离阳泉市，其代表资格自行终止。城区选举的曹晓红因职务变动，提出辞去市第十四届人民代表大会代表职务。2013 年 3 月 15 日，城区第十五届人大常委会第十一次会议接受了曹晓红的辞职请求。根据有关法律规定，2013 年 3 月 22 日，城区第十五届人大常委会召开第十二次会议，补选郭玉霞为市第十四届人民代表大会代表。2013 年 3 月 26 日，盂县第十五届人大常委会第十五次会议，补选陈永奇、杜平华为市第十四届人民代表大会代表。2013 年 3 月 29 日，城区第十五届人民代表大会第三次会议，选举郭少敏、康晓剑为市第十四届人民代表大会代表。矿区第九届人民代表大会第三次会议，选举王明厚为市第十四届人民代表大会代表。2013 年 4 月 1 日上午，阳泉市第十四届人民代表大会常务委员会代表资格审查委员会召开会议，根据选举法、地方组织法、代表法的有关规定，对补选及选举的王明厚、杜平华、陈永奇、郭少敏、郭玉霞、康晓剑的市第十四届人民代表大会代表的代表资格进行了认真审查，认为相关县区的补选及选举程序符合法律规定，补选及选举的代表资格有效。阳泉市第十四届人民代表大会第三次会议时，实有市人大代表 287 名。

2014 年 4 月 17 日，阳泉市第十四届人民代表大会常务委员会第十八次会议通过常委会代表资格审查委员会《关于出缺及补选代表的代表资格的审查报告》。会议指出，阳泉市第十四届人民代表大会代表名额为 288 名，市十四届人大三次会议时，实有代表 287 名。之后，城区选举的郭长青、郊区选举的许霞代表，因工作变动调离阳泉市，其代表资格自行终止；郊区选举的王春燕代表，因病请辞代表职务。2013 年 12 月 13 日，郊区第十七届人大常委会第二十五次会议接受了王春燕的辞职请求；郊区选举的王永珍、盂县选举的孙祥令和平定县选举的田怀所、张石明代表，因涉嫌犯罪，原选举单位已分别依法罢免其代表职务；解放军选举的方庆灵、高振羽、史连海、周新革、朱继明、杜文明、伦新民代表，先后因工作变动、退休、转业退出现役等，其代表资格自行终止。根据有关法律规定，2014 年 4 月 1 日，盂县第十五届人大常委会召开第二十六次会议，补选郝培亮、杨军为市第十四届人大代表：2014 年 4 月 11 日，郊区第十七届人大常委会第二十九次会议，补选李云峰、韩加政、潘广全为市第十四届人大代表：2014 年 4 月 14 日，阳泉军分区、预备役 248 团、武警阳泉支队、阳泉公安消防支队分别召开军人大会和军人代表大会，补选史普山、吴海平、田桂明、杨兆权、张世庆、张文才、武艺、密国林为市第十四届人大代表。2014 年 4 月 15 日，阳泉市第十四届人大常委会代表资格审查委员会召开会议，根据选举法、地方组织法、代表法的有关规定，对相关选举单位补选的史普山、吴海平、田桂明、杨兆权、杨军、李云峰、张世庆、张文才、武艺、郝培亮、密国林、韩加政、潘广全的市第十四届人大代表的代表资格进行了认真审查，认为补选程序符合法律规定，补选的代表资格有效。阳泉市第十四届人民代表大会第四次会议时，实有市人大代表 286 名。

2015 年 4 月 15 日，阳泉市第十四届人民代表大会常务委员会第二十六次会议通过常委会代表资格审查委员会《关于出缺及补选代表的代表资格的审查报告》。会议指出，阳泉市第十四届人民代表大会代表名额为288名，市十四届人大四次会议时，实有代表286名。之后，城区选举的徐芃、刘守功、陈明泽，郊区选举的尚保晋，平定县选举的王斌权、魏绍青，解放军选举的密国林、武艺、史普山等9名代表先后因工作调动、转业退役等原因，代表资格自行终止；城区选举的康晓剑，矿区选举的刘德跃，郊区选举的郭凯生，平定县选举的王银旺、王国瑞、赵贵恩、张益智，盂县选举的王民、王新武等9名代表因违纪违法，被依法罢免代表职务；平定县选举的赵益民请辞代表职务，原选举单位已接受其辞职请求。根据有关法律规定，2015年3月31日，郊区人大常委会、平定县人大常委会、盂县人大常委会分别召开会议，补选任志刚、荆红军、杨自明、余香兰、尚建军、贾新兵、刘宝才为市第十四届人大代表；2015年4月8日，城区人大常委会召开会议，补选陈友福、曾随正为市第十四届人大代表；2015年4月10日，阳泉军分区、阳泉公安消防支队分别召开军人大会和军人代表大会，补选王志忠、秦建国、原龙胜为市第十四届人大代表。2015年4月10日，阳泉市第十四届人大常委会代表资格审查委员会召开会议，根据选举法、地方组织法、代表法的有关规定，对近期相关选举单位关于郭凯生、赵贵恩、张益智、王新武的罢免事项，关于接受赵益民请辞代表职务的决定，关于王志忠、任志刚、刘宝才、杨自明、余香兰、陈友福、尚建军、荆红军、秦建国、贾新兵、原龙胜、曾随正的补选事项，进行了认真审查，认为相关程序符合法律规定，确认罢免、辞职代表的代表资格终止，补选代表的代表资格有效。阳泉市第十四届人民代表大会第五次会议时，实有市人大代表279名。

2016年3月3日，阳泉市第十四届人民代表大会常务委员会第三十六次会议审议通过常委会代表资格审查委员会《关于出缺及补选代表的代表资格的审查报告》。会议指出，阳泉市第十四届人民代表大会代表名额为288名，市十四届人大五次会议时，实有代表279名。此后，盂县选举的洪发科、聂玉明因涉嫌严重违纪违法或贪污犯罪先后被终止代表资格。盂县选举的刘星，解放军选举的王志忠、原龙胜调离阳泉市，代表资格自行终止。盂县选举的靳毅刚因病去世，代表资格自然终止。截至2016年2月，实有市人大代表273名，出缺15名。根据有关法律规定，2016年2月26日，平定县人大常委会、阳泉军分区分别召开人大常委会会议和军人大会，补选董一兵、巩成、张太平为市第十四届人大代表；2016年2月29日，城区人大常委会、矿区人大常委会、盂县人大常委会分别召开会议，补选张晋、潘会平、梁志勇、侯彦军、翟红、王帅红、武润珍、姚劲松为市第十四届人大代表。2016年3月2日，阳泉市第十四届人大常委会代表资格审查委员会召开会议，根据选举法、地方组织法、代表法的有关规定，对相关选举单位的补选事项进行了认真审查，认为其补选程序符合法律规定，确认王帅红、巩成，张太平、张晋、武润珍、侯彦军、姚劲松、梁志勇、董一天、翟红、潘会平的代表资格有效。阳泉市第十四届人民代表大会第六次会议会，实有市人大代表284名。

2017年2月28日，阳泉市第十四届人民代表大会常务委员会第四十五次会议审议通过常委会代表资格审查委员会《关于阳泉市第十五届人民代表大会代表资格的审查报告》。会议指出，依照宪法和地方组织法的有关规定，按照全市换届选举工作的统一部署，从2月12日至24日，全市五个县区和阳泉军分区根据选举法和解放军选举办法的规定，分别选举产生了出席阳泉市第十五届人民代表大会代表。按照有关规定，阳泉市十五届人大代表名额为288名，各选举单位共选举产生287名。各选举单位在选举市十五届人大代表过程中，始终坚持党的领导，充分发扬民主，严格依法办事。这次市人大代表换届选举，充分体现了中央和省市的有关要求。新一届代表更具广泛性、代表性，结构更优，素质更高，更趋于年轻化。2月27日，市十四届人大常委会代表资格审查委员会召开会议，依据各选举单位呈报的选举结果，对新当选的287名代表的代表资格进行了认真审查。

代表资格审查委员会认为，当选代表符合宪法、法律规定的代表的基本条件，选举程序符合法律规定，没有发现破坏选举和其他当选无效的违法行为，确认当选代表的代表资格全部有效。阳泉市第十五届人民代表大会第一次会议时，实有市人大代表 287 名。

市十五届人大常委会代表资格审查委员会

主任委员：孙金明（2017.3—2019.4）
张宝明（2020.6—　）
副主任委员：张利军（2017.3—2019.4）
高和平（2017.3—2019.4）
赵文骥（2020.6—　）
高永恩（2019.4—　）
委　　员：（以姓氏笔画为序）
王玉明（2017.3—　）
王吉贵（2017.3—　）
邓宝柱（2017.3—　）
石光源（2017.3—2020.6）
白　平（2017.3—2020.4）
吕志坚（女，2017.3—　）
刘新东（2017.3—　）
闫　亮（2017.3—　）
侯润林（2017.3—　）
桑晓飞（2017.3—　）

2017 年 11 月 7 日，阳泉市第十五届人民代表大会常务委员会第六次会议审议通过常委会代表资格审查委员会《关于个别代表的代表资格的报告》。会议指出，阳泉市第十五届人民代表大会代表名额为 288 名。市十五届人大一次会议时，实有代表 287 名。之后，郊区选举的王桂林，平定县选举的董仙桃、贾新兵，解放军选举的张太平等 4 位代表因工作变动相继调离阳泉市；解放军选举的秦建国代表退出现役迁出阳泉市。2017 年 11 月 6 日，阳泉市第十五届人大常委会代表资格审查委员会召开会议，根据代表法的有关规定，确认王桂林、董仙桃、贾新兵、张太平、秦建国等 5 人的市十五届人大代表资格终止。阳泉市第十五届人民代表大会第二次会议时，实有市人大代表 282 名。

2018 年 3 月 20 日，阳泉市第十五届人民代表大会常务委员会第十一次会议审议通过常委会代表资格审查委员会《关于出缺及补选代表的代表资格的审查报告》。会议指出，阳泉市十五届人大代表名额为 288 名。市十五届人大二次会议时，实有代表 282 名。之后，矿区选举的梁志勇、刘乙佑、董中华，平定县选举的陈永奇、崔小迷，盂县选举的董一兵、李云峰，解放军选举的封士进等 8 位代表调离或迁出阳泉市，其代表资格自行终止。2018 年 3 月 16 日，郊区人大常委会第十八次会议罢免荆红军的代表职务。根据有关法律规定，2018 年 3 月 10 日，阳泉军分区召开军人大会补选孙季鸿、李泽、杨建国为市十五届人大代表。3 月 15 日，平定县人大常委会召开第十六次会议，补选关建勋、郭卫东、郭富德、徐勤保为市十五届人大代表。3 月 16 日，矿区人大常委会召开第十六次会议，补选张志先、乔继光、师占卿为市十五届人大代表；郊区人大常委会召开第十八次会议，补选王文珊为市十五届人大代表；盂县人大常委会召开第十二次会议，补选雷健坤、张其光为市十五届人大代表。2018 年 3 月 19 日，阳泉市十五届人大常委会代表资格审查委员会召开会议，根据代表法、选举法的有关规定，确认刘乙佑、李云峰、陈永奇、封士进、崔小迷、梁志勇、董一兵、董中华等 8 人的代表资格终止；对郊区人大常委会的罢免事项进行了认真审查，认为罢免程序符合法律规定，罢免有效，确认荆红军的代表资格终止；对相关选举单位的补选事项进行了认真审查，认为补选程序符合法律规定，当选代表符合宪法、法律规定的代表的基本条件，没有发现破坏选举和其他当选无效的违法行为，确认王文珊、师占卿、乔继光、关建勋、孙季鸿、杨建国、李泽、张志先、张其光、徐勤保、郭卫东、郭富德、雷健坤等 13 人的代表资格有效。阳泉市第十五届人民代表大会第三次会议时，实有市人大代表 287 名。

2019 年 2 月 22 日，阳泉市第十五届人民代表大会常务委员会第二十一次会议审议通过《阳泉市第十五届人大常委会代表资格审查委员会关于个别代表的代表资格的报告》。会议指出，2018 年 7 月市十五届人大常委会第十四次会议以来，矿区选举的潘海燕、娄森根、师占卿，郊区选举的马爱锋、李文冠，平定县选举的任镇方调离阳泉市，解放军选举的田桂明退休迁出阳泉市。根据代表法规定，上述 7 位代表的代表资格自行终止。2019 年 2 月，城区选举的任庆、郭玉霞，盂县选举的史小梅、樊如珍根据工作需要，向选举单位提出辞去市人大代表职务的请求。城区、盂县人大常委会决定接受本选举单位的市人大代表辞去代表职务。根据代表法规定，任庆、郭玉霞、史小梅、樊如珍 4 位代表的代表资格终止。2019 年 1 月，城区人大常委会补选任战虹，矿区人大常委会补选李文兵、张立强、王永革，郊区人大常委会补选黄海涛、宁文鑫，平定县人大常委会补选王建义，盂县人大常委会补选梁海昌，阳泉军分区补选马杰为市十五届人大代表。2019 年 2 月，城区人大常委会补选李东方、任晓辉，郊区人大常委会补选乔军华，盂县人大常委会补选高永恩、李姝君为市人大代表。2019 年 2 月，市十五届人大常委会代表资格审查委员会根据代表法和选举法的有关规定，对李文兵等 14 名补选代表的代表资格进行了审查，认为补选程序符合法律规定，当选代表符合宪法、法律规定的代表的基本条件，没有发现破坏选举和其他当选无效的违法行为，确认 14 名补选代表的代表资格全部有效。阳泉市第十五届人民代表大会第四次会议时，实有市人大代表 286 名。

2020 年 4 月 16 日，阳泉市第十五届人民代表大会常务委员会第三十一次会议审议通过常委会代表资格审查委员会《关于个别代表的代表资格的报告》。会议指出，市十五届人大代表名额为 288 名。市十五届人大四次会议时，实有代表 286 名。之后，平定县选举的关建勋，盂县选举的王铁梅，解放军选举的张文才，因工作变动调离阳泉。根据代表法规定，上述 3 位代表的代表资格自行终止。2020 年 4 月，城区选举的刘志强、张晋、高和平、李首明，郊区选举的王如生，平定县选举的孙金明、郭少敏、史玉宝、郭富德，盂县选举的吕昌政、白平，向选举单位提出辞去市人大代表职务的请求，城区、郊区、平定县、盂县 4 县（区）人大常委会分别召开会议，决定接受本选举单位的代表辞去代表职务。根据代表法有关规定，上述 11 位代表的代表资格终止。根据选举法有关规定，白平的市十五届人大常委会委员、市十五届人大教育科学文化卫生委员会主任委员职务，史玉宝、李首明的市十五届人大常委会委员职务相应终止。随后，城区人大常委会补选杨建军、高永红、樊志红，矿区人大常委会补选王志全，郊区人大常委会补选王新哲、田进勇，平定县人大常委会补选张文斌、姜四清，盂县人大常委会补选王建华，阳泉军分区补选王俊明为市十五届人大代表。2020 年 4 月 15 日，市十五届人大常委会代表资格审查委员会召开全体会议，根据地方组织法、选举法等有关规定，对杨建军等10名补选代表的代表资格进行了审查，认为补选程序符合法律规定，当选代表符合宪法、法律规定的代表的基本条件，没有发现违反选举和其他当选无效的行为，确认10名补选代表的代表资格全部有效。阳泉市第十五届人民代表大会第四次会议时，实有市人大代表282名。

市人民代表大会议案办理责任一览表

表7-27

单位：人

时间	会议	案由	领衔代表	附议代表数	领办机构		市人大督办机构	
					领办领导	领办部门	督办领导	督办委员会
2001年2月	市十一届人大六次会议	关于尽快筹建阳泉大学的议案	李彦良	9				
2003年4月	市十二届人大三次会议	关于加强农村卫生工作的议案	赵银万	12				
2004年2月	市十二届人大四次会议	关于加强全市社区建设的议案	李奕明	9				
2005年4月	市十二届人大五次会议	关于加快市区及周边严重污染企业治理的议案	陈 海	21				
2006年4月	市十二届人大六次会议	关于倾力打造园林城市，全面提升人居环境的议案	吴祥玉	26				
2007年5月	市十三届人大一次会议	关于娘子关水源亟需保护的议案	蔡新田	15	白 云	市水利局、市建设局、市环保局、平定县政府	荆东生	农村委 城环委
2008年4月	市十三届人大三次会议	关于加强统筹规划、加快全市区域经济协调发展的议案	赵建军	10	王旭明	市发改委、市规划局、市国土局	王振国	财经委 城环委 农村委
2009年5月	市十三届人大四次会议	关于加强全市食用农产品质量安全监管的议案	荆东生	9	王敬瑞	市农业局、市食品药品监督管理局、市工商行政管理局	荆东生	农村委 财经委
2014年4月	市十四届人大四次会议	关于加强城乡环境卫生综合整治的议案	李素鱼	14	陈永奇	市住建局、县（区）政府开发区管委会	刘高官	城环委 相关专委会
2015年4月	市十四届人大五次会议	关于实施城市区老工业企业搬迁改造，加快全市“国家中小城市综改试点市”进程的议案	康建光	12	陈永奇	市发改委 市国资委	刘高官 刘兆林	财经委

续表 7-27

时间	会议	案由	领衔代表	附议代表数	领办机构		市人大督办机构	
					领办领导	领办部门	督办领导	督办委员会
2017 年 3 月	市十五届人大一次会议	关于推进阳泉市开发区改革创新发展的议案	李素鱼	10	董一兵	市商粮局	王旭明	财经委
2018 年 3 月	市十五届人大三次会议	关于制定《阳泉市娘子关泉饮用水水源地保护条例》的议案	刘新东	14	吕昌政	市人大农村委 市人大常委会法制工委	孙金明	法制委

市十三届人大代表重点建议办理责任一览表

表 7-28

时间	市人大会议	案由	领衔代表	市政府		市人大	
				领办领导	领办部门	督办领导	督办委员会
2007.5	市十三届人大一次会议	关于进一步加快阳泉市农民专业合作社发展的建议	王连成	王敬瑞	市农业局	荆东生	农村委
2007.5	市十三届人大一次会议	关于加快城中村改造步伐的建议	杨兆明	王冬雪	市规划局、市建设局	吴学斌	城环委
2007.5	市十三届人大一次会议	关于确保农村卫生事业可持续发展的建议	赵银万	李体柱	市卫生局	吴丽萍	教科委
2007.5	市十三届人大一次会议	关于市三院与市肿瘤研究所卫生资源合理配置，尽快成立阳泉市肿瘤医院的建议	王万柱	李体柱	市卫生局	吴丽萍	教科委
2007.5	市十三届人大一次会议	关于进一步深化和推进市属国有企业改革的建议	赵建军	王湜洲	市国资委	王振国	财经委
2007.5	市十三届人大一次会议	关于进一步加强基层司法所建设的建议	杨喜平	王敬瑞	市司法局	段存寿	法制委
2007.5	市十三届人大一次会议	关于对盂县苌池煤电工业循环经济园区基础配套建设应给予重点扶持的建议	刘昕亮	王湜洲	市经委	王振国	财经委
2007.5	市十三届人大一次会议	关于重视和加强阳泉市青少年科技教育的建议	刘春玲	李体柱	市科技局	吴丽萍	教科委
2007.5	市十三届人大一次会议	关于解决镇村公路后续养护与管理问题的建议	张斌武	王旭明	市交通局	王振国	财经委
2007.5	市十三届人大一次会议	关于节能降耗势在必行的建议	王军连	王湜洲	市经委	王振国	财经委

续表 7-28

时间	市人大会议	案　　由	领衔代表	市政府		市人大	
				领办领导	领办部门	督办领导	督办委员会
2008.4	市十三届人大三次会议	关于完善市区停车场建设规划的建议	杨红梅	王旭明	市规划局	吴学斌	城环委
2008.4	市十三届人大三次会议	关于加快中水循环利用促进污水处理企业健康发展的建议	程志强	王旭明	市建设局	吴学斌	城环委
2008.4	市十三届人大三次会议	关于解决中小企业融资难问题的建议	郗存祥	王敬瑞	市财政局、市中小企业局	荆东生	农村委
2008.4	市十三届人大三次会议	关于在新农村建设中加强农民素质提高力度的建议	朱玉芳	王敬瑞	市农业局	荆东生	农村委
2008.4	市十三届人大三次会议	关于规范街道路牌和门牌号码的建议	刘桃凤	王敬瑞	市民政局	段存寿	法制委
2008.4	市十三届人大三次会议	关于创建全国“双拥”模范城的建议	邵满存	王敬瑞	市民政局	段存寿	法制委
2008.4	市十三届人大三次会议	关于推进全市基层文化建设构建公共文化服务体系的建议	王万柱	李体柱	市文化局	吴丽萍	教科委
2008.4	市十三届人大三次会议	关于对学校布局结构进行调整的建议	李银花	李体柱	市教育局	吴丽萍	教科委
2008.4	市十三届人大三次会议	关于为加快建设省级科技示范园区创造优良环境的建议	王万柱	李体柱	市科技局	吴丽萍	教科委
2008.4	市十三届人大三次会议	关于各方共同努力切实解决群众看病难看病贵问题的建议	冯岩松	李体柱	市卫生局	吴丽萍	教科委
2009.5	市十三届人大四次会议	关于打造全市农村旅游品牌，将“桃花节”提升为“阳泉市桃花旅游节”的建议	李乃珠	刘兆林	市旅游局、郊区政府	段存寿	民侨委
2009.5	市十三届人大四次会议	关于亟待加快义井河污染段蓬河治理改造的建议	史钰文	王敬瑞	市规划局、市建设局	吴学斌	城环委
2009.5	市十三届人大四次会议	关于加快推进农业产业化进程，实现农民再就业的建议	荆素俭	王敬瑞	市农业局	荆东生	农村委
2009.5	市十三届人大四次会议	关于推广粉煤灰资源环保产业的建议	王国瑞	王湜洲	市经委、市环保局	王振国	财经委 城环委
2009.5	市十三届人大四次会议	关于尽快解决市区主要街道交通堵塞问题的建议	王军莲	王敬瑞	市公安局、市交通局、市规划局	段存寿	法制委 城环委
2009.5	市十三届人大四次会议	关于大力推进廉租房和经济适用房建设的建议	王建萍	王敬瑞	市建设局	吴学斌	城环委

续表 7-28

时间	市人大会议	案由	领衔代表	市政府		市人大	
				领办领导	领办部门	督办领导	督办委员会
2009.5	市十三届人大四次会议	关于大力发展文化事业，丰富人民群众的精神文化生活的建议	荆素俭	李栋梁	市文化局	吴丽萍	教科委
2009.5	市十三届人大四次会议	关于加强农村寄宿制学校建设的建议	张瑞霞	李栋梁	市教育局	吴丽萍	教科委
2009.5	市十三届人大四次会议	关于加强资源管理，为资源型城市转型提供保障的建议	靳培宏	王混洲	市安监局、市国土局	王振国	财经委
2010.5	市十三届人大五次会议	关于中小学危房改造应出台优惠政策的建议	李银花	李栋梁	市教育局、市规划局、市住建局、市国土局、市审批中心	吴丽萍	教科委 城环委
2010.5	市十三届人大五次会议	关于解决农村医疗卫生队伍人员短缺问题的建议	李乃珠	李栋梁	市卫生局	吴丽萍	教科委
2010.5	市十三届人大五次会议	关于坚持公交优先原则，切实解决公交公司实际困难的建议	郜怀林	王旭明	市财政局、市交通局	王振国	财经委
2010.5	市十三届人大五次会议	关于阳泉日报社亟待解决的几个问题的建议	王万柱	王旭明	市规划局、市财政局、市编办、市人社局	吴学斌	城环委 财经委
2010.5	市十三届人大五次会议	关于加强乡镇敬老院建设的建议	杨喜平 张国强	王旭明	市财政局、市民政局、平定县政府、盂县政府、郊区政府	王振国	财经委 法制委
2010.5	市十三届人大五次会议	关于实行基本药物零差率销售需要解决补偿机制的建议	赵银万	王旭明	市卫生局、市财政局	吴丽萍	教科委 财经委
2010.5	市十三届人大五次会议	关于在古城地段建设古城墙遗址公园的建议	王万柱	王敬瑞	市规划局、市文电局	吴学斌	城环委 教科委
2010.5	市十三届人大五次会议	关于对阳泉火车站旧址进行复原性修缮保护的建议	弓鸿馨	王敬瑞	市规划局、铁路部门	吴学斌	城环委
2010.5	市十三届人大五次会议	关于加快义井河治理建设的建议	王　录	王敬瑞	市规划局、市住建局	吴学斌	城环委
2010.5	市十三届人大五次会议	关于净化未成年人上网环境的建议	杨日祥	王敬瑞	市公安局、市文电局	段存寿	法制委 教科委
2010.5	市十三届人大五次会议	关于建设阳泉市地震应急中心的建议	王万柱	王敬瑞	市规划局、市地震局、市机关事务管理局	吴学斌	城环委 教科委

续表 7-28

时间	市人大会议	案　　由	领衔代表	市政府		市人大	
				领办领导	领办部门	督办领导	督办委员会
2011.5	市十三届人大六次会议	关于拓宽青年路的建议	李乃珠	王敬瑞	市住建局	吴学斌	城环委
2011.5	市十三届人大六次会议	关于合理调整部分公交车站的建议	张素敏	王敬瑞	市规划局、市交通局、市住建局	吴学斌	城环委
2011.5	市十三届人大六次会议	关于在沃尔玛、市一中等路段增设过街天桥的建议	李乃珠	王敬瑞	市规划局、市住建局	吴学斌	城环委
2011.5	市十三届人大六次会议	关于在城市扩建和住宅小区建设规划的同时，同步规划配套中小学校的建议	乔亦青	王敬瑞	市规划局、市教育局	吴学斌	城环委 教科委
2011.5	市十三届人大六次会议	关于打造阳泉文化品牌，加快推进特色旅游产业发展的建议	方庆灵	刘兆林	市旅游局	段存寿	民侨委
2011.5	市十三届人大六次会议	关于加强食品安全监管的建议	赵子炳	刘兆林	市食品安全委员会、市食药局、市质监局、市工商局、市农委	吴丽萍	教科委
2011.5	市十三届人大六次会议	关于提升“十二五”期间全市电力保障能力的建议	赵永东	王湜洲	市经信委、市规划局、市发改委、市国土局、市安监局、市公安局、阳泉供电分公司	王振国	财经委 城环委
2011.5	市十三届人大六次会议	关于解决洗煤企业煤源紧张，建立煤矿和洗煤企业联合经营机制的建议	韩晓东	王湜洲	市煤炭工业局	王振国	财经委
2011.5	市十三届人大六次会议	关于加快高新技术创业园建设，提升全市科技创新能力的建议	王万柱	董仙桃	市政府办公厅、市财政局、市科技局、市国土局	王振国	财经委 教科委
2011.5	市十三届人大六次会议	关于彻底排除校园周边安全隐患的建议	杨日祥	董仙桃	市教育局、市公安局、市食药局、市工商局、市文新局	吴丽萍	教科委 法制委

市十四届人大代表重点建议办理责任一览表

表 7-29

时间	市人大会议	案　　由	领衔代表	市政府		市人大	
				领办领导	领办部门	督办领导	督办委员会
2012.5	市十四届人大一次会议	关于加快建设“智能阳泉”的建议	郭智明	刘　星	市经济信息中心、市行政执法局、阳泉移动分公司	刘兆林	财经委
2012.5	市十四届人大一次会议	关于加强对学校周边环境综合整治力度的建议	李银花	任衍钢	市教育局、市公安局、市食药监局、市工商局、市卫生局、市行政执法局	刘志强	教科委 财经委
2012.5	市十四届人大一次会议	关于加强食品安全监管，保障市民饮食健康的建议	朱　卉	董仙桃	市卫生局、市食药监局、市工商局、市质检局	刘志强	教科委 财经委
2012.5	市十四届人大一次会议	关于解决核桃产业科技管理服务等有关问题的建议	聂玉明	刘　星	市林业局、市财政局、盂县政府	吕昌政	农村委 财经委
2012.5	市十四届人大一次会议	关于加快阳泉市设施蔬菜发展的建议	石久军	刘　星	市农委、市财政局、市规划局、市商务局	吕昌政	农村委 财经委
2012.5	市十四届人大一次会议	关于建设阳泉市卫生系统公共卫生信息平台项目的建议	高海娴	董仙桃	市卫生局、市财政局	刘志强	教科委 财经委
2012.5	市十四届人大一次会议	关于扶持小微企业发展的建议	王建中	赵　峰	市中小企业服务中心、市财政局、中国人民银行阳泉支行	刘兆林	财经委
2012.5	市十四届人大一次会议	关于解决阳泉市交通拥堵问题的建议	潘东红	赵　峰	市公安局、市规划局	孙金明	法制委 城环委
2012.5	市十四届人大一次会议	关于解决免费公厕布局不合理、建设数量少、管理落后、卫生状况差的问题的建议	李素鱼	王旭明	市规划局、市住建局	吴丽萍	城环委
2012.5	市十四届人大一次会议	关于强化城市管理，治理占道经营、车辆乱停问题的建议	荆素俭	王旭明	市规划局、市行政执法局、市公安局	吴丽萍	城环委 法制委
2013.4	市十四届人大三次会议	关于打造信息产业园区的建议	杨栋善	李利生	经济技术开发区管委会	刘兆林	财经委
2013.4	市十四届人大三次会议	关于在沃尔玛路段修建人行天桥的建议	李建勋	郝培亮	市规划局、市住建局	吴丽萍	城环委
2013.4	市十四届人大三次会议	关于尽快启动市区第二污水处理厂工程建设的建议	高海娴	董仙桃	市水务局	吕昌政	农村委

续表 7-29

时间	市人大会议	案　　由	领衔代表	市政府		市人大	
				领办领导	领办部门	督办领导	督办委员会
2013.4	市十四届人大三次会议	关于制定《城市道路交通管理办法》的建议	刘新东	赵　峰	市公安局	孙金明	法制委
2013.4	市十四届人大三次会议	关于加强机动车尾气检测工作的建议	史钰文	赵　峰	市公安局	孙金明	法制委
2013.4	市十四届人大三次会议	关于规范阳泉市城乡公交客运管理的建议	陈志君	赵　峰	市交通运输局	刘兆林	财经委
2013.4	市十四届人大三次会议	关于积极扶持中小企业，加快县域经济发展的建议	张延山	赵　峰	市中小企业局、市财政局	刘兆林	财经委 农村委
2013.4	市十四届人大三次会议	关于启动大型市级养老机构，推进养老事业发展的建议	刘新东	李利生	市民政局	孙金明	法制委
2013.4	市十四届人大三次会议	关于市煤炭“五统一”区域经销管理体制应该取消的建议	王学春	赵　峰	市经信委	刘兆林	财经委
2013.4	市十四届人大三次会议	关于整顿和规范再生资源（废旧物品）收购管理，进一步推进阳泉市再生资源体系建设的建议	桑晓飞	李利生	市商务局	刘兆林	财经委
2013.4	市十四届人大三次会议	关于加强0—3岁婴幼儿早教机构的建议	朱玉芳	任衍钢	市教育局、市妇联、市卫生局、市计生委	刘志强	教科委
2013.4	市十四届人大三次会议	关于继续支持盂县东部地区设施蔬菜基地建设的建议	王爱军	董仙桃	市水务局	吕昌政	农村委
2013.4	市十四届人大三次会议	关于加快新城的基础设施和公共设施建设的建议	石久军	郝培亮	市规划局	吴丽萍	城环委
2014.4	市十四届人大四次会议	关于扶持小微企业发展的建议	张延山	赵　峰	市中小企业局	刘兆林	财经委
2014.4	市十四届人大四次会议	关于做大做强地方金融业，扶持地方经济发展的建议	石富科	李利生	市金融办	刘兆林	财经委
2014.4	市十四届人大四次会议	关于整合工业园区资源，促进“工业强市”战略实施的建议	史友松 石久军	赵　峰	市经信委	刘兆林	财经委
2014.4	市十四届人大四次会议	关于尽快改善娘子关饮用水水质的建议	朱　卉	董仙桃	市水务局	吕昌政	农村委
2014.4	市十四届人大四次会议	关于推进阳泉市农业专业合作社建设的建议	张照俊	董仙桃	市农委	吕昌政	农村委
2014.4	市十四届人大四次会议	关于加强新型职业农民培训的建议	李国庆	董仙桃	市农委	吕昌政	农村委

续表 7-29

时间	市人大会议	案　　由	领衔代表	市政府		市人大	
				领办领导	领办部门	督办领导	督办委员会
2014.4	市十四届人大四次会议	关于为城乡居民建立健康档案的建议	朱玉芳	董仙桃	市卫生局	刘志强	教科委
2014.4	市十四届人大四次会议	关于解决农民就近看病难问题的建议	胡风林	董仙桃	市卫生局	刘志强	教科委
2014.4	市十四届人大四次会议	关于解决环卫工人免费早餐的建议	张晓美	郝培亮	市住建局	吴丽萍	城环委
2014.4	市十四届人大四次会议	关于解决市公安局交警支队协管员待遇问题的建议	商继杰 史钰文	赵　峰	市公安局	孙金明	法制委
2015.4	市十四届人大五次会议	关于切实落实中小企业扶持政策的建议	王素娟	赵　峰	市中小企业局	刘兆林	财经委
2015.4	市十四届人大五次会议	关于进一步促进阳泉市电子商务发展的建议	许贵琴	李利生	市商务局	刘兆林	财经委
2015.4	市十四届人大五次会议	关于加强煤矸山生态恢复治理与环境保护的建议	刘春香	郝培亮	市环保局	吴丽萍	城环委
2015.4	市十四届人大五次会议	关于尽快新建泉中路——北大街（环岛）环形天桥的建议	任　庆	郝培亮	市规划局	吴丽萍	城环委
2015.4	市十四届人大五次会议	关于着力打造阳泉市精品旅游线路的建议	李银花	任衍钢	市旅游局	孙金明	民侨委
2015.4	市十四届人大五次会议	关于促进食用菌(双孢菇）产业发展的建议	李鸿斌	董仙桃	市农委	吕昌政	农村委
2015.4	市十四届人大五次会议	关于加快简子沟桥等市政桥梁维修改造工程的建议	商继杰	郝培亮	市住建局	吴丽萍	城环委
2015.4	市十四届人大五次会议	关于加强对食品安全综合治理的建议	荆素俭	董仙桃	市食安办、市食药局、市农委	刘志强	教科委
2015.4	市十四届人大五次会议	关于加强山区师资力量、提高津贴标准、稳定教师队伍的建议	赵丽萍	任衍钢	市教育局	刘志强	教科委
2015.4	市十四届人大五次会议	关于构建和谐劳动关系保障职工合法权益的建议	杨日祥	赵　峰	市人社局	刘兆林	财经委
2016.3	市十四届人大六次会议	关于加快产业园区建设的建议	石久军	李利生	市商务粮食局	刘兆林	财经委
2016.3	市十四届人大六次会议	关于加大力度促进阳泉市民营企业发展的建议	王丽君	赵　峰	市中小企业局	刘兆林	财经委
2016.3	市十四届人大六次会议	关于帮扶企业上市融资的建议	张延山	李利生	市政府金融办	刘兆林	财经委
2016.3	市十四届人大六次会议	关于加快“互联网+”产业推动阳泉市经济转型发展的建议	许贵琴 张晓美	李利生	市发改委	刘兆林	财经委

续表 7-29

时间	市人大会议	案　　由	领衔代表	市政府		市人大	
				领办领导	领办部门	督办领导	督办委员会
2016.3	市十四届人大六次会议	关于加大扶持力度解决煤企走出困境的建议	张志生 史向军	赵　峰	市经信委、市煤管局、市人社局	刘兆林	财经委
2016.3	市十四届人大六次会议	关于加强规划管理营造城市宜居环境的建议	李素鱼	郝培亮	市规划局	吴丽萍	城环委
2016.3	市十四届人大六次会议	关于进一步完善公共文化服务体系的建议	张继红	任衍钢	市文化局	刘志强	教科委
2016.3	市十四届人大六次会议	关于精准扶贫实现脱贫攻坚的建议	王俊德	董仙桃	市农委	吕昌政	农村委
2016.3	市十四届人大六次会议	关于改善农村生态环境建设美丽乡村的建议	李素鱼	董仙桃	市农委、市环保局	吕昌政	农村委
2016.3	市十四届人大六次会议	关于为农村留守儿童创造健康成长环境的建议	王爱林 朱玉芳	赵　峰	市民政局、市教育局	孙金明	法制委
2016.3	市十四届人大六次会议	关于完善行政机关负责人出庭应诉机制的建议	孙丽青	李利生	市政府法制办	孙金明	法制委
2016.3	市十四届人大六次会议	关于加强乡镇人大工作和建设的建议	刘宝才	唐　麟	市人大常委会办公厅	王振国	—

市十五届人大代表重点建议办理责任一览表

表 7-30

时间	市人大会议	案　　由	领衔代表	市政府		市人大	
				领办领导	领办部门	督办领导	督办委员会
2017.3	市十五届人大一次会议	关于加快城市路网建设 拉大城市框架的建议	董　英	郭少敏	市住建局	张永忠	城环委
2017.3	市十五届人大一次会议	关于做好阳泉市全面脱贫攻坚工作的建议	张国强	潘海燕	市农委	吕昌政	农村委
2017.3	市十五届人大一次会议	关于加快阳泉市全域旅游发展的建议	张晓美 唐慧俊 史亨友	郑清明	市旅游局	张宝明	民侨委
2017.3	市十五届人大一次会议	关于持续推进“双创”促进民营经济健康发展的建议	李素鱼 许贵琴	马爱锋 呼亚民	市发改委、市中小企业局	张宝明	财经委
2017.3	市十五届人大一次会议	关于进一步加强阳泉市生态环境保护的建议	王东红	郭少敏	市环保局	张永忠	城环委
2017.3	市十五届人大一次会议	关于加快推进国有企业改革的建议	王其洲 王玉明	呼亚民	市国资委	张宝明	财经委
2017.3	市十五届人大一次会议	关于加快职业院校建设 培育职业技能人才的建议	史小梅	马爱锋	市教育局	刘志强	教科委

续表 7-30

时间	市人大会议	案　　由	领衔代表	市政府		市人大	
				领办领导	领办部门	督办领导	督办委员会
2017.3	市十五届人大一次会议	关于启动阳泉大剧院等公共文化设施建设的建议	史小梅 朱艳红	马爱锋 郭少敏	市文化局、市规划局	刘志强	教科委
2018.3	市十五届人大三次会议	关于设立物联网与大数据管理机构，推进山西（阳泉）智能物联网应用基地试点建设的建议	王　茜	李　君	市经信委	张宝明	财经委
2018.3	市十五届人大三次会议	关于实施乡村振兴战略要提升城乡融合发展的建议	王东红	潘海燕	市农委	吕昌政	农村委
2018.3	市十五届人大三次会议	关于优化投资环境，加大招商引资力度的建议	耿林华	李　君	市商粮局、市投促局	张宝明	财经委
2018.3	市十五届人大三次会议	关于推动阳泉市文旅产业发展的建议	荆春莲	李　君	市旅发委	张宝明	民侨委
2018.3	市十五届人大三次会议	关于煤矸石矸山治理的建议	侯成军	郭少敏	平定县政府、市环保局	张永忠	城环委
2018.3	市十五届人大三次会议	关于将农村环境整治常态化的建议	赵　琪	潘海燕	市农委	吕昌政	农村委
2018.3	市十五届人大三次会议	关于加强老旧小区管理和基础设施改造的建议	任　庆	郭少敏	市住建局	张永忠	城环委
2018.3	市十五届人大三次会议	关于加强公共交通建设，着力推进绿色出行的建议	张晓美	郭少敏	市交通局、市住建局	张宝明	财经委 城环委
2018.3	市十五届人大三次会议	关于加速推进停车场建设的建议	荆　鑫	郭少敏	市规划局、市住建局	张永忠	城环委
2019.2	市十五届人大四次会议	关于进一步推进全市项目建设的建议	王东红	黄海涛	市发改委	张宝明	财经委
2019.2	市十五届人大四次会议	关于加快国企改革步伐的建议	朱　卉	呼亚民	市工信局	张宝明	财经委
2019.2	市十五届人大四次会议	关于支持民营经济发展的建议	刘新东	呼亚民	市工信局	张宝明	财经委
2019.2	市十五届人大四次会议	关于巩固提升脱贫攻坚成效和推动乡村振兴的建议	冀虎平	李文兵	市农业农村局	吕昌政	农村委
2019.2	市十五届人大四次会议	关于全力做好创卫和农村人居环境整治工作的建议	张东红	李文兵	市卫健委	孙金明	教科委
2019.2	市十五届人大四次会议	关于打造营商环境，为高质量转型发展提供保障的建议	张翠平	黄海涛	市行政审批服务管理局、市商务局、市人才办	张宝明	财经委
2019.2	市十五届人大四次会议	关于加大大气污染治理力度，推动阳泉绿色发展的建议	张志平	郭少敏	市生态环境局	张永忠	城环委
2019.2	市十五届人大四次会议	关于推进“厕所革命”的建议	李素鱼	郭少敏	市住建局	张永忠	城环委
2019.2	市十五届人大四次会议	关于推进全市清洁取暖工程的建议	朱　卉	郭少敏	市城管局	孙金明	人事工委

续表 7-30

时间	市人大会议	案由	领衔代表	市政府		市人大	
				领办领导	领办部门	督办领导	督办委员会
2019.2	市十五届人大四次会议	关于推进智能物联网应用，加快阳泉市国家新型智慧城市创建步伐的建议	许贵琴	李　君	市大数据应用局	孙金明	教科委
2019.2	市十五届人大四次会议	关于推进龙华口水库北水南调工程的建议	王雪梅	李文兵	市水利局	吕昌政	农村委
2019.2	市十五届人大四次会议	关于组建旅游开发集团，促进阳泉市文化旅游产业发展的建议	白　平 朱继明	李　君	市文旅局	张宝明	民侨委
2020.4	市十五届人大五次会议	关于推动新一代信息技术产业发展，助力智慧城市建设的建议	刘新东 许贵琴	黄海涛	大数据应用局	孔禄泉	教科委
2020.4	市十五届人大五次会议	关于巩固脱贫攻坚成效，致力乡村振兴，推进农村农业发展的建议	王晓东 史亨友	李文兵	市农业农村局	郑清明	农村委
2020.4	市十五届人大五次会议	关于加大招商引资力度，创优营商环境，促进地方经济高质量发展的建议	孟梅生 王晓东	黄海涛	市投资促进局	张宝明	财经委
2020.4	市十五届人大五次会议	关于加快国企改革，推动“三供一业”改造顺利进行的建议	胡金涛	呼亚民	市工信局	张宝明	财经委
2020.4	市十五届人大五次会议	关于健全疫情防控长效机制及完善疾控体系建设的建议	李素鱼 张晓美	李文兵	市卫健委	孔禄泉	教科委
2020.4	市十五届人大五次会议	关于加快城镇老旧小区改造，鼓励居民加装电梯的建议	潘东红 李　冲 李银花	王明厚	市住建局	张永忠	城环委
2020.4	市十五届人大五次会议	关于发展全域旅游打造魅力阳泉的建议	田永平	李　君	市文旅局	赵素卿	民侨委
2020.4	市十五届人大五次会议	关于强化市容环境卫生责任区划分，巩固提升创卫工作成果的建议	任晓辉 孔德芳 吕　良 朱　卉	王明厚	市城管局	张永忠	城环委
2020.4	市十五届人大五次会议	关于加快医养结合、推进康养产业高质量发展的建议	朱　卉	李文兵	市民政局、市卫健委	赵素卿	社会委 教科委
2020.4	市十五届人大五次会议	关于推进城市垃圾分类、改善人居环境的建议	张晓美	王明厚	市城管局	张永忠	城环委
2020.4	市十五届人大五次会议	关于加快推进龙华口水库北水南调工程建设的建议	张翠平	李文兵	市水利局	郑清明	农村委
2020.4	市十五届人大五次会议	关于阳泉市农村清洁取暖可持续发展的建议	李素珍	黄海涛	市能源局	张宝明	财经委

第六章　宣传工作

市人大常委会高度重视人大宣传工作，始终坚持在市委坚强领导下，紧紧围绕市委的中心工作和全市发展大局，坚定正确政治方向，把握正确舆论导向，不断拓宽宣传领域，创新宣传方式，努力构建广覆盖、多维度、全方位、常态性、立体化的宣传格局，形成报刊上有“文”、电视上有“影”、广播上有“声”、网络上有“形”的浓厚氛围，全面反映人民代表大会制度的生动实践、全市人大工作的卓越成效、各级人大代表的崭新风貌。中共十八大后，认真履行“举旗帜、聚民心、育新人、兴文化、展形象”的使命任务，全面落实意识形态领域工作责任制，坚持以习近平总书记关于坚持和完善人民代表大会制度的重要思想为根本遵循，研究把握新时代人大工作特点规律，探索创新人大宣传方式方法，努力提高宣传工作的传播力、引导力、影响力、公信力，充分展现地方国家权力机关在经济、政治、文化、社会、生态文明建设中的重要作用，引导全市人民群众更加深入了解人大制度、关注人大工作，坚定中国特色社会主义道路自信、理论自信、制度自信、文化自信，为推进人大制度与时俱进、人大工作完善发展提供强大的精神动力、舆论氛围和智力支持。

第一节　组织领导

市人大常委会始终坚持党对人大宣传工作的全面领导，人大宣传工作的重大事项及时向市委请示汇报，积极争取市委把人大宣传工作纳入市委宣传工作总体布局，摆上重要议事日程。常委会党组健全完善由党组书记牵头抓总，分管领导统筹领导，调查研究室综合协调，各工作机构配合支持的人大宣传工作领导机制，定期听取宣传工作情况汇报，密切关注宣传工作新情况，及时解决宣传工作新问题。适时召开宣传工作会议，传达党中央和省委、市委加强宣传工作的决策部署，总结工作经验，分析研判形势，提出新的要求，推动市人大常委会机关、各县区人大常委会和各主流媒体夯实主体责任、壮大主流思想、加强舆论引导、强化阵地建设、构建工作机制、激发队伍活力，确保党的基本理论和路线方针政策在人大宣传工作中全面贯彻执行，切实做到守土有责、守土尽责、守土负责。

市十二届人大常委会　2002 年 7 月 11 日，召开全市人大宣传工作会议，出台《关于加强和改进人大制度与民主法制新闻宣传工作的意见》，要求高度重视对人民代表大会制度和人大工作的宣传报道，在加强领导、建立队伍、形成网络上有新举措，在围绕主题、突出重点、创新形式、提高质量上有新作为。2005 年 5 月 10 日，常委会主任丁贵生深入阳泉日报社调研，要求市人大常委会机关、各新闻媒体加强沟通，增进交流，团结协作，形成合力，提升人大系统新闻宣传整体水平，为发展社会主义民主政治创造良好舆论氛围。2006 年 8 月 25 日，办公厅印发《关于加强人大制度宣传工作有关规定的通知》（阳人办函〔2006〕7 号），从加强领导、培训队伍、加大力度、增强效果等方面，对加强人大宣传工作提出要求。

市十三届人大常委会 2007年9月28日、2010年7月21日，两次召开全市人大新闻宣传工作会议，常委会主任孙水生，市委常委、宣传部部长高全怀出席会议并讲话，市委宣传部同常委会办公厅联合印发《关于进一步加强和改进人大宣传工作的意见》（阳宣发〔2007〕13号）、《关于进一步做好人民代表大会制度和人大工作宣传报道的若干意见》（阳宣发〔2010〕6号），要求充分认识人大宣传工作的重大意义，准确把握人大宣传工作的主要特点，全面履行人大宣传工作的主要职责，进一步加强对人大宣传工作的组织领导。2007年11月28日，常委会主任孙水生深入市广电总台调研，勉励各新闻单位继续把宣传人大工作作为一项重要职责，选派政治和业务素质高的采编人员从事人大宣传工作，并在新闻刊播的时间、版面位置的安排上，突出人大的特点和时效性，做到与宪法和法律规定的人大及其常委会的地位和作用相适应。2008年3月27日，召开全市人大工作座谈会，会议以推进人大宣传工作为主题，回顾总结了2007年度全市人大系统宣传信息工作情况，安排部署了2008年的人大宣传和信息工作，并对2007年度人大宣传信息工作先进单位和个人进行了表彰，会议提出了加强组织领导的“六有标准”，即有目标、有领导、有计划、有任务、有纪律、有奖惩。2009年，先后召开全市人大新闻工作座谈会、人大信息工作座谈会、人大文学创作座谈会，研究推动人大宣传工作向纵深拓展。2011年，先后召开全市人大新闻宣传工作座谈会、全市人大信息工作会议，提出“五个进一步”的要求，即进一步加大宣传力度、进一步突出宣传重点、进一步拓展宣传深度、进一步创新宣传方式、进一步增强宣传效果，为推进社会主义民主法治建设，为阳泉经济社会持续健康发展做出不懈努力，争取新的成绩。

市十四届人大常委会 坚持把提高宣传稿件质量放在突出位置，鼓励机关干部多出稿，出好稿，努力在省级以上媒体争席位、造声势、扩影响。2015年7月29日，办公厅印发《关于进一步加强人大理论研究和新闻宣传工作的通知》（阳人办发〔2015〕43号），从指导思想、目标任务、主要内容等方面，对加强人民代表大会制度理论研究和新闻宣传工作作出部署。主任会议成员带头走基层、转作风、改文风，全部在省级以上媒体发表稿件，发挥了示范表率作用。常委会主任刘高官深入各县区人大常委会指导人大宣传工作，推动全市人大工作整体水平的不断提升。

市十五届人大常委会 2017年8月16日，召开全市人大宣传工作会议，主任会议成员及市委宣传部负责人出席。会议总结了全市人大宣传工作取得的成绩，提出做好新时代人大宣传工作的总体思路、目标任务和具体要求，明确将提升人大宣传工作质效，列入主任会议成员分管工作考核范畴，列入主任会议成员联系县、区人大常委会督查任务，市县两级人大宣传工作同部署、同推进、同落实。2018年3月6日，办公厅印发《关于加强全市人大宣传工作实施方案等文件的通知》（阳人办发〔2018〕18号），就人大宣传工作规范化、制度化作出程序性安排。4月8日，办公厅印发《关于对全市广电新闻出版发展情况进行调研的通知》（阳人办发〔2018〕33号），把各新闻单位推出精品力作，讲好人大故事，展现代表风采，做好人大新闻宣传工作的情况列为调研重点。4月11日，常委会副主任带队，组成调研组，深入阳泉日报社、市广播电视总台，实地了解情况，听取情况汇报，提出坚守主阵地，坚持改革创新，加强新闻策划，提高人大宣传工作质量的反馈意见。2019年12月13日，市人大常委会召开“纪念地方人大设立常委会四十周年征文暨宣传人民代表大会制度好新闻”表彰会议，主任会议成员出席，为先进集体和优秀个人颁发荣誉证书，鼓励先进，树立典型，推动工作。会议对全面落实意识形态工作责任制，推动学习宣传习近平总书记关于坚持和完善人民代表大会制度的重要思想向纵深拓展作出安排部署。

第二节 阵地建设

市人大常委会把做好人大宣传阵地建设作为重大政治任务，不断扩大宣传工作的覆盖面，增强宣传工作的辐射力，构建形成立体化宣传工作新格局。

《阳泉人大》 市人大常委会内部资料性出版物，主要面向全市各级党政机关、各级人大代表和重点企业，宣传全市各级人大工作情况，传递人大制度和民主法治建设的信息动态，交流人大工作好的经验和做法。2003年，市十二届人大常委会调查研究室主办《阳泉人大》，7月首期推出“试刊号”，不定期发行。确定“宣传人大制度、探讨人大理论、弘扬民主法治、交流工作经验”的办刊宗旨。主要栏目有：上传下达、领导论坛、依法治市、热点聚焦、代表风采、理论探讨、视察调查、县区连线、外地采风、信息动态、艺苑文艺等。2007年，市十三届人大常委会主办《阳泉人大》期刊，确定“宣传人大制度、弘扬民主法治、反映人民意愿、彰显代表风采、交流工作经验、服务发展大局”的办刊宗旨，办理内刊准印证（晋）K343号，确定双月出刊，常委会主任题写了刊名。期刊主要栏目有：本期视点、会议传真、近期要闻、监督在线、理论研讨、法律园地、县区动态、基层连线、代表风采、他山之石和大事览要等，并紧跟形势任务变化，不断更新栏目设置。《阳泉人大》期刊发送范围，涵盖市级领导班子、市法检“两院”、各县区和开发区机关、市人大代表、市直副县级以上单位、较大型企业，与省内外80余个同级人大常委会进行交流，每期印发800册至1000册。到2020年12月，共编发83期。

“阳泉人大”微信公众号 市十四届人大常委会创办，山西智联天下信息技术服务有限公司负责建设、管理、维护及图文内容的编辑、推送等工作。合同签署从2016年4月28日起，有效期一年。按照公司方承诺，每日推发图文信息、传递政务信息，提供人员稳定的服务团队，所有人员投入100%精力进行服务，于2016年5月正式上线运行。2017年4月合同到期后，市十五届人大常委会确定由调查研究室负责微信公众号相关工作。“阳泉人大”微信公众号创办后，第一时间发布市人大常委会“要闻动态”“立法监督”“选举任免”等图文消息，同时链接阳泉人大网站，做到了“人大工作事，一点尽览知”，加强了常委会与人大代表、人民群众的联系和互动。

阳泉人大官网 创建于市十二届人大常委会期间，由办公厅负责日常维护、运行和管理。2007年11月27日，市十三届人大常委会秘书长会议议定：为了更有效发挥市人大网站宣传人大工作的窗口和平台作用，把人大官网由办公厅划归调查研究室管理。官网12月完成改版，设置人大概览、要闻动态、监督在线、选举任免、工作研究、党建园地、一府两院、自身建设、阳泉新貌、人大信箱等栏目，收录法律法规及文件汇编等数据资料，为读者提供较为丰富的信息和完善的服务。2010年，更新硬件装备，进行中文域名注册。12月28日，秘书长会议研究将官网与央视网阳泉视窗对接工作，要求完善工作流程，专人做好网络对接、信息报送及视窗信息监管工作。2012年，市十四届人大常委会机关委托市信息化办公室，对官网进行全面更新改版，更新后的版面，以天津人大网为蓝本，结合北京人大网、山西人大网的优点，突出清新、简约、亮丽、高雅的风格，设置人大概览、常委会会议、要闻动态、监督在线、人事任免、代表园地、理论研究、自身建设、人大资料库、专题讲座、基层连线、他山之石、文苑荟萃、美丽阳泉、人大信箱、友情链接、搜索引擎等栏目。2014年，构建代表建议网上办理系统，在人大官网开辟专栏，设置平台，人大代表可以随时登录，提交对地方国家机关的批评、意见和建议，查看所提建议办理进展情况。承办单位在上传代表建议答复件后，除涉密内容外，官网均公开答复内容。2019 年，市十五届人大常委会机关完成信息系统安全等级保护备案、计算机正版化统计及网站后台改版工作，确保网站平台安全、稳定、高效运行。

主流媒体专版专栏 2007 年 9 月 28 日，市委宣传部、市人大办公厅联合印发的阳宣发〔2007〕13 号文件，明确阳泉日报、市广电总台要围绕宣传好人民代表大会制度，开辟常态化的固定栏目和专题节目。2008 年 1 月起，《阳泉日报·人大广角》《阳泉新闻综合广播·人大之声》《阳泉电视台·人大之窗》等专栏、专题节目陆续推出宣传人大制度和人大工作专稿。2011 年 2 月 22 日，调查研究室同步推出各专栏、专题节目编辑工作方案。按照编辑工作方案，《人大广角》每月刊发一期，每期安排一个版面。《人大之声》每周一、周二、周三黄金时段播发人大新闻，每周四、周五黄金时段播发人大专题报道。《人大之窗》每月播发一期，每期播出 10—15 分钟，由调查研究室提供文字稿件，电视台节目中心根据文字稿件进行采访和制作工作。

《阳泉市人民代表大会常务委员会公报》 市人大常委会内部资料，登载市人大及其常委会通过的法规、决定、决议、报告、人事任免以及“一府一委两院”的工作报告和检查法律执行情况的报告，是市人大及其常委会宣传民主法治建设、宣传人民代表大会制度的重要刊物。2015 年 3 月 15 日，第十二届全国人民代表大会第三次会议通过全国人民代表大会关于修改《中华人民共和国立法法》第四章第一节第七十九条规定：地方性法规公布后，及时在本级人大常委会公报和本地方人大网站以及在本行政区域范围内发行的报纸上刊载，在常委会公报上刊登的地方性法规为标准文本，明确了公报的法律地位。历届市人大常委会公报编发，由办公厅（室）和调查研究室协同负责，每次常委会议后编发一期，发文范围包括市级党政机关、市直副县级以上单位、市人大代表、各级人大常委会机关。

《阳泉年鉴》 《阳泉年鉴》是阳泉市地方志编纂出版的以年度为单位，每年出版一册，为全市经济、政治、文化、社会和生态文明建设的百科全书，人民代表大会及其常委会主要工作情况为其中的重要章节。历届人大常委会期间，《阳泉年鉴》人大部分撰写工作由市人大办公厅（室）和调查研究室承担，撰写工作完成后，报主任会议审定，由编纂部门编辑录入《阳泉年鉴》。

第三节　制度建设

为促进人大宣传工作的规范化、程序化、经常化，市人大常委会在探索实践中建立健全了一系列规章制度，明确了宣传工作的组织领导、基本形式、主要内容、职责分工、审签程序和考核奖励办法。2002 年 9 月 23 日，办公厅印发《阳泉市人大常委会关于人大宣传报道的奖励办法》（阳人办发〔2002〕39 号），明确对在国家和省、市级媒体和刊物上发表作品的工作人员，给予稿酬和奖励。2006 年 8 月 25 日，办公厅印发《关于加强人大制度宣传工作有关规定的通知》（阳人办函〔2006〕7 号），规定凡在市级以上报刊（包括市级报刊）发表专栏文章的作者，每年奖励稿费 600 元。2008 年 4 月 28 日，办公厅印发《常委会会议新闻报道实施细则》《常委会活动报道实施细则》《阳泉人大编辑工作制度》《阳泉人大网站管理办法》《常委会新闻发言人制度》《人大信息工作报送制度》《人大宣传报道奖励办法》《通讯员教育培训制度》等，2010 年 5 月 20 日，办公厅印发《关于开展阳泉市宣传人民代表大会制度好新闻评选活动的通知》（阳人办发〔2010〕55 号），对评选活动的组织领导、参评作品的标准和推荐、评比程序作出规定。形成较为完备的系统化宣传工作制度体系，体现 3 个方面的主要特点。一是计划领动，在主流媒体开辟的人大专栏及专题节目，人大期刊、网站及机关内刊，都及早制定编辑方案和约稿计划，在年初召开专门会议安排部署，一年工作早知道；坚持信息推动，建立信息报送制度，及时掌握各县区人大工作的开展情况，来自县区及乡镇、街道人大的信息动态、民意之声、工作研究、经验交流等稿件，成为宣传工作向纵深拓展的信息源泉。二是奖惩调动，制定信息工作计分考评办法，对各机构和各县区人大常委会采稿情况进行统计，年底评比排队，评选先进单位和先进个人，在一年一度的信息工作会议上予以表彰奖励。三是主题促动，每年开展一项有奖征文活动，在“人大代表风采”“我的履职故事”“人大文学”和“我最喜爱的一本书”征文活动中，有76名优秀作品的作者受到表彰。中共十八大后，市十四、十五届人大常委会深入学习贯彻习近平总书记关于推进人民代表大会制度与时俱进的一系列重要讲话精神，深入学习贯彻习近平总书记关于宣传思想工作的重要思想和关于意识形态工作的重要论述，开展对宣传工作制度的“废改立”，修订完善各项宣传工作制度。2018年3月6日，集中出台《市人大常委会有关活动新闻报道实施方案》《市人大常委会机关宣传工作奖励办法》等10项制度，提升宣传工作制度体系的完整性、时代性和创新性。在此基础上，建立人大宣传工作责任清单，形成明责知责、履责尽责、考责问责的闭环管理体系，把压力层层传导到位；建立新闻发言人制度，就新闻发布方案的制定和审批、新闻发布会的准备、新闻发布会的召开、新闻发言人工作纪律等方面作出详细规定；建立地方立法工作新闻发布会制度，展示立法成果，解读法规条文，促进法规实施，推动宣传工作制度体系创新完善、常新长效。

第四节　队伍建设

市人大常委会坚持把打造一支数量稳定、遍布全市、素质较高的通讯员队伍作为加强和改进人大宣传工作的基础保证，以机关科级以下青年干部为主体，面向各级人大常委会机关、“一府两院”机关工作人员、广大人大代表和热爱写作的各界人士，组建新闻宣传通讯员队伍。常委会为他们颁发聘书，提供学习资料，制定管理办法、经常培训指导，建立稳定的联系渠道。有关工作机构定期出题目布置写作任务，限期检查并逐篇逐句逐字认真修改，多措施提升通讯员队伍政治业务素质，在周而复始的写作锻炼和不厌其烦的精心指导中，通讯员队伍的新闻写作水平得到较快提高，成为人大新闻宣传工作的一支生力军。2002年7月8日，市十三届人大常委会党组印发《关于成立市人大新闻宣传通讯组的通知》（阳人党字〔2002〕8号），明确围绕加强人大新闻宣传工作，提高新闻宣传质效，决定成立市人大新闻宣传通讯组。2002年8月21日，常委会机关召开专题会议，正式组建人大通讯员队伍，同步开展新闻业务培训。2004年10月25日，办公厅《关于转发〈人民代表报〉关于举办全国首届人大新闻培训班的通知》（阳人办发〔2004〕58号），明确为了进一步提高全市人大系统新闻宣传人员能力素质，全面提升人大制度和民主法治宣传的质量，决定组织全市人大新闻宣传工作者参加此次培训班。要求各县区人大常委会和机关委室报送参训人员名单，安排参训人员准时参加培训。市十三届人大常委会明确市人大常委会机关各机构办公室主任为宣传信息员，各县区办公室副主任为特约宣传信息员，负责报送本机构、本县区的工作信息。密切同市文联、市作协、市评梅女子文学社等社会团体的联系协作，通讯员队伍稳定在90人左右。调查研究室以创作座谈、作品研讨、有奖征文为纽带，定期组织通讯员队伍深入基层，开展主题采风活动。

中共十八大后，市十四、十五届人大常委会坚持适应“四个全面”战略布局对意识形态工作提出的新要求，全面贯彻习近平总书记关于坚持和完善人民代表大会制度的重要思想对人大宣传工作作出的新部署，从人员配置、基本职责、能力准入、教育培训、考核鼓励等方面进行制度完善和兑现，稳定壮大人大通讯员队伍。紧紧围绕举旗帜、聚民心、育新人、兴文化、展形象的职责使命，高规格密集性开展对通讯员队伍的政治业务培训，组织赴全国人大培训基地及环渤海、长三角和珠三角发达地区培训学习，邀请省人大常委会领导和专家培训人大宣传业务。2018 年至 2020 年，连年邀请人民代表报社社长李跃祥举办讲座，坚持组织来自基层的人大特约通讯员参加常委会重大履职活动，多举措充实履职知识，开阔思路眼界，提升综合素质，努力打造政治过硬、本领高强、求实创新、能打胜仗的人大宣传工作队伍。

第五节　重要活动

市人大常委会坚持日常宣传和重点宣传相结合、常态化宣传和集中性宣传相结合，坚持利用重大纪念活动和重要时间节点，紧密结合市人大常委会中心工作，适时开展专题宣传活动，不断掀起宣传工作热潮。

市十二届人大常委会　2002 年 3 月 31 日，启动纪念代表法颁布实施 10 周年活动，组织制作宣传图板、悬挂宣传条幅。4 月 26 日和 7 月 15 日两次召开纪念代表法颁布实施 10 周年座谈会，交流和宣传全市各级人大加强代表工作、全市各级人大代表履行法定职责的典型事迹。2003 年 12 月 26 日，举办纪念毛泽东 110 周年诞辰座谈会，重温毛泽东关于建立人民代表大会制度的光辉文献，集中宣传坚持和完善人民代表大会制度的生动实践。2004 年 4 月 5 日，启动全国人民代表大会成立 50 周年暨地方人大常委会设立 25 周年纪念活动，开展人大知识竞赛、“交通杯”有奖征文，召开机关老干部座谈会、各级人大代表座谈会，编印学习资料、宣传图册和论文选粹，发行纪念邮册，在太原湖滨会堂、市宾馆、政府广场举办美术书法摄影作品展览。筹备召开“人民代表大会成立 50 周年暨地方人大常委会设立 25 周年”纪念大会，9 月 21 日，全市纪念人民代表大会成立 50 周年暨地方人大常委会设立 25 周年大会在阳泉宾馆举行，市四大班子领导、部分人大代表和全市副县级以上干部参加大会，市委书记程步云在讲话中回顾总结人民代表大会制度和阳泉市地方人大工作的光辉历程，强调在新形势下坚持和完善人民代表大会制度的重要意义，就加强和改进党对人大工作的领导，对全市各级党委、人大、政府、法院、检察院提出明确要求，将纪念活动推向了高潮。全市各新闻单位拟定宣传计划，集中力量，集中时间，开辟专栏，刊播各类宣传稿件、图片、音像作品 220 多篇（条）。2005 年 4 月 29 日，启动纪念会计法颁布实施 20 周年活动，在市政府广场举行了纪念活动启动仪式，设置现场咨询点，发放宣传资料，组织宣传车在市内主要街道巡回宣传，在《阳泉日报》举办宣传专栏，与阳泉日报联合组织以“会计法在我身边”为主题的有奖征文活动，举办专场晚会，掀起全市范围的会计法学习贯彻热潮。组办全市资源节约与综合利用知识竞赛活动，印制发放试题及答题卡 1000 余份，参加全省人大系统资源节约与综合利用知识竞赛总决赛，在全省 12 支代表队中，取得第三名，活动组委会授予了优秀组织奖。组织编印人大代表风采录《神圣的使命》一书，12 月 23 日，举行首发仪式。2006 年 3 月，组织编辑《市十二届人大常委会履职图录》一书，反映常委会履行职责的整体情况。加强人民代表大会的新闻宣传工作，建立新闻发布会议制度，在市十二届人大六次会议期间，举办《瞩目“十五”成就，憧憬“十一五”蓝图》图片展，组织“三农”问题和社会保障问题两次记者招待会，分管副市长到会回答记者提问。

市十三届人大常委会　2007 年 8 月 2 日，办公厅印发《关于开展“阳煤杯·人大代表风采”

有奖征文活动的启事》（阳人办发〔2007〕35 号），要求各级人大代表和社会各界人士踊跃参与，认真总结人大代表履职情况，宣传先进事迹，表扬先进典型，全面展示各级人大代表的精神风貌。10 月 5 日，以在《阳泉人大》刊发《征文启事》为标志，两次组织“人大文学”有奖征文活动，要求社会各界以形象思维和典型手法，塑造文学形象，创造文学典型，艺术地再现人大工作推进的伟大实践和民主法治建设的辉煌成就。11 月 13 日，办公厅印发《关于举办人大系统纪念〈监督法〉颁布实施一周年书法作品展的通知》（阳人办发〔2007〕59 号），明确书法作品展以宣传全市各级人大代表和人大工作者依法履职为主题，激发人大代表和人大工作者敬业履职的热情。2008 年 3 月 6 日，《阳泉人大》刊发《“财保杯・我的履职故事”征文启事》，面向全市各级人大代表征集第一人称形式撰写的履行代表职务纪事文稿。2009 年 6 月 12 日，启动纪念地方人大设立常委会 30 周年系列活动，分层次召开座谈会，在《阳泉日报》开辟专版，刊发纪念文章。面向各级新老人大工作者开展“我与人大共奋进”征文活动。常委会主任带领各机构负责人，走进市广播电视总台，接受记者采访，向省人大常委会选送纪念文稿 52 篇 30 万字、书画和摄影作品 80 幅，完成《山西省各级人大常委会 30 年・阳泉卷》编纂工作。2010 年 5 月 20 日，人大办公厅印发《关于开展“阳泉市宣传人民代表大会制度好新闻”评选活动的通知》（阳人办发〔2010〕55 号），明确开展好新闻评选的重要意义、组织机构、参评作品的条件和推荐、评选办法和奖励办法。2011 年，围绕市人大常委会推进园林城市建设工作，市政府认真办理人代会关于“保护娘子关水源”的议案，常委会组织市政府主管部门、市新闻单位联合开展“环保行”活动等重大题材，推出《为魅力泉城添光彩》《保护“母亲泉”在行动》《母亲泉重获新生》《为了那方碧水蓝天》《十六年阳泉“环保行”片断回忆》等长篇通讯，客观反映在市委的领导下，市人大及其常委会依法行使职权，全力支持和监督市政府依法行政、改进工作、推进发展取得的成绩。在历次人民代表大会期间，坚持每年一个主题，布展市县乡三级人大和人大代表依法履职图片。坚持召开新闻发布会议，提升会议的透明度。在市十三届人大三次会议期间，举行记者招待会，常务副市长、分管副市长就创建国家园林城市的进展情况答记者问，有效运用舆论监督，增强正面宣传效能。

市十四届人大常委会　2014 年 9 月 15 日，启动全国人民代表大会成立 60 周年暨地方人大设立常委会 35 周年纪念活动，召开全市纪念活动座谈会，市四大班子领导出席会议，回顾光辉历程，总结经验，对加强和改进全市人大工作，推动人大制度与时俱进作出安排部署。9 月 25 日至 28 日，举办纪念活动书画摄影展，艺术地再现人大制度的新优势，人大工作的新实践，人大代表的新风采。12 月 4 日，举行第一个“国家宪法日”宣传活动，在《阳泉日报》开辟专版，推动宪法宣传进企业、进学校、进网络、进万家，社会面全覆盖。在山西省十二届人大七次会议期间，在《人民代表报》推出《发挥人大职能优势推动和谐阳泉建设》专版，全面反映市十四届人大整体工作，向全社会讲述阳泉人大故事。积极争取上级人大和新闻媒体支持，2016 年 5 月 22 日，中国人大杂志社副总编金果林到阳泉，常委会组织机关各机构及县区人大常委会负责人汇报工作亮点，主动接受指导，推动掀起新一轮人大宣传工作热潮，在《中国人大》杂志发表《人大监督就是要敢啃“硬骨头”》《预算监督要走出办公室“接地气”》《为环卫工早餐给政府发“督办函”》等反映市人大常委会工作的纪实报道。

市十五届人大常委会　坚持每年召开全市宣传人大制度好新闻表彰会议。2018 年 12 月 13 日，举行全市民主法治建设 40 年有奖征文表彰会议，主任会议成员全体出席会议。加大地方性法规的宣传力度，2018 年 5 月 24 日，召开《阳泉市城市绿化条例》《阳泉市道路交通安全管理条例》颁布实施新闻发布会；2018 年 12 月 28 日，召开《阳泉市大气污染防治条例》颁布实施新闻发布会；

主动争取省人大常委会宣传阳泉人大工作，2018年11月5日，省人大常委会“三晋人大代表采风行”阳泉活动启动，省人大常委会委员、研究室主任梁若皓作动员讲话，宣布活动启动并向记者团授旗。省人大常委会研究室副主任、记者团团长秦钟主持启动仪式，全程带队开展活动。市委书记关建勋到驻地看望记者团成员，就做好服务保障工作，作出安排部署，提出明确要求。市人大常委会主任带头接受记者采访，回答记者提问，各位副主任按分工陪同记者团深入基层，协调服务，为“采风行”圆满成功提供有力保障。人民网、新华网、《山西日报》等20余家媒体的35名记者，利用一周时间，深入机关单位、厂矿企业、乡村社区、田间地头，深度采访市县人大工作和代表履职亮点，在中央和省级媒体刊发新闻作品百余件。人民网围绕市人大常委会“三点三同”依法履职新思路和“14710三联系”工作刊发2篇通讯，新华网以市人大常委会加强地方立法和推进县乡人大工作为主题采写3篇报道。这样高规格、大规模、集中式的采访报道，在阳泉市人大系统属于首次。2019年4月4日召开《阳泉市爱国卫生条例》《阳泉市市容和环境卫生管理条例》颁布实施新闻发布会，中国网、山西日报及市级主流媒体记者参加发布会，市人大立法机构、市政府相关部门负责人就相关立法情况进行通报并回答记者提问。

第六节　宣传发行

《人民代表报》《中国人大》《山西人大》“一报两刊”，是阳泉市各级人大代表、人大工作者的必备读物。市人大常委会每年下发通知，召开专题会议，明确征订数量，提出用好要求。按照常委会的安排，调查研究室、人事代表工作委员会协同各县区人大常委会机关具体组织征订工作，各级政府及财政部门不断增加代表活动经费，确保征订任务顺利落实，实现“111158”目标，即市人大常委会为市人大代表每人订阅一套“一报两刊”；县、区人大常委会为县、区人大代表每人订阅一份《人民代表报》；各级政府组成人员和监委、法院、检察院正副职领导干部各订一份《人民代表报》；乡镇人大、街道人大工委至少各订一份《中国人大》；县区人大代表中，订阅《中国人大》的代表比例不低于50%；乡镇人大代表中，订阅《人民代表报》的代表比例不少于80%。上述涉及人大代表的征订经费，全部从代表活动经费中列支。2012年10月11日，《人民代表报》宣传工作会议在阳泉市召开，省人大常委会副主任王雅安出席会议并讲话。常委会获得2012年度、2020年度《人民代表报》宣传发行工作特等奖，2017年度、2018年度、2019年度《人民代表报》宣传发行工作一等奖。

第七节　工作策划

坚持加强人民代表大会制度的宣传策划，在各个宣传文稿中，体现好人大制度的本质和核心；加强人大“三会”的宣传策划，既报道会议审议的过程和结果，更反映会议推动解决问题的成效；加强立法监督工作的宣传策划，既彰显民主法治建设的全面进步，更回应人民群众的期盼和关切；加强人大代表依法履职的宣传策划，根据职业和岗位特点，制定不同的宣传方案，多角度刻画和诠释先进代表典型，切实提升人大宣传工作的整体水平，涌现出一批批宣传工作先进集体、个人和优秀作品。

山西省宣传人民代表大会制度好新闻评选阳泉市获奖作品一览表

表 7-31

序号	届别（年度）	作品标题	获奖者	作品类别	奖项
1	第七届（2000 年）	当前“有法不依、执法不严”的主要原因及对策	张昌和 唐　麟	言论类	三等奖
2	第八届（2001 年）	阳泉市召开人大工作会议	武建功	消息类	三等奖
3	第九届（2002 年）	述职评议中的一个新亮点	武建功	通讯类	三等奖
4	第十届（2003 年）	阳泉市首次对人大任命干部的“承诺”进行电视直播	武建功	消息类	三等奖
5	第十一届（2004 年）	向人民交账	吕云秋	广播专题类	三等奖
6	第十二届（2005 年）	说长道短再说发展	刘文艺	广播文艺类	三等奖
7	第十三届（2006 年）	人大代表一纸建议引发全省火电企业烟气脱硫工艺革命	王晓卫 仇艳琼	电视新闻类	二等奖
8	第十三届（2006 年）	踏平坎坷成大道	唐　麟	通讯类	三等奖
9	第十四届（2007 年）	热线电话现场解决问题	王晓卫 郝　平	电视通讯类	二等奖
10	第十四届（2007 年）	情暖“夕阳红”	唐　麟	通讯类	三等奖
11	第十六届（2009 年）	落实人大议案 开展娘子关水源地保护	张　洁	电视系列报道类	二等奖
12	第十六届（2009 年）	只是一份责任	白剑侠	电台报道类	三等奖
13	第十六届（2009 年）	履职在心间	石丽萍 荆丽娜	电视报道类	三等奖
14	第十七届（2010 年）	行使使命 认真履职	吕　涛 高秀利 王　斌	电视报道类	三等奖
15	第十七届（2010 年）	人大代表议案建议办理工作有效推进	马　溉	电视报道类	三等奖
16	第十八届（2011 年）	火车站旧址引发的文物保护忧思	刘文艺	广播专题类	二等奖
17	第十八届（2011 年）	“母亲泉”重获新生 ——阳泉市娘子关泉保护工程纪实	王恩瑞 刘　峥 霍建光	通讯类	三等奖
18	第十八届（2011 年）	代表提出建议 政府认真办理	侯保全 杜　峙 温晓文	电视评论类	三等奖
19	第二十届（2013 年）	甘泉井村打井人	冯　晋	广播专题类	三等奖
20	第二十一届（2014 年）	项目推进“问”中求解 ——阳泉市人大常委会首次开展专题询问侧记	郭玉霞	通讯类	三等奖
21	第二十一届（2014 年）	人大代表做好民意“传声筒”	杨　冬 王　斌	消息类	三等奖
22	第二十二届（2015 年）	建设美丽阳泉不是选择题	董　英 王和平	通讯类	三等奖

续表 7-31

序号	届别（年度）	作品标题	获奖者	作品类别	奖项
23	第二十三届（2016 年）	聚焦文明城市创建——“两会”特别报道	许丽萍 荆莉娜 丁　琦 张　翔	电视通讯类	三等奖
24	第二十四届（2017 年）	为环卫工早餐给政府发“督办函”	侯润林 耿雪华	通讯类	二等奖
25	第二十五届（2018 年）	创新监督促发展	冯　晋 刘文艺	广播通讯类	三等奖
26	第二十六届（2019 年）	三晋人大代表采风行	周昱丽 杨江涛	网络专题类	二等奖
27	第二十六届（2019 年）	保护“生命泉”的人大担当	任　庆 许　琨 杨殿宝	网络专题类	三等奖

山西省人大系统改革开放三十周年有奖征文活动阳泉市获奖作品一览表

（2009 年）

表 7-32

序号	作品标题	获奖者	奖项
1	一份准备了十六年的议案	王爱林	一等奖
2	努力适应新的形势 有效推进人大工作	孙水生	二等奖
3	春华秋实三十载 履职为民著华章	侯润林	二等奖
4	民意的召唤	付景华	三等奖
5	以人为本铸民魂	杨志忠	三等奖
6	梅花三弄	杨银章	三等奖
7	刻在心碑上的两件事	梁兰芳	三等奖
8	阳泉市人大常委会		优秀组织奖

阳泉市人大常委会机关人员省级以上媒体发稿一览表

（2013—2020 年）

表 7-33

序号	稿件标题	作者	发表报刊
1	加强机关干部作风建设 提升人大工作科学化水平	尹丽萍 杨柳青	《山西人大》2013 年第 10 期
2	责任在 行动就在 ——记山西省阳泉市人大代表石久军	史翠花	《人民代表报》2014 年 1 月 2 日

续表 7-33

序号	稿件标题	作者	发表报刊
3	大爱无言 ——记山西省阳泉市人大代表朱卉	郭玉霞	《人民代表报》2014 年 2 月 18 日
4	阳泉市人大常委会召开全市人大代表工作会议	史翠花	《人民代表报》2014 年 5 月 6 日
5	不朽的丰碑 永远的榜样	刘高官	《人民代表报》2014 年 5 月 17 日
6	春风化雨育桃李 爱心悠悠总关情	任晓辉	《人民代表报》2014 年 6 月 5 日
7	如何推进新形势下的代表工作	刘高官	《人民代表报》2014 年 6 月 10 日
8	加大宣传力度 巩固宣传阵地	杨柳青	《山西人大》2014 年第 6 期
9	群策群力建言专利保护	高卫娟	《人民代表报》2014 年 7 月 10 日
10	在履职中求创新 在创新中求突破	刘高官	《人民代表报》2014 年 7 月 17 日《山西人大》2014 年第 7 期
11	增强四种意识 提升四种能力	唐　麟	《人民代表报》2014 年 10 月 18 日
12	发挥人大职能作用 建设法治国家	刘高官	《人民代表报》2014 年 11 月 20 日
13	心怀大爱 勇于担当	高卫娟	《人民代表报》2014 年 11 月 20 日
14	代表小组召集人培训新闻快览	王　刚	《人民代表报》2014 年 11 月 22 日
15	复兴的基石	刘高官	《人民代表报》2014 年 12 月 4 日
16	建设美丽阳泉不是选择题	董　英 王和平	《人民代表报》2014 年 12 月 27 日
17	做好信访工作的几点思考	高永恩	《山西信访》2014 年第 12 期
18	努力适应“新常态” 开创阳泉人大新局面	刘高官	《山西人大》2015 年第 1 期
19	“职业教育重要”不能停留在认识上 ——山西省人大常委会在阳泉开展职业教育法执法检查侧记	高卫娟	《人民代表报》2015 年 4 月 23 日
20	网上提交 网上办理 网上答复 ——阳泉人大建立议案建议网上办理系统	高　志	《人民代表报》2015 年 5 月 26 日
21	市人大常委会首次举行新任命人员向宪法宣誓仪式	耿雪华	央广网 2015 年 6 月 25 日
22	坚持以党的十八届四中全会精神为指针 充分发挥人大在法治阳泉建设中的作用	刘高官	《山西人大》2015 年第 6 期
23	创新执法检查 提高监督实效	任晓辉	《人民代表报》2015 年 7 月 18 日
24	预算审查监督：求全、求实、求新	苗志明	《人民代表报》2015 年 7 月 25 日
25	做好新形势下人大宣传工作必须强化三项建设 发挥三个作用	侯润林	《山西人大》2015 年第 7 期
26	建章立制向管理要效能	张俊福	《人民代表报》2015 年 8 月 6 日
27	也谈依法治国和以德治国相结合	刘高官	《山西人大》2015 年第 8 期第 27 页
28	母法 爱法 国法 ——学习《宪法》有感	任　庆	《山西人大》2015 年第 9 期
29	消减存量 消除增量 扎实做好人大信访工作	孙金明 张俊福	《山西信访》2015 年第 9 期

续表 7-33

序号	稿件标题	作者	发表报刊
30	以“四个全面”引领人大工作	刘志强	《人民代表报》2015 年 10 月 15 日 《山西人大》2015 年第 10 期
31	加强人大司法监督工作的思考	吕志坚 任　庆	《人民代表报》2015 年 10 月 22 日
32	做好新常态下信访工作的建议	张俊福	《人民代表报》2015 年 11 月 17 日
33	组织代表开展法庭行活动	王　刚	《人民代表报》2015 年 11 月 21 日
34	加强机关党建工作 打造过硬干部队伍	唐　麟	《人民代表报》2015 年 11 月 26 日
35	为民代言 永不止步 ——记山西省阳泉市人大代表高虎林	杨柳青	《人民代表报》2015 年 11 月 28 日
36	绘就全面小康新蓝图 开启民族复兴新征程	刘高官	《人民代表报》2015 年 12 月 5 日
37	强化角色意识 提高服务水平	王　敦	《人民代表报》2015 年 12 月 15 日
38	提高地方人大执法检查实效的思考	赵永东 王和平	《人民代表报》2015 年 12 月 22 日
39	充分发挥人大作用 推进规范司法行为	孙金明	《人民代表报》2015 年 12 月 31 日
40	心中有标准 说话有依据 ——记山西省阳泉市人大代表李素鱼	郭玉霞	《人民代表报》2016 年 5 月 12 日
41	创新执法检查 提高监督实效	任晓辉	《山西人大》2016 年第 5 期
42	助力书写平安畅行“交通篇”——山西省阳泉市人大常委会监督道路交通安全工作纪事	吕志坚 任　庆	《人民代表报》2016 年 6 月 7 日
43	责任源自心灵深处的感触 ——记山西省阳泉市人大代表刘璇	杨柳青	《人民代表报》2016 年 6 月 9 日
44	人大监督就是要敢啃“硬骨头” ——阳泉市人大监督道路交通安全工作纪实	吕志坚 任　庆 任晓辉	《山西人大》2016 年第 7 期《中国人大》2016 年第 11 期
45	学习“七一”重要讲话精神 改进人大工作	吕昌政	《人民代表报》2016 年 8 月 13 日
46	阳泉市人大常委会机关干部调研“母亲泉”开发保护工作	史翠花	《人民代表报》2016 年 9 月 22 日
47	阳泉人大：争取主动 做好重大事项决定	杨柳青	《山西人大》2016 年第 9 期
48	突出地方特色 提高立法实效	孙金明 任晓辉	《人民代表报》2016 年 10 月 29 日
49	百余代表及人大工作者赴京“充电”	史翠花	《人民代表报》2016 年 11 月 8 日
50	阳泉民主法制领域改革向纵深推进	高　志	《发展导报》2016 年 11 月 22 日
51	阳泉人大：为环卫工早餐给政府发“督办函”	侯润林 耿雪华	《中国人大》2016 年第 11 期
52	阳泉人大：预算监督要走出办公室“接地气”	丁国忠 郭玉霞 苗志明	《中国人大》2016 年第 11 期
53	认真履行职责 真情呵护民生	王玉明 高卫娟	《山西人大》2016 年第 11 期

续表 7-33

序号	稿件标题	作者	发表报刊
54	让代表评判办理成效 ——在办理人大代表建议中引入测评机制的思考	王 刚 耿雪华	《山西人大》2016 年第 12 期
55	调研接地气 立法有底气	任 庆 许 琨	《山西人大》2017 年第 2 期
56	为立良法开言路	任 庆 许 琨	《山西人大》2017 年第 2 期
57	监督从“被动接受”到主动邀请	许 琨	《山西人大》2017 年第 4 期 《人民代表报》2017 年 4 月 13 日
58	把根留住，让血脉再相连	高卫娟	《人民代表报》2017 年 4 月 29 日《山西人大》2017 年第 5 期
59	集思广益查因果 协调各方觅良策	张 懿 任晓辉	《人民代表报》2017 年 7 月 8 日
60	阳泉首法这样锤炼	寇轶敏 任晓辉	《人民代表报》2017 年 7 月 15 日
61	坚持“三问”服务群众	人事代表工委	《人民代表报》2017 年 8 月 1 日
62	阳泉市人大集中培训新当选人大代表	耿雪华	《人民代表报》2017 年 8 月 15 日
63	“三关点将”看阳泉	苗志明 史翠花	《人民代表报》2017 年 9 月 5 日 《山西人大》2017 年第 8 期
64	阳泉市人大树立“一盘棋”思维 推进县乡人大建设发展	王 刚 韩骏升	《人民代表报》2017 年 9 月 23 日
65	关于做好未成年人犯罪预防工作的思考	吕志坚 王建平	《人民代表报》2017 年 11 月 1 日
66	阳泉完成县乡人大机构建设任务	刘 强	《山西日报》2017 年 11 月 7 日
67	业精于勤 行成于思	康日魁	《人民代表报》2017 年 11 月 21 日
68	新年首问民生 问出幸福路	李姝芳 杨柳青	《山西人大》2018 年第 2 期
69	迁入喜乐居 蹚开致富路 ——山西省阳泉市人大常委会 2017 年精准扶贫工作综述	桑晓飞 高卫娟	《人民代表报》2018 年 2 月 13 日《山西人大》2018 年第 4 期
70	法治让山城更美丽 ——阳泉市人大常委会两部实体性地方法规出炉侧记	任 庆 许 琨	《人民代表报》2018 年 5 月 15 日《山西人大》2018 年第 5 期
71	坚持以改革创新精神做好新时代人大工作	王旭明	《人民代表报》2018 年 5 月 27 日《山西人大》2018 年第 5 期
72	做好代表履职管理 发挥代表主体作用	人事工委调研室	《山西人大》2018 年第 6 期
73	围绕乡村振兴战略 推进实施情况开展专题调研	韩万成	《人民代表报》2018 年 7 月 10 日
74	对标“五个过硬”锻造新时代优秀人大干部	王旭明	《山西人大》2018 年第 7 期
75	阳泉市人大督办建议紧盯办理效果	耿雪华	《人民代表报》2018 年 8 月 2 日

续表 7-33

序号	稿件标题	作者	发表报刊
76	攻坚“执行难” 聚力破藩篱 ——视察全市法院执行工作情况侧记	王　敦	《山西人大》2018 年第 8 期
77	加快大气立法 誓守蓝天白云 ——阳泉市大气污染防治条例草案初审侧记	史翠花 康日魁	《人民代表报》2018 年 9 月 11 日
78	立法以典民则祥 ——《阳泉市爱国卫生条例（草案）》征求意见座谈会侧记	高卫娟	《人民代表报》2018 年 9 月 15 日
79	保护“生命泉”的人大担当	任　庆 许　琨	《人民代表报》2018 年第 9 期
80	助攻蓝天保卫战 奏响监督最强音	董　英	《山西人大》2018 年第 9 期
81	“刚性”督办 紧盯效果	史翠花 耿雪华	《山西人大》2018 年第 10 期
82	为昔日的“火焰山”披上绿装 ——阳泉市人大常委会多措并举助攻研石山治理纪实	康日魁	《人民代表报》2018 年 11 月 24 日
83	让法规为蓝天护航	任　庆 许　琨	《山西人大》2019 年第 1 期
84	规范养犬行为划定禁烟区域 快看这个地方如何以法治扮靓城乡环境“颜值”	任晓辉	《人民代表报》2019 年 4 月 22 日
85	代表沉下去 建议浮上来	高和平 苗志明	《人民代表报》2019 年 4 月 25 日《山西人大》2019 年第 5 期
86	地方人大立法的探索与实践	许　琨	《山西人大》2019 年第 5 期
87	让河流水量丰起来 水质好起来	阎晓峰 高卫娟	《人民代表报》2019 年 6 月 29 日
88	密织人大监督网 守好百姓钱袋子	李姝芳	《山西人大》2019 年第 6 期
89	还山城绿水青山	高卫娟	《人民代表报》2019 年 7 月 6 日
90	为了老百姓最真切的期待 ——山西省阳泉市人大常委会开展生态环保专题询问工作侧记	乔军华 康日魁	《人民代表报》2019 年 7 月 20 日
91	只为天空那一抹蓝	乔军华 康日魁	《山西人大》2019 年第 7 期
92	为城市增“颜值” 为百姓添幸福	师彦才	《人民代表报》2019 年 8 月 29 日
93	河长制推进中的人大作为	高卫娟	《山西人大》2019 年第 8 期
94	“连心站”让代表在基层“扎根” ——为人民一“站”到底	师彦才 王　刚 郝张莉	《人民代表报》2019 年 10 月 29 日
95	阳泉市将主题教育“抓”到选民家门口	苗志明	《人民代表报》2019 年 11 月 5 日
96	实施“五大举措” 努力做好新时代人大信访工作	王旭明	《人民代表报》2019 年 11 月 28 日
97	创新执法检查方式 增强人大监督效能	王建平	《人民代表报》2019 年 12 月 21 日
98	在切实维护国家和社会公共利益中彰显人大担当	王建平	《人民代表报》2019 年 12 月 28 日

续表 7-33

序号	稿件标题	作者	发表报刊
99	一份从联络站“寄”出的特殊的新年礼物	师彦才	《人民代表报》2019 年 12 月 31 日
100	娘子关下追梦人	朱继明	《人民代表报》2020 年 1 月 18 日
101	在“疫”线彰显履职为民情怀	王　刚 郝张莉	《人民代表报》2020 年 2 月 11 日
102	抗疫一线显真情	张秀凤	《人民代表报》2020 年 2 月 22 日
103	大数据助力人大高效履职	李姝芳	《人民代表报》2020 年 3 月 12 日 《山西人大》2020 年第 3 期
104	非常时期　审查“有道”	师彦才	《人民代表报》2020 年 3 月 28 日
105	“创新为上”谱新篇	苗志明	《人民代表报》2020 年 5 月 7 日 《山西人大》2020 年第 5 期 《中国人大年鉴（2020）》优秀作品一等奖
106	阳泉市：多措并举向随地吐痰陋习宣战	赵晓东 李姝君	《人民代表报》2020 年 7 月 4 日
107	在乡村产业振兴中彰显人大力量	高卫娟	《人民代表报》2020 年 7 月 9 日 《山西人大》2020 年第 8 期
108	提高人代会审议报告的质量和实效	赵晓东	《山西人大》2020 年第 7 期
109	提升归属感 爱我新阳泉	王建平 李姝芳	《山西人大》2020 年第 7 期
110	山西阳泉人大助力打赢净土保卫战	康日魁	《人民代表报》2020 年 8 月 27 日
111	阳泉人大“清单式”执法检查剑指动物防疫管理	高卫娟	《人民代表报》2020 年 9 月 24 日
112	精准立法筑保障	许　琨	《山西人大》2020 年第 9 期
113	为“火热阳泉”再添把“柴”	李荣霞	《人民代表报》2020 年 11 月 7 日
114	阳泉市委书记“进站”活动记	王　刚	《人民代表报》2020 年 11 月 12 日
115	打造新时代民主法制建设的阳泉样本 ——山西省阳泉市人大常委会“三点三同”履职行权的探索实践	王旭明	《人民代表报》2020 年 11 月 12 日 《山西人大》2020 年第 11 期 《人民周刊》2020 年第 22 期

第七章　理论研究

人大理论研究是人大工作的重要组成部分，在人大及其常委会履职过程中发挥着决策参谋、指导实践、推动创新的重要作用。加强人大理论研究，是坚持和完善人民代表大会制度、做好新时代人大工作、推动人民代表大会制度与时俱进的一项重要基础性工作。阳泉市人大常委会紧紧围绕全市改革发展稳定大局，扎实开展人大制度理论研究工作，推进人大理论和实践创新，强化研究成果转化应用，为坚持和完善人民代表大会制度、推进社会主义民主法治建设做出积极贡献。中共十八大召开后，常委会始终坚持以习近平新时代中国特色社会主义思想为指导，始终坚定人民代表大会制度自信，认真贯彻落实党中央和省委、市委决策部署，紧跟时代步伐，回应时代要求，积极调动各方面力量参与理论研究，加强工作机制和平台建设，着力增强人大制度理论研究的时代性和实践性，有效发挥推动新时代人大工作与时俱进的决策服务作用。2002年4月15日，调查研究室印发《关于召开阳泉市实践“三个代表”创新人大工作理论研讨暨经验交流会的通知》（阳人调〔2002〕1号），经过充分发动，收到相关论文90多篇；经过初审环节，确定参评论文57篇；经过严格评审，确定获奖作品18篇，推选组织奖3个单位。12月18日，调查研究室印发《关于召开阳泉市“贯彻十六大精神创新人大工作理论研讨暨经验交流会”的通知》（阳人调〔2002〕3号）。会议收到参选论文90多篇，确定20篇论文进行会议交流。会议对18名优秀论文作者和3个先进集体进行表彰，编印论文选编成《理论与实践》一书。2004年3月3日，主任会议决定，在全市人大系统开展调查研究活动，以实际行动向人民代表大会制度建立50周年献礼。3月12日，调查研究室印发《关于在全市深入开展调查研究活动的通知》（阳人调发〔2004〕1号），对调研的主要内容、方式方法、成果要求等作出安排，要求市人大各委室、各县区人大常委会遵照落实。9月23日，主任会议决定，评比优秀调研论文，表彰优秀论文作者，编印完成《调查与研究》一书。积极参加或承办省人大常委会及各机构开展的人大工作与理论研讨会议，提交研讨材料，进行会议交流。2006年10月12日至14日，省基层人大工作研讨会在阳泉召开，会长卢功勋，副会长王民、张邦应、孙祥炎、光敏出席，市委书记谢海致辞。常委会主任就学习贯彻省委人大会议精神作交流发言。2008年8月22日，召开全市人大研究工作座谈会，对新形势下人大研究工作进行安排部署。会议要求，牢牢把握人大研究工作的正确方向，围绕党委中心工作和各项法定职权的履行，广泛深入调查研究，努力取得研究成果。2009年11月17日，全省纪念地方人大设立常委会30周年理论研讨会在盂县召开，省人大常委会常务副主任杨安和出席并讲话；会长卢功勋，副会长范堆相、徐生岚、曹馨仪、白陞、张铭，顾问王民、光敏及阳泉市四大班子领导出席；常务理事、市人大常委会主任孙水生《加强监督工作服务科学发展》论文作了会议交流。2012年8月8日，常委会秘书长唐麟撰写的《关于重大事项决定权的思考》被省人大工作与理论研究会评选为优秀论文。2019年12月25日，省人大工作与理论研究会2019年年会暨纪念地方人大设立常委会40周年研讨会召开，常委会推送的16件调研报告受到表彰。常委会主任王旭明撰写的《以“三统一”指导人大工作、围绕“三点三同”履职尽责》稿件获一等奖，作了交流发言，省人大常委会党组书记、副主任郭迎光亲为颁奖。

理论研究会建设。阳泉市人大工作与理论研究会是开展人大理论研究的载体和平台，是市人大常委会开展各项工作的智囊机构。2012年12月26日，首届市人大工作与理论研究会召开成立大会暨2012年年会。常委会主任刘高官、原主任孙水生出席会议并讲话，副主任、市总工会主席王振国出席会议，秘书长唐麟主持会议。会议通过研究会第一届理事会名誉会长、会长、副会长、秘书长、常务理事和理事名单。会议印发部分常务理事、理事撰写的45篇论文，常务理事赵永东、苏满晓、姚培万，理事郭玉霞、董英分别作题为《地方人大及其常委会重大事项决定权若干问题思考》《以活动提升履职能力用行动奏响为民乐章》《浅谈加强地方人大常委会自身建设的几点看法》《充分行使重大事项决定权加强地方人大预算审查监督》《浅谈加强人大机关自身建设》的交流发言。会议指出，中共十八大对人大工作提出了新的更高的要求，研究会要以中共十八大精神为指导，紧紧围绕全市工作大局和常委会工作重点，认真研究，深入探讨，不懈探索和把握人大工作规律，为提高人大工作水平，开创人大工作新局面，促进全市社会主义民主法治建设提供坚实的理论支持。2018年12月，山西省人大工作与理论研究会召开理事大会，省人大常委会党组书记、副主任郭迎光出席会议并讲话。会议对11个设区市人大工作与理论研究会成立和换届工作进行安排部署，明确了时间表和路线图。2019年6月26日，省人大常委会原副主任、省人大工作与理论研究会会长田喜荣在阳泉调研期间，听取阳泉市人大工作与理论研究会运行情况，就开展研究会换届工作进行指导。9月29日，常委会党组会议决定对市人大工作与理论研究会进行换届。10月30日，常委会党组以阳人党发〔2019〕12号文件，向市委提交《关于开展阳泉市人大工作与理论研究会换届工作的报告》；机关党组以阳人机关党字〔2019〕2号文件，向市委组织部提交《关于市人大工作与理论研究会会长副会长秘书长建议人选的请示》。11月1日，市委书记关建勋作出批示：拟同意，请任建华同志阅。11月5日，市委组织部复函，指出：根据有关政策，并请示省委组织部，因市人大工作与理论研究会未履行市民政局社会团体登记程序，换届人选的兼任职事宜不属于省委、市委组织部的审批备案范畴。2020年9月23日，第二届阳泉市人大工作与理论研究会理事大会召开，市人大常委会主任王旭明讲话，副主任张宝明主持会议。常委会原副主任孙金明、刘志强被确定为名誉会长，原副主任吕昌政当选为会长。会议对研究会工作进行了具体安排。省人大工作与理论研究会副会长赵建平等相关领导到会指导。

首届阳泉市人大工作与理论研究会组织机构

（2012.12.26—2020.9.23）

名誉会长：刘高官
会　　长：孙水生
副 会 长：王振国　唐　麟
秘 书 长：史友松
常务理事：李润怀　丁国忠　王玉明　吕志坚（女）　樊文平　胡万明　李国庆（女）　赵永东　桑晓飞　苏满晓　姚培万　陈玉俊　白宝忠　张燕萍（女）
理　　事：曹晓红（女）　史小梅（女）　张国强　侯润林　任　庆

高永恩　冯建勇　王树生　刘永庆　赵苗怀　张瑞峰　史润才
王和平　郭玉霞（女）　任晓辉　董　英（女）　王　刚
史翠花（女）　张俊福　高卫娟（女）　苗志明　杨柳青（女）
王瑞娟（女）　耿雪华（女）

第二届阳泉市人大工作与理论研究会组织机构

（2020.9.23—　）

名誉会长：孙金明　刘志强
会　　长：吕昌政
副 会 长：张利军　高和平　李润怀　丁国忠　李国庆（女）　胡万明
武润珍　王如生　刘新东　商继杰
秘 书 长：侯润林
副秘书长：王建平
常务理事：桑晓飞　贾小梅（女）　董　英（女）　吕志坚（女）
闫　亮　邓宝柱　王玉明　王吉贵　高永恩　史小梅（女）
任　庆　张俊福　王　刚　侯成军　李俊林　潘　钰　李志军
张栗平　杨喜平　程志强　樊文平　赵永东　郭玉霞（女）
陈胜华（女）　吴文静（女）　李海忠　王燕玲（女）
史翠花（女）　张红刚　牛良玉
理　　事：何丽萍（女）　任晓辉　张慧清　李姝君（女）　张国强
乔军华　李东方　王和平　史润才　李姝芳（女）　苗志明
高卫娟（女）　赵建忠　张东升　毕武田　王志强　张志明
王莉军　毛晋喜　赵克玉　韩继全　张爱国　鲁　敏（女）
岳　江　苏青华（女）

山西省纪念地方人大成立常委会40周年研讨会征文

阳泉市获奖作品

（一等奖）

《关于“三点三同”工作思路和履职实践》　王旭明

（二等奖）

《创新执法检查方式增强人大监督实效》　王建平
《浅谈对人大代表建议提出和处理工作机制的拓展》　王和平

《“三关点将”看阳泉》　　苗志明　史翠花
《让宪法光芒照耀山城大地》　　王　敦

（三等奖）

《助攻蓝天保卫战奏响监督最强音》　　董　英
《人大监督在治污“火线亮剑”》　　侯润林　王　刚　王建平
《代表沉下去建议浮上来》　　高和平　苗志明
《大院春秋》　　王海平

（四等奖）

《密织预算监督网守好百姓“钱袋子”》　　李姝芳
《立法“新生”交出漂亮答卷》　　许　琨
《群众信任是我履职的最大动力》　　荆素俭
《三十年的见证》　　任　庆
《法治阳泉的历史新篇——阳泉立法工作纪实》　　王海平
《保护“生命泉”的人大担当》　　任　庆　许　琨
《抚今追昔开创未来》　　徐　芳

第八章　上级人大检查指导

一、中共中央政治局委员、全国人大常委会副委员长在阳泉检查指导

2018年5月17日，中共中央政治局委员、全国人大常委会副委员长王晨到阳泉市调研，深入平定县冠山镇石板坪村，入户走访查看散煤治理情况，看望积极支持冬季清洁取暖“煤改气”工程的村民。在阳泉公交总公司、阳煤集团二矿和奥伦胶带公司等企业，分别查看脱硫脱硝设备运行、挥发性有机污染物治理、锅炉清洁能源改造、新能源汽车推广使用等情况。要求深入学习贯彻习近平新时代中国特色社会主义思想，切实贯彻好新修订的大气污染防治法，加大执法力度，坚持违法必究，运用法治的力量打赢蓝天保卫战。

二、全国人大常委会副委员长、原副委员长在阳泉检查指导

2009年8月28日，全国人大常委会副委员长、民革中央主席周铁农在阳泉市，听取市委、市政府的工作汇报，深入阳泉市郊区平潭镇桃林沟村，实地查看新农村建设情况。

2010年11月17日，全国人大常委会副委员长陈至立率全国人大常委会节约能源法执法检查组在阳泉市进行执法检查，听取市委、市政府关于贯彻节约能源法的工作报告，深入华鑫电气有限公司、盂县西小坪耐火材料有限公司等单位实地检查。

2014年7月29日，全国人大常委会副委员长沈跃跃率全国人大常委会大气污染防治法执法检查组深入阳煤集团新景矿实地检查，听取大气污染防治法实施情况和完善法律的意见和建议。

2016年1月11—12日，全国人大常委会原副委员长、中国关心下一代工作委员会主任顾秀莲在阳泉市，就关心下一代工作进行调研。顾秀莲一行深入城区朝阳小学，与师生共同参加“践行核心价值观、凝聚中华正能量”为主题的班会。

2016年9月23日，全国人大常委会副委员长张平率全国人大常委会安全生产法执法检查组在阳泉市进行执法检查，听取阳泉市政府工作汇报，深入阳煤集团实地了解安全生产情况，与一线职工座谈，听取对安全生产法贯彻执行的意见建议。

2020年9月8—10日，全国人大常委会副委员长、中华全国总工会主席王东明率调研组围绕工会组织学习贯彻习近平总书记关于工人阶级和工会工作的重要论述，推动重点工作落实情况，深入阳泉市山西国际能源裕光煤电有限责任公司、阳中新材有限责任公司等企业，看望慰问劳动模范、一线职工和基层工会干部，了解企业生产经营、职工生产生活、工会发挥作用等情况，与工会干部和职工代表进行座谈。

2020年9月15日，全国人大常委会副委员长、民革中央主席万鄂湘率调研组围绕“探索建设现代化农业特区，更好服务保障民生”主题，深入阳泉市华北奕丰生态园、盂县王炭咀村休闲农业示范点、盂县后元吉村文化醋坊进行调研。

全国人大常委会委员及委室负责人在阳泉检查指导情况一览表

表 7-34

序号	时 间	全国人大常委会委员及委室负责人	检查调研主题
1	2003.7.2	全国人大常委会法律委员会副主任委员王茂林	盂县—潍坊—青岛输煤管道项目情况
2	2004.6.22	全国人大常委会内务司法委员会工青妇室主任于建伟	《中华人民共和国工会法》贯彻实施情况
3	2005.7.18—19	全国人大常委会法律委员会主任委员杨景宇	带领委员会各位副主任检查指导工作
4	2006.12.6	全国人大常委会内务司法委员会副主任委员刘振华	新农村建设、环境保护和产业结构调整工作
5	2009.7.9	全国人大常委会财政经济委员会副主任委员吴晓灵	农村金融运行情况及中小企业、农民贷款难问题
6	2009.10.22—23	全国人大常委会法制工作委员会副主任郎胜	《中华人民共和国森林法(修订草案)》立法调研
7	2010.4.2	全国人大常委会环境资源委员会副主任委员张文台	山西鑫磊集团循环经济示范园建设情况
8	2014.1.8	全国人大常委会委员、中华全国总工会副主席、民建中央副主席张少琴	慰问部分困难职工和困难劳模
9	2015.10.8	全国人大常委会委员、中华全国总工会副主席、民建中央副主席张少琴	民建基层组织建设工作
10	2017.4.20—21	全国人大常委会法制工作委员会副主任张勇	《中华人民共和国中小企业促进法（修订草案）》立法调研
11	2017.9.21	全国人大宪法和法律委员会副主任委员李适时	民法典婚姻家庭篇立法座谈
12	2018.12.21	全国人大常委会社会建设委员会副主任委员任贤良	《中华人民共和国安全生产法》贯彻实施情况
13	2018.5.29—30	全国人大常委会法制工作委员会备案审查室主任梁鹰	生态环保法规清理和实施，生态修复治理，地方立法及备案审查工作

山西省人大常委会副主任在阳泉检查指导情况一览表

表 7-35

序号	时 间	省人大常委会领导	检查调研主题
1	2001.9.7—11	省人大常委会党组副书记、副主任崔光祖	《中华人民共和国工会法》贯彻实施情况
2	2002.5.30—31	省人大常委会副主任张铭	推行执法责任制和“两错”责任追究制情况
3	2002.11.12—13	省人大常委会副主任曹馨仪	《中华人民共和国婚姻法》贯彻实施情况
4	2003.5.26	省人大常委会副主任赵劲夫	县级人大换届选举工作情况，慰问奋战在抗击“非典”一线的部分省人大代表
5	2003.7.7—9	省人大常委会党组副书记、副主任杜五安	落实省人大常委会《关于依法防治疫病保护公共卫生和环境安全夺取抗击非典全胜的决定》情况
6	2003.7.18	省人大常委会党组书记、常务副主任纪馨芳	县级人大换届选举工作

续表 7-35

序号	时 间	省人大常委会领导	检查调研主题
7	2004.4.9	省人大常委会副主任、省总工会主席姚新章	到市总工会、市特困职工援助中心调研指导
8	2004.12.9	省人大常委会副主任赵劲夫	调整教育结构、重组中高等教育资源情况
9	2005.9.1—2	省人大常委会党组副书记、副主任薛军	《山西省人大常委会关于全面推进资源节约与综合利用的决定》贯彻执行情况
10	2006.8.15	省人大常委会副主任赵劲夫	耐火行业运营销售形势和基础教育发展情况
11	2006.10.16—17	省人大常委会副主任曹馨仪	《山西省实施〈中小企业促进法〉办法（草案）》立法调研
12	2007.9.18—19	省人大常委会党组副书记、副主任杜五安	环保执法情况
13	2008.7.8—10	省人大常委会副主任安焕晓	《中华人民共和国义务教育法》贯彻实施情况
14	2008.7.18	省人大常委会副主任王雅安	奥运期间人大信访工作情况
15	2009.5.25	省人大常委会副主任安焕晓	阳盂高速公路维社隧道出口、桃河特大桥、荫营河特大桥建设情况
16	2010.7.20	省委常委、省人大常委会党组书记、副主任申联彬	城乡医疗保险工作情况
17	2011.5.19—20	省人大常委会副主任王雅安	《循环经济促进法》贯彻实施情况
18	2011.5.20	省人大常委会副主任杜玉林	县乡两级人大换届选举工作情况
19	2011.7.20	省人大常委会副主任杜玉林	太阳高速公路工程建设情况
20	2012.10.13—14	省人大常委会副主任、省总工会主席郭海亮	基层工会组织维护职工合法权益、丰富职工文化生活等工作情况
21	2013.9.2—3	省人大常委会副主任牛仁亮	《山西省国家资源型经济转型综合配套改革试验促进条例（草案）》立法调研
22	2013.10.8	省人大常委会副主任周然	《中华人民共和国安全生产法》贯彻落实情况
23	2014.10.22—23	省人大常委会副主任牛仁亮	基层人大建设和工作情况
24	2014.5.16	省人大常委会副主任、党组副书记李政文	省十二届人大二次会议决议贯彻落实情况
25	2014.6.23	省人大常委会副主任安焕晓	《中华人民共和国大气污染防治法》《山西省大气污染防治条例》贯彻实施情况
26	2015.8.12	省人大常委会党组副书记、副主任李政文	重点领域投资项目建设情况
27	2016.6.6—8	省人大常委会副主任、省总工会主席田喜荣	《中华人民共和国水法》《山西省实施〈中华人民共和国水土保持法〉办法》贯彻实施情况
28	2016.8.10—11	省人大常委会党组副书记、副主任张建欣	贯彻省“一府两院”工作报告、县乡人大换届选举等情况
29	2016.12.26	省人大常委会副主任周然	征求对省人大工作的意见建议
30	2017.4.24	省人大常委会副主任周然	非物质文化遗产保护工作情况
31	2017.5.3	省人大常委会副主任刘杰	《山西省女职工劳动保护条例》贯彻实施情况
32	2017.11.15—17	省人大常委会副主任张建欣	建设资源型经济转型发展良好法治环境工作情况

续表 7-35

序号	时　间	省人大常委会领导	检查调研主题
33	2018.6.27—28	省人大常委会副主任李悦娥	环境保护工作情况
34	2018.7.17	省人大常委会副主任卫小春	依法授权支持推动全省开发区改革发展情况
35	2018.10.25	省人大常委会党组书记、副主任郭迎光	人大常委会组成人员联系人大代表、人大代表联系人民群众情况
36	2019.5.20—21	省人大常委会副主任卫小春	《中华人民共和国科学技术普及法》《山西省实施〈中华人民共和国科学技术普及法〉办法》贯彻实施情况
37	2019.6.26	省人大常委会原副主任、省人大工作与理论研究会会长田喜荣	健康产业发展情况
38	2019.11.19	省人大常委会党组书记、副主任郭迎光	人大代表联络站点建设情况，召开“贯彻十九届四中全会精神，加强人大制度建设”座谈交流会议
39	2020.6.2	省人大常委会副主任卫小春	《山西省县域医疗卫生一体化改革促进条例（草案）》立法调研
40	2020.9.18	省人大常委会副主任李俊明	就业促进法律法规实施情况专题调研

山西省人大常委会委员及机关领导在阳泉检查指导情况一览表

表 7-36

序号	时　间	省人大领导	检查调研主题
1	2001.6.19	省人大财政经济委员会主任委员李镇西	《中华人民共和国烟草专卖法》贯彻实施情况
2	2002.6.11	省人大常委会副秘书长朱元和	在市人大举办人民代表大会制度及法治讲座
3	2003.3.12—13	省人大常委会城乡建设环境保护工作委员会主任李淳	《山西省城市房屋拆迁管理条例（草案）》立法调研
4	2003.6.26—27	省人大常委会财政经济委员会副主任委员魏德卿	上半年经济运行情况
5	2003.9.3	省人大常委会财政经济委员会副主任委员孔繁珠	《山西省高新技术产业发展条例》贯彻实施情况
6	2003.11.6	省人大常委会民族宗教外事侨务工作委员会主任张云薄	民族宗教、外事旅游、侨务、对台工作
7	2003.12.9	省人大常委会财政经济委员会副主任委员魏德卿	走访驻阳泉的省人大代表
8	2004.6.23—24	省人大常委会城乡建设环境保护工作委员会主任李淳	听取对省卫生厅厅长李俊峰履职情况的评议意见
9	2004.6.24—25	省人大常委会城乡建设环境保护工作委员会主任李淳	《山西省城市供水和节约用水管理条例》贯彻实施情况
10	2004.8.19—21	省人大常委会财政经济委员会主任委员原崇信	《中华人民共和国煤炭法》贯彻实施情况

续表 7-36

序号	时 间	省人大领导	检查调研主题
11	2004.11.6—7	省人大常委会委员苏高文	阳泉经济技术开发区工作情况
12	2004.11.10—12	省人大内务司法委员会副主任委员聂海舟	《中华人民共和国残疾人保障法》贯彻实施情况
13	2004.11.24—26	省人大常委会城乡建设环境保护工作委员会副主任李生茂	《中华人民共和国环境保护法》贯彻实施情况
14	2005.6.27—28	省人大常委会教育科学文化卫生工作委员会主任魏凯	《中华人民共和国防震减灾法》执法调研
15	2005.9.12—14	省人大内务司法委员会副主任委员宋秉文	《中华人民共和国未成年人保护法》贯彻实施情况
16	2005.11.14—16	省人大常委会教育科学文化卫生工作委员会副主任安志辉及长王进喜	《中共山西省委关于加强人大工作的决定》贯彻实施情况
17	2006.4.26	省人大常委会财政经济委员会副主任委员孔繁珠	听取对省交通厅厅长王晓林履职情况的评议意见
18	2006.4.26	省人大常委会常委会委员贺锐	听取对副省长牛仁亮履职情况的评议意见
19	2006.6.7	省人大内务司法委员会主任委员杨季春	《中华人民共和国法官法》《中华人民共和国检察官法》贯彻实施情况
20	2006.6.21—25	省人大常委会教育科学文化卫生工作委员会主任魏凯	《中华人民共和国档案法》贯彻实施情况
21	2006.9.3	省人大执法检查组	《中华人民共和国道路交通安全法》贯彻实施情况
22	2006.9.29	省人大常委会省人大调研组	动物防疫体系建设情况
23	2007.4.23	省人大常委会人事代表工作委员会主任杨静波	人事人才工作情况
24	2007.6.18—19	省人大常委会民族宗教外事侨务工作委员会主任张云溥	《中华人民共和国旅游法》执法调研
25	2007.6.21—22	省人大常委会城乡建设环境保护工作委员会主任李淳	“三晋环保行”记者团活动
26	2007.6.21	省人大常委会信访局副局长张拯瑜	全国人大交办重信重访案件办理工作
27	2007.9.10	省人大常委会财政经济委员会副主任委员王纪仁	《山西省安全生产条例（草案）》立法调研
28	2007.9.20—21	省人大常委会农村工作委员会副主任曹振声	新农村建设情况
29	2007.10.30—31	省人大内务司法委员会主任委员杨季春	司法鉴定工作情况
30	2007.11.12—13	省人大常委会农村工作委员会主任阎逸民	《中华人民共和国中小企业促进法》贯彻实施情况
31	2008.4.22—24	省人大常委会财政经济委员会主任委员赵建平	《中华人民共和国劳动法》贯彻实施情况
32	2008.6.12—14	省人大常委会城乡建设环境保护工作委员会副主任李生茂	“迎奥运环保行”记者团活动
33	2008.6.13	省人大法制委员会副主任委员邓永明	《山西省实施〈中华人民共和国国防教育法〉办法》立法调研
34	2008.7.24	省人大法制委员会主任委员王凤祥	《山西省禽畜屠宰管理条例（草案）》立法调研

续表 7-36

序号	时 间	省人大领导	检查调研主题
35	2008.8.20—22	省人大内务司法委员会副主任委员郭忠烈	《中华人民共和国刑事诉讼法》贯彻实施情况
37	2009.6.25—26	省人大常委会民族宗教外事侨务工作委员会副主任李荣先	《中华人民共和国归侨侨眷权益保护法》贯彻实施情况
38	2009.9.15—18	省人大常委会城乡建设环境保护工作委员会主任王晓林	《环境影响评价法》执法检查暨“三晋环保行”记者团活动
39	2009.12.15	省人大常委会财政经济委员会主任委员赵建平	阳煤集团煤炭资源整合和阳泉市财政预算执行情况
40	2010.4.6—7	省人大内务司法委员会副主任委员武锦福	《中华人民共和国妇女权益保障法》贯彻实施情况
41	2010.4.21	省人大法制委员会主任委员王凤祥	《山西省信访条例（草案）》征求各界意见建议
42	2010.5.21	省人大常委会民族宗教外事侨务工作委员会副主任张怀文	《山西省旅游条例》《山西省促进旅游产业发展条例》贯彻实施情况
43	2010.9.9	省人大内务司法委员会副主任委员郭忠烈	《中华人民共和国民事诉讼法》贯彻实施情况
44	2010.11.28	省人大常委会城乡建设环境保护工作委员会副主任汤俊权	“三晋环保行”记者团活动
45	2011.4.21—22	省人大内务司法委员会副主任委员郭忠烈	城乡低保工作情况
46	2011.5.18—20	省人大常委会农村工作委员会副主任耿怀英、曹晋芳	《山西省农民专业合作社条例（草案）》立法调研
47	2011.7.6—7	省人大常委会财政经济委员会副主任委员杨建国	《山西省地质灾害防治条例》贯彻实施情况
48	2011.7.14	省人大常委会人事代表工作委员会副主任、妇工组组长邢燕芬	女工权益保障工作情况
49	2011.8.26	省人大常委会财政经济委员会主任委员赵建平	《中华人民共和国劳动合同法》贯彻实施情况
50	2011.9.26—29	省人大常委会城乡建设环境保护工作委员会副主任汤俊权	“三晋环保行”记者团活动
51	2011.10.12—13	省人大常委会城乡建设环境保护工作委员会主任张崇慧	《中华人民共和国测绘法》贯彻实施情况
52	2012.3.5	省人大常委会法制工作委员会副主任蔡汾湘	《山西循环经济促进条例（草案）》立法调研
53	2012.3.19—20	省人大常委会财政经济委员会主任委员赵建平	煤炭工业可持续发展情况
54	2012.4.11—13	省人大常委会副秘书长、研究室主任何涛	加强和改进人大工作情况
55	2012.4.26—27	省人大法制委员会主任委员王凤祥	规范性文件备案审查工作情况
56	2012.7.17	省人大常委会教育科学文化卫生工作委员会副主任翁小绵	《山西省地方志工作条例》贯彻实施情况
57	2012.7.19	省人大内务司法委员会副主任委员高彦斌	《山西省预防职务犯罪工作条例》贯彻实施情况
58	2012.8.15	省人大常委会法制工作委员会副主任蔡汾湘	《山西省非物质文化遗产条例（草案）》立法调研

续表 7-36

序号	时 间	省人大领导	检查调研主题
59	2012.8.17	省人大常委会人事代表工作委员会主任王大高	人事代表工作情况
60	2012.10.23	省人大常委会法制工作委员会副主任蔡汾湘	《山西省节约用水条例（草案）》立法调研
60	2012.11.20	省人大常委会财政经济委员会副主任委员李留澜	小额贷款公司发展情况
61	2013.6.13—14	省人大常委会法制工作委员会副主任张世文	《山西省森林公园条例（草案）》立法调研
62	2013.6.27—28	省人大内务司法委员会副主任委员郭忠烈	《山西省预防职务犯罪工作条例》贯彻实施情况
63	2013.7.4—5	省人大常委会财政经济委员会主任委员赵建平	上半年国民经济和社会发展及预算执行情况
64	2013.8.12—16	省人大常委会城乡建设环境保护工作委员会副主任汤俊权	“三晋环保行”记者团阳泉活动
65	2013.8.23	省人大常委会副秘书长、研究室主任何涛	转型综改工作情况
66	2013.9.2	省人大常委会副秘书长、研究室主任何涛	征求省人大常委会整治“四风”意见建议
67	2013.11.5—6	省人大常委会农村工作委员会主任谢海	“一村一品、一县一业”发展情况
68	2014.4.10—11	省人大内务司法委员会副主任委员邬敬文	法院规范司法行为和检察机关反贪污贿赂工作
69	2014.5.23	省人大常委会预算工作委员会副主任王玉明	政府债券资金使用情况
70	2014.6.26	省人大常委会财政经济委员会主任委员赵建平	财政税收和代表议案办理情况
71	2014.7.4	省人大常委会教育科学文化卫生工作委员会主任杨波	《山西省专利实施和保护条例(修订草案)》立法调研
72	2014.10.21	省人大常委会法制工作委员会副主任蔡汾湘	《山西省专利实施和保护条例(修订草案)》立法调研
73	2014.12.1—2	省人大常委会教育科学文化卫生工作委员会主任杨波	《中华人民共和国档案法》贯彻实施情况
74	2014.12.9	省人大常委会法制工作委员会主任高国顺	征求 2015 年立法计划（草案）项目意见
75	2014.12.9	省人大法制委员会副主任委员王联英	“汽车加油加气合建站”行政审批事项
76	2015.4.2—3	省人大常委会法制工作委员会副主任张铁锁	《山西省城市公共客运条例》立法调研
77	2015.6.30	省人大内务司法委员会副主任委员邬敬文	妇女儿童发展“十二五”规划工作、检查《山西省社会治安综合治理条例》贯彻实施情况
78	2015.7.8	省人大常委会财政经济委员会主任委员赵建平	《中华人民共和国消费者权益保护法》贯彻实施情况
79	2015.7.14	省人大常委会预算工作委员会副主任王玉明	省人大议案办理情况
80	2015.7.22	省人大常委会法制工作委员会副主任蔡汾湘	《中华人民共和国网络安全法（草案）》征求意见
81	2015.7.31	省人大内务司法委员会副主任委员郭忠烈	公证工作情况
82	2015.10.15	省人大内务司法委员会主任委员李永宏	《中华人民共和国保守国家秘密法》贯彻实施情况
83	2015.11.16—17	省人大内务司法委员会副主任委员郭忠烈	预防职务犯罪工作情况

续表 7-36

序号	时　间	省人大领导	检查调研主题
84	2015.12.15—16	省人大常委会法制工作委员会副主任委员张世文	规范性文件备案审查工作情况
85	2016.4.5—27	省人大法制委员会副主任委员蔡汾湘	《山西省环境保护条例（修订草案）》立法调研
86	2016.4.19—20	省人大常委会法制工作委员会主任高国顺	立法工作准备情况
87	2016.5.12	省人大内务司法委员会副主任委员郭忠烈、邬敬文	打击涉众型经济犯罪工作情况
88	2016.8.11—12	省人大常委会城乡建设环境保护工作委员会主任李平社	土壤污染防治工作
89	2017.5.26—27	省人大常委会农村工作委员会主任委员冯改朵	《山西省农村扶贫开发条例（草案）》立法调研
90	2017.6.7—8	省人大常委会城乡建设环境保护工作委员会副主任郭勇义	《山西省历史文化名城名镇名村保护条例（草案）》立法调研
91	2017.6.18	省人大常委会研究室副主任张晋仁	为市政府拟任命干部作人大制度和法律知识辅导
92	2017.7.17	省人大常委会民族宗教外事侨务工作委员会主任李东福	县乡人大工作和建设情况
93	2017.7.17	省人大常委会信访局局长叶增强	市人大常委会机关贯彻中央八项规定精神情况
94	2017.8.9—10	省人大常委会财政经济委员会主任委员赵建平	开发区改革创新发展情况、检查《中华人民共和国中小企业促进法》贯彻实施情况
95	2017.9.5	省人大内务司法委员会主任委员李永林	《中华人民共和国刑法》贯彻实施情况
96	2018.1.15	法制工作委员会主任蔡汾湘	论证阳泉市拟出台的地方性法规
97	2018.3.7—8	省人大常委会人事代表工作委员会副主任张国富	省人大代表工作情况
98	2018.3.24	省人大常委会副秘书长张世文	监察工作
99	2018.4.26—27	省人大内务司法委员会主任委员白秀平	《山西省实施〈村民委员会组织法〉办法修订草案》征求意见
100	2018.5.10—11	省人大法制委员会巡视员王晓明	五年立法规划编制工作
101	2018.6.19	省人大常委会副秘书长顾昭明	举办《坚定不移走中国特色社会主义政治发展道路》专题讲座
102	2018.8.16—17	省人大常委会财政经济委员会主任委员张华龙	煤炭供给侧结构性改革和电力体制改革情况
103	2018.8.17	省人大常委会财政经济委员会主任委员张华龙	“打造阳泉智能物联网应用基地”代表建议办理情况
104	2019.4.3	省人大常委会副秘书长张世文	支持保障能源革命综合改革试点工作立法调研
105	2019.4.15	省人大常委会研究室主任汤俊权	大数据发展应用情况
106	2019.4.17	省人大常委会研究室副主任张拯瑜	风电项目对环境影响情况
107	2019.4.18—19	省人大常委会财政经济委员会副主任委员李渊	“放管服效”改革工作情况
108	2019.4.18—19	省人大常委会城乡建设环境保护工作委员会副主任乔锦瑞	《山西省水污染防治条例（草案）》立法调研

续表 7-36

序号	时 间	省人大领导	检查调研主题
109	2019.4.25—26	省人大社会建设委员会副主任委员杨临生	《山西省志愿服务条例（修订草案）》立法调研
110	2019.10.23	省人大代表、省电影家协会主席杨志刚	举办《重温〈为人民服务〉》专题讲座
111	2019.12.10—11	省人大常委会预算工作委员会预决算审查监督处处长刘效晨	人大预算联网监督体系建设情况
112	2020.5.26	省人大常委会预算工作委员会副主任翟振兴	人大预算联网监督工作情况
113	2020.6.15	省人大常委会财政经济委员会主任委员张华龙	国有企业立法监督和代表建议督办工作情况
114	2020.6.24	省人大监察和司法委员会副主任委员郝权	适用认罪认罚从宽制度落实情况
115	2020.7.28	省人大常委会人事代表工作委员会副主任、一级巡视员张国富	省人大代表工作情况
116	2020.9.10—11	省人大常委会人事代表工作委员会副主任陈跃刚	县乡人大换届选举和代表工作情况
117	2020.10.19	省人大常委会副秘书长张世文	举办《坚持人民代表大会制度 着力建设工作机关代表机关》专题讲座
118	2020.11.2—4	省人大监察和司法委员会主任委员白秀平	《山西省法律援助条例》贯彻实施情况

山西省人大常委会在阳泉举办专项工作会议情况一览表

表 7-37

序号	时 间	会议名称	出席领导
1	2004.4.8	全省人大农委学习贯彻中央 1 号文件培训班	省人大常委会副主任姚新章
2	2006.10.12—13	全省基层人大工作研讨会	省人大常委会原主任卢功勋，原副主任王民、孙祥炎、光敏
3	2008.11.6	全省人大信访工作座谈会	省人大常委会副主任王雅安
4	2009.11.17	全省纪念地方人大设立常委会 30 周年理论研讨会暨研究会年会	省人大常委会副主任杨安和、秘书长朱明、省人大理论研究会会长卢功勋
5	2011.4.26	全省人大城乡建设环境保护工作座谈会	省人大常委会副主任靳善忠，城建环保工委主任张崇慧、副主任高志俊、汤俊权
6	2014.10.21—22	全省人大财经工作座谈会	省人大常委会副主任牛仁亮
7	2020.6.9—10	全省人大预算联网监督工作培训班暨阳泉现场交流会	省人大常委会副秘书长顾昭明及预算工委主任卢晓中、副主任翟振兴

第九章　指导和推动县乡人大工作

县乡人大工作是全市人大工作的重要基础。历届市人大常委会树立“一盘棋”思想，站在加强人民代表大会制度建设和基层政权建设的高度，加强联系指导，增进联动协同，大力支持县乡人大加强自身建设，提升履职水平，推动全市人大工作整体同步发展。

一、加强县乡人大履职能力建设

历届市人大常委会建立市县乡三级人大干部一体化培训机制，把加强县区人大常委会主任会议成员、各机构负责人和乡镇人大主席能力建设纳入常态化布局。每次县乡人大换届后都要集中办班，组织县乡人大干部学习政治理论、宪法法律和人大业务；每次宪法和重要法律修订出台，常委会都要及时组织县乡人大干部学习宪法和有关法律的基本要义、核心内容和根本目的；每当党中央和省委、市委对人大工作作出新的指示精神、作出新的安排部署，常委会都第一时间组织县乡人大干部专题学习，帮助他们全面深刻领会，把握精神实质，提高贯彻落实本领；每次视察调研和执法检查，都要通知县区人大常委会一同参与，对全局性重点工作和群众高度关注的民生工作，实施市县联动方式，既加大监督力度，增强监督实效，又为县区人大提供学习参考的机会。针对许多乡镇人大干部开展监督工作不够大胆的问题，在开展视察调研、执法检查、专题询问和工作评议工作中，有计划地邀请乡镇人大主席及乡镇人大代表全程参与，有效促进了基层人大监督作用的发挥。2008 年 7 月，市十三届人大常委会举办全市基层人大工作培训班，来自全市各县区的乡镇人大主席、街道人大工委主任共 47 人参加培训，传达学习吴邦国委员长在十一届全国人大常委会第一次会议上的讲话精神，市委党校教授作关于推进民主政治建设的理论辅导，市人大及常委会各机构负责人讲授人大代表依法履职业务知识，乡镇人大主席和街道人大工委主任畅谈开展工作的情况及体会，现场观摩城区、平定县基层人大工作情况。2014 年 11 月和 2016 年 10 月，市十四届人大常委会两次组织县乡人大干部赴全国人大北京培训基地参加培训。2018 年 8 月、2019 年 5 月和 2019 年 8 月，市十五届人大常委会三次组织县乡人大干部参加全国干部教育培训高校基地组织的履职培训。通过多形式开展培训，提高县乡人大干部履职水平，更好担负基层人大工作重任，为推动基层民主政治建设发挥作用。

二、指导县乡人大换届选举工作

市人大常委会加强对全市县乡人大换届选举工作的指导，先后指导 2002—2003 年、2006 年、2011 年、2016 年度县乡人大换届选举工作。主要做法：

及早动手，周密安排。组织召开专题会议，印发相关文件，安排部署换届选举。在历次县乡人大换届期间，市人大常委会党组都要组织县区人大常委会及工作机构负责人召开座谈会，听取汇报，座谈交流，形成指导性意见，报请市委批转县区遵照执行。市十二届人大常委会先后向市委提交《关于阳泉市2002年乡级人大换届选举应注意的几个问题的意见》《关于阳泉市2007年县乡换届选举实施意见的报告》，报市委批转执行。2011年5月20日，市十三届人大常委会办公厅印发《关于成立阳泉市县乡人大换届选举工作联席会议的通知》（阳人办发〔2011〕22号），明确市人大常委会研究，经市委同意，成立由常委会分管人事代表工作的副主任担任主任，秘书长和市委组织部、市纪委负责人担任副主任的阳泉市县乡人大换届选举工作联席会议，了解掌握县乡人大换届选举进展情况及其动态，分析研究有关倾向性问题，交流换届选举工作的经验，对有关法律问题和工作中需要衔接的问题给予指导和协调，督促有关方面及时检查纠正县乡人大换届选举中出现的违纪违法问题，及时向市换届选举工作领导组和市人大常委会报告有关重要情况，提出工作建议。市十三届、十四届、十五届人大常委会分别在2011年5月、2016年5月、2020年5月召开专题会议，传达学习全国、全省县乡人大换届选举工作文件精神，研究讨论县乡人大换届选举工作。会议期间，各县区人大常委会主任和工作机构负责人围绕选区划分、选民登记及流动人口参选工作，依照法律规定组织投票选举、规范流动票箱使用和委托投票，电子计票、数据统计等问题进行座谈交流，为圆满完成县乡人大换届选举任务提供具体指导。

深入选区，了解情况。听取情况汇报，督查工作进度，发现解决问题，指导面上工作。市十二届人大常委会成立督查组，深入平定县和郊区乡镇实地检查，听取意见。2003年面对严峻的非典疫情防控形势，为确保县区人大换届选举工作顺利完成和县区人代会顺利召开，市十二届人大常委会要求严把消毒、人员、活动三个关口，保证会场、住宿、就餐地点全面彻底消毒，所有参会代表、列席人员和工作人员全面接受查验，按规定要求进出会场，缩短会期，减少聚集，不安排统一就餐。2016年3月，全市县乡换届选举工作启动后，常委会认真贯彻中央和省委关于做好县乡人大代表选举工作的文件规定，组织力量深入县区及薄弱乡镇坐镇督导，努力确保换届选举工作依法依规，风清气正。

收集数据，整理汇总。换届选举工作完成后，收集汇总报表资料，向省人大常委会提交总结报告，及时全面准确反映换届选举情况。2003年，县级人大换届选举工作结束后，省人大常委会党组书记、常务副主任纪馨芳，常委会副主任赵劲夫先后于5月和7月莅临阳泉市调研，充分肯定阳泉市经验做法。

三、加强对县乡人大工作的联系指导

历届市人大常委会积极支持县乡人大依法行使宪法法律赋予的职权，注重发现和总结基层人大工作好的经验和做法，通过调查研究、听取工作汇报、组织观摩交流、加强宣传报道等形式，坚持问题导向和典型示范，指导基层工作。坚持邀请县人大常委会负责人列席常委会会议，乡镇人大主席和街道人大工委主任列席人民代表大会。有计划地组织县乡人大干部参加立法调研、视察监督、执法检查、工作评议、专题询问、学习培训和挂职锻炼，有效提升了县乡人大工作水平。特别是中共十八大后，历届市人大常委会坚持上下同心、共同发力，认真贯彻落实中央和省委、市委关于加强县乡人大工作和建设的部署要求，加强协调联动，形成整体合力。

市十三届人大常委会　2008年4月成立调研组，由常委会主任带队，利用3个月时间，深入县区调研乡镇人大工作开展情况，听取41名乡镇人大主席、街道人大工委主任的工作汇报，听取部分乡镇党委、政府加强对人大工作的领导支持、自觉接受监督的情况汇报，就加强基层人大工作和建设进行座谈交流，听取意见建议，提出整改要求，加强对副镇长向代表述职、代表向选民述职、评议“七所八站”等活动的指导。9月5日，办公厅印发《关于召开全市人大工作座谈会的通知》（阳人办发〔2008〕46号），明确全市人大工作座谈会，以加强和提升乡镇、街道人大工作为主题，实地学习参观，交流工作经验。届内编发《县区人大工作动态》68期，增强全市人大系统的纵向和横向联系，促进相互间的沟通交流和借鉴学习。2009年9月9日，办公厅印发《关于加强市县（区）人大常委会工作联系的若干意见》（阳人办发〔2009〕44号），对加强市县（区）人大工作联系的主要内容、方式、程序及时效要求作出规定，要求及时沟通信息，形成工作合力，推动全市人大工作。

市十四届人大常委会 2014年组织开展了贯彻中共十八届三中全会精神，推动人民代表大会制度与时俱进深度调研。常委会主任深入各县区人大常委会听取人大工作情况汇报，围绕贯彻落实《中共中央关于全面深化改革若干重大问题的决定》，全面提升县乡人大工作水平提出指导意见。2014年10月，省人大常委会党组副书记、副主任牛仁亮带领部分省人大常委会组成人员就阳泉市基层人大建设和工作情况进行调研，对阳泉市各级人大建设和工作给予高度评价。2015年7月，省人大常委会委员、城建环保工委主任李平社带队，就深入贯彻《中共中央转发〈中共全国人大常委会党组关于加强县乡人大工作和建设的若干意见〉的通知》以及张德江委员长指示精神，在阳泉市开展专题调研，充分肯定了阳泉市的做法和成效。在2016年初启动的县乡人大换届工作中，强化指导，确保中央和省委精神贯彻换届选举工作全过程。这次县乡人大换届，乡镇人大主席全部进入乡镇党委班子，当选为县级人大代表，一批中青年干部充实到人大工作队伍，一批人大干部交流到党政、政法部门任职，人大干部的工作热情进一步增强。平定县增加8名专职委员，达到相关标准。县级人大换届结束后，市人大常委会召开专题会议，同新当选的县区人大常委会班子成员，就做好新形势下人大工作进行座谈，提出指导意见。2016年5月，常委会党组以夯实基石、突出重点，集中攻克乡镇人大建设薄弱环节为主题，向市委提交《关于加强全市乡镇人大工作和建设的实施意见》，经市委常委会会议审议通过，以市委文件转发县区执行。该意见重点解决了两个方面的问题：一是规范了每年乡镇人代会召开的次数、时间、形式和内容，明确规定：“乡镇人民代表大会会议一般每年举行2次，应安排在第一季度和第三季度。没有选举事项时，会期不少于一天；有选举事项时，会期应当适当增加。”并要求做到形式严谨，内容充实，卓有成效。二是明确了乡镇人大依法行使监督权、重大事项决定权和人事选举权的具体要求，规定“乡镇人大要通过限时回复、跟踪督办、听取审议报告、效果评价、满意度测评、办理情况公示，以及专题询问、专题调研、质询、特定问题调查等方式，促进人大审议意见、执法检查意见、视察调研意见的研究办理。乡镇政府要强化对人大负责的意识，主动报告工作，自觉接受监督”“乡镇政府要建立健全重大决策出台前向人大报告制度、人大决议决定落实情况报告制度。乡镇人大主席团要加大对人大决议决定贯彻落实的跟踪监督力度”“乡镇党委提出国家机关组成人员人选时，应当及时向乡镇人大主席团通报党委人事安排和被推荐人选的基本情况，听取意见建议。公民、法人或者其他组织向人大反映的有关拟任人员的问题，由人大转交提请机关按照干部管理权限调查处理，作出调查结论前，暂不提请人大审议”“乡镇人大主席团要实施国家工作人员宪法宣誓制度，凡经乡镇人民代表大会选举的国家工作人员，在正式就职时都要公开向宪法宣誓；探索建立听取审议履职情况报告、专项工作评议、履职档案登记、网络监督、履职激励等任后监督制度，作为党委使用和管理干部的重要参考”。

市十五届人大常委会 2017年5月5日，办公厅印发《关于对全市乡镇人大工作和建设情况进行调研的通知》（阳人办发〔2017〕32号），明确常委会组成调研组，对全市代表工作和乡镇人大工作和建设情况进行调研。6月中旬，常委会分管副主任带队深入县区15个乡镇、街道调研县乡人大工作和建设情况，通过实地观摩、座谈交流和听取汇报等形式，详细了解县乡人大在组织代表活动、强化代表履职管理、推动代表联系群众、加强自身建设等方面的情况，对进一步贯彻落实市委《关于加强全市乡镇人大工作和建设的实施意见》提出指导意见。2017年5月，针对阳泉市在现有行政区划不变的前提下，由城区、矿区托管郊区部分乡村工作的实际，围绕由此引发的人大工作的有关问题，第一时间成立调研组，深入了解情况，查阅法律法规，广泛征求意见，就妥善解决托管后人大工作相关问题提出建议，报经省人大常委会同意后实施。6月15日，办公厅印发《关于县区部分乡镇和行政村托管后涉及人大工作有关问题的意见》（阳人办发〔2017〕52号），明确了3个方面的具体事项：一是被托管乡镇、村中的区、镇两级人大代表的代表名额不需要重新确定；二是被托管区的各级人大代表继续在原选举单位履行职责，接受原选举单位监督；三是托管区的人大要做好相关协助工作，保证代表依法履职等。2017年12月，在盂县召开全市市县（区）人大常委会主任座谈会议，深入贯彻中央和省、市委关于加强人大工作和建设的文件精神，总结交流2017年市县两级人大工作成绩，谋划2018年加强和改进人大工作的思路和举措。2018年10月，召开市县乡三级人大常委会主任（主席）观摩座谈会，组织与会人员观摩城区上站街道代表活动中心“全国社区治理和服务创新试验区”展示平台，以及矿区街道和郊区、盂县、平定县乡镇代表活动室、代表联络站和代表培训基地，交流工作经验，总结工作成效。2019年10月，常委会举行专题会议，市县乡三级人大常委会主任（主席）参加，同时组织观摩13个代表联络站点建设运行情况，推动县乡人大工作在“不忘初心、牢记使命”主题教育和“向申纪兰学习、做人民好代表”活动中向纵深发展，为阳泉市“聚力六大突破，实现转型崛起”汇集人大智慧、贡献人大力量。2020年11月，组织召开学用习近平重要思想暨贯彻落实习近平法治思想交流座谈会，会议利用一天半时间巡回观摩乡镇人大工作情况，随后举行交流座谈会，各县区人大常委会主任、部分街道人大工委主任代表进行交流发言。

四、支持县乡人大机构建设

历届市人大常委会积极贯彻党中央和省委、市委加强县乡人大机构建设的文件精神，加强督促指导，推动工作落实，支持县乡人大完善机构设置和人员编制，夯实基层基础，强化组织保障。

市十二届人大常委会 城区、矿区人大各街道办事处人大工作组改设为街道人大工作委员会，成为区人大派出机构，设正科级工委主任1名。

市十三届人大常委会 2007年，矿区人大常委会增设城市建设环境保护工作委员会，郊区人大常委会增设城乡建设环境保护工作委员会，均为正科级机构。2008年，平定县人大常委会增设城乡建设和环境保护工作委员会，为股级机构。

市十五届人大常委会 2017年9月19日，省委推进县乡人大建设电视电话会议之后，常委会及时向各县区人大常委会传达省委精神，要求迅速制定实施方案，向县区委做好汇报。市人大常委会主任同各县区党政“一把手”和人大常委会主任逐个对接，就应当把握的关键环节进行指导。9月20日，办公厅印发《关于对加强县乡人大工作机构建设进行督导的通知》（阳人办发〔2017〕80号），明确“不折不扣贯彻会议精神，要在党的十九大召开之前全部完成省委关于县乡人大机构和人员配备的各项工作”。文件明确“从9月22日起，由市人大常委会各位副主任带队，分组到县区进行督促指导”。同时，常委会分管副主任召集市编办、县区人大常委会分管副主任和人事工委、县区委组织和编办部门负责人召开专题会议，了解进展情况，解答疑难问题，严格对照省委规定，逐条逐项协调敲定，确保无障碍顺利推进。9月下旬，市委常委会会议听取了市人大常委会专项报告，要求加快推进县乡人大机构建设后续工作，高标准完成规定任务。10月，市编办正式行文批复，增加县区人大机构、变更名称，增加县乡人大人员编制，全市县乡两级人大机构建设任务提前全面完成。具体落实情况是：平定县、盂县、郊区人大设立法制、财经、教科文卫、城建环保、农村、人事代表及办公室等机构，实现了“一室六委”7个机构。城区、矿区人大将农村和其他机构合署，达到“一室五委”要求。县区人大均设立法制、财经、人事代表工作等专门委员会。郊区、城区、矿区、盂县人大共增加行政编制8个。各县区人大常委会机关含主任、副主任的编制情况是：平定县21个、盂县21个、郊区15个、城区15个、矿区16个。县区人大常委会机关行政编制均达到10个以上（常委会主任、副主任编制单列）。全市45个乡镇、街道人大均落实1名专职干部编制，共增加行政编制44个，事业编制2个。最终，县乡增加56个人员编制，县级人大“一委一人”问题得到有效解决，乡级人大全部增配专职工作人员，各项指标全部达到省委的规定要求。这项工作的全面达标，基本配齐了县级人大内设机构，规范了机构名称，弥补了县乡人大编制缺口，改变了县级人大“一人一委”、乡镇人大“单枪匹马”的状况，长期困扰县乡人大发展的问题得到根本解决。《人民代表报》头版、《山西日报》要闻版先后刊发文章，专题报道阳泉市的工作经验。2018年9月，市人大常委会组成检查组，赴各县区检查县乡人大机构建设任务完成情况。2019年2月，根据新一轮机构改革要求，指导各县区人大依照法定程序选举产生社会建设委员会，与城市（乡）建设和环境保护工作委员会合署办公。2020年5月，常委会党组根据省委人大工作会议精神，向市委提交《关于加强和改进人大工作的意见》（阳人党字〔2020〕9号），就加强县区人大机构建设提出建议。6月1日，市委常委扩大会议审议通过《关于贯彻落实〈中共山西省委关于新时代加强和改进人大工作的意见〉的实施意见》，明确“解决部分县区人大常委会副主任兼任专委（工）委负责人问题，设立县区人大预算联网监督中心，为副科级全额事业单位，编制不少于2名”。通过这些工作，保证县乡人大有合理的机构和编制，能够高效有序开展工作。

五、县乡人大工作和建设的新成效

历届市人大常委会深入贯彻落实党中央和省委、市委加强和改进县乡人大工作和建设的文件精神，积极探索新思路，不断取得新成效，表现在“五有”。

政治地位有提高。各县区委坚持加强对人大工作的领导，自觉把人大工作纳入总体工作布局，把方向、出题目、交任务、提要求，重视和关心人大机关干部队伍的成长进步，积极为人大开展工作营造良好环境，充分保障人大及其常委会依法行使职权。市委关于乡镇人大主席统一进党委班子、要把主要精力放在人大工作上的要求得到落实，这为他们专心致志履行职责提供了政策依据，增强了他们做好监督工作的底气。

工作经费有落实。基层代表活动经费落实得到制度化保障。过去，乡镇代表活动经费同乡镇财政捆绑使用，人大无法自主。现在，各县区都将乡镇代表活动经费列入财政预算。有的拨付县区人大账户监管使用，有的直接下拨乡镇财政，由乡镇人大管理，保证了乡镇人大工作的正常运行、有序开展。

工作条件有改善。各乡镇普遍建立代表活动室，重点村和社区建立代表之家。在全国、全省推进代表联络站建设全覆盖、规范化的进程中，代表活动场所建设实现跨越式发展完善，多数配置了电脑、档案柜、办公桌等必备设施，购置了适合代表阅读的文件资料和法律法规读本，启动或完成政务电子系统和预算联网监督系统建设，基本实现了环境布置好、活动场地好、配套设施好、内容形式好、活动效果好的“五好”目标。

履职活动有亮点。平定县人大加大履职力度、盂县人大加强“三基建设”、郊区人大融合式监督理念、城区人大服务中心工作、矿区人大加强代表工作等经验做法，都成为在全省人大系统叫得响、立得住的创新品牌。平定县石门口乡人大作为全省唯一乡镇人大的代表，出席了全国加强县乡人大工作和建设座谈会，在会上交流了工作经验。

制度建设有进展。县区人大常委会推动制度创新，强抓制度执行，履职程序更加规范，工作水平不断提升。乡镇人大健全完善各项规章制度和工作规程，乡镇人大干部的法治观念和制度意识有所增强，监督工作纳入规范化运行轨道。

第十章　开展横向交流

积极主动开展横向联系，是各级地方国家权力机关交流工作经验，推动经济合作，服务社会发展的重要途径。阳泉市人大常委会在开展同兄弟城市人大常委会的横向联系中，紧紧围绕贯彻落实党中央和省委、市委关于人大工作的决策部署，坚持和完善人民代表大会制度，宣传阳泉改革发展的巨大成就，开展多形式、深层次的协作交流，通过互通情况、学习借鉴、促进理解、增进认同、扩大影响，助力经济社会各领域的务实合作，推动人民代表大会理论和实践创新。2001 年至 2020 年，先后有 200 余家国内城市人大来阳泉学习取经，阳泉形象、阳泉模式、阳泉经验、阳泉品牌广泛关注。

参加二十四城市研讨会。全国二十四城市人大工作研讨会发起于 1988 年，由全国部分中等城市组成，涉及 11 个省（区），每年举行秘书长会议、研讨会议两次会议，分别由南、北两片（以黄河为界）各 12 个城市轮流承办。市十二届、十四届人大常委会期间，两次承办研讨会议。2003 年 9 月 15 日至 16 日，研讨会第十四次会议在阳泉市召开，山西省人大常委会党组书记、常务副主任纪馨芳出席会议，市委书记程步云致欢迎辞，代市长谢海介绍市情，市十二届人大常委会主任丁贵生致开幕词。会议期间，市十二届人大常委会提交《创新监督形式提高会议质量》论文，重点围绕常委会对“一府两院”工作报告实行表决制度的探索实践，进行了会议交流。2012 年 6 月 25 日至 28 日，研讨会第二十三次会议在阳泉市举行，开幕式由市十三届人大常委会主任刘高官主持，省人大常委会副主任王雅安应邀出席并讲话，市委、市政府主要领导分别致欢迎词和介绍市情。会议围绕“如何提高地方人大常委会监督实效”和“加强整体建设，充分发挥常委会整体职能”两项议题进行了交流。二十四城市分别是：山西省阳泉市、山西省长治市、山西省晋城市、山西省朔州市、河南省平顶山市、湖北省黄石市、辽宁省辽阳市、陕西省铜川市、河北省邯郸市、河北省邢台市、安徽省淮南市、安徽省蚌埠市、江苏省扬州市、江苏省镇江市、河南省焦作市、辽宁省抚顺市、辽宁省本溪市、湖南省湘潭市、湖南省株洲市、新疆克拉玛依市、新疆石河子市、山东省济宁市、山东省淄博市、山东省枣庄市。

赴兄弟城市人大考察学习。先后到徐州、南京、淄博、天津、东营、威海、扬州、镇江、江阴、太仓、青岛、日照、临沂、曲阜、连云港、贵阳、昆明、包头、鄂尔多斯、登封、张家界、石家庄、上海、北京、大庆、辽阳、抚顺等地市考察学习资源型城市可持续发展、城市建设，环境保护、园林规划，交通管理、社会主义新农村建设及人大常委会自身建设等情况。先后赴长治学习“公示监督”以及执法责任制和“两错”责任追究制；赴太原、榆次等开发区学习考察；赴长治、晋城、晋中考察农村卫生工作；赴吕梁、临汾、运城考察文物保护工作；赴右玉县学习生态环境建设、发展循环经济情况。赴重庆、成都、深圳、珠海、青岛、临沂、连云港、三亚、株洲、大同、朔州、忻州、兰州、张掖、酒泉、银川、海东、玉树藏族、临沂、菏泽、洛阳、福州、宁德、南宁、成都等市州学习地方立法经验。

外地人大来阳泉市考察学习。2001年至2020年，常委会与全国90多个同级人大常委会互相交流材料，多批次接待外地人大到阳泉市考察学习，扩大了与外地人大的联系，促进了自身工作。如2018年至2019年，就有江门市人大、玉门市人大、濮阳市人大、忻州市人大、湖南省人大、晋中市人大、大同市人大、咸阳市人大、通辽市人大、百色市人大、驻马店市人大、右玉县人大、江苏省人大等到阳泉学习考察，涉及农村卫生、新闻宣传、代表、立法、监督、古树名木保护、监察体制改革、备案审查等多方面的工作。

开展对外交流。2001年后，阳泉市人大常委会的有关机构，先后随中国人民对外友好协会团出席美国全国州议会会议年会；到俄罗斯进行内务司法工作考察学习和工作交流；到北欧国家参加维护妇女儿童合法权益学习交流；到澳大利亚、新西兰等国家学习交流考察司法和司法监督、节能减排、生态文明建设、保护环境立法监督等方面的工作经验；到南非开普敦市政府和埃及加比亚省议会进行城市间合作意向和交流，学习开普省和加比亚的先进经验。

阳泉市
人民代表大会志

（2001—2020）

下　册

《阳泉市人民代表大会志》编纂委员会　编

方志出版社
Publishing House of Local Records

下册目录

第八篇 市人大常委会机关

第九篇 县乡人民代表大会

第十篇　人　物

第十一篇　文件选编

第八篇

市人大常委会机关

按照《中华人民共和国地方各级人民代表大会和地方各级人民政府组织法》规定，市人民代表大会设立专门委员会，为市人民代表大会的常设工作机构，人民代表大会闭会期间，受人大常委会的领导。市人大常委会设办事机构和其他工作机构，各工作委员会是人大常委会的工作机构。办事机构和工作机构职能不同，但都是市人大机关的重要组成部分，在市人大常委会及其主任会议的统一领导下，坚持围绕市委工作中心，服务全市发展大局，为开好市人民代表大会会议、常委会会议、主任会议服务；为发展社会主义民主，健全社会主义法治服务；为市人大代表和常委会组成人员依法行使职权服务。坚持围绕依法履行各项法定职责，发挥好市人大常委会及其主任会议的参谋助手作用，保障常委会机关高效有序运转，加强政治建设、思想建设、组织建设、作风建设、纪律建设、制度建设和工作设施等方面的建设，不断提高工作质量和履职水平。特别是中共十八大后，市人大常委会机关高举中国特色社会主义伟大旗帜，坚持以习近平新时代中国特色社会主义思想为指导，在中共阳泉市委的坚强领导下，紧紧围绕党委工作重点、政府工作难点、群众关注热点，依法履职尽责，积极主动作为，开创了新时代人大工作新局面，为全市经济社会发展和民主法治建设做出了积极贡献。

第一章　机构沿革

第一节　市十一届人大常委会机关

1997年4月23日，市十一届人民代表大会第一次会议第四次全体会议表决产生市人民代表大会政治法律委员会、财政经济委员会、教育科学文化卫生委员会、农村委员会、城乡建设环境保护委员会5个专门委员会的主任委员、副主任委员和委员。各专门委员会均内设办公室。同时期，市人大常委会设“两室一委”3个正县级工作机构，即：办公室，内设秘书科、行政科、信访科、老干部科；调查研究室，内设综合科；人事代表工作委员会，内设办公室。

2001年12月4日，《中共阳泉市委关于印发阳泉市人民代表大会常务委员会、政协阳泉市委员会职能配置、内设机构和人员编制方案的通知》（阳发〔2001〕60号），对市人大及其常委会内设机构作出如下规定：

1. 市人大常委会办公室更名为市人大常委会办公厅，编制9名，秘书长兼办公厅主任1名，副秘书长兼办公厅副主任2名，内设3个科级机构，即办公室，编制2名，职数1名；信访科，编制2名，职数1名；老干部科，编制2名，职数1名。

2. 调查研究室，编制4名，职数2名，内设1个科级机构，即综合科，编制2名，职数1名。

3. 法制委员会，编制4名，职数2名，内设1个科级机构，即办公室，编制2名，职数1名。

4. 财政经济委员会，编制4名，职数2名，内设1个科级机构，即办公室，编制2名，职数1名。

5. 教育科学文化卫生委员会，编制4名，职数2名，内设1个科级机构，即办公室，编制2名，职数1名。

6. 农村委员会，编制4名，职数2名，内设1个科级机构，即办公室，编制2名，职数1名。

7. 城乡建设环境保护委员会，编制4名，职数2名，内设1个科级机构，即办公室，编制2名，职数1名。

8. 人事代表工作委员会，编制4名，职数2名，内设1个科级机构，即办公室，编制2名，职数1名。

通知明确，市人大常委会机关行政编制为43名（含常委会主任、副主任单列编制6名）。机关后勤服务中心增加编制13名，用于安置市人大常委会机关的工勤人员。增编后，市人大常委会机关后勤服务中心总编制为21名，仍为正科级全额预算事业单位，逐步向自收自支过渡。领导职数设：主任1名，副主任2名。人员编制结构：管理人员2名，专业技术人员3名，工勤人员16名。

第二节　市十二届人大常委会机关

2002年3月29日，市十二届人民代表大会第一次会议第四次全体会议表决通过市人民代表大会法制委员会、财政经济委员会、教育科学文化卫生委员会、农村委员会、城乡建设环境保护委员会5个专门委员会组成人员名单。同时期，常委会工作机构未变动，行政编制为43人（含常委会主任、副主任单列编制6名），事业编制为21人，总编制64人，实有在职公务员39名，事业单位人员16名。机关离退休干部职工29名。

第三节　市十三届人大常委会机关

2007年5月31日，市十三届人民代表大会第一次会议第四次全体会议表决通过市人民代表大会法制委员会、财政经济委员会、教育科学文化卫生委员会、农村委员会、城乡建设环境保护委员会5个专门委员会组成人员名单。

2008年7月10日，《阳泉市机构编制委员会关于阳泉市人大常委会增设民族宗教侨务外事工作委员会的通知》（阳编字〔2008〕9号）明确，根据省编办《关于阳泉市人大常委会增设民族宗教侨务外事工作委员会的通知》（晋编办字〔2008〕36号）精神，经2007年12月4日阳泉市机构编制委员会会议研究，同意阳泉市人大常委会增设内设机构民族宗教侨务外事工作委员会，机构规格为正县级，编制2名（使用机动行政编制）。领导职数设：主任1名，副主任1名。编制调整后，阳泉市人大常委会机关的行政编制总数为45名。

2011年12月1日，阳泉市机构编制委员会办公室印发《关于阳泉市人大常委会信访办公室设置为副县级机构的通知》（阳编办字〔2011〕116号）明确，阳泉市人大常委会办公厅信访科更名为阳泉市人大常委会信访办公室，规格升格为副县级，为市人大常委会工作机构，核定副县级领导职数1名。

第四节　市十四届人大常委会机关

2012年5月30日，市十四届人民代表大会第一次会议第四次全体会议表决通过市人民代表大会法制委员会、财政经济委员会、教育科学文化卫生委员会、农村委员会、城乡建设环境保护委员会5个专门委员会组成人员名单。

2014年10月24日，阳泉市机构编制委员会办公室印发《关于成立阳泉市人大常委会机关信息中心的批复》（阳编办字〔2014〕49号）明确，成立阳泉市人大常委会机关信息中心，为正科级财政拨款事业单位，编制 3 名，设管理人员 1 名，专业技术人员 2 名，领导职数 1 名。

2015 年 11 月 18 日，阳泉市机构编制委员会办公室印发《关于阳泉市人民代表大会常务委员会所属事业单位编制调整的批复》（阳编办字〔2015〕56 号）明确，给阳泉市人大常委会机关信息中心调整增加财政拨款事业编制 3 名。编制调整后，阳泉市人大常委会机关信息中心编制数为 6 名，人员编制结构为：管理人员 2 名、专业技术人员 4 名，领导职数设：主任 1 名，副主任 1 名；阳泉市人大常委会机关后勤服务中心编制数为 18 名，人员编制结构为：管理人员 3 名、专业技术人员 3 名、工勤人员 12 名。

2015 年 12 月 8 日，阳泉市机构编制委员会办公室印发《关于阳泉市人民代表大会常务委员会法制工作委员会机构编制事项的通知》（阳编办字〔2015〕71 号）明确，为适应开展地方立法工作的需要，经市编委会议研究并报省编办批准(晋编办字〔2015〕151 号)，同意市人大常委会设立法制工作委员会，与阳泉市人民代表大会法制委员会一个机构、两块牌子，编制 9 名(内部调整)。领导职数设：主任委员 1 名，副主任委员 2 名。核定正县级领导职数 1 名，副县级领导职数 2 名。之前，为法制委员会核定的县级领导职数不再执行。法制委员会（法制工作委员会)重新确定内设机构 3 个：法规处、备案审查处、综合处，规格均为正科级。

2016 年 8 月 24 日，阳泉市机构编制委员会办公室印发《关于阳泉市人民代表大会常务委员会调整内设机构的批复》（阳编办字〔2016〕67 号）明确，为适应工作需要，同意给法制委员会(法制工作委员会)重新确定内设机构 3 个：法规科、综合科、备案审查科，规格均为正科级。法规科编制 2 名，职数 1 名；综合科编制 2 名(含副主任 1 名)，职数 1 名；备案审查科，编制 2 名，职数 1 名。

第五节　市十五届人大常委会机关

2017 年 3 月 7 日，市十五届人民代表大会第一次会议第一次全体会议表决通过市人民代表大会法制委员会组成人员名单。3 月 10 日，市十五届人民代表大会第一次会议第四次全体会议，表决通过市人民代表大会财政经济委员会、教育科学文化卫生委员会、农村委员会、城乡建设环境保护委员会 4 个专门委员会组成人员名单。

2017 年 7 月 26 日，阳泉市机构编制委员会办公室印发《关于阳泉市人民代表大会常务委员会增设内务司法工作委员会及专职副主任领导职数的通知》（阳编办字〔2017〕67 号）明确，为强化市人大常委会的立法和法律监督工作，经市编委会议研究并报省编办批准(晋编办字〔2017〕152 号)，同意市人大常委会增设内务司法工作委员会，与调查研究室合署办公，一个机构、两块牌子。同时，增加市人大常委会内务司法工作委员会专职副主任领导职数 1 名。核定副县级领导职数 1 名。

2019 年 2 月，市委、市政府《关于印发〈阳泉市机构改革方案〉的通知》（阳发〔2019〕1 号）明确，组建市人大社会建设委员会，与市人大常委会民族宗教侨务外事工作委员会合署办公，内设综合科；市人大常委会内务司法工作委员会更名为市人大常委会监察和司法工作委员会，仍与调查研究室合署办公，内设综合科；市人大常委会办公厅更名为市人大常委会办公室，其内设机构相应调整，办公室更名为综合科，老干部科更名为行政科；调整专门委员会下设机构，原专门委员会办公室均更名为综合科。

2019年2月26日，市十五届人民代表大会第四次会议第二次全体会议表决通过《关于设立阳泉市人民代表大会社会建设委员会的决定》《阳泉市第十五届人民代表大会社会建设委员会组成人员名单》。

2019年3月22日，中共阳泉市委办公室印发《关于调整市人大常委会机关机构编制的通知》，对市人大常委会机关机构编制作出调整：组建市人大社会建设委员会，与市人大常委会民族宗教侨务外事工作委员会合署办公，编制4名（从市人大法制委员会、财政经济委员会各调整1名），职数2名。市人大社会建设委员会（市人大常委会民族宗教侨务外事工作委员会）下设综合科，规格正科级，领导职数1名。市人大常委会内务司法工作委员会更名为市人大常委会监察和司法工作委员会，仍与调查研究室合署办公。调查研究室（市人大常委会监察和司法工作委员会）下设综合科、市人大常委会办公厅更名为市人大常委会办公室，其下设办公室更名为综合科；老干部科更名为行政科。调整相关专门委员会下设机构：财政经济委员会办公室更名为财政经济委员会综合科，教育科学文化卫生委员会办公室更名为教育科学文化卫生委员会综合科，农村委员会办公室更名为农村委员会综合科，城乡建设环境保护委员会办公室更名为城乡建设环境保护委员会综合科，人事代表工作委员会办公室更名为人事代表工作委员会综合科。市人大法制委员会（市人大常委会法制工作委员会）编制调整为7名，市人大财政经济委员会编制调整为3名。

2019年9月9日，市委机构编制委员会办公室印发《关于成立阳泉市人大常委会机关老干部服务中心的批复》（阳编办字〔2019〕94号）明确，成立阳泉市人大常委会机关老干部服务中心，为正科级财政拨款事业单位，公益一类，编制6名。人员编制结构为：管理人员2名，专业技术人员3名，工勤人员1名。领导职数设：主任1名，副主任1名，隶属阳泉市人民代表大会常务委员会。明确市人大常委会机关信息中心编制9名，人员编制结构为：管理人员3名，专业技术人员6名；阳泉市人大常委会机关后勤服务中心编制13名，人员编制结构为：管理人员3名，专业技术人员3名，工勤人员7名。领导职数设：主任1名，副主任1名。

2019年12月30日，阳泉市机构编制委员会办公室印发《关于成立阳泉市人大常委会预算监督管理中心的批复》（阳编办字〔2019〕138号）明确，成立阳泉市人大常委会预算监督管理中心，为正科级财政拨款事业单位，公益一类，编制3名（从市直财政拨款事业调整）。人员编制结构为：管理人员1名，专业技术人员2名。领导职数设：主任1名。隶属阳泉市人民代表大会常务委员会。

2020年11月16日，阳泉市机构编制委员会办公室印发《关于阳泉市人民代表大会常务委员会机关机构编制调整的批复》（阳编办字〔2020〕66号）明确，市人大法制委员会（市人大常委会法制工作委员会）增加行政编制3名。内设机构调整：市人大法制委员会（市人大常委会法制工作委员会）法规科更名为法规一科，增设法规二科和法规三科，均为正科级内设机构。法规一科编制2名（含副主任1名），职数1名；法规二科编制2名（含副主任1名），职数1名；法规三科编制2名（含主任1名），职数1名。市人大常委会办公室增设人事教育科，规格为正科级，编制2名（含副秘书长1名），职数1名；内设机构行政科，编制2名（含副秘书长1名），职数1名。

2020年11月16日，阳泉市机构编制委员会办公室印发《中共阳泉市委机构编制委员会办公室关于印发阳泉市人民代表大会常务委员会所属事业单位机构职能编制规定的通知》（阳编办字〔2020〕73号）明确，市人大常委会所属事业单位机构编制规定为：阳泉市人大代表联络服务中心（阳泉市人大常委会机关信息中心），正科级建制，公益一类事业单位；核定财政拨款事业编制12名，管理人员7名，专业技术人员4名，工勤人员1名；领导职数设主任1名，副主任1名；隶属阳泉市人大常委会。阳泉市人大常委会预算管理中心，正科级建制，公益一类事业单位；核定财政拨款事业编制 8 名，管理人员 4 名，专业技术人员 4 名；领导职数设主任 1 名，副主任 1 名；隶属阳泉市人大常委会。阳泉市人大常委会机关老干部服务中心，正科级建制，公益一类事业单位；核定财政拨款事业编制 6 名，管理人员 3 名，专业技术人员 2 名，工勤人员 1 名；领导职数设主任 1 名，副主任 1 名；隶属阳泉市人大常委会。

2020 年 11 月 20 日，中共阳泉市委组织部、中共阳泉市委机构编制委员会办公室、阳泉市财政局、阳泉市人力资源和社会保障局联合印发《关于阳泉市人民代表大会常务委员会所属事业单位机构职能编制规定的通知》（阳编办字〔2020〕103 号）明确，市人大常委会机关后勤服务中心转隶阳泉市市级机关后勤保障服务中心。

截至 2020 年 12 月 31 日，市人大常委会机关共有行政和事业编制 78 名，其中行政编制 52 名，事业编制 26 名。正县级领导职数 11 名，副县级领导职数 15 名，科级领导职数 15 名。核定一级调研员 1 名，二级调研员 2 名，三级、四级调研员 6 名，一级、二级主任科员 13 名，三级、四级主任科员 14 名。

市人大及其常委会内设机构如下：

一、市人大专门委员会（6 个）：

1. 市人大法制委员会，内设法规一科、法规二科、法规三科、综合科、备案审查科；
2. 市人大财政经济委员会，内设综合科；
3. 市人大教育科学文化卫生委员会，内设综合科；
4. 市人大农村委员会，内设综合科；
5. 市人大城乡建设环境保护委员会，内设综合科。
6. 市人大社会建设委员会，内设综合科。

二、市人大常委会工作机构（7 个）：

1. 市人大常委会办公室，内设综合科、行政科、人事教育科、信访办公室；
2. 市人大常委会调查研究室，内设综合科；
3. 市人大常委会法制工作委员会（与市人大法制委员会合署办公），内设法规一科、法规二科、法规三科、综合科、备案审查科；
4. 市人大常委会民族宗教侨务外事工作委员会（与市人大社会建设委员会合署办公，2021 年起分设），内设综合科；
5. 市人大常委会监察和司法工作委员会（与市人大常委会调查研究室合署办公，2021 年起分设），内设综合科；
6. 市人大常委会人事代表工作委员会，内设综合科；
7. 信访办公室。

三、机关事业单位（4 个）：

1. 市人大代表联络服务中心；
2. 市人大常委会机关信息中心（与人大代表联络服务中心合署办公）；
3. 市人大常委会预算管理中心；
4 市人大常委会机关老干部服务中心。

第二章　主要职责

第一节　职责依据

2001年12月4日，中共阳泉市委关于印发《阳泉市人民代表大会常务委员会、政协阳泉市委员会职能配置、内设机构和人员编制方案》的通知（阳发〔2001〕60号），明确市人大及其常委会各机构主要职责。之后，历届市人大常委会为适应新形势新任务的需要，不断健全和规范机构设置，工作职责相应地拓展和强化。特别是中共十八大后，围绕开展地方立法、提升立法质量，强化监督职能、增强监督实效的新要求，机构建设更加完善，职责清单更加明晰。

2008年7月10日，阳泉市机构编制委员会印发《关于阳泉市人大常委会增设民族宗教侨务外事工作委员会的通知》（阳编字〔2008〕9号），明确市人大常委会民族宗教侨务外事工作委员会主要职责。

2015年12月8日，阳泉市机构编制委员会办公室印发《关于阳泉市人民代表大会常务委员会法制工作委员会机构编制事项的通知》（阳编办字〔2015〕71号），明确市人大法制委员会（市人大常委会法制工作委员会）主要职责。

2016年8月24日，阳泉市机构编制委员会办公室印发《关于阳泉市人民代表大会常务委员会调整内设机构的批复》（阳编办字〔2016〕67号），明确市人大法制委员会（市人大常委会法制工作委员会）内设科室主要职责。

2017年7月26日，阳泉市机构编制委员会办公室印发《关于阳泉市人民代表大会常务委员会增设内务司法工作委员会及专职副主任领导职数的通知》（阳编办字〔2017〕67号），明确市人大常委会内务司法工作委员会主要职责。

2019年3月22日，中共阳泉市委办公室印发《中共阳泉市委办公室关于调整市人大常委会机关机构编制的通知》（阳办字〔2019〕8号），明确市人大社会建设委员会、市人大常委会监察和司法工作委员会和市人大常委会办公室内设科室主要职责。

第二节　专门委员会主要职责

一、法制委员会

对提请市人民代表大会及其常务委员会审议的地方性法规草案进行统一审议，向市人民代表大会主席团或者市人大常委会汇报法规草案起草修改情况、提出审议结果报告和法规草案修改稿、表决稿。起草市人大常委会制定地方性法规的年度计划和长远规划草案，报主任会议决定，并协助检查督促规划和计划落实情况。向市人民代表大会主席团或者市人大常委会提出制定地方性法规的议案。审议地方性法规解释草案并提出表决稿。负责地方立法同宪法和国家法律的衔接、配套，保证国家法制统一。会同市人大及其常委会有关工作（办事）机构，对报送市人大常委会备案的市人民政府规章以及县（区）人大及其常委会制定的决议、决定等规范性文件进行审查，认为同宪法、法律、行政法规和本省、市地方性法规相抵触的，向市人大常委会提出审查结果报告。对属于市人大及其常委会职权范围内的有关法规问题进行调查研究，向市人大及其常委会提出报告或建议。负责市人大及其常委会、主任会议交办的其他事项。

二、财政经济委员会

审查市人民政府提请市人大常委会审议的财政、经济工作方面的议案，向市人大常委会提出报告。审查市人民政府有关财政经济方面的决定、命令、规章和文件是否符合宪法、法律和法规，向市人大常委会提出报告。审查全市国民经济发展规划和年度计划，监督年度计划执行情况，向市人大及其常委会提出报告。审查市级财政预算决算、预算调整情况，监督市本级预算执行情况，向市人大及其常委会提出报告。监督市本级国有资产管理情况，向市人大常委会提出报告。监督市级财政预算执行和其他财政收支审计及审计查出问题整改情况，向市人大常委会提出报告。指导全市人大系统开展预算联网监督工作，负责市人大常委会预算联网监督工作。审议市人民代表大会主席团或市人大常委会交付的财政经济工作方面的议案。检查全市范围内有关财政经济方面的法律、法规的实施情况。向常委会提出听取市人民政府有关财经工作专项报告的建议，跟踪督办常委会会议审议意见的落实。对市人大及其常委会职权范围内同本委员会有关的重要问题进行调查研究，并提出建议。办理和督促办理同本委员会有关的市人民代表大会议案，代表意见、建议，提出办理情况报告。负责市人大及其常委会、主任会议交办的其他事项。

三、教育科学文化卫生委员会

负责市人民政府提请市人大常委会审议的与本委员会有关议案的初审工作。负责本委员会有关立法和审查的相关工作。办理省人大及其常委会有关委员会交办的地方性法规草案的征集意见工作。根据工作需要，对市人大及其常委会职权范围内同本委员会有关的工作进行调查研究，提出建议。检查本行政区域内贯彻实施宪法和涉及本委员会职能范围的有关法律、行政法规、地方性法规、上一级和本级人民代表大会及其常务委员会决议、决定的执行情况。听取与教科文卫有关的市人民政府职能部门的工作汇报。办理和督促办理同本委员会有关的市人民代表大会议案，代表意见、建议，提出办理情况报告。

四、农村委员会

审议市人民代表大会主席团或市人大常委会交付的议案，提出审议报告。拟订并向市人民代表大会主席团或市人大常委会提出属于市人民代表大会或者市人民代表大会常务委员会职权范围内同本委员会有关的议案。拟订和审议同本委员会有关的决议、决定草案。审议市人民代表大会主席团或市人大常委会交付的质询案，听取受质询机关对质询的答复，向市人民代表大会主席团或者市人大常委会提出报告。视察和检查本行政区域内贯彻实施宪法和涉及本委员会职能范围的有关法律、行政法规、地方性法规、上级和本级人大及其常委会决议、决定的执行情况。对视察、检查中发现的重大问题，向市人大常委会或主任会议报告，并提出处理意见和建议。听取市人民政府及其相关部门有关农业和农村工作方面的汇报，对其中的重大问题，向市人大常委会或主任会议报告。根据工作需要，对市人大及其常委会职权范围内同本委员会有关的问题，进行调查研究，提出建议。负责与本委员会有关的立法和审查的相关工作。办理省人大及其常委会有关委员会交办的地方性法规草案的征集意见工作，或参与办理与本委员会有关的法律、法规草案的征集意见工作。办理和督促办理同本委员会有关的市人民代表大会议案，代表意见、建议，提出办理情况报告。

五、城乡建设环境保护委员会

审议市人民代表大会主席团或者市人民代表大会常务委员会交付的有关城建环保方面的议案和其他有关议案。向市人民代表大会主席团或者市人民代表大会常务委员会提出属于市人民代表大会或市人民代表大会常务委员会职权范围内同城建环保方面有关的议案。根据市人大常委会年度立法计划，审议市人民代表大会主席团或者市人民代表大会常务委员会交付的由市人民政府有关部门起草的城乡建设和环境保护方面的法规草案，提出审议报告。审议市人民代表大会主席团或者市人民代表大会常务委员会交付的有关城建环保方面的质询案，听取受质询机关对质询案的答复，必要时向市人民代表大会主席团或者市人民代表大会常务委员会提出审议报告。协助市人民代表大会常务委员会，对城建环保方面法律法规的实施和市人民政府城建环保方面的工作进行监督。对属于市人民代表大会或者市人民代表大会常务委员会职权范围内同本委员会有关的问题，进行调查研究，提出建议。办理和督促办理同本委员会有关的市人民代表大会议案，代表意见、建议，提出办理情况报告。

六、社会建设委员会

研究、拟定、审议劳动就业、社会保障、民政事务（包括社会管理、社会工作、体育等）、群团组织（包括群团工作以及妇女、儿童、青少年权益保护等）、安全生产等方面的有关议案、法规草案。组织开展有关执法检查、专题调研等。办理和督促办理同本委员会有关的市人民代表大会议案，代表意见、建议，提出办理情况报告。联系省人大社会建设委员会、省人大常委会有关办事机构、市直有关委、办、局和各县（区）人大及其常委会有关机构。

第三节　办事和工作机构主要职责

一、办公室（2001 年 12 月至 2019 年 3 月更名为办公厅）

承担市人民代表大会会议、市人大常委会会议、常委会党组会议、主任会议、理论学习中心组学习会、秘书长会议，及机关党组会议等会议的筹备和服务工作。组织协调常委会党组、主任会议、秘书长会议及机关党组安排的各类活动。负责机关文书处理工作。承担市人大常委会及办公室相关文件的起草、审核、送签、登记、印制、寄发和外来文、函、电的登记、拟办、呈批、传阅、催办、清退、销毁等工作。负责机关印章、文书档案管理和机要、保密、文印等工作。负责与市人大及其常委会各机构进行沟通联系，协调安排各项视察、检查和调研等活动。承办市人大常委会的对外联络和接待工作的具体事务。统筹协调机关信息化建设和离退休人员的管理服务工作。负责机关的行政后勤事务、财务管理、人事劳资管理、干部教育培训、安全保卫等工作。督促、检查市人大常委会主任会议决定事项及市人大常委会领导批示的贯彻落实，协助市人大及其常委会各机构对市人民代表大会的决议、决定和市人大常委会会议议定事项的贯彻执行情况进行督促检查。组织协调机关目标责任制考核、党建、廉政建设、文明单位创建、综合治理等各方面工作。

二、调查研究室

调查研究全市各级人大常委会和乡镇人大履行职责、贯彻执行宪法和法律、法规的情况，分析研究存在问题，提出意见建议。围绕加强社会主义民主法治、人大及其常委会行使职权中的重要问题、常委会的重要工作开展调查研究和理论研讨。组织起草和审核修改市人大常委会有关工作计划、工作报告和领导讲话稿等综合性文稿。组织策划市人大常委会会议和其他重要会议、活动的宣传报道。负责人民代表大会制度的宣传，搞好人大新闻宣传舆情分析。负责人大工作重要信息的整理上报工作。承担《阳泉人大》《人大之声》《人大广角》等的编辑、编发，“阳泉人大”微信公众号的运营、维护等工作。负责人大志的编修工作。承担《阳泉年鉴》《阳泉市志》等涉及人大工作部分及《阳泉人大常委会公报》的编纂工作。了解掌握市内外人大工作情况，提供相关咨询及参考资料，同市内外有关人大常委会建立和保持联系、互通情况、交流经验。负责联系宣传部门、新闻单位，承担人大通讯员队伍的教育、培训、交流工作，指导县区人大宣传工作。承办市人大工作与理论研究会的日常工作。承办省人大常委会有关办事机构安排的工作。

三、法制工作委员会

为市人大常委会会议审议地方性法规草案做好有关服务工作。做好对地方性法规草案的统一审议工作。受主任会议委托，拟定有关地方性法规的议案草案。会同市人民代表大会有关专门委员会起草或修改地方性法规草案。起草市人民代表大会关于地方性法规的解释、修改和决定草案，并承办具体工作。开展有关法规问题的调研工作。承办地方立法长远规划、年度计划项目以及地方性法规立法前、立法后评估工作。负责市人大及其常委会制定和通过的地方性法规的公布、备案、汇编、清理、废止工作。承办、处理市人大常委会组成人员、市人大代表、人民群众提出的关于制定和修改地方性法规方面的议案、建议和意见以及市政协委员的有关提案工作。会同市人大常委会有关工作（办事）机构，起草市人大常委会的有关工作规定、制度等规范性文件。承办省人大常委会法工委交办的国家法律草案和省地方性法规草案征求修改意见的工作，并综合整理上报。负责与市人大常委会立法咨询专家、立法研究基地、基层立法联系点的日常联系。

四、民族宗教侨务外事工作委员会

负责向市人民代表大会主席团或者市人民代表大会常务委员会提出属于职权范围内同本委员会有关的议案。审议市人民代表大会主席团或者市人大常委会主任会议交付的议案或有关质询案，听取受质询机关对质询案的答复，并提出报告。对民族、宗教、侨务、外事、对台等方面的重大问题和事项进行调查研究。监督检查有关民族、宗教、侨务、外事、对台等方面法律、法规的实施情况。联系市民族、宗教、侨务、外事、对台工作部门和社会团体及有关代表。办理和督促办理同本委员会有关的市人民代表大会议案，代表意见、建议，提出办理情况报告。承办省人大常委会有关工作机构安排的工作。

五、监察和司法工作委员会

研究、拟定监察和司法方面的法律案等议案，起草、参与起草、修改有关地方性法规草案。依法对监察和司法方面的规范性文件进行审查，提出审查意见。对有关法律、法规以及决议、决定的贯彻实施情况进行检查，承办常委会会议听取和审议“一府一委两院”有关专项报告的具体工作。组织开展调查研究，提出建议。办理和督促办理同本委员会有关的市人民代表大会议案，代表意见、建议，提出办理情况报告。承办省人大及其常委会有关机构安排的工作。联系市监察委员会、市中级人民法院、市人民检察院、市公安局、市安全局、市司法局和县区人大监察和司法工作机构等，了解和掌握有关工作情况。负责接待办理人民群众来信来访，收集信访信息，建立信访档案。负责上级机关和市人大常委会领导交办、转办的有关信访案件，依法督促有关部门查处落实重大信访案件。

六、人事代表工作委员会

受市人大常委会主任会议委托，承办有关选举、任免、联系代表工作的办法、规定的草拟工作。承办市人民代表大会会议组织组的工作。承办市人大常委会人事任免工作。承办市人大常委会听取和审议市人民政府专项工作报告的有关工作。承办与市人大代表、本市选举的省人大代表和在本市工作、居住的全国人大代表的联系工作，组织人大代表开展闭会期间的活动。交办、转办、督办市人大代表的议案和建议，向常委会或主任会议报告办理情况。承办市人大换届选举和本市出席省人大代表的选举、补选、监督等工作及市人大常委会代表资格审查委员会的日常工作。参与承办对驻市省人大代表和市人大代表的培训工作。指导县（区）、乡（镇）人大的换届选举工作，承办有关事项。加强同省人大常委会人事代表工委、市委组织部、市委督查室、市政府督查室、市人社局、市中院、市检察院及县（区）人大常委会的联系。

七、信访办公室

接待和处理人民群众的来信来访。处理、催办常委会领导批示的人民群众来信来访事项。转办、催办上级人大常委会交办的信访事项。经常与承办部门取得联系。了解信访案件的办理情况，按期催要承办结果。积极向来访群众宣传党的政策和国家的法律法规，努力化解矛盾、稳定民心。根据信访实际情况，按月做好信访信息统计。对于带有典型性、普遍性的案件，要做好催办督办工作。做好信访工作档案管理工作。

第四节　事业单位主要职责

一、市人大代表联络服务中心

落实保障市人大代表知情权的各项具体措施，及时向市人大代表提供代表依法履职所需的有关信息或材料。做好邀请人大代表列席市人大常委会会议安排计划，协调市人大代表参加人大常委会组织的视察调研、执法检查以及其他有关活动的工作。在人代会期间协助大会议案组收集、整理、讨论市人大代表议案建议工作。组织市人大代表闭会期间的学习培训和考察等具体活动，督促做好代表小组活动，为市人大代表审议有关议案和报告提供帮助。加强市人大代表与人大代表联络站的联系与沟通，为代表密切联系人民群众做好相关的组织协调和服务保障工作，为提高代表意见建议的提出和办理质量做好有关工作。为代表的依法履职做好协调工作，及时提供时间、经费以及其他合法权益等方面的服务保障协助承担有关代表资格审查和暂时停止执行代表职务、代表资格终止情形报告具体事务等。协调有关部门做好代表依法履职经验的总结和宣传工作。

二、市人大常委会机关信息中心

负责市人大常委会机关信息化建设和全市各级人大信息化建设统筹、规划与协调。

三、市人大常委会预算管理中心

负责全市人大预算联网监督工作的总体设计及管理。负责市人大预算联网平台的建设、运行、维护、管理及机房的日常值班工作。负责各类相关工作软件(系统)的实施运行及培训工作。负责市人大预算联网监督数据采集、导入、运行、维护、管理及安全工作。负责由市财政投资形成的预算联网监督资产的管理工作。负责预算联网监督平台的日常使用，积极做好对财政全口径、全过程、全覆盖的联网监督工作。负责指导县、乡人大预算联网监督工作。

四、市人大常委会机关老干部服务中心

负责机关离退休干部的服务管理工作，定期慰问走访离退休干部。组织离退休干部学习党的路线方针政策和政治理论，继续为阳泉市经济社会发展发挥余热。定期向离退休干部通报全市经济社会发展和人大工作情况。组织开展文体活动，增进离退休干部身心健康。负责为离退休干部提供学习、医疗、生活服务。协助老干部党支部开展工作。负责管理老干部活动室。

第三章　机关人员名录

第一节　秘书长班子

秘书长：王　升（1997.2—2002.3）
　　　　李　明（2002.3—2007.5）
　　　　高中和（2007.5—2010.3）
　　　　吕誉耀（2010.5—2012.5）
　　　　唐　麟（2012.5—2017.3）
　　　　张利军（2017.3—2020.4）
　　　　赵文骥（2020.4—　）
副秘书长：张宝明（1998.8—2007.4）
　　　　郭靖民（1999.4—2001.6）
　　　　武建功（2002.3—2004.6）
　　　　周子服（2004.6—2007.4）
　　　　鄯怀林（2007.5—2010.6）
　　　　丁国忠（2007.5—2012.5）
　　　　唐　麟（2007.4—2012.5）
　　　　史友松（2009.2—2015.6）
　　　　李润怀（2012.7—2016.5）
　　　　桑晓飞（2012.8—2016.8）
　　　　　　　（2017.3—　）
　　　　侯润林（2013.4—2017.3）
　　　　高永恩（2017.3—2019.2）
　　　　董　英（女，2019.2—2020.12）

第二节　专门委员会

政治法律委员会（1997.4—2002.3）

主任委员：石崇德（1997.4—2002.3）

副主任委员：张俊堂（1997.4—2002.3）

办公室主任：张进军（1999.12—2002.3）

法制委员会

主任委员：张禄长（2002.3—2007.5）
　　　　　杨喜平（2007.5—2012.5）
　　　　　吕志坚（女，2012.5—　）
副主任委员：杨喜平（2002.3—2007.5）
　　　　　　张国强（2007.5—2012.5）
　　　　　　任　庆（2012.5—2019.2）
　　　　　　何丽萍（女，2017.3—　）
　　　　　　任晓辉（2019.2—　）

办公室

主　　任：张进军（2002.3—2005.6）
　　　　　侯润林（2005.6—2008.1）
　　　　　任晓辉（2010.5—2016.4）
副 主 任 ：任晓辉（2008.11—2010.5）
科　　员：任晓辉（2007.1—2008.1）

综合科

科　　长：王　敦（2017.1—2019.4）
　　　　　杨柳青（女，2019.4—　）
副 科 长 ：王　敦（2016.4—2017.1）
副主任科员：许　琨（女，2017.10—2019.6）
　　　　　　张　懿（女，2017.10—2019.6）
科　　员：许　琨（女，2016.10—2017.10）
　　　　　张　懿（女，2016.10—2017.10）

法规科

科　　长：任晓辉（2016.4—2019.3）
　　　　　王瑞娟（女，2019.3—2020.12）

法规一科

科　　长：许　琨（女，2020.12 —　）

法规三科

科　　长：马丽君（女，2020.12 —　）

备案审查科

科　　长：赵晓东（2016.4—2016.11）
　　　　　王建平（2016.11—2019.3）
　　　　　耿雪华（女，2019.3-2019.4）
　　　　　王　敦（2019.4—　）
一级主任科员：王　敦（2019.9—　）
　　　　　　　王瑞娟（女，2019.9　2020.12）

杨柳青（女，2019.9 — ）
马丽君（女，2020.12 — ）
三级主任科员：许　琨（女，2019.12—2020.12）
张　懿（女，2019.12— ）
四级主任科员：许　琨（女，2019.6—2019.12）
张　懿（女，2019.6—2019.12）

财政经济委员会

主任委员：鄯怀林（1997.4—2007.5）
李润怀（2007.5—2012.5）
丁国忠（2012.5—2017.3）
闫　亮（2017.3— ）
副主任委员：程志强（1997.4—2002.3）
李润怀（2002.3—2007.5）
赵永东（2007.5—2012.5）
侯润林（2012.5—2013.4）
郭玉霞（女，2013.4—2017.3）
张慧清（2017.3— ）
办公室
主　任：赵永东（1999.12—2007.5）
郭玉霞（女，2008.1—2013.3）
苗志明（2013.5—2016.11）
李姝芳（女，2016.11—2019.4）
副主任科员：郭玉霞（女，2004.3—2008.1）
苗志明（2012.12—2013.5）
综合科
科　长：李姝芳（女，2019.4—2020.6）
王修智（2020.7— ）
一级主任科员：李姝芳（女，2019.9—2020.6）

教育科学文化卫生委员会

主任委员：李生林（1997.4—2007.5）
王万柱（2007.5—2012.5）
王玉明（2012.5—2017.3）
白　平（2017.3—2020.4）
侯润林（2020.4— ）
副主任委员：王万柱（1997.4—2007.5）
史小梅（女，2012.5—2019.2）
李姝君（女，2019.2— ）

办公室

主　　任：王玉明（1999.4—2002.3）

　　　　　史润才（2005.6—2013.2）

　　　　　高卫娟（女，2013.5—2019.4）

副主任科员：高卫娟（女，2011.11—2013.5）

科　　员：高卫娟（女，2009.11—2010.5）

综合科

科　　长：赵晓东（2019.4—　）

一级主任科员：赵晓东（2019.9—　）

二级主任科员：付　华（女，2020.10 —　）

农村委员会

主任委员：任怀金（1997.4—2002.3）

　　　　　郗存祥（2002.3—2012.5）

　　　　　李国庆（女，2012.5—2017.3）

　　　　　邓宝柱（2017.3—　）

副主任委员：

　　　　　史友松（2002.3—2012.5）

　　　　　张国强（2012.5—　）

办公室

主　　任：史友松（1999.4—2001.10）

　　　　　李慧萍（女，2001.12—2010.5）

　　　　　史翠花（女，2010.5—2019.3）

　　　　　李　敏（2019.3—2019.4）

科　　员：王　刚（2002.12—2007.6）

综合科

科　　长：高卫娟（女，2019.4—2020.6）

　　　　　徐　芳（女，2020.7—　）

一级主任科员：高卫娟（女，2019.9 — 2020.6）

城乡建设环境保护委员会

主任委员：牛树雨（1997.4—2002.3）

　　　　　程志强（2002.3—2012.5）

　　　　　樊文平（2012.5—2017.3）

　　　　　王玉明（2017.3—　）

副主任委员：吕清英（女，1997.4—2002.3）

　　　　　　桑晓飞（2002.3—2016.8）

　　　　　　董　英（女，2016.12—2019.2）

　　　　　　乔军华（2019.2　）

办公室

主　　任：桑晓飞（1999.4—2002.3）
董　英（女，2008.1—2016.11）
康日魁（2016.11—2019.4）

副主任科员：董　英（女，2006.6—2008.1）

科　　员：董　英（女，2002.12—2006.6）

综合科

科　　长：康日魁（2019.4—　）

一级主任科员：康日魁（2019.9—　）

社会建设委员会

主任委员：王吉贵（2019.2—　）

副主任委员：李东方（2019.2—　）

综合科

科　　长：高　志（2019.11—　）

第三节　办事和工作机构

办公室（办公厅）

主　　任：张宝明（1998.2—2007.5）
丁国忠（2007.5—2012.5）
李润怀（2012.7— 2016.5）
张利军（2017.3—2020.2）
赵文骥（2020.2—　）

副 主 任：郗存祥（1997.4—2002.3）
牛有义（1997.8—2001.6）
史友松（2001.10—2002.3）
丁国忠（2002.3—2007.5）
唐　麟（2002.3—2006.12）
樊文平（2007.4—2012.5）
高永恩（2013.4—2019.2）
桑晓飞（2017.3—2019.2）

秘书科

科　　长：李慧萍（女，1997.5—2001.12）

副 科 长：楼淇涛（1999.12—2001.12）

办公室

主　　任：唐　麟（2001.12—2002.3）

樊文平（2003.10—2007.4）
王和平（2010.5—2016.12）
赵晓东（2016.12—2019.4）
副主任：史翠花（女，2008.1—2010.5）
综合科
科　长：苗志明（2019.4—2020.6）
副科长：张亚明（2020.7—　）
行政科
科　长：史小梅（女，1999.4—2001.10）
高建芳（女，2019.4—　）
副科长：史小梅（女，1997.5—1999.4）
信访科
科　长：樊文平（1999.12—2001.12）
任　庆（2005.6—2009.11）
副科长：侯丽影（女，2003.12—2005.6）
张俊福（2010.5—2011.12）
老干部科
科　长：彭文智（1997.5—2005.5）
康日魁（2015.12—2016.11）
高建芳（女，2017.1—2019.4）
副科长：王和平（2009.9—2010.5）
高卫娟（女，2010.5—2011.11）
康日魁（2011.11—2015.12）
高建芳（女，2016.11—2017.1）
主任科员：史润才（2004.1—2005.6）
侯丽影（女，2006.11—2011.12）
王瑞娟（女，2017.1—2019.3）
一级主任科员：苗志明（2019.9—2020.6）
高建芳（女，2019.9 —　）
三级主任科员：高　志（2019.9—2019.11）
王修智（2019.12—2020.7）
四级主任科员：高　志（2019.6—2019.9）
王修智（2019.9—2019.12）
张亚明（2019.12—2020.7）
副主任科员：侯丽影（女，2005.6—2006.11）
王瑞娟（女，2013.5—2017.1）
高　志（2017.5—2019.6）
科　员：任晓辉（2002.12—2007.11）
史翠花（女，2007.7　2008.1）

高卫娟（女，2009.8—2009.11）
王瑞娟（女，2010.7—2013.5）
高　志（2013.4—2017.5）
工作人员：杨殿宝（1989.9—2003.1）

调查研究室

主　　任：武建功（2002.3—2004.6）
唐　麟（2016.12—2012.5）
史友松（2012.5—2016.5）
桑晓飞（2016.8—2017.3）
侯润林（2017.3—2020.12）
董　英（女，2020.12—　）
副 主 任：武建功（1999.4—2002.3）
王玉明（2002.3—2007.6）
侯润林（2009.11—2012.5）
王　刚（2016.12—　）
王建平（2019.2—　）

综合科

科　　长：史小梅（女，2001.12—2005.5）
侯润林（2008.1—2009.11）
杨柳青（女，2015.12—2019.4）
李　敏（2019.4—　）
主任科员：史润才（1999.12—2004.1）
任　庆（2004.9—2005.6）
李　敏（2017.1—2019.3）
副 科 长：王　敦（2014.11—2016.4）
副主任科员：张俊福（2009.7—2010.5）
杨柳青（女，2011.7—2015.12）
李　敏（2014.1—2017.1）
科　　员：杨柳青（女，2010.7—2011.7）
一级主任科员：李　敏（2019.9—　）

人事代表工作委员会

主　　任：王　斌（1996.12—2007.5）
王玉明（2007.6—2012.5）
胡万明（2012.7—2017.3）
高和平（2017.3—2019.2）
高永恩（2019.2—　）
副 主 任：高素珍（女，1997.12—2002.3）

王梦平（女，2002.3—2007.5）
曹晓红（女，2012.4—2013.2）
王和平（2016.12—　）

办公室

主　　任：张国强（1999.4—2007.6）
王　刚（2010.5—2016.12）
苗志明（2016.12—2019.4）

副 主 任：王　刚（2008.1—2010.5）

副主任科员：耿雪华（女，2015.12—2019.3）

科　　员：王　刚（2007.6—2008.1）
耿雪华（女，2011.12—2015.12）

综合科

科　　长：耿雪华（女，2019.4—　）

法制工作委员会

主　　任：吕志坚（女，2016.4—　）

副 主 任：任　庆（2016.4—2019.2）
何丽萍（女，2017.3—　）
任晓辉（2019.2—　）

综合科

科　　长：王　敦（2017.1—2019.4）
杨柳青（女，2019.4—　）

副 科 长：王　敦（2016.4—2017.1）

副主任科员：许　琨（女，2017.10—2019.6）
张　懿（女，2017.10—2019.6）

科　　员：许　琨（女，2016.10—2017.10）
张　懿（女，2016.10—2017.10）

法规科

科　　长：任晓辉（2016.4—2019.3）
王瑞娟（女，2019.3—2020.12）

备案审查科

科　　长：赵晓东（2016.4—2016.11）
王建平（2016.11—2019.3）
王　敦（2019.4—　）

监察和司法工作委员会

主　　任：侯润林（2019.2—2020.12）
董　英（女，2020.12—　）

副主任：王　刚（2019.2—　）
王建平（2019.2—　）

综合科

科　　长：李　敏（2019.4—　）

一级主任科员：李　敏（2019.9—　）

民族宗教侨务外事工作委员会

主　　任：刘春玲（女，2008.10—2010.1）
吕志坚（女，2010.8—2012.5）
赵永东（2012.7—2017.3）
王吉贵（2017.3—　）

副主任：任　庆（2009.11—2012.5）
李东方（2016.12—　）

综合科

科　　长：高　志（2019.11—　）

内务司法工作委员会

专职副主任：乔军华（2018.6—2019.2）

信访办公室

主　　任：张俊福（2016.12—　）

主任科员：张俊福（2011.12—2016.12）

第四节　巡视员和调研员

一级巡视员

孙金明（2019.9—2020.1）
吕昌政（2019.9—2019.10）

二级巡视员

张利军（2019.12—　）
高和平（2019.12—2020.3）

一级调研员

张利军（2019.11—2019.12）
高和平（2019.11—2019.12）
吕志坚（女，2019.11—　）
闫　亮（2019.11—　）
桑晓飞（2019.12—　）
王玉明（2019.12—　）

邓宝柱（2019.12—　）
李国庆（女，2020.6—2020.10）

二级调研员

史小梅（女，2019.2—2020.8）
任　庆（2019.2—2020.11）

三级调研员

张国强（2020.9—　）
张慧清（2020.9—　）

四级调研员

史润才（2019.6—　）
李姝芳（女，2020.6—　）
苗志明（2020.6—　）
高卫娟（女，2020.6—　）

调研员

高素珍（女，2002.2—2007.8）
王梦平（女，2007.11—2011.9）
曹晓红（女，2013.2—2017.5）

助理调研员

杨殿明（1997.6—2001.9）
樊文平（2005.5—2007.4）
张国强（2005.5—2007.6）
赵永东（2005.5—2007.6）
史小梅（女，2005.5—2012.5）
彭文智（2005.5—2016.8）
李慧萍（女，2010.4—2015.2）
侯丽影（女，2011.12—2015.10）

副调研员

董　英（女，2013.2—2016.12）
史润才（2013.2—2019.6）

第五节　事业单位

代表联络服务中心（机关信息中心）

主　　任：王海平（2018.2—　）
副 主 任：王海平（2016.12—2018.2）
　　　　　马　超（2016.5—　）
科　　员：胡海霞（女，2016.10—2020.12）
　　　　　韩　芃（女，2019.9—　）

预算管理中心

副 主 任：胡海霞（女，2020.12—　）

机关老干部服务中心

主　　任：杨殿宝（2019.9—　）

副 主 任：张晋楠（女，2019.12—　）

工勤人员：赵利慧（2019.9—　）

　　　　　赵永新（2019.9—　）

机关后勤服务中心

主　　任：石宝华（2005.6—2020.12）

副 主 任：石宝华（2001.12—2005.6）

　　　　　侯丽影（女，2001.12—2003.12）

　　　　　刘顺平（女，2001.12—2016.5）

　　　　　杨殿宝（2006.11—2019.9）

　　　　　赵俊峰（2016.5—2020.12）

科　　员：石宝华（1997.12——2001.12）

　　　　　刘顺平（女，1997.12—2001.12）

　　　　　杨殿宝（2001.12—2006.11）

　　　　　赵俊峰（2005.7—2016.5）

　　　　　马　超（2011.8—2016.5）

副研究馆员：刘顺平（女，2012.12—2020.12）

经 济 师：侯丽影（女，1999.10—2001.12）

工勤人员：王小亚（1983.9—2017.9）

　　　　　王恒斌（1988.4—2018.1）

　　　　　米　贵（1988.4—2001.12）

　　　　　赵利慧（1989.1—2019.9）

　　　　　孔令华（1990.3—2010.5）

　　　　　王保平（1990.3—2001.12）

　　　　　马海林（1990.12—2015.11）

　　　　　肖步钧（1991.12—2020.12）

　　　　　史国庆（1993.10—2020.3）

　　　　　李建忠（1993.10—2020.4）

　　　　　甄双宝（1995.2—2020.12）

　　　　　白剑洲（1995.2—2020.12）

　　　　　张成玉（2003.7—2020.12）

　　　　　朱建斌（2003.12—2020.12）

　　　　　崔喜福（2003.12—2020.12）

　　　　　郝宝来（2006.8—2020.12）

　　　　　孙瑞春（2005.12—2020.12）

　　　　　赵嵘桦（2007.5—2020.12）

　　　　　赵永新（2011.8—2019.9）

第四章　机关建设

阳泉市人大常委会机关承担着为代表大会、常委会会议和主任会议服务，为市人大代表和常委会组成人员依法履行职责服务，为发展社会主义民主政治，建设社会主义政治文明服务的重要任务。常委会党组坚持把加强机关建设摆在重要位置，列入重要议事日程，定期研究机关工作，切实加强思想、组织、作风、党风廉政和制度建设，努力建设政治强、业务精、工作实、作风正、讲团结、守纪律的高素质人大干部队伍，保障和促进人大常委会机关依法高效有序运转。中共十九大报告指出，要使各级人大及其常委会成为全面担负起宪法法律赋予各项职责的工作机关，同人民群众保持密切联系的代表机关。2018 年 7 月，习近平总书记在全国组织工作会议上提出，要建设让党中央放心、让人民群众满意的模范机关。常委会党组准确把握地方人大常委会机关作为政治机关、工作机关、代表机关、模范机关的定位，坚持以加强政治建设为统领，组织引导机关干部队伍着力增强“四个意识”，坚定“四个自信”，做到“两个维护”，在强化理论武装中铸就忠诚信仰、在励志勤学磨炼中提升能力素质、在服务发展大局中强化宗旨意识、在保障履职行权中彰显责任担当、在全面从严从实中奋力争先出彩，不断推动新时代地方人大工作高质量发展。在全市年度目标责任完成情况考核中，市人大常委会机关连续多年被评为优秀等次。2005 年荣获“市级文明标兵单位”称号。2020 年荣获“省级文明单位”称号。2014 年 11 月 26 日，全国离退休干部先进集体和先进个人表彰大会在北京人民大会堂举行，市人大常委会机关离退休干部党支部被授予“全国离退休干部先进集体”称号。2020 年 2 月 28 日，市委、市政府发布表彰决定，市人大常委会机关获全市“2019 年度招商引资先进单位”称号。

第一节　建设学习型机关

市人大常委会党组坚持用马克思列宁主义、毛泽东思想、邓小平理论、“三个代表”重要思想、科学发展观、习近平新时代中国特色社会主义思想武装教育人大干部队伍，多形式组织学习党的理论和路线方针政策，学习党中央和省委、市委各项重大决策部署及加强改进人大工作的文件精神，坚持不懈开展和深化学习型机关建设，推动组成人员和机关干部不断提高思想政治素质，有效增强做好人大工作的责任感、使命感。特别是中共十八大以来，以“两学一做”学习教育常态化制度化为契机，坚持办好学习贯彻习近平新时代中国特色社会主义思想系列辅导讲座，深入开展学用习近平总书记关于坚持和完善人民代表大会制度的重要思想经验交流，教育引导组成人员和机关干部切实用马克思主义中国化最新成果武装头脑，指导实践，推动工作，筑牢和夯实做好新时代人大工作的思想基础。

坚持把深化思想理论武装同提升法律和业务素质结合起来，组织组成人员和机关干部深入学习以宪法为核心的中国特色社会主义法律体系，深入学习应知应会应为的人大履职业务及经济金融、文化教育、社会科学等各方面知识，努力造就德才兼备的复合型人才。坚持加强学习管理，健全导学、督学、评学、述学、考学制度，探索和创新学习方式，通过各级领导带头学、党员个人分散学、支部组织集中学、外请专家辅导学、网络平台业余学、相互交流启发学、联系实际深入学，不断提升学习质效。坚持学习与实践同行，坚持用理论指导实践，推动工作，在实践中巩固和检验学习成果，通过推荐优秀青年干部到乡村挂职锻炼、进企业帮助工作、下基层承担扶贫任务、带课题调查研究、实施定期轮岗交流的多岗位锻炼方式，不断提升组成人员和机关干部队伍的整体素质和工作水平。

市十二届人大常委会 2002 年 5 月 17 日，办公厅印发《关于举办市十二届人大常委会第一次法制讲座的通知》（阳人办发〔2002〕15 号），邀请省人大常委会副秘书长、办公厅主任朱元和来机关进行法制讲座。10 月 25 日，机关举办法制讲座，邀请省高级人民法院院长助理罗锁堂讲授行政诉讼法的若干问题。11 月 2 日，机关党总支印发《关于迅速开展学习贯彻党的十六大精神的通知》（阳人总支〔2002〕1 号），要求机关各党支部组织全体党员干部原原本本学习十六大文件，用以指导实践、推动各项工作的开展。12 月 6 日，机关举办学习贯彻十六大精神报告会，邀请市委党校副教授巩树青作《全面准确把握十六大报告精神》的报告。12 月 27 日，机关召开贯彻十六大精神创新人大工作理论研讨暨经验交流会，主任会议成员带头交流学习体会，市委常委、宣传部部长高全怀应邀出席会议。2004 年 6 月 28 日，办公厅印发《阳泉市人大系统开展学习宪法活动的实施意见》（阳人办发〔2004〕32 号），组织组成人员和机关干部职工参加专题学习，交流心得体会。9 月 23 日，办公厅印发《关于认真学习吴邦国委员长〈在社会主义民主法制建设座谈会上的讲话精神〉的通知》（阳人办发〔2004〕50 号），要求组成人员和机关干部进一步提高对社会主义民主法制建设重要性的认识，始终坚持党的领导，认真履行宪法和法律赋予的职责，不断开创人大工作新局面。2005 年 11 月 9 日，机关举办社会公平与和谐社会构建问题的专题讲座，常委会副主任荆东生进行辅导讲课。2006 年 10 月 8 日，办公厅印发《关于全市人大系统开展学习监督法活动实施意见的通知》（阳人办发〔2006〕37 号），要求组成人员和机关干部进一步明确人大监督的形式和内容，规范和推进人大常委会行使监督职权，健全监督机制，加强和改进人大监督工作。

市十三届人大常委会 2007 年 11 月 1 日，常委会秘书长会议研究决定启动创建学习型机关活动。会议明确创建活动的指导思想、主要内容、基本方式，在全体干部职工中开展“五个一”活动，即要求每个干部职工每月读一本好书，每月写一篇学习心得，支部每月组织一次学习座谈会，党总支每两个月组织一次学习交流会，机关每两个月出版一本学习专刊。11 月 5 日，办公厅印发《学习贯彻党的十七大精神的安排意见》（阳人办发〔2007〕57 号），要求组成人员和机关干部提高认识，认真学习、全面领会中共十七大精神，把学习成果转化为创新人大工作的动力。11 月 21 日，办公厅印发《市人大机关创建学习型机关活动方案》（阳人办发〔2007〕62 号），对多形式开展学习研讨、多举措加强组织领导作出规定，主任会议成员带头进行专题讲座，机关干部职工全员参与，登台交流学习体会成为制度。11 月 28 日，市人大常委会机关举行创建学习型机关动员大会，常委会主任会议成员出席会议。会议印发《创建学习型机关活动实施方案》，要求构建长效化的学习机制，使学习成为机关干部职工经常化、普遍化、制度化的行为。2008 年 3 月 25 日，办公厅印发《关于开展“我喜爱的一本书”有奖阅读征文活动的通知》（阳人办发〔2008〕14 号），对征文活动的主题、对象、时间、评奖和相关要求作出安排，激发机关干部职工读书热情，营造浓厚学习氛围。4 月 15 日，办公厅印发《关于对机关干部撰写（修改）公文和宣传稿件情况进行统计的通知》（阳人办发〔2008〕21 号），通过激发机关干部撰写公文和人大制度宣传稿件的积极性，不断提高机关干部宣传工作能力和公文写作水平。4月29日，办公厅印发《关于认真学习吴邦国委员长重要讲话的通知》（阳人办发〔2008〕23号），要求组成人员和机关干部认真学习全国人大常委会委员长吴邦国在十一届全国人大常委会第一次会议上关于《坚持中国特色社会主义政治发展道路 努力把人大工作提高到一个新水平》的重要讲话，对召开学习交流会有关事项作出安排。6月17日，办公厅印发《市人大学习型机关创建活动评选先进方案》（阳人办发〔2008〕36号），对评选目的与原则、奖项类别、各奖项的评选标准、评选组织与程序、评审领导小组等事项作出安排。2009年7月24日，机关召开亚昊杯“我喜爱的一本书”征文活动总结表彰会议。机关工作人员紧扣“我为人大做贡献，人大引领我前进”主题，根据自身经历撰写作品43篇，优秀作品编印成集。12月2日，办公厅印发《阳泉市人大常委会法律培训资料汇编》（阳人办发〔2009〕66号），将27名组成人员的培训讲稿（摘要）汇编印发。12月27日，办公厅印发《关于认真学习〈社会主义法治理念读本〉的通知》（阳人办发〔2009〕67号），对机关干部职工准确把握社会主义法治理念，坚持依法履职，建立长效机制作出安排。2010年1月6日，办公厅印发《机关干部学习考核办法》（阳人办发〔2010〕3号），对机关干部学习考核工作的目的、范围、内容和考核办法作出规定。1月14日，办公厅印发《市人大常委会2010年听取和审议“一府两院”专项工作报告计划、执法检查工作计划的通知》（阳人办发〔2010〕5号），就全年主要监督工作事项作出安排。2月22日，办公厅印发《市人大机关学习档案建立和使用办法（试行）》（阳人办发〔2010〕11号），明确要求机关干部建立健全学习档案，并将此作为学习型先进个人的考评依据。3月18日，办公厅印发《阳泉市人大常委会机关学习专栏布展要求》（阳人办发〔2010〕37号），设立机关干部学习专栏，建成学习成果展示园地、学习心得交流平台。8月16日，办公厅印发《创建学习型机关活动领导组工作机构职责》（阳人办发〔2010〕71号），明确学习型机关创建工作组长由常委会主任担任，领导组下设先导小组、督导小组，对领导组和下设小组的职责进行完善。2011年8月26日，机关召开“财保杯”人大文学征文表彰会，主任会议成员为获奖作品作者颁奖。

市十四届人大常委会 2012年5月4日，办公厅印发《关于市管县级干部自主选学工作的安排》（阳人办发〔2012〕14号），要求机关县级干部积极参加山西干部在线学院和市委党校集中培训学习，对严格学习纪律、完成学习课时、提升学习效果、进行考核考评事项进行安排。7月18日，机关举行干部职工学习培训开班仪式，常委会党组书记、主任刘高官作动员讲话。10月18日，机关召开干部职工座谈会，集中学习贯彻全市干部大会精神。2013年1月24日，机关干部职工集中学习习近平总书记重要讲话精神。2014年9月24日，机关理论中心组集中学习中国共产党第十八届中央委员会第四次全体会议公报。11月5日，办公厅印发《关于阳泉市人大常委会机关法律培训学习实施方案的通知》（阳人办发〔2014〕79号），将每月15日确定为集中学法日，明确了年度学习和考核计划。2012年9月20日、2013年8月31日和2014年7月12日，机关3次举行“送教上门”理论培训讲座，邀请市委党校教授作辅导讲座。2015年1月6日，秘书长会议要求将学习型机关创建列入常态化管理，建立促进和保障学习的长效机制，决定出台《市人大常委会机关中青年干部理论学习小组活动方案》，以45岁以下中青年干部为主体，建立若干个专业化的理论学习小组，每两个月举行一次机关理论学习交流会，常委会党组领导随机抽查，点名机关干部即时登台交流学习体会，推动人人学而不怠，个个讲出精品。7月28日，办公厅印发《关于举办以“学习宪法党章”演讲比赛的通知》（阳人办发〔2015〕41号），组织发动人大机关干部职工积极参加“学习宪法党章”为主题的演讲比赛。8月21日，机关举行“学习宪法党章”演讲比赛。2016年4月21日，机关召开“全民阅读，书香人大”活动动员座谈会。4月29日，常委会党组召开理论学习中心组（扩大）

专题学习交流会，常委会党组书记、主任刘高官主持会议并作学哲学动员讲话，常委会副主任刘兆林作理论辅导，机关各厅委室负责人分别作学习交流体会。7月1日，机关召开党员干部大会，常委会党组书记、主任刘高官就学习贯彻习近平总书记在庆祝中国共产党成立95周年大会上的重要讲话精神进行专题辅导，对学习贯彻提出具体要求。7月21日，机关召开深入学习贯彻习近平总书记“七一”重要讲话交流会，常委会党组成员、副主任吕昌政作辅导报告，机关各厅委室负责人围绕学习贯彻“七一”重要讲话，结合自身思想和工作实际汇报学习收获，交流心得体会，畅谈下一步打算。9月30日，机关召开干部职工大会，传达学习省委书记骆惠宁在省委全面构建良好政治生态推进会议上的重要讲话精神和市第十二次党代会精神，要求加强理论和业务知识学习，不断用新思想、新知识武装头脑、指导实践，努力提高履职能力和工作水平。

市十五届人大常委会 2017年8月31日，机关党总支印发《关于认真组织学习〈习近平总书记的成长之路〉，骆惠宁书记、楼阳生省长在〈人民日报〉发表的署名文章和访谈讲话的通知》（阳人党总支〔2017〕6号），要求常委会组成人员和机关干部把《成长之路》作为维护核心、见诸行动主题教育的重要教材，结合《署名文章》《访谈讲话》，深入开展学习研讨活动，扎牢做好新时代人大工作的思想政治基础。10月10日，常委会召开机关干部大会，传达学习省委书记骆惠宁在“深入学习贯彻习近平总书记系列重要讲话精神和治国理政新理念新思想新战略”经验交流会上的重要讲话精神、在省直宣传文化单位调研时的重要讲话精神，传达学习全市干部大会精神及市委书记陈永奇讲话精神，研究贯彻落实意见，安排部署下一步工作。2018年4月17日，办公厅印发《关于参加“服务阳泉经济建设助力企业改革发展”专题讲座的通知》（阳人办发〔2018〕37号），要求常委会组成人员和机关干部学经济、学管理，不断提高自身综合素质，培养引领经济发展新常态能力。5月2日，办公厅印发《关于深入开展学习宣传和贯彻实施〈中华人民共和国宪法〉的通知》（阳人办发〔2018〕43号），明确学习宣传和贯彻实施宪法活动的指导思想、目标任务、工作要求、组织领导、方式方法和舆论宣传等事项。5月22日，办公厅印发《关于认真学习贯彻〈中华人民共和国监察法〉的通知》(阳人办发〔2018〕55号)，明确学习贯彻监察法的重大意义、目标任务、方式方法和组织领导，要求组成人员和机关干部深刻理解、准确把握内涵精髓，把监察法体现的法制精神和制度安排全面落实到机关党风廉政建设、反腐败工作和全面从严治党的各项工作中，努力开创市人大机关全面依法从严治党、全面依法履行职责的新局面。9月17日，办公厅印发《关于开展“学宪法用宪法”演讲比赛和征文活动的通知》（阳人办发〔2018〕98号），引导常委会组成人员和机关干部结合自身实际，讲好宪法故事，为深入推进法治阳泉建设依法履职，积极作为。2019年6月19日，十五届人大常委会第24次会议后邀请省人大常委会副秘书长顾昭明为常委会组成人员和机关全体干部作《坚定不移走中国特色社会主义政治发展道路》的讲座。8月28日，十五届人大常委会第25次会议后邀请市委党校教育长、教授李青魁为常委会组成人员和机关全体干部作了《共产党人的初心和使命》的专题讲座。9月5日，机关干部大会传达学习市委十二届七次全会精神和市纪委十二届五次全会精神，要求机关全体干部迅速掀起学习热潮，紧密结合工作实际，认真学习领会，抓好贯彻落实，真正把会议精神转化为推进工作的强大力量。10月8日，机关第一、第二党支部分别组织党员集中学习习近平总书记在中华人民共和国成立70周年招待会、纪念大会以及在国家勋章和国家荣誉称号颁授仪式上的重要讲话精神，就观看国庆大阅兵等实况交流学习心得体会。11月11日，机关组织党员干部职工集体收看中央宣讲团成员、山西省委副书记、省长楼阳生作的中共十九届四中全会精神宣讲直播，传达省委十一届九次全会精神，要求坚定信念学、联系实际学、及时跟进学，与“不忘初心、牢记使命”主题教育相结合，推动中共十九届四中全会精神落在实处，见到实效。11月28日，机关组织党员干部职工集中传达学习中共阳泉市委十二届八次全体会议精神，回顾在市委领导下经济社会发展取得的显著成绩，深入学习把握市委对贯彻落实中共十九届四中全会精神和省委十一届九次全会精神的安排部署。12月25日，十五届人大常委会第27次会议期间邀请市委党校教师王燕玲为常委会组成人员和机关全体干部作了《坚持和完善人民当家作主制度体系　发展社会主义民主政治》的讲座。2020年1月7日，机关党总支组织党员干部职工集中学习《阳泉日报》关于“市委召开经济工作会议”的新闻报道，传达会议精神，要求把思想和行动统一到会议安排部署上来，找准人大工作在推进全市经济社会发展中的契合点和着力点。5月15日，机关党组召开机关干部大会，传达学习习近平总书记视察山西重要讲话重要指示，要求强化理论武装，提高政治站位，全面对标对表，精准贯彻落实，真抓实干做好2020年各项工作，不断开创人大工作新局面。6月12日，机关党总支组织党总支成员、支部成员和党小组长进行党务干部专题培训，举办“党支部规范化建设业务工作实用手册”专题讲座，观看党建工作系列教学片，就党总支2020年加强理论学习进行安排。7月7日，机关组织党员干部职工集体参加全国人大常委会法工委举办的“民法典主要制度与创新”网络学习，要求机关党员干部科学把握贯彻实施民法典的基本要求，将实施民法典作为人大监督工作的重要内容，切实推动“一府一委两院”准确理解把握民法典的一系列新规定、新概念、新精神，不断提高依法维护人民权益、化解矛盾纠纷、促进社会和谐稳定的能力和水平。7月23日，机关党总支召开规范化、标准化建设示范点创建工作安排部署会议，传达学习《市人大常委会机关党总支标准化规范化建设示范点创建工作方案》和《全市第二批基层党组织标准化规范化创建指标体系》，要求各党支部和全体党员干部增强创建工作的政治自觉、思想自觉和行动自觉，明确任务分工，责任落实到人，严格按照时间要求进度认真完成任务。

第二节　构建制度体系

市人大常委会党组坚持把构建完善制度体系、增强制度执行力作为加强机关建设的重要内容，加强基本制度与具体制度衔接、工作机制与责任机制配套、实体性规范与保障性规范结合，着力解决人大常委会机关制度体系建设的“盲点”、制度要素的“缺项”，努力实现按制度办文办会办事、靠制度管人管事管物全覆盖，用务实管用的制度保障各项工作高效运转，机关制度建设取得重要进展，积累宝贵经验。特别是中共十八大以来，以党章为根本遵循，以党的政治建设为统领，坚持围绕中心、建设队伍、依法履职、服务群众，提出管用措施，促进制度创新，推动制度落地，构建和完善体现国家权力机关特点，涵盖机关运行各方面的制度体系，全面提升机关工作科学化、规范化水平，为机关各项工作高质量发展提供了有力保障。

市十二届人大常委会　在认真调查研究的基础上，借鉴外地经验，先后出台《阳泉市人大常委会议事规则》《阳泉市人大常委会机关信访工作办法》《市人大机关人员工作岗位职责》《主任会议议事规则》《市人大专门委员会通则》等各项制度。机关各厅委室结合实际，相继制定一系列规章制度，规范各自职能，对主要职责进行细化分工，使机关日常工作有章可循。2003年3月27日，办公厅印发《关于加强机关管理提高工作效率的若干规定》，对精简会议、简化接待、压缩车辆、节约办公经费提出具体要求。2005年4月26日，办公厅印发《关于2005年度市人大常委会主要工作责任分解一览表的通知》（阳人办发〔2005〕10号），对市人大常委会主要工作分项明确实施和完成时间，分管领导，责任部门和主要责任人。常委会党组组织学习《人民日报》刊登的《论责任》

的讨论，促进常委会组成人员和机关工作人员强化制度执行力，加强了各方面协调配合，不断提高工作的质量和效率。

市十三届人大常委会 加快制度废改立工作，清理原有规章制度116项，修订制度21项，新建制度59项。2007年6月25日，办公厅印发《关于市人大常委会委员重点联系市人大专门委员会的安排意见》（阳人办发〔2007〕23号），推动常委会委员充分发挥作用，确保各项决议决定在部门工作中全面贯彻执行。7月20日，办公厅印发《阳泉市人大常委会机关值班制度》（阳人办发〔2007〕29号），明确公休日机关干部职工轮流值班，对值班时段、值班人员和带班领导职责、值班工作纪律作出规定。8月7日，办公厅印发《阳泉市人民代表大会常务委员会议事规则》《阳泉市人民代表大会常务委员会组成人员守则》（阳人办发〔2007〕36号）。9月4日，办公厅印发《关于市人大常委会组成人员制订"个人履职计划"的通知》（阳人办发〔2007〕44号），推动常委会组成人员根据市委中心工作部署和常委会议题安排，结合岗位工作实际，提出贯彻落实计划，切实提高履职效能。2008年4月21日，办公厅印发《市人大常委会机关干部职工考核办法（试行）》（阳人办发〔2008〕22号），随文印发《市人大常委会机关干部工作考核统计表》《市人大常委会机关车队工作考核统计表》，激发机关干部爱岗敬业、勇于奉献的工作热情。4月25日，召开加强机关勤政建设会议，印发《市人大常委会机关工作制度》《市人大常委会机关干部职工考核办法》，要求以建设"学习型机关"为目标，以"勤政建设"为抓手，坚持"六提倡""六加强"，实现工作质量、工作效率"双提高"。2009年9月9日，办公厅印发《阳泉市人大常委会党组会议制度》（阳人办发〔2009〕41号），对常委会党组举行会议的主持人、出席和列席人员、议事范围、材料准备、请假程序、记录整理、督促落实等事项作出规定；印发《阳泉市人大常委会党组民主生活会制度》（阳人办发〔2009〕42号），对常委会党组召开民主生活会的基本原则、责任主体、主要内容、准备工作、组织程序、成果要求、接受监督等事项作出规定；印发《阳泉市人大常委会机关关于上级常委会领导在阳泉进行公务活动的接待办法》（阳人办发〔2009〕43号），从填写要事报告卡报批、制定接待方案、报批结果反馈、畅通联系渠道、及时沟通情况、具体组织实施等方面，对上级人大常委会领导检查、调研、视察等工作期间接待工作的有关事项作出规定。9月29日，办公厅印发《阳泉市人大常委会机关报刊订阅规定》（阳人办发〔2009〕50号），明确公费报刊订阅的基本原则、主要种类、日常管理、费用标准、审批程序。11月2日，办公厅印发《上级人大在阳泉进行公务活动的接待工作流程》（阳人办发〔2009〕56号），从填写要事报告卡并送批，向市委、市政府预报告，做好各项接待准备工作，向市委、市政府正式报告，抓好接待工作方案的落实，资料整理归档等环节，对接待上级人大在阳泉进行公务活动事项作出规定。12月22日，办公厅印发《关于〈市人大办公厅关于机关老干部学习考察活动的暂行规定〉等5项制度的通知》（阳人办发〔2009〕69号），包括《市人大办公厅关于机关老干部学习考察活动的暂行规定》《市人大办公厅关于为高龄老同志祝贺生日的暂行办法》《市人大办公厅关于慰问、探视与走访老干部的制度》《市人大办公厅关于机关殡葬及善后工作的暂行规定》《市人大办公厅关于机关老干部娱乐保健的制度》，推进老干部工作规范化。12月29日，办公厅印发《阳泉市人大常委会机关值班工作制度（试行）》（阳人办发〔2009〕73号），明确机关值班工作的职责任务、要事报批、组织协调等事项；印发《市人大常委会领导省外公务活动暂行规定》（阳人办发〔2009〕74号），对常委会领导省外公务活动的计划报批、时限安排、借款办理、报销手续等事项作出规定；印发《市人大常委会机关接待工作制度》（阳人办发〔2009〕75号），对接待工作的基本原则、责任主体、接待方案，报批程序、规格标准等事项作出规定。2010年1月6日，办公厅印发《机关干部学习考核办法的通知》（阳人办发〔2010〕3号），就加强机关干部学习考核工作，推进学习型机关创建活动作出具体安排。3月18日，办公厅印发《阳泉市人民代表大会会议工作规程》（阳人办发〔2010〕14号）、《阳泉市人大常委会会议工作规程》（阳人办发〔2010〕15号）、《阳泉市人大常委会主任会议工作规程》（阳人办发〔2010〕16号）、《阳泉市人大常委会秘书长联席会议制度》（阳人办发〔2010〕17号），就各项会议的议事范围、筹备和准备、举行程序、组织协调等工作作出规定，推进人大及其常委会依法履职工作规范化制度化。同日，办公厅印发《阳泉市人大常委会机关工作运行规程》（阳人办发〔2010〕18号），围绕进一步明确职责、理顺关系，加强联系、协调行动，建立规范有序、高效快捷的机关运行机制，对主任会议、秘书长联席会议、机关各厅委室的工作方式、运行管理、请示报告、统筹协调、活动安排、信息沟通、督办落实等事项作出33项规定；印发《阳泉市人大常委会机关干部职工考核办法（试行）》（阳人办发〔2010〕20号），明确机关干部平时考核和年度考核的主要内容、时间、办法、程序、标准和结果等次，进一步规范机关干部职工的考核工作，使考核更加客观、公正，促进依法履职、优质服务，提高效能；印发《阳泉市人大常委会机关人事管理暂行办法》（阳人办发〔2010〕21号），对机关公务员、事业单位科级以下工作人员的补充与调动、干部任用、工作考核等事项作出规定；印发《阳泉市人大常委会机关财务管理办法》（阳人办发〔2010〕22号），对机关经费预算及编制、支出月报及办公费、差旅费、车辆维修费、燃油费、接待费等作出规定，进一步规范、加强机关财务管理，为"三会"提供优质服务，保障机关各项工作顺利开展。印发《阳泉市人大常委会机关固定资产管理办法》（阳人办发〔2010〕23号），围绕加强机关财产管理，保障国有资产不流失，对机关固定资产购置、管理、清查核实、问题处理作出6项规定；印发《阳泉市人大常委会机关车辆管理使用试行办法》（阳人办发〔2010〕24号），明确车辆服务范围、使用和调度、维修保养、燃料添加和考核等规定，进一步规范机关车辆使用管理，确保常委会领导、机关工作用车，为机关提供优质高效服务；印发《阳泉市人大常委会机关后勤服务中心运行规则》（阳人办发〔2010〕25号），明确后勤服务的工作职责、工作程序、管理要求、对外租赁房产的管理、机关车辆的管理、文稿印制处理、报刊的接收与分发、办公设施维修、安全保卫、卫生保洁等事项，规范机关后勤服务中心工作；印发《阳泉市人大常委会机关考勤和请销假管理办法》（阳人办发〔2010〕26号），围绕严肃工作纪律，加强效能建设，对机关干部出勤标准、考勤方式、假期安排、请销假程序、管理与奖惩等事项作出39条规定；印发《阳泉市人大常委会机关印章管理制度》（阳人办发〔2010〕27号），明确机关各类印章的使用规范；印发《阳泉市人大常委会机关公文处理办法》（阳人办发〔2010〕28号），明确公文的性质作用、文秘工作人员的基本素质、公文的分类和格式、公文的行文规则、公文的档案管理等；印发《阳泉市人大常委会机关来文、来电办理程序》（阳人办发〔2010〕29号），对机关公文签收、接听电话、登记、拟办、请办、传阅、承办（转办）、反馈等作出规定；印发《阳泉市人大常委会机关档案管理制度》（阳人办发〔2010〕30号），对机关档案工作的重要意义、总体要求、目标任务，档案机构的主要职责，文件材料归档范围及文书档案保管期限，档案的收集整理、保管与统计、开发利用、鉴定销毁、移交市档案机关等事项作出规定；印发《阳泉市人大常委会机关收发工作管理规定》（阳人办发〔2010〕31号），对机关收发室职责、邮件的领取和发送、保密要求等作出规定。6月2日，办公厅印发《阳泉市人大常委会机关制度汇编》（阳人办发〔2010〕60号），明确在深入学习实践科学发展观活动中，系统总结自身实践，认真借鉴外地经验，修订或制定一系列规章制度。要求机关干部职工提高认识，强化制度意识；加强学习，掌握规章制度；躬行实践，严格遵守制度；加强领导，确保制度落实；与时俱进，不断完善制度。8月16日，办公厅印发《创建学习型机关活动领导组工作机构职责的通知》（阳人办发〔2010〕71号）。

2011年1月5日，办公厅印发《阳泉市人大常委会机关干部学习考核办法》（阳人办发〔2011〕1号），明确机关干部学习考核工作的目的、范围、内容和办法，要求根据考核内容和考核办法设计考核表，由支部或本人按照要求每月填写一次，支部确定专人收集后于次月3日前统一交至学习督导组，学习督导组建立学习档案，半年进行一次小结，年底进行总结，根据全年考核结果进行表彰奖励。5月6日，办公厅印发《关于市人大常委会机关领导干部外出报备有关事项的通知》（阳人办发〔2011〕21号），就常委会班子成员和机关各机构负责同志外出报备事项作出规定，明确了报备范围、程序、内容及相关要求。

市十四届人大常委会 建立重点事项督查督办办法、目标责任考核奖惩办法等工作制度20项，对常委会各项目标任务均细化分解，明确责任机构、完成时限和量化标准，促进提升工作质效。完善服务人代会、常委会和主任会等工作规程24项，加大制度执行力，推进机关工作规范化和标准化。2011年9月1日，办公厅印发《关于市人大机关各部门落实2011年度目标任务情况接受督查的工作方案》（阳人办发〔2011〕49号），对迎接市考核办检查，各机构配合搞好督查工作提出要求。2012年8月8日，办公厅印发《关于调整市人大机关年度考核工作领导机构的通知》（阳人办发〔2012〕32号），为适应常委会换届后人事变动情况，对市人大机关年度目标责任考核工作领导小组进行调整并明确工作职责。2013年3月12日，机关召开干部职工学习培训工作推进会议。4月18日，办公厅向考核办提交《关于市人大常委会2013年度目标责任考核指标的报告》（阳人办发〔2013〕21号），就机关年度目标责任分部门分解情况进行汇报。5月7日，机关举行书法培训讲座，邀请中国楹联学会会员、山西省书协会员、傅山书画院秘书长徐德清作专题辅导。9月20日，办公厅印发《关于成立市人大机关保密委员会的通知》（阳人办发〔2013〕60号），明确机关成立以常委会主任为组长、秘书长为副组长的保密委员会，紧密结合机关工作实际，以易发问题为导向，多措并举加强内控机制建设。2015年3月11日，机关理论学习中心组召开专题学习交流会，围绕“贯彻党的十八届四中全会精神，推进依法治国”主题进行研讨交流。

市十五届人大常委会 2018年9月17日印发《关于〈阳泉市人大常委会机关工作运行规程〉等9项制度的通知》（阳人办发〔2018〕119号）。9项制度即《阳泉市人大常委会机关工作运行规程（修订）》《阳泉市人大常委会机关组织承办重要活动的有关规定（修订）》《阳泉市人民代表大会常务委员会会议请假规定》《阳泉市人大常委会机关考勤和请销假管理办法（修订）》《阳泉市人大常委会机关值班工作制度（修订）》《阳泉市人大常委会机关工作“周安排”“月计划”编印规定（修订）》《阳泉市人大常委会会议工作规程（修订）》《阳泉市人大常委会主任会议工作规程（修订）》《阳泉市人大常委会机关财务管理办法（修订）》。2019年8月15日，办公室印发《阳泉市人大党政主要负责人2019年度履行推进法治建设第一责任人职责工作清单》（阳人办发〔2019〕92号），明确了常委会主任2019年度法治建设重点工作任务，即坚持市人大常委会理论中心组集体学法制度，推进科学立法、民主立法、依法立法及重点领域立法，督促指导全市人大系统法治宣传教育及依法治理活动，严格实施干部任前法律知识考试和宪法宣誓制度。8月15日，办公室印发《阳泉市人大常委会2019年法治建设工作要点》（阳人办发〔2019〕93号），明确市人大常委会依法治市工作的总体要求、主要任务，要求常委会组成人员和机关各机构、全体机关干部深入学习贯彻习近平总书记全面依法治国新理念新思想新战略，紧紧围绕市委工作中心行使各项职权，确保将市委重大决策转化为全市人民的共同意志和自觉行动。

第三节　党员干部队伍建设

党员干部是党和国家各项事业发展的中坚力量，严管、厚爱各不可缺。市人大常委会党组深刻把握党的建设发展与干部成长成才的内在规律，坚持严管厚爱结合、激励约束并重，着力营造风清气正的良好政治生态，建设忠诚、干净、担当的人大干部队伍。

一、教育、管理和监督

市人大常委会党组坚持加强岗位廉政教育，完善监督管理机制，加强纪律作风建设，促进党员干部知敬畏、存戒惧、守底线。特别是中共十八大以来，建立健全全程严管机制，坚持每年对新提拔任用的干部开展一次集体谈话，运用正反两方面的典型案例进行警示教育，促进年轻干部自重、自省、自警、自励，增强年轻干部的廉洁自律意识，让他们心存敬畏，堂堂正正做人、踏踏实实干事。坚持鼓励支持派驻纪检监察组严格履行监督执纪问责、监督调查处置职责，大力整治“庸散懒拖”作风顽疾，对不担当、不负责、不作为、乱作为等问题进行严肃问责，推动管党治党责任全面覆盖、层层落实。

市十二届人大常委会　认真落实市委办公厅、市政府办公厅《关于清理领导干部违规多占多购住房的实施方案》《阳泉市清理纠正领导干部多占多购住房的实施方案》以及市“三项治理”领导组《关于抓紧做好市属清房单位科级干部和一般干部职工多占多购住房清理纠正工作的通知》，2003 年 9 月启动清房工作，列入清房范围的机关领导干部职工 61 人，发出调查函 150 余件，纠正、处理县处级以上领导干部 16 人，科级以下干部职工 2 人，缴款近十万元，退出住房 3 套，圆满地完成清房工作。2004 年 10 月 21 日，经市“三项治理”领导组验收为合格单位。2005 年 5 月 21 日，常委会党组印发《关于进一步加强和改进作风建设的规定》，对机关党员干部加强理论学习，强化思想武装；深入调查研究、关注社情民意；依法履职尽责，提高工作质效；带头洁身端行，廉政勤政为民等提出具体要求。明确不直接接受乡镇和市直有关部门出席事务性活动的邀请，确需出席的，由市人大办公厅统一安排。除市里统一安排的庆典、纪念活动外，常委会党组成员一般不参加各种剪彩、奠基、首发式、首映式、周年纪念、颁奖等应酬活动。

市十三届人大常委会　2007 年 7 月 5 日，市人大机关召开学习胡锦涛总书记“6·25”讲话，推进“作风建设年、狠抓落实年”动员大会。2009 年 6 月 22 日，办公厅印发《关于成立市人大机关治理“小金库”工作领导小组的通知》（阳人办发〔2009〕22 号），明确由办公厅主任担任治理“小金库”工作领导小组组长，履行好整治监督职责，搞好机关治理工作。9 月 21 日，办公厅印发《关于执行阳泉市党风廉政建设监督工作联席会议制度的办法》（阳人办发〔2010〕84 号），对办公厅履行党风廉政建设监督职责作出规定。10 月 17 日，机关召开纪律作风集中整顿活动动员会议，常委会党组书记、主任孙水生作动员讲话。

市十四届人大常委会　2013 年 9 月 20 日，办公厅印发《关于成立市人大机关保密委员会的通知》（阳人办发〔2013〕60 号），明确机关成立以常委会主任为组长、秘书长为副组长的保密委员会。2014 年 2 月 14 日和 4 月 11 日，机关干部职工集中观看《苏联亡党亡国 20 年祭》《“四风”之害》等警示教育片。2015 年 9 月 25 日，党总支印发《阳泉市人大常委会机关党风廉政建设主体责任清单》（阳人党总支〔2015〕1 号），推动各党支部、各机构进一步明确职责任务，突出工作重点，狠抓关键环节，持之以恒正风肃纪，确保廉政建设主体责任落到实处。2016 年 12 月 6 日，根据党章党规党纪和《党政领导干部选拔任用条例》的有关规定，常委会党组书记、主任刘高官与机关新任干部进行任前集体谈话，提出希望和要求。

市十五届人大常委会 2018年12月6日，机关党总支组织召开以“坚决彻底肃清腐败流毒影响”为主题的专题民主生活会，通报常委会党组、机关党组专题民主生活会召开情况和相关要求，通报了机关党总支开展理论自学、谈话谈心、剖析问题、撰写对照检查提纲等召开专题民主生活会的筹备情况；集中领读学习市纪委机关、市委组织部《关于认真开展好以“坚决彻底肃清腐败流毒影响”为主题的专题民主生活会和组织生活会的通知》精神；张利军代表机关党总支班子作了对照剖析检查，随后，张利军等七名委员分别开展批评与自我批评。2019年1月18日上午，机关召开“两项法规”暨个人报告有关事项专题学习会，要求机关各级党组织和党员领导干部要把学习贯彻“两项法规”作为履行全面从严治党主体责任的一项重要任务来抓好落实。3月26日，机关召开党风廉政建设暨新任干部廉政谈话会议，常委会党组书记、主任王旭明就坚决贯彻新时代党的建设总要求，学习贯彻市纪委十二届四次全会精神，对机关各级党组织及新提拔任命的干部提出要求和希望。4月23日，常委会组织机关党员干部集体观看《中国共产党纪律处分条例》暨集中整治形式主义、官僚主义漫画展，市委常委、纪委书记、市监委主任吴纪平一同观看，要求机关党员干部认真对照条例，进一步强化红线意识，明确行为底线，自觉养成在纪律约束中工作生活的良好习惯，在本职岗位上干出新的业绩。7月31日，机关党总支印发《市人大常委会机关党总支关于深入开展廉政警示教育活动的实施方案》（阳人党总支〔2019〕7号），决定利用1个月时间，在市人大机关集中开展廉政警示教育活动，着力解决党员领导干部在党性党风党纪方面的问题，努力营造廉洁自律的良好环境。8月2日，以支部为单位对廉政警示教育活动进行安排部署。9月5日，机关党员干部会议传达学习市纪委十二届五次全会精神，常委会党组书记、主任王旭明要求认真贯彻落实市纪委全会精神，按照会议要求，压实班子集体责任，压实书记第一责任，压实班子成员“一岗双责”，对常委会组成人员和机关党员干部队伍从严教育、管理和监督，努力建设一支政治可靠、业务精通、纪律严明、作风过硬的人大干部队伍。10月22日，机关组织党员干部职工集体观看警示教育片《初心泯灭的歧路》，要求从反面教材中汲取深刻教训，用坚定的政治品格锤炼党性、筑牢防线，永远做人民的好公仆。10月23日，机关邀请省人大代表、省电影家协会主席杨志刚作了题为“重温《为人民服务》我找到了中国共产党长盛不衰的密码”专题讲座，要求始终坚守中国共产党人的初心使命，坚持共产主义理想信念，始终牢记为人民服务的宗旨，锤炼坚定的政治品格，筑牢厚实的思想根基，为人民的利益无私奉献，为党的事业建功立业。2020年3月3日，机关党总支召开党员大会，传达学习中国共产党第十九届中央纪律检查委员会第四次全体会议、山西省第十一届纪律检查委员会第六次全体会议、阳泉市第十二届纪律检查委员会第六次全体会议精神，观看廉政警示教育片，要求机关党员干部深刻认识反面典型丧失理想信念，不讲政治，不守底线，公权私用以致成为阶下囚并给党和人民带来严重的危害和影响，永远牢记习近平总书记“所有党员、干部都要戒贪止欲”“官商交往要有道”的谆谆教诲。5月13日，机关组织干部职工开展保密警示教育，引导机关干部职工深刻认识做好信息化条件下保密工作的重要性，以典型案例筑牢思想防线，以交流讨论增强防范技能，以对照检查完善保密举措，在做实做细工作中凝聚维护国家安全的共识，明确各级做好保密工作的义务和责任，营造人人事事时时处处抓保密工作的良好氛围。

二、关心、支持和激励

市人大常委会党组旗帜鲜明地支持、鼓励、保护和选用在大是大非面前敢于坚持原则、在困难矛盾面前勇于承担重任、在解决难题时有思路办法的党员干部。

构建激励机制，促进担当作为。坚持每年表彰先进党组织、优秀党务干部、优秀党员和先进工作者，对于在急难险重岗位敢于负责、勇于担当、善于作为、实绩突出的党员干部，不拘一格大胆使用，积极向市委及组织部门推荐重用，树牢鲜明正确的选人用人导向。市十二届人大常委会党组先后表彰党员干部68人次。市十三届人大常委会党组将学习先进个人纳入表彰范围，对在市委各类创先争优活动中获得奖项的机关干部给予表彰。2011年6月30日，机关党总支会议研究，决定推荐吕誉耀、郭玉霞为市直机关党员代表会议代表候选人，郭玉霞同时作为代表机关出席市第十一次党代会候选人预备人选。中共十八大以来，常委会党组认真落实党内激励关怀制度，坚持为敢担当的干部撑腰鼓劲。2019年3月5日，省妇联副主席王玉花、张永莉为吕志坚颁发“巾帼建功标兵”荣誉证书和奖章。7月18日，常委会党组向市委组织部送交《阳泉市人大常委会机关公务员职务与职级并行制度工作方案》（阳人党字〔2019〕8号），进一步激励公务员干事创业、担当作为，加快推进机关公务员职级并行制度全面实施。10月15日，市考核办印发《关于表扬担当作为表现突出干部的通报》，张利军、高和平、史翠花被评为担当作为表现突出干部。2020年2月28日，市委、市政府发布表彰决定，常委会机关获“2019年度招商引资先进单位”称号，常委会副秘书长董英被评为“2019年度招商引资先进个人”。5月8日，常委会党组向市委组织部提交《中共阳泉市人大常委会党组关于公务员职级晋升工作的请示》（阳人党字〔2020〕6号），根据《阳泉市公务员职务与职级并行制度工作方案》，拟开展三、四级调研员晋升工作，对市管干部晋升三级调研员提出建议。

重视年轻干部，加大培养力度。组织年轻干部参加政治测试、业务测评，检验学习成效；参加创卫、环保和抗击疫情督导，驻村帮扶脱贫，进企助力发展，外出参与招商，锤炼过硬本领，促进年轻干部更好更快地成长。2005年6月22日、2011年7月18日、2012年8月28日，办公厅分别以阳人办发〔2005〕20号、阳人办发〔2011〕36号、阳人办发〔2012〕37号文件向市委组织部提交关于市人大机关科级干部职数审批的请示，提出增加机关科级职数的建议，努力拓宽机关年轻干部职务晋升空间。2012年3月23日，常委会党组向市委组织部提交《关于市管县级后备干部组织推荐情况的报告》（阳人党字〔2012〕5号），就推荐县级后备干部的具体情况进行汇报。

全面落实老干部的政治待遇和生活待遇，高标准、高质量做好老干部工作。坚持每月举办老干部活动，组织老干部参加政治理论学习，交流学习体会，开展工作调研，外出参观考察，进行谈心谈话，向老干部通报市人大及全市有关工作情况，支持和鼓励老干部多渠道知情知政，参政议政，奉献余热。坚持重大节日走访慰问老干部，每年元旦、春节期间给老干部发慰问信，主任会议成员带队登门慰问机关离退休干部职工及遗属。2002年7月15日，机关举行离退休老干部座谈会，学习交流江泽民总书记“5·31”讲话精神，纪念和重温20年前中共中央发出的《关于建立老干部退休制度的决定》，征求加强和改进机关老干部工作的意见建议。2002年12月，离退休干部党支部被省委、省政府授予先进离退休干部党支部称号。2005年12月，离退休干部党支部被省委、省政府授予先进离退休干部党组织称号。2006年5月10日，办公厅印发《关于召开市人大常委会机关老干部“离退休生活大家谈”会议的通知》（阳人办发〔2006〕15号），组织引导离退休同志“热爱生活，健康晚年，发挥余热，奉献社会”，奔向新的精神高地。7月10日，市人大机关组织老干部以座谈会的形式，交流离、退休后如何更好地安排自己的生活，保持健康身心的经验。2008年6月，离退休干部党支部被省委组织部、省委老干部局授予“全省离退休干部党组织‘争创先进’活动先进党支部”称号。2009年10月9日，常委会党组会议专题研究机关老干部工作，明确将老干部外出考察学习列入年度工作计划，制定实施方案，促进老干部解放思想，开阔视野，更好适应发展需要。2010年4月，离退休干部党支部活动室被省委老干部局评为2009年度山西省达标老干部活动室。2012年6月，离退休干部党支部被省委、省政府授予离退休干部党组织创先争优先进集体称号。2014年11月26日，全国离退休干部先进集体和先进个人表彰大会在北京人民大会堂举行，机关离退休干部党支部受到中组部表彰，荣获“全国离退休干部先进集体”称号。2017年8月8日，常委会党组书记、主任王旭明专程调研机关老干部活动场所，听取机关老干部工作情况汇报，要求始终把“让党放心、让老同志满意”作为工作的出发点和落脚点，全面落实好党的老干部政策，真正做到在政治上尊重、思想上关心、生活上照顾、精神上关怀老干部，让他们老有所养、老有所乐、老有所为。2018年2月，办公厅老干部科被省委组织部、省委老干部局、省人力资源和社会保障厅授予“全省老干部工作先进集体”称号。2019年1月9日，机关举办离退休干部“迎新春”文化娱乐活动，25位离退休干部以老年人特有的活力和热情喜迎2019年新春佳节。9月20日，常委会党组副书记、副主任孙金明带队，将“庆祝中华人民共和国成立70周年”纪念章送到市人大老干部彭桂芳、杨竹安手中。2020年8月12日，常委会党组书记、主任王旭明到常委会机关老干部服务中心调研，实地察看活动室设施建设情况，详细了解老干部党员的学习活动开展情况，要求从延续党的血脉、传承红色基因的责任担当出发，谋划和推进机关老干部工作，努力开创机关老干部工作新局面。要把建好老干部党支部活动室作为增强党组织凝聚力和战斗力的一项具体措施来抓，提高阵地建设意识，增加和完善好硬件和软件设施，提升老干部党员的归属感，使老干部党支部活动室成为名副其实的“老干部之家”。

附：市人大常委会机关干部职务职级晋升情况

市十二届人大常委会 市十二届人民代表大会一次会议起，晋升职务职级20名。

12名机关干部晋升领导职务，其中，晋升正县级职务3名，副县级职务4名，正科级职务3名，副科级职务2名；

8名机关干部晋升非领导职务，其中，晋升助理调研员5名，主任科员1名，副主任科员2名。

市十三届人大常委会 市十三届人民代表大会一次会议起，晋升职务职级24名。

18名机关干部晋升领导职务，其中，晋升正县级职务5名，副县级职务2名，正科级职务5名，副科级职务6名；

6名机关干部晋升非领导职务，其中，晋升调研员1名，助理调研员2名，主任科员1名，副主任科员2名。

市十四届人大常委会 市十四届人民代表大会一次会议起，晋升职务职级24名。

17名机关干部晋升领导职务，其中，晋升正县级职务4名，副县级职务4名，正科级职务6名，副科级职务3名；

7名机关干部晋升非领导职务，其中，晋升调研员1名，副调研员2名，主任科员2名，副主任科员2名。

市十五届人大常委会 市十五届人民代表大会一次会议起，晋升职务职级74名。

30名机关干部晋升领导职务，其中，晋升正县级职务5名，副县级职务11名，正科级职务9名，副科级职务5名；

44名机关干部晋升职级，其中，晋升一级巡视员2名，二级巡视员2名，一级调研员 10 名，二级调研员 4 名，三级调研员 3 名，四级调研员 4 名，一级主任科员 12 名，三级主任科员 4 名，四级主任科员 3 名。

第四节　党性党风党纪专题教育

市人大常委会党组坚持把开展党性党风党纪专题教育作为履行党建主体责任的突出任务来抓，严格按照党中央和省委、市委安排部署，在先后开展的保持共产党员先进性教育活动、深入学习实践科学发展观活动、党的基层组织和党员创先争优活动、党的群众路线教育实践活动、“三严三实”专题教育、“两学一做”学习教育、“不忘初心、牢记使命”主题教育及学习讨论落实活动中，坚持以加强党性修养、坚定理想信仰、树牢宗旨意识、保持优良作风、提高能力素质为重点，加强组织领导，精心谋划实施，层层压实责任，狠抓工作落实，做到了聚焦主题不散光，紧扣主线不走神；规定动作不走样，自选动作有特色；以上率下作示范，学思践悟树标杆；紧盯问题抓整改，严督实导求实效。通过历次党性党风党纪教育活动的政治洗礼，不断增强党员干部守初心、担使命的思想自觉和行动自觉，提振党员队伍干事创业、担当作为的精气神，厚植党员干部的宗旨意识和为民情怀，涵养人大常委会机关风清气正的政治生态，将专题教育成果转化成推动人大工作的能力和动力。

保持共产党员先进性教育活动　2005 年 2 月 5 日，常委会机关召开开展保持共产党员先进性教育活动动员大会，常委会党组书记、主任丁贵生主持会议并讲话。2 月 21 日，常委会党组书记丁贵生作题为“学习党的历史，加强党的建设”的党课辅导，随后常委会党组成员分别为机关干部讲授党课。2 月 28 日，启动“进农家院、吃农家饭、交农民友”活动，主任会议成员带领机关党员干部深入乡村开展先进性教育。3 月 26 日，向市委保持共产党员先进性教育活动领导小组提交《关于保持共产党员先进性教育活动第一阶段情况总结的报告》（阳人党字〔2005〕5 号）。3 月 30 日，机关保持共产党员先进性教育活动第二阶段动员大会召开。4 月 4 日，常委会党组书记、主任丁贵生就搞好教育活动主持召开座谈会，征求“一府两院”工作部门和各县区人大常委会的负责人及部分市人大代表的意见建议。4 月 18 日，向市委保持共产党员先进性教育活动领导小组提交《关于召开市人大常委会党组民主生活会的请示》（阳人党字〔2005〕7 号）。5 月 9 日，向市委保持共产党员先进性教育活动领导小组提交《关于市人大常委会党组保持共产党员先进性教育活动专题民主生活会情况报告》（阳人党字〔2005〕8 号）。5 月 9 日，向市委保持共产党员先进性教育活动领导小组提交《关于保持共产党员先进性教育活动转入整改提高巩固成果阶段的请示》（阳人党字〔2005〕9 号）。5 月 10 日，向市委保持共产党员先进性教育活动领导小组提交《市人大常委会党组保持共产党员先进性教育活动第二阶段情况的总结》（阳人党字〔2005〕10 号）。5 月 25 日，向市委保持共产党员先进性教育活动领导小组提交《关于开展保持共产党员先进性教育活动整改方案》（阳人党字〔2005〕12 号）。6 月 5 日，《关于开展保持共产党员先进性教育活动第三阶段工作情况的总结》（阳人党字〔2005〕13 号）。6 月 6 日，向市委保持共产党员先进性教育活动领导小组提交《关于开展保持共产党员先进性教育活动的总结》（阳人党字〔2005〕14 号）。6 月 27 日，机关召开保持共产党员先进性教育总结表彰大会，对先进性教育活动进行总结，表彰在活动中涌现出来的先进党支部、优秀党务工作者、优秀共产党员。

学习实践科学发展观活动　2008 年 10 月 7 日，机关干部职工集中收看“山西省深入学习实践科学发展观活动动员大会”实况。2009 年 2 月 26 日，秘书长联席会议研究关于成立市人大常委会机关深入学习实践科学发展观活动组织机构有关事宜。3月6日，常委会党组会议传达学习省委《关于开展第二批深入学习实践科学发展观活动的实施意见》，研究通过机关学习实践科学发展观活动领导小组及办公室人员名单、职责，就学习实践科学发展观活动的有关准备工作进行了安排。3月9日，常委会党组印发《关于成立机关深入学习实践科学发展观活动领导小组的通知》（阳人党字〔2009〕4号）。3月11日，机关召开学习实践科学发展观专题辅导会议，邀请省人大常委会调查研究室巡视员杨义成作辅导。3月16日，常委会党组会议对落实市委深入学习实践科学发展观活动领导小组办公室《关于建立市级四套班子学习实践活动周报制度的通知》作了安排，研究并原则通过《中共阳泉市人大常委会党组关于常委会机关开展深入学习实践科学发展观活动的实施方案》，就制定学习实践活动第一阶段日程表进行安排。会后召开学习实践科学发展观动员大会，常委会党组书记、主任孙水生作动员讲话。3月17日，常委会党组印发《关于常委会机关开展深入学习实践科学发展观活动的实施方案》（阳人党字〔2009〕5号），明确机关开展深入学习实践科学发展观活动的指导思想、基本原则、目标要求、方法步骤和组织领导。3月19日，常委会党组会议研究确定机关学习实践活动流程图、主任会议成员学习实践活动联系点，制订主任会议成员学习实践活动领题调研计划。3月27日，办公厅印发《关于召开深入学习实践科学发展观活动征求意见座谈会的通知》（阳人办发〔2009〕11号），常委会决定召开不同范围的征求意见座谈会，征求对市人大常委会机关学习实践科学发展观的意见和建议，对座谈会的主要内容进行了明确。4月1日和4月2日，机关邀请省人大代表和部分市人大代表召开学习实践活动座谈会议，分层次征求对领导班子和机关的意见建议。4月8日，主任会议成员带领机关干部赴盂县调研深入学习实践科学发展观的新成效。4月17日，机关召开“基层归来话科学发展”学习交流会。4月27日，机关召开专题会议，开展学习实践科学发展观活动解放思想大讨论。5月8日和7月6日，机关分别召开学习实践科学发展观活动转段动员会议，分别总结分析学习教育和检查阶段的工作情况，部署检查和整改落实阶段工作任务。5月12日至14日，常委会党组书记、主任孙水生集中3天时间，分层次主持召开机关正处级领导干部会议、副处级以下干部会议，就常委会领导班子贯彻落实科学发展观情况分析检查报告（征求意见稿）征求意见工作进行安排，就常委会班子贯彻落实科学发展观情况分析检查报告征求意见。5月26日，常委会党组召开领导班子分析检查报告民主评议会议。8月7日，常委会党组印发《关于阳泉市人大常委会深入学习实践科学发展观活动整改落实方案》（阳人党字〔2009〕7号），针对深入学习实践科学发展观活动查找出的主要问题，提出整改工作的指导思想、基本原则、主要任务、方法步骤和目标要求。8月31日，办公厅印发《阳泉市人大常委会关于引深学习实践活动整改工作进一步加强作风建设的意见》（阳人办发〔2009〕16号），对加强作风建设、解决存在问题，树立廉洁高效勤政务实的良好作风作出安排。9月18日，机关召开学习实践科学发展观总结大会，对巩固和扩大学习实践活动成果作出部署。

党的群众路线教育实践活动　2014年3月7日，机关召开群众路线教育实践活动专题学习会议。3月10日，常委会党组印发《市人大常委会机关深入开展党的群众路线教育实践活动实施方案》（阳人党字〔2014〕4号）。3月11日，机关召开党的群众路线教育实践活动动员大会，常委会党组书记、主任刘高官作动员讲话。3月18日，主任会议成员带领机关党员干部到平定县岔口乡甘泉井村接受艰苦奋斗主题教育，深化群众路线教育实践活动。3月19日，常委会党组书记刘高官主持召开部分省、市、县人大代表参加的座谈会，就常委会党组和机关开展教育实践活动征求意见。3月21日、26日和28日，机关党总支和各党支部分别召开党的群众路线教育实践活动集中学习和研讨交流会议。4月3日、9日和6月4日，机关党员干部职工集中观看《焦裕禄》，参观“党的群众路线档案图片”

及“作风建设永远在路上”主题展览。4月11日，机关召开党的群众路线教育实践活动“学习教育、听取意见”环节“回头看”工作通报会。4月15日，省委派驻阳泉市督导组组长秦良玉一行来机关，对常委会党组教育实践活动开展情况进行督察指导。5月9日，机关党员干部职工集中收看践行群众路线先进典型事迹视频报告。6月19日，召开班子及机关查摆“四风”问题满意度测评会。7月1日，常委会党组班子召开党的群众路线教育实践活动专题民主生活会，省委派驻阳泉市督导组组长秦良玉及督导组成员和市纪委监察局、市委活动办负责人到会指导。9月5日，常委会党组召开领导班子党的群众路线教育实践活动专题民主生活会情况通报会。10月27日，机关召开党的群众路线教育实践活动总结大会，邀请部分群众代表参加会议，市委第十六督导组领导到会指导。教育活动期间，主任会议成员深入党的群众路线教育实践活动联系点，开展“访知解”调研活动，就常委会班子和机关工作及“四风”问题征求意见建议。

学习讨论落实活动　2014年12月26日，常委会党组印发《市人大常委会机关深入开展学习讨论落实活动实施方案》（阳人党字〔2014〕9号），按照省委、市委决策部署，对机关开展学习讨论落实活动作出总体部署；印发《市人大常委会机关深入开展学习讨论落实活动领导机构的通知》（阳人党字〔2014〕10号），成立由常委会党组书记、主任担任组长，常委会党组成员担任副组长的机关深入开展学习讨论落实活动领导小组，领导小组设办公室，负责日常工作。2014年12月31日、2015年1月8日、1月16日和1月21日，常委会党组4次召开学习讨论落实活动专题会议，班子成员逐个交流学习讨论落实活动相关思想和工作体会。2015年2月28日，机关召开党员干部会议，传达学习省委学习讨论落实活动专项整治工作部署电视电话会议精神。4月30日，常委会党组向市委提交《关于市人大常委会机关学习讨论落实活动专题剖析的报告》（阳人党字〔2015〕5号），对机关党员干部开展理论学习、专题讨论和狠抓落实情况，广泛征求意见，查摆存在问题，对深化学习讨论落实活动提出具体要求。5月13日，机关召开学习讨论落实活动总结暨“六权治本”推进会，常委会党组书记、主任刘高官回顾总结机关学习讨论落实活动开展情况，对落实省委、市委推进“六权治本”决策部署提出总体要求和目标任务。

“三严三实”专题教育　2015年5月21日，机关召开党员干部会议，对开展“三严三实”专题教育作出安排部署。常委会党组书记、主任刘高官作《争做践行“三严三实”人大干部》党课辅导。6月9日，办公厅印发《市人大常委会机关开展“三严三实”专题教育实施方案》（阳人办发〔2015〕30号），对机关开展“三严三实”专题教育作出总体部署。7月15日，常委会党组召开“严以修身”专题教育学习交流（扩大）会。7月28日，常委会党组书记、主任刘高官主持召开机关秘书长成员会议，对深入开展“三严三实”专题教育、集中解决机关存在的突出问题提出具体要求。9月25日，常委会党组召开“三严三实”专题教育“严以律己”研讨会。12月28日，常委会党组召开“三严三实”专题民主生活会。2016年1月18日，常委会党组召开“三严三实”专题教育“严以用权”研讨会。

“两学一做”学习教育　2016年4月21日，机关召开“两学一做”学习教育动员会，常委会党组书记、主任刘高官作动员讲话暨辅导报告。4月22日，常委会党组印发《市人大常委会机关开展“两学一做”学习教育实施方案》（阳人党字〔2016〕8号）。5月19日，市人大常委会机关举办“两学一做”学习教育专题党课，刘高官作题为“践行‘两学一做’，争做合格党员”的辅导报告。6月3日，机关举行“讲政治、有信念”专题党课，常委会党组副书记、副主任王振国作理论辅导。7月7日，机关举行“讲规矩、有纪律”专题党课，常委会党组成员、副主任孙金明作专题党课辅导。2017年9月21日，常委会党组印发《市人大常委会党组关于推进“两学一做”学习教育常态化制度化和开展维护核心、见诸行动主题教育的实施意见》（阳人党字〔2017〕3号），对机关推进“两学一做”学习教育常态化制度化和开展维护核心、见诸行动主题教育作出总体部署。9月21日，机关党总支印发《关于在推进“两学一做”学习教育常态化制度化中加强“三基建设”的实施方案》（阳人党总支〔2017〕9号），把加强“三基建设”作为开展“两学一做”学习教育常态化制度化的重点任务，明确推进的总体目标、重点任务、工作要求和领导机构。

“改革创新、奋发有为”大讨论 2018年12月28日至29日，省委十一届七次全体会议围绕贯彻落实习近平总书记关于改革开放再出发和新时代新担当新作为指示精神，要求在全省广大党员干部群众中开展“改革创新、奋发有为”大讨论。2019年2月21日，机关召开“改革创新、奋发有为”大讨论安排部署会，传达贯彻全省、全市“改革创新、奋发有为”大讨论会议精神，印发《关于开展“改革创新、奋发有为”大讨论实施方案的通知》（阳人办发〔2019〕23号），明确指导思想、基本原则、主要任务、规定动作和工作要求，成立常委会大讨论领导小组。组长由常委会主任担任，副组长由各位副主任和秘书长担任。3月4日，机关党组出台《中共阳泉市人大机关党组2018年度民主生活会实施方案》（阳人机关党字〔2019〕1号），紧密结合“改革创新、奋发有为”大讨论的主题要求，对民主生活会的主题目标、时间及地点、参会范围、参会人员、会议议程、实施步骤等作出安排。3月5日，机关党组召开2018年度民主生活会，随后机关各党支部先后召开组织生活会，聚焦大讨论主题对表对标市委要求，全面对照检查，认真剖析问题，深入开展批评和自我批评。常委会党组班子领导以普通党员身份参加支部组织生活会，对党员对照检查进行点评。3月25日，机关召开对标一流述职评议会，各机构主要负责同志依次述职，主任会议成员进行点评。会议对述职人员进行满意度测评。4月28日，机关召开“对标一流、担当作为”先进典型报告会，平定县娘子关风景区管委会主任、娘子关镇党委书记朱继明，市人大法制委主任委员、常委会法工委主任吕志坚，市人大常委会人事代表工委原主任高和平讲述在各自工作领域谋创新、促改革、求实效，奋发有为、锐意进取、担当作为，推动思想再解放、改革再深入、创新再发力、工作再提升的生动实践。5月16日，机关召开“改革创新、奋发有为”大讨论交流总结会议，常委会党组书记、主任王旭明指出，大讨论取得的成效是明显的，也是阶段性的，“改革创新、奋发有为”永远在路上，要强基固本促提升，努力谋求新发展。机关各委室负责人作交流发言。

“不忘初心、牢记使命”主题教育 2018年9月11日，市人大机关召开“不忘初心、牢记使命”主题教育工作部署会，常委会党组书记、主任王旭明就精准聚焦“深入学习贯彻习近平新时代中国特色社会主义思想，锤炼忠诚干净担当的政治品格”根本任务；全面把握“守初心、担使命，找差距、抓落实”的12字总要求；始终贯穿“学习教育、调查研究、检视问题、整改落实”4项重点举措；努力实现“理论学习有收获、思想政治受洗礼、干事创业敢担当、为民服务解难题、清正廉洁作表率”的5个具体目标，高标准严要求开展主题教育作动员讲话。10月24日，机关第一、第二党支部组织党员干部以闭卷考试形式进行“不忘初心、牢记使命”主题教育知识自测，以考促学、以考促记、以考促行。12月4日，机关党总支选派王和平、董英、高卫娟、王瑞娟4名党员参加市直机关工委“不忘初心、牢记使命”主题教育知识抽查闭卷考试，取得单位党组织排名第三的成绩。2019年7月16日，机关召开“比安庆、找差距、谋对策、抓落实”学习交流会，集体学习市委书记关建勋在市党政代表团赴安庆市考察学习汇报会上的讲话精神，部分工作机构负责人围绕“六看安庆，人大怎么干”进行交流发言。7月24日，机关第一、第二党支部分别召开学习会，传达学习省委书记骆惠宁在全省“不忘初心、牢记使命”主题教育专题党课暨第三次学用习近平新时代中国特色社会主义思想经验交流会精神、市委书记关建勋在市党政代表团赴安庆考察学习汇报会上的讲话精神以及市直机关

“创卫攻坚”专项督查开展情况通报，要求党员干部牢牢把握学习贯彻习近平新时代中国特色社会主义思想这条主线，不断锤炼忠诚干净担当的政治品格，把主题教育和学用工作引向深入，继续以实际行动参与到环境整治、美化家园活动中来，为“五城联创”做出自己应有的贡献。8月13日，常委会党组印发《关于成立市人大常委会机关“不忘初心、牢记使命”主题教育领导小组的通知》（阳人党发〔2019〕9号），成立由常委会党组书记任组长、党组副书记任常务副组长、党组成员分工负责的主题教育领导小组。8月20日，机关党总支组织全体党员和干部职工，集中学习市委“不忘初心、牢记使命”主题教育领导小组办公室《关于在第一批“不忘初心、牢记使命”主题教育期间先行开展相关工作的通知》，宣布《关于设立市人大常委会机关“不忘初心、牢记使命”主题教育领导小组办公室的通知》和《关于成立市人大常委会机关“不忘初心、牢记使命”主题教育领导小组的通知》，举办《关于新形势下党内政治生活的若干准则》(以下简称《准则》)辅导讲座。8月23日，机关党总支组织机关党员和干部职工开展“不忘初心、牢记使命”主题教育集中学习，传达学习省委书记骆惠宁在省委十一届八次全会上的讲话精神，进行中国共产党历次党章的制定及修正情况专题辅导。9月16日，常委会党组印发《阳泉市人大“不忘初心、牢记使命”主题教育实施方案》（阳人党字〔2019〕11号），对市人大常委会机关“不忘初心、牢记使命”主题教育的根本任务、目标要求、参加范围、重点对象、实施步骤、具体要求等作出安排。9月18日，机关主题教育领导小组印发《关于设立市人大常委会机关“不忘初心、牢记使命”主题教育领导小组办公室的通知》（阳人教组发〔2019〕1号）。9月16日，机关主题教育领导小组印发《关于举办市人大常委会理论中心组（扩大）学习会议的通知》（阳人教组发〔2019〕2号），为深入学习宣传习近平新时代中国特色社会主义思想，发挥市人大理论中心组成员先学一步、深学一层的引领作用，对市人大常委会理论中心组（扩大）专题学习会议作出具体安排。9月17日至20日，常委会党组、机关党总支分别举行“不忘初心、牢记使命”主题教育第一次集体学习研讨，通读细研《习近平关于“不忘初心、牢记使命”重要论述选编》《中国共产党章程》《习近平新时代中国特色社会主义思想学习纲要》和习近平总书记在庆祝全国人民代表大会成立60周年大会上的重要讲话等必修课，常委会党组班子领导分别联系实际，谈认识、讲体会，摆问题、找差距。9月18日，机关主题教育领导小组向市委提交《阳泉市人大常委会“不忘初心、牢记使命”主题教育总结报告》（阳人教组发〔2019〕3号）。9月20日，机关老干部党支部举办“初心和使命”主题党课活动，举办“从党的奋斗史中感悟‘不忘初心、牢记使命’”主题党课，集体参观市人大机关主题教育展览、党建资料室等。9月25日，机关第一、第二党支部集中学习省委书记骆惠宁在晋中介休市调研时的讲话精神，要求支部全体党员干部以更高的政治自觉、思想自觉和行动自觉不断深化主题教育。9月29日，常委会党组、机关党组召开“不忘初心、牢记使命”主题教育专题会议，班子领导聚焦“18个是否”，严格“6个对照”，突出“5个查找”和四个“找一找”等具体要求，进行对照检视，提出整改措施。市委第三巡回指导组同志到会指导。会议结束后，机关第一、第二党支部分别召开“不忘初心、牢记使命”主题教育检视剖析专题会议，集体学习中共中央政治局委员、中央“不忘初心、牢记使命”主题教育领导小组常务副组长陈希在第二批“不忘初心、牢记使命”主题教育推进会上的讲话精神、中国共产党党史简介和中央“不忘初心、牢记使命”主题教育领导小组印发的《关于在“不忘初心、牢记使命”主题教育中加强爱国主义教育、弘扬爱国主义精神的通知》精神，对照党章、准则和条例列出的“18个是否”，逐项查摆问题，深入检视反思，认真剖析根源并提出整改措施。10月11日，常委会党组书记、主任王旭明作题为“增强制度自信坚定奋斗步伐”的党课辅导，市委主题教育第二巡回指导组到会指导。10月18日，常委会党组召开“不忘初心、牢记使命”主题教育调研成果交流会，班子成员分别围绕个人调研课题，深入交流调研成果，梳理分析工作短板与不足，提出有针对性的解决办法和改进工作的思路举措。市委第三巡回指导组同志到会指导。10月28日，常委会党组举行“不忘初心、牢记使命”主题教育第二次集中学习研讨会，班子领导在集体学习和自学的基础上，紧扣学习研讨主题，结合各自分管工作和开展调研情况，进行了交流研讨。10月31日，机关党总支组织党员干部职工集体学习《新时代公民道德建设实施纲要》，要求以纲要为指导，切实增强主题教育的针对性和实效性，努力在思想水平、政治觉悟、道德品质、文化素养、精神状态等方面适应新要求。11月1日，机关党总支组织干部职工到部分人大代表联络站点了解站点建设和代表进站情况，征求意见建议，深化主题教育活动。11月15日，机关党总支选派王建平、耿雪华、王修智、张亚明4名党员参加市直机关工委“不忘初心、牢记使命”主题教育知识考试，取得团体总分第四名的成绩。11月18日，常委会党组举行“不忘初心、牢记使命”主题教育第三次集中学习研讨，在集中学习的基础上，围绕8个专题，结合各自学习成果，找出对照初心和使命的差距，提出了改进和完善工作的具体措施，主题教育学习呈现出往深里走、往心里走、往实里走的良好势头，形成了浓厚的学习氛围。12月7日，机关主题教育领导小组向市委提交《市人大常委会“不忘初心、牢记使命”主题教育开展情况汇报》（阳人教组办发〔2019〕1号）。12月7日，常委会党组召开“不忘初心、牢记使命”专题民主生活会，党组书记、主任王旭明代表党组在专题民主生活会上作检视剖析，党组成员依次进行个人检视剖析，作批评和自我批评并表态。省委第三巡回指导组成员、省委组织部举报中心副主任李炜，市委第三巡回指导组负责人到会指导。12月9日，市人大常委会机关第一党支部、第二党支部分别召开“不忘初心、牢记使命”专题组织生活会，常委会党组班子成员参加。12月10日，常委会党组召开“不忘初心、牢记使命”主题教育测评会，党组副书记、副主任孙金明通报市人大常委会党组开展主题教育情况，市委第三巡回指导组到会组织测评，部分省、市、县人大代表，中共十九大代表，市党代表，退休老干部、基层群众代表、机关干部职工共计52人参加测评。12月13日，机关老干部党支部召开“不忘初心、牢记使命”专题组织生活会，按照个人自评、党员互评、民主测评的程序对党员进行民主评议。市离退休干部系统党委委员杨贵洲到会指导。12月20日，常委会机关第一党支部、第二党支部组织全体党员重温习近平总书记视察山西重要讲话、在推动中部地区崛起工作座谈会上的重要讲话、黄河流域生态保护和高质量发展座谈会上的重要讲话，传达学习省委书记楼阳生在创新生态专家座谈会上的讲话精神，支部成员分别就“三篇光辉文献”作了领学，与会党员就学习心得体会进行了现场交流。12月23日，机关党总支印发《阳泉市人大关于“不忘初心、牢记使命”主题教育民主评议党员结果的通报》（阳人党总支〔2019〕10号），对主题教育中表现突出的优秀共产党员予以表彰。12月19日，机关党组向市委提交《关于召开“不忘初心、牢记使命”专题民主生活会的情况报告》。2020年1月14日，机关召开“不忘初心、牢记使命”主题教育总结会，传达贯彻落实市委主题教育总结大会精神，总结市人大机关主题教育经验，巩固深化主题教育成果。市委第三巡回指导组副组长胡海泉对机关主题教育给予充分肯定，对继续巩固扩大主题教育成果提出要求。

机关党性党风党纪教育工作情况一览表

表8-1

序号	时　间	会　议　内　容
1	2005年2月5日	常委会机关召开保持共产党员先进性教育活动动员大会，党组书记、主任丁贵生主持会议并讲话

续表 8-1

序号	时　间	会　　议　　内　　容
2	2005 年 2 月 21 日	常委会党组书记、主任丁贵生作题为“学习党的历史加强党的建设”的党课辅导，随后党组成员分别为机关干部作党课辅导
3	2005 年 2 月 28 日	常委会机关启动“进农家院、吃农家饭、交农民友”活动，主任会议成员带领机关党员干部深入乡村开展先进性教育
4	2005 年 3 月 26 日	向市委保持共产党员先进性教育活动领导小组提交《关于保持共产党员先进性教育活动第一阶段情况总结的报告》（阳人党字〔2005〕5 号）
5	2005 年 3 月 30 日	机关召开保持共产党员先进性教育活动第二阶段动员大会
6	2005 年 4 月 18 日	向市委保持共产党员先进性教育活动领导小组提交《关于召开党组民主生活会的请示》（阳人党字〔2005〕7 号）
7	2005 年 5 月 9 日	向市委保持共产党员先进性教育活动领导小组提交《关于市人大常委会党组保持共产党员先进性教育活动专题民主生活会情况报告》《关于保持共产党员先进性教育活动转入整改提高巩固成果阶段的请示》
8	2005 年 5 月 10 日	向市委保持共产党员先进性教育活动领导小组提交《市人大常委会党组保持共产党员先进性教育活动第二阶段情况的总结》（阳人党字〔2005〕10 号）
9	2005 年 5 月 25 日	向市委保持共产党员先进性教育活动领导小组提交《市人大常委会党组保持共产党员先进性教育活动整改方案》（阳人党字〔2005〕12 号）
10	2005 年 6 月 5 日	向市委保持共产党员先进性教育活动领导小组提交《关于开展保持共产党员先进性教育活动第三阶段工作情况的总结》（阳人党字〔2005〕13 号）
11	2005 年 6 月 6 日	向市委保持共产党员先进性教育活动领导小组提交《关于开展保持共产党员先进性教育活动的总结》（阳人党字〔2005〕14 号）
12	2005 年 6 月 27 日	机关召开保持共产党员先进性教育总结表彰大会，对先进性教育活动进行总结，表彰在活动中涌现出来的先进党支部、优秀党务工作者、优秀共产党员
13	2007 年 7 月 5 日	机关召开学习胡锦涛总书记“6·25”讲话，推进“作风建设年，狠抓落实年”活动大会
14	2008 年 10 月 7 日	机关干部职工集中收看山西省深入学习实践科学发展观活动动员大会实况
15	2009 年 2 月 26 日	秘书长联席会议研究关于成立市人大常委会机关深入学习实践科学发展观活动组织机构有关事宜
16	2009 年 3 月 6 日	机关召开党组会议，就学习实践科学发展观活动的有关准备工作进行安排部署
17	2009 年 3 月 9 日	印发《关于成立机关深入学习实践科学发展观活动领导小组的通知》（阳人党字〔2009〕4 号）
18	2009 年 3 月 11 日	机关召开学习实践科学发展观专题辅导会议
19	2009 年 3 月 16 日	机关召开学习实践科学发展观动员大会；常委会党组会议对落实市委深入学习实践科学发展观活动领导小组办公室《关于建立市级四套班子学习实践活动周报制度的通知》进行安排，研究并原则通过《中共阳泉市人大常委会党组关于常委会机关开展深入学习实践科学发展观活动的实施方案》，就制定学习实践活动第一阶段日程表进行安排
20	2009 年 3 月 17 日	常委会党组印发《关于常委会机关开展深入学习实践科学发展观活动的实施方案》（阳人党字〔2009〕5 号），明确机关开展深入学习实践科学发展观活动的指导思想、基本原则、目标要求、方法步骤和组织领导
21	2009 年 3 月 19 日	常委会党组会议研究确定机关学习实践活动流程图和主任会议成员学习实践活动联系点，制定主任会议成员学习实践活动领题调研计划。党组书记、主任孙水生就机关开展学习实践活动提出了四点具体要求

续表 8-1

序号	时　间	会　议　内　容
22	2009 年 3 月 27 日	办公厅印发《关于召开深入学习实践科学发展观活动征求意见座谈会的通知》（阳人办发〔2009〕11 号），明确常委会决定召开不同范围的征求意见座谈会，征求对市人大常委会机关学习实践科学发展观的意见建议
23	2009 年 4 月 2 日	机关召开学习实践科学发展观征求意见座谈会
24	2009 年 4 月 8 日	主任会议成员带领机关干部赴盂县调研学习实践科学发展观的新成效
25	2009 年 4 月 17 日	机关召开“基层归来话科学发展”学习交流会
26	2009 年 4 月 27 日	机关召开专题会议，开展学习实践科学发展观活动解放思想大讨论
27	2009 年 5 月 8 日	机关召开学习实践科学发展观活动转段动员会
28	2009 年 5 月 26 日	常委会党组召开领导班子分析检查报告民主评议会议
29	2009 年 7 月 6 日	机关召开学习实践科学发展观整改落实阶段动员大会
30	2009 年 8 月 7 日	常委会党组印发《关于阳泉市人大常委会深入学习实践科学发展观活动整改落实方案》（阳人党字〔2009〕7 号），针对深入学习实践科学发展观活动中查找出的主要问题，提出整改工作的指导思想、基本原则、主要任务、方法步骤和目标要求
31	2009 年 8 月 31 日	办公厅印发《阳泉市人大常委会关于引深学习实践活动整改工作进一步加强作风建设的意见》（阳人办发〔2009〕16 号），对加强作风建设、解决存在问题，树立廉洁高效勤政务实的良好作风作出安排
32	2009 年 9 月 18 日	机关召开学习实践科学发展观总结大会
33	2012 年 3 月 6 日	机关召开保持党的纯洁性学习教育活动动员会
34	2012 年 4 月 6 日	机关组织党员前往百团大战纪念碑和纪念馆，开展党的纯洁性学习教育活动
35	2012 年 4 月 10 日	机关举行保持党的纯洁性学习教育活动先进事迹报告会
36	2014 年 3 月 7 日	机关召开群众路线教育活动专题学习会议
37	2014 年 3 月 10 日	常委会党组印发《市人大常委会机关深入开展党的群众路线教育实践活动实施方案》（阳人党字〔2014〕4 号）
38	2014 年 3 月 11 日	机关召开党的群众路线教育实践活动动员大会
39	2014 年 3 月 18 日	主任会议成员带领机关党员干部到平定县岔口乡甘泉井村接受艰苦奋斗主题教育，深化群众路线教育实践活动；机关党员干部到狮脑山“百团大战”纪念馆参观学习，开展群众路线教育实践活动
40	2014 年 3 月 19 日	机关召开党的群众路线教育实践活动征求意见会
41	2014 年 3 月 26 日	机关召开党的群众路线教育实践活动集中学习交流会
42	2014 年 4 月 9 日	机关党员干部到市档案局参观党的群众路线档案图片展览
43	2014 年 4 月 11 日	机关召开党的群众路线教育实践活动“学习教育、听取意见”环节“回头看”工作通报会
44	2014 年 4 月 15 日	省委派驻阳泉市督导组组长秦良玉一行到机关，对常委会党组党的群众路线教育实践活动开展情况进行督察指导
45	2014 年 5 月 9 日	机关党员干部职工集中收看践行群众路线先进典型事迹视频报告
46	2014 年 6 月 4 日	机关干部参观作风建设永远在路上主题展览

续表 8-1

序号	时　间	会　议　内　容
47	2014 年 6 月 19 日	机关召开查摆“四风”问题满意度测评会议
48	2014 年 7 月 1 日	常委会党组班子召开党的群众路线教育实践活动专题民主生活会
49	2014 年 8 月 11 日	常委会召开县级干部党的群众路线教育实践活动专题民主生活会
50	2014 年 9 月 5 日	常委会党组召开领导班子党的群众路线教育实践活动专题民主生活会情况通报会
51	2014 年 10 月 27 日	机关召开党的群众路线教育实践活动总结大会
52	2014 年 12 月 12 日	机关召开学习讨论落实活动动员大会
53	2014 年 12 月 26 日	常委会党组印发《市人大常委会机关深入开展学习讨论落实活动实施方案》（阳人党字〔2014〕9 号），按照省委、市委决策部署，对机关开展学习讨论落实活动作出总体部署； 印发《市人大常委会机关深入开展学习讨论落实活动领导机构的通知》（阳人党字〔2014〕10 号），明确成立由常委会党组书记、主任担任组长，党组成员担任副组长的机关深入开展学习讨论落实活动领导小组，领导小组设办公室，负责日常工作
54	2014 年 12 月 31 日	常委会党组召开专题讨论会交流学习讨论落实活动心得体会
55	2015 年 2 月 28 日	机关召开党员干部会议，传达学习省委学习讨论落实活动专项整治工作部署电视电话会议精神
56	2015 年 4 月 30 日	常委会党组向市委提交《关于市人大常委会机关学习讨论落实活动专题剖析的报告》（阳人党字〔2015〕5 号）
57	2015 年 5 月 13 日	机关召开学习讨论落实活动总结暨“六权治本”推进会
58	2015 年 5 月 21 日	机关召开党员干部会议，对开展“三严三实”专题教育作出安排部署；常委会党组书记、主任刘高官作《争做践行“三严三实”人大干部》党课辅导
59	2015 年 6 月 9 日	办公厅印发《市人大常委会机关开展“三严三实”专题教育实施方案》（阳人办发〔2015〕30 号），对机关开展‘三严三实’专题教育作出总体部署
60	2015 年 7 月 15 日	常委会党组召开“严以修身”专题教育学习交流（扩大）会
61	2015 年 7 月 28 日	常委会党组书记、主任刘高官主持召开机关秘书长成员会议，对深入开展“三严三实”专题教育、集中解决机关存在的突出问题提出具体要求
62	2015 年 9 月 25 日	常委会党组召开“三严三实”专题教育“严以律己”研讨会
63	2015 年 12 月 28 日	常委会党组召开“三严三实”专题民主生活会
64	2016 年 4 月 21 日	机关召开“两学一做”学习教育动员会
65	2016 年 4 月 22 日	常委会党组印发《市人大常委会机关开展“两学一做”学习教育实施方案》（阳人办发〔2016〕8 号）
66	2016 年 5 月 11 日	机关召开推进“两学一做”学习教育常态化制度化、开展维护核心见诸行动主题教育动员会
67	2017 年 5 月 19 日	机关举办“两学一做”学习教育专题党课
68	2017 年 9 月 21 日	常委会党组印发《市人大常委会党组关于推进“两学一做”学习教育常态化制度化和开展维护核心、见诸行动主题教育的实施意见》（阳人党字〔2017〕3 号），对机关推进“两学一做”学习教育常态化制度化和开展维护核心、见诸行动主题教育作出总体部署；机关党总支印发《关于在推进“两学一做”学习教育常态化制度化中加强“三基建设”的实施方案》（阳人党总支〔2017〕9 号），把加强“三基建设”作为开展“两学一做”学习教育常态化制度化的重点任务，明确推进的总体目标、重点任务、工作要求和领导机构
69	2018 年 1 月 5 日	机关开展弘扬“红船精神”主题党日活动

续表 8-1

序号	时　间	会　议　内　容
70	2019 年 2 月 21 日	机关召开“改革创新、奋发有为”大讨论安排部署会，传达贯彻全省、全市“改革创新、奋发有为”大讨论会议精神，印发《关于开展“改革创新、奋发有为”大讨论实施方案的通知》（阳人办发〔2019〕23 号），明确大讨论的指导思想、基本原则、主要任务、规定动作和工作要求，成立常委会大讨论领导小组
71	2019 年 3 月 4 日	机关党组出台《中共阳泉市人大机关党组 2018 年度民主生活会实施方案》（阳人机关党字〔2019〕1 号），结合“改革创新、奋发有为”大讨论的主题要求，对民主生活会的主题目标、时间地点、参会范围、参会人员、会议议程、实施步骤等作出安排
72	2019 年 3 月 5 日	机关党组召开 2018 年度民主生活会，随后机关各党支部先后召开组织生活会，聚焦大讨论主题，按照市委要求，全面对照检查，认真剖析问题，深入开展批评和自我批评。党组班子领导以普通党员身份参加支部组织生活会，对党员对照检查进行点评
73	2019 年 3 月 25 日	机关召开对标一流述职评议会，各委室主要负责同志依次述职，主任会议成员进行点评。会议对述职人员进行满意度测评
74	2019 年 4 月 28 日	机关召开“对标一流、担当作为”先进典型报告会
75	2019 年 5 月 16 日	机关召开“改革创新、奋发有为”大讨论交流总结会议
76	2019 年 7 月 16 日	机关召开“比安庆、找差距、谋对策、抓落实”学习交流会
77	2019 年 7 月 24 日	机关第一、第二党支部分别召开学习会议，传达学习省委书记骆惠宁在全省“不忘初心、牢记使命”主题教育专题党课暨第三次学用习近平新时代中国特色社会主义思想经验交流会精神、市委书记关建勋在市党政代表团赴安庆考察学习汇报会上的讲话精神以及市直机关“创卫攻坚”专项督查开展情况通报
78	2019 年 8 月 13 日	常委会党组印发《关于成立市人大常委会机关“不忘初心、牢记使命”主题教育领导小组的通知》（阳人党发〔2019〕9 号）
79	2019 年 8 月 20 日	机关党总支组织全体党员和干部职工集中学习市委“不忘初心、牢记使命”主题教育领导小组办公室《关于在第一批“不忘初心、牢记使命”主题教育期间先行开展相关工作的通知》，宣布《关于设立市人大常委会机关“不忘初心、牢记使命”主题教育领导小组办公室的通知》和《关于成立市人大常委会机关“不忘初心、牢记使命”主题教育领导小组的通知》，就《关于新形势下党内政治生活的若干准则》举办辅导讲座
80	2019 年 8 月 23 日	机关党总支组织机关党员和干部职工开展“不忘初心、牢记使命”主题教育集中学习，传达学习省委书记骆惠宁在省委十一届八次全会上的讲话精神，进行中国共产党历次党章的制定及修正情况专题辅导
81	2019 年 9 月 11 日	机关召开“不忘初心、牢记使命”主题教育工作部署会
82	2019 年 9 月 16 日	常委会党组印发《阳泉市人大“不忘初心、牢记使命”主题教育实施方案》（阳人党发〔2019〕11 号），对搞好市人大常委会机关“不忘初心、牢记使命”主题教育的根本任务、目标要求、参加范围、重点对象、实施步骤、具体要求等作出安排
83	2019 年 9 月 18 日	机关主题教育领导小组印发《关于设立市人大常委会机关“不忘初心、牢记使命”主题教育领导小组办公室的通知》（阳人教组发〔2019〕1 号）
84	2019 年 9 月 20 日	常委会党组、机关党总支分别举行“不忘初心、牢记使命”主题教育第一次集体学习研讨
85	2019 年 9 月 29 日	常委会党组、机关党组召开“不忘初心、牢记使命”主题教育找差距专题会议
86	2019 年 10 月 11 日	机关举办“不忘初心、牢记使命”主题教育专题党课
87	2019 年 10 月 18 日	常委会党组召开“不忘初心、牢记使命”主题教育调研成果交流会
88	2019 年 10 月 28 日	常委会党组举行“不忘初心、牢记使命”主题教育第二次集中学习研讨会，党组班子领导在集体学习和自学的基础上，紧扣学习研讨主题，结合各自分管工作和开展调研情况，进行交流研讨

续表 8-1

序号	时　间	会　议　内　容
89	2019 年 11 月 15 日	机关党总支选派王建平、耿雪华、王修智、张亚明 4 名党员参加市直机关工委“不忘初心、牢记使命”主题教育知识考试，取得团体总分第四名的成绩
90	2019 年 11 月 18 日	常委会党组举行“不忘初心、牢记使命”主题教育第三次集中学习研讨
91	2019 年 12 月 7 日	机关主题教育领导小组向市委提交《市人大常委会“不忘初心、牢记使命”主题教育开展情况汇报》（阳人教组办发〔2019〕1 号）；召开常委会党组“不忘初心、牢记使命”专题民主生活会
92	2019 年 12 月 9 日	机关第一党支部、第二党支部分别召开“不忘初心、牢记使命”专题组织生活会，党组班子成员参加
93	2019 年 12 月 10 日	常委会党组召开“不忘初心、牢记使命”主题教育测评会
94	2019 年 12 月 13 日	机关老干部党支部召开“不忘初心、牢记使命”专题组织生活会
95	2019 年 12 月 23 日	机关党总支印发《阳泉市人大关于“不忘初心、牢记使命”主题教育民主评议党员结果的通报》（阳人党总支〔2019〕10 号），对主题教育中表现突出的优秀共产党员予以表彰
96	2020 年 1 月 14 日	机关“不忘初心、牢记使命”主题教育总结会召开

第五节　机关党组织建设

市人大常委会党组坚持全面从严治党，担当管党治党主体责任，认真履行机关党建工作领导职责，定期召开会议专题研究，听取汇报，作出部署，指导机关党组织以党的政治建设为统领，以坚定理想信念宗旨为思想根基，以加强组织建设为基础手段，以调动党员积极性、主动性、创造性为着力点，推动机关全面从严治党向纵深发展，努力建设政治合格、执行纪律合格、品德合格、发挥作用合格的党员队伍，不断开创机关党建工作的新局面，确保常委会机关高效有序运转，确保机关各项工作目标的实现。特别是中共十八大以来，深入学习贯彻习近平新时代中国特色社会主义思想，认真落实新时代党的建设总要求，全面贯彻《中国共产党党和国家机关基层组织工作条例》，充分发挥机关党组织战斗堡垒作用和党员先锋模范作用，为人大常委会机关各项工作高效有序运转提供坚强保证。机关党总支被评为“五星级党组织”，老干部支部被中央组织部授予“全国离退休干部先进集体”荣誉称号。

一、组织设置及沿革

机关党组　2018 年 8 月 17 日，按照市委《关于成立阳泉市人大常委会机关党组的通知》（阳干字〔2018〕91 号）要求成立阳泉市人大常委会机关党组。9 月 28 日，市委《关于张利军等同志任职的通知》（阳干字〔2018〕113 号），明确 2018 年 9 月 21 日召开的市委常委会议研究决定，张利军任市人大常委会机关党组书记，贾小梅、高永恩为党组成员。2019 年 2 月 22 日，市委印发《关于董英、高永恩职务任免的通知》（阳干字〔2019〕62 号），明确 2019 年 2 月 14 日召开的市委常委会议研究决定，董英任市人大常委会机关党组成员，免去高永恩的市人大常委会机关党组成员职务。2020 年 5 月 11 日，市委印发《关于赵文骥同志任职的通知》（阳干字〔2020〕91 号），明确

2020年5月11日召开的市委常委会议研究决定，赵文骥任市人大常委会机关党组书记。2020年12月8日，市委印发《关于董英同志免职的通知》（阳干字〔2020〕199号），免去董英的市人大常委会机关党组成员职务。

机关党总支委员会 2002年6月28日，市人大常委会机关召开全体党员会议，进行党总支委员会换届选举。应到党员69名，参加会议的党员52名。会议通过无记名投票，差额选举产生新一届党总支班子。7月2日，召开党总支委员会会议，选举产生总支书记和副书记、委员，李明为书记，张宝明、李生林为副书记，李润怀为组织委员，程志强为宣传委员，石宝华为纪检委员，郭彦庚为委员。会后，各支部分别进行换届选举。办公厅党支部选举张宝明为书记，唐麟为组织委员，史国庆为宣传委员；专工委党支部选举李生林为书记，王梦平为组织委员，杨喜平为宣传委员；老干部党支部选举郭彦庚为书记，靳秀珍为组织委员，杨殿明为宣传委员。

2007年6月28日，市人大常委会机关召开全体党员会议，进行党总支委员会换届选举。应到党员86名，参加会议的党员63名。会议通过无记名投票，差额选举产生新一届党总支班子。随后，召开党总支委员会会议，选举鄯怀林为书记，丁国忠、程志强为副书记，郗存祥为纪检委员，唐麟为组织委员，李润怀为宣传委员。各党支部分别进行换届选举：办公厅党支部选举丁国忠为书记，王玉明为副书记，侯润林为宣传委员，石宝华为组织委员；委员会党支部选举李润怀为书记，杨喜平为副书记，张国强为宣传委员，史小梅为组织委员；老干部党支部选举李明为书记，彭文智为副书记，石崇德为组织委员，牛有义为宣传委员。

2010年7月8日，市人大常委会机关召开全体党员会议，进行党总支委员会换届选举。应到党员86名，参加选举的党员78名（含流动票箱投票党员25名）。通过无记名投票，差额选举产生新一届党总支班子，吕誉耀为书记，丁国忠、程志强为副书记，唐麟为组织委员，李润怀为宣传委员，郗存祥为纪检委员。各党支部分别进行换届选举：办公厅党支部选举丁国忠为书记，王玉明为副书记，侯润林为宣传委员，石宝华为组织委员；委员会党支部选举李润怀为书记，杨喜平为副书记，张国强为宣传委员，史小梅为组织委员；老干部党支部选举李明为书记，彭文智为副书记，石崇德为宣传委员，牛有义为组织委员。

2012年8月30日，市人大常委会机关召开全体党员会议，补选党总支委员，常委会党组班子成员出席会议，党组书记、主任刘高官出席会议并讲话。会议选举唐麟为书记，李润怀、丁国忠为副书记，胡万明为组织委员，吕志坚为宣传委员，王玉明为纪检委员。各党支部分别进行换届选举。办公厅党支部选举李润怀为书记，王和平为宣传委员，石宝华为组织委员；委员会党支部选举丁国忠为书记，赵永东为副书记，张国强为宣传委员，史小梅为组织委员；老干部党支部选举李明为书记，彭文智为副书记，石崇德为宣传委员，牛有义为组织委员。

2015年12月25日，市人大常委会机关召开全体党员会议，进行党总支委员会换届选举。应到党员95名，参加选举的党员95名（含流动票箱投票党员41名）。经无记名投票，差额选举，产生新一届党总支班子。随后，党总支召开会议，选举唐麟为书记，李润怀、丁国忠为副书记，赵永东为组织委员，吕志坚为宣传委员，王玉明为纪检委员，李生林为专职委员。各党支部分别进行换届选举：办公厅党支部选举李润怀为书记，王和平为宣传委员，石宝华为组织委员；委员会党支部选举丁国忠为书记，赵永东为副书记，张国强为宣传委员，史小梅为组织委员；老干部党支部选举李生林为书记，杨殿宝为副书记，王梦平为组织委员，石崇德为宣传委员，王斌为纪检委员。

2017 年 6 月 9 日，市人大常委会机关召开全体党员会议，进行机关党总支委员改选工作。应到党员 108 名，请假党员 8 名，参加选举的党员 100 名（含流动票箱投票党员 44 名）。会议由常委会党组副书记、副主任孙金明主持，市直机关工委副书记段满英到会指导，市人大常委会党组书记、主任王旭明出席会议并讲话。会议以无记名（差额）投票的方式进行选举。王吉贵、王和平、任庆、闫亮、张利军、董英当选市人大常委会机关党总支委员会委员，李生林为机关党总支专职委员。随后，召开党总支委员会会议，选举张利军为书记，王吉贵、闫亮为副书记，任庆为宣传委员，董英为纪检委员，王和平为组织委员，李生林为专职委员。各支部分别进行换届选举：第一支部委员会选举王吉贵为书记，董英为副书记，王刚为组织委员，史翠花为宣传委员，赵晓东为纪检委员；第二支部委员会选举闫亮为书记，王和平为副书记，苗志明为组织委员，王建平为宣传委员，高卫娟为纪检委员；老干部党支部选举李生林为书记，杨殿宝为副书记，王梦平为组织委员，石崇德为宣传委员，王斌为纪检委员。

2019 年 6 月 3 日，市人大常委会机关召开全体党员会议，进行党总支委员改选。应到党员 104 名，参加选举的党员 95 名（含流动票箱投票党员 39 名）。通过无记名投票，差额选举产生新的党总支班子。随后，党总支召开会议，选举张利军为书记，高和平为专职副书记，李东方、王和平为副书记，任庆为宣传委员，王建平为纪检委员，李姝君为组织委员，李生林为专职委员。各支部分别进行换届选举：第一支部委员会选举李东方为书记，王建平为副书记，康日魁为组织委员，高卫娟为宣传委员，苗志明为纪检委员；第二支部委员会选举王和平为书记，李姝君为副书记，赵晓东为组织委员，李姝芳为宣传委员，王敦为纪检委员；老干部党支部选举李生林为书记，杨殿宝为副书记，刘春玲为组织委员，王万柱为纪检委员，丁国忠为宣传委员。

2020 年 7 月 6 日，市人大常委会机关党总支增补李东方为统战委员，第一支部委员会增补康日魁兼任支部统战委员，第二支部委员会增补耿雪华为支部统战委员，老干部党支部增补刘春玲为支部统战委员。

2020 年 5 月 22 日，市人大常委会机关召开全体党员会议，补选党总支委员。随后召开党总支委员会会议，选举赵文骥为书记，任庆为专职副书记，李东方、王和平为副书记，王建平为宣传委员，张俊福为纪检委员，李姝君为组织委员，李生林为专职委员。

二、群团组织

市人大常委会党组坚持协助机关党组、党总支加强对机关工会、共青团、妇女组织的领导，定期研究部署群团工作，健全完善党建带群建制度机制，推动群团组织依法依章程开展工作、发挥作用。在机关党组织的领导下，机关工会、共青团、妇女组织坚定正确的政治方向，增强围绕中心、服务大局的工作活力，保持紧贴职工、服务群众的组织特色，全面贯彻落实党中央和省委、市委各项决策部署，动员机关干部职工为实现机关工作高效运转、人大事业健康发展目标努力奋斗。

机关工会委员会　2004 年 5 月 28 日，市人大常委会机关举行工会成立大会，选举机关工会组成人员。常委会副主任、市总工会主席王七孩出席会议并讲话。机关干部职工应到 54 人，实际到会 44 人。选举丁国忠为主席，李润怀为组织宣传委员，侯丽影为女工兼经费审查委员，石宝华为生活委员。2016 年 6 月 20 日，市人大常委会机关举行工会委员会换届会议，选举高永恩为主席，张国强、郭玉霞为副主席，张俊福为组宣委员，董英为文体委员，高卫娟为女工委员，石宝华为经审委员。2019年10月22日，市人大常委会机关工会进行委员补选，董英为主席，副主席为张国强、张俊福，组宣委员为李敏，文体委员为康日魁，女工委员为高卫娟，经审委员为石宝华。2017年9月20日，机关党总支印发《阳泉市人大常委会机关工会经费收支管理办法》（阳人党总支〔2017〕8号），规范工会经费收支管理，依法保障工会开展工作和服务会员职工。

机关妇女委员会 2016年6月16日，机关妇委会举行换届大会，选举李国庆为主任，史小梅、董英为副主任，史翠花、高卫娟为委员。2019年10月28日，机关妇委会举行换届大会，选举何丽萍为主任，高卫娟、高建芳为副主任，王瑞娟为组织委员，耿雪华为宣传委员。

共青团支部委员会 2020年11月17日，机关举行共青团阳泉市人大常委会支部委员会选举大会，选举胡海霞、孙琦为支部委员会委员。在随后召开的共青团阳泉市人大常委会支部委员会第一次会议上，推选胡海霞担任团支部书记，孙琦担任组宣委员。市人大常委会党组成员、机关党组书记、党总支书记赵文骥出席会议并讲话。

三、主题活动

主题实践活动是机关党组织结合职责特点和工作实际，围绕加强党员干部教育管理，推进精神文明建设的党内活动。市人大常委会党组围绕进一步增强党组织的凝聚力和战斗力，促进机关党员干部职工坚定理想信念，加强党性修养，培育团队精神，勇于敬业奉献，积极创先争优，坚持在重要时间节点和重大活动期间，组织开展系列主题实践活动。

迎“五一”劳动竞赛和体能锻炼活动。2018年4月24日，机关党总支印发《关于举办市人大机关“迎五一·登山健身活动”的通知》（阳人党总支〔2018〕3号），明确以“登高望远，陶冶情操，感受体育锻炼的魅力，享受成功的乐趣，凝练团队精神，丰富业余生活，创建和谐机关”为主题，举办机关干部职工迎五一登山健身活动，欢度“五一”国际劳动节。

迎“七一”“党日”活动。2006年6月16日，机关举办“迎七一·移动杯”爱岗敬业、争创一流演讲比赛。2011年6月26日，机关干部职工开展“党旗飘飘”硬笔书法展、“永远跟党走”诗歌朗诵会、“党的光辉照我心”征文活动。2018年1月10日，机关各党支部开展弘扬“红船精神”主题党日活动，常委会党组班子领导以普通党员身份参加。2019年6月28日，机关党总支会议决定开展“永远跟党走”健步行、“党在我心中”诗歌散文作品朗诵及“红心永向党”主题党日活动。7月12日，机关党总支根据市直机关工委开展创卫工作要求，按照机关参加创卫冲刺工作方案的安排，组织机关党员干部到责任片区郊区开发区社务中心王珑村开展“创卫攻坚·共产党员走在先”农村环境卫生整治活动，通过形式多样的文体活动庆祝中国共产党成立98周年。2020年“七一”前夕，机关党总支组织机关党员和入党积极分子集中学习习近平总书记视察山西重要讲话重要指示，参加手写心得体会集中展示，重温入党誓词，唱红歌、颂党恩，到市规划展览馆、市党员政治活动中心及平定县岔口乡红育口学校爱国主义教育基地参观，成功开展“提升归属感、爱我新阳泉”主题党日活动。

迎“国庆节”“观世博”“迎奥运”等爱国活动。2008年8月5日，机关举行迎奥运书法展览，主任会议成员参观展览。2009年9月10日，机关举行“我爱我的祖国”诗歌朗诵会。2010年5月18日，办公厅印发《关于开展“观看世博·爱国报国”主题活动的通知》（阳人办发〔2010〕51号），对组织观看上海世博园，举办“爱国报国”征文活动做出安排。2015年8月21日，机关党员干部参观纪念中国人民抗日战争胜利暨世界反法西斯战争胜利70周年“铭记历史缅怀先烈”红色收藏展。2017年9月11日，机关党总支印发《关于举办“庆国庆、迎十九大”干部职工歌唱比赛的通知》（阳人党总支〔2017〕6号），比赛以“满怀激情庆国庆，金曲欢歌唱辉煌”为主题，以歌颂祖国、歌颂党、赞美幸福生活为主调，庆祝中华人民共和国成立68周年，迎接中共十九大胜利召开。2019年8月12日，机关党总支印发《关于举办庆祝中华人民共和国成立70周年暨地方人大常委会设立40周年书画摄影展的通知》（阳人党总支〔2019〕8号），以“坚定文化自信，推动社会主义文化繁荣兴盛”为主题，要求机关党员干部运用书法形式，弘扬中华民族优秀文化传统，热情讴歌新中国成立70年来经济社会发展的巨大成就和新时代干部群众奋发有为的精神风貌。同时开展慰问老党员、老干部、老代表和劳动模范活动。9月25日，常委会党组书记、主任王旭明，常委会副主任、市总工会主席张永忠走访慰问全国劳模，省第九届、第十届、第十一届人大常委会委员，平定县岔口乡理家庄村原党支部书记王铁锁，为他送去“庆祝中华人民共和国成立70周年”纪念章。10月21日，市人大常委会机关党总支组织开展主题党日活动，通过参观平定县革命烈士纪念馆和全市主题教育档案文献图片展，缅怀革命先烈丰功伟绩，回顾中国共产党的奋斗历程，教育和引导党员进一步坚定理想信念，强化使命担当。

“送温暖、献爱心”活动。主任会议成员每年春节前夕，深入乡村和社区慰问困难计生户、低保户、生活困难的老党员、困难职工、困难劳模、重点优抚对象和敬老院的老人。每年“六一”节期间，深入农村中小学校和幼儿园，为学校和贫困学生捐款捐物。2008年5月21日，机关举行向地震灾区人民献爱心捐助活动，主任会议成员、常委会委员和机关全体干部职工现场捐款。2010年8月25日，机关向遭受泥石流灾害的甘肃省舟曲县捐款，主任会议成员带头捐款。

人民代表大会制度和改革开放纪念活动。2004年5月20日，机关举行开展人民代表大会制度建立50周年纪念活动动员会议，市“一府两院”、县（区）人大、市直各有关部门和新闻单位负责人参加。9月7日，机关举行纪念人民代表大会制度建立50周年老干部座谈会，历届常委会主任会议成员参加。9月15日，机关干部职工集体收看首都各界隆重纪念全国人民代表大会成立50周年大会实况，主任会议成员一起收看。9月16日，机关举行纪念人民代表大会成立50周年暨地方人大常委会设立25周年人大知识竞赛总结颁奖大会，主任会议成员为获奖作者颁奖。9月17日，机关举行纪念人民代表大会成立50周年各级各界人大代表座谈会，主任会议成员和部分全国、省、市人大代表出席会议。9月20日，机关举行纪念人民代表大会成立50周年“南煤杯”美术书法摄影作品展开展仪式，市委书记程步云会同市四大班子领导参观展览。10月12日，机关举行纪念人民代表大会成立50周年暨地方人大常委会设立25周年“交通杯”有奖征文颁奖大会。9月16日和25日，机关分层次召开改革开放30周年座谈会。2009年10月17日，办公厅印发《关于为纪念地方人大设立常委会30周年开展“我与人大共奋进”征文活动的通知》（阳人办发〔2009〕51号），对活动主题、内容和质量要求作出安排。12月22日，机关举办纪念地方人大设立常委会30周年书法展览开展仪式。2014年9月15日，机关召开纪念全国人民代表大会成立60周年暨地方人大设立常委会35周年座谈会。9月24日，机关召开习近平总书记在全国人民代表大会成立60周年大会上的讲话精神集中学习交流会。9月25日，阳泉市纪念全国人民代表大会成立60周年暨地方人大设立常委会35周年书画摄影展在市展览馆开展。

第六节　文明单位创建

文明单位创建活动是在物质文明、精神文明、政治文明、社会文明以及生态文明建设中成绩突出，效益显著，管理先进，服务优良，内外和谐，积极创新，履行社会责任，经过自愿申报，群众满意，社会认可并经有关主管部门考核、评选，由地方党委和政府或上级党政机关批准命名的先进单位，是基层单位五个文明建设综合性成果的最高荣誉。市人大常委会机关是第十九批市级文明单位，根据市委宣传部和市直机关工委安排，历届市人大常委会成立之初，都要及时调整机关精神文明领导组成员，出台巩固文明单位创建成果工作规划，迎接市文明办组织的复核验收，在连年保持"市级文明单位"称号的基础上，启动创新市级、省级文明标兵单位工作。2004年7月28日，市十二届人大常委会印发《关于在机关开展"做人民公仆，树文明形象"活动的实施方案》（阳人办发〔2004〕40号），要求集中一个月时间，对全体机关干部职工开展公仆本色塑造、文明行为教育，成立领导组，以支部为单位，通过思想教育、对照检查、批评与自我批评、整改整顿4个阶段，促进机关面貌和干部作风发生新变化。2005年12月13日，市委、市政府印发《关于命名第九批文明单位（村）的决定》（阳发〔2005〕34号），命名市人大常委会机关等9个单位为"文明标兵单位"。2010年3月18日，办公厅印发《阳泉市人大常委会机关文明单位创建管理办法》（阳人办发〔2010〕19号），对巩固和提升文明单位创建成果作出10条规定，推动建设高效、廉洁、文明、和谐机关。2017年12月22日，办公厅印发《关于调整市人大机关精神文明领导组成员的通知》（阳人办发〔2017〕115号），明确由常委会主任担任领导组组长，主任会议全体成员担任副组长，随文印发《阳泉市人大机关创建文明单位工作总体规划（2017年度—2022年度）》，全面启动创建省级文明单位工作。2020年7月21日，省精神文明建设指导委员会印发《关于表彰2018—2019年度山西省精神文明创建先进典型的决定》（晋文明委〔2020〕5号），市人大常委会获得山西省省级"文明单位"称号。

第七节　后勤保障管理

市人大常委会党组指导和支持机关加强后勤保障管理工作。机关办公厅（室）根据机关机构改革方案，明确机关后勤服务中心的各项职责和具体任务，充实人员力量，加强队伍建设；建立健全和修订完善各项规章制度，形成纵向到底、横向到边、覆盖方方面面的管理制度体系；坚持共建共享，强化保洁管理，同其他驻楼单位构建协作共事关系；适时启动用房加盖，室内外装修工程，绿化美化院落，创建优美环境；按需增配和更新办公设备，不断提升办公自动化、信息化水平；严格车辆管理，配强司机队伍，加强交通安全宣传和教育，保持20年安全行驶。机关人事、财务、文件流转、档案管理、安全保卫等方面，分工职责明确，运行严谨规范。

市人大常委会机关位于南大街19号，由五层主楼及西二楼组成，办公用房面积2600平方米。2002年，装修常委会会议室、主任会议室、机关老干部活动中心。2004年3月16日，办公厅印发《市人大庭院改造工程专题会议纪要》（阳人办发〔2004〕9号），成立机关庭院改造工程领导组，组长由常委会分管领导担任，领导组下设资金管理组和工程监理组，要求严格按照庭院改造工程方案，实施园林式绿化，增加国旗台，设置景观石，5月1日前完成改造工程。2007年，整体装修办公用房，实施楼体外观亮化，更新常委会会议电子表决系统，实现计算机网络技术在办公中的应用全覆盖。2008 年 9 月，经过改造，增加 3 个小会议室、1 个预会室，增加面积 278 平方米。2009 年，加固办公楼体，装修常委会议室，更新桌椅、音响及表决系统。2010 年，实现计算机配置人手一台，空调配备办公用房全覆盖。2013 年，改造装修常委会议室，更新音响及表决设备。2018 年，市直机关党委、市党史研究室、市地方志办公室和市关工委等驻楼单位搬迁，腾出四层东边所有用房及西边四间用房由常委会机关使用。对办公用房统一装修，更新和添置办公设备、净水热水设备。改造机关卫生间和盥洗室，增加保洁服务项目和频次。投资近 240 万元，在全省率先建设成人大预算联网监督中心，筹建“信息化工作平台”。

第八节　扶贫和招商引资

一、扶贫工作

市人大常委会党组认真落实市委扶贫工作安排部署，指导和推动机关扎实开展贫困村脱贫致富帮扶工作。主任会议成员经常深入贫困村调查研究，听取群众意见，指导制定发展措施，推动落实帮扶任务。2001 年，机关帮扶平定县枣岭村，帮助发展畜牧养殖，扩大和优化经济林种植，解决饮水解困问题，开展送科技、送法律、送卫生咨询及智力帮扶活动。2003 年起，机关帮扶盂县鳌头村，帮助争取扶贫专项资金，支持修建防洪护地堤坝，维修钢丝通行桥，发展特色养殖产业，建设核桃树种植基地，扩大劳务输出，确保村民逐年增收，实现稳定脱贫致富。2016 年起，机关包扶郊区石板片村（后由矿区托管）精准脱贫工作，全程参与和指导村级组织换届工作，配齐配强村支“两委”班子；协助谋划特色致富产业，培育发展中天玫瑰园、汇兴氧化锌、锦松合作社等精品项目；坚持宣传党的政策、关注百姓生活、开展结对帮扶、兴办实事好事，全面履行帮扶责任，提前实现脱贫攻坚目标，得到干部群众好评。2020 年 9 月 4 日，机关驻石板片村第一书记王敦被授予“山西省脱贫攻坚模范队员”荣誉称号。

二、招商引资工作

2019 年，常委会党组认真落实市委、市政府《关于进一步加强招商引资工作的意见》，把招商引资工作同全市“项目兴市”理念紧密结合，同市人大“三点三同”工作思路紧密结合，第一时间制定实施方案，成立招商引资领导组，下设办公室、信息报送组、招商推进组，努力形成千方百计抓招商、争当发展“局中人”的良好局面。常委会主任牵头抓总，各副主任分工负责，把招商引资指标分解落实到各工作机构，机关干部人人有任务。坚持走访看望外地在阳泉创业人士及阳泉籍在外人士家属，开展“贴心行动”，营造亲情招商氛围。同时，面向海外及“北上广深”等业界人士，选聘招商特使 13 名。党组书记、主任王旭明带头走向招商一线，联系邀请英国、江苏、四川、北京等多地客商来阳泉投资考察，同上海凯工阀门集团总公司、北京城乡中昊建设有限责任公司等企业对接洽谈，多次召集相关部门，协调推进中源康养文化小镇、汇鑫现代养殖农业产业园等招商项目落实落地。常委会班子成员多次率领小分队外出开展主题招商、专题招商活动。2019 年 9 月启动招商工作后，开展招商引资活动 56 场次，与 41 家外地企业对接洽谈，联系接洽项目线索 53 条，上报动态信息 38 条、有效招商项目 21 个。其中签约项目 1 个，为总投资 2000 万元的郊区西南舁乡郊山村肉牛养殖项目；签约并落地项目 1 个，为总投资 31.88 亿元的钙基纳米复合材料项目。签约、落地并开工建设项目 3 个，为北京强盛汇鑫投资管理有限公司投资建设的总投资 1.2 亿元占地 300 多亩的汇鑫现代养殖农业产业园项目，于 2019 年 12 月 17 日与郊区西南舁乡大西庄村成功签约、落地并开工建设；总投资 2000 万元的有机小杂粮深加工项目、中源康养文化小镇项目，全面完成招商引资给定任务。

第九篇

县乡人民代表大会

县乡两级人大是基层国家权力机关，是地方国家政权的重要基础，是实现基层民主的有效形式。20年间，阳泉市县乡两级人大坚持党的领导、人民当家做主、依法治国有机统一，依法行使职权，积极开展工作，为促进地方经济社会发展、推进基层民主法治建设、维护基层社会稳定发挥了重要作用。特别是中共十八大以来，以习近平同志为核心的党中央把加强县乡人大工作和建设作为推动人大制度和人大工作与时俱进、完善发展的重要内容，出台《中共全国人大常委会党组关于加强县乡人大工作和建设的若干意见》，极大增强阳泉市县乡两级毫不动摇坚持、与时俱进完善人民代表大会制度的自信和决心。本篇收入阳泉市辖的城区、矿区、郊区、平定县、盂县五个县级人民代表大会及其常委会工作和建设的主要情况，主要包括组织沿革、县（区）人民代表大会、县（区）人大常委会三方面内容，并简要记述各县（区）辖乡镇人民代表大会、街道人大工作开展情况。

第一章　城区人民代表大会

第一节　组织沿革

2004 年 4 月，城区十三届人大常委会将各街道办事处人大工作组改设为街道人大工作委员会。

根据 2017 年 9 月 19 日全省推进县乡人大建设电视电话会议精神要求，按照阳城编办字〔2017〕44 号文件《关于阳泉市城区人民代表大会常务委员会机构编制事项调整的通知》精神，阳泉市城区人大常委会编制由 12 名调至 15 名，内设机构政治法律工作委员会更名为法制委员会，财政经济工作委员会更名为财政经济委员会，城环街道工作委员会更名为城乡建设环境保护和农村工作委员会，街道办事处人大领导职数名称规范为人大工委主任，各街道明确专职工作人员 1 名，其他不变。区人大法制委员会和财政经济委员会，2018 年经区十六届人大三次会议表决通过。

2019 年 3 月，根据《中华人民共和国地方各级人民代表大会和地方各级人民政府组织法》和《阳泉市城区机构改革方案》，阳泉市城区第十六届人民代表大会第四次会议决定：设立阳泉市城区第十六届人民代表大会社会建设委员会。

第二节　区人民代表大会

第十二届人民代表大会（1998 年 6 月至 2003 年 4 月）

第三次会议　2000 年 5 月 16 日至 19 日在阳泉市交通征费稽查局会议室召开。应出席代表 155 名，实际出席代表 145 名，列席人员 44 名，特邀人员 6 名。会议听取并审议通过了区长梁怀玉作的政府工作报告、计划委员会主任郗庚寅作的关于城区 1999 年国民经济和社会发展计划执行情况与 2000 年计划（草案）的报告、财政局局长毕映富作的关于城区 1999 年财政预算执行情况及 2000 年财政预算（草案）的报告、区人大常委会副主任史云贵作的人大常委会工作报告、法院院长李保来作的区人民法院工作报告和检察院检察长刘俭作的区人民检察院工作报告，并通过了关于上述六个报告的决议。大会收到代表议案、建议、批评和意见共 82 件。

第四次会议　2001 年 6 月 21 日至 26 日在阳泉市农业大厦召开。应出席代表 154 名，实际出席代表 149 名，列席人员 44 名，特邀人员 4 名。会议听取并审议通过了区长梁怀玉作的关于城区国民经济和社会发展计划第十个五年计划纲要的报告、计委主任郗庚寅作的关于城区 2000 年国民经济和社会发展计划执行情况与 2001 年计划（草案）的报告、财政局局长毕映富作的关于城区 2000 年财政预算执行情况及 2001 年财政预算（草案）的报告、区人大常委会副主任周占田作的人大常委会工作报告、法院院长李保来作的区人民法院工作报告和检察院检察长刘俭作的区人民检察院工作报告，并通过了关于上述六个报告的决议。大会收到代表议案、建议、批评和意见共 73 件。

第五次会议 2002 年 3 月 3 日至 4 日在城区机关会议室召开。应出席代表 151 名，实际出席代表 134 名，列席人员 39 名。这是一次选举市人大代表的专题会议。大会选举产生阳泉市第十二届人民代表大会代表 50 名。

第六次会议 2002 年 6 月 26 日至 29 日在城区机关会议室召开。应出席代表 151 名，实际出席代表 148 名，列席人员 55 名，特邀人员 4 名。会议听取并审议通过了区长梁怀玉作的政府工作报告、发展计划局局长郗庚寅作的关于城区 2001 年国民经济和社会发展计划执行情况与 2002 年计划（草案）的报告、财政局局长毕映富作的关于城区 2001 年财政预算执行情况及 2002 年财政预算（草案）的报告、区人大常委会副主任李力作的人大常委会工作报告、法院院长李保来作的区人民法院工作报告和检察院代检察长张启作的区人民检察院工作报告，并通过了关于上述六个报告的决议。大会补选张启为城区人民检察院检察长。大会收到代表议案、建议、批评和意见共 51 件。

第十三届人民代表大会（2003 年 4 月至 2007 年 4 月）

第一次会议 2003 年 4 月 25 日至 28 日在阳泉市福利大厦召开。应出席代表 155 名，实际出席代表 155 名，列席人员 50 名，特邀人员 5 名。会议听取并审议通过了代区长曹凯民作的政府工作报告、发展计划局局长郗庚寅作的关于城区 2002 年国民经济和社会发展计划执行情况与 2003 年计划（草案）的报告、财政局局长毕映富作的关于城区 2002 年财政预算执行情况及 2003 年财政预算（草案）的报告。区十二届人大常委会主任李高锁作的人大常委会工作报告、法院代院长杨玉春作的区人民法院工作报告和检察院检察长张启作的区人民检察院工作报告，并通过了关于上述六个报告的决议。大会选举李高锁为区十三届人大常委会主任，周占田、姚培万、李力、吴祥玉、夏爱林为人大常委会副主任，王强等 11 人为人大常委会委员。选举曹凯民为城区人民政府区长，张清河、李保存、弓林柱、胡道宏、田秀贞、李宏革为副区长，杨玉春为城区人民法院院长，张启为城区人民检察院检察长。大会收到代表议案、建议、批评和意见共 116 件。

第二次会议 2004 年 3 月 17 日至 20 日在阳泉市福利大厦召开。应出席代表 154 名，实际出席代表 151 名，列席人员 50 名，特邀人员 4 名。会议听取并审议通过了区长曹凯民作的政府工作报告、发展计划局局长张爱虎作的关于城区 2003 年国民经济和社会发展计划执行情况与 2004 年计划（草案）的报告、财政局局长毕映富作的关于城区 2003 年财政预算执行情况和 2004 年财政预算（草案）的报告、区人大常委会副主任姚培万作的人大常委会工作报告、法院院长杨玉春作的区人民法院工作报告和检察院检察长张启作的区人民检察院工作报告，并通过了关于上述六个报告的决议。大会收到代表提出的议案、建议、批评和意见共 104 件。

第三次会议 2005 年 4 月 28 日至 30 日在阳泉市福利大厦召开。应出席代表 155 名，实际出席代表 152 名，列席人员 55 名，特邀人员 4 名。会议听取并审议通过了区长曹凯民作的政府工作报告、发展和改革局局长张爱虎作的关于城区 2004 年国民经济和社会发展计划执行情况与 2005 年计划（草案）的报告、财政局局长毕映富作的关于城区 2004 年财政预算执行情况和 2005 年财政预算（草案）

的报告、区人大常委会副主任吴祥玉作的人大常委会工作报告、法院院长杨玉春作的区人民法院工作报告和检察院检察长张启作的区人民检察院工作报告，并通过了关于上述六个报告的决议。大会补选周素光为城区第十三届人大常委会委员。大会收到代表提出的议案、建议、批评和意见共97件。

第四次会议 2006年6月27日至30日在阳泉市福利大厦召开。应出席代表148名，实际出席代表148名，列席人员65名，特邀人员4名。会议听取并审议通过了区长曹凯民作的政府工作报告，审议并通过了城区国民经济和社会发展第十一个五年规划纲要、城区2005年国民经济和社会发展计划执行情况与2006年计划（草案）的报告、财政局局长毕映富作的关于城区2005年财政预算执行情况和2006年财政预算（草案）的报告、区人大常委会副主任夏爱林作的人大常委会工作报告、法院院长杨玉春作的区人民法院工作报告和检察院检察长张启作的区人民检察院工作报告，并通过了关于上述六个报告的决议。大会增选李忠祥为城区第十三届人大常委会副主任。大会收到代表提出的议案、建议、批评和意见共55件。

第十四届人民代表大会（2007年4月至2011年6月）

第一次会议 2007年4月20日至24日在阳泉市福利大厦召开。应出席代表155名，实际出席代表155名，列席人员56名，特邀人员5名。会议听取并审议通过了区长曹凯民作的政府工作报告，审议并通过了发展改革局局长赵建军作的关于城区2006年国民经济和社会发展计划执行情况与2007年计划（草案）的报告、财政局局长赵美青作的关于城区2006年财政预算执行情况及2007年财政预算（草案）的报告，听取并审议通过了区十三届人大常委会主任李高锁作的人大常委会工作报告、法院院长杨玉春作的区人民法院工作报告和检察院检察长张启作的区人民检察院工作报告，并通过了关于上述六个报告的决议。大会选举李忠祥为区十四届人大常委会主任，姚培万、李力、吴祥玉、夏爱林为人大常委会副主任，冯建勇、翟玉金、周宝魁、常秀清、李金萍、杜宝林、葛春来、肖文瑶、李明、张林爱、乔亦青、王春雨、李乃军、王洲、马国宝、李风英、陈彩萍、胡正林为人大常委会委员。选举曹凯民为城区人民政府区长，弓林柱、王明厚、李保存、胡道宏、陈蕾（挂职）为副区长，杨玉春为城区人民法院院长，张启为城区人民检察院检察长。大会选举城区出席阳泉市第十三届人民代表大会代表50名，收到代表议案、建议、批评和意见共81件。

第二次会议 2008年4月21日至24日在阳泉市福利大厦召开。应出席代表149名，实际出席代表149名，列席人员53名，特邀人员6名。会议听取并审议通过了区长曹凯民作的政府工作报告，审议并通过了发展改革局局长赵建军作的关于城区2007年国民经济和社会发展计划执行情况与2008年计划（草案）的报告、财政局局长赵美青作的关于城区2007年财政预算执行情况及2008年财政预算（草案）的报告，听取并审议通过了区十四届人大常委会主任李忠祥作的人大常委会工作报告、法院院长杨玉春作的区人民法院工作报告和检察院检察长张启作的区人民检察院工作报告，并通过了关于上述六个报告的决议。大会收到代表议案、建议、批评和意见共64件。

第三次会议 2009年4月21日至24日在阳泉市福利大厦召开。应出席代表148名，实际出席代表148名，列席人员57名，特邀人员8名。会议听取并审议通过了区长曹凯民作的政府工作报告，审议并通过了发展改革局局长赵建军作的关于城区2008年国民经济和社会发展计划执行情况与2009年计划（草案）的报告、财政局局长赵美青作的关于城区2008年财政预算执行情况及2009年财政预算（草案）的报告，听取并审议通过了区人大常委会副主任吴祥玉作的人大常委会工作报告、法院院长杨玉春作的区人民法院工作报告和检察院检察长张启作的区人民检察院工作报告，并通过了关于上述六个报告的决议。大会收到代表议案、建议、批评和意见共59件。

第四次会议 2010年3月9日至12日在阳泉市福利大厦召开。应出席代表144名，实际出席代表144名，列席人员57名，特邀人员9名。会议听取并审议通过了区长曹凯民作的政府工作报告，审议并通过了发展改革局局长赵建军作的关于城区2009年国民经济和社会发展计划执行情况与2010年计划（草案）的报告、财政局局长赵美青作的关于城区2009年财政预算执行情况及2010年财政预算（草案）的报告，听取并审议通过了区人大常委会副主任姚培万作的人大常委会工作报告、法院院长杨玉春作的区人民法院工作报告和检察院检察长张启作的区人民检察院工作报告，并通过了关于上述六个报告的决议。大会收到代表议案、建议、批评和意见共33件。

十五届人民代表大会（2011年6月至2016年8月）

第一次会议 2011年6月13日至17日在阳泉市铝业公司召开。应出席代表155名，实际出席代表155名，列席人员53名，特邀人员5名。会议听取并审议通过了代区长武雪作的政府工作报告，审议并通过了城区国民经济和社会发展第十二个五年规划纲要、发展改革局局长赵建军作的关于城区2010年国民经济和社会发展计划执行情况与2011年计划（草案）的报告、财政局局长赵美青作的关于城区2010年财政预算执行情况及2011年财政预算（草案）的报告，听取并审议通过了区十四届人大常委会主任李忠祥作的人大常委会工作报告、法院代院长张秋籽作的区人民法院工作报告和检察院代检察长贾建胜作的区人民检察院工作报告，并通过了关于上述七个报告的决议。大会选举李忠祥为区十五届人大常委会主任，姚培万、李力、范秀林、吴祥玉、夏爱林为人大常委会副主任，马国宝、王洲、井珍、冯文军、冯建勇、乔亦青、李冲、李乃军、杨山文、肖文瑶、吴丽萍、张莉、张林爱、张续宁、胡正林、葛春来、谢焕生为人大常委会委员。选举武雪为城区人民政府区长，李育平、杨红梅、李忠何、吴东作、赵建军为副区长，张秋籽为城区人民法院院长，贾建胜为城区人民检察院检察长。大会收到代表议案、建议、批评和意见共52件。

第二次会议 2012年4月24日至27日在阳泉市城区文化中心召开。应出席代表152名，实际出席代表152名，列席人员56名，特邀人员5名。会议听取并审议通过了区长武雪作的政府工作报告、发展改革局局长郭智明作的关于城区2011年国民经济和社会发展计划执行情况与2012年计划（草案）的报告、财政局局长康建光作的关于城区2011年财政预算执行情况及2012年财政预算（草案）的报告，听取并审议通过了区人大常委会主任李忠祥作的人大常委会工作报告、法院院长张秋籽作的区人民法院工作报告和检察院检察长贾建胜作的区人民检察院工作报告，并通过了关于上述六个报告的决议。大会选举城区出席阳泉市第十四届人民代表大会代表50名，收到代表提出的建议、批评和意见37件。

第三次会议 2013年3月26日至29日在阳泉市城区文化中心举行。应出席代表155名，实际出席代表155名，列席人员42名，特邀人员4名。会议听取并审议通过了区人民政府区长武雪关于城区人民政府工作的报告、城区2012年国民经济和社会发展计划执行情况与2013年国民经济和社会发展计划草案的报告、城区2012年国民经济和社会发展计划执行情况的报告与2013年国民经济和社会发展计划、城区2012年财政预算执行情况与2013年财政预算草案的报告、城区2012年财政预算执行情况与2013年财政预算的报告、区人大常委会副主任范秀林关于城区人大常委会工作的报告、区人民法院院长张秋籽关于城区人民法院工作的报告、区人民检察院检察长贾建胜关于城区人民检察院工作的报告，并通过了关于上述八个报告的决议。大会选举城区出席阳泉市第十四届人民代表大会代表2名，收到代表提出的建议、批评和意见30件。

第四次会议 2014年3月25日至28日在阳泉市豪远国际酒店召开。应出席代表151名，实际出席代表151名，列席人员44名，特邀人员4名。会议听取并审议通过了区人民政府工作报告，区2013年国民经济和社会发展计划执行情况和2014年国民经济和社会发展计划（草案）的报告，区2013年财政预算执行情况和2014年财政预算（草案）的报告，区人大常委会和区人民法院、区人民检察院的工作报告，并通过了关于上述六个报告的决议。大会收到代表提出的建议、批评和意见35件。

第五次会议 2015年5月25日至29日在阳泉市福利院召开。应出席代表145名，实际出席代表145名，列席人员43名，特邀人员3名。会议听取并审议通过了区人民政府区长武雪关于城区人民政府工作的报告、城区2014年国民经济和社会发展计划执行情况与2015年国民经济和社会发展计划草案的报告、城区2014年国民经济和社会发展计划执行情况的报告与2015年国民经济和社会发展计划的报告、城区2014年财政预算执行情况与2015年财政预算草案的报告、城区2014年财政预算执行情况与2015年财政预算的报告、区人大常委会主任李忠祥关于城区人大常委会工作的报告、区人民法院院长张秋籽关于城区人民法院工作的报告、区人民检察院检察长贾建胜关于城区人民检察院工作的报告，并通过了关于上述八个报告的决议。大会通过了关于吴祥玉、姚培万、夏爱林、吴祥玉因到龄退休请求辞去人大常委会主任、副主任职务请求的决定。大会决定罢免范秀林的阳泉市城区第十五届人民代表大会常务委员会副主任职务。大会补选李保存为阳泉市城区第十五届人民代表大会常务委员会主任，补选李志军、郭智明、赵秀生、余丽红为阳泉市城区第十五届人民代表大会常务委员会副主任。大会收到代表提出的建议、批评和意见35件。

十六届人民代表大会（2016年8月— ）

第一次会议 2016年8月1日至5日在阳泉宾馆召开。应出席代表155名，实际出席代表155名，列席人员39名，特邀人员4名。会议听取并审议通过了区人民政府代区长王晓丽关于城区人民政府工作的报告、区国民经济和社会发展第十三个五年规划纲要、区2015年国民经济和社会发展计划执行情况与2016年国民经济和社会发展计划草案的报告、区2015年国民经济和社会发展计划执行情况的报告与2016年国民经济和社会发展计划、区2015年财政预算执行情况与2016年财政预算草案的报告、区2015年财政预算执行情况的报告与2016年财政预算报告、区人大常委会主任李保存关于城区人大常委会工作的报告、区人民法院院长张秋籽关于城区人民法院工作的报告、区人民检察院代检察长高秀瑾关于城区人民检察院工作的报告，并通过了关于上述九个报告的决议。大会选举李保存为区十六届人大常委会主任，李志军、郭智明、赵秀生、余丽红为人大常委会副主任，卫玲、王强、王婧、王江萍、王军连、王洪震、冯建勇、任晓丽、刘占军、朴雪松、李雪、杨山文、杨凯军、杨慧荣、肖文瑶、吴丽萍、张莉、张林爱、周晓婧、赵文燕、赵冬生、赵海清、郝丽花、段文娥、贾燕红、徐芳、郭小丽、程葆华为人大常委会委员。选举王晓丽为城区人民政府区长，赵建军、史晓文、张卫东、李志刚、杨瑞、高鹏为副区长，张秋籽为城区人民法院院长，高秀瑾为城区人民检察院检察长。大会收到代表提出的建议、批评和意见75件。

第二次会议 2017年2月14日至18日在阳泉宾馆召开。应出席代表152名，实际出席代表

146名，列席人员55名，特邀人员4名。会议听取并审议通过了区人民政府区长王晓丽关于城区人民政府工作的报告、区2016年国民经济和社会发展计划执行情况与2017年国民经济和社会发展计划草案的报告、区2016年财政预算执行情况与2017年财政预算草案的报告、区人大常委会副主任李志军关于城区人大常委会工作的报告、区人民法院院长张秋籽关于城区人民法院工作的报告和区人民检察院检察长高秀瑾关于城区人民检察院工作的报告。大会选举付民为城区监察委员会主任，选举出席阳泉市第十五届人民代表大会代表53名。大会收到代表提出的建议、批评和意见56件。

第三次会议 2018年4月1日至4日在阳泉宾馆召开。应出席代表150名，实际出席代表150名，列席人员70名，特邀人员4名。会议听取并审议通过了区人民政府区长王晓丽关于城区人民政府工作的报告、区2017年国民经济和社会发展计划执行情况与2018年国民经济和社会发展计划草案的报告、区2017年财政预算执行情况与2018年财政预算草案的报告、区人大常委会副主任郭智明关于城区人大常委会工作的报告、区人民法院院长张秋籽关于城区人民法院工作的报告和区人民检察院检察长高秀瑾关于城区人民检察院工作的报告。大会收到代表提出的建议、批评和意见83件。

第四次会议 2019年3月2日至5日在阳泉宾馆召开。应出席代表150名，实际出席代表150名，列席人员70名，特邀人员4名。会议听取并审议通过了区人民政府区长王晓丽关于城区人民政府工作的报告、区2018年国民经济和社会发展计划执行情况与2019年国民经济和社会发展计划草案的报告、区2018年财政预算执行情况与2019年财政预算草案的报告、区人大常委会主任李保存关于城区人大常委会工作的报告、区人民法院院长张秋籽关于城区人民法院工作的报告和区人民检察院检察长高秀瑾关于城区人民检察院工作的报告。大会决定设立阳泉市城区第十六届人民代表大会社会建设委员会，选举余丽红为阳泉市城区第十六届人民代表大会社会建设委员会主任委员，贾宝林为阳泉市城区第十六届人民代表大会社会建设委员会副主任委员，王车生、王素萍、史晓钟、刘俊军、李向如为为阳泉市城区第十六届人民代表大会社会建设委员会委员。大会收到代表提出的建议、批评和意见87件。

第五次会议 2020年4月26日至28日在阳泉宾馆召开。应出席代表149名，实际出席代表136名，列席人员74名，特邀人员4名。会议听取并审议通过了区人民政府代区长樊志红关于城区人民政府工作的报告、区人大常委会主任李保存关于城区人大常委会工作的报告、区人民法院院长张秋籽关于城区人民法院工作的报告和区人民检察院检察长高秀瑾关于城区人民检察院工作的报告；审查通过了区2019年国民经济和社会发展计划执行情况与2020年国民经济和社会发展计划草案的报告、区2019年财政预算执行情况与2020年财政预算草案的报告。大会选举了樊志红为阳泉市城区人民政府区长、付民为阳泉市城区监察委员会主任，并进行了宪法宣誓仪式。大会收到代表提出的建议、批评和意见63件。

区人大常委会历届主任会议成员一览表

表9-1

届期	职务	姓名	任职时间
城区十二届人民代表大会 （1998年6月至2003年4月）	主任	赵长春	1998.6—2001.6
		李高锁	2001.6—2003.4

续表 9-1

届　　期	职　务	姓　名	任职时间
城区十二届人民代表大会（1998 年 6 月至 2003 年 4 月）	副主任	史云贵	1998.6—2003.4
		吕　椿	1998.6—2001.6
		周占田	1998.6—2003.4
		李　力	1998.6—2003.4
		姚培万	2001.6—2003.4
城区十三届人民代表大会（2003 年 4 月至 2007 年 4 月）	主　任	李高锁	2003.4—2007.4
	副主任	周占田	2003.4—2007.4
		姚培万	2003.4—2007.4
		李　力	2003.4—2007.4
		吴祥玉	2003.4—2007.4
		夏爱林（女）	2003.4—2007.4
		李忠祥	2006.6—2007.4
城区十四届人民代表大会（2007 年 4 月至 2011 年 6 月）	主　任	李忠祥	2007.4—2011.6
	副主任	姚培万	2007.4—2011.6
		李　力	2007.4—2011.6
		吴祥玉	2007.4—2011.6
		夏爱林（女）	2007.4—2011.6
城区十五届人民代表大会（2011 年 6 月至 2016 年 8 月）	主　任	李忠祥	2011.6—2016.8
	副主任	姚培万	2011.6—2016.8
		李　力	2011.6—2016.8
		范秀林（女）	2011.6—2014.9
		吴祥玉	2011.6—2016.8
		夏爱林（女）	2011.6—2016.8
城区十六届人民代表大会（2016 年 8 月至）	主　任	李保存	2016.8—
	副主任	李志军	2016.8—
		郭智明	2016.8—
		赵秀生	2016.8—
		余丽红（女）	2016.8—

第三节 区人大常委会

一、决定地方重大事项

第十二届人大常委会（2000年至2003年4月），共举行例会18次，听取“一府两院”工作报告26项，作出决议决定8项，任免干部130人，接待和受理群众来访180件（次），督办代表建议、批评和意见206件。

第十三届人大常委会（2003年4月至2007年4月），共举行例会28次，听取“一府两院”工作报告42项，作出决议决定11项，任免干部114人，接待和受理群众来访230件（次），督办代表建议、批评和意见367件。2003年，常委会针对突如其来的“非典”疫情，及时做出了《关于依法加强全区防治非典型肺炎工作的决议》。2003年6月制定《代表履职档案》《代表活动办法》《代表学习活动考勤制度》和《代表视察制度》。

第十四届人大常委会（2007年4月至2011年6月），共举行例会28次，听取“一府两院”工作报告39项，作出决议决定13项，任免干部91人，接待和受理群众来信来访76件111人次，督办代表建议、批评和意见240件。2007年9月，在城区成功举办了一次全国五省二十个城市区人大工作理论研讨会，区人大常委会主任李忠祥在会上作了《浅谈影响监督实效的几个因素及其对策》的交流发言。2007年6月制定出台《人大代表集中走访和代表接待日制度》《代表参加活动情况通报制度》和《代表年终回原选区述职制度》。

第十五届人大常委会（2011年6月至2016年8月），共举行例会40次，听取“一府两院”工作报告37项，作出决议决定8项，任免干部134人，接待和受理群众来信来访63件，督办代表建议、批评和意见178件。2011年12月28日做出了《进一步加强法制宣传教育工作的决议》，2014年3月制定《阳泉市城区市、区人大代表履职登记实施办法》，进一步加强和改进代表工作，充分发挥代表作用。

第十六届人大常委会（2016年8月至2020年底），共举行例会31次，听取“一府两院”工作报告29项，作出决议决定23项，任免干部105人，接待和受理群众来信来访25件，督办代表建议、批评和意见301件。 2018年11月，出台《阳泉市城区组织实施宪法宣誓办法》。2019年4月，制定《区人大常委会关于优秀人大代表议案、建议和先进承办单位的评选办法》。2019年7月，制定《阳泉市城区人大常委会关于建立区政府向区人大常委会报告国有资产管理情况制度的工作方案》。

决定地方重大事项一览表

表9-2

会议名称	决定或决议内容	通过时间
十三届一次会议	关于依法加强全区防治非典型肺炎工作的决议	2003.5.28

续表 9-2

会议名称	决定或决议内容	通过时间
十三届二次会议	关于建立阳泉市城区第十三届人大代表活动日制度的决定	2003.6.27
十三届六次会议	阳泉市城区人大常委会关于表彰区十三届人大一次会议提出优秀建议、批评和意见的代表和代表建议、批评和意见办理优秀承办单位的决定	2004.2.23
十三届十二次会议	关于终止区十三届人大换届选举产生的人民陪审员资格的决定	2005.3.15
十三届二十次会议	关于接受张清河同志辞职的决定	2006.6.9
十三届二十一次会议	关于接受李宏革同志辞职的决定	2006.6.21
十三届二十七次会议	关于接受王强等同志辞职的决定	2007.3.9
十四届一次会议	关于建立阳泉市城区第十四届人大代表活动日制度的决定	2007.6.27
十四届十九次会议	关于表彰优秀建议、批评和意见提出代表和优秀承办单位的决定	2010.3.5
十五届四次会议	城区人大常委会关于进一步加强法制宣传教育工作的决议	2011.12.28
十五届十一次会议	关于接受曹晓红同志辞去市第十四届人大代表职务请求的决定	2013.3.15
十五届十一次会议	关于接受王明厚等同志辞去区人大代表职务请求的决定	2013.3.15
十五届十六次会议	关于城区 2013 年财政预算调整方案的决议	2013.12.24
十五届十九次会议	关于城区 2014 年财政预算调整方案的决议	2014.8.29
十五届二十次会议	关于暂时停止区十五届人大代表范秀林执行代表职务并许可采取强制措施的决定	2014.9.5
十五届二十二次会议	关于罢免康晓剑阳泉市第十四届人民代表大会代表职务的决议	2014.11.28
十五届二十二次会议	关于暂时停止区十五届人大代表康晓剑执行代表职务的决定	2014.11.28
十五届二十四次会议	阳泉市城区人大常委会关于暂时停止区十五届人大代表郑树琴执行代表职务并许可采取强制措施的决定	2015.3.13
十五届二十七次会议	阳泉市城区人大常委会关于接受孙冬青等同志辞去区人大代表职务请求的决定	2015.4.30
十五届三十二次会议	关于《城区国民经济和社会发展第十二个五年规划纲要》部分指标调整方案的决议	2015.11.26
十五届三十三次会议	关于接受葛春来、李冲同志辞去阳泉市城区第十五届人大常委会委员职务的请求的决定	2015.12.31
十五届三十四次会议	关于暂时停止区十五届人大代表禹彦荣执行代表职务并许可采取强制措施的决定	2016.1.8
十五届三十七次会议	关于阳泉市城区人民代表大会换届选举的决定	2016.4.21
十五届三十八次会议	关于接受贾建胜同志辞去阳泉市城区人民检察院检察长职务的决定	2016.5.17
十五届三十九次会议	关于接受武雪同志辞去阳泉市城区人民政府区长职务请求的决定	2016.7.22
十五届三十九次会议	关于接受武雪同志辞去区人大代表职务请求的决定	2016.7.22
十六届一次会议	关于批准 2015 年区本级财政决算的决议	2016.9.6
十六届二次会议	关于暂时停止区十六届人大代表窦清领执行代表职务并许可采取强制措施的决定	2016.10.9
十六届三次会议	关于批准调整阳泉市城区人民政府 2016 年国民经济和社会发展计划部分指标报告的决议	2016.12.29
十六届三次会议	关于阳泉市城区人民政府 2016 年区级财政预算调整报的决议	2016.12.29

续表 9-2

会议名称	决定或决议内容	通过时间
十六届三次会议	关于深入开展第七个五年法治宣传教育的决议	2016.12.29
十六届五次会议	关于阳泉市城区监察委员会副主任、委员任命和宪法宣誓程序的决定	2017.2.13
十六届五次会议	关于接受杨山文同志辞去城区第十六届人大常委会委员职务的请求的决定	2017.2.13
十六届七次会议	关于接受肖文瑶同志辞去城区第十六届人大常委会委员职务的请求的决定	2017.4.27
十六届九次会议	关于批准 2017 年新增地方政府债券暨区级预算调整方案的决议	2017.8.30
十六届十二次会议	关于接受刘慧同志辞去阳泉市城区第十六届人民代表大会代表职务请求的决定	2018.3.16
十六届十二次会议	关于接受赵冬生同志辞去城区第十六届人大常委会委员职务的请求的决定	2018.3.16
十六届十六次会议	关于批准 2017 年区本级财政决算的决议	2018.8.24
十六届十八次会议	关于接受窦清领辞去阳泉市城区第十六届人民代表大会代表职务请求的决定	2018.11.27
十六届十八次会议	关于接受王洪震同志辞去阳泉市城区第十六届人民代表大会常务委员会委员职务请求的决定	2018.11.27
十六届十八次会议	关于确定城区人民法院人民陪审员名额的决定	2018.11.27
十六届十八次会议	关于修改《阳泉市城区组织实施宪法宣誓办法》的决 定	2018.11.27
十六届十九次会议	关于批准 2018 年区级财政预算调整方案的决议	2018.12.28
十六届二十五次会议	关于接受路晓明同志辞去阳泉市城区监察委员会主任职务的决定	2019.5.7
十六届二十七次会议	关于批准 2018 年区本级财政决算的决议	2019.8.29
十六届二十八次会议	关于批准 2019 年新增地方政府债务限额暨新增债券预算调整方案的决议	2019.11.28
十六届二十九次会议	关于接受吴丽萍同志辞去阳泉市城区第十六届人民代表大会常务委员会委员职务请求的决定	2019.12.27
十六届三十次会议	关于接受王晓丽同志辞去阳泉市城区人民政府区长职务请求的决定	2020.2.28
十六届三十三次会议	关于接受刘志强等四名同志辞去阳泉市第十五届人民代表大会代表职务请求的决定	2020.4.15
十六届三十六次会议	关于批准 2019 年区本级财政决算的决议	2020.8.28
十六届三十八次会议	关于批准 2020 年区级财政预算调整方案的决议	2020.12.25

二、监督工作

坚持全面依法治国，维护宪法和法律权威，是人大及其常委会的政治责任。作为地方人大，每年要选择 2 至 3 项法律法规，有针对性地开展执法检查，保证宪法法律有效实施。区人大常委会结合城区经济社会发展实际，综合运用多种方式，对财政运行、生态环保、安全生产等工作持续监督，在推动全区高质量发展中展现人大作为。强化调查研究在监督工作中的基础性作用，突出问题导向，提高监督实效。

在法律监督方面 听取执法情况的报告。先后听取审议了“一府两院”关于刑法、刑事诉讼法、民法、民法通则、义务教育法、食品卫生法、环境保护法等 30 余个法律法规实施情况的汇报，有些重要法律法规的实施情况还多次听取，对改进执法活动提出意见和建议，推动了法律法规的实施。开展专项法律法规的执法检查。坚持每年对2至3部法律、法规进行执法检查。在检查中注重普遍查与重点查相结合，在掌握面上执法情况的同时，集中力量对重点单位、重点问题进行重点检查，督促执法机关对查出的问题进行认真纠正和整改。2000年以后，区人大常委会在全区先后组织了60余次较大规模的执法大检查，重点检查了计划生育、义务教育、环境保护等方面的法律法规的执行情况，都收到了明显的效果，增强了广大干部的法律意识和法治观念，弄清了执法的基本情况，掌握了存在的主要问题，检查纠正了执法中的一些情况，查处了一批违法违纪案件，改善了执法活动，加强了法治建设开展“评议”活动。组织代表在广泛调查研究的基础上对“一府两院”工作及人大选举、任命的干部进行评议，是强化监督的一种有效形式。2000年以后，区人大常委会先后对区政府、法院、检察院、城环局、建设局、民政局等政府部门共23个单位进行了工作评议，对2名代表大会选举的干部和21名常委会任命的干部进行了述职评议。评议工作在内容上紧扣区委、区政府工作中心和人民群众关心的热点问题，具有方向性、针对性、计划性。在评议范围上，从整体工作评议，发展到专题工作评议，由对“一府两院”的监督，拓展到对常委会任命干部的监督，进而又拓展到对人民代表大会选举干部的监督。在评议方式上，综合运用视察调查、提出意见、建议、百分考核、排定位置、黄牌警告、授予地方荣誉称号等多种手段。在落实整改措施上，跟踪监督，建立限期向常委会议报告制度。评议工作的开展，促进了法律、法规在全区的正确贯彻实施，改进了“一府两院”工作，增强了广大干部鄞政廉洁做好本职工作的自觉性。

区十二届人大常委会针对2000年9月开展的《中华人民共和国食品卫生法》《公共场所卫生管理条例》执法检查中，发现的部分经营场所及从业人员无卫生许可证、无从业人员健康证的问题，责成执法部门对全区有关行业“两证”的办理情况进行全面排查，督促补办“两证”110件，30余家不符合经营条件的经营场所受到停业处理。

区十三届人大常委会于2003年12月，先后对“一府两院”9个执法单位的行政执法档案建立情况、错办事项责任追究情况、推行“两制”的具体工作情况、法律法规的梳理情况进行了检查，有力促进了各执法部门内部监督制约机制的完善，推动了执法责任制各项措施要求的落实。

区十四届人大常委会为全面落实“五五”普法的决议，实现“五五”普法规划所确定的工作目标，以学法、普法为基础，进一步加大了对法律、法规宣传教育的监督力度。坚持每两年听取和审议一次区政府“五五”普法情况的报告，每年组织区人大代表对全区部分机关、学校、企业、社区的普法工作和依法行政工作进行一次视察、检查，对工作中存在问题及时提出监督建议，促进了全区“五五”普法教育工作的深入开展。

区十五届人大常委会在推进行政部门执法责任制和错案责任追究制方面，以推进依法行政、依法治区为核心，以各项制度的健全落实为措施，坚持每年对一些执法任务较重、职能涉及面广的部门依法行政情况进行重点检查，进一步提高了执法水平，有效改善了执法环境。

区十六届人大常委会加强对检察公益诉讼工作的监督，促进依法行政维护社会公共利益。加强对法院家事审判和工作机制改革的监督。家事审判方式以及工作机制的改革是顺应时代发展潮流的，不仅体现了司法改革的要求，更与国家倡导文明进步的婚姻家庭伦理道德观和培育践行社会主义核心价值观相符合。

在工作监督方面　区人大常委会主要是通过听取审议“一府两院”工作报告，视察检查和调研工作、办理人代会议案、受理群众来信来访等，对“一府两院”比较重大的工作决策、工作部署及实施情况进行监督，监督其是否符合党的各项方针政策，使国家法律法规得到正确贯彻执行。坚持对区国民经济和社会发展计划和财政预算执行情况进行监督。根据《关于审查监督国民经济和社会发展计划及财政预算的暂行办法》，坚持做到人代会人大提前介入计划和预算草案的编制过程，同时坚持在第三季度听取审议政府关于计划、财政预算执行情况的报告，适时审查和批准计划和财政预算的部分变更，对存在的问题提出解决的意见和建议。督促区政府强化措施，保证人代会决议的全面落实。紧紧围绕党的各个时期的中心任务进行监督。主要是围绕全区经济建设、安全生产、食品安全、公共文化设施、文化教育、创卫攻坚等各个方面的重大事项对“一府两院”进行监督。区人大常委会先后听取和审议“一府两院”工作报告和汇报180多个。每次审议之后，或作出决议，或整理成意见和建议，交“一府两院”贯彻落实。对人民群众普遍关心、与人民生活密切相关的重大事项，如市场物价管理、防汛、绿化、查禁伪劣假冒商品、文化娱乐场所管理、城市居民最低生活保障制度的执行、环保、创卫资金的使用等工作，常委会也进行了认真审议，加强监督，为稳定民心、调动全区人民改革开放和建设的积极性做出了努力。四是高度重视人民群众的来信来访工作，把受理人民群众的申诉意见，作为对国家机关及其工作人员进行监督的重要渠道。对来信来访中反映的问题，大部分及时转送有关部门调查处理；对重要的、带有典型意义的信访案件，及时作出处理。如2018年史文军与刘普生、河南金茂建筑工程有限公司民间借贷纠纷一案作为市、区两级联合督办的重点案件，实现了案件办理的政治效果、法律效果和社会效果的有机统一，提高了常委会在人民群众中的威信和地位，赢得了人民群众的信任。

三、人事任免

任免权是宪法和法律赋予地方人大常委会的一项重要职权。2000年以后，常委会坚持党管干部和人大依法任免干部的一致性，按照干部的“四化”标准和任人唯贤原则，充分发扬民主，严格依法办事，共依法任免国家机关工作人员594名。其中十二届人大常委会任免国家机关工作人员130人次，十三届人大常委会任免国家机关工作人员114人次；十四届人大常委会任免国家机关工作人员111人次，十五届人大常委会任免国家机关工作人员134人次，十六届人大常委会任免国家机关工作人员105人次。此外，常委会还通过执法检查、视察、召开座谈会等形式，从不同侧面了解掌握选任干部的履职情况，加大了任免工作监督力度，促使任免权与监督权相得益彰，增强了任免工作的实效。

四、联系代表

加强同人大代表的联系，充分发挥代表的作用，是坚持和完善人民代表大会制度，建设社会主义民主政治的要求。区人大常委会成立以后，把代表工作作为一项全局性、经常性、基础性的重要任务来抓，不断总结经验，完善联系代表的制度和方法，代表工作逐步走上了制度化规范化的轨道。

1.建立健全代表工作机构，不断完善联系代表制度。2004年4月，城区十三届人大常委会将各街道办事处人大工作组改设为街道人大工作委员会，负责区人大常委会与各级人大代表的联系，并先后制定了《阳泉市城区人大常委会关于人大代表建议、批评和意见办理工作的实施办法》《关于人大代表列席区人大常委会会议制度》《关于建立阳泉市城区第十四届人大代表活动日制度的决定》《阳泉市城区人民代表大会代表联系选民制度》《阳泉市城区人大常委会关于发挥人大代表作用，加强同人大代表联系的办法》《城区人大常委会街道工作委员会工作规则》《区人大常委会关于优秀人大代表议案、建议和先进承办单位的评选办法》等。每次换届后，本着就近、便于组织、便于活动的原则，建立了代表活动小组。2019年在全区各街道建立代表联络站，拓展和延伸代表联络站的设置方式，在社区层面建有“两代表一委员室”，每个街道都规范打造了一个社区人大代表联络点，形成了“1+1+N”的联系活动机制，使站点覆盖更加广泛、接待群众更为便捷、代表履职更易开展。

2. 组织好代表大会前的视察活动。常委会坚持在每次召开区人民代表大会之前，组织全区人大代表围绕会议议题开展视察活动，听取有关方面的汇报，召开多种形式的座谈会，了解和掌握群众的意见和要求，为代表审议决定全区大事，提出议案和建议、批评、意见做好准备。

3. 在代表大会期间，依法保障代表的审议权、质询权、议案权的行使，认真做好代表议案和建议批评意见的收集与整理工作，解决代表提出的重大问题。近几年，在区人民代表大会代表审议政府工作报告期间，安排了经济、城市管理、政法、科教文卫等专题审议会议，政府组成人员和有关部门负责同志参加会议，直接听取代表意见。对群众普遍关心、又基本具备解决条件的问题，当场研究解决办法；对一时不能解决的问题，协助各方面关系，规定期限由有关部门办理。这样做，促进了“一府两院”工作的改进，增强了国家机关工作人员的公仆意识，提高了人大代表的主人翁地位。

4. 认真办理代表议案及建议、批评和意见，不断提高办理质量和效果。从区十二届人大三次会议到区十六届人大四次会议，代表们共提出提案、议案和建议、批评、意见 1305 件。区人大常委会把办理工作作为支持代表依法履行职责，改进“一府两院”工作的重要途径，不断改进和加强。先后制定《阳泉市城区人大常委会关于人大代表建议、批评和意见办理工作的实施办法》《区人大常委会关于优秀人大代表议案、建议和先进承办单位的评选办法》，在整理、交办、督办、审查、回复等各个环节上严格把关；采取听取专题报告、面对面评议、召开征询代表意见座谈会的形式，组织代表对办理情况进行检查；改进办理方式，由会中收集、会后办理，改为会前收集与会中收集相结合、会中办理与会后办理相结合。由于区人大常委会的高度重视和各承办单位的努力，办理速度逐年加快，办理质量逐年提高。

5. 采取多种形式，组织代表开展活动，为代表知情知政、履行职务创造条件。区人大常委会通过走访代表，召开座谈会，有计划地邀请部分代表列席常委会会议和参加常委会组织的视察、检查、评议和调研等方式，听取代表的意见，拓宽代表活动的渠道，加强常委会同代表的直接联系。为使代表更好地学习和掌握法律知识和提高履行代表职务的能力，换届后对新当选的代表进行学习培训形成制度。常委会还利用代表活动日有计划地组织代表学习党的重要文件和国家的法律、法规以及人民代表大会制度的知识，总结代表活动经验。2008 年，区人大常委会南山路街道和义井街道人大被作为全市基层人大的试点在全市乡镇人大主席、街道人大工委主任的培训班上作了经验交流。2007 年至 2009 年，区十四届人大常委会有效开展了“代表与选区”“纪念地方人大常委会设立 30 周年书画摄影作品展”“山西明天更美好书画摄影作品展”“代表风采”“代表履职故事”等多种内容和形式的主题活动，并连续三年荣获阳泉市“代表风采”“代表履职故事”优秀组织奖。常委会的人大代表工作经验，在 2008 年全省举办的代表工作座谈会上还作了典型发言，受到了省、市人大常委会的好评。2009 年，区人大常委会编辑出版共计 6 万字的《代表履职故事》一书，对 16 名人大代表的典型事迹进行了宣传。2018 年，承办“三晋人大代表采风行”城区活动，领导重视，职责明确，圆满完成采访活动。黄河新闻网以《基层人大在身边——我听百姓提建议、百姓给我定成绩》为题进行专题报道。

五、换届选举

2000 年以后，城区先后进行 4 次人民代表大会的换届选举。区人大常委会把换届选举工作作为加强政权建设和社会主义民主与法治建设的一件大事来抓坚持党的领导。换届选举工作全过程都要在区委统一领导下进行。善于运用法律实现对换届选举工作的领导权和主动权，保证换届选举的正确方向。发扬民主。扩大公民有序政治参与，保障人民的知情权、参与权、表达权、监督权，调动选民的积极性，最广泛地动员人民群众参加选举。严格依法办事。认真学习贯彻选举法，按照有关法律规定，开展换届选举各项工作，确保换届选举严格依法进行。

在历次换届选举工作中，所做的主要工作如下：筹备工作阶段。在区人大常委会的领导下，设立城区选举委员会。具体主持区人民代表大会代表的换届选举工作。选举委员会应由党委、人大、政府相关部门有一定选举工作经验的人员组成，经区人大常委会任命产生，报市人大常委会备案。区选举委员会下设办公室，办公室内设组织、资料、宣传、监督和信访接待五个组，具体承办选举工作事项。其工作人员由区选举委员会决定。选民登记阶段。选民登记是一项政策性强、法律程序严密的工作，每一选民只能在一个选区登记。单位职工（包括下岗职工、单位保留手续的职工）和在校学生，在所在单位、学校登记；离休退休干部、职工，户口和原工作单位在城区、开发区的，在原单位登记。户口不在城区、开发区的，在户口所在地选区登记；纯居民在户口所在地选区登记；在人才市场办理人事代理的人员，在户口所在地选区登记；“4050”人员在劳动部门登记；区直属机关领导人员及工作人员被推荐到其他选区作为人大代表候选人的选民，仍在原单位所在地选区进行登记；民营企业的职工、个体工商户、临时工、外包工、协议工和其他临时居住的人员以户口为准，有居住证和居民身份证的，在取得原户口所在地乡镇以上人大常委会机关的证明未参加过原籍人大换届选举的，可以登记参加本区的选举，上述未包括人员在户口所在地选区登记。提名推荐代表候选人阶段。代表候选人按选区提名产生。各政党、各人民团体可以联合或者单独推荐代表候选人。选民十人以上联名，也可以推荐代表候选人。各政党、各人民团体提出的和选民联名提出的候选人，经组织考察合格后，都应当列入代表候选人名单。无论何种形式所提候选人都不得超过本选区应选代表的名额。提名推荐的代表初步候选人名单，由区选举委员会汇总后，在选举日的十五日以前以选区张榜公布。投票选举准备阶段。做好正式代表候选人的宣传工作，使每个选民了解候选人的情况；摸清参选人数，包括参加选举大会和投票站的人数、流动票箱投票人数、委托投票人数，确保高参选率；制定选举工作程序和拟制选举大会主持词；印制选票，制作票箱，布置选举会场和投票站等。确定和培训监票员、计票员（选举前在选区内由选民推荐4—8人担任监票员、计票员，正式代表候选人及其近亲属不得担任监票员、计票员）以及其他选举工作人员，明确选举程序和各自职责。选举日阶段。各选区在选举代表时，应设立投票站或者召开选举大会进行。投票站或选举大会由选举委员会或选举工作指导组、选区选举工作组成员主持，选民凭选民证到投票站投票。选区全体选民的过半数参加投票，选举有效。开好换届后的首次人民代表大会。当选的代表经组织严格审核把关，既具有代表性，又具有广泛性。他们拥护党的基本路线方针政策，遵守国家的法律法规，有较高的社会活动能力和履职能力，对于全面贯彻党的全会精神及习近平总书记系列重要讲话精神，有效地行使宪法和法律赋予的管理国家和社会事务的权力，加强社会主义民主与法治建设，构建和谐社会，努力把城区建设成为晋东地区现代服务业发展高地、区域物流中心和生态、智慧、宜业、宜居的幸福城区、打造阳泉“首善之区”具有十分重要的作用。

六、自身建设

加强常委会自身建设，是提高常委会的议事效率，完善常委会职能的重要措施，也是做好人大工作的一项重要基础建设。区人大常委会成立以来，始终把加强自身建设放在重要位置上，在加强思想建设、组织建设、作风建设和制度建设上，做了大量工作，取得了重要进展。

组织建设逐步健全。常委会机关工作机构常设“五委一室”。根据2017年9月19日全省推进县乡人大建设电视电话会议精神要求，按照阳城编办字〔2017〕44号文件《关于阳泉市城区人民代表大会常务委员会机构编制事项调整的通知》精神，阳泉市城区人大常委会编制由12名调至15名，内设机构政治法律工作委员会更名为法制委员会，财政经济工作委员会更名为财政经济委员会，城环街道工作委员会更名为城乡建设环境保护和农村工作委员会。2019年，区十六届人大四次会议决定设立阳泉市城区第十六届人民代表大会社会建设委员会。

制度建设逐步完善。区人大常委会先后制定了常委会议事规则，主任会议议事规则，使每两月一次的常委会的议事进一步制度化、法律化。详细制定了3个手册、2个名册、6个台账和3个清单，明确了各委室职能和工作标准，规范了工作内容和运转流程，工作资料定期归档。制定完善了考勤制度、记录工作日志制度、请销假制度、文件管理制度、学习制度等机关26项内部制度，从议事决策、人事管理、考核奖惩、财务管理、联系服务群众等方面对机关工作进行了规范。组织机关干部进行专业能力培训，开展专业能力测评，建立专业能力提升档案，促使基层组织建设、基础工作建设得到加强，基本能力建设得到明显提高。

思想建设不断加强。常委会在加强组织建设和制度建设的同时，特别注意加强思想建设。采用多种形式，坚持两月一次的法制讲座和每周五学习日活动，组织接受革命传统教育，参观廉政教育基地，开展主题党日活动，实地警示教育等丰富多样的主题活动，不断增强公仆意识，提升素质能力。

作风建设方面持续提高。不断加强人大常委会机关党风廉政建设，召开机关党风廉政建设大会，制定了区人大常委会党组党风廉政建设主体责任清单、问题清单和整改清单，定期进行廉政谈话，教育、引导常委会组成人员和全体人大代表模范遵守党纪、党规和国家法律、法规，坚持做政治上的明白人、践行法规制度的带头人。主动接受和支持派驻纪检监察组依纪依法开展监督。区人大常委会党组和机关支部自觉接受监督，主动邀请派驻纪检监察组负责人列席人代会、党组会和常委会、主任会，自觉向派驻的纪检监察组报告党风廉政建设工作，支持派驻纪检监察组开展监督执纪、调研走访、建立廉政档案等工作。

第四节　街道人大工作

2004年4月，城区十三届人大常委会将各街道办事处人大工作组改设为街道人大工作委员会。街道设立人大工作机构以来，所做的主要工作是：组织并指导辖区代表的活动，组织辖区人大代表学习党的路线、方针、政策和法律、法规以及人大常委会通过的决议、决定，努力提高代表素质；组织代表向选民述职，开展专题调研；熟悉掌握代表活动情况，总结、推广、宣传代表工作先进经验，征求代表的意见和要求；每次人代会前，受人大常委会委托组织辖区人大代表围绕全区经济及社会各项事业的发展开展视察、调查；换届期间协助区选举委员会做好区人大代表换届选举及补选代表的有关组织和服务工作，对辖区居民委员会的换届选举工作进行监督；受区人大常委会委托，监督街道办事处及区人民政府、区人民法院、区人民检察院派驻街道机构的工作，听取工作汇报，组织代表进行工作视察和评议。

第二章　矿区人民代表大会

第一节　组织沿革

根据宪法和地方组织法的有关规定，1980 年 1 月阳泉市行政区划变更后，新设立的矿区开始筹建区人民代表大会及其常务委员会，实行人民代表大会制度。根据选举法和地方组织法规定，区人民代表大会代表，由选民直接选举产生；区人大常委会和区行政机关、审判机关、检察机关，由区人民代表大会选举产生。区首届人民代表大会代表的选举于 1981 年 7 月 1 日进行，直接选举产生了区人大代表 148 名。

1981 年 9 月 1 日，区第一届人民代表大会第一次会议召开，选举产生了区人民代表大会的常设机关——常务委员会。同年 9 月，区一届人大常委会举行第一次会议，决定设立办公室为办事机构。1987 年 6 月，区第三届人民代表大会常务委员会第一次会议，决定增设财政经济工作委员会、教育科学文化卫生工作委员会、政治法律工作委员会和人事任免代表联络工作委员会。2005 年 8 月 18 日，经阳泉市矿区第七届人大常委会第十六次会议决定，设立阳泉市矿区人大常委会城市建设环境保护工作委员会。2018 年 4 月 7 日，经阳泉市矿区第十届人民代表大会第三次会议主席团第一次会议通过，根据组织法有关规定，区人民代表大会设立法制委员会，撤销区人大常委会法律政治工作委员会，区人民代表大会设立财政经济委员会，撤销区人大常委会财政经济工作委员会；区人大常委会人事任免代表联络工作委员会更名为人事代表工作委员会，城市环境保护工作委员会更名为城乡建设环境保护和农村工作委员会。2019 年 3 月 3 日，经阳泉市矿区第十届人民代表大会第四次会议第二次全体会议通过，阳泉市矿区第十届人民代表大会第四次会议决定：设立阳泉市矿区人民代表大会社会建设委员会。到 2020 年 3 月，区人大常委会机关的工作机构设置为“一室六委”，即：办公室和财政经济、教科文卫、法制、人事代表、城乡建设环境保护和农村工作、社会建设 6 个工作委员会。

2001 年 1 月至 2020 年 3 月，区人民代表大会共历经 5 届，召开会议 20 次。按照省、市统一部署，七届（2003 年 4 月至 2007 年 4 月）、八届（2007 年 4 月至 2010 年 3 月）以上两次换届任期都是 4 年。

第二节 区人民代表大会

第六届人民代表大会（1998 年 5 月至 2003 年 4 月）

第四次会议 2001 年 6 月 28 日至 7 月 2 日在矿区人民法院大法庭召开。大会代表 151 人，出席 136 人，列席人员 54 人。会议听取和审议了矿区人民政府代区长董仙桃所作的关于阳泉市矿区国民经济和社会发展第十个五年计划纲要的报告、矿区财政局局长史豪强所作的关于矿区 2000 年财政预算执行情况和 2001 年财政预算草案的报告、矿区人大常委会副主任魏兆庭所作的阳泉市矿区人民代表大会常务委员会工作报告、矿区人民法院院长席建魁所作的阳泉市矿区人民法院关于 2000 年审判工作情况的报告、矿区人民检察院检察长高秉明所作的阳泉市矿区人民检察院关于 2000 年检察工作情况的报告。会议批准了上述报告，批准了阳泉市矿区国民经济和社会发展第十个五年计划纲要，批准了矿区人民政府 2001 年财政预算，并作出了相应的决议。会议补选了阳泉市矿区人大常委会主任、副主任、区人民政府区长。选举冯俊杰为阳泉市矿区人民代表大会常务委员会主任，董仙桃为阳泉市矿区人民政府区长，史拉才为阳泉市矿区人民代表大会常务委员会副主任。会议收到 10 人以上代表联名提出的议案 7 件，建议、批评和意见 52 件，共计 59 件，主要涉及城市建设管理、民政、环保、社区建设等方面。

第五次会议 2002 年 3 月 4 日至 5 日在矿区政府 1 号楼六楼大会议室召开。大会应到代表 147 人，出席 147 人，列席人员 12 人。会议选举产生了矿区出席阳泉市第十二届人民代表大会代表 59 名。

第六次会议 2002 年 6 月 27 日至 30 日在矿区人民法院大法庭召开。大会代表 147 人，出席 136 人，列席人员 65 人。会议听取和审议了矿区人民政府区长董仙桃所作的政府工作报告、矿区财政局局长史豪强所作的关于矿区 2001 年财政预算执行情况和 2002 年财政预算草案的报告、矿区人大常委会主任冯俊杰所作的阳泉市矿区人民代表大会常务委员会工作报告、矿区人民法院代理院长王海贵所作的阳泉市矿区人民法院关于 2001 年审判工作情况的报告、矿区人民检察院代理检察长王永强所作的阳泉市矿区人民检察院工作报告。会议批准了上述报告，批准了矿区人民政府 2002 年财政预算，并作出了相应的决议。会议补选了阳泉市矿区人民法院院长、矿区人民检察院检察长。选举王海贵为阳泉市矿区人民法院院长，王永强为阳泉市矿区人民检察院检察长。会议收到 10 人以上代表联名提出的议案 10 件，建议、批评和意见 22 件，共计 32 件，主要涉及城市建设管理、环保、社区建设等方面。

第七届人民代表大会（2003 年 4 月至 2007 年 4 月）

第一次会议 2003 年 4 月 25 日至 28 日在矿区人民法院大法庭召开。大会代表 159 人，出席 149 人，列席人员 61 人。会议听取和审议了矿区政府区长董仙桃所作的政府工作报告、矿区财政局局长史豪强所作的关于矿区 2002 年财政预算执行情况及 2003 年财政预算草案的报告、矿区人大常委会主任冯俊杰所作的阳泉市矿区人民代表大会常务委员会工作报告，矿区人民法院院长王海贵所作的阳泉市矿区人民法院工作报告，矿区人民检察院检察长王永强所作的阳泉市矿区人民检察院工作报告。会议批准了上述报告，批准了矿区人民政府2003年财政预算，并作出了相应的决议。会议收到10人以上代表联名提出的议案5件，意见建议82件，共计87件，主要涉及城市建设管理、环境保护、社区建设、社会治安等方面。

会议选举了阳泉市矿区第七届人民代表大会常务委员会主任、副主任、委员，阳泉市矿区人民政府区长、副区长，阳泉市矿区人民法院院长、阳泉市矿区人民检察院检察长。选举冯俊杰为阳泉市矿区人民代表大会常务委员会主任，董仙桃（女）为阳泉市矿区人民政府区长，王海贵为阳泉市矿区人民法院院长，王永强为阳泉市矿区人民检察院检察长；选举梁兰芳（女）、曹喜生、史拉才、黄海、史豪强为阳泉市矿区人民代表大会常务委员会副主任，邢强敏、李天祥、崔荣贵、刘振国、王宝新、王贵平为阳泉市矿区人民政府副区长；选举卜秀莲（女）、王万玲（女）、王晓丽（女）、王庭兰（女）、石秀珍（女）、朱俊英（女）、任建平、李和平、张瑞铭、郝改兰（女）、姚仁承为阳泉市矿区人民代表大会常务委员会委员。

第二次会议 2004年4月20日至22日在矿区人民法院大法庭召开。大会代表158名，出席139人，列席人员67人。会议听取和审议了矿区人民政府区长董仙桃所作的政府工作报告、财政局局长张栗平所作的关于矿区2003年财政预算执行情况及2004年财政预算草案的报告、矿区人大常委会主任冯俊杰所作的阳泉市矿区人民代表大会常务委员会工作报告、矿区人民法院院长王海贵所作的阳泉市矿区人民法院工作报告、矿区人民检察院检察长王永强所作的阳泉市矿区人民检察院工作报告。会议批准了上述报告，批准了矿区人民政府2004年财政预算，并作出了相应的决议。会议收到10人以上联名提出的议案5件，意见、建议61件，共计66件，主要涉及城市建设管理、民政、环保等方案。

第三次会议 2005年4月27日至29日在矿区人民法院大法庭召开。大会代表157人，出席146人，列席人员69人。会议听取和审议了矿区人民政府区长董仙桃所作的政府工作报告、矿区财政局局长张栗平所作的关于矿区2004年财政预算执行情况及2005年财政预算草案的报告、矿区人大常委会主任冯俊杰所作的阳泉市矿区人民代表大会常务委员会工作报告、矿区人民法院院长王海贵所作的阳泉市矿区人民法院工作报告、矿区人民检察院检察长王永强所作的阳泉市矿区人民检察院工作报告。会议批准了上述报告，批准了矿区人民政府2005年财政预算，并作出了相应的决议。会议收到10人以上代表联名提出的议案、建议、批评和意见共计88件，主要涉及城市建设管理、环境保护、社区建设等方面。

第四次会议 2006年6月27日至30日在矿区人民法院大法庭召开。大会代表150人，出席137人，列席人员80人。会议听取和审议矿区人民政府代区长张清河所作的政府工作报告，矿区财政局局长张栗平所作的关于矿区2005年财政预算执行情况及2006年财政预算草案的报告，矿区人大常委会主任冯俊杰所作的阳泉市矿区人民代表大会常务委员会工作报告，矿区人民法院院长王海贵所作的阳泉市矿区人民法院工作报告，矿区人民检察院检察长王永强所作的阳泉市矿区人民检察院工作报告。会议批准了上述报告，批准了矿区人民政府2006年财政预算，并作出了相应的决议。会议收到代表10人以上联名提出的议事原案17件，意见、建议58件，共计75件。

第八届人民代表大会（2007年4月至2011年6月）

第一次会议 2007年4月20日至24日在矿区人民法院大法庭召开。大会代表158人，出席138人，列席人员70人。会议听取和审议矿区人民政府代区长张清河所作的政府工作报告，矿区发展和改革局局长李贵宝所作的关于2006年国民经济和社会发展计划执行情况与2007年国民经济和社会发展计划草案的报告，矿区财政局局长张栗平所作的关于矿区2006年财政预算执行情况及2007年财政预算草案的报告，矿区人大常委会主任冯俊杰所作的阳泉市矿区人民代表大会常务委员会工作报告，矿区人民法院院长王海贵所作的阳泉市矿区人民法院工作报告，矿区人民检察院检察长王永强所作的阳泉市矿区人民检察院工作报告，会议批准了上述报告，批准了矿区人民政府2007年财政预算，并作出了相应的决议。会议收到代表10人联名提出的议事原案23件，意见、建议94件，共计117件。

会议选举孙彦增为阳泉市矿区人民代表大会常务委员会主任，张清河为阳泉市矿区人民政府区长，王海贵为阳泉市矿区人民法院院长，王永强为阳泉市矿区人民检察院检察长；选举梁兰芳（女）、曹喜生、史豪强、石文辉为阳泉市矿区人民代表大会常务委员会副主任，邢强敏、王晓丽（女）、王宝新、王贵平为阳泉市矿区人民政府副区长；选举卜秀莲（女）、马成、王卓、王明、王颖、王庭兰（女）、牛翠芝（女）、冯海堂、任建平、刘振刚、刘锦萍（女）、宋海平、郝毅、杨宝生、张元安、张焕青（女）、贾全民、潘喜云为阳泉市矿区人民代表大会常务委员会委员。

第二次会议 2008年4月21日至24日在矿区报告厅召开。大会代表156人，出席128人，列席人员80人。会议听取和审议矿区人民政府区长张清河所作的政府工作报告，矿区财政局局长张栗平所作的关于矿区2007年财政预算执行情况及2008年财政预算草案的报告，矿区人大常委会主任孙彦增所作的阳泉市矿区人民代表大会常务委员会工作报告，矿区人民法院院长王海贵所作的阳泉市矿区人民法院工作报告，矿区人民检察院检察长王永强所作的阳泉市矿区人民检察院工作报告，会议批准了上述报告，批准了矿区人民政府2008年财政预算，并作出相应的决议。会议收到代表10人以上联名提出的议事原案意见、建议76件。

第三次会议 2009年4月21日至23日在矿区报告厅召开。大会代表158人，出席146人，列席人员84人。会议听取和审议矿区人民政府区长张清河所作的政府工作报告，矿区财政局局长张栗平所作的关于矿区2008年财政预算执行情况及2009年财政预算草案的报告，矿区发展和改革局局长李贵宝所作的关于矿区2008年国民经济和社会发展计划执行情况与2009年国民经济和社会发展计划草案的报告，矿区人大常委会主任孙彦增所作的阳泉市矿区人民代表大会常务委员会工作报告，矿区人民法院院长王海贵所作的阳泉市矿区人民法院工作报告，矿区人民检察院检察长王永强所作的阳泉市矿区人民检察院工作报告，会议批准了上述报告，批准了矿区人民政府2009年财政预算，并作出了相应的决议。会议收到代表10人以上联名提出的议事原案意见建议9件，还收到代表提出的各种意见建议79件，共计88件。

第四次会议 2010年3月9日至11日举行在矿区报告厅召开。大会代表158人，出席145人，列席人员85人。会议听取和审议矿区人民政府区长张清河所作的政府工作报告，矿区财政局局长张栗平所作的关于矿区2009年财政预算执行情况及2010年财政预算草案的报告，矿区发展和改革局局长陈宝庆所作的关于矿区2009年国民经济和社会发展计划执行情况与2010年国民经济和社会发展计划草案的报告，矿区人大常委会主任孙彦增所作的阳泉市矿区人民代表大会常务委员会工作报告，矿区人民法院院长王海贵所作的阳泉市矿区人民法院工作报告，矿区人民检察院检察长王永强所作的阳泉市矿区人民检察院工作报告，会议批准了上述报告，批准了矿区人民政府2010年财政预算，并作出了相应的决议。本次会议收到代表10人以上联名提出的议事原案意见建议6件，还收到代表提出的各种意见建议84件，共计90件。

第九届人民代表大会（2011年6月至2016年8月）

第一次会议 2011年6月15日至18日在矿区报告厅召开。大会代表159人，出席152人，列席人员96人。会议听取和审议矿区人民政府代区长刘乙佑所作的政府工作报告，矿区财政局局长张栗平所作的关于矿区2010年财政预算执行情况及2011年财政预算草案的报告，矿区发展和改革局局长陈宝庆所作的关于矿区2010年国民经济和社会发展计划执行情况与2011年国民经济和社会发展计划草案的报告，矿区人大常委会主任孙彦增所作的阳泉市矿区人民代表大会常务委员会工作报告，矿区人民法院代院长梁庆所作的阳泉市矿区人民法院工作报告，矿区人民检察院代检察长严志勇所作的阳泉市矿区人民检察院工作报告，会议批准上述报告。批准矿区人民政府2011年财政预算并作出相应的决议。会议收到代表10人以上联名提出的议事原案意见建议8件，还收到代表提出的各种意见建议92件，共计100件。

会议选举苏满晓为阳泉市矿区人民代表大会常务委员会主任，刘乙佑为阳泉市矿区人民政府区长，梁庆为阳泉市矿区人民法院院长，严志勇为阳泉市矿区人民检察院检察长；选举史豪强、石文辉、唐鲁、连秀芳（女）、张栗平为阳泉市矿区人民代表大会常务委员会副主任，王晓丽（女）、徐本宁、苏涛、杨志强、雷永平为阳泉市矿区人民政府副区长；选举王树森、宋海平、马成、郝毅、冯丽华（女）、辛红兵、杨宝生、王雨生、王瑞萍（女）、闫宏荣（女）、杨翠萍（女）、张鹏、荆素俭（女）、张元安、胡雷平（女）、姚培瑞为阳泉市矿区人民代表大会常务委员会委员。

第二次会议 2012年4月26日至28日在矿区报告厅召开。大会代表159名，实际到会135名。会议听取区人民政府区长刘乙佑所作的政府工作报告，区人大常委会主任苏满晓作的阳泉市矿区第九届人民代表大会常务委员会工作报告，区人民法院院长梁庆作的阳泉市矿区人民法院工作报告，区人民检察院检察长严志勇作的阳泉市矿区人民检察院工作报告。会议审议通过上述报告。会议审查批准区财政局阳泉市矿区2011年财政预算执行情况和2012年财政预算（草案）的报告，批准区人民政府2012年财政预算；审查批准区发改局2012年国民经济和社会发展计划执行情况与2012年国民经济和社会发展草案的报告，批准2012年阳泉市矿区国民经济和社会发展计划。会议收到代表提出的各种意见、建议77件。

第三次会议 2013年3月27日至29日在矿区报告厅召开。大会代表159名，实际到会135名。会议听取区人民政府区长刘乙佑所作的阳泉市矿区人民政府工作报告，区人大常委会主任苏满晓作的阳泉市矿区第九届人民代表大会常务委员会工作报告，区人民法院院长梁庆作的阳泉市矿区人民法院工作报告，区人民检察院检察长严志勇作的阳泉市矿区人民检察院工作报告。会议审议通过上述报告。会议审查批准区财政局阳泉市矿区2012年财政预算执行情况和2013年财政预算（草案）的报告，批准区人民政府2013年财政预算；审查批准区发改局2012年国民经济和社会发展计划执行情况与2013年国民经济和社会发展草案的报告，批准2013年阳泉市矿区国民经济和社会发展计划。会议收到议案1件，意见、建议138件。

第四次会议 2014年3月26日至28日在矿区报告厅召开。大会代表158名，实际到会代表146名。会议听取了区人民政府区长刘乙佑所作的阳泉市矿区人民政府工作报告，区人大常委会主任苏满晓作的阳泉市矿区第九届人民代表大会常务委员会工作报告，区人民法院院长梁庆作的阳泉市矿区人民法院工作报告，区人民检察院检察长严志勇作的阳泉市矿区人民检察院工作报告。会议审议通过上述报告。会议审查批准区财政局阳泉市矿区 2013 年财政预算执行情况和 2014 年财政预算（草案）的报告，批准区人民政府 2014 年财政预算；审查批准区发改局 2013 年国民经济和社会发展计划执行情况与 2014 年国民经济和社会发展草案的报告，批准 2013 年阳泉市矿区国民经济和社会发展计划。会议收到代表提出的各种意见、建议 91 件。

第五次会议 2015 年 5 月 26 日至 28 日在矿区报告厅召开。大会代表 157 名，实际到会 140 名。会议听取区人民政府区长刘乙佑所作的阳泉市矿区人民政府工作报告，区人大常委会主任苏满晓作的阳泉市矿区第九届人民代表大会常务委员会工作报告；区人民法院院长梁庆作的阳泉市矿区人民法院工作报告；区人民检察院检察长严志勇作的阳泉市矿区人民检察院工作报告。会议审议批准上述报告。会议审查批准区财政局阳泉市矿区 2014 年财政预算执行情况和 2015 年财政预算（草案）的报告，批准区人民政府 2015 年财政预算；审查批准区发改局 2014 年国民经济和社会发展计划执行情况与 2015 年国民经济和社会发展草案的报告，批准阳泉市矿区 2015 年国民经济和社会发展计划。会议收到代表提出的各种议案，意见、建议 126 件。

第十届人民代表大会（2016 年 8 月—　）

第一次会议 2016 年 8 月 3 日至 6 日在矿区报告厅召开。大会代表 159 名，实际到会 151 名。会议听取了区人民政府区长刘乙佑所作的阳泉市矿区人民政府工作报告，区人大常委会主任侯彦军作阳泉市矿区第九届人民代表大会常务委员会工作报告；由区人民法院副院长、代理院长冯晋明作阳泉市矿区人民法院工作报告；区人民检察院副检察长、代理检察长孔海峰作阳泉市矿区人民检察院工作报告。会议审议批准上述报告。会议审查批准区财政局阳泉市矿区 2015 年财政预算执行情况和 2014 年财政预算（草案）的报告，批准区人民政府 2016 年财政预算；审查批准区发改局 2015 年国民经济和社会发展计划执行情况与 2016 年国民经济和社会发展草案的报告，批准 2016 年国民经济和社会发展计划。

会议选举侯彦军为阳泉市矿区第十届人民代表大会常务委员会主任，刘乙佑为阳泉市矿区人民政府区长，冯晋明为阳泉市矿区人民法院院长，孔海峰为阳泉市人民检察院检察长；选举石文辉、唐鲁、连秀芳（女）、张栗平为阳泉市矿区第十届人民代表大会常务委员会副主任，选举雷永平、史友松、王希田、赵海金、何勇、王德珍（女）为阳泉市矿区人民政府副区长；选举马成、王军、王雨来、王树森、王耀田、冯丽华（女）、石富科、刘艾清、张红梅（女）、张志明、张艳玲（女）、张焕青、张敬泽、李俊萍（女）、李贵红、李素鱼（女）、杨宝生、辛红兵、陈宝庆、周拉弟（女）、周俊艳（女）、荆素俭（女）、赵志忠、赵秀杰、郗君华、贾金明、高运晨、管正付为阳泉市矿区第十届人民代表大会常务委员会委员。会议收到代表提出的议案 1 件，意见、建议 204 件。

第二次会议 2017 年 2 月 15 日至 19 日在矿区报告厅召开。大会代表 159 名，实际到会 153 名。会议听取区人民政府区长刘乙佑所作的阳泉市矿区人民政府工作报告，区人大常委会主任侯彦军作的阳泉市矿区第十届人民代表大会常务委员会工作报告；区人民法院院长冯晋明作的阳泉市矿区人民法院工作报告；区人民检察院检察长孔海峰作的阳泉市矿区人民检察院工作报告，会议审议批准上述报告。会议审查批准区财政局阳泉市矿区 2016 年财政预算执行情况和 2017 年财政预算（草案）的报告，批准区人民政府 2017 年财政预算；审查批准区发改局 2016 年国民经济和社会发展计划执行情况与2017年国民经济和社会发展草案的报告，批准阳泉市矿区2017年国民经济和社会发展计划。会议选举孙敬、胡雪、韩石润为阳泉市矿区人大常委会委员，选举李丽新为阳泉市矿区监察委员会主任。会议收到代表提出的各种意见、建议213件。

第三次会议 2018年4月8日至10日在矿区报告厅举行。大会代表158名，实际到会152名。会议听取和审议区委常委、常务副区长雷永平代表区政府向大会作区政府工作报告，区人大常委会主任侯彦军所作的区人民代表大会常务委员会工作报告；区人民法院院长冯晋明所作的区人民法院工作报告；区人民检察院检察长孔海峰所作的区人民检察院工作报告；审查和批准矿区人民政府关于矿区2017年国民经济和社会发展计划执行情况与2018年国民经济和社会发展计划（草案）的报告，批准矿区2018年国民经济和社会发展计划；审查和批准矿区人民政府关于矿区2017年矿区财政预算执行情况与2018年财政预算（草案）的报告，批准矿区2018年财政预算。会议表决通过了阳泉市矿区人民政府工作报告、区人大常委会工作报告、区人民法院工作报告、区人民检察院工作报告、区2017年国民经济和社会发展计划执行情况与2018年国民经济和社会发展计划、区2017年财政预算执行情况和2018年财政预算的决议。会议选举石文辉为矿区第十届人民代表大会法制委员会主任委员，马成、王建伟、石富科、周俊艳、贾金明为矿区第十届人民代表大会法制委员会委员；选举胡雪为矿区第十届人民代表大会财政经济委员会主任委员，王玉明、张艳玲、赵秀杰为矿区第十届人民代表大会财政经济委员会委员。会议收到代表提出的议案1件，意见、建议238件。

第四次会议 2019年3月2日至4日在矿区报告厅举行。大会代表155名，实际到会145名。会议听取和审议区人民政府工作报告；审查和批准矿区2018年国民经济和社会发展计划和执行情况与2019年国民经济和社会发展计划草案的报告；审查和批准矿区2018年财政预算执行情况及2019年财政预算草案的报告；听取和审议区人大常委会、区人民法院、区人民检察院工作报告。会议表决通过了矿区第十届人民代表大会社会建设委员会组成人员，表决通过了关于阳泉市矿区人民政府工作报告的决议，表决通过了关于阳泉市矿区2018年国民经济和社会发展计划执行情况与2019年国民经济和社会发展计划的决议、关于阳泉市矿区2018年财政预算执行情况和2019年财政预算的决议，表决通过了关于阳泉市矿区人大常委会工作报告的决议、关于阳泉市矿区人民法院工作报告的决议、关于阳泉市矿区人民检察院工作报告的决议。会议选举张立强为阳泉市矿区人民政府区长。会议选举石文辉为矿区第十届人民代表大会社会建设委员会主任委员，赵志忠、郗君华、陶慧萍、韩石润为矿区第十届人民代表大会社会建设委员会委员。会议收到代表提出的各种意见、建议176件。

第五次会议 2020年4月27日至29日在矿区报告厅举行。大会代表159名，实际到会138名。会议听取和审议区人民政府工作报告；审查和批准矿区2019年国民经济和社会发展计划和执行情况与2020年国民经济和社会发展计划草案的报告；审查和批准矿区2019年财政预算执行情况及2020年财政预算草案的报告；听取和审议区人大常委会、区人民法院、区人民检察院工作报告。会议表决通过了关于阳泉市矿区人民政府工作报告的决议，表决通过了关于阳泉市矿区2019年国民经济和社会发展计划执行情况与2020年国民经济和社会发展计划的决议、关于阳泉市矿区2019年财政预算执行情况和2020年财政预算的决议，表决通过了关于阳泉市矿区人大常委会工作报告的决议、关于阳泉市矿区人民法院工作报告的决议、关于阳泉市矿区人民检察院工作报告的决议。会议选举路晓明为阳泉市矿区监察委员会主任。会议选举刘晓芳为矿区第十届人民代表大会社会建设委员会主任委员，补选冯秀玲、刘晓芳为矿区第十届人民代表大会常务委员会委员。会议收到代表提出的议案1件，各种意见、建议148件。

区人大常委会历届主任会议成员一览表

表 9-3

届　　期	职务	姓名	籍贯	任职时间	备　注
区六届人民代表大会（1998 年 5 月至 2003 年 4 月）	主　任	王善桂	阳泉平定	1998.5—2003.4	六届一次会议当选
	副主任	魏兆庭	阳泉平定	1998.5—2003.4	六届一次会议当选
		梁兰芳（女）	山西左权	1998.5—2003.4	六届一次会议当选
		王反林	阳泉盂县	1998.5—2003.4	六届一次会议当选（兼）
区七届人民代表大会（2003 年 4 月至 2007 年 4 月）	主　任	冯俊杰	阳泉平定	2003.4—2007.4	七届一次会议当选
	副主任	梁兰芳（女）	山西左权	2003.4—2007.4	七届一次会议当选
		曹喜生	阳泉平定	2003.4—2007.4	七届一次会议当选
		史拉才	阳泉郊区	2003.4—2007.4	七届一次会议当选
		黄　海	江苏太兴	2003.4—2007.4	七届一次会议当选（兼）
		史豪强	阳泉郊区	2003.4—2007.4	七届一次会议当选
区八届人民代表大会（2007 年 4 月至 2011 年 6 月）	主　任	孙彦增	河北曲阳	2007.4—2011.6	八届一次会议当选
	副主任	梁兰芳（女）	山西左权	2007.4—2010.3	八届一次会议当选
		曹喜生	阳泉平定	2007.4—2010.3	八届一次会议当选
		史豪强	阳泉郊区	2007.4—2011.6	八届一次会议当选
		石文辉	阳泉郊区	2007.4—2011.6	八届一次会议当选
		唐鲁	山东烟台	2010.3—2011.6	八届四次会议补选
		连秀芳（女）	山西左权	2010.3—2011.6	八届四次会议补选
区九届人民代表大会（2011 年 6 月至 2016 年 8 月）	主　任	苏满晓	山西昔阳	2011.6—2016.8	九届一次会议当选
	副主任	史豪强	阳泉郊区	2011.6—2016.8	九届一次会议当选
		石文辉	阳泉郊区	2011.6—2016.8	九届一次会议当选
		唐　鲁	山东烟台	2011.6—2016.8	九届一次会议当选
		连秀芳（女）	山西左权	2011.6—2016.8	九届一次会议当选
		张栗平	阳泉平定	2011.6—2016.8	九届一次会议当选
区十届人民代表大会（2016 年 8 月开始）	主　任	侯彦军	阳泉盂县	2016.8—	十届一次会议当选
	副主任	石文辉	阳泉郊区	2016.8—	十届一次会议当选
		唐　鲁	山东烟台	2016.8—	十届一次会议当选
		连秀芳（女）	山西左权	2016.8—	十届一次会议当选
		张栗平	阳泉平定	2016.8—	十届一次会议当选

第三节　区人大常委会

矿区人大常委会从2001年到2020年的20年时间里，共历经5届。在中共阳泉市矿区委员会的领导下，矿区人大常委会高举中国特色社会主义伟大旗帜，全面贯彻党的路线方针政策，坚持党的领导、人民当家作主和依法治国有机统一，紧扣区委中心工作，立足人大工作实际，认真履行宪法和法律赋予的决定权、监督权和任免权，强化法律监督和工作监督职能，积极开展代表活动，依法人事任免，不断加强自身建设，密切联系群众，健全民主法治，推进依法治区，在全区改革开放、经济建设中较好地发挥了地方国家权力机关的作用。

一、决定地方重大事项

根据地方组织法规定，区人大常委会围绕中心，服务大局，对本行政区域的政治、经济、政法、教育、科学、文化、卫生、民政等方面的重大事项及时进行了审议。在2001年1月至2020年3月，共举行149次常委会会议，听取和审议区“一府两院”工作报告448个，作出决议和决定138项。

决定地方重大事项一览表

表9-4

会议名称	决定或决议内容	通过时间
六届二十六次	关于在全区开展第四个五年法制宣传教育的决议	2002.1.28
七届三次	区人大常委会关于加强自身建设的决定	2003.9.19
七届四次	关于阳泉市矿区与山东省东营市河口区结成友好城市区的决定	2003.12.9
七届六次	关于终止高勇的代表资格的决定	2004.4.13
七届七次	关于成立阳泉市矿区街道人大工作委员会的决定	2004.6.29
七届十一次	关于阳泉市矿区与山东省齐河县、广东省龙门县缔结友好县区的决定	2004.12.28
七届十六次	关于设立区人大常委会　城市建设环境保护工作委员会的决定	2005.8.18
七届十九次	关于批准区人民政府 2005年财政超收部分安排及支出方向的决定	2006.1.6
七届二十二次	关于任命张清河为阳泉市矿区人民政府副区长、代理区长的决定	2006.6.12
七届二十三次	关于许可对区七届人大代表冯礼堂采取强制措施的决定	2006.6.14
七届二十四次	关于接受王晓丽辞去区七届人大常委会委员职务请求的决定	2006.6.23
七届二十四次	关于决定任命王晓丽为阳泉市矿区人民政府副区长	2006.6.23
七届二十七次	关于在全民中开展法制宣传教育第五个五年规划的决议	2006.12.28
八届八次	关于终止李天祥、崔荣贵代表资格的决定	2008.4.16

续表 9-4

会议名称	决定或决议内容	通过时间
八届十次	关于任命韩德文为矿区监察局局长的决定	2008.8.26
八届十次	关于阳泉市矿区与徐州市九里区缔结友好城市区的决定	2008.8.26
八届十三次	关于批准区人民政府 2008 年财政超收支出安排的决定	2009.2.27
八届十七次	关于批准区政府购买 2 号办公楼的决议	2009.10.29
八届二十一次	关于对张润明代表采取强制措施的决定	2010.3.30
八届二十四次	关于批准阳泉市矿区人民政府校舍 安全工程项目贷款的决议	2010.7.29
八届二十六次	关于批准 2010 年地方政府债券资金安排预算调整方案的决议	2010.11.25
八届三十一次	关于梁庆代理阳泉市矿区人民法院院长的决定	2011.5.27
八届三十一次	关于严志勇代理阳泉市矿区人民检察院检察长的决定	2011.5.27
八届三十一次	关于梁庆代理阳泉市矿区人民法院院长的决定	2011.5.27
九届二十五次	关于罢免刘德跃阳泉市第十四届人民代表大会代表职务的决议	2015.2.4
九届二十五次	关于暂时停止区九届人大代表刘德跃执行代表职务的决定	2015.2.4
九届二十六次	关于对刘德跃代表采取强制措施的决定	2015.2.13
九届二十九次	关于聘任区人大常委会工作委员会兼职委员的决定	2015.7.28
九届三十五次	关于冯晋明代理阳泉市矿区人民法院院长的决定	2016.5.20
九届三十五次	关于孔海峰代理阳泉市矿区人民检察院检察长的决定	2016.5.20
十届八次	关于深入开展法治宣传教育的第七个五年规划的决议	2017.2.24
十届十八次	关于接受刘乙佑辞去矿区人民政府区长职务请求的决定	2018.5.16
十届十八次	关于深入开展学习宣传和贯彻实施《中华人民共和国宪法》的决议	2018.5.16
十届十九次	关于接受裴西平辞去阳泉市第十五届人大代表职务的决议	2018.7.16
十届二十一次	关于终止赵秀杰等三名代表资格的决定	2018.11.28
十届二十一次	关于确定人民陪审员名额数的决定	2018.11.28
十届二十二次	关于张立强代理矿区人民政府区长的决定	2018.12.5
十届二十三次	关于补选区十届人民代表大会代表的决定	2018.11.28
十届二十四次	关于表彰 2018 年度区人大代表意见建议办理工作先进单位的决定	2019.1.23
十届二十四次	关于表彰优秀区人大代表的决定	2019.1.23
十届二十九次	关于路晓明代理矿区监察委员会主任的决定	2019.5.17
十届三十次	关于批准阳泉市矿区“十三五”规划纲要部分指标调整的决议	2019.7.19
十届四十一次	关于批准矿区 2019 年财政决算的决议	2020.8.28
十届四十四次	关于批准矿区 2020 年财政预算调整方案的决议	2020.12.23

二、监督工作

把握重点依法实施监督。围绕党委重点工作开展监督。组织对经济产业转型、脱贫攻坚、乡村振兴、环境集中整治、社区（农村）换届等进行专项视察。如常委会围绕转型发展，组织代表对阳煤三矿转型项目进行专题视察，提出建议意见，并通过多种途径进行呼吁，推动阳煤三矿列入国家工业遗产公园项目。集中对创卫工作开展情况进行视察调研，提出了标本兼治、软环境硬环境同创等建议意见，推动了全区创卫工作的健康开展。组织了对扫黑除恶专项斗争的视察，提出了在扫黑除恶斗争中发挥矿区社区治理优势，动员基层群众参与的意见，提出了坚持扫黑除恶与整肃队伍相结合的建议，推动了斗争的开展。结合中央和省环保督察提出问题整改，常委会多次组织调研视察，对环保整改和大气污染问题进行督导评议，推动了环保工作措施的落实。抓住经济社会生活中的重大问题，依法开展监督。常委会密切关注全区经济运行态势，依法依规审议财政预算调整和财政决算报告，认真听取和审议财政预算执行和其他财政收支情况的审计报告、国民经济和社会发展计划执行情况的报告。针对两税合并机构改革，通过视察调研引导区财税部门深入摸清税源基数，争取上级政策，确保全区财政税收稳定增长。围绕人民群众关注的热点问题开展监督。常委会始终关注民生民情，组织对民政、教育、环保、医疗卫生、食品安全等工作进行视察。如通过对教育工作的视察，提出了整合矿区教育资源的重要建议，推动十七中、外国语学校、十四中高中部进行合并，优化教育资源配置，生发了集聚整合效应，取得了积极的社会效果，2018 年秋季，十四中新的高中部正式招生。推动区政府积极落实常委会的审议意见，先后两批公开招聘教师 87 名，有效缓解了学校一线教师队伍结构不合理的难题，为教育发展提供了人才基础和内生动力。围绕法律法规的准确有效实施组织专项监督。组织开展了环境保护法、食品安全法等贯彻实施情况的执法检查，促进了相关法律的贯彻实施。常委会还对法检两院司法体制改革进行专题调研，引导和推动两院落实司改措施，稳定干警队伍，推进公正执法和司法为民。

严格规范监督程序，改进监督方式，努力提高监督实效。常委会着力改进和规范视察调研程序。创新实施了“常委会审议意见反馈通报制度”，即常委会听取审议工作报告后，汇集委员意见建议及时通报“一府两院”。常委会制定出台了《关于加强和改善集中视察工作暂行办法》，规范集中视察的流程，拓宽监督的视野，提高科学性和可操作性。2019 年，常委会建立财政预算联网监督平台，实现与市人大、区财政集中支付系统联网，为全区代表适时有效、全面具体监督财政预算执行提供可视窗口。聚焦国有资产监管，建立区政府向区人大报告国有资产管理制度，听取和审议了区政府关于国有资产管理情况报告。

三、人事任免

人事任免权是矿区人大常委会的一项重要职权。近 20 年，常委会坚持党管干部和人大依法任免干部的一致性，坚持充分发扬民主，严格依法办事相结合。从 2001 年 1 月至 2020 年 3 月，共依法任免区国家机关工作人员 555 人，其中任命 426 人，免职 112 人，接受辞职 17 人。

矿区人大常委会依法履行人事任免权，出台《阳泉市矿区人大常委会关于人事任免工作的办法》，使人事任免工作走向制度化、规范化。人事任免过程中采取了任前法律考试和供职表态、当场颁发任命书等形式，2016 年 2 月，区九届第三十三常委会议通过了《阳泉市矿区国家工作人员向宪法宣誓实施办法》，新任命人员在就职时应当公开进行宪法宣誓，从而增强被任命人员的法律意识、人大意识、使命意识。在每项人事任免前，首先由组织、人事部门向常委会组成人员介绍被任命同志的简历，以及考察、考核情况，然后被任命人员作供职报告，任命表决采取无记名投票的表决方式，表决结束后，常委会主任当场颁发任命书，被任命人员向宪法宣誓就职。同时，常委会还采取干部述职评议的形式，加强了对被任命干部的任后监督。

四、代表工作

坚持以人民为中心，全力构筑拓宽代表履职平台。常委会围绕提升代表履职能力和为代表提供履职保障，做到“三坚持”“三建立”。“三坚持”即：坚持对代表进行政治理论、法律知识、代表履职培训；坚持邀请区人大代表列席区人大常委会会议，参加常委会组织的调研、视察、执法检查等活动；坚持为代表服好务、办实事。协调有关部门落实了30名无固定收入代表的履职补助。“三建立”即：建立了代表联系群众工作制度，常委会制定完善了《关于进一步加强人大代表联系人民群众的实施意见》，规定了代表联系群众的具体时间、路径、程序；建立了街道人大代表联络站（点），在人大代表工作室、活动室“两室”建设的基础上，高标准建成6个街道人大代表联络站，社区（村）人大代表联络点实现全覆盖，为人大代表联系人民群众提供了平台；建立了代表小组活动日制度，定期每季首月10日和20日组织市、区人大代表小组活动。先后组织开展走访慰问特困户、体验环卫工人清扫保洁、旁听法院庭审、观摩城管执法、参观宪法主题展览、接受廉政警示教育、参加义务植树、创卫劳动、参观人大代表联络站等活动。常委会还按照市人大常委会的安排，认真开展对驻矿区市人大代表履职活动的记录考核，安排市人大代表在区人大常委会会议上进行了履职述职。

着力加强代表能力建设，不断提升代表政治业务素质。常委会把加强代表培训、提升代表素质作为做好代表工作的基础性工作，有计划地采取以会代训、举办专题讲座和外出学习等多种方式对代表进行培训。坚持完善“双联双述”制度，增强代表履职实效。即坚持常委会组成人员联系人大代表，人大代表联系群众；坚持区人大代表向原选区选民述职，间接选举的市人大代表在区人大常委会上述职。“双联双述”制度拉近了代表与选民之间的距离，促进了代表与选民的双向沟通，增进了选民对代表的了解监督，广大代表为民发声、为民代言、为民履职的积极性和责任感日益增强。

代表意见建议办理工作日趋规范，办理效果进一步明显。办理好代表意见建议是尊重代表主体地位，引深代表工作，推进“一府两院”工作的重要举措，常委会十分重视代表意见建议办理工作。每次人代会会后常委会专门举行建议交办会，并认真实施催办督办落实机制，将督办代表意见建议贯穿于各项视察工作，常委会要求承担有关代表意见建议办理任务的部门在汇报工作时，必须汇报代表意见建议办理情况，并将办理情况纳入部门年度工作考核内容。坚持对办理情况进行满意度测评，提高了建议意见办理成效。代表意见建议满意率均保持在90%左右。

五、换届选举

矿区人大常委会将换届选举作为推进矿区民主政治建设的大事来抓，2001年至2020年先后主持了2003年、2007年、2011年、2016年四届的换届选举工作。每次换届开始，常委会要在认真学习宪法、选举法和地方组织法的基础上，结合矿区实际制定《选举工作方案》，明确指导思想和方法步骤。进行广泛深入的宣传发动。如在2016年的换届选举中，全区先后组织了两次宣传高潮日，从区到各街道办事处到驻区，层层进行形式多样、内容丰富的宣传，宣传车跑街串巷，印发10万余份宣传资料，使换届选举家喻户晓，人人皆知。充分发扬民主，严格依法办事。在提名推荐代表候选人时，切实尊重选民的民主权利，把政党、团体推荐和选民联合提名紧密结合起来，真正做到同等的法律地位，尊重选民的意愿和权利。在确定正式候选人时，充分体现民意，必须在选民中充分讨论、酝酿、协商，尊重大多数选民意见，严格按照法定差额确定正式候选人。在介绍党委推荐人时，严格按照《选举办法》的规定，差额人选由代表联合提名，使得选举结果即实现了党委意图，又充分表达了代表意志，做到一次选举成功。

六、自身建设

坚持强素质、树形象，常委会自身建设迈出坚实步伐。思想政治建设始终保持坚定性。常委会机关深入开展了“两学一做”学习教育，“维护核心、见诸行动”主题教育、深入学习十九大精神和“不忘初心、牢记使命主题教育”等学教活动。始终重视机关党建工作，坚持“三会一课”制度，定期组织党组成员民主生活会和党员民主生活会，积极组织机关党员干部参加党员进社区活动，党支部和每位党员真正发挥了战斗堡垒作用和模范带头作用。常委会组成成员和常委会机关干部“四个意识”不断增强，履职能力明显提升。业务能力建设始终坚持常态化。常委会坚持定期组织机关干部学习党的理论政策和国家法律法规，学习人大业务知识。建立了常委会机关“一周一法”学习制度，邀请“一府两院”部门负责人就相关法律法规进行专题宣讲，常委会机关干部依法履职意识和能力得到进一步提高。组织制度建设始终坚持常抓不懈。认真落实省委推进县乡人大建设工作会议精神，常委会工作机构得到加强，人员编制得到充实。适应信息化建设需要，设立了机关信息中心。制定修订完善人大常委会议事规则、工作程序及各项工作制度十余项，促进了常委会工作更加有序规范。持续注重机关文化建设，丰富人大常委会机关文化建设内涵，2017 年区人大常委会机关被命名为市级文明单位。

第四节　街道人大工作

矿区六个街道人大工委在区人大常委会指导下，在街道党工委的领导下，密切联系代表、联系群众，认真完成常委会部署的工作任务，在人大代表联络站点建设、组织代表活动、联络考核代表等方面发挥了积极的作用。2018 年，区人大常委会街道全部配齐专职人大工作人员，人大工委力量得到加强。各街道人大工委主任经常性列席人大常委会会议，参加监督评议、调研及法律法规的学习，街道人大工作的整体水平不断提高。街道人工委不断完善代表履职档案资料，创新设立量化考核项目，通过建立代表活动信息化网站，充分利用微信等现代网络平台，密切人大代表与人民群众的联系。如赛鱼街道人工委组织人大代表下企业、入社区，慰问困难群众，倾听民意，认真审核“一府两院”报告，充分发挥了人大代表职能；蔡洼街道人工委从建立健全代表联系网络、代表与选民联系制度化、对代表小组活动的指导等方面入手提出具体要求，加强人大代表履职督促。平潭街道人工委扎实开展代表述职工作，接受选民问询并进行无记名测评，测评结果及时反馈代表本人，并予以公示。矿区街道人大工作多次接受观摩采访，如蔡洼街道、赛鱼街道、东山社区、段南沟社区人大工作先后接受了全市人大系统集中现场观摩和“三晋人大代表采风行”记者团采访，代表工作在市广播电视台《人大之窗》专题报道。

第三章　郊区人民代表大会

第一节　组织沿革

1954年，郊区的前身时称阳泉市二区。同年10月，二区完成了普选工作，区第一届人民代表大会召开会议，标志着境内开始实行人民代表大会制度。1956年3月，二区改称荫营区后，召开了区第二届人民代表大会会议。1957年8月阳泉市郊区成立后，召开了第三届、四届人民代表大会会议。1963年10月荫营区恢复后至1965年10月召开了第五届、六届人民代表大会会议。从1954年10月至1965年10月，本区人民代表大会每届任期2年，共历经6届，召开了7次会议。这一时期，区人大没有常设机关，闭会期间有区人民委员会代行其职权，办理其日常事务。

“文化大革命”期间，本区的人大工作同全国一样处于停顿状态，当时的荫营区、郊区革命委员会代替了区人民代表大会和由人民代表大会选举产生的区人民委员会，但同时还召开了2次人民代表大会，其在区人民代表大会的历史上分别居于第七届、第八届的届位。

1981年，区人大恢复正常工作，同年9月召开了区第九届人民代表大会第一次会议，选举产生了郊区人民代表大会常务委员会，作为区人民代表大会的常设机关，同年10月，区人大常委会举行第一次会议，决定设立办公室为其办事机构；1990年7月召开的区第十二届人大常委会第一次会议上，决定增设政治法律工作委员会、财政经济工作委员会、人事代表工作委员会、教育科学文化卫生工作委员会4个工作机构；2002年6月区第十四届人大常委会第二十九次会议上，决定增设农村工作委员会；2007年10月区第十六届人大常委会第三次会议上，决定增设城乡建设环境保护工作委员会；2018年3月区第十八届人大三次会议上，成立了区人大法制委员会、区人大财政经济委员会，随之替代了区人大常委会政治法律、财政经济2个工作委员会；2019年3月区第十八届人大四次会议上，决定设立区人大社会建设委员会。另外，2019年8月区人大预算联网监督中心正式批准成立，属区人大常委会管理的股级财政拨款事业单位。至此，区人大及其常委会机关的工作机构设置为“一室七委一中心”，即区人大常委会办公室和区人大法制委员会、财政经济委员会、社会建设委员会3个专门委员会，区人大常委会人事代表、教科文卫、农村工作、城建环保4个工作委员会，以及区人大预算联网监督中心。

从1981年9月至1993年6月，区人民代表大会每届任期3年，共历经4届，召开会议14次；从1993年6月至2003年4月，区人民代表大会每届任期5年，共历经2届，召开会议11次；从2003年4月至2011年6月，区人民代表大会每届任期4年，共历经2届，召开会议8次；从2011年6月至2020年4月，区人民代表大会每届任期5年，共历经2届，召开会议10次。

第二节　区人民代表大会

第十四届人民代表大会（1998年6月至2003年4月）

第三次会议　2000年5月18日至20日在郊区宾馆召开，应出席代表164名，实出席158名，列席人员65名。会议听取和审议了区长张清作的区人民政府工作报告，区计划委员会主任杨承祥作的1999年国民经济和社会发展计划执行情况和2000年国民经济和社会发展计划草案的报告，区财政局局长李爱锁作的1999年财政预算执行情况和2000年财政预算草案的报告，区人大常委会副主任史永明作的区人大常委会工作报告，区人民法院院长王立明作的区人民法院工作报告，区人民检察院检察长阎运城作的区人民检察院工作报告，并作出了相应6个决议。会议期间，代表们视察了桃林沟生态园区、义井特种水泥有限公司、林里粉末冶金有限公司、青山水泥集团、端丰花园小区等调产项目。会议共收到代表提出的议案、建议和意见34件。

第四次会议　2001年6月18日至21日在郊区宾馆召开，应出席代表165名，实出席156名，列席人员138名。会议听取和审议了代区长王渧洲所作的关于阳泉市郊区国民经济和社会发展第十个五年计划纲要的报告，区计划委员会主任杨承祥所作的2000年国民经济和社会发展计划执行情况与2001年国民经济和社会发展计划草案的报告，区财政局局长李爱锁所作的2000年财政预算执行情况及2001年财政预算草案的报告，区人大常委会副主任石守荫作的区人大常委会工作报告，区人民法院副院长陈福顺所作的区人民法院工作报告，区人民检察院检察长阎运成所作的区人民检察院工作报告，并作出了相应的6个决议。会议补选余惠章为区第十四届人大常委会主任、曹玉平为副主任；补选王渧洲为区人民政府区长。会议共收到代表们提出的议案、建议和意见21件。

第五次会议　2002年3月2日至3日在郊区宾馆召开，应出席代表163名，实出席146名。会议选举出产生郊区出席阳泉市第十二届人民代表大会代表51名。

第六次会议　2002年6月28日至30日在郊区宾馆召开，应出席代表163名，实出席143名，列席人员117名。会议听取和审议了区长王渧洲所作的区人民政府工作报告，区发展计划局局长杨承祥作的2001年国民经济和社会发展计划执行情况与2002年国民经济和社会发展计划草案的报告，区财政局局长贾成义所作的2001年财政预算执行情况及2002年财政预算草案的报告，区人大常委会副主任王金安所作的区人大常委会工作报告，区人民法院代院长付金林所作的区人民法院工作报告，区人民检察院检察长阎运成所作的区人民检察院工作报告，并作出了相应的6个决议。会议补选付金林为区人民法院院长。会议共收到代表们提出的议案、建议和意见25件。

第十五届人民代表大会（2003年4月至2007年4月）

第一次会议　2003年4月25日至28日在郊区宾馆召开，应出席代表166名，实出席代表149名，列席人员117名。会议听取和审议了区长王渧洲所作的区人民政府工作报告，区发展计划局局长杨承祥所作的2002年国民经济和社会发展计划执行情况和2003年国民经济和社会发展计划草案的报告，区财政局局长贾成义所作的2002财政预算执行情况和2003年财政预算草案的报告，区人大常委会主任余惠章所作的区人大常委会工作报告，区人民法院院长付金林所作的区人民法院工作报告，区人民检察院检察长阎运成所作的区人民检察院工作报告，并作出了相应的6个决议。会议选举出了区第十五届人大常委会主任1名，副主任5名和委员11名；选举王湜洲为区人民政府区长，要宜为、郭少敏、张秀亲（女）、郭斌、韩建军、王光荣为副区长；选举李保来为区人民法院院长，张建国为区人民检察院检察长。会议补选胡金贵为郊区出席市第十二届人民代表大会代表。会议共收到代表们提出的议案、建议和意见28件。

第二次会议 2004年4月24日至25日在郊区宾馆召开，应出席代表166名，实出席代表156名，列席人员120名。会议听取和审议了区长王湜洲作的区人民政府工作报告，区发展计划局局长杨士臣作的2003年国民经济和社会发展计划执行情况和2004年国民经济和社会发展计划草案的报告，区财政局局长贾成义作的2003年财政预算执行情况和2004年财政预算草案的报告，区人大常委会副主任石守荫作的区人大常委会工作报告，区人民法院院长李保来作的区人民法院工作报告，区人民检察院检察长张建国作的区人民检察院工作报告，并作出了相应6个决议。会议共收到代表们提出的议案、建议和意见51件。

第三次会议 2005年4月26日至27日在郊区宾馆召开，应出席代表164名，实出席代表158名，列席人员127名。会议听取和审议了区长王湜洲所作的区人民政府工作报告，审议了区政府关于郊区2004年国民经济和社会发展计划执行情况和2005年国民经济和社会发展计划草案的报告，审议了区政府关于郊区2004财政预算执行情况和2005年财政预算草案的报告；听取和审议了区人大常委会副主任曹玉平所作的区人大常委会工作报告，区人民法院院长李保来所作的区人民法院工作报告，区人民检察院检察长张建国所作的区人民检察院工作报告，并作出了相应的6个决议和关于张凤英等21名代表提出的“关于郊区人民医院向荫营镇区中心搬迁”议案的决定。会议共收到代表们提出的议案、建议和意见52件。经区委同意，在预备会议之前，表彰从基层推荐评选的13名优秀区人大代表，这是区历届人大常委会历史上的第一次。

第四次会议 2006年6月16日至18日在郊区宾馆召开，应出席代表160名，实出席代表147名，列席人员131名。会议听取和审议，代区长杨勇所作的区人民政府工作报告，区人大常委会副主任石守荫所作的区人大常委会工作报告，区人民法院院长李保来所作的区人民法院工作报告，区人民检察院检察长张建国所作的区人民检察院工作报告，审议了区政府关于阳泉市郊区国民经济和社会发展第十一个五年规划纲要草案，审议了区政府关于郊区2005年国民经济和社会发展计划执行情况和2006年国民经济和社会发展计划草案的报告，审议了郊区2005财政预算执行情况和2006年财政预算草案的报告，并作出了相应的7个决议。会议补选杨勇为区人民政府区长；补选王梦贺为区人大常委会副主任。会议共收到代表们提出的议案、建议和意见52件。

第十六届人民代表大会（2007年4月至2011年6月）

第一次会议 2007年4月20日至23日在郊区宾馆召开，应出席代表166名，实出席代表163名，列席人员126名。会议听取和审议了区长杨勇作的区人民政府工作报告，区人大常委会副主任王梦贺作的区人大常委会工作报告，区人民法院副院长冯晋明作的区人民法院工作报告，区人民检察院副检察长贾建胜作的区人民检察院工作报告，审议了区政府关于郊区2006年国民经济和社会发展计划执行情况和2007年国民经济和社会发展计划草案的报告，审议了区政府关于郊区2006年财政预算执行情况和2007年财政预算草案的报告，并作出了相应的6个决议。会议选举出了区第十六届人大常委会主任1名，副主任4名和委员18名；选举杨勇为区人民政府区长，郭少敏、张秀亲（女）、郭斌、程继喜、田进勇为副区长；选举冯晋明为区人民法院院长，贾建胜为区人民检察院检察长；选举产生了郊区出席阳泉市第十三届人民代表大会代表51名。会议共收到代表们提出的议案、建议和意见74件。

第二次会议 2008年4月23日至24日在郊区宾馆召开，应出席代表166名，实出席代表164名，列席人员138名。会议听取和审议了区长杨勇作的区人民政府工作报告，区政府常务副区长郭少敏作的关于阳泉“新北区”建设总体规划的报告，区人大常委会副主任杨承祥作的区人大常委会工作报告，区人民法院院长冯晋明作的区人民法院工作报告，区人民检察院检察长贾建胜作的区人民检察院工作报告；审议了区政府关于郊区2007年国民经济和社会发展计划执行情况与2008年国民经济和社会发展计划草案的报告，审议了区政府关于郊区2007财政预算执行情况和2008年财政预算草案的报告，并作出了相应的7个决议。会议共收到代表们提出的议案、建议和意见73件。

第三次会议 2009年4月27日至29日在郊区宾馆召开，应出席代表166名，实出席代表164名，列席人员133名。会议听取和审议了区长杨勇作的区人民政府工作报告，区人大常委会副主任陈玉俊作的区人大常委会工作报告，区人民法院院长冯晋明作的区人民法院工作报告，区人民检察院检察长贾建胜作的区人民检察院工作报告；审议了区政府关于郊区2008年国民经济和社会发展计划执行情况与2009年国民经济和社会发展计划草案的报告，审议了区政府关于郊区2008财政预算执行情况和2009年财政预算草案的报告，并作出了相应的6个决议。会议补选石久军、史军福、刘永庆、侯建强为区人大常委会委员。会议共收到代表们提出的议案、建议和意见125件。

第四次会议 2010年3月9日至11日在郊区宾馆召开，应出席代表166名，实出席代表162名，列席人员136名。会议听取和审议了区长杨勇作的区人民政府工作报告，区人大常委会副主任王可剑作的区人大常委会工作报告，区人民法院院长冯晋明作的区人民法院工作报告，区人民检察院检察长贾建胜作的区人民检察院工作报告；审议了区政府关于郊区2009年国民经济和社会发展计划执行情况与2010年国民经济和社会发展计划草案的报告，审议了区政府关于郊区2009财政预算执行情况和2010年财政预算草案的报告，并作出了相应的6个决议。会议补选石久军、史军福、刘永庆、侯建强为区人大常委会委员。会议共收到代表们提出的议案、建议和意见71件。

第十七届人民代表大会（2011年6月至2016年8月）

第一次会议 2011年6月7日至10日在郊区政府大报告厅召开，应出席代表165名，实出席代表164名，列席人员139名。会议听取和审议了区长杨勇作的区人民政府工作报告，审查了区政府关于郊区国民经济和社会发展第十二个五年规划纲要草案，审查了区政府关于郊区2010年国民经济和社会发展计划执行情况与2011年国民经济和社会发展计划草案的报告，审查了区政府关于郊区2010年财政预算执行情况与2011年财政预算草案的报告；听取和审议了区人大常委会主任王梦贺作的区人大常委会工作报告，区人民法院院长冯晋明作的区人民法院工作报告，区人民检察院代检察长王建明作的区人民检察院工作报告，并作出了相应的6个决议。会议选举出了区第十八届人大常委会主任1名，副主任5名和委员17名；选举杨勇为区人民政府区长，程继喜、田进勇、樊志红、郭满仓、赵素卿（女）为副区长；选举冯晋明为区人民法院院长，王建明为区人民检察院检察长。会议共收到代表们提出的议案、建议和意见87件。

第二次会议 2012年4月25日至28日在郊区政府大报告厅召开，应出席代表164名，实出席代表160名，列席人员127名。会议听取和审议了区长杨勇作的区人民政府工作报告，审查了区政府关于郊区2011年国民经济和社会发展计划执行情况与2012年国民经济和社会发展计划草案的报告，审查了区政府关于郊区2011年财政预算执行情况与2012年财政预算草案的报告；听取和审议了区人大常委会副主任陈玉俊作的区人大常委会工作报告，区人民法院院长冯晋明作的区人民法院工作报告，区人民检察院检察长王建明作的区人民检察院工作报告，并作出了相应的6个决议。会议选举产生了郊区出席阳泉市第十四届人民代表大会代表48名。会议共收到代表们提出的议案、建议和意见64件。

第三次会议 2013年4月25日至28日在郊区政府大报告厅召开，应出席代表163名，实出席代表157名，列席人员131名。会议听取和审议了代区长苏秀瑞作的区人民政府工作报告，审查了区政府关于郊区2012年国民经济和社会发展计划执行情况与2013年国民经济和社会发展计划草案的报告，审查了区政府关于郊区2012年财政预算执行情况与2013年财政预算草案的报告；听取和审议了区人大常委会副主任王可剑作的区人大常委会工作报告，区人民法院院长冯晋明作的区人民法院工作报告，区人民检察院检察长王建明作的区人民检察院工作报告，并作出了相应的6个决议。会议补选苏秀瑞为区人民政府区长；补选毕武田、杨晓珍（女）、张素文（女）、尚娟敏（女）、郭锁明为区人大常委会委员。会议共收到代表们提出的议案、建议和意见105件。

第四次会议 2014年3月25日至28日在郊区政府大报告厅召开，应出席代表162名，实出席代表154名，列席人员126名。会议听取和审议了代区长韩加政作的区人民政府工作报告，审查了区政府关于郊区2013年国民经济和社会发展计划执行情况与2014年国民经济和社会发展计划草案的报告，审查了区政府关于郊区2013年财政预算执行情况与2014年财政预算草案的报告；听取和审议了区人大常委会副主任张富英作的区人大常委会工作报告，区人民法院院长冯晋明作的区人民法院工作报告，区人民检察院检察长王建明作的区人民检察院工作报告，并作出了相应的6个决议。会议补选韩加政为区人民政府区长。会议共收到代表们提出的议案、建议和意见113件。

第五次会议 2015年4月13日至16日在郊区政府大报告厅召开，应出席代表159名，实出席代表153名，列席人员130名。会议听取和审议了区长韩加政作的区人民政府工作报告，审查了区政府关于郊区2014年国民经济和社会发展计划执行情况与2015年国民经济和社会发展计划草案的报告，审查了区政府关于郊区2014年财政预算执行情况与2015年财政预算草案的报告；听取和审议了区人大常委会副主任潘钰作的区人大常委会工作报告，区人民法院院长冯晋明作的区人民法院工作报告，区人民检察院检察长王建明作的区人民检察院工作报告，并作出了相应的6个决议。会议共收到代表们提出的议案、建议和意见94件。

第十八届人民代表大会（2016年8月— ）

第一次会议 2016年8月18日至22日在郊区政府大报告厅召开，应出席代表163名，实出席代表160名，列席人员125名。会议听取和审议了代区长武建功作的区人民政府工作报告，审查了区政府关于郊区国民经济和社会发展第十三个五年规划纲要草案，审查了区政府关于郊区2015年国民经济和社会发展计划执行情况与2016年国民经济和社会发展计划草案的报告，审查了区政府关于郊区2015年财政预算执行情况与2016年财政预算草案的报告；听取和审议了区人大常委会主任王梦贺作的区人大常委会工作报告，区人民法院代院长梁庆作的区人民法院工作报告，区人民检察院代检察长严志勇作的区人民检察院工作报告，并作出了相应的7个决议。会议选举出了区第十八届人大常委会主任1名，副主任4名和委员27名；选举武建功为区人民政府区长，梁海昌、樊志红、刘瑞生、韩文明、赵旭（女）、段拥军为副区长；选举梁庆为区人民法院院长，严志勇为区人民检察院检察长。会上举行了新当选人员向宪法宣誓仪式。会议审议通过了关于进一步规范区人大代表履职行为的暂行办法，会议共收到代表们提出的议案、建议和意见140件。

第二次会议 2017年2月17日至20日在郊区政府大报告厅召开，应出席代表163名，实出席代表156名，列席人员121名。会议听取和审议了区长武建功作的区人民政府工作报告，审查了区政府关于郊区2016年国民经济和社会发展计划执行情况与2017年国民经济和社会发展计划草案的报告，审查了区政府关于郊区2016年财政预算执行情况与2017年财政预算草案的报告，审查了区政府关于郊区2016年环境状况和环境保护目标完成情况的报告；听取和审议了区人大常委会副主任陈玉俊作的区人大常委会工作报告，区人民法院院长梁庆作的区人民法院工作报告，区人民检察院检察长严志勇作的区人民检察院工作报告，并作出了相应的7个决议。会议选举产生了郊区出席阳泉市第十五届人民代表大会代表46名；选举郗文保为区监察委员会主任并举行向宪法宣誓仪式。会议共收到代表们提出的议案、建议和意见78件。

第三次会议 2018年3月21日至24日在郊区政府大报告厅召开，应出席代表156名，实出席代表145名，列席人员135名。会议听取和审议了区长武建功作的区人民政府工作报告，审查了区政府关于郊区2017年国民经济和社会发展计划执行情况与2018年国民经济和社会发展计划草案的报告，审查了区政府关于郊区2017年财政预算执行情况与2018年财政预算草案的报告，审查了区政府关于郊区2017年环境状况和环境保护目标完成情况的报告；听取和审议了区人大常委会副主任张富英作的区人大常委会工作报告，区人民法院代院长王忠强作的区人民法院工作报告，区人民检察院检察长严志勇作的区人民检察院工作报告，并作出了相应的7个决议。会议表决通过了区十八届人大法制委员会、财政经济委员会组成人员名单。会议补选王忠强为区人民法院院长；补选王海平、郗文卿为区人大常委会委员。会上举行了新当选人员向宪法宣誓仪式。会议共收到代表们提出的议案、建议和意见92件。

第四次会议 2019年3月3日至6日在郊区政府大报告厅召开，应出席代表156名，实出席代表148名，列席人员141名。会议听取和审议了代区长宁文鑫作的区人民政府工作报告，审查了区政府关于郊区2018年国民经济和社会发展计划执行情况与2019年国民经济和社会发展计划草案的报告，审查了区政府关于郊区2018年财政预算执行情况与2019年财政预算草案的报告，审查了区政府关于郊区2018年环境状况和环境保护目标完成情况的报告；听取和审议了区人大常委会副主任潘钰作的区人大常委会工作报告，区人民法院院长王忠强作的区人民法院工作报告，区人民检察院检察长严志勇作的区人民检察院工作报告，并作出了相应的7个决议。会议表决通过了关于设立区十八届人大社会建设委员会的决定及有关专门委员会组成人员名单；表决通过了关于接受王如生辞去区人大常委会主任职务请求的决定、关于接受陈玉俊辞去区人大常委会副主任职务请求的决定和关于接受刘瑞生、段拥军、晋玮（挂职）、邹锦超（挂职）辞去区人民政府副区长职务请求的决定。会议补选田进勇为区人大常委会主任，张魁福为区人大常委会副主任，石久军为区人大常委会委员；补选宁文鑫为区人民政府区长，郭方恺、晋玮、杨兆明、韩晓东为区人民政府副区长。会上举行了新当选人员向宪法宣誓仪式。会议共收到代表们提出的议案、建议和意见72件。

第五次会议 2020年4月26日至28日以视频会议形式召开，主会场设在郊区政府大报告厅，分会场设在荫营镇、河底镇、平坦镇、李家庄乡、西南舁乡、杨家庄乡、旧街乡7个乡镇政府视频会议室，应出席代表158名，实出席代表138名，列席人员95名。会议认真贯彻落实习近平总书记“加强疫情防控这根弦不能松，经济社会发展各项工作要抓紧”的重要指示精神，本着安全、依法、高效的原则，严格会议程序，控制会议规模，完善防控措施，圆满完成了大会各项议程。会议听取和审议了区长宁文鑫作的区人民政府工作报告，审查了区政府关于郊区 2019 年国民经济和社会发展计划执行情况与 2020 年国民经济和社会发展计划草案的报告，审查了区政府关于郊区 2019 年财政预算执行情况与 2020 年财政预算草案的报告，审查了区政府关于郊区 2019 年环境状况和环境保护目标完成情况的报告；听取和审议了区人大常委会主任田进勇作的区人大常委会工作报告，区人民法院院长王忠强作的区人民法院工作报告，区人民检察院检察长严志勇作的区人民检察院工作报告，并作出了相应的 7 个决议。会议补选史贤良、刘永庆、赵军、戴彦宏为区人大常委会委员；补选李丽新为区监察委员会主任。会上举行了新当选人员向宪法宣誓仪式。会议共收到代表们提出的议案、建议和意见 73 件。在大会闭幕会上，对 25 名从基层推荐评选出来的优秀区人大代表进行了隆重表彰，号召全区各级人大代表要以申纪兰为楷模，向优秀看齐、向一流迈进，更好地依法履职，密切联系人民群众，用担当作为彰显新时代人大代表风采。

区人大常委会历届主任会议成员一览表

表 9-5

届　次	职　务	姓　名	籍　贯	任职时间	备　注
区第十四届人民代表大会（1998 年 6 月至 2003 年 4 月）	主　任	皇甫明儒	山西左权	1998.6—2001.6	十四届一次会议当选
		余惠章	阳泉郊区	2001.6—2003.4	十四届四次会议补选
	副主任	王金安	河北唐山	1998.6—2003.4	十四届一次会议当选
		史永明	阳泉郊区	1998.6—2001.5	十四届一次会议当选
		石守荫	阳泉郊区	1998.6—2003.4	十四届一次会议当选
		张凤英（女）	阳泉郊区	1998.6—2003.4	十四届一次会议当选兼
		曹玉平	河北迁安	2001.6—2003.4	十四届四次会议补选
区第十五届人民代表大会（2003 年 4 月至 2007 年 4 月）	主　任	胡金贵	阳泉郊区	2003.4—2007.4	十五届一次会议当选
	副主任	王梦贺	河北阜平	2006.6—2007.4	十五届四次会议补选
		石守荫	阳泉郊区	2003.4—2007.4	十五届一次会议当选
		张凤英（女）	阳泉郊区	2003.4—2007.4	十五届一次会议当选兼
		曹玉平	河北迁安	2003.4—2007.4	十五届一次会议当选
		杨承祥	阳泉郊区	2003.4—2007.4	十五届一次会议当选兼
		郭善祥	阳泉郊区	2003.4—2007.4	十五届一次会议当选兼
区第十六届人民代表大会（2007 年 4 月至 2011 年 6 月）	主　任	王梦贺	河北阜平	2007.4—2011.6	十六届一次会议当选
	副主任	张凤英（女）	阳泉郊区	2007.4—2011.6	十六届一次会议当选兼
		杨承祥	阳泉郊区	2007.4—2011.6	十六届一次会议当选

续表 9-5

届 次	职 务	姓 名	籍 贯	任职时间	备 注
区第十六届人民代表大会（2007 年 4 月至 2011 年 6 月）	副主任	陈玉俊	山西左权	2007.4—2011.6	十六届一次会议当选
		王可剑	阳泉平定	2007.4—2011.6	十六届一次会议当选
区第十七届人民代表大会（2011 年 6 月至 2016 年 8 月）	主 任	王梦贺	河北阜平	2011.6—2016.8	十七届一次会议当选
	副主任	张凤英（女）	阳泉郊区	2011.6—2016.8	十七届一次会议当选兼
		陈玉俊	山西左权	2011.6—2016.8	十七届一次会议当选
		王可剑	阳泉平定	2011.6—2016.8	十七届一次会议当选
		张富英	阳泉郊区	2011.6—2016.8	十七届一次会议当选
		潘 钰	阳泉郊区	2011.6—2016.8	十七届一次会议当选
区第十八届人民代表大会（2016 年 8 月至今）	主 任	王如生	山西昔阳	2011.6—2019.3	十八届一次会议当选
		田进勇	阳泉郊区	2019.3—	十八届四次会议补选
	副主任	乔国强	山西平遥	2016.8—	十八届一次会议当选兼
		陈玉俊	山西左权	2016.8—2019.3	十八届一次会议当选
		张富英	阳泉郊区	2016.8—	十八届一次会议当选
		潘 钰	阳泉郊区	2016.8—	十八届一次会议当选
		张魁福	阳泉郊区	2019.3—	十八届四次会议补选

第三节　区人大常委会

郊区人大常委会从 1981 年 9 月正式成立到 2020 年 12 月的近 40 年时间里，共历经 10 届。在中共阳泉市郊区委员会的领导下，以马克思列宁主义、毛泽东思想、邓小平理论、“三个代表”重要思想、科学发展观、习近平新时代中国特色社会主义思想为指导，全面贯彻党的基本路线，围绕坚持和完善人民代表大会制度这一根本政治制度，坚持党的领导、人民当家作主、依法治国有机统一，认真履行宪法和法律赋予的各项职责，创造性地开展各项工作，努力增强人大工作实效，为促进全区经济社会发展和民主法治建设作出了积极贡献，较好地发挥了地方国家权力机关的职能作用。

一、决定地方重大事项

根据宪法和地方组织法的有关规定，区人大常委会围绕中心任务，对本行政区域的政治、经济、教育、科学、文化、卫生、城建、环保、社会建设等各个方面的重大问题，及时召开会议进行审议。到 2020 年 12 月，共举行 310 次常委会会议，听取和审议区“一府两院”工作报告 547 个，讨论全区重大事项 293 项，作出决议和决定 275 项。

决定地方重大事项一览表

表 9-6

会议名称	决定或决议内容	通过时间
十四届十六次会议	关于接受张清区长辞职的决定；关于王湜洲任代区长的决定	2000.8.18
十四届十九次会议	关于荫营镇、河底镇、平坦镇撤并乡镇后人大代表选举的决定 关于荫营镇、河底镇、平坦镇撤并乡镇后人大代表名额的决定	2001.1.5
十四届二十次会议	关于区人大常委会审议决定重大事项的规定；关于阳泉市郊区国家机关工作人员述职评议暂行办法	2001.3.3 0
十四届二十一次会议	关于接受史永明辞去区人大常委会副主任职务请求的决定；关于接受裴秀珍辞去区人民政府副区长职务请求的决定；关于接受魏鸣集辞去区人民政府煤炭工业副区长职务请求的决定	2001.5.25
十四届二十四次会议	关于接受韩金川、孔祥麟、赵富民辞去区人大常委会委员职务请求的决定	2001.9.26
十四届二十五次会议	关于进一步开展“四五”普法宣传教育的决议	2001.11.27
十四届二十六次会议	关于接受区人民法院院长王立明辞职的决定	2002.1.21
十四届二十八次会议	关于 2002 年乡、镇人大换届选举工作实施方案	2002.6.7
十四届三十二次会议	关于接受刘兆林辞去区人民政府副区长职务请求的决定	2002.11.27
十五届一次会议	关于进一步贯彻《中华人民共和国传染病防治法》《突发性公共卫生事件应急条例》，加强全区防治非典型肺炎工作的决议	2003.5.28
十五届十次会议	关于窑沟耐火小区三期平台建设及三村搬迁实施方案的决议	2004.9.22
十五届十二次会议	关于阳泉市郊区人民陪审员名额的决定；关于批准 2004 年区本级财政超收安排支出方向的决议	2004.12.20
十五届十五次会议	关于表彰优秀区人大代表的决定	2005.2.22
十五届十六次会议	关于接受王湜洲辞去区政府区长职务请求的决定；关于吕昌政任阳泉市郊区人民政府代理区长的决定	2005.4.22
十五届十七次会议	关于建设区行政中心的实施方案的决议；关于区人民医院搬迁改造的实施方案的决议	2005.7.19
十五届十八次会议	关于批准区人民政府 2005 年全区投资项目计划的决议	2005.9.29
十五届二十次会议	关于接受申彦杰辞去区政府副区长职务请求的决定	2006.3.15
十五届二十二次会议	关于杨勇任区人民政府代理区长的决定；关于接受吕昌政辞去区人民政府代区长职务请求的决定	2006.6.6
十五届二十四次会议	关于接受要宜为辞去区政府副区长职务的决定；关于接受张宏元辞去区人大常委会委员职务请求的决定	2006.6.30
十五届二十六次会议	关于批准区人民政府调整 2006 年投资项目计划的决议	2006.9.15
十五届二十七次会议	关于进一步开展“五五”普法宣传教育的决议	2006.11.28
十五届二十九次会议	关于区第十六届人民代表大会及乡（镇）人民代表大会换届选举的决定；关于乡（镇）人民代表大会换届选举代表名额的决定	2007.2.26
十五届三十次会议	关于变更区第十六届人大及乡（镇）人大选举日的决定	2007.3.5

续表 9-6

会议名称	决定或决议内容	通过时间
十六届一次会议	关于接受周崇浩、王文清、刘拴柱、张成文辞去区人大常委会委员职务请求的决定	2007.6.28
十六届十一次会议	关于接受张秀亲辞去区人民政府副区长职务请求的决定； 关于批准 2008 年区本级财政预算调整的决议	2008.11.26
十六届十三次会议	关于批准郊区新北大街建设工程委托市城投公司贷款的决议	2009.2.24
十六届十七次会议	关于区政府《整顿和规范铝（粘）土矿生产经营秩序办法》的决议；关于接受安福宝、谢名锐辞去区人大常委会委员职务请求的决定	2009.4.24
十六届二十一次会议	关于批准 2009 年财政预算调整的决议	2009.12.18
十六届三十次会议	关于阳泉市郊区第十七届人民代表大会及各乡镇人民代表大会换届选举的决定；关于成立阳泉市郊区选举委员会的决定；关于各乡镇选举委员会组成人员的决定	2011.4.27
十六届三十一次会议	关于接受郭少敏、郭斌、吴东作辞去阳泉市郊区人民政府副区长职务请求的决定；关于王建明代理阳泉市郊区人民检察院检察长的决定；关于接受贾建胜辞去阳泉市郊区人民检察院检察长职务请求的决定	2011.5.15
十七届二次会议	关于进一步加强法制宣传教育的决议	2011.9.29
十七届四次会议	关于批准 2011 年区财政预算调整的决议	2011.12.23
十七届十三次会议	关于接受杨勇辞去阳泉市郊区人民政府区长职务请求的决定；关于苏秀瑞代理阳泉市郊区人民政府区长的决定；关于增加政府成品粮油储备规模的决议；关于批准 2012 年区财政预算调整的决议	2012.12.21
十七届十四次会议	关于接受刘永庆、赵红卫辞去阳泉市郊区第十七届人民代表大会常务委员会委员职务请求的决定；关于接受田进勇辞去阳泉市郊区人民政府副区长职务请求的决定	2013.3.8
十七届十五次会议	关于接受李翠英辞去阳泉市郊区人民代表大会常务委员会委员职务请求的决定	2013.4.2
十七届十七次会议	关于接受樊志林辞去阳泉市郊区人民代表大会常务委员会委员职务请求的决定	2013.4.23
十七届十八次会议	关于接受齐敏芝辞去阳泉市郊区人民代表大会常务委员会委员职务请求的决定	2013.4.25
十七届二十二次会议	关于罢免王永珍阳泉市第十四届人大代表的决定	2013.8.14
十七届二十四次会议	关于批准 2013 年区财政预算调整的决议	2013.11.22
十七届二十五次会议	关于接受苏秀瑞辞去阳泉市郊区人民政府区长职务请求的决定；关于韩加政代理阳泉市郊区人民政府区长的决定；关于接受王春燕辞去阳泉市第十四届人民代表大会代表职务请求的决定	2013.12.13
十七届二十六次会议	关于增加确定区人民法院人民陪审员名额的决定	2014.1.24
十七届三十五次会议	关于批准 2014 年区财政预算调整的决议	2014.12.26
十七届三十七次会议	关于罢免郭凯生阳泉市第十四届人民代表大会代表职务的决定	2015.3.31
十七届四十二次会议	关于规范性文件备案审查的办法	2015.11.6
十七届四十三次会议	关于加强和改进人大监督工作的意见；关于批准 2015 年区财政预算调整的决议	2015.12.23
十七届四十四次会议	关于阳泉市郊区第十八届人民代表大会及各乡镇人民代表大会换届选举的决定；关于成立阳泉市郊区选举委员会的决定；关于各乡镇选举委员会组成人员的决定	2016.4.21
十七届四十五次会议	关于接受冯晋明辞去阳泉市郊区人民法院院长职务请求的决定；关于梁庆代理阳泉市郊区人民法院院长的决定；关于接受王建明辞去阳泉市郊区人民检察院检察长职务请求的决定；关于严志勇代理阳泉市郊区人民检察院检察长的决定	2016.5.24

续表 9-6

会议名称	决定或决议内容	通过时间
十七届四十六次会议	关于接受韩加政辞去阳泉市郊区人民政府区长职务请求的决定；关于武建功代理阳泉市郊区人民政府区长的决定	2016.8.5
十八届三次会议	关于接受郭锁明辞去阳泉市郊区第十八届人民代表大会常务委员会委员职务请求的决定；关于批准 2016 年区财政预算调整方案的决议	2016.12.29
十八届八次会议	关于对区人民政府《2016 年度棚户区（城中村）改造项目融资方案》的决议	2017.3.17
十八届九次会议	关于加强区人大代表与人民群众联系的意见	2017.4.26
十八届十一次会议	关于开展第七个五年法治宣传教育的决议；关于接受樊志红辞去阳泉市郊区人民政府副区长职务请求的决定；关于接受梁庆辞去阳泉市郊区人民法院院长职务请求的决定；关于王忠强代理阳泉市郊区人民法院院长的决定	2017.6.29
十八届十四次会议	关于对区人民政府《2017 年度棚户区（城中村）改造项目融资方案》的决议	2017.11.30
十八届十五次会议	关于接受李晓东辞去阳泉市郊区第十八届人民代表大会常务委员会委员职务请求的决定；关于批准 2017 年区财政预算调整方案的决议	2017.12.26
十八届十八次会议	关于对区人民政府《关于国道 239 线阳泉郊区过境河底至荫营段改线工程 PPP 项目财政支出费用列入财政预算的方案》的决议；关于罢免荆红军阳泉市第十五届人民代表大会代表职务的决定	2018.3.16
十八届二十一次会议	关于增加确定区人民法院人民陪审员名额的决定	2018.9.29
十八届二十二次会议	关于接受梁海昌辞去阳泉市郊区人民政府副区长职务请求的决定；关于接受武建功辞去阳泉市郊区人民政府区长职务请求的决定；关于宁文鑫代理阳泉市郊区人民政府区长的决定	2018.9.30
十八届二十四次会议	关于对区人民政府《阳泉市郊区水务一体化项目实施方案》的决议	2018.11.30
十八届二十五次会议	关于批准 2018 年区财政预算调整方案的决议	2018.12.28
十八届二十七次会议	关于调整阳泉市郊区第十八届人民代表大会第四次会议召开时间的决定	2019.2.22
十八届三十次会议	关于接受光华、王海平辞去阳泉市郊区第十八届人民代表大会常务委员会委员职务请求的决定；关于接受郗文保辞去阳泉市郊区监察委员会主任职务请求的决定；关于李丽新代理阳泉市郊区监察委员会主任的决定	2019.5.17
十八届三十五次会议	关于对区人民政府《关于给予万达广场项目招商引资优惠政策的意见》的决议	2019.12.12
十八届三十六次会议	关于批准 2019 年区财政预算调整方案的决议；关于接受荆春泰、石久军辞去阳泉市郊区第十八届人民代表大会常务委员会委员职务请求的决定	2019.12.27
十八届三十八次会议	关于接受韩文明辞去阳泉市郊区人民政府副区长职务请求的决定	2020.4.3
十八届三十九次会议	关于接受王如生辞去阳泉市第十五届人民代表大会代表职务请求的决定	2020.4.15
十八届四十次会议	表决通过表彰优秀区人大代表名单，决定对田建忠等 25 名优秀区人大代表予以表彰	2020.4.20
十八届四十二次会议	关于接受荆玉祥辞去阳泉市郊区第十八届人民代表大会代表职务请求的决定	2020.5.28
十八届四十九次会议	关于批准 2020 年区财政预算调整方案的决议	2020.12.30

二、监督工作

审议“一府两院”工作报告。区人大常委会重点对有关全区社会稳定、工农业生产、年度计划和财政预算的执行、乡村治理、脱贫攻坚、城建环保、科技教育、文化卫生、国有资产管理、司法体制改革等重大事项以及经济工作中的薄弱环节和群众反映强烈的热点难点问题进行有效的监督。如，坚持听取和审议区政府关于普法工作情况的报告，并作出相应的决议，全面推动“法治郊区”建设步伐，在全社会营造了学法知法懂法守法用法的良好法治氛围。听取和审议区政府关于脱贫攻坚工作情况的报告，建议政府在推进各项扶贫政策落实过程中，统筹协调项目主体、技术培训、人才支撑、资金支持、市场信息等要素配置，切实加大产业扶贫力度。连续两年，听取和审议区政府关于棚户区（城中村）改造项目进展情况的报告，督促政府强抓政策机遇，履行监管责任，严控各类风险，确保棚户区（城中村）改造项目顺利实施。2018 年至 2020 年，3 次听取和审议了区政府关于国有资产管理情况的报告，同时先后听取和审议了关于行政事业性国有资产管理情况的报告、关于企业国有资产管理情况的报告。2019 年建起了区人大预算联网监督中心和各乡镇预算联网监督室，实现联网对接运行，开启了信息化和网络化预算审查监督模式。常委会高度重视代表建议意见的办理工作，严格落实督办责任制，坚持听取和审议区政府关于代表建议意见办理情况的报告。

开展执法检查，推进法治建设。区人大常委会除对全区普法教育工作及司法机关的重点工作进行经常性监督、检查外，还有重点地开展较大规模的执法检查。1989 年 7 月，区十一届人大常委会在全区范围开展了为期 5 个月的执法大检查。在所检查的 62 个单位中，执法较好的 19 个，占 30.6%；执法一般的 37 个，占 59.7%；执法较差的 6 个，占 9.7%。通过执法大检查，不仅增强了广大行政工作人员的法治观念，同时也纠正了一些违法行为，促进了法律法规的正确有效实施。1991 年 5 月至 9 月，区十二届人大常委会对计量、交通、地质、煤炭、统计、劳动、财政、工商、邮电等 9 个地方性经济法规的贯彻执行情况进行检查，促进部门依法行政。区第十五、十六、十七、十八届人大常委会，高度重视执法检查的实际效果，每年确定两部法规的执法检查计划，并在年初的工作要点中公告，由区人大及其常委会相关专、工委制订实施方案，有序推进。从 1994 年到 2020 年的区第十三届、十四届、十五届、十六届、十七届、十八届人大常委会除对“一府两院”及其职能部门的重点工作进行经常性监督、检查外，还配合全国和省、市人大有重点地进行专项法律法规的执法检查，先后对农业、林业、水利、国土、预算、税收、环保、煤炭、计生、教育、科技、卫生、劳动、粮食、交通、电力、文物、药品、食品、审计、统计、法官、基本农田、村民委员会、广播电视、税费改革、宗教事务、就业促进等近 50 项全国性和地方性法律法规的贯彻执行情况进行了监督检查，以听取工作报告、专项工作视察、人大代表和基层群众座谈、专项讲座、征求意见卡等监督检查方式，促进了执法部门依法行政，增强了广大群众的法治观念，纠正了一些违法行为，促进和规范了法律法规在全区的正确有效实施。

开展评议工作，拓宽监督渠道。从 1990 年开始区人大常委会借鉴外地经验，采取自下而上、上下结合的方法，组织部分人大代表对区政府职能部门及公、检、法部门的工作进行评议。1992 年 8 月 13 日，区十二届人大常委会第十六次会议作出了《关于组织人大代表评议区直机关驻乡镇和乡镇政府职能工作的办法（试行）的决定》；1994 年 7 月 28 日，区十三届人大常委会第八次会议作出了《关于对区人大常委会任命的干部进行述职评议的决定》；2001 年 3 月 30 日，区十四届人大常委会第二十次会议通过了《关于阳泉市郊区国家机关工作人员述职评议暂行办法》。1991 年，区十二届人大常委会组织了 37 名人大代表，评议了区人民检察院、工商局、卫生局的工作。在对检察院工作的评议中，共走访单位 40 个，个别座谈调查 100 余人次，查阅案卷 71 宗。在掌握大量材料的基础上，代表们在肯定该院工作的同时，对涉及 3 个方面的 10 个案件提出质疑。该院根据代表们提出的意见，对上述案件进行了复查纠正；同时重新修订了 6 项廉政建设制度，聘请了廉政监督员，建立和完善了监督机制。从第十一届人大常委会开始，政府部门组成人员每年都要向人大常委会进行述职报告，常委会再选择 2 至 3 名作为评议对象，重点进行述职评议。

三、人事任免

常委会坚持党管干部和人大依法行使人事任免权相统一，坚持充分发扬民主与严格依法办事相结合，严格履行任前法律考试、供职表态发言、酝酿讨论、任免表决、宪法宣誓等法律程序。从1981年9月至2020年12月，区人大常委会先后共任免国家机关工作人员1188名，其中，任命429名，免职63 名。

在依法履行人事任免权过程中，注重不断改进任免办法，完善任免程序。区十届人大常委会制定了《关于加强人事任免工作的决定》，区十一届人大常委会作出了《关于改进干部任免工作的决定》，区十八届人大常委会出台了《阳泉市郊区人大常委会人事任免办法》，使人事任免工作走向制度化、规范化。人事任免工作的不断加强，增强了任命人员“由谁产生、对谁负责、受谁监督”的宪法意识和人大意识，实现了党委意图，体现了人民意愿。同时，推动了任免工作向实质性监督把关延伸，通过听取和审议专项工作情况报告，以及办理代表意见建议的情况等，了解和掌握被任命干部的履职情况，做到对事监督和对人监督的有机统一，督促任命干部自觉做到牢记初心使命、勇于担当作为。如，2016 年 12 月 29 日区十八届人大常委会第三次会议上，对拟任命政府组成部门人员进行了专题询问，先由常委会组成人员围绕全区经济社会发展建设中的重大事项、重点工作，结合区人代会上代表提出的意见建议，就财政预算、公路建设、水务管理、大气污染防治、社会保障等方面工作提出询问，而后由拟任命人员进行实事求是、认真虚心的应答，增强了他们恪尽职守、勤政为民的责任感和使命感。

四、代表工作

区人大常委会采用多种形式加强代表工作，密切常委会同人大代表和人民群众的联系，完善代表联系群众长效机制，深化拓展代表知政知情渠道，提高代表议案建议办理质量，支持和保障人大代表依法履职，充分发挥了代表的联系、监督和表率“三大作用”。1987 年 9 月 25 日，区十一届人大常委会第二次会议通过了《关于加强同人大代表联系的办法》，作出了关于区人大代表持证视察的决议；1990 年 7 月 28 日，区十二届人大常委会第二次会议通过了《关于区人大代表持证视察试行办法的决定》；2011 年 8 月 31 日，区十七届人大常委会第一次会议通过了《关于区人大常委会组成人员联系代表的制度》《关于代表向选民述职，加强同选民联系的制度》《关于加强代表小组活动的制度》；2017 年 4 月 26 日，区十八届人大常委会第九次会议通过了《关于加强区人大代表与人民群众联系的意见》。2017 年，实施了“15410 三联系”工作制度，即每名区人大常委会主任会议组成人员联系 5 名区人大常委会委员、每名区人大常委会委员联系 4 名区人大代表、每名区人大代表联系 10 名以上乡镇人大代表及选民；推行“一本一薄一卡”代表履职管理办法，即：代表履职记录本、代表小组活动登记簿、代表联系选区、联系选民双联卡，确保了代表联系工作真正落在实处。2019 年，在 8 个乡镇建立人大代表联络站，并依托行政村建立 24 个人大代表联络点，确定每月 10 日为代表联络站接待选民日，发挥了代表联络站点联系代表和群众的主平台和主阵地作用。从 2013 年开始，坚持推行了代表意见建议办理满意度百分量化测评，每年都要以乡镇分片组织由人大代表和政府承办部门参加的代表意见建议办理满意度测评会议，通过面对面答复、背靠背测评，激发代表参政议政的积极性，促进意见建议办理质量的提高，代表意见满意度百分量化测评分值保持在84分以上。从2019年开始，常委会组成人员每年对重点意见建议的办理情况进行了满意度测评。2019年，按照省、市人大要求深入开展了“向申纪兰学习，做人民好代表，争当志愿者”活动，组建9支志愿者服务队，向全区人大代表发出做一件志愿服务的好人好事，征集一条高质量的意见建议，写一篇心得体会的“三个一”倡议。学习活动期间，省、市、区、乡（镇）四级人大代表共做志愿服务好人好事461件，征集意见建议321条，撰写心得体会480篇，取得了思想精神和实践成果的双丰收，受到省、市人大的充分肯定，工作做法在省人大常委会办公厅主办的《情况通报》刊登。2020年，新型冠状病毒肺炎疫情防控期间，区人大常委会号召各级人大代表立即行动起来抗击疫情、勇担责任，全区有400多名人大代表直接参与疫情防控，捐资捐物共计30余万元，用实际行动彰显了人大代表的政治担当和为民情怀。

五、自身建设

区人大常委会始终把加强自身建设摆在重要位置，常抓不懈，与时俱进，大力加强思想、制度、作风、效能建设，不断提高常委会组成人员的整体素质，不断提升依法履职水平，不断夯实地方国家权力机关履职基础，有力保障了常委会及机关各项工作有效开展。

加强思想建设，始终坚持党对人大工作的领导，将常委会的工作与区委的中心工作紧紧结合，坚定与区委同向、与政府同力、与人民同心的工作思路；加强政治理论和业务知识学习，增强履职的使命感和责任感，不断提高常委会组成人员的综合素质；坚持学用结合，加强理论研究，深入实践探索。加强制度建设，按照宪法和有关法律的规定，建立和完善常委会有关规则、办法和制度，根据形势发展和工作实际，及时制定有关新制度、新规定，坚持民主集中制原则，健全监督运行机制，深化代表服务，促进各项工作规范化。加强作风建设，从工作实际出发，针对全区改革发展的重点、难点、热点明确课题，深入开展调查研究；坚持实事求是的原则，切实提高审议质量；常委会组成人员带头联系选民、选区和代表，关注民情民生；弘扬求真务实和争先创优精神，注重创新求实；坚持廉洁守法，做到以俭修身，克己自律，拒腐防变，严格依法行使职权。加强效能建设，注重营造和谐氛围，改善办公条件，激发常委会组成人员及机关干部的工作热情和创造精神，为人大及其常委会依法履行职权提供高效、优质服务。

六、换届选举

区人大常委会先后主持了1984年、1987年、1990年、1993年、1998年、2003年、2007年、2011年、2016年区换届选举工作，常委会注重组织、指导工作，每次换届开始，根据省、市人大常委会的安排，制定实施方案，向区委汇报，取得区委的领导和支持。在区委的直接领导下，区、乡（镇）组建选举工作领导班子和相应的工作机构，抽调工作人员。深入宣传，广泛发动。为了充分调动广大选民参选的积极性，增强当家作主责任感和光荣感，每次换届选举中，常委会都将换届选举和普法教育相结合，利用新闻媒体采取多种宣传形式，广泛深入进行宣传，使全区受教育面达90%以上。精心指导，严格依法办事。在选举过程中，常委会特别注重在法定时间、法定参选人数、法定程序、法定提名、法定差额、法定得票数等几个方面严格把关，保证选举依法进行。充分发扬民主，加强基层政权建设。每次换届选举，常委会都把尊重选民意愿同实现党的意图结合起来，较好地体现了社会主义民主的真实性和优越性。如，2016年应选区代表166名，第一榜提名243名，为应选代表的1.5倍，确定的正式候选人为218名，为应选代表的1.3倍。这样既体现了广泛民主，又体现了党的意图和人民意志的统一。

第四节　乡镇人民代表大会

2000年底撤乡并镇，郊区由原来的4镇9乡合并为4镇4乡。2001年2月，荫营镇、河底镇、平坦镇由于行政区划发生了变化，选举了新一届人大代表，召开了新一届乡镇人民代表大会。2002年6月的乡镇人大换届只涉及义井镇、李家庄乡、西南舁乡、杨家庄乡、旧街乡。2007年12月31日县乡两级人大代表的选举工作全部完成。2007年2月26日，区十五届人大常委会第二十九次会议通过了《关于阳泉市郊区第十六届人民代表大会及各乡镇人民代表大会换届选举的决定》；同时通过了《关于乡镇人民代表大会代表名额的决定》，各乡镇人民代表大会代表名额为：荫营镇91名、河底镇75名、平坦镇60名、义井镇58名、李家庄乡53名、西南舁乡50名、杨家庄乡48名、旧街乡45名。2011年、2016年，区乡两级人大换届同步进行，与全国县乡两级人大换届选举工作走向同步。2016年新一届乡镇人大代表选举，应选代表480名，实际选出代表472名，选民参选率为82.3%。在这次选出的472名乡镇代表中，男性329名，占69.7%；女性143名，占30.3%；中共党员279名，占59.1%；非党193名，占40.9%；干部105名，占22.2%；农民322名，占68.2%；文教、卫生等各类技术人员36名，占7.6%；其他方面也都有适当的代表。代表中具有大学以上学历的94名，占19.92%；大专文化程度的58名，占12.3%；中专及高中文化程度的139名，占29.4%；初中以下的181名，占38.3%。代表中年龄在35岁以下的25名，占5.3%；36岁至55岁的387名，占81.9%；56岁以上的60名，占12.7%。

乡（镇）设立人民代表大会常设机构以来，在同级党委的直接领导下，在区人大常委会的指导和监督下，乡（镇）人大工作十分活跃，取得了许多新的突破。在设立之初，各乡（镇）人大普遍开展了“四达标”的创建活动，即思想建设达标、制度建设达标、组织建设达标、设施建设达标，为乡（镇）人大工作的顺利开展奠定了基础。30年来，各乡（镇）人大认真履行宪法、法律赋予的职权，积极开拓创新，各项工作有了新的发展，为促进全区经济社会发展、推进基层民主法治建设、维护基层社会稳定发挥了重要作用。围绕党委中心工作及事关地方经济社会改革发展稳定的重大问题、人民群众普遍关注的热点难点问题开展监督，提出建设性的建议，督促政府权力清单、责任清单的编制、公开和落实，为人民群众办实事解难事。组织代表开展多种形式的代表活动，为农民和企业的生产发展献计献策。组织开展执法大检查，强化对法律法规实施情况的监督，促进了社会治安秩序的好转，提高了群众的法治意识，减少了民事、刑事案件的发案率，为经济发展创造了良好的社会环境。依法行使重大事项决定权，有力推动了乡镇政府重大决策出台前向人大报告制度和人大决议决定落实情况报告制度的落实。四是依法开展人事选举工作，认真贯彻党委人事安排意见，依法正确履行职责，积极开展审议履职情况报告、专项工作评议等，为党委使用和管理干部提供了重要参考。狠抓了乡（镇）人民代表大会决议的落实，积极开展代表意见建议办理百分量化满意度测评，把人代会精神落到实处。不断加强和改进代表工作，支持保障代表依法履职。2019年，全区代表联系联络工作得到进一步加强，各乡镇人大依托代表联络站点，结合实际，创新工作，打造特色亮点。荫营镇以“突出三项联系，达到三个覆盖，实现三大目标”为主线，将联络站点建设与重点工程有机结合；河底镇常年坚持人大代表接待群众来访，畅通为民代言渠道，并围绕G239改线、北部集中供热、镇志编撰等工作积极建言献策；平坦镇人大关注民生，组织代表对棚户区改造、煤改电项目工程进行视察；义井镇人大围绕环境卫生整治，产权制度改革等方面开展视察调研；李家庄乡人大开展当好宣传员，架起连心桥，当好服务员，争做贴心人活动，助力城市建设；西南舁乡人大作为唯一乡镇代表在省、市人大代表工作会上介绍了联企、联困、联果农的“三联”工作法；杨家庄乡人大扎实有效开展进企业、进农户、暖民心“两进一暖”活动；旧街乡人大把代表联络站点建成代表素质的助推器，人大工作的加油站，联系选民的连心桥，有效发挥了联络站点视察调研、联系群众、舆论宣传、献计献策、强化监督、学习交流等基础作用。

第四章 平定县人民代表大会

第一节 组织沿革

2001年，县十二届人大常委会设办公室和法制工作委员会、财政经济工作委员会、教育科学文化卫生工作委员会、农村工作委员会、人事代表工作委员会的“一室五委”内设工作机构。

2008年12月，县十四届人大常委会增设城乡建设和环境保护工作委员会（股级）。其主要职责为负责城建、环保等方面的联系、调查、检查等工作；负责起草有关城建、环保方面的报告、决议、决定草案，并负责有关决议、决定贯彻的督促检查；负责人大代表有关城建、环保方面的质询案、议案和建议、批评、意见的办理；负责人大代表有关城建、环保方面的视察、检查、座谈会、议事会等活动的组织服务；负责人民群众有关城建、环保方面的来信、来访的接待、转办、催办；积极完成领导交办的其他任务。

2017年10月，县十六届人大常委会根据市编办《关于平定县人民代表大会常务委员会机构编制事项调整的批复》（阳编办字〔2017〕148号）文件精神，按照《平定县机构编制委员会关于平定县人民代表大会常务委员会机构编制事项调整的通知》（平编字〔2017〕39号），将内设机构法制工作委员会更名为法制委员会，财政经济工作委员会更名为财政经济委员会。内设机构城乡建设和环境保护工作委员会机构改为科级建置，其他不变。县人大法制委员会和财政经济委员会，于2018年3月经县十六届人大三次会议表决通过。

2019年3月，县十六届人大常委会根据《中共平定县委、平定县人民政府关于印发〈平定县机构改革方案〉的通知》（平发〔2019〕1号）文件精神，按照《中共平定县委办公室关于调整县人大常委会机关机构编制的通知》（平办发〔2019〕9号），组建县人大社会建设委员会，与县人大常委会城乡建设和环境保护工作委员会合署。其主要职责为研究、拟定、审议劳动就业、社会保障、民政事务（包括社会管理、社会工作、体育等）、群团组织（包括群团工作以及老年人、妇女、儿童、青少年权益保护等）、安全生产等方面的有关议案；组织开展有关执法检查、专题调研等；办理县人大代表提出的建议、批评和意见；联系市人大社会建设委员会、市人大常委会有关办事机构、县直有关委、办、局。调整后，其他机构编制事项保持不变。2019年3月，平定县第十六届人民代表大会第四次会议决定设立平定县人民代表大会社会建设委员会。社会建设委员会为县人民代表大会专门委员会，受县人民代表大会领导，在大会闭会期间，受县人民代表大会常务委员会领导。

第二节　县人民代表大会

第十二届人民代表大会（1998 年 5 月至 2003 年 4 月）

平定县第十二届人民代表大会自 1998 年 5 月至 2003 年 4 月。共举行会议 6 次，听取和审议报告 30 个。选举产生平定县国家机关领导人员 37 人（次），选举出席阳泉市第十二届人民代表大会代表 62 名。

第四次会议　2001 年 6 月 26 日至 29 日在县城影剧院召开。会议听取和审议了县人民政府代县长吴学斌作的关于平定县国民经济和社会发展第十个五年计划纲要的报告；县计划委员会主任王晓华作的关于平定县 2000 年国民经济和社会发展计划执行情况与 2001 年国民经济和社会发展计划草案的报告；县财政局局长祁雨珠作的关于平定县 2000 年财政预算执行情况和 2001 年财政预算草案的报告；县人大常委会副主任王继凯作的平定县人大常委会工作报告；县人民法院院长侯艾作的平定县人民法院工作报告；县人民检察院检察长李达茂作的平定县人民检察院工作报告，并作了相应 6 个决议。会议通过了大会选举办法，选举王永先为县人大常委会主任；吴学斌为县人民政府县长；祁雨珠、张存喜为县人大常委会副主任；张映涛、郜福田为县人民政府副县长；补选石玉明为县人大常委会委员。会议共收到代表提出的议案、建议和意见 100 件。

第五次会议　2002 年 3 月 2 日至 3 日在县城影剧院召开。会议通过了大会选举办法，选举产生了平定县出席阳泉市第十二届人民代表大会代表 62 名。

第六次会议　2002 年 6 月 27 日至 29 日在县城影剧院召开。会议听取和审议了县人民政府县长吴学斌作的政府工作报告；县发展计划局局长王晓华作的关于平定县 2001 年国民经济和社会发展计划执行情况与 2002 年国民经济和社会发展计划草案的报告；县财政局局长刘同礼作的关于平定县 2001 年财政预算执行情况和 2002 年财政预算草案的报告；县人大常委会副主任祁雨珠作的平定县人大常委会工作报告；县人民法院代院长席建魁作的平定县人民法院工作报告；县人民检察院代检察长毕映福作的平定县人民检察院工作报告，并作出了相应 6 个决议。大会通过了会议选举办法，选举席建魁为平定县人民法院院长，毕映福为平定县人民检察院检察长。会议共收到代表提出的议案、建议和意见 48 件。

第十三届人民代表大会（ 2003 年 4 月至 2007 年 4 月）

平定县第十三届人民代表大会于 2003 年 4 月至 2007 年 4 月，共举行会议 4 次，听取和审议报告 25 个。选举产生平定县国家机关领导人员 33 人。

第一次会议　2003 年 4 月 26 日至 28 日在县城影剧院召开。会议听取和审议了县人民政府代县长李春泽作的政府工作报告；县人大常委会副主任刘爱明作的平定县人大常委会工作报告。其他 4 个报告即：县政府关于 2002 年国民经济和社会发展计划执行情况与 2003 年国民经济和社会发展计划草案的报告；县政府关于 2002 年财政预算执行情况和 2003 年财政预算草案的报告；县人民法院平定县人民法院工作报告；县人民检察院平定县人民检察院工作报告，都以书面形式发给代表一并审议。根据审议情况，会议相应做出6个决议。会议通过大会选举办法，选举产生了平定县第十三届人民代表大会常务委员会组成人员19人，王永先为人大常委会主任，刘爱明、祁雨珠、张存喜、高培先、白宝忠为常委会副主任，王巨文、王国瑞、石玉明、石克信、苏秀莲（女）、杨祇、张考生、张增禄、岳建华、岳增光、赵笑长、侯海明、郭便花（女）13人为常委会委员。选举李春泽为平定县人民政府县长，苏秀瑞、张映涛、郜福田、李维程、张金凤（女）、薛晓明为平定县人民政府副县长。选举高武为平定县人民法院院长，选举毕映福为平定县人民检察院检察长。会议共收到代表提出的议案、建议和意见85件。

第二次会议 2004年4月27日至29日在县城影剧院召开。会议听取和审议了县人民政府县长李春泽作的平定县人民政府工作报告；县发展计划局局长王晓华受县人民政府委托作的关于平定县2003年国民经济和社会发展计划执行情况与2004年国民经济和社会发展计划草案的报告；县财政局局长刘同礼受县人民政府委托作的关于平定县2003年财政预算执行情况和2004年财政预算草案的报告；县人大常委会副主任张存喜受人大常委会委托作的平定县人大常委会工作报告；县人民法院院长高武作的平定县人民法院工作报告；县人民检察院检察长毕映福作的平定县人民检察院工作报告，会议相应做出了决议。会议通过大会选举办法，选举刘选民为平定县第十三届人民代表大会常务委员会副主任。会议共收到代表提出的议案、建议和意见54件。

第三次会议 2005年4月27日至29日在县城影剧院召开。会议听取和审议了县人民政府县长李春泽作的平定县人民政府工作报告；审议平定县2004年国民经济和社会发展计划执行情况与2005年国民经济和社会发展计划草案的报告；审议平定县2004年财政预算执行情况和2005年财政预算草案的报告；县人大常委会副主任白宝忠受人大常委会委托作的平定县人民代表大会常务委员会工作报告；县人民法院院长高武作的平定县人民法院工作报告；县人民检察院检察长毕映福作的平定县人民检察院工作报告，会议相应做出了决议。会议共收到代表提出的议案、建议和意见51件。

第四次会议 2006年6月29日至7月1日在县城影剧院召开。会议听取和审议了县人民政府代县长王银旺作的平定县人民政府工作报告；审查平定县2005年国民经济和社会发展计划执行情况与2006年国民经济和社会发展计划草案的报告；审查国民经济和社会发展第十个五年规划纲要草案；审查平定县2005年财政预算执行情况和2006年财政预算草案的报告；县人大常委会副主任刘选民受人大常委会委托作的平定县人大常委会工作报告；县人民法院院长高武作的平定县人民法院工作报告；县人民检察院检察长毕映福作的平定县人民检察院工作报告，会议相应做出了决议。会议通过大会选举办法，选举王银旺为平定县人民政府县长，选举李建恩为平定县第十三届人民代表大会常务委员会副主任，选举杜平华、张志先为平定县人民政府副县长。会议共收到代表提出的议案、建议和意见52件。

第十四届人民代表大会（2007年4月至2011年6月）

平定县第十四届人民代表大会于2007年4月至2011年6月，共举行会议四次，听取和审议报告24个。选举产生平定县国家机关领导人员34人，选举出席阳泉市第十三届人民代表大会代表63名。

第一次会议 2007年4月21日至24日在县城影剧院召开。会议听取和审议了县人民政府县长王银旺作的平定县人民政府工作报告；审议平定县2006年国民经济和社会发展计划执行情况与2007年国民经济和社会发展计划草案的报告；审议平定县2006年财政预算执行情况与2007年财政预算草案的报告；县人大常委会副主任白宝忠作的平定县人大常务会工作报告；县人民法院院长高武作的平定县人民法院工作报告；县人民检察院副检察长范海生作的平定县人民检察院工作报告，会议相应作出了决议。会议通过大会选举办法，选举李建恩为平定县第十四届人民代表大会常务委员会主任；选举王银旺为平定县人民政府县长；选举高武为平定县人民法院院长，选举范海生为平定县人民检察院检察长。选举白宝忠、张存喜、刘选民、赵庆华（女）为平定县第十四届人民代表大会常务委员会副主任。选举张映涛、杜平华、韩永清（挂职）、郜福田、张金凤（女）、张志先为平定县人民政府副县长。选举产生平定县人民代表大会常务委员会委员 20 人，平定县出席阳泉市第十三届人民代表大会代表 63 人。会议共收到代表提出的议案、建议和意见 87 件。

第二次会议 2008 年 4 月 23 日至 24 日在县人民政府扇形会议室召开。会议听取和审议了县人民政府县长王银旺作的平定县人民政府工作报告；审议平定县 2007 年国民经济和社会发展计划执行情况与 2008 年国民经济和社会发展计划草案的报告；审议平定县 2007 年财政预算执行情况与 2008 年财政预算草案的报告；县人大常委会副主任张存喜受人大常委会委托作的平定县人民代表大会常务委员会工作报告；县人民法院院长高武作的平定县人民法院工作报告；县人民检察院检察长范海生作的平定县人民检察院工作报告，会议相应做出了决议。会议共收到代表提出的议案、建议和意见 73 件。

第三次会议 2009 年 4 月 23 日至 24 日在县人民政府扇形会议室召开。会议听取和审议了县人民政府县长王银旺作的平定县人民政府工作报告；审议平定县 2008 年国民经济和社会发展计划执行情况与 2009 年国民经济和社会发展计划草案的报告；审议平定县 2008 年财政预算执行情况与 2009 年财政预算草案的报告；县人大常委会副主任刘选民受人大常委会委托作的平定县人民代表大会常务委员会工作报告；县人民法院院长高武作的平定县人民法院工作报告；县人民检察院检察长范海生作的平定县人民检察院工作报告，会议相应做出了决议。会议共收到代表提出的议案、建议和意见 89 件。

第四次会议 2010 年 3 月 17 日至 19 日在县人民政府扇形会议室召开。会议听取和审议了县人民政府县长王银旺作的平定县人民政府工作报告；审议平定县 2009 年国民经济和社会发展计划执行情况与 2010 年国民经济和社会发展计划草案的报告；审议平定县 2009 年财政预算执行情况与 2010 年财政预算草案的报告；县人大常委会副主任赵庆华受人大常委会委托作的平定县人民代表大会常务委员会工作报告；县人民法院院长高武作的平定县人民法院工作报告；县人民检察院检察长范海生作的平定县人民检察院工作报告，会议相应做出了决议。大会通过了会议选举办法，补选张煜显为平定县第十四届人民代表大会代表。会议共收到代表提出的议案、建议和意见 62 件。

第十五届人民代表大会（2011 年 6 月至 2016 年 8 月）

平定县第十五届人民代表大会于 2011 年 6 月—2016 年 8 月，共举行会议 5 次，听取和审议报告 30 个。选举产生平定县国家机关领导人员 15 人，选举出席阳泉市第十四届人民代表大会代表 66 名。

第一次会议 2011 年 6 月 12 日至 15 日在县人民政府扇形会议室召开。会议听取和审议了县人民政府代县长任晓华作的平定县人民政府工作报告；审查平定县国民经济和社会发展第十二个五年规划纲要草案；审议县发展改革局局长张建华关于平定县 2010 年国民经济和社会发展计划执行情况与 2011 年国民经济和社会发展计划草案的报告；审议县财政局局长刘同礼关于 2010 年财政预算执行情况与2011年财政预算草案的报告；县人大常委会主任李建恩作的平定县人民代表大会常务委员会工作报告；县人民法院代院长黄计生作的平定县人民法院工作报告；县人民检察院代检察长孔海峰作的平定县人民检察院工作报告，会议相应作出了决议。大会通过了会议选举办法，选举李建恩为平定县第十五届人民代表大会常务委员会主任，选举任晓华为平定县人民政府县长，选举黄计生为平定县人民法院院长，选举孔海峰为平定县人民检察院检察长。选举白宝忠、张存喜、郤福田、刘选民、赵庆华（女）为平定县第十五届人民代表大会常务委员会副主任。选举杜平华、李君、张志先、郝建国、王海平为平定县人民政府副县长。选出平定县第十五届人民代表大会常务委员会委员19人。补选平定县第十五届人民代表大会代表1名。会议共收到代表提出的议案、建议和意见110件。

第二次会议　2012年4月26日至4月28日在县人民政府扇形会议室召开。会议听取和审议了县人民政府县长任晓华作的平定县人民政府工作报告；审议县发展改革局局长张建华关于平定县2011年国民经济和社会发展计划执行情况与2012年国民经济和社会发展计划草案的报告；审议县财政局局长刘同礼关于平定县2011年财政预算执行情况与2012年财政预算草案的报告；县人大常委会副主任白宝忠作的平定县人民代表大会常务委员会工作报告；县人民法院院长黄计生作的平定县人民法院工作报告；县人民检察院检察长孔海峰作的平定县人民检察院工作报告，会议相应做出了决议。大会通过了会议选举办法，补选赵苗怀为平定县第十五届人民代表大会代表。选举产生平定县出席阳泉市第十四届人民代表大会代表66名。补选杨婵荣（女）、赵苗怀为平定县第十五届人民代表大会常务委员会委员。会议共收到代表提出的议案、建议和意见64件。

第三次会议　2013年4月17日至4月18日在县人民政府扇形会议室召开。会议听取和审议了县人民政府县长任晓华作的平定县人民政府工作报告；审议县发展改革局局长张建华关于平定县2012年国民经济和社会发展计划执行情况与2013年国民经济和社会发展计划草案的报告；审议县财政局局长刘同礼关于平定县2012年财政预算执行情况与2013年财政预算草案的报告；县人大常委会副主任张存喜作的平定县人民代表大会常务委员会工作报告；县人民法院院长黄计生作的平定县人民法院工作报告；县人民检察院检察长孔海峰作的平定县人民检察院工作报告，会议相应作出了决议。会议共收到代表提出的议案、建议和意见68件。

第四次会议　2014年4月10日至4月11日在县机关综合办公大楼扇形会议室召开。会议听取和审议了县人民政府县长任晓华作的平定县人民政府工作报告；审议县发展改革局局长张建华关于平定县2013年国民经济和社会发展计划执行情况与2014年国民经济和社会发展计划草案的报告；审议县财政局局长刘同礼关于平定县2013年财政预算执行情况与2014年财政预算草案的报告；县人大常委会副主任郤福田作的平定县人民代表大会常务委员会工作报告；县人民法院院长黄计生作的平定县人民法院工作报告；县人民检察院检察长孔海峰作的平定县人民检察院工作报告，会议相应作出了决议。会议共收到代表提出的议案、建议和意见67件。

第五次会议　2015年4月9日至4月10日在县机关综合办公大楼扇形会议室召开。会议听取和审议了县人民政府县长任晓华作的平定县人民政府工作报告；审议县发展改革局局长张建华关于平定县2014年国民经济和社会发展计划执行情况与2015年国民经济和社会发展计划草案的报告；审议县财政局局长刘同礼关于平定县2014年财政预算执行情况与2015年财政预算草案的报告；县人大常委会副主任刘选民作的平定县人民代表大会常务委员会工作报告；县人民法院院长黄计生作的平定县人民法院工作报告；县人民检察院检察长孔海峰作的平定县人民检察院工作报告，会议相应作出了决议。大会通过了会议选举办法，选举朱继明为平定县第十五届人民代表大会常务委员会副主任。会议共收到代表提出的议案、建议和意见63件。

第十六届人民代表大会（2016年8月— ）

平定县第十六届人民代表大会于2016年8月至2020年，共举行会议4次，听取和审议报告33个。选举产生平定县国家机关领导人员50人。

第一次会议 2016年8月26日至8月31日在县人民政府扇形会议室召开。会议听取和审议平定县人民政府工作报告；审查和批准平定县国民经济和社会发展第十三个五年规划纲要；审议平定县2015年国民经济和社会发展计划执行情况与2016年国民经济和社会发展计划草案的报告，审查、批准平定县2015年国民经济和社会发展计划执行情况的报告与2016年国民经济和社会发展计划；审议平定县2015年财政预算执行情况与2016年财政预算草案的报告，审查、批准平定县2015年财政预算执行情况的报告和2016年财政预算；听取和审议平定县人民代表大会常务委员会工作报告；听取和审议平定县人民法院工作报告；听取和审议平定县人民检察院工作报告，会议作出了相关决议。大会通过了会议选举办法，选举郝建国为平定县第十六届人民代表大会常务委员会主任，选举韩加政为平定县人民政府县长，选举黄计生为平定县人民法院院长，选举王建明为平定县人民检察院检察长。选举张金凤（女）、郜福田、赵庆华（女）、刘顺彬为平定县第十六届人民代表大会常务委员会副主任。选举郭满仓、王式清、闫立彪、李鸿斌、张丽荣、赵前进为平定县人民政府副县长。选出平定县第十六届人民代表大会常务委员会委员28人。会议共收到代表提出的议案、建议和意见110件。

第二次会议 2017年2月13日召开，听取和审议平定县人民政府工作报告；审议平定县2016年国民经济和社会发展计划执行情况与2017年国民经济和社会发展计划草案的报告，审查、批准平定县2016年国民经济和社会发展计划执行情况的报告与2017年国民经济和社会发展计划；审议平定县2016年财政预算执行情况与2017年财政预算草案的报告，审查、批准平定县2016年财政预算执行情况的报告和2017年财政预算；听取和审议平定县人民代表大会常务委员会工作报告；听取和审议平定县人民法院工作报告；听取和审议平定县人民检察院工作报告；选举平定县监察委员会主任；选举平定县出席阳泉市第十五届人民代表大会代表。

第三次会议 2018年3月22日召开，会议听取和审议平定县人民政府工作报告；审议平定县2017年国民经济和社会发展计划执行情况与2018年国民经济和社会发展计划（草案）的报告；审查、批准平定县2017年国民经济和社会发展计划执行情况的报告与2018年国民经济和社会发展计划；审议平定县2017年财政预算执行情况与2018年财政预算（草案）的报告；审查、批准平定县2017年财政预算执行情况的报告和2018年财政预算；听取和审议平定县人民代表大会常务委员会工作报告；听取和审议平定县人民法院工作报告；听取和审议平定县人民检察院工作报告；表决通过《关于设立平定县人民代表大会法制委员会和财政经济委员会的决定（草案）》；表决通过平定县第十六届人民代表大会法制委员会和财政经济委员会组成人员名单（草案）；补选平定县第十六届人民代表大会常务委员会委员。

第四次会议 2019年3月2日召开，会议听取和审议平定县人民政府工作报告；审议平定县

2018 年国民经济和社会发展计划执行情况与 2019 年国民经济和社会发展计划（草案）的报告，审查、批准平定县 2018 年国民经济和社会发展计划执行情况的报告与 2019 年国民经济和社会发展计划；审议平定县 2018 年财政预算执行情况与 2019 年财政预算（草案）的报告，审查、批准平定县 2018 年财政预算执行情况的报告和 2019 年财政预算；听取和审议平定县人民代表大会常务委员会工作报告；听取和审议平定县人民法院工作报告；听取和审议平定县人民检察院工作报告；通过平定县第十六届人民代表大会关于设立社会建设委员会的决定以及组成人员名单等其他事项。

第五次会议 2020 年 4 月 26 日召开，会议听取和审议平定县人民政府工作报告；审议平定县 2019 年国民经济和社会发展计划执行情况与 2020 年国民经济和社会发展计划（草案）的报告，审查、批准平定县 2019 年国民经济和社会发展计划执行情况与 2020 年国民经济和社会发展计划；审议平定县 2019 年财政预算执行情况与 2020 年财政预算（草案）的报告，审查、批准平定县 2019 年财政预算执行情况的报告和 2020 年财政预算；听取和审议平定县人民代表大会常务委员会工作报告、平定县人民法院工作报告、平定县人民检察院工作报告。会议补选侯成军为平定县第十六届人民代表大会常务委员会副主任，补选张锋为平定县第十六届人民代表大会常务委员会委员。

县人大常委会历届主任会议成员一览表

表 9-7

届　期	职　务	姓　名	籍　贯	任职时间	备　注
县十二届人民代表大会（1998 年 6 月至 2003 年 4 月）	主　任	穆建民	山西平定	1998.6—2001.6	十二届一次会议当选
		王永先	山西平定	2001.6—2003.4	十二届四次会议当选
	副主任	李长柱	山西平定	1998.6—2001.6	十二届一次会议当选
		樊金鲜（女）	山西平定	1998.6—2001.6	十二届一次会议当选
		刘爱民	山西平定	1998.6—2003.4	十二届一次会议当选
		王九存	山西平定	1998.6—2001.6	十二届一次会议当选
		王继凯	山西平定	1998.6—2003.4	十二届一次会议当选
		祁雨珠	山西平定	2001.6—2003.4	十二届四次会议当选
		张存喜	山西昔阳	2001.6—2003.4	十二届四次会议当选
县十三届人民代表大会（2003 年 4 月至 2007 年 3 月）	主　任	王永先	山西平定	2003.4—2007.4	十三届一次会议当选
	副主任	刘爱明	山西平定	2003.4—2007.4	十三届一次会议当选
		祁雨珠	山西平定	2003.4—2007.4	十三届一次会议当选
		张存喜	山西平定	2003.4—2007.4	十三届一次会议当选
		高培先	山西平定	2003.4—2007.4	十三届一次会议当选
		白宝忠	山西平定	2003.4—2007.4	十三届一次会议当选
		刘选民	山西平定	2004.4—2007.4	十三届二次会议当选
		李建恩	河北武安	2006.7—2007.4	十三届四次会议当选

表 9-7

届 期	职 务	姓 名	籍 贯	任职时间	备 注
县十四届人民代表大会（2007 年 4 月至 2011 年 6 月）	主 任	李建恩	河北武安	2007.4—2011.6	十四届一次会议当选
	副主任	白宝忠	山西平定	2007.4—2011.6	十四届一次会议当选
		张存喜	山西平定	2007.4—2011.6	十四届一次会议当选
		刘选民	山西平定	2007.4—2011.6	十四届一次会议当选
		赵庆华	山西平定	2007.4—2011.6	十四届一次会议当选
县十五届人民代表大会（2011 年 5 月至 2016 年 8 月）	主 任	李建恩	河北武安	2011.6—2016.8	十五届一次会议当选
	副主任	白宝忠	山西平定	2011.6—2016.8	十五届一次会议当选
		张存喜	山西昔阳	2011.6—2016.8	十五届一次会议当选
		刘选民	山西平定	2011.6—2016.8	十五届一次会议当选
		郜福田	天津蓟县	2011.6—2016.8	十五届一次会议当选
		赵庆华	山西平定	2011.6—2016.8	十五届一次会议当选
		朱继明	湖北恩施	2015.4—2016.8	十五届次五会议当选
县十六届人民代表大会（2016 年 8 月至 2020 年）	主 任	郝建国	山西平定	2016.8—	十六届一次会议当选
	副主任	张金凤	山西平定	2016.8—	十六届一次会议当选
		郜福田	天津蓟县	2016.8—	十六届一次会议当选
		赵庆华	山西平定	2016.8—2019.9	十六届一次会议当选
		刘顺彬	山西平定	2016.8—	十六届一次会议当选
		侯成军	山西平定	2020.4—	十六届五次会议当选

第三节　县人大常委会

2001 年 1 月到 2020 年 12 月，平定县人大常委会共历经 5 届。在中共平定县委的坚强领导和市人大常委会的有力指导，全面贯彻党的基本路线，以习近平新时代中国特色社会主义思想为指导，紧扣县委工作重点、政府推进难点和群众关注热点，切实履行宪法和法律赋予的监督权、重大事项决定权和人事任免权，全面加强县乡人大建设，积极开展各项工作，为推进依法治县进程，维护改革、发展、稳定大局，促进全县经济发展和社会全面进步，发挥了地方国家权力机关的职能作用。

一、决定地方重大事项

根据宪法和地方组织法的有关规定，县人大常委会紧紧围绕党和国家的中心任务，对本行政区域的政治、经济、教育、科技、文化、卫生、民政建设中的重大问题，人民群众反映强烈的热点问题，对人大及其常委会依法履行职权方面的重大问题等，及时召开会议进行审议，依法做好讨论决定重大事项工作。到2020年5月，共举行171次常务委员会会议，听取“一府两院”工作报告381个，作出决议和决定82项。

决定地方重大事项一览表

表9-8

会议名称	决定或决议内容	通过时间
十二届二十四会议	关于表彰优秀县人大代表的决定	2001.6.24
十二届二十四次会议	接受赵珍珠辞去县人民政府副县长职务请求的决定	2001.6.24
十二届二十五次会议	平定县第十二届人大常委会关于调整主任、副主任、委员分工联系的决定	2001.8.27
十二届二十六次会议	关于接受郜福田、王源清辞去平定县人大常委会委员职务的请求的决定	2001.10.30
十二届二十九次会议	关于接受侯艾辞去平定县人民法院院长职务的请求	2002.1.18
十二届二十九次会议	关于接受李达茂辞去平定县人民检察院检察长职务的请求的决定	2002.1.18
十二届三十一次会议	成立平定县人大常委会乡镇人大换届选举工作办公室的决定	2002.4.30
十二届三十一次会议	平定县人大常委会关于平定县乡镇人大换届选举工作的决定	2002.4.30
十二届三十五次会议	关于接受吴学斌辞去平定县人民政府县长职务请求的决定	2002.10.27
十二届三十六次会议	关于接受朱玉芳辞去平定县人民政府副县长职务请求的决定	2002.12.24
十二届三十七次会议	关于成立县选举委员会的决定	2003.2.26
十二届三十七次会议	关于县人民代表大会换届选举的决定	2003.2.26
十三届二次会议	关于设立代表资格审查委员会决定	2003.6.30
十三届二次会议	平定县人大常委会关于主任、副主任、委员分工联系的决定	2003.6.30
十三届二十三次会议	关于接受杨祇辞去平定县人大常委会委员职务的请求决定	2006.3.28
十三届二十四次会议	关于接受李春泽辞去平定县人民政府县长职务请求的决定	2006.6.6
十三届二十五次会议	关于接受苏秀瑞、李维程辞去平定县人民政府副县长职务请求的决定	2006.6.22
十三届二十七次会议	平定县人大常委会关于深入开展第五个五年法制宣传教育工作的决议	2006.10.31
十三届二十七次会议	平定县人大常委会关于深入开展第五个五年法制宣传教育工作的决议	2006.10.31
十三届二十九次会议	关于成立县选举委员会的决定	2007.2.6
十三届二十九次会议	关于成立乡镇人大换届选举工作办公室的决定	2007.2.6
十三届二十九次会议	关于县、乡（镇）人民代表大会换届选举的决定	2007.2.6
十三届三十次会议	推迟选举日和换届选举工作方案作部分修改的决定	2007.3.1
十四届六次会议	关于接受张兵辞去平定县人大常委会委员职务的请求决定	2008.2.28
十四届十次会议	关于许可对县第十四届人大代表韩晓明采取限制人身自由的强制措施的决定	2008.3.12

表 9-8

会议名称	决定或决议内容	通过时间
十四届八次会议	关于许可对县第十四届人大代表梁岗平采取限制人身自由的强制措施的决定	2008.3.14
十四届十一次会议	关于同意平定县人民政府对城乡一体化集中供热工程项目建设安排财政专项资金的决议	2008.8.29
十四届十四次会议	关于接受吕爱文辞去平定县人大常委会委员职务的请求决定	2009.2.24
十四届十五次会议	关于同意县政府引进太原炬能再生能源供热有限公司实施县城集中供热二期工程的决议	2009.4.8
十四届十六次会议	关于接受韩永清辞去平定县人民政府副县长职务请求的决定	2009.6.25
十四届十七次会议	关于批准《平定县人民政府关于利用国家开发银行贷款进行平定县嘉山小区廉租房项目委托代建有关事项的报告》的决定	2009.8.13
十四届十九次会议	关于批准《平定县人民政府关于利用国家开发银行贷款进行阳五高速公路平定段及连接线征地拆迁工程项目委托代建有关事项的报告》的决定	2009.12.24
十四届二十四次会议	关于许可对县第十四届人大代表张沪明采取刑事拘留强制措施的决定	2010.6.11
十四届二十五次会议	关于许可对县第十四届人大代表李继先采取刑事拘留强制措施的决定	2010.6.29
十四届二十八次会议	关于许可对县第十四届人大代表丁福光采取限制人身自由强制措施的决定	2010.12.23
十四届二十九次会议	关于许可对县第十四届人大代表王福胜采取取保候审强制措施的决定	2010.12.28
十四届三十一次会议	关于县、乡（镇）人民代表大会换届选举的决定	2011.4.22
十四届三十一次会议	关于成立县选举委员会的决定	2011.4.22
十四届三十一次会议	关于成立乡镇人大换届选举工作办公室的决定	2011.4.22
十五届一次会议	关于接受单俊辞去平定县人大常委会委员职务的请求决定	2011.9.8
十五届一次会议	于接受王宝仓辞去平定县人大常委会委员职务的请求决定	2011.9.8
十五届三次会议	关于罢免郭怀寿阳泉市第十三届人民代表大会代表职务的决定	2011.12.28
十五届六次会议	关于许可对县第十五届人大代表李若森采取刑事强制措施的决定	2012.5.22
十五届七次会议	平定县人大常委会关于许可对县第十五届人大代表李若森依法逮捕的决定	2012.6.7
十五届二十次会议	关于罢免田怀所、张石明阳泉市第十四届人民代表大会代表职务的决定	2014. 3.31
十五届二十三次会议	关于许可对县第十五届人大代表张益智采取强制措施的决定	2014.7.25
十五二十五次会议	关于罢免王银旺阳泉市第十四届人民代表大会代表职务的决定	2014.9.24
十五届三十次会议	关于许可对县第十五届人大代表王广瑞采取强制措施的决定	2015.2.13
十五届三十一次会议	关于罢免王国瑞阳泉市第十四届人民代表大会代表职务的决定	2015. 2.15
十五届三十二次会议	关于罢免张益智、赵贵恩阳泉市第十四届人民代表大会代表职务的决定	2015.3.25
十五届三十三次会议	赵益民辞去阳泉市第十四届人民代表大会代表职务请求的决定	2015.3.31
十五届三十五次会议	关于许可对县第十五届人大代表李建秀采取刑事拘留强制措施的决定	2015.7.2
十五届三十六次会议	关于罢免洪发科阳泉市第十四届人民代表大会代表职务的决定	2015.7.20
十五届四十次会议	平定县人大常委会关于许可对县第十五届人大代表赵笑长采取强制措施的决定	2016.2.18

表 9-8

会议名称	决定或决议内容	通过时间
十五届四十次会议	平定县人大常委会关于许可对县第十五届人大代表李尉峰采取刑事强制措施的决定	2016.2.18
十五届四十四次会议	关于成立县选举委员会的决定	2016.4.22
十六届一次会议	关于主任、副主任、委员分工联系的决定	2016.9.19
十六届五次会议	关于接受冯福星辞去平定县人大常委会委员职务的请求决定	2017.1.10
十六届六次会议	关于接受侯永庆辞去平定县人大常委会委员职务的请求决定	2017.2.15
十六届七次会议	平定县人大常委会关于深入开展第七个五年法治宣传教育的决议	2017.3.3
十六届七次会议	平定县人大常委会关于成立代表资格审查委员会的决定	2017.3.3
十六届八次会议	平定县人大常委会关于在县城主街道等重点地段禁止燃放烟花爆竹的决定	2017.4.28
十六届十次会议	平定县人大常委会关于批准平定县人民政府使用财政预算资金支付平定县冶西独立工矿区燃气输配系统提升改扩建工程建设项目有关资金的决议	2017.8.24
十六届十三次会议	关于许可对县第十六届人大代表赵双艮采取取保候审措施的决定	2017.12.28
十六届十四次会议	关于接受赵双艮辞去县第十六届人民代表大会代表职务的决定	2018.1.22
十六届二十次会议	平定县人民代表大会常务委员会关于进一步加强大气污染防治的决定	2018.8.16
十六届二十次会议	关于许可对县第十六届人大代表白希卫采取取保候审措施的决定	2018.8.16
十六届二十一次会议	关于接受韩加政辞去县人民政府县长职务的请求的决定	2018.9.30
十六届二十一次会议	关于王建义代理县人民政府县长的决定	2018.9.30
十六届二十二次会议	平定县人民代表大会常务委员会关于批准 2018 年县本级新增政府债券预算调整方案的决议	2018.10.26
十六届二十二次会议	关于许可对县十六届人大代表耿素兵采取司法拘留措施的决定	2018.10.26
十六届二十四次会议	关于补选县第十六届人民代表大会代表的决定	2018.12.28
十六届二十八次会议	关于接受赵庆华辞去县人大常委会副主任职务的请求的决定	2019.2.28
十六届二十八次会议	关于接受王式清辞去县人民政府副县长职务的请求的决定	2019.2.28
十六届二十八次会议	关于接受闫立彪辞去县人民政府副县长职务的请求的决定	2019.2.28
十六届二十九次会议	关于批准平定县“十三五”规划《纲要》部分指标调整的决议	2019.4.23
十六届三十次会议	平定县人民代表大会常务委员会关于批准 2018 年度县财政决算的决议	2019.6.19
十六届三十一次会议	平定县人民代表大会常务委员会讨论、决定重大事项的规定	2019.7.26
十六届三十三次会议	平定县人民代表大会常务委员会关于批准 2019 年县本级新增政府债券预算调整方案的决议	2019.10.24
十六届三十五次会议	平定县人民代表大会常务委员会关于批准平定县 2019 年财政收支预算调整方案的决议	2019.12.30
十六届三十七次会议	讨论通过关于补选平定县第十六届人民代表大会代表的决定	2020.4.7
十六届三十八次会议	讨论通过关于接受孙金明、郭少敏、史玉宝、郭富德辞去市十五届人大代表职务请求的决议；平定县人大常委会关于召开平定县第十六届人民代表大会第五次会议的决定	2020.4.15

表 9-8

会议名称	决定或决议内容	通过时间
十六届四十一次会议	平定县人民代表大会常务委员会关于批准 2019 年度县级财政决算的决议	2020.6.23
十六届四十二次会议	平定县人大常委会关于许可对县第十六届人大代表穆仲庆采取取保候审措施的决定	2020.8.31
十六届四十二次会议	平定县人大常委会关于接受张金凤辞去县人大常委会副主任职务的请求的决定	2020.8.31
十六届四十二次会议	平定县人大常委会关于接受郭满仓辞去县人民政府副县长职务的请求的决定	2020.8.31
十六届四十二次会议	平定县人大常委会关于接受李鸿斌辞去县人民政府副县长职务的请求的决定	2020.8.31
十六届四十三次会议	平定县人民代表大会常务委员会关于批准 2020 年县本级新增政府债券预算调整方案的决议	2020.10.30
十六届四十四次会议	平定县人大常委会关于许可对县第十六届人大代表穆仲庆采取逮捕强制措施的决定	2020.12.28
十六届四十四次会议	平定县人民代表大会常务委员会关于批准平定县 2020 年度财政收支预算调整方案的决议	2020.12.28

二、监督工作

适时听取和审议“一府一委两院”工作报告，组织视察调查，强化监督。视察调查是人大常委会行使监督职权的一种最基本方法，县人大常委会从制度入手，建立了主任、副主任、委员视察调查制度。针对全县有关改革发展、社会稳定、年度计划和预算的执行、城建环保、科技教育、文化卫生、土地管理、社会保障等事关全局的重大事项及重点法律、法规的执行情况，经济运行中的突出问题和群众反映的热点难点问题进行有效的监督，起到了积极的促进和推动作用。加强经济运行监督，认真贯彻落实省市预算联网监督工作会议精神，制定出台了《平定县人大常委会预算联网监督工作实施方案》，并严格按照方案规定的时间节点积极推进。加强民生问题监督，强化对为民办实事、采煤沉陷区治理、棚户区改造等重点民生工作的监督。常委会听取和审议了县政府 2018 年关于重点民生工作推进情况的报告，针对存在的工程进度缓慢、改造资金筹措压力大等问题，建议县政府要认真研究上级采煤沉陷区治理和棚改工作各项政策，积极协调上级有关部门缩短项目审批时间，统筹整合现有各类民生资金，确保这些惠民政策得到落实。大力推动打赢脱贫攻坚战，组织常委会组成人员和人大代表深入乡镇、村进行专题视察，多方面、深层次了解掌握全县精准扶贫脱贫情况，在常委会会议上专项听取审议 2018 年脱贫攻坚工作情况的报告并提出意见建议向县政府反馈，推动到年底全面完成脱贫任务。持续开展生态环境保护监督，听取和审议县政府关于 2017 年度环境状况和环境保护目标完成情况和冶西、冠山煤矸石治理等生态示范工程进展情况的报告，提出了完善环境保护工作机制、加大对危害环境行为的惩处力度等意见建议，进一步加强对县政府履行环保责任情况的监督，推动解决群众反映突出的污染问题。加强重点工作监督，开展对政府投资重大项目建设情况的专题调研。比如：2018 年 6 月，由县人大常委会副主任带队分四个组用一个月时间对全县利用国家和省、市、县财政资金建设且投资规模在 100 万元以上的项目建设情况开展了专题调研，对涉及的 108 个项目进行了全面摸底，查清了县政府债务相关情况，并及时撰写出调研报告向县委汇报，为全县经济转型高质量发展和政府债务防控提出意见和建议。

开展执法检查，推进法治建设。执法检查是保证国家法律、法规在本行政区域正确实施的重要手段。20 年间，县人大常委会共开展执法检查 54 余次，有力地推进了依法治县进程。2019 年，常委会积极配合做好市人大到平定开展的专利法“一法一细则一条例”、农村土地承包法等的执法检查，推动了有关法律法规在平定县的贯彻实施；制定并印发了对县本级的《中华人民共和国档案法》执法检查通知并认真开展了执法检查，督促县政府及各有关部门不断改进档案管理工作，发挥档案资源传承历史文化和助推经济社会发展的作用；开展了《中华人民共和国大气污染防治法》执法检查，常委会会议专项听取和审议了县人大常委会执法检查组关于检查《中华人民共和国大气污染防治法》实施情况的报告并提出意见建议向县政府反馈，进一步推动改善平定县空气环境质量。

开展评议工作，拓宽监督渠道。开展评议工作是强化人大监督手段一种有效形式。县人大常委会不断拓宽评议渠道，健全评议机制，增强评议实效，形成了从基层选民对代表评议到人民代表对部门评议，再到常委会组成人员对被任命干部进行评议的监督体系。开展对县人大选举和任命人员及县乡人大代表的述职测评。制定了述职测评办法，发出了《平定县人大常委会关于开展对选举和任命人员进行述职测评的通知》，并专门召开县十六届人大常委会第十八次会议对部分县人大及其常委会选举和任命人员进行述职测评。会上，市人大代表李占刚就履行代表职责、参加代表活动、联系原选举单位、反映人民群众的建议批评意见等情况作了述职报告，县政府副县长王式清、县法院副院长赵彦敏、县检察院副检察长刘维平和县经信、财政、交通、农委、文化、司法局负责人就依法行政和公正司法、办理人大代表议案意见建议、发挥职能作用及廉洁自律情况等作了述职报告，常委会组成人员、县人大两个专委会组成人员、兼职委员中的县人大代表和各乡镇人大主席共计51人进行了满意度测评，督促县人大及其常委会选举和任命人员牢固树立执政为民、廉洁奉公的权力观，全面推进依法行政和公正司法。同时，试点选取了1名县人大代表和10名乡镇人大代表（每个乡镇1名）开展向原选区选民述职测评活动，推动全县各级人大代表加强与人民群众的联系，主动接受选民监督。

积极创新监督方式。2018年首次开展专题询问，按照工作要点制定《平定县人大常委会专题询问实施办法》，选择对县委关心、社会关切、群众关注的县城城市管理工作召开专题询问会议。会前，组织县人大各专委会和工作机构负责人、常委会专职委员及县住建局、城管办等相关单位负责人到邻近的昔阳县学习观摩城市管理工作情况，并对全县县城环境进行调研，全方位、多角度掌握城市管理工作情况以及存在的问题和困难；会上，由常委会组成人员、城环工委兼职委员和部分县人大代表对县住建局、环保局、交通局、公安局、交警队、水务局、食药局、工商和质监局、规划处、城管办、环卫处、西城社区及供电、电信、联通、移动、广电等17个单位进行了专题询问，提出了有针对性的意见和建议。会后，及时整理专题询问审议意见并向县政府反馈，有力地推动平定县城市管理水平迈上新台阶。

三、人事任免

常委会在依法履行人事任免权时，不断创新和完善任免程序、办法。县人大常委会坚持党管干部和人大常委会依法任免干部一致性的原则，从2001年1月至2020年5月，先后共任免国家机关工作人员655名，其中：任命县人大常委会工作人员33名，免职22名；任命县政府组成人员184名，免职72名；任命县监察委员会副主任、委员5名，免职1名；任命县人民法院副院长、庭长、副庭长、审判委员会委员、审判员212名，免职62名；任命县人民检察院副检察长、检察委员会委员、检察员35名，免职29名；接受辞职24名（县人大常委会12名、县政府10名、县人民法院1名、县人民检察院1名）；罢免人大代表8名。依法做好人事任免工作，2018年，制定《平定县组织实施宪法宣誓办法》，督促“一府一委两院”、各乡镇人大对各自任命或选举的国家机关工作人员举行宪法宣誓仪式，推动宪法宣誓在平定县的全覆盖。

四、联系代表

人大代表是常委会工作的主体、基础和力量源泉。习近平总书记在中共十九大所作的报告中指出，各级人大及其常委会要成为全面担负起宪法法律赋予的各项职责的工作机关，成为同人民群众保持密切联系的代表机关。为了准确地把握“两个机关”的新定位，县人大常委会党组认真梳理当前平定县人大工作创新发展的现状，选择“做好新时期人大代表工作，充分发挥代表在服务全县工作大局中的重要作用”这一课题进行重点研究，提出新时期人大代表工作的新思路、新举措，通过进一步加强代表工作，充分调动代表履职积极性，发挥代表密切联系群众的优势，通过代表示范和引领，保证党的政策和国家法律法规得到贯彻，让县委政府的决策和部署在平定县落到实处。

常委会对代表工作非常重视，定期组织代表进行视察调查、执法检查，召开代表座谈会和走访代表，改进代表议案和意见建议办理办法，邀请代表列席常委会议和开展评议工作，集中培训代表，组织代表外出学习，定期给代表寄送人民代表报，接待代表来信来访等多种形式同人大代表加强联系，从而促进了代表活动的开展，充分发挥了人大代表当家作主、参政议政的作用。

加强代表制度建设。县人大常委会认真落实省市人大相关工作要求，先后出台了《县人大常委会关于加强同县人大代表联系的实施意见》《县人民代表大会议案处理办法》《县人大常委会关于县人大代表向选民述职办法》《关于担任领导职务的人大代表进入联络站点活动的实施方案》《关于加强全县人大代表联络站（点）全覆盖和规范化建设的实施方案》《平定县人民代表联络站点接待选民意见建议和批评处理办法》等一系列文件和制度，对代表工作的目标、任务作出明确规定，就加强代表履职培训、搭建代表履职平台、落实定期接待群众制度、加强代表履职监督等方面逐一提出具体要求，通过不断地进行制度建设，初步形成了一套完整的人大代表工作体系。

搭建代表履职平台。县人大常委会认真落实中央、省、市相关会议和文件精神，推动建立健全代表联络机构，在10个乡镇设置代表联络站，在全县32个村、社区建立了固定的代表联络点，实现县乡两级人大代表活动阵地建设全覆盖。切实加强代表工作指导，组织代表积极开展接待选民、联系群众、听取意见活动，促进代表联系群众常态化；有计划邀请基层一线代表列席人大常委会会议，参加常委会组织的各项执法检查、专题视察和调研活动；组织代表开展约见国家机关工作人员；协调代表参与政府和法检两院组织的履职监督，着力为代表履职搭建平台，促进代表工作取得实效。

强化代表履职保障。争取县委的关心和政府的支持，将支持县乡人大代表依法履职的保障纳入县委政府对全县各乡镇和县级各部门的目标考核体系；按标准对无固定收入的人大代表履职发放误工补贴；加强代表履职培训，采取以会代训、专家讲座、小组学习、印发资料等形式，强化对法律法规和履职知识的培训，提高代表履职能力；为代表订阅人民代表报，及时向代表通报常委会工作情况，拓宽代表知政知情渠道，为代表依法履职打下良好基础。

抓实代表建议意见办理。经过不断探索创新，现实行集中交办、常委会领导牵头、办事工作机构负责、人大代表参与对重点建议和意见进行重点督办的机制，针对办理率、办结率、办成率以及与提出代表的见面会商率进行满意度测评，将代表议案、建议办理工作纳入县委、县政府年度考核主要内容，督促承办单位动真格、见实效，推动办理工作从“答复型”向“落实型”转变，确保了代表依法履职的效果。

强化代表履职监督。县人大常委会代表联络工作机构按照常委会制定的代表履职登记报告办法、代表向选民述职办法、代表履职评价办法、代表依法辞去职务暂行办法等一系列机制，切实开展代表履职监督，充分调动和发挥代表在人大工作中的主体作用。要求每名代表认真填写履职情况，完善代表履职档案，通过年终代表自评与代表小组负责人考评相结合的方式，督促代表履行职责与义务，增强代表履职责任感、使命感。通过这一系列措施，有力有效规范代表履职活动，进一步增强代表为民履职意识和参与管理国家事务的积极性、主动性、创造性。同时通过工作实践，县人大常委会不断健全完善代表履职监督机制，进一步激励和约束代表听民意、察民情、汇民意、解民忧，尽心履职。

加强代表与人民群众的联系。根据全国人大常委会和省、市人大常委会有关文件精神和相关法律、法规要求，参照市人大常委会“14710”三联系工作制度，在广泛征求常委会组成人员和各乡镇人大主席及县乡人大代表意见建议的基础上，常委会研究制定了《平定县人大常委会关于完善人大代表联系人民群众制度的实施办法》，明确规定了代表联系群众“一包两联系”工作制度，即：一名县人大常委会副主任包两至三个乡镇人大主席团，一名常委会委员分工联系十名县乡两级人大代表，一名县乡人大代表负责联系十名选民，打开了人大代表听取选民意见的“绿色通道”。同时，积极利用已建立的10个代表联络室和32个代表活动室这个载体和平台，进一步创新活动形式，丰富代表活动内涵。

五、换届选举

搞好换届选举工作是加强地方政权建设和民主政治建设的一件大事。20年内，县人大常委会先后主持了4次县人大换届选举工作，并指导了4次乡镇人大换届选举工作。在每次换届选举工作中，常委会重点从四方面进行组织指导：制定方案，加强领导。每次换届选举工作一开始，县人大常委会就认真制定实施方案，主动向县委汇报，统一思想，取得县委的领导和支持。在县委领导下，县、乡（镇）都成立强有力的选举工作领导班子，建立相应的工作机构和工作人员，为选举工作的顺利进行奠定坚实的基础。深入宣传，广泛发动。为了提高广大选民的民主法治意识，县人大常委会要求各乡镇和新闻部门把宣传工作贯穿于人大选举的全过程，充分利用电视广播、报纸、板报、标语等人民喜 闻乐见的形式进行宣传，激了广大选民参选积极性。精心组织，及时指导。在每次换届选举工作中，县委、县人大常委会及时召开有关会议，对选举工作进行了全面动员和具体部署，对有关工作人员进行了专题培训，县人大常委会组成人员分工包点经常深入各选区了解情况指导工作，发现问题及时依法纠正，保证了选举工作依法、有序、健康进行。充分发扬民主，严格依法办事。县人大常委会在换届选举具体实践中，严格按照选举法、地方组织法办事，在每个环节、每个程序上都一丝不苟，不怕麻烦，在选举中，依法进行差额选举，通过民主程序、法制程序，基本制止了违法事件的发生，保证了换届选举顺利成功。

六、自身建设

县人大常委会认真贯彻落实中央全面从严治党的要求，注重加强思想政治建设、履职能力建设和机关建设，把加强自身建设、提高素质紧紧抓在手上，进一步提高工作能力和水平。

在思想建设上，常委会组织组成人员认真学习习近平新时代中国特色社会主义思想和党的路线、方针、政策，学习人大业务知识、法律知识、科学文化知识，学习各级人大工作的先进经验，进一步增强组成人员的责任意识、中心意识、公仆意识、民主法治意识。2019年9月开展的“不忘初心、牢记使命”主题教育，按照县委统一部署，县人大常委会党组积极组织全体党员干部深入开展主题教育，围绕守初心、担使命，找差距、抓落实的总要求，对照不划阶段、不分环节的总体部署，县人大常委会党组始终把学习教育、调查研究、检视问题、整改落实贯穿主题教育的全过程，积极邀请市巡回指导组和人大代表参与和监督主题教育各个阶段的具体工作。全体党员干部时刻牢记全心全意为人民服务的根本宗旨，时刻牢记党的历史使命，牢记人大作为权力机关的责任担当，真正把落实人民当家作主作为重要任务，把维护好、实现好、发展好人民的根本利益作为开展监督工作的着眼点，各项工作扎实推进，成效明显。

在组织建设上，在县委的重视下，人大工作机构日趋健全，重视组成人员的知识结构、年龄结构、职业结构的合理选配，人员结构与素质明显改善和提高，人大组织建设得到了不断加强，保证人大工作的有效开展，进一步增强了人大工作的活力。

在制度建设上，先后制定完善了常委会会议制度、主任会议制度、岗位责任制度、学习制度、廉政建设制度、公文管理制度等各种制度和办法，使人大工作逐步向规范化、制度化方向迈进。

在人大工作的宣传和理论研讨上，常委会在办好《人大常委会公报》的基础上，力求在宣传的拓宽面和报道深度上下功夫，多次召集全县新闻单位的负责人就加强人大工作的宣传报道进行了座谈。此外，常委会还通过参加各级人大工作座谈会、经验交流会，进一步开阔视野，提高工作水平。

第四节　乡镇人民代表大会

乡镇人民代表大会，2001 年 1 月至 2020 年 5 月，先后共召开 236 次代表大会，共审议乡、镇人民政府工作报告，财政预决算报告，人大工作报告共 536 个，意见建议办理情况报告 100 次，并通过相应决议；选举产生乡镇人民政府组成人员 243 名，乡镇人大主席 50 名，乡镇人大代表 2441 名。

在乡镇人民代表大会闭会期间，乡镇人大主席负责召集主持乡镇人大主席团会议，负责联系乡镇人大代表，组织代表活动。20 年中，各乡镇人大积极组织代表学习宪法、地方组织法、选举法、代表法等国家法律法规，组织代表专项调查视察 265 次，向乡镇党委、政府提交调查报告 197 份；有针对性地组织代表对政府基层部门工作进行评议 223 次；多次组织选民评议代表。通过组织各种代表活动，提高代表履行职责水平，拓宽乡镇人大工作空间。

第五章 盂县人民代表大会

第一节 组织沿革

盂县人民代表大会的前身是盂县各界人民代表会议。中华人民共和国成立初期，盂县开始实行人民代表会议制度。1949年12月29日，召开了盂县首届第一次各界人民代表会议，并选举产生了第一届各界人民代表会议主席、副主席。1950年9月召开的县一届四次各界人民代表会议，决定设立各界人民代表会议常务委员会，作为其闭会期间的常设机关。1952年9月，经上级政府批准，盂县各界人民代表会议代行了人民代表大会职权。从1949年12月至1954年6月，县各界人民代表会议共历经2届，召开会议14次。

1954年《中华人民共和国宪法（草案）》颁布后，盂县首次进行代表普选；同年6月30日，召开盂县第一届人民代表大会第一次会议，正式实行人民代表大会制度。1954年6月至1966年5月，县人民代表大会共历经6届、召开会议10次，每届任期为2年。这一时期，县人民代表大会没有常设机关，其日常事务和组织会议由县人民委员会办理实施。

"文化大革命"期间，县人民代表大会被迫中断，直至1981年才得以恢复，时隔15年。1981年4月，召开盂县第七届人民代表大会第一次会议，并选举产生县人民代表大会常务委员会，作为县人民代表大会的常设机关。1981年4月至1993年6月，县人民代表大会历经4历，每届任期3年，共召开会议13次；1993年6月至2000年12月，历经第十一、十二届人民代表大会，每届任期改为5年，共召开会议8次。

1981年4月，县七届人大常委会举行第一次会议，决定设立办公室为其办事机构。为适应新时期人大工作的需要，1987年7月召开的县九届人大常委会第一次会议，决定增设政治法律工作委员会、财政经济工作委员会、教育科学文化卫生工作委员会、农村工作委员会；1993年7月召开的县十一届人大常委会第一次会议，又增设了人事代表工作委员会；1998年10月召开的县十二届人大常委会第二次会议，又增设了城乡建设环境保护工作委员会。至2000年12月，县人大常委会机关的工作机构设置为"一室六委"，即办公室和政治法律、财政经济、教科文卫、农村、人事代表、城建环保6个工作委员会。机关工作人员为23名。

2001年，县十二届人大常委会设办公室和政治法律、财政经济、教科文卫、农村、人事代表、城乡建设环境保护等"一室六委"内设工作机构。

2017年，按照全省推进县乡人大建设电视电话会议精神和盂编办〔2017〕29号文件《关于盂县人民代表大会常务委员会机构编制事项调整的通知》要求，盂县人大常委会编制调整后，行政编制由20名调至21名，内设机构政治法律工作委员会更名为法制委员会，财政经济工作委员会更名为财政经济委员会，14 个乡镇分别明确专职工作人员 1 名，城镇社区办事处增设人大工委主任领导职数 1 名，在城镇社区办事处事业编制内明确 1 名专职工作人员。其他不变。盂县人大法制委员会和财政经济委员会，2018 年经县十六届人大三次会议表决通过。

2019 年 2 月 28 日，根据《中华人民共和国地方各级人民代表大会和地方各级人民政府组织法》和《阳泉市盂县机构改革方案》，阳泉市盂县第十六届人民代表大会第四次会议决定：设立阳泉市盂县第十六届人民代表大会社会建设委员会。

第二节　县人民代表大会

第十二届人民代表大会（1998 年 5 月至 2003 年 4 月）

第四次会议　2001 年 6 月 29 日至 7 月 2 日在县城红旗影剧院召开，应出席代表 177 人，出席代表 169 人。会议听取和审议县政府工、县人大常委会、县人民法院和县人民检察院的工作报告，审查计划和财政报告，并作出相应决议。会议补选盂县人民政府县长、个别副县长。会议接受县人大常委会主任张德厚等同志的辞职请求，选举王七孩为县人大常委会主任、闫清涛（女）、武俊义、贾春梅（女）为县人大常委会副主任。会议收到代表提出的议案、建议、批评和意见 38 件。

第五次会议　2002 年 3 月 3 日在县委西二楼会议室召开，应出席代表 178 人，出席代表 168 人。大会共举行 2 次全体会议会议，会议选举盂县出席阳泉市第十二届人民代表大会代表 56 人。

第六次会议　2002 年 6 月 26 日至 6 月 28 日在县城红旗影剧院召开，应出席代表 173 人，出席代表 158 人。会议听取和审议县政府工、县人大常委会、县人民法院和县人民检察院的工作报告，审查计划和财政报告，并作出相应决议。会议补选县人民法院院长、为县人民检察院检察长。会议收到代表提出的议案、建议、批评和意见 20 件。经大会主席团会议讨论通过，决定将杨林会等 10 位代表联名提出的《关于解决第一农贸市场脏乱差和出口严重影响交通市容问题》的议案列为大会议案。

第十三届人民代表大会（ 2003 年 4 月至 2007 年 4 月）

盂县第十三届人民代表大会自 2003 年 4 月至 2007 年 4 月，任期 4 年。举行人民代表大会会议 4 次，听取审议报告 24 个，通过决议 24 个，选举盂县国家机关领导人员 27 人（次）。

第一次会议　2003 年 4 月 26 日至 28 日在县城红旗影剧院召开，应出席代表 177 人，出席代表 176 人。会议听取和审议县政府工、县人大常委会、县人民法院和县人民检察院的工作报告，审查计划和财政报告，并作出相应决议。选举产生盂县人民政府县长、副县长，盂县人民法院院长和盂县人民检察院检察长。会议补选阳泉市第十二届人民代表大会代表 1 人。会议收到代表提出的议案、建议、批评和意见 36 件，刘同林等 10 位代表联名提出的《关于加强县城体育活动中心建设》的议案列为大会议案。

第二次会议　2004 年 3 月 29 日至 31 日在县城红旗影剧院召开，应出席代表 177 人，出席代表 176 人。会议听取和审议县政府工、县人大常委会、县人民法院和县人民检察院的工作报告，审查计划和财政报告，并作出相应决议。会议期间收到代表提出的议案、建议、批评和意见共43件，王连成、刘秋鹏等28位代表提出的关于《盂县城北外环路与省道阳石线合并修建的议案》列为大会议案。

第三次会议 2005年4月22日至23日在县城红旗影剧院召开，应出席代表173人，出席代表172人。会议听取和审议县政府工、县人大常委会、县人民法院和县人民检察院的工作报告，审查计划和财政报告，并作出相应决议。会议收到代表提出的议案、建议、批评和意见37件。王保林、武根进、韩兰英等代表提出的《关于修建南娄镇至路家村镇运煤公路专用线、治理县城环境污染》的议案列为大会议案。

第四次会议 2006年6月29日至30日在县城红旗影剧院召开，应出席代表167人，出席代表167人。会议听取和审议县政府工、县人大常委会、县人民法院和县人民检察院的工作报告，审查计划和财政报告，讨论审议了《盂县国民经济和社会发展第十一个五年规划纲要》，并作出相应决议。会议收到代表提出的议案、建议、批评和意见26件，经大会主席团决定，全部按建议和意见处理。

第十四届人民代表大会（2007年4月至2011年6月）

盂县第十四届人民代表大会自2007年4月至2009年共举行3次人民代表大会会议，听取审议报告18个，通过决议18个，选举盂县国家机关领导人员30人次。

第一次会议 2007年4月20日至24日在县城红旗影剧院召开，应出席代表178人，出席代表177人。会议听取和审议县政府工、县人大常委会、县人民法院和县人民检察院的工作报告，审查计划和财政报告，并作出相应决议。选举刘德跃为盂县人民政府县长，武润珍、常军（女）、王叶森、闫庶民、韩加政、牛建峰（挂职）为副县长；选举陈福顺为盂县人民法院院长；选举李锦宪为盂县人民检察院检察长。会议选举盂县出席阳泉市第十三届人民代表大会代表57人。会议收到代表提出的议案、建议、批评和意见63件，高明远等10位代表联名提出的《关于修建盂县烈士陵园的议案》列为大会议案。

第二次会议 2008年4月22日至24日在县城红旗影剧院召开，应出席代表178人，出席代表178人。会议听取和审议县政府工、县人大常委会、县人民法院和县人民检察院的工作报告，审查计划和财政报告，并作出相应决议。会议收到代表提出的议案、建议、批评和意见51件，梁雨亮等14位代表提出的《关于进一步加大环境治理力度，尽快改善环境质量，建设宜居县城的议案》列为大会议案。

第三次会议 2009年4月27日至28日在县城红旗影剧院召开，应出席代表177人，出席代表176人。会议听取和审议县政府工、县人大常委会、县人民法院和县人民检察院的工作报告，审查计划和财政报告，并作出相应决议。会议审议了县人民政府关于盂县第十四次大会第二次会议代表议案、建议和意见办理情况的书面报告。会议收到代表提出的议案、建议、批评和意见32件，经大会主席团决定全部按建议办理。

第四次会议 2010年3月30日在县城红旗剧院召开，应出席会议的代表174名，实际到会168名。会议听取和审议县政府工、县人大常委会、县人民法院和县人民检察院的工作报告，审查计划和财政报告，并作出相应决议。县人大常委会主任会上作讲话。

第十五届人民代表大会（2011 年 6 月至 2016 年 8 月）

第一次会议 2011 年 6 月 21 日，盂县第十五届人民代表大会第一次会议在县城红旗剧院召开。应出席会议的代表 174 名，实际到会 168 名。会议听取和审议县政府工、县人大常委会、县人民法院和县人民检察院的工作报告，审查计划和财政报告，并作出相应决议。县人大常委会主任张存福主持会议。会议选举张存福为盂县人大常委会主任；苏秀瑞为盂县人民政府县长；杨玉春（女）为盂县人民法院院长；高秀瑾为盂县人民检察院检察长。选举马俊、张燕萍（女）、韩记明、常军（女）、闫庶民等 5 人为盂县人大常委会副主任；韩加政、王叶森、郗文保、王建华、王晓晨等 5 人为盂县人民政府副县长。选举盂县人大常委会委员 17 人。

第二次会议 2012 年 4 月 26 日，盂县第十五届人民代表大会第二次会议在县城红旗剧院召开。会议听取和审议县政府工、县人大常委会、县人民法院和县人民检察院的工作报告，审查计划和财政报告，并作出相应决议。会议选举盂县出席阳泉市第十四届人民代表大会代表 61 名。会议听取了《关于盂县第十五届人民代表大会第二次会议代表提出的议案、建议、批评和意见处理情况的报告》。会议期间共收到代表提出的议案 26 件，建议、批评和意见 14 件。

第三次会议 2013 年 4 月 24 日，盂县第十五届人民代表大会第三次会议在县城红旗剧院召开。会议听取和审议县政府工、县人大常委会、县人民法院和县人民检察院的工作报告，审查计划和财政报告，并作出相应决议。会议补选杜平华为盂县人民政府县长，李俊林为盂县人大常委会副主任，王焕娥、石永生、付全珍、冯贵生、刘宇、李敏、赵万银为盂县第十五届人大常委会委员。会议听取了《关于盂县第十五届人民代表大会第三次会议代表提出的议案、建议、批评和意见处理情况的报告》。会议期间共收到代表提出的议案 40 件，建议、批评和意见 4 件。

第四次会议 2014 年 4 月 9 日，盂县第十五届人民代表大会第四次会议在县城红旗剧院召开。会议听取和审议县政府工、县人大常委会、县人民法院和县人民检察院的工作报告，审查计划和财政报告，并作出相应决议。会议听取《关于盂县第十五届人民代表大会第四次会议代表提出的议案、建议、批评和意见处理情况的报告》。会议期间共收到代表提出的议案 31 件，建议、批评和意见 10 件。

第五次会议 2015 年 6 月 10 日，盂县第十五届人民代表大会第五次会议在县城红旗剧院召开。会议听取和审议县政府、县人大常委会、县人民法院和县人民检察院的工作报告，审查计划和财政报告，并作出相应决议。大会补选武润珍为盂县人大常委会主任，武绍晋为盂县人民法院院长。会议听取《关于盂县第十五届人民代表大会第五次会议代表提出的议案、建议、批评和意见处理情况的报告》。会议期间共收到代表提出的议案 19 件，建议、批评和意见 14 件。新当选县人大常委会主任作闭幕讲话。

第十六届人民代表大会（2016 年 8 月—　）

第一次会议 2016 年 8 月 24 日，盂县第十六届人民代表大会第一次会议在县城红旗影剧院召开。会议听取审议政府、计划、财政、人大、法院、检察院六个工作，审查“十三五”规划纲要的情况汇报；通过政府、计划、财政、人大、法院、检察院工作报告决议草案以及盂县国民经济和社会发展第十三个五年规划纲要决议。会议选举产生县人大常委会主任、副主任、委员，县人民政府县长、副县长，县人民法院院长、县人民检察院检察长等，新当选人员分别与全体代表见面并举行宪法宣誓仪式。

第二次会议 2017年2月16日，盂县第十六届人民代表大会第二次会议在县城红旗剧院召开。会议听取并审议通过了县人大常委会工作报告和县人民政府、县人民法院、县人民检察院工作报告，审查批准县人民政府关于盂县2016年国民经济和社会发展计划执行情况与2017年国民经济和社会发展计划（草案）的报告，县人民政府关于盂县2016年总预算及县本级预算执行情况和2017年总预算及县本级预算（草案）的报告。选举产生盂县监察委员会主任和盂县出席阳泉市第十五届人民代表大会代表63人。与会人员观看警示教育片《警钟长鸣》。

第三次会议 2018年3月21日，盂县第十六届人民代表大会第三次会议在县城红旗影剧院召开。会议听取审议县人大常委会工作报告和县人民政府、县人民法院、县人民检察院工作报告，审查批准县人民政府关于盂县2017年国民经济和社会发展计划执行情况与2018年国民经济和社会发展计划（草案）的报告，县人民政府关于盂县2017年总预算及县本级预算执行情况和2018年总预算及县本级预算（草案）的报告，并作出相关决议。会议补选县检察院检察长，县十六届人大常委会委员。表决通过县十六届人民代表大会法制委员会、财经委员会组成人员。

第四次会议 2019年3月3日，盂县第十六届人民代表大会第四次会议，在县城红旗剧院召开。会议听取审议县人大常委会工作报告和县人民政府、县人民法院、县人民检察院工作报告，审查批准县人民政府关于盂县2018年国民经济和社会发展计划执行情况与2019年国民经济和社会发展计划（草案）的报告，县人民政府关于盂县2018年总预算及县本级预算执行情况和2019年总预算及县本级预算（草案）的报告，并作出相关决议。表决通过县十六届人民代表大会社会建设委员会组成人员，补选梁海昌为县人民政府县长。

第五次会议 2020年4月28日，盂县第十六届人民代表大会第五次会议，在县城红旗剧院召开。会议听取审议县人大常委会工作报告和县人民政府、县人民法院、县人民检察院工作报告，审查批准县人民政府关于盂县2019年国民经济和社会发展计划执行情况与2020年国民经济和社会发展计划（草案）的报告，县人民政府关于盂县2019年总预算及县本级预算执行情况和2020年总预算及县本级预算（草案）的报告，并作出相关决议。补选王建华为盂县人大常委会主任、赵红武为盂县监察委员会主任。表决通过县十六届人民代表大会法制委员会主任委员。为防控疫情，会议以“主会场＋分会场”视频会议的形式召开。

县人大常委会历届主任会议成员一览表

表9-9

届期	职务	姓名	籍贯	任职时间	备注
县十二届人民代表大会（1998年6月至2003年4月）	主任	张德厚	山西盂县	1998.6—2001.6	十二届一次会议当选
		王七孩	山西平定县	2001.6—2003.4	十二届四次会议当选
	副主任	侯金贵	山西盂县	1998.6—2001.6	十二届一次会议当选
		韩加印	山西盂县	1998.6—2003.6	十二届一次会议当选
		赵巧焕（女）	山西盂县	1998.6—2001.6	十二届一次会议当选
		刘智林	山西盂县	1998.6—2001.6	十二届一次会议当选
		阎爱和	山西盂县	1998.6—2003.4	十二届一次会议当选

续表 9-9

届 期	职 务	姓 名	籍 贯	任职时间	备 注
县十二届人民代表大会(1998 年 6 月至 2003 年 4 月	副主任	闫清涛（女）	山西盂县	2001.6—2003.4	十二届一次会议当选
		武俊义	山西盂县	2001.6—2003.4	十二届一次会议当选
		贾春梅（女）	山西盂县	2001.6—2003.4	十二届一次会议当选
县十三届人民代表大会（2003 年 4 月至 2007 年 4 月）	主任	张存福	山西盂县	2003.4—2007.4	十三届一次会议当选
	副主任	闫清涛（女）	山西盂县	2003.4—2007.4	十三届一次会议当选
		武俊义	山西盂县	2003.4—2007.4	十三届一次会议当选
		贾春梅（女）	山西盂县	2003.4—2007.4	十三届一次会议当选
		李素明	山西盂县	2003.4—2007.4	十三届一次会议当选
		李唐圣	山西盂县	2003.4—2007.4	十三届一次会议当选
县十四届人民代表大会（2007 年 4 月至 2011 年 6 月）	主任	张存福	山西盂县	2007.4—2011.6	十四届一次会议当选
	副主任	武俊义	山西盂县	2007.4—2011.6	十四届一次会议当选
		贾春梅（女）	山西盂县	2007.4—2011.6	十四届一次会议当选
		李素明	山西盂县	2007.4—2011.6	十四届一次会议当选
		李唐圣	山西盂县	2007.4—2011.6	十四届一次会议当选
县十五届人民代表大会（2011 年 6 月至 2016 年 8 月）	主任	张存福	山西盂县	2011.6—2015.6	十五届一次会议当选
		武润珍	山西盂县	2015.6—2016.8	十五届五次会议当选
	副主任	马 俊	山西盂县	2011.6—2016.8	十五届一次会议当选
		张燕萍	山西盂县	2011.6—2016.8	十五届一次会议当选
		韩记明	山西盂县	2011.6—2016.8	十五届一次会议当选
		常 军（女）	山西盂县	2011.6—2016.8	十五届一次会议当选
		闫庶民	山西盂县	2011.6—2016.8	十五届一次会议当选
		李俊林	山西盂县	2013.4—2016.8	十五届三次会议当选
县十六届人民代表大会（2016 年 8 月至今）	主任	武润珍	山西盂县	2016.8—2020.4	十六届一次会议当选
		王建华	山西盂县	2020.4—	十六届五次会议当选
	副主任	张燕萍	山西盂县	2016.8—	十六届一次会议当选
		李俊林	山西盂县	2016.8—	十六届一次会议当选
		崔学跃	山西盂县	2016.8—	十六届一次会议当选
		韩忠义	山西盂县	2016.8—	十六届一次会议当选

第三节 县人大常委会

从2001年1月至2020年12月，盂县人大常委会共历经5届。在中共盂县委的坚强领导下，全面贯彻党的基本路线，以习近平新时代中国特色社会主义思想为指导，紧扣县委工作重点、政府推进难点和群众关注热点，切实履行宪法和法律赋予的监督权、重大事项决定权和人事任免权，全面加强县乡人大建设，积极开展各项工作，为推进依法治县进程，维护改革、发展、稳定大局，促进全县经济发展和社会全面进步，发挥了地方国家权力机关的职能作用。

一、决定地方重大事项

到2020年12月底，共举行173次常务委员会会议，听取“一府两院”工作报告375个，作出决议和决定86项。

决定地方重大事项一览表

表9-10

会议名称	决定或决议内容	通过时间
十二届十六次	决定任命王振国为盂县人民政府副县长、王振国代理盂县人民政府县长	2000.8.16
十二届二十六次	决定任命李安晋为盂县人民政府副县长（挂职）	2001.10.25
十二届三十三次	决定赵峰代理盂县人民政府县长	2002.10.29
十二届三十五次	决定任命梁春明为盂县人民政府副县长	2003.1.14
十三届一次	任命李海忠为盂县人大常委会办公室主任	2003.7.6
十三届三次	决定任命逯宝来为盂县粮食局局长	2003.11.5
十三届八次	决定任命刘瑞光为盂县人民政府副县长；梁雨亮为盂县发展和改革局局长；张松山为盂县人口与计划生育局局长	2004.8.19
十三届十次	决定任命邵喜为盂县公安局局长，决定免去张爱国盂县公安局局长职务	2004.12.29
十三届十八次	决定免去刘瑞光盂县人民政府副县长职务，决定任命闫庶民为盂县人民政府副县长	2006.6.23
十三届十九次	决定任命韩加政为盂县人民政府副县长	2006.7.21
十三届二十三次	接受赵峰辞去盂县人民政府县长职务，决定任命刘德跃为盂县人民政府副县长	2007.4.8
十三届二十四次	决定任命王叶森为盂县人民政府副县长	2007.4.8
十四届十六次	决定免去阎庶民盂县人民政府副县长职务	2009.11.3
十四届十八次	审议通过盂县人大常委会2010年工作要点（草案）；审议通过盂县人大常委会关于召开盂县第十四届人民代表大会第四次会议时间的决定（草案）	2010.3.11
十四届十九次	审议通过了盂县第十四届人民代表大会第四次会议议程（草案）；盂县第十四届人民代表大会第四次会议主席团和秘书长名单（草案）；盂县第十四届人民代表大会第四次会议列席人员名单（草案）	2010.3.25
十四届二十次	补选王斌权同志为盂县出席阳泉市第十三届人民代表大会代表	2010.4.26

续表 9-10

会议名称	决定或决议内容	通过时间
十四届二十五次	决定 2011 年 5 月 20 日为选举县乡两级代表大会代表的选举日；盂县第十五届人民代表大会第一次会议于 2011 年 6 月下旬召开	2011.4.25
十四届二十七次	审议通过盂县第十四届人民代表大会常务委员会代表资格审查委员会关于第十五届人民代表大会代表资格的审查报告	2011.6.8
十五届二次	通过《关于进一步加强预防职务犯罪工作的决定》和 23 项工作制度。盂县人大常委会工作制度、盂县人大常委会议事规则等	2011.11.30
十五届三次	听取审议县财政局局长万学武受县人民政府委托所作的《关于盂县 2011 年财政预算调整（草案）的报告》	2011.12.28
十五届四次	审查通过《盂县第十五届人民代表大会第二次会议时间的决定》	2012.4.13
十五届十次	决定免去王晓程的盂县人民政府副县长职务	2012.11.5
十五届十五次	听取和审议盂县人民政府《关于提请批准借支用于缴纳坤宁煤业采矿权价款的报告》	2013.3.26
十五届十六次	决定接受王秀平、米俊武、李华青、张峰、赵贵林、贾宝青、谢秀全 7 人辞去县第十五届人民代表大会代表职务的请求	2013.4.3
十五届二十九次	许可对县十五届人大代表王建忠采取强制措施	2014.9.29
十五届三十二次	决定撤销杨玉春同志盂县人民法院院长的职务	2014.12.25
十六届三次	听取和审议县人民政府关于全县“六五”普法工作暨“七五”普法规划情况的报告	2016.12.30
十六届四次	县委常委、常务副县长王建华作关于提请任命赵涛同志职务的报告	2017.2.10
十六届八次	会议听取和审议了县人民政府关于十六届人大二次会议建议和意见办理情况的报告；会议审议通过了《盂县人大代表年度履职考评办法（试行）（草案）》	2017.9.26
十六届九次	张存福同志的盂县第十六届人民代表大会代表职务，按照选举法及有关法律规定，已由原盂县秀水镇秦村选区依法罢免。盂县第十六届人大常委会第九次会议根据代表资格审查委员会提出的代表资格终止报告，确认张存福同志的盂县第十六届人大代表资格终止	2017.12
十六届十一次	决定免去郭岚同志县政府副县长（挂职）职务	2018.3.1
十六届十三次	审议通过了县人民政府关于 2017 年度环境状况和环境保护目标完成情况的报告；审议了县人民政府关于省道双阳线盂县过境（交口至西小坪）公路改建及水神山南路绿化、照明工程 PPP 项目政府支出列入中长期财政预算的报告，关于秀水镇东兰村整体拆迁改造及配套设施 PPP 项目政府支出列入中长期财政预算的报告，关于盂县香河滨水空间环境综合治理工程 PPP 项目政府支出列入中长期财政预算的报告，并分别表决通过了县人大常委会做出的三个批准决定；审议通过了盂县人大常委会关于调整县第十六届人大常委会代表资格审查委员会组成人员的决定	2018.5.29
十六届十五次	提请任命：梁海昌同志为盂县人民政府副县长	2018.9.30
十六届十七次	按照阳纪函字（2018）40 号文件《关于依法罢免高建琴盂县第十六届人大代表职务的建议》，县人大常委会依据有关法律法规及时启动罢免程序，于 2018 年 12 月 13 日，由原盂县苌池镇东苌池选区，对高建琴的盂县第十六届人大代表职务进行了依法罢免	2018.12.14
十六届十八次	决定任命石光源同志为盂县人民政府副县长（挂职）、李耿为同志为盂县人民政府副县长（挂职）	2018.12.28
十六届二十次	提请任命王建源、郭华同志为盂县人民政府副县长	2019.2.22
十六届二十一次	盂县第十六届人民代表大会设立社会建设委员会，由主任委员 1 名、副主任委员 1 名、委员 3 名组成，与盂县人大常委会城乡建设环境保护工作委员会合署办公。并报盂县第十六届人民代表大会第四次会议备案	2019.2.28

续表 9-10

会议名称	决定或决议内容	通过时间
十六届二十二次	决定任命：韩秀山同志任县政府办公室主任；郑陆星同志任县人力资源和社会保障局局长；韩忠进同志任县民政局局长；王永斌同志任县司法局局长；韩志勇同志任县财政局局长；张峰同志任县林业局局长；周永宁同志任县商务局局长；庞秀峰同志任县统计局局长。决定免去：武岐山同志县商务局局长职务；万学武同志县财政局局长职务；杨中献同志县审计局局长职务；赵　涛同志县政府办公室主任职务；孙福厚同志县民政局局长职务；史春生同志县司法局局长职务；张彦桢同志县人力资源和社会保障局局长职务；苏海玉同志县统计局局长职务	2019.5.17
十六届二十四次	关于许可对县十六届人大代表武根玉采取强制措施并暂停其执行代表职务的决定	2019.7.11
十六届二十七次	王正任县人大常委会人事代表工作委员会主任，李忠明任县人大常委会农村工作委员会主任；免去冯贵生县人大常委会人事代表工作委员会主任职务；王正县人大常委会农村工作委员会主任职务	2019.11.29
十六届二十八次	会议听取和审议了县人民政府关于县十六届人大四次会议大会议案和代表建议办理情况的报告；审议通过了盂县人大常委会关于接受高尚明同志辞去盂县人民政府副县长职务请求的决定	2019.12.27
十六届二十九次	表决通过赵红武同志任盂县监察委员会副主任。会议接受王会平同志辞去盂县监察委员会主任职务。会议表决通过了关于赵红武同志代理盂县监察委员会主任的决定	2020.2.21
十六届三十次	会议表决通过了县人大常委会关于接受王建华辞去盂县人民政府副县长职务请求的决定；表决通过县人大常委会关于接受吕昌政、白平同志辞去市第十五届人民代表大会代表职务的决定；补选县出席阳泉市第十五届人民代表大会代表	2020.4.15
十六届次三十五次	会议经过审议，依据代表法有关规定作出了《关于许可对县十六届人大代表苏秋爱采取强制措施并暂停其执行代表职务的决定》和《关于许可对县十六届人大代表武本有采取强制措施并暂停其执行代表职务的决定》	2020.11.20

二、监督工作

加强和改进人大监督。围绕全县转型发展的大事，依法治县的要事，人民群众的难事，切实履行好人大法定职责。坚持正确监督、有效监督，促进“一府一委两院”依法行政、依法监察、公正司法。进一步运用好审议审查、视察调研、听取专项报告、执法检查、评议、专题询问等方式，跟踪问效、一抓到底，使监督工作更富于针对性、实效性、权威性，切实发挥好人大监督职能作用。

加大执法检查力度。按照监督法的规定，常委会要选择若干关系改革发展稳定大局和群众切身利益、社会普遍关注的重大问题，有计划地对有关法律、法规实施情况组织执法检查。对土地管理法、义务教育法、环境保护法、安全生产法、水污染防治法等法律法规执行情况进行检查。要加强执法检查的组织领导，做好执法检查的计划起草、内容确定、工作实施、报告形成和跟踪检查等，推动解决法律法规实施中的难点问题。同时积极配合省市人大常委会搞好在平定县开展的执法检查活动；围绕关系国计民生重大问题，有计划组织开展执法检查活动。重点对森林法、监察法等法律法规执行情况进行检查。要加强执法检查的组织领导，做好执法检查的计划起草、内容确定、工作实施、报告形成和跟踪检查等，推动解决法律法规实施中的难点问题。积极配合省市人大常委会搞好在平定县开展的执法检查活动。紧紧围绕关系国计民生重大问题，有计划组织开展执法检查活动。重点对农村五保条例、食品安全法、环保法、安全生产法等法律法规执行情况进行检查。要加强执法检查的组织领导，做好执法检查的计划起草、内容确定、工作实施、报告形成和跟踪检查等，推动解决法律法规实施中的难点问题。积极配合省市人大常委会搞好在平定县开展的执法检查活动；四是重点对传染病防治法、野生动物保护法、安全生产法及阳泉市道路交通安全管理条例等法律法规执行情况进行检查。加强执法检查的组织领导，做好执法检查的计划起草、内容确定、工作实施、报告形成和跟踪检查等，推动解决法律法规实施中的难点问题。积极配合省市人大常委会搞好在平定县开展的执法检查活动。

强化专项报告审议。适时听取和审议“一府一委两院”工作报告。听取和审议县政府关于年度重点工程项目、安全生产、煤炭企业转型升级、生态环境治理、教育、卫生事业改革，特别是脱贫攻坚、“一区三园”建设等工作情况的报告。听取审议县人民法院、县人民检察院关于司法体制改革、规范司法行为工作情况的报告，推动提高公正司法水平，促进社会公平正义，保障人民安居乐业。在听取和审议“一府两院”专项工作报告时，要深入开展专项调研和视察，并进行专题询问和满意度测评，督促各部门抓好问题查摆和整改落实。要继续向社会公开征集监督工作建议议题；听取和审议县政府关于转型发展和开发区建设、脱贫攻坚、环境保护、“十三五”规划中期评估等专项报告。听取审议县监察委员会监察体制改革推进情况的报告，推动监察工作全覆盖，提高监察工作水平。听取审议县人民法院、县人民检察院关于司法体制改革、规范司法行为工作情况的报告，推动提高公正司法水平，促进社会公平正义，保障人民安居乐业。在听取和审议各项专项工作报告时，要深入开展调研和视察，督促各部门改进工作，抓好问题查摆和整改落实；听取和审议县政府关于转型发展、脱贫攻坚、环境保护、国有资产管理等专项报告。听取审议刑事诉讼监督工作、扫黑除恶工作情况的报告。在听取和审议各项专项工作报告时，要深入开展调研和视察，督促各部门改进工作，抓好问题查摆和整改落实；四是结合今年的疫情情况听取和审议《关于新冠肺炎疫情防控专项工作报告》。听取和审议县政府关于转型发展、脱贫攻坚、环境保护、全域旅游、国有资产管理及议案建议办理情况等专项报告。听取和审议公益诉讼工作情况和民事执行工作情况的报告。在听取和审议各项报告时，要深入开展调研和视察，督促各部门改进工作，抓好问题查摆和整改落实。

深入开展专项调研。围绕县党代会的决策部署和县委确定的面任务，重点就供给侧结构性改革、“五大发展”、“三去一降一补”、转型综改、创新驱动等重点工作，特别是全域旅游、环境保护、城乡环境卫生综合整治、打击私挖滥采等工作的调研。必要时，常委会听取相关工作的调研报告。同时积极配合省市人大常委会做好有关视察和调研活动；重点就22项重点工程项目、全域旅游、环境保护及污染防治、创卫工作、乡村振兴战略实施、农村教育和卫生改革等开展调研。必要时，常委会听取相关工作的调研报告。同时积极配合省市人大常委会做好有关视察和调研活动；就重点工程项目、全域旅游、环境保护及污染防治、乡村振兴战略实施、义务教育均衡发展、集中供热等开展调研。必要时，常委会听取相关工作的调研报告。同时积极配合省市人大常委会做好有关视察和调研活动；贯彻中央“六稳”“六保”总体要求，扎实落实全县三级干部会议的决策部署，就劳动就业、公共卫生体系建设、环境卫生整治、重点工程项目建设、义务教育均衡发展以及“七五”普法开展情况等开展视察调研。常委会听取相关工作的调研报告，配合省市人大常委会做好有关视察和调研活动。

加强计划预算监督。听取和审议县政府关于全县财政预算执行情况、县本级预算执行及其他财政收支情况的审计、国民经济和社会发展计划执行情况的报告。不断对政府全口径预算决算进行审查和监督，全程参与政府财政预算编制，随时根据实际情况开展监督，进一步维护预算审查监督的严肃性，增强预算管理的科学性，促进全县经济健康运行、财政管理质量和绩效不断提升。

三、人事任免

按照县委的决策部署，围绕转型发展的重大问题、人民群众集中反映的重点问题和社会关注的热点问题，依法研究决定重大事项、及时作出决议，通过法定程序全力推动县委重大决策部署的贯彻落实。切实坚持党管干部和人大依法任免的原则，认真做好人事任免工作，确保实现县委人事安排意图，为推进全县经济社会发展提供干部保证。认真落实宪法宣誓制度，增强宪法意识，维护宪法权威。同时，要加强任后监督，增强被任命人员的责任感、使命感和公仆意识，保证人民赋予的权力始终用来为人民服务；按照县委的决策部署，依法研究决定重大事项、及时作出决议，通过法定程序全力推动县委重大决策部署的贯彻落实。坚持党管干部和人大依法任免的原则，认真做好人事任免工作，确保实现县委人事安排意图，为深化改革、转型发展和维护稳定提供干部保证。进一步完善任后监督方式，增强被任命人员的责任感、使命感和公仆意识。

四、代表工作

认真贯彻落实全国人大常委会办公厅《关于完善人大代表联系人民群众制度的实施意见》，加强代表联系人民群众工作，建立健全代表联络机构，畅通社情民意反映和表达渠道，密切代表同人民群众的联系。组织代表参加各种学习和专题培训，帮助代表提高履职能力和水平。继续邀请代表列席常委会会议，及时向代表通报经济社会发展有关情况，拓宽代表知情知政渠道。坚持围绕改革发展、社会管理和民生领域的重大问题，组织代表开展专题调研和视察，邀请代表参与专项工作报告审议、执法检查等活动，扩大代表对常委会及各工作机构工作的参与度。创新代表小组活动方式，组织好闭会期间代表活动。推行代表履职评价制度，完善代表履职档案，探索优秀代表评选表彰办法。

加强基层阵地和网络建设。扎实抓好“建基地、创星级”建设年活动，按照“六有”要求和“创星”标准，在巩固完善提高上下功夫。扎实开展“五星级代表联络室”创建活动，进一步建好建优基层代表活动阵地，努力实现基础更加扎实、制度更加完善、活动更加充分、效果更加明显的建设目标。加强县乡人大代表培训基地建设，在全县布局2—3个人大代表培训基地，让各级人大代表就近能够得到充分培训，实现代表培训工作的常态化、制度化。进一步完善“走出去”和“请进来”的培训机制，做好代表外出培训工作，举办好县人大“法制讲堂”，发挥好人大网站作用，抓好对新修订法律法规的学习培训，提高县乡人大代表依法履职能力。

加强代表联系群众工作。深入落实“两包三联”“16510”制度，常委会发挥好带头表率作用，基层人大履行好法定职责，确保县人大代表每年至少联系选民4次，乡镇人大代表每年至少联系选民6次，各级代表每年定期向原选区选民报告1次履职情况等制度的落实。常委会要加强对基层人大的服务与指导，督促基层人大加强代表工作。各代表小组每月至少组织1次集中学习、走访或座谈，每季度至少组织1次调研视察，每半年召开一次乡镇人民代表大会，推动人大工作和代表活动的常态化、制度化。进一步探索和完善人大代表考核管理办法，更好地发挥人大代表的作用。

切实抓好代表联系群众工作。深入实施“两包三联系”“16510”工作制度，扎实开展代表联系群众活动，让各级代表真正植根群众，为人民群众代言，对人民群众负责。进一步加强代表履职管理，全面规范代表履职行为，深入开展好履职优秀代表评选活动，增强代表积极联系群众、依法履职的行动自觉。今年要把每季度开展一次代表联系群众活动作为硬指标，作为代表履职考核的硬标准，切实加强对各级代表履职管理的监督。同时要建立和完善代表履职档案，定期通报代表履职情况，引导代表充分发挥表率作用。要突出把代表提议案建议作为一项重要工作来抓，引导广大代表提出高质量的议案和建议，提高参政议政水平，以代表履职的新提升促进人大工作新发展。统筹加强网上收集民意、进站听取民情、选区聚集民智各项工作，积极组织各级代表开展进联络站、进选区和深入群众活动，广泛听取人民群众的意见和建议，始终保持与人民群众的密切联系。引深“向申纪兰学习、做人民好代表”活动，引导各级代表争先创优、依法履职。建立完善代表履职档案，进一步加强代表履职管理，全面规范代表履职行为，增强代表积极联系群众、依法履职的行动自觉。

五、换届选举

搞好换届选举工作是加强地方政权建设和民主政治建设的一件大事。县人大常委会先后主持了4次县人大换届选举工作，并指导了4次乡镇人大换届选举工作。严格把好代表的“入口关”。把政治素质好、理想信念坚定、模范遵守宪法和法律以及党的路线方针政策、密切联系人民群众、自觉遵守社会公德、廉洁自律、公道正派，具有一定履职能力的人选推荐上来。规范提名推荐程序。县委组织部门、各乡镇党委和县直单位会同有关方面提出代表候选人初步建议人选，必须充分发扬民主，广泛听取意见，反复酝酿协商，不得以个人推荐代替组织推荐。各乡镇人大和有关单位配合做好提名工作，推荐履职优秀的代表参加连选。党委统战部门会商有关方面，做好党外代表候选人提名推荐工作。加强考察审查工作。党委组织部门承担代表候选人考察、审查工作责任，对考察、审查结果负责。党委组织部门会同纪检、统战、政法等部门和人大有关机构，对代表候选人的政治素质、思想品行、廉洁自律、履职能力、群众基础、遵纪守法、社会形象等方面情况进行综合考察。酝酿、提名、推荐、考察审查代表候选人结束之后，各选区应将各方面的提名、推荐的代表候选人名单上报县选举委员会。县选举委员会办公室将初步候选人名单汇总后，交由县组织、纪检、统战、政法、民政、农业农村、信访及公检法等部门进行审查备案。

六、自身建设

加强人大组织和制度建设。以党的政治建设为统领，进一步健全完善人大组织制度和工作制度，规范党组运行，强化机关管理，下大力抓好各项制度贯彻执行，发挥好常委会党组、机关党组、机关党支部“三个作用”，使人大常委会始终保持团结干事、依法履职、风清气正的良好氛围。加强机构和干部队伍建设。抓好业务培训，创新工作机制，推进专业化、科学化、规范化建设，充分发挥法制委员会、财政经济委员会、社会建设委员会和常委会各工委的职能作用。加强县人大预算监督联网中心机构建设，配齐配强人大机关干部，深入解决“一人一委”和基层人大力量不足问题，努力建设作风硬、素质强、敢担当、肯干事、懂法律、守纪律的人大干部队伍。提升人大整体素质和能力。进一步完善学习制度，丰富学习形式，继续开展好领导带头学、机关率先学、常委会及时学、代表培训学。坚持“走出去、请进来”相结合，组织好县乡人大代表学习培训。及时组织机关干部和各级代表学习中央省市县委对人大工作的新要求、新部署和有关法律法规，不断提升履职能力。提升机关作风建设水平。全面落实主责、首责、“一岗双责”，深入推进党风廉政建设。进一步学习党纪党规，严格落实中央八项规定精神，驰而不息反对“四风”，深入推进巡察问题整改，持续加强机关作风建设。深入落实常委会包片包乡制度，继续推行“一线工作法”，为建设全面担负起宪法法律赋予各项职责的工作机关和同人民群众保持密切联系的代表机关提供坚强的作风保证。

第四节　乡镇人民代表大会

全县8个镇、6个乡，实有乡镇代表716名。20年里，各乡镇人大积极组织代表学习宪法、地方组织法、选举法、代表法等国家法律法规并通过一年一次的乡镇代表培训，实现了代表们知法、懂法会用法的基本素养。2019年5月，县人大常委会组织14个乡镇300名乡镇代表，在梁家寨乡进行了两批为期6天的乡镇人大代表学习贯彻习近平总书记关于坚持和完善人民代表大会制度的重要思想培训班。培训专门聘请市委党校和县委党校知名教授、讲师进行专题教学，安排宪法、监督法、代表法等法律讲座，并将对乡镇人大代表履职实务进行专题辅导。2020年7月6日举行第二次、第三次培训，确保代表履行职责水平能够不断提高。

第十篇 人物

本篇分人物传略和人物简介两章，共收录57人。人物传略记述已故的2名市人大常委会领导干部生平，按卒年先后排序。人物简介分四节。第一节收入10名全国人大代表和省人大常委会委员简介，按出席届次和授予荣誉时间顺序排列。第二节收入38名市人大常委会领导简介，按职务、任职届次和选举公布时间顺序排列。第三节收入阳泉市级领导班子成员曾在市人大常委会机关工作的同志3名，按职级和任职时间顺序排列。第四节收入4名市人大代表中的全国劳动模范和全国农业劳动模范简介，按获得荣誉称号时间顺序排列。

第一章　人物传略

张昌和（1937—2019）　汉族，山西灵丘人，1953年5月加入中国共产党，1955年3月参加工作，副研究员。历任雁北地区文化补习学校文书，中共灵丘县委组织部干事、副部长，灵丘县农业组副组长，中共灵丘县委常委、文教部部长，中共天镇县委常委，天镇县革委会副主任，天镇县人民政府副县长，中共天镇县委书记，中共大同县委书记。1990年1月任中共阳泉市委常委、组织部部长，1994年任中共阳泉市委副书记。1995年5月当选为阳泉市第十一届人大常委会主任，任常委会党组书记。1997年4月当选为阳泉市第十二届人大常委会主任，任常委会党组书记。山西省第六届、第八届、第九届人大代表。中共阳泉市第六届、第七届委员会委员、常务委员。阳泉市第九届人民代表大会代表。

张昌和政治立场坚定，对党忠诚，坚定不移地维护党的集中统一领导，坚决维护中央权威，思想上政治上行动上始终与党中央保持高度一致，全面贯彻党的理论、路线、方针和政策，做到了在思想上坚决认同、在政治上坚决服从、在行动上坚决维护。在阳泉市委组织部工作期间，始终坚持党要管党、从严治党原则，强化责任担当，狠抓工作落实，以改革创新精神加强党建工作，全市党的基层组织政治领导力、群众组织力、社会号召力不断增强。不断改进党管干部的方法，坚持德才兼备、以德为先原则，大力培养和选拔忠诚干净担当的高素质专业化干部，营造了风清气正、干事创业的选人用人导向，为全市改革开放和经济建设提供了有力的组织保障。理论功底深厚，实践经验丰富。一生孜孜不倦地学习马克思列宁主义、毛泽东思想、邓小平理论、“三个代表”重要思想和科学发展观，特别是深学笃行习近平新时代中国特色社会主义思想，不断从中汲取科学智慧和理论力量，结合工作和建设实际及时解决问题，创造性地开展工作，政治方向正确，发展思路科学，履职重点突出，实践成效明显。在阳泉市人大常委会任职期间，始终坚持党的领导、人民当家作主、依法治国有机统一，围绕中心、服务大局，依法行使职权，致力于加强代表工作和常委会建设，推动实施工业立市、科教兴市、人才强市战略，加快建设民生阳泉、法治阳泉、平安阳泉，为坚持和完善人民代表大会制度发挥了积极作用，为阳泉改革发展和民主法治建设做出了重要贡献。牢记为民宗旨，践行初心使命。在各个不同的岗位上，始终保持同人民群众的密切联系，经常深入厂矿企业、田间地头、大街小巷了解民情、倾听民声、集中民智、维护民利，关心群众疾苦，积极为群众排忧解难。在长期的工作实践中，他坚持开展组织工作和人大制度的理论研究，先后在全国、省、市报刊发表文章100余篇，主编有《组织工作程序》，合编有《地方人大常委会组成人员必读》等书籍。主持编辑出版《阳泉市人民代表大会志（2000年版）》，为深入宣传人民代表大会制度，系统总结和展示阳泉市人大工作的做出努力。

王元寿（1945—2017） 汉族，山西盂县人，1970年12月加入中国共产党，1971年10月参加工作，高中学历。历任中共盂县北下庄乡北下庄村党支部书记、东梁公社干事、西潘公社党委书记、西烟镇党委书记。1987年5月任中共盂县县委常委、纪委书记。1990年6月任中共盂县县委常委、盂县人民政府副县长。1992年9月任中共平定县委副书记、平定县人民政府县长。1995年11月任中共平定县委书记。2000年7月任阳泉市人民检察院代检察长、党组书记。2001年3月当选为阳泉市人民检察院检察长。2002年3月当选为阳泉市第十二届人大常委会副主任，任常委会党组成员。中共阳泉市第八届、第九届委员会委员。阳泉市第十届、第十一届、第十二届人民代表大会代表。

王元寿对党忠诚、对事业一片赤诚、对群众满腔热忱，为党和人民的事业贡献了毕生精力。在社会发展的不同阶段和不同工作岗位上，他始终加强理论武装、坚定理想信念，始终坚持权为民所用、情为民所系、利为民所谋，出色完成党交给的各项任务。担任村党支部书记期间，带领群众艰苦奋斗，改变家乡面貌。担任公社、乡镇党委书记十八年，带领干部群众战乌河、筑大坝，建造万亩良田；上项目、建工厂，大办乡镇企业；劈大山、修公路，造福山区百姓。担任盂县纪委书记期间，正党风、顺民心，创优发展环境。担任平定县委书记、平定县长期间，紧密结合平定实际，谋全局、抓重点，强班子、带队伍，思路清晰，作风务实；下农村、帮农户，到工厂、进车间，讲传统、兴文化，心系群众、真诚待人；改旧城、修五路，拉大县城框架；抗洪灾、复农田，选树先进带全面；抓改制、办企业，延续平定辉煌；学习“张家港经验”，唱响“平定精神”；讲学习、讲政治、讲正气，平定“三讲”教育的经验在全省推广。担任市人民检察院检察长期间，坚持立检为公，执法为民，把丰富的领导经验和满腔的热情都奉献给了神圣的检察事业，使市检察院工作在短期内得到极大的提升。到市人大常委会工作后，扎实推进执法责任制和“两错”责任追究制，精心组织指导，依法监督检查，对社会影响大、群众反映强烈、明显有错误的案件进行个案监督，妥善解决了一批群众反映强烈的司法不公的问题。无论在农村基层还是市级领导岗位，无论是在职期间还是退休离岗之后，他始终保持人民公仆形象，坚持克己奉公、廉洁自律。在身患重病期间，以顽强的毅力与病魔斗争，提笔书写自己的成长经历，字里行间，包含对党的感恩情怀，对后辈的不倦教诲。在生命最后的日子里，他告诫子女，简办后事，火化遗体，文明治丧，弘扬新风正气，诠释了一名党员领导干部应有的思想境界和忠诚担当。

第二章　人物简介

第一节　阳泉市出席全国人民代表大会代表和省人民代表大会常务委员会委员

朱礼厚　女，汉族，1944年8月生，江苏太仓人，1968年7月参加工作，无党派，1967年7月天津大学化工系硅酸盐专业毕业，高级工程师。1968年7月山西阳泉铝矾土矿二车间锻炼。1969年10月辽宁鞍钢培训学习。1970年10月起，历任阳泉铝矾土矿煅烧车间技术员、助理工程师、工程师、副主任，阳泉铝矾土矿技术科科长、高级工程师。1991年9月任阳泉市郊区人民政府副区长。1992年6月任政协阳泉市委员会副主席。1998年6月任阳泉市人民政府副市长。2002年3月当选为阳泉市第十二届人大常委会副主任。第七届、第八届、第九届全国人民代表大会代表，阳泉市第十届、第十一届、第十二届人民代表大会代表。

魏德卿　汉族，1944年1月生，山西平定人，1964年7月参加工作，中共党员，大学学历，研究员。1984年6月任晋中地区人大工作联络组副组长。1989年6月任山西省人大常委会晋中地区人大工作联络组副组长。1996年任中共阳泉市委副书记、阳泉市人民政府市长。1998年任山西省审计厅厅长、党组书记。2003年1月任山西省第十届人民代表大会常务委员会委员、财政经济委员会副主任委员。第九届全国人民代表大会代表，阳泉市第十届人民代表大会代表。

郭良孝 汉族，1952年1月生，山西孝义人，1969年11月参加工作，1971年3月加入中国共产党，大学学历。历任共青团太原市委副书记，共青团山西省委常委、青工部部长，共青团山西省委常委、秘书长，共青团山西省委副书记、党组成员，共青团山西省委副书记、党组副书记。1983年8月到中国青年政治学院学习。1992年3月任山西省人民政府驻天津办事处主任。1993年2月至1993年7月在中共中央党校进修班学习。1993年8月任山西省人民政府驻天津办事处主任、党组书记。1995年1月任中共阳泉市委副书记。其间在中央党校函授学院政法专业学习。1998年4月任中共阳泉市委副书记、阳泉市人民政府市长。2003年6月任中共大同市委副书记、大同市人民政府代市长。2003年7月任中共大同市委副书记，大同市人民政府代市长、党组书记，8月当选为大同市人民政府市长。2006年2月任中共大同市委书记。2008年1月当选为政协山西省第十届委员会副主席。第十届全国人民代表大会代表，山西省第十届人民代表大会代表，阳泉市第十一届、第十二届人民代表大会代表。

石文斌 汉族，1979年4月生，山西平定人，2011年参加工作，中国民主建国会成员，硕士学位。历任阳泉铝业公司副总工程师、副总工程师兼信息部经理、总工程师，阳泉市监察局副局长。2016年8月任盂县人民政府副县长。2019年1月任阳泉市贸促会会长。第十二届全国人民代表大会代表。

姜四清 汉族，1965年2月生，湖北天门人，1986年7月参加工作，1998年3月加入中国共产党，博士研究生学历，法学硕士学位，理学博士学位。1982年9月中南财经大学工业经济系工业经济专业学习。1986年7月中国标准化综合研究所干部。历任轻工业部体制改革司干部、科员、副主任科员、主任科员。1993年5月任北京华宇日化公司副总经理、华宇清洗剂厂厂长。1995年12月在国家计委工作，历任机电轻纺司、经济预测司、产业发展司主任科员。2001年9月任国家发展计划委产业发展司综合处副处长。其间在中国人民大学法学院经济法专业学习，获法学硕士学位。2003年6月任国家发改委工业司综合处副处长。2004年4月为国务院振兴东北地区等老工业基地领导小组办公室政策体制组副处级干部，12月任处长。2008年12月任国家发改委东北振兴司资源型城市发展处处长，2009年8月任副司长。2011年5月任中共安徽省芜湖市委常委，芜湖市人民政府副市长（挂职）。其间，2006年9月至2010年6月在东北师范大学人文地理学专业学习，获理学博士学位。2014年9月任国家发改委东北等老工业基地振兴司副司长。2015年7月任国家发改委东北等老工业基地振兴司副司长，山西省发改委副主任、党组成员，山西省转型综改办专职副主任（正厅级）。2015年9月任山西省发改委副主任、党组成员，山西省转型综改办专职副主任（正厅级）。2017 年 1 月任山西省发改委副主任、党组副书记，山西省转型综改办专职副主任（正厅级），4 月任山西省发改委党组书记、副主任（正厅级），5 月任山西省发改委党组书记、主任。2018 年 10 月任山西省发改委党组书记、主任，中共山西省委财经委员会办公室第一副主任。2020 年 3 月任中共阳泉市委书记。中共山西省第十一届委员会委员。第十三届全国人民代表大会代表。

雷健坤 女，汉族，1971 年 12 月生，山西大同人，1999 年 7 月参加工作，1992 年 12 月加入中国共产党，研究生学历，哲学博士学位，副教授。1989 年 9 月在山西大学哲学系行政管理专业学习。1993 年 9 月山西大学哲学系马克思主义哲学专业硕士研究生。1996 年 9 月南开大学哲学系中国古代哲学专业博士研究生。1999 年 7 月任中央党校哲学部中外哲学教研室教师、副教授。2002 年 10 月在山西省纪委、监委工作（挂职）。2003 年 3 月任中共山西省纪律检查委员会、省监察委员会办公厅副主任（挂职），12 月任山西省纪委、监委副秘书长（挂职）。2005 年 9 月任共青团山西省委副书记、党组成员。2004 年 9 月至 2006 年 9 月在中国社会科学院应用经济学专业从事博士后研究工作；2008 年 3 月至 2009 年 1 月在中央党校中青年干部培训班学习。2011 年 8 月任朔州市人民政府副市长。2013 年 12 月任中共朔州市委常委，朔州市人民政府党组副书记、副市长。2016 年 7 月任中共临汾市委副书记，11 月兼任中共临汾市委党校校长。2018 年 1 月任中共阳泉市委副书记，阳泉市人民政府党组书记、副市长、代市长。2018 年 3 月任中共阳泉市委副书记，阳泉市人民政府党组书记、市长。第十三届全国人民代表大会代表，阳泉市第十五届人民代表大会代表。

姚武江 汉族，1986 年 12 月生，阳泉矿区人，大学学历，华阳新材料科技集团有限公司技术员。历获“全国煤炭青年五四奖章”“全国技术能手”“全国青年岗位能手”“第二届全国煤炭工业百名优秀青年矿工”等称号。第十三届全国人民代表大会代表。

王铁锁 汉族，1949 年 8 月生，山西平定人，1970 年加入中国共产党，初中文化。历任平定县理家庄村林业队队长、生产队队长、村委会主任、村党支部书记。1996 年国家绿化委、林业部、人事部授予全国绿化奖章。同年中共中央政治局常委、国务院副总理李岚清到理家庄村视察，为该村题词“科技兴农，教育为本”。1998 年中共山西省委、山西省人民政府授予“山西省特级劳动模范”称号。2000 年国务院授予“全国劳动模范”称号。2009 年省人大常委会授予“感动山西的人大代表”称号。中共平定县第九次、第十次代表大会代表，中共山西省第七次代表大会代表，政协阳泉市第九届委员会委员，山西省第九届人民代表大会代表，山西省第九届、第十届、第十一届人民代表大会常务委员会委员。

程步云 汉族，1945 年 11 月生，山西河曲人，1969 年 7 月参加工作，1973 年 9 月加入中国共产党，山西大学中文系毕业，大学学历，副研究员。历任山西省岚县王狮公社教员，中共岚县县委通讯组干事，县委办公室干事、主任，中共岚县县委常委、宣传部部长，中共岚县东村公社党委第一书记，吕梁行署办公室副主任。1983 年 10 月任山西省交城县人民政府县长。1986 年 3 月任中共交城县委书记。1988 年 6 月任山西省吕梁行署副专员、中共吕梁地委委员。1991 年 8 月任中共大同市委副书记。1992 年 11 月任中共大同市委副书记、大同市人民政府市长。1995 年 2 月任山西省贸易厅厅长、党组书记。2000 年 2 月任中共阳泉市委书记。中国共产党第十六次全国代表大会代表。第八届全国人民代表大会代表。山西省第十届人民代表大会常务委员会委员。中共阳泉市第八届、第九届委员会委员、常务委员，阳泉市第十一届、第十二届人民代表大会代表。

孙水生 汉族，1951 年 1 月生，河南武陟人，1972 年 7 月参加工作，1973 年 5 月加入中国共产党，1982 年 2 月山西大学中文系学习，大学学历。历任共青团绛县续鲁峪公社委员会书记，中共绛县县委办公室干事，中共山西省委办公厅办公室秘书、秘书一处干事、文书信息处副处长、综合处副处长、综合处处长。1993 年 3 月任中共山西省委办公厅副主任、机关党委书记，其间在中共中央党校函授学院经济管理专业学习。1998 年 3 月任中共山西省委副秘书长。1998 年 4 月任中共阳泉市委副书记。2000 年 10 任中共阳泉市委副书记、市委党校校长。2002 年 10 月任中共阳泉市委副书记、市委党校校长、阳泉行政学院院长。2006 年 6 月任中共阳泉市委副书记、市人大常委会党组书记、市委党校校长、阳泉行政学院院长。2007 年 5 月当选为阳泉市第十三届人大常委会主任。中共山西省第九次代表大会代表，山西省第十一届人民代表大会常务委员会委员，山西省第十一届人民代表大会法制委员会委员。中共阳泉市第九届委员会委员、常务委员，第十届、第十一届委员会委员，阳泉市第十一届、第十二届、第十三届、第十四届人民代表大会代表。

第二节　阳泉市人大常委会领导班子成员

丁贵生 汉族，1942 年 12 月生，山西壶关人，1967 年 7 月参加工作，1978 年 1 月加入中国共产党，1967 年 7 月山西大学历史系毕业，大学学历，副研究员。1967 年 7 月至 1970 年 1 月在 4568 部队农场锻炼。1970 年 1 月任壶关县革委会、壶关县农业局干事。1979 年 3 月任中共壶关县委办公室副主任。1982 年 9 月至 1984 年 8 月在中共山西省委党校学习。1984 年 8 月任中共晋东南地委组织部青干科科长。1985 年 6 月任中共晋城市委组织部副部长，1988 年 11 月兼任中共晋城市委党史研

究室主任。1991 年 6 月任中共运城地委委员、组织部部长。1996 年 4 月任中共阳泉市委副书记，1998 年 4 月兼任市委党校校长。2000 年 4 月任阳泉市政协主席。2002 年 3 月当选为阳泉市第十二届人大常委会主任，4 月任常委会党组书记。2006 年任阳泉市老龄人才资源开发协会会长。中共山西省第六次、第七次代表大会代表。中共阳泉市第七届、第八届委员会常务委员，第九届委员会委员，政协山西省第八届委员会委员，山西省第十届人民代表大会代表，阳泉市第十一届、第十二届、第十三届人民代表大会代表。

刘高官 汉族，1956 年 5 月生，山西山阴人，1972 年 3 月参加工作，1974 年 12 月加入中国共产党，1982 年 2 月山西大学中文系学习，大专学历，西安交大工程硕士，助理研究员。历任山阴县公安局、人武部文书，共青团山阴县委干事，中共山西省委办公厅办公室干事、秘书、副主任，中共山西省委机关事务管理局办公室主任、副局长。1993 年 5 月任阳泉市人民政府市长助理（挂职），1991 年 8 月在中央党校函授学院政治专业在职学习。1995 年 1 月任中共阳泉市委常委。1995 年 3 月任中共阳泉市委常委、秘书长。2000 年 6 月任中共阳泉市委副书记。2006 年 6 月任中共阳泉市委副书记、阳泉市政协党组书记。2007 年 5 月当选为第十一届阳泉市政协主席。2008 年 1 月当选为第十届山西省政协委员。2012 年 5 月当选为阳泉市第十四届人大常委会主任，任常委会党组书记。山西省第十二届人民代表大会代表，中共阳泉市第八届、第九届委员会常务委员，第十届、第十一届委员会委员，阳泉市第十届、第十一届、第十二届、第十三届人民代表大会代表。2003 年荣获山西省委、省政府授予的抗击“非典”二等功。

王旭明 汉族，1962 年 3 月生，山西临县人，1983 年 9 月参加工作，1985 年 6 月加入中国共产党，山西财经大学公共管理专业毕业，研究生学历，硕士学位，统计师，高级政工师。历任临县统计局副局长，临县人民政府办公室副主任、正科级督查员兼政府办公室副主任，中共朔州市委正县级督查员兼接待处处长驻并办书记，山西省工商行政管理局仲裁委正处级干部、人事教育处处长、党组成员、副局长。2006 年 8 月任中共阳泉市委常委，9 月任中共阳泉市委常委、市政府党组成员、副市长。2007 年 6 月任中共阳泉市委常委、市人民政府党组副书记、副市长，8 月任中共阳泉市委常委、市人民政府党组副书记、常务副市长。2006 年 3 月至 2008 年 6 月，在山西财经大学公共管理专业学习，获硕士学位。2013 年 4 月任中共阳泉市委副书记、市人民政府常务副市长、党组副书记，5 月任中共阳泉市委副书记、市委党校校长。2016 年 9 月任阳泉市委副书记，市委党校校长，市总工会党组书记、主席；2017 年 2 月任阳泉市委副书记，市人大常委会党组书记，市委党校校长，市总工会党组书记、主席；2017 年 3 月任阳泉市委副书记，市总工会党组书记、主席，市人大常委会党组书记并当选为市第十五届人民代表大会常务委员会主任，2017 年 6 月任市人大常委会党组书记、主任。山西省第十一次党代表大会代表，山西省第十三届人民代表大会代表。中共阳泉市第九届、第十届、第十一届、第十二届委员会常务委员，阳泉市第十三届、第十四、第十五届人民代表大会代表。荣获“山西省首届模范公务员”“第二次全国经济普查国家级先进个人”“华北地区忠诚党的武装事业新闻人物”等称号；荣立省政府治超工作“三等功”、荣获“治超工作优秀副市长”称号，获得“首届山西环保公益奖”“环保专项行动先进个人”等称号。

郜爱国 汉族，1954年2月生，山西黎城人，1970年10月参加工作，1980年1月加入中国共产党，1992年10月山西农业大学高教实践班食品卫生检验专业学习，2004年8月中共中央党校函授学院公共管理专业学习，本科学历。历任大同市食品公司业务科干事，大同市肉制品厂厂长，大同市同风集团总经理，大同市酒厂厂长。1994年11月任山西省轻工总会副会长，党组成员。1995年7月任山西省贸易厅副厅长，党组成员。1998年5月任山西省医药总公司党委副书记（正厅职级待遇）。2000年9月任中共阳泉市委副书记。2006年12月任中共阳泉市委副书记、市委党校校长、阳泉行政学院院长。2011年5月当选为阳泉市第十三届人大常委会副主任，任常委会党组副书记。2012年5月当选为政协阳泉市委员会主席。第八届全国人民代表大会代表，中共阳泉市第八届、第九届、第十届委员会常务委员，第十一届委员会委员。阳泉市第十二届、第十三届、第十四届人民代表大会代表。

杨宝国 汉族，1940年11月生，河南潢川人，1964年9月参加工作，1970年12月加入中国共产党，西安矿业学院采矿系毕业，大学学历，高级经济师。历任阳泉矿务局四矿实习队队长，一矿北头嘴井四队技术员、掘进队副队长，一矿党政办公室秘书、副主任。1983年10月任中共阳泉市矿区区委副书记、矿区人民政府区长。1986年12月任中共平定县委副书记、平定县人民政府县长。1992年6月当选为阳泉市第十届人大常委会副主任，任常委会党组成员。1997年4月当选为阳泉市第十一届人大常委会副主任，任常委会党组副书记。阳泉市第八届、第九届、第十届、第十一届人民代表大会代表。

杜肇昆 汉族，1941年1月生，吉林省长春人，1967年7月参加工作，1984年加入中国共产党，吉林工业大学农机系毕业，大学学历，高级工程师。历任阳泉水泵厂动力科、技术科技术员，阳泉市经委生产科助理工程师，阳泉市标准局工程师、副科长、总工程师，阳泉市科委副主任、主任。1990年任中共盂县县委副书记、盂县人民政府县长。1995年5月当选为阳泉市第十届人大常委会副主任，任常委会党组成员。1997年4月当选为阳泉市第十一届人大常委会副主任，任常委会党组副书记。山西省第八届人民代表大会代表，阳泉市第九届、第十届、第十一届、第十二届人民代表大会代表。

李奕明 汉族，1943年2月生，安徽来安人，1966年7月参加工作，1984年加入中国共产党，山西大学物理系毕业，硕士学位，副教授。历任五台电池厂技术员，阳泉二中教师，阳泉师范学校教师，山西省广播电视大学阳泉分校教师、校长。1985年6月任阳泉市人民政府副市长。2000年4月当选为阳泉市第十一届人民代表大会常委会副主任，同年12月任常委会党组副书记。中共阳泉市第七届、第八届委员会委员，阳泉市第八届、第九届、第十届、第十一届人民代表大会代表。

张希祯 汉族，1944年1月生，山西平定人，1961年8月参加中国人民解放军，1965年8月加入中国共产党，1986年12月山西大学自学考试党政干部基础理论专业毕业，大学专科学历。历任中国人民解放军某师某团班长、政治处书记，某师政治部宣传科干事，北京卫戍区国防工办宣传科干事。1974年3月转业地方后，历任中共阳泉市委组织部审干办公室副主任、组织科科长，中共阳泉市矿区区委副书记。1990年1月任中共阳泉市矿区区委书记。1997年4月当选为阳泉市第十一届人大常委会副主任，任常委会党组成员。中共阳泉市第七届委员会委员，阳泉市第十届、第十一届、第十二届人民代表大会代表。

郝爱生 汉族，1943年1月生，山西左权人，1962年12月参加工作，1966年加入中国共产党，高中学历。历任中共阳泉市西南舁公社党委副书记、白泉公社党委书记，中共阳泉市郊区区委常委、宣传部部长，郊区人民政府副区长，中共阳泉市郊区区委副书记。1992年任中共阳泉市城区区委副书记、区人民政府区长。1995年任中共阳泉市城区区委书记。1997年4月当选为阳泉市第十一届人大常委会副主任，任常委会党组成员。阳泉市第十届、第十一届、第十二届人民代表大会代表。

董建堂 汉族，1943年3月生，山西太谷人，1969年参加工作，1985年加入中国共产党，省委党校政治系毕业，大学学历，副研究员。历任平定县城关供销社营业员，平定县文化馆干事。1976年10月调阳泉市总工会工作，1984年4月任阳泉市总工会副主席，党组成员，1992年任阳泉市总工会主席，党组书记，1997年4月当选为阳泉市第十一届人大常委会副主任（兼职），任常委会党组成员。全国总工会十二大、十三大代表和十四大特邀代表，政协山西省第七届、第八届、第九届委员会委员，山西省总工会第八届、第九届、第十届委员会委员，中共阳泉市第七届、第八届委员会委员，阳泉市第十届人民代表大会常务委员会委员。

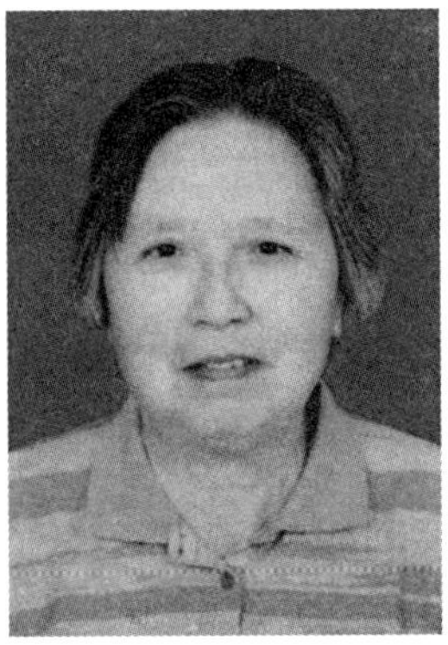

徐　来　女，汉族，1943年12月生，上海市人，1961年7月参加工作，南京理工大学精细化工专业毕业，大学学历，高级工程师。1961年7月参加中国人民解放军，1968年2月至1987年12月在晋东化工厂工作，历任晋东化工厂科研所副所长、技术处副处长、晋东化工厂副总工程师。阳泉市第九届、第十届、第十一届人大常委会副主任（兼职）。阳泉市第九届、第十届、第十一届人民代表大会代表，2002年3月当选为政协阳泉市第十届委员会副主席。

刘建田　汉族，1945年2月生，山西阳泉人，1966年4月加入中国共产党，1967年7月山西农学院畜牧系畜牧专业毕业，大学学历。1967年8月参加中国人民解放军。历任中国人民解放军某师副排长、副指导员、师政治部干事。1978年转业地方后，任中共阳泉市委宣传部干部科副科长。1983年10月任中共阳泉市城区区委副书记。1990年5月任中共阳泉市城区区委副书记、城区人民政府区长。1992年7月任中共平定县委书记。1995年11月任阳泉市人民政府副市长。2002年3月当选为阳泉市第十二届人大常委会副主任，4月任常委会党组副书记。山西省第八届人民代表大会代表。阳泉市第九届、第十届、第十一届、第十二届人民代表大会代表。

杨清风　汉族，1945年10月生，江西万安人，1966年7月参加工作，1975年4月加入中国共产党，山东矿业学院经济学专业毕业，大学文化，高级经济师。历任阳泉矿务局二矿计划科干事，财务科会计、会计师、副科长。1983年11月任阳泉市财政局局长。1986年9月任阳泉市计划委员会主任、党组书记。1995年12月任阳泉市人民政府副市长。2002年3月当选为阳泉市第十二届人大常委会副主任，4月任常委会党组成员，2003年6月任常委会党组副书记。中共阳泉市第六届、第七届、第八届、第九届委员会委员，阳泉市第九届、第十届、第十一届、第十二届人民代表大会代表。

王七孩　汉族，1949年3月生，山西平定人，1968年12月参加工作，1972年4月加入中国共产党，大学学历。历任平定县岔口小学教师，平定县革委会办事组干事，中共平定县委宣传部干事，中共平定县马山乡党委书记，中共平定县石门口乡党委书记。1990年4月任中共平定县委常委、宣传部部长。1992年8月任中共平定县委常委、平定县人民政府副县长。1995年12月任中共平定县委副书记、平定县人民政府代县长。1996年4月任平定县人民政府县长。2000年8月任中共盂县县委书记。2001年6月任中共盂县县委书记、盂县人大常委会主任。2002年3月当选为阳泉市第十二届人大常委会副主任，4月任常委会党组成员。2003年7月任阳泉市总工会主席。全国总工会十四大代表，中共山西省第八次代表大会代表，山西省总工会第十届、第十一届委员会委员，中共阳泉市第十届委员会委员，阳泉市第十一届、第十二届、第十三届人民代表大会代表。

张　清　汉族，1950年1月生，阳泉市郊区人，1968年8月参加工作，1971年1月加入中国共产党，大专学历，经济师。历任阳泉市郊区义东沟村革命委员会副主任、村党支部书记，义井公社管理委员会副主任，1984年1月任中共阳泉市郊区义井乡党委副书记、义井乡人民政府乡长，1987年3月任中共阳泉市郊区荫营镇党委副书记、荫营镇人民政府镇长，1990年6月任阳泉市郊区人民政府副区长。1995年12月任中共阳泉市郊区区委副书记，1998年4月任中共阳泉市郊区区委副书记、阳泉市郊区人民政府区长。2001年7月任阳泉市经贸委主任、经贸委党组书记、市直企业工委书记。2003年4月当选为阳泉市第十二届人大常委会副主任，任常委会党组成员。2007年5月当选为阳泉市第十三届人大常委会副主任，6月任常委会党组副书记。中共阳泉市第九届委员会委员，阳泉市第九届、第十二届、第十三届人民代表大会代表。

荆东生　汉族，1952年9月生，阳泉市郊区人，1974年8月参加工作，1975年6月加入中国共产党，阳泉师范学校毕业，中央党校在职研究生毕业，研究生学历。历任阳泉师范学校教师，中共阳泉市委宣传部干事，市委办公厅办公室副主任、主任。1984年9月至1986年7月在中共山西省委党校培训班脱产学习。1992年11月任阳泉市工商局副局长、党组成员。1991年5月至1993年12月在中央党校函授学院经济专业在职学习。1996年12月取得山西省自学考试汉语言文学专业本科学历。1997年6月任阳泉市广播电视局局长、党组书记。1999年3月任阳泉市人民政府副秘书长、政府办公室主任。2001年6月任阳泉市人民政府秘书长、办公厅主任、市政府党组成员。2002年7月任中共阳泉市郊区区委书记。2005年4月当选为阳泉市第十二届人大常委会副主任，任常委会党组成员。2007年6月当选为阳泉市第十三届人大常委会副主任，任常委会党组成员，2010年5月任常委会党组副书记。阳泉市第十二届、第十三届、第十四届人民代表大会代表。

吴学斌　汉族，1952年7月生，山西大同县人，1969年4月参加工作，1976年9月加入中国共产党，1981年7月雁北师专中文系毕业，大学专科学历。先后在山西省大同县水泥厂、大同县徐町公社中学、中共大同县委办公室、大同县第一中学校、中共山西省委宣传部《支部建设》工作。1985年12月任中共盂县县委副书记。1995年12月任阳泉市农牧局局长、党组书记，中共阳泉市委农村工作部副部长。1996年9月任阳泉市农业局局长、党组书记、中共阳泉市委农村工作委员会副主任。2000年8月任中共平定县委副书记、平定县人民政府代县长。2001年6月任中共平定县委副书记、平定县人民政府县长。2001年12月任中共平定县委书记、平定县人民政府县长。2002年10月任中共平定县委书记。2006年4月当选为阳泉市第十二届人大常委会副主任，任常委会党组成员。2007年5月当选为阳泉市第十三届人大常委会副主任，任常委会党组成员。中共阳泉市第九届委员会委员，阳泉市第十二届、第十三届、第十四届人民代表大会代表。

段存寿 汉族，1953年3月生，山西平定人，1970年3月参加工作，1974年10月加入中国共产党，1989年8月山西省委党校经济管理专业大专班学习，1998年8月在中共中央党校函授学院党政管理专业学习，大学学历。先后在平定县黄统岭公社、平定县水利局、中共平定县委农村工作部工作。历任中共平定县城关公社党委副书记、管委会主任，中共平定县城关乡党委副书记、城关乡乡长，中共平定县城关镇党委副书记、城关镇镇长，中共平定县城关镇党委书记。1995年12月任平定县人民政府副县长、政府党组成员。1999年4月任阳泉市水利局局长、党组书记。2002年7月任中共盂县县委书记。2006年4月当选为阳泉市第十二届人大常委会副主任，任常委会党组成员。2007年5月当选为阳泉市第十三届人大常委会副主任，任常委会党组成员。阳泉市第九届、第十届、第十二届、第十三届、第十四届人民代表大会代表。

王振国 汉族，1956年10月生，山西寿阳人，1974年12月参加工作，1985年2月加入中国共产党，大学专科学历。1974年12月中国人民解放军某部队服役。1978年4月任寿阳县中学民办教师。1978年12月晋中师范专科学校中文系学习。历任中共阳泉市委办公厅科员，办公厅综合信息科副科长、科长，办公厅副主任，市委副秘书长。1996年9月任中共盂县县委副书记。2000年7月任中共盂县县委副书记、盂县人民政府县长。2002年11月任阳泉市财政局党组书记，12月任阳泉市财政局局长。2007年5月当选为阳泉市政协副主席。2008年9月当选为阳泉市政协副主席，任党组成员；阳泉市总工会主席，任党组书记。2010年4月当选为阳泉市第十三届人大常委会副主任，5月任常委会党组成员。2012年5月当选为阳泉市第十四届人大常委会副主任，任党组副书记。中共阳泉市第十一届委员会委员，阳泉市第十二届、第十三届、第十四届人民代表大会代表。

刘兆林 汉族，1953年9月生，阳泉市郊区人，1976年9月参加工作，1974年10月山西农学院园艺系蔬菜专业学习，大学学历，农艺师。1976年9月任阳泉市城区农办农业技术员。1978年3月任阳泉市郊区农办农业技术员。1980年4月任阳泉市蔬菜办农业技术员。1984年7月任郊区农牧局蔬菜站站长。1988年10月任郊区农牧局副局长。1993年6月任阳泉市郊区政协副主席兼郊区农牧局副局长。1998年4月任阳泉市郊区人民政府副区长。2002年3月任阳泉市人民政府副市长，任民建阳泉市委主委。2012年5月当选为阳泉市第十四届人大常委会副主任，任民建阳泉市委主委。政协山西省第九届、第十届委员会常委，政协山西省第十一届委员会委员，阳泉市第十二届、第十三届、第十四届人民代表大会代表。

吴丽萍 女，满族，1955年11月生，北京市人，1975年12月参加工作，无党派，大学本科毕业，文学学士，副译审。1975年12月阳泉市合成洗涤剂厂工人。1978年9月山西大学外语系英语专业学习。1982年8月任阳泉市标准计量局情报所翻译。其后分别在中国标准化管理学院进修班、北京大学成人教育学院函授班学习，并在日本规格协会、日本海外技术者研修协会学习标准化与质量管理。1997年任阳泉市技术监督局情报所副译审、副所长。1999年3月任阳泉市对外贸易经济合作局副局长。2004年6月任阳泉市商务局副局长。2007年5月当选为阳泉市第十三届人大常委会副主任。2012年5月当选为阳泉市第十四届人大常委会副主任。

孙金明 汉族，1960年1月生，山西平定人，1981年9月参加工作，1983年5月加入中国共产党，大学专科学历。1978年10月在晋中农业学校学习。1981年9月任平定县城关公社团委书记、武装干事、办公室主任。1983年12月起历任共青团平定县委干事、副书记、书记。1987年8月任共青团阳泉市委副书记。1990年7月任共青团阳泉市委书记、党组书记。1995年12月任阳泉经济技术开发区管委会副主任、党工委委员。其间在中共山西省委党校经济管理专业函授大专班学习。2001年6月任阳泉市物价局党组书记、局长。2008年12月任中共阳泉市委组织部常务副部长（正县级）。2012年5月当选为阳泉市第十四届人大常委会副主任，任常委会党组成员。2017年3月当选为阳泉市第十五届人大常委会副主任，任常委会党组副书记。2019年9月晋升一级巡视员。中共阳泉市第十一届委员会委员，阳泉市第九届、第十届、第十四届、第十五届人民代表大会代表，第十届人民代表大会常务委员会委员。

吕昌政 汉族，1959年10月生，河北井陉人，1983年9月参加工作，1985年7月加入中国共产党，1980年10月晋中师专中文系学习，中央党校研究生学历。1983年9月任中共平定县委党校教师。1985年7月起历任中共平定县委办公室干事、副主任，县委政策研究室主任，县委办副主任。1991年8月至1993年12月在中央党校函授学院政治专业学习。1993年1月任中共平定县巨城镇党委书记。1998年4月任中共阳泉市委政策研究室副主任。2001年6月任中共阳泉市郊区区委副书记。2004年9月至2007年7月在中央党校经济学经济管理专业学习，在职研究生。2005年6月任中共阳泉市郊区区委副书记、代区长。2006年5月任中共盂县县委书记。2012年5月当选为阳泉市第十四届人大常委会副主任，任常委会党组成员。2017年3月当选为阳泉市第十五届人大常委会副主任，任常委会党组成员。2019年9月晋升一级巡视员。中共阳泉市第十届、第十一届委员会委员，阳泉市第十三届、第十四届、第十五届人民代表大会代表。

刘志强 汉族，1959年5月生，河北深州人，1976年8月参加工作，1990年11月加入中国共产党，1976年8月阳泉市郊区神峪村插队，1978年3月山西财经学院财政金融专业学习，大学学历。1982年2月起，历任阳泉市计委综合科科员，财贸物资科科员、副科长，经贸科科长。1996年12

月任阳泉市计委副主任、党组成员。2001 年 7 月任阳泉市发展计划委员会副主任、党组成员。2004 年 6 月任阳泉市发展和改革委员会党组成员、副主任。2005 年 8 月任阳泉市发展和改革委员会党组书记、主任，阳泉市投资促进局局长。2008 年 1 月任阳泉市发展和改革委员会党组书记、主任。2012 年 5 月当选为阳泉市第十四届人大常委会副主任，任常委会党组成员。2017 年 3 月当选为阳泉市第十五届人大常委会副主任，任常委会党组成员。中共阳泉市第十届、第十一届委员会委员，阳泉市第十三届、第十四届、第十五届人民代表大会代表。

张永忠　汉族，1962 年 10 月生，山西盂县人，大学学历，1980 年 9 月参加工作，1982 年 9 月加入中国共产党，中央党校大学学历。1980 年 9 月中国人民解放军石家庄陆军学院步兵军事专业学习。历任排长、副连职参谋，副连长。转业地方后，历任中共山西省纪律检查委员会科员、主任科员，中共山西省委办公厅秘书、副处级秘书、正处级秘书，阳泉市矿区人民政府党组成员、副区长（挂职），中共阳泉市矿区区委副书记（挂职）。其间在中共中央党校函授学院经济管理专业学习。2000 年 12 月任中共阳泉市矿区区委副书记（正县级）。2002 年 10 月任中共盂县县委副书记（正县级）。2005 年 6 月任阳泉市粮食局党组书记、局长。2007 年 7 月任阳泉市卫生局党组书记、局长。2015 年 6 月任阳泉市卫生和计划生育委员会党组书记、主任。2017 年 3 月当选为阳泉市第十五届人大常委会副主任，任常委会党组成员，6 月当选为阳泉市总工会主席。中共阳泉市第十二届委员会委员。

张宝明　汉族，1963 年 4 月生，阳泉郊区人，1981 年 10 月参加工作，1984 年 6 月加入中国共产党，1979 年 9 月阳泉师范学校学习，1985 年 9 月天津大学阳泉班学习，大学专科学历。1981 年 10 月任中共阳泉市委秘书处、办公厅科员。1987 年 7 月任中共阳泉市委办公厅科员。1988 年 8 月到市人大常委会工作，历任人事工委科员、副主任科员、主任科员，办公厅调查研究室主任，办公厅副主任、办公室副主任、办公室主任、副秘书长兼办公厅主任。2007 年 4 月任阳泉市农业局党组书记，市委农村工作领导小组办公室主任，7 月任阳泉市农业局党组书记、局长，市委农村工作领导小组办公室主任。2010 年 1 月任阳泉市农业委员会党组书记、主任，市委农村工作领导小组办公室主任。2011 年 10 月任阳泉市农业委员会党组书记、主任，市委农村工作领导组副组长。2012 年 7 月任中共阳泉市委组织部常务副部长。2017 年 2 月任阳泉市人大常委会党组成员，市委组织部常务副部长。2017 年 3 月当选为阳泉市第十五届人大常委会副主任，任常委会党组成员。中共阳泉市第十一届、第十二届委员会委员。阳泉市第十二届、第十四届、第十五届人民代表大会代表，第十四届人大常委会委员。

彭喜平　女，汉族，1959 年 2 月生，河南清丰人，1976 年 7 月参加工作，1985 年 6 月加入中国共产党，在职研究生学历，法学学士。1978 年 6 月在山西大学省委党校大学班读书。1982 年 7

月任中共阳泉市委党校任讲师。1989 年 3 月任共青团阳泉市委常委、办公室主任。1990 年 7 月任共青团阳泉市委副书记。其间在山西大学马克思主义哲学研究生班学习。1996 年 12 月任共青团阳泉市委书记。2000 年 7 月任中共盂县县委常务副书记兼县委党校校长（正县级）。2005 年 3 月任中共阳泉市委党校常务副校长，阳泉行政学院常务副院长（副厅级），2011 年 12 月任阳泉行政学院院长。2018 年 11 月任阳泉市人大常委会党组成员。共青团第十四次全国代表大会代表，中共山西省第九次代表大会代表，中共阳泉市第八届、第十届、第十一届、第十二届委员会委员，阳泉市第十一届人大常委会委员。

申　济　汉族，1966 年 8 月生，山西山阴人，1988 年 7 月在山西省体改委参加工作，1993 年 4 月加入中国共产党，1984 年 9 月在山西大学经济系经济管理专业学习，大学学历。1988 年 7 月起，历任山西省体改委企业处干事、科员、副主任科员、主任科员、副处长。2001 年 4 月任山西省人民政府经济研究中心财经贸易研究处副处长，其间任平陆县副县长（挂职）。2005 年 9 月起，任山西省发改委体改处助理调研员、调研员。2011 年 7 月起，任山西省安监局办公室主任，综合协调处、财务处、行政审批处处长。2015 年 12 月任山西省安监局人事培训处处长、山西省安全生产监察专员办公室主任。2016 年 8 月任中共平定县委书记。2018 年任中共平定县委书记、平定经济技术开发区工委书记、管委会主任。2019 年 2 月当选为阳泉市第十五届人大常委会副主任。中共阳泉市第十二届委员会委员。

郑清明　汉族，1964 年 4 月生，山西盂县人，1985 年 8 月参加工作，1988 年 12 月加入中国共产党，1981 年 9 月山西大学历史专业学习，大学学历。历任中共阳泉市委宣传部理论科科员，市委讲师团教师、讲师团理研室副主任（主持工作），市委办公室副科级督察员、正科级督察员。1999 年 12 月任阳泉市林业局党组成员、副局长。其间在山西大学马克思主义哲学研究生课程进修班学习。2009 年 11 月任阳泉市人口和计划生育委员会党组书记、主任。2015 年任阳泉市林业局党组书记、局长。2016 年任阳泉市政府党组成员、秘书长，市政府办公厅党组书记、主任。2019 年 1 月任阳泉市政府党组成员、秘书长，市政府办公室党组书记、主任、一级调研员。2019 年 12 月任阳泉市政府党组成员、秘书长，市政府办公室党组书记、主任、二级巡视员。2020 年 2 月任阳泉市人大常委会党组成员，市政府党组成员、秘书长，市政府办公室党组书记、主任、二级巡视员，4 月当选为阳泉市第十五届人大常委会副主任。中共阳泉市第十二届委员会委员。

孔禄泉　汉族，1965 年 4 月生，山西昔阳人，1984 年 8 月参加工作，1986 年 12 月加入中国共产党，中央党校本科学历。1982 年 10 月在山西省地方煤矿学校机电专业学习。1984 年 8 月起，历任阳泉市大阳泉煤矿技术员，机电科副科长、科长，煤矿安全副矿长、机电副矿长。其间在中共山西省委党校经济管理专业学习。1998 年 11 月任阳泉市电子工程实业有限公司党总支副书记、董事长、总

经理，1999年5月兼阳泉东科公司煤矿安全设备有限公司董事长。1998年7月至2000年7月在中共中央党校函授学院经济管理专业学习。2003年10月任阳泉市军事化矿山救护大队大队长（副县）。2005年9月任阳泉市安全生产监督管理局（煤炭工业局）党组成员、副局长，军事化矿山救护大队大队长。2011年8月任阳泉市安全生产监督管理局副局长，阳泉市煤炭工业局党组成员、副局长。2012年7月任阳泉市安全生产监督管理局党组书记、局长。2016年8月任中共盂县县委副书记、盂县人民政府县长。2018年9月任中共阳泉市委副秘书长、市委办公厅主任。2019年12月任中共阳泉市委常务副秘书长、市委办公室主任、一级调研员。2020年2月任阳泉市人大常委会党组成员，中共阳泉市委常务副秘书长、市委办公室主任、一级调研员。2020年4月当选为阳泉市第十五届人大常委会副主任。中共阳泉市第十二届委员会委员。

赵素卿 女，汉族，1970年2月生，山西盂县人，1992年7月参加工作，无党派，中央党校研究生学历。1990年9月在山西省煤炭工业学校矿山建筑专业学习。1992年7月起，历任阳泉市郊区煤管局技术员，阳泉市郊区物价局办事员、科员，阳泉市郊区发展计划局科员。其间在山西广播电视大学公共关系专业专科学习。2001年7月任阳泉市郊区工商业联合会副主席。2003年6月任阳泉市郊区河底镇副镇长。其间在中央广播电视大学汉语言专业本科学习。2007年10月任阳泉市郊区工商业联合会主席。2011年5月任阳泉市郊区人民政府副区长、阳泉市郊区工商业联合会主席。其间在中共中央党校研究生院法学理论专业学习。2016年8月任阳泉市工商联主席。2019年12月任阳泉市工商联主席、一级调研员。2020年4月当选为阳泉市第十五届人大常委会副主任。

王　升 汉族，1943年3月生，山西阳泉人，1961年7月参加工作，1963年加入中国共产党，高中学历。1961年7月参加中国人民解放军，历任班长、副排长、排长、指导员、政治处书记。转业地方后，历任阳泉市民政局干事、副科长、副局长。1992年任阳泉市信访局局长。政协阳泉市第七届委员会委员。1993年3月当选为阳泉市第十届人大常委会秘书长，任常委会党组成员。1997年4月当选为阳泉市第十一届人大常委会秘书长。

李　明 汉族，1947年4月生，山西高平人，1968年12月参加工作，1973年9月加入中国共产党，1972年3月在昆明医学院学习，大学学历。1968年12月云南省西双版纳插队知青。1970年8月云南省思茅地区制药厂药工。1975年9月云南省思茅地区医院医师。1978年10月阳泉市铝氧厂职工医院医师。1982年4月起，历任中共阳泉市委组织部干部科干事，组织部办公室副主任、主任，组织部干部科科长。1992年11月任中共阳泉市委组织部副部长，1997 年 6 月任中共阳泉市委组织部副部长、正县级组织员，1998 年 8 月任中共阳泉市委组织部副部长、阳泉市人事局局长、人事局党组书记。2002 年 3 月当选为阳泉市第十二届人大常委会秘书长。

高中和 汉族，1950 年 1 月生，山西盂县人，1966 年 10 月参加工作，1989 年 4 月加入中国共产党，函授专科毕业，大学专科学历，经济师。1966 年 10 月任盂县手工业联社锄业社统计。1968 年 10 月任晋盂钢铁厂会计、技术员、计划科副科长、科长。1989 年 6 月任盂县计划委员会副主任（正科级）。1993 年 6 月任盂县计划委员会主任。1995 年 12 月任盂县人民政府副县长。1998 年 4 月任中共盂县县委常委、盂县人民政府副县长。1999 年 7 月任中共盂县县委副书记。2000 年 7 月任阳泉市农业局局长、党组书记。2007 年 5 月当选为阳泉市第十三届人大常委会秘书长。中共阳泉市第十届委员会委员。

吕誉耀 汉族，1954 年 12 月生，山西和顺人，1969 年 10 月参加工作，1975 年 2 月加入中国共产党，中央党校函授本科毕业。1969 年 10 月阳泉市重工局阀门厂工人。1972 年参加中国人民解放军，历任战士、班长、副连长、团军务股正连职参谋、军务股长，阳泉军分区司令部副营职参谋、正营职参谋、副团职参谋、副参谋长（正团）。2000 年 11 月任中共阳泉市委政法委副书记。2001 年 12 月任中共阳泉市委政法委副书记兼阳泉市综治办主任。2010 年 5 月当选为阳泉市第十三届人大常委会秘书长。

唐　麟 汉族，1967 年 9 月生，湖南隆回人，1990 年 7 月参加工作，1994 年 10 月加入中国共产党，1986 年山西大学历史系学习，大学学历。历任阳泉市人大常委会办公厅科员、副科长，调查研究室办公室主任，办公厅办公室主任，办公厅副主任。2006 年 12 月任阳泉市人大常委会调查研究室主任，2007 年 4 月任阳泉市人大常委会副秘书长、调查研究室主任。2012 年 5 月当选为阳泉市第十四届人大常委会秘书长。2018 年 6 月任阳泉市委组织部常务副部长。阳泉市第十三届、第十四届、第十五届人民代表大会代表，第十三届、第十五届人大常委会委员。

张利军 汉族，1961 年 1 月生，江苏新沂人，1977 年 3 月参加工作，1981 年 12 月加入中国共产党，本科学历。1977 年 3 月盂县城关镇北村插队。1978 年 12 月晋盂钢铁厂工人。1984 年 3 月任晋盂钢铁厂团委书记。1985 年 3 月任共青团阳泉市委生产部部长。1989 年 5 月任共青团阳泉市委党组成员，市少工委主任。1998 年 3 月任共青团阳泉市委副书记、党组成员。2001

年10月任阳泉市体育局纪检组组长、党组成员。2004年6月任阳泉市人民政府副秘书长兼办公厅副主任。2008年2月任阳泉市人民政府副秘书长兼办公厅副主任，市投资促进局局长。2009年3月任阳泉市人民政府副秘书长兼办公厅副主任，市投资促进局党组书记、局长。2016年1月任阳泉市人民政府副秘书长兼办公厅党组成员、副主任，市投资促进局党组书记、局长。2017年2月任阳泉市人大常委会党组成员，市政府副秘书长兼办公厅副主任，市投资促进局局长。2017年3月当选为阳泉市第十五届人大常委会秘书长。2018年9月任阳泉市人大常委会秘书长兼办公厅主任、党组成员，市人大常委会机关党组书记。2019年11月晋升一级调研员，12月晋升二级巡视员。

赵文骥　汉族，1964年1月生，山西盂县人，1984年7月参加工作，1986年6月加入中国共产党，1981年9月吕梁师专中文系学习，大学本科学历。1984年7月中共方山县委办公室工作。1987年12月起在阳泉市委组织部工作，历任知工办、干审科科员，办公室副主任，研究室副主任、主任，干部综合科科长，副县级组织员。其间在中共山西省委党校首届哲学本科班哲学专业、山西大学工商管理MBA研究生班学习。2012年12月任中共平定县委常委、组织部部长。2020年1月任阳泉市人大常委会党组成员、常委会机关党组书记，2月任阳泉市人大常委会办公室主任，4月当选为阳泉市第十五届人大常委会秘书长。

第三节　阳泉市级领导班子曾在市人大常委会机关工作的人员

史友松　汉族，1967年12月生，山西寿阳人，1989年7月参加工作，2014年12月加入中国民主同盟，大学学历。历任阳泉市人大常委会农村工作委员会科员，办公室副主任、主任。2001年10月任阳泉市人大常委会办公厅副主任。2002年3月任阳泉市人大农村委员会副主任委员。2009年2月任阳泉市人大农村委员会副主任委员、常委会副秘书长。2012年7月任阳泉市人大常委会副秘书长、调查研究室主任。2016年任民盟阳泉市委主委、阳泉市矿区人民政府副区长。2017年3月当选为政协阳泉市委员会副主席。阳泉市第十二届、第十三届、第十四届人民代表大会代表，第十三届、第十四届人民代表大会常务委员会委员。

武建功 汉族，1964年9月生，山西山阴人，1988年参加工作，1993年12月加入中国共产党，1984年9月山西大学中文系学习，大学学历，清华大学公共管理硕士学位。历任阳泉市人大常委会办公厅科员、副主任科员，办公厅调查研究室副主任，1999年3月任常委会调查研究室办公室主任，常委会调查研究室副主任。2002年3月任阳泉市人大常委会副秘书长、调查研究室主任。2004年6月任中共阳泉市委副秘书长、市委政策研究室主任。其间，2005年8月至2008年1月在清华大学公共管理学院学习，获公共管理硕士学位。2012年7月任阳泉市农业委员会（中共阳泉市委农村工作办公室）主任、党组书记。2016年8月任中共阳泉市郊区区委副书记、郊区人民政府区长。2018年9月任阳泉师范高等专科学校党委副书记。2019年9月任阳泉师范高等专科学校党委书记。中共阳泉市十届代表大会代表，中共阳泉市十二届委员会委员。阳泉市第十二届、第十五届人民代表大会代表。政协阳泉市第十一届、第十二届委员会委员。

张俊堂 汉族，1966年10月生，山西盂县人，1989年7月参加工作，1987年6月加入中国共产党，大学学历。历任阳泉市人大常委会政治法律工作委员会科员、副主任科员，阳泉市人大政治法律委员会办公室主任、政治法律委员会副主任委员。2001年12月任阳泉市司法局副局长、党组成员，中共阳泉市委依法治市领导组办公室副主任。2004年10月任阳泉市司法局局长、党组书记，中共阳泉市委依法治市领导组办公室主任。2017年5月任阳泉市司法局局长、党组书记，阳泉市工商行政管理局党组书记。2017年8月任阳泉市工商行政管理局党组书记、局长。2019年1月任阳泉市市场监督管理局党组书记、局长。2020年5月任阳泉市人民政府党组成员、政府办公室党组书记，阳泉市市场监督管理局党组书记、局长。2020年6月任阳泉市人民政府党组成员、政府秘书长，政府办公室党组书记、主任，阳泉市市场监督管理局局长，8月任阳泉市人民政府党组成员、政府秘书长，政府办公室党组书记、主任。2019年11月晋升一级调研员，12月晋升二级巡视员。阳泉市第十一届人民代表大会代表。

第四节　市人大代表中的全国劳动模范和全国农业劳动模范

马玉田 汉族，1953年6月生，阳泉郊区人，中共党员，中专文化，农艺师。任中共阳泉市郊区旧街乡党委副书记、旧街乡枣园村党支部书记、枣园村委会主任。2005年国务院授予全国劳动模范称号。山西省第十一届人民代表大会代表，阳泉市第十二届、第十三届、第十四届人民代表大会代表。

李乃珠 汉族，1961年10月生，阳泉郊区人，中共党员，中专文化，山西省阳泉市郊区平坦镇桃林沟村党支部书记。2007年中共山西省委、省人民政府授予山西省劳动模范称号。2008年山西省委宣传部、文明办授予山西省十大新农村建设带头人称号，省劳动竞赛委员会荣记二等功。2010年国务院授予全国劳动模范称号。山西省第十二届、第十三届人民代表大会代表，阳泉市第十三届、第十四届人民代表大会代表，第十三届、第十四届人民代表大会常务委员会委员。

刘建平 汉族，1974年5月生，山西平定人，中共党员，大专文化。平定县工会副主席，平定县岔口乡党委副书记，甘泉井联村党委书记，甘泉井村党支部书记兼村委会主任。2008年共青团中央、农业部授予全国农村青年创业致富带头人称号。2009年山西省劳动竞赛委员会记一等功。2010年中共山西省委、山西省人民政府授予“山西省劳动模范”称号。2011年中共山西省委组织部授予“优秀共产党员”称号。2012年山西省绿化委员会授予“山西省绿化奖章”。2014年中共山西省委、山西省人民政府授予“特级劳动模范”称号。2015年中共中央、国务院授予“全国劳动模范”称号。2018年中共山西省委组织部、宣传部及山西省民政厅授予“山西最美村干部”称号。2019年全国绿化委员会授予“全国绿化奖章”，文化和旅游部授予“乡村文化和旅游能人”称号，入选山西省“三晋英才支持计划拔尖骨干人才”。2019年6月28日，中央文明办发布2019年6月中国好人榜，刘建平上榜，被评为敬业奉献好人。山西省第十次党代会代表，山西省第十二届、第十三届人民代表大会代表，阳泉市第十四届人民代表大会代表，第十五届人民代表大会常务委员会委员。

宋晓文 汉族，1972年11月生，阳泉郊区人，中共党员。1992年服役中国人民武装警察部队，1995年退伍返乡。2001年任郊区李家庄乡汉河沟村党支部书记，2003年3月当选为汉河沟村委会主任。历获“全省优秀基层党组织书记”“山西省劳动模范”等称号。2017年12月人力资源社会保障部、农业部授予“全国农业劳动模范”称号，列席全国农业工作会议，受到习近平总书记接见。2020年10月被表彰为“全国双拥模范”。阳泉市第十五届人民代表大会代表。

第十一篇 文件选编

本篇收录领导讲话、工作报告、地方性法规、决议决定、规范性文件、机关工作制度六个方面的内容。其中，领导讲话部分，为中共阳泉市委历任书记公开发表的关于人民代表大会制度和人大工作的讲话，共5篇。工作报告部分，为十三至十五届第一次人民代表大会期间，市人大常委会主任或副主任受主任委托作的市人大常委会五年工作报告，并收入2020年本志结稿之年，市人大常委会主任在市人民代表大会上作的市人大常委会工作报告，共5篇。地方性法规部分，为市人大常委会公布的所有地方性法规，共9部。决议决定部分，为市人大及其常委会讨论本行政区域经济、政治、文化、社会和生态文明建设等重大事项作出的决议和决定，共35个，其中市人民代表大会作出的决议决定8个，市人大常委会作出的决议决定27个。规范性文件部分，为市人民代表大会、市人大常委会、市人大常委会主任表决通过或制定出台的工作规程和议事规则，共46个，其中市人民代表大会规范性文件2个，市人大常委会规范性文件33个，市人大常委会主任会议规范性文件11个。机关工作制度部分，为历届市人大常委会不断总结提升、逐步健全完善的机关制度体系，共31个，其中机关党建工作制度7个，机关办公制度16个，机关宣传工作制度8个。

第一章　领导讲话

在阳泉市纪念人民代表大会成立50周年暨地方人大常委会设立25周年大会上的讲话

中共阳泉市委书记　程步云

（2004年9月21日）

同志们：

在全市上下认真学习、深刻领会、全面贯彻落实党的十六届四中全会精神的重要时刻，今天我们在这里隆重集会，纪念人民代表大会成立50周年暨地方人大常委会设立25周年。

50年前，第一届全国人民代表大会第一次会议通过的宪法，以根本大法的形式，把人民代表大会制度确立为我国的根本政治制度，开辟了中国民主政治建设的新纪元；25年前，五届全国人大二次会议通过的地方组织法，规定县级以上地方各级人民代表大会设立常务委员会，开始了地方人大及其常委会工作的新阶段。50年来，人民代表大会制度不断完善，不断巩固，在新中国的发展史上写下了光辉篇章。我们回顾历史、总结经验，就是要以毛泽东思想、邓小平理论和"三个代表"重要思想为指导，进一步坚持和完善人民代表大会制度，加强和改进我市的人大工作，动员全市人民满怀信心地投身全面建设小康社会的伟大事业，推进我市社会主义物质文明、政治文明和精神文明全面发展。

一、历史昭示，人民代表大会制度是适合我国国情，富有生机和活力的根本政治制度

人民代表大会制度作为我国的根本政治制度，是中国共产党领导中国人民在长期革命斗争和社会主义实践中，把马克思主义国家学说同中国国情相结合，进行人民民主政权建设的经验总结。人民代表大会制度产生、发展的历程，反映了中国共产党为实现人民当家作主所作出的艰辛探索与卓越贡献。

早在革命战争年代，我们党就在发展民主政治、建设人民政权方面进行了探索和实践。土地革命战争时期，我们党在革命根据地成立了苏维埃代表大会，建立了工农民主专政的苏维埃政权。抗日战争时期，我们党领导解放区召开了参议员会议，组建了"三三制"政权。解放战争时期，我们党领导各解放区普遍召开人民代表会议，选举产生了各级人民政府。这些探索和实践，为建国后实行人民代表大会制度积累了宝贵经验。

1949年9月，中国人民政治协商会议第一次全体会议通过的《共同纲领》，确定了我国的政权制度是人民代表大会制度。1954年9月第一届全国人民代表大会第一次会议的召开，标志着我国以人民代表大会为基础的政权制度全面确立。1957年下半年以后，随着“左”倾思想日益严重，民主政治建设遭到损害，尤其是“文化大革命”10年，党内生活和国家生活中的民主集中制原则遭到严重破坏，人民代表大会制度形同虚设，地方各级人民代表大会也被取消。粉碎江青反革命集团后，人民代表大会制度开始逐步复归定位，特别是党的十一届三中全会的召开，开创了我国改革开放和社会主义现代化建设的新时期，发展社会主义民主、健全社会主义法治，成为新时期的重要目标和任务，由此，人民代表大会制度的建设与发展进入了一个全新的发展阶段。1982年宪法以及选举法、组织法等法律，按照我们党民主政治建设的基本方针，从我国实际出发，对健全人民代表大会制度作出了一系列新的重要规定。这些规定，对加强各级国家权力机关的工作和建设、健全国家体制有着重要意义。党的十五大提出依法治国、建设社会主义法治国家的基本方略，强调指出，发展社会主义民主政治，是我们党始终不渝的奋斗目标。我国实行的人民民主专政的国体和人民代表大会制度的政体是人民奋斗的成果和历史的选择，必须坚持和完善这个根本政治制度。党的十六大把建设社会主义政治文明与物质文明、精神文明一道确定为全面建设小康社会的重要目标，强调指出，建设社会主义民主政治，最根本的是要把坚持党的领导、人民当家作主和依法治国有机统一起来。要坚持和完善人民代表大会制度，保证人大及其常委会依法履行职能，保证立法和决策更好地体现人民的意志。50年来，在党的领导下，随着时代的发展，随着社会主义民主政治建设的不断推进，人民代表大会制度逐步完善，在党和国家政治生活中发挥着越来越重要的作用。

50年的历史昭示，人民代表大会制度是符合中国国情的政权组织形式。人民代表大会制度体现了社会主义制度的优越性，体现了社会主义民主的广泛性。它不同于资本主义国家的议会制，而是通过人民代表大会制度实现人民当家作主、同我国人民民主专政的国家性质相适应的政权组织形式，是我国的根本政治制度。

50年的历史昭示，人民代表大会制度是发展社会主义民主的根本途径。它充分体现了社会主义民主的本质特征。在国家政权形式上确保了人民当家作主的主人翁地位，在制度上保证了人民行使管理国家和社会的民主权利，保证了国家机构合理、协调、高效运转，是联系群众、反映民意、解决矛盾的主要民主渠道，是实现人民当家作主，管理国家事务的根本途径。

50年的历史昭示，人民代表大会制度是国家长治久安的重要保证。全国和地方各级人民代表大会在国家政权体系中处于首要地位。重视发挥它的作用，社会主义民主实现得就更充分，国家的政治生活就更稳定，经济社会发展就会更快更好；轻视甚至忽视它的作用，社会主义民主就会遭受挫折，国家政治、经济和社会发展就会蒙受损失。只有坚持和完善人民代表大会制度，切实发挥其作用，才能实现国家长治久安，人民安康幸福。

50年的历史昭示，发挥人大及其常委会的职能作用是坚持和完善人民代表大会制度的重要基础。人大及其常委会通过行使立法权、重大事项决定权，把党的主张和人民的意志经过法定程序，变成国家的意志和全社会的共同行为规范；通过行使监督和任免权，对行政、审判、检察机关进行制约，防止国家机关及其工作人员滥用权力。同时，各级人大及其常委会接受人大代表和人民群众的监督，上级人大对下级人大进行法律监督。坚持和完善人民代表大会制度，必须充分发挥人大及其常委会的职能作用。

二、实践表明，人民代表大会制度在我市社会主义物质文明、政治文明和精神文明建设中发挥了重要作用

阳泉市人民代表大会是地方国家权力机关。它的建立、发展、完善与整个国家政治生活的发展变化紧紧相连，走过了初步确立、曲折发展、严重挫折到逐步恢复、全面发展的过程。阳泉解放后，阳泉工矿区（市）和平定县、盂县相继成立了各界人民代表会议，为地方人民代表大会的建立准备了条件。1954 年 3 月，全市进行了一次空前的普选，在此基础上，1954 年 6 月，阳泉市第一届人民代表大会第一次会议召开，标志着人民代表大会制度在我市正式建立。“文化大革命”期间，人大制度遭到严重破坏，市六届人大未能继续召开会议，市七届人大换届选举也未能如期进行，直到 1982 年 7 月，市八届人大一次会议召开，选举产生了市八届人大常委会，人民代表大会制度在我市才逐步恢复并进入了新的发展时期。

历届市委和全市各级党委对人大工作高度重视，加强对人大工作的领导，重视发挥人大及其常委会的作用，市委还专门召开了两次人大工作会议，就加强人大工作作出了一系列部署。全市各级政府和法院、检察院主动接受人大监督，积极支持人大工作。全市各级人大及其常委会在市委和各级党委的领导下，坚持以马克思列宁主义、毛泽东思想、邓小平理论和“三个代表”重要思想为指导，以加强社会主义民主政治建设为根本任务，紧紧围绕全市改革发展稳定大局，认真履行宪法和法律赋予的神圣职责，锐意进取，开拓创新，在政治、经济和社会生活中发挥了重要作用，为全市改革开放和现代化建设做出了重要贡献。

改革开放以来的 20 多年，我市人大及其常委会卓有成效地开展了各项工作，突出表现在以下 5 个方面：一是始终坚持了正确的政治方向。20 多年来，市人大及其常委会始终坚持党的基本理论、基本路线、基本纲领，坚持党对人大工作的领导，坚持运用国家形式，全面贯彻党的十一届三中全会以来的路线、方针、政策，贯彻执行市委的正确决策，维护了党的领导和执政地位。二是始终坚持了以人为本的思想理念。20 多年来，市人大及其常委会坚持情为民所系、利为民所谋、权为民所用。常怀爱民之心、善谋为民之策，注重拓展联系群众的渠道，聚集关心群众的力量，倾注热爱群众的情感，增强服务群众的意识，注重执政为民的实效，真正体现了以人为本的思想理念。三是始终坚持了服务大局的工作目标。20 多年来，市人大及其常委会紧紧围绕改革、发展、稳定大局，依法行使职权，积极开展工作。先后召开了 149 次常委会会议，听取政府、“两院”工作报告 419 项，作出决议、决定 150 项，对 250 多部法律、法规开展了 188 次执法检查等，保证和促进了我市的经济建设和各项社会事业的发展，保证和促进了我市改革的深化和开放的扩大，保证和促进了宪法、法律和法规在我市的贯彻执行，保证和维护了全市团结稳定的政治局面。四是始终保持了奋发向上的精神状态。20 多年来，市人大及其常委会不断解放思想、与时俱进、开拓创新，积极研究和探索人大工作的新途径和新方法，建立和健全行使法定职权的新机制。八届人大常委会开展的执法检查、九届人大常委会开展的对“一府两院”工作的评议，十届人大常委会开展的述职评议，十一届人大常委会推行的执法责任制，十二届人大常委会建立的审议报告表决制等，都走在了全省乃至全国的前列。我市人大工作年年有进步、届届有发展，表现出了奋发进取、团结向上的精神风貌。五是始终发扬了求真务实的工作作风。20 多年来，市人大及其常委会坚持以科学理论武装头脑，夯实求真务实的思想基础。切实转变工作作风，深入开展调查研究，认真听取民言，细致体察民情，了解新情况，研究新问题，积极提出意见和建议，通过决议和决定，及时调整改革开放中的各种利益关系和解决出现的新问题，老老实实办实事、踏踏实实求实效，促进了我市的经济建设和社会发展。

人民代表大会制度在我市的实践和发展，显示了这一制度在我市社会主义物质文明、政治文明和精神文明建设中的重要功效，体现了人民当家作主的主人翁地位和社会主义民主的本质，印证了这一制度的巨大优越性和强大生命力。

回顾我市人民代表大会制度的光辉历程，一届又一届的人大代表，一届又一届的人大及其常委会，为了人民的利益，为了阳泉的发展，认真履行职责，充分发挥作用，做出了重要贡献，赢得了广大人民群众的赞誉。在此，我代表中共阳泉市委，向50年来为人民代表大会制度建设倾注大量心血、做出重要贡献的各位老领导、老同志，表示崇高的敬意！向全市各级人大代表和全体人大工作人员，表示诚挚的问候！向所有关心、支持人大工作的社会各界人士，表示衷心的感谢！

三、全面建设小康社会，必须进一步坚持和完善人民代表大会制度

当前，我国已经进入全面建设小康社会、加快推进社会主义现代化的新阶段。党的十六大报告指出："发展社会主义民主政治，建设社会主义政治文明，是全面建设小康社会的重要目标。"胡锦涛总书记进一步指出："发展社会主义民主政治，建设社会主义政治文明最重要的就是要坚持和完善人民代表大会制度。"

50年来，不断发展的社会实践和我国社会主义现代化建设所取得的辉煌成就，充分说明人民代表大会制度，适合我国国情，体现人民意志，顺应时代潮流，是党领导人民当家作主的最好的政权组织形式，具有无限的生命力和广阔的发展前景。目前，我市正处于全面建设小康社会，加快发展的关键时期。随着改革的深入，社会主义市场经济体制的不断发展和完善，人民群众的利益诉求日益多样化。如何更好地反映最广大人民的根本利益和统筹兼顾协调好各方面的具体利益，把人民群众的积极性、主动性和创造性充分发挥出来，形成推动全市改革和发展的强大动力，这对于我们进一步抓住新机遇，迎接新挑战，实现新的更快更好的发展，具有十分重要的意义。可以这样说，现在比往常任何时候都更需要坚持和完善人民代表大会制度，更需要充分发挥各级人大及其常委会的作用。对此，全市各级党组织、国家机关和广大干部群众务必从全局和战略的高度，进一步深化对人民代表大会制度的认识，增强坚持和完善人民代表大会制度的自觉性和坚定性。

坚持和完善人民代表大会制度，是全面建设小康社会的需要。全面建设更高水平的小康社会，就是要使经济更加发展、民主更加健全、科技更加进步、文化更加繁荣、社会更加和谐、人民生活更加殷实。发展社会主义民主政治，建设社会主义政治文明，是全面建设小康社会的主要目标和重要保证。人民代表大会制度是社会主义政治文明的根本标志、核心内容和制度保证。只有坚持和完善人民代表大会制度，保证人民代表大会及其常委会依法履行职能，才能更好地促进社会主义民主政治建设，实现物质文明、政治文明和精神文明的全面发展，实现全面建设小康社会的目标。

坚持和完善人民代表大会制度，是保证人民当家作主的需要。社会主义民主政治的本质是人民当家作主。人民当家作主又主要是通过人民代表大会的形式来体现的。建设社会主义民主政治，最重要的就是坚持和完善人民代表大会制度。只有坚持和完善人民代表大会制度，进一步加强和改进各级人大及其常委会的工作，不断推进社会主义民主政治的制度化、规范化，才能确保人大代表和人民群众在党的领导下，按照法定程序参与政治生活，行使管理国家和社会事务的权力。

坚持和完善人民代表大会制度，是推进依法治市进程的需要。按照依法治国基本方略的要求，我们要加快推进依法治市进程。人大及其常委会在推进依法治市中担负着重要职责，通过推行执法责任制、开展执法检查，加强监督工作，促进依法行政和公正司法，可以为改革开放和社会主义现代化建设创造良好的法治环境。这个作用发挥好了，我们就能使宪法和法律、法规成为全社会共同遵守的行为规范。

坚持和完善人民代表大会制度，是加强党的执政能力建设的需要。加强党的执政能力建设，改革和完善党的领导方式和执政方式，对坚持和完善人民代表大会制度提出了新的要求。只有坚持和完善人民代表大会制度，才能更好地反映民意、集中民智，提高决策的科学化、民主化水平；才能更好地使党的政策主张通过法定程序转化为国家意志；才能进一步加强监督工作，更好地保障宪法和法律法规的有效实施。

总之，坚持和完善人民代表大会制度，是建设富强、民主、文明的中国特色社会主义的内在要求，是我们党依法治国理政的需要，是宪法和法律赋予我们应尽的义务，是全社会的共同责任。只有从这样的高度深化认识，我们才能以纪念人民代表大会成立50周年暨地方人大常委会设立25周年为契机，高举邓小平理论和“三个代表”重要思想伟大旗帜，全面贯彻落实党的十六大和十六届四中全会精神，更好地把坚持党的领导、人民民主和依法治国统一于社会主义民主政治建设，统一于社会主义现代化的全过程。才能把人民代表大会制度坚持好、完善好，进一步推动人民代表大会制度与时俱进，使社会主义民主更加完善、社会主义法制更加完备、依法治国基本方略全面落实，人民的政治、经济、文化权益得到切实保障。

四、坚持和完善人民代表大会制度，必须加强党的领导，充分发挥人大及其常委会的职能作用

中国共产党是执政党，历来以实现和发展人民民主为己任。我国人民代表大会制度是在党的领导下建立、发展起来的。进一步坚持和完善人民代表大会制度，必须在党的领导下进行，不断加强党对人大工作的领导。而人大工作能不能搞好，关键在于各级党委是否加强和改善了领导，是否积极支持人大及其常委会依法行使职权。从我市的总体情况看是好的，但仍有一些同志在这方面缺乏自觉性，存在一定差距。因此，各级党委一定要站在建设中国特色社会主义事业的高度，站在坚持和完善国家根本政治制度的高度，站在提高党的执政能力、巩固党的执政地位的高度，充分认识坚持和完善人民代表大会制度的重大意义，认真落实市委《关于加强人大工作的决定》，积极发展党内民主，带动和促进人民民主，切实加强和改善党对人大工作的领导。一是要认真研究和切实改进党对人大工作的领导方式，健全领导制度和机制。各级党委要把人大工作列入总体布局，纳入党委的重要议事日程，按照人大的职权范围和工作方式及时向本级人大常委会提出任务和要求。要定期听取人大常委会党组的工作汇报，经常讨论和研究人大工作中的重大问题，提出改进人大工作的意见。对人大及其常委会决定的重大事项，要在方向、原则上多指导，严把关，使人大工作始终保持正确的方向。要继续坚持人大常委会主任、乡镇人大主席列席同级党委常委会和党委会议制度。要及时审批人大常委会党组的请示报告，对人大提出的意见和建议，要责成有关单位和部门及时处理。要进一步加强对人大及其常委会的政治、思想和组织领导，充分发挥各级人大常委会党组对党委意图贯彻执行的核心保证作用。二是要坚持党在宪法、法律范围内活动的原则，善于把党的主张通过法定程序变成国家意志。宪法法律是党的路线、方针、政策的定型化，是党的主张和人民意志的统一。党领导人民制定法律，也必须带头执行宪法、法律。各级党委和广大党员要不断强化法制观念，严格依法办事。凡是宪法法律规定的，属于本级行政区域内政治、经济和社会发展方面的重大问题，各级党委都要支持同级人大及其常委会依法履行重大事项决定权并作出相应决议、决定。三是要正确处理党管干部和人大及其常委会依法任免干部的关系。各级党委要认真贯彻党委向地方国家机关推荐重要干部的规定。凡是由人大及其常委会选举或任免的干部，党委在讨论决定前，要征求人大常委会主要领导成员的意见。党委要尊重和维护人大及其常委会选举、表决的结果，支持人大常委会通过人大代表视察、述职评议、代表评议等形式，对所选举和任命的干部进行工作监督。要把党管干部与人大及其常委会依法任免干部很好地结合起来，加强各级领导班子建设。四是要加强对人民代表大会制度、民主法制和人大工作的宣传。各级党委及宣传部门要把对人大制度、民主制度及人大工作的宣传纳入总体部署，强化措施，抓好落实。对人民代表大会会议、人大常委会会议和有关重大活动，要及时宣传报道，提高宣传质量，增强宣传效果。五是要帮助和支持各级人大及其常委会解决工作和建设中遇到的困难和问题。各级党委要在思想上、政治上、组织上重视和关心人大干部队伍的建设，加强对他们的培养、选拔和使用。各级政府要确保人大工作所需经费，逐步改善人大机关的工作条件。各级各部门都要认真贯彻代表法，积极为人大代表履行职责提供物质、时间和司法保障。

各级政府和法院、检察院是由人民代表大会选举产生，对人大负责、受人大监督的执行机关。要进一步增强法律意识和人大意识。要全面推进依法行政，继续深化行政体制改革，加快政府职能转变，努力建设法治政府。要积极推进司法改革、提高司法效率，充分发挥司法制度和司法机关维护社会公平和正义的作用。要严格执法、文明执法、公正执法，建立有权必有责、用权受监督的监督机制。要尊重人大及其常委会的法律地位，依法自觉地接受同级人大及其常委会的监督。对人大及其常委会组织的视察、调查，要积极支持配合；对人大及其常委会作出的决议、决定，要切实执行；对人大及其常委会督办的事宜要认真办理；对人大及其常委会提出的议案、意见、建议要及时解决答复。要积极主动地向人大及其常委会汇报工作，听取人大及其常委会的意见、建议，不断改进工作。

各级人大及其常委会开展工作，一是要自觉地坚持和依靠党的领导。坚持党的领导，是坚持和完善人民代表大会制度的政治保证，是人大工作必须遵循的一条重要原则。要坚决贯彻执行党的路线、方针、政策，通过法律程序把党委的意图变成国家意志，动员和组织全市人民为实现党的主张而奋斗。对人大及其常委会决定的重大事项，人大常委会党组要事前向同级党委请示，事后汇报。在开展人大工作中遇到的困难和问题，要主动依靠党的领导，处理好各方面的关系。二是要紧紧围绕发展第一要务开展监督工作。要牢固树立以人为本、执政为民的理念，坚持以科学发展观为指导，把发展作为履行职能的第一要务，切实加强对党委关注的重大问题，事关全局、影响长远的重要问题，“一府两院”的重点工作，人民群众普遍关注、反映强烈的问题的监督。要认真开展法律监督，坚决纠正有法不依、执法不严、违法不究以及以言代法、徇私枉法的现象，切实维护宪法和法律的权威，促进各级政府依法行政，促进司法机关公正司法，为全市的改革发展，营造良好的社会环境。要改进监督方式，坚持和完善听取审议工作报告、执法检查、代表评议、述职评议等行之有效的监督形式，积极探索新的监督方法和途径，使监督工作延伸到经济社会生活的各个层面、各个环节，促进改革发展稳定各项政策措施的落实。要完善监督机制，在总结经验的基础上，把一些比较成熟的做法用制度的形式固定下来，建立长效工作机制，不断推进监督工作的经常化、制度化和规范化。三是要认真行使好重大事项决定权和人事任免权。要围绕中心工作，抓准重大事项，搞好调查研究，增强人大通过的决定、决议的针对性、科学性和可操作性。对涉及改革开放、经济发展、社会稳定的重大问题和广大人民群众普遍关心的热点、难点问题，人大常委会都要在科学分析评议的基础上，及时作出决议、决定，必要时要提出议案，由人民代表大会作出决议或决定。把坚持党的领导、充分发扬民主和严格依法办事结合起来，做好人事任免工作，真正把权力交给人民信任的人，能为人民干实事、谋利益的人。四是要加强与人大代表的联系，发挥好党与人民群众联系的桥梁与纽带作用。要高度重视、认真办理代表议案。要切实拓宽代表的知政、知情渠道，积极组织代表开展活动，支持代表履行职责。要坚持和完善常委会联系代表、代表列席人大常委会会议等制度，健全代表联系选民、联系群众的各项制度，实现常委会与代表，代表与选民、群众这两个民意渠道的畅通融合。抓好代表特别是基层代表的培训工作，提高他们的政治文化素质和政策法律水平。认真落实代表法，在全社会营造尊重代表民主权利的良好氛围，及时纠正和有效杜绝侵犯代表合法权利的现象。五是各级人大代表和常委会组成人员都要增强政治责任感，认真学习理论和人大业务知识，提高履行职责的能力。自觉服从服务于全市工作大局，推进观念创新、制度创新和方法创新，真正把各级人大及其常委会建设成为能够担负起宪法和法律赋予的各项职责的工作机关，建设成为联系群众，了解民情，反映民意，集中民智的为人民群众充分信赖的代表机关。

50年岁月春秋，50年风雨日丽，回顾历史，我们百感交集；展望未来，我们充满信心。我们坚信，随着我国改革开放的不断深入和经济社会的全面协调发展，人民代表大会制度一定会在探索实践中进一步健全和完善，我国的人大工作和社会主义民主法制建设一定会取得更加辉煌的成就。让我们紧密团结在以胡锦涛同志为总书记的党中央周围，高举邓小平理论和“三个代表”重要思想伟大旗帜，积极贯彻落实党的十六大和十六届四中全会精神，团结奋斗，扎实工作，与时俱进，开拓创新，努力开创全市人大工作新局面，为建设社会主义政治文明，为全面建设小康社会、推进现代化进程而努力奋斗！

加强和改进党对人大工作的领导　努力开创全市人大工作新局面

——在市委人大工作会议上的讲话

中共阳泉市委书记　谢　海

（2006 年 9 月 18 日）

同志们：

这次市委人大工作会议，是在全市上下认真学习《江泽民文选》，不断引深“三个代表”重要思想教育，全面实施“十一五”规划，加快建设小康社会进程之际召开的一次重要会议。会议的主要任务是：以“三个代表”重要思想和科学发展观为指导，深入贯彻省委人大工作会议和市第十次党代会精神，认真落实中发〔2005〕9 号文件精神，全面总结我市人大工作的成绩和经验，进一步明确新形势下人大工作的目标和任务，不断加强和改进党对人大工作的领导，更好地发挥各级人大及其常委会的作用，努力开创人大工作新局面，为推进全市经济建设、政治建设、文化建设与和谐社会建设提供坚强保证。

一、认真履行职责，在促进全市经济社会又快又好发展上取得新成就

2000 年市委人大工作会议以来，全市各级党委认真落实市委《关于加强人大工作的决定》，坚持总揽全局、协调各方的原则，始终把人大工作摆在突出位置，加强领导，健全制度，主动协调，积极支持，为全市各级人大及其常委会开展工作创造了良好的条件，为充分发挥各级人大及其常委会的作用提供了坚强领导和政治保证。同时，各级人大及其常委会在同级党委的领导下，紧紧围绕改革发展稳定大局和市委中心工作，认真履行宪法和法律赋予的职责，不断提高工作质量和水平，为促进全市经济社会又快又好发展，做了大量卓有成效的工作，取得了显著成绩。具体表现在以下五个方面：

（一）始终坚持和依靠党的领导，把握了人大工作正确的政治方向。六年来，我市人大工作始终坚持以邓小平理论和“三个代表”重要思想为指导，全面落实科学发展观，坚定不移地贯彻执行党的路线方针政策，认真落实中央和省、市委关于加强人大工作的决定精神，自觉把坚持党的领导、人民当家作主和依法治国有机结合起来，积极接受党委在政治、思想、组织等方面的领导，努力完成党委交给的各项任务，既维护了党的领导地位，又保证了人大工作沿着正确的方向发展。

（二）始终坚持促进发展为主题，凸显了人大工作服务大局的根本目的。社会主义的根本任务是发展生产力，发展是解决一切问题的关键。我市人大工作始终坚持把发展作为第一要务，紧紧围绕经济建设中心，认真履行职责，想发展大局，议发展大事，谋发展大计。无论是审议工作报告、行使重大事项决定权，还是开展执法检查、视察评议等，都突出了发展这一主题，促进了全市改革开放和市场经济的健康发展，促进了党委重大决策和部署的贯彻落实，促进了全市经济社会的快速发展、科学发展、和谐发展。

（三）始终坚持把维护人民群众的根本利益作为出发点和归宿，体现了人大工作以人为本的思想理念。实现人民的愿望，满足人民的需要，维护人民的利益，既是党的根本宗旨的具体体现，也是做好人大工作的本质要求。全市各级人大及其常委会坚持权为民所用，情为民所系，利为民所谋，注重增强服务群众的意识，拓展联系群众的途径、倾注热爱群众的情感，不断加强人大代表和人民群众的联系，反映人民意愿，畅通民主渠道，充分调动了人大代表参与国家和社会事务管理的积极性，凝聚了广大人民群众的智慧和力量，真正体现了人民当家作主。

（四）始终坚持科学、民主、依法行使职权，发挥了人大运作方式的独特优势。人大工作是政治性、法律性、程序性很强的工作，必须坚持民主集中制原则，坚持依法办事，坚持走群众路线。各级人大及其常委会充分发扬民主，深入调查研究，广泛听取意见，不断完善决策和工作机制，把集体研究问题、集体决定问题、集体行使职权贯穿于人大的各项工作中，坚决维护宪法和法律的权威，自觉在法制的轨道上行使权力，依法开展各项工作，保证了人大工作的有序、优质、高效运行。

（五）始终坚持以创新精神推进工作，适应了人大工作与时俱进的时代要求。创新是事业充满生机和活力的源泉，也是人大工作不断取得新进展的动力与基础。我市人大工作者在坚持法定原则、把握工作规律性的基础上，适应新形势新任务的要求，解放思想，更新观念，求真务实，开拓进取，进行了一些富有创新的探索。市人大及其常委会在听取审议“一府两院”工作报告时，引入了表决制；在人代会和常委会议上邀请公民旁听会议，开设热线电话、网络信箱，听取群众意见，了解群众意愿，接受群众监督，进一步扩大了公民有序政治参与的渠道；不断提高人代会和常委会的透明度，在行使重大事项决定权时，建立了决议之前重调研、决议之中讲民主、决议内容求实效、决定之后抓监督的机制等，都取得了较为明显的成效。

总的来说，市委对人大工作是满意的，对各级人大及其常委会取得的成绩是充分肯定的，对人大干部队伍是信赖的。在此，我代表中共阳泉市委向全市各级人大代表、人大常委会组成人员，向各级人大及其常委会机关干部，向为我市人大工作做出贡献的各界人士，表示诚挚的敬意和亲切的问候！

二、增强人大意识，在坚持和完善人民代表大会制度上要有新境界

人民代表大会制度是我国的根本政治制度。地方各级人大及其常委会是坚持和完善这一制度的重要基础。半个多世纪的实践证明，人民代表大会制度充分体现了社会主义制度的优越性和社会主义民主的广泛性，是符合我国国情、体现国家性质、顺应时代潮流，能够保证人民当家作主的最好政权组织形式，是全面建设小康社会，实现中华民族伟大复兴的可靠制度保证。同时要看到，在坚持和完善人民代表大会制度的进程中，我们还面临着复杂的国内外环境，特别是一些西方国家妄图把他们的“民主”“自由”和政治制度强加给我们，实现对我国西化、分化的政治图谋。国内社会上还存在封建残余思想的影响。我们的一些同志包括少数领导干部，对坚持和完善人民代表大会制度的认识还不到位，存在“怕民主”“嫌麻烦”等错误认识。加之我们工作中存在的一些问题，如有的党委对人大工作缺乏深入的研究和有力的领导，人大及其常委会有些职权的行使还不到位，人大工作和自身建设中面临的困难和问题未能及时有效解决，都与人大意识不强、认识上的差距有关。全市各级党组织、国家机关和广大干部群众一定要从战略和全局的高度，在以下五个方面深化认识，提高境界，切实增强坚持和完善人民代表大会制度，做好新形势下人大工作的自觉性和坚定性。

第一，坚持和完善人民代表大会制度，是建设社会主义政治文明、保证人民当家作主的必然要求。建设社会主义政治文明是我国社会主义现代化建设的重要目标和任务。社会主义政治文明的本质特征就是人民当家作主。人民当家作主又主要通过人民代表大会的形式来体现。人民代表大会制度集中体现了我国社会主义民主政治的特点，是人民当家作主的主要途径和最高实现形式，是社会主义政治文明的重要载体，它从国家政治形态上确立了人民当家作主的地位，从组织上体现了人民是国家的主人，从制度上保证了人民行使管理国家的权力。人民代表大会制度健康发展，人民当家作主就有保障，否则国家事业就会遭受损失。

第二，坚持和完善人民代表大会制度，是改进党的领导方式、提高党的执政能力的重要体现。党执政五十多年来的一条重要经验，就是必须坚持为人民执政、靠人民执政，坚持科学执政、民主执政、依法执政。只有这样，才能不断完善党的领导方式和执政方式，在为人民治国理政的实践中体现党的先进性、发展党的先进性、永葆党的先进性。我们党的执政地位主要通过党对国家机关的领导来实现，党的执政活动也主要通过支持各级国家机关依法履行职责来实现。人民代表大会制度在国家权力体系中处于核心位置，坚持和完善这一制度，有利于及时把党的主张通过法定程序变为国家意志，成为人民群众共同遵守的行为规范，从而更好地保证党的路线方针政策的贯彻实施，更好地实现党的领导。适应新形势新任务的要求，把发挥党的领导核心作用与支持国家机关依法履行职责统一起来，也是巩固党的执政地位的重要保证。一个地区的人大工作搞得好不好，是这个地区党委执政水平高不高、执政能力强不强的重要体现。我们必须从为人民执好政、掌好权的高度，自觉坚持和不断完善人民代表大会制度。

第三，坚持和完善人民代表大会制度，是实施依法治国基本方略、建设社会主义法治国家的基本途径。推进依法治国，建设社会主义法治国家，是党领导人民治理国家的基本方略。推进依法治国，必须加强社会主义法制建设，坚持有法可依、有法必依、执法必严、违法必究。人民代表大会制度涵盖立法、行政、司法等国家政治生活的各个方面，是实施依法治国的主要平台。人大及其常委会担负着按法定程序制定法律法规的重要职责，通过法律监督和工作监督，保证宪法、法律、法规的正确实施和人民民主权利的落实，促进“一府两院”依法行政、公正司法和文明执法，维护法制的统一和尊严，提高全社会的法律意识和法制观念，实现社会主义民主的制度化和法律化。可以说，人民代表大会制度发展完善及功能发挥的过程，就是依法治国方略深入实施的过程。

第四，坚持和完善人民代表大会制度，是落实科学发展观、全面建设小康社会的重要保障。坚持以科学发展观统领经济社会发展全局，切实抓好发展这个党执政兴国的第一要务，推进经济社会又快又好发展，是党的先进性在当代中国最重要最具体的体现。落实科学发展观，不仅要求经济社会全面协调可持续发展，而且要求民主更加健全、法制更加完备。刚刚闭幕的市第十次党代会，坚持以科学发展观为指导，描绘了未来五年乃至更长一段时期我市发展的宏伟蓝图，对我市经济社会发展作出了全面部署，特别是提出了要在全省争先发展、在全国中部地区同等城市率先崛起的奋斗目标，确定了继续实施“大开放、大企业、大项目、大民营”四大战略的发展方略。要实施“四大战略”，实现“两先”目标，把蓝图变成现实，要求我们更好地坚持和完善人民代表大会制度，进一步做好人大工作，发挥人大及其常委会的作用，善于用经济和法律的手段解决经济社会发展中存在的矛盾和问题，为实现又快又好发展创造良好的法治环境和制度环境。

第五，坚持和完善人民代表大会制度，是构建社会主义和谐社会、实现国家长治久安的内在要求。构建社会主义和谐社会，是我们党从全面建设小康社会的全局出发提出的一项重大任务。促进和维护社会和谐，把全体人民最广泛地团结起来，把各方面力量最大限度地凝聚起来，形成干事创业的良好氛围，必须以民主法治为基础。在欠发达的条件下建设和谐阳泉，解决好改革发展、保障体系、社会管理和教育引导四个层面的问题，需要加快发展步伐，需要社会的共同努力，特别是需要人大及其常委会按照宪法和法律的要求，监督落实调整社会关系的法律法规，完善利益协调机制，在表达、平衡、调整社会利益和构建社会主义和谐社会方面更好地发挥作用，确保民主法治、公平正义、诚信友爱、充满活力、安定有序、人与自然和谐相处等价值目标得到认同和实现，促进社会结构之间的和谐、社会各阶层之间的和谐、人与社会之间的和谐、人与人之间的和谐、人与自然之间的和谐，保证社会稳定和经济发展。

三、增强执政意识，在加强和改进党对人大工作的领导上要有新举措

执政意识主要是指执政党在履行执政使命、巩固执政地位的实践中表现出来的政治责任。执政意识的强弱决定着执政党的前途和命运。我们党是执政党，各级党委要从为人民执好政、掌好权的高度，按照科学执政、民主执政、依法执政的要求，坚持党的领导、人民当家作主和依法治国的有机统一，切实发挥党的领导核心作用，进一步加强和改进对人大工作的领导，为搞好人大工作提供根本保证。

*第一，要高度重视，更加自觉地把人大工作摆在党委工作的重要位置。*人大工作是党的全部工作的重要组成部分。各级党委要坚持把人大工作纳入党委工作的总体布局，摆上重要议事日程，进行统一安排部署，定期听取人大工作专题汇报，全面了解人大工作的进展情况，及时研究解决有关重大问题。根据经济社会发展情况和人大及其常委会的职权范围、工作方式，及时向本级人大及其常委会出题目、交任务、提要求，同时为人大及其常委会了解全局情况，履行法定职责创造必要的条件。继续坚持好人大常委会负责人列席本级党委常委会议等各项制度，党委主要负责人要联系人大工作，党委的重大决策和重要工作部署，要及时向人大常委会党组通报，听取他们的意见和建议，涉及人大及其常委会职权范围内的工作，事先要向人大常委会党组通报。支持、督促人大常委会党组和机关党组织发挥自身作用，按照党章规定和党委要求做好工作。进一步加强对人大及其常委会的政治、思想和组织领导，通过制定重大方针、推荐重要干部，进行思想宣传，发挥党组织和党员的作用，更好地实现对经济社会事务的领导。

*第二，要改进方式，更加努力地提高依法执政的能力和水平。*依法执政是新的历史条件下马克思主义政党执政的基本方式，是坚持科学执政、民主执政的重要保证，是加强党的执政能力建设和先进性建设的重要内容。面对执政条件和社会环境的深刻变化，各级党委要不断改革和完善党的领导方式和执政方式，坚持依法治国的基本方略，牢固树立法制观念，带头学法、模范守法、保证执法，不断推进全市经济、政治、文化、社会生活的法制化、规范化，以法治的理念、法治的体制、法治的程序保证党领导人民有效治理社会。要从根本上转变不适应形势发展要求的思维方式、领导方法和工作习惯。各级党组织都要在宪法和法律的范围内活动，严格按照宪法和法律办事，广大党员要遵守宪法和法律，做遵纪守法的模范。越是事情紧要，越是矛盾突出的时候，越要坚持依法办事，在法治的轨道上推动各项工作。要善于运用法律手段管理经济和社会事务，善于运用法律的权利义务机制调整各种社会关系和利益关系。要妥善处理人民内部矛盾和其他矛盾，保障公民和法人的合法权益，为经济社会发展提供牢固的基础、持久的动力和广阔的空间。

*第三，要落实措施，更加积极地支持人大及其常委会依法履行职责。*各级党组织、国家机关都要尊重和维护人大的法律地位，支持人大依法行使决定权。要进一步完善党委重大决策与人大行使重大事项决定权相结合的工作机制，科学界定重大事项的范围，完善审议决定重大事项的程序。凡是应当由人大及其常委会决定的事项，都要提交人大及其常委会讨论决定。要认真贯彻落实监督法，支持人大及其常委会依法履行监督权，协调引导“一府两院”切实支持监督，自觉接受监督。支持人大及其常委会依法行使选举权、任免权，认真贯彻中央关于地方党委向地方国家机关推荐重要干部的规定，坚持党管干部原则与人大及其常委会依法行使人事任免权的有机统一，加强对选举、任

免工作的领导，尊重和维护人大及其常委会的选举、表决结果。凡是人大及其常委会选举或任免的干部，在选举或任免前，一律不得对外公布，不得正式到职或离职。要尊重和维护人大代表的民主权利，支持各级人大代表依法履行职责。

第四，要创造条件，更加主动地关注关心人大自身建设。重视人大常委会领导班子建设，优化人大常委会领导人员及委员的结构。各级人大常委会领导人员和委员中，既要有一定数量的具有丰富实践经验的同志，也要有具备较高理论水平和现代专业知识的同志，适当提高年轻同志和专职委员的比例，形成合理的年龄、知识和专业结构，保持工作的连续性和稳定性。要调整充实人大专门委员会，使之成为人大闭会期间开展活动、行使职权的重要组织。要按照“政治坚定、业务精通、务实高效、作风过硬、团结协作、勤政廉政”的要求，大力加强人大及其常委会机关干部队伍建设。要把人大常委会机关干部的培养、选拔、使用纳入党的干部队伍建设的总体规划，加强选拔任用、轮岗培训、挂职锻炼、脱产学习等工作。加大人大及其常委会机关与党委及其他国家机关之间干部交流力度，提高人大及其常委会机关干部队伍的整体素质。要重视和加强乡镇和街道人大的建设，进一步提高其工作的效能。要重视改善人大工作的条件，帮助解决好编制、资金、办公设施、交通工具等方面的实际困难，特别是对办公设施简陋、经济困难的基层人大，要给予更多的关心和支持。要按照《代表法》的要求，积极主动地为人大代表履行职责提供物质保障、时间保障和司法保障。

第五，要加强宣传，更加全面地为人大工作创造良好社会环境。人民代表大会制度的坚持和完善离不开社会的宣传和支持，这也是党的宣传工作的重要组成部分。要认真贯彻中宣部《关于加强社会主义民主法制建设和人民代表大会制度宣传报道的意见》，切实把对人大制度、民主法制建设及人大工作的宣传纳入党委宣传工作总体部署，统筹规划，加强领导，强化措施，抓好落实。各级宣传部门和新闻媒体要正确引导舆论，突出主题，丰富形式，加大力度，增强效果，营造全党全社会支持人大工作的社会舆论环境。各级党校、行政学院要把人大理论作为干部培训的重要内容，教育干部群众进一步深化对人民代表大会制度本质特征、重要地位和独特作用的认识，增强坚持和完善人民代表大会制度的自觉性和坚定性，为人大开展工作创造良好的条件和环境。

四、增强责任意识，在围绕中心开创人大工作新局面上要有新成效

各级人大及其常委会要适应改革开放和现代化建设的新形势，适应社会主义民主法制建设不断推进的新要求，充分发挥国家权力机关、工作机关和代表机关的作用，不断提高人大工作的质量和水平。

第一，自觉坚持党的领导，确保人大工作正确的政治方向。做好人大工作，坚持党的领导、人民当家作主和依法治国的有机统一，其中最根本、最核心的是坚持党的领导，这是做好人大工作的根本保证，是任何时候都不能动摇的根本原则。各级人大及其常委会要始终以邓小平理论和“三个代表”重要思想为指导，坚持以科学发展观统领人大工作，在思想上、政治上、行动上与党中央保持高度一致，全面贯彻执行中央的方针政策和各级党委的决策部署，按照人民代表大会统一行使国家权力的要求，坚持民主集中制原则，坚持走群众路线，坚定不移地坚持社会主义的政治方向，坚持社会主义制度的自我完善和发展，走中国特色的政治发展道路。要自觉把人大工作置于党委的领导之下，一方面，通过积极主动的工作，使党委的主张经过法定程序成为国家意志、人民意志；另一方面，使党组织推荐的人选经过法定程序成为国家机关的领导人员，确保党委意图得到实现。与此同时，人大及其常委会的重大事项安排、重要工作开展，都要及时向党委请示报告，取得同意后严格按照法定程序办理。

第二，依法履行法定职权，服务改革发展稳定大局。各级人大及其常委会要紧紧围绕党委中心工作，抓住本地区全局性、根本性、长远性的重大事项适时作出决定决议，特别是要围绕经济、政治、教育、科学、文化、卫生、环境和资源保护等重点，更加有效地行使决定权，逐步形成深入了解民情、反映民意、集中民智、珍惜民力、保障民益的决策机制，促进全市加快发展、科学发展、和谐发展。要按照围绕中心、突出重点、讲求实效的思路，切实加强和改进监督工作。要认真学习贯彻监督法，严格按照监督法规定的原则、范围、程序和要求，认真行使监督权，努力做到不缺位、不错位、不越位。要明确监督重点，坚持围绕法律法规实施中的难点、经济社会发展的重点和人民群众关注的热点以及执法工作中的薄弱环节开展监督工作，进一步强化对"一府两院"贯彻实施法律、法规和人大决定、决议的监督，强化对实施"十一五"规划纲要和预算编制、执行情况以及财政资金投资建设重大事项的监督。进一步加大对依法行政、公正司法的监督力度，坚决纠正有法不依、执法不严、违法不究的行为，坚决纠正以言代法、以情枉法、以权压法的问题，确保宪法和法律得到正确实施，确保行政权和司法权得到正确行使，确保公民、法人和其他组织的合法权益得到尊重和保护。要提高监督水平，正确处理监督与支持的关系，寓支持于监督之中，既要通过监督纠正"一府两院"工作中的偏差，又要通过监督帮助"一府两院"解决工作推进中的难题，同时不干涉、不代替"一府两院"的具体行政工作和司法活动，体现人大及其常委会与"一府两院"工作目标的一致性，调动被监督者一同做好工作的积极性。要形成监督合力，积极探索监督工作中的新途径和新方式，把法律监督与工作监督结合起来，把人大监督与舆论监督、群众监督、社会监督结合起来，搞好协调配合，改进监督方法，拓宽监督渠道。人大常委会组成人员在执法检查、审议专题工作报告中提出的重要意见和建议，有关问题的整改情况，要采取适当方式向社会公开，进一步增强监督效果。在行使人事任免权上，要在坚持党管干部原则的前提下，严格按照法律和有关规定，实现党内工作程序和人大及其常委会法定程序的有机结合。明年，我市市、县（区）、乡（镇）三级人大要陆续进行换届，各级人大及其常委会要讲政治、讲大局、讲原则、讲程序，充分发挥人大职能作用，进一步规范人事任免工作。对应由人代会选举的干部，要提请大会充分酝酿讨论，人大常委会党组要尊重党委的提名，积极做好工作，严格按照法律程序办事，真正把权利交给党和人民信任的人、能为人民干事谋利的人，保证党委意图得到实现。要根据宪法和法律的有关规定，加强领导，严密组织，认真执行选举法，做好选民登记、推荐和确定代表候选人、优化代表结构等工作，保障选民和代表依法行使选举权和被选举权，坚决防止和纠正各种不符合法律法规的参选活动，及时处理干扰、破坏选举的违法行为，确保推荐和选举活动依法有序进行。

第三，认真做好代表工作，汇聚促进发展、构建和谐的民心民力。我市各级人大代表近3000人，工作在各个岗位，分布在各条战线，与人民群众密切相连。各级人大及其常委会要进一步加强和改进代表工作，充分发挥代表的作用，使各项工作和决策更好地代表人民的愿望和利益。要大力支持代表工作。进一步拓宽代表知情知政的渠道，提高向代表提供信息服务的质量，使代表及时、全面、准确地了解经济、政治、文化等方面的情况；进一步扩大代表对常委会活动的参与，邀请代表列席常委会会议，吸收代表参与常委会组织的执法检查、工作视察等活动；进一步规范和完善议案、建议的审议办理及督办工作，加强综合分析，突出重点建议，加大督察力度，提高办理质量，进一步提高代表活动的实效。健全闭会期间代表活动的组织、激励和保障机制，充分发挥人大代表联系人民群众的桥梁作用。对妨碍、阻挠代表执行代表职务或侵犯代表权益的行为，坚决依法查处。要注重规范代表行为，引导代表加强调查研究，了解真实情况，反映群众要求，广泛集中民智，敢于代民立言，善于建言献策。加强对代表的管理，督促代表履行各项法定职责。教育代表珍惜职务和荣誉，模范遵守宪法和法律，严格区别依法执行代表职责与从事个人职业活动的行为，不得借执行代表职责进行个人职业活动，不得为本人和他人谋取不当利益。要切实提高代表素质。注重提高代表的政治素质和议政能力，防止和克服把代表职务当作荣誉职务或照顾性安排的倾向，重视优化人大代表的构成，不断优化代表的年龄、知识、专业结构。要把代表的广泛性和先进性结合起来，健全代表学习培训机制，通过各种形式加大培训力度，使代表在开展工作中学习群众的智慧，提高综合素质和履职水平。有关部门要为人大代表学习培训提供必要的条件。

第四，切实加强自身建设，树立人大机关良好形象。随着改革开放的深入和依法治国方略的实施，人大及其常委会担负的任务越来越繁重，必须切实加强人大及其常委会机关的自身建设。一是要加强学习，适应履职要求。各级人大及其常委会要抓好理论武装，特别是要用“三个代表”重要思想和科学发展观武装头脑、指导实践，把思想和行动统一到科学发展观上来，不断提高贯彻落实科学发展观的能力。要抓好宪法和法律的学习，抓好党和国家路线方针政策的学习，牢固树立政治观念、法制观念、大局观念、群众观念，进一步增强责任感、使命感和光荣感。人大工作涉及面广、领域宽，要认真学习市场经济、现代科技等方面的知识，拓宽视野，增长才干。二是要健全制度，创新工作机制。扎实推进人大工作的制度化、规范化、程序化，完善各项规章制度，坚持按照制度办事、按程序办事，形成职责明确、分工负责、规范有序、务实高效的运行机制，提高工作质量和效率。进一步加强全市各级人大及其常委会之间的联系，通过执法检查、情况通报、邀请列席会议、召开座谈会、组织研讨和培训等形式，沟通情况，互相配合，提高全市人大工作整体水平。三是要求真务实，树立良好的形象。大力弘扬求真务实精神，大兴调查研究之风，深入实际，了解实情，讲求实效，反对和克服形式主义，努力成为解放思想的模范、落实第一要务的模范、求真务实的模范、开拓创新的模范。人大及其常委会是监督其他国家机关的，人大及其常委会机关也要自觉接受人大代表和人民群众的监督。要加强党风廉政建设，不断提高拒腐防变的能力，树立地方国家权力机关的良好形象。

同志们，坚持和完善人民代表大会制度，事关大局，意义深远。让我们紧密团结在以胡锦涛同志为总书记的党中央周围，高举邓小平理论和“三个代表”重要思想伟大旗帜，全面落实科学发展观，以这次会议为新起点，统一思想，振奋精神，求真务实，锐意进取，进一步开创全市人大工作新局面，为在全省争先发展、在中部同等城市率先崛起，为建设充满活力、富裕殷实、文明和谐、山川秀美的新阳泉，为打造中国“鲁尔区”、晋东明珠城而努力奋斗！

在市十五届人大一次会议闭幕会上的讲话

中共阳泉市委书记　陈永奇

（2017 年 3 月 11 日）

各位代表、同志们：

阳泉市第十五届人民代表大会第一次会议，经过全体代表的共同努力，圆满完成了各项议程，就要胜利闭幕了。

大会听取并审议通过了市人大常委会工作报告、市政府工作报告和其他报告，表决通过了《阳泉市地方立法条例》，选举产生了新一届市人大、市政府领导班子和市监察委员会主任以及市法检"两长"。

从本次会议开始，新一届人大代表开启了为期五年的履职。会议期间，各位代表肩负全市人民重托，忠实履行职责，依法行使权力，共谋发展大计，同绘宏伟蓝图，展现出奋发有为、昂扬向上的精神风貌。这是一次高举旗帜、继往开来的大会，是一次团结民主、群策群力的大会，是一次鼓舞士气、催人奋进的大会。在此，我代表中共阳泉市委，向大会成功召开、向新当选的同志表示热烈祝贺！向为大会顺利召开付出努力的各位代表、与会同志和大会工作人员表示衷心感谢！

市十四届人大一次会议特别是 2013 年以来，面对严峻复杂的经济形势、党风廉政建设和反腐败斗争形势、信访稳定形势、安全生产形势及环境保护形势，面对艰巨繁重的改革发展稳定任务，在省委、省政府的坚强领导下，全市上下全面贯彻落实党的十八大和十八届三中、四中、五中、六中全会精神，深入学习贯彻习近平总书记系列重要讲话精神和治国理政新理念新思想新战略，统筹推进"五位一体"总体布局，协调推进"四个全面"战略布局，认真落实省委"一个指引、两手硬"重大思路和要求，迎难而上、砥砺奋进，全市经济建设、政治建设、文化建设、社会建设、生态文明建设和党的建设都取得了新的成绩。这些年来，市十四届人大及其常委会和各位代表围绕中心、服务大局，认真履行宪法和法律赋予的职责，不断加强和改进监督工作、任免工作、代表工作，为保障和促进全市经济社会持续健康发展做出了重大贡献。实践充分证明，市人大及其常委会是一个政治坚定、依法履职、敢于监督、务实有为的领导班子。市人大代表不负重托、忠诚履职、积极作为。对十四届市人大及其常委会的工作，对各位代表的工作，市委是充分肯定的。

这次换届，由于年龄等原因，刘高官、王振国、刘兆林、吴丽萍等同志不再担任新一届人大的领导职务。他们在任职期间，勤勉敬业、忠诚履职，为阳泉改革发展倾注了大量心血，做出了重大贡献。特别是刘高官同志，理想信念牢固，政治立场坚定、大局意识强、领导经验丰富、工作创新务实、作风扎实过硬，待人真诚、与人为善，来阳泉工作 24 年，先后在市委、人大、政府、政协多个重要领导岗位任职，兢兢业业、勤勤恳恳、任劳任怨、无私奉献，为我市经济社会发展做出了重大贡献。

同时，由于年龄和工作变动原因，任衍钢、董仙桃等同志不再担任新一届政府领导职务。他们在任职期间，忠诚担当、勤政务实，攻坚克难、奋力作为，为我市加快转型升级、实现振兴崛起作出了重要贡献。

阳泉的发展就是这样一任接着一任，一届接着一届，接续奋斗、不断前进的。阳泉人民将永远铭记。我提议，让我们以热烈的掌声，向刘高官、王振国、刘兆林、吴丽萍、任衍钢、董仙桃等同志，向离任的市人大常委和不再担任新一届人大代表的同志，向所有退下来的老同志，表示衷心的感谢和崇高的敬意！

以这次大会为标志，我市市县乡三级换届工作圆满结束，实现了中央和省委提出的“绘出思路清措施实的好蓝图、选出忠诚干净担当的好干部、配出结构优功能强的好班子、换出心齐气顺劲足的好面貌”的“四个好”目标。市委希望市人大、市政府和新选举产生的监察委员会、市法检“两院”，不辜负组织的信任和人民的重托，与全市人民一道撸起袖子加油干，努力展现新作为，争创新业绩，开创新局面，树立新形象。

各位代表、同志们，去年召开的市第十二次党代会描绘了未来五年的发展蓝图，确立了“四大定位”的战略目标，标志着阳泉发展翻开了新的一页，这次市人代会贯彻市第十二次党代会精神和市委十二届二次全会暨经济工作会议精神，作了进一步细化、具体化。把这些蓝图变成现实，既是全市人民的共同心愿，更是全体代表的共同责任。我们要义不容辞地肩负起这个神圣使命，不断开创全市各项事业新局面。

要学用系列重要讲话，切实强化“四个意识”。党的十八大以来，习近平总书记着眼于新的国际环境、新的发展阶段和新的风险考验，发表了一系列重要讲话，深刻揭示了当今世界和当代中国发展变化的根本方向，深刻阐述了事关党和国家前途命运的根本问题，开辟了马克思主义中国化新境界，为中国特色社会主义理论体系注入了新的内涵和时代精神，是全党在新的历史条件下进行具有许多新的历史特点的伟大斗争的政治宣言，是指引我们党奋力推进中国特色社会主义伟大事业和全面推进党的建设新的伟大工程的纲领性文献，是全体党员干部向党中央看齐、与党中央保持高度一致、把握正确政治方向的行动指南。要以“两学一做”学习教育常态化制度化为载体，深入学习习近平总书记系列重要讲话精神和治国理政新理念新思想新战略，在融会贯通中把握要义、在学以致用中解决问题、在全面覆盖中实现提升。要通过学用系列讲话，进一步坚定“四个自信”，增强“四个意识”特别是核心意识、看齐意识，切实做到思想上拥戴核心、政治上维护核心、行动上紧跟核心。要坚定自觉、始终如一地向党中央看齐，向习近平总书记看齐，向党的理论和路线方针政策看齐，向党中央的决策部署看齐，始终同以习近平同志为核心的党中央保持高度一致。要进一步提高政治站位，无论处在哪个领域、哪个层级、哪个部门和单位，都要服从党中央集中统一领导，推动中央大政方针和省委决策部署在阳泉落地生根、开花结果，推动中国特色社会主义道路在阳泉越走越宽广、越走越坚定。

要始终坚持以经济建设为中心，全力抓好第一要务。发展是我们党执政兴国的第一要务，是解决中国所有问题的关键。对于阳泉这样一个资源型地区和老工业基地来说，破解长期积累的深层次结构性矛盾，加快发展的要求更加迫切、任务更加艰巨。我们要始终坚持以经济建设为中心不动摇，全面落实新发展理念，坚持稳中求进工作总基调，全力实施创新驱动、转型升级战略，不断提高发展质量和效益。要以供给侧结构性改革为牵引推动经济转型升级，把深化“供改”与深化“综改”结合起来，落实好“三去一降一补”五大重点任务，按照“稳定煤炭、加快电力、扩大煤化、做强装备、创新冶金、重组耐材、做大旅游、突出信息、加强物流”的思路，加快调整产业结构，着力构建现代多元支柱产业体系，努力走出一条资源型地区转型发展的新路，在建设转型发展先行市上迈出坚实步伐。要重点推进煤炭供给侧结构性改革，不断提升先进产能、洗选配煤、非煤、新兴产业特别是高新技术产业“四个占比”。要着力实施能源产业创新工程和传统优势产业提质工程，努力从煤以外寻找战略支撑点，下更多功夫、花更大气力发展非煤非电非传统产业，形成输煤输电输数据并举的格局。要紧紧抓住项目这个抓手，加快推进一大批产业项目、基础设施项目、民生项目，特别要抓好阳大铁路、光伏发电、煤制乙二醇、中环快速路等标志性工程项目，培育更多的经济增长点。要强化县（区）主体意识，大力发展县域经济，真正使县（区）成为转型的主体、发展的标兵，在全市形成你追我赶、奋力争先的局面。

要全面深化改革开放，最大限度激发内生动力活力。改革是党和人民事业大踏步赶上时代的重要法宝。阳泉发展相对滞后，但改革决不能落后。目前，我们正处于新的改革“窗口期”，要切实增强抓好改革攻坚的责任感和紧迫感，坚持不懈向改革要动力、要活力。重点要把握市场化取向、竞争力目标、专业化重组、股份制改造、现代化管理、科学化监管要求，加快推进国资国企改革。要加快开发区改革创新发展，重点在扩区调规整合改制上下功夫，努力把开发区打造成为我市转型升级的示范区、创新驱动的引领区、新兴产业的集聚区、经济发展的增长极。要大力发展民营经济，坚持“非禁即入”原则，进一步激活和释放民间资本；构建“亲”“清”新型政商关系，鼓励民营企业家放心、放胆、放手发展。要深化对接京津冀、融入环渤海工作，全面拓展与周边区域合作，创新招商引资方式，提高招商引资质量。要深入推进行政管理体制改革，主动与中央对表，与先进、一流对标，与市场规则、国际惯例对接，持续推进简政放权、放管结合、优化服务，严厉整治“衙门作风”，切实治理“中梗阻”“为官不为”“为官慢为”，创优发展环境。全市各级各部门主要负责同志要以解决突出问题为突破口和主抓手，亲力亲为抓改革，扑下身子抓落实，真正把改革这篇大文章做好做实，最大限度激发全社会的积极性、主动性和创造性。

创新是引领发展的第一动力。抓创新就是抓发展，谋创新就是谋未来。要深入实施创新驱动战略，以创建省级创新型城市试点为契机，整合资源要素，改革体制机制，激活创新主体，发挥好创新对推动发展的乘数效应。建立完善科技创新机制，鼓励原始创新，更加注重集成创新、协同创新。强化企业主体地位，推进产学研用相结合。尊重劳动、尊重知识、尊重人才、尊重创造，营造推动大众创业、万众创新的良好氛围，让创新成为阳泉转型升级的不竭动力。

要着力保障和改善民生，提升人民群众获得感、幸福感。人民对美好生活的向往就是我们的奋斗目标。检验我们一切工作的成效，最终都要看人民是否真正得到了实惠。我们要坚持以人民为中心的发展思想，坚持人民主体地位，坚持发展为了人民、发展依靠人民、发展成果由人民共享，把人民放在心中最高位置，追随人民方向谋事干事、顺应人民意愿成事创业。要持续加大民生投入，统筹抓好就业增收、社会保障等民生工作，大力发展科技、教育、文化、卫生、体育等社会事业，不断加强和健全公共服务体系。要坚持问题导向，按照“知责、履责、尽责、问责”要求，切实抓好脱贫攻坚、安全生产、信访稳定和生态环保四项底线工作。

要从严管党治党，为各项事业发展提供坚强保障。要强化主责主业意识，牢牢扛起全面从严治党主体责任，落实“巩固、深化、提高”方针，着力构建良好政治生态。要严肃党内政治生活，严格执行《准则》《条例》，真正把“三会一课”、民主生活会、民主评议等制度落到实处，增强党内政治生活的政治性、时代性、原则性、战斗性。要始终保持惩治腐败的高压态势，把握运用好“四种形态”，坚决遏增量、减存量。特别是要坚决查处发生在群众身边的不正之风和腐败问题，对不收手、不收敛的，发现一起坚决查处一起，以反腐败的实际成效取信于民。要坚持德才兼备、以德为先，坚持五湖四海、任人唯贤，坚持事业为上、公道正派，把那些符合“四有”“四铁”要求、忠诚干净担当的优秀干部选出来、用起来。要全面推进“三基”建设，以“五大提升工程”升级版为抓手，夯实党在基层的执政基础。

各位代表、同志们，人民代表大会制度是我国的根本政治制度。全市各级党委要充分发挥总揽全局、协调各方的作用，进一步加强和改进对人大工作的领导，做到思想上重视、工作上信任、决策上尊重，为人大及其常委会依法行使职权、开展工作创造良好条件。各级人大要坚持党的领导、人民当家作主和依法治国有机统一，围绕中心、服务大局，依法履行职责，特别是市人大要以《阳泉市地方立法条例》出台为契机，不断提高立法质量，充分发挥立法在改革发展中的引领和推动作用，为我市经济社会发展提供重要的法治保障。“一府一委两院”都要自觉接受人大及其常委会的监督，认真执行各项决议、决定，不断提高依法行政和公正司法水平。市县两级监察委员会要在挂牌运行的基础上，全力推进思想融合、能力融合、作风融合，尽快实现规范高效顺畅运转。全市各级各部门要积极支持人大依法行使职权，认真办理人大代表议案建议，主动为人大开展工作和代表履行职责提供良好环境。

人民代表来自人民、植根人民、服务人民。要倍加珍惜党和人民的信任，牢记使命，加强学习，提高能力，勇于实践，依法履职，模范遵守宪法法律，带头热爱阳泉、心系阳泉、发展阳泉，深入基层体察民情，广泛联系汇聚民智，真心实意造福民众。返回工作岗位后要带头学习宣传、贯彻落实会议精神，当好转型升级的带头人、振兴崛起的先行者、人民群众的贴心人。

各位代表、同志们，使命重在担当，实干铸就辉煌。让我们更加紧密团结在以习近平同志为核心的党中央周围，按照省委“一个指引、两手硬”重大思路和要求，以“全面落实年”为抓手，尽心履职、干净干事，忠诚担当、攻坚克难，只争朝夕、狠抓落实，全力夺取全面建成小康社会新胜利，为把我市建设成为山西向东开放桥头堡、晋东区域中心城、转型发展先行市、城乡统筹示范区而努力，以优异的成绩迎接党的十九大胜利召开！

在市十五届人大三次会议闭幕会上的讲话

中共阳泉市委书记 关建勋

（2018 年 3 月 30 日）

各位代表、同志们：

阳泉市第十五届人民代表大会第三次会议，经过全体代表的共同努力，圆满完成了各项议程，就要胜利闭幕了。大会听取并审议通过了市政府工作报告、市人大常委会工作报告和其他报告，圆满完成了选举任务，雷健坤同志当选为阳泉市人民政府市长，实现了党委意图和人民意志的高度统一。在此，再次向雷健坤同志表示热烈的祝贺！

习近平总书记强调，一切国家机关工作人员，无论身居多高的职位，都必须牢记我们的共和国是中华人民共和国，始终要把人民放在心中最高的位置，始终全心全意为人民服务，始终为人民利益和幸福而努力工作。希望雷健坤同志牢记总书记教诲，牢记党和人民的重托，忠实履行宪法和法律赋予的职责，恪尽职守、勤勉工作，为推动阳泉经济社会发展做出积极贡献！

会议期间，各位代表肩负全市 140 万人民重托，忠实履行职责，依法行使权力，共谋发展大计，同绘宏伟蓝图，展现出奋发有为、昂扬向上的精神风貌。这次会议是一次民主团结、求真务实、风清气正的大会，必将动员和激励全市人民以更加坚定的信心、更加昂扬的斗志，投身高质量发展伟大实践。在此，我代表中共阳泉市委，向大会成功召开表示热烈祝贺！向为大会顺利召开付出努力的各位代表、与会同志和大会工作人员表示衷心感谢！

过去一年，全市上下全面贯彻落实党的十九大精神，以习近平新时代中国特色社会主义思想为指引，统筹推进“五位一体”总体布局，协调推进“四个全面”战略布局，认真落实省委“一个指引、两手硬”思路和要求，迎难而上、砥砺奋进，政治生态由“乱”转“治”，经济发展由“疲”转“兴”，各项事业都取得了新的成绩。市十五届人大一次会议以来，市人大及其常委会始终坚持党的领导、人民当家作主和依法治国有机统一，围绕中心、服务大局、依法履职，有力推动了人大工作与时俱进、创新发展。对市人大及其常委会的工作，市委是充分肯定的。

行程万里，不忘初心。人民是历史的创造者，人民是真正的英雄。阳泉作为一座英雄的“红色之城”，作为一座为保障共和国能源安全和现代化建设做出过突出贡献的“乌金之城”，她灿烂辉煌的历史是人民书写的！我们要始终牢记权力来自人民，始终坚持人民立场，坚持人民主体地位，虚心向人民学习，倾听人民呼声，汲取人民智慧，把人民拥护不拥护、赞成不赞成、高兴不高兴、答应不答应作为衡量一切工作得失的根本标准，着力解决好人民最关心最直接最现实的利益问题，让全市人民共享改革发展成果，让全市人民共享幸福和安康。

千里之行，始于足下。今年是全面贯彻党的十九大精神的开局之年，是改革开放40周年，是决胜全面建成小康社会、实施“十三五”规划承上启下的关键一年。做好今年工作，意义重大。这次提交大会审议通过的市政府工作报告，是经市委常委会议研究讨论、对今年全市经济社会和各项事业发展作出的安排部署。我们要按照部署，以供改与综改相结合为主线，统筹推进稳增长、促改革、调结构、惠民生、补短板、围绕“示范区”“排头兵”“新高地”三大目标，统筹推进稳增长、促改革、调结构、惠民生、防风险各项工作，砥砺奋进，苦干实干，坚定不移推进转型发展，努力开创新时代阳泉发展新局面。

——开创新时代阳泉发展新局面，必须树牢“四个意识”。始终坚持以习近平新时代中国特色社会主义思想为指引，坚决维护习近平总书记在党中央和全党的核心地位，坚决维护党中央权威和集中统一领导，在政治立场、政治方向、政治原则、政治道路上同以习近平同志为核心的党中央保持高度一致。要旗帜鲜明讲政治，严格遵守党的政治规矩和政治纪律，做到党中央提倡的坚决响应、党中央决定的坚决照办、党中央禁止的坚决不做，坚定不移把党中央大政方针和省委决策部署落到实处。

——开创新时代阳泉发展新局面，必须深入学习贯彻落实好习近平新时代中国特色社会主义思想和党的十九大精神。按照“学懂弄通做实”的要求，推动学习宣传贯彻工作不断往深里走、往实里走、往心里走。要提高宣传宣讲的针对性、时效性，推动党的创新理论进企业、进农村、进机关、进校园、进社区、进军营、进网站。要推动全市各级党员干部把习近平新时代中国特色社会主义思想作为主心骨、定盘星、度量衡，真正用习近平新时代中国特色社会主义思想武装头脑、指导实践、推动发展。

——开创新时代阳泉发展新局面，必须依宪依法办事。第十三届全国人民代表大会第一次会议表决通过了《宪法》修正案，顺应了时代大势、顺应了事业发展、顺应了党心民心，对于推进全面依法治国、实现国家治理体系和治理能力现代化，具有重大现实意义和深远历史意义。要营造学习宣传宪法的良好氛围，构建党委领导、人大主导、政府实施、全民参与的宣传大格局，推动全社会形成尊崇宪法、学习宪法、遵守宪法、维护宪法的良好风尚。要发挥各级领导干部“关键少数”作用，带头维护宪法权威，捍卫宪法尊严，坚决纠正违反宪法的一切行为，用实际行动来引领最大多数，坚定不移走中国特色社会主义法治道路。要切实推动宪法和法律有效实施，突出抓好新修订《宪法》的贯彻实施，落实好我市的立法规划，全面做好依法治市各项工作。

——开创新时代阳泉发展新局面，必须聚焦聚力转型发展。全市上下要切实增强忧患意识，把转型发展作为首要任务，坚决破除“煤炭依赖”，深入推动供给侧结构性改革，主动转型、创新转型、深度转型、全面转型，推动经济发展质量变革、效率变革、动力变革，实现经济高质量发展。

要以产业升级主导转型发展。把构建多元支撑的现代产业体系作为主攻方向，改造提升煤炭、电力、装备制造、耐火材料等传统产业，下更大气力培育和发展新一代信息技术、新材料、文旅康养、现代物流等新兴产业。要坚持“项目为王”，以实施“转型项目建设年”为契机，继续抓好国际陆港等重大转型项目建设。要以改革开放推动转型发展。树立“改革决不能落后”理念，抓好开发区改革创新、国企国资改革等重点领域改革。进一步扩大开放，主动对接京津冀、环渤海、雄安新区等地区，加大招商引资力度，着力引进我市发展急需的项目、资金和人才。积极营造“六最”营商环境，全面推行企业投资项目承诺制，深化行政审批制度改革，推进“互联网+政务服务”，进一步激发市场主体活力和社会创造潜力。要以全面创新驱动转型发展。把转型发展基点放在创新上，以国家级创新型城市建设为抓手，抓好智能物联网应用基地试点建设。统筹部署创新链、产业链、价值链，持续优化创新创业环境，推动大众创业、万众创新蓬勃开展，释放发展新动能，厚植发展新优势。要以统筹城乡带动转型发展。坚持城乡一体、绿色发展，推进城乡规划布局、产业发展、基础设施建设、公共服务、制度安排等“五个一体化”，加快建设省级城乡统筹示范区。加快阳大铁路、国道307、207绕城改线、中环快速路等一批重大基础设施项目，推进特色镇和中心村建设，不断完善公共服务设施。深入实施乡村振兴战略，加快农业供给侧结构性改革，发展城郊农业，培育新产业和新业态，推动工商资本“上山下乡”，推进美丽宜居乡村建设，努力实现农业全面转型升级、农村全面繁荣进步、农民全面富裕发展。要以总体安全保障转型发展。坚决打好防范化解重大风险、脱贫攻坚、污染防治三大攻坚战，特别要倾全市之力抓好脱贫攻坚，努力实现在全省率先整体脱贫目标。要抓好安全生产、信访稳定等工作，开展扫黑除恶专项斗争，推进“平安阳泉”建设。要以比较优势支撑转型发展。发挥我市工业基础深厚、产业配套能力较强、区位交通便利等比较优势，支撑、推动转型发展。要调动、激发方方面面的积极性，营造合力参与转型的浓厚氛围。要认真回顾总结改革开放40年来阳泉的发展历程，以“解放思想、完善思路，聚力推动转型发展”为题，开展深度调研，汇聚民智民力，助力转型发展。

——开创新时代阳泉发展新局面，必须不断增进民生福祉。坚持以人民为中心的发展思想，把实现好、维护好、发展好最广大人民根本利益作为最高标准，让人民群众有更多的获得感、幸福感、安全感。要抓住人民最关心最直接最现实的利益问题，多谋民生之利，多解民生之忧，在幼有所育、学有所教、劳有所得、病有所医、老有所养、住有所居、弱有所扶上不断取得新进展。要顺应人民群众对美好生活的新需求，深入开展“五城联创”，改善人居环境，提升城市品位，提高城市美誉度。

——开创新时代阳泉发展新局面，必须坚持全面从严治党。扛起管党治党的主体责任，在巩固拓展政治生态由“乱”转“治”的基础上，重整行装再出发，一刻不停歇地推动全面从严治党向纵深发展。要把握新时代党的建设总要求，以加强党的长期执政能力建设、先进性和纯洁性建设为主线，全面推进党的政治建设、思想建设、组织建设、作风建设、纪律建设，把制度建设贯穿其中，不断提高党的建设质量。要坚持德才兼备、以德为先，坚持“好干部标准”，加强干部教育、监督和管理，打造高素质专业化干部队伍。要以提升组织力为重点，突出政治功能，深化“三基建设”。要坚持无禁区、全覆盖、零容忍，坚持重遏制、强高压、长震慑，推动全面从严治党向基层延伸。

——开创新时代阳泉发展新局面，必须崇尚实干、狠抓落实。有了好的决策、好的蓝图，关键在落实。各级领导干部要以身作则、以上率下，勇于挑最重的担子，敢于啃最硬的骨头，抓铁有痕、踏石留印抓落实。要加强能力建设，在全市来一次大学习，按照“既要政治过硬、又要本领高强”要求，增强“五种思维”，提高“八个本领”。要以雷厉风行、马上就办的作风抓落实，对能办的事抓紧办、依法办，特事特办、急事急办，把各项工作抓紧抓实、抓出成效。要发扬钉钉子精神，使各项决策部署定一件、干一件，干一件、成一件。要驰而不息改作风、纠“四风”，重点整治表态多调门高、行动少落实差等突出问题，深入开展庸懒散等专项治理活动，着力解决不作为、不敢为、不会为等问题。要在思想上合心、工作上合力、行动上合拍，汇聚发展正能量，唱响发展主旋律，共同将阳泉发展的美好蓝图转化为生动现实。

各位代表、同志们！人民代表大会制度是我国的根本政治制度，也是支撑国家治理体系和治理能力现代化的根本政治制度。全市各级党委要继续加强和改进对人大工作的领导，全力支持人大依法行使立法、监督、决定、任免职权，支持人大代表依法履职。各级人大要坚持党的领导、人民当家作主和依法治国有机统一，围绕中心、服务大局，为我市经济社会发展提供法治保障。“一府一委两院”要正确对待人大监督、自觉接受人大监督、积极配合人大监督，不断提高依法行政和公正司法水平。各级各部门都要积极支持人大依法行使职权，认真办理人大代表建议，主动为代表履职创造条件。

人民代表来自人民、植根人民、服务人民。要倍加珍惜党和人民的信任，模范遵守宪法法律，深入基层体察民情，真心实意造福民众。要带头宣传贯彻落实会议精神，进一步增强发展信心决心、履行使命担当、展现良好精神状态，走好新征程，探出新路子，创造新业绩。

各位代表、同志们，新时代呼唤新作为，新征程书写新篇章。让我们紧密团结在以习近平同志为核心的党中央周围，在省委、省政府的坚强领导下，乘着新时代的浩荡东风，锐意进取、埋头苦干，奋力谱写新时代中国特色社会主义阳泉篇章！

凝心聚力 砥砺奋进 重塑竞争新优势 倾力打造晋东区域中心城

——在市十五届人大五次会议闭幕会上的讲话

中共阳泉市委书记 姜四清

（2020 年 4 月 24 日）

各位代表、同志们：

经过全体代表和与会同志的共同努力，阳泉市第十五届人民代表大会第五次会议圆满完成了各项议程，即将胜利闭幕。

这次大会全面贯彻中央和省委关于疫情防控工作的各项决策部署，采用网络视频方式召开，既有效避免人群聚集，防止交叉感染，遏制疫情反弹，又严格依法依程序规范操作，是非常时期充分发挥代表主体作用、切实提升会议质量的一次有益尝试。

会议期间，各位代表以饱满的政治热情和高度负责的精神状态，牢记人民嘱托，依法履职尽责，共商发展大计，审议通过了《政府工作报告》和其他报告，表决通过了相关决议，顺利完成选举任务，充分体现了强烈的政治担当，彰显了良好的精神风貌，展示了新时代人大代表的新气象。这是一次团结民主、风清气正的大会，是一次凝聚共识、提振信心的大会，是一次击鼓催征、砥砺奋进的大会，必将激励全市广大党员干部群众，以更加坚定的信心、更加昂扬的斗志、更加务实的作风，投身阳泉高质量转型发展的鲜活实践！我代表市委向大会的圆满成功和新当选的同志表示热烈祝贺！向全体代表和与会同志表示衷心感谢！

刚才，新当选的同志进行了庄严的宪法宣誓。希望你们忠实履行宪法和法律赋予的职责，不忘初心、牢记使命，奋发进取、勤勉工作，不断开创新局面、取得新业绩，不辜负全体代表和全市人民的信任与重托。

各位代表、同志们，2019 年是阳泉攻坚克难、披荆斩棘、极不平凡的一年。面对错综复杂形势和艰巨繁重任务，全市上下高举习近平新时代中国特色社会主义思想伟大旗帜，全面落实习近平总书记视察山西重要讲话精神和中央、省委重大决策部署，坚定不移贯彻新发展理念，迎难而上、攻坚克难，推动各项事业取得新进展新成绩。成绩来之不易，过程充满艰辛，这其中凝聚着全体人大代表和社会各界的辛勤汗水。一年来，市人大及其常委会始终坚持党的领导、人民当家作主和依法治国有机统一，围绕中心、服务大局、依法履职，有力推动了人大工作与时俱进、创新发展。对市人大及其常委会的工作，市委是充分肯定的。

今年是全面建成小康社会和“十三五”规划的收官之年，是第一个百年奋斗目标的实现之年，也是落实省委“四为四高两同步”总体思路和要求、开启“三个五年”转型之路的起步之年。这次人代会对全年目标任务进行了安排部署，提出了奋进的“任务书”，制定了“施工图”。当前，新冠肺炎疫情呈全球蔓延之势，对我国经济社会造成严重冲击，对我市的影响不可低估，给我们完成全年目标任务带来了前所未有的压力。当前的首要任务是按照省委、省政府的安排部署，上半年实现“双过半”。但从目前情况来看，一季度主要经济指标均不达序时进度，需要在二季度实现大幅度增长，才能完成任务，但二季度只剩66天了，因此，必须以食不安寝、夜不能寐的精神状态奋起直追。我们要坚持以习近平新时代中国特色社会主义思想为指导，深入贯彻习近平总书记“三篇光辉文献”精神，牢记初心使命，增强忧患意识，扛起责任担当，统筹抓好稳增长、促改革、调结构、惠民生、防风险、保稳定各项工作，打好“六稳”和“六保”的政策“组合拳”，在逆境中奋起，在困难中前行，争分夺秒、奋发图强，努力重塑竞争新优势，实现高质量转型发展。

下面，我讲五点意见：

一、重塑竞争新优势，必须保持坚定的政治定力。我们事业取得的每一个胜利，都是习近平新时代中国特色社会主义思想指引下的胜利。要把学习贯彻习近平新时代中国特色社会主义思想作为首要政治任务和长期战略任务，进一步巩固拓展主题教育成果，深入学习体悟习近平总书记“三篇光辉文献”精神，常吸理论之“氧”，常补精神之“钙”，增强“四个意识”、坚定“四个自信”、做到“两个维护”，在政治立场、政治方向、政治原则、政治道路上同以习近平同志为核心的党中央保持高度一致，真正用习近平新时代中国特色社会主义思想武装头脑、指导实践、推动发展，确保党中央各项决策部署在阳泉落地生根、开花结果。

二、重塑竞争新优势，必须抓好发展第一要务。当前，我市正处在爬坡过坎、负重前行、加快转型的关键时期，必须准确把握我市所处历史方位，增强忧患意识，发挥独特优势，推动高质量转型发展。要深入贯彻新发展理念，按照省委“四为四高两同步”总体思路和要求，继续巩固传统优势，积极培育壮大新动能。首先，要重构产业格局。统筹推进区划调整、国土空间规划和城市空间布局，在全市“一盘棋”格局下，重构生产力布局，引进高端发展要素，在若干重点产业领域精准发力，走好“金光大道”，擦亮“金字招牌”，努力构建多极支撑、多元发展的产业格局。第二，抓住项目这个龙头。坚持项目为王，抓住国家对冲疫情影响加大逆周期调节力度的重大政策机遇，积极争取国、省政策，抓紧谋划一批事关全局、事关长远的重大项目。加快推进龙华口调水工程、5G建设、城际高铁等“新基建”重大基础工程，为城市未来发展夯基垒台，为增进民生福祉奠定基础。产业发展要靠项目支撑，要把培育产业落实到具体项目上，加快谋划一批新一代信息技术、碳基新材料、新能源、节能环保、现代物流、文旅康养等重大产业项目。要坚持内强素质，解决堵点、痛点、难点问题，打造“三对”“六最”营商环境。坚持外树形象，树立亲商、安商、利商的良好形象，把招商引资放在更加突出位置，开展产业链招商、以商招商、精准招商，推动产业集群集聚集约发展。要发挥好开发区转型综改主战场、创新生态主要承载地作用，培育壮大战略性新兴产业。第三，用好改革“关键一招”。坚持用改革创新的办法解决前进中的问题，加快重点领域和关键环节的改革步伐，特别是持续深化国资国企改革，在深化改革中变沉淀资产为创富资源。同时，要整合各类资源，实现资源资产化、资产资本化，让更多沉睡的资源转变为发展要素。第四，打造一流创新生态。弘扬鼓励创新、宽容失败、合理容错的创新文化，发挥企业主体作用，尤其是要发挥好阳煤集团的作用，加强创新人才培育和引进，深化科技体制机制改革，不断强化金融等各类要素保障。特别要支持本地创新企业发展，落实省委“晋材晋用、晋用晋材”要求，扶持政策、工程项目、产品采购优先向本地企业倾斜，本地创新企业推出的新技术、新业态、新模式、新产品，政府优先提供应用场景。

三、重塑竞争新优势，必须持续增进民生福祉。发展成果要让人民共享，发展的成效要让人民评价。重塑竞争新优势，就是要把晋东区域中心城的定位立起来，让人民群众自豪、幸福、安全地生活在这座城市。要统筹推进城乡融合发展，提高标准、大胆创新，加快基础设施、公共服务和制度安排一体化进程，蹚出一条具有阳泉特色的城乡融合发展路子。要挖掘历史文化，打造特色品牌，完善功能品质，加快人口集聚，培育城市发展内核吸引力。持续深入推进“五城联创”，今年要确保创卫顺利通过技术评估，切实提升城市品质。围绕解决好人民群众的操心事烦心事揪心事，坚决打好打赢三大攻坚战，加大民生投入保障力度，推动公共服务和公共资源向民生倾斜，扎实做好就业、教育、医疗、养老、住房等民生实事，不断增强人民群众获得感幸福感安全感。

四、重塑竞争新优势，必须提高治理体系和治理能力现代化水平。坚持科学立法，优化完善党委领导、人大主导、政府依托、各方参与的立法工作格局，推进科学立法、民主立法、依法立法。加强法治政府建设，实行政府权责清单制度，构建职责明确、依法行政的政府治理体系，建立完善重大事项决策程序、重大决策监督制度和决策失误追究办法。坚持公正司法，持续深化司法体制改革，加快推进审判公开、检务公开、警务公开，落实以审判为中心的刑事诉讼制度改革。要加强执法，以良法保善治、促发展、强创新、扬正气、惠民生。要深入开展“平安阳泉”“法治阳泉”建设，扎实开展“三零”单位创建，依法打击一切违法犯罪活动，铲除黑恶犯罪滋生土壤，还百姓朗朗乾坤。今年，要加快建立集“防、控、治、研、学、产”为一体的公共卫生防疫体系，提高处理急难险重公共卫生事件能力，为人民群众生命安全和身体健康提供坚实保障。

五、重塑竞争新优势，必须汇聚担当实干的磅礴力量。一分部署，九分落实。目标已经明确，关键就看落实。全市上下要以踏石留印、抓铁有痕的劲头，务实重行、真抓实干，把宏伟蓝图变成美好现实。要把结果导向鲜明树起来，以结果论英雄，坚决把能扛活、抓发展、敢创新的干部选出来、用起来，最大限度激发广大干部的积极性主动性创造性。各级领导干部要率先垂范、躬身入局，一级带着一级干，一级做给一级看，当好转型发展的“施工队长”“突击队长”，以“功成不必在我、功成必定有我”的境界，以“人一之我十之、人十之我百之”的干劲，久久为功、善作善成。

各位代表、同志们！人民代表大会制度是我国的根本政治制度。人大工作是党和国家工作的重要组成部分。新时代人大工作肩负着重大历史使命。各级人大及其常委会和全体人大代表要毫不动摇坚持党的领导这个根本政治原则，坚持以习近平新时代中国特色社会主义思想为统领，围绕中心、服务大局，提高地方立法质量，增强监督实效，严格落实任免和重大事项决定等法定职权。各级人大及其常委会要进一步强化自身建设，不断提高工作水平，为全面建成小康社会提供有力的法治保障。人大代表作为国家权力机关组成人员，责任重大、使命光荣，要始终牢记肩负的政治责任和法定职责，模范遵守宪法法律，优先执行代表职务，不断提高履职能力，带头学习宣传贯彻本次大会精神，扎根人民、代表人民、了解民情、反映民意、汇聚民智，为实现大会确定的目标任务做出积极贡献。市委将一如既往地高度重视、全力支持人大工作，切实加强党对人大工作的领导，继续做到思想上重视、决策上尊重、工作上支持，为人大工作和建设创造良好条件。

各位代表、同志们！蓝图已经绘就，号角已经吹响。让我们更加紧密地团结在以习近平同志为核心的党中央周围，高举习近平新时代中国特色社会主义思想伟大旗帜，不忘初心、牢记使命，时不我待、只争朝夕，重塑竞争新优势，倾力打造晋东区域中心城，努力创造经得起历史、实践和人民检验的业绩！

第二章 工作报告

阳泉市人民代表大会常务委员会工作报告

——2002 年 3 月 26 日在阳泉市第十二届人民代表大会第一次会议上

阳泉市人大常委会副主任 李奕明

各位代表：

我受市十一届人大常委会的委托，向大会报告市十一届人大一次会议以来常委会的工作，请予审议。

过去的五年，市十一届人大常委会坚持以邓小平理论和“三个代表”重要思想为指导，在中共阳泉市委的领导下，在全市人民的支持和监督下，按照依法治国基本方略要求，围绕全市赶超发展战略，大胆开拓，积极创新，认真行使宪法和法律赋予的职权，各项工作都有了新的进展。五年来，常委会依法共召开了 34 次会议，听取审议“一府两院”工作报告 115 个，作出决议、决定 33 项，任免国家机关工作人员 286 人（次），较好地发挥了地方国家权力机关的职能作用。

一、坚持依法治国基本方略，全面加强法律监督

保证宪法和法律在本行政区域内的遵守和执行，是地方各级人大常委会的一项重要职责。五年来，常委会始终坚持依法治国基本方略，把监督法律法规的贯彻和落实放在了更加突出的位置，积极探索法律监督的新路子，不断提高监督的权威性和实效性，努力推动依法治市工作向纵深发展，有效促进“一府两院”依法行政、公正司法，为全市改革开放、稳定大局、促进赶超发展战略创造了良好的法治环境。

1. 认真开展执法检查，保证法律法规的贯彻实施。

执法检查，是人大常委会强化法律监督的有效形式。五年来常委会有计划、有步骤、有重点地先后对 90 多部法律、法规的实施情况进行了检查。在每次执法检查中，常委会都要认真研究，精心组织，上下联动，务求实效，基本做到了执法检查与普法教育、落实执法责任制、常委会会议审议、查处违法案件相结合，收到了良好的效果。如连续 5 年开展的农业法执法大检查，全市依法管理土地的力度得到加强，农民负担管理趋于规范，农作物种子市场得到净化，一批违法违纪案件得到查处。去年，义务教育法执法检查，采取了召开新闻发布会、上下联动现场检查、督促整改落实等措施，进一步增强了执法检查的力度，促进了政府更加重视抓好普及九年义务教育工作。在对规划法开展的执法检查过程中，常委会组织代表到我省朔州市参观考察，进行实地视察，在听取审议市政府关于规划法贯彻执行情况的工作报告时，常委会提出了许多针对性极强的建议和意见，从而很快被市政府所采纳，并运用于具体实际中。

2. 不断引深和完善执法责任制，全面推进依法治市工作。

推行执法责任制，是贯彻落实党中央依法治国基本方略，全面推进依法治市的重大举措。如何引深和完善这项工作，是常委会十分重视的问题。五年来，常委会力求在推行的深度和广度上下功夫，在完善标准上做文章，在具体落实上见实效。1997 年 4 月，市人大换届不久，常委会按照省人大的统一部署，及时制定了方案，并组织“一府两院”有关部门的领导和科室负责人到运城地区学习取经，全面作出了部署；1998 年 1 月，召开了全市推行执法责任制工作再动员大会，进一步增强了执法部门和执法人员推行执法责任制的责任感和紧迫感，同年 3 月，市推行执法责任制领导组，采取集中听取汇报、重点检查和抽查方式，对全市 24 家有关执法单位的工作进展情况进行了检查；为了推动执法责任制工作的深入开展，1998 年底又专门召开了推行错案责任追究制和执法过错责任追究制工作会议和工作研讨会；1999 年 9 月，为了发挥典型带动作用，召开了全市推行执法责任制、“两错”责任追究制经验交流暨表彰会议，会上对 20 家单位进行了表彰；2000 年 9 月，全市乡镇、街道办事处推行执法责任制工作会议在平定召开，与会人员现场参观学习了平定冠山镇、矿区桥头两个试点单位的经验，进一步加强完善了全市执法责任制网络。同时，常委会会议多次听取审议了“一府两院”关于依法治市进展情况、推行执法责任制工作情况的报告，听取了市人大专门委员会关于推行执法责任制和“两错”责任追究制工作情况的报告。市人大各专门委员会也分别加强了与对口单位的具体指导和督促检查工作。目前，全市上下，各级各部门，层层推行完善执法责任制的良好氛围已初步形成，在“两错”责任追究方面取得了突破性进展，共有 9 案 16 人得到处理，涌现出一批执法公示制、评议考核制等有创造、有发展的好典型，从而有力地推动了我市的依法治市工作向更高阶段的发展。

3. 强化对司法机关执法活动监督，促进公正司法。

加强司法监督是常委会的一项重要工作，也是保证法律正确实施的重要方面。五年来，常委会通过经常性的听取汇报、视察审议、作出决议或发督办函等形式，督促司法机关严格执法、公正司法，保障全市经济建设和改革开放的健康发展。如“执行难”曾是困扰人民法院工作的一个突出问题，常委会审时度势，专门听取审议了市中级人民法院有关工作情况的报告，作出了《关于进一步加强执行工作的决议》。全市法院认真贯彻落实决议精神，采取了一系列措施，逐步扭转了执行工作的被动局面，促进了全市社会法治环境的优化。

4. 积极开展法制宣传，全力提高市民法制素质。

在全社会普及法律常识，是社会主义法制建设的一项基础工作。市人大常委会一贯十分注重抓好我市的法制宣传教育工作。常委会专门听取审议了市政府关于我市“三五”普法及“四五”普法安排工作情况的报告，实事求是地总结评价了我市几年来普法工作的情况，认真分析了存在的问题，依法作了《关于进一步开展法制宣传教育的决议》，对“四五”普法工作做了安排部署。在督促政府抓好“三五”普法教育的基础上，常委会还协调组织有关部门，采取学习座谈、街头咨询、电视讲话、新闻发布、知识竞赛、法律辅导等多种形式，开展了对土地管理法、建筑法科技进步法、环保法等 20 多部法律法规的宣传教育活动。

二、围绕全市改革开放和经济建设、社会发展中的重大事项，加大工作监督力度

经济建设是党和国家一切工作的中心。五年来，常委会坚持抓大事、议大事的原则，始终把推进我市的改革开放和经济建设作为工作的出发点和落脚点，从常委会自身的特点和法定职责出发，充分发挥职能作用。

1. 加强对国民经济和社会发展计划以及财政预算执行情况的监督。

国民经济和社会发展计划以及财政预算的执行，事关社会和经济发展的全局。常委会把其作为监督的重点，贯穿每年工作的始终，并逐步实现“由程序性向实质性”“由静态向动态”监督的转变。一是认真做好每年计划和财政预算编制的初审工作，对计划和预算进行严格审查，有针对性地提出改进意见和建议，增强制定计划和财政预算的科学性。二是常委会坚持每年第二季度批准财政预算执行情况报告。三是第三季度听取审议上半年计划和财政预算执行情况的报告，以及上一年度市本级财政决算与财政收支情况的审计报告，并作出相应决议。对计划和财政预算执行过程中存在的问题，一一指出，督促市政府加以改正。四是在年末，对计划和财政预算执行情况，组织有关人员分别深入基层，调查了解基层的执行情况，进行延伸监督，当财政预算需要调整时，常委会都适时作出批准决定，以保证财政收支平衡。五是加强对预算外资金管理情况的监督，督促政府加大监管力度，把有限的资金集中起来，保证关系国计民生的重点项目建设。

2. 加强对全市改革开放和经济建设重点事项的监督。

常委会高度重视农业和农村工作，五年来，先后听取审议了市政府关于林业工作、扶贫攻坚、农业机械和农田水利基本建设、村镇规划建设、乡镇企业结构调整和体制创新等情况的报告，开展了农业法执法大检查。针对近年我市连续干旱，一些乡人畜吃水十分困难的情况，1998 年，常委会组织调查组在全市进行了详细的调查。调查形成的报告，详尽地说明了我市的实际情况，提出了许多建设性的建议，市委《决策参考》转发了全文。这次调查，引起了市政府及有关部门的极大关注，从而加大了农村人畜吃水解困工作的力度。

常委会对“科教兴市”战略的实施十分关注，五年来，常委会多次听取审议了市政府关于科技进步法、教育法贯彻执行情况的报告，对全市各类学校的发展状况进行了专题调查，支持推动市政府对影响教育、科技发展的有关问题加以解决，努力使全市形成一个重视教育、“热炒”科技的良好氛围。常委会还听取审议了市政府科教兴市“九五”计划与 2010 年发展规划、星火技术密集区“九五”计划与 2010 年发展规划的报告和说明，并作出了相应的决议，有力地促进了阳泉特色区域经济的发展。

国有企业改革，下岗分流、减员增效、促进再就业，高新技术推广应用，都是关系到我市经济发展的紧要事，常委会适时听取审议了市政府开展这些工作的专题报告。会议前，常委会组织有关人员，深入全市各基层，进行视察和调研。常委会指出，要从改革、发展、稳定的总体思路出发，根据我市实际，以创新的思维和方法，切实解决改革中出现的各种问题。常委会的要求和建议，促成了市政府工作的决心，使我市在企业改制、发展高新技术改造传统工业方面，取得了长足的进步。

人口、资源、环境对确保阳泉特色区域经济实现可持续发展，有着特殊的意义，常委会对此认识高瞻远瞩。一是多次听取审议全市计划生育工作情况的报告，不断就出现的新形势、新情况、新问题，提出意见和建议，敦促市政府引起注意，并在实际工作中加以施行。二是多次听取审议全市环境保护工作情况的报告，及时全面了解我市环保工作现状，并狠抓跟踪监督。在持续多年的阳泉环保行活动和监督市政府环境保护过程中，常委会会同市政府职能部门，组织新闻单位的记者及有关人员，先后深入我市重点污染区域和企业进行经常的、不间断的联合监督，督促有关部门对重点污染企业给予取缔关停或加以处罚或限期治理整顿，取得了较好的效果。三是针对我市矿产资源丰富，但浪费和破坏现象严重的实际，常委会开展了对矿产资源法和煤炭法的执法检查，监督政府认真贯彻执行国家有关法律法规，开展相关事项的整顿，进一步促进全市矿业秩序的全面好转。

3. 加强对社会发展事业中“热点”问题的监督。

对关系全市社会发展、涉及广大市民切身利益和人民群众反映强烈的热点问题，常委会采取专题调研与审议报告相结合的方式，加强监督，把党委号召、政府想抓和群众关心的事项有机地统一起来，努力推动相关问题的解决。如1998年，常委会组织部分人大代表就我市农村合作医疗情况，对全市15个乡镇、32个行政村进行的为期20多天的专项调查，市委对此予以高度重视，及时批转了常委会所作的调查报告。纠正行业不正之风、实行政务公开、净化文化市场，优化经济发展环境等都是百姓议论较多的热门话题，常委会充分发挥自身优势，采取视察、检查与会议审议结合的方法，五年来，对全市卫生行业医德医风建设、药品市场管理、医疗改革、中小学收费管理、文化娱乐市场管理、城镇社会保障工作及房地产交易市场管理情况等开展了一系列的监督，都收到了良好的效果。

4. 加强对代表议案办理工作的监督。

代表议案，是人大代表依法参与管理国家事务和社会事务，实现人民当家作主民主权力的具体体现。常委会对议案的办理工作，给予了极大的关注和更多的精力，做到了经常抓、重点督、跟踪查，务求落在实处。五年来，共通过确立代表议案5个。常委会采取明确领导责任、规范办理程序、持续督促检查，使代表议案办理都取得了明显成效。针对1998年“加快我市污水处理厂建设，改善桃河流域水环境质量”“加快落实资金，修建市第一人民医院病房大楼”和1999年“全面合理布局并加快我市城市中小学建设”“市中医医院门诊、病房楼建设”的议案，常委会都分别组织市人大专门委员会认真听取了市政府关于议案的实施意见，在此基础上，常委会进行专题审议，督促政府加快了议案的落实办理工作。

三、坚持和完善人民代表大会制度，不断推进社会主义民主政治建设

发展社会主义民主政治，是党领导人民始终不渝的奋斗目标。常委会坚持一切权力属于人民的宪法精神，通过各种形式、途径，切实保障人民当家作主的权利，努力加强和完善人民代表大会制度。

1. 依法认真行使任免权，加强对任命干部的监督。

任免权是宪法和法律赋予地方人大及其常委会的一项重要职权，也是实现社会主义民主政治最重要的手段。常委会从这一高度出发，坚持党的领导和人大依法办事的一致性，按照干部“四化”标准和任人唯贤原则，充分发扬民主，严格依法办事，五年来，先后任免市人大常委会和“一府两院”有关工作人员281人（次）。工作中，常委会做到了严格审核提请材料、坚持任前法律知识考试、被任命干部现场供职表态发言等制度。在做好任免工作的同时，常委会采取述职评议的办法，加大了对任命干部的监督力度。常委会责成市人大各专门委员会，先期把关，分口审查“一府两院”组成人员的年度述职报告，然后再接受被任命干部的述职材料。同时，常委会还有重点地组织部分代表开展了对一些任命干部的述职评议和整改反馈工作。此外，市人大常委会还积极指导了县（区）、乡（镇）人大开展的评议工作。

2. 加强代表联系工作，为代表依法行使职权创造良好条件。

代表联系工作，是地方人大常委会一项经常性的工作。重视和加强代表联系工作，对于完善人民代表大会制度，更好地发挥地方国家权力机关的作用，有着十分重要的意义。五年来，常委会以改进作风为手段，以强化服务为重点，以提高实效为目标，重点抓了几个方面的工作。一是召开市、县、乡三级人大代表参加的代表联系工作座谈会，研究探讨新时期、新情况下代表联系工作的新途径、新方法。二是在加强常委会组成人员分工联系代表的同时，邀请代表列席常委会会议，坚持定期为代表寄送有关资料，为代表订阅“一报两刊”，经常深入下去，走访人大代表，及时向代表通报全市各项重大事件，倾听代表的建议与要求，积极为代表知政督政提供各方面便利条件。三是不断改进代表视察工作，对事关我市改革、发展和稳定的重大事项，常委会都认真组织代表进行全面视察和重点视察，如2000年，对我市开展的城市管理年活动和政府承诺办理的27件实事的情况，常委会组织代表进行了重点视察和现场检查，对政府在这方面的工作起到了积极的促进作用。四是认真做好代表建议和意见的办理工作。常委会十分重视代表建议、意见的办理工作，在多年摸索研究的基础，常委会逐步形成了动态性、程序性的督办制度。当“一府两院”在三个月以内答复代表建议、意见的内容反馈市人大后，首先由对口的人大各专委会审查把关，并深入下去与代表座谈，面对面了解情况，然后组织部分代表和常委会组成人员集中视察，同各具体承办部门充分交换意见，最后召开常委会议，听取审议代表建议和意见办理情况的报告，督促“一府两院”提高办理速度和质量。五年来，共有635件代表建议、意见，到日前为止，已全部办理完毕，并答复了代表。常委会还高度重视人民群众的来信来访工作，五年来，共受理人民群众来信1816件（次）、来访3059人（次），及时转交有关机关依法办理。对一些久拖不决的案件，落实责任，要求限期办理回复，从而使一批群众反映强烈的案件得到了纠正和公正处理，为履行监督职能、维护社会稳定做出了积极努力。

3. 指导县（区）、乡镇换届选举工作，加强基层政权建设。

根据省人大常委会的决定要求，按照市委的统一部署，常委会分别对1998年全市县（区）人大和1999年乡镇人大换届选举工作进行了指导。常委会成立了换届选举工作领导组及办公室，制定了换届选举实施意见，报市委批转执行。常委会有关领导经常深入选举现场，及时了解工作动态，加以检查指导，保证了换选举工作的顺利进行。2001年，常委会对撤并乡镇人大选举工作，给予了十分的关注。根据市委的指示和要求，常委会向市委作了《关于在撤并乡镇中严格依法搞好人大选举工作的实施意见的报告》，对选举工作的各个环节及方法措施，作了明确的部署。市委及时批转了这一报告，县（区）人大反映较好。常委会的领导多次到两县一郊听取工作汇报，研究情况，帮助解决具体问题。此外，常委会会同省人大常委会对撤并乡镇人大选举工作的情况进行了专题调查，在深入两县调研基础上，整理归纳出15条意见，在市委召开的县、区负责人会议上进行了通报。市人大常委会会议还专门听取了市政府关于撤并乡镇工作情况的报告，常委会组成人员提出了很多的意见和建议，对撤并乡镇人大选举工作起到了较好的促进作用。

4. 充分发挥人大各专门委员会的优势和职能作用。

地方人民代表大会设立专门委员会，是社会主义民主政治建设的产物，也是我国人民代表大会制度逐步完善的重要标志。我市从1997年始设人大专门委员会，五年来，经过逐步摸索，大胆创新，积极进取，各专门委员会不论是组织视察、调查，还是对常委会审议议题的初审把关以及参谋决定重大事项，都较好地发挥了其职能作用。如城环委员会，承担了《山西省桃河流域水污染防治条例》的起草工作。农村委员会对我市林业发展情况撰写的调查报告，详尽而全面，市委全文转发，从而为我市林业工作的科学决策提供了可靠依据。教科文卫委员会对义务教育法开展的执法检查，方法步骤明确，措施得力，收到了良好的效果。政治法律委员会拟定的《阳泉市人大常委会个案监督办法》，也是我市人大强化监督，在规范化、制度化方面的一次大胆创新。财经委员会对全市财政、计划的初审把关，以及组织开展对财政计划进行的视察调查，对人大及常委会会议更好地审议都起到了积极的作用。

四、不断加强常委会自身建设，努力提高工作水平和办事效率

常委会在依法行使职权，做好各项工作的同时，注重加强自身建设，不断提高整体工作效能。特别是2000年10月市委召开全市人大工作会议之后，对如何面向新世纪开创人大工作新局面，提出了更高的要求。为此，常委会认真贯彻落实市委人大工作会议精神，按照“三个代表”重要思想，把强化自身建设放在了更加突出的位置，保证了人大各项工作的有效开展。

1. 抓思想、组织建设，不断提高整体素质。

常委会始终把学习放在重要位置，组织常委会组成人员和机关工作人员坚持每周学习日制度，开展形式多样的生活会、专题学习讨论会，举办法律与理论辅导讲座，积极参加各种学习培训班，重点学习邓小平理论、“三个代表”重要思想和党的十五大精神，有针对性地学习有关市场经济的理论和知识，学习宪法、法律法规和人大业务知识。特别是1999年以来，通过市级和机关县级干部“三讲”教育，以及集中开展机关作风转变活动，使常委会组成人员和机关干部从思想上受到了深刻教育，整体素质得到提高，工作作风有了明显转变，增强了做好新时期人大工作的使命感和责任感，同时，常委会还注重培养、使用机关干部，激活他们的工作热情。目前，已基本完成人大机关机构革任务，先后有17名干部被提拔重用，其中有6名表现突出的干部，走上了县级领导岗位，1名被交流到政府有关部门担任领导职务；有11名年轻同志被提拔为科级干部。

2. 抓作风建设，不断提高工作效能。

做好人大工作，必须积极探索符合人大性质、地位的工作方法，有所为，有所不为。常委会注重不断改进工作作风，研究工作方法，把主要精力放在了深入基层调研、广泛听取各方面意见、有的放矢帮助政府解决实际问题上来。在每次常委会审议议题前，针对群众反映强烈的热点、难点问题，都要进行深入详细的了解，专题调研，提出有针对性的意见和建议。五年来，共写出视察、调查报告80多篇，为提高常委会议事质量奠定了基础。

3. 抓制度建设，规范工作程序。

常委会在开展工作的同时，注重不断总结经验，完善各项规章制度。市十一届人大换届后，常委会根据地方组织法作了重大修改的实际，重新修改和完善了《阳泉市人大常委会议事规则》、人大与“一府两院”联系制度等一系列工作制度，使常委会的各项工作更加符合修改后的地方组织法的要求。市人大设立各专门委员会后，常委会及时审议通过了《阳泉市各专门委员会工作制度》，统一规范了各专委会工作。在“三讲”教育中，常委会还有针对性地制定和完善了个案监督、机关学习、调查研究、思想政治工作及党风廉政建设等多项制度，使人大工作逐步纳入了规范化、制度化的轨道。

4. 大力宣传人民代表大会制度，积极开展人大理论研究。

人民代表大会制度的宣传和人大理论研究是市人大工作的薄弱环节，五年来，常委会对此进行了一番细致的工作，采取了一系列初实有效的措施，初步取得了一定的成效。一是会同市委宣传部召开了人大宣传工作会议，明确地把人民代表大会制度的宣传教育列入全市宣传工作计划，摆放到一个重要的位置。常委会还组织开展了全市宣传人大制度好作品评选活动，对评选出来的好作品大张旗鼓地进行了表彰奖励。二是连续3年召开了阳泉市人大制度理论研讨会，有90多篇论文进行了会议交流和研讨，拓展了做好人大工作的思路。三是常委会加强了对人大宣传和理论研究工作的领导和协调，建立健全了全市人大通信网络和通讯员队伍组织，每年，都有文章发表在省、市有关报刊上，有力地宣传了我市人大工作。四是定期参加全国二十四城市人大工作研讨会、参加山西省人大理论研讨和宣传工作座谈会，与全国兄弟地市交流资料信息，不断开阔视野。五是编写《阳泉市人民代表大会志》，总结宣传我市人大工作。2002年，是我市人大常委会成立的23周年，为了搞好庆祝活动，系统总结我市人大工作，展示全市各级人大代表的风采，更好地坚持和完善人民代表大会制度，常委会组织机关干部，历时8个多月，精心编纂完成了《阳泉市人民代表大会志》。全书共94万多字，分7篇29章98节，详细地记载了我市人大50年来的奋斗历程，基本反映了市人民代表大会及其常委会建立、发展到逐步完善的过程，为开创我市人大工作新局面，起到了重要的启迪和借鉴作用。

回顾过去的五年，市十一届人大常委会的工作有了新的进展，探索了一些行之有效的方法和经验，取得了一定的成绩。工作中，我们深深地体会到，做好人大工作，必须要站在讲政治的高度，自觉坚持党的领导，以扎实有效的工作实践，充分体现“三个代表”重要思想的要求；要紧紧围绕经济建设这个中心，在具体工作中，对事关全市改革、发展的重大事项以及经济生活中的难点、热点问题，不断强化监督力度，以保障和促进经济的发展；必须大力发扬民主，充分发挥代表的作用，激发代表参与管理国家事务的积极性和创造性；必须要与时俱进，勇于创新，从而不断把人大工作推向一个个新台阶。在回顾过去的同时，我们也深切地感到，我市人大工作，同党的要求和全市人民的期望，同宪法法律赋予的各项职权及形势发展的要求，市人大常委会的工作还有一定的差距。表现在履行职权方面还不够充分、大胆，特别是在监督的力度和广度，监督的措施和方式方法上还需进一步加强；代表联系方面还不够扎实细致；人民代表大会制度的宣传、宪法和法律的宣传教育，还不能令人满意；对经济和社会发展中的一些重大问题以及人民群众关心的热点、难点问题，调查研究还不够深入细致。这些问题的存在，有人民代表大会制度还不够完善、体制还没有彻底理顺的客观原因，也有常委会自身对人大工作的认识不高不深的主观方面的原因。从中可以看出，我市人大工作面临的任务还相当艰巨，需要新的一届人大常委会团结一致，扎实努力工作，不断开拓进取。

各位代表，阳泉市第十一届人民代表大会常务委员会已经完成了它的历史使命。借此机会，谨向为我市人大工作做出积极贡献的市十一届人大全体代表，向一切关心和支持市人大常委会工作的同志和各界人士表示衷心的感谢！

各位代表，本次大会将选举产生阳泉市第十二届人大常委会。新的一届人大常委会正处于实现我市赶超发展战略的重要时期，肩负的责任重大，在今后的工作中，一定要在中共阳泉市委的领导下，高举邓小平理论伟大旗帜，以“三个代表”重要思想为指导，坚持党的基本路线，深入贯彻党的十五大和十五届五中、六中全会精神，积极推进社会主义民主法制建设，推进依法治市，保障和促进国民经济持续快速健康发展和社会全面进步。按照这个指导思想，建议新一届人大常委会着重抓好下面四个方面的工作：

1. 强化监督职能，提高监督实效。

常委会要突出重点，集中力量，加大执法检查的力度，保证执法检查的效果；要坚持听取审议工作报告制度，提高审议监督质量，坚持跟踪反馈制度，不断加强对政府工作和司法机关工作的监督；要继续完善评议、述职评议监督等形式，不断提高监督实效。

2. 继续推行完善执法责任制，全力推进依法治市进程。

常委会要进一步深入贯彻执行省人大常委会《关于推行执法责任制的决定》和2001年12月省人大常委会在长治召开的全省推行执法责任制和错案责任追究制经验交流会精神，按照全市《推行执法责任制实施方案》的要求，强化对推行执法责任制的监督检查，不断研究和解决工作中出现的新情况、新问题，努力在完善、引深上下功夫。

3. 加强代表联系工作，充分发挥代表作用。

常委会要继续抓好《代表法》的学习和贯彻落实工作，在进一步完善过去代表联系制度的同时，要适时对各县（区）新当选的市人大代表进行一次系统培训，全面提高当选代表的整体素质。

4. 加强常委会的自身建设，提高依法履职水平。

常委会要自觉接受市委的领导，不断加强思想业务建设，加强与政府、两院的联系，积极配合做好各方面的工作；不断改进工作作风，深入开展调查研究，充分发挥各专门委员会的优势和职能作用，大力加强人民代表大会制度理论研究和宣传工作，进一步加强同县（区）、乡镇人大工作的联系和指导；要认真做好常委会机关的各项工作，树立地方国家权力机关的良好形象。

各位代表！2002年是我们党和国家历史上具有重要意义的一年。随着我国改革开放步伐的加快，新的形势、新的情况对人大工作提出了更高的要求。我们相信，地方人大及其常委会的职能作用将会得到进一步的完善，社会主义民主和法制建设必将进一步加强。我们相信，在中共阳泉市委的正确领导下，市十二届人大常委会的工作将会更加卓有成效，为加快我市改革开放的步伐，推动全市经济和社会各项事业的全面发展做出新的更大的贡献！

阳泉市人民代表大会常务委员会工作报告

——2007年5月29日在阳泉市第十三届人民代表大会第一次会议上

阳泉市人大常委会主任　丁贵生

各位代表：

现在，我代表市十二届人大常委会向大会作工作报告，请予审议。

过去五年工作的回顾

2002年3月，市十二届人大常委会产生五年来，常委会在中共阳泉市委的正确领导和省人大常委会的指导下，坚持以邓小平理论和“三个代表”重要思想为指导，以科学发展观统领全局，深入贯彻落实党的十六大和十六大以来历次中央全会精神以及省、市委人大工作会议精神，坚持和完善人民代表大会制度，坚持党的领导、人民当家作主和依法治国的有机统一，按照“围绕中心、关注民生、服务大局、务求实效”的工作思路，依法行使职权，积极开展工作，共召开常委会会议35次，听取和审议“一府两院”工作报告85个，做出决议、决定31项，任免国家机关工作人员173人（次），较好地发挥了地方国家权力机关的职能作用，为促进全市经济建设、政治建设、文化建设和社会建设的协调发展发挥了重要作用。

一、始终致力民富，夯实社会和谐基础

经济发展、人民富裕是社会和谐的物质基础。常委会坚持把促进发展作为第一要务，贯彻落实科学发展观，紧紧围绕经济建设中心，认真履行法定职责，想发展大局、议发展大事、谋发展大计，倾力推动科学发展。

常委会坚持科学发展理念，努力助推资源型城市转型、经济结构调整和增长方式转变，先后听取审议了市政府关于产业结构调整、加强自主创新、建设创新型城市、县域经济和畜牧业发展、国有企业改革、乡镇企业改制等情况的报告。重点审议了全市农业、工业和服务业结构调整三个规划草案。主任会议专题讨论了《关于建设新型能源和新型材料基地的实施意见（讨论稿）》和《阳泉市国民经济和社会发展第十一个五年规划纲要（草案）》，并针对性地提出了修改意见和建议。

常委会针对本行政区域内涉及发展的全局性、长远性的重大事项，依法作出了《关于进一步推进全市科技进步的决议》等一系列决议。建立了决议之前重调研、决议之中讲民主、决议内容求实效、决议之后讲监督的工作机制。把讨论决定重大事项的过程变成深入了解民情、充分反映民意、广泛集中民智的过程，取得了明显效果。为促进市经济技术开发区加快发展，常委会组织部分委员赴外地调研、听取审议了市政府关于经济技术开发区现状和今后发展意见的报告，作出了关于《进

一步加快阳泉经济技术开发区建设和发展步伐的决议》。市政府对此高度重视，迅速召开常务会议进行专题研究，重新修订完善了开发区的发展定位、发展目标、扶持政策、领导管理体制等，及时出台了相应办法，推动了经济技术开发区的发展。

常委会把事关全市发展大局的宏观经济运行状况和预算审查监督放在重要位置，坚持适时听取审议市政府关于国民经济和社会发展计划执行情况、财政预算执行情况的报告及财政预算执行与支出的审计工作报告，认真分析财政和经济运行情况、提出审议意见、作出批准的决议。为强化对预算、决算的审查，常委会出台了《阳泉财政预算审查监督办法》，成立了预算审查专家咨询组，建立了长效的预算审查监督机制，督促政府部门依法行政、依法理财。

常委会为营造宽松发展的软环境，召开了优化经济发展环境暨民营企业代表座谈会，听取审议了市政府关于创新创优环境、发展民营经济情况的报告，作出了《关于进一步创新创优环境，促进非公有制经济发展的决议》。市政府进一步改进管理方式、改革审批制度、推行电子政务，不断优化行政环境；清理和修订不利于生产要素合理流动的规定，建立健全行政执法责任制、行政管理公示制，进一步优化发展的法治环境；建立服务承诺制、首问责任制和限时办结制，逐步优化服务环境；积极调整优化经济结构，大力促进公有制经济和民营经济的发展，初步形成了共生共长，比翼齐飞的快速发展格局。

二、始终关注民生，激发社会和谐动力

社会发展的现实力量和动力源泉来自人民群众。构建社会主义和谐社会，必须充分调动广大人民群众的主动性、积极性和创造性。常委会始终把关注民生、激发社会和谐动力作为自身工作的重要目标，以实现群众的愿望、满足群众的需求、维护群众的利益作为工作的出发点和落脚点，恪守为民之责，善谋为民之策，多办利民之事，强化了对涉及人民群众物质文化需要的民生问题的监督。

常委会坚持群众利益无小事的原则，在关注全市根本性、全局性问题的同时，自觉关注人民群众反映强烈的热点问题、政府推进工作的难点问题和社会关注的焦点问题。先后听取审议了市政府关于农村税费改革情况、农村饮水解困、退耕还林、土地管理、城镇下岗职工再就业、阳钢破产重组、社区建设、“非典”防治、新农村建设和企业工会建设等涉及群众切身利益问题的报告。建议市政府要以民为本，切实把改革的力度、发展的速度与人民群众的承受能力结合起来，统筹兼顾，协调处理各方利益；要诚心诚意为群众办实事，尽心尽力解难事，全心全意做好事，维护好、实现好、发展好人民群众的利益，促进人际和谐。市政府通过增加公共支出、完善分配制度和扶贫济困等途径，建立了帮助困难群众的机制；狠抓了就业和社会保障工作；完成了村村通硬化路、饮水解困工程等。群众关注的上述问题得到了较好解决，特别是社区工作，市政府及其主管部门认真落实人代会议案，切实把它当作建设和谐阳泉的基础工程、细胞工程和民心工程来抓，涌现出了一批先进典型和优秀社区干部，取得了令广大人民群众称道的好成绩。

“上学难、就医难、看病贵”是群众反映比较集中的民生问题，常委会在认真调查研究、了解情况的基础上，先后听取审议了市政府关于义务教育、职业教育、城镇职工基本医疗保障、人口与计划生育和农村卫生工作情况的报告。市政府加大了对教育和卫生的投入力度，加强教育和医疗卫生基础设施建设，优化存量资源配置，实施药品公开采购的阳光工程等，逐步解决群众的关切和实际困难。十二届人大三次会议通过了“关于加强农村卫生工作”的议案之后，常委会加强督促，市政府认真落实，先后完成了20多个乡镇卫生院的改、扩、新建任务和100多个村卫生所的规范化建设，建立了农村新型合作医疗制度，合作医疗资金投入逐年增加。农民兄弟的利益得到了关注，幸福感不断增强。

先进文化是和谐社会的精神支撑。常委会坚持不懈地弘扬先进文化，先后听取审议了市政府关于网络文化市场管理、中小学思想品德和文明生态村镇创建等情况的报告，并作出了相应决议。市政府认真贯彻常委会的决议，大力发展社会事业，积极推进社区文化、村镇文化、企业文化和校园文化的发展，充分发挥文化载体作用，在全社会倡导良好的道德风尚和文明氛围。特别是针对我市文化基础设施历史欠账多、品位低、条件差、整体落后的问题，常委会在对市直文化基础设施建设视察的基础上，听取审议了市政府关于我市文化基础设施建设情况的汇报。市政府从提升我市文化品位的高度出发，多次召开常务会议，研究出台了集展览馆、博物馆、图书馆为一体的文化中心建设方案，并认真组织实施。现已建成并投入使用，一定程度上满足了人民群众精神文化生活的需要，也为建市60周年献上了一份厚礼。常委会还积极引导广大人大代表和机关干部，增强政治意识和大局意识，弘扬以爱国主义为核心的民族精神和以改革创新为核心的时代精神，弘扬集体主义、社会主义思想；始终保持团结进取、奋发有为的精神状态，充分释放智力能量，建设社会主义先进文化，争当社会文明的表率，以模范的行为、良好的形象和高尚的情操，引导和影响全体人民向和谐社会迈进。

三、始终心系民安，不断增加和谐因素

安定团结是构建和谐社会的保证。常委会始终把社会安定和谐作为重要责任，为充分调动社会各方面的力量，促进社会治安综合治理，有效预防和尽量减少刑事案件的发生，提高群众的安全感，先后听取审议了市政府关于社会治安管理工作、关于严打整治斗争情况的报告，支持公安机关推进警务改革，提高严厉打击各种刑事犯罪的能力。常委会听取审议了市中级人民法院和市人民检察院关于刑事审判、法官队伍建设和渎职侵权检察、民事行政检察工作情况的报告，支持审判制度和检察工作改革，提高队伍素质，规范执法行为，促进执法公正，切实提高执法质量和服务水平。

常委会高度关注群众安危。针对一段时期比较严峻的安全形势，常委会组成人员和部分人大代表深入矿山、交通、建筑等生产单位和食品、药品营销企业进行视察督察，听取审议了市政府关于食品卫生法、药品管理法和道路交通安全法等法律法规执行情况的报告，提出了意见。市政府进一步健全了安全责任制度，完善了安全管理机制，加强了经常性监督检查，一定程度上预防和减少了重特大安全事故的发生，较好地维护了人民群众的生命和财产安全。

常委会在全市大力推行执法责任制和“两错”责任追究制，出台了《关于进一步引深执法责任制和“两错”责任追究制的实施意见》，督促各单位、各部门完善了各项责任制度，有力地推进了依法行政和公正司法。

常委会认真贯彻依法治国方略，加强了对法律、法规实施情况的监督检查，先后对劳动法、农业法、婚姻法、工会法、审计法、监狱法、矿产资源法、义务教育法、城市规划法等60多部法律、法规进行了执法检查，基本摸清了这些法律、法规贯彻实施的情况，督促纠正了一批违法案件，维护了社会正义，保护了人民群众的合法权益。

常委会结合开展保持共产党员先进性教育活动，成立了信访工作领导组，充实了信访工作机构，完善了信访工作办法、规范了信访工作程序，明确了信访工作责任制，进一步提高了信访案件办理的质量和效率。五年来，共接待群众来信来访3100余件次。通过监督有关部门综合运用政策、法律、行政等手段和教育、协商、调解等办法妥善解决了部分群众的合理诉求，化解了社会矛盾。对群众反映强烈、社会影响较大的案件，常委会以开展个案监督为突破口，通过深入实地调查研究、多次召开协调会议、具体协商解决办法，督促有关部门对一大批案件给予了公正处理和解决，维护了法律尊严和社会正义，促进了社会安定和谐。

四、始终立足民惠，着力营造和谐环境

和谐社会，必须是人与自然的和谐统一。常委会坚持惠民为要，把营造人与自然共生共融的环境作为人大工作的重要理念，先后听取审议了市政府关于环境保护工作情况、城市环境综合治理、热电联产集中供热、城市污水处理及污水管网建设、桃河综合治理、耐火行业治理整顿和市区环境保护目标及措施等情况的报告，督促市政府要树立循环经济发展新理念，把产业布局、产业结构调整与生态环境建设和资源保护利用结合起来，不断推进山川秀美的新阳泉建设。市政府根据常委会的要求，认真制定和实施《阳泉市“十一五”环境保护总体规划》等环境资源保护利用专项方案。2004 年春，全国公布了 113 个国家重点监控城市名单，按照环境污染指数大小排名，阳泉市位居重污染城市前列。常委会迅速组成调查组，走遍了全市大大小小的工业生产及其他重污染单位。经过半年多时间的认真了解情况、详细汇总数据，提出了关于加快市区周边严重污染企业治理的调查报告。市十二届人大五次会议据此作出了《关于加快市区周边严重污染企业治理的决定》，明确要求市政府要以科学发展观统领经济和社会发展大局，坚持环保工作与经济、社会发展同部署、同检查、同考核，加快重点行业、重点区域和重点领域污染治理力度，切实维护广大人民群众的身心健康，促进人与自然的和谐发展。常委会组织视察组经常深入基层，开展视察督查，支持政府开展专项环境整治，关停重污染耐火企业，拆除燃煤倒烟窑，督促各矿山企业开展矸石山治理，实施电厂脱硫改造工程等，取得了明显效果。

2006 年，常委会还就我市创建国家级园林城市工作进行了先期调研。在“倾力打造园林城市，全面提升人居环境”的议案被市十二届人大六次会议列为大会议案后，常委会采取了一系列措施进行督促落实，先后听取审议了市政府关于国家级园林城市建设规划、石太铁路城市段综合治理和防护林带建设、创建环境友好型企业等情况报告，针对性地提出了审议意见。市政府高度重视，迅速成立了创建国家级园林城市领导组，出台了实施方案，召开了动员大会，加大了投入力度，在全市上下掀起了轰轰烈烈的创建活动，加快了创建步伐，收到了初步成效。

常委会还立足市情，连续五年开展了以“治理环境污染，改善人居环境，建设和谐社会”为主题的环保行活动。组织记者深入 80 多家厂矿企业进行了集中采访，表扬先进典型，曝光超标排污企业。环保行活动的持续开展使人大的法律监督、行政执法监督、新闻舆论监督和群众的社会监督形成合力联动，对我市的环保工作起到了积极的推动作用。经过近三年的努力，全市环境质量有了较为明显的改善，为改善人民群众的生产和生活环境做出了积极贡献。

五、始终重视民权，积极推动民主政治建设

发展社会主义民主政治，建设社会主义政治文明，既是社会和谐的基石，也是全面建设小康社会的重要目标。常委会坚持一切权力属于人民的宪法精神，通过各种形式和途径，进一步坚持和完善人民代表大会制度，切实保障人民当家作主的权利。

常委会在改革和完善自身决策机制、对审议的“一府两院”工作报告实施电子表决监督的同时，在常委会会议和人代会上设立旁听席，邀请公民旁听会议，开设人大热线电话和网络信箱，听取群众意见、了解群众意愿、接受群众监督，提高了人大工作的透明度和群众的参与度，进一步扩大了公民有序政治参与的渠道。

常委会按照党管干部和人大依法任免一致性原则和德才兼备的标准，严格依法行使人事任免权。先后制定了人事任免办法，规范了工作程序，着重把好依法提请、法律知识考试、主任会议初审、供职发言和常委会表决等环节，进一步提高了人事任免工作的质量，为我市国家机关依法履职提供了组织保证。常委会还开展了述职评议工作，加强了对任命的干部的监督。

常委会认真贯彻落实中央9号文件精神，通过组织代表集中培训，召开代表工作座谈会，制定和落实《常委会组成人员分工联系代表制度》《发挥代表作用，加强代表活动的规定》，为代表寄送有关资料、订阅报刊、邀请代表参加常委会视察调查和列席常委会会议等，进一步加强了常委会与人大代表的联系，促进了代表工作质量的提升。常委会编辑出版了展示全市5级人大代表履行职责风采的《神圣使命》一书，对32名优秀市人大代表、9名市人大常委会委员、6个办理代表议案建议先进单位和11名先进个人进行了表彰奖励。

常委会高度重视代表议案、意见和建议的督促办理工作。市十二届人大一次会议以来，10名以上市人大代表联名提出的4个议案被人代会列为议案后，常委会思想上高度重视，先后听取审议了市政府落实上述议案的情况报告，提出了相应的审议意见；组织部分代表现场督查，推动议案办理工作的落实，加快了议案的落实步伐，收到了明显成效。对代表提出的意见、建议，常委会进一步完善了督办制度，组织代表面对面了解情况，现场视察检查，每年都听取审议了市政府关于办理情况的报告，做到了公开督办、重点督办、严肃督办和规范督办。代表们对建议办理工作的满意度逐年提高。

常委会把县、乡和村民委员会换届选举作为推进民主政治建设的大事来抓。按照法律规定，就2003年、2007年的县乡换届选举和2006年的村民委员会换届选举工作的有关问题积极提出意见。在选举过程中，常委会有关领导经常深入现场，及时掌握动态，加强检查指导，严格依法办事，保证了换届选举工作的顺利进行。

常委会积极开展人大理论研讨和宣传工作。先后召开了全市创新人大工作理论研讨暨经验交流会，成功举办了全国二十四城市人大工作研讨会，承办了山西省基层人大工作研讨会，编辑印发了《调查与研究》《理论与实践》俩书，认真探讨做好新形势下人大工作的新途径、新方法。注重加强与县（区）、乡（镇）人大的联系，对好的经验及时总结、吸取营养，共同推进基层民主法制建设。同时采取了走出去、引进来、互相交流信息等方式，加强了与外地人大之间的联系，进一步拓宽了视野，促进了工作的提高。常委会不断探索新形势下人大宣传的特点和规律，努力改进宣传方式，增强了宣传效果。开展了纪念人民代表大会成立50周年暨地方人大常委会设立25周年系列纪念活动，举办了“回眸04、展望05”人型图片展览，编辑印发了集资料性、艺术性、鉴赏性于一体的纪念画册《市十二届人大常委会履职图录》。先后召开了全市人大新闻宣传工作座谈会和通讯员培训会议，建立健全人大新闻宣传网络，出台了新闻宣传奖励办法和加强新闻宣传的实施意见，调动了各方面参与人大新闻宣传工作的积极性。开通了市人大常委会网站，在《阳泉日报》开设了民主法制专版。五年来，共刊发《人大工作动态》130余期，《信息摘编》110多期，先后在全国人大《信访工作动态》《人民代表报》《山西画报》《山西人大》和《阳泉日报》等报刊上发表了大量内容丰富、形式多样的宣传文章，有效地宣传了人大及其常委会的性质、地位和作用，进一步提高了全社会对人民代表大会制度的认识。

常委会在依法行使职权，做好各项工作的同时，始终把强化自身建设紧紧抓在手上。开展了各种形式的学习专题会、讨论会、座谈会和辅导讲座，组织常委会组成人员和机关工作人员认真学习邓小平理论、“三个代表”重要思想、科学发展观和党的十六大以来的历次会议精神，学习宪法、法律和人大制度理论。扎实开展了保持共产党员先进性教育活动和狠抓落实年、作风建设年活动，思想政治建设和作风建设进一步加强，激发了常委会组成人员的工作热情，增强了工作的责任感和自觉性。五年来，共写出视察、调查报告100余篇，既促进了常委会的科学决策和各项监督，又有效地推动了“一府两院”的工作。常委会先后建立和健全了《常委会议事规则》《主任会议议事规则》。认真贯彻落实中央9号文件精神和监督法，建立和完善了《加强代表工作，发挥代表作用》《贯彻实施监督法若干意见》《规范性文件备案审查》和听取审议专项工作报告、审查决算及监督计划预算执行情况、执法检查及代表议案、建议督办流程图等一系列规章制度。初步形成了职责明确、规范有序、务实高效的运行机制，进一步提高了工作质量和效能。常委会十分重视加强专门委员会的建设，相继完善了专门委员会工作制度，规范了专门委员会工作程序，改善了专门委员会工作环境。各专门委员会按照各自的职责，无论是开展执法检查、组织调研，还是协助常委会审议专项工作报告、参谋决定重大事项，都提前介入、了解情况、提出意见，会后进行督查检查，较为充分地发挥了职能作用。

国徽在上，人民在心。五易寒暑，叶茂根深。市人大常委会各项工作所取得的进展和成绩，是市委正确领导的结果，是全市人民支持的结果，是人大代表、常委会组成人员、各专门委员会组成人员以及市人大机关工作人员辛勤工作的结果，也是与各县（区）人大及其常委会的大力协助，市人民政府、市中级人民法院、市人民检察院的密切配合分不开的。在这里，我代表市十二届人大常委会，向大家表示真心感谢！

五年工作的体会和存在的主要问题

五年实践，五年探索，加深了我们对社会主义民主政治建设和人大工作的认识，也使我们对如何进一步做好新时期的人大工作，有了更加深切的体会。

做好人大工作，必须始终坚持和依靠党的领导。人民代表大会制度是党领导、支持和保证人民当家作主，实现党对国家和社会事务领导的政权组织形式。坚持党对人大工作的领导，是人大工作必须始终坚持的基本原则，也是人大工作不断取得进步的根本保证。五年来，市委高度重视关心人大工作，听取常委会党组汇报，召开人大工作会议，把握政治方向，研究重大问题，支持人大依法履行职责。常委会坚持把党的领导、人民当家作主与依法治国有机统一起来，自觉围绕中心，关注民生，服务大局，积极贯彻党委意图，使党的主张经过法定程序成为国家意志，保证了党的路线方针政策顺利贯彻落实。实践证明，只有正确处理坚持党的领导与人大依法行使职权的关系，把坚持党的领导贯穿于人大工作的全过程，才能保证人大工作沿着正确的政治方向健康发展。

做好人大工作，必须始终坚持为经济社会发展大局服务。社会主义的根本任务是发展生产力。党的基本路线明确提出坚持以经济建设为中心，这就要求人大工作必须围绕中心，自觉地为经济建设服务。从视察调查到审议工作报告，从行使重大事项决定权到开展执法检查，我市人大工作都突出了经济建设这个中心，促进了改革开放的深入推进和国民经济的健康运行，推动了科学发展。实践证明，只有始终着眼于改革开放和现代化建设的大局思考问题、履行职责，人大工作才能有所作为，不断取得新成绩。

做好人大工作，必须始终坚持把维护人民群众的根本利益作为出发点和归宿。实现人民的愿望、满足人民的需要、维护人民的利益，既是党的根本宗旨的具体体现，也是做好人大工作的本质要求。在推进人大工作的过程中，常委会不断加强同人大代表和人民群众的联系，反映人民意愿，畅通民主渠道，凝聚广大人民群众的智慧和力量，充分调动了人大代表参与国家管理的积极性。实践证明，只有紧紧依靠人大代表，与人民群众保持血肉联系，人大行使职权才能有坚实的基础，才能切实得到群众的拥护和支持。

做好人大工作，必须始终坚持依法行使职权。人大工作是政治性、法律性、程序性很强的工作，必须坚持民主集中制原则，坚持依法办事，坚持走群众路线。常委会充分发扬民主，广泛听取意见，把集体研究问题、集体决定问题、集体行使职权贯穿于人大的各项工作中，坚决维护宪法和法律的权威，自觉在法制的轨道上行使权力。实践证明，只有不断完善决策和工作机制，才能充分发挥人大制度的优越性，保证人大工作的健康进行。

做好人大工作，必须不断加强常委会自身建设。加强自身建设是常委会依法履职、提高工作水平的重要保障。常委会高度重视班子建设，党组成员和主任会议成员自觉树立党的意识、政治意识、大局意识和群众意识，精诚团结、奋发进取、齐心协力、扎实工作，起到了很好的表率作用。常委会全面加强了思想建设、政治建设、组织建设、作风建设和制度建设，保证了各项工作的顺利开展。实践证明，只有不断加强常委会自身建设，才能为常委会开展工作奠定坚实的基础，才能树立起“有序、优质、高效、过硬”的地方国家权力机关的新形象。

金无足赤，玉有微瑕。回顾过去五年的工作，我们虽然取得了一定成绩，但还存在不小差距。主要是：围绕经济社会发展的重点问题和群众关注的热点、难点问题，跟踪监督力度还不够，监督实效有待进一步增强；在行使重大事项决定权与推动我市全局工作更好地结合方面，还需要在实践中进一步探索；代表作用的发挥还不够充分，闭会期间代表活动的形式和内容还需要进一步拓展；常委会和机关自身建设有待进一步加强。这些问题的存在，不应强调客观原因，主要是常委会自身对人大制度和人大工作认识不到位的主观原因造成的。所有这些，需要新的一届人大常委会团结一心，不断开拓进取，认真扎实工作，采取有效措施认真加以解决。

今后人大工作的建议

各位代表，市十二届人大常委会已经完成了它的历史使命。本次大会将选举产生阳泉市第十三届人民代表大会常务委员会。新一届人大常委会任期的五年，是我市加快科学发展、构建和谐阳泉、全面建设小康社会的关键时期，肩负的责任重大。建议新一届人大常委会工作的指导思想和总体要求是：在中共阳泉市委的领导下，高举邓小平理论和“三个代表”重要思想伟大旗帜，全面落实科学发展观，加快构建社会主义和谐社会，坚持把党的领导、人民当家作主和严格依法办事有机统一起来，认真履行宪法、法律赋予的各项职权，关注民生、反映民意、立足民安、促进民和，更好地发挥地方国家权力机关的作用，促进国民经济又好又快发展，为党的十七大召开创造良好的环境和条件。

根据上述指导思想和总体要求，建议新一届人大常委会重点抓好以下四个方面的工作。

一、做好监督工作，在提高监督实效上有新作为

按照落实科学发展观与构建和谐社会的要求，抓住关系改革发展稳定大局和群众切身利益的问题，综合运用听取审议报告、执法检查等形式，加强和改进监督工作，努力取得党和人民满意的效果。认真贯彻落实监督法，严格按照监督法的规定履行监督职责，加强工作监督，完善法律监督，确保监督法全面正确实施。进一步加强对计划、预算执行情况的监督。加强规范性文件备案审查工作，维护法制统一。进一步加强行政执法监督，坚持司法机关办案质量督查，做好信访工作，促进依法行政、公正司法。

二、做好代表工作，在发挥代表作用上有新成效

要认真贯彻落实中央 9 号文件精神，密切常委会与人大代表和人民群众的联系，支持代表依法履行职责。加强和改进对代表闭会期间活动的组织、协调和服务，认真组织好专题调研和集中视察，加强代表议案建议督办工作，充分发挥代表作用。认真抓好新一届代表的培训工作，更好地为代表履行职责提供服务。

三、严格依法办事，在行使人事任免和决定职权上有新进展

依法履行好任免职能。要以对党和人民高度负责的政治责任感，坚持党管干部原则、德才兼备标准和干部“四化”方针，严格依照法律规定，做好人事任免工作。进一步规范任免工作程序，坚持和完善常委会拟任命人员任前法律知识考试等制度。强化任后监督，督促国家机关工作人员依法履职、清正廉洁、奋发有为。讨论决定好重大事项。要紧紧围绕市委的重大决策，抓住事关全市工作大局和人民群众切身利益的重大问题，适时依法作出决议、决定。

四、加强常委会自身建设，在依法履职能力上有新提高

要不断加强自身建设，在工作方法上有新创造，在工作机制上有新突破，在工作落实上有新举措。坚持用马克思主义中国化的最新理论成果武装头脑，强化常委会组成人员和人大机关干部对政治理论、法律知识、经济知识和业务知识的学习，不断提高政治理论素养和业务水平。准确把握人大工作的特点和规律，自觉服从和服务于全市大局，在监督和支持中发挥人大工作的重要作用。深入开展作风建设年、狠抓落实年活动。常委会组成人员要始终保持与人民群众的密切联系，自觉接受人大代表和人民群众的监督，切实转变工作作风，坚持深入实际、深入群众，开展调查研究，广泛倾听群众意见，全面准确地反映人民群众的要求，力求使常委会的各项决定和工作顺应民心、反映民意、服务民生。要抓好各项制度的落实，明确工作职责，规范工作程序，提高常委会工作的科学化、规范化水平。

各位代表，我们正处在继往开来、与时俱进，加快科学发展、构建和谐阳泉，全面建设小康社会的重要时期，面临着艰巨的任务，肩负着光荣的使命。我们相信，随着社会主义民主政治建设的逐步发展，依法治国基本方略的落实，人民代表大会制度必将面临难得的发展机遇，人大工作任重道远、前程似锦。我们坚信，市十三届人大常委会在中共阳泉市委的正确领导下，一定会同心同德、开拓进取，各项工作更加卓有成效，为推进全市民主法制建设，促进阳泉在全省争先发展，在中部同等城市率先崛起，建设充满活力、富裕殷实、文明和谐、山川秀美的新阳泉做出新的更大的贡献！

阳泉市人民代表大会常务委员会工作报告

——2012年5月27日在阳泉市第十四届人民代表大会第一次会议上

阳泉市人大常委会主任　孙水生

各位代表：

我受阳泉市第十三届人民代表大会常务委员会的委托，向大会报告常委会五年来的主要工作，请予审议。

自2007年5月换届以来，市十三届人大常委会在中共阳泉市委的领导下，坚持以中国特色社会主义理论体系为指导，围绕中心，服务大局，依法履职，共召开常委会会议43次，听取和审议“一府两院”工作报告89项，作出决议、决定49项，任免地方国家机关工作人员170人（次），有效发挥了职能作用，为坚持和完善人民代表大会制度、加强和推进社会主义民主法制建设、保障和促进我市转型跨越发展，做出了积极贡献。

一、坚持依靠党的领导，全力把握正确方向

主动接受党的领导，是推进地方人大工作的根本原则；自觉坚持党的领导，是做好地方人大工作的根本保证。五年来，市人大常委会始终坚持正确的政治方向，把坚持和依靠党的领导，作为最重要的政治原则严加遵循。

在筹划人大工作时，坚持党对国家和社会事务的领导。牢固树立党的观念，认真贯彻党的路线、方针、政策，从实际出发确立了“三坚持”（坚持依靠党的领导、坚持人民当家作主、坚持严格依法办事）、“三围绕”（围绕经济建设中心、围绕全市工作大局、围绕人民根本利益）、“三注重”（注重工作的全局性、注重工作的针对性、注重工作的前瞻性）工作思路，保证了把坚持党的领导贯穿到依法履职的全部过程、落实到人大工作的各个方面。

在推进人大工作中，坚持提高党的威信和巩固党的执政地位。始终坚定不移维护党的权威，确保人大工作贯彻党的决策、体现党的主张、实现党的意图。市人大常委会认真领会党的决策精神，坚持服从服务于党的中心工作，紧紧围绕市委的工作部署开展和推进人大工作，自觉融入科学发展、富民强市的宏大实践，努力实现推进人大工作与服务全市大局的有机统一。

在日常实际工作中，坚持重大事项向市委的请示报告制度。每年初对常委会会议的议题安排，报市委研究同意后，再列入工作计划；对每次人代会的指导思想、主要任务、各项议程及召开时间，报市委审核同意后，再有序组织实施；对重要会议、活动及事项，及时向市委请示汇报。坚持每半年向市委全面系统书面汇报工作，年底汇报当年总体工作情况及次年工作要点。这就使市人大常委会的各项工作，在市委的重视和支持下，得以顺利开展和有效推进。

二、坚持经济建设中心，力推转型跨越发展

市人大常委会坚持把促进发展作为依法履职的第一要务，紧紧围绕经济建设中心筹划、部署和开展人大工作，致力于推进转型跨越发展。

推动经济平稳较快发展。常委会密切关注全市经济运行态势，高度重视计划、预算的宏观调控作用，坚持适时听取并审议市政府关于国民经济和社会发展计划执行情况、财政预算执行情况的报告，适时听取并审议市政府关于上年度财政预算执行与支出的审计工作报告，根据国家宏观政策和我市工作实际，针对性地提出审议意见，依法作出相应的决议。认真修订了《阳泉市财政预算审查监督办法》，注重发挥预算审查专家咨询组的作用，不断完善长效预算审查监督机制，督促和支持政府及相关部门依法行政、依法理财。为促进“十一五”规划目标的实现，常委会听取并审议了市政府关于“十一五”规划纲要中期评估的报告，提出：要在加强经济调控上有新突破，更加有效地提高发展质量和效益；要在创新体制机制上有新突破，更加有效地形成资源型经济转型的措施体系；要在优化产业结构上有新突破，更加有效地推动经济结构调整；要在招商引资上有新突破，更加有效地实施借力发展。

推动重点工程项目建设。重点工程项目建设是我市应对全球金融危机冲击、抢抓国家扩大内需机遇、推动转型跨越发展的有效抓手。常委会密切关注重点工程项目建设的进展情况，在深入调查论证、认真听取并审议市政府专项工作报告的基础上，先后就新北大街（新城大道）建设项目、桃河公园河道梯级蓄水二期工程等8个重点工程项目作出决议，同时督促政府有关方面健全管理机制、防范财政风险、加强资金监管、确保项目实施，充分发挥重点项目的投资拉动作用。

推动经济发展方式转变。促进科技进步、发展循环经济和旅游产业，对转变经济发展方式具有重要意义。常委会在视察部分企业、深入了解实际情况的基础上，先后听取并审议了市政府关于建设省级科技示范区工作情况的报告，关于全市科技型企业及高新技术创业园发展情况的报告，关于企业废弃物治理及综合利用情况的报告，关于全市中小企业和民营经济发展情况的报告，关于旅游产业发展情况的报告，明确提出：把科技进步和技术创新作为重要支撑，把发展循环经济、提高资源综合利用水平作为重要支点，把发展中小企业和民营经济作为有效途径，把推动旅游产业发展作为重大举措，努力推动资源型城市转型、经济结构调整和发展方式转变。

推动新农村建设和农业产业化。常委会高度关注“三农”工作，先后听取并审议了市政府关于新农村建设工作情况的报告和农业产业化工作情况的报告，作出了《关于加快全市“3+2”农业产业化富民工程实施步伐的决议》，强调认真落实中央强农惠农政策，建立目标管理体系，加快科技支农力度，提高农民综合素质，建设特色农业生产基地，加快农业现代化步伐。集体林权制度改革是破解“三农”难题的重要举措。常委会听取并审议了市政府关于全市集体林权制度改革工作情况的报告，提出要尽快完善集体林权管理机制、评估机制和林地流转机制，努力实现“农民得实惠，生态受保护”的林权改革目标。

推动人事任免工作规范开展。常委会始终坚持党管干部和人大依法行使任免权的有机统一，认真执行《党政领导干部选拔任用工作条例》和有关法律法规，坚持党的领导，充分发扬民主，严格依法办事，认真做好任前法律考试、任职提请、供职发言、任免表决、任免材料整理归档、媒体公布任免结果等工作，五年来共任免地方国家机关工作人员170人（次），保证了市级国家机关的正常运行，为全市经济社会发展提供了组织保障。

三、坚持履职为民宗旨，关注民生保障改善

市人大常委会牢记党的宗旨，坚持以人为本，注重民生改善，做了大量工作。

促进民生事业投入。加大财政投入，是保障并改善民生的前提。常委会对此高度关注，结合审议财政预算执行情况报告及市本级预算调整方案，要求市政府进一步优化财政支出结构，加大对社会保障、就业创业、文化教育、公共卫生等方面的投入力度，加快构建改善民生的财政投入长效机制。依法批准了市政府关于新增地方债券全部用于解决中央投资公益性建设项目配套资金的方案，支持市级财政支出更多地向民生项目倾斜。常委会还先后听取并审议了市政府关于全市棚户区改造、廉租房建设和采煤沉陷区综合治理项目建设进展情况的报告，要求进一步加强组织领导，加大资金投入，加快建设步伐，积极回应社会关切，尽力为群众办实事、做好事。

促进安全管理工作。常委会高度关注安全生产和安全管理，组织组成人员和人大代表深入矿山、交通、建筑等生产单位，食品药品营销企业和中小学校园进行视察督察，先后听取并审议了市政府关于全市安全生产、社会治安管理、食品安全和中小学校舍安全工程实施进展情况的报告，要求牢固树立安全发展理念，广泛开展安全宣传教育，从实际出发完善监管体系、落实主体责任、加大管理力度，以煤炭生产安全为重点，统筹抓好食品卫生、公共场所、道路交通、建筑施工、中小学校园等重点行业和领域的安全管理工作，努力实现全市安全形势的根本好转。

促进社会保障工作。社会保障是城乡居民基本生活的“安全网”，事关群众切身利益。常委会先后听取并审议了市政府关于全市劳动就业再就业及社会保障体系建设、新型农村合作医疗工作和社会救助工作情况的报告，要求进一步加大工作力度，在解决新增劳动力就业上有新作为，在完善健全保障制度上有新举措，在解决农民看病难问题上有新突破，在保障城乡困难群体基本生活上有新成效。

促进“三城同创”工作。开展“三城同创”是市委、市政府立足于加快科学发展、推动城市转型、改善人居环境的一项重大举措。常委会高度关注创建工作，先后听取并审议了市政府关于创建国家园林城市、国家环保模范城市和国家卫生城市工作进展情况的报告，作出了《关于强力攻坚，确保我市创建国家园林城市目标实现的决议》《关于大力推进我市创建国家环保模范城市工作的决议》和《关于有效促进“三城同创”工作的决定》，号召全市人民充分认识“三城同创”重大意义，自觉投身“三城同创”工作实践，有力促进“三城同创”深入开展，为打造宜居家园做出应有贡献。特别要求全市人大代表，高度关注、主动投身创建工作，充分发挥应有作用，以模范言行影响和带动广大群众，尽全力推进“三城同创”工作。

促进城市管理创新。城市管理事关城市综合竞争力和居民生活质量，广大群众高度关注。常委会先后听取并审议了市政府关于城市管理行政执法、文化市场管理、环境卫生管理、人口与计划生育工作和城市道路交通管理工作情况及整改情况的报告，要求市政府及有关部门：进一步加强领导，努力形成齐抓共管的整体合力；进一步加大执法力度，加快关键领域和关键环节整治步伐；进一步加强宣传教育，为改善城市管理营造良好社会氛围；进一步加强执法队伍建设，为提高城市管理水平奠定坚实基础。

四、坚持依法治国方略，加强民主法制建设

市人大常委会认真贯彻依法治国基本方略，大力弘扬社会主义法治精神，着力推进“法治阳泉”建设，积极推动基层民主发展，充分发挥了职能作用。

加强对普法工作监督。普法工作是建设“法治阳泉”的基础性工作。常委会先后听取并审议了市政府关于“五五”法制宣传教育规划实施情况和全市“五五”普法工作情况的报告，作出了《关于进一步加强法制宣传教育工作的决议》，强调把法制宣传教育和依法治理工作纳入国民经济和社会发展规划、纳入政府目标管理，进一步健全工作机制，加大工作力度，切实增强全体公民的法律意识和法治观念，努力营造有利于转型跨越发展的法治环境。

加强对司法工作监督。加强人大监督，确保司法公正，是维护社会公平正义的内在要求。常委会先后听取并审议了市中级人民法院关于审判监督工作、刑事审判工作和全市法院执行工作情况的报告，听取并审议了市人民检察院关于刑事侦查监督和刑事审判监督、查办和预防职务犯罪、刑事立案监督等工作情况的报告，要求加快审判制度和检察工作改革步伐，从实际出发提高队伍素质、规范执法行为、正确施用法律，确保司法公正，全力保持社会和谐稳定。

加强对法律实施情况监督。五年来，常委会通过听取工作汇报、实地走访察看、广泛征求意见等形式，先后开展了对土地管理法、劳动合同法、义务教育法、食品安全法等40部法律法规的执法检查，强化了对法律、法规实施情况的监督。配合省人大常委会对11部地方性法规进行了立法调研，认真反映群众意见，积极提出相关建议。连续五年的“阳泉环保行”活动，作为常委会环保执法检查的重要方式，不断向纵深推进，在强化舆论监督、人大监督、推动解决突出环境问题等方面发挥了重要作用。

开展对执法部门工作评议。常委会认真采纳人大代表建议，先后对市工商行政管理局、质量技术监督局进行工作评议，采取听取工作报告、深入实地调查、开展民主测评等方式，认真检查被评议单位在优化投资环境、服务经济实体、行使监督职责和开展行政执法等方面的工作情况，向被评议单位及其省主管部门、市政府提出了评议意见，并加强对评议意见落实的跟踪督察，促进了被评议单位依法执法、严格执法和文明执法。

加强人大信访工作。常委会高度重视信访工作，进一步完善和落实领导联系信访制度，充实信访工作人员，健全信访工作机制，加强信访信息分析，强化对信访案件的督察督办。五年来，共接待人民群众来信来访1736件1995人（次），督促有关部门综合运用政策、法律、行政等手段和教育、协调、调解等方式，解决群众反映的问题，维护社会和谐稳定。

指导县乡人大换届选举工作。2011年进行的全市县、乡两级人大换届选举，对于坚持人民代表大会制度、加强基层政权建设具有重要意义。常委会深入开展调查研究，制定了工作方案。在选举过程中，常委会有关领导深入基层，了解掌握有关情况，加强督促检查和指导，保证了换届选举的顺利进行。

加强对基层人大工作的指导。常委会高度关注基层人大工作的推进，对全市乡镇人大主席和街道人大工委主任进行了履职培训。召开全市人大工作座谈会，交流加强基层人大工作的经验。建立、完善和执行人大工作信息报送制度，创办并编发《人大工作动态》208期、《工作览要》105期、《民意之窗》86期、《县（区）人大工作动态》68期，增强了全市人大系统的纵向和横向联系，促进了相互间的工作交流和借鉴。

五、坚持代表主体地位，充分发挥代表作用

人大代表是人民代表大会的主体，是各级国家权力机关的组成人员，是推进人大工作的动力之源。五年来，市人大常委会把加强代表工作作为推动人大工作的基础，做出了不懈努力。

多途径提升代表素质。围绕代表履职应知、应会、应为要求进行了初任培训，围绕提高参政督政能力，采取以会代训和举办专题讲座等方式，加强了专题培训。坚持为代表订阅报刊，及时寄送《阳泉人大》期刊和有关资料，适时向代表通报有关情况，为代表知情知政、依法履职创造条件。

多制度规范代表工作。认真总结实践经验，虚心学习外地做法，修订或制订了加强代表工作的意见、代表培训学习、代表小组活动、邀请代表列席市人大常委会会议和代表接待日等23项规章制度，就代表的学习、工作、活动提出明确具体要求，对保障代表权利、规范代表工作、促进代表履职，起到了积极作用。

多形式搭建履职平台。积极探索闭会期间代表活动的新途径、新形式，自觉为代表履职提供服务。坚持每次常委会会议都邀请部分代表列席。坚持组织代表开展专题调研、专项视察和执法检查，参加各种听证会、庭审会和座谈会。委托县（区）人大常委会组织本辖区市人大代表开展专项视察调研。印制了代表专用信封，进一步拓宽了闭会期间代表提出建议的渠道。常委会组成人员还经常深入基层，主动听取代表的意见和建议。

多措施督办代表议案建议。常委会十分重视代表议案、建议的提出和督办工作。市十三届人大历次会议共收到代表联名提出并列为大会议案 3 件、代表建议 809 件。为加快办理进度，提高办理质量，常委会采取集中交办、重点督办、跟踪检查、提高面复率等做法进行督办，特别对议案和重点建议，实行常委会领导督办、常委会会议审议落实情况的办法，进一步加大了办理力度、提高了办理质量。

六、坚持提升能力素质，全面加强自身建设

五年来，市人大常委会注重增强整体素质，注重提高履职能力，在加强自身建设方面做出了极大努力。

加强思想建设。坚持中心组理论学习制度，定期进行常委会组成人员法律培训，多次召开专题学习会、讨论会和座谈会，着力用马克思主义中国化的最新理论成果武装头脑、指导实践、推动工作。扎实开展学习实践科学发展观活动，注重活动成果的转化应用。创先争优和保持共产党员纯洁性活动有序推进，进展顺利。深入学习人民代表大会制度理论和社会主义法治理念，努力打牢理论基础、提升法律素养、增强履职能力。

加强组织建设。实行了常委会组成人员履职登记制度，对出席会议、参加活动、撰写文稿、联系代表等履职情况分类登记，并适时通报，有效激发了常委会组成人员的履职热情。

加强制度建设。认真修订了市人大常委会议事规则和组成人员守则等 6 项规章制度，重新制订了《阳泉市人大常委会审议意见形成和处理办法》等 11 项规章制度，推动了常委会工作有序开展和规范运行。

加强业务建设。改进审议方式，常委会组成人员在会前认真阅读“一府两院”专项工作报告的基础上，深入思考，有针对性地撰写发言提纲，填写《审议意见卡》，在审议时按照提纲发言，提高了常委会的审议质量。此外，组成人员还制订了个人五年履职计划，为提高依法履职的自觉性奠定了基础。

加强作风建设。认真落实关于转变和改进作风的各项规定，大力弘扬求真务实精神，着力倡导深入基层、加强调研，正确听取民意、反映民情、集中民智，共撰写视察、调研报告 100 余篇，促进了常委会职能作用的发挥。

加强机关建设。五年来，常委会高度重视并全面加强机关建设，取得明显成效。尤其是持续不懈推进学习型机关创建：更新理念，激发学习动力；强化领导，加大引领力度；建章立制，形成长效机制；周密组织，实现全员覆盖；创新方式，拓展学习平台；严格督学，力推学习深化；联系实际，促进成果转化，营造了浓厚的学习氛围。以构建长效机制为直接目标加强制度建设，全面清理了原有的规章制度，废除 17 项，修订 21 项，在此基础上重新制订 59 项，形成了涉及机关各方面工作的规章制度 136 项，有力促进了机关工作的规范化、制度化建设。以“双提高”（提高工作效率、提高工作质量）为直接目标加强勤政建设，实行“六提倡”（提倡爱岗敬业、提倡勤勉履职、提倡雷厉风行、提倡认真严谨、提倡务实创新、提倡自我提高）、“六加强”（加强具体领导、加强分工负责、加强制度规范、加强纪律约束、加强量化管理、加强监督检查），常委会机关工作的活力不断增强。

常委会高度重视人大宣传工作，确立了有力有效有声有色“四有”目标，在工作中勇于实践、勤于探索、敢于创新，始终注重：把握总体要求，坚持正确导向；强化组织领导，凝聚工作合力；加强阵地建设，拓展宣传平台；致力队伍培育，夯实组织基础；健全规章制度，形成长效机制；组织深度报道，提升宣传质量，开创了人大宣传的新局面。创办《阳泉人大》双月刊，改进阳泉人大网站，在《阳泉日报》、阳泉电台和电视台开辟“人大广角”“人大之声”“人大之窗”等专题栏目。开展“人大代表风采”“我的履职故事”“人大文学”有奖征文及“宣传人大制度好新闻”评选活动。举办纪念地方人大设立常委会30周年、监督法实施一周年等系列活动。编纂了展示人大工作成果及代表履职风采的《履职述要》画册及《走过五年系列丛书》。五年来，人大新闻宣传力度的加大、方式的创新、领域的拓展、效果的提升，为推进全市人大工作、加强民主法治建设，营造了良好的舆论氛围。

各位代表！本届常委会五年来所有工作成绩的取得，都离不开中共阳泉市委的正确领导，离不开全体代表的共同努力，离不开“一府两院”的有力配合，离不开人民群众的大力支持。在此，我谨代表市十三届人大常委会，向所有关心、支持人大工作的各级领导和社会各界，表示崇高的敬意和衷心的感谢！

在回顾五年工作的时候，我们也清醒地看到，常委会的工作与人民群众的期望和党的要求还存在不小的差距。如：监督工作的力度和效果都有待进一步增强，行使重大事项决定权和人事任免工作需要不断改进和完善，为代表依法履行职责创造条件、提供服务还做得不够，自身建设还有待进一步加强。这些都需要在工作实践中认真加以解决。

各位代表！回顾总结五年来的工作实践，我们深刻地认识到，人民代表大会制度是完全适合我国国情、保证国家长治久安的根本政治制度。坚持和完善人民代表大会制度、推进和提升地方人大工作，应做到五个必须：一是必须把坚定不移走中国特色社会主义政治发展道路，作为人大工作的根本原则，自觉地坚持党的领导、人民当家作主、依法治国的有机统一，充分发挥人民代表大会制度的优越性；二是必须把加强社会主义民主法制建设、推动科学发展、促进社会和谐，作为人大工作的根本任务，自觉地围绕中心、服务大局，努力实现推进人大工作与加快科学发展的有机统一；三是必须把充分发扬民主作为人大工作的基本要求，自觉地坚持依法集体行使职权、集体决定问题，有效发挥人大的职能作用；四是必须把发挥人大代表主体作用作为人大工作的坚实基础，自觉地紧紧依靠人大代表和人民群众开展工作，有效推动解决人民群众关心的实际问题；五是必须把加强常委会自身建设作为人大工作的重要前提，自觉地加强学习、更新观念、改进方法、完善机制，不断提高依法履职的能力和水平。

各位代表！新的一届市人民代表大会已经组成，新的一届市人大常委会即将选举产生。我们相信，在党的十七大、十八大精神指引下，在中共阳泉市委的领导下，在全市人民的支持下，新一届市人大常委会一定能够继往开来，奋发进取，开创我市人大工作的新局面。我们建议，新一届市人大常委会要以中国特色社会主义理论体系为指导，坚持党的领导、人民当家作主和依法治国有机统一，围绕中心，服务大局，认真履行宪法和法律赋予的各项职权。要着眼于促进依法行政和公正司法，紧紧围绕推进阳泉转型跨越发展的重大问题和关系人民根本利益的热点难点问题，卓有成效地开展监督工作；要着眼于“千亿阳泉、百万新城”建设，有效行使重大事项决定权，把党的主张、人民的意愿通过法定程序转化为国家意志，最广泛地动员和组织人民依法管理国家事务和社会事务、管理经济和文化事务；要着眼于为全市经济社会发展提供组织保障，依法任免国家机关工作人员，督促他们强化公仆意识和服务意识，做到爱岗敬业、履职为民；要着眼于以人为本，加强代表工作，发挥代表作用，始终保持与人民群众的密切联系，多为群众办实事；要着眼于适应形势、与时俱进，切实加强常委会自身建设，不断提高依法履职的能力和水平。

各位代表！转型跨越前景灿烂、催人奋进，人大工作任务艰巨、大有可为。让我们紧密团结在以胡锦涛同志为总书记的党中央周围，在中共阳泉市委的领导下，以邓小平理论和“三个代表”重要思想为指导，深入贯彻落实科学发展观，以更加昂扬的精神状态、更加务实的工作作风、更加有力的实际行动，同心同德、群策群力，奋勇开创人大工作新局面，为坚持和完善人民代表大会制度、服务和促进转型跨越发展、建设更大更强更富更美新阳泉，做出新的更大贡献，以优异成绩迎接党的十八大胜利召开。

阳泉市人民代表大会常务委员会工作报告

——2017年3月8日在阳泉市第十五届人民代表大会第一次会议上

阳泉市人大常委会主任　刘高官

各位代表：

现在，我受市十四届人大常委会委托，向大会报告五年来的工作，对今后人大工作提出建议，请予审议，并请列席会议的同志提出意见。

五年来的主要工作

过去的五年，市人大常委会在中共阳泉市委的领导下，全面贯彻党的十八大、十八届三中、四中、五中、六中全会精神，学习贯彻习近平总书记系列重要讲话精神和治国理政新理念新思想新战略，坚持党的领导、人民当家作主、依法治国有机统一，按照“五位一体”总体布局、“四个全面”战略布局和省委“一个指引、两手硬”重大思路和要求，紧紧围绕市委确定的“四大定位”目标，依法履行职责，积极开展工作，先后召开常委会议45次，听取和审议“一府两院”专项工作报告85件，就重大事项作出决议决定33项，任免地方国家机关工作人员303人（次），圆满完成了市十四届人大历次会议确定的目标任务，为促进全市经济发展、民生改善、法治进步、社会和谐做出了积极贡献。

一、坚持党的领导，提高政治站位，把握正确政治方向

坚持党的领导是人民代表大会制度的政治优势和本质特征，是做好新时期人大工作的政治原则和根本保障。五年来，市人大常委会始终把党的领导贯穿于人大依法履职的全过程，确保党中央大政方针和省委、市委决策部署在人大工作中落地生根。

认真学习贯彻党的路线方针政策。深入开展党的群众路线教育实践活动、“三严三实”专题教育、“两学一做”学习教育，坚持不懈强化理论武装，毫不放松加强党性教育，着力筑牢信仰之基、把准思想之舵。出台学习贯彻党的十八大和十八届历次全会精神、把学习贯彻习近平总书记系列重要讲话精神引向深入等实施意见，制定学习贯彻党章党规党纪的制度和方案，组织引导组成人员和人大工作者，强化“四个意识”特别是核心意识和看齐意识，切实在思想上拥戴核心、政治上维护核心、行动上紧跟核心，更加自觉地与以习近平同志为核心的党中央保持高度一致，更加自觉地向党中央看齐、向习近平总书记看齐、向党的理论和路线方针政策看齐，坚定不移地把党中央的决策部署在阳泉人大工作中贯彻落实好。认真落实党中央关于推动人民代表大会制度与时俱进的决定，深入学习贯彻习近平总书记关于纪念现行宪法公布施行30周年、庆祝全国人大成立60周年及庆祝中国共产党成立95周年等系列重要讲话精神，成功举办纪念全国人大成立60周年系列活动，组织引导人大代表和人大工作者深刻理解、准确把握人民代表大会制度的性质、地位和作用，不断增强“四个自信”，凝心聚力，开拓奋进，切实把这一根本政治制度坚持好、完善好、发展好。

自觉坚持市委的集中统一领导。坚持党对人大工作的绝对领导，自觉服从服务于党的中心工作，紧紧围绕全市大局和市委的决策部署思考、谋划和推进人大工作，主动融入阳泉转型升级、振兴崛起的伟大实践。严格执行向市委请示报告制度，按照市委的部署和要求，依法做好相关工作，确保市委的主张通过法定程序成为全市人民的共同意志和自觉行动。准确把握和处理与“一府两院”的关系，坚持寓支持于监督之中，全力支持“一府两院”依法行政、公正司法，促进了地方国家机关在市委的统一领导下，按照各自职责分工，良性互动、协调一致开展工作，为全市经济社会发展提供了有力保证。

强化常委会党组在人大工作中的政治领导责任。党组坚持党要管党、全面从严治党，认真学习贯彻《准则》《条例》，制定《党组工作规则》，落实民主集中制，严肃党内政治生活，每季度研究部署党建工作，听取“两个责任”落实情况汇报，逐级签署责任书，开展提醒谈话，层层传导压力，构建责任链条，严格正风肃纪，牢牢扛起主体责任。坚持党管干部原则，对市委的人事安排方案，党组认真做好统一思想工作，确保市委人事安排意图的全部实现；对市委作出的重大决策部署，及时传达学习，认真研究安排，切实贯彻执行，充分发挥把方向、管大局、保落实的重要作用。积极完成市委赋予的民主法制领域改革任务，组织市直有关部门坚持目标导向和问题导向，完善体制机制，一批发展民主、健全法治的改革措施在我市渐次推开。强化对基层人大工作的指导，拟定了加强县乡人大工作和建设的实施意见，呈报市委批转全市贯彻执行。出台了落实党管意识形态工作责任制的实施意见，加强和改进人大新闻宣传工作，在国家、省和市级主流媒体发表文章350余篇，发挥了宣传党的政策、通达社情民意、引导社会热点、回应群众关切、凝聚发展共识的作用。

二、聚焦第一要务，支持转型发展，推动经济稳定向好

市人大常委会坚持以“五大发展理念”为引领，紧紧围绕市委关于建设山西向东开放桥头堡、转型发展先行市的重大决策部署，科学谋划、扎实推进监督工作，努力把握新常态，推动新发展。

围绕落实稳中求进工作总基调，加强对宏观经济运行情况的监督。坚持每年开展对经济社会发展计划执行情况的监督，定期深入县（区）调研经济运行情况，依法开展“十二五”规划中期评估，作出了批准“十二五”规划纲要部分指标调整的决议；围绕“十三五”发展深入调研，形成调研报告7件，提出意见建议92条，为市委制定规划建议提供决策参考，推动政府有效应对经济下行压力，不断提升经济运行的质量和水平。

围绕贯彻“28字调产思路”，加强对经济转型升级工作的监督。强化对发展小微企业、特色农业、旅游产业、装备制造业、新能源产业、现代服务业、“互联网+”产业及加快“三去一降一补”等工作的调研和监督，助推供给侧结构性改革，培育壮大新业态，打造经济升级版。坚持把重点项目建设作为调结构、稳增长的重要抓手，按照监督法的规定，首次采用刚性监督方式，就“项目推进年”工作实施情况开展专题询问。专题询问调研组深入12家项目建设单位、21家金融财税部门、20家政府相关部门，了解掌握实际情况。在召开的专题询问工作会议上，常委会组成人员针对项目推进涉及的科技创新、循环经济、民生改善、环境保护、招商引资、行政审批和资金保障等14个问题提出询问；市重点工程建设领导组办公室、发展改革委员会、经济和信息化委员会、人民银行阳泉中心支行等12个部门及经济技术开发区管委会的负责人认真回答了询问，并就组成人员提出的意见建议，作出了整改承诺。这次专题询问，受到各方关注，《人民代表报》头版刊发了纪实报道。

围绕实施创新驱动战略，加强对重点领域改革工作的监督。听取和审议行政审批制度改革工作的报告，推动政府加快简政放权，优化发展环境，释放改革红利；听取和审议市属国有企业改革工作的报告，要求政府加快体制机制创新，激发企业发展活力；听取和审议土地承包经营确权登记颁证工作的报告，为加快农业供给侧结构性改革提供制度保障；听取和审议科技成果转化、农业机械化等工作报告，推动科技和经济深度融合；强化对转型综改试验区建设、信息产业示范园建设、金融信用体系建设、先行先试政策创新和“双创”政策落地等工作的调研和监督，推动政府向改革要动力、向创新要活力。出台了《关于授予阳泉市荣誉市民称号的规定》，建立对我市有重要贡献者的荣誉激励机制，填补了这方面的制度空白，为经济发展凝聚人心、增添力量。

围绕管好人民的“钱袋子”，加强全口径预算决算审查监督。推动政府将市级公共财政预算、政府性基金预算、社保基金预算、国有资本经营预算，全部提交人代会审查批准，政府及部门预决算和“三公”经费决算全部向社会公开。适时听取和审议预算执行、财政决算、债务安排、财政审计等工作报告，依法作出相应的决议决定及审议意见，推动科学理财、民主理财和依法理财。市政府认真落实常委会审议意见，连续两年报告审计查出问题的整改情况，集中整改问题 802 个，清缴税费 2369.93 万元，盘活资金 4.79 亿元，移送案件线索 107 件，处理责任人 16 名，完善制度措施 125 项，确保财政资金花得明白、用得其所。《中国人大》杂志介绍了经验做法。

三、恪守为民宗旨，关注民生福祉，积极回应人民期盼

市人大常委会坚持以人民为中心的理念，紧紧围绕市委关于建设晋东区域中心城、城乡统筹示范区的重大决策部署，强化民生领域的工作监督，助推共享发展、民生持续改善，积极回应人民群众对美好生活的新期盼。

安全生产，人命关天。坚持每年听取和审议安全生产工作报告，认真开展安全生产督查检查，推动政府强化监管、铁腕执法、严肃问责，切实保障人民群众生命财产安全。连年开展饮用水安全、食品药品安全、农产品质量安全等工作的监督检查，推动政府强化基础建设、完善监管制度、严格责任追究、严惩违法犯罪，切实保障人民群众“舌尖上的安全”。

治理污染、保护环境，功在当代、利在千秋。以“守护一方碧水蓝天”为主题，听取和审议创建国家环保模范城市、固体废弃物综合利用及处置、污染物总量减排、城市饮用水水质改善等工作报告，强化对桃河流域生态建设、娘子关水源地保护、市污水处理厂二期工程建设和矸石山治理等工作的调研和监督，专题督查大气、水、土壤污染治理工作，连年开展阳泉环保行活动，助推落实党中央和省委、市委铁腕治污的决策部署，加快解决突出环境问题，努力打赢环保攻坚战。

城市是人类文明与进步的载体。围绕打造宜居宜业的城市环境，听取和审议城市总体规划修编、生态新城建设和阳大铁路建设等工作报告，开展城市道路建设、交通管理、园林绿化、管网建设、管理执法、公共交通和防震减灾等工作的调研和监督，推动政府完善城市功能、改善城市形象、提升城市品位。实施对城乡环境卫生综合整治工作的专题询问，通过专题调研和明察暗访，综合城乡居民反映比较集中的问题，向 22 个政府工作部门负责人进行了询问。市政府按照专题询问会议形成的审议意见，及时开展城乡环境卫生集中整治。常委会听取市政府落实审议意见的情况，并进行了满意度测评，为全市城乡环境卫生逐步好转发挥了推动作用。

统筹城乡各项事业协调发展，是全面建成小康社会的迫切需要。持续开展教育、文化、体育、医疗卫生、住房安居、社会保障、脱贫攻坚、救灾救济、公共事业等工作的调研和监督，着力推动新型城镇化、基本公共服务均等化及“民心工程”建设，努力让人民群众有更多的获得感、更强的幸福感。

四、优化法治环境，维护公平正义，加快法治阳泉建设

市人大常委会认真落实市委加快推进法治阳泉建设的实施意见，坚持运用法治思维和法治方式，深化改革，完善机制，努力开创法治阳泉建设新局面。

加强立法能力建设。党的十八届四中全会作出了依法赋予设区的市地方立法权的决定。经过持续不懈的努力，2016年5月，我市成功获批地方立法权，开启了我市立法工作的新征程，这是阳泉民主与法制建设史上的又一重要里程碑。市委高度重视，支持常委会设立专门机构、配齐专职干部、健全配套制度、设立基层立法联系点、加强立法队伍培训。组织开展了《阳泉市地方立法条例（草案）》的起草、审议和征求意见工作，提请本次代表大会审议通过并报请省人大常委会批准后，将为我市地方立法活动提供准则与遵循。

推动严格公正司法。围绕实现“让人民群众在每一个司法案件中都感受到公平正义”的目标，听取和审议民商事审判、规范司法行为、公诉工作、立案侦查监督、预防职务犯罪及公安、司法行政等工作报告，着力促进审判权、检察权、侦查权正确行使。督查督办涉法涉诉信访案件，接待群众来信来访1268件2125人（次），推动有关部门依法解决群众的合理诉求，维护群众的合法权益。

推动权力规范运行。围绕把公权力关进制度的笼子，出台了《加强和改进人大监督工作的意见》《讨论、决定重大事项的规定》《监督司法工作制度》《地方立法协商工作办法》《对任命的市“一府两院”国家工作人员加强监督的意见》《关于进一步提高常委会会议审议质量的意见》等8个规范性文件，不断完善权力运行程序，健全权力监管流程，规范权力运行机制。修订完善了人事任免办法，对拟任职人员实行任前法律考试、审查任职提请、听取供职发言等，人事任免权的行使更加严格规范。坚持监督公开原则，通过市级主流媒体，持续向公众征集监督议题，向社会公布监督计划、监督内容、监督过程和监督结果，努力使公权力依法、规范、透明、高效运行。

推动宪法法律实施。党的十八届四中全会作出了建立宪法宣誓制度的决定，常委会及时出台宪法宣誓实施办法，组织被任命干部公开向宪法宣誓，走在全国前列，中央人民广播电台进行了专题报道。强力推进普法和依法治理工作，每年开展国家宪法日纪念活动，作出了《关于深入开展第七个五年法治宣传教育的决议》，着力营造学法尊法守法用法的社会氛围。对节约能源法、矿产资源法、税收征管法、土地管理法等39部法律法规进行了执法检查，对市政府21个规范性文件进行了备案审查，确保了国家法律法规在我市的正确实施。

五、加强代表工作，发挥代表作用，保障代表依法履职

人大代表是人民代表大会的主体，是各级国家权力机关的组成人员，是推进人大工作的动力之源。五年来，市人大常委会始终坚持人大代表的主体地位，积极支持和保障代表依法履职。

多形式提升代表素质。健全代表培训机制，采取专题培训、以会代训、学习考察、经验交流等形式，促进代表有效掌握应知、应会、应为的履职知识。通过委托选举单位培训的方式，开展了代表初任培训；以常委会集中组织的方式，全员培训了市人大代表和县乡人大干部，并有计划地组织代表参加全国及省人大常委会举办的培训学习，着力提升代表依法履职能力。

多制度规范代表工作。认真总结实践经验，学习借鉴外地做法，建立完善了加强代表工作、代表培训学习、代表小组活动、代表述职述廉、代表履职登记等规章制度12项，就代表的学习、工作、活动提出明确要求，着力保障代表权利，规范代表行为，促进代表履职，推动了代表工作科学化和规范化。

多途径服务代表履职。积极探索闭会期间代表活动的新途径、新形式，自觉为代表履职提供服

务。坚持邀请代表列席常委会议、参加常委会及“一府两院”有关活动，及时为代表寄送报刊资料，适时向代表通报有关情况，为代表知情知政、参政议政创造条件。认真总结代表履职的做法和经验，扎实开展常委会委员联系代表、代表联系群众、代表进社区等活动，组织引导代表经常深入基层、深入群众，俯身接地气，用心听民意，建言献良策，促进常委会及“一府两院”不断改进工作。

多措施督办议案建议。坚持采取集中交办、重点督办、跟踪检查、办理责任公示、办理结果测评、办理情况通报等做法，加大议案建议督办力度。对历次人民代表大会确立的大会议案，坚持组成人员集体督办，采取专题询问的方式，启动“关于搬迁改造城区老工业区”等议案办理的刚性监督，增强了议案办理的工作实效。对55件重点建议，实行主任会议成员督办、常委会议审议，完善办理机制，压实办理责任。启用代表建议网上办理系统，开通了网上提交、交办、答复、反馈的“直达快车”。十四届人大历次会议共形成代表建议979件，都全部按时办理完毕，落实率和代表满意度不断提高。《中国人大》杂志介绍了常委会督办代表建议的做法。

常委会高度关注全市各级人大代表执行代表职务情况，认真分析个别代表违纪违法的深层次原因，出台了规范代表履职行为的制度规定，对严重违纪违法的市人大代表，及时启动追责程序，许可对11名代表采取强制措施，终止了8名代表的代表资格，维护了代表队伍的先进性和纯洁性。

六、强基固本培元，加强自身建设，打造过硬干部队伍

建设高素质干部队伍，是做好人大工作的关键。市人大常委会主动适应新形势新任务的要求，全面加强自身建设，着力改进工作作风，努力提高履职能力和水平。

强化履职能力建设。积极开展学习型常委会和机关创建活动，健全了导学、督学、评学、述学、考学机制，启发学习自觉；坚持走出去学、请进来教，深化“书香人大”阅读活动，激发学习热情；实施机关四级干部同台交流学习体会制度、主流媒体发表文章量化考核制度、理论先导小组学习研讨制度等，促进组成人员和机关干部理论联系实际、学以致用，不断提升创新思维和依法履职能力。

加快制度机制创新。在历次党内集中教育和作风建设活动中，坚持把制度机制创新摆在突出位置，从实际出发，建立机关党建工作责任制、党风廉政建设责任制实施办法、年度目标责任考核办法、督查督办办法、干部问责办法等制度53项，完善视察调研、学习考察、会议管理、公务用车、公务接待、公务消费等方面的制度。要求党员干部认真学习制度，熟知制度内容，增强制度执行力，初步形成了用制度管人、管事、管落实、管作风的良好局面。

高度重视干部培养。根据市委安排部署，积极推荐优秀青年干部到乡村挂职锻炼、进企业促进发展、下基层帮扶脱贫、带课题调查研究，实施内部轮岗交流，多岗位锻炼干部。坚持正确选人用人导向，严格执行干部选拔任用规定，在市委的重视和支持下，遴选、提拔了一批年轻干部，为人大工作注入了生机和活力。

持续加强作风建设。坚持把纪律和规矩挺在前面，认真落实中央八项规定精神、廉洁自律规定及市委严肃纪律三个规定，聚焦作风建设，强化群众观念，践行“三严三实”“四讲四有”，深入开展“严肃纪律、整顿作风”活动，集中开展专项整治，持续强化监督问责，主动听取群众意见，虚心接受社会监督，形成了风清气正、干事创业的良好风尚。常委会机关连续多年被评为市级文明单位，老干部党支部被中组部授予“全国离退休干部先进集体”荣誉称号。

各位代表，过去的五年，是全市上下积极应对重大挑战、经受严峻考验的五年。五年来，市人大常委会始终把坚持和完善人民代表大会制度作为光荣使命，把依法行使宪法法律赋予的各项职权作为神圣责任，各项工作得到新发展，取得新成效。这是市委正确领导的结果，是全体人大代表、常委会组成人员和机关工作人员辛勤工作的结果，是市人民政府、中级人民法院、人民检察院及各县（区）人大常委会协同配合的结果，是全市干部群众关心支持的结果。在此，我代表市十四届人大常委会，向大家表示衷心的感谢！

回顾五年来的工作，我们对坚持和完善人民代表大会制度有了更加深刻的认识，对做好新形势下人大工作有了更加深切的体会：

第一，只有坚持党的领导，人大工作才能有方向。五年来，我们准确把握人大工作的政治定位，在推动中央和省委、市委重大决策部署贯彻落实上忠诚担当，积极作为，使人大工作始终沿着正确方向前进。

第二，只有服务发展大局，人大工作才能有作为。五年来，我们坚持以经济建设为中心不动摇，紧紧围绕市委重大决策部署，谋划工作思路，强化责任担当，狠抓工作落实，真正做到了与党委同心、与政府同力、与大局同步、与法律同向、与人民同声，有效发挥了地方国家权力机关的职能作用。

第三，只有严格依法办事，人大工作才能有权威。五年来，我们认真落实宪法和法律规定，坚持以支持的意愿开展监督，在监督中更好地体现支持，做到了尽职不越位、决定不处理、监督不代办，形成"一府两院"主动配合、虚心接受人大监督的良好局面。

第四，只有贯彻群众路线，人大工作才能有根基。五年来，我们充分发挥人大的制度优势、组织优势和智力优势，更加密切与人民群众的联系，着力从人民群众的实践创造中汲取智慧，从人民群众的发展要求中获得动力，使人大工作更接地气，代表履职更有底气，得到了市委的充分肯定、人民群众的广泛认可。

第五，只有勇于改革创新，人大工作才能有发展。五年来，我们认真贯彻落实党中央关于推动人民代表大会制度与时俱进的指示精神，致力依法履职的形式、载体和机制创新，使人民代表大会制度在坚持中完善、在创新中发展，为全市经济社会发展和民主法治建设提供了有力的支持和保障。

回顾五年来的工作，我们也清醒地认识到，市十四届人大常委会工作与宪法、法律的要求，与人民群众的期待相比，还有不足和差距，在发挥代表作用、增强监督实效、加强自身建设等方面，还有较大提升空间，须认真研究，切实改进。

对今后人大工作的建议

各位代表，从现在起至2020年，是全面实施"十三五"规划、全面建成小康社会的决战决胜阶段。做好新一届人大工作，责任重大、使命光荣。我们要更加紧密地团结在以习近平同志为核心的党中央周围，在中共阳泉市委的坚强领导下，高举中国特色社会主义伟大旗帜，坚持以党的十八大、十八届三中、四中、五中、六中全会精神为指针，深入学习贯彻习近平总书记系列重要讲话精神和治国理政新理念新思想新战略，不断增强"四个意识"特别是核心意识和看齐意识，增强做好人大工作的责任感、使命感，不忘初心，继续前进，不辱使命，不负重托，奋力开创人大工作新局面，为塑造美好形象、实现振兴崛起，全面建成小康社会，顺利实现"四大定位"目标贡献力量。

一、坚持围绕中心，服务大局履职尽责。市十二次党代会描绘了我市新的发展蓝图，明确了"四大定位"的发展目标。常委会要与中央、省委、市委要求"对表"，按照市十二次党代会和市委十二届二次全会的安排部署，科学谋划、统筹推进立法、监督、重大事项决定和人事任免工作，协力推动全市经济建设、政治建设、社会建设、文化建设和生态文明建设。

二、坚持质量引领，科学推进地方立法。在城乡建设与管理、环境保护、历史文化保护方面出台具有阳泉特色、务实管用的地方性法规，是市人大常委会的一项全新工作。要在市委领导下，深化立法调研，完善立法机制，加强立法协调，扩大有序参与，凝聚社会共识，不断提升科学立法、民主立法水平，切实发挥人大在立法中的主导作用，切实发挥立法对法治阳泉建设和改革发展的引领推动作用。

三、坚持问题导向，切实增强监督实效。人民代表大会制度的重要原则和制度设计的基本要求，就是任何国家机关及其工作人员的权力都要受到制约和监督。要紧紧围绕促进经济增长、供给侧结构性改革、综改试验区建设、开发区改革创新发展、重点领域改革、扩大开放、城乡统筹发展、保障和改善民生、建设文化强市、脱贫攻坚等重大问题，整合监督力量，创新监督形式，加大监督力度，强化跟踪监督。要抓紧出台阳泉市财政预算审查监督办法，推进全口径预算决算审查监督的规范化和科学化。加强对常委会任命人员的监督。探索司法改革后加强人大监督工作的途径和方式，不断提高司法公信力。

四、坚持优质服务，充分发挥代表作用。人大代表是国家权力机关组成人员，代表人民参与行使国家权力。要加强对新一届人大代表的培训、教育和管理，组织和引导代表提高政治素质、强化履职能力、自觉遵纪守法、认真履职尽责。建立健全代表联络机构，严格代表联系群众制度，搞好代表小组规范化建设，切实办好“代表之家”；在行使各项职权中，认真听取代表意见，充分发挥代表作用。加大议案建议督办工作力度，完善网上办理系统，强化部门办理责任，不断提升办理质量，确保让代表满意，让群众受益。

五、坚持与时俱进，打造过硬干部队伍。新的形势和任务对地方人大工作提出了新的更高要求，要扎实推进“两学一做”学习教育常态化制度化，持之以恒加强理论武装，强化党性修养，不断补精神之钙，固思想之源，培为政之本；锲而不舍地推进学习型常委会和学习型机关建设，努力使学习成为素质提升的途径、思路创新的源泉；驰而不息地加强党风廉洁建设，强化主体责任，强化监督管理，强化纪律约束，精心打造一支信念坚定、为民服务、勤政务实、敢于担当、清正廉洁的人大干部队伍，使人大工作永葆生机和活力。

各位代表，新故相推，日生不滞，新一届市人民代表大会已经组成，市十五届人大常委会即将产生，人大工作又一次站在了新的历史起点。宏伟蓝图已绘就，风正扬帆正当时。让我们更加紧密地团结在以习近平同志为核心的党中央周围，在中共阳泉市委的坚强领导下，把使命扛在肩上、责任刻在心头、任务抓在手中，闻鸡起舞，登高望远，撸起袖子加油干，众志成城同心干，毫不犹豫坚决干，把握机遇抓紧干，向着全面建成小康社会，不断塑造美好形象、逐步实现振兴崛起的宏伟目标奋勇前进，为把我市建设成为山西向东开放桥头堡、晋东区域中心城、转型发展先行市、城乡统筹示范区而努力奋斗，以优异成绩迎接中国共产党第十九次全国代表大会胜利召开！

阳泉市人民代表大会常务委员会工作报告

——2020 年 4 月 23 日在阳泉市第十五届人民代表大会第五次会议上

阳泉市人大常委会主任　王旭明

各位代表：

现在，我受市人大常委会委托，向大会报告工作，请予审议，并请列席会议的同志提出意见。

过去一年的主要工作

2019 年是新中国成立 70 周年，是地方人大设立常委会 40 周年，也是全面建成小康社会的关键之年。在中共阳泉市委的坚强领导下，市人大常委会坚持以习近平新时代中国特色社会主义思想为指导，全面贯彻党的十九大和十九届二中、三中、四中全会精神，深入贯彻习近平总书记关于坚持和完善人民代表大会制度的重要思想和对地方人大工作的重要指示，坚持党的领导、人民当家作主、依法治国有机统一，认真履行宪法法律赋予的职责，围绕市委重点、与党委同向，旗帜鲜明讲政治；关注百姓热点、与人民同心，为民代言献实策；盯住政府难点、与政府同力，依法履职促发展，积极回应人民群众新期盼，全力服务转型崛起新征程，圆满完成市十五届人大四次会议确定的各项任务，为我市经济社会发展和民主法治建设做出了新的贡献。

一、牢牢把握坚定正确的政治方向，充分发挥地方国家权力机关的表率作用

在深学笃用习近平新时代中国特色社会主义思想上作表率。深入开展“不忘初心、牢记使命”主题教育，班子成员带着责任、带着问题，潜心读原著、学原文、悟原理，集中搞研讨、找差距、谋发展，领学、述学、践学成为制度规范，经历了一次深刻的思想再洗礼、初心再觉醒、使命再升华、忠诚再淬炼。坚持以政治建设为统领，把集中学习《中共中央关于加强党的政治建设的意见》作为常委会年度培训的开篇专题，分层次召开学用习近平总书记关于坚持和完善人民代表大会制度重要思想交流会、党的十九届四中全会精神宣讲辅导会、重温习近平总书记“三篇光辉文献”学习研讨会，推动理论武装向县乡人大用力，向基层人大代表延伸，引领全市人大工作者增强“四个意识”，坚定“四个自信”，做到“两个维护”，打牢做好新时代人大工作的思想基础。

在严格遵守党的政治纪律和政治规矩上作表率。始终坚持党的领导，重大问题、重要事项及时向市委请示报告。市委常委会议研究人大相关议题 15 个，做出批示 32 件。近期，市委书记姜四清 2 次听取人大工作汇报，充分肯定人大常委会“三点三同”工作思路、“14710 三联系”制度及建设代表联络站点和预算联网监督中心等工作，对人大常委会党组加强班子建设，发挥领导作用提出新的更高要求。党组全面履行管党治党主体责任，把党的建设与依法履职同谋划、同部署、同推进、同检查、同考核，抓住关键少数，强化“一岗双责”，引领机关党员干部秉持政治操守，弘扬廉政文化，争创省级文明单位，以政治生态的风清气正，确保肩负的职权正确规范运行。

在全面完成市委赋予的重大政治任务上作表率。坚决贯彻市委决策部署，启动制定和完成地方性法规4件，听取审议专项工作报告19个，开展执法检查11次，专题调研16次，作出决定决议4项。坚持党管干部和人大依法任免相统一，引导组成人员投好责任票、信任票、激励票，依法任免国家机关工作人员79人次，组织6批宪法宣誓，确保省委及市委人事安排意图顺利实现，确保市人大和市政府机构改革任务顺利完成，新设立的市人大社会建设委员会、市人大常委会监察和司法工作委员会全面履行职责。市委支持人大常委会加强被任命干部任后监督，12名“一府两院”领导干部在常委会议上作述职报告，接受组成人员评议，有效贯彻国家机关工作人员由人大产生、对人大负责、受人大监督的宪法精神，促进被任命干部提振精气神、凝聚正能量、再鼓新干劲。坚持一线站位、火线作为，把全员招商作为“一号工程”和“一把手”工程，开展“贴心行动”，架设“连心桥梁”，选聘招商特使13名，洽谈重点项目25个，汇鑫现代养殖农业产业园项目落地开工。全面完成创卫和环保督导、项目包保及民主法治领域各项改革任务，努力践行“功成必定有我”的历史担当。面对新冠肺炎疫情防控的严峻形势，认真落实习近平总书记重要指示批示精神及中央和省委、市委决策部署，及时发出倡议，动员引领各级人大代表积极行动，担当社会责任，共同抗击疫情；听取审议市政府《关于新冠肺炎疫情防控工作的报告》，班子成员深入基层，督查指导疫情防控和复工复产，为打赢疫情防控阻击战提供有力支撑。

二、聚力立良法促发展保善治，以法律的武器治理城市、建设家园

健全地方法规。紧扣创卫大局，认真做好爱国卫生、市容和环境卫生管理条例草案的审议完善工作，“两部条例”经省人大常委会批准，于2019年5月1日起正式施行。组织召开“两部条例”颁布实施新闻发布会，邀请18家中央和地方媒体记者参加，解读法规条文，回应社会关切。市委高度重视，举行“两部条例”宣传启动仪式，推动“两部条例”根植民心。

坚持立法为民。助力保障城市安全稳定供热，制定完成《阳泉市集中供热条例》，自今年7月1日起施行。助力管好居民的“房屋养老金”，启动制定住宅维修资金管理办法，即将进入二次审议。健全完善法规起草、论证、听证、咨询、评估、审议等工作机制，设立3个立法研究基地，增选6名立法咨询专家，召开立法座谈和论证会议18次，征集建议意见600余条，努力交出人民满意的立法答卷。

加强立法后监督。组织《阳泉市道路交通安全管理条例》和《阳泉市城市绿化条例》执法检查，开列责任清单、制定问题清单、督办整改清单，推动良法善治。启动立法后评估工作，为完善法规提供科学依据，不断书写高质量立法新篇章。

弥补立法短板。围绕保护林草资源和生态安全，保护人民生命财产安全，按市委的要求，及时作出《关于严禁清明节等传统祭祀日期间和森林草原高火险期野外用火的决定》，从10个方面对禁止行为、火险预防、安全监管、组织保障、法律责任等做出明确规定，较好解决我市森林防火立法起步期间，有效预防和遏制森林草原火灾的重点难点问题。

三、全面履行法定监督职责，推动中央和省委、市委重大决策贯彻落实

聚焦发展强监督，助力转型崛起。突出重点开展精准监督，助力打赢“三大攻坚战”。强化对计划执行、科技创新、民营经济、能源革命、大数据产业、旅游产业、现代农业和农民合作社发展的工作监督，助力经济蓄能增势，稳中向好。组织五级人大代表集中视察重点项目推进、传统产业提质升级、新兴产业发展壮大等情况，建睿智之言、献务实之策、聚发展之力，助推全市经济高质量发展迈上新台阶。全面落实中央和省委、市委加强国有资产管理情况监督、预决算审查监督等文

件精神，召开建立政府向人大报告国有资产管理情况制度推进会，市县两级政府认真履行报告职责，交出各类国有资产的“明白账”。听取审议预算执行情况报告、重点领域支出预算及政策落实情况报告，预算审查监督重点向支出预算和政策落实拓展。听取审议财政预算和其他财政收支执行情况审计及审计查出问题整改情况报告，审计查出问题整改率达91%。审查批准财政决算、新增债券预算调整方案、收支预算调整方案，为百姓管好“钱袋子”。加强人大预算联网系统建设，在全省首家实现市县乡三级联网全覆盖，首家完成软件建设和开发应用，财政、审计、发改、社保、统计、国资等领域信息连通、资源共享。各级代表可以在市、县预算联网监督中心或就近代表联络站查阅相应层级的预算联网资源。省人大常委会三次印发专报，推广我市预算联网系统建设的经验做法。

聚焦民生强监督，增进百姓福祉。围绕构建绿色发展的生态系统，加强生态环境状况、森林公园建设、河长制推进等工作监督，开展“环保行”记者团集中采访活动。就2018年度全市生态环境状况和生态环境保护目标完成情况开展专题询问，市政府15个部门“一把手”到会应询，分管副市长作表态发言，并对整改落实情况进行了满意度测评，推动拉高标杆、加压奋进，助力守护碧水蓝天绿地，建设生态美好家园。组织五级人大代表视察创建国家卫生城市和城建项目，感受城市正在发生的巨大变化，凝聚“创卫”共识，汇聚攻坚合力。《人民代表报》刊发《为城市增“颜值”、为百姓添幸福》专题报道。围绕促进人的全面发展，强化对安全生产、社会救助、防震减灾、文物保护、中小学教育、公共文化设施建设、保障性住房建设、体育和健康产业发展、预防和制止家庭暴力、清真食品监管等工作监督，精准对接群众所需，助力办好民生实事。

聚焦法治强监督，共筑平安防线。高度关注法检“两院”和公安机关、司法行政部门工作，组织代表旁听案件审理，推动全民普法与严格执法、公正司法有机结合。听取市政府关于开展“扫黑除恶”专项工作情况的报告，助力打赢“扫黑除恶”专项斗争攻坚战。作出《关于加强和支持检察公益诉讼工作的决定》，凝聚地方国家机关合力，有效维护国家和社会公共利益。认真做好信访工作，接待群众来电来访186件217人次，出台代表反映或转递群众信访事项办理办法，建立代表参与信访矛盾纠纷调处机制专家库，专题调研中小企业信访突出问题，得到省人大常委会充分肯定，为全省化解信访隐患贡献阳泉智慧。

四、始终不渝坚持人民主体地位，充分发挥人大代表主体作用

代表联系群众的做法走进“全国人大”。代表联络站全覆盖和规范化建设走在全省前列，及时召开全市代表工作会议，出台《关于加强全市人大代表联络站全覆盖和规范化建设的指导意见》，利用有效资源，改建代表联络站45个、联络点119个，实现乡镇、街道有联络站，重点村和社区设联络点。召开联络站建设验收工作会议，举行五级代表集中进站启动仪式，市级领导带头进站，一线听取群众呼声与诉求，紧盯群众关键小事，助力解决民生大事，进一步拉近与人民群众的距离。《人民代表报》刊发《“连心站”让代表在基层“扎根”》的报道和《为人民一“站”到底》的时评文章，高度评价我市人大代表进站活动，后又以《一份特别的“新年礼物”》进行了追踪报道。加强代表联系群众工作的指导，出台《关于进一步完善提升市人大代表“14710三联系”制度的指导意见》，建立群众意见交办、转办和反馈机制，将代表联系群众绩效记入履职档案，将政府部门办理群众意见情况纳入述职内容，征集和办理群众意见272件，推动解决了一批事关群众切身利益的问题。全国人大常委会办公厅《联络动态》编发题为《山西省阳泉市人大常委会用“14710三联系”工作制度打通代表联系群众“最后一公里”》专刊，全面介绍我市密切代表同群众联系的经验和做法。

代表建议办理绩效纳入“目标考核”。坚持集中交办、公示办理部门，跟踪督办、公开办理过程，听取报告、票决办理结果，事关群众切身利益、社会关注度高的代表建议由主任会议成员领衔督办。在市委高度重视下，将代表建议办理情况纳入年度目标责任考核体系，让代表打分，让代表评价。市政府办理代表建议 178 件，已解决 140 件，占 78.7%；正在解决或列入计划逐步解决的 33 件，占 18.5%；由于客观条件限制和政策原因暂时不能办理的 5 件，已向代表说明情况。由市政府领导同志直接办理的 12 件重点建议全部办结。代表对建议办理工作的满意度进一步提高。

代表履职服务保障水平持续提升。提高服务保障水平，代表培训向高层次拓展。健全代表履职经费保障机制，通信交通补贴发放到位。创造性开展联动视察，邀请 125 名代表列席常委会议，参加视察调研、执法检查及国家机关活动。加强代表思想政治建设的同时，组织开展“向申纪兰学习，做人民好代表”活动，号召全市人大代表见贤思齐、争做先锋，通过发挥代表作用，把人大工作的“根”深深扎在人民群众之中，紧紧依靠全市人民把人大事业推向前进，用实际行动践行“人民选我当代表，我当代表为人民”的庄严承诺。

五、全面加强队伍建设，履行好党和人民赋予的新时代职责使命

强基铸魂抓党建。常委会党组认真履行党建工作领导职责，定期听取机关党组工作汇报，指导完成机关党总支、党支部及工会、妇联换届，加强党组织标准化建设，创新党组织活动载体，健全党内监督管理和激励、关怀、帮扶机制，党组织的引领力、凝聚力、战斗力不断增强。

聚焦学用强本领。加强学习型常委会及学习型机关建设，举行理论学习 23 次，学习文件 72 个，推动理论学习常态化。鼓励党员干部深入基层一线，经受磨炼，做到“学思用”贯通、“知信行”合一。

持之以恒正风纪。深入开展“改革创新、奋发有为”大讨论和“比安庆、找差距、谋对策、抓落实”活动。加强纪律作风建设，出台组成人员守则，支持派驻纪检监察组开展工作，真正让制度“长牙”、让纪律“带电”。

深入调研谋实策。主任会议成员坚持领题调研，有 16 件调研报告在“省人大工作与理论研究会年会”上获奖，《以“三统一”指导人大工作、围绕“三点三同”履职尽责》的稿件荣获一等奖，进行了会议交流发言。市委高度重视关于我市乡村产业振兴、河长制推进、改善城市道路交通环境、提升招商引资效能等调研报告，批转市政府有关部门认真研究，推进工作。

宣传工作再发力。始终坚持党管宣传、党管意识形态原则，加强人大期刊、人大网站、人大微信公众平台及市级媒体专栏建设，在国家和省级媒体发稿 15 件，获人民代表报宣传工作一等奖。开展宣传人民代表大会制度好新闻评选、纪念地方人大设立常委会 40 周年征文活动，讲好人大故事、彰显阳泉形象。

承上启下促提升。坚持向省人大常委会汇报工作、征求意见、争取支持，省人大常委会党组书记、副主任郭迎光对 5 个汇报材料分别作出批示。参与和配合省人大常委会执法检查和调研 9 项，3 名业务骨干借调到省人大常委会参与立法、预算监督等工作。树立人大“一盘棋”理念，密切工作联系，加强具体指导，市县乡人大协调联动，努力建设让党放心、让人民满意的模范机关。

各位代表，一年来，市人大常委会工作在继承中发展、在发展中提升，法定动作主动做，自选动作创新做，取得了明显成效，这是坚决贯彻落实习近平新时代中国特色社会主义思想的结果，是市委坚强领导的结果，是“一府一委两院”密切配合的结果，是全体人大代表、组成人员和人大工作者辛勤工作的结果，是县乡两级人大和全市人民群众大力支持的结果。在此，我谨代表市人大常委会，向大家表示崇高敬意和衷心感谢！

看到成绩的同时，我们也清醒地认识到，对照市委的部署要求，对照全体代表和全市人民的殷切期盼，对照新的形势任务，常委会工作还存在一些不足。主要是：地方立法质效需要进一步提高，执法检查力度需要进一步加大，监督问效机制需要进一步落实，代表联系群众制度需要进一步完善，干部队伍建设需要进一步加强。常委会将虚心听取意见，认真进行研究，切实加以改进。

今后一年的主要任务

2020年是决胜全面建成小康社会、决战脱贫攻坚之年，也是“十三五”规划收官之年。市人大常委会工作的总体要求是：坚持以习近平新时代中国特色社会主义思想为指导，在中共阳泉市委的坚强领导下，深入学习贯彻党的十九大和十九届二中、三中、四中全会精神，紧紧围绕坚持和完善人民代表大会制度这一根本政治制度，全面落实省委十一届九次全会和市委十二届八次全会精神，坚持党的领导、人民当家作主、依法治国有机统一，坚持“四为四高两同步”总体思路和要求，按照“三点三同”工作思路，认真履行宪法和法律赋予的职责，坚决维护宪法和法律权威，践行初心使命，主动担当作为，为全市夺取疫情防控和高质量转型发展双胜利贡献人大力量。

第一，坚定不移深化理论武装，在加强思想政治建设上有新提升。毫不动摇坚持党的全面领导，增强“四个意识”、坚定“四个自信”、做到“两个维护”。坚持把学习贯彻党的十九届四中全会精神、习近平总书记关于坚持和完善人民代表大会制度的重要思想、习近平总书记“三篇光辉文献”精神作为重大政治任务，推动学习贯彻往深里走、往心里走、往实里走。

第二，精细打磨提升立法质量，在发挥立法引领作用上有新举措。始终坚持党对立法工作的领导，加快出台住宅专项维修资金管理办法，开展阳泉市文明行为促进条例和森林防火条例的调研起草工作，织好保障“五城联创”的法网。严格规范立法程序，提高地方法规质量，在工匠精神上用心，在地方特色上用功，切实做到“小切口”、精细化、可操作、真管用。

第三，围绕中心履行监督职能，在服务改革发展大局上有新作为。深入开展宪法宣传教育，坚决维护宪法法律权威，切实推动宪法法律实施。推进疾病预防控制体系建设，集中开展公共卫生安全专项执法检查，作出加强疾病防控工作，确保人民群众生命健康安全的决定。加强财政预算全口径审查、全过程监督，听取审议计划和预决算、财政审计、国有资产管理等工作报告，完善市县乡预算联网监督体系，把联网系统应用作为工作重点，充分发挥联网系统作用。围绕大局、贴近民生、突出重点，强化安全生产、招商引资、脱贫攻坚、劳动就业、生态环保、“五城联创”、“项目突破年”、乡村产业振兴、文旅产业发展、创优营商环境、社会治理和法治建设等工作监督，助力夯实高质量发展根基。继续开展对被任命人员述职评议，做好完善提升工作。制定执法检查办法，发挥“法律巡视”监督利剑作用。

第四，多措并举激发履职活力，在发挥代表主体作用上有新成效。健全代表联络站运行机制，完善代表在联络站征集的群众意见处理办法。强化“14710三联系”制度落实，扩大市人大代表联系群众覆盖面。畅通履职渠道，拓展代表参与常委会活动的深度和广度。加强代表履职培训，搞好服务保障。进一步提升议案建议提出和办理质量，按照“内容高质量”的要求，开展优秀议案建议评选；按照“办理高质量”的要求，结合代表建议办理考核工作，开展先进办理单位评选，以“双评”促“双高”，实现“双提升”。引深“向申纪兰学习，做人民好代表”活动，开展履职优秀人大代表评选，激励各级代表以申纪兰为榜样，履职尽责促发展，争先创优展风采。

第五，从严从实抓好教育管理，在加强常委会及机关建设上有新气象。始终铭记“打铁必须自身硬”的政治要求，深化主题教育成果，形成常态长效机制。继续抓好机关建设，高度重视老干部工作。完成人大工作与理论研究会换届，启动《阳泉市人民代表大会志》二轮编修，资政辅治，启迪未来。强化“等不起”的紧迫感、“慢不得”的危机感、“坐不住”的责任感，把初心和使命变成锐意进取、开拓创新的精气神，变成埋头苦干、真抓实干的原动力，努力建设全面担负起宪法法律赋予的各项职责的工作机关、同人民群众保持密切联系的代表机关。

各位代表、同志们，奋斗成就伟业，担当谱写华章。站在“两个一百年”奋斗目标的历史交汇点，我们初心如磐、使命在肩。让我们更加紧密地团结在以习近平同志为核心的党中央周围，在中共阳泉市委的坚强领导下，紧紧依靠人民群众，充分发挥代表作用，不忘初心、牢记使命，奋发有为、锐意进取，只争朝夕、不负韶华，切实扛起推进治理体系和治理能力现代化的人大担当，为谱写阳泉高质量转型发展新篇章努力奋斗！

第三章　地方性法规

阳泉市地方立法条例

（2017年3月11日阳泉市第十五届人民代表大会第一次会议通过，2017年5月19日山西省第十二届人民代表大会常务委员会第三十八次会议批准，2017年6月14日阳泉市第十五届人民代表大会常务委员会公布）

目录

第一章　总　则

第一条　为了规范地方立法活动，完善地方立法程序，保障地方立法质量，发挥地方立法的引领和推动作用，根据立法法、地方组织法、本省地方立法条例等有关法律、法规的规定，结合本市实际，制定本条例。

第二条　本条例所称的地方性法规，是指由市人民代表大会及其常务委员会制定，报经省人民代表大会常务委员会批准，在本市行政区域内实施，具有普遍约束力的规范性文件。

本条例所称的政府规章，是指由市人民政府依照法定职权和程序，根据法律、行政法规、山西省和本市人民代表大会及其常务委员会制定的法规制定的实施细则、规定、办法等规范性文件。

本条例所称的法规案，是指依照法定权限和程序向市人民代表大会及其常务委员会提出的制定、修改或者废止法规的议案。其中，修改法规的议案包括法规修订案、法规修正案和法规修改决定草案。

第三条 市人民代表大会及其常务委员会制定、修改、废止和解释地方性法规适用本条例。

市人民政府规章的制定、修改、废止和解释，依照有关法律、

法规和本条例有关规定执行。

第四条 制定地方性法规、政府规章，应当遵循以下原则：

（一）坚持中国共产党的领导，坚持立法公开，充分发扬民主，保障人民群众通过多种途径参与立法活动；

（二）依照法定的权限和程序，自觉维护社会主义法制的统一与尊严，不得与上位法相抵触；

（三）结合本市的具体情况和实际需要，注重针对性、可操作性和可执行性。

第五条 市人民代表大会及其常务委员会应当加强对立法工作的组织协调，发挥在立法工作中的主导作用。

市人民政府应当将立法经费列入本级财政预算，并予以保障。

第二章 立法权限

第六条 市人民代表大会及其常务委员会可以对下列事项制定法规：

（一）本行政区域内涉及城乡建设与管理、环境保护、历史文化保护等方面需要制定法规的事项；

（二）法律另有规定的其他事项。

第七条 下列事项应当由市人民代表大会制定法规：

（一）法律规定由市人民代表大会制定法规的事项；

（二）本行政区域内城乡建设与管理、环境保护、历史文化保护等方面工作中涉及全局且需要制定法规的特别重大事项。

在市人民代表大会闭会期间，常务委员会可以对市人民代表大会制定的法规进行补充和修改，但不得同该法规的基本原则和立法精神相抵触。

第八条 市人民政府根据本市的实际情况和具体需要，可以对本行政区域内涉及城乡建设与管理、环境保护、历史文化保护等方面的具体行政管理事项制定规章。

应当制定法规但条件尚不成熟的，因行政管理迫切需要，市人民政府可以先行制定规章。规章实施满两年需要继续实施的，应当提请市人民代表大会或者常务委员会制定地方性法规。未提请制定地方性法规的，该规章所规定的行政措施自然失效。

第三章 立法准备

第一节 立法计划和立法项目库

第九条 常务委员会应当根据本市的经济社会发展需要，制定年度立法计划。年度立法计划草

案由常务委员会法制工作委员会组织拟订。

年度立法计划应当包含立法项目、提案人、起草主体、送审时间等内容。

第十条 市人民政府、市人民代表大会各专门委员会、常务委员会有关工作机构，应当于每年的十月底前，向常务委员会法制工作委员会提交下一年度的立法项目建议。

市人民代表大会代表、本市其他国家机关和社会团体、企事

业组织以及公民可以向常务委员会法制工作委员会提出立法项目建议。

第十一条 常务委员会法制工作委员会应当对各方面提出的立法项目建议组织开展论证，提出年度立法计划草案，提请主任会议讨论通过后，向社会公布。

第十二条 年度立法计划执行过程中，因立法条件发生变化或者本市经济社会发展需要，确需增加或者减少立法项目以及调整法规案提请审议时间的，应当报经主任会议讨论决定。

第十三条 常务委员会应当在本届任期第一年的十月底前建立本届人民代表大会及其常务委员会的立法项目库，立法项目库的项目应当优先纳入年度立法计划。

立法项目库的立法项目由常务委员会结合年度立法计划的编制，集中向社会公开征集。

常务委员会法制工作委员会负责立法项目库的日常管理工作，有关专门委员会和常务委员会有关工作机构依照规定职责配合做好相关工作。

第十四条 下列立法建议项目可以列入立法项目库：

（一）按照本条例第十三条规定征集到的立法建议项目，经论证符合立法必要性和可行性要求的；

（二）常务委员会每年集中征集到的立法建议项目，有立法必要、但条件暂不成熟，未列入年度立法计划的；

（三）年度立法计划中的项目，没有完成立法任务、但仍有立法必要的。

第二节　起草程序

第十五条 常务委员会主任会议提出的法规案，由主任会议决定交有关专门委员会或者常务委员会有关工作机构负责起草，或者协调市人民政府有关部门起草。

市人民政府提出的法规案，由市人民政府有关部门负责起草。

常务委员会组成人员五人以上联名提出的法规案，由提案人负责起草，也可以根据提案人的申请，由主任会议决定交有关专门委员会或者常务委员会有关工作机构负责起草，或者协调市人民政府有关部门起草。

专业性较强的法规案，提案人、起草责任单位可以委托第三方起草，或者聘请相关领域的专家参与起草工作。

第十六条 由市人民政府提请审议的法规案，根据需要，有关专门委员会和常务委员会有关工作机构可以通过提前参与起草或者听取有关草案起草情况的汇报，督促起草工作按期完成。

第三节　法规案质量要求

第十七条 提案人提出法规案，应当同时提出法规草案文本及其说明，并提供必要的参阅资料。

修改法规的，还应当提交修改前后的对照文本。

法规案说明应当包括制定或者修改法规的必要性、可行性和起草过程中对重大分歧意见的协调处理情况等主要内容。

第十八条 提案人、起草责任单位应当针对法规案拟调整规范的问题，在法规案提请审议前深入开展调查研究，广泛听取各方面意见。

第十九条 法规案在提请常务委员会会议审议前，起草责任单位应当通过网络、报刊、广播、电视等媒体向社会全文公布草案文本，公开征求意见。

第二十条 常务委员会向市人民代表大会、主任会议向常务委员会、专门委员会向市人民代表大会或者其常务委员会提出的法规案，应当分别经常务委员会会议、主任会议、专门委员会全体会议讨论通过。

市人民政府向市人民代表大会及其常务委员会提出的法规案，应当经市人民政府全体会议或者常务会议讨论通过，并由市长签署。

第二十一条 向市人民代表大会及其常务委员会提出的法规案，在列入会议议程前，提案人有权撤回。

第四章 立法程序

第一节 市人民代表大会立法程序

第二十二条 市人民代表大会主席团可以向市人民代表大会提出法规案，由市人民代表大会会议审议。

市人民代表大会常务委员会、市人民政府、市人民代表大会各专门委员会，可以向市人民代表大会提出法规案，由主席团决定列入会议议程。

市人民代表大会代表十人以上联名，可以向市人民代表大会提出法规案，由主席团决定是否列入会议议程，或者先交有关专门委员会审议、提出是否列入会议议程的意见，再决定是否列入会议议程。不列入会议议程的，应当向提案人说明。

专门委员会审议法规案时，应当邀请提案人列席会议，发表意见。

第二十三条 拟向市人民代表大会提出的法规案，在市人民代表大会闭会期间，可以先向常务委员会提出，经常务委员会会议依照本章第二节的有关程序审议后，决定提请市人民代表大会审议。常务委员会会议对法规案的审议意见，应当印发市人民代表大会会议。

常务委员会提请市人民代表大会会议审议的法规案，常务委员会法制工作委员会应当在会议举行的三十日前将法规草案发给代表。代表可以对法规草案中的有关问题进行调研。

第二十四条 列入市人民代表大会会议议程的法规案，在全体会议听取提案人的说明后，由各代表团进行审议。

各代表团审议法规案时，提案人应当派人听取意见，回答询问；有关机关、组织应当根据代表团的要求，派人介绍情况。

第二十五条 市人民代表大会法制委员会根据各代表团和有关专门委员会的审议意见，对法规案进行统一审议，向主席团提出审议结果的报告和法规草案修改稿，对重要的不同意见应当在审议结果的报告中予以说明。审议结果的报告和法规草案修改稿经主席团会议审议通过后，印发会议，交各代表团审议。

法规草案修改稿经各代表团审议后，由法制委员会根据审议意见进行修改，提出法规草案表决稿，由主席团提请全体会议表决，以全体代表的过半数通过。

第二十六条 列入市人民代表大会会议议程的法规案，必要时，主席团常务主席可以召开各代表团团长会议，也可以召开由各代表团推选的有关代表会议，对法规案中的重大问题进行讨论，并将讨论情况和意见向主席团报告。

第二十七条 列入市人民代表大会会议议程的法规案，在交付表决前，提案人要求撤回的，应当说明理由，经主席团同意，并向大会报告，对该法规案的审议即行终止。

第二十八条 法规案在审议中有重大问题需要进一步研究的，经主席团提出，由大会全体会议决定，可以授权常务委员会根据代表的意见进一步审议，提出修改方案，提请市人民代表大会下次会议审议决定。

第二十九条 经市人民代表大会全体会议表决未获通过的法规案，如果提案人认为应当制定该法规的，可以依照本条例规定的有关程序重新提出。

第二节　市人民代表大会常务委员会立法程序

第三十条 常务委员会主任会议、市人民政府、市人民代表大会各专门委员会、常务委员会组成人员五人以上联名，可以向常务委员会提出法规案。

第三十一条 主任会议提出的法规案，由常务委员会会议审议。

市人民政府、市人民代表大会各专门委员会提出的法规案，由主任会议决定列入常务委员会会议议程，或者先交有关专门委员会审议或者常务委员会有关工作机构研究，提出审议意见或者研究意见的报告，再决定列入常务委员会会议议程。主任会议认为法规案有重大问题需要进一步研究的，可以建议提案人修改完善后再向常务委员会提出。

常务委员会组成人员五人以上联名提出的法规案，由主任会议决定是否列入常务委员会会议议程，或者先交有关专门委员会审议或者常务委员会有关工作机构研究，提出审议意见或者研究意见的报告，再决定是否列入常务委员会会议议程。主任会议决定法规案不列入常务委员会会议议程的，应当向提案人说明并向常务委员会报告。

专门委员会审议或者常务委员会工作机构研究法规案时，可以邀请提案人列席会议，发表意见。

列入常务委员会会议议程的法规案，除特殊情况外，应当在会议举行的七日前将法规草案发给常务委员会组成人员。

第三十二条 拟提请常务委员会会议审议的法规案，提案人应当在会议举行的三十日前向常务委员会提出。

第三十三条 列入常务委员会会议议程的法规案，一般应当经两次常务委员会会议审议后再交付表决；涉及面广、内容复杂或者在常务委员会会议第二次审议时，对法规案中的重大问题意见分歧较大的，经主任会议决定，可以经三次常务委员会会议审议后再交付表决，调整事项较为单一或者属于部分修改的法规案以及废止法规的议案，经主任会议决定，可以经一次常务委员会会议审议即交付表决。

第三十四条 常务委员会会议第一次审议法规案时，在全体会议上听取提案人的说明、有关专门委员会审议意见的报告或者常务委员会有关工作机构研究意见的报告后，由分组会议进行审议。

第三十五条 常务委员会分组会议审议法规案时，提案人应当派人听取意见，回答询问；根据需要，有关机关、组织应当派人介绍情况。

第三十六条 法规案经常务委员会会议第一次审议后，由法制委员会根据各方面的意见进行统一审议，提出审议结果的报告和法规草案修改稿。对有关方面重要的不同意见，应当在审议结果的报告中予以说明。对有关专门委员会、常务委员会有关工作机构重要意见没有采纳的，应当予以反馈。

法制委员会统一审议时，可以邀请有关专门委员会成员或者常务委员会有关工作机构负责人、市人民代表大会代表和有关专家列席会议，发表意见。

第三十七条 常务委员会会议第二次审议法规案时，在全体会议上听取法制委员会审议结果的报告后，由分组会议、全体会议对法规草案修改稿进一步审议。

第三十八条 法规案经两次常务委员会会议审议，仍存在较大分歧或者重大问题需要进一步研究的，由主任会议提出，经全体会议同意，可以暂不交付表决，交法制委员会进一步审议，并交有关专门委员会审议或者常务委员会有关工作机构研究。

第三十九条 常务委员会会议第三次审议法规案时，在全体会议上听取法制委员会审议结果的报告后，由分组会议、全体会议进行审议。

第四十条 拟经一次常务委员会会议审议即交付表决的法规案，在常务委员会会议分组审议后，由法制委员会根据各方面的意见进行统一审议，提出审议结果的报告和法规草案修改稿。

前款规定的法规案在审议时有重大问题需要进一步研究的，依照本条例第三十八条的规定办理。

第四十一条 市人民代表大会有关专门委员会审议或者常务委员会有关工作机构研究法规案时，应当召开全体会议，根据需要，可以要求有关机关、组织的负责人说明情况。

第四十二条 列入常务委员会会议议程的法规案，法制委员会、有关专门委员会和常务委员会有关工作机构，应当对法规案的有关问题调查研究，听取各方面的意见。听取意见可以采取座谈会、论证会、听证会、实地调研等形式。

第四十三条 列入常务委员会会议议程的法规案，应当在常务委员会会议第一次审议并修改后，将法规草案修改稿及其起草、修改的说明向社会公布，公开征求意见；但是，经主任会议决定不公布的除外。征求意见的时间一般不少于三十日。

第四十四条 列入常务委员会会议议程的法规案，常务委员会办公厅应当收集整理分组审议的意见，分送常务委员会组成人员、法制委员会、有关专门委员会和常务委员会有关工作机构。

第四十五条 拟提请常务委员会会议审议通过的法规案，在法制委员会提出审议结果的报告前，常务委员会法制工作委员会可以对法规草案中主要制度规范的可行性、法规出台时机、法规实施的社会效果和可能出现的问题等进行评估。评估情况应当在审议结果的报告中予以说明。

第四十六条 列入常务委员会会议议程的法规案，在交付表决前，提案人要求撤回的，应当说明理由，经主任会议同意并向常务委员会报告，对该法规案的审议即行终止。

第四十七条 法制委员会根据常务委员会组成人员的审议意见和有关方面的意见进行修改，提出法规草案表决稿，由主任会议研究后，提请常务委员会全体会议表决。

法规草案表决稿以常务委员会全体组成人员的过半数通过。

第四十八条 对多部法规中涉及同类事项的个别条款进行修改，一并提出法规案的，经主任会议决定，可以合并表决，也可以分别表决。

第四十九条 经常务委员会全体会议表决未获通过的法规案，如果提案人认为应当制定该法规的，可以依照本条例规定的有关程序重新提出。

第五十条 列入常务委员会会议审议的法规案，因各方面对制定该法规的必要性、可行性等重大问题存在较大意见分歧搁置审议满两年的，或者因暂不交付表决经过两年没有再次列入常务委员会会议议程审议的，由法制委员会向主任会议提出建议，主任会议向常务委员会报告，该法规案终止审议。

第五十一条 有关专门委员会、常务委员会有关工作机构可以适时组织对有关法规或者法规中的有关规定进行立法后评估，评估情况应当向常务委员会报告。

第五章 法规解释

第五十二条 市人民代表大会及其常务委员会制定的法规，由常务委员会进行立法解释。

法规有下列情况之一的，应当作出解释：

（一）需要进一步明确具体含义的；

（二）出现新的情况，条文的部分内容需要明确适用依据的。

法规解释与法规具有同等效力。

第五十三条 法规解释应当坚持法制统一原则，不得违背或者超越上位法的规定。

第五十四条 市人民政府、市中级人民法院、市人民检察院、市人民代表大会各专门委员会、县（区）人民代表大会常务委员会，可以向常务委员会提出法规解释要求。

第五十五条 法规解释要求应当以书面形式提出，并载明下列事项：

（一）法规名称及需要解释的具体条款；

（二）主要争议内容及理由；

（三）提议人名称、日期。

第五十六条 法规解释要求应当由常务委员会法制工作委员会进行审查，认为有必要解释的，应当拟订解释草案，经主任会议研究后，提请常务委员会审议。

第五十七条 法规解释草案经常务委员会会议审议后，由法制委员会根据常务委员会组成人员的审议意见进行审议、修改，提出法规解释草案表决稿，提请常务委员会全体会议表决。

法规解释草案表决稿以常务委员会全体组成人员的过半数通过。

第五十八条 法规解释的生效时间由法规解释规定。

法规解释因相关法规的修改、废止而自动失效。

第五十九条 市人民代表大会及其常务委员会制定的属于行政管理方面的法规，在实施过程中遇到的具体应用问题，由市人民政府进行解释。

市人民代表大会常务委员会认为市人民政府具体应用问题的解释不适当的，应当责成市人民政府纠正或者依法予以撤销。

第六章　市人民政府规章

第六十条　市人民政府法制工作机构应当根据全市总体工作部署拟订市人民政府年度立法计划，报市人民政府常务会议批准。

市人民政府年度立法计划中涉及的地方性法规项目，应当与市人民代表大会常务委员会立法项目库中的项目和年度立法计划相衔接。

市人民政府法制工作机构应当及时跟踪了解市人民政府各部门落实年度立法计划的情况，加强组织协调和督促指导。

第六十一条　市人民政府规章制定程序，由市人民政府法制工作机构规定。

市人民政府规章应当经市人民政府常务会议或者全体会议决定。

第六十二条　市人民政府规章由市长签署命令予以公布。公布后，应当及时通过市人民政府公报、网络、报刊、广播、电视等途径向社会公开。

在市人民政府公报上刊登的规章文本为标准文本。

第六十三条　市人民政府规章的解释权属于规章制定机关。

政府规章有下列情况之一的，由制定机关解释：

（一）需要进一步明确具体含义的；

（二）出现新的情况，需要明确适用依据的。

政府规章的解释同规章具有同等效力。

第七章　适用与备案审查

第六十四条　市地方性法规的效力高于市人民政府规章。

市人民代表大会常务委员会有权撤销市人民政府制定的不适当的规章。

第六十五条　市人民代表大会及其常务委员会制定的法规，应当在该法规草案第一次审议并作修改后，将修改草案送省人民代表大会常务委员会法制工作委员会征求意见；在法规通过后十五日内，向省人民代表大会常务委员会报请批准。

报请批准法规的书面报告、法规文本及其说明和有关资料的准备工作，由常务委员会办公厅负责办理。

第六十六条　市人民政府制定的规章应当在公布后三十日内报国务院备案，同时报省人民代表大会常务委员会、省人民政府和市人民代表大会常务委员会备案。

法规对规范性文件备案审查另有规定的，从其规定。

第八章　其他规定

第六十七条　地方性法规应当明确规定施行日期。

第六十八条　经省人民代表大会常务委员会批准的法规和市人民代表大会常务委员会通过的法

规解释，应当在市人民代表大会常务委员会主任签署公告后五日内发布公告和法规文本；未经公布的，不具有法律效力。

公布法规的公告，应当载明该法规的制定机关、通过和施行日期；经过批准的法规，公告中还应当载明该法规的批准机关和批准日期。

第六十九条 市人民代表大会及其常务委员会制定的法规和对法规作出的立法解释公布后，应当通过常务委员会公报、网络、报刊、广播、电视等途径向社会公布。

在常务委员会公报上刊登的法规文本为标准文本。

法规部分条文被修改或者废止的，应当公布新的法规文本。

第七十条 法规要求本市有关组织对专门事项作出配套规定的，有关组织应当自法规施行之日起三个月内作出规定，并在配套规定公布后三十日内报常务委员会备案。

有关组织未能按时作出配套规定的，应当向常务委员会说明情况。

第七十一条 法规实施后，根据上位法变更情况、本市经济社会发展和改革的需要，由有关专门委员会和常务委员会有关工作机构进行相关地方性法规的清理工作，具体程序按照本条例第四章第二节有关规定执行。

第九章 附 则

第七十二条 本条例自2017年7月1日起施行。

阳泉市道路交通安全管理条例

（2018年2月7日阳泉市第十五届人民代表大会常务委员会第十次会议通过，2018年3月30日山西省第十三届人民代表大会常务委员会第二次会议批准，2018年4月23日阳泉市第十五届人民代表大会常务委员会公布）

第一章 总 则

第一条 为了维护道路交通秩序，保障道路交通安全，提高道路通行效率，根据《中华人民共和国道路交通安全法》《中华人民共和国道路交通安全法实施条例》《山西省实施〈中华人民共和国道路交通安全法〉办法》等有关法律、法规的规定，结合本市实际，制定本条例。

第二条 本市行政区域内的车辆驾驶人、行人、乘车人以及与道路交通安全活动有关的单位和个人，应当遵守本条例。

第三条 市、县（区）人民政府应当加强道路交通安全管理工作的领导，制定道路交通安全规划，落实道路交通安全领导责任制；健全重大建设项目的交通影响评价制度和道路交通安全防范责任制度；健全道路交通安全管理工作的协调机制和交通事故应急机制，统筹解决道路交通安全管理工作的有关事宜。

第四条 市、县（区）人民政府应当保障道路交通安全宣传教育、道路交通安全基础设施的建设和维护、道路交通安全管理装备、交通事故处理等所需经费的财政支出，增加道路交通安全管理的科技投入，优先发展城乡公共交通，规划建设立体交通和智能交通，发展和完善绿色交通体系。

倡导公众优先选择公共交通、新能源汽车、公共自行车等绿色方式出行。

第五条 市、县（区）人民政府公安机关交通管理部门负责本行政区域内的道路交通安全管理工作。

市、县（区）人民政府交通运输、住建管理部门依据各自职责，负责有关的道路交通工作。

第六条 市、县（区）人民政府和有关部门应当将道路交通安全教育列入法制教育的内容，组织开展道路交通安全教育活动。

鼓励单位和个人积极参与道路交通安全志愿服务，增强公众的道路交通安全意识，提高公众的道路交通安全素养。

机关、企业事业单位、社会团体以及其他组织，应当加强对所属人员的道路交通安全教育。广播、电视、报刊、网络等大众传播媒体应当加强道路交通安全法律法规宣传、信息宣传和公益宣传。

公安机关交通管理部门应当在每年4月30日山西省道路交通安全日、12月2日全国交通安全日，组织开展面向社会的道路交通安全宣传教育活动。

第二章　车辆和驾驶人

第七条 本市依法对机动车实行登记管理制度。

第八条 电动自行车、人力（电动）三轮车、残疾人机动（电动）轮椅车符合国家标准的，经公安机关交通管理部门登记后方可上道路行驶。上道路行驶时，应当悬挂非机动车号牌，随车携带非机动车行驶证。残疾人机动（电动）轮椅车驾驶人还应当随车携带残疾人证。非机动车管理的具体办法，由市人民政府制定。

第九条 公安机关交通管理部门可以根据重污染天气应急需要，对机动车采取限制区域、限制时间行驶的交通管理措施，具体办法由市人民政府制定。

第十条 机动车所有人名下有其他车辆存在达到报废标准未报废的、连续3个机动车检验周期内未取得机动车检验合格标志的，公安机关交通管理部门可以启动业务关联措施，停办其相关车管业务。

办理机动车转移、注销登记时，机动车所有人应当将其涉及的交通事故和道路交通安全违法行为处理完毕。

第十一条 向本市公安机关交通管理部门申领机动车驾驶证，应当提交本人身份证明，非本市辖区居民还应当提供有效期内本市的居住证明。

第十二条 公安机关交通管理部门应当为有关单位和个人查询道路交通违法、机动车驾驶证审验、变更机动车登记等信息提供便利。

第三章　道路通行条件

第十三条　市、县（区）人民政府及相关管理部门应当完善道路、停车场、道路配套设施建设，科学设置道路交通信号，合理利用道路资源，消除道路安全隐患，提高道路通行能力。

新建、改建、扩建项目的道路建设单位应当按照规定的标准和要求建设道路配套设施，配套设施建设应当与建设工程同步设计、同步施工、同步交付使用。

任何单位和个人不得占用道路从事经营、摆摊设点及其他影响道路通行的活动。

道路经营或者管理单位应当定期排查道路安全隐患，发现隐患及时整改，并对公安机关交通管理、安全生产监督管理等部门抄告的道路安全隐患限期整改。

第十四条　在城市非机动车道、人行道内，公安机关交通管理部门在不影响道路交通安全、畅通的情况下可以根据道路状况的变化，规划、设置临时停车泊位，并设置明显标志；未设置临时停车泊位的城市非机动车道、人行道，禁止停放机动车。

第十五条　公安机关交通管理部门应当合理设置、优化调整道路交通标志、标线、信号灯，优先保证行人通行并提高车辆的通行效率。公安机关交通管理部门可以利用交通技术监控设备对限定路段收集、固定违法停车相关证据，限定路段应当设置明显的警告标志或者标线，并向社会公布。

第十六条　住建、环卫部门应当根据道路通行状况，合理安排清扫作业路线和时间，并对城市道路交通基础设施进行巡检、报修及清洗管理。

在城市道路从事维修、养护、绿化、清扫等作业时，相关部门应当按照道路作业标准落实交通安全防护措施，避开交通高峰时段。室外温度摄氏零度以下，禁止从事路面洒水、冲洗作业。

道路两侧及隔离带上设置的道路交通信号灯、交通标志灯、管线、照明设施或者种植的植物出现损坏、照明不足等影响道路交通安全情形的，交通运输、住建、电力、绿化、通信等部门及道路养护管理单位应当及时进行修复或者排除。

横跨道路设置管线、公益性宣传牌（栏）、横幅等设施，不得遮挡路灯、交通信号灯、交通标志、交通技术监控设备，不得妨碍安全视距或者影响通行。

第十七条　厂矿、医院、学校、商场、车站等行人、车辆通行密集区域的相关单位，应当配合公安机关交通管理部门做好道路交通安全管理工作。

第十八条　公安机关交通管理部门应当对全市公共停车场、道路临时停车泊位进行备案登记。停车收费标准由有关部门统一制定。住建部门对公共停车场点的建设、使用等进行管理。

机关、企业事业单位和社会团体应当按照规划和标准建设停车场点。鼓励机关、企业事业单位和社会团体根据各自实际情况错时开放停车泊位。图书馆、体育馆等社会公益性场所应当提供免费停车服务。

第十九条　各县（区）人民政府应当编制本区域公共交通发展规划；根据实际需要，合理设置调整公交、出租等营运性客车停靠站点和行驶线路；编制公共交通规划时，应当征求公众、专业人士和公安机关交通管理部门的意见。

第二十条　因道路规划设计或者道路设施设置不合理，易导致交通拥堵或者事故的，公安机关交通管理部门应当及时提出改进建议，由市、县（区）人民政府组织公安、规划、住建、绿化等部门及道路养护管理单位制定交通改善规划，并组织实施。

对于已经设置的站点和行驶线路，发现存在妨碍道路通行或者安全隐患的，公安机关交通管理部门应当要求有关部门立即改变或者迁移。

第二十一条 各县（区）人民政府应当加强农村道路交通安全管理工作，建立乡（镇）、村庄道路交通安全管理基层组织，划拨专项资金，提供办公场所，配备道路交通安全管理人员，配合公安机关交通管理部门做好农村道路交通安全管理工作。

第四章 道路通行规定

第二十二条 本市城市建筑工程材料和垃圾运输车辆的管理，依法实行许可制度，具体办法由市人民政府制定。

第二十三条 任何单位和个人不得私自改变车辆停放专用场站使用性质，不得在道路和社会公共活动区域擅自设置、安装、摆放阻车装置、车位柱（锁）等交通设施。

第二十四条 禁止正三轮摩托车、三轮车、四轮车、人力三轮车和畜力车在本市设置的文明示范街（路）通行。

第二十五条 叉车、沙滩车、场地竞赛车、电动平衡车、独轮车、非公路用旅游观光车等场（厂）内专用车辆不得上道路行驶，使用场地发生变化需要转移时，应当使用运载车辆进行运输。

第二十六条 过境或者驶入本市的货运车辆，应当遵守下列规定：

（一）三轴以上中、重型货车二十四小时禁止在建成区通行；短途煤炭运输车辆和驻地企业、厂矿运输生产原料车辆，应当经公安机关交通管理部门批准后方可通行；

（二）驻地单位、企业、村庄从事非煤运输的大型罐体、栅栏、平板货车在建成区范围内限制通行；确实需要通行的，应当经公安机关交通管理部门批准后，按照规定的时间、路线和要求通行；

（三）机动车载运爆炸物品、易燃易爆化学物品以及剧毒、放射性等危险物品，应当经公安机关交通管理部门批准后，按指定的时间、路线、速度行驶，悬挂警示标志并采取必要的安全措施。

第二十七条 在道路上驾驶机动车，应当遵守下列规定：

（一）同方向设有两条以上机动车道的，低速载货汽车、三轮汽车、摩托车、拖拉机、轮式自行机械车，在最右侧机动车道行驶；

（二）行经人行横道时，应当减速行驶，遇到行人通过人行横道或者小学生列队横过车行道时，应当停车让行；

（三）夜间在有照明的城市道路上行驶时，不得违规使用远光灯；在限制车辆夜间通行的路段和禁止鸣笛的区域，限制通行和禁止鸣笛；

（四）驾驶二轮摩托车时不得在驾驶人身前载人或者攀扶其他车辆，后座乘车人不得侧坐，摩托车之间不得相互追逐，不得飙车；

（五）载客汽车车厢内放置物品，不得遮挡车窗，不得从车窗、车门以及后备厢处凸出到车身以外；

（六）不得有赤脚、穿拖鞋、穿跟高四厘米以上高跟鞋或者以手持方式拨打、接听电话等妨碍安全驾驶的行为；

（七）变更车道时应当让所借车道内行驶的车辆或者行人先行；

（八）右转弯时应当让同方向直行的行人或者直行、左转弯的非机动车先行；

（九）牵引故障机动车的，在最右侧机动车道行驶；

（十）行经交通堵塞路段，应当在本车道内依次缓慢通行，不得穿插、超越等候的车辆。

第二十八条 机动车停放，应当遵守下列规定：

（一）在停车场或者交通标志、标线规定的道路停车泊位内停放，危险货物运输车辆必须在指定的停车区域停放；

（二）在道路停车泊位内，依次按顺行方向停放，车身不得超出停车泊位；

（三）借道进出停车场或者道路停车泊位的，不得妨碍其他车辆或者行人通行；

（四）机动车违反规定长期占用道路停车泊位的，道路停车泊位的管理者可以告知机动车所有人限期移出。

第二十九条 机动车在停车场以外未施划停车泊位的道路上临时停车，应当遵守下列规定：

（一）驾驶人不得离开机动车，停车时间不得超过九十秒钟，妨碍交通时应当迅速驶离；

（二）按顺行方向，车身右侧距道路边缘不得超过三十厘米，夜间或者遇风、雨、雪、雾等低能见度气象条件时，应当开启示廓灯、后位灯；

（三）在设有出租汽车站点的路段，出租汽车在站点靠右侧路边顺序停车上下乘客；

（四）公交车、进出市区的营运客车驶入停靠站，应当在停靠站一侧不得超过五十厘米单排靠边停车，不得待客、揽客和在停靠站以外地点上下乘客。

第三十条 接送幼儿园儿童和小学、中学学生的机动车，应当在校园门口靠道路右侧单排临时停车，即停即走，不得影响道路通行。

第三十一条 驾驶自行车、电动自行车、残疾人机动（电动）轮椅车等非机动车和行人上道路通行，应当遵守下列规定：

（一）按照交通信号通行；遇有交通警察现场指挥时，应当按照交通警察的指挥通行；在没有交通信号的道路上，应当在确保安全、畅通的原则下通行；

（二）成年人驾驶自行车、电动自行车可以载一名十二周岁以下的儿童，未成年人驾驶自行车不得载人；

（三）残疾人机动（电动）轮椅车不得载人，但二级以上残疾人驾驶机动（电动）轮椅车可以搭乘一名陪护人员；残疾人机动（电动）轮椅车附载货物时，应当符合交通安全的有关规定；

（四）不得在交叉路口、车行道上拦车、带路、乞讨、散发广告、兜售物品；过往车辆的驾乘人员不得接受、购买或者施舍；

（五）妥善看管携带的宠物，不得妨碍道路交通安全。

第五章　交通事故预防和处理

第三十二条 市、县（区）人民政府应当制定完善应对自然灾害、恶劣气象条件以及其他影响道路交通安全突发事件的应急预案。公安、交通运输、卫生、市政以及其他有关部门，应当根据应急预案制定实施方案。

第三十三条 本市实行机动车轻微道路交通事故快处快赔制度、道路交通事故肇事逃逸举报奖励制度、道路交通事故受伤人员快速救治制度，具体办法由市人民政府制定。

第三十四条 公安机关交通管理部门接到交通事故报警后，应当立即派交通警察赶赴现场处理事故，有人员伤亡的，应当及时通知急救、医疗、消防等有关部门抢救受伤人员，同时采取措施，尽快恢复交通。发生较大以上或者其他有重大影响的道路交通事故，应当向上级公安机关交通管理部门和市人民政府报告；涉及营运车辆的，应当同时通知市人民政府有关行政管理部门。

第三十五条 因发生道路交通事故依法扣留的涉案车辆，按照有关规定集中统一存放于公安机关交通管理部门指定或者备案的停车场，车辆停车费用由承办案件的公安机关交通管理部门承担。

事故处理完毕，公安机关交通管理部门应当开具车辆返还通知书，并及时通知当事人领取；当事人未能按时领取所扣留的事故车辆，所产生的停车费用由当事人承担。

第三十六条 医疗机构对交通事故中的受伤人员应当及时抢救，不得因抢救费用未及时支付而拖延救治。肇事车辆参加机动车第三者责任强制保险的，由保险公司在责任限额范围内支付抢救费用；抢救费用超过责任限额的，未参加机动车第三者责任强制保险或者肇事后逃逸的，由道路交通事故社会救助基金先行垫付部分或者全部抢救费用，道路交通事故社会救助基金管理机构有权向交通事故责任人追偿。

第六章 执法监督

第三十七条 公安机关交通管理部门应当对交通警察进行职业道德教育、法制教育和交通安全管理业务培训、考核。交通警察经考核不合格的，不得上岗。公安机关交通管理部门应当采取定时定点考勤记录、巡查、考核等措施，加强路面执法监管，并将巡查路线和责任人员向社会公布，接受社会监督。

第三十八条 公安机关交通管理部门及其交通警察应当依据法定的职权和程序，履行道路交通安全管理职责，公正、严格、文明、规范执法，依法查处各类道路交通安全违法行为，不得越权执法，不得拖延履行职责，不得擅自改变处罚的种类和幅度。

公安机关交通管理部门应当建立公开办事制度、执法责任制度、执法质量考核评议制度和执法过错追究制度，并接受社会和公众的监督。

第三十九条 交通警察依法执行职务受法律保护，公民、法人和其他组织应当给予支持和协助。任何单位和个人不得非法干预公安机关交通管理部门及其交通警察依法履行职责。

第七章 法律责任

第四十条 违反本条例规定，法律、法规已经规定法律责任的，从其规定。

第四十一条 非机动车驾驶人、行人有下列行为之一的，处以警告或者五十元以下罚款；非机动车驾驶人拒绝接受罚款处罚的，可以扣留其非机动车：

（一）驾驶本条例禁止的车辆进入文明示范街（路）的；

（二）不按照交通信号通行，不服从交通警察指挥的；

（三）违反本条例载人、载物相关规定的；

（四）在交叉路口、车行道上从事妨碍交通安全活动的；

（五）未妥善看管携带的宠物，妨碍道路交通安全的；

（六）电动自行车、残疾人机动（电动）轮椅车等非机动车未办理登记手续上道路行驶的，或者未悬挂非机动车号牌和未携带非机动车行驶证的，残疾人机动（电动）轮椅车驾驶人未随车携带残疾人证的；

（七）驾驶未列入产品目录的电动自行车、残疾人机动(电动)轮椅车上道路行驶的；

（八）使用伪造、变造的非机动车号牌、行驶证或者使用其他非机动车的号牌、行驶证的；

（九）拼装、加装、改装非机动车，伪造、变造非机动车号牌、行驶证的。

对拼装、加装、改装的非机动车辆，应当由公安机关交通管理部门依法责令予以恢复原状；对伪造、变造的非机动车号牌、行驶证或者使用其他非机动车的号牌、行驶证，公安机关交通管理部门应当予以收缴。

第四十二条　驾驶人饮酒、服用国家管制的精神药品或者麻醉药品，违反道路通行规定造成交通事故的，依照国家相关法律、法规的规定进行处罚；构成犯罪的，依法追究其刑事责任。

第四十三条　公安机关交通管理部门依照相关规定依法扣留车辆，应当当场出具凭证，告知当事人在规定期限内到公安机关交通管理部门接受处理。

公安机关交通管理部门对扣留的车辆及随车物品应当妥善保管，不得使用。

当事人逾期未接受处理，并经公告三个月仍未接受处理的，对扣留车辆依法处理。

第四十四条　擅自在道路和社会公共活动区域安装、摆放阻车装置、车位柱（锁）等交通设施的，有关部门应当责令行为人排除妨碍；对拒不执行的，由有关部门根据有关规定进行处理，并强制撤除该装置、设施，所需费用由行为人承担。

第四十五条　占用道路从事经营、摆摊设点等与道路交通无关活动的，由道路主管部门责令停止违法行为，并恢复原状；拒不停止违法行为或者恢复原状的，处以一百元以上五百元以下罚款。

有前款行为，影响道路交通安全的，公安机关交通管理部门可以责令停止违法行为，迅速恢复交通。

第八章　附　则

第四十六条　本条例中下列用语的含义：

（一）三轮车，包括电动三轮车、燃油助力三轮车等以动力装置驱动或者牵引的机动三轮车辆。

（二）正三轮摩托车，指装有与前轮对称分布的两个后轮，仅有驾驶员座位的摩托车。

（三）四轮车，包括电动四轮车、燃油助力四轮车、老年代步车等未列入国家机动车产品主管部门许可目录的具有动力装置的四轮车辆。

（四）轻微道路交通事故，是指机动车在道路上发生没有人员伤亡，仅造成轻微财产损失（单车车辆损失约在二千元以下或者多车损失五千元以下），车辆可以移动的道路交通事故。

（五）建成区，市区是指国道 307 复线坡头口以东，国道 307 复线（坡头至白泉）以南，义白路（包括义平路）以西，南外环街、桃南西街至坡头路口以北区域。市区建成区之外的县（区）建成区范围，由县（区）人民政府依法划定并公布实施。

第四十七条　本条例自 2018 年 7 月 1 日起施行。

阳泉市城市绿化条例

（2018年2月7日阳泉市第十五届人民代表大会常务委员会第十次会议通过，2018年3月30日山西省第十三届人民代表大会常务委员会第二次会议批准，2018年4月23日阳泉市第十五届人民代表大会常务委员会公布）

第一章　总　则

第一条　为了发展城市绿化事业，保护和改善生态环境，建设生态宜居城市，根据《中华人民共和国城乡规划法》、国务院《城市绿化条例》等有关法律、法规的规定，结合本市实际，制定本条例。

第二条　本条例适用于本市行政区域内城市绿化的规划、建设、保护和管理。

第三条　城市绿化应当坚持生态优先、因地制宜、科学规划、政府主导、全民参与、建管并重的原则，实现生态效益、社会效益、经济效益相统一。

城市绿化以种植本地宜生树种为主，实行树木和花草相结合，平面绿化和立体绿化相结合。

第四条　市、县（区）人民政府应当把城市绿化建设作为城市基础设施和生态环境建设的重要组成部分，列入国民经济和社会发展计划，建立目标责任制，加强组织实施。

第五条　市城市绿化行政主管部门负责规划区内城市绿化的检查、指导和监督工作。

各县（区）城市绿化行政主管部门负责本辖区内的城市绿化管理工作。乡（镇）人民政府、街道办事处负责本辖区内的城市绿化管理工作，并指导协调驻地单位完成社区和单位内部的绿化任务。

规划、国土资源、林业、水务、交通运输等部门依照各自职责，协助做好城市绿化工作。

第六条　鼓励单位和个人投资、捐资建纪念林、种纪念树，兴建、养护城市公共绿地及其他城市绿地。单位和个人投资建设的公共绿地，可以依法根据其意愿命名；捐资、认养的树木，可以设置标识牌。

各级人民政府应当对在城市绿化规划、建设、管理、保护和科研工作中做出显著成绩的单位和个人，给予表彰和奖励。

第七条　各级人民政府应当在预算内安排相应的城市绿化管理经费。

机关、企业事业单位、社会团体应当根据本单位的绿化任务和养护标准安排绿化经费。

居住区的绿化养护费用由产权人或者经营管理者支付。

第二章　规划和建设

第八条　市规划行政主管部门和市城市绿化行政主管部门应当依据城市总体规划要求，共同编制城市绿地系统规划，报市人民政府批准后实施。

各县（区）城市绿化行政主管部门应当根据城市绿地系统规划编制本辖区的城市绿化实施计划，经县（区）人民政府批准后报市城市绿化行政主管部门备案。

各单位应当依据本条例规定的绿化标准，制定符合本单位实际的绿化规划和分期实施计划，报同级城市绿化行政主管部门备案。

经批准的城市绿地系统规划应当严格执行，任何单位和个人不得擅自改变。确实需要改变的，应当报原批准机关审批。

第九条 推广桥梁绿化、墙体绿化、护坡绿化等多种形式的绿化。鼓励机关、事业单位、文化、体育、教育等公共服务设施的建筑实施屋顶绿化。

林荫停车场应当按照技术规范进行绿化，鼓励露天停车场种植可以达到遮阳效果的树木。

开发利用城市绿地地下空间的，应当符合国家有关建设规范，不得影响绿化植物正常生长和城市绿地使用功能。

工程建设项目进行屋顶绿化、垂直绿化和林荫停车场建设的，政府可以给予一定的资金扶持，具体办法由市人民政府制定。

第十条 城市新建、改建、扩建工程项目按照城市绿地系统规划安排绿化用地，绿地面积占建设项目用地总面积的比例，应当符合下列标准：

（一）新建居住区不低于百分之三十，改建、扩建居住区不低于百分之二十五；

（二）新建学校、医院、休（疗）养院、机关团体、公共文化活动场所等单位不低于百分之三十五，改建的单位不低于百分之三十；

（三）新建商业中心、交通枢纽、仓储等不低于百分之二十；

（四）道路红线宽度五十米以上的，不低于百分之三十；道路红线宽度四十米以上五十米以下的，不低于百分之二十五；道路红线宽度四十米以下的，不低于百分之二十；园林景观路绿地率不低于百分之四十。

第十一条 城市规划行政主管部门在审批建设工程项目规划方案时，应当依法确定绿化用地面积标准，保障城市绿化用地面积。

第十二条 城市规划区内新建、扩建、改建工程项目，需要绿化的，应当在项目可行性研究、初步设计中专项说明绿化设计方案，并在工程项目总投资中列出配套建设绿化费用。

第十三条 城市绿化工程的设计，应当委托持有相应资质证书的单位承担。

城市公共绿地、道路绿地、风景林地、防护绿地、生产绿地、居住区绿地和单位附属绿地等城市绿化工程设计方案，应当报城市绿化行政主管部门备案。

第十四条 城市规划区内工程建设项目配套绿化工程设计方案（含工程建设项目绿化用地面积）按照基本建设程序审批时，应当有城市绿化行政主管部门参加审查。

申请配套绿化工程设计方案审查时，应当提交下列材料：

（一）申请表；

（二）设计单位的《风景园林工程设计资质证书》；

（三）绿化工程设计方案；

（四）建设用地规划许可证和附图；

（五）项目选址意见书。

工程建设单位应当按照批准的绿化工程设计方案组织施工，不得擅自更改设计方案；确实需要更改时，应当经原批准机关审批，但不得减少绿化面积和降低绿化标准。

第十五条 城市绿化行政主管部门应当创新城市园林绿化市场管理方式，探索建立健全园林绿化企业信用评价、守信激励、失信惩戒等信用管理制度，实行绿化工程质量监督制度，加强事中事后监管，维护市场公平竞争秩序。

第十六条 工程建设项目的配套绿化工程应当与主体工程同时规划、同时设计、同时施工、同时验收。配套绿化工程未经验收或者验收不合格的，主体工程不得投入使用。因特殊情况不能与主体工程同时竣工的，可适度推迟，但不得晚于主体工程竣工后的第一个绿化季节。

居住区工程建设项目配套绿化工程竣工验收合格后，建设单位应当在显著位置设置永久公示绿地平面图。

第十七条 工程建设项目因特殊原因绿化用地达不到规定标准的，建设单位或者产权单位应当按原审批程序及等值原则（含土地评估价值）报批后在指定区域内异地补建，所需费用由建设单位或者产权单位承担。建设单位或者产权单位不能自行建设的，应当委托具有相应资质的园林绿化企业进行建设。

易地绿化的位置应当由城市规划行政主管部门确定，设计方案报城市绿化行政主管部门备案。

第十八条 建设单位按照规划代征的城市公共绿化用地，应当自土地手续办理完毕之日起三十日内移交城市绿化行政主管部门。代征的城市公共绿化用地不得挪作他用。

第十九条 城市规划行政主管部门应当根据有关规定，遵循管道、线路、交通安全的原则和树木正常生长的自然规律，科学规划市政基础设施建设。城市绿化建设应当与地上地下各种设施管线保持规定的安全距离。

第二十条 在城市规划区范围内取得国有土地使用权并经国土资源管理部门批准暂缓建设的用地，应当自批准之日起六个月内实施临时绿化。

第二十一条 城市苗圃、草圃、花圃等生产绿地的建设，应当适应城市绿化建设的需要，其面积不得低于城市建成区总面积的百分之二。

第三章 保护和管理

第二十二条 城市绿地实行绿线管理。绿线由市人民政府根据城市总体规划和城市绿地系统规划划定、公布，由城市绿化行政主管部门管理。

列入城市控制性详细规划的绿线，不得擅自修改。因城市建设确实需要修改的，应当依照规定程序进行。涉及绿线整体性、系统性调整或者减少绿地规模的，城市规划行政主管部门修改前，应当征得城市绿化行政主管部门的同意。

因绿线调整减少原规划城市绿地规模的，应当易地补足城市绿地面积。

第二十三条 城市绿地养护管理按照下列分工负责：

（一）城市公共绿地、风景林地、防护绿地、行道树及干道绿化带，由市、县（区）城市绿化行政主管部门负责；

（二）单位自建的公园和附属绿地，由单位负责；单位管界内的防护绿地，由单位按照国家有关规定管理；城市苗圃、草圃和花圃等生产绿地，由其经营单位管理；

（三）实行物业管理的居住区绿地，由物业公司负责；未实行物业管理的居住区绿地，由产权单位或者街道办事处、乡（镇）人民政府负责；

（四）居民个人所有的树木花草和绿化设施，由该居民个人负责；

（五）其他类型绿地由权属单位负责。

第二十四条 政府投资建设的城市绿地应当通过招标投标等方式，确定绿化养护企业，实施专业化养护管理。

第二十五条 城市绿化行政主管部门应当推行门前绿化管护承包责任制，与城市规划区内临街单位和居民签订门前绿化管护承包责任书。

第二十六条 城市绿化行政主管部门和养护单位以及个人，应当按照城市绿化养护标准，对管辖范围内的树木花草和绿化设施加强养护和管理。

城市绿化行政主管部门对各管理和养护单位及个人的养护工作进行检查、指导和监督。

第二十七条 城市绿化行政主管部门应当做好城市绿地植物病虫害的监测、预防和防治工作，建立有害生物预警、预防控制体系，推广无公害防治，防止环境污染，保护生态安全。

第二十八条 任何单位和个人不得擅自改变绿化用地使用性质，不得破坏城市绿线内的地形、地貌、水体和植被。确实需要改变的，应当向城市绿化行政主管部门提出申请，办理改变绿化规划、绿化用地使用性质审批手续，并提交下列材料：

（一）申请表；

（二）城市规划行政主管部门批准文件和附图（标明易地绿化位置和面积）；

（三）绿地权属人意见。

城市绿化行政主管部门应当自收到申请之日起十个工作日内作出审批决定。经审批同意改变的，由城市绿化行政主管部门安排建设单位按照等值原则（含土地评估价值）进行易地补建；不予批准的应当书面告知申请人，并说明理由。

第二十九条 任何单位和个人不得擅自占用城市绿地和绿化用地。

因城市建设或者其他特殊需要临时占用绿地的，占用单位应当向城市绿化行政主管部门提出申请，并提交下列材料：

（一）申请书；

（二）绿地权属人意见；

（三）占用绿地施工平面图。

临时占用绿地期限一般不超过一年。因特殊需要超过一年的，应当在期限届满三十日前重新办理审批手续。占用期限届满后，占用单位应当在批准的期限内退还，并恢复绿地原貌，所需费用由占用单位承担。

第三十条 任何单位和个人未经批准不得砍伐或者移植树木。

有下列情形之一的，经城市绿化行政主管部门批准可以砍伐：

（一）严重影响居住安全，且无移植价值的；

（二）妨碍交通、对人身安全或者其他设施构成威胁，且无移植价值的；

（三）发生检疫性病虫害的；

（四）树龄、树容已达到更新期的；

（五）因抢险救灾或者处理突发事件确实需要的；

（六）因树木生长抚育需要，且无移植价值的。

有下列情形之一的，经城市绿化行政主管部门批准可以移植：

（一）严重影响居住安全的；

（二）对人身安全或者其他设施构成威胁的；

（三）因城市建设或者其他特殊需要的。

第三十一条 申请砍伐或者移植树木应当向城市绿化行政主管部门提交下列材料：

（一）载明拟砍伐或者移植树木的品种、数量、规格、位置等内容的申请书；

（二）权属人意见；

（三）树木补植计划或者移植方案。

工程建设项目需要砍伐或者移植树木的，还应当提交建设工程规划许可证和附图。

第三十二条 砍伐、移植城市道路、公共绿地的树木不满五十株的，由城市绿化行政主管部门批准；五十株以上的，由城市绿化行政主管部门提出意见，报同级人民政府批准；砍伐、移植城市道路、公共绿地以外的树木的，由城市绿化行政主管部门批准。

每砍伐一株树，应当到城市绿化行政主管部门指定地点补栽胸径八厘米以上的相同树种树木十株，也可以出资由城市绿化行政主管部门组织专业人员补栽。

第三十三条 任何单位和个人不得擅自修剪城市规划区内的树木。

有下列情形需要对树木进行修剪的，应当经城市绿化行政主管部门批准：

（一）影响架空线使用安全的；

（二）遮挡交通信号灯、交通标志的；

（三）影响他人采光、通风及安全，利害关系人提出修剪要求的；

（四）其他影响公共利益和公共安全确实需要修剪的。

管护单位修剪树木时，应当按照兼顾公共利益、公共安全和树木正常生长的原则进行修剪。修剪费用应当由管护单位和产权单位承担。

第三十四条 因救灾、抢险确实需要立即砍伐、移植、修剪树木的，除古树名木外，可以先行处理。但是，在险情排除后的十日内，应当到城市绿化行政主管部门补办有关手续。

第三十五条 砍伐、移植、修剪树木和临时占用绿化用地施工期间，施工单位应当在施工现场设立施工标牌，公示施工内容、时间和批准机关，接受公众监督。影响安全的，应当设置围栏等安全设施。

第三十六条 新建、扩建、改建城市基础设施时，应当避让树木。确实无法避让的，建设单位应当商请城市绿化行政主管部门采取保护措施，所需费用应当由建设单位承担。

第三十七条 禁止破坏绿化及其设施的下列行为：

（一）在公园、广场等公共绿地擅自设置广告牌匾或者建造其他建筑物、构筑物；

（二）毁损绿化设施；

（三）在绿地内停车、堆放物品；

（四）在树木上擅自设置广告牌、标语牌或者牵拉绳索、架设线缆；

（五）在树冠下设置影响树木正常生长的摊点；

（六）就树盖房，以树承重或者围圈树木；

（七）攀折树木，拴、钉、刻、划树木，剥刮树皮；

（八）穿行绿篱，践踏草坪，采摘花草、果实；

（九）在绿地内倾倒污水、废弃物；

（十）在绿地内挖沙、取土、采石；

（十一）其他损坏城市绿化及设施的行为。

第三十八条 因交通或者生产等事故损坏城市树木花草及其绿化设施的，事故责任人依法承担赔偿责任。

第三十九条 城市绿化行政主管部门应当会同有关单位对城市古树名木进行鉴定、建立档案、设置明显保护标识，划定保护范围，制定保护措施，明确保护责任人。

第四十条 古树名木和古树后续资源生长在绿化管理单位管辖范围内的，由绿化管理单位负责养护；生长在其他单位管界内及个人庭院中的，由所在单位或者个人负责养护。城市绿化行政主管部门负责监督和技术指导。

第四十一条 禁止砍伐、移植和损坏城市古树名木和古树后续资源。确实需要移植的，应当提出可行的移植方案，经城市绿化行政主管部门审查同意，并报同级或者上级人民政府批准。移植费用应当由申请移植的单位承担。

第四十二条 城市绿化行政主管部门应当按照城市绿化管理规范和标准，加强城市绿化工作的监督检查和指导，及时处理城市绿化违法行为的投诉和举报。受理投诉、举报后，应当及时调查、处理，并在接到投诉、举报之日起十个工作日内将处理结果告知投诉、举报人。对不属于职责范围内的事项，及时移交有关部门，并将移交情况告知投诉、举报人。

第四十三条 城市绿化行政主管部门实施绿化监督检查时，可以进行现场检查，调查了解有关情况，查阅、复制有关文件资料。

被监督检查的单位和人员应当予以配合，不得妨碍和阻挠监督检查活动，不得藏匿、修改有关文件资料。

第四章　法律责任

第四十四条 工程建设项目的附属绿化工程设计方案，未经批准或者未按照批准的设计方案施工的，由城市绿化行政主管部门责令停止施工、限期改正或者采取其他补救措施。

第四十五条 违反本条例规定，建设单位未按照规定将代征绿地移交城市绿化行政主管部门的，责令限期交回；逾期未交回的，处以每日每平方米 0.5 元的罚款。

第四十六条 违反本条例规定，暂缓建设用地在六个月内未实施临时绿化的，由城市绿化行政主管部门责令国有土地使用权人限期绿化；逾期未完成绿化的，按照未临时绿化面积，处以每平方米二百元以上五百元以下的罚款。

第四十七条 违反本条例规定，擅自占用城市绿化用地的，由城市绿化行政主管部门责令限期退还，恢复原状，并视情节轻重，处以每平方米一百元以上二百元以下的罚款；造成损失的，依法承担赔偿责任。

第四十八条 违反本条例规定，擅自砍伐、移植或者修剪城市树木的，由城市绿化行政主管部门责令停止侵害，赔偿损失，并按照下列规定处理：

（一）擅自砍伐或者移植致死城市树木的，每砍伐或者移植致死一株，责令补栽胸径八厘米以上的相同树种树木十株以上二十株以下，并视情节轻重，处以砍伐或者移植致死树木价值三至五倍的罚款；

（二）擅自移植城市树木的，在原地补栽胸径八厘米以上的相同树种树木；并视情节轻重，处以移植树木价值三至五倍的罚款；

（三）擅自修剪城市树木的，处以每株五百元以上一千元以下的罚款；经评估丧失景观价值的，依照本条第一项执行。

第四十九条 违反本条例第三十七条禁止行为规定的，由城市绿化行政主管部门责令改正，恢复原貌；造成损失的，依法承担赔偿责任；应当给予治安管理处罚的，依照《中华人民共和国治安管理处罚法》的有关规定处罚；构成犯罪的，依法追究刑事责任。

第五十条 城市绿化行政主管部门和城市绿地管理单位等工作人员玩忽职守、滥用职权、徇私舞弊，对负有责任的主管人员和其他直接责任人员，由有关机关或者所在单位依法给予处分；构成犯罪的，依法追究刑事责任。

第五章 附 则

第五十一条 本条例中下列用语的含义：

（一）城市绿地，包括公共绿地、居住区绿地、生产绿地、防护绿地、风景林地、道路绿地及单位附属绿地。

（二）城市绿化设施，包括亭、廊、花架、喷泉、假山、石桌、石凳、护栏、围墙、园路、雕塑、雕刻及其他景观建筑。

（三）绿线，是指城市各类绿地范围的控制线。

（四）绿化季节，本市绿化季节为每年的 3 月份至 4 月份、10 月份至 11 月份。

第五十二条 本条例自 2018 年 7 月 1 日起施行。

阳泉市大气污染防治条例

（2018 年 10 月 30 日阳泉市第十五届人民代表大会常务委员会第十七次会议通过，2018 年 11 月 30 日经山西省第十三届人民代表大会常务委员会第七次会议批准，2018 年 12 月 7 日阳泉市第十五届人民代表大会常务委员会公布）

目 录

第一章 总 则

第一条 为了防治大气污染，改善环境质量，保障公众健康，推进生态文明建设，促进经济社会可持续发展，根据《中华人民共和国大气污染防治法》《山西省大气污染防治条例》等有关法律法规的规定，结合本市实际，制定本条例。

第二条 市、县（区）人民政府对本行政区域的大气环境质量负责，制定规划，采取措施，控制或者逐步削减大气污染物的排放量，使大气环境质量达到规定标准并逐步改善。

市、县（区）人民政府生态环境主管部门对大气污染防治实施统一监督管理。

市、县（区）人民政府其他有关部门在各自职责范围内对有关行业、领域的大气污染防治实施监督管理。

乡（镇）人民政府、街道办事处应当按照市、县（区）人民政府的工作安排，做好大气污染防治工作。

第三条 市人民政府应当实行大气环境质量目标责任制和考核评价制度，定期公示考核结果。对市人民政府有关部门和县（区）人民政府及其负责人的综合考核评价，应当包含大气环境质量目标完成情况和措施落实情况。

第四条 市、县（区）人民政府应当保障并加大大气污染防治工作的财政投入，支持大气污染防治科学技术研究、开发和成果应用，鼓励、引导社会力量积极参与大气污染防治。

第五条 市、县（区）人民政府应当加强生态环境宣传和普及工作，鼓励基层群众性自治组织、社会组织、环境保护志愿者开展生态环境保护法律法规和生态环境知识的宣传，营造保护环境的良好风气。

企业事业单位和其他生产经营者应当采取有效措施，防止、减少大气污染，对所造成的损害依法承担责任。

第二章 监督管理

第六条 禁止新建、扩建高污染工业项目。

第七条 市、县（区）人民政府生态环境主管部门负责组织建设与管理本行政区域大气环境质量和大气污染源监测网，开展大气环境质量和大气污染源监测，统一发布本行政区域大气环境质量状况信息。

第八条 企业事业单位和其他生产经营者应当按照国家有关规定和监测规范，对其排放的工业废气和《中华人民共和国大气污染防治法》规定的有毒有害大气污染物进行监测，并保存原始监测记录。其中，重点排污单位应当安装、使用大气污染物排放自动监测设备，与生态环境主管部门的监控设备联网，保证监测设备正常运行并依法公开排放信息。

重点排污单位应当对自动监测数据的真实性和准确性负责。生态环境主管部门发现重点排污单位的大气污染物排放自动监测设备传输数据异常，应当及时进行调查。

禁止侵占、损毁或者擅自移动、改变大气环境质量监测设施和大气污染物排放自动监测设备。

第九条 市人民政府生态环境主管部门根据本行政区域的大气环境承载力、重点大气污染物排放总量控制指标的要求以及排污单位排放大气污染物的种类、数量和浓度等因素，依法商有关部门确定全市重点排污单位名录，并向社会公布。

第十条 市人民政府生态环境主管部门及有关部门应当向社会公布因违反大气污染防治相关法律法规而受到相应处罚的企业及其负责人名单，并录入企业信用信息公示系统。

第十一条 市人民政府生态环境主管部门和其他负有大气生态环境监督管理职责的部门应当建立大气环境污染举报制度，向社会公开举报电话、电子邮箱等，方便公众举报。政府有关部门在接到举报后，应当依法及时处理。

第三章 防治措施

第一节 燃煤和煤矸石污染防治

第十二条 市、县（区）人民政府应当实施煤炭消费总量控制，逐步削减煤炭消费总量，按照本行政区域煤炭消费总量控制年度目标，制定燃煤削减和清洁能源改造计划并组织实施。

市、县（区）人民政府应当按照国家、省的有关规定，依法划定并逐步扩大禁煤区的范围。

禁煤区范围内，除煤电、集中供热和原料用煤企业外，禁止储存、销售、燃用煤炭。

第十三条 禁煤区不得设立散煤销售网点，严禁散煤流入。

非禁煤区应当加强民用散煤的管理，禁止销售不符合民用散煤质量标准的煤炭，鼓励居民燃用优质煤炭和洁净型煤。

第十四条 市、县（区）人民政府可以制定具体的奖励和补贴政策，推广供应和使用优质煤炭、洁净型煤和节能环保型炉灶，限期淘汰不符合规定的燃煤锅炉。燃煤单位应当采用先进的除尘、脱硫、脱硝、脱汞等大气污染物协同控制的技术和装置，减少大气污染物的排放。

第十五条 在城市建成区、县城和城乡接合部、农村地区全面推行清洁取暖，优先利用太阳能、余热、余压、地热等清洁能源供暖。

城市建成区、县城和城乡接合部清洁取暖工程以集中供热为主，煤改气、煤改电或其他分散式清洁取暖为辅。

农村地区有序推进煤改电、集中供热、煤改气清洁取暖工程。

第十六条 市人民政府生态环境主管部门、自然资源主管部门应当会同能源主管部门，对全市煤矸石山自燃状况制订科学有效的勘查措施和评估制度。

第十七条 煤炭企业应当按照环保标准综合利用和处置煤矸石；对无综合利用途径的，要按照矿山生态环境保护和恢复治理技术规范等要求，进行煤矸石堆场的生态保护与修复，防治煤矸石自燃对大气及周边环境的污染。

第十八条 停用或废弃矸石山的自燃防治管理，由原煤矿企业负责；煤矿企业解散或者关闭、破产的，应当由煤矿企业出资人或者其上级主管部门负责；无上级主管部门或者出资人不明确的，由县（区）人民政府指定的单位负责。

第十九条 鼓励单位和个人利用煤矸石进行井下充填、发电、生产建筑材料、回收矿产品、制取化工产品、筑路、土地复垦等综合利用活动。煤矸石综合利用应当符合国家生态环境保护相关规定。

第二节 扬尘污染防治

第二十条 从事矿山开采、房屋建筑、市政基础设施建设、河道整治以及建筑物拆除等易产生扬尘污染的施工单位，应当依法采取有效的防尘降尘措施，防治扬尘污染。

露天开采和加工矿产资源破坏原始地貌形成扬尘污染源的，开采或者加工企业应当采取补救措施，防治扬尘污染。对于历史遗留损毁土地和自然灾害损毁土地形成的扬尘污染源，市、县（区）人民政府应当划定重点生态修复区，土地权利人明确的，可以采取扶持、优惠措施，鼓励土地权利人自行修复；土地权利人不明确的，可以根据实际情况由政府投入资金或者按照“谁投资、谁受益”的原则，吸引社会投资，采取封山育林、植树种草、平整修补、建设生态景观等综合整治措施，实施生态修复。

第二十一条 煤炭、煤矸石、煤渣、煤灰、水泥、石灰、石膏、砂土等易产生扬尘的散体物料堆场，应当密闭贮存；不能密闭的，应当设置不低于堆放物高度的严密围挡，并采取有效覆盖措施防止扬尘污染，不适宜密闭、覆盖或者安装防风抑尘网的，应当采取湿法作业、洒水降尘、覆土绿化等防治措施。

第二十二条 城市建成区内河道及河流沿线、道路沿线、临时闲置土地、建设工地中的裸露地面及其他裸露地面，有关部门应当制定防治方案，并依法采取绿化、硬化、遮盖或者透水铺装等措施防治扬尘污染。

第二十三条 市人民政府住房城乡建设主管部门应当加强道路、广场、停车场和其他公共场所的清扫保洁管理，防治扬尘污染。

城市主要道路清洁应当推行清洁动力机械化清扫等低尘作业方式，有条件的道路应当推行清洗作业，防治扬尘污染。

第三节 机动车和非道路移动机械污染防治

第二十四条 机动车、非道路移动机械不得超过标准排放大气污染物。

禁止生产、进口或者销售大气污染物排放超过标准的机动车以及挖掘机、装载机、平地机、铺路机、压路机、叉车等非道路移动机械。

第二十五条 机动车所有者或者使用者不得擅自改装、拆除、停用排气污染防治装置。

第二十六条 在用机动车应当按照国家有关规定，由机动车排放检验机构定期对其进行排放检验。机动车排放污染定期检验，由依法通过计量认证的检验机构承担。检验机构应当严格按照规定对机动车排放污染进行检验，并与生态环境主管部门联网，实现检验数据实时共享。机动车排放检验机构及其负责人对检验数据的真实性和准确性负责。

生态环境主管部门和认证认可监督管理部门应当对机动车排放检验机构的排放检验情况进行监督检查。

第二十七条 排放污染物超过标准的机动车和非道路移动机械，由市机动车排放检验机构和县（区）人民政府生态环境主管部门责令机动车所有者停止使用，限期维修。经检验合格的，方可上路行驶或者使用。

第二十八条 市人民政府交通运输、生态环境主管部门应当依法加强对机动车维修的监督管理。

机动车维修单位应当按照防治大气污染的要求和国家有关技术规范对在用机动车进行维修，使其达到规定的排放标准。

第二十九条 市人民政府根据城市规划合理控制燃油机动车保有量，鼓励提前报废高排放机动车和非道路移动机械，鼓励发展节能环保型和新能源、清洁能源车，加快新能源车与清洁能源车的配套设施建设。

第三十条 过境国道、省道的运输车辆污染防治应当列入城市建设规划。

禁止过境货车、农用车进入城市建成区行驶。因工程建设需要，确需进入建成区的，应当按照《阳泉市道路交通安全管理条例》的规定通行。

第三十一条 鼓励企业使用封闭厢式货车、集装箱运输车。

对运输煤炭、垃圾、渣土、砂石、土方、灰浆等易产生扬尘污染物料的车辆，其所有人、使用人或者管理人应当采取封闭或者其他防护措施，防止遗撒或者泄漏；重型散装物料，应当采用集装箱或者密闭措施运输；装卸物料，应当采取密闭或者喷淋等方式控制扬尘污染。

第四节　其他污染防治

第三十二条 向大气排放持久性有机污染物的企业事业单位和其他生产经营者，应当按照有关规定，采取有利于减少持久性有机污染物排放的技术方法和工艺，配备有效的净化装置，实现达标排放。

第三十三条 加油加气站、储油储气库和油罐车、气罐车等，应当按照有关规定，安装油气回收装置并保持正常使用。

第三十四条 市、县（区）人民政府应当推动转变农业生产方式，发展农业循环经济，加大对废弃物综合处理的支持力度，加强对农业生产经营活动排放大气污染物的控制。

市、县（区）人民政府农业农村、林业和草原等主管部门应当制定农药、化肥减量计划和措施，推广缓控释肥等技术，指导农业生产经营者科学合理施用农药、化肥等农业投入品，减少氨、挥发性有机物等大气污染物的排放。

第三十五条 饮食服务业的经营者应当使用燃气、电等清洁能源炉灶，安装符合国家排放标准的油烟和异味处理装置，通过专门的油烟通道排放油烟、废气等污染物，不得有下列行为：

（一）使用煤、木材、煤油、柴油等污染环境的燃料；

（二）在居民住宅楼、未配套设立专用烟道的商住综合楼以及商住综合楼内与居住层相邻的商业楼层内新建、改建、扩建产生油烟、异味、废气的餐饮服务项目；

（三）在道路、内街、车站、广场、公园等公共场所露天摆设烧烤等产生油烟、废气的摊档，或者为露天烧烤经营活动提供场地；

（四）将油烟、废气排入地下设施。

第三十六条 禁止在居民楼等人口集中地区新建、改建和扩建产生有毒有害气体、恶臭气体的生产经营场所。

禁止在人口集中地区和其他依法需要特殊保护的区域内焚烧沥青、油毡、橡胶、塑料、皮革、垃圾以及其他产生有毒有害烟尘和恶臭气体的物质。

禁止在人口密集区、旅游景区和其他可能对公共场所产生恶臭影响的范围内，建设畜禽养殖场或者养殖小区。

禁止露天焚烧秸秆、落叶、荒草等产生烟尘的物质。

第三十七条 畜禽养殖场、养殖小区、屠宰场、畜产品加工厂、畜禽交易市场应当及时对污水、畜禽粪便和尸体等进行收集、贮存、清运和无害化处理，防止污染环境。

第三十八条 市、县（区）人民政府鼓励和引导公民采取文明低碳方式举办婚庆、庆典和祭祀活动，减少大气污染。

第四章　重污染天气应对

第三十九条 市人民政府生态环境主管部门应当会同气象主管机构等有关部门建立重污染天气监测预警、会商、信息通报和数据共享等机制，完善重污染天气预测预报体系，进行大气环境质量预报。可能发生重污染天气的，应当及时向市人民政府报告。市人民政府依据重污染天气预报信息，进行综合研判，确定预警等级，并负责重污染天气预警的发布、调整和解除，其他任何单位和个人不得擅自向社会发布。

预警信息发布后，市、县（区）人民政府及其有关部门应当通过报纸、电视、广播、网络、短信等途径告知公众采取健康防护措施，指导公众出行和调整其他相关社会活动。

第四十条 市、县（区）人民政府应当制定重污染天气应急预案，报上一级人民政府生态环境主管部门备案，并向社会公布。

大气污染物排放重点企业应当根据政府制定的重污染天气应急预案，制定重污染天气应急响应操作方案。

第四十一条 市人民政府应当依据重污染天气的预警等级，及时启动重污染天气应急预案，根据需要可以采取下列应急措施，相关单位和个人应当配合：

（一）责令有关企业停产、限产或者错峰生产；

（二）限制部分机动车行驶；

（三）全面禁止燃放烟花爆竹；

（四）停止施工工地土石方作业和建筑物拆除施工；

（五）全面停止露天烧烤；

（六）停止幼儿园和学校组织的户外活动；

（七）组织开展人工影响天气作业；

（八）其他应急措施。

第五章　法律责任

第四十二条　违反本条例规定，《中华人民共和国大气污染防治法》《山西省大气污染防治条例》已经规定法律责任的，从其规定。

第四十三条　违反本条例规定，煤矸石未密闭存放、采取有效覆盖措施或者防燃措施的，由市、县（区）人民政府生态环境等主管部门按照职责责令改正，处一万元以上十万元以下的罚款；拒不改正的，责令停工整治或者停业整治。

第四十四条　违反本条例规定，在禁煤区内销售煤炭及其制品的，或者在非禁煤区销售不符合民用散煤质量标准煤炭的，由市、县（区）人民政府市场监督管理部门责令改正，没收原材料、产品和违法所得，并处货值金额一倍以上三倍以下的罚款。

第四十五条　违反本条例规定，建筑施工、矿产资源开采和加工、物料堆放未依法采取有效措施防治扬尘污染的，或者未依法对裸露地面实施绿化、硬化、遮盖或者铺装的，由市、县（区）人民政府有关监督管理部门责令改正，处一万元以上十万元以下的罚款；拒不改正的，责令停工整治。

第四十六条　违反本条例规定，运输煤炭、垃圾、渣土、砂石、土方、灰浆等散装、流体物料的车辆，未采取密闭或者其他措施防止物料遗撒的，由市、县（区）人民政府确定的监督管理部门责令改正，处二千元以上二万元以下的罚款；拒不改正的，车辆不得上道路行驶。

第四十七条　违反本条例规定，排污单位拒不执行市、县（区）人民政府责令停止工地土石方作业或者建筑拆除施工等重污染天气应急减排措施的，由市、县（区）人民政府确定的监督管理部门处一万元以上十万元以下的罚款。

第四十八条　生态环境主管部门和其他负有大气环境保护监督管理职责的部门有下列行为之一的，对直接负责的主管人员和其他直接责任人员依法给予行政处分；构成犯罪的，依法追究刑事责任：

（一）违反规定不公开大气环境相关信息的；

（二）对环境违法行为进行包庇的；

（三）对应当查处的违法行为不予查处的；

（四）其他滥用职权、玩忽职守、徇私舞弊和弄虚作假的。

第六章　附　则

第四十九条　本条例自 2019 年 1 月 1 日起施行。

阳泉市爱国卫生条例

（2018年12月27日阳泉市第十五届人民代表大会常务委员会第十八次会议通过，2019年3月22日经山西省第十三届人民代表大会常务委员会第九次会议批准，2019年4月8日阳泉市第十五届人民代表大会常务委员会公布）

目　录

第一章　总　则

第一条　为了加强爱国卫生工作，改善城乡卫生环境，提高全民健康水平，促进经济发展和社会进步，根据有关法律、法规，结合本市实际，制定本条例。

第二条　爱国卫生工作实行政府主导、部门协作、属地管理、全民参与、科学治理、社会监督的原则。

第三条　市、县（区）人民政府应当把爱国卫生工作纳入国民经济和社会发展规划，将爱国卫生工作经费列入本级财政预算。

第四条　每年四月全省爱国卫生活动月期间，爱国卫生运动委员会应当集中组织开展全市爱国卫生活动。

第五条　鼓励社会力量和社会资金参与和支持爱国卫生工作。

第二章　组织和职责

第六条　市、县（区）人民政府的爱国卫生运动委员会（以下简称爱卫会）负责组织协调本行政区域内的爱国卫生工作。

市、县（区）爱国卫生运动委员会办公室（以下简称爱卫办）承担爱卫会的日常工作。

乡（镇）人民政府、街道办事处应当确定专（兼）职人员负责所属区域的爱国卫生工作。

村（居）民委员会应当积极开展爱国卫生工作，乡（镇）人民政府、街道办事处应当予以指导。

第七条 爱卫会的主要职责是：

（一）组织实施有关爱国卫生工作的法律、法规、规章和方针、政策；

（二）统一规划、部署和协调本行政区域内的爱国卫生工作；

（三）指导本行政区域内各单位履行其承担的爱国卫生工作职责，对社会卫生状况进行监督、检查和考核；

（四）协调开展重大疾病防治和突发公共卫生事件的群防群控、重大自然灾害的卫生防疫工作；

（五）组织开展全民健康教育活动。

第八条 市、县（区）爱卫会由同级人民政府有关部门、社会团体和相关单位组成，实行成员单位分工负责制，卫生健康、发展和改革、教育、公安、财政、生态环境、住房和城乡建设、交通运输、水利、农业农村、文化和旅游、市场监督管理、体育行政主管部门和其他成员单位应当按照各自职责，共同做好爱国卫生工作。

第九条 国家机关、社会团体、企业事业单位以及其他组织，应当根据国家、省和市制定的标准，搞好本单位的环境卫生。

第十条 公民有参加本单位和社区组织的爱国卫生活动、遵守公共环境卫生规定、爱护公共设施、维护公共环境的义务。

第三章 健康教育和健康促进

第十一条 市、县（区）人民政府应当制定和实施健康教育和健康促进规划，加强健康教育和健康促进的人才队伍建设，建立健全健康教育和健康促进的工作网络。

第十二条 市、县（区）人民政府卫生健康、教育、科技、体育、文化和旅游等行政主管部门，应当采取多种形式，开展健康教育和健康促进宣传普及工作。

工会、共青团、妇联等团体应当结合自身特点，组织开展对职工、青少年、妇女等特定群体的健康教育和健康促进活动。

报刊、广播、电视、网络等新闻媒体应当积极开展卫生健康知识宣传工作。

第十三条 车站、商场、广场、公园、影剧院、宾馆、居民小区等公共场所，应当设置健康教育宣传栏，开展健康教育宣传。

第四章 环境卫生治理

第十四条 市、县（区）人民政府应当制定环境卫生治理规划，完善环境卫生基础设施，建立环境卫生管理长效机制，组织开展环境卫生治理活动。

第十五条 爱卫会应当督促相关成员单位，按照各自职责，对旅游景区、城乡接合部、城中村、建筑工地、校园周边、农贸市场、背街小巷、闲置空地、食品生产经营单位和公共场所等区域的环境卫生进行重点治理。

第十六条 城市环境卫生治理应当达到以下标准：

（一）城市主次干道和街巷路面平整干净，照明完善，环境整洁；

（二）垃圾收集容器配置齐全，运输体系完善，收集运输设备设施密闭化，垃圾日产日清；

（三）公共厕所设置规范、布局合理、数量足够，保持清洁、卫生和设备设施完好；

（四）城市水面、绿地定时进行养护清洁，保持整洁美观；

（五）集贸市场卫生管理规范，环卫设施齐全，配备卫生管理和保洁人员，活禽经营有相对独立的区域；

（六）建筑工地符合国家卫生和环保标准，待建工地管理到位，围挡规范；

（七）居民区庭院、楼道保持干净卫生。

第十七条 市、县（区）人民政府应当组织开展农村环境卫生综合整治，推进农村改水、改厕、污水治理、生活垃圾集中收集和处理等各项卫生工作，改善农村生产、生活卫生条件，逐步实现垃圾无害化处理。

农村公厕、户厕建设应当符合无害化标准。

第十八条 市、县（区）人民政府应当加强城乡生活垃圾、建筑垃圾、医疗垃圾的收集、运输管理和处置设施建设，逐步实行生活垃圾分类收集和无害化处理。

第十九条 国家机关、社会团体、企业事业单位以及其他组织应当建立病媒生物预防和控制制度，采取措施消除苍蝇、蚊子、老鼠、蟑螂等病媒生物滋生地，有效控制病媒生物密度，避免和减少病媒生物危害的发生。

鼓励个人和家庭搞好家居卫生，积极参与病媒生物灭杀活动。

第二十条 饮用水水源地、集中式供水场所、医疗卫生机构、学校、宾馆、饭店、单位食堂、公园等人员聚集场所，粮库、食品生产经营场所、农贸市场、建筑物管线、废品收购站、公共厕所、市政管井、下水道系统、垃圾中转站、垃圾处理场等容易招致或者滋生病媒生物场所的管理者，应当建立健全病媒生物预防控制制度，设置病媒生物防治设施，配备专人负责病媒生物预防控制工作。

第二十一条 公民应当遵守社会卫生行为规范，不得有下列行为：

（一）随地吐痰、吐口香糖、便溺；

（二）乱扔瓜果皮、纸屑、烟蒂、包装物等废弃物；

（三）随意倾倒垃圾、污水、粪便，丢弃动物尸体；

（四）从房屋内和行驶的车辆上向外抛撒废弃物；

（五）在城市道路、建筑物、构筑物和其他设施上涂写、刻画、张贴；

（六）在规定地点外堆放建筑垃圾，废弃家具、家电等物品；

（七）不及时清除所饲养宠物的粪便；

（八）携带除工作犬外的犬、猫等宠物乘坐公共交通工具、进入室内公共场所；

（九）其他影响公共场所环境卫生的行为。

第五章 烟草烟雾危害控制

第二十二条 爱卫会负责组织、协调和指导本行政区域内各部门、各行业的控制吸烟工作。

卫生健康、教育、交通运输、工业和信息化、公安、市场监督管理、文化和旅游、体育、烟草专卖等行政主管部门应当按照各自职责，监督管理医疗卫生机构、学校、公共交通工具、互联网服务场所、旅馆、餐饮服务经营场所以及文化、娱乐、公共体育场所的控制吸烟工作。

第二十三条 公共场所、工作场所的室内区域以及公共交通工具内禁止吸烟。

下列公共场所、工作场所的室外区域禁止吸烟：

（一）幼儿园、中小学校、少年宫、儿童福利机构等以未成年人为主要活动人群的场所；

（二）对社会开放的文物保护单位；

（三）体育场、健身场的比赛区和座席区；

（四）妇幼保健机构、儿童医院。

第二十四条 禁止吸烟场所应当设置醒目的禁止吸烟标志，不得放置与吸烟有关的器具。

禁止吸烟标志的制作标准以及张贴规范，由市爱卫办统一规定。

第二十五条 爱卫会应当组织开展多种形式的控制吸烟宣传教育工作。

学校、医院等单位应当定期开展烟草烟雾危害和控制吸烟的宣传教育活动。

报刊、广播、电视、网络等新闻媒体应当开展吸烟和被动吸烟有害健康的公益宣传活动。

第六章 监督和考核

第二十六条 市、县（区）人民政府应当将爱国卫生工作纳入目标管理责任体系，并负责对本行政区域内的爱国卫生工作进行监督考核。

第二十七条 爱卫会应当向社会公布本行政区域爱国卫生工作监督考核结果，并根据监督考核结果对相关单位及责任人进行表彰奖励或者追究责任。

第二十八条 爱卫会可以根据工作需要聘请专（兼）职爱国卫生监督员，对本行政区域内的爱国卫生工作进行监督。

爱国卫生监督员在履行职责时，应当出示相关证件。

第二十九条 市、县（区）人民政府应当将爱国卫生工作管理信息纳入数字化城市管理信息系统，建立完善“阳泉随手拍”等平台，受理爱国卫生工作建议和投诉。

第三十条 对于违反本条例的行为，任何单位和个人有权予以制止并向爱卫办举报。爱卫办应当及时受理、调查举报事项，或者转交有关部门处理，处理结果向举报单位或者举报人反馈。

第七章 法律责任

第三十一条 违反本条例规定，法律、法规已有法律责任规定的，从其规定。

第三十二条 容易招致或者滋生病媒生物场所的管理者未按照规定配备病媒生物预防控制设施设备，或者擅自停止使用、拆除病媒生物预防控制设施设备的，由市、县（区）人民政府卫生健康行政主管部门责令限期改正；逾期不改的，给予警告，并处以一千元以上一万元以下罚款；对拒绝监督的，处以一万元以上三万元以下罚款。

第三十三条 单位和个人违反本条例规定，随意倾倒、抛洒、堆放城市生活垃圾的，由市、县（区）人民政府城市管理综合行政执法部门责令停止违法行为，限期改正，对单位处以五千元以上五万元以下的罚款；对个人处以二百元以下的罚款。

第三十四条 禁止吸烟场所未设置醒目的禁止吸烟标志的，由本条例第二十二条规定的有关行政主管部门按照职责范围责令限期改正；逾期不改正的，处一千元以上一万元以下的罚款。

个人在禁止吸烟场所和区域吸烟的，由市、县（区）人民政府卫生健康行政主管部门责令改正，拒不改正的，处五十元以上一百元以下的罚款。

第三十五条 爱卫会和相关行政主管部门的工作人员在爱国卫生工作中玩忽职守、滥用职权、徇私舞弊的，依法给予处分。

第八章 附 则

第三十六条 本条例自2019年5月1日起施行。

阳泉市市容和环境卫生管理条例

（2019年2月22日阳泉市第十五届人民代表大会常务委员会第二十一次会议通过，2019年3月22日经山西省第十三届人民代表大会常务委员会第九次会议批准，2019年4月9日阳泉市第十五届人民代表大会常务委员会公布）

目 录

第一章 总 则

第一条 为了加强市容和环境卫生管理，创造和维护整洁、优美、文明的城市环境，根据国务院《城市市容和环境卫生管理条例》《山西省城乡环境综合治理条例》等有关规定，结合本市实际，制定本条例。

第二条 本条例适用于本市建成区以及实行城市化管理的其他区域。

实行城市化管理的其他区域由市人民政府确定并公布。

第三条 市容和环境卫生管理工作实行政府统一领导、分区负责、公众参与、社会监督的原则。

第四条 市、县（区）人民政府应当将市容和环境卫生事业纳入国民经济和社会发展规划，保障市容和环境卫生事业所需经费，不断完善市容和环境卫生设施，提高城市公共服务水平。

市、县（区）人民政府市容和环境卫生行政主管部门负责本行政区域内市容和环境卫生管理工作；其他部门按照各自职责，共同做好市容和环境卫生管理的相关工作。

第五条 市、县（区）人民政府市容和环境卫生行政主管部门应当建立健全市容和环境卫生行政执法监督举报制度、投诉受理制度、巡查监督制度，规范综合执法机构的处置权限和处置程序，向社会公布投诉举报电话，及时处理市容和环境卫生管理违法行为。

第六条 市、县（区）人民政府应当加强市容和环境卫生法律、法规的宣传。

报刊、广播、电视、网络等新闻媒体应当对市容和环境卫生知识进行普及宣传，引导公民树立维护市容和环境卫生的责任意识。

第七条 市、县（区）人民政府应当加强市容和环境卫生管理信息化建设，整合市容和环境卫生行政主管部门与公安、生态环境、市场监督管理等部门的信息资源，建立信息互通共享机制。

第八条 市、县（区）人民政府应当引导单位和个人参与市容和环境卫生治理活动。

居（村）民委员会应当制定市容和环境卫生公约，引导居（村）民参与市容和环境卫生治理工作。

第二章 市容和环境卫生责任区制度

第九条 本市实行市容和环境卫生责任区制度。

市容和环境卫生责任区，按照下列规定划分：

（一）城市道路、街巷、过街天桥、地下通道、公共广场等城市公共区域，公共厕所、垃圾转运站以及其他环境卫生公共设施，由县（区）市容和环境卫生行政主管部门负责；

（二）实行物业管理的居住区，由物业管理企业负责；未实行物业管理的居住区、城中村、背街小巷由乡（镇）人民政府、街道办事处负责；

（三）铁路、公路、涵洞、河道、水域以及其他附属设施，由相关管理单位负责；

（四）文化、体育、娱乐、旅游景区、公园（公共绿地）、城市小游园、车站、农贸市场、商铺和停车场等公共场所以及报刊亭、候车亭、户外广告等临街设施，由经营、管理、产权单位负责；

（五）国家机关、社会团体、企业事业单位内部以及规划红线范围内的区域，由管理、产权、使用单位负责；

（六）电力、通信、邮政、供水、供气、供热以及空中管线等公共设施，由管理、产权单位负责；

（七）在建施工工地由施工单位负责，待建、停建工程工地由建设单位或者所有权人负责；

（八）下水主管网、化粪池由管理单位负责。

确定责任区时，所有权人、管理人、使用人之间约定管理责任的，由约定的责任人负责；范围和权属划分不清或者有争议的，由具有管辖权的市、县（区）人民政府予以确定。

第十条 市、县（区）人民政府应当和责任单位、责任人签订责任书，并负责指导、监督、检查、通报市容和环境卫生责任区的责任落实情况。

市、县（区）人民政府市容和环境卫生行政主管部门应当建立责任区公示制度，向社会公开责任单位、责任人、责任区范围和联系方式，方便群众监督。

第十一条 市容和环境卫生责任单位和责任人，应当履行下列职责：

（一）保持市容和环境卫生整洁；

（二）保持环境卫生设施完好；

（三）遇有降雪结冰，及时清除积雪残冰；

（四）市容和环境卫生管理的其他工作。

市容和环境卫生责任单位、责任人对责任区内违反市容和环境卫生管理规定的行为，应当予以劝阻、制止；对不听劝阻、制止的，应当及时向相关执法部门报告。

第三章 市容管理

第一节 建筑物和构筑物管理

第十二条 临街建筑物、构筑物外立面应当按照批准的设计方案进行建设或者改造，保持整洁、完好、美观。外立面出现残损、变色、污渍等影响市容美观的，由责任人负责维修。

第十三条 临街建筑物、构筑物外安装窗栏、遮阳篷、空调室外机、排气扇、油烟机等设施，应当规范设置、保持整洁。

禁止在临街建筑物、构筑物的未封闭阳台、门窗外、屋顶、平台，放置、悬挂、晾晒有碍市容的物品。

禁止在道路、广场等公共场所，放置、晾晒有碍市容的物品。

第十四条 在道路或者其他公共场地设置照明、交通、监控、通信、电力等设施，应当符合相关设置规划、标准；有条件的应当合并设置。

架空的管线，应当采取套管、捆扎等措施进行隐蔽，有条件的应当改造入地。

管线设施应当保持整洁、完好、牢固、安全，出现污浊、腐蚀、破损的，设置单位应当及时整理、清洗、修复、拆除或者更换。

第十五条 禁止单位和个人擅自在城市道路两侧或者其他公共场地堆放物料、搭建建筑物和构筑物；经过批准临时堆放或者搭建的，应当保持周边环境卫生整洁，并在占用结束后及时恢复原状。

第十六条 土地收储、拆除拆迁、房屋建筑、市政、园林、道路交通各类工程施工现场应当按照规定设置围挡、施工标志牌和警示标志。除应急工程外，施工现场应当硬化出入口、设置车辆冲洗装置和现场监控装置，并和主管部门联网，现场物料、机具应当放置整齐，于完工后清理并恢复原状。

第二节　道路和公共设施管理

第十七条　道路、广场等公共场地应当保持平整、完好，在道路、公共场地设置的井盖、沟盖、篦子等设施应当保持正位、完好。

公共场地及设施发生塌陷、破损、隆起、缺失、移位、堵塞等情况，责任单位、责任人应当立即修复；不能立即修复的，应当设立警示标志，在规定的期限内修复。

无法确定产权单位的公共场地设施发生破损、缺失、移位、堵塞等情况，由市、县（区）人民政府城市管理综合行政执法部门或者所在地的乡（镇）人民政府、街道办事处按照应急管理程序处置。

第十八条　共享交通工具的经营者和使用者应当在规定的区域存放共享交通工具；经营者应当安排专人管理，使用者应当文明使用，保持共享交通工具排列有序。

第十九条　任何单位和个人不得擅自占用道路、桥梁、人行天桥、地下通道、广场以及其他公共场所从事摆摊设点、兜售物品等经营活动。

临街和广场周边的经营者不得擅自超出经营场地经营、作业或者展示商品。

第三节　广告和照明管理

第二十条　临街招牌、路牌、展示牌、橱窗、广告栏、宣传栏、招贴栏、阅报栏、霓虹灯、电子显示屏、门头牌匾、灯箱、雕塑等户外广告应当保持整洁、牢固，符合有关法律、法规的规定和技术规范。

第二十一条　未经批准禁止单位和个人在城市道路、建筑物、构筑物、树木、市政设施上以及居民区涂写、刻画、张贴广告。

第二十二条　在建筑物、构筑物外立面设置的招牌，应当和建筑物、构筑物以及周边环境相协调，并保持整洁美观，出现破损、褪色、脏污、字体残缺的，设置者应当及时维修。

第二十三条　城市道路、街区、景区、公共场所等设置的照明设施，责任人应当加强日常维护，保持设施完好、安全运行。

第二十四条　设置重大节日道路灯光、景观区灯展、楼体灯饰、大型电子屏等设施，应当符合下列规定：

（一）美观、整洁，不影响白昼的景观效果；

（二）安全、环保、节能；

（三）局部景观灯饰效果和周边环境协调；

（四）不影响道路交通安全和市民正常生活。

城市夜景灯饰设施所有权人或者管理人应当保持设施完好，定时启闭；任何单位和个人不得损坏、移动、拆除。

第四章　环境卫生管理

第一节　环境卫生设施建设和管理

第二十五条　城市垃圾转运站、环境卫生专用车辆停车场以及有关附属用房应当合理规划布局，符合环境卫生作业标准要求。

第二十六条　市、县（区）人民政府应当合理规划、设置公共厕所，鼓励社会团体、企业事业单位和个人建设、改造公共厕所，鼓励临街公共建筑、公共场所附设的内部厕所供行人免费使用。

下列城市公共场所应当设置公共厕所，并设立明显标志或者指示路牌：

（一）广场和主要交通干道两侧；

（二）车站、展览馆、体育馆等公共建筑物附近。

市、县（区）人民政府市容和环境卫生行政主管部门应当制定城市公共厕所的保洁标准、作业规范，保持公共厕所清洁卫生、设备设施完好。

第二十七条　责任单位、责任人应当对垃圾收集设施以及收集点、转运站等定期消毒灭害，并保持整洁、完好。

第二十八条　禁止单位和个人迁移、拆除、封闭环境卫生设施，或者擅自改变环境卫生设施的用途。因城市建设确实需要迁移、拆除、封闭或者改变用途的，应当报市容和环境卫生行政主管部门批准。

第二节　公共场所环境卫生管理

第二十九条　禁止下列影响公共环境卫生的行为：

（一）随地吐痰、吐口香糖、便溺；

（二）乱扔瓜果皮、纸屑、烟蒂、包装物等废弃物；

（三）将垃圾、污水、粪便扫入或者倒入道路、下水道、花坛、绿化带、窨井、河渠、水域内；

（四）食品小作坊、小经营店、小摊点经营者将泔水倒入绿地、树坑、下水道、窨井、垃圾桶内；

（五）从房屋或者车辆内向外抛撒废弃物；

（六）在规定地点外堆放垃圾、废弃家具、家电等物品；

（七）在城市道路、公园等公共活动区域焚烧垃圾、树叶等物品；

（八）其他影响环境卫生的行为。

第三十条　县（区）人民政府应当合理规划、布局集贸市场，完善配套设施。

集贸市场经营者应当保持摊位和经营场所的整洁，易产生垃圾的餐饮、农产品等摊位应当配置垃圾收容器。活禽、活畜应当在特定的封闭区域内宰杀，并配备完善的污物污水处置和消毒设施。

第三十一条　市、县（区）人民政府应当根据需要统一规划早市、夜市、临时性商品交易市场等经营区域。

经营者应当按照规定的时间和地点经营，保持摊位整洁、有序，在收市时将垃圾、污水、油渍清理干净。

第三十二条 市、县（区）人民政府应当规划建设城市再生资源回收利用体系，合理布局再生资源回收网点、废旧物品收购站。

废旧物品收购站经营者应当采取设置围挡等措施，保持收储场所以及周边环境干净、整洁，不得占用道路和公共场所。

第三十三条 从事车辆修理、清洗、装饰的，应当符合市容和环境卫生管理标准要求，保持经营场所以及周边环境整洁卫生，不得占用道路和公共场所。

第三节 废弃物处置

第三十四条 城市垃圾逐步实行分类投放、收集、运输和处置。

运输容易造成污染的有毒有害垃圾或者液体垃圾应当采取密闭措施，不得泄露抛洒。

第三十五条 生活垃圾由环境卫生专业单位按照日产日清的要求清运；清运作业应当按照规定时间和线路进行。

第三十六条 市、县（区）人民政府市容和环境卫生行政主管部门应当建立餐厨垃圾处理的源头登记、定点回收、集中处理制度，推行餐厨垃圾源头减量化、无害化处理和资源化利用。

单位和餐饮经营者产生的餐厨垃圾、废弃食用油脂应当单独收集和处置，具体办法由市人民政府制定。

第三十七条 市、县（区）人民政府应当加强建筑垃圾消纳场所和转运场所建设。处置建筑垃圾的单位应当经市容和环境卫生行政主管部门核准，并按照核准内容进行处置，禁止下列行为：

（一）将建筑垃圾混入生活垃圾进行投放；

（二）随意倾倒或者堆放建筑垃圾；

（三）擅自设置建筑垃圾消纳场所；

（四）擅自处置建筑垃圾；

（五）超出核准的范围处置建筑垃圾。

第三十八条 医疗垃圾应当按照国家有关规定统一由有资质的医疗垃圾处置单位处置，医疗机构不得自行处置医疗废物。

第三十九条 易燃、易爆、剧毒、放射性等有毒、有害垃圾，应当按照国家有关规定处置，不得混入生活垃圾收集站和垃圾消纳场所。

第四节 养犬管理

第四十条 养犬实行登记、年审和免疫制度，所需费用由饲养人自行负担，具体办法由市人民政府制定。

第四十一条 携犬外出时，应当遵守下列规定：

（一）使用犬绳、束链、牵引带等工具对其约束，并主动避让老年人、残疾人、孕妇和儿童；

（二）乘坐电梯或者在人员密集场所，应当采取戴嘴套、怀抱、装入犬袋等防护避让措施；

（三）及时清除犬粪。

第四十二条 禁止养犬人、携犬人有下列行为：

（一）饲养烈性犬和大型犬（工作犬、导盲犬除外）；

（二）占用公共区域养犬；

（三）携犬（工作犬、导盲犬除外）进入机关、学校、幼儿园、医院、公园、影剧院、体育场馆、展览馆等公共场所；

（四）携犬（工作犬、导盲犬除外）乘坐公共交通工具；

（五）随意扔弃犬只尸体。

第四十三条 任何单位或者个人发现或者怀疑犬只患有狂犬病时，应当及时向公安机关、畜牧兽医、疾病预防控制中心等相关部门报告，接到报告的部门应当立即予以处理。

患有或者疑似患有狂犬病的犬只尸体应当在畜牧兽医、疾病预防控制中心的指导下进行无害化处理。

第四十四条 市、县（区）人民政府应当设立流浪犬收容站，收留流浪、送交的犬只以及被没收、扣押的犬只。

第五章 法律责任

第四十五条 违反本条例规定的行为，法律、法规已有法律责任规定的，从其规定。

第四十六条 市容和环境卫生责任单位、责任人违反本条例有关规定，有下列情形之一的，由市、县（区）人民政府市容和环境卫生行政主管部门予以警告，责令改正；拒不改正的，可以对单位处一千元以上二千元以下罚款，对个人处二百元罚款：

（一）责任区的容貌和环境卫生未达到标准；

（二）未按照规定履行市容和环境卫生管理职责；

（三）公共场地和公共设施发生塌陷、破损、隆起等情况未及时修复；

（四）乱停乱放共享交通工具影响市容环境；

（五）未履行照明设施维护职责。

第四十七条 违反本条例规定，擅自迁移、拆除、封闭环境卫生设施或者改变用途的，由市、县（区）人民政府市容和环境卫生行政主管部门责令限期改正，并处二千元以上一万元以下罚款。

第四十八条 违反本条例规定，随意倾倒、抛洒、堆放生活垃圾，影响公共环境卫生的，由市、县（区）人民政府城市管理综合行政执法部门责令停止违法行为，限期改正，对单位处五千元以上五万元以下罚款；对个人处二百元罚款。

第四十九条 违反本条例规定，有下列行为之一的，由市、县（区）人民政府市容和环境卫生行政主管部门责令停止违法行为，限期改正，并按照下列规定罚款：

（一）将建筑垃圾混入生活垃圾，对单位处一千元以上三千元以下罚款，对个人处二百元罚款；

（二）随意倾倒或者堆放建筑垃圾，对单位处五千元以上五万元以下罚款，对个人处二百元罚款；

（三）擅自设置建筑垃圾消纳场所，对单位处五千元以上一万元以下罚款，对个人处一千元以上二千元以下罚款，

（四）未经核准擅自处置建筑垃圾，或者超出核准范围处置建筑垃圾，对建设单位、运输单位处五千元以上三万元以下罚款，对施工单位处一万元以上十万元以下罚款。

第五十条 违反本条例规定，有下列行为之一的，由市、县（区）人民政府城市管理综合行政执法部门责令限期改正；拒不改正的，处二百元罚款：

（一）携犬外出未使用犬绳、束链、牵引带等工具对其约束；

（二）携犬乘坐电梯或者在人员密集场所，未采取防护避让措施；

（三）携犬（工作犬、导盲犬除外）进入机关、学校、幼儿园、医院、公园、影剧院、体育场馆、展览馆等公共场所；

（四）携犬（工作犬、导盲犬除外）乘坐公共交通工具；

（五）携犬外出未及时清除犬粪；

（六）随意扔弃犬只尸体。

第五十一条 违反本条例规定，有下列行为之一的，由市、县（区）人民政府公安机关予以警告，责令改正；拒不改正的，可以扣押或者没收犬只，并处五百元罚款：

（一）饲养烈性犬、大型犬（工作犬、导盲犬除外）；

（二）占用公共区域养犬；

（三）未采取防护避让措施，造成犬只伤害他人。

第五十二条 违反本条例规定，拒绝、阻挠捕杀病犬，造成狂犬咬伤他人或者导致人群中发生狂犬病的，由市、县（区）人民政府卫生健康行政主管部门责令限期改正，可以处五千元以下的罚款；情节较严重的，可以处五千元以上二万元以下的罚款。

第五十三条 市、县（区）人民政府市容和环境卫生行政主管部门工作人员玩忽职守、滥用职权、徇私舞弊的，由其所在单位或者上级主管机关给予处分。

第六章 附 则

第五十四条 本条例自2019年5月1日起施行。

阳泉市集中供热条例

（2019年12月25日阳泉市第十五届人民代表大会常务委员会第二十七次会议通过，2020年3月31日山西省第十三届人民代表大会常务委员会第十七次会议批准，2020年4月13日阳泉市第十五届人民代表大会常务委员会公布）

第一章 总 则

第一条 为了加强集中供热管理，规范供热用热行为，维护热用户、供热企业和热源企业的合法权益，保障供热安全，促进城乡供热事业健康发展，根据有关法律、法规的规定，结合本市实际，制定本条例。

第二条 本市行政区域内的集中供热规划、设计、建设、经营、管理和用热活动，适用本条例。

第三条 市、县（区）人民政府应当将集中供热事业纳入国民经济和社会发展规划，建设以热电联产为主、可再生能源和清洁能源为辅的热源保障体系，加强集中供热基础设施建设，提高集中供热能力。

第四条 市、县（区）人民政府及其供热行政主管部门，负责本辖区内的集中供热管理工作。

市、县（区）人民政府发展和改革、工业和信息化、财政、规划和自然资源、生态环境、住房和城乡建设、交通运输、应急管理、市场监督管理、行政审批服务管理、能源等有关部门，按照各自职责，共同做好供热管理工作。

乡（镇）人民政府、街道办事处配合供热行政主管部门和有关部门做好辖区内集中供热工作。

第二章 供热规划与建设

第五条 城乡集中供热专项规划由市、县供热行政主管部门会同发展和改革、工业和信息化、规划和自然资源、生态环境、住房和城乡建设等有关部门共同编制，经批准后组织实施。

第六条 新建、改建、扩建城乡集中供热工程，应当符合城乡集中供热专项规划的要求，并依法履行基本建设程序。

新建建筑配套的集中供热设施，应当与主体工程同步设计、同步施工、同步验收。

换热站建设应当符合国家有关建筑节能强制性标准和设计规范要求，采取隔声减振措施，不得设在地下室、地下车库等地下空间，避免噪声扰民。

第七条 城市新区建设和旧城改造应当按照城乡集中供热专项规划，配套建设集中供热设施，预留集中供热设施建设用地和空间。

预留的集中供热设施建设用地，任何单位和个人不得擅自毁坏、占用、改变其用途。

第八条 集中供热工程竣工验收时，建设单位应当通知供热行政主管部门参加；在验收合格之日起十五日内，建设单位应当将集中供热工程竣工验收资料等有关档案，报住房和城乡建设行政主管部门备案。

集中供热工程未经验收或者验收不合格的，不得交付使用。

第九条 新建、改建、扩建城市道路时，应当依据城乡集中供热专项规划同步设计和敷设供热管网；城市道路建有地下综合管廊的，供热管网应当纳入综合管廊。

新建建筑物或者构筑物与供热管网管道的间距应当符合国土空间规划和国家有关技术规范要求。

新建、改建、扩建建筑的地下管线影响热网管道安全的，应当由供热行政主管部门组织相关单位协商解决。供热管网建设确实需要穿越建筑物区域时，相关单位和个人应当予以配合。因穿越施工造成损坏的，建设单位应当予以修复；无法修复的，应当依法予以赔偿。

第十条 城乡集中供热专项规划区内的新建建筑，应当采取集中供热，实行分户控制、分户计量。首次安装分户供热计量装置以及室内温度调控装置费用计入房屋建造成本，维护、维修、管理、更新费用计入热价成本。供热分户计量装置的选型、购置和安装，由建设单位和供热企业根据国家有关建筑节能强制性标准协商确定。

既有建筑集中供热采暖系统应当逐步实行分户控制、分户计量改造。既有建筑围护结构进行节能改造时，应当同步进行供热分户控制、分户计量改造。改造费用承担办法由市人民政府依法规定。

第十一条 建设单位对新建住宅的集中供热设施，应当承担不少于两个供热期的保修责任。建设单位未履行或者拖延履行保修责任的，集中供热设施的保修期顺延。

第十二条 新建建筑配套建设和既有建筑补建集中供热设施，由建设单位承担建设费用。

第三章 供热设施维护与管理

第十三条 供热设施的维护、维修、改造、更新等有关责任按照以下规定划分：

（一）热源企业厂区以及出墙一米以内的供热设施，由热源企业负责；

（二）热源企业出墙一米以外至居民热用户入户阀门的供热设施，由供热企业负责；

（三）居民热用户入户阀门至室内的供热设施，由居民热用户负责；

（四）非居民热用户与供热企业之间的维护、维修、改造、更新等有关责任，由双方合同约定。

第十四条 热源企业和供热企业应当对其负责管理的供热设施进行定期检查、养护、维修、改造、更新，确保热源充足供应，保障供热设施安全运行。

热用户应当定期检查室内供热设施，及时消除安全隐患。

供热计量装置在保修期内由保修单位负责维修或者更换，在保修期外由供热企业负责维护管理；因热用户原因导致供热计量装置损坏的，维护费用由热用户承担。

第十五条 供热期发生供热设施故障需要抢修时，供热企业可以先行施工，并及时补办有关手续，相关部门和热用户应当给予配合，保障抢修及时进行。

供热企业抢修供热设施，确实需要拆除建筑物、构筑物及其他妨碍抢修障碍物的，应当立即书面通知产权人。热用户室内装饰影响供热设施抢修的，产权人应当配合供热企业予以拆除。抢修结束后，供热企业应当及时修复或者予以合理赔偿、补偿。

第十六条 建设工程开工前，建设单位应当向热源企业、供热企业查询有关供热设施情况。工程建设影响供热设施安全的，建设单位应当采取相应保护措施。因施工造成供热设施损坏的，建设单位应当依法予以赔偿。

因城市建设需要移动供热设施的，供热行政主管部门应当组织热源企业或者供热企业与建设单位签订移动协议，由热源企业或者供热企业负责实施，建设单位依法承担相关费用和损失补偿。

第十七条 供热管网及其附属设施安全保护距离内，热源企业或者供热企业应当设置明显标志。

禁止下列损害供热设施或者影响其使用功能的行为：

（一）利用供热管道及其支架架设线路或者悬挂物体；

（二）破坏或者擅自拆卸、改装、干扰供热计量设施；

（三）擅自操作、改变、拆卸和移动供热管网、井盖、阀门、仪表以及标志等供热设施及其附属物；

（四）修建建筑物、构筑物，进行埋设电杆、敷设管线、挖掘钻探、采砂取土、打桩爆破和栽种深根性植物等工程作业；

（五）在供热管道地沟、井室内，堆放垃圾杂物、有毒有害、易燃易爆物品，排放污水、腐蚀性液体或者气体；

（六）其他影响供热设施安全的行为。

第四章　供热管理

第十八条　热源企业应当与供热企业签订热源供应合同，按照供热需求供应热量，不得以电量指标限制热电联产机组对外供热。

第十九条　本市供热期为每年 11 月 1 日至下一年 3 月 31 日。供热行政主管部门可以根据气温变化情况，经市、县人民政府批准后，对供热期作出适当调整，并向社会公布执行。

第二十条　供热期内除不可抗力因素或者用户责任影响正常供热外，供热企业应当保证居民热用户的卧室、起居室内的温度全天不低于十八摄氏度。

非居民热用户的室内温度标准，由供用热双方合同约定。

第二十一条　因突发事故影响正常供热的，供热企业应当立即组织抢修，尽快恢复正常供热。

因不可抗力因素影响正常供热的，供热企业应当及时向市、县人民政府及其供热行政主管部门报告，并向社会公告。

为供热企业提供水、电、燃气和热能的企业，不得擅自中断供应。

第二十二条　供热企业应当履行下列义务：

（一）严格执行安全生产、生态环境保护法律法规和行业安全生产标准规范，保障集中供热系统正常运行；

（二）设置并公开服务电话，及时处理热用户反映的问题，为热用户提供规范服务；

（三）做好供热前准备工作，并在供热设施注水前通知热用户；

（四）采取短信通知、张贴公告、媒体发布等方式提醒热用户检查室内供热设施；

（五）建立并妥善保管热用户档案，定期向热用户提供室内供热设施检查服务，发现存在隐患时，应当书面告知热用户及时消除或者接受热用户委托进行维修，保修期内的维修费用由建设单位承担，保修期外的维修费用由热用户承担；

（六）建立巡察制度，对管理范围内供热设施进行定期检查，并做好记录，及时消除安全隐患；

（七）设立固定测温点，并将测温数据报供热行政主管部门备案；建立智慧供热管理系统，利用网络化、大数据技术信息平台，对集中供热实行远程调控、统一管理；

（八）接受供热行政主管部门对其经营活动、服务情况以及设施安全的监督检查；

（九）法律、法规规定的其他义务。

第五章　用热管理

第二十三条　供热企业应当与热用户签订供用热合同。合同内容包括供热时间、温度标准、维护责任、收费标准、交费时限、结算办法和违约责任等。

第二十四条　未经供热企业同意，热用户不得有下列影响供热设施正常运行的行为：

（一）室内装修或者其他设施严重遮挡散热器；

（二）私自锁闭楼道、管道井等公共区域，阻碍供热企业工作人员检查、维护、抢修供热设施；

（三）私自增设散热器、供热管道热交换装置，私自扩大用热面积或者私接入网；

（四）私自排放或者取用供热用水；

（五）私自改变采暖方式和用热性质；

（六）其他影响供热设施正常运行的行为。

第二十五条　采暖期需要办理暂停用热或者恢复供热的热用户，应当在当年九月底前，到供热企业办理相应手续。供热企业应当与热用户签订暂停用热或者恢复供热合同并收取相应热费，在供热设施试运行前，采取暂停用热措施或者完成供热设施恢复。

供热设施不具备分户控制条件，热用户要求暂停用热或者恢复供热的，由热用户自行或者委托供热企业进行隔断或者恢复处理，费用由热用户承担。

第六章　价格与热费管理

第二十六条　集中供热实行政府定价制度。市、县人民政府价格行政主管部门应当依据供热社会平均成本和市场供求状况、国民经济与社会发展要求以及社会承受能力，开展价格、成本调查，听取供热企业、热用户和有关方面的意见，合理调整热价，报请本级人民政府批准后向社会公布执行。

第二十七条　供热企业应当按照市、县人民政府价格行政主管部门公布的标准收取热费。

已经安装分户计量装置且达到计量收费条件的，按照基本热价和计量热价相结合的两部制热价核算。

特殊层高建筑的收费标准由市人民政府另行规定。

第二十八条　热费由供热企业向热用户收取；空闲房的热费由供热企业向产权人收取。热用户应当按照供用热合同的约定缴纳热费，无正当理由逾期未缴费的，供热企业可以采取暂缓供热、限热等措施，并按照合同约定加收违约金。热用户拒不缴纳热费及违约金的，供热企业可以根据供用热合同约定停止供热。

第二十九条　热用户室内温度低于本条例规定最低温度或者合同约定温度的，可以向供热企业反映或者向供热行政主管部门投诉；供热企业应当在接到反映或者投诉起二十四小时内组织进行测温，四十八小时内处理解决，并向热用户出具标明受理时间和内容的书面凭据。

热用户室内温度不达标准，供热企业当年无法处理解决的，按照相应标准向热用户退还热费；温度不达标准原因属于热源企业的，供热企业应当先行退还热费，再向热源企业追偿。

供热温度测量以及热费退还的具体办法，由市人民政府制定。

第三十条　有下列情形之一，供热企业不承担室内温度不达标准责任，不予退还热费：

（一）热用户违反本条例第十七条第二款规定，危害、损毁供热设施的；

（二）热用户违反本条例第二十四条规定，影响供热设施正常运行的；

（三）其他不可抗力因素。

第七章　监督管理与争议处理

第三十一条　市、县（区）人民政府应当按照国家有关规定，组织有关部门制定供热突发事件应急预案。

市、县（区）人民政府应当保障供热突发事件应对工作所需经费。

供热行政主管部门应当建立健全供热监督管理制度，加强对供热企业经营活动、服务情况以及设施安全的监督检查，设置公开的投诉电话，及时协调处理投诉人反映的问题。

第三十二条 供热企业应当制定事故抢修和应急处理预案。

供热企业应当建立相适应的供热安全保障应急抢修队伍，配备应急抢修装备、物资、车辆以及通信设备等。

供热企业应当在供热期内实行二十四小时应急备勤，及时处理热用户报修诉求和紧急抢修事故。

第三十三条 供用热双方发生供用热争议的，由双方协商解决；协商不成的，可以申请供热行政主管部门调解，也可以通过法律途径解决。

供用热双方对热计量数据的准确性发生争议时，均可以委托法定的计量技术机构进行检定。

市场监督管理行政主管部门应当对计量技术机构的检定活动进行监督。

第八章 法律责任

第三十四条 新建建筑建设集中供热设施，设计、建设单位有下列行为之一，由市、县（区）人民政府有关主管部门责令限期改正，逾期未改正的，按照下列规定予以处罚：

（一）设计单位未按照国家有关建筑节能强制性标准规定设计换热站等集中供热设施的，处十万元以上三十万元以下的罚款；

（二）建设单位未按照国家有关建筑节能强制性标准规定购置安装供热分户计量装置的，处二十万元以上五十万元以下的罚款；

（三）建设单位未对集中供热工程组织竣工验收或者验收不合格擅自交付使用的，处工程合同价款百分之二以上百分之四以下的罚款，造成损失的，依法承担赔偿责任；

（四）建设单位擅自毁坏、占用和改变预留的集中供热设施建设用地的，处建设工程造价百分之五以上百分之十以下的罚款。

第三十五条 热源企业、供热企业有下列行为之一，由市、县（区）人民政府供热行政主管部门给予警告，责令限期改正，逾期未改正的，处以相应罚款；造成损失的，依法承担赔偿责任：

（一）未能按照合同约定提供足够的热量，造成热用户室内温度不达标准的，处五万元以上十万元以下的罚款；

（二）供热设施发生故障时，未及时组织抢修、恢复供热的，处一万元以上五万元以下的罚款；

（三）未履行对供热设施进行定期检查、维修、养护、更新、改造的义务，造成供热事故的，处三万元以上十万元以下的罚款。

第三十六条 单位和个人有下列行为之一，由供热行政主管部门责令停止违法行为，拒不停止违法行为的，处以相应罚款；造成其他用户损失和供热设施损坏的，依法承担赔偿责任：

（一）利用供热管道及其支架架设线路或者悬挂物体的，处五百元以上两千元以下的罚款；

（二）破坏或者擅自拆卸、改装、干扰供热计量设施的，处一千元以上两千元以下的罚款；

（三）擅自操作、改变、拆卸和移动供热管网、井盖、阀门、仪表以及标志等供热设施及其附属物的，对单位处五千元以上一万元以下的罚款，对个人处一千元以上三千元以下的罚款；

（四）在供热管网及其附属设施安全保护距离内，修建建筑物、构筑物及进行工程作业的，对单位处五千元以上三万元以下的罚款，对个人处一千元以上五千元以下的罚款；

（五）在供热管道地沟、井室内堆放垃圾杂物、有毒有害、易燃易爆物品，排放污水、腐蚀性液体或者气体的，对单位处一万元以上三万元以下的罚款，对个人处二千元以上五千元以下的罚款。

第三十七条 热用户有下列行为之一，由供热行政主管部门责令停止违法行为，限期采取改正、补救措施，逾期未改正的，处以相应罚款；造成损失的，依法承担赔偿责任：

（一）室内装修或者其他设施严重遮挡散热器，私自锁闭楼道、管道井等公共区域，并且阻碍供热企业工作人员检查、维护、抢修供热设施的，对单位处三千元以上一万元以下的罚款，对个人处五百元以上二千元以下的罚款；

（二）私自增设散热器、供热管道热交换装置，私自扩大用热面积或者私接入网的，对单位处五千元以上三万元以下的罚款，对个人处五百元以上三千元以下的罚款；

（三）私自排放或者取用供热用水，私自改变采暖方式和用热性质的，对单位处一万元以上五万元以下的罚款，对个人处一千元以上五千元以下的罚款。

第三十八条 供热行政主管部门以及有关部门的工作人员，在集中供热管理工作中玩忽职守、滥用职权、徇私舞弊的，对负有直接责任的主管人员和其他直接责任人员，依法给予行政处分；构成犯罪的，依法追究刑事责任。

第九章　附　则

第三十九条 本条例中下列用语的含义：

（一）两部制热价，指的是热价由基本热价和计量热价两部分构成。基本热价，也就是供暖基础费，基本热价 = 现行建筑面积热价 × 规定的基本热价比例；计量热价，根据热用量收取，计量热价 =（现行建筑面积热价 × 规定的计量热价比例）÷ 单位面积耗热量。分户计量用户需要交纳的取暖费用 = 基本热费＋计量热费 = 基本热价 × 供热面积＋计量热价 × 热表读数；

（二）建筑围护结构，指的是围合建筑空间四周的墙体、门、窗等，构成建筑空间，抵御环境不利影响的构件（也包括某些配件）。

第四十条 本条例自 2020 年 7 月 1 日起施行。

阳泉市住宅专项维修资金管理办法

（2020年6月23日阳泉市第十五届人民代表大会常务委员会第三十二次会议通过，2020年7月31日山西省第十三届人民代表大会常务委员会第十九次会议批准，2020年8月7日阳泉市第十五届人民代表大会常务委员会公布）

第一章　总　则

第一条　为了加强对住宅专项维修资金的管理，保障住宅共用部位、共用设施设备的维修和正常使用，维护资金所有者的合法权益，根据《中华人民共和国民法典》《物业管理条例》和《山西省物业管理条例》等有关法律、法规的规定，结合本市实际，制定本办法。

第二条　本市行政区域内的住宅专项维修资金的交存、管理、使用和监督，适用本办法。

售后公有住房首期交存的住宅专项维修资金，按照国家有关规定管理、使用和监督。

本办法所称住宅专项维修资金，是指专项用于住宅共用部位、共用设施设备保修期满后的维修和更新、改造的资金。

第三条　住宅专项维修资金管理实行专户存储、专款专用、所有权人决策、政府监督的原则。

第四条　市、县（区）人民政府应当将住宅专项维修资金管理工作经费列入本级财政预算，加强对住宅专项维修资金的监督管理。

第五条　市、县（区）人民政府住房和城乡建设行政主管部门负责本行政区域内住宅专项维修资金的归集、管理、使用的指导和监督。

市、县（区）人民政府财政、规划和自然资源、市场监督管理、应急管理等部门，应当按照各自职责，做好住宅专项维修资金管理工作。

乡（镇）人民政府、街道办事处应当按照规定职责做好辖区内住宅专项维修资金管理工作。

第六条　市、县（区）人民政府住房和城乡建设行政主管部门应当采取多种形式，开展住宅专项维修资金管理的宣传普及工作。

报刊、广播、电视、网络等新闻媒体做好住宅专项维修资金管理法律、法规及相关政策的宣传工作。

第二章　交存管理

第七条　住宅小区内的住宅、非住宅业主，以及住宅小区外与单幢住宅结构相连的非住宅的业主，应当交存住宅专项维修资金。但一个住宅业主所有且与其他物业不具有共用部位、共用设施设备的除外。

第八条　住宅专项维修资金属于业主所有，专项用于住宅共用部位、共用设施设备保修期满后的维修和更新、改造，不得挪作他用。

第九条 市、县（区）人民政府应当按照国家有关规定，结合本地区实际情况，合理确定首期住宅专项维修资金的交存标准，公布执行并适时调整。

第十条 商品住宅的业主应当在办理房屋入住手续前，将首期住宅专项维修资金交存至住宅专项维修资金专户。

第十一条 本办法实施前，开发建设单位、物业服务企业代收且未移交的住宅专项维修资金，应当自本办法实施之日起六十日内，向市、县（区）人民政府住房和城乡建设行政主管部门移交。

业主未交存首期住宅专项维修资金的，应当足额补交。

业主分户账面余额不足首期交存额百分之三十的，应当及时续交。

第三章　资金管理

第十二条 业主交存的首期住宅专项维修资金，由物业所在地市、县（区）人民政府住房和城乡建设行政主管部门代为管理。住宅小区成立业主大会后，应当按照规定划转业主交存的住宅专项维修资金，由业主大会自行管理。

第十三条 业主大会自行管理住宅专项维修资金的，应当建立资金管理规约，包括账目管理、资金使用、续筹方案及应急使用预案等内容，并接受物业所在地市、县（区）人民政府住房和城乡建设行政主管部门的指导和监督。

业主大会讨论通过资金管理规约，应当经住宅专项维修资金列支范围内专有部分面积占比三分之二以上的业主且人数占比三分之二以上的业主参与表决，并经参与表决专有部分面积过半数的业主且参与表决人数过半数的业主同意。

第十四条 市、县（区）人民政府住房和城乡建设行政主管部门应当公开选择商业银行作为专户管理银行，并签订专户管理协议，开设住宅专项维修资金专户。

住宅专项维修资金自存入之日起，每年按照中国人民银行的有关规定结息到户。

住宅专项维修资金专户应当通过转账方式结算，除销户退款和退回多交款项外，不得支取现金，不得向合同约定的施工、审价等单位之外的账户转账。

第十五条 住宅专项维修资金专户应当按照建筑区划以幢为单位设账，按照房屋户门号设个人分户账。

第十六条 住房和城乡建设行政主管部门在保证住宅专项维修资金正常使用的前提下，可以通过定期活期组合存款、购买一级市场新发行的国债等方式，实现住宅专项维修资金的保值增值。

业主大会使用自行管理的住宅专项维修资金购买国债的，应当经专有部分面积占比三分之二以上的业主且人数占比三分之二以上的业主参与表决，并经参与表决专有部分面积过半数的业主且参与表决人数过半数的业主同意。

第十七条 下列资金应当分摊计入住宅专项维修资金相关业主分户账使用：

（一）住宅专项维修资金的存储利息；

（二）住宅专项维修资金购买国债的增值收益；

（三）利用住宅共用部位、共用设施设备进行经营的，扣除合理成本后的业主所得收益，但业主另有约定的除外；

（四）住宅共用设施设备报废后回收的残值。

第十八条 房屋所有权转让时，该房屋住宅专项维修资金分户账中结余资金随房屋所有权一并转让。

房屋灭失的，应当按照国家有关规定返还住宅专项维修资金。

第四章 使用管理

第十九条 住宅专项维修资金的使用遵循方便快捷、公开透明、受益人和负担人相一致的原则。

第二十条 住宅共用部位的维修和更新、改造的情形包括：

（一）屋面防水层破损，顶层房间渗漏的；

（二）楼房外墙出现雨水渗漏，引起外墙内表面浸湿的；

（三）楼房外墙外装饰层出现裂缝、脱落或者空鼓率超过国家相应标准、规范的规定值的；

（四）建筑保温层出现破损或者脱落，建筑保温不良引起外墙内表面出现潮湿、结露、结霜或者霉变的；

（五）外墙及楼梯间、公共走廊涂饰层出现开裂、锈渍、起泡、翘皮、脱落、污染的；

（六）公共区域窗台、门廊挑檐、楼梯踏步及扶手、维护墙、院门等出现破损的；

（七）公共区域门窗或者窗纱破损的；

（八）其他需要维修和更新、改造的情形。

第二十一条 住宅共用设施设备的维修和更新、改造的情形包括：

（一）电梯及主要部件需要维修或者更换的；

（二）避雷设施不能满足安全要求的；

（三）监控设施、消防系统出现功能障碍或者部分设备、部件损坏严重的；

（四）楼内排水（排污）设备出现故障，排水管道漏水、锈蚀严重，排污泵锈蚀或者其他设备损坏的；

（五）水箱、泵房等二次供水设施损坏需要维修和更新、改造的；

（六）其他需要维修和更新、改造的情形。

第二十二条 已建立住宅专项维修资金账户的老旧住宅小区，可以使用住宅专项维修资金加装电梯，对基础设施、保温节能进行更新、改造。

第二十三条 住宅共用部位、共用设施设备的维修和更新、改造费用，应当按照下列规定分摊：

（一）用于两户或者两户以上住宅、非住宅的共用部位、共用设施设备的维修和更新、改造费用，由相关业主按照各自拥有物业建筑面积的比例分摊；

（二）可办理不动产登记的车库、地下室，其共用部位、共用设施设备的维修和更新、改造费用，由所有权人按照所拥有车库、地下室建筑面积的比例分摊；

（三）尚未售出的商品住宅、非住宅，由开发建设单位按照尚未售出商品住宅、非住宅的建筑面积，分摊维修和更新、改造费用。

第二十四条 禁止从住宅专项维修资金中列支下列费用：

（一）应当由建设单位或者施工单位承担的住宅共用部位、共用设施设备维修和更新、改造费用；

（二）应当由相关单位承担的供水、供电、供气、供热、通信、有线电视等管线和设施设备的维修、养护费用；

（三）根据物业服务合同约定，应当由物业服务企业承担的住宅共用部位、共用设施设备的维修和养护费用；

（四）应当由当事人承担的因人为损坏住宅共用部位、共用设施设备所需的修复费用；

（五）房屋买卖合同中约定由单个或者部分业主专属的露台、庭院等部位和设施设备的维修和更新、改造费用；

（六）新增、新建配套设施、设备所需的费用；

（七）住宅专项维修资金管理机构和物业服务企业、业主委员会的管理工作经费。

第二十五条 业主委员会、物业服务企业、业主为代管资金使用申请人。

成立业主委员会的，由业主委员会提出使用申请，向物业所在地市、县（区）人民政府住房和城乡建设行政主管部门申请使用住宅专项维修资金。

聘用物业服务企业的，由物业服务企业提出使用申请，向物业所在地市、县（区）人民政府住房和城乡建设行政主管部门申请使用住宅专项维修资金。

尚未成立业主委员会、也未聘用物业服务企业的，由相关业主提出使用申请，居（村）民委员会协助相关业主向物业所在地市、县（区）人民政府住房和城乡建设行政主管部门申请使用住宅专项维修资金。

住宅专项维修资金使用申请人应当确保所提供维修项目内容和工程费用清单等材料真实、合法、有效，不得虚列维修工程项目或者虚增维修工程量，不得将已拨付的住宅专项维修资金用于所列项目之外的其他维修项目。

第二十六条 住宅专项维修资金划转业主大会管理前，需要使用住宅专项维修资金的，按照以下程序办理：

（一）物业服务企业、相关业主根据维修和更新、改造项目提出使用建议；

（二）住宅专项维修资金列支范围内专有部分面积占比三分之二以上的业主且人数占比三分之二以上的业主参与表决，并经参与表决专有部分面积过半数的业主且参与表决人数过半数的业主同意，讨论通过使用建议；

（三）物业服务企业或者居（村）民委员会协助相关业主组织实施使用方案；

（四）物业服务企业或者居（村）民委员会协助相关业主持有关材料，向所在地市、县（区）人民政府住房和城乡建设行政主管部门申请列支；

（五）市、县（区）人民政府住房和城乡建设行政主管部门审核同意后，向专户管理银行发出划转住宅专项维修资金的通知；

（六）专户管理银行将所需住宅专项维修资金划转至维修单位。

第二十七条 住宅专项维修资金划转业主大会管理后，需要使用住宅专项维修资金的，按照以下程序办理：

（一）物业服务企业应当提出使用方案，使用方案包括拟维修和更新、改造的项目、工程费用预算、列支范围、组织实施方式、发生危及房屋安全等紧急情况以及其他需要临时使用住宅专项维修资金情况的处置办法等内容；

（二）住宅专项维修资金列支范围内专有部分面积占比三分之二以上的业主且人数占比三分之二以上的业主参与表决，并经参与表决专有部分面积过半数的业主且参与表决人数过半数的业主同意，讨论通过使用方案；

（三）物业服务企业组织实施使用方案；

（四）物业服务企业持有关材料向业主委员会提出列支住宅专项维修资金的申请；

（五）业主委员会依据使用方案审核同意，并报市、县（区）人民政府住房和城乡建设行政主管部门备案；

（六）业主委员会向专户管理银行发出划转住宅专项维修资金的通知；

（七）专户管理银行将所需住宅专项维修资金划转至维修单位。

第二十八条 发生下列危及房屋安全和业主人身财产安全的紧急情况之一的，申请人可以直接申请使用住宅专项维修资金：

（一）屋面、外墙渗漏的；

（二）楼体外立面存在脱落危险的；

（三）电梯故障的；

（四）消防设施设备故障的；

（五）产权属于业主的二次供水水泵运行中断的；

（六）排水设施堵塞、爆裂的；

（七）供配电系统中涉及的共用设施设备发生故障，造成停电或者漏电的；

（八）其他危及房屋使用和人身财产安全的紧急情况。

第二十九条 住宅专项维修资金由所在地市、县（区）人民政府住房和城乡建设行政主管部门代为管理的，出现本办法第二十八条所列情形，需要立即实施维修的，按照以下程序办理：

（一）申请人按照本办法第二十五条规定，向所在地市、县（区）人民政府住房和城乡建设行政主管部门申请应急使用住宅专项维修资金；

（二）申请人应当同时在物业区域内的显著位置张贴公告，公告时间不少于三日；

（三）市、县（区）人民政府住房和城乡建设行政主管部门接到申请后，应当立即组织人员进行审核，在接到申请后一个工作日内作出是否同意的决定。审核同意后，按照合同约定向维修单位、施工企业划转一定比例的资金；

（四）涉及电梯、消防设施故障的，申请人应当同时书面报告市场监督管理部门、应急管理部门，由相关管理部门实地查勘确认；

（五）应急维修由申请人组织实施。申请人无法组织实施的，由物业所在地市、县（区）人民政府住房和城乡建设行政主管部门委托街道办事处或者乡（镇）人民政府组织代修；

（六）维修工程竣工后，由申请人或者代修人组织相关人员对维修工程进行验收；

（七）维修工程验收合格后，申请人或者组织代修人应当将应急维修工程验收意见、审价结果、工程实际使用住宅专项维修资金总额及业主分摊费用情况等在物业区域内显著位置进行公告，公告时间不少于十个工作日；

（八）维修工程验收公告后，申请人持验收报告、审价报告等资料向住宅专项维修资金的代管中心，申请拨付应急使用住宅专项维修资金的剩余款项。

第三十条 住宅专项维修资金由业主委员会自行管理的，出现本办法第二十八条所列情形，需要立即实施维修的，按照以下程序办理：

（一）物业服务企业按照应急使用预案的规定，持有关材料向业主委员会提出列支住宅专项维修资金的申请；

（二）涉及电梯、消防设施故障的，物业服务企业应当同时书面报告市场监督管理部门、应急管理部门，由相关管理部门实地查勘确认；

（三）经业主委员会审核同意后，物业服务企业应当在物业区域内的显著位置张贴公告，公告时间不少于三日；

（四）业主委员会向专户管理银行发出划转住宅专项维修资金的通知；

（五）专户管理银行将所需住宅专项维修资金划转至维修单位；

（六）业主委员会将应急使用情况报市、县（区）人民政府住房和城乡建设行政主管部门备案。

第三十一条 电梯、消防设施等特种设备存在严重事故隐患，需要改造、重大修理或者更新时，住宅专项维修资金使用申请人应当提供特种设备专业机构出具的鉴定意见和检验合格证明。

第三十二条 维修项目在三万元以上的，申请人应当委托具备相应资质的机构对工程造价进行审核。所需费用从住宅专项维修资金中列支。

第五章 监督管理

第三十三条 市、县（区）人民政府住房和城乡建设行政主管部门应当建立投诉受理渠道，并按照相关规定对违反本办法的行为进行处理。

第三十四条 住宅专项维修资金的管理和使用，应当依法接受审计部门的审计监督。

市、县（区）人民政府住房和城乡建设行政主管部门代为管理住宅专项维修资金的，应当建立维修资金公告制度，每年在本地区政府网站、报刊等媒体上，将本地区年度维修资金交存、支出、增值和结余等情况进行公告。

业主大会自行管理住宅专项维修资金的，应当接受市、县（区）人民政府住房和城乡建设行政主管部门的指导和监督，建立维修资金公示制度，每年在住宅小区内的显著位置，将本小区年度维修资金使用、增值和结余等情况公示。

第三十五条 市、县（区）人民政府住房和城乡建设行政主管部门应当加强信息化建设，开发使用住宅专项维修资金业务网络管理平台、业主表决系统和移动终端系统等信息化媒介，方便业主交存、使用和查询。

第三十六条 市、县（区）人民政府住房和城乡建设行政主管部门、自行管理住宅专项维修资金的业主委员会和专户管理银行，应当加强对业主个人信息的安全管理，不得泄露、篡改、毁损以及非法提供给他人。

第六章 法律责任

第三十七条 违反本办法规定，法律、行政法规以及山西省人民代表大会及其常务委员会制定的地方性法规已有法律责任规定的，从其规定。

第三十八条 市、县（区）人民政府住房和城乡建设行政主管部门违反本办法规定，挪用代管的住宅专项维修资金，由同级人民政府追回挪用的资金，没收违法所得，对直接负责的主管人员和其他直接责任人员给予处分；构成犯罪的，依法追究刑事责任。

业主委员会挪用自行管理的住宅专项维修资金，由市、县（区）人民政府住房和城乡建设行政主管部门追回挪用的资金，对相关责任人员给予警告，没收违法所得；构成犯罪的，依法追究刑事责任。

第三十九条 开发建设单位未按照本办法规定分摊住宅共用部位、共用设施设备的维修和更新、改造费用的，由市、县（区）人民政府住房和城乡建设行政主管部门责令限期改正；逾期未改正的，处以一万元以下的罚款。

第四十条 开发建设单位、物业服务企业代收住宅专项维修资金，未在本办法实施之日起六十日内移交的，由市、县（区）人民政府住房和城乡建设行政主管部门责令限期移交；逾期未移交的，处代收金额百分之一以上百分之五以下的罚款；构成犯罪的，依法追究刑事责任。

第四十一条 申请人以虚列维修工程项目或者虚增维修工程量等方式支取住宅专项维修资金的，由市、县（区）人民政府住房和城乡建设行政主管部门责令限期改正；构成犯罪的，依法追究刑事责任。

第四十二条 国家机关及其工作人员在住宅专项维修资金管理工作中滥用职权、玩忽职守、徇私舞弊的，依法给予处分；构成犯罪的，依法追究刑事责任。

第七章 附 则

第四十三条 本办法自2021年1月1日起施行。

阳泉市黑热病防治规定

（2020年8月27日阳泉市第十五届人民代表大会常务委员会第三十三次会议通过，2020年11月27日山西省第十三届人民代表大会常务委员会第二十一次会议批准，2020年12月15日阳泉市第十五届人民代表大会常务委员会公布）

第一条 为了预防、控制和消除黑热病的发生与流行，营造健康卫生的公共环境，保障公民身体健康，根据《中华人民共和国传染病防治法》等有关法律、法规，结合本市实际，制定本规定。

第二条 本市行政区域内黑热病的预防、控制和消除等活动，适用本规定。

本规定所称的黑热病，又称内脏利什曼病，是由黑热病原虫（杜氏利什曼原虫）引起的，主要在人和犬只之间通过白蛉（媒介）叮咬传播的传染性疾病。

第三条 黑热病防治工作应当坚持政府主导、部门协同、属地管理、全民参与、预防为主、防治结合的原则。

第四条 市、县（区）人民政府应当负责本辖区黑热病防治总体工作，监督指导相关部门按照职责分工做好具体防控工作。

每年4月到9月白蛉活动季期间，市、县（区）人民政府应当组织机关、团体、企业事业单位、村（居）民委员会，在本辖区定期开展白蛉消杀活动，对犬只进行杜氏利什曼原虫检测，有效控制黑热病传染源。

第五条 市、县（区）人民政府卫生健康行政主管部门应当负责所辖区域内的黑热病防治工作，开展对基层医疗机构医护人员的培训，确定黑热病定点医院，诊断、救治确诊和疑似黑热病病例，做好媒介监测工作，适时进行流行风险研判并对干预措施予以效果评估。

第六条 市、县（区）人民政府公安机关负责收容流浪犬，排查家养犬只带病情况，依法处理带病犬只，防止转移、买卖病犬或者疑似病犬。

市、县（区）人民政府农业农村部门负责犬只检测、疫情处置、犬尸无害化处理等监督管理工作，查验犬只养殖、交易、诊疗等动物防疫措施。

市、县（区）人民政府住房和城乡建设、城市管理部门负责白蛉消杀和依法查处养犬人妨害市容环境卫生的行为。

市、县（区）人民政府司法行政、交通运输、医疗保障等其他相关部门按照各自职责，共同做好黑热病防治工作。

第七条 村（居）民委员会应当依法组织村民、居民开展黑热病预防和控制活动，引导、督促养犬人遵守养犬行为规范。

养犬人应当配合农业农村部门做好犬只杜氏利什曼原虫检测工作。

鼓励、支持志愿组织、其他社会组织和个人参与黑热病防治工作。

第八条 市、县（区）人民政府应当采取多种形式，开展黑热病防治知识宣传教育工作。

报刊、广播、电视、网络等新闻媒体应当配合做好黑热病防治的宣传教育工作。

第九条 任何单位或者个人发现或者怀疑犬只患有内脏利什曼病时，应当立即向所在地村（居）民委员会、农业农村部门或者公安机关报告。

第十条 犬只经营、诊疗机构发现犬只患有或者疑似患有内脏利什曼病时，应当立即向所在地市、县（区）人民政府农业农村部门报告，并依法采取隔离等控制措施，防止疫情扩散，不得随意丢弃病死犬只或者犬只病理组织。

第十一条 市、县（区）人民政府农业农村部门发现疑似患有内脏利什曼病的犬只，应当立即委托专业机构进行诊断；对确认患有内脏利什曼病的犬只，应当依法进行无害化处理。

发生犬只患内脏利什曼病流行时，市、县（区）人民政府农业农村部门应当根据疫情划定疫点、疫区，并依法采取防治措施，犬只经营、诊疗机构和养犬人应当予以配合。

第十二条 执行职务的医疗保健人员、卫生防疫人员发现黑热病病人或者疑似病人时，应当在二十四小时内向发病地的卫生健康行政主管部门报告疫情，卫生健康行政主管部门接到疫情报告后，应当立即向所在地市、县（区）人民政府报告。不得隐瞒、谎报、缓报传染病疫情。

市、县（区）人民政府接到黑热病发生的疫情报告后，应当组织卫生健康、农业农村部门相关人员深入疫区查处和控制疫情，开展防治消杀工作。

第十三条 发生黑热病疫情时，任何单位和个人应当执行预防控制疫情的各项措施，配合卫生健康行政主管部门及其疾病预防控制机构对有关黑热病流行病学调查取证、采样检验，依法提供有关资料；不得阻挠调查取证或者拒绝执行预防控制疫情的处理决定。

在黑热病疫情发生、流行期间，任何单位或者个人不得阻拦或者妨害依法执行处理疫情任务的车辆和人员。

第十四条 任何单位和个人有权举报对黑热病疫情的瞒报、谎报、迟报、漏报以及随意丢弃病死犬只等违反本规定的行为。

市、县（区）人民政府应当建立举报奖励制度，设立举报电话，及时受理举报。经查证属实的，应当对举报人给予奖励。

第十五条 违反本规定，养犬人拒不配合农业农村部门对犬只进行杜氏利什曼原虫检测的，由农业农村部门责令限期改正，并处五百元以下的罚款。

第十六条 违反本规定，从事犬只经营、诊疗等活动的单位和个人拒不履行报告义务的，由农业农村部门责令改正；拒不改正的，对单位处一千元以上一万元以下的罚款，对个人可以处五百元以下的罚款。

第十七条 违反本规定，从事犬只经营、诊疗等活动的单位和个人不按照规定处置染疫犬只及其排泄物、尸体的，由农业农村部门责令无害化处理，所需处理费用由违法行为人承担，可以处三千元以下的罚款。

第十八条 违反本规定，卫生健康行政主管部门有下列行为之一，由同级人民政府或者上级人民政府卫生健康行政部门责令改正，通报批评；造成黑热病传播、流行或者其他严重后果的，对负有责任的主管人员和其他直接责任人员，依法给予行政处分；构成犯罪的，依法追究刑事责任：

（一）未依法履行黑热病疫情报告职责，隐瞒、谎报、缓报黑热病疫情的；

（二）发生或者可能发生黑热病传播时未及时采取预防、控制措施的。

第十九条 国家机关及其工作人员在黑热病防治工作中滥用职权、玩忽职守、徇私舞弊的，依法给予行政处分。构成犯罪的，依法追究刑事责任。

第二十条 本规定自公布之日起施行。

第四章 决议决定

第一节 市人民代表大会决议决定

关于加快市区及周边严重污染企业治理议案的决定

（2005 年 4 月 11 日阳泉市第十二届人民代表大会第五次会议第三次全体会议通过）

阳泉市第十二届人民代表大会第五次会议，代表联名提出的关于加强市区及周边严重污染企业治理的议案，经主席团第三次会议审议决定立为大会议案。根据《阳泉市人民代表大会议案的提出和处理办理》的有关规定交由市政府研究办理。

关于倾力打造园林城市全面提升人居环境议案的决定

（2006 年 4 月 15 日阳泉市第十二届人民代表大会第六次会议第三次全体会议通过）

阳泉市第十二届人民代表大会第六次会议，代表联名提出的关于倾力打造园林城市，全面提升人居环境的议案，经主席团第三次会议审议决定立为大会议案。 根据《阳泉市人民代表大会代表议案的提出和处理办法》的有关规定交由市政府办理。

关于娘子关水源亟需保护议案的决定

（2007 年 6 月 1 日阳泉市第十三届人民代表大会第一次会议第四次全体会议通过）

阳泉市第十三届人民代表大会第一次会议，代表联名提出的关于《娘子关水源亟需保护》的议案，经主席团会议审议决定立为大会议案。根据《阳泉市人民代表大会代表议案的提出和处理办法》的有关规定，提交阳泉市第十三届人民代表大会第一次会议全体会议表决通过后，交由市政府办理。

关于加强统筹规划加快全市区域经济协调发展的议案的决定

（2008 年 4 月 11 日阳泉市第十三届人民代表大会第三次会议第三次全体会议通过）

阳泉市第十三届人民代表大会第三次会议上代表联名提出的《加强统筹规划、加快全市区域经济协调发展的议案》，经主席团会议审议，决定立为大会议案。根据《阳泉市人民代表大会代表议案的提出和处理办法》的有关规定，提交阳泉市第十三届人民代表大会第三次会议全体会议表决通过后，交由市政府办理。

关于加强我市食用农产品质量监管的议案的决定

（2009 年 5 月 26 日阳泉市第十三届人民代表大会第四次会议第三次全体会议通过）

在阳泉市第十三届人民代表大会第四次会议上，代表联名提出的《关于加强我市食用农产品质量监管的议案》，经主席团会议审议决定立为大会议案。根据《阳泉市人民代表大会代表议案的提出和处理办法》的有关规定，提交阳泉市第十三届人民代表大会第四次会议全体会议表决通过后，交由市政府办理。

关于加强城乡环境卫生综合整治的议案的决定

（2014 年 4 月 24 日阳泉市第十四届人民代表大会第四次会议第三次全体会议通过）

阳泉市第十四届人民代表大会第四次会议，代表联名提出的《关于加强城乡环境卫生综合整治的议事原案》，经主席团会议审议决定立为大会议案。根据《阳泉市人民代表大会代表议案的提出和处理办法》的有关规定，提交阳泉市第十四届人民代表大会第四次会议全体会议表决通过后，交由市人民政府办理。

关于实施城市区老工业企业搬迁改造
加快我市“国家中小城市综改试点市”进程的议案的决定

（2015 年 4 月 23 日阳泉市第十四届人民代表大会第五次会议第三次全体会议通过）

阳泉市第十四届人民代表大会第五次会议，审议并通过了大会议案审查委员会《关于代表议事原案审查情况的报告》，同意议案审查委员会关于将代表联名提出的《实施城市区老工业企业搬迁改造，加快我市“国家中小城市综改试点市”进程》的议事原案立为大会议案的建议。根据《阳泉市人民代表大会议事规则》的有关规定，决定将该议事原案立为大会议案，交由市人民政府办理。

关于推进阳泉市开发区改革创新发展的议案的决定

（2017 年 3 月 11 日阳泉市第十五届人民代表大会第一次会议第五次全体会议通过）

阳泉市第十五届人民代表大会第一次会议，审议并通过了大会议案审查委员会《关于代表议事原案审查情况的报告》，同意议案审查委员会将代表联名提出的关于《推进阳泉市开发区改革创新发展》的议事原案立为大会议案的建议。根据《阳泉市人民代表大会议事规则》的有关规定，决定将该议事原案立为大会议案，交由市人民政府办理。

第二节　市人大常委会决议决定

阳泉市人民代表大会常务委员会
关于进一步贯彻《中华人民共和国传染病防治法》
加强全市防治非典型肺炎工作的决议

（2003 年 5 月 9 日阳泉市第十二届人民代表大会常务委员会第八次会议通过）

阳泉市第十二届人民代表大会常务委员会第八次会议，听取并审议了副市长李体柱代表市政府所作的《关于我市防治非典型肺炎工作情况的报告》。

会议认为，自今年 4 月 15 日我市发现首例非典型肺炎病例以来，市人民政府在中共阳泉市委的正确领导下，采取有力措施，积极应对，果断决策，严防严控，全市的非典型肺炎防治工作取得了阶段性成果。但是，由于非典型肺炎具有较强的传染性，防治非典型肺炎工作面临的形势仍然严峻。我们切不可放松警惕，有丝毫麻痹、松懈和松劲情绪。为了动员和领导全市人民积极投入抗击非典型肺炎的战斗，采取切实可行的措施，有效控制非典型肺炎在我市的蔓延，夺取我市防治非典型肺炎的全面胜利，会议要求：

一、全市各级政府、各部门、各单位领导要充分认识防治非典型肺炎工作的紧迫性、重要性、复杂性和长期性，站在忠实践行“三个代表”重要思想，切实保护广大人民群众的身体健康和生命安全，自觉维护改革发展稳定大局和人民群众切身利益的高度，统一思想，统一行动，把防治非典型肺炎疫情的蔓延作为严肃的政治任务，放在一切工作的重中之重，抓紧抓好。要立足于抗大疫、抗反复、打持久战。主要领导同志要亲自抓，负总责，及时把握疫情，总揽全局，有效加强对防治非典型肺炎工作的领导。全市要自上而下建立并形成强有力的领导体制网络，层层建立防治工作责任制，坚决做到坚守指挥、临战指挥、靠前指挥、责任指挥，形成快速、高效的领导指挥机制。要建立并形成通畅的信息网络，保证正确决策和贯彻执行。

二、要建立并形成强大的宣传舆论网络，动用各种载体，进一步加大宣传力度，广泛、深入宣传《中华人民共和国传染病防治法》（以下简称《传染病防治法》）和防治非典型肺炎的科学知识，做到家喻户晓，人人皆知。通过宣传使全市人民了解并明确传染病防治工作的方针、原则和各项措施；了解和明确公民、社会组织和政府有关部门在传染病防治工作中的责任和义务；了解和明确各种科学防治非典型肺炎的预防常识，提高群众自我保护能力。要大力宣传、表彰和学习战斗在防“非典”第一线的先进人员的先进事迹。要通过声势浩大的正确舆论导向，消除疑虑，稳定人心，教育和引导全市人民以大局为重，弘扬中华民族爱国精神，既要进行自觉防治，又要积极投身到抗击“非典”的战役中，尽到自己的责任和义务，为社会做出应有的贡献。

三、要认真贯彻落实《传染病防治法》，依法规范管理防治非典型肺炎的工作。目前，国务院已经批准将非典型肺炎列入《传染病防治法》法定传染病进行管理，因此，市、县（区）各级政府、各有关部门和单位要依照法律规定履行好各自的职责。各乡镇、村、街道办、社区委要各自为政，真正做到守土有责、守土有为。要按照条块结合，以块为主、分工负责的原则和“防治结合、以防为主”的方针，积极构建并形成覆盖全社会的群防群治的科学防护监测网络，横向到边、纵向到底，密切注视疫情动向，加大排查力度，一有情况及时报告并立即阻断疫情传播和感染的渠道和链条，力争做到不漏一人。要迅速掀起全民的爱国卫生运动，彻底清扫垃圾，广泛进行消毒，力争做到清理消毒不留死角，确保环境整洁卫生。要建立并形成及时、便捷的救治网络。各级卫生部门要在市、县（区）各级政府的统一调度下，合理、有效整合卫生资源，尽快建设好定点防治医院，组建专业技术精湛的医疗队伍，全力以赴积极组织救治患者，同时，要采取严密措施，加强对医务人员的防护。要通过有效的监控，对“非典”患者和疑似病人做到“早发现、早报告、早隔离、早治疗”，努力提高医疗水平，改善医疗服务。要按照《传染病防治法》的规定，合理划分疫区，把握重点、明确目标、统筹规划、齐抓共管。要把已发生疫情的地区、农村、社区、学校、厂矿、城市流动人口、交通、医院作为防控重点，严把死守，千方百计尽快控制疫情的扩散和蔓延，努力做到各项措施的落实靠得住、疫情区疫情控得住、重点部位守得住、非疫区域防得住、全社会秩序稳得住。要认真贯彻落实全国、全省电视电话会议精神，加强对农村防治“非典”疫情工作的领导，积极制定并启动实施我市农村防治非典型肺炎预案，想方设法确保疫情不能传播到我市农村，保证农民群众身体健康和生命安全。各有关部门和单位要认真履行法律责任，统筹兼顾，合理安排，既要做好法律规定与本部门、本单位有关的防治“非典”工作，又要毫不放松地抓好经济工作和其他各项工作，保持经济和社会发展的良好势头，切实维护社会稳定，努力把非典型肺炎造成的负面影响降低到最低限度。对于不负责任、玩忽职守的有关责任人员，要严肃追究其法律责任，直至追究刑事责任。

四、要通过政府的调控，建立和完善强有力的市场供应保障机制和社会治安保卫网络。对于防治“非典”所需的药品和医疗器械，生产部门要积极组织生产，医疗部门和有关部门要积极组织货源，交通部门要优先运送。既要保证防治所需，又要保证有适量储备。对于人民群众的生活必需品，各有关部门要尽力组织货源，积极调度，确保市场物资充足供应。对于在防治“非典”期间借机囤积居奇、哄抬物价、扰乱市场、谋取暴利的不法分子，各有关部门要认真查处，依法严惩。对于在防治“非典”期间故意造谣惑众，扰乱社会的违法犯罪分子，公安部门必须依法严厉打击。要通过充足的市场供应保障和对违法犯罪行为的打击，为防治“非典”，积极营造一个安全、稳定、和谐、繁荣的社会环境。

五、市、县（区）各级政府要积极筹措资金，加大防治“非典”工作的投入，确保防治非典工作的资金需求。防治非典资金的使用要严格按照国务院和省的有关规定执行，专款专用，不得挪用。要按照有关精神，对农民患者一律实行免费治疗，对城市下岗待业人员、低保人员患者，确因生活困难难以支付医疗费用的，要给予补助或免费治疗，切实保障每个公民都能获得患病救治的基本权利。对因拒收患者而造成疫情扩散的地方和医疗机构，要严肃追究有关责任人的责任。各级审计部门要加强对防治“非典”资金的审计力度，确保资金的合法、合理使用。

会议号召，全市人民要紧急行动起来，紧紧团结在以胡锦涛为总书记的党中央周围，在中共山西省委和中共阳泉市委的正确领导下，以“三个代表”重要思想统揽全局，以对国家和人民高度负责的态度，坚定信念、万众一心、扎实工作、不恐不怠、依靠法律、依靠科学、群防群治、共抗“非典”，打好非典型肺炎防治工作的攻坚战，努力夺取我市防治非典型肺炎工作的全面胜利。

阳泉市人民代表大会常务委员会
关于进一步创新创优环境，促进非公有制经济发展的决议

（2003 年 8 月 21 日阳泉市第十二届人大常委会第十次会议通过）

根据市人民代表大会代表提出的关于大力发展非公有制经济的议事原案，市十二届人大常委会第十次会议将其作为重大议题，听取和审议了市政府《关于优化非公经济发展环境的报告》。会议认为，近年来各级、各部门认真贯彻党的十五大、十六大精神，坚持把发展非公有制经济放在突出的战略位置，把优化经济发展环境作为加快非公有制经济发展的突破口和着力点，采取了多方面的重要举措，并不断加大工作力度，使我市的经济发展环境有了一定程度的改善，从而有效地促进了全市非公经济的发展。优化环境的累积效应使我市非公经济呈现出发展速度明显加快，经营规模逐步扩大，经济实力不断增强，社会贡献日益突出的良好态势。

会议指出，在充分肯定上述成绩的同时，必须清醒地看到，我市非公有制经济无论经济总量还是经济质量都大大落后于同类先进发达地区。经济发展软环境不宽松的问题依然比较突出，具体表现：一是观念认识上仍存在较大差距。思想僵化、观念落后、患得患失成为一些领导难以放胆、放手、放开的思想障碍。二是缺乏具有地方特色并切实可行的扶持政策。过去就发展非公经济虽然出台过一些规范性的政策，但有的已经不能适应新的情况，有些虽然没有过时，但并未真正全面落实到位。三是部门利益作祟，服务意识淡薄。一些部门重监管、轻服务，个别行政执法人员吃、拿、卡、要，办事推诿扯皮等一些干扰企业的现象依然存在；个体私营经济经营者的合法权益受侵害的事情时有发生。四是为非公经济的服务体制长期不顺，工作力量不足，甚至为非公经济服务的主体工作机构长期缺位。非公有制经济处在听起来都在关注，实际上都不到位的尴尬境地。

会议要求：各级政府及其部门一定要从贯彻落实党的十六大精神，践行“三个代表”重要思想的高度，充分认识创新创优环境、发展壮大非公经济，是推进我市经济结构调整，加快资源型城市转轨，实施赶超发展战略的重要途径和现实选择，并从以下几方面着力，坚持抓在手上，抓出成效。

1.进一步解放思想、更新观念。解放思想、更新观念首要的是各级领导思想要解放、观念要更新。按照党的十六大报告中“必须毫不动摇地鼓励、支持和引导非公有制经济发展”的要求，彻底破除一切影响非公有制经济发展的思想束缚。勇于创新、善于谋断，以“发展是硬道理”“三个有利于”权衡得失、明辨是非，认真从思想上形成共识，工作上凝聚合力，以最宽最活的思路解读政策、抢抓机遇，要着力营造地区、部门一把手是优化环境的第一责任人的长效机制，以决策层的思想解放引领创新创优环境取得重大突破。

2.制定和完善规范性的优惠政策措施。首先，要把中央的大政方针贯彻到具体工作之中，要把国家和省已经明确的政策、法规落实到位。对一些原则性、宏观性的政策、规定，要制定符合本地实际并有较强可操作性的实施方案。围绕新上项目，增加投资，在国家、省的政策规定之内，本着人无我有，人有我优的原则，市县两级都要有针对性地制定出台一些具有地方特色的支持、鼓励和引导非公经济发展的政策措施，真正用足、用活、用好国家的有关政策。从放开投资、经营领域，关注热点问题入手，帮助非公有制企业协调解决影响其生存、发展的体制障碍和政策制约，使目前存在的融资、征地、留聘人才等突出问题得到根本缓解，最大限度形成创新创优环境的“洼地效应”。

3.切实转变政府职能，强化服务力度。各级政府及其职能部门要从大局着眼，着力寻求依法行政与优化服务的结合点。要确立“舍小利求发展”“服务企业就是服务经济”的理念，从规范行政执法为突破口，切实推进政府的职能转变。坚持依法行政、优化服务，把管理寓于服务之中，破除只监管不服务、只约束不扶持的旧习；各行业协会、乡镇企业家协会、工商联等，要充分发挥沟通、协商的功能，从根本上形成政府管理与行业自律相得益彰的管理新格局。对阻碍环境优化的东西该革除的革除，该改变的改变，发现问题及时解决，要下大力整治“三乱”和其他各种干扰、侵害非公经济主体的现象，尽一切努力为他们营造最佳的法治环境、经营环境和人文环境。真正体现低门槛跨进，好环境留人，高效率服务、厚回报兴业的“大民营”发展思路。

4.尽快理顺管理体制，明确服务职责。各级政府要真正理顺为非公有制经济服务的主体工作机构，明确责任界限、服务领域和工作流程，使非公有制经济发展有人管、有人抓，以体制创新来推进环境创新创优的进程。

阳泉市人民代表大会常务委员会
关于进一步加快阳泉经济技术开发区建设和发展步伐的决议

（2003年10月29日阳泉市第十二届人大常委会第十一次会议通过）

阳泉市第十二届人民代表大会常务委员会第十一次会议听取和审议了副市长刘兆林代表阳泉市人民政府作的《关于阳泉经济技术开发区十年发展情况和今后发展规划的报告》。

会议认为，在历届市委、市政府的领导下，市经济技术开发区从无到有、从小到大，在前进中发展、在发展中壮大，各方面工作取得了一定成绩。但与外省、市经济技术开发区相比，无论在发展速度上、经济总量上，还是在发展质量上，都有很大差距。观念滞后，体制不够健全，政策不够落实，管理不够到位，环境缺乏吸引力，是影响和制约发展的主要因素。

为贯彻落实党的十六大和十六届三中全会精神，抓住经济全球化和新一轮的全国生产要素优化重组和产业转移的重大机遇，增强开发区的竞争力，切实把开发区建成我市对外开放的窗口、高新技术的园区和外向型经济的平台，建立与WTO规则全面接轨的先行区、城市管理与建设的样板区、产业升级和制度创新的带动区，推动经济技术开发区的快速高效发展，会议要求：

一、市政府必须高度重视开发区的建设和发展。要充分认识市经济技术开发区在全市经济发展中的重要地位、作用和意义，切实把市经济技术开发区作为新的经济增长区，把开发区建设和发展问题列入市政府重要议事日程，列入全市国民经济和社会发展总体规划。要集思广益，认真研究开发区的发展定位、发展战略、发展规划和改革措施，定期研究和解决开发区建设和发展中遇到的实际困难和问题。要成立开发区建设协调领导机构，进一步强化对开发区工作的领导，协调解决开发区与市有关部门之间的问题。

二、市政府要进一步加大对市经济技术开发区的扶持力度。要借鉴外地经验，结合市经济技术开发区发展的实际，尽快出台关于进一步加快经济技术开发区建设和发展的意见，从政策、资金、人力、物力等方面对开发区进行倾斜，加大对开发区的支持力度，为开发区的发展创造良好的环境。

三、市政府要赋予开发区相应的管理权限，不断创新开发区发展机制。要突破传统管理模式，加大改革力度，从管理体制上赋予市经济技术开发区享有市一级的经济和社会综合管理职能，对辖区内的政治、经济和社会事务实行统一管理、封闭式管理，切实做到权责统一、事权统一，从根本上为开发区建立精干高效的管理机制，优化投资环境，加快经济发展提供体制保障。

四、要加大宣传力度，在全市营造一个全社会关注开发区事业，支持开发区发展的良好氛围。各部门、各单位要各司其职，各负其责，为开发区的建设与发展畅开绿灯，提供便利。执法部门要依法行政，不得随意干涉区内企业正常的生产经营秩序，损害我市对外形象。

五、市经济技术开发区面对富有挑战性的二次创业，要坚持以“三个代表”重要思想为指导，认真贯彻十六大和十六届三中全会精神，紧紧围绕建设富裕开发区、生态开发区、创新开发区、科技开发区、开放开发区、文明开发区“六区建设”，以建立与WTO规则全面接轨先行区，建立城市建设与管理样板区，建立产业升级和制度创新带动区为“三大目标”，认真总结建区十年的经验教训，进一步更新观念，与时俱进，艰苦创业，奋发进取，使思想有新解放、发展有新思路、改革有新突破、服务有新提高、开放有新局面，各项工作有新举措。要切实抓好东区开发、西区提升、旧村改造和招商引资工作，推动农村城市化，城市工业化，工业现代化，实现超常规跨越式发展，在全市率先建成小康社会，切实使开发区成为投资者的乐园，创业者的天堂，经济和科技紧密结合的示范区，人才和资金的聚集区，阳泉经济的闪光点，物质文明、政治文明和精神文明协调发展的样板区。

阳泉市人民代表大会常务委员会关于加强全市法院队伍建设的决议

（2004年8月12日阳泉市第十二届人大常委会第十七次会议通过）

党的十六大提出“建设一支政治坚定、业务精通、作风优良、执法公正的司法队伍”，这是新时期加强法官队伍建设的总目标。近几年来，全市两级法院一直坚持把队伍建设作为法院工作的重中之重，通过开展“双满意”“一教育三整顿”“改进审判作风年”“司法大检查”等活动，队伍建设取得了明显成效。但必须看到，法官队伍建设离党和人民的要求还有不小的差距，还不能完全适应新形势新任务的要求。法官队伍文化结构偏低且发展不平衡，一些法院干部宗旨意识淡漠，作风粗暴，态度蛮横，严重脱离群众；极少数人滥用审判权和执行权，有法不依，执法不严，裁判不公，甚至贪赃枉法，严重败坏了人民法院和人民法官的形象。为了深入贯彻十六大精神，真正做到司法为民，确保公正与效率，进一步加强法官队伍建设，特作如下决议：

一、强化政治建设，牢固树立司法为民的理念。要坚持用马克思列宁主义、毛泽东思想特别是邓小平理论和“三个代表”重要思想武装广大法官的头脑，坚持讲学习、讲政治、讲正气，增强政治敏锐性和政治鉴别力。要教育广大法官把学习理论同改造主观世界、加强党性锻炼结合起来，牢固树立马克思主义的世界观、人生观、价值观，牢固树立正确的权力观、地位观、利益观，自觉抵制金钱、人情和关系对审判工作的侵蚀和影响。要坚持把学习贯彻“三个代表”重要思想作为加强法官队伍建设的首要任务。牢牢把握贯彻“三个代表”的根本要求，不断增强践行“三个代表”重要思想的自觉性和坚定性。要结合审判工作的特点不断创新和丰富思想政治工作的方式和内容，切实把人民法院的思想政治工作搞活、搞实、搞好，进一步提高思想政治工作的水平和效果。

二、严肃作风建设，努力塑造清正廉洁的法官形象。要进一步增强政治责任感和紧迫感，坚决贯彻中央关于党风廉政建设和反腐败斗争的部署和要求，按照“八个坚持，八个反对”的规定，认真解决法院队伍在思想作风、学风、审判作风、领导作风和生活作风等方面存在的突出问题。各级人民法院的领导班子和领导干部要以身作则，模范带头，以自己的实际行动带领队伍形成良好的风气。要教育广大法官和其他工作人员继续解决好“为谁掌权，为谁执法，为谁服务”这一根本问题，认真贯彻司法为民的宗旨，真正做到“为民、亲民、利民、便民”。要继续大力推行党风廉政建设责任制，一级抓一级，层层抓落实。要重点查处利用审判权和执行权贪赃枉法的人和事，对违法违纪的人员要严肃处理，构成犯罪的要坚决依法追究刑事责任。要进一步建立和完善符合法官职业特点的内部监督制约机制，要主动、认真地接受人大的监督，不断完善和落实“执法责任制”和“错案责任追究制”，把内部监督和外部监督有机统一起来。

三、加强教育培训，努力提高法官队伍的司法水平。新的法律法规的不断出台，案件所涉及领域的不断拓展，各种新类型案件的不断出现，以及法学理论的不断丰富和创新，都对法官的业务素质提出了新的要求。为了适应形势发展的需要，确保准确适用法律和公正司法，两级法院要采取多种形式加强对法官的教育培训，不断提高队伍的业务素质。要组织广大法官认真学习社会主义市场经济知识，学习金融知识和现代科学技术知识，学习WTO规则，不断扩大知识面和提高知识层次。

要紧紧围绕审判工作的重点、热点和难点问题进行岗位培训，着眼于理论的实际运用，努力增强运用理论分析和解决实际问题的能力。

四、深化司法改革，积极推进法官职业化建设。要紧紧抓住法官职业化这条法院队伍建设的主线，从严格职业准入、强化职业意识、培养职业道德、提高职业技能、树立职业形象、加强职业保障、完善职业监督等七个方面采取积极举措，大力推进法官职业化建设。既要循序渐进，统筹安排，又要大胆探索，改革创新。要改革法官遴选工作制度，必须从通过国家司法考试取得任职资格的人员中择优遴选法官，对目前尚未达到法官法规定学历的在职法官，要抓紧进行学历教育和专职培训，尽快在规定期限内达到任职条件。要积极推行法官逐级选任制度，上级法院法官职位出现空缺，要从下级法院法官中选拔。上级法院新录用的法官，要先到基层法院工作，积累经验。要进行书记员管理体制改革，实行书记员编制、职务序列单列、普遍实行聘用制，采取集中统一管理。还要进一步落实和完善审判长选任制度，抓好其他各项改革措施的落实，推进人事制度改革，健全法官考核、管理、监督和惩戒制度，从多方面为法官职业化建设创造条件。

阳泉市人民代表大会常务委员会关于批准市人民政府利用国家开发银行贷款进行城市基础设施建设的决议

（2005 年 12 月 21 日阳泉市第十二届人大常委会第二十五次会议通过）

阳泉市第十二届人民代表大会常务委员会第二十五次会议，审议了谢海市长代表市人民政府所提的“阳泉市人民政府关于利用国家开发银行贷款进行城市基础设施建设的议案”，听取了王舰民副市长所作的“关于利用国家开发银行贷款进行城市基础设施建设议案的说明”，决定对市政府提交的贷款议案予以批准。

会议认为，随着我市经济的快速增长，城市建设日新月异，特别是去年以来，随着北山公园等一系列建设项目的开工，市区面积进一步扩大，滞后的市政基础设施已严重制约了市域经济的增长和社会可持续发展，也影响着居民的生活环境质量。尽管市政府几年来多方筹措资金不断加大城建力度，使城市面貌有所改善，但与人民群众的愿望和加快城市化建设的要求还有很大差距。城建资金的紧缺一直是城市建设快速发展的障碍。市政府为了加快实施市人大常委会决议、省政府批准的《阳泉市城市总体规划》，根据我市城建项目所需资金和市级财力情况，借鉴外地经营城市的成功经验，拟向国家开发银行 3—5 年内申请贷款，用于城市基础设施建设，这一举措十分必要，也切实可行。

会议同意市政府指定阳泉市城市基础设施建设投资开发有限公司作为借款载体，利用国家开发银行贷款从事城市基础设施建设。政府给予该借款载体补贴收益权。补贴收益要专项用于建设项目配套及偿还贷款本息。政府将补贴收益纳入预算，统一管理。若补贴收益和阳泉市城市基础设施建设投资开发有限公司的经营收入不足以偿还贷款本息时，由政府安排预算内外可支配的资金予以弥补。

会议要求，举债建设必须强化还债意识，加强领导，强化管理，切实发挥举债资金的投资效益。一是市政府及其建设主管部门，要尽快制订有关项目和资金的管理办法，规范项目运作，强化资金管理。在确定建设项目时，要按照科学发展观的要求，实施人民群众迫切需要的、能够改善群众生存环境的市政基础设施建设项目和公益项目；二是每年的项目、资金安排，在申报开发银行之前，必须报市人大常委会审查批准；三是贷款资金要严格按照国家开发银行批准的用途、计划进行使用，集中用于城市道路、绿化、污水和垃圾无害化处理等城市基础设施建设，专款专用；四是建设项目要严格实行项目法人责任制、项目合同制、项目招标制和工程监理制，按照“统一归集、统一使用、统一管理”的原则，加强管理；五是监察、审计、财政部门要对贷款资金加强监管，保证资金科学合理使用，力避财政风险。市政府每年要向市人大常委会报告资金使用情况和还贷情况。市人大常委会将对资金的使用、项目的建设实施全程监督。

阳泉市人民代表大会常务委员会
关于批准2005年市本级财政超收安排支出方向的决议

（2005年12月21日阳泉市第十二届人大常委会第二十五次会议通过）

阳泉市第十二届人民代表大会常务委员会第二十五次会议，听取了市财政局局长王振国受市人民政府委托所作的《关于2005年市本级财政超收安排及支出方向的报告》，审议了市人民政府提出的超收安排支出方向的方案。会议同意市人民政府《关于2005年市本级财政超收安排及支出方向的报告》，决定批准2005年市本级财政超收安排及支出方向的方案。

阳泉市人民代表大会常务委员会
关于批准市人民政府利用国家开发银行贷款
进行城市基础设施建设的决议

（2005年12月21日阳泉市第十二届人大常委会第二十五次会议通过）

阳泉市第十二届人民代表大会常务委员会第二十五次会议，审议了谢海市长代表市人民政府所提的“阳泉市人民政府关于利用国家开发银行贷款进行城市基础设施建设的议案”，听取了王舰民副市长所作的“关于利用国家开发银行贷款进行城市基础设施建设议案的说明”，决定对市政府提交的贷款议案予以批准。

阳泉市人民代表大会常务委员会关于大力推进职业教育发展的决议

（2006年8月9日阳泉市第十二届人大常委会第二十九次会议通过）

阳泉市第十二届人民代表大会常务委员会第二十九次会议，听取并审议了市教育局局长赵平有受市政府委托所作的《关于全市职业教育工作情况的报告》。

会议认为，近年来，市政府从落实科学发展观的高度，认真贯彻《职业教育法》及相关法律法规和政策，重视发展职业教育，科学制定发展规划，不断增加经费投入，努力提高办学质量，逐步改善办学条件，整体提高师资水平，使全市职业教育呈现出良好的发展态势。

会议指出，为在“十一五”时期进一步贯彻落实《国务院关于大力发展职业教育的决定》和全国职业教育工作会议精神，加快我市职业教育发展步伐，切实发挥职业教育在经济社会发展中的基础性作用，特作如下决议：

一、进一步提高认识，深刻理解发展职业教育在促进经济社会全面进步所发挥的重要作用。大力发展职业教育，是促进经济和社会可持续发展，全面落实科教兴市和人才强市战略，推进新型能源和新型材料基地建设的重大举措；是全面提高我市人口素质，整体提升城市综合竞争能力的重要途径。在新形势下，全市各级政府必须站在全局和战略高度，充分认识职业教育在全面建设小康社会、加快推进城市扩容提质和新农村建设、提高劳动者素质和培养创新人才方面所具有的重要作用，把发展职业教育作为实现我市“打造中国鲁尔区、建设晋东明珠城”的重要措施，使我市职业教育规模进一步扩大，水平进一步提升，结构进一步合理，体系进一步健全，为阳泉经济社会发展培养和造就一大批高素质的适用型、技能型人才。

二、加强组织领导，努力在全社会营造推动职业教育发展的良好氛围。全市各级政府要加强对职业教育的统筹管理和组织领导，建立健全市政府领导下，各有关部门协调配合、分级管理、社会参与的职业教育管理体制。要充分发挥职业教育联席会议制度及协调领导组的作用，统筹协调全市职业教育工作。要建立职业教育工作定期巡视检查制度，把职业教育督导作为教育督导的重要内容。要把职业教育工作作为对主要领导干部进行政绩考核的重要指标，建立健全职业教育工作责任制。教育、发改委等部门要认真履行职责，在学校规划、教学指导、师资建设等方面发挥作用。劳动保障、人事部门要努力使职校毕业生融入劳动力市场和人才市场，进一步加强职业技能鉴定和就业准入制度建设。各级政府要依法保障职业教育经费投入。各企（事）业单位要支持职业学校建设生产实习基地，接纳和安排毕业生实习和就业。要采取有力的政策导向措施，广泛宣传职业教育的重要地位和作用，提高青少年学生及从业人员自觉选择职业教育的积极性，形成全社会关心、重视和支持职业教育的良好氛围。

三、加大投入力度，为职业教育的持续发展提供有力的经费与物质保障。当前，针对职业教育持续发展与投入不足的矛盾。全市各级政府要严格依法办事，确保职业教育经费与财政收入同步增长。各级财政要按规定确保职业教育经费的落实，特别要加强对示范性职业学校和示范性专业建设的经费投入力度。要确保城市教育费附加安排用于职业教育的比例不低于30%，公办学校生均经费不低于普通高中，职业学校按规定收取的费用要全部用于学校发展和建设，不得截留和挪作他用。建立职业教育发展专项资金，认真落实阳政发〔2003〕20号文件，在每年设立300万元职业教育专项经费的基础上，保证逐年有所增加。各县（区）政府也要建立职业教育发展专项资金，并保证逐年有所增加。要加强对多元化融资的政策性研究，努力扩大融资渠道，积极发展职业教育。

四、优化师资队伍，进一步提升教职工的整体素质。市政府及相关部门要增强优化职业教育师资队伍的紧迫感，加快推进人事制度改革和“双师型”教师队伍建设，逐步形成职业教育教师能进能出、合理流动的用人机制。要加快职业学校专业型、技能型师资队伍建设，鼓励在职教师通过进修、培训、实践锻炼等渠道，进一步提高专业技能和实践教学水平，努力形成一支较为完整的，能够适应职业教育和市场经济发展要求的“双师型”职业教育师资队伍。五年内，使中等职业学校教师学历达标率达到90%以上，“双师型”教师的比例达到30%以上，研究生所占的比例达到5%以上。

五、加快资源整合，全面推动我市职业教育事业健康、稳定、快速发展。针对我市中等职业学校普遍存在办学规模不大、布局结构分散、专业设置重复等问题，市政府要认真做好职教资源的调研工作，从我市实际出发，加快市直中等职业学校布局结构调整步伐。要在进一步强化统筹管理、科学规划基础上，积极整合现有教育资源，高起点、高标准、高质量建设一所集学历教育、教学研究、职业培训、技术推广、技能鉴定为一体的综合性职业教育中心，全面推动我市职业教育事业健康、稳定、快速发展。

会议要求，全市各级政府要积极行动起来，以科学发展观为指导，认真落实《国务院关于大力发展职业教育的决定》，继续坚持“以服务为宗旨，以就业为导向，以技能为本位”的发展思路，以加强基础能力建设为主攻方向，以提高劳动者职业能力、促进就业再就业为主要目标，逐步完善职业教育管理体系，提升职业教育发展水平，努力实现职业教育快速、健康、可持续发展，为构建和谐阳泉提供智力支持和人才保证。

阳泉市人民代表大会常务委员会
关于强力攻坚确保我市创建国家园林城市目标实现的决议

（2008年4月30日阳泉市第十三届人大常委会第九次会议通过）

阳泉市第十三届人民代表大会常务委员会第九次会议听取和审议了市人民政府《关于创建国家园林城市工作进展情况的报告》。会议认为，市政府以加快科学发展为第一要务，以造福阳泉人民为最高追求，在立地条件差、绿化欠账多的太行山区腹地，进行创建国家园林城市的艰难实践，动员全市上下做了大量工作，取得明显成效，得到广大干部群众的充分肯定和广泛赞誉。为了再接再厉，推动创建工作向纵深发展，实现今年建成省级园林城市、2010年建成国家园林城市的目标，特作如下决议：

一、认清形势，坚定创建信心。创建工作开展近两年来，我市以提高人均公共绿地面积、绿地率、绿化覆盖率三项绿化指标和增加城市绿量为重点，道路绿化、小区绿化、单位附属地绿化、环城绿化、公共绿地建设取得了突破性进展，全市绿化面积大幅增长，城市面貌焕然一新，人居环境明显改善，创建成就令人振奋。但是，由于受立地条件、自然环境的限制和绿化困难、资金紧缺的制约，我市创建工作离国家园林城市建设标准还有一定差距，创建任务依然艰巨。尤其是城市绿量达标难度极大，需继续顽强拼搏、不懈努力。在创建工作进入攻坚阶段的时候，各级政府、部门和单位一定要正确分析和认识创建形势，肯定成绩以鼓舞进取信心，正视差距以克服松劲情绪，坚定不移、持续不懈地推进创建工作。要进一步深刻认识到，创建园林城市是加快科学发展、提高人民生活质量、利在当前且惠及长远的战略举措，是优化发展环境、扩大对外开放、增强城市综合竞争力的必然要求，是提升生态文明、建设宜居城市、实现人与自然和谐相处的重大决策，对打造中国“鲁尔区”、建设太行明珠城具有重要意义。要站在对阳泉人民负责、对阳泉未来负责的高度，进一步增强创建园林城市的责任心和紧迫感，进一步坚定创建信心和决心。

二、强力攻坚，突破创建难点。对照国家园林城市建设标准，我市目前在人均公共绿地面积、绿地率、园林小区达标率等方面还存在较大差距，这是实现创建目标的最大难点。面对绿化用地少、资金缺口大的严峻现实，要克服畏难情绪，坚定创建信心，强力攻坚，排难而进，全力以赴突破创建难点。各级政府、部门和单位要进一步强化组织领导，坚持实行“一把手”工程，更加严格地执行创建工作责任制。要加大督查力度，进行严格考核，对工作不力、未按要求完成创建任务的单位，采取硬性措施，促其尽快达标。要加大资金投入，在增加财政投入的同时，引入市场机制，积极引导社会力量参与创建工作，千方百计多渠道、多途径筹措资金。要借鉴外地成功的做法和经验，从我市实际出发采取科学灵活、切实有效的措施，积极实施垂直挂绿、立体增绿，不断拓展绿化空间，提高绿化总量。

三、加强管护，巩固创建成果。坚决克服轻视管护的思想，认真纠正轻视管护的行为，真正把管理养护放在与绿化建设同等重要的位置，采取得力措施加大管护力度，全面加强绿化管护工作。要进一步完善和落实城市绿化管理养护制度，形成长效机制，实现管护工作标准化、规范化、经常化。要建设高素质的绿化管理队伍，增强管理力量，改善装备条件，提高技术水平，确保管护质量。同时要注重动员和组织社会力量参与管护，形成人人珍惜、保护创建成果的社会氛围。要依法治绿，坚决执行有关法规，切实加强监督检查，严肃查处违反城市绿化法规、损害城市绿化建设的行为，有效巩固创建成果。

四、团结奋斗，确保目标实现。各级政府要进一步动员全市广大群众和一切社会力量积极投身创建活动，形成攻坚克难的强大合力，万众一心，团结奋斗，确保创建目标实现。要继续开展和引深全民义务植树及绿地认建、认养、认管等群众性绿化活动，把创建工作变成全市人民的自觉行动。各部门、各单位要按照创建目标责任要求，加大力度，狠抓落实，全力以赴完成创建任务。要进一步加强舆论引导，大力宣传创建工作的重大意义，宣传创建先进单位和个人，营造浓厚的创建氛围。各级人大常委会要围绕中心，服务大局，高度重视创建园林城市工作，认真依法履行职责，加大监督支持力度，通过执法检查、组织视察、开展调研、听取和审议专项工作报告等方式，督促和支持创建工作向纵深发展，为创建园林城市做出应有贡献。

让我们在中共阳泉市委领导下，勠力同心，锐意开拓，为把我市建成国家园林城市而努力奋斗！

阳泉市人民代表大会常务委员会
关于进一步加快我市旅游产业发展的决议

（2008年6月26日阳泉市第十三届人民代表大会常务委员会第十次会议通过）

阳泉市第十三届人民代表大会常务委员会第十次会议听取并审议了市人民政府《关于全市旅游产业发展情况的报告》。会议认为，近年来市政府高度重视旅游工作，旅游产业发展步伐不断加快，产业规模和质量大幅提升，旅游工作成效明显。为进一步加快旅游产业发展，更好地发挥旅游产业在我市经济社会发展中的重要作用，特作如下决议：

一、提高认识，优化环境，进一步确立旅游产业在全市经济社会发展中的地位

旅游产业是一项关联带动能力强、市场需求潜力大、投资效益好的朝阳产业，在调整经济结构、推动区域经济发展、促进对外开放、提升城市品位以及提高人民生活水平等方面发挥着越来越重要的作用。全市各级政府一定要从贯彻落实科学发展观的思想高度，从促进资源型城市转型和实现“两先”目标的战略高度，充分认识新形势下发展旅游业的重大意义，进一步增强加快旅游产业发展的紧迫感和责任感，真正树立起“抓旅游就是抓经济”“抓旅游就是抓发展”的思想观念，营造全社会重视、参与旅游产业发展的浓厚氛围，切实为旅游产业创造良好的发展环境。

市政府要将旅游产业的发展纳入国民经济和社会发展计划， 进一步确立旅游产业在全市经济社会发展中的地位，正确处理发展第二产业与发展第三产业的关系，把旅游产业作为现代服务业的龙头进行培育，不断提高旅游产业对经济增长的贡献率，使其迅速成为阳泉新的经济增长点和最具潜力的新兴支柱产业，力争将我市建设成晋冀间重要的旅游集散地和具有较强活力的旅游经济区。

二、科学规划，合理开发，迅速提高旅游产业化水平

要认真贯彻落实科学发展观，加快制订、完善和落实各级旅游发展规划，依托比较优势和资源特色，科学整合旅游资源，形成充满活力、适应市场、各具特色、优势互补的旅游产业发展格局。要坚持规划的严肃性，严格按照规划指导进行旅游开发，坚持开发与保护并重，防止盲目开发和破坏性建设，保障旅游产业的可持续健康发展。

要加强旅游产品体系建设，充分利用旅游资源优势，大力发展历史文化旅游、山水生态旅游、红色旅游、工农业旅游和休闲健身旅游等特色旅游，提升重点景区（点）的品位，增强精品旅游线路的辐射带动作用。要积极开发新的旅游产品，把“一日游”“本地游”作为近期旅游业发展的突破口来抓，注重开发工业旅游，下功夫搞好旅游基础设施建设，改善通达条件，有效吸引周边省、市、县游客来休闲旅游。要加强与周边省市和景点之间的区域合作，努力营造产品互补、客源共享、互利共赢的开放型旅游体系。要把旅游发展与经济、文化、社会建设紧密结合起来，促进旅游经济与各相关产业联动发展，加大星级宾馆和特色酒店建设力度，进一步加强旅游交通、旅游电子商务、旅游商品和文化娱乐产品建设，形成明显的旅游产业链，提高旅游产业化水平，努力将阳泉打造成太（原）—阳（泉）—石（家庄）经济带上的“山水文化休闲度假区”。

三、创新机制，加大投入，不断增强旅游产业的综合竞争力

要坚持政府推动、企业为主、社会参与、市场运作的原则，构建多元化投资体制，加大招商引资步伐，吸引社会资金投资旅游产业，激活旅游业发展的动力和活力，引导生产要素向旅游产业集聚。积极支持引导旅游企业实施产权制度和经营机制改革，充分运用市场机制，鼓励引导我市旅游企业与省内外知名企业联手，开展多种形式的合作。

要认真贯彻执行《山西省促进旅游产业发展条例》，进一步加大资金投入。市财政要逐年增加重点用于旅游形象宣传和旅游景区（点）基础设施建设的旅游产业发展专项资金。对全市重点旅游开发项目，市县两级政府财政要给予贷款贴息或者以奖代补的资金扶持，着力培育大型旅游骨干企业和企业集团，促进旅游企业向集团化方向发展，促进市场要素优化配置，不断提升产业可持续发展能力和市场竞争力。

四、加强领导，扩大宣传，有效促进旅游产业又好又快发展

市政府要把大力发展旅游业作为产业结构调整和实现可持续发展的战略重点，进一步加强对旅游产业发展工作的领导，及时研究解决旅游产业发展中出现的问题。全市各级政府要进一步强化旅游行政管理职能，严格依法行政，规范旅游市场秩序。要建立和完善旅游风险防范机制和突发事件应急处理机制，保障游客安全。要加强旅游从业队伍建设，建立和完善旅游从业人员教育培训体系，大力培养和引进高层次旅游人才，全面提升旅游队伍的素质和形象。

要充分发挥各级政府在旅游宣传中的主导作用，建立健全政企联手、部门联合、上下联动的旅游宣传营销机制，采取多种形式对我市旅游形象进行策划、包装、宣传、推介，加大宣传促销力度，增强阳泉旅游的影响力。积极并科学地策划和举办旅游节庆活动，丰富节庆活动内容，宣传阳泉旅游特色，认真总结活动经验，逐渐将旅游节庆活动打造成城市名片，促进旅游产业又好又快发展。

各级人大要加强对旅游工作的监督，重视和支持旅游产业，全力推动旅游产业的持续快速健康发展，为全面建设小康社会，实现我市在全省争先发展、在中部同等城市率先崛起的"两先"目标做出新的贡献。

阳泉市人民代表大会常务委员会
关于批准有线电视数字平台建设及电视数字整体转换
工程项目贷款的决议

（2008 年 10 月 24 日阳泉市十三届人民代表大会常务委员会第十二次会议通过）

阳泉市第十三届人民代表大会常务委员会第十二次会议，听取和审议了阳泉市人民政府《关于我市有线数字电视整体转换工程项目贷款情况的报告》，同意市人民政府提出的指定阳泉市城市建设投资公司作为借款主体，利用中国工商银行股份有限公司贷款用于我市广播电视总台（局）有线电视数字平台建设及电视数字整体转换工程项目，并在中国工商银行股份有限公司设立专户，用于建设项目资金的筹措和归还。同意将市广播电视总台（局）先行缴入市财政城市建设专户的资金作为归还贷款的资金来源，专款专用，并将每年到期的贷款本息足额纳入每年城建资金支出预算。

会议要求，阳泉市人民政府要加强建设项目的管理和资金使用的监管，确保项目的顺利实施，确保资金安全并发挥预期效益。要加大城市存量资产的盘活力度，提高筹资能力，确保按期归还。

阳泉市人民政府应将有线电视数字平台建设及电视数字整体转换工程项目贷款还款计划报市人大常委会备案。

阳泉市人民代表大会常务委员会
关于加快全市“3+2”农业产业化富民工程实施步伐的决议

（2009年4月29日阳泉市第十三届人民代表大会常务委员会第十七次会议通过）

阳泉市第十三届人民代表大会常务委员会第十七次会议，听取并审议了王敬瑞副市长代表市人民政府所作的《关于全市“3+2”农业产业化富民工程实施情况的报告》。会议认为，近几年来，全市农业产业化经营有较快发展，取得了比较明显的成效：形成了一批优势主导产业，建设了一批产业化龙头企业，开发了一批名优特色产品，带动了基地建设，增加了农民收入。但必须清醒地看到，全市农业产业化经营的水平还不高，主要表现为：农产品加工型龙头企业不多、不强；产品附加值低，品牌产品少；龙头企业与生产基地不配套，生产基地的标准还不高，特别是缺乏龙头企业与生产基地、农户双赢的利益联结机制。为加快全市农业产业化经营发展，进而实现农业结构战略性调整，提高农业综合生产能力，增加农民收入，实现现代农业，建设社会主义新农村，特作出如下决议：

一、提高认识，加强领导。发展农业产业化经营，是落实科学发展观，推进社会主义新农村建设的一项紧迫任务。农业产业化经营，它体现了农业先进生产力的发展要求，是促进农业和农村经济结构战略调整的现实选择，是促使传统农业走向现代农业的必由之路，是农业从粗放经营走向集约经营的主要转换方式，是工农业由非平衡发展转向平衡发展的载体，对促进农业和农村经济发展，增加农民收入，加快实现农业现代化具有重要意义。在深入学习、全面贯彻十七大及十七届三中全会精神的基础上，各级政府要切实落实中央关于“工业反哺农业、城市支持农村”，“提高农业综合生产能力”的重要方针，统一思想认识，狠抓工作落实。要明确市、县（区）、乡镇政府和相关部门发展农业产业化经营的目标管理责任制，加强督促检查，实行年度考核，严格奖惩兑现，以推动农业产业化经营的新发展，实现新突破。

二、完善规划，科学布局。按照政府组织、领导基地建设，龙头企业引导农民开拓市场，广大农民带着土地参加经营的发展格局，立足于全市农业自然资源优势和特色农产品生产优势，坚持“因地制宜，统一规划，集中发展，连片开发”的方针，科学制定规划，确定区域化经营布局。大力发展专业乡（镇）、专业村、专业户，走一户带多户，多户带一村，一村带多村，多村成基地的路子，尽快在全市建设一批区域化、专业化、特色化的生产基地，形成若干个具有比较优势的农产品产业带。

三、政策扶持，壮大龙头。要制定完善发展农业产业化经营的优惠政策，优化发展环境，突出扶持龙头企业做大做强。发展壮大龙头企业要与基地建设、品牌创立、特色经营结合起来。根据龙头企业在创建创业期、发展壮大期、升级上档期、规模经营期的不同情况和需求，有针对性地制定优惠政策，扶持龙头企业快速发展。同等对待不同类型的龙头企业，推进其协调发展。积极引导、支持龙头企业与生产基地、广大农户建立双赢的利益联结机制。

四、科技支持，搞好服务。要加大科技支持农业产业化经营发展的力度，为提高农产品及其加工产品的质量安全和在市场上的竞争力作好技术服务。针对目前农产品市场准入条件不断提高的趋势，农业生产要对照国家标准、行业标准或地方标准，研究制定我市有优势的大宗农产品、有特色的农产品生产技术操作规程，大力推进农业标准化生产。组建全市农产品质量安全检测中心，推进无公害农产品产地认定和产品认证，支持、帮助龙头企业对绿色食品、有机食品标志的认证申报工作。强化品牌意识，大力实施农产品品牌战略，持之以恒地培植已有的品牌。积极鼓励扶持农业科研机构、农业科技人员创办科技服务型龙头企业。设立专项资金扶持优良种苗的引进、试验、示范、推广工作，不断更新换代优良种苗；推广普及先进适用的种、养、加技术。

五、构建体系，提供支撑。按照农业产业化经营区域化布局，依托现有的市场资源，建设有影响力的农产品交易市场；大力发展农村专业合作经济组织，努力改善农产品流通环境，切实保护农民的合法权益；积极支持鼓励龙头企业、农产品经销商连锁经营、配送销售、网上交易和到外地开拓销售市场；认真研究和改进财政资金投入农业的使用方向、方式和重点，以有限的财政资金推动农业产业化经营的大发展；积极协调鼓励各级金融部门加大对农业产业化发展的信贷支持，保障龙头企业发展所必需的资金；积极探索建立农业产业化信用担保公司和开展农业保险，以保障农业产业化经营稳步发展。

市、县（区）人大常委会要切实加强对农业产业化经营发展情况的工作监督，定期听取关于农业产业化经营发展情况的报告，并适时组织视察检查，全力支持和推进全市农业产业化经营不断向纵深发展。

阳泉市人民代表大会常务委员会
关于有效促进“三城同创”工作的决定

（2009年8月26日阳泉市第十三届人民代表大会常务委员会第十九次会议通过）

近日，市委、市政府召开“三城同创”动员大会，全面启动了国家园林城市、国家卫生城市、国家环保模范城市“三城同创”工作。为有效促进创建工作，特作如下决定：

一、立足阳泉大局，充分认识“三城同创”重大意义

开展“三城同创”，是市委、市政府深入学习实践科学发展观，立足于实现科学发展、推动资源型城市转型作出的重大决策。扎实推进“三城同创”工作，是我市加快科学发展、实现率先转型的内在要求；是改善人居环境、建设宜居城市的现实需要；是优化投资环境、增强城市综合竞争力的重要途径，对把我市建设成为生态文明、平安和谐的宜居家园和具有较强竞争力的现代化区域中心城市具有重要意义。市人大及其常委会要认真学习、深刻领会全市“三城同创”动员大会精神，进一步深化对“三城同创”重要意义的认识，明确“三城同创”工作的指导思想、基本原则、重点任务和标准要求等，真正把思想统一到市委的决策和部署上来，切实增强搞好“三城同创”工作的自觉性和主动性。

二、依法履行职责，有力促进“三城同创”深入开展

“三城同创”是我市转型、统筹、和谐、创新、绿色发展思路的具体深化和重要载体。市人大及其常委会要把促进“三城同创”作为事关阳泉全局的重要任务来抓，努力实现推进人大工作与促进“三城同创”的有机结合，从实际出发，依法履行职责，以扎实的举措、有效的工作，不断促进“三城同创”深入开展，为全市“率先转型、统筹城乡、全面崛起、富民强市”做出贡献。一是要紧紧抓住国家园林城市、国家卫生城市、国家环保模范城市创建工作中带有根本性、全局性和长远性的问题，在广泛调查、深入研究的基础上，适时依法作出决议或决定，把市委的决策变为全市人民的共同意志，把市委的部署变为广大群众的自觉行动。二是要坚持在监督中支持、在支持中监督的原则，紧紧围绕“三城同创”依法开展监督工作，通过听取审议“三城同创”专项工作报告、开展执法检查和专题调研等，及时全面掌握创建工作进展情况，实事求是提出针对性的意见和建议。近几年来，市人民代表大会确定的《关于加快市区及周边严重污染企业治理》《倾力打造园林城市、全面提升人居环境》和《娘子关水源亟待保护》三个议案与“三城同创”工作紧密相关，市人大常委会要进一步加大监督力度，加强跟踪督办，切实提高有关议案办理的效率和质量，从而促进“三城同创”工作。三是要从全市大局出发，以对党和人民事业高度负责的精神，把“三城同创”与人大人事任免监督工作相结合。要把创建工作作为市人大常委会所任命干部工作实绩的考核内容，全面跟踪考核，并将考核结果作为任命和监督干部的重要依据，督促人大常委会任命干部切实按照科学发展观要求，精心谋事，认真干事，有效成事，扎实推进“三城同创”工作。

三、发挥代表作用，尽全力为“三城同创”做出贡献

市人大常委会要进一步加强和改进代表工作，采取多种形式及时向代表通报全市“三城同创”工作进展情况，并组织代表开展视察调研、执法检查等，听取、汇集和反映广大群众对“三城同创”工作的意见和建议，并督促有关部门认真落实。全市人大代表要高度关注、积极投身“三城同创”工作，真正发挥模范带头作用。要进一步增强政治意识、大局意识和责任意识，以对党和人民高度负责的精神，努力做好本职工作，以实际行动支持并推进“三城同创”工作。要充分履行人大代表职责，在调查研究、执法检查、实行监督等工作中发挥应有作用，促进“三城同创”工作不断深入。要密切联系人民群众，积极主动地宣传“三城同创”的重要意义、指导思想、重点任务等，在全社会进一步形成共识和创建合力。要自觉遵守《公民道德实施纲要》《阳泉市文明市民公约》，大力弘扬拼搏、进取、团结、和谐精神，把“八荣八耻”的要求变为实际行动，以模范的行为举止、文明的生活方式，从自身做起影响和带动周围群众积极投身创建工作，努力为“三城同创”做出贡献。

阳泉市人民代表大会常务委员会
关于大力推进我市创建国家环保模范城市工作的决议

（2010年6月21日阳泉市第十三届人民代表大会常务委员会第二十八次会议通过）

阳泉市第十三届人民代表大会常务委员会第二十八次会议听取和审议了市人民政府《关于创建国家环保模范城市工作进展情况的报告》。会议认为，市委、市政府以促进生态文明、建设宜居家园为目标，在基础条件差、环保欠账多的不利条件下，自我加压，负重拼搏，团结带领全市人民奋力创建国家环保模范城市（以下简称“创建”），经过一年多的努力，取得阶段性成果，得到了广大人民群众的充分肯定和广泛赞誉。为了加大力度，推动创建工作向纵深发展，努力实现今年建成省级环保模范城市、2013年建成国家环保模范城市的目标，特作如下决议：

一、提高认识，坚定创建信心。自去年市委、市政府启动“三城同创”工作以来，我市全力实施污染减排、区域环境综合整治、水环境保护、工业企业达标提升、矿山生态恢复治理等各项环境保护重点工作，创建环保模范城市工作取得长足进展，城市面貌焕然一新，人居环境明显改善。但是，由于受产业结构单一倚重、城市布局不合理、环保历史欠账多等因素制约，我市创建工作同国家环保模范城市建设标准仍有一定差距，尤其是节能减排难度极大，单位GDP能耗、单位工业增加值二氧化硫排放量明显高于全国平均水平。面对困难，全市上下必须进一步提高认识，坚定信心，持续不懈地推进创建工作。要深刻认识到，创建环保模范城市是贯彻落实科学发展观，建设生态文明，促进人与自然和谐相处的必然要求；是改善环境质量、提高人民生活水平的现实需要；是提升城市品位、增强城市综合竞争力的重要举措；是建设宜居家园、打造现代化区域中心城市的重大决策。各级政府、部门和单位一定要以对人民群众、对子孙后代高度负责的精神，下更大决心、花更大力气、做更大努力，坚持决心不改、目标不变、标准不降、力度不减，更为有效地推进创建工作。

二、突出重点，加大创建力度。要按照国家环保模范城市标准要求，进一步明确目标，突出重点，强化措施，全力攻坚。要打好区域环境综合整治硬仗，深入开展餐饮业油烟治理、扬尘治理和机动车尾气治理行动；要打好水环境保护硬仗，大力实施重点煤矿矿井水回用、污水处理厂中水利用、桃河流域环境综合整治、娘子关水源地保护等工程；要打好生态建设硬仗，继续加大矿山生态恢复治理力度，积极开展生态县、环境优美乡镇、生态文明村创建活动；要打好工业企业环保达标提升硬仗，从严控制高耗能、高污染项目。各级政府及其有关部门和单位，要围绕创建重点，加大工作力度，强力攻坚克难，严格按照相关标准如期完成各项创建任务。

三、严格执法，确保创建质量。实现创建目标，必须强化监管，严格执法，巩固成果，提升水平。各级政府及环保等有关执法部门要认真贯彻执行各项环境保护法律法规，强化环境监督管理，严格执法，以治污减排为抓手，巩固和扩大创建成果。要加强对城镇污水处理厂及重点污染企业的环保设施运行情况的监管，严肃查处环境违法行为。要加强环境安全管理，坚持“以预防为主、预防与应急相结合”的原则，加强对重点污染监控企业和单位的环境监管，杜绝环境突发事故的发生。要认真开展饮用水源地安全隐患排查，保障全市人民用水安全。要切实解决人民群众反映强烈的环境热点和难点问题，严肃查处危害群众健康的环境问题，保障广大群众的生命健康和环境权益。

四、全民共建，形成创建合力。实现创建目标，必须广泛发动，全民参与，齐抓共管，形成合力。各级政府要进一步加强领导，一把手要亲自抓、负总责，形成一级抓一级、层层抓落实的工作格局；各部门、各单位要各负其责，狠抓落实，全力以赴完成创建任务。要进一步加强督查，继续开展流动红旗竞赛活动，推动创建工作深入开展。要进一步加强舆论宣传，引导广大市民积极投身创建活动，形成人人参与、全民共建的良好氛围。各级人大常委会要围绕中心，服务大局，高度重视创建环保模范城市工作，认真依法履行职责，加大监督支持力度，通过执法检查、视察、调研、审议等方式，督促和支持创建工作向纵深发展。

让我们在中共阳泉市委领导下，万众一心，锐意进取，为把我市建成国家环保模范城市而努力奋斗！

阳泉市人民代表大会常务委员会关于大力推进林业生态建设，确保创建国家森林城市目标实现的决议

（2011年10月20日阳泉市第十三届人民代表大会常务委员会第三十九次会议通过）

阳泉市第十三届人民代表大会常务委员会第三十九次会议，听取并审议了市人民政府《关于全市林业生态建设情况的报告》。

会议认为，近年来，市人民政府及林业部门坚持“生态立市”战略，根据省委、省政府的总体部署，以筹备全省造林绿化现场会和创建国家森林城市为抓手，强化行政推动，落实目标责任，加大资金投入，突出地方特色，初步形成了“身边增绿靠大树，山上治本靠禁牧，产业发展靠核桃，资源增量靠管护”的良好态势，取得了十分突出的成绩，全市林业生态建设呈现出前所未有的新局面，得到全市广大干部群众的充分肯定和广泛赞誉。会议对市政府在全市林业生态建设中所付出的艰辛努力和取得的显著成效表示满意。

会议指出，我市在生态建设方面虽然做了大量工作，取得了显著成效，但由于受立地条件、自然环境的限制和绿化困难、持续造林绿化资金紧缺的制约，离创建国家森林城市标准仍有一定距离，全市生态状况和林业建设与社会需求还有较大的差距。主要表现为，森林资源总量不足、质量偏低，林种树种结构单一，生态功能脆弱，抵御自然灾害能力不强，水土流失等问题仍较严重，尤其是城郊森林覆盖率不达指标，水岸道路绿化断档及标准不高，生态修复任务十分艰巨；生态防灾减灾体系不够健全，森林火灾、森林病虫害、有害生物入侵等威胁依然存在，生物多样性遭到破坏；集体林权制度改革还不彻底，核桃基地管理粗放，林业管理和经营体制还不适应形势发展的需要；持续造林绿化资金短缺，全市乡村绿化发展不平衡。

为认真贯彻落实科学发展观，切实改善我市城乡生态环境，提升城市品位和综合竞争力，把阳泉建成国家森林城市，促进城市、人与自然和谐共生，特作出如下决议：

一、以创建国家森林城市为目标，大力推进林业生态建设工程。创建国家森林城市是中共山西省委、省人民政府对我市的殷切希望，是市委立足市情做出的客观抉择，是全市人民的共同呼声，是促进我市生态建设的必然趋势。为此，市政府及林业部门要把创建工作作为我市林业生态建设的全新目标，进一步增强创建责任心和紧迫感，进一步坚定创建信心和决心，科学规划，大力推进。要以加大“四环”绿化力度，提高通道绿化标准，完善水系流域两侧绿化体系，打造外围生态屏障，做强核桃富民产业为工作重点，在全市形成以绿色通道为主干、大型防护林工程为屏障、核桃基地为主导产业，林网交错有致，公园、广场、道路、河流、社区、庭院绿化和城郊林带相互交融的城市森林生态系统，实现城区园林化、城郊森林化、通道林荫化、乡村林果化的城乡一体绿化格局。

二、以提高森林资源管护水平为抓手，切实巩固林业生态建设成果。切实保护和管理好森林资源是《中华人民共和国森林法》赋予各级政府的一项重要职责。市政府及林业部门要充分认识做好

森林资源管护工作的重要性，切实履行管护责任，科学划分管护任务，严格落实各项管护措施，巩固生态建设成果。要积极开展中幼林抚育，进一步加大森林资源经营管理的力度，实现林业发展由外延式的增长向内涵式的提升转变。要继续加强森林防火工作，全面落实各级行政首长负责制，不断强化森林消防基础设施建设，充分发挥森林远程视频监控系统作用，积极组建灭火专业队，建立联防机制，完善应急预案，提高森林防火综合能力。要有效防治森林病虫害，紧紧围绕“预防为主，科学防治”的方针，坚持预防和除治并举，加强种苗产地检疫，加大检疫执法力度，搞好监测调查，及时预测预警，准确掌握森林病虫害动态，制定科学防治方案，集中人力、物力、财力，全力开展林业有害生物防治。

三、以深化集体林权制度改革为动力，充分激发全社会参与林业生态建设热情。要认真开展集体林权制度改革攻坚战，以明晰产权、承包到户为重点，以提高质量为关键，以深化配套改革为突破，扎实稳妥地推进工作，确保年内全面完成集体林改主体改革任务。要尽快成立市、县林权管理机构，落实人员、经费，制定相关制度，开展林木林地权属的登记和动态管理、林权流转管理、林权抵押管理、林权纠纷调处等工作，为广大农户提供林业相关法律法规和林业生产经营服务，加强对林业经营合作组织的管理，指导监督和服务。要在巩固完善主体改革成果基础上，加大工作力度，深化配套改革，尽快出台一系列配套改革的办法和意见，将中心工作转向林改配套改革的实施，积极开展林地林木评估、林权抵押、担保、贷款、森林保险等工作，扎实推动全市公益林工作健康发展。

四、以做大核桃产业为重点，有效加快林业产业发展。要按照生态建设产业化、产业发展生态化的要求，充分发挥林业产业在林业生态建设中的拉动作用，大力发展经济林、林木种苗花卉、速生丰产用材林、森林旅游、林下资源开发等林业产业。尤其是要立足实际，把核桃产业真正发展成为富民产业。要抓住有利时机，广泛动员，强化组织，扩大规模。要加快核桃良种基地建设，加快苗木培育，保证核桃产业发展对良种壮苗的需求。要认真总结推广管用、简便、易学的栽培管理技术，全面加强核桃经营管理，抓好林粮间作。要定期组织科技人员深入生产第一线，开展培训和定向服务，逐步提高广大农民的科技应用水平。

五、以创新投入机制为重心，倾力保障林业生态建设持续发展。进一步健全和完善公共财政支持林业生态建设制度，市、县两级政府要将环城绿化、城市绿化、核桃基地建设、市级生态公益林补偿、上级造林工程配套资金以及林木管护费用等列入财政预算，确保每年林业生态建设投入的增长幅度高于同级财政经常性收入的增长比例。要确保环境综合治理保证金按比例用于林业生态建设，并积极推行“一矿一企治理一山一沟”的做法，让煤炭企业参与绿化，定山头、定任务、定标准、定时限，高质量完成造林绿化任务。要不断落实和完善惠农政策，吸引林权主体、民营生态大户承包购买“四荒”，从事造林、种果、育苗等绿化事业，使之成为我市生态建设中最具活力的一支力量。

六、以依法治林为保障，全面提升林业生态建设整体水平。要强化林业普法宣传教育，增强依法治林的意识。要深化林业执法体制改革，搞好综合行政执法。要加强对林业重点项目、工程资金的跟踪检查和审计监督，确保林业生态建设的质量和效益，建立林业生态建设目标责任制，并纳入各级政府年度目标责任考核体系，定期向同级人大常委会作出报告。各级人大常委会要加大林业执法检查力度，定期组织对林业法律、法规、重大问题决定执行情况的专题视察、调研或执法检查，不断增强监督实效，依法推进林业生态建设。

林业生态建设惠及千家万户，泽被子孙后代，任务艰巨，责任重大。全市上下要坚定信心，勠力同心，锐意开拓，坚持不懈，努力实现大地增绿、林业增效、农民增收，为实施生态立市战略做出积极的贡献，为把我市建成“华北第一森林城市”而努力奋斗！

阳泉市人民代表大会常务委员会关于批准 2011 年市本级财政决算的决议

（2012 年 8 月 22 日阳泉市第十四届人民代表大会常务委员会第二次会议通过）

阳泉市第十四届人民代表大会常务委员会第二次会议，听取了市财政局局长郭少敏受市人民政府委托所作的《关于 2011 年市级财政决算（草案）情况和 2012 年上半年预算执行情况的报告》和审计局局长李润萍受市人民政府委托所作的《关于 2011 年市级财政预算执行和其他财政收支的审计工作报告》。会议结合审计工作报告，审查了 2011 年市级财政决算（草案）和财政决算报告。会议同意市人大财政经济委员会提出的《关于 2011 年市本级财政决算及 2012 年上半年财政预算执行情况的审查报告》，决定批准 2011 年市本级财政决算。

阳泉市人民代表大会常务委员会关于批准 2013 年市级财政预算调整方案的决议

（2013 年 10 月 30 日阳泉市第十四届人民代表大会常务委员会第十四次会议通过）

阳泉市第十四届人民代表大会常务委员会第十四次会议听取了市财政局局长郭少敏受市人民政府委托所作的《关于 2013 年市级财政预算调整方案（草案）的报告》和市人大财政经济委员会提出的《关于 2013 年市级财政预算调整方案（草案）的审查报告》，审查了 2013 年市级财政预算调整方案（草案）。会议同意财政经济委员会提出的审查报告，决定批准 2013 年市级财政预算调整方案。

阳泉市人民代表大会常务委员会
关于批准阳泉市国民经济和社会发展第十二个五年规划纲要部分
指标调整的决议

（2013 年 12 月 24 日阳泉市第十四届人民代表大会常务委员会第十五次会议通过）

阳泉市第十四届人民代表大会常务委员会第十五次会议，听取和审议了市发改委主任杨全生受市人民政府委托所作的《阳泉市国民经济和社会发展第十二个五年规划〈纲要〉实施情况中期评估报告》。会议结合市人大财政经济委员会提出的审查报告，对阳泉市国民经济和社会发展第十二个五年规划《纲要》部分指标调整进行了审查。会议认为，市人民政府提出的阳泉市国民经济和社会发展第十二个五年规划《纲要》部分指标调整，符合我市客观实际和转型跨越发展的要求，同意市人民政府《阳泉市国民经济和社会发展第十二个五年规划〈纲要〉实施情况中期评估报告》，决定批准阳泉市国民经济和社会发展第十二个五年规划《纲要》部分指标调整。

阳泉市人民代表大会常务委员会
关于授予阳泉市荣誉市民称号的规定

（2015 年 8 月 27 日阳泉市第十四届人民代表大会常务委员会第三十次会议通过）

第一条 为表彰和鼓励在本市改革开放、经济发展、社会进步和生态文明建设等方面做出突出贡献的华侨、港澳台同胞、外国人士和其他非阳泉籍人士，根据《中华人民共和国地方各级人民代表大会和地方各级人民政府组织法》的有关规定，结合本市实际，制定本规定。

第二条 凡遵守中华人民共和国法律、法规的华侨、港澳台同胞、外国人士和其他非阳泉籍人士，积极参与、支持和服务阳泉经济社会建设，在以下方面做出突出贡献的，可以授予“阳泉市荣誉市民”称号：

（一）在推进改革深化、创新驱动、产业转型升级、综改试验区建设、现代服务业和战略性新兴产业发展、培育新的经济增长点和增长极等方面；

（二）在推进城乡统筹发展、农业现代化、建设美丽宜居乡村、扶贫开发等方面；

（三）在推进城乡规划建设管理、新型城镇化、人居环境改善等方面；

（四）在推进文化服务体系建设、文化产业发展、文明城市建设等方面；

（五）在推进环境保护、节能减排、绿色发展、资源合理开发利用等方面；

（六）在推进创业就业、社会保障、社会管理、教育事业、体育事业、医疗卫生事业、社会公益事业、慈善事业发展等方面；

（七）在推进对外交流合作，直接投资、引进外资、开拓国际市场、促进经贸活动，引进高层次专业人才、先进技术、关键设备和培训专业人才，以及建立友好城市关系等方面；

（八）在其他方面。

前款所列条件需要具体化时，由市人民政府作出规定。

第三条 市人民政府工作部门和县（区）人民政府，可以依照本规定，向市政府推荐符合荣誉市民条件的人士。

第四条 授予荣誉市民称号的推荐、申报、审核等程序由市人民政府办公厅作出具体规定。

第五条 推荐授予荣誉市民称号的人士经市人民政府审核同意后，提请市人民代表大会常务委员会作出决定。

第六条 对市人民代表大会常务委员会决定授予荣誉市民称号的华侨、港澳台同胞、外国人士和其他非阳泉籍人士，由市人民政府市长签署颁发荣誉市民证书。

第七条 市人民代表大会常务委员会、市人民政府、市中级人民法院、市人民检察院可以组织荣誉市民开展调查研究、专题研讨、决策咨询等活动，向荣誉市民通报阳泉经济社会发展及相关工作情况，听取荣誉市民的建议、意见。本市重大庆典活动，举办单位可以邀请荣誉市民参加。

第八条 本市有关单位和部门在依法处理涉及荣誉市民的案件之前，应当及时向市人民代表大会常务委员会报告。

第九条 各级各部门要关心、支持和引导荣誉市民积极参与阳泉市的建设和发展，新闻单位要大力宣传荣誉市民先进事迹，充分调动其参与、支持和服务阳泉经济社会建设的热情。

第十条 荣誉市民发生有损于荣誉市民称号行为的，由市人民政府提出撤销或停止荣誉市民称号的议案，根据市人民代表大会常务委员会的决定，撤销或停止其荣誉市民称号。

第十一条 国家工作人员在授予荣誉市民称号工作中滥用职权、弄虚作假、玩忽职守、徇私舞弊的，由其所在单位或者有关部门给予行政处分。

第十二条 本规定自通过之日起施行。

阳泉市人民代表大会常务委员会
关于批准2015年市级财政预算调整方案暨2015年地方政府债务限额分配方案的决议

（2015年12月30日阳泉市第十四届人民代表大会常务委员会第三十四次会议通过）

阳泉市第十四届人民代表大会常务委员会第三十四次会议听取了市财政局局长郭少敏受市人民政府委托所作的《关于2015年财政减收市级预算调整方案暨2015年全市地方政府债务限额分配方案（草案）的报告》，审查了2015年市级财政预算调整方案及地方政府债务限额分配方案（草案）。会议同意市人大财政经济委员会提出的《关于对2015年市级财政预算调整方案暨地方政府债务限额分配方案（草案）的审查报告》，决定批准2015年市级财政预算调整方案暨2015年地方政府债务限额分配方案。

阳泉市人民代表大会常务委员会关于深入开展第七个五年法治宣传教育的决议

（2016年10月20日阳泉市第十四届人民代表大会常务委员会第四十二次会议通过）

阳泉市十四届人民代表大会常务委员会第四十二次会议听取和审议了市政府《关于“六五”普法工作暨“七五”普法规划情况的报告》。会议认为，2011年以来，全市法治宣传教育第六个五年规划顺利实施，并取得了显著成效。以宪法为核心的中国特色社会主义法律体系各项法律法规得到广泛宣传普及，依法治理和法治阳泉创建全面推进，法治文化建设不断深化，全体公民法治观念明显增强，社会治理法治化水平明显提高，法治宣传教育在服务全市经济社会发展、维护社会和谐稳定、建设法治阳泉中发挥了重要作用。会议决定，为深入学习习近平总书记关于全面依法治国和法治建设的重要论述，适应全面建成小康社会和“十三五”时期全市经济社会发展需要，推动全市公民尊法学法守法用法，形成崇尚法治的社会氛围，加快法治阳泉建设，从2016年至2020年在全市公民中组织实施法治宣传教育第七个五年规划。特作决议如下：

一、始终坚持以宪法为核心，积极推进法律法规的学习宣传

坚持以学习宣传宪法为核心，把在全社会普遍开展宪法学习宣传作为普法宣传的首要任务贯穿始终。重点学习宣传宪法确立的我国的国体、政体、基本政治制度、基本经济制度、公民的基本权利和义务等内容，弘扬宪法精神，树立宪法权威。实行宪法宣誓制度，组织国家工作人员在宪法宣誓前专题学习宪法。坚持开展“12・4”国家宪法日集中宣传和法治宣传月活动，教育引导一切组织和个人以宪法为根本活动准则。坚持把学习宣传宪法相关法、民商法、行政法、经济法、社会法、刑法、诉讼与非诉讼程序法等法律法规的基本知识，作为法治宣传教育的基本任务；坚持把学习宣传国防法、国家安全法、反恐法、安全生产法、消防法等法律法规，作为全体公民应当了解和掌握的基本常识。结合学习贯彻创新、协调、绿色、开放、共享的发展理念，及时学习宣传新修订、新颁布的法律法规和与经济社会管理及与人民群众生活密切相关的法律法规。在全社会树立宪法法律至上、法律面前人人平等、权由法定、权依法使、权责统一等基本法治理念。坚持把市人大及其常委会颁布实施的地方性法规作为法治宣传的重要内容，加强教育引导，推动贯彻落实，促进地方社会依法治理。

二、突出普法宣传教育重点，切实增强法治宣传教育的针对性

一切有接受教育能力的公民都要接受法治宣传教育，推动全民自觉尊法学法守法用法。以群众喜闻乐见、容易接受的方式开展法治宣传教育，引导公民努力学法、自觉守法、遇事找法、解决问题靠法。重点加强各级领导干部和国家工作人员的法治宣传教育，坚持把领导干部带头学法、模范守法、严格执法作为全社会树立法治意识的关键，健全国家工作人员学法用法制度，将法治教育纳入干部教育培训总体规划。坚持把依法办事作为检验国家工作人员学法用法的重要标准，健全重大决策合法性审查机制，完善政府法律顾问制度，推动行政机关依法行政，促进司法机关公正司法，将尊法学法守法用法情况，运用法治理念、法治思维和法治方式解决问题的能力作为考核领导班子和领导干部的重要内容，不断完善领导干部任前法律知识考试和法律素质考察制度。坚持把青少年的法治宣传教育作为重点和普法基础工作，设立青少年法治知识课程，建立中小学法治课老师、法治副校长、法治辅导员培训制度，注重对留守儿童、辍学青少年等特殊群体的法治教育。各级教育行政部门要把各级各类学校作为法治宣传教育的重要阵地，保证中小学校法治教育课时、教材、师资、经费“四落实”。坚持开展全市各级各类学校秋季开学“法治教育第一课”和“法律进学校宣传周”活动，推进青少年法治教育基地和法律服务平台建设，健全完善学校、家庭、社会“三位一体”的青少年法治宣传教育格局。加强基层群众法治宣传教育。加强村（居委会）干部法治培训，着力提高村（居委会）干部和党员法律素质，使他们成为学法用法的带头人和基层民主法治建设的践行者。加强基层法治宣传队伍建设，大力开展“法治进乡村、进社区”活动，完善一村（社区）一法律顾问制度，充分发挥法律顾问的法治宣传优势。

三、创新丰富普法宣传形式，不断促进社会主义法治文化建设

创新丰富法治宣传教育工作理念、方式方法、载体阵地和体制机制，结合不同地区、不同时期、不同人群、不同系统行业的特点和需求，分类实施法治宣传教育，增强法治宣传教育的针对性和实效性。充分发挥报刊、广播、电视和微信、微博、微电影、客户端等新媒体新技术在普法中的作用，加强普法网站、普法网络集群和法治宣教云平台建设，推进互联网＋法治宣传教育行动。结合法律进机关、进乡村、进社区、进学校、进企业、进单位等活动，建立法官、检察官、行政执法人员、律师等以案释法制度，充分运用典型案例，开展生动直观的法治宣传教育。在有条件的县（区）探索建设法治宣传教育中心、农村社区法治文化中心，集中开展法治宣传教育。把法治文化建设纳入现代公共文化服务体系，推动法治文化与地方、系统、行业文化融合发展，繁荣和鼓励法治文化作品创作、宣传和推广，广泛开展群众性法治文化活动。通过政府购买服务方式，鼓励社会组织、社工、志愿者团队等方面参与普法工作。坚持把法治元素纳入城乡建设规划设计，与本地经济社会发展同步推进，形成鲜明的法治文化特色。大力弘扬社会主义核心价值观，推动法治教育与道德教育相结合，促进实现法律的规范作用和道德的教化作用相辅相成，法治和德治相得益彰。全面推进法治城市、县（区）、乡镇（街道）、民主法治村（社区）、依法行政示范县（区）、行政执法示范窗口等法治创建活动，提高社会治理法治化水平。

四、健全完善普法工作体制机制，扎实推动法治宣传教育深入开展

健全完善党委领导、人大监督、政府实施、部门各负其责、全社会共同参与的法治宣传教育工作体制机制。按照“谁主管谁负责”的原则和“谁执法谁普法”的普法责任制，认真履行普法主体责任，落实各级党委、政府法治宣传教育第一责任人职责，建立普法责任清单。在法治宣传教育工作中，加强领导，认真组织实施，充分发挥好政府主导力量、市场主体力量、公务员关键力量的作用。健全社会组织和公民守法信用记录，完善守法诚信褒奖机制和违法失信行为惩戒机制，实施学法用法先进集体、先进个人宣传表彰制度。将法治宣传教育纳入本区域经济社会发展规划、年度目标责任考核内容，把法治宣传教育经费列入同级财政预算，切实予以足额保障，特别要加强基层法治工作队伍建设，发挥人民调解组织、法律援助机构等平台作用，为深入开展法治宣传教育创造条件。建立健全媒体公益普法制度，落实各类媒体普法责任制，在重要频道、重要版面、重点时段开展公益普法宣传。

五、着力加强普法监督检查，努力提高法治宣传教育实际效果

市、县（区）人民政府要围绕中央、省、市委关于法治宣传教育的总体部署，及时制定出台开展法治宣传教育第七个五年规划，组织实施好普法工作，建立健全法治宣传教育工作考评指导标准和指标体系，强化普法日常监督和专项检查工作，加强普法依法治理工作的年度考核和阶段性检查，做好中期检查督导和终期考核验收，并向同级人大及其常委会报告。市、县（区）人民法院、人民检察院要充分发挥职能作用，切实加强法律监督工作，适时面向社会开展专项治理活动，依法处置执法环境中的违法行为，以公民有序参与促进公正司法，以公正司法促进全民法治意识不断增强。市、县（区）人大常委会要充分运用执法检查、听取和审议专项工作报告以及组织代表视察、开展专题调研等形式，加强对法治宣传教育和依法治理工作的监督检查，确保“七五”普法取得更大的实效与成就。

阳泉市人民代表大会常务委员会
关于阳泉市监察委员会副主任、委员任免和宪法宣誓程序的决定

（2017 年 3 月 12 日阳泉市第十五届人民代表大会常务委员会第一次会议通过）

为明确阳泉市监察委员会（以下简称监察委员会）副主任、委员的任免和宪法宣誓程序，根据《全国人大常委会关于在北京市、山西省、浙江省开展国家监察体制改革试点工作的决定》和《阳泉市人民代表大会常务委员会人事任免办法》《阳泉市国家工作人员向宪法宣誓实施办法》，参照《山西省人民代表大会常务委员会关于山西省监察委员会副主任、委员任命和宪法宣誓的决定》，结合本市实际，作出如下决定：

一、监察委员会主任提请市人民代表大会常务委员会（以下简称常务委员会）任免监察委员会副主任、委员。常务委员会会议审议任免案前，由监察委员会主任向常务委员会会议作拟任免人员的情况说明。

二、常务委员会表决任免案，采取按电子表决键的方式，以常务委员会全体组成人员的过半数赞成通过。

三、在常务委员会会议上通过任命的监察委员会副主任、委员，由常务委员会主任或者副主任在常务委员会会议上颁发任命书，并进行宪法宣誓。

本决定自公布之日起施行。

阳泉市人民代表大会常务委员会
关于批准市政府将阳大铁路项目资金缺口
列入财政预算的报告的决议

（2017 年 11 月 30 日阳泉市第十五届人民代表大会常务委员会第七次会议通过）

阳泉市第十五届人民代表大会常务委员会第七次会议听取和审议了市财政局局长任晓华受市人民政府委托所作的《关于将阳大铁路项目资金缺口列入财政预算的报告》，并对报告进行了审查。

会议认为，阳大铁路是省市重点工程，是我市重点民生工程，对阳泉市的经济社会发展具有十分重要的意义，决定批准市政府对阳大铁路建设、营运资金缺口予以财政补贴，并列入财政预算及中期财政规划的建议。会议要求，阳泉市人民政府要加强阳大铁路建设项目管理和资金使用监督，确保项目的顺利实施，确保资金安全并发挥预期效益。

阳泉市人民代表大会常务委员会
关于批准阳泉市“十三五”规划《纲要》部分指标调整的决议

（2018 年 12 月 27 日阳泉市第十五届人民代表大会常务委员会第十八次会议通过）

阳泉市第十五届人民代表大会常务委员会第十八次会议听取和审议了市发改委主任冯维明受市人民政府委托所作的《阳泉市国民经济和社会发展第十三个五年规划纲要实施情况中期评估报告》，会议结合市人大财政经济委员会提出的审查报告，对阳泉市“十三五”规划《纲要》中期评估情况及部分指标调整进行了审查。会议认为，市人民政府提出的“十三五”规划《纲要》中期评估报告及部分指标调整建议符合我市客观实际、符合全市转型发展要求，同意市人民政府关于《阳泉市国民经济和社会发展第十三个五年规划纲要实施情况中期评估报告》，决定批准市人民政府提出的阳泉市“十三五”规划《纲要》部分指标调整建议。会议要求，全市上下要认真贯彻落实党的十九大精神，充分发挥规划《纲要》的科学引领作用，以科学求实的态度，对照“十三五”后期指标，全面深化改革、聚力攻坚、抓好落实，确保“十三五”规划《纲要》确定的各项目标任务顺利完成。

阳泉市人民代表大会常务委员会
关于加强和支持检察公益诉讼工作的决定

（2019 年 12 月 25 日阳泉市第十五届人民代表大会常务委员会第二十七次会议通过）

为深入贯彻落实党中央关于建立检察机关提起公益诉讼制度的重大决策部署和省委、市委工作要求，全面实施《全国人民代表大会常务委员会关于修改〈中华人民共和国民事诉讼法〉和〈中华人民共和国行政诉讼法〉的决定》，根据《中华人民共和国各级人民代表大会常务委员会监督法》及《山西省实施〈中华人民共和国各级人民代表大会常务委员会监督法〉办法》等有关法律规定，结合我市实际，特作出如下决定：

一、充分认识公益诉讼制度的重要性

1. 检察机关提起公益诉讼制度，是以习近平同志为核心的党中央作出的重大决策部署，是推进全面深化改革、全面依法治国的重大举措，是强化法律监督、加快推进国家治理体系和治理能力现代化的重要制度安排。

2. 全市各级国家机关、社会团体、企业事业单位以及其他组织和公民要积极支持和配合人民检察院开展公益诉讼工作，共同维护国家和社会公共利益，维护宪法法律权威，维护公平正义，促进依法行政、严格执法，增进民生福祉。

3. 检察机关要紧紧围绕市委中心工作和全市发展大局谋划和推进公益诉讼工作，正确处理依法保护公益与促进经济发展、监督纠正行政违法行为与支持行政机关依法履职的关系，践行双赢、多赢、共赢理念，实现公益诉讼案件法律效果、政治效果、社会效果的有机统一。

二、依法发挥检察机关开展公益诉讼工作的主体作用

4. 检察机关要认真贯彻党的十九届四中全会精神，站在推进国家治理体系和治理能力现代化的高度，重视和加强公益诉讼工作。要认真落实市委“聚力六大突破、实现转型崛起”的战略部署，围绕打好“三大攻坚战”、深入开展“五城联创”、全面优化发展环境、保障转型发展和民生改善等重点工作，以及人民群众高度关注的公共利益问题，持续在生态环境和资源保护、食品药品安全、国有财产保护、国有土地使用权出让和英雄烈士保护等重点领域加大公益诉讼办案力度。积极拓展公益诉讼案件范围，依法在维护安全生产、维护公共安全和社会秩序、保护文物和文化遗产、保护特殊群体合法权益、弘扬社会主义核心价值观，以及广大人民群众高度关注的教育、金融、就业、扶贫及其他社会公共事务等领域探索开展公益诉讼工作。依法采取民事公益诉讼的方式办理损害公共利益案件，完善生态环境公益诉讼制度，实行食品药品领域惩罚性赔偿，保护青山绿水，保障人民群众“舌尖上的安全”。

5. 检察机关应当把通过诉前程序实现维护公益目的作为最佳目标，向有关行政机关发出公益诉讼诉前检察建议的同时，向同级人大常委会报备，对拒不配合检察机关调查取证、不落实检察建议等不接受检察监督行为，可以提请人大常委会进行专项监督，可以函请同级人民政府或监察机关督促落实，促进行政机关主动纠错。对行政机关未依法全面履行职责，国家利益或者社会公共利益仍持续处于受侵害状态的，检察机关应当依法提起行政公益诉讼。

6. 检察机关办理公益诉讼案件，应当强化一体化体制机制优势。上级检察机关根据办案需要，可以交办、指办、提办、督办、领办案件。上级检察机关可以统一调用本辖区检察人员办理案件。被调用检察人员可以代表办理案件的人民检察院履行调查取证、出席法庭等职责。

7. 检察机关要加强公益诉讼检察队伍革命化、正规化、专业化、职业化建设，保证人员配备、能力素质与职能拓展、业务增长相适应，不断提高办案能力和质量。加快推进智慧检务建设，提高案件办理的科技化、信息化水平。加强纪律作风建设，把警示教育与正风肃纪、解决问题与完善制度结合起来，夯实公益诉讼事业的发展根基。

三、促进形成支持检察机关开展公益诉讼工作的合力

8. 各级行政机关要自觉接受检察机关的法律监督，积极支持、配合、协助检察机关调阅行政执法卷宗等证据材料，接受询问，委托鉴定、评估、审计，勘验、检查以及开展其他必要的调查取证工作，与检察机关共同建立行政执法信息和检察监督信息资源共享机制，建立公益诉讼工作联席会议制度，及时互通案件线索移送、违法行政行为整改等相关信息。

9. 行政机关收到检察机关提出的检察建议之后，要按照检察建议全面自查，对确属违法行使职权或者不作为的，积极主动依法履行职责或纠正违法行为，并按时书面回复检察机关，同时将整改落实情况抄报同级人大常委会。对于人民检察院提起的行政公益诉讼案件，被诉行政机关负责人自觉出庭应诉，依法履行人民法院的生效裁判。

10. 司法行政部门要加快公共法律服务体系建设，推进生态环境损害、食品药品安全等领域司法鉴定机构建设，指导公证机构、律师为检察公益诉讼案件提供法律服务。

11. 公安机关要积极协助检察机关调查取证，在办理侵害国家和社会公共利益领域违法犯罪案件时，及时邀请公益诉讼检察工作人员提前介入，同步收集、固定相关证据。及时依法办理检察机关移送的违法犯罪线索。对于以暴力、威胁、限制人身自由、聚众围攻等方式干扰、阻碍司法机关办理公益诉讼案件的违法行为，及时依法处置。

12. 人民法院要与人民检察院建立公益诉讼案件沟通协调机制，健全和规范案件受理、管辖、审理、裁判、执行等程序。对检察机关依法提起的公益诉讼及时立案受理，依法公正审判。对于公益诉讼案件审理中发现损害国家利益和社会公共利益的行为仍然继续存在的，依法及时采取禁止令等行为保全措施；对于不履行相关义务的被执行人、协助执行义务人，依法追究其相应责任，确保国家利益和社会公共利益得到有效司法保护。

四、切实加强对公益诉讼工作的监督

13. 检察机关应当依法规范公益诉讼办案流程，严肃责任追究，加强对公益诉讼案件办理工作的内部监督，对办理公益诉讼案件过程中发现的涉嫌贪污、贿赂、渎职、侵权等职务犯罪或者违纪线索，应当及时移送监察机关办理，切实提升公益诉讼工作的公信力。

14. 各级人民政府应当把公益诉讼诉前建议的回复和整改情况纳入绩效考核和法治政府建设考核范围。对检察机关提出诉前检察建议，不依法履行职责的行政机关负责人，应当追究责任。行政机关在履行职责中发现侵害国家利益和社会公共利益的公益诉讼案件线索的，应当移送检察机关。

15. 各级人大常委会要加强对检察机关、审判机关开展公益诉讼工作的监督，通过开展视察调研、执法检查、听取和审议专项工作报告、作出决定决议等方式，督促检察机关不断改进和加强工作，监督人民法院、行政执法机关依法办理检察机关提出的监督事项。

五、努力营造公益诉讼工作的良好社会氛围

16. 检察机关要深入发动群众，可以实行举报奖励办法，鼓励社会组织、公众依法向人民检察院和有关国家机关举报公益诉讼案件线索。对人民群众反映的公益诉讼案件线索，要及时办理并回复。对于社会影响较大、人民群众广泛关注的检察公益诉讼案件，及时发布案件信息，公开案件办理情况，积极回应社会关切。

17. 司法行政部门要把公益诉讼制度纳入普法宣传教育范围，切实增强国家机关工作人员特别是领导干部维护国家利益和社会公共利益的意识。各有关单位要把检察公益诉讼制度作为强化法治宣传教育的重要内容予以认真贯彻落实。

18. 新闻媒体要通过多种形式和渠道，加强对公益诉讼工作的宣传报道，提高公益诉讼制度的社会知晓度，增强公民、法人、其他社会组织以及社会各界共同维护国家利益和社会公共利益的意识，为开展公益诉讼工作营造良好舆论氛围和社会环境。

阳泉市人民代表大会常务委员会关于严禁清明节等传统祭祀日期间和森林草原高火险期野外用火的决定

（2020 年 3 月 31 日阳泉市第十五届人民代表大会常务委员会第三十次会议通过）

为了严禁清明节等传统祭祀日期间和森林草原高火险期野外用火，倡导文明绿色祭祀，有效预防和遏制森林草原火灾，保护人民生命财产安全，保护林草资源和生态安全，根据《中华人民共和国森林法》《中华人民共和国草原法》《森林防火条例》《草原防火条例》及有关法律、行政法规，结合本市实际，作如下决定。

一、清明节、寒衣节、除夕等本地传统祭祀日期间和森林草原高火险期（每年 3 月 1 日至 5 月 31 日），适用本决定。

二、在清明节等传统祭祀日期间和森林草原高火险期，本市行政区域内所有森林、林地、草地、林草缘地带，农用地、荒地、河流滩涂以及坟园地带、道路两旁、房前屋后等禁止下列行为：

（一）焚烧秸秆、烧边燎堰、积柴熏肥、烧山垦荒等野外用火；

（二）烧香烧纸、燃放鞭炮、施放孔明灯、野炊、吸烟、生火取暖等野外用火；

（三）携带、留置火种和易燃易爆物品；

（四）野外狩猎活动；

（五）其他野外用火行为。

三、市、县（区）人民政府应当加强清明节等传统祭祀日期间和森林草原高火险期禁止野外用火工作的组织领导，组织、协调、督促有关部门依法履行监督管理职责。

乡镇人民政府、街道办事处、村民（居民）委员会应当做好禁止野外用火的相关工作。

四、规划和自然资源、林业、应急管理、民政等部门应当按照各自职责，负责清明节等传统祭祀日期间和森林草原高火险期禁止野外用火的监督管理工作。

公安、生态环境、城市管理、农业农村、交通运输、文化旅游等部门应当按照各自职责，做好禁止野外用火的相关工作。

五、林业经营单位和人员应当在其经营范围内做好日常防火工作。

电力、石油、天然气等相关单位应当对林区内线路、管线和设施进行定期维护和巡查，防止发生因线路、管线和设施故障引发火灾。

六、全体市民应当自觉遵守决定，转变传统观念，摒弃陈规陋习，做到文明祭扫。

无民事行为和限制民事行为能力人员，实施野外用火行为、引发火灾的，由监护人承担法律责任。

七、各级人民政府、街道办事处及村民（居民）委员会应当采取多种方式，组织开展禁止野外用火的宣传教育工作，提高全体市民的防火安全意识和文明祭祀意识。

教育部门和学校应当对学生进行禁止野外用火知识教育。

新闻媒体应当加强对禁止野外用火的宣传和舆论监督。

八、鼓励和支持社会组织、企事业单位、志愿者开展禁止野外用火的宣传活动。

鼓励单位和个人对违反本决定的违法行为进行举报。

九、违反本决定进行野外用火的，依据有关法律法规予以处罚。造成森林火灾的，依法追究相关责任。构成犯罪的，依法追究刑事责任。

十、本决定自公布之日起施行。

阳泉市人民代表大会常务委员会关于进一步加强疫情防控工作确保人民群众生命健康安全的决定

（2020年8月27日阳泉市第十五届人民代表大会常务委员会第三十三次会议通过）

根据《中华人民共和国传染病防治法》《中华人民共和国突发事件应对法》《中华人民共和国野生动物保护法》《国务院突发公共卫生事件应急条例》和《全国人民代表大会常务委员会关于全面禁止非法野生动物交易、革除滥食野生动物陋习、切实保障人民群众生命健康安全的决定》等法律法规，结合本市实际，作出如下决定：

一、进一步提高政治站位、坚持底线思维，切实增强常态化疫情防控的紧迫感和责任感。全市各级各部门要深入学习贯彻习近平总书记重要讲话重要指示批示精神，坚决落实党中央和省委、市委关于疫情防控工作的各项部署要求，清醒认识疫情防控的紧迫性、长期性、复杂性和艰巨性，牢固树立人民至上、生命至上理念，强化外防输入、内防反弹工作措施，巩固“联防联控、群防群控”工作格局，构建常态化防控体制机制，打造平战结合、医防融合公共卫生防护体系，进一步组织动员全社会积极参与，科学、高效、规范地做好常态化疫情防控工作，确保人民群众生命安全和身体健康，奋力夺取疫情防控和经济社会发展双胜利，为“重塑竞争新优势，倾力打造晋东区域中心城”做出新的贡献。

二、进一步加强组织领导、夯实防控责任，确保疫情防控工作科学有序高效运行。始终坚持党的领导、属地管理、依法依规、科学防治、精准施策、有序规范、联防联控、群防群治原则，把区域治理、部门治理、行业治理、基层治理、单位治理和个人防护有机结合起来，建立健全市、县（区）、乡镇（街道）、村居（社区）四级联合防控组织网络，强化城乡社区网格化防控，压实法人单位主体责任，多措并举，综合施策，全面防控，精准发力。完善进入通道管控、逐户摸排、人员核实、检疫检测、及时隔离的闭环管理和全覆盖机制，防输入、防扩散、防疏漏、防事故、防风险，建立健全相邻市、县（区）、乡镇（街道）、村居（社区）疫情防控合作机制，全面提升疫情监测预警和应急响应能力，当好首都“护城河”，守住山西“东大门”。

三、进一步深化体制改革、健全防控体系，优化重大突发公共卫生事件应急机制。健全疫情监测预警和应急管理体系，加快疫情防控信息平台建设，形成资源共享的联动机制和智慧化预警多点触发机制、多渠道监测预警机制。健全疫情预防控制体系，改善疾控机构设施设备条件，强化技术指导、人员培训、质量控制和督导评价、绩效考核等职能，完善公共卫生从业人员培养、准入、使用、待遇保障、考核评价和激励机制等方面的政策，全面提高重大公共卫生风险发现、报告、预警、响应、处置能力。健全重大疫情救治体系，全力推进县乡医疗机构一体化改革，加快疫情救治基地建设，加大对传染病医院的投入，改善诊疗条件，提高员工待遇，扩大收治容量，加强基层医疗卫生队伍建设，满足重大疫情防控要求。健全应急物资保障体系，提升政府应急救灾物资储备能力，优先保障一线医务人员和病患救治需要，鼓励以家庭为单位储备口罩等医疗救助物资，确保应急物资供应保障高效安全可控。

四、进一步强化制度配套、深入宣传发动，全面提高公众防病意识和自我防护能力。市、县（区）人民政府依法制定医疗救护、预防控制、隔离观察、道口管理、交通运输、社区管理、市场管理、场所管理、生产经营、物流配送、劳动保障、市容环境、野生动物管理等方面的临时性应急行政管理措施，并依法报同级人大常委会和上一级人民政府备案。加强疫情防控知识、法律法规、政策措施宣传，做好舆论引导，回应社会关切，提升全社会防范疫情的意识和能力。进一步组织动员全社会深入持久地开展爱国卫生运动，加强精神文明建设，教育和引导广大人民群众自觉遵守社会公德，增强公共卫生观念，革除随地吐痰、随地便溺、乱丢废弃物、滥食野生动物等陋习，纠正各种危害公共卫生、环境安全的不良习惯，消除白蛉、苍蝇、蚊子等害虫滋生地。采取有效措施，规范、引导群众文明养犬，定期组织开展城市养犬专项治理行动。任何单位和个人都要自觉遵守法律法规和市、县（区）人民政府关于疫情防控的各项规定，服从党委、政府统一指挥和管理，及时报告传染病患者、病原携带者、疑似感染者的密切接触者和疫情期间返乡及外来人员，以及其他需要开展隔离医学观察、隔离治疗人员的情况。任何单位和个人都有权向各级人民政府及其有关部门报告疫情传播的隐患和风险，有权举报妨碍疫情防控工作的违法违规行为，有关部门应当依据职责及时调查处理。

五、进一步深化依法治理、提高司法效率，为疫情防控工作提供有力法治保障。各级公安机关要依法从快处罚违反有关法律法规和本决定的单位和个人，对给他人人身、财产造成损害的，依法追究民事责任；构成犯罪的，依法追究刑事责任。各级人民法院、人民检察院要依法及时处理各类疫情防控相关民商事纠纷，依法从严从快惩处各类抗拒疫情防控措施、暴力伤医、野生动物非法交易、扰乱市场和社会秩序等违法行为；依法查处有隐瞒疫病史、重点地区旅居史、与确诊患者或疑似患者接触史以及逃避隔离医学观察的行为人，并按照相关规定将不良信息记入其信用档案，依法采取惩戒措施，确保办案政治效果、社会效果、法律效果有机统一。

六、进一步依法行使职权、发挥代表作用，强化疫情防控的法律监督和工作监督。全市各级人大及其常委会充分行使法律赋予的各项职权，全力支持政府及有关部门采取合法有效措施，强化对有关法律法规贯彻实施情况的监督检查，强化对疫情防控各个环节的工作监督，及时发现疫病防控和公共卫生领域存在的突出问题，依法提出整改建议，督促政府及有关部门解决。全市各级人大代表充分发挥党和政府联系群众的桥梁和纽带作用，积极宣传贯彻常态化疫情防控工作的各项措施，率先垂范，无私奉献，引导社会公众坚定必胜信心，正确理解、广泛支持、主动配合、科学参与疫情防控工作，同心协力构筑起群防群治的人民防线。

第五章　规范性文件

第一节　市人民代表大会规范性文件

阳泉市人民代表大会议事规则

（2009年5月24日阳泉市第十三届人民代表大会第四次会议第二次全体会议通过）

第一章　总　则

第一条　为了保障市人民代表大会（以下简称代表大会）依法行使职权，提高议事效率，根据宪法、地方各级人民代表大会和地方各级人民政府组织法、全国人民代表大会和地方各级人民代表大会选举法等法律的有关规定，结合实践经验，制定本规则。

第二条　代表大会实行民主集中制的原则。代表大会应当充分发扬民主，依照法定程序，集体行使宪法、法律赋予的职权。

第三条　市人民代表大会代表在出席代表大会会议时，应当认真履行审议、表决和选举等代表职务。

第二章　会议的举行

第四条　代表大会会议每年至少举行1次。每年的例会一般于4月举行。

市人民代表大会常务委员会（以下简称常务委员会）认为必要，或者五分之一以上市人民代表大会代表提议，可以临时召开代表大会会议。

第五条　代表大会会议由常务委员会召集。每届代表大会第一次会议，在本届市人民代表大会代表选举工作完成后的2个月内，由上届常务委员会召集。

第六条　代表大会会议有三分之二以上的代表出席，始得举行。

市人民代表大会代表应当出席代表大会会议。因病或者其他特殊原因不能出席会议的，会前应当书面向常务委员会请假；会议期间应当书面向代表团请假，并由代表团书面报告大会秘书处。大会秘书处负责向主席团报告代表出席会议的情况和缺席的原因。

第七条 在代表大会会议举行前，常务委员会应当做好下列准备工作：

（一）提出会议议程草案；

（二）提出主席团和秘书长名单草案；

（三）提出主席团常务主席、执行主席名单草案；

（四）提出副秘书长名单草案；

（五）决定列席会议的人员名单；

（六）会议的其他准备工作。

第八条 在代表大会会议举行的 30 日前，常务委员会应当公布开会的日期和建议议程，并通知市人民代表大会代表。

拟提请代表大会会议审议的常务委员会工作报告、市人民政府工作报告、市中级人民法院工作报告、市人民检察院工作报告的草稿，应当于会议举行的 10 日前发给市人民代表大会代表。

临时召开的代表大会会议，不适用本条第一款、第二款的规定。

第九条 代表大会会议举行前，市人民代表大会代表按照选举单位等组成代表团，由代表团举行全体会议，推选团长、副团长。同时，由各代表团组织代表对常务委员会提出的会议议程草案、主席团和秘书长名单草案以及会议的其他准备事项进行讨论，并提出意见。

代表团可以分设若干代表小组。

第十条 代表团团长的主要职责是：

（一）召集并主持本团全体会议；

（二）组织本团审议会议议案和有关报告；

（三）反映本团对议案和有关报告的审议意见；

（四）主持在本团会议上的询问、质询；

（五）传达、贯彻主席团会议的决定和有关事项；

（六）处理本团的其他工作事项。

代表团副团长协助团长工作。

第十一条 代表大会会议举行前，召开预备会议。预备会议由常务委员会主持。每届代表大会第一次会议的预备会议，由上届常务委员会主持。

预备会议的主要议程是选举主席团和秘书长，通过会议议程和关于会议其他准备事项的决定。

常务委员会主任会议根据各代表团提出的意见，可以对会议议程草案、主席团和秘书长名单草案以及会议的其他准备事项提出调整意见，提请预备会议表决。

预备会议选举主席团和秘书长，实行等额选举。选举采用举手表决的方式进行。

根据需要，代表大会可以在会议期间设立议案审查委员会。委员会由主任委员、副主任委员和委员组成，人选由常务委员会在代表中提名，提请预备会议通过。

第十二条 市人民政府组成人员、市中级人民法院、市人民检察院负责人一般不担任主席团成员职务。

第十三条 主席团的主要职责是：

（一）主持代表大会会议；

（二）领导代表大会各委员会的工作；

（三）向会议提出议案和决议草案；

（四）组织审议列入会议议程的议案和有关报告；

（五）依法提出市级国家机关领导人员和组成人员的人选；

（六）主持会议选举，提出选举办法草案；

（七）决定议案、罢免案、质询案的审议程序和处理意见；

（八）发布公告；

（九）决定需要由主席团决定的其他事项。

第十四条　主席团会议有三分之二以上主席团成员出席，始得举行。

主席团第一次会议由常务委员会主任召集，但每届代表大会第一次会议主席团的第一次会议由上届常务委员会主任或者本次会议秘书长召集。主席团第一次会议推选常务主席若干人；推选若干主席团成员担任大会各次全体会议的执行主席，并决定下列事项：

（一）会议日程；

（二）副秘书长的人选；

（三）代表提出议案的截止时间；

（四）需要由主席团第一次会议决定的其他事项。

主席团会议的决定，以主席团全体成员的过半数通过。

第十五条　主席团常务主席召集并主持主席团会议。

常务主席会议可以对属于主席团职权范围内的事项向主席团提出建议，并对会议日程安排作必要的调整；可以召开各代表团团长会议，听取各代表团对各项议案和会议其他事项的审议意见，或者就有关议案的重大问题进行讨论，提出建议，还可以就重大的专门性问题，召集代表团推选的代表进行讨论，并将讨论的情况和建议向主席团报告；可以向主席团提出建议，召开全体会议就议案和有关报告进行大会发言；根据主席团的授权，处理主席团职权范围内的其他事项。

第十六条　非经主席团或者常务主席会议决定，会议日程不得变更。

第十七条　代表大会会议设立秘书处。秘书处由秘书长 1 人和副秘书长若干人组成。

秘书处在秘书长领导下，办理主席团交付的事项，处理会议的日常事务工作。副秘书长协助秘书长工作。秘书处可以设立若干工作机构。

第十八条　代表大会会议公开举行。代表大会全体会议可以设旁听席。

根据需要，代表大会会议可以举行新闻发布会和记者招待会。

第三章　议案的提出和审议

第十九条　主席团、常务委员会、市人民代表大会各专门委员会、市人民政府，可以向代表大会提出属于代表大会职权范围内的议案，由主席团决定是否列入会议议程。

第二十条　代表团或者市人民代表大会代表 10 人以上联名，可以向代表大会提出属于代表大会职权范围内的议案，由主席团决定是否列入会议议程，也可先交有关专门委员会审议或者议案审查委员会审查，提出是否列入会议议程的意见，再由主席团决定是否列入会议议程。

代表团提出的议案，应当以本团代表的过半数通过。

市人民代表大会代表提出议案应当有领衔人。

市人民代表大会代表联名提议案，应当在常务委员会作出召开代表大会会议的决定之日起至代表议案截止时间前提出。

第二十一条　向代表大会提出议案，应当写明案由、案据和方案。

第二十二条 专门委员会审议或者议案审查委员会审查代表提出的议案时，可以根据具体情况邀请提案人、有关专家列席会议，发表意见。

大会秘书处应当将主席团通过的关于代表提出的议案审查意见的报告印发代表。

提出议案的市人民代表大会代表三分之二以上对议案审查意见的报告有异议的，可以在主席团最后一次会议召开4个小时前，向主席团书面提出复议要求。主席团应当复议，并作出相应的决定。主席团应当将复议结果答复提案人。

第二十三条 列入会议议程的议案，提案人应当向会议提出关于议案的说明和相关资料。

第二十四条 列入会议议程的议案，由主席团提交各代表团审议，可以并交有关专门委员会审议或者议案审查委员会审查并提出报告，由主席团决定提请大会全体会议表决。

第二十五条 有关专门委员会审议或者议案审查委员会审查列入会议议程的议案时，可以邀请提案人、有关方面的代表列席会议，发表意见。

第二十六条 列入会议议程的议案，在交付大会表决前，提案人要求撤回的，经主席团同意，会议对该议案的审议即行终止。

第二十七条 代表团或者市人民代表大会代表10人以上联名，可以对列入会议议程的议案或者准备交付大会表决的决议草案提出书面修正案。修正案最迟应当在大会表决前举行的主席团会议召开4个小时前提出，由主席团决定是否提交代表团审议和提请大会表决。

第二十八条 列入会议议程的议案，在审议中认为有重大问题需要进一步研究的，经主席团提出，由大会全体会议决定，可以授权常务委员会在本次会议闭会后审议决定，并报下次会议备案，或者提请下次会议审议。

第二十九条 市人民代表大会代表提出的议案，经主席团审议，决定作为议案但不列入本次会议议程的，交常务委员会或者有关专门委员会在本次会议闭会后审议。有关专门委员会应当在闭会后6个月内提出审议结果的报告，提请常务委员会审议。常务委员会和有关专门委员会应当将审议结果向下次代表大会会议报告。

第三十条 代表团和市人民代表大会代表10人以上联名提出的议案，内容不属于代表大会职权范围的，由主席团决定作为建议、批评和意见处理。代表在代表议案截止时间后提出的议案，也作为建议、批评和意见处理。

第三十一条 市人民代表大会代表向市人民代表大会提出的对各方面工作的建议、批评和意见，由市人民代表大会常务委员会办事机构交由有关机关、组织研究处理，并负责在大会闭会之日起三个月内，有特殊情况应预先报告常委会经同意后答复，至迟不超过六个月。代表对答复不满意的，可以提出意见，由市人民代表大会常务委员会办事机构交由有关机关、组织或者其上级机关、组织再作研究处理，并负责答复。

第四章　审议工作报告、审查国民经济和社会发展计划及财政预算

第三十二条 代表大会每年举行会议时，常务委员会、市人民政府、市中级人民法院、市人民检察院应当分别向会议提出工作报告，经各代表团审议后，由大会全体会议作出相应的决议。

根据需要，提出报告的机关应当向会议提供相关资料。

第三十三条 代表大会每年举行会议的1个月前，市人民政府有关主管部门应当将本市上一年度国民经济和社会发展计划、预算执行情况以及本年度国民经济和社会发展计划、预算草案的主要

内容，提交市人民代表大会财政经济委员会进行初步审查。

财政经济委员会对国民经济和社会发展计划、预算草案进行初步审查时，可以邀请有关专门委员会、常务委员会有关工作机构和有关方面的代表、专家列席会议，发表意见，并由财政经济委员会提出初步审查意见，交市人民政府及其有关部门研究处理。

第三十四条 代表大会审议工作报告时，提出报告的机关应当派负责人到会听取意见。

对工作报告中重要和专门性的问题，大会可以组织市人民代表大会代表中的有关专家、学者和实际工作者作专题审议。

大会可以结合审议工作报告，组织市人民代表大会代表进行视察。

第三十五条 受主席团委托，大会秘书处根据各代表团的审议意见和专题审议的情况，提出关于常务委员会、市人民政府、市中级人民法院、市人民检察院工作报告的决议草案，经主席团会议通过后提交各代表团审议，并提请大会全体会议表决。

第三十六条 代表大会每年举行会议时，市人民政府应当向会议提出关于本年度市国民经济和社会发展计划、财政预算及上年度国民经济和社会发展计划、财政预算执行情况的报告，并将本年度国民经济和社会发展计划主要指标草案、财政预算收支表草案和上年度财政预算执行情况表一并印发会议，由代表团和财政经济委员会进行审查。

财政经济委员会根据各代表团的审议意见，对本年度国民经济和社会发展计划、财政预算和上年度国民经济和社会发展计划、财政预算执行情况进行审查，向主席团提出审查结果的报告，经主席团会议通过后印发代表。

受主席团委托，大会秘书处根据各代表团的审议意见和财政经济委员会的审查意见，提出本年度关于国民经济和社会发展计划、财政预算决议草案，经主席团会议通过后提交各代表团审议，并提请大会全体会议表决。

第三十七条 国民经济和社会发展计划、财政预算经代表大会批准后，在执行过程中必须作部分调整的，市人民政府应当将调整方案提请常务委员会审查、批准。

第五章 选举、罢免和辞职

第三十八条 代表大会会议的选举办法，由主席团提交各代表团审议，并由大会全体会议采用举手表决的方式通过。

第三十九条 常务委员会组成人员的人选，市长、副市长的人选，市中级人民法院院长和市人民检察院检察长的人选，由大会主席团提名，或者由市人民代表大会代表20人以上书面联合提名。不同选举单位选出的代表可以联合提名。

主席团提名的候选人人数和代表联合提名的候选人人数，均不得超过应选名额。

省人民代表大会代表候选人由各政党、各人民团体联合或者单独推荐，市人民代表大会代表10人以上联名也可以推荐。

各专门委员会组成人员的人选，由主席团在市人民代表大会代表中提名。

第四十条 提出市级国家机关领导人员候选人的提名人，应当书面向会议介绍候选人的基本情况和提名理由，并对市人民代表大会代表提出的问题作口头或者书面说明。

推荐市人民代表大会代表候选人的政党、人民团体和市人民代表大会代表，应当书面向会议介绍候选人的基本情况和推荐理由，并对市人民代表大会代表提出的问题作口头或者书面说明。

主席团应当将候选人的基本情况和提名或者推荐理由印发代表。

第四十一条 代表大会会议选举市级国家机关领导人员，依法进行差额选举。如果提名的候选人人数符合选举办法规定的差额数，由主席团提交代表酝酿、讨论后进行选举。如果提名的候选人人数超过选举办法规定的差额数，由主席团将全部候选人名单提交代表酝酿、讨论后进行预选，并公布结果。根据预选中得票多少的顺序，按照选举办法规定的差额数，确定正式候选人名单，进行选举。如果提名的常务委员会主任、秘书长，市长，市中级人民法院院长，市人民检察院检察长的候选人只有 1 人，也可以等额选举。

第四十二条 代表大会选举省人民代表大会代表和换届选举市级国家机关领导人员时，提名、酝酿候选人的时间不得少于 2 天。

第四十三条 代表大会选举省人民代表大会代表和市级国家机关领导人员，获得全体代表过半数选票的候选人人数超过应选名额时，以得票多的当选。如遇票数相等不能确定当选人时，应当就票数相等的人再次投票，以得票多的当选。

获得全体代表过半数选票的当选人数少于应选名额时，不足的名额应当在代表大会会议上另行选举。另行选举时，可以根据在第一次投票时得票多少的顺序确定候选人，也可以依照本规则规定的程序另行提名、确定候选人。经代表大会决定，不足名额的另行选举可以在本次会议上进行，也可以在下次会议上进行。

另行选举省人民代表大会代表和常务委员会副主任、委员，副市长时，依照法定差额数进行差额选举。

第四十四条 代表大会补选省人民代表大会代表，市人民代表大会常务委员会组成人员，市长、副市长，市中级人民法院院长和市人民检察院检察长时，候选人人数可以多于应选人数，也可以与应选人数相等。

第四十五条 在代表大会投票选举前，主席团应当组织常务委员会主任、副主任，市长、副市长，市中级人民法院院长和市人民检察院检察长的正式候选人，在大会期间与代表见面。

第四十六条 代表大会举行会议时，主席团、常务委员会或者十分之一以上市人民代表大会代表联名，可以提出对常务委员会组成人员、市人民政府组成人员、市中级人民法院院长、市人民检察院检察长以及由本市选举的省人民代表大会代表的罢免案。罢免案应当写明罢免理由，并提供有关材料。

罢免案由主席团交各代表团审议后，提请大会全体会议表决；或者由主席团提议，经大会全体会议决定，组织调查委员会，由代表大会下次会议根据调查委员会的报告审议决定。

罢免案提交大会全体会议表决前，被要求罢免的人员有权在主席团会议或者大会全体会议上提出申辩意见，或者书面提出申辩意见。在主席团会议上提出的申辩意见或者书面提出的申辩意见，由主席团决定是否印发会议。

第四十七条 代表大会会议进行选举时，采用无记名投票方式。选举结果由会议主持人当场宣布。选举结果应当公布。

第四十八条 在代表大会会议期间，常务委员会组成人员，专门委员会组成人员，市长、副市长，市中级人民法院院长和市人民检察院检察长提出辞职的，由主席团将其辞职请求交各代表团审议后，提请大会全体会议决定；大会闭会期间提出辞职的，由常务委员会主任会议将其辞职请求提请常务委员会会议决定。常务委员会接受辞职的决定，应当报代表大会备案。

在代表大会闭会期间，常务委员会依法免去由代表大会选举的国家机关领导人员职务的决定，应当报代表大会备案。

第四十九条 常务委员会组成人员、专门委员会组成人员的市人民代表大会代表职务被原选举单位罢免的，其常务委员会组成人员、专门委员会组成人员的职务相应撤销。

市人民代表大会代表辞去代表职务的，其所担任的常务委员会组成人员、专门委员会组成人员的职务相应终止。

代表职务被罢免或者终止的，由主席团或者常务委员会予以公告。

第五十条 市人民检察院检察长的选举、罢免和辞职，经代表大会通过后，应当报经省人民检察院检察长提请省人民代表大会常务委员会批准。

代表大会罢免由本市选举的省人民代表大会代表的决议，应当报省人民代表大会常务委员会备案。

第六章 询问和质询

第五十一条 各代表团审议议案和有关报告时，市人民代表大会代表可以向有关国家机关提出询问；有关机关的负责人应当到会听取意见，回答代表提出的询问。

主席团和专门委员会审议议案和有关报告时，有关机关的负责人应当到会听取意见，回答询问，并可以对议案作补充说明。

第五十二条 代表大会会议期间，市人民代表大会代表10人以上联名，可以书面提出对市人民政府及其所属各工作部门以及市中级人民法院、市人民检察院的质询案。

质询案应当写明质询对象、质询的问题和内容。

第五十三条 质询案由主席团决定是否交由受质询机关在主席团会议、大会全体会议、代表团会议或者有关专门委员会会议上口头答复，或者由受质询机关书面答复。

质询案在主席团会议、代表团会议或者专门委员会会议上答复的，提出质询案的代表有权列席会议，发表意见。在代表团会议或者专门委员会会议上答复的，有关代表团或者专门委员会应当将答复质询案的情况向主席团报告。主席团认为必要时，可以将答复质询案的情况报告印发会议。

质询案以口头答复的，应当由受质询机关的负责人到会答复；以书面答复的，应当由受质询机关的负责人签署，由主席团决定印发会议或者印发提出质询案的代表。

第五十四条 提出质询案的代表三分之二以上对答复不满意的，可以提出重新答复的要求，由主席团交受质询机关再作答复。

提出质询案的代表三分之二以上对再次答复仍不满意的，经主席团决定，在代表大会闭会2个月内由受质询机关在常务委员会会议或者有关专门委员会会议上作出答复；提出质询案的代表有权列席会议，发表意见。在专门委员会会议上答复的，有关专门委员会应当将答复质询案的情况向常务委员会报告。根据答复的情况和代表的意见，常务委员会在必要时可以作出决定。

第五十五条 提出质询案的代表对受质询机关的答复发表意见时，提出的问题应当与原质询的问题有关；如果提出的问题与原质询的问题无关，应当提出新的质询案。

第五十六条 质询案在受质询机关答复前，提案人要求撤回的，质询即行终止。

第七章　调查委员会

第五十七条　代表大会认为必要时，可以组织关于特定问题的调查委员会。

第五十八条　主席团或者十分之一以上的代表联名，可以提议组织关于特定问题的调查委员会，由主席团提请大会全体会议决定。

调查委员会由主任委员、副主任委员和委员组成，由主席团在代表中提名，提请大会全体会议通过。

调查委员会可以聘请专家参加调查工作。

第五十九条　调查委员会进行调查时，有关国家机关、社会团体、企业事业组织和公民都有义务如实提供情况。提供情况的组织和公民要求调查委员会对情况来源保密的，调查委员会应当保密。

调查委员会在调查过程中，可以不公布调查的情况和材料。

第六十条　调查委员会应当向代表大会提出调查报告。代表大会根据调查委员会的报告，可以作出相应的决议。

代表大会可以授权常务委员会在代表大会闭会期间听取调查委员会的调查报告，并作出相应的决议，报代表大会下次会议备案。

第八章　发言和表决

第六十一条　市人民代表大会代表在代表大会各种会议上的发言和表决，不受法律追究。

第六十二条　主席团认为必要时，可以召开大会全体会议进行大会发言。

市人民代表大会代表要求在大会全体会议上发言的，应当在会前向大会秘书处报名，并将发言的主要内容提交大会执行主席，由大会执行主席安排发言顺序。临时要求在大会全体会议上发言的，经大会执行主席许可，方可发言。未能在大会全体会议上发言或者要求书面发言的，由大会秘书处印发书面发言。

第六十三条　市人民代表大会代表在大会全体会议上发言的，每人可以就同一议题发言 2 次，每次不超过 10 分钟；事先提出要求的，经会议执行主席同意，可以适当延长发言时间。

主席团成员或者列席主席团会议的代表在主席团会议上发言的，每人可以就同一议题发言 2 次，第一次不超过 15 分钟，第二次不超过 10 分钟；需要延长发言时间的，应当向会议执行主席报告，并经过同意。

第六十四条　市人民代表大会代表在代表大会各种会议上的发言，经本人同意，由大会秘书处通过简报印发代表。

第六十五条　列入会议议程并需要表决的议案和决议、决定草案，在进行大会表决的全体会议召开前，应当经过充分审议。

代表在审议中对议案和决议、决定草案有重要不同意见，或者全体代表五分之一以上联名，对议案和决议、决定草案提出不同意见时，经主席团决定，可以就议案和决议、决定草案中的部分条款、内容分别交付大会全体会议进行表决；或者由大会全体会议就该议案和决议、决定草案是否交付本次会议表决的问题进行表决。

大会全体会议对议案和决议、决定草案进行表决时，有修正案的，先表决修正案。

表决结果由会议主持人当场宣布。

第六十六条 大会全体会议进行表决和选举时，代表不进行大会发言。

第六十七条 大会全体会议进行表决，由主席团决定采用无记名投票方式或者举手表决方式表决。

第六十八条 大会全体会议表决议案和决议、决定，以全体代表的过半数通过。

第六十九条 工作报告在代表大会会议上未获得批准的，提出该报告的机关应当进行整改，并将整改情况报告下次代表大会会议，或者根据代表大会的授权，报告常务委员会会议；整改情况的报告在代表大会会议或者常务委员会会议上仍未获得批准的，提出该报告的机关的主要负责人应当辞职。

第七十条 大会通过的决议、决定以及其他表决结果，由大会主席团公布。

第七十一条 本规则自公布之日起施行。

阳泉市人民代表大会及其常务委员会
讨论、决定重大事项的规定

（2009 年 5 月 24 日阳泉市第十三届人民代表大会第四次会议第二次全体会议通过）

第一条 为保障市人民代表大会及其常务委员会依法行使讨论、决定重大事项的职权，促进重大决策的民主化、科学化，根据《中华人民共和国宪法》《中华人民共和国地方各级人民代表大会和地方各级人民政府组织法》和《中华人民共和国各级人民代表大会常务委员会监督法》等有关法律，结合本市实际，制定本规定。

第二条 本规定所称重大事项，是指在一定时期本行政区域内政治、经济、教育、科学、文化、卫生、环境和资源保护、民政、民族等方面带有根本性、全局性、长远性以及涉及人民群众切身利益或者人民群众普遍关心的重要事项。

第三条 市人民代表大会及其常务委员会讨论、决定重大事项，应当充分发扬民主，严格依照法定程序，集体行使职权。

第四条 市人民代表大会讨论、决定的重大事项：

（一）保证宪法、法律、行政法规、上级人民代表大会及其常务委员会决议、决定执行的重大措施；

（二）关系本市民主法制建设的重大问题；

（三）国民经济和社会发展的中长期规划；

（四）国民经济和社会发展计划、财政预算及其执行情况；

（五）关系本市全局的教育、科学、文化、卫生等事业发展的特别重大的改革措施；

（六）关系本市环境和资源保护、民政、民族等方面的重大问题；

（七）需要由市人民代表大会讨论、决定的其他事项。

第五条 常务委员会讨论、决定的重大事项：

（一）保证宪法、法律、行政法规，上级人民代表大会及其常务委员会和市人民代表大会决议、决定执行的重大措施以及推进依法治市、加强社会主义民主法制建设中的重大问题；

（二）国民经济和社会发展中长期规划的修订方案；

（三）根据市人民政府的建议，决定本行政区域内国民经济和社会发展年度计划、财政预算的部分变更；

（四）市本级财政决算；

（五）关系本市教育、科学、文化、卫生等事业发展的重大改革措施；

（六）贯彻人口与计划生育、环境和资源保护基本国策方面的重大措施；

（七）关系本市民政、民族、宗教、侨务等方面的重大问题；

（八）关系本市社会保障制度方面的重大问题；

（九）市人民代表大会交由常务委员会讨论、决定的事项；

（十）撤销县、区人民代表大会及其常务委员会不适当的决议、决定；

（十一）撤销市人民政府不适当的决定和命令；

（十二）授予地方荣誉称号；

（十三）法律、法规规定应当由常务委员会讨论、决定的其他事项。

第六条 向常务委员会报告，必要时常务委员会可以作出决议、决定的重大事项：

（一）贯彻执行宪法、法律、行政法规、地方性法规和开展的重要执法检查情况；

（二）执行市人民代表大会及其常务委员会决议、决定的情况；

（三）市本级财政预算执行及其他财政财务收支的审计工作情况、专项审计调查情况；

（四）市本级财政预算执行中的重大问题；

（五）国民经济建设布局和产业结构的调整情况；

（六）关系本市经济全局和长远发展或者对生态环境有影响的已经列入国民经济和社会发展计划中的重大工程的建设情况；

（七）涉及人民群众物质、文化生活和人民群众普遍关心和迫切要求解决的重大事项；

（八）重大自然灾害及抗灾情况；

（九）与国外以及国内其他城市缔结友好城市关系；

（十）需要向常务委员会报告的其他事项。

第七条 市人民代表大会举行会议时，主席团、常务委员会、各专门委员会，市人民政府，市中级人民法院，市人民检察院，市人民代表大会代表十人以上联名或者一个以上代表团，可以向市人民代表大会提出属于其职权范围内的重大事项的议案或者报告。

常务委员会主任会议、各专门委员会，市人民政府，市中级人民法院，市人民检察院，常务委员会组成人员五人以上联名可以向常务委员会提出属于其职权范围内的重大事项的议案或者报告。

第八条 提请市人民代表大会或者常务委员会讨论、决定的重大事项的议案或者报告，应当包括以下主要内容：

（一）基本情况；

（二）有关的法律、法规、规章和政策依据；

（三）有关的决策方案及其说明；

（四）有关的统计数据、调查分析等资料。

第九条 市人民代表大会讨论、决定重大事项的程序，依照地方组织法的有关规定执行。

常务委员会讨论、决定重大事项的程序，依照常务委员会议事规则的有关规定执行。

第十条 市人民代表大会通过的重大事项的决议、决定，由大会主席团发布公告予以公布。

常务委员会通过的重大事项的决议、决定，由常务委员会发布公告予以公布。

第十一条 市人民代表大会及其常务委员会作出的关于重大事项的决议、决定，有关机关应当认真执行，并向常务委员会报告执行情况。

第十二条 市人民代表大会及其常务委员会作出的关于重大事项的决议、决定，常务委员会应当对其执行情况加强监督检查。

第十三条 对依照本规定应当向常务委员会报告的重大事项不予报告的，由常务委员会责令其限期报告；逾期不报告的，由常务委员会给予通报。

对依照本规定应当提请市人民代表大会或者常务委员会决定的重大事项自行作出决定的，由常务委员会责令其纠正，并要求其依法提请市人民代表大会或者常务委员会决定；拒不纠正又不提请的，由市人民代表大会或者常务委员会依法撤销其作出的决定，并由常务委员会给予通报。

对市人民代表大会或者常务委员会作出的决议、决定，有关机关不执行或执行不力的，由市人民代表大会或者常务委员会要求其限期执行，并由常务委员会给予通报；拒不执行的，市人民代表大会代表或者常务委员会组成人员可以依法对有关机关提出质询，对属于市人民代表大会或者常务委员会选举或者任命的人员，依法予以处理。

第十四条 本规定自公布之日起施行。

第二节 市人大常委会规范性文件

阳泉市人民代表大会常务委员会
关于市人大代表活动的办法（试行）

（2002年11月14日阳泉市第十二届人民代表大会常务委员会第四次会议通过）

第一条 为加强市人大代表的活动工作，更好地发挥代表作用，根据《中华人民共和国全国人民代表大会和地方各级人民代表大会代表法》和《山西省实施〈中华人民共和国全国人民代表大会和地方各级人民代表大会代表法〉办法》的有关规定，结合我市实际，制定本办法。

第二条 阳泉市人民代表大会常务委员会和各县、区人大常委会及驻市部队应共同做好市人大代表的活动工作，为代表开展活动提供必要的条件和服务。

第三条 市人大代表的活动工作，采取阳泉市人民代表大会常务委员会直接组织和通过各选举单位组织相结合的方式进行。

第四条 阳泉市人民代表大会常务委员会人事代表工作委员会是代表联系活动的办事机构，办理市人大代表联系活动工作的具体事项。

第五条 代表活动内容主要围绕阳泉市人民代表大会常务委员会审议、决定的重大事项和人民群众普遍关心的热点问题，以"三个代表"思想作对照，征求群众意见，开展调查研究。

第六条 阳泉市人民代表大会常务委员会组成人员、市人大各专门委员会成员和常委会办事工作机构内的工作人员到基层进行检查、调查时，应当走访当地的市人大代表，听取他们对各方面工作的意见和建议，并及时向阳泉市人民代表大会常务委员会反映。

第七条 阳泉市人民代表大会常务委员会组成人员在届期内固定联系若干名市人大代表，及时了解代表关注的热点问题及征求对人大工作的意见、建议，并将代表的建议、意见反馈给阳泉市人民代表大会常务委员会。

第八条 阳泉市人民代表大会常务委员会的各专委、工委，根据需要召开代表座谈会了解情况，组织开展述职评议、执法检查和各种视察等，听取代表意见，研究有关问题，推动代表活动的开展。

第九条 阳泉市人民代表大会常务委员会举行会议时，根据会议议程，可邀请有关的市人大代表列席会议，参加讨论，直接听取代表的意见，各县（区）人民代表大会在举行会议时，应邀请本单位选举产生的市人大代表列席会议。

第十条 常委会应在举行每次市人民代表大会会议 15 日前，将会议的日期和建议会议议程通知代表，根据会议议程，安排代表视察活动，走访群众，开展调查研究，收集建议、意见，为出席市人民代表大会会议做好准备。

第十一条 代表可持代表证在居住地或工作单位所在地进行视察调查。根据代表要求，委托县、区人大常委会负责联系和组织本县、区市人大代表的视察活动。

第十二条 阳泉市人民代表大会常务委员会、市人民政府、市中级人民法院、市人民检察院和有关机关，对市人大代表在大会期间提出的议案和建议、批评、意见，必须按照规定的时间和要求研究处理，办理并负责书面答复代表。对代表议案和建议、批评、意见的办理与答复，代表有意见的，阳泉市人民代表大会常务委员会应责成有关机关重新办理，对无故拖延不办的，责令单位负责人限期办理，答复代表。

第十三条 对代表的来信来访，阳泉市人民代表大会常务委员会要热情接待，认真处理。重要的来信来访，应由阳泉市人民代表大会常务委员会主任、副主任批办。转交有关单位办理的，承办单位应在一个月内将办理结果答复代表，并报阳泉市人民代表大会常务委员会人事代表工作委员会。

第十四条 阳泉市人民代表大会常务委员会主任、副主任定期召开代表座谈会，每一季度召开一次。具体日期由常委会办公厅、人事代表工作委员会会同参加座谈的主任或副主任确定。

第十五条 凡属“一府两院”的重大工作、监督、审判事项，要经常、及时召开代表“听证会”，听取代表反映的人民群众的呼声和意见，并组织汇总整理后向有关部门反馈，认真倾听代表意见。

第十六条 阳泉市人民代表大会常务委员会要为代表订阅必要的学习资料，为代表学习提供便利。如地方组织法、代表法、选举法等，每年为每位市人大代表订阅《人民代表报》《中国人大》《山西人大》各一份。经费由代表活动经费支付或专题向同级财政审批。

第十七条 按照便于组织和开展活动的原则，建立市人大代表活动小组，可以单独编组，也可以与当地的人大代表联合编组，还可以按代表所属系统或行业编组。每组推选组长 1 人，副组长 1—2 人。代表小组应制定活动计划每半年至少开展一次活动，并将活动情况报送阳泉市人民代表大会常务委员会人事代表工委和选举单位。

第十八条 代表小组活动的主要内容是：

代表小组活动内容由人事代表工作委员会同各县（区）选举单位确定，小组活动内容应当遵循：

（一）学习宣传宪法和法律、法规；

（二）围绕政府工作中心，阳泉市人民代表大会常务委员会工作要点，群众普遍关心的问题，开展视察进行调查研究；

（三）了解宪法、法律、法规以及上级和本级人大及其常委会决议、决定的实施情况；

（四）听取人民群众的意见和要求，向常委会和有关部门反映；

（五）向政府有关部门积极提出建议、批评和意见，行使好代表监督职责。

第十九条 总结交流代表及代表小组开展活动的情况和经验，表彰优秀人大代表、先进人大代表小组。

第二十条 阳泉市人民代表大会常务委员会编印的《公报》《人大工作动态》以及有关法律法规学习资料，发给市人大代表以便代表经常了解阳泉市人民代表大会常务委员会的工作情况。

第二十一条 本办法自通过之日起施行。

阳泉市人民代表大会常务委员会述职评议办法

（2003年2月26日阳泉市第十二届人民代表大会常务委员会第六次会议通过）

第一条 为了加强对我市国家行政机关、审判机关、检察机关的监督，加强对人民代表大会选举和常务委员会任命人员的监督，根据《中华人民共和国宪法》《中华人民共和国地方各级人民代表大会和地方各级人民政府组织法》《山西省各级人民代表大会常务委员会评议工作条例》等有关法律、法规的规定，并结合全市述职评议工作的实际，制定本办法。

第二条 述职评议是阳泉市人民代表大会常务委员会监督市人民政府、市中级人民法院、市人民检察院工作的一种方式，阳泉市人民代表大会常务委员会可以根据年度工作的实际情况，在代表大会闭会期间，运用述职评议方式实行监督。

第三条 市人民代表大会闭会期间，阳泉市人民代表大会常务委员会可以组织代表和常委会组成人员，对市人民政府及其所属部门、市中级人民法院、市人民检察院的工作进行评议，可以对由市人民代表大会选举和由阳泉市人民代表大会常务委员会任命的人员进行述职评议。还可以对省条管驻阳泉行政执法部门进行工作评议。

第四条 述职评议工作在阳泉市人民代表大会常务委员会的领导下进行，由主任会议负责组织实施。人民代表大会的专门委员会、阳泉市人民代表大会常务委员会的办事机构，可以作为述职评议工作的工作机构，也可以成立临时的述职评议工作机构，承担述职评议工作的具体事务。

第五条 述职评议工作应坚持依法办事、实事求是、民主公开、注重实效的原则。

第六条 市人民政府及其组成部门、市中级人民法院、市人民检察院和由市人民代表大会选举和由阳泉市人民代表大会常务委员会任命的人员，必须接受代表和常委会组成人员的评议，认真听取意见、回答询问、改进工作。

第七条 参加述职评议的阳泉市人民代表大会常务委员会组成人员和代表应做到：

（一）依法履行职责，严肃认真的参加评议活动；

（二）结合评议内容，学习法律、法规；

（三）深入调查研究，广泛了解情况，听取人民群众的意见和要求；

（四）依据法律、法规和事实进行评议，反映人民群众的意见和要求，提出建议、批评和意见；

（五）遵守国家的保密规定。

第八条 有关国家行政机关和社会组织、审判机关、检察机关，应当为参加述职评议活动的阳泉市人民代表大会常务委员会组成人员和代表执行职务提供必要的条件和服务。

第九条 任何单位和个人不得阻碍参加评议的代表依法执行代表职务，不得对参加评议的代表威胁、恫吓，打击报复。

第十条 接受述职评议的对象和部门：

（一）市人民政府组成部门及其所属部门；

（二）市中级人民法院、市人民检察院；

（三）由市人民代表大会选举和由阳泉市人民代表大会常务委员会任命的人员；

（四）省条管驻泉行政执法部门。

第十一条 每年度的评议对象，由阳泉市人民代表大会常务委员会组成人员投票推荐，必要时也可在代表中投票推荐。主任会议根据投票推荐情况和年度工作中心、执行法律情况和群众普遍关心的问题确定。被评议对象和部门确定后，由阳泉市人民代表大会常务委员会主要负责人或办事机构及时向被评议部门和被评议人员通告有关评议情况。

第十二条 述职和评议的内容：

（一）遵守和执行宪法、法律、行政法规、地方性法规和国家方针、政策情况；

（二）执行上级和本级人民代表大会及其常委会决议、决定情况；

（三）完成工作任务，发挥职能作用情况；

（四）办理本级人民代表大会代表提出的建议、批评和意见情况；

（五）本行业本系统队伍建设情况；

（六）人民群众普遍关心和迫切需要解决的问题的处理情况；

（七）履行职责，勤政、廉政、政务公开、承诺责任制落实情况；

（八）阳泉市人民代表大会常务委员会或者主任会议认为需要述职评议的其他事项情况。

第十三条 对未列入年度述职评议的市政府组成部门人员和市中级人民法院、市人民检察院的副职领导，每年末要向阳泉市人民代表大会常务委员会报送年度述职报告，其述职报告应重点报告遵守和执行宪法、法律、行政法规、地方性法规和市人民代表大会、阳泉市人民代表大会常务委员会决议、决定情况；依法履行职责，完成本职工作任务情况；勤政、廉政、政务公开、承诺责任情况，贯彻“三个代表”思想和改进工作作风情况等。

第十四条 述职、评议的准备工作：

（一）制定述职评议工作实施方案，确定述职评议的指导思想、对象、内容、时间、阶段、方法、步骤、原则、组织形式、提出要求；

（二）确定参加述职评议的常委会组成人员、代表，分组及组织领导、分工等；

（三）进行述职评议动员和部署；

（四）组织参加评议的人员学习有关法律、法规和实施方案。

第十五条 参加评议人员采取调查、检查、视察、座谈、走访、测评、法律法规知识考试，公告征求群众意见、专门审计等形式，广泛听取各方面意见，了解掌握情况，并形成评议发言材料或调查报告。

参加评议人员以阳泉市人民代表大会常务委员会组成人员和市人大代表为主，可吸收部分上级或下级代表和有关方面的专业人士参加。参加评议人员需查阅有关案卷或者资料，被评议机关或者部门应如实提供。

第十六条 被述职评议对象和部门应根据评议方案要求，进行自查自纠，并形成书面汇报材料或者述职报告。

第十七条 评议的方式采取会议形式。述职评议，工作评议，可以采取常务委员会会议形式进行，也可以组织常委会组成人员和代表进行评议。参加评议的人大代表和常委会组成人员应到会发表意见，也可书面发言。被评议人员和对象要分别在所在单位和阳泉市人民代表大会常务委员会会议上或者具体组织的评议会议上进行述职报告。

第十八条 述职评议对象及其主管领导和所属单位负责人员应出席评议会议，可邀请有关领导或者部门负责人列席评议会议。评议会议由阳泉市人民代表大会常务委员会主任或副主任主持。

第十九条 评议会议的主要程序：

（一）述职评议对象汇报工作或进行述职评议报告；

（二）常委会组成人员和代表进行评议发言；

（三）评议会对被评议单位或述职报告人员提出整改要求。

第二十条 评议会结束后十日内，阳泉市人民代表大会常务委员会要将评议的意见，以书面形式转交给被评议单位或述职人员本人，同时送交给有关机关和组织作为考核、使用的依据。

被评议单位或述职人员应在评议会结束后三十日内制定出整改方案，并报送阳泉市人民代表大会常务委员会。

第二十一条 在整改期间，阳泉市人民代表大会常务委员会对评议对象或述职人员整改情况进行跟踪监督，监督评议意见的落实。

第二十二条 述职评议整改工作结束后，阳泉市人民代表大会常务委员会应组织部门组成人员和代表，对评议对象从以下几方面进行检查验收：

（一）评议中提出的问题及案件的落实办理情况；

（二）评议对象改进工作情况；

（三）对违纪违法人员的处理情况；

（四）完善规章制度情况；

（五）整改结果得到代表满意和认可情况。

第二十三条 述职评议对象应当将整改情况向阳泉市人民代表大会常务委员会写出书面报告，由主任会议审议后，印发常委会组成人员和参加评议的代表或代表小组，并在阳泉市人民代表大会常务委员会上听取和审议评议对象的整改情况的报告。

第二十四条 述职评议工作结束后，对严格执法，政绩突出的部门或者个人，阳泉市人民代表大会常务委员会可建议有关部门给予表彰，特别优秀的，可授予地方荣誉称号。

第二十五条 阳泉市人民代表大会常务委员会或者多数代表对整改情况不满意的，可区别情况，要求限期整改，责令评议对象作出书面检查报告。对整改不认真，交办的事项或者该办的案件拖着不办、该解决的问题不予解决的，可依法提出询问、质询或者组织特定问题调查委员会进行调查，并将调查结果提请常委会会议审议，作出相应的决议。

第二十六条 述职评议中对评议对象有谋取不正当利益、贪污受贿，玩忽职守、滥用职权、徇私舞弊或者有其他违法行为的，责成有关部门依法给予行政处分，情节特别严重的，由市人大常委会按照程序依法撤销其职务。

第二十七条 本办法由阳泉市人民代表大会常务委员会负责解释。

第二十八条 本办法自阳泉市人民代表大会常务委员会审议通过后施行。

阳泉市人民代表大会常务委员会对司法工作实施监督的试行办法

（2005 年 6 月 10 日阳泉市第十二届人民代表大会常务委员会第二十二次会议审议通过）

第一条 为了加强和规范阳泉市人民代表大会常务委员会（以下简称市人大常委会）对司法机关工作的监督，保障和促进司法机关依法独立行使职权，严格依法办事，公正司法。根据宪法、法律和《山西省各级人民代表大会常务委员会监督工作条例》的有关规定，结合我市实际，制定本办法。

第二条 本办法所称的司法机关是指市中级人民法院、市人民检察院和市人民政府的公安、司法行政机关。

第三条 市人大常委会支持人民法院依法独立行使审判权，支持人民检察院依法独立行使检察权，支持公安、司法行政机关依法执行公务，维护司法机关正确的判决、裁定、裁决和决定。

司法机关应依照宪法、法律、法规和本办法，自觉接受市人大常委会的监督。

第四条 市人大常委会监督司法机关的日常工作，由市人大法制委员会办理，重要工作和事项由市人大常委会会议或主任会议研究处理。

第五条 市人大常委会对司法机关的下列事项进行监督：

（一）遵守和执行宪法、法律和法规情况；

（二）执行上级和本级人民代表大会及其常委会的决议、决定的情况；

（三）制定或发布的规定、决定、通告、布告等规范性文件是否与宪法、法律、法规相抵触；

（四）重特大案件侦查、检察、审判情况；

（五）由市人民代表大会选举或市人大常委会任命的司法工作人员履行职责情况；

（六）其他依法应由市人大常委会监督的事项。

第六条 司法机关对于重大问题应当及时报告市人大常委会，以便使市人大常委会及时掌握情况，实施有效监督。重大问题主要包括：

（一）上级机关安排的重点工作、作出的重要指示和本单位的重要工作部署；

（二）机构设置和应由市人大常委会任命的干部的任免；

（三）对本级人大代表采取限制人身自由的强制措施；

（四）司法机关认定的错案；

（五）司法干警涉嫌犯罪、违法、违纪的情况；

（六）本辖区内发生的重特大恶性案件、事件、事故以及各级人大代表、人民群众反映强烈或影响较大的案件、事件；

（七）检察长在重大问题上不同意检察委员会多数人意见的情况；

（八）法律法规规定应当报告的，以及市人大常委会或司法机关认为需要报告的其他重大问题。

上述重大问题，司法机关应以书面形式及时报告。

第七条 市人大常委会监督司法工作的方式：

（一）听取和审议司法机关的工作报告和执法情况报告；

（二）组织市人大代表对执法情况进行视察、检查、调查和评议；

（三）依法进行询问或质询；

（四）对特定问题组织调查委员会进行调查；

（五）受理公民、法人和其他组织的检举、控告和申诉，进行个案监督；

（六）听取由市人民代表大会选举或市人大常委会任命的司法工作人员履行职责的报告或进行评议；

（七）依法采取的其他监督方式。

第八条 听取和审议司法机关专项工作报告时，报告机关应于市人大常委会开会七日以前报送书面材料，开会时，主要负责人应到会报告并听取审议意见。

在听取、审议专项工作报告时，市人大常委会组成人员可以提出询问，被询问机关的负责人应作出答复或说明。

第九条 市人大常委会主任会议根据需要，可以听取司法机关工作情况汇报，也可以就有关问题提出询问。

第十条 市人大常委会会议或主任会议对司法机关的工作提出的意见、建议，该机关应在三个月内书面报告办理情况。

第十一条 在市人大常委会会议期间，市人大常委会组成人员五人以上联名，可以向常委会书面提出对司法机关的质询案，由主任会议决定交受质询机关在市人大常委会全体会议上作出口头或书面答复，口头答复的，由受质询机关的主要负责人在会议上作出；书面答复的，由受质询机关的主要负责人签署，在下次常委会会前七日内送达市人大常委会办公厅。

市人大常委会组成人员二分之一以上对质询案答复不满意的，可以要求受质询机关再作答复。

第十二条 市人大常委会组织人大代表对司法机关的工作进行视察、检查、调查和评议时，有关的司法机关应如实汇报情况，提供有关资料。视察、检查、调查和评议中提出的建议、批评和意见，要求报告办理结果的，有关司法机关应认真办理并及时报告。

第十三条 司法机关应主动向市人大常委会报告下列案件情况，自觉接受监督。

（一）市中级人民法院应向市人大常委会报告接受监督的案件；

①刑事审判中属于由市人民代表大会选举、市人大常委会任命的人员或市人大代表为被告的案件；

②依法确定为错案的案件；

③市人大常委会督办的案件；

④其他应报告的重特大案件。

（二）市人民检察院应向市人大常委会报告接受监督的案件：

①立案侦查的大、要案；

②依法提起抗诉的案件；

③查办属于由市人民代表大会选举、市人大常委会任命的人员或市人大代表为犯罪嫌疑人的案件；

④依法确定为错案的案件；

⑤市人大常委会督办的案件；

⑥超期羁押案件；

⑦其他应报告的重特大案件。

（三）市公安局应向市人大常委会报告接受监督的案件：

①犯罪嫌疑人是市人民代表大会选举、市人大常委会任命的人员或市人大代表的案件；

②久拖不结、执法不公、违法行政及重大疑难的案件；

③依法确定为错案的案件；

④市人大常委会督办的案件；

⑤其他应报告的特大案件。

（四）市司法局应向人大常委会报告接受监督的案件：公证、律师、劳教工作中发生的重大案件。

第十四条 市人大常委会接受公民、法人和其他组织不服司法机关作出的已经发生法律效力的判决、裁定、裁决、决定的申诉及对司法机关工作人员违法犯罪的控告，依法进行个案监督。

第十五条 人民群众的来信来访，由市人大常委会办公厅信访科统一接待办理。对涉及司法机关的申诉控告案件，有下条规定情形之一的，由市人大常委会分管领导签批法制委员会办理。

第十六条 个案监督的范围：

（一）认定事实错误、适用法律不当，造成错案而不及时依法纠正的；

（二）程序违法，已经或者可能造成严重后果的；

（三）在办案过程中有执法犯法、徇私枉法、玩忽职守、贪赃枉法等违法行为，造成严重后果的；

（四）国家机关、其他组织、法人、公民违法干涉行政机关依法行政、司法机关独立行使司法权，造成严重后果的；

（五）全国、省人大常委会转办要求报告结果的案件，逾期不报告，或者虽有报告，而处理结果仍然不公的；

（六）在本市有重大影响，群众反映强烈的案件；

（七）市人大常委会认为应当实施个案监督的其他案件。

第十七条 实施个案监督的方式：

（一）交办案件。市人大常委会对有关信访案件，可以书面方式交有关司法机关办理。承办单位应在三个月内办理完毕，并书面报告办理结果；不能按期办结的，应报告办理情况和不能按期办结的原因。

（二）听取案件情况的汇报。市人大常委会对重点信访案件可以组织听取司法机关有关负责人和办案人员对案件情况的汇报，并提出建议意见。

（三）临案旁听。人民法院在开庭审理案件或行政执法部门举行听证时，市人大常委会可视案件情况组织常委会组成人员、专门委员会委员和人大代表临案旁听。参加旁听的市人大常委会组成人员、专门委员会委员或人大代表，旁听后可对庭审或听证过程中发现的问题提出建议和意见。

（四）案件评查。市人大法制委员会根据市人大常委会主任会议安排或工作需要，可以对具体案件进行评查，提出建议和意见；对重大违法问题，应向市人大常委会主任会议提出报告。

（五）审查法律文书。市人大常委会可根据需要，要求有关司法机关报送具体案件的主要法律文书。审查发现有违法问题，可直接向有关司法机关提出纠正意见，问题严重的应向市人大常委会主任会议提出报告。

（六）专题调查、质询、下达法律监督文书。对于群众反映特别强烈、问题特别严重、显失公正的案件，市人大常委会根据情况依法决定运用特别问题调查、提起质询案、下达法律监督文书等监督方式，并可做出相应的决议或决定。

第十八条 对市人大常委会进行监督的个案，被监督机关在研究处理时，应邀请市人大常委会派员列席会议。

第十九条 市人大常委会在实施个案监督过程中，应当对人民法院、人民检察院、公安机关、司法行政机关及其工作人员的办案情况和接受市人大常委会个案监督的情况如实记载，建立档案，作为市人大常委会任免相关机关工作人员的重要依据。

第二十条 司法机关及其工作人员有下列行为之一的，应当严格按照错案责任追究制、执法过错责任追究制和国家赔偿制度依法追究有关负责人、责任人的行政责任以及法律责任：

（一）违反法律、法规办理案件造成错案的；

（二）对市人大常委会提出的监督意见和建议不依法办理的；

（三）违反本办法，作虚假报告、虚假答复和提供虚假材料的；

（四）对市人大常委会实施个案监督的工作人员进行打击报复的。

第二十一条 市人大常委会对前条所列行为，可以根据情节作如下处理：

（一）责成司法机关及其负责人、责任人作出检查，并予通报批评；

（二）建议司法机关追究责任人员和负有领导责任的人员的行政责任或者法律责任；

（三）对市人大常委会任命的人员，情节严重的，依法免去或者撤销职务；

（四）对市人民代表大会选举产生的人员，情节严重的，依法向市人民代表大会提出罢免案；

（五）涉嫌犯罪的，建议司法机关依法追究刑事责任。

第二十二条 市人大常委会在实施个案监督时，参与工作的人员应当客观公正、依法办事，违者按情节给予教育、批评、行政处分，构成犯罪的，由司法机关依法追究刑事责任。

第二十三条 本办法由市人大常委会负责解释。

第二十四条 本办法自通过之日起施行。

阳泉市人民代表大会常务委员会议事规则

（2007年7月30日阳泉市第十三届人民代表大会常务委员会第二次会议通过）

第一章 总 则

第一条 为了规范市人民代表大会常务委员会的议事程序，提高议事质量和效率，根据《中华人民共和国宪法》《中华人民共和国地方各级人民代表大会和地方各级人民政府组织法》《中华人民共和国各级人民代表大会常务委员会监督法》《山西省市、县、区人民代表大会组织通则》的有关规定，结合我市人民代表大会常务委员会工作实际，制定本规则。

第二条 市人民代表大会常务委员会（以下简称市人大常委会）依照法定的权限和程序工作，集体行使职权。

第三条 市人大常委会审议议案、决定事项，应当充分发扬民主，实行民主集中制原则。

第四条 市人大常委会召开的重要会议和举行的重大活动，除涉及国家机密外，市主要新闻单位应当进行公开报道。

第二章　会议的召开

第五条　市人大常委会会议每两个月至少举行一次。

市人大常委会会议由主任召集并主持。主任可以委托副主任主持会议。

第六条　市人大常委会会议必须有全体组成人员的过半数出席才能举行。

第七条　市人大常委会会议的议程草案由主任会议拟定，提请市人大常委会会议预备会议通过。

在市人大常委会会议期间，可以根据需要，经主任会议提出，全体会议同意，临时调整会议议程。

第八条　市人大常委会会议的日期、日程由主任会议决定。市人大常委会举行会议，一般应在会议举行前一个月，将会议的预定时间、会议建议议程，通知常委会组成人员和有关机关。

临时召集的会议，可以临时通知。

第九条　市人大常委会举行会议时，下列人员应列席会议：市人民政府、市中级人民法院、市人民检察院的负责人；市人大各专门委员会负责人，市人大常委会副秘书长，市人大常委会工作机构负责人；各县（区）人民代表大会常务委员会负责人；市人民政府有关部门的主要负责人；市人大各专门委员会委员列席与其工作有关的市人大常委会会议。

必要的时候，可以邀请市政协负责人；在本市的全国人民代表大会代表、部分省人民代表大会代表和市人民代表大会代表，以及其他人员列席会议。

其他需要列席会议的人员，由市人大常委会办公厅提出，主任会议决定。

列席市人大常委会会议的人员有发言权，没有表决权。

第十条　市人大常委会全体会议设立旁听席。本市公民可按市人大常委会有关规定旁听市人大常委会全体会议。

第十一条　市人大常委会举行会议时，可以召开全体会议、分组会议或联组会议。

第十二条　市人大常委会举行会议时，根据需要，由主任会议决定，可以在全体会议或者联组会议上安排市人大常委会组成人员作自选主题发言。

第十三条　市人大常委会举行会议时，市人大常委会组成人员除因病或者其他特殊原因请假外，必须出席会议。请假手续按《阳泉市人大常委会组成人员守则》有关规定办理。

市人大常委会组成人员出席和缺席市人大常委会会议的情况，在《阳泉市人民代表大会常务委员会公报》上公布。

第三章　议案的提出和审议

第十四条　市人大常委会主任会议可以向市人大常委会提出属于市人大常委会职权范围内的议案，由市人大常委会会议审议。

市人民政府、市中级人民法院、市人民检察院和市人民代表大会各专门委员会可以向市人大常委会提出属于市人大常委会职权范围内的议案，由主任会议决定提请市人大常委会会议审议，也可以先交有关专门委员会审议或者市人大常委会有关工作机构讨论，提出报告，再提请市人大常委会会议审议。

市人大常委会组成人员五人以上联名可以向市人大常委会提出属于市人大常委会职权范围内的议案，由主任会议决定是否提请市人大常委会会议审议，也可先交有关专门委员会审议或者市人大常委会有关工作机构讨论，提出报告，再决定是否提请市人大常委会会议审议。不提请审议的，应当向提案人说明。

第十五条 在市人民代表大会闭会期间，主任会议或者市人大常委会五分之一以上组成人员联名，可以向市人大常委会提出对个别由本市选出的省人民代表大会代表的罢免案。罢免案应当写明罢免理由。

第十六条 市人民代表大会决定授权市人大常委会审议的议案，依照《阳泉市人民代表大会代表议案的提出和处理办法》的有关规定办理，必要时由市人大常委会会议作出决定。

第十七条 市人大常委会会议审议人事任免案、辞职案、撤职案，依照《阳泉市人民代表大会常务委员会人事任免办法》的有关规定办理。

第十八条 对列入会议议程的议案，提议案的机关和提案人、有关的专门委员会、市人大常委会有关工作机构应当提供有关资料或对议案作补充说明。

第十九条 提议案的机关应当在市人大常委会全体会议上作关于议案的说明，市人大常委会全体会议听取议案说明后，召开分组会议对议案进行审议；根据需要，也可以召开联组会议或者全体会议对议案进行审议。

市人大常委会会议审议议案时，提案人和其他有关机关负责人应当到会听取审议意见，并回答询问。

第二十条 市人大常委会会议审议罢免案时，被提出罢免的代表有权在主任会议和市人大常委会全体会议上陈述申辩意见，或者提出书面申辩意见，由主任会议印发市人大常委会全体会议。罢免案经市人大常委会会议审议后，由主任会议提请市人大常委会全体会议表决。

第二十一条 市人大常委会会议审议议案时，如果组成人员意见分歧较大，主任会议可以决定该议案暂不交付表决。

第二十二条 列入市人大常委会会议议程的议案，在交付表决前，提案人要求撤回的，经主任会议同意，对该议案的审议即行终止。

第四章　听取和审议专项工作报告

第二十三条 市人大常委会全体会议听取和审议市人民政府、市中级人民法院、市人民检察院的专项工作报告。

市人大常委会全体会议可以听取和审议主任会议、专门委员会和市人大常委会工作机构受主任会议委托所作的专项工作报告。

向市人大常委会会议所作的专项工作报告，主任会议可以根据情况决定采取口头形式或者书面形式。

第二十四条 列入市人大常委会会议议程草案的专项工作报告，市人民政府、市中级人民法院或者市人民检察院应当在市人大常委会举行会议的二十日前，由其办事机构将专项工作报告送交市人民代表大会有关专门委员会或者市人大常委会有关工作机构征求意见。市人民政府、市中级人民法院或者市人民检察院对报告修改后，在市人大常委会举行会议的十日前送交市人大常委会。

市人大常委会办事机构应当在市人大常委会举行会议的七日前，将专项工作报告发给市人大常委会组成人员。

第二十五条 市人民政府向市人大常委会全体会议报告工作时，应当由市长或副市长到会报告，也可以委托有关工作部门的主要负责人报告。市中级人民法院、市人民检察院向市人大常委会会议报告工作时，应当由院长、检察长到会报告，也可委托副院长、副检察长到会报告。主任会议、专门委员会、市人大常委会工作机构向市人大常委会报告工作时，分别由市人大常委会主任、副主任或秘书长，专门委员会主任委员或副主任委员，市人大常委会工作机构的主任或副主任报告。

市人大常委会全体会议听取专项工作报告后，召开分组会议对报告进行审议，必要时也可以召开联组会议或者全体会议进行审议。

市人大常委会审议报告时，有关机关的负责人应到会听取意见，回答询问。

第二十六条 市人大常委会组成人员对审议的工作报告不满意意见较多时，主任会议可以决定有关机关在本次或以后的市人大常委会会议上重新或者补充报告。

第二十七条 市人大常委会会议审议专项工作报告时提出的建议、批评和意见，由市人大常委会工作机构综合整理，形成市人大常委会会议纪要和审议意见，经市人大常委会秘书长审阅、主任或副主任签发后，审议意见交由市人民政府、市中级人民法院或者市人民检察院研究处理。市人民政府、市中级人民法院或者市人民检察院应当将研究处理情况的报告由其办事机构送交市人民代表大会有关专门委员会或者市人大常委会有关工作机构征求意见，然后向市人大常委会提出正式书面报告，由主任会议决定印发市人大常委会会议。

第二十八条 市人大常委会认为必要时可以对工作报告作出决议、决定。

决议或者决定草案由主任会议提请常委会会议审议。

市人民政府、市中级人民法院或者市人民检察院应当在决议规定的期限内，将执行决议的情况向市人大常委会报告。

第二十九条 市人大常委会听取的专项工作报告及审议意见，人民政府、人民法院或者人民检察院对审议意见研究处理情况或者执行决议情况的报告，向市人民代表大会代表通报并向社会公布。

第五章 质 询

第三十条 在市人大常委会会议期间，市人大常委会组成人员五人以上联名，可以向常委会书面提出对市人民政府及其所属部门、市中级人民法院、市人民检察院的质询案。

质询案必须写明质询对象、质询的问题和内容。

第三十一条 质询案由主任会议决定交由受质询机关在市人大常委会全体会议或者有关的专门委员会会议上口头答复，或者由受质询机关书面答复。

质询案在专门委员会会议上答复的，提质询案的市人大常委会组成人员有权列席会议，发表意见，并由专门委员会向常务委员会或者主任会议提出报告。主任会议认为必要时，可以将答复质询案的情况报告印发市人大常委会会议。

质询案以口头答复的，应当由受质询机关的负责人到会答复；质询案以书面答复的，应当由受质询机关的负责人签署，由主任会议印发会议或者印发提质询案的市人大常委会组成人员。

第三十二条 市人大常委会或者专门委员会多数组成人员对受质询案的答复不满意时，主任会议可以决定受质询机关重新答复；重新答复仍不满意的，主任会议可以依法决定采取其他措施。

第三十三条 质询案在受质询机关答复前，提质询案的市人大常委会组成人员要求撤回的，经主任会议同意，可以撤回。

第六章　特定问题调查委员会

第三十四条　市人大常委会对属于其职权范围内的事项，需要作出决议、决定，但有关重大事实不清的，可以组织相关特定问题的调查委员会。

第三十五条　主任会议可以向市人大常委会提议组织关于特定问题的调查委员会，提请市人大常委会审议。

五分之一以上市人大常委会组成人员书面联名，可以向市人大常委会提议组织关于特定问题的调查委员会，由主任会议决定提请市人大常委会审议，或者先交有关的专门委员会审议、提出报告，再决定提请市人大常委会审议。

第三十六条　调查委员会由主任委员、副主任委员和委员组成，由主任会议在市人大常委会组成人员和市人民代表大会代表中提名，提请市人大常委会审议通过。调查委员会可以聘请有关专家参加调查工作。

与调查的问题有利害关系的市人大常委会组成人员和其他人员不得参加调查委员会。

第三十七条　调查委员会进行调查时，有关的国家机关、社会团体、企业事业组织和公民都有义务向其提供必要的材料。

提供材料的公民要求对材料来源保密的，调查委员会应当予以保密。

调查委员会在调查过程中，可以不公布调查的情况和材料。

第三十八条　调查结束后，调查委员会应当向市人大常委会提出调查报告。市人大常委会根据报告，可以作出相应的决议、决定。

第七章　发言、表决和公布

第三十九条　市人大常委会组成人员在全体会议上的发言一般不超过十五分钟；在联组会议上的发言一般不超过二十分钟，再次对同一问题的发言，不超过十分钟。事先提出要求的，经会议主持人同意的，发言时间可以适当延长。

列席人员在联组会议上的发言时间，参照前款的规定执行。

第四十条　在市人大常委会全体会议上，主持人宣布议案、工作报告交付表决后，市人大常委会组成人员不得再对该议案和工作报告发表意见，但与表决程序有关的问题不在此限。

第四十一条　交付市人大常委会会议表决的议案，有修正案的，先表决修正案。

第四十二条　市人大常委会会议表决议案和专项工作报告，采取无记名电子表决方式，如遇特殊情况采取其他方式的，需经市人大常委会多数组成人员同意。

表决罢免案采用无记名方式。

第四十三条　市人大常委会组成人员对议案和专项工作报告可以投赞成票，可以投反对票，也可以弃权。

市人大常委会全体会议表决议案和专项工作报告，由全体组成人员过半数通过有效。

表决结果由会议主持人当场宣布。

第四十四条　市人大常委会组成人员在市人大常委会会议上的发言、表决和列席会议的市人民代表大会代表的发言，不受法律追究。

第四十五条 市人大常委会会议通过的决议、决定、任免名单，应当及时在《阳泉市人民代表大会常务委员会公报》上公布，并于会议结束后三日内在《阳泉日报》等主要新闻媒体上刊播。

第八章 附 则

第四十六条 本规则由阳泉市人民代表大会常务委员会负责解释。

第四十七条 本规则自通过之日起施行。1989 年 8 月 31 日阳泉市第九届人大常委会第十一次会议通过，1997 年 6 月 26 日阳泉市第十一届人大常委会第一次会议修正的《阳泉市人民代表大会常务委员会议事规则》同时废止。

阳泉市人民代表大会常务委员会代表接待日制度

（2007 年 10 月 26 日阳泉市第十三届人民代表大会常务委员会第四次会议通过）

为了加强同全国人大代表、省人大代表和市人大代表的联系，及时地听取代表的建议、批评和意见，建立市人大常委会主任、副主任、秘书长定期接待代表活动日制度。

一、代表接待日原则上定于每月 15 日上午 9 点至 11 点（如遇休息日则推后于下周一），接待的时间、地点要提前一周公布，告知代表，具体事宜由市人大常委会办公厅和人事代表工作委员会负责。

二、代表拟在接待日向市人大常委会反映情况的，可在接待日 3 天前与市人大常委会办公厅联系，以便统一安排。

三、接待代表要热情，认真听取来访代表建议、批评和意见，对提出的建议、批评和意见，工作人员要做好登记，一事一表。

四、对代表提出的问题和要求，能当场答复的立即答复；情况清楚，政策明确，但需进一步协调研究的，原则上 15 个工作日内办理完毕；情况复杂、解决难度较大的，30 个工作日内要有反馈意见；无法解决或不属受理范围的，当即作出说明，并依据有关政策法规做好解释工作。

阳泉市人民代表大会常务委员会代表小组活动制度

（2007 年 10 月 26 日阳泉市第十三届人民代表大会常务委员会第四次会议通过）

一、全市人大代表本着就地就近和便于活动的原则，以选举单位为基础组建代表小组，选举组长、副组长各 1 人，在组长或副组长主持下开展小组活动。

二、代表小组每季度集体活动一次，每次活动时间不少于一天，如遇特殊情况或工作需要，可以随时组织活动。

三、代表小组每年应制定活动计划，活动要有记录。活动计划应报市人大人事代表工作委员会备案。

四、代表小组活动采取因地、因时制宜，灵活多样的方式开展。

五、代表小组活动内容主要是：

（一）学习宪法、法律、法规，以及全国、省和市人民代表大会及其常委会的各项决议、决定；

（二）开展视察活动；

（三）进行调查研究；

（四）联系人民群众，听取他们的意见和要求，及时向有关部门反映。

六、代表小组活动要及时总结经验，交流活动情况，对本组活动的形式、内容和效果要及时向市人大汇报，以便推广。

阳泉市人民代表大会常务委员会关于代表学习培训工作的意见

（2007年10月26日阳泉市第十三届人民代表大会常务委员会第四次会议通过）

为了提高全市人大代表依法履职的能力，充分发挥人大代表作用，依据《中华人民共和国全国人民代表大会和地方各级人民代表大会代表法》和中发〔2005〕9号文件的有关规定，制定本制度。

一、代表培训的主要内容

（一）宪法及有关法律法规；

（二）人民代表大会制度基本理论知识；

（三）人大代表执行代表职务基本知识；

（四）参加议题调研、视察、审议、审查等所需专业知识等；

（五）市人大常委会的议事规则、工作程序等相关规章制度。

二、代表培训的组织方式

市人大代表学习培训的具体工作，由市人大常委会办公厅和人事代表工作委员会组织落实。代表学习培训的基本安排为初任学习、履职学习、专题学习。

（一）代表初任学习，集中安排在新一届市人大代表当选后到市人大一次会议召开前，主要委托县（区）人大常委会或选举单位负责组织。学习人民代表大会制度的基本理论、宪法基本知识、代表地位、权利与义务和市人民代表大会议事规则、工作程序等，时间安排一般为1至2天。

（二）代表履职学习，集中在每届市人大一次会议召开后至三次会议前后的两年多期间内安排。由市人大常委会人事代表工作委员会组织全市人大代表通过举办学习班的形式，分期分批，集中学习培训。主要结合代表的履职活动，学习如何审议工作报告、法律案等，代表议案和建议、批评、意见的提出及办理，代表闭会期间的活动等，时间安排一般为3天。

（三）代表专题学习的安排，在代表五年任期内，根据实际需要，确定专题学习的时间和内容，由市人大常委会人事代表工作委员会会同相关专门委员会共同举办专题学习班，集中组织学习。

三、代表学习培训的实施保障

（一）人事代表工作委员会负责学习培训计划的制定；

（二）培训时间、地点、资料以及经费等具体事宜，由市人大相关各专门委员会和常委会工作机构共同配合提供，报市人大常委会主任会议研究决定；

（三）为强化培训效果，可适当组织代表开展培训测试、培训问卷调查、召开培训座谈会、代表写书面心得体会等活动；

（四）代表所在单位对代表参加学习培训，应按法律的有关规定做好保障工作；

（五）参加学习培训的代表，应按照相关通知要求参加，不得无故缺席；

（六）市人大代表有关的学习培训情况，将作为考核、评比的主要参考标准。

阳泉市人民代表大会常务委员会关于加强代表工作的意见

（2007年10月26日阳泉市第十三届人民代表大会常务委员会第四次会议通过）

为了加强人大代表工作，根据《中华人民共和国地方各级人民代表大会和地方各级人民政府组织法》《中华人民共和国全国人民代表大会和地方各级人民代表大会代表法》和中发〔2005〕9号文件的有关规定，结合本市实际，制定本意见。

代表联系

第一条 市人民代表大会常务委员会（以下简称市人大常委会）直接和委托各选举单位与市人民代表大会代表（以下简称市人大代表）联系，指定一名副主任分管。市人大常委会人事代表工作委员会具体负责代表联系工作。

第二条 市人大常委会主任、副主任、秘书长和委员分工联系市人大代表，联系活动一年不少于两次。可采取走访代表、召开代表座谈会、通信、参加代表小组活动等联系方式，直接同市人大代表对话，听取代表意见。

第三条 市人大常委会人事代表工作委员会会同市人大各专门委员会负责市人大代表议案、建议和意见的督办，督促承办单位先面商答复、按规定时间办理，并将办理结果正式答复代表。同时，每年都应选择若干件代表建议、批评和意见，组织市人大代表对办理情况进行视察，同时必须听取和审议政府承办代表建议工作的汇报，总结经验，提出改进意见。

第四条 市人大常委会举行会议，应根据会议议题，邀请相关方面的市人大代表和本市选举产生的省级人大代表列席。重要决议、决定草案，审议前应印发有关市人大代表或召开有市人大代表参加的座谈会征求意见。审议通过后，连同有关的文件资料，按规定及时发送市人大代表。

第五条 市人大常委会主任会议组成人员轮流接待市人大代表，听取市人大代表职责范围内的意见建议，原则上每月一次。接待的具体工作由市人大常委会办公厅和人事代表工作委员会承担。

第六条 市人大常委会每年至少召开一次市人大代表工作座谈会或工作交流会，听取市人大代表对市人大常委会和“一府两院”、代表工作及其他方面工作的意见。

第七条 市人大常委会除联系市人大代表，组织市人大代表对本级国家机关和有关单位的工作进行视察外，还要受省人大常委会的委托，联系本行政区域内的省级人民代表大会代表，组织开展活动。

代表活动

第八条 市人大常委会要在每年的市人民代表大会（以下简称市人代会）前根据会议审议的议

题及代表关注的重要问题，组织代表开展视察，为市人代会期间的工作做好准备。

第九条 列入市人代会议程的报告要提前至少 10 天送达市人大代表。审议时，报告单位要派负责人听取意见，回答代表的询问。对代表提出的意见要认真研究处理，并向大会主席团报告。

第十条 市人大常委会在市人代会闭会期间，要围绕全市中心工作和市人大常委会的重点工作，组织市人大代表开展专题视察和调研。要督促被视察单位提供相关材料，如实汇报情况，认真办理代表意见并按要求报送结果。

除参加市人大常委会统一组织的视察活动外，对个人或几个人联合持代表证就地进行的视察，市人大常委会根据市人大代表的要求，负责联系安排市人大代表视察的有关活动并提供服务。

第十一条 市人大常委会要有针对性地组织市人大代表进行执法检查，了解法律法规实施情况，发现存在问题，提出改进意见和建议。

第十二条 市人大代表应邀可列席市人大常委会、专门委员会、工作委员会会议以及选举单位的人大常委会会议；可列席选举单位的人民代表大会会议。

第十三条 市人大代表应根据人民群众的意见、要求以及自己的调查了解情况，向有关方面提出工作建议、批评和意见。

第十四条 市人大常委会要结合当地实际，本着便于组织、便于开展活动的原则，委托选举单位将市人大代表组成代表小组，并由代表小组推举出代表小组组长、副组长。

根据市人大常委会的工作要点，拟定出本年度代表小组活动计划，供代表小组开展活动参考，并做好相关服务工作。

第十五条 市人大常委会采取以会代训、办培训班、举办专题讲座等多种形式，加强对市人大代表的培训，提高市人大代表的代表意识和执行代表职务的能力。

每届市人代会第一次会议前，要对市人大代表进行人民代表大会制度有关知识的专题培训。任期内，根据情况进行人大制度理论等方面内容的系统培训。

市人大常委会要为市人大代表提供有关人大工作的书刊、杂志、报纸及相关资料，拓宽代表知情知政的渠道。

第十六条 市人大常委会建立向市人大代表通报重大事项的制度，通报一个时期内的重点工作、重要决策以及人民群众普遍关心的热点、难点问题的解决和处理情况等内容。

通报可采取印发公报、简报、刊物等形式，也可以召开通报会。向代表通报重大事项要与实行政务公开、检务公开、审务公开结合起来，讲求实效，克服形式主义。

第十七条 市人大常委会人事代表工作委员会根据代表法的规定和当地实际情况，提出当年代表活动经费的安排计划，由财政部门列入本级财政预算，由市人大常委会统一管理。

第十八条 由市人大或者市人大常委会召开的会议、专门委员会会议，组织的视察、调查，参加特定问题调查委员会的工作时间、代表小组组织活动的时间，市人大代表所在单位应按照代表执行代表职务时间优先于本职工作时间予以保证，并按正常出勤享受所在单位的工资和其他待遇。

市人大代表自己安排的代表活动，如在工作时间进行的，所在单位应帮助解决。

第十九条 市人大常委会人事代表工作委员会建立本级代表履职情况的统计制度。市人大代表要通过代表活动报告、接受人民群众的评议、开展评选表彰人大代表的先进事迹等形式，激励市人大代表的工作积极性，规范和约束代表的行为，自觉接受人民群众的监督。对不称职或者不能代表大多数人的利益和意志的代表，原选区或者原选举单位可以依法罢免。

代表作用发挥

第二十条 市人大代表作为国家权力机关的组成人员，应在我市的经济、政治和社会生活中发挥重要作用。要努力学习，不断提高自身素质。在积极发挥决策作用、监督作用的同时，要发挥好模范带头作用，模范地遵守宪法和法律，努力做好本职工作，积极协助“一府两院”推进工作。

第二十一条 市人大代表要密切联系人民群众。采取走访、座谈、接待来访等多种形式，经常听取人民群众的意见，回答选区或者选举单位对代表工作和代表活动的询问，下情上传，上情下达，发挥党和国家联系人民群众的桥梁纽带作用。

第二十二条 市人大代表要正确处理执行代表职务与接受监督的关系，自觉接受选民或者选举单位的监督。不在原选举单位辖区内工作、居住的代表，要回原选区和选举单位参加活动，每年不应少于一次。

阳泉市人民代表大会常务委员会
关于邀请人大代表列席常务委员会会议暂行办法

（2007年10月26日阳泉市第十三届人民代表大会常务委员会第四次会议通过）

为进一步加强市人大常委会与人民代表之间的联系，拓展代表参政议政的途径，保证代表知情权、知政权的实现，根据《中华人民共和国全国人民代表大会和地方各级人民代表大会代表法》第二十三条、二十四条和《阳泉市人民代表大会常务委员会议事规则》第九条之规定，结合我市实际，制定本办法。

第一条 市人大常委会举行会议时，邀请8—10名市人大代表（以下简称列席代表）列席会议，也可以邀请驻本市的全国人大代表或省人大代表列席会议。

第二条 每次市人大常委会会议召开前，办公厅根据本次常委会会议的议题提出列席代表建议名单，报秘书长会议研究确定后，由办公厅负责将召开会议的有关事宜通知代表本人和代表所在单位。常委会会议审议议题的有关文件，要在常委会举行会议前七天送达每位列席代表。

第三条 列席代表应围绕有关议题开展调研活动，为审议相关议题做好准备。列席代表在常委会全体会议和分组会议上提出的意见，同常委会组成人员的审议意见一并整理，转交有关部门研究办理。

列席代表在常委会会议上有发言权，无表决权。

第四条 列席代表要严守国家机密。凡属规定不应公开的内容，不得以任何方式传播。

第五条 根据《代表法》第三十二、第三十九条之规定，被邀请的人大代表列席常委会会议，代表所在单位要为代表执行代表职务提供方便，按照正常出勤对待，不得扣发工资和其他补贴。

第六条 代表列席市人大常委会会议所需经费列入财政预算。

第七条 列席代表应按时参加会议。因故不能列席的，会前须向市人大常委会办公厅书面请假。

第八条 本办法自通过之日起施行。

阳泉市人民代表大会常务委员会
阳泉市人民监督员选聘管理办法

（2007 年 11 月 21 日阳泉市第十三届人民代表大会常务委员会第五次会议通过）

第一条 为了进一步规范人民监督员的选聘管理工作，保障人民监督员对检察机关查办职务犯罪案件的监督，提高案件监督质量和水平，根据宪法和相关法律，结合我市实际情况，制定本办法。

第二条 阳泉市人民代表大会常务委员会选聘的人民监督员名额为十九人。

第三条 人民监督员应当具备下列条件：

（一）拥护中华人民共和国宪法；

（二）有选举权与被选举权；

（三）年满 23 岁；

（四）公道正派，有一定文化水平和政策水平及法律知识；

（五）身体健康。

第四条 下列人员不得担任人民监督员：

（一）受过刑事处罚或者受到刑事追究的；

（二）受到劳教等行政处罚的；

（三）被开除公职或者开除留用的；

（四）正在被纪检、监察机关调查的。

第五条 下列人员不宜担任人民监督员：

（一）党委、政府及其组成部门的负责人；

（二）人民代表大会常务委员会组成人员；

（三）人民法院、人民检察院、公安机关、国家安全机关、司法行政机关的在职人员；

（四）执业律师、人民陪审员等法律工作者；

（五）其他因职务原因可能影响履行人民监督员职责的人员。

第六条 在推荐人民监督员人选时，阳泉市人民代表大会常务委员会应当提前向社会公告人民监督员的选聘条件、名额、程序及推荐期限等相关事项。

第七条 市直各机关、团体、企业事业单位经民主推荐并征得本人同意后可向市人大法制委员会推荐人民监督员人选。

公民个人可以申请担任人民监督员，公民个人和基层组织应通过县（区）人大法制工作委员会向市人大法制委员会推荐人民监督员人选。

第八条 推荐单位、组织或者个人应当填写、提交《人民监督员人选推荐表》或《人民监督员人选申请表》，申请者个人还应提交本人身份证明材料复印件。

第九条 市人大法制委员会应对推荐人选进行资格审查，然后会同阳泉市人民代表大会常务委员会人事代表工作委员会、市人民检察院对推荐人选的工作能力、现实表现等情况进行考察。

第十条 确定人民监督员人选，应当充分考虑其是否公道正派，是否具有广泛的代表性和社会公信度，是否能够充分反映社情民意和对案件的社会评价。

人民监督员的构成，应当充分考虑所代表社会阶层、界别的广泛性，适当考虑县（区）行政区划间名额的均衡。

第十一条 对经考察拟任人民监督员的人选，阳泉市人民代表大会常务委员会应当向社会公示，时间不少于7日。

第十二条 经公示无异议的人民监督员人选，由市人大法制委员会提请阳泉市人民代表大会常务委员会确认。

经确认的人民监督员，由阳泉市人民代表大会常务委员会颁发人民监督员证书，并向社会公告。

第十三条 出现下列情形之一的，人民监督员可以辞去资格：

（一）因职务调整，出现本办法第五条规定情形的；

（二）不愿意继续担任人民监督员的。

第十四条 人民监督员具有下列情形之一的，应当撤销其资格：

（一）不再具有本办法第三条第（一）、（二）、（四）、（五）项规定的条件之一的；

（二）出现本办法第四条规定的情形的；

（三）违反有关规定，造成不良后果的；

（四）一年内无故不参加监督活动两次以上的。

第十五条 人民监督员资格的撤销，由市人大法制委员会提请阳泉市人民代表大会常务委员会决定。需要查证的，由市人大法制委员会、人事代表工作委员会会同市人民检察院进行。

第十六条 人民监督员的任期为三年，连续任职不得超过两个任期。任期届满，其职务自动解除。

第十七条 撤销或辞去人民监督员资格，应当向社会公告。

第十八条 人民监督员出现缺额，可以依照本办法规定的程序增补。

第十九条 人民监督员的培训考核由人大法制委员会具体负责，检察机关予以配合。

第二十条 人民监督员履行职责及选聘管理所需经费应当按每人每年3000元纳入市政府财政预算，由阳泉市人民代表大会常务委员会专项管理，单独列支，专款专用。

检察机关应当为人民监督员提供必要的工作条件。

人民监督员所在单位应当支持人民监督员履行职责，人民监督员参加监督、培训及相关工作期间的工资、奖金及其他福利待遇不受影响。

第二十一条 检察机关有须监督的案件时，应与市人大法制委员会联系，由法制委员会随机抽取三名以上、总数为单数的人民监督员参加监督活动。人民监督员参加监督活动的交通费、误餐费、办案补助应按每人每天不少于100元执行。

第二十二条 人民监督员参加案件监督的具体程序，适用《阳泉市检察机关人民监督员制度实施细则（试行）》。

第二十三条 本办法由阳泉市人民代表大会常务委员会负责解释。

阳泉市人民代表大会常务委员会
阳泉市财政预算审查监督办法

（2003年4月8日阳泉市十二届人民代表大会常务委员会第七次会议通过，根据2008年10月24日阳泉市第十三届人民代表大会常务委员会第十二次会议通过的《阳泉市人民代表大会常务委员会关于修改〈阳泉市财政预算审查监督办法〉的决定》修正）

总　则

第一条　为加强预算的审查监督，保障经济和社会各项事业的健康发展，根据《中华人民共和国地方各级人民代表大会和地方各级人民政府组织法》《中华人民共和国预算法》《山西省预算监督条例》和其他有关法律、行政法规的规定，结合本市实际，制定本办法。

第二条　市人民代表大会常务委员会监督本级总预算和本级预算的执行；审查和批准本级预算的调整方案；审查和批准本级决算；撤销本级人民政府和下一级人民代表大会及其常务委员会关于预算、决算的不适当的决定、命令和决议；监督本行政区域内有关预算法律、法规的执行情况。

第三条　市人民代表大会财政经济委员会（以下简称市人大财经委员会）在本级人民代表大会及其常务委员会领导下，对提交人代会审查和批准的预算进行预审，并提出审查报告。

市人大财经委员会承担审查预决算、预算调整方案和监督预算执行方面的具体工作。

第四条　下级人民代表大会批准的预算及决议应当报上一级人民代表大会常务委员会备案。

下级人民代表大会常务委员会作出的有关预算的决议、决定应当报上一级人民代表大会常务委员会备案。

第五条　市人民代表大会常务委员会可以就预算审查监督中的重大问题举行听证会；可以对本级人民政府及其有关部门的预算执行情况进行评议；可以就重大问题依法提出质询或者成立特定问题调查委员会，也可以责成市人民代表大会常务委员会的相关机构进行调查。

第六条　市人民政府审计部门应当根据《中华人民共和国审计法》的有关规定对本级预算执行情况实施审计监督。

第七条　审计部门对本级预算执行情况的审计报告，在报送市人民政府的同时应报送市人大财经委员会，并在规定的时间提请阳泉市人民代表大会常务委员会会议审议。必要时，常委会可以就审计报告做出决议。

市人民代表大会常务委员会根据情况可以组织代表参与审计监督，也可以要求人民政府责成审计部门进行专项审计，并向常委会报告审计结果。

第八条　根据收支两条线管理规定，市人民政府要将市级预算外资金纳入部门预算的综合编制中，对收支情况应定期向阳泉市人民代表大会常务委员会报告。

预算编制

第九条　预算编制要坚持建立适应社会主义市场经济的公共财政的改革方向，坚持收支平衡、不列赤字和先有预算、后有支出，严格按预算支出的原则。

第十条 政府预算草案应按照《预算法》及部门预算编制方式进行编制。部门预算应实行零基预算和综合预算并编制到具体项目。增强预算的完整性、准确性、科学性和规范性。

第十一条 在编制下一年度本级预算过程中，市人民政府财政部门应当及时向市人大财经委员会通报情况和提供相关资料。

市人民政府财政部门提供的资料应包括：科目列到款的预算收支总表；本级部门预算单位收支表；补助下级支出及分类表；对农业、教育、科技、社会保障等重点支出的分类表；编制本级预算初步草案的说明及其他有关资料。

第十二条 市人大财经委员会应按法律法规的有关规定对本级上一年度预算执行情况和本年度本级预算草案进行初步审查。

第十三条 对预算草案审查时，应重点审查以下内容：

（一）预算编制程序、内容是否符合有关法规和政策，是否符合本行政区域经济和社会发展实际；

（二）收入、支出是否真实合理，是否坚持收支平衡原则；

（三）国家和本级政府为保障人民群众生活所规定的由财政承担的支出是否做了恰当安排；

（四）其他重要问题。

第十四条 市人民政府财政部门在编制市本级预算草案过程中和上报市政府常务会议前，应听取市人大财经委员会的初审意见和建议；市人民政府在市政府常务会议初步确定市本级预算草案后，应听取阳泉市人民代表大会常务委员会主任会议对预算草案的意见和建议。

预算执行

第十五条 阳泉市人民代表大会常务委员会对本级预算执行情况监督的主要内容包括：

（一）执行市人民代表大会关于预算决议和落实人民代表大会通过的预算修正案情况；

（二）预算收支的平衡情况；

（三）财政部门批复预算和落实预算措施的情况；

（四）财税部门依法征缴预算收入情况；

（五）预算支出执行情况；

（六）接受上级追加、返还或补助款项的使用和对下级转移支付情况；

（七）专项管理的预算资金、预备费和结转资金的使用情况；

（八）国库按规定收纳、划分、留解、拨付预算资金及退库情况；

（九）政府和财政部门有无违反规定对外提供财政担保和举借债务情况；

（十）预算执行中发生的其他重大事项。

第十六条 市人大财经委员会可以建立预算执行分析制度，听取有关部门工作汇报。市人民政府财政部门应当将预算收支执行、上年结转资金、预备费、上级专款的使用、主要项目调剂和转移支付等情况以及市人大财经委员会要求的内容，以文字或报表形式，按半年和年度终了分两次报送。

预算调整

第十七条 预算调整是指经市人民代表大会批准的本级预算，在执行中因特殊情况需要增加支出或减少收入，使原批准的收支平衡的预算的总支出超过总收入的变更。因特殊情况确需进行预算调整的，市人民政府必须编制预算调整方案，报请本级人大常委会审查批准。

第十八条 加强市人民政府财政偿还间接贷款（即为适应构建公共财政体制需要，贷款主体是政府下属，需安排由财政资金进行补贴或偿还，用于我市经济社会发展重大建设项目贷款）的管理，严格控制和规范财政偿还间接贷款行为。需财政偿还间接贷款，按照市政府报审、人大备案登记或审查批准后办理贷款的程序进行。

（一）经市人民政府集体研究、审查同意并需提请阳泉市人民代表大会常务委员会审查批准的财政偿还间接贷款重大建设项目，应将项目建议书、可行性研究报告及其评估报告（政府组织专家或具有相应资质的专业机构评审后出具）、还贷计划、报审议案等材料提前一个月报送阳泉市人民代表大会常务委员会，阳泉市人民代表大会常务委员会委托市人大财经委初审，经初审后，向阳泉市人民代表大会常务委员会主任会议提交初审报告，经阳泉市人民代表大会常务委员会主任会议同意后，提请阳泉市人民代表大会常务委员会审查批准；

（二）其他需财政偿还间接贷款建设项目，经市政府集体研究同意后，应及时向阳泉市人民代表大会常务委员会报送相关书面资料，实行备案登记制度。

第十九条 市人民政府应加强财政偿还间接贷款资金使用及还贷机制的管理与监督。

（一）市人民政府应明确财政偿还间接贷款的承贷、还贷主体及项目建设主体，建立健全偿债机制；财政偿还间接贷款的承贷、还贷主体，应履行统贷统还职能，明确偿债资金来源，建立偿债专项资金，并在财政立专户储存，由财政监督专款专用，确保及时、足额偿还银行贷款本息；当年需用财政资金补贴或偿还的财政偿还间接贷款，市人民政府应在年初将财政补贴或偿还资金列入当年财政预算。

（二）市人民政府每年应将财政偿还间接贷款资金的使用情况、项目建设情况、资金偿还情况向阳泉市人民代表大会常务委员会报告；经阳泉市人民代表大会常务委员会审查批准的财政偿还间接贷款，其主体单位每半年向阳泉市人民代表大会常务委员会报告资金的到位及使用情况，阳泉市人民代表大会常务委员会委托市人大财经委袁辉根据实际情况开展调查，并将调查结果报阳泉市人民代表大会常务委员会。

（三）市人民政府根据财政偿还间接贷款项目实施进度和资金偿还情况进行专项审计，并向阳泉市人民代表大会常务委员会报告审计结果。阳泉市人民代表大会常务委员会针对调查、审计、审议中发现的问题，形成书面材料，向市人民政府及其相关单位进行交办，市人民政府及相关单位应及时整改，并在限期内将整改情况报阳泉市人民代表大会常务委员会。

第二十条 在阳泉市人民代表大会常务委员会举行会议期间，常委会组成人员五人以上联名，可以按照收支平衡的原则提出修正预算调整方案的议案，由主任会议决定是否提请常委会会议审议。

第二十一条 在本级预算执行中，实际收入超过预算收入，市人民政府在保证总支出不超过总收入的前提下，可以用超收部分安排保障人民生活、偿还历史欠账及其他必要的支出。市人民政府动用超收收入追加支出一般应安排在第四季度，并编制超收收入使用方案，由财政部门及时向市人大财经委员会通报情况，市人民政府向阳泉市人民代表大会常务委员会作预算超收收入安排使用情况的报告。

第二十二条 严格控制不同预算科目之间的资金调剂。财政部门和各预算单位要严格按照批准的支出预算和部门预算执行。市人民代表大会批准的市本级农业、科技、教育、社会保障等有法规政策要求的专项预算资金的调减须经阳泉市人民代表大会常务委员会审查批准。

第二十三条 由于行政区划、行政事业单位隶属关系和上级收支政策变化或上级追加、追减各项专款等引起的预算变更，市人民政府财政部门在每一季度末汇总提出预算变动表，报本级人大常委会备案。

决 算

第二十四条 市人民政府财政部门编制本级决算草案，报本级人民政府审定后，由本级人民政府提请本级人大常委会会议审查批准。

第二十五条 决算草案应当按照本级人民代表大会批准的预算所列科目编制。决算报告应当载明：预算执行情况；实现或未实现预算的主要原因以及存在的主要问题；收支项目和预算单位实际执行数与预算数变化较大的原因；对审计报告提出的问题的说明；决算编制程序和上级批复决算情况；市政府认为应当说明或人大常委会要求说明的其他事项。

第二十六条 决算审查监督的主要内容：

（一）执行本级人民代表大会批准预算的情况；

（二）重大投资项目资金调整、专项配套资金、未列入预算的上年净结余资金、当年超收资金、预备费、上级补助资金、专项资金的使用情况；

（三）本级财政资产与负债情况；

（四）其他重要事项。

第二十七条 阳泉市人民代表大会常务委员会一般应在上半年举行审查批准市本级上一年度财政决算的会议。在阳泉市人民代表大会常务委员会召开会议的一个月前，财政部门应将决算草案及相关资料提交本级人大财经委员会，由其结合审计报告进行初审并向常委会会议提出审查报告。

决算经批准后，财政部门应在 30 日内批复各预算单位。

第二十八条 市政府审计部门对市本级预算执行情况和部门决算依法进行审计。审计出的问题要限时依法纠正、处理。阳泉市人民代表大会常务委员会在审查和批准本级决算草案前，市人民政府应当向本级人大常委会提出上年预算执行和其他财政收支情况的审计工作报告。

第二十九条 对阳泉市人民代表大会常务委员会组成人员在审查决算中提出的意见、建议、审计部门在审计中发现的问题和阳泉市人民代表大会常务委员会做出的相关决议，市人民政府应当在本级人大常委会要求的时间内报告整改和查处落实结果。

第三十条 上级财政部门批复的本级总决算，上级审计机关对本级决算审计后下达的审计意见和审计决定，市人民政府应报送本级人大常委会。

法律责任

第三十一条 有下列行为之一的，由阳泉市人民代表大会常务委员会责成本级人民政府及有关部门给予批评，责令改正；情节严重的，对主要责任人和有关责任人员给予行政处分：

（一）故意隐瞒或虚列预算收入、支出、造成预算、决算失实的；

（二）违反规定擅自批准、拨付和使用无预算、超预算资金的；

（三）违反规定提供财政担保，在财政偿还间接贷款项目申报中提供虚假材料，造成较大损失和重大影响及挪用预算资金的；

（四）依照法律、法规规定应当给予处分的其他行为。

第三十二条 对造成严重后果的违法行为负有直接责任的人员及其主管人员，属于阳泉市人民代表大会常务委员会任命的，可以依法免职或撤职。

第三十三条 公民、法人和其他组织对违反预算法律、法规的行为，有权向阳泉市人民代表大会常务委员会举报。任何人不得压制和打击报复。

附 则

第三十四条 本办法由阳泉市人民代表大会常务委员会负责解释。

第三十五条 本办法自公布之日起施行。

阳泉市人民代表大会常务委员会
阳泉市人民代表大会代表建议、批评和意见的提出和处理办法

（2010年3月23日阳泉市第十三届人民代表大会常务委员会第二十五次会议通过）

第一章 总 则

第一条 为做好市人民代表大会代表（以下简称代表）建议、批评和意见的提出和处理工作，保障代表依法行使提出建议、批评和意见的权利，充分发挥代表作用，根据有关法律，结合本市实际，制定本办法。

第二条 本办法所称代表建议、批评和意见，是指代表在市人民代表大会期间和闭会期间分别向市人民代表大会、市人民代表大会常务委员会就本市各方面工作提出的建议、批评和意见。

代表提出建议、批评和意见是法律赋予代表的权利，是执行代表职务，参加管理国家事务、管理经济和文化事业、管理社会事务的一项重要工作。

第三条 办理代表建议、批评和意见是有关机关、组织的法定职责。有关机关、组织应当认真研究处理代表的建议、批评和意见，并负责答复。

第四条 市人民代表大会常务委员会应当为代表提出建议、批评和意见提供必要的条件。市人民代表大会专门委员会，市人民代表大会常务委员会工作机构、办事机构应当为代表提出建议、批评和意见提供服务。

市人民代表大会会议期间，大会秘书处应当为代表提出建议、批评和意见提供服务，各代表团应当配备工作人员为代表提出建议、批评和意见做好服务。

第二章 代表建议、批评和意见的提出

第五条 代表应当与原选举单位和人民群众保持密切联系，通过视察、专题调研、走访、座谈

等方式，听取各方面的意见和要求，围绕本市政治、经济、文化、社会生活中的重大问题和人民群众关心的问题，提出建议、批评和意见。

县（区）人民代表大会常务委员会应当加强组织、协调，协助代表做好建议、批评和意见的提出工作。

第六条 代表提出建议、批评和意见应当实事求是，一事一议，事由清楚，内容具体。

代表提出建议、批评和意见应当使用统一印制的代表建议、批评和意见专用纸，由本人填写姓名和代表证号码，字迹应当工整清晰。特殊情况下，代表可以通过其他方式提出建议、批评和意见。

第七条 代表建议、批评和意见可以由代表一人提出，也可以由代表联名提出或者以代表团名义提出。

联名提出的，应当有一名领衔代表，参加联名的代表在确认所提建议、批评和意见的内容能够真实表达自己的意思后，签名附议。以代表团名义提出的，须经该代表团半数以上代表同意，并由代表团团长签名。

第八条 下列事项不应当作为代表建议、批评和意见提出：

（一）涉及解决代表本人及其亲属个人问题的；

（二）代转人民群众来信的；

（三）属于学术探讨、产品推介的；

（四）其他不应当作为代表建议、批评和意见的。

第九条 代表要求撤回本人或者与其他代表联名提出的建议、批评和意见，应当以书面形式提出。

第三章 代表建议、批评和意见的交办

第十条 代表在市人民代表大会会议期间提出的建议、批评和意见，由大会秘书处受理，并根据其内容和有关单位的职责，确定承办单位。会议结束后，由市人民代表大会常务委员会统一交办。

第十一条 代表在市人民代表大会闭会期间提出的建议、批评和意见，由市人民代表大会常务委员会人事代表工作委员会受理，并根据其内容和有关单位的职责，确定承办单位，及时交办。

第十二条 按照本办法第十条、第十一条的规定，确定代表建议、批评和意见的承办单位时，需要两个以上单位分别办理的，应当明确分办单位；需要两个以上单位共同办理的，应当明确主办单位和协办单位。

第十三条 承办单位认为代表的建议、批评和意见不属于本单位职责范围的，应自收到之日起5日内书面向交办机构说明情况；经交办机构同意后，承办单位方可退回，不得滞留、自行转办。交办机构应当在退回之日起10日内重新确定承办单位。

第十四条 市人民代表大会常务委员会人事代表工作委员会，应当对代表提出的建议、批评和意见进行调查研究、综合分析，认为需要重点办理的，应当提出办理方案，经市人民代表大会常务委员会主任会议研究决定后，交有关机关、组织重点办理。

第十五条 市人民代表大会常务委员会人事代表工作委员会应当将代表建议、批评和意见的交办情况以适当方式告知代表。

第四章　代表建议、批评和意见的办理

第十六条　承办单位应当建立健全代表建议、批评和意见办理制度，规范办理程序，注重办理质量，提高办理效率。

第十七条　承办单位应当主动加强与代表的联系，通过走访、座谈、电话联系等方式，充分听取代表对办理工作的意见和要求。

第十八条　承办单位应当区别下列不同情形，将代表建议、批评和意见的办理结果答复代表：

（一）有条件解决的，及时解决；

（二）受条件限制暂时不能解决的，可以提出计划，在计划期限内解决；

（三）确因法律、政策规定，或者受条件限制确实不能解决的，应当如实说明原因。

第十九条　对重点办理的代表建议、批评和意见，市人民政府、市中级人民法院、市人民检察院的负责人应当负责领办。

第二十条　两个以上单位分别办理同一件代表建议、批评和意见的，承办单位应当根据各自的职责分别办理，会商后答复代表。

两个以上单位共同办理同一件代表建议、批评和意见的，协办单位应当在收到代表建议、批评和意见之日起 1 个月内将书面意见送交主办单位，由主办单位统一答复代表。

第二十一条　承办单位对代表联名提出的建议、批评和意见，应当分别答复参加联名的每位代表；对代表团提出的建议、批评和意见，应当分别答复该代表团的每位代表。

承办单位对内容相同或者相近的代表建议、批评和意见可以合并办理，但应当分别答复代表。

第二十二条　承办单位应当自代表建议、批评和意见交办之日起 3 个月内将办理情况答复代表；情况复杂确实不能按时答复代表的，应当向交办机构说明理由，经交办机构同意，可以适当延长，但最长不超过 3 个月，并向代表说明情况。

第二十三条　承办单位应当书面答复代表建议、批评和意见，答复时要按照规定格式行文，并由领办领导、单位负责人审核签发并加盖公章。

第二十四条　代表对办理结果不满意的，可以向市人民代表大会常务委员会人事代表工作委员会提出书面意见。人事代表工作委员会研究后，认为确需重新办理的，应当督促承办单位重新办理，并向代表说明情况，重新办理的期限不得超过 1 个月。

第二十五条　承办单位对代表建议、批评和意见的答复，应当抄送市人民代表大会常务委员会人事代表工作委员会；属于市人民政府职权范围内的，还应当抄送市人民政府办公厅。

第五章　代表建议、批评和意见办理工作的监督

第二十六条　市人民代表大会常务委员会应当通过召开督办会议、组织代表视察和检查等方式，对代表建议、批评和意见的办理工作进行监督。

第二十七条　市人民代表大会常务委员会应当建立代表建议、批评和意见办理工作的评价机制，督促承办单位改进办理工作，提高办理实效。

第二十八条　代表可以通过市人民代表大会常务委员会人事代表工作委员会了解建议、批评和意见的办理情况，可以向承办单位提出询问，也可以约见承办单位负责人或者具体承办人，代表要

求询问、约见的，市人民代表大会常务委员会人事代表工作委员会予以安排。

第二十九条 对重点办理的代表建议、批评和意见，市人民代表大会常务委员会主任会议负责重点督办。

第三十条 市人民代表大会常务委员会每年十二月份应当听取和审议市人民政府、市中级人民法院和市人民检察院当年代表建议、批评和意见办理情况的报告；报告经市人民代表大会常务委员会会议通过后，印发下一次市人民代表大会会议。

第三十一条 承办单位及其工作人员违反本办法规定，不履行法定职责，对办理代表建议、批评和意见相互推诿、敷衍塞责的，由所在单位或者上级机关给予批评教育并责令改正；情节严重的，对承办单位主要领导、直接负责的主管人员和其他直接责任人依法给予处分。

第六章 附 则

第三十二条 本办法自通过之日起施行。

1998年4月19日阳泉市第十一届人大常委会第八次会议通过的《阳泉市人民代表大会代表建议、批评和意见的提出和处理办法》同时废止。

阳泉市人民代表大会常务委员会
会议审议意见的形成和处理办法

（2010年10月22日阳泉市第十三届人民代表大会常务委员会第三十次会议通过）

第一条 为进一步规范市人民代表大会常务委员会（以下简称市人大常委会）会议审议意见的形成和处理工作，根据《中华人民共和国各级人民代表大会常务委员会监督法》《山西省实施〈中华人民共和国各级人民代表大会常务委员会监督法〉办法》等有关规定，结合实际制定本办法。

第二条 市人大常委会组成人员应当在常委会议召开之前，围绕会议议题进行视察或者专题调研，深入了解并准确把握相关工作的实际情况，有针对性地提出审议意见并填写审议意见卡。

市人大有关专门委员会或者市人大常委会有关工作机构应当向市人大常委会提交有关议题的视察或调研报告。

第三条 市人大常委会组成人员提出的审议意见，由市人大有关专门委员会或者市人大常委会有关工作机构归纳整理，经市人大常委会分管副主任审签后，在市人大常委会会议结束五日内提请主任会议研究。

归纳整理审议意见应当客观准确、简明扼要。

第四条 经主任会议讨论通过的审议意见，自通过之日起三日内，以市人大常委会办公厅文件的形式交由市人民政府、市中级人民法院、市人民检察院研究处理。

第五条 市人民政府、人民法院和人民检察院应当自收到审议意见之日起三个月内，向市人大常委会书面报告处理情况。

处理情况的报告应当先送市人大有关专门委员会或者市人大常委会有关工作机构征求意见。有关专门委员会或工作机构应当及时提出审查意见。

第六条 市人大各专门委员会、市人大常委会各工作机构应当按照分工，加强与处理机关的联系，及时了解审议意见的处理情况，督促处理机关按时报送处理情况报告。处理情况报告经有关专门委员会或工作机构初审、分管主任审阅后报主任会议研究。

第七条 市人大常委会办公厅应当将处理情况报告印发市人大常委会组成人员。主任会议认为必要时，可以决定将处理情况报告提请市人大常委会审议。

第八条 市人大常委会可以视情况对审议意见的处理情况进行跟踪检查，也可以委托有关专门委员会或工作机构进行跟踪检查。跟踪检查结果应当及时向市人民政府、人民法院或者人民检察院反馈，同时印发市人大常委会组成人员。

第九条 审议意见及审议意见处理情况的报告编入《阳泉市人民代表大会常务委员会公报》，寄送本级人民代表大会代表。

第十条 本办法由市人大常委会负责解释。

第十一条 本办法自通过之日起施行。

阳泉市人民代表大会常务委员会专题询问暂行办法

（2013 年 4 月 2 日阳泉市第十四届人民代表大会常务委员会第八次会议通过）

第一条 为了保障和规范阳泉市人民代表大会常务委员会组成人员依法行使询问职权，切实增强监督实效，促进市人民政府、市中级人民法院、市人民检察院（以下简称“一府两院”）依法行政，公正司法，根据《中华人民共和国地方各级人民代表大会和地方各级人民政府组织法》《中华人民共和国各级人民代表大会常务委员会监督法》和《山西省实施监督法办法》等有关法律法规，结合阳泉实际，制定本办法。

第二条 专题询问围绕全市中心工作及重大事项，涉及全市经济社会发展全局、人民群众迫切需要解决、社会普遍关注的问题进行。

第三条 专题询问的议题由常委会组成人员、各专门（工作）委员会结合年度工作重点提出建议，经主任会议研究确定，列入常委会年度监督工作计划。必要时，主任会议可以根据工作需要适当调整专题询问的议题。

第四条 专题询问工作由阳泉市人民代表大会常务委员会及相关专门（工作）委员会负责，制定工作方案，围绕专题询问议题进行视察和专题调研，根据视察和专题调研的情况确定专题询问的具体问题。

第五条 专题询问在常委会会议期间进行。阳泉市人民代表大会常务委员会组成人员提出询问。询问人围绕专门议题提出问题后，由列席会议的“一府两院”相关部门负责人当场口头答复。一个问题涉及多个部门的，可以要求一个部门主答，其他部门补充回答。

第六条 受询问人对询问问题回答不认真，或对所分管工作情况不明、解释不清，多数阳泉市人民代表大会常务委员会组成人员不满意的，主任会议可以决定受询问单位或相关部门再作回答，也可以依法提出质询和组织特定问题调查，并决定是否对其专项工作报告进行电子表决。

第七条 专题询问结束后，由相关专门（工作）委员会对审议情况和专题询问情况进行综合整理，形成审议意见，并按有关规定和程序交“一府两院”办理，“一府两院”应将办理情况在规定时间内书面报告阳泉市人民代表大会常务委员会。

第八条 本办法由常委会主任会议负责解释。

第九条 本办法自通过之日起实施。

阳泉市人民代表大会常务委员会关于授予阳泉市荣誉市民称号的规定

（2015年8月27日阳泉市第十四届人民代表大会常务委员会第三十次会议通过）

第一条 为表彰和鼓励在本市改革开放、经济发展、社会进步和生态文明建设等方面做出突出贡献的华侨、港澳台同胞、外国人士和其他非阳泉籍人士，根据《中华人民共和国地方各级人民代表大会和地方各级人民政府组织法》的有关规定，结合本市实际，制定本规定。

第二条 凡遵守中华人民共和国法律法规的华侨、港澳台同胞、外国人士和其他非阳泉籍人士，积极参与、支持和服务阳泉经济社会建设，在以下方面做出突出贡献的，可以授予“阳泉市荣誉市民”称号：

（一）在推进改革深化、创新驱动、产业转型升级、综改试验区建设、现代服务业和战略性新兴产业发展、培育新的经济增长点和增长极等方面；

（二）在推进城乡统筹发展、农业现代化、建设美丽宜居乡村、扶贫开发等方面；

（三）在推进城乡规划建设管理、新型城镇化、人居环境改善等方面；

（四）在推进文化服务体系建设、文化产业发展、文明城市建设等方面；

（五）在推进环境保护、节能减排、绿色发展、资源合理开发利用等方面；

（六）在推进创业就业、社会保障、社会管理、教育事业、体育事业、医疗卫生事业、社会公益事业、慈善事业发展等方面；

（七）在推进对外交流合作，直接投资、引进外资、开拓国际市场、促进经贸活动，引进高层次专业人才、先进技术、关键设备和培训专业人才，以及建立友好城市关系等方面；

（八）在其他方面。

前款所列条件需要具体化时，由市人民政府作出规定。

第三条 市人民政府工作部门和县（区）人民政府，可以依照本规定，向市政府推荐符合荣誉市民条件的人士。

第四条 授予荣誉市民称号的推荐、申报、审核等程序由市人民政府办公厅作出具体规定。

第五条 推荐授予荣誉市民称号的人士经市人民政府审核同意后，提请市人民代表大会常务委员会作出决定。

第六条 经市人民代表大会常务委员会决定授予荣誉市民称号的华侨、港澳台同胞、外国人士和其他非阳泉籍人士，由市人民政府市长签署颁发荣誉市民证书。

第七条 市人民代表大会常务委员会、市人民政府、市中级人民法院、市人民检察院可以组织荣誉市民开展调查研究、专题研讨、决策咨询等活动，向荣誉市民通报阳泉经济社会发展及相关工作情况，听取荣誉市民的建议、意见。本市重大庆典活动，举办单位可以邀请荣誉市民参加。

第八条 本市有关单位和部门在依法处理涉及荣誉市民的案件之前，应当及时向市人民代表大会常务委员会报告。

第九条 各级各部门要关心、支持和引导荣誉市民积极参与阳泉市的建设和发展，新闻单位要大力宣传荣誉市民先进事迹，充分调动其参与、支持和服务阳泉经济社会建设的热情。

第十条 荣誉市民发生有损于“荣誉市民”称号行为的，由市人民政府提出撤销或停止荣誉市民称号的议案，根据市人民代表大会常务委员会的决定，撤销或停止其荣誉市民称号。

第十一条 国家工作人员在授予“荣誉市民”称号工作中滥用职权、弄虚作假、玩忽职守、徇私舞弊的，由其所在单位或者有关部门给予行政处分。

第十二条 本规定自通过之日起施行。

阳泉市人民代表大会常务委员会
规范性文件备案审查办法

（2010 年 10 月 22 日阳泉市第十三届人民代表大会常务委员会第三十次会议通过，2015 年 12 月 30 日阳泉市第十四届人民代表大会常务委员会第三十四次修订）

第一条 为了加强规范性文件备案审查工作，维护国家法制统一，根据《中华人民共和国立法法》《中华人民共和国各级人民代表大会常务委员会监督法》及《山西省实施〈中华人民共和国各级人民代表大会常务委员会监督法〉办法》《山西省各级人民代表大会常务委员会规范性文件备案审查条例》等有关法律规定，结合我市实际，制定本办法。

第二条 本办法所称规范性文件，是指依照法定权限和程序制定的，涉及公民、法人和其他组织权利、义务，具有普遍约束力，在一定时期内可以反复适用、公开发布的下列文件：

（一）市人民政府制定的规章；

（二）市人民政府根据地方性法规授权制定的与地方性法规相配套的文件；

（三）县（区）人民代表大会及其常务委员会作出的决议、决定；

（四）市人民政府发布的决定、命令和以市人民政府办公厅文件发布的人民政府作出的办法、规定等。

第三条 规范性文件，应当自公布之日起三十日内报市人民代表大会常务委员会备案。

规范性文件报送备案，应当同时报送备案报告、正式文本以及相关说明。相关说明应当包括制定、修改或者废止规范性文件的必要性、程序、法律法规依据、主要内容、起草过程中对重大分歧意见的协调处理情况和其他需要说明的问题。报送备案的材料应当按照公文格式装订成册，报送纸质文本一式十份，同时报送电子文本。

制定机关应当在每年 1 月 31 日前，将上一年度制定、修改和废止的规范性文件目录报送市人民代表大会常务委员会。

第四条 报送备案的规范性文件由市人民代表大会规范性文件备案审查工作机构（以下简称备案审查工作机构）负责接收、登记、建档、初审，并征求市人民代表大会有关专门委员会或常委会有关工作机构的意见。

第五条 报送备案的规范性文件，不得存在下列情形：

（一）超越法定权限制定；

（二）违反法定程序制定；

（三）同宪法、法律法规相抵触；

（四）违反宪法、法律法规规定，减损公民、法人和其他组织权利或者增加其义务；

（五）与上级或者本级人民代表大会及其常务委员会的决议、决定相抵触；

（六）其他不适当情形。

第六条 市人民政府、市中级人民法院、市人民检察院认为市人民代表大会常务委员会负责备案审查的规范性文件存在本办法第五条所列情形的，可以提出审查要求；县、区人民代表大会常务委员会认为市人民代表大会常务委员会负责备案审查的规范性文件存在本办法第五条所列情形的，可以提出审查要求。

前款规定以外的其他国家机关、社会团体、企业事业组织以及公民认为规范性文件存在本办法第五条所列情形的，可以向市人民代表大会常务委员会提出审查建议。

审查要求和审查建议，应当以书面形式提出，写明要求或者建议审查的规范性文件名称、事项和理由，由备案审查工作机构受理。

第七条 备案审查工作机构对备案的规范性文件进行审查，并根据规范性文件涉及的内容分送有关机构进行审查，可以征求规范性文件审查咨询专家学者的意见；对涉及改革发展稳定和人民群众切身利益、社会普遍关注重大问题等方面的规范性文件，也可以通过听取专项报告、组织视察调研、论证等方式，进行重点审查。

第八条 备案审查工作机构和有关机构根据本办法第五条规定审查规范性文件，可以要求报送机构说明情况或者补充相关材料，审查发现问题时，应当互相交换意见。必要时，可以组织召开规范性文件联合审查会议、论证会议，也可以邀请市人民代表大会常务委员会组成人员、市人民代表大会代表开展专项调研、视察。

制定机关及其报送机构应当协助配合开展审查工作。

第九条 备案审查工作机构或者有关机构经审查，认为规范性文件存在本办法第五条规定所列情形的，应当提出予以纠正的审查意见，向主任会议报告。

第十条 主任会议对备案审查工作机构或者有关机构提出的审查意见进行研究，认为规范性文件应当予以纠正的，以市人民代表大会常务委员会办公厅文件向制定机关提出书面审查意见。

第十一条 制定机关收到书面审查意见后，应当在六十日内依照法定程序自行修改或者废止规范性文件，并将修改后的规范性文件重新公布、备案。

制定机关认为规范性文件无须修改或者废止的，应当自收到书面审查意见之日起三十日内书面说明理由。

制定机关收到书面审查意见后，未在规定期限内修改或者废止，也未书面提出无需修改或者废止理由，或者提出的理由不成立，备案审查工作机构或者有关机构应当向主任会议提出撤销该规范性文件或者其部分内容的处理建议，由主任会议研究决定是否提请市人民代表大会常务委员会会议审议。

第十二条 市人民代表大会常务委员会会议审议撤销规范性文件或者其部分内容的议案时，制定机关应当派人到会听取意见、回答询问，并可以书面提出陈述意见。

市人民代表大会常务委员会会议经过审议，认为规范性文件或者其部分内容应予撤销的，应当作出撤销决定并向社会公布。

第十三条 制定机关未按照规定时限和要求报送规范性文件备案的，由市人民代表大会常务委员会责令限期纠正；逾期未纠正的，给予通报批评。

第十四条 制定机关未按照书面审查意见在规定期限内自行修改、废止规范性文件，或者不予修改、废止的理由不成立，由市人民代表大会常务委员会给予通报批评，并按照本办法第十一条的规定处理。

第十五条 规范性文件的制定机关应当根据市人民代表大会常务委员会的决定，向社会公布被撤销的规范性文件，或者对部分内容被撤销的规范性文件进行修改后重新公布，并按照本办法规定的程序重新报送备案。

第十六条 市人民代表大会常务委员会将规范性文件备案审查工作列入年度监督工作计划，纳入市人民代表大会常务委员会工作报告内容，向社会公开。

第十七条 本办法由市人民代表大会常务委员会负责解释。

第十八条 本办法自2016年1月1日起施行。

阳泉市人民代表大会常务委员会人事任免办法

（2007年7月30日阳泉市第十三届人民代表大会常务委员会第二次会议通过，2015年12月30日阳泉市第十四届人民代表大会常务委员会第三十四次会议修订）

第一章 总 则

第一条 为规范市人民代表大会常务委员会（以下简称市人大常委会）的人事任免工作，根据《中华人民共和国宪法》《中华人民共和国地方各级人民代表大会和地方各级人民政府组织法》《中华人民共和国各级人民代表大会常务委员会监督法》《中华人民共和国法院组织法》《中华人民共和国检察院组织法》《党政领导干部选拔任用工作条例》和《山西省市、县、区人民代表大会组织通则》等有关规定，结合本市实际，制定本办法。

第二条 市人大常委会任免国家机关工作人员，须坚持党管干部、民主集中制、德才兼备和依法办事的原则，符合干部队伍革命化、年轻化、知识化、专业化要求。

第三条 本办法适用于法律规定需由市人大常委会任免、决定任免或者批准任免的地方国家机关工作人员。

第四条 凡经市人大常委会任命或者决定任命的地方国家机关工作人员，在正式就职时须公开向宪法宣誓。

第二章　任免范围

第五条　在市人民代表大会闭会期间，市人大常委会主任因为健康情况不能工作或者缺位时，根据市人大常委会主任会议提名，在副主任中推选一人代理主任职务，直至主任恢复健康或者到下一次市人民代表大会选出新的主任为止。

第六条　在市人民代表大会闭会期间，受理市人大常委会组成人员提出的辞职请求，并决定是否接受辞职。

第七条　根据市人大常委会主任会议提名，个别任免市人民代表大会专门委员会副主任委员、委员，任免市人大常委会副秘书长、工作机构负责人。

第八条　根据市人大常委会主任会议提名，通过市人大常委会代表资格审查委员会主任委员、副主任委员、委员。

第九条　根据市人大常委会主任会议提名，通过市人大常委会特定问题调查委员会主任委员、副主任委员、委员。

第十条　在市人民代表大会闭会期间，市长因故不能工作或者缺位时，根据市人大常委会主任会议提名，从副市长中决定一人代理市长职务，直至市长恢复工作或者到下一次人民代表大会选出新的市长为止。

第十一条　市人民代表大会换届后，市人民政府应在两个月之内，由市长提名，决定任命市人民政府秘书长和工作部门的局长、主任。不再担任职务的，不需要办理免职手续。

在市人民代表大会闭会期间，根据市长提名，决定任免个别副市长，决定任免市人民政府秘书长和工作部门的局长、主任。

第十二条　在市人民代表大会闭会期间，受理市长、副市长提出的辞职请求，并决定是否接受辞职。

根据市长的提名，决定撤销个别副市长和市人民政府其他工作人员的职务。

第十三条　在市人民代表大会闭会期间，市中级人民法院院长因故不能担任职务或者缺位时，根据市人大常委会主任会议提名，在副院长中决定一人代理院长职务，直至院长恢复工作或者到下一次人民代表大会选出新的院长为止。

第十四条　根据市中级人民法院院长提名，任免市中级人民法院副院长、审判委员会委员、庭长、副庭长、审判员。

市人民代表大会换届后，由市人大常委会任命的市中级人民法院工作人员职务没有变动的，不再重新任命。

第十五条　在市人民代表大会闭会期间，受理市中级人民法院院长提出的辞职请求，并决定是否接受辞职。

根据市人大常委会主任会议提请，决定撤换市中级人民法院院长的职务，并由市中级人民法院报省高级人民法院提请省人大常委会批准。

第十六条　在市人民代表大会闭会期间，根据市中级人民法院院长提请，决定撤销市中级人民法院副院长、审判委员会委员、庭长、副庭长、审判员的职务。

第十七条　在市人民代表大会闭会期间，市人民检察院检察长因故不能担任职务或者缺位时，根据市人大常委会主任会议提名，在市人民检察院副检察长中决定一人代理检察长职务，并报请省人民检察院和省人大常委会备案。代理检察长职权行使到检察长恢复工作或者到下一次人民代表大会选出新的检察长为止。

第十八条 根据市人民检察院检察长提名，任免市人民检察院副检察长、检察委员会委员、检察员。

根据市人民检察院检察长提名，批准任免县、区人民检察院检察长。

市人民代表大会换届后，由市人大常委会任命的市人民检察院工作人员工作没有变动的，不再重新任命。

第十九条 在市人民代表大会闭会期间，受理市人民检察院检察长提出的辞职请求，并决定是否接受辞职。接受辞职后，由市人民检察院报请省人民检察院提请省人大常委会批准。

根据市人民检察院检察长提请，决定撤销市人民检察院副检察长、检察委员会委员、检察员的职务。

根据市人民检察院检察长建议，批准撤销县、区人民检察院检察长职务。

第三章 任免程序

第二十条 提请市人大常委会任免或者决定任免地方国家机关工作人员，提请机关应当在市人大常委会会议召开十日前将人事任免案报送市人大常委会。

提请市人大常委会的人事任免案，须附提请任免人员的任免表和现实表现等书面材料，并提交对该任免案的书面说明。

市委向市人大常委会推荐需要由市人大常委会任命或者决定任命的地方国家机关工作人员，应当事先向市人大常委会党组和市人大常委会组成人员中的党员介绍市委的推荐意见。市人大常委会党组和市人大常委会组成人员中的党员，应当认真贯彻市委推荐意见，带头依法办事，正确履行职责。

第二十一条 对提请任命或者决定任命的地方国家机关工作人员，应当进行任前宪法法律知识培训和考试。

第二十二条 市人大常委会会议审议人事任免案时，由市人大常委会主任会议委托人员、市长或者副市长、市中级人民法院院长、市人民检察院检察长到会提请任免案并作相关说明。

被提名任命或者决定任命的地方国家机关工作人员，要在市人大常委会会议提请时到会，同市人大常委会组成人员见面。市人民代表大会专门委员会副主任委员、市人大常委会副秘书长、工作机构负责人，市人民政府副市长、秘书长和工作部门的局长、主任，市中级人民法院副院长，市人民检察院副检察长须作供职发言。

第二十三条 市人大常委会会议审议人事任免案时，提请机关负责人应当到会，听取意见。市人大常委会组成人员提出询问，提请机关应当作出答复。

第二十四条 接到人民群众检举、反映被提名任命人员问题的材料时，应当由提请机关或者提请人向市人大常委会作出书面报告或者口头说明。

第二十五条 对提请市人大常委会任命或者决定任命的地方国家机关工作人员，经市人大常委会会议审议，认为不符合任职条件或者有问题需要查清的，由市人大常委会主任会议决定是否表决。

提请机关提请的人事任免案，在交付表决前要求撤回的，市人大常委会对该任免案的审议即行终止。

第二十六条 市人大常委会决定人事任免，使用电子表决器以无记名表决方式表决。需采用其他方式表决的，应由市人大常委会决定。所有任免表决，须经市人大常委会全体组成人员过半数赞成方为通过。

市委推荐、由市人大常委会任命或者决定任命的地方国家机关工作人员人选在市人大常委会会议上未获通过，根据工作需要和本人条件，通过进一步酝酿，可以在另一次市人大常委会会议上继续推荐提名。两次未获通过的，不得再提名为同一职务的人选。

第二十七条 任免表决时，按市人大常委会、市人民政府、市中级人民法院、市人民检察院的顺序依次进行，先进行免职项的表决，后进行任命项的表决。

第二十八条 市人大常委会通过任命的地方国家机关工作人员，由市人大常委会主任会议成员当场颁发任命书。任命书由市人大常委会主任署名。

第二十九条 经市人大常委会任免、决定任免、批准任免的地方国家机关工作人员名单，由市人大常委会予以公布，并发文通知提请机关。人事任免名单载入市人大常委会《公报》。

第三十条 需经市人大常委会任免、决定任免、批准任免的地方国家机关工作人员，在市人大常委会正式任免之前，不得到职或离职，不得公布。

依法任命的地方国家机关工作人员，在任期内应当保持相对稳定。

第三十一条 在市人民代表大会闭会期间，市人大常委会决定接受市人大常委会组成人员，市人民政府市长、副市长，市中级人民法院院长，市人民检察院检察长提出的辞职请求后，须报市人民代表大会备案。

第三十二条 市人大常委会组成人员不得担任国家行政机关、审判机关和检察机关的职务。如担任上述职务，须辞去所担任的市人大常委会的职务。

第三十三条 撤销经市人大常委会任命的国家机关工作人员的职务，应当由有关机关提请市人大常委会会议审议决定。在提请审议决定十天前，须向市人大常委会提交书面报告并附撤销其职务的理由。

第三十四条 市人大常委会五分之一以上的组成人员书面联名，可以向市人大常委会提出撤销由市人大常委会任命、决定任命、批准任命的国家机关工作人员职务的议案，由市人大常委会主任会议决定是否提请市人大常委会会议审议。

第三十五条 机构合并、增设或者名称改变的地方国家机关，其工作人员需由市人大常委会任命或者决定任命的，提请机关在提请任命时须附上级机关批准合并、增设机构或者机构名称改变的文件。

第四章 附 则

第三十六条 本办法由市人大常委会负责解释。

第三十七条 本办法自通过之日起施行。

阳泉市人民代表大会常务委员会
关于对任命人员实行年度工作报告的制度

（2015年12月30日阳泉市第十四届人民代表大会常务委员会第三十四次会议通过）

为进一步加强对阳泉市人民代表大会常务委员会任命和决定任命人员的监督，督促其依法行政、公正司法、尽职履责、廉洁奉公，根据《中华人民共和国地方各级人民代表大会常务委员会监督法》《中华人民共和国地方各级人民代表大会和地方各级人民政府组织法》和《山西省实施〈中华人民共和国各级人民代表大会常务委员会监督法〉办法》的有关规定，结合我市实际，特制定本制度。

一、工作报告的对象

经阳泉市人民代表大会常务委员会决定任命的市政府工作部门正职领导人员，任命的市中级人民法院副院长和市人民检察院副检察长。

二、工作报告的内容

1. 贯彻国家法律法规的情况；

2. 执行人大决议、决定的情况；

3. 依法行政、公正司法的情况；

4. 各项业务工作取得的成绩、存在的问题和下一步的打算；

5. 接受人大监督、办理人代会议案和代表建议的情况；

6. 其他。

三、工作报告的方法

工作报告以年度为限，并形成书面材料呈报。

四、工作报告的实施程序

1. 每年初，被任命人员形成上一年度的工作报告；

2. 工作报告报送阳泉市人民代表大会常务委员会人事代表工作委员会；

3. 阳泉市人民代表大会常务委员会人事代表工作委员会将工作报告分送常委会主任会议成员、相关专门委员会或常委会工作机构；

4. 阳泉市人民代表大会常务委员会根据工作报告的情况，可以采取报告会的形式，也可以结合工作评议，或者选择法律规定的其他监督方式，对任命人员依法实施监督。具体监督方式由阳泉市人民代表大会常务委员会主任会议决定。

阳泉市人民代表大会及其常务委员会会议公民旁听办法

（2016年6月28日阳泉市第十四届人民代表大会常务委员会第三十八次会议通过）

第一条 为进一步密切阳泉市人民代表大会及其常务委员会与人民群众的联系，拓宽人民群众参与管理国家和社会事务的渠道，保障公民有序政治参与，促进社会主义民主政治建设，根据宪法和法律有关规定，依据《阳泉市人民代表大会会议工作规程》和《阳泉市人民代表大会常务委员会会议工作规程》，结合阳泉实际，制定本办法。

第二条 本办法所称公民旁听会议，是指在市人民代表大会（以下简称市人代会）及其常务委员会（以下简称常委会）会议期间，非出席、列席会议的人员经过申请批准后，旁听全体会议或部分会议的活动。

第三条 市人代会会议和常委会会议举行前，常委会主任会议可以根据会议的建议议程和场所条件，决定是否设立公民旁听席及旁听席席数。

第四条 凡年满十八周岁并具有完全民事行为能力的公民，均可申请旁听市人代会会议和常委会会议。但被依法限制人身自由或者剥夺政治权利者除外。

阳泉市行政辖区的党政机关、社会团体和企事业单位，应当支持公民旁听市人代会会议和常委会会议，可以推荐公民旁听市人代会会议和常委会会议。

第五条 公民旁听市人代会会议的组织工作，由大会秘书处负责实施；旁听常委会会议的组织工作，由常委会办公厅负责实施。申请旁听会议的有关事项，应于会议召开前5—10天，通过市级新闻媒体和阳泉人大网站向社会公布。申请旁听的公民，应据此持本人有效身份证件报名申请。

第六条 每次参加市人代会会议的旁听人员，一般不超过10人；每次参加常委会会议的旁听人员，一般不超过3人。

第七条 市人代会大会秘书处和常委会办公厅按照代表性、广泛性和报名先后顺序相结合的原则，提出旁听会议的人员建议名单，报常委会主任会议审定，在相关会议召开前2日内，通知旁听公民。对有工作单位的公民，应当同时告知其单位。

第八条 参加旁听的公民应在规定时间内持会议通知到指定的地点报到，领取旁听证及相关材料，佩戴旁听证进入会场参加旁听。旁听证不得转让转借，如有遗失应及时向市人代会大会秘书处或常委会办公厅报告。

第九条 旁听公民的权利及义务

（一）旁听公民可以根据常委会主任会议决定旁听全体会议、代表团会议、分组会议或者联组会议，也可以经会议工作机构批准旁听有关专题会议；

（二）旁听公民可以阅读会议正式文件（涉及国家机密的除外）；

（三）旁听公民在会议期间可以用书面形式就本次会议审议的各项内容提出建议、批评和意见，会议工作机构应认真收集和整理，及时转交有关部门研究处理；

（四）旁听公民应当按时到会和签到，严格遵守会议纪律，听从会议工作人员的安排，认真参加旁听活动，不得在会议期间散发材料，发表与会议议题无关的言论，始终保持良好会风。

第十条 公民在旁听会议过程中，如有违反本办法规定的，由市人代会大会秘书处或常委会办公厅决定，及时取消其旁听资格。

第十一条 公民旁听会议所产生的交通、食宿等费用自理。

第十二条 本办法由阳泉市人民代表大会常务委员会负责解释。

第十三条 本办法自通过之日起施行。

阳泉市人民代表大会常务委员会基层立法联系点工作办法

（2016年6月28日阳泉市第十四届人民代表大会常务委员会第三十八次会议通过）

第一章 总 则

第一条 为了进一步完善立法工作机制，健全立法机关主导、社会各方有序参与立法的途径和方式，广泛听取基层对阳泉市人民代表大会常务委员会工作的意见建议，不断提高立法质量，推进立法科学化，根据立法工作实际，制定本办法。

第二条 阳泉市人民代表大会常务委员会基层立法联系点是指根据常委会立法工作需要，经过一定程序产生，参与我市地方立法工作的基层单位组织。

第三条 基层立法联系点在阳泉市人民代表大会常务委员会领导下开展工作。

市人大法制委员会具体负责基层立法联系点的组织协调、联系服务、培训指导、检查考评等日常工作。

市人大专门委员会、阳泉市人民代表大会常务委员会工作委员会根据立法工作需要可以邀请基层立法联系点有关人员参加立法调研、工作考察等活动。

有关县（区）人大常委会根据阳泉市人民代表大会常务委员会总体要求，组织指导本地基层立法联系点开展工作。

第二章 设立与撤销

第四条 基层立法联系点应当符合以下条件：

（一）坚持正确政治方向；

（二）忠于宪法，模范遵守国家法律法规；

（三）积极参与地方立法工作，并具有掌握一定法律知识的人才；

（四）履行工作职责所需的其他条件。

第五条 设立基层立法联系点应当具有代表性和多样性，兼顾不同行业、领域的立法需求。

第六条 设立基层立法联系点由县（区）人大常委会推荐，或者市人大专门委员会、常委会法制工作委员会提出建议，报常委会秘书长会议审议，提请阳泉市人民代表大会常务委员会主任会议决定。基层立法联系点任期与阳泉市人民代表大会常务委员会任期相同。

确定为基层立法联系点的基层单位组织，由阳泉市人民代表大会常务委员会办公厅发文，并授予“阳泉市人民代表大会常务委员会基层立法联系点”牌匾，参与地方立法工作。

第七条 有下列情形的，经阳泉市人民代表大会常务委员会秘书长会议审议，提请阳泉市人民代表大会常务委员会主任会议批准，可以撤销该基层立法联系点：

（一）连续两年绩效考评为不合格的；

（二）不能履行基层立法联系点工作职责，主动提请提出的；

（三）因违反国家法律法规规定受到处罚的；

（四）其他应当撤销的情形。

第八条 鼓励基层立法联系点就以下内容开展独立调研，向市人大专门委员会、阳泉市人民代表大会常务委员会工作委员会提交调研报告。

（一）组织对阳泉市人民代表大会常务委员会立法工作规划及年度立法工作计划提出意见建议；

（二）组织对我市地方性法规（草案）和省人大法律（草案）征求意见，提出修改建议；

（三）对本市报请省人大常委会批准的法规（草案）及法规性决定（草案）提出意见建议；

（四）参与市人大专门委员会、阳泉市人民代表大会常务委员会工作委员会组织的立法调研和课题研究等；

（五）反映基层组织、群众提出的立法建议和要求；

（六）协助市人大专门委员会、阳泉市人民代表大会常务委员会工作委员会开展对地方性法规实施情况的调查、评估，及时反映法规实施中遇到的难点问题，提出修改完善的建议；

（七）结合本地本单位实际，开展法制宣传教育活动，协助地方人大开展有关工作；

（八）对阳泉市人民代表大会常务委员会立法及其他方面的工作提出意见建议。

第九条 基层立法联系点应当拓宽联系渠道，创新工作方法，广泛收集意见，充分注重反馈意见的合法性、科学性、针对性、实用性，不断提高反馈意见质量。

第三章　意见征集与反馈

第十条 市人大法制委员会负责建立专门信息交流工作平台，充分利用即时通信工具开展工作，提高工作效率。

市人大专门委员会、阳泉市人民代表大会常务委员会工作委员会负责向基层立法联系点寄送或者通过专门信息平台发送法律法规（草案）、法规性决定（草案）、立法背景资料和其他需要征求意见的文件。有保密要求的，应当遵守保密规定。

市人大专门委员会、阳泉市人民代表大会常务委员会工作委员会应当充分重视基层立法联系点所提出的重要意见建议，在有关立法调研报告、审议意见或说明中予以反映。

第十一条 基层立法联系点收到法律法规（草案）、法规性决定（草案）、立法背景资料和其他征求意见的文件后，应当及时向有关县（区）人大常委会报告，争取工作支持，组织开展座谈调研，收集整理意见建议，严格遵守规定时限，按时报送。

基层立法联系点应当建立工作台账，并保存好工作档案。

第四章　工作保障

第十二条 基层立法联系点应当确立一名负责人和一名专职（或兼职）工作人员负责基层立法联系点工作，并为立法联系工作提供工作场所及办公所需的其他条件。

第十三条 阳泉市人民代表大会常务委员会及其工作机构应当关心和支持基层立法联系点队伍建设，为基层立法联系点提供必要保障。

邀请基层立法联系点负责人或工作人员旁听阳泉市人民代表大会常务委员会会议，列席立法工作会议，参加业务培训等活动。

寄送《阳泉人大》《阳泉市人民代表大会常务委员会公报》、法规汇编、立法技术规范等相关学习资料，帮助基层立法联系点掌握相关法律、法规知识。

利用市人大网站、《阳泉人大》期刊、机关内刊，积极介绍推广基层立法联系点工作经验、探讨工作方法。

必要时组织基层立法联系点考察调研，鼓励基层立法联系点之间开展工作交流。

第十四条 阳泉市人民代表大会常务委员会每年从立法专项经费中拨付适当工作经费补助基层立法联系点。

工作经费主要用于基层立法联系点自身建设及组织开展立法调研、日常办公、绩效考评等支出，不得截留，不得挪作他用。

鼓励有条件的单位组织适当补贴基层立法联系工作经费。

第五章 考评与奖励

第十五条 市人大法制委员会每年第一季度组织对基层立法联系点上一年工作情况进行绩效考评。考评主要内容有：

（一）组织管理、自身建设工作；

（二）调研工作；

（三）立法意见、工作建议反馈情况；

（四）其他相关工作。

第十六条 绩效考评工作坚持公平、公正、公开、奖励结合原则，采取基层立法联系点自我评议与组织评议相结合、定性与定量相结合的方法。

基层立法联系点应对照考评内容和标准，认真整理工作台账、撰写工作总结、填写考评表格，客观公正自我评议。

市人大专门委员会、阳泉市人民代表大会常务委员会工作委员会根据基层立法联系点工作实绩进行评议，提出考评等次建议。

市人大法制委员会根据平时工作记录对照考评量化标准，综合基层立法联系点自我评议和市人大专门委员会、常委会法制工作委员会和工作机构评议意见，提出考评等次及意见，报阳泉市人民代表大会常务委员会秘书长会议审定。考评结果通报全市各基层立法联系点及有关县（区）人大常委会。

第十七条 绩效考核结果分为优秀、合格、不合格三个等次。考核结果作为奖励和调整基层立法联系点主要依据。

绩效考评量化标准由市人大法制委员会另行制定。

第十八条 市人大专门委员会、阳泉市人民代表大会常务委员会工作委员会不定期组织召开基层立法联系点工作会议，主要内容有：

（一）介绍阳泉市人民代表大会常务委员会立法工作情况；

（二）组织各基层立法联系点交流工作经验；

（三）听取工作意见建议；

（四）研究布置下一阶段工作，进一步提出工作要求；

（五）根据绩效考评结果，对获得优秀等次的基层立法联系点给予奖励。

第十九条 本办法自通过之日起施行。

阳泉市人民代表大会常务委员会
立法咨询专家工作办法

（2016年6月28日阳泉市第十四届人民代表大会常务委员会第三十八次会议通过）

目　录

第一章　总　则

第一条　为了建立健全立法咨询专家工作制度，发挥专家在本市地方立法工作中的智力支持作用，进一步推进科学立法、民主立法，提高立法质量，根据《中华人民共和国立法法》和《山西省地方立法条例》等法律、法规，结合工作实际，制定本办法。

第二条　阳泉市人民代表大会常务委员会根据本市地方立法对专家咨询工作的需求，按照专业门类健全、知识结构合理、人员规模适度的原则，建立立法咨询专家库（以下简称专家库）。

第三条　本规定所称立法咨询专家（以下简称专家），是指由阳泉市人民代表大会常务委员会聘请的、为阳泉市人民代表大会常务委员会开展地方立法工作提供咨询意见的从事相关理论研究和实务工作的专业人士。

第四条　市人大专门委员会、阳泉市人民代表大会常务委员会工作委员会在立法咨询工作中应当充分听取专家意见。

第五条　市人大法制委员会负责对专家咨询工作的统筹协调，负责专家咨询的日常工作。

市人大专门委员会、常委会法制工作委员会和工作机构向专家提出咨询的，各自承办咨询的具体工作。

第二章　专家库建设及专家选聘

第六条　专家库及其专家由下列三部分人员组成：

（一）法律专业专家，包括宪法学、行政法学、民商法学、刑法学、经济法学、社会法学、诉讼法学和法理学等专业的专家；

（二）城乡建设管理、生态环境保护、文化文物及旅游产业等领域的专家；

（三）财政经济、农村农业、科教文卫、民族宗教、劳动社保、社会工作等领域的专家。

第七条 专家库专家的结构应当符合下列要求：

（一）知识结构，有法学专家和其他领域的专家；

（二）职业结构，有教学科研的专家和实务工作的专家；

（三）年龄结构，有资深的老专家和已成为学科带头人的中青年专家；

（四）比例结构，法律专业专家、其他领域专家、语言文字专家、地方方言专家、民俗专家的人数保持合理比例；

（五）人数规模，不超过五十人。

第八条 选聘专家应当坚持民主、公开、择优的原则，坚持本人自愿和民主推荐相结合。

第九条 入选专家库的专家人选以下列方式推荐：

（一）市人大专门委员会、常委会法制工作委员会推荐；

（二）大中专院校、科研机构推荐；

（三）市各人民团体、专业协会推荐；

（四）组织、人事部门推荐。

第十条 入选专家库的专家人选应当符合下列条件：

（一）坚持正确的政治方向；

（二）热心参与咨询工作；

（三）具有高级职称或者丰富的实务工作经验；

（四）身体健康，年龄一般不超过六十五周岁。

第十一条 市人大法制委员会会同市人大有关专门委员会、阳泉市人民代表大会常务委员会有关工作委员会对各方面推荐的专家人选进行遴选，提出专家正式人选方案，报阳泉市人民代表大会常务委员会主任会议决定。

第十二条 专家正式人选方案经阳泉市人民代表大会常务委员会主任会议决定后，由阳泉市人民代表大会常务委员会向被聘请的专家颁发聘书，并以阳泉市人民代表大会常务委员会办公厅的名义致函专家所在单位。

第十三条 专家以专业咨询组开展活动的，由召集人负责召集。专业咨询组专家推举产生专家活动召集人，由2—3人组成。

专家活动召集人应当按要求做好有关活动的召集工作，反映专家的意见和要求。

第十四条 专家聘期从颁发聘书之日起开始，至本届阳泉市人民代表大会常务委员会届满时终止。

第十五条 出现下列情形之一的，可以辞职或者解聘专家：

（一）本人提出辞职的；

（二）一年之内两次不参加市人大专门委员会、阳泉市人民代表大会常务委员会工作委员会邀请的咨询活动的；

（三）因其他原因不适合继续担任的。

对专家的解聘，由市人大法制委员会提出建议，报阳泉市人民代表大会常务委员会主任会议决定。

第十六条 市人大法制委员会应当收集专家的工作单位、职务职称、研究或者工作领域、联系方式等信息，编印成册，印送阳泉市人民代表大会常务委员会领导、市人大专门委员会、常委会工作委员会等，做好专家库及其专家的信息维护工作。

专家相关信息发生变更的，应当及时告知市人大法制委员会。

第三章　咨询事项和咨询程序

第十七条　市人大专门委员会、阳泉市人民代表大会常务委员会工作委员会可以就下列事项向有关专家提出咨询：

（一）本市五年立法规划、年度立法计划编制及法规立项；

（二）本市地方性法规草案的起草、审议；

（三）本市地方性法规解释；

（四）本市法规清理、立法后评估；

（五）本市法规审查和规范性文件备案审查；

（六）省人大常委会征求本市意见的立法规划草案、立法计划草案；

（七）省人大常委会征求本市意见的法律草案；

（八）阳泉市人民代表大会常务委员会执法检查、听取和审议“一府两院”专项工作报告等监督工作，办理代表议案、建议；

（九）其他需要咨询的与阳泉市人民代表大会常务委员会职权行使有关的法律问题。

第十八条　向专家提出咨询，可以采取下列方式进行：

（一）邀请参加有关座谈会、论证会、听证会；

（二）单独拜访、约谈征求意见；

（三）通过信函、传真、电子邮件征求意见；

（四）其他方式。

第十九条　对咨询事项中的重点、难点问题，市人大专门委员会、阳泉市人民代表大会常务委员会工作委员会可以在召开座谈会、论证会、听证会听取意见时，按照专业对口原则邀请部分专家参加会议进行咨询；也可以采取单独拜访、约谈等方式向专家咨询。

邀请专家参加会议进行咨询的，应当于召开会议的五日前将会议通知、咨询提纲以及相关参考资料发送给专家；召开临时会议或者紧急会议的，应当及时通知专家。

采取单独拜访、约谈等方式向专家咨询的，应当提前将咨询提纲以及相关参考资料发送给专家。

对专家的咨询意见应当作详细记录。

第二十条　采取信函、传真、电子邮件等方式咨询专家意见的，应当将咨询提纲以及相关参考资料发送给专家，并明确提出复函时间。确需作加急处理的，应当向专家作必要的说明。

采取电子邮件方式咨询专家意见的，应当将有专家意见的电子邮件或者信息复制保存备查。

第二十一条　咨询专家意见时应当附咨询提纲，提纲应当明确咨询的有关内容，包括阳泉市人民代表大会常务委员会审议中组成人员意见比较集中的问题、各方面关注度高且意见分歧比较大的问题，以及其他重点、难点问题。

第二十二条　专家对市人大专门委员会、阳泉市人民代表大会常务委员会工作委员会提出的咨询事项，应当认真研究，按时回复有关意见，重点阐明观点、理由和依据；需要书面回复的，应当提供书面意见。

专家不得以立法咨询专家的名义，从事与咨询无关的活动；未经有关市人大专门委员会、阳泉市人民代表大会常务委员会工作委员会同意，不得向外披露咨询事项中尚未确定和公开的信息。

第二十三条 市人大专门委员会、阳泉市人民代表大会常务委员会工作委员会应当认真整理和研究专家提出的咨询意见，作为工作的重要参考。

对重大问题的咨询、专家提出的重要意见及其处理情况，市人大专门委员会、阳泉市人民代表大会常务委员会工作委员会应当向阳泉市人民代表大会常务委员会主任会议报告。

专家咨询意见应当归入工作档案。

第二十四条 对专家在单独拜访、约谈咨询时提出的意见，应当适时反馈采纳情况。

专家在立法公开、立法论证、立法听证时提出的咨询意见，按照阳泉市人民代表大会常务委员会的相关规定进行反馈。

第二十五条 应当加强对专家咨询工作情况的记录和统计，内容包括专家咨询的次数、方式等，于每年年底将咨询意见的采纳情况综合后向专家通报，并将专家咨询工作情况作为考核评价专家咨询工作成效和专家库调整的参考依据。

第四章 咨询保障

第二十六条 市人大专门委员会、阳泉市人民代表大会常务委员会工作委员会应当考虑专家的本职工作和其他社会活动的实际情况，并根据工作需要，主动与专家所在单位沟通协调，统筹兼顾、合理安排立法咨询活动。

专家应当妥善处理本职工作和咨询工作的关系，统筹安排好时间，积极参与立法咨询活动。

第二十七条 应当为专家的咨询活动提供必要的物质条件和适当的咨询费用，具体办法由阳泉市人民代表大会常务委员会办公厅会同法制工作委员会制定。

第五章 附 则

第二十八条 阳泉市人民代表大会常务委员会立法公开、立法论证、立法听证等规定中对征求和听取专家意见有特别规定的，从其规定。

第二十九条 本办法自通过之日起施行。

阳泉市人民代表大会常务委员会立法项目库管理办法

（2016 年 6 月 28 日阳泉市第十四届人民代表大会常务委员会第三十八次会议通过）

第一条 为了规范立法项目库管理，保障立法工作的延续性和主动性，推进科学立法、民主立法，制定本办法。

第二条 本办法所称立法项目库，是指阳泉市人民代表大会常务委员会为做好立法项目储备，对立法项目进行规范化、程序化管理的项目汇总。其项目应当优先纳入立法规划和年度立法计划。

第三条 本办法适用于阳泉市人民代表大会常务委员会立法项目库的管理，具体包括项目的征集、论证、调整（包括入库和撤项）等工作。

第四条 立法项目库应当保持动态、开放和发展，随着社会经济的发展变化而适当调整。

第五条 市人大法制委员会负责立法项目库的日常管理工作。

市人大专门委员会、阳泉市人民代表大会常务委员会工作委员会按照规定职责配合做好相关工作。

立法项目库的调整由阳泉市人民代表大会常务委员会主任会议讨论决定。

第六条 立法项目库每年调整一次。调整立法项目库与编制立法规划、年度立法计划相衔接，并与编制年度立法计划同时进行。

第七条 立法项目库的项目由阳泉市人民代表大会常务委员会结合年度立法计划的编制，每年向社会集中征集立法建议项目，由市人大法制委员会负责日常收集整理，主要包括3个方面：

（一）市人大代表、市政协委员提出的有关立法的议案、建议和提案；

（二）市人大及其常委会有关工作机构提出或收集的立法建议项目；

（三）公民、法人和其他组织提出的立法建议项目。

第八条 向阳泉市人民代表大会常务委员会报送立法建议项目的，应当提交立法建议项目表，有条件的还可以提交法规文本的草稿。立法建议项目表应当写明法规项目名称、立法目的和必要性、需要解决的主要问题、拟设立的主要制度、立法依据等。提交立法建议项目表有困难的，可以只提出立法建议项目名称和立法的主要理由。

第九条 立法建议项目由市人大法制常委会汇总后分送有关专门委员会，按照有关地方性法规立项论证办法的规定，进行必要性和可行性论证。

第十条 下列立法建议项目可以列入立法项目库：

（一）阳泉市人民代表大会常务委员会每年集中征集到的立法建议项目，未列入立法规划或者年度立法计划，有立法必要，但条件暂不成熟的；

（二）立法规划或者年度立法计划中的项目，没有完成立法任务但仍有立法必要的。

第十一条 立法项目库的项目因上位法根本改变或者实际情况发生重大变化不再需要制定或者修订的，可以撤项。

立法项目库的项目被列入立法规划或者年度立法计划的，立法项目库中不再保留。

第十二条 市人大法制委员会负责汇总项目论证结果，提出立法项目库调整建议报告，经征求市人大及其常委会有关工作机构意见后，报请主任会议审定。

第十三条 立法项目库调整后，由市人大法制委员会告知有关单位和个人，并向社会公开。

第十四条 立法建议项目列入立法项目库的，提出立法建议项目的单位和个人，法规的起草责任单位、有关专门委员会应当开展调查研究，进行必要的立法准备。

第十五条 本办法自通过之日起施行。

阳泉市人民代表大会常务委员会监督司法工作制度

（2016年12月29日阳泉市第十四届人民代表大会常务委员会第四十三次会议通过）

为了保证阳泉市人民代表大会常务委员会，对市中级人民法院、市人民检察院以及市公安局、市司法局等机关（以下统称司法机关）的工作实施有效监督，推动司法机关依法独立行使职权，促进严格执法、公正司法，根据《山西省各级人民代表大会常务委员会监督司法工作办法》和有关法律、法规的规定，结合本市实际，制定本制度。

一、重大事项报告制度

司法机关对于重大事项应当及时向阳泉市人民代表大会常务委员会及其有关工作机构报告，以便及时掌握情况，实施有效监督。内容主要包括：

（一）遵守和贯彻执行宪法、法律、法规、上级和本级人民代表大会及其常务委员会决议、决定的情况；

（二）拟提请阳泉市人民代表大会常务委员会审议并作出决议、决定的事项；

（三）机构设置和重要人事任免情况；

（四）对市人民代表大会代表采取法律规定的限制人身自由措施或者进行刑事审判的案件；

（五）市人民检察院检察长在重大问题上不同意检察委员会多数委员的决定拟提请阳泉市人民代表大会常务委员会决定的事项；

（六）市人民检察院在履行法律监督职责过程中发现司法工作中的重大违法事项；

（七）市人民代表大会选举以及阳泉市人民代表大会常务委员会任命的司法人员因涉嫌犯罪被立案侦查或者因违纪受到党纪政纪处分的情况；

（八）执法、司法过程中发生的重大暴力抗法事件以及处理情况；

（九）错案和执法过错责任追究情况；

（十）承担具有重大社会影响的国家赔偿责任情况；

（十一）其他由阳泉市人民代表大会常务委员会认定的依法需要监督的事项。

上述重大事项，司法机关应当以书面形式，及时向阳泉市人民代表大会常务委员会及其有关工作机构报告。

二、联席会议制度

市人民代表大会法制委员会（阳泉市人民代表大会常务委员会法制工作委员会）可以通过听取司法工作专题报告、对专项工作进行询问、列席司法机关的相关会议、向有关机关或者部门通报等方式，对司法工作实施具体监督。

市人民代表大会法制委员会（阳泉市人民代表大会常务委员会法制工作委员会）应定期组织召开由司法机关主要负责人参加的联席会议，协调解决监督司法工作中的突出问题。

司法机关对阳泉市人民代表大会常务委员会在实施工作监督中发现问题的整改情况，应当及时向市人民代表大会法制委员会（阳泉市人民代表大会常务委员会法制工作委员会）反馈。

三、控告、申诉的交办、转办制度

阳泉市人民代表大会常务委员会受理公民、法人和其他组织对司法机关及其工作人员的下列控告、申诉：

（一）司法机关对案件依法应当受理而不受理的；

（二）司法机关办理案件不在规定期限内办结的；

（三）当事人对司法机关已经发生法律效力的判决、裁定依法申诉在规定时限内未获答复的；

（四）司法机关工作人员徇私枉法、刑讯逼供、玩忽职守，或者有其他违法犯罪行为的。

阳泉市人民代表大会常务委员会对受理的控告、申诉，可以视具体情况分别作出如下处理：

（一）情节轻微的控告、申诉，由阳泉市人民代表大会常务委员会有关工作机构转交有关机关处理，有关机关应当在三个月内将处理结果告知控告、申诉人，并报阳泉市人民代表大会常务委员会有关工作机构。

（二）情节严重的控告、申诉，由阳泉市人民代表大会常务委员会主任、副主任签发，交有关机关处理，有关机关应在三个月内将处理结果书面报告阳泉市人民代表大会常务委员会及其有关工作机构。

阳泉市人民代表大会常务委员会工作机构对于交办的控告、申诉，要及时进行催办。催办可以口头，也可以发函。

每年年底要逐件核对交办、转办件的处理情况，并报主任会议。

四、代表旁听制度

阳泉市人民代表大会常务委员会可以组织人大代表旁听市中级人民法院依法公开审理的刑事、民事、行政和减刑假释案件，主要包括：

（一）阳泉市人民代表大会常务委员会工作机构转交市中院依法处理，市中院决定再审的申诉案件；

（二）人民群众反映强烈、社会普遍关注的重大案件；

（三）在全市有重大社会影响的职务犯罪案件；

（四）市人民检察院抗诉的有重大影响的案件；

（五）市人大代表建议旁听的案件；

（六）市中级人民法院、市人民检察院建议旁听的案件；

（七）阳泉市人民代表大会常务委员会认为需要代表参与旁听的案件。

参加旁听的人大代表可以在旁听庭审结束后一周内就庭审程序、审判人员庭审能力、检察人员履职能力等方面提出意见和建议，由市人民代表大会法制委员会（阳泉市人民代表大会常务委员会法制工作委员会）负责收集整理后转交相关单位处理。

五、履职报告制度

阳泉市人民代表大会常务委员会任命的司法工作人员，特别是政府司法行政部门正职，市中级人民法院副院长、市人民检察院副检察长，应当按照《阳泉市人民代表大会常务委员会关于对任命人员实行年度工作报告的制度》规定，书面报告履职情况，履职报告的主要内容包括：

（一）遵守和贯彻执行宪法、法律、法规、上级和本级人民代表大会及其常务委员会决议、决定的情况；

（二）履行法定职责情况；

（三）办理人大议案和代表建议情况；

（四）人民群众反映的突出问题回应情况；

（五）廉洁自律情况；

（六）存在问题以及改进措施等情况。

阳泉市人民代表大会常务委员会根据工作报告的情况，可以采取听取述职报告、工作评议、满意度测评或者其他监督方式，对被任命人员实行监督，具体监督方式由主任会议决定。

六、文件、资料报送制度

司法机关的规范性文件和工作计划、总结、情况反映、工作简报，人民检察院的抗诉书和纠正违法通知书等法律监督文书，应当及时报送市人民代表大会法制委员会（阳泉市人民代表大会常务委员会法制工作委员会）。

阳泉市人民代表大会常务委员会
地方立法协商工作办法

（2016 年 12 月 29 日阳泉市第十四届人民代表大会常务委员会第四十三次会议通过）

为了推进科学立法、民主立法，充分发挥人民政协在本市地方立法工作中的重要作用，进一步提高地方立法质量，根据中国共产党十八届四中全会《决定》精神，制定如下办法：

一、阳泉市人民代表大会常务委员会在编制立法计划草案时，市人民代表大会法制委员会（阳泉市人民代表大会常务委员会法制工作委员会）应当书面告知市政协社会法制委员会。市政协社会法制委员会和有关专委会可以结合实际工作，就阳泉市人民代表大会常务委员会立法计划草案及相关的立法项目进行调研并提出书面意见和建议，供市人民代表大会法制委员会（阳泉市人民代表大会常务委员会法制工作委员会）和有关专门委员会在研究立法计划时参考。

二、阳泉市人民代表大会常务委员会或有关专门委员会组织立法调研、举行立法听证会等与本市立法有关的活动时，市人民代表大会法制委员会（阳泉市人民代表大会常务委员会法制工作委员会）和有关专门委员会可以邀请市政协委员、各民主党派、工商联、侨联及其他社会团体参加，参加人员由市政协社会法制委员会协调安排。相关资料由市人民代表大会法制委员会（阳泉市人民代表大会常务委员会法制工作委员会）在活动前七日通过电子邮件发送给参加人员。

三、列入阳泉市人民代表大会常务委员会审议议程的地方性法规草案，一般在市人民代表大会法制委员会（阳泉市人民代表大会常务委员会法制工作委员会）统一审议前，送请市政协社会法制委员会组织征求意见。市政协社会法制委员会负责整理并以书面形式向市人民代表大会法制委员会（阳泉市人民代表大会常务委员会法制工作委员会）反馈意见。

四、市人民代表大会法制委员会（阳泉市人民代表大会常务委员会法制工作委员会）对法规进行立法后评估时，在制定评估内容、标准、程序后，可以委托市政协社会法制委员会作为第三方主体对立法效能进行评估，市政协社会法制委员会提供的评估报告可作为市人民代表大会法制委员会（阳泉市人民代表大会常务委员会法制工作委员会）评估法规效能的重要参考。

五、市人民代表大会法制委员会（阳泉市人民代表大会常务委员会法制工作委员会）应将市政协各方面建议意见被采纳的情况，在阳泉市人民代表大会常务委员会会议二次审议后通报市政协社会法制委员会。

六、市人民代表大会法制委员会（阳泉市人民代表大会常务委员会法制工作委员会）和市政协社会法制委员会作为地方立法协商工作对口联系单位，其双方办事机构负责进行日常工作联系。

七、市人民代表大会法制委员会（阳泉市人民代表大会常务委员会法制工作委员会）与市政协社会法制委员会建立立法协商工作联席会议制度，每年第三季度以会议形式交流立法协商工作情况。市人民代表大会法制委员会（阳泉市人民代表大会常务委员会法制工作委员会）为组织者，市政协社会法制委员会为配合者。

阳泉市人民代表大会常务委员会关于对任命的地方国家机关工作人员加强监督的意见

（2016 年 12 月 29 日阳泉市第十四届人民代表大会常务委员会第四十三次会议通过）

为充分发挥人大监督职能，推进我市民主法治建设，依照宪法和地方组织法、监督法以及省实施办法等法律法规，立足阳泉实际，就加强对阳泉市人民代表大会常务委员会任命和决定任命的“一府两院”国家机关工作人员的监督，提出如下意见：

一、全面落实宪法宣誓制度

阳泉市人民代表大会常务委员会任命和决定任命的地方国家机关工作人员，在依照法定程序产生后，严格按照《阳泉市国家工作人员向宪法宣誓实施办法》的规定，公开进行宪法宣誓。

根据任命人员的类别，宣誓仪式由阳泉市人民代表大会常务委员会组成人员集体或个别指定相关人员监誓。

二、规范健全任前法律知识培训考试制度

提请拟由阳泉市人民代表大会常务委员会任命和决定任命的地方国家机关工作人员，严格按照《阳泉市人民代表大会常务委员会人事任免办法》的有关规定，接受任前宪法法律和党章党规党纪知识培训，并参加统一考试。

市人大换届之后首次提请并由阳泉市人民代表大会常务委员会集中任命和决定任命的地方国家机关工作人员，统一组织任前培训和考试。届中个别任命或决定任命的，在提请之后、审议之前统一组织任前考试。

任前考试结果作为阳泉市人民代表大会常务委员会会议审议任命议案的参考因素，并抄送市委组织部、反馈提请任命机关。

任前培训和考试由阳泉市人民代表大会常务委员会人事任免工作机构组织实施。

三、健全完善履职报告制度

（一）充实完善阳泉市人民代表大会常务委员会《关于对任命人员实行年度工作报告的制度》。凡由阳泉市人民代表大会常务委员会任命和决定任命的市人民政府秘书长及各工作部门的局长、主任，市中级人民法院副院长，市人民检察院副检察长，每年年初向阳泉市人民代表大会常务委员会书面报送上一年度履职报告。履职报告主要内容包括：遵守执行宪法法律法规和党的路线方针政策情况；贯彻落实市人大及其常委会决议决定情况；依法行政、公正司法，履行法定职责情况；遵守纪律、勤政廉政情况；接受人大监督，办理人大议案和代表建议情况；人民群众反映突出问题的回应情况；存在问题及改进措施等。

（二）年度履职报告由市人大及其常委会相关工作机构分别审查并向主任会议提出评价意见。评价意见抄送市委组织部，并反馈报告人及其上级分管负责人。

（三）根据评价意见，阳泉市人民代表大会常务委员会主任会议每年可以确定3至5名国家工作人员，向阳泉市人民代表大会常务委员会会议作口头履职报告，接受审议。阳泉市人民代表大会常务委员会可以在会前组织常委会组成人员、市人大代表，就相关国家工作人员履职情况开展专题调研，为常委会会议审议提供参考。

（四）阳泉市人民代表大会常务委员会可以对提请常委会会议审议的地方国家机关工作人员年度履职报告进行满意度测评。测评分“满意、基本满意、不满意”三个等次。测评结果报送市委，抄送市委组织部，通报“一府两院”。

（五）阳泉市人民代表大会常务委员会任命的市中级人民法院审判委员会委员、庭长、副庭长、审判员，市人民检察院检察委员会委员、检察员，每年年初向阳泉市人民代表大会常务委员会书面报送上一年度履职报告。

四、完善专项工作报告制度

（一）阳泉市人民代表大会常务委员会每年在听取和审议“一府两院”专项工作报告的基础上，可以选择1至2项专项工作审议意见落实情况报告进行满意度测评。

（二）阳泉市人民代表大会常务委员会会议在对专项工作审议意见落实情况报告进行满意度测评之前，应当广泛邀请人大代表、专家学者、人民群众参与，组织专项调研，必要时可以与县乡人大开展联动调研。

（三）阳泉市人民代表大会常务委员会会议对专项工作审议意见落实情况报告进行满意度测评时，“满意”和“基本满意”票相加不过半数的，为测评不满意。测评不满意的，责成其整改并在下次常委会会议上报告整改情况，再次接受测评。两次测评不满意的，向市委报告，必要时依法启动质询、特定问题调查等监督程序。

（四）对专项工作审议意见落实情况报告的满意度测评结果报送市委，抄送市委组织部，通报“一府两院”。

五、建立履职档案登记制度

（一）市人大及其常委会相关工作机构，应当按照职责分工，对阳泉市人民代表大会常务委员会任命和决定任命的地方国家机关工作人员，建立健全其履职档案，专人专档，并做好履职登记。

（二）履职档案登记内容主要包括：国家工作人员的履职报告；向阳泉市人民代表大会常务委员会会议所作的专项工作报告；接受和配合阳泉市人民代表大会常务委员会执法检查、询问、质询、特定问题调查、专项工作审议意见落实情况报告、满意度测评等情况；人大代表视察、调研及承办代表建议和阳泉市人民代表大会常务委员会转办信访件情况；计划、预算审批及规范性文件备案情况；其他配合市人大及其常委会依法履职情况等。

（三）每年年底，阳泉市人民代表大会常务委员会人事任免工作机构汇总履职档案登记情况，通报常委会组成人员和“一府两院”。常委会主任会议认为必要时，以适当形式报告市委，抄送市委组织部和有关部门。

六、多渠道加强监督工作

（一）阳泉市人民代表大会常务委员会对地方国家机关工作人员年度履职报告、专项工作审议意见落实情况报告的满意度测评结果以及相关评价意见，作为市委管理、使用干部和人大依法任免干部的重要参考，纳入年度考核内容。

阳泉市人民代表大会常务委员会在监督中发现被任命的地方国家机关工作人员有不作为、乱作为情形或有违纪违法问题的，交由有关部门调查处理。

（二）充分利用新闻媒体和网络平台，积极拓展监督渠道，加强阳泉市人民代表大会常务委员会与人大代表、人民群众的联系互动，探索建立对地方国家机关工作人员依法履职的信息收集、分析、研判、处理及反馈机制。

（三）强化“一府两院”工作部门与市人大及其常委会相关工作机构的对口联系，及时向人大通报工作动态，邀请人大工作机构参加相关活动，实现对地方国家机关工作人员日常履职的常态化监督。

阳泉市人民代表大会常务委员会
讨论、决定重大事项的规定

（2016年12月29日阳泉市第十四届人民代表大会常务委员会第四十三次会议通过）

第一条 为了保障和规范阳泉市人民代表大会常务委员会（以下简称市人大常委会）依法行使讨论、决定本行政区域内重大事项的职权，根据《中华人民共和国宪法》和《中华人民共和国地方各级人民代表大会和地方各级人民政府组织法》《中华人民共和国各级人民代表大会常务委员会监督法》《中华人民共和国立法法》《中华人民共和国预算法》《山西省各级人民代表大会常务委员会监督司法工作办法》等有关法律法规，结合本市实际，制定本规定。

第二条 本规定所称重大事项，是指本市行政区域内经济、政治、文化、社会、生态文明建设中，带有根本性、全局性、长远性，关系改革发展稳定大局、人民群众切身利益和社会普遍关注的，市人民政府、市中级人民法院、市人民检察院应当向市人大常委会报告，并由市人大常委会讨论、决定或者备案的事项。

第三条 市人大常委会讨论、决定重大事项，应当在中共阳泉市委领导下，围绕本市工作大局，充分发扬民主，依照法定权限和程序，着力推进科学决策、民主决策、依法决策，确保党的主张通过法定程序成为国家意志，支持行政机关、审判机关、检察机关依法行政、公正司法。

第四条 下列重大事项应当经市人大常委会审议或审查，并作出相应的决议、决定：

（一）保证宪法、法律、法规和上级人民代表大会及其常务委员会、市人民代表大会决议、决定贯彻实施的重大措施；

（二）中共阳泉市委建议由市人大常委会讨论、决定的重大事项；

（三）国民经济和社会发展五年规划调整方案，国民经济和社会发展计划调整方案；

（四）市本级预算调整方案和市本级决算；

（五）推进依法治市，加强社会主义民主法治建设的重要决策部署；

（六）城乡建设与管理、环境保护、历史文化保护等方面法规的制定；

（七）撤销本级人民政府不适当的决定、命令；

（八）撤销县（区）人民代表大会及其常务委员会不适当的决议、决定；

（九）授予或者撤销市级荣誉称号；

（十）市人民代表大会交由市人大常委会讨论、决定的重大事项；

（十一）市人民政府、市中级人民法院、市人民检察院提请决定的其他重大事项；

（十二）市人民代表大会换届和选举工作的有关重大事项；

（十三）法律、法规规定应当由市人大常委会讨论、决定的其他重大事项。

经市人民代表大会批准的预算，非经法定程序不得调整，本条第四项中有下列情形之一，并需要立即实施的，应当就该事项作单项报告，由市人大常委会讨论、决定：

（一）在市人民代表大会批准的预算之外，市本级财政安排重大建设项目的；

（二）在市人民代表大会批准的预算之外，市本级财政安排动用市人民政府非预算预备费的政府重大采购项目的；

（三）在市人民代表大会批准的预算之后，市人民政府制定增加或者减少财政收入、支出的政策和措施的；

（四）法律、行政法规另有规定的，从其规定。

第五条　下列重大事项应当向市人大常委会报告，市人大常委会在必要时可以作出相应的决议、决定：

（一）加快转型综改试验区建设的重大措施；

（二）保障和改善民生，加快社会各项事业发展的重大措施；

（三）建设文化强市，提升阳泉软实力的重大措施；

（四）加快实施创新驱动发展战略，发展高新技术产业的重大措施；

（五）安全生产、生态环境保护、城市管理、“三农”工作、脱贫攻坚、优化发展环境、创新社会治理、建设民主政治、维护社会和谐稳定等重点领域的重大措施；

（六）全面深化改革，增强发展的动力和活力的重大措施；

（七）实施市国民经济和社会发展五年规划的中期评估情况；

（八）国民经济和社会发展计划执行情况；

（九）市本级财政预算执行情况；

（十）市本级预算执行和其他财政收支审计情况、绩效审计情况以及审计查出问题的整改情况；

（十一）国有资产监督管理和国有企业改革发展情况；

（十二）重大项目、重点工作及惠民实事的安排和实施情况；

（十三）对重大突发事件的应急处置情况；

（十四）市人民政府依法行政、建设法治政府的重大事项；

（十五）市中级人民法院、市人民检察院公正司法的重大事项；

（十六）市人民代表大会议案和市人民代表大会代表建议、批评和意见的办理情况；

（十七）全市大型活动的申办和筹备情况；

（十八）市人民政府、市中级人民法院、市人民检察院认为需要报告的其他重大事项；

（十九）市人大常委会认为需要报告的其他重大事项。

第六条　市人大常委会讨论、决定重大事项，认为需要提请市人民代表大会讨论、决定的，应当向市人民代表大会提出。

市人大常委会讨论、决定重大事项的情况，应当向市人民代表大会报告。

市人民政府作出的重大行政决策，应当在出台前向市人大常委会报告；须经上级人民政府批准的，应当在提请市人大常委会审议或征求市人大常委会意见后，再按照审批权限报请批准，并将批准情况报市人大常委会备案。

第七条 下列国家机关、机构和人员可以依法向市人大常委会提出有关重大事项的议案、报告：

（一）市人大常委会主任会议；

（二）市人民政府、市中级人民法院、市人民检察院；

（三）市人民代表大会专门委员会；

（四）市人大常委会组成人员五人以上联名；

（五）市人大代表十人以上联名。

第八条 拟提请市人大常委会审议的重大事项，应当在每年年初提出议题，经主任会议讨论通过后，列入常委会年度工作要点。特殊情况可以经主任会议直接提请常委会会议审议。

第九条 重大事项议案或者报告应当包括以下内容：

（一）重大事项的基本情况和需要解决的问题；

（二）与重大事项有关的法律、法规、规章和政策规定；

（三）决策方案及其必要性、可行性说明，以及相关统计数据、调查论证报告等资料；

（四）有关方面对重大事项的意见建议。

第十条 提请审议有关重大事项的议案或者报告按照以下程序办理：

（一）市人大常委会主任会议提出的，直接提请常委会会议审议；

（二）市人民政府、市中级人民法院、市人民检察院、市人民代表大会专门委员会提出的，由市人大常委会主任会议决定提请常委会会议审议，或者先交市人大有关专门委员会审议，再提请常委会会议审议；

（三）市人大常委会组成人员五人以上联名、市人大代表十人以上联名提出的，由市人大常委会主任会议决定是否提请常委会会议审议，或者先交市人大有关专门委员会审议，再决定是否提请常委会会议审议；

（四）提请审议有关重大事项的议案或者报告，应当在市人大常委会会议举行的二十日前送交常委会办公厅。

第十一条 市人大常委会讨论、决定重大事项，按照市人大常委会议事规则进行。

第十二条 市人大常委会讨论、决定重大事项前，应当开展调查研究和决策协商，广泛征求市人大代表和各方面的意见。必要时举行论证会、听证会，或者通过媒体征求社会意见。

第十三条 市人大常委会审议重大事项议案或者报告时，市人民政府、市中级人民法院、市人民检察院负责人应当到会作出说明，听取意见、回答询问；市人民政府有关部门主要负责人也可以受市人民政府委托到会作出说明，听取意见、回答询问。

第十四条 提请市人大常委会讨论、决定的重大事项，常委会一般应当在两个月内审议，并作出决议、决定。

第十五条 市人大常委会作出的重大事项决议、决定，有关国家机关应当执行，并在决议、决定规定的期限内或者决议、决定通过之日起三个月内向市人大常委会报告执行情况；需要较长时间执行的，可以分阶段报告。

第十六条 市人大常委会审议重大事项报告后，不作出决议、决定的，以审议意见的形式印发有关国家机关研究处理。有关国家机关应当在三个月内向市人大常委会书面报告研究处理情况。

第十七条 市人民代表大会专门委员会或者市人大常委会工作机构对有关国家机关执行决议、决定情况，应当进行跟踪督办。督办情况的报告由主任会议决定印发常委会组成人员。

第十八条 有关国家机关对应当提请市人大常委会讨论、决定的重大事项擅自作出决定或者不报告、不报备的，由市人大常委会办公厅会同有关专门委员会或者工作机构研究并提出意见，报市人大常委会主任会议同意后，建议有关机关限期自行改正。在规定期限内不撤销擅自作出的决定或者不报告、不报备的，由市人大常委会依法予以撤销或者责令其改正。

第十九条 有关机关违反本规定，对市人大常委会作出的决议、决定不执行，提出的审议意见不研究处理的，市人大常委会应当责令其改正，也可以采取询问、质询、组织特定问题调查等方式依法实施监督。

第二十条 违反本规定的国家机关工作人员，市人大常委会可以建议有关机关追究其责任；属于市人大常委会任命且情节严重的，依法提出撤职案。

有关机关对责任人员的处理，应于交办之日起三十日内向市人大常委会报告处理情况。

第二十一条 市人大常委会讨论、决定的重大事项，应当向市人大代表通报并向社会公布。

第二十二条 本规定由市人大常委会负责解释。

第二十三条 本规定自通过之日起施行。

阳泉市人民代表大会常务委员会
关于进一步完善人大代表联系人民群众制度的实施办法

（2018 年 4 月 26 日阳泉市第十五届人民代表大会常务委员会第十二次会议通过）

根据全国人大常委会和省人大常委会关于完善人大代表联系人民群众制度的文件精神和相关法律、法规要求，结合我市实际，现就完善全市各级人大代表联系人民群众制度，密切代表同人民群众的联系，制定本办法。

一、总体要求

（一）指导思想。高举中国特色社会主义伟大旗帜，全面贯彻党的十九大精神，以邓小平理论、“三个代表”重要思想、科学发展观、习近平新时代中国特色社会主义思想为指导，按照市委关于人大工作和建设的各项部署和要求，坚持党的领导、人民当家作主、依法治国有机统一，进一步健全制度、完善机制、畅通渠道，充分发挥人大代表作为党和国家联系人民群众的桥梁纽带作用。

（二）基本要求。一要围绕中心，服务大局。按照“五位一体”总体布局和“四个全面”战略布局的要求，围绕市委中心工作，落实好各级人大常委会工作安排，服务全市改革发展大局。二要立足基层，创新形式。充分发挥人大代表来自人民的特点和优势，组织代表主要在其选区、工作单位、居住社区或者村组开展形式多样的活动，更好地了解、反映人民群众的意见和要求。三要上下联动，注重实效。市、县两级人大常委会和乡镇人大主席团（街道人大工委）要加强联系，形成联动，组织各级人大代表做好联系人民群众的工作，积极宣传党和国家的方针政策，助推各级党委决策部署的贯彻实施。四要总结经验，健全机制。从实际出发，注重实效，坚决反对“四风”，夯实代表工作基础，总结推广先进经验，推进代表联系人民群众工作制度化、常态化。

二、工作内容

（一）向人民群众宣传党的路线、方针、政策。

（二）向人民群众宣传宪法和法律法规，宣传各级人大及其常委会作出的决议、决定及各种会议精神，了解基层的贯彻实施情况。

（三）听取人民群众对国家机关及其工作人员的意见和建议，了解原选区选民或者原选举单位和人民群众的要求，为在本级人民代表大会会议期间审议各项议案和报告、提出议案和建议、批评和意见作准备。

（四）围绕本级人大及其常委会工作安排，征求代表所在单位、行业和人民群众的意见建议，为应邀列席本级人大常委会会议、参加执法检查、立法调研和重大事项决定作准备。

（五）向原选区选民或者原选举单位报告执行代表职务、履行代表义务的情况，接受选区选民或原选举单位监督。

三、方式方法

（一）建立健全网络信息平台。本着勤俭节约、因地制宜的原则，在确保安全的前提下，重点推进市、县（区）人大门户网站建设，积极推进乡镇、街道人大建设门户网站，实现代表同人民群众网上互动、双向联系，畅通群众诉求表达和意见反映的渠道。

（二）公示代表基本信息。市代表的信息，由市人大常委会委托县（区）人大常委会以适当的方式向原选举单位的代表公布；县、乡两级代表的信息，由县级人大常委会和乡镇人大主席团（街道人大工委）向原选区选民公布。公开的信息包括：代表姓名、单位、职务、照片、联系方式、电子邮箱等，便于人民群众通过代表反映意见和要求。探索公开代表履职活动情况。

（三）实行市人大代表与人民群众“14710 三联系”工作制度。具体安排为：1 名市人大常委会主任会议成员联系 4 名常委会委员，1 名常委会委员联系 7 名市人大代表，1 名市人大代表联系 10 名以上县（区）、乡（镇）人大代表或人民群众。要通过座谈、约见、走访、电话、网络、书信等方式，或者结合立法、监督、重大事项决定等活动，每年同每一位联系人至少联系两次。常委会领导带头，每年联系不同的常委会委员、人大代表和人民群众，使“14710 三联系”工作常抓常新。县（区）、乡镇（街道）人大也应当建立相应的联系制度。

（四）多种形式开展活动。一是专题调研和视察。围绕本地经济社会发展和人民群众切身利益等方面的事项，组织代表开展专题调研和视察活动，认真听取人民群众的意见建议，形成专题调研或视察报告，交有关机关、组织研究处理。调研成果可以转化为代表议案或建议、批评和意见。二是开展代表小组活动。各级代表在闭会期间的活动，以代表小组为基本形式，代表参加小组活动每年不少于两次。探索建立专业小组、联合小组等形式，有效整合代表资源。不同层次的代表可联合开展活动，集中听取人民群众的意见和要求。三是代表进选区联系选民和进行述职。县级人大常委会建立县乡代表接待人民群众制度，每年不少于两次。县乡代表可采取口头或书面述职等形式，向原选区选民报告有关联系人民群众、执行代表职务的情况，每届至少述职 1 次。县级人大常委会和乡镇人大主席团（街道人大工委）可安排选民对述职代表进行测评，述职和测评情况纳入代表履职档案。探索间接选举的代表向原选举单位述职，选举单位每年应选择至少 5 名代表向其常委会会议述职，述职情况报市人大常委会人事代表工委存档。四是运用工作平台开展活动。市、县、乡三级人大代表按照就地就近的原则，参加代表联系人民群众工作平台开展的活动，联系原选区选民和人民群众。按照上级人大常委会的安排，下级人大常委会（人大主席团或人大工委）协调工作、生活在本行政区域内的上级人大代表通过代表联系人民群众工作平台，开展联系人民群众活动。

四、工作机制

（一）畅通反映渠道。代表可以通过以下方式反映人民群众提出的意见和要求：一是在本级人民代表大会会议期间，审议各项议题或者专题审议时发表意见；二是向本级人大及其常委会提出议案或者建议、批评和意见，列席或参加本级人大常委会或者乡镇人大主席团（街道人大工委）组织的会议和活动时提出建议、批评和意见；三是向上一级代表反映；四是向乡镇人大主席团（街道人大工委）反映；五是向本级人大常委会信访工作部门转交人民群众来信；六是向本级人大常委会的办事机构或者工作机构反映。

（二）妥善分析处理。各级代表在联系人民群众时，不直接处理问题。代表通过代表议案或者建议、批评和意见的形式提出的，按照议案建议办理的相关法律、法规处理；在出席代表大会、常委会会议、专委会会议、代表座谈会等有关会议时审议发言提出的，按照相关议事规则处理；对于接待和收到的人民群众的来访资料和来信，可以转交本级人大常委会信访等相关部门或者乡镇人大主席团（街道人大工委），按照相关规定处理；根据实际需要，就某些重大敏感问题，可以报经本级人大常委会或乡镇人大主席团（街道人大工委）同意后，要求政府有关部门作出解释和答复。

（三）反馈处理结果。人大代表工作部门应在 1 个月内将接收到的代表议案、建议及群众意见交办政府或相关组织，承办部门应在 3 个月内将处理情况反馈代表。代表应及时回访人民群众对办理结果的意见，问题暂时不能解决的，要做好解释说明工作。各级政府要及时收集汇总、分析研判群众意见，作为推进科学决策的重要依据。

（四）健全办理制度。承办单位要加强与代表的沟通联系，切实提高办理实效，在法定期限内办结并答复代表。各级人大常委会和乡镇人大主席团（街道人大工委）要对办理过程和办理结果进行督促检查。代表建议办理情况应向本级人大常委会或者乡镇人大主席团（街道人大工委）报告。代表建议、批评和意见属于社会关切的，可通过人大网站、常委会公报等形式向代表和社会公开。

五、保障措施

（一）加强党的领导。各级党委要高度重视人大工作和建设，切实加强对人大工作的领导，支持和保证代表依法履职。各级人大常委会党组要把握代表联系群众工作的正确方向，帮助解决具体困难和实际问题，重大问题和重大事项要及时向同级党委请示汇报。

（二）加快代表活动室建设。市、县两级人大常委会和乡镇人大主席团（街道人大工委）要加快推进代表小组活动室规范化建设，2018 年底前，全市所有的代表小组都应建立代表小组活动室。代表活动室可依托代表所在的机构或单位建立，保证必要的场地、设施，应统一规范名称，实现代表信息、活动计划、工作制度等上墙公开。在此基础上，积极创造条件，优化代表联系点的布局结构，进一步方便代表与人民群众的联系。

（三）建立和规范代表履职档案。市、县（区）人大常委会和乡镇人大主席团（街道人大工委）要认真做好代表履职情况登记，每年年底汇总后记入代表履职档案，并报上级人大常委会人事代表工作委员会备案。在次年代表大会之前，向代表通报相关情况。代表履职档案的基本内容：出席大会、列席常委会会议、参加学习培训、参加集中视察、参加执法检查、参加专题调研、参加代表小组活动、提出议案建议、参加代表议案建议办理工作、联系选举单位和人民群众、向选民述职及测评等情况。代表履职情况作为是否继续提名的依据。县级人大常委会应当向县（区）人大代表通报本选举单位选举产生的市人大代表上一履职年度联系人民群众的情况。

（四）保障代表知情知政权。各级人大常委会、人民政府、监察委员会、人民法院和人民检察院，应当及时向本级人民代表大会代表通报有关工作情况，提供信息资料，保障代表的知情权。

（五）完善代表履职学习制度。各级人大常委会和乡镇人大主席团（街道人大工委）要有计划地组织安排代表学习培训，不断加强代表的思想、作风建设，提高服务群众的能力和水平。代表每届任期内参加履职学习或专题学习不少于3次。

（六）总结经验，开展宣传。各级人大常委会和乡镇人大主席团（街道人大工委）要及时总结代表联系人民群众的先进经验，改进方法，促进交流，进行表彰。要积极宣传代表联系人民群众、执行代表职务的情况，不断扩大代表在人民群众中的影响力，营造代表联系人民群众的浓厚舆论氛围。

（七）落实工作经费。市县两级人大常委会要依照代表法的有关规定，将代表联系人民群众工作经费纳入代表的活动经费，列入本级财政预算予以保障。要落实好无固定工资收入代表履职补贴规定。

（八）给予时间保障。各级人大常委会应当完善与代表所在单位的联系机制，落实代表法关于代表所在单位应当支持保障代表履职的有关规定。代表参加联系群众活动，其所在单位应当给予时间保障，对代表所承担的生产和工作任务做出适当调整，并按正常出勤对待，享受所在单位的工资、奖金和其他福利待遇。

（九）加强对代表的监督。代表应正确处理从事个人职业活动与执行代表职务的关系，不得利用联系活动进行与个人职业或亲属有关的商业活动；不得接受企事业单位、社会团体和个人出资赞助；不得利用联系活动直接处理问题；不得干涉具体司法案件或者招标投标等经济活动并从中牟取个人利益；不得办理与联系工作无关的其他事项。

阳泉市国家工作人员向宪法宣誓实施办法

（2015年12月30日阳泉市第十四届人民代表大会常务委员会第三十四次会议通过，2018年12月27日阳泉市第十五届人民代表大会常务委员会第十八次会议修订）

第一条 为落实和规范宪法宣誓制度，彰显宪法权威，激励和教育国家工作人员树立宪法意识，加强宪法实施，根据《山西省组织实施宪法宣誓办法》，结合本市实际，制定本实施办法。

第二条 本市各级人民代表大会及县级以上各级人民代表大会常务委员会选举或者任命、决定任命、批准任命的国家工作人员，以及各级人民政府、监察委员会、人民法院、人民检察院任命的国家工作人员，在就职时应当公开进行宪法宣誓。

第三条 宣誓誓词如下：

我宣誓：忠于中华人民共和国宪法，维护宪法权威，履行法定职责，忠于祖国、忠于人民，恪尽职守、廉洁奉公，接受人民监督，为建设富强民主文明和谐美丽的社会主义现代化强国努力奋斗！

第四条 市人民代表大会选举的常务委员会主任、副主任、秘书长、委员，市长、副市长，市监察委员会主任，市中级人民法院院长，市人民代表大会表决通过的专门委员会主任委员、副主任委员、委员，在依照法定程序产生后，进行宪法宣誓。宣誓仪式由市人民代表大会会议主席团组织。

市人民代表大会选举的市人民检察院检察长，报经省人民代表大会常务委员会批准后，由市人民代表大会常务委员会主任会议组织，在市人民代表大会常务委员会会议期间进行宪法宣誓。

第五条 在市人民代表大会闭会期间，市人民代表大会常务委员会任命或者决定任命的市人民代表大会专门委员会副主任委员和部分委员，市人民代表大会常务委员会副秘书长，工作机构和办事机构的主任、副主任，市人民代表大会常务委员会代表资格审查委员会主任委员、副主任委员和委员，副市长、市人民政府秘书长和组成部门的局长、主任，市监察委员会副主任、委员，市中级人民法院副院长，市人民检察院副检察长，在依照法定程序产生后，进行宪法宣誓。宣誓仪式由市人民代表大会常务委员会主任会议组织。

第六条 市人民代表大会常务委员会任命的市中级人民法院审判委员会委员、庭长、副庭长、审判员，市人民检察院检察委员会委员、检察员，在依照法定程序产生后，分别由市中级人民法院或市人民检察院组织进行宪法宣誓。

第七条 市人民政府及其部门、市监察委员会、市中级人民法院、市人民检察院任命的国家工作人员，在就职时进行宪法宣誓，宣誓仪式由任命机关组织。

第八条 县（区）、乡（镇）国家工作人员向宪法宣誓制度的实施，参照本办法进行。

第九条 宣誓场所应当庄重、严肃，正中央悬挂中华人民共和国国旗或者国徽。宣誓仪式应当奏唱中华人民共和国国歌。宣誓时，所有人员应当面向国旗或者国徽肃立。

宣誓仪式可以采取单独宣誓或者集体宣誓的形式。宣誓人身着正装或者职业装。单独宣誓时，宣誓人应当左手抚按《中华人民共和国宪法》，右手举拳，诵读誓词。集体宣誓时，由负责组织宣誓仪式的机关指定一人领誓，领誓人左手抚按《中华人民共和国宪法》，右手举拳，领诵誓词；其他宣誓人整齐排列，右手举拳，跟诵誓词。誓词诵读完毕，宣誓人按序自报姓名。

第十条 举行宣誓仪式时，根据宣誓组织形式，分别由市人民代表大会全体代表、市人民代表大会常务委员会组成人员、任命机关指定的相关人员监督。

第十一条 本办法自市人大常务委员会会议通过之日起施行。

阳泉市人民代表大会代表议案的提出和处理办法

（1998 年 4 月 19 日阳泉市第十一届人大常委会第八次会议通过，2018 年 12 月 27 日阳泉市第十五届人大常委会第十八次会议修订）

第一章 总 则

第一条 为了保障市人民代表大会代表依法行使提出议案的权利，做好代表议案的办理工作，根据《中华人民共和国地方各级人民代表大会和地方各级人民政府组织法》（以下简称《地方组织法》）《中华人民共和国全国人民代表大会和地方各级人民代表大会代表法》《山西省人民代表大会代表议案的提出和处理办法》有关规定，结合本市实际，制定本办法。

第二条 本办法所称代表议案，是指市人民代表大会一个代表团或者代表十人以上联名，向市人民代表大会提出属于市人民代表大会职权范围内的议事原案，包括法规案、决定案、决议案等，不包括人事任免案、罢免案、组织特定问题调查案等特别议案。特别议案分别按《地方组织法》有关条款提出和办理。

第三条 代表提出议案是执行代表职务，行使国家权力的一项重要工作。代表为提出议案开展的视察、专题调研等活动，有关机关、组织和个人应当给予支持。

市人民代表大会常务委员会和各县（区）的人民代表大会常务委员会应当为代表议案工作提供必要的条件和服务。市人民代表大会会议期间，大会秘书处应当为代表议案工作提供服务；各代表团应当配备工作人员为代表提出议案做好服务。

第四条 认真处理代表议案，是有关机关或者机构的法定职责。

第二章 代表议案的基本要求

第五条 代表议案应当符合下列条件：

（一）由市人民代表大会一个代表团或者代表十人以上联名在议案截止时间前向市人民代表大会提出。

（二）应当有案由、案据和方案。案由是指提出该议案的理由和通过该议案的必要性等。案据是指提出该议案的理论和事实根据，该议案的合理性、可行性等。方案是指解决问题的具体办法，具体办法是议案的核心内容，是要交付大会表决的主要内容，应当具体可行。制定或者修订涉及城乡建设与管理、环境保护、历史文化保护等方面地方性法规的议案，应当附法规草案文本或者法规修正案草案文本及其说明，并提供相关资料。

（三）内容属于市人民代表大会职权范围内的事项。

第六条 下列事项可以作为代表议案提出：

（一）制定、修订、废止和解释涉及城乡建设与管理、环境保护、历史文化保护等方面地方性法规的事项；

（二）讨论和决定本行政区域内的重大事项；

（三）市人民代表大会职权范围内的其他事项。

第七条 下列事项不应当作为代表议案提出：

（一）市人民政府职权范围内的事项；

（二）应当由下级人民代表大会和下级人民政府处理的地方性事务；

（三）人民法院和人民检察院审判权、检察权范围内的事项；

（四）政党、社会团体、企业事业组织和个人的事务；

（五）其他不属于市人民代表大会职权范围内的事项。

第八条 代表议案应当一事一案，使用统一印制的代表议案专用纸，同时录入阳泉市人大代表议案建议网上办理系统。

第三章 代表议案的提出

第九条 代表应当通过视察、专题调研等活动，深入实际，调查研究，在认真酝酿并充分准备的基础上提出议案。

第十条 代表联名提出议案，应当在常务委员会作出召开代表大会会议决定之日起至本次代表大会主席团规定的代表议案截止时间前提出。

第十一条 代表团提出议案，应当经代表团全体会议充分讨论，由代表团全体代表的过半数通过，并由代表团团长签署。

代表十人以上联名提出议案，应当有领衔代表。领衔代表应当向参加联名附议的代表分别提供议案文本，附议代表本人认真审阅同意后，再签名附议。有条件集体讨论的，应当经集体讨论、取得一致意见后，分别签名提出，以示共同负责。

第十二条 代表在大会会议期间提出的议案，应当由各代表团在议案截止时间前送交大会秘书处议案组。

大会秘书处议案组应当对代表提出的议案进行整理、分类和分析。对不符合议案基本要求的代表议案，可以建议提议案代表进行修改、完善，或者改作建议、批评和意见提出。

第四章 代表议案的审查

第十三条 市人民代表大会会议期间，大会设立议案审查委员会。议案审查委员会在主席团领导下，负责对代表议案进行审查并提出审查处理意见的报告。

议案审查委员会由主任委员、副主任委员一至二人和委员若干人组成，其人选由市人民代表大会常务委员会主任会议从市人大代表中提名，经常务委员会会议通过后，提请大会预备会议通过。

第十四条 议案审查委员会会议由主任委员召集并主持。主任委员因故不能出席会议时，可以委托副主任委员召集并主持会议。

议案审查委员会会议须有过半数组成人员出席始得举行。议案审查委员会提出关于代表议案审查处理意见的报告，须经全体组成人员过半数同意。

第十五条 大会秘书处议案组既是大会秘书处的工作机构，又是议案审查委员会的办公室，承办代表议案工作的具体事宜。

第十六条 大会秘书处议案组收到代表议案后，应当先征求市人民代表大会相关专门委员会的意见，再由议案审查委员会审查，并向主席团提出关于代表议案处理意见的报告。

第十七条 议案审查委员会根据本办法的有关规定对代表议案进行审查。根据审查情况，提出以下处理意见报告，提请主席团会议审议决定：

（一）建议立为议案并列入本次会议议程进行审议；

（二）建议立为议案并交常务委员会或者市人民代表大会有关专门委员会在会议闭会后审议处理；

（三）建议改为代表建议、批评和意见处理。

第十八条 大会秘书处应当将主席团通过的关于代表议案审查处理意见的报告印发出席会议的全体代表。

提出议案的代表三分之二以上对议案审查处理意见报告有异议的，可以在主席团最后一次会议召开四个小时前，向主席团书面提出复议要求。根据代表复议要求，由议案审查委员会向主席团提出复议报告，经主席团复议后，作出决定，并将复议结果答复提议案代表。

第五章 代表议案的处理

第十九条 主席团决定列入会议议程的代表议案，提议案代表应当向会议提出关于议案的说明和相关资料。

第二十条 列入会议议程的代表议案，由主席团提交各代表团审议。市人民代表大会相关专门委员会对各代表团的审议意见汇总研究后，向主席团提出研究意见的报告，由主席团决定是否提请大会全体会议表决。

代表团或者代表十人以上联名，可以对列入会议议程的议案或者准备交付大会表决的决议、决定草案提出书面修正案。修正案最迟应当在大会表决前举行的主席团会议召开四个小时前提出，由主席团决定是否提交代表团审议和提请全体会议表决。

第二十一条 市人民代表大会专门委员会审议列入会议议程的代表议案时，可以邀请提议案代表和有关专业人员列席会议，发表意见。

第二十二条 列入会议议程的代表议案，在审议中认为有重大问题需要进一步研究的，由主席团提议，经大会全体会议决定。也可以授权常务委员会在本次会议闭会后审议决定，并报下一次代表大会会议备案，或者提请下一次代表大会会议审议。

第二十三条 列入会议议程的代表议案，在交付大会表决前，提议案代表要求撤回的，经议案审查委员会提请主席团同意，会议对该议案的审议即行终止。

第二十四条 列入会议议程的法规案，按照《阳泉市地方立法条例》的有关规定执行。

第二十五条 主席团审议决定作为议案、但不列入本次会议议程的，交常务委员会或者市人民代表大会相关专门委员会在本次会议闭会后审议。常务委员会和市人民代表大会相关专门委员会应当在闭会后六个月内提出审议结果报告或者处理情况报告。

第二十六条 市人民代表大会专门委员会和常务委员会工作机构在市人民代表大会闭会后审议或者处理代表议案时，应当采取邀请提议案代表列席会议、参加立法调研和座谈等形式，听取提议案代表对议案处理的意见。

第二十七条 市人民代表大会专门委员会和常务委员会工作机构提出代表议案审议结果报告或处理情况报告，经常务委员会主任会议研究后，提请常务委员会会议审议。常务委员会会议通过后，由市人民代表大会专门委员会和常务委员会工作机构告知提议案的代表，并印发下一次市人民代表大会会议。

第二十八条 常务委员会对代表议案处理工作进行监督检查。

常务委员会可以组织代表对代表议案处理情况进行视察。代表可以就处理工作向承办单位提出询问。

第六章 附 则

第二十九条 本办法未作规定，法律法规另有规定的，从其规定。

第三十条 本办法自市人大常务委员会会议通过之日起施行。

阳泉市人民代表大会常务委员会
关于加强全市人大代表联络站全覆盖和规范化建设的指导意见

（2019 年 7 月 17 日阳泉市第十五届人民代表大会常务委员会第四十一次会议通过）

为进一步加强代表联系群众工作平台建设，推进我市各级人大代表联系人民群众工作制度化、规范化、常态化，根据省人大常委会《关于加强全省人大代表联络站建设的指导意见》，结合我市近年来人大代表联络站建设的实践和经验，现就加强全市人大代表联络站建设全覆盖和规范化工作提出以下意见：

一、指导思想

1. 为深入贯彻落实习近平总书记关于坚持和完善人民代表大会制度的重要思想，加强全市人大代表联络站全覆盖和规范化建设，充分发挥人大代表联络站作为代表联系群众的载体平台和基础依托作用，做好新形势下人大代表工作，进一步夯实代表机关民意基础，畅通社情民意反映和表达渠道，密切人大代表与人民群众的联系。

二、发挥平台作用

2. 人大代表联络站作为各级人大代表在闭会期间密切联系群众的重要工作平台，主要发挥以下七个方面作用：一是按照就近就地的原则组织人大代表开展视察调研活动，发挥视察调研平台作用；二是安排五级人大代表进站开展接待群众活动，并组织代表深入基层，广泛听取群众的意见建议，发挥联系群众平台作用；三是向群众宣传宪法、法律法规、政策、人大制度和党委、政府中心工作等，发挥舆论宣传平台作用；四是将调研了解到的情况和群众意见，通过分析研究，形成意见和建议，为人大常委会提出相关工作的审议意见或形成代表建议提供民意基础，发挥献计献策平台作用；五是对接人大及其常委会相关监督工作，积极参与有关执法检查、视察调研、建议督办等活动，跟踪监督有关方面工作，发挥对接监督平台作用；六是为各级人大代表学习交流业务知识和履职经验、开展活动提供服务保障，发挥学习交流平台作用；七是联络站建设预算联网监督系统，各级代表对本级财政进行全口径、全过程监督。

三、规范平台建设

3. 完善站点设置。全市各乡镇（街道）要在 2019 年 10 月之前全部建立代表联络站。已完成全覆盖任务的县（区）要进一步巩固和提升。以此为基础，积极创造条件，在乡镇（街道）所辖村庄、社区、片区等地域建设相应的人大代表联络点，构建形成“一站多点”的立体格局，要进一步优化人大代表联络站的布局结构，方便代表与人民群众的联系。代表联络站要加强对所在辖区代表联络点的统一管理。

根据工作需要，市级层面原则上要建立人大代表联络站，便于全国、省、市三级人大代表开展联系活动。

4. 统一规范名称。人大代表联络站统一命名为：× × 县（区）× × 乡镇（街道）× ×（地名）人大代表联络站。代表联络点统一名称为 × × 县（区）× × 乡镇（街道）× × 村名（社区 / 其他组织）人大代表联络点。人大代表联络站、人大代表联络点由县级人大常委会统一挂牌。人大代表联络站、人大代表联络点挂牌一般应使用统一规格的铜制牌匾，国徽居中。

5.保证场所设施。按照方便联系群众、方便代表开展活动的原则，配备固定办公场所，面积一般不少于30平方米，要充分利用现有设施和场所，也可以与其他活动场所共建共管共用，避免重复建设。人大代表联络站要配备便于代表联系接待群众、开展履职和学习交流活动的办公桌椅、电脑、电话、书柜、活动登记簿等必要的办公设备和联络设施，实现活动计划、工作制度、代表信息（姓名、单位、职务、联系方式）等上墙公开。

四、落实进站人员

6.安排代表进站。我市各级人大代表按照就地就近的原则，参加人大代表联络站开展的活动。市、县、乡三级人大代表参加原选举单位或原选区或工作生活所在地的代表联络站活动，全国、省两级人大代表原则上参加原选举单位或工作生活所在地的代表联络站活动。

县级人大常委会协调安排上级人大代表通过人大代表联络站开展联系人民群众活动，将全国、省、市三级人大代表入站编组和活动开展情况向市人大常委会人事代表工委备案。

市、县两级人大常委会要认真做好担任领导干部职务的同级人大代表进站开展活动的协调服务工作，发挥示范带头作用，形成代表密切联系人民群众的良好氛围。

7.适时调整补充。县级人大常委会、乡镇人大主席团（街道人大工委）应根据各级人大换届选举的实际和代表变动情况，加强与上级人大常委会的协调沟通，及时调整、补充人大代表联络站进站代表及相关服务保障人员，保证全市各级人大代表进站的全员化，为代表联系群众工作的持续开展奠定基础。

8.加强队伍建设。人大代表联络站设站长1名，联络员若干名，负责做好代表联络站的服务保障工作。有条件的地方，还可聘请熟悉经济法律等事务的专业人员，为代表和人民群众提供义务咨询服务。人大代表联络站站长由乡镇人大主席（街道人大工委主任）担任；联络员由乡镇人大主席团（街道人大工委）的工作人员，所在地的县（区）、乡（镇）人大代表或者其他热心社会服务的人士担任。代表联络点配备联络员若干名，由行政村、社区、其他组织中的人大代表、工作人员或者其他热心社会服务的人士担任。

五、健全活动机制

9.制定活动计划。人大代表联络站要制定年度活动计划，定期组织代表开展接待人民群众活动。

人大代表联络站每月至少接待群众一次，接待时间要保持相对固定，每次接待群众至少安排2名代表，时间不少于半个工作日，并提前三天以上将活动时间、参加活动的代表姓名、活动主题和内容等事项进行公告。市人大代表要将进站参加活动与“14710三联系”工作紧密结合，切实增强代表联系群众活动实效。

10.明确联系内容。一是向人民群众宣传党的路线、方针、政策和全市各级党委的重大决策部署；二是向人民群众宣传宪法、法律、法规，以及本级人大及其常委会的决议、决定，并了解基层的贯彻落实情况；三是听取人民群众对国家机关和国家工作人员的意见和建议，了解原选区选民或者原选举单位和人民群众的诉求，为在本级人民代表大会会议期间参加审议各项议案和报告、提出议案与建议、批评和意见作准备；四是围绕人大及其常委会工作安排，征求人民群众的意见和建议，为列席人大及其常委会会议、参加执法检查、立法调研、代表主题活动等作准备；五是向原选区选民或者原选举单位报告执行代表职务、履行代表义务的情况。

六、规范工作流程

11.完善工作制度。建立健全人大代表联络站的接待工作范围、活动安排公告、意见处理反馈、重要情况报告、代表履职登记、台账管理等制度，确保人大代表联络站规范运行、发挥作用。

12. 认真研究整理。人大代表对人民群众提出的意见和建议，要认真研究整理，根据实际情况，以多种方式及多种渠道向本级人大及其常委会提出，或者向有关国家机关和组织反映，并将处理情况及时向人民群众反馈。问题暂时不能解决的，要向人民群众做好解释说明工作。

人大代表反映人民群众提出的意见和建议，可以结合审议相关议案和报告，以审议意见的形式提出，也可以形成议案或者建议、批评和意见按照相关规定提出。

人大代表在人大代表联络站组织的联系群众活动中不直接处理具体问题。

人大代表通过代表联络站联系群众，应当模范遵守宪法法律法规，自觉接受原选区选民或者原选举单位和人民群众的监督，正确处理从事个人职业活动与履行代表职务的关系，不得利用代表身份干预执法、干涉具体司法案件或者插手招标投标等活动，牟取个人、小团体和特定关系人利益。严禁利用开展代表联系群众活动拉关系、办私事、变相从事商业活动等。

13. 转交研究处理。人大代表联络站要建立健全研究处理工作机制，协助代表梳理分析人民群众反映的意见和要求，为代表依法履职提供服务。代表联络点要及时将收集到的群众意见和建议报送代表联络站，由代表联络站汇总梳理。乡镇人大主席团（街道人大工委）要定期对人大代表联络站收集到的社情民意进行汇总、梳理、分析和研判，及时将人民群众普遍关注、带有倾向性、普遍性和共性问题送相关部门研究处理，并向代表和群众反馈处理情况。本乡镇（街道）职责范围内的事项，由乡镇人大主席团（街道人大工委）批转本级行政职能部门处理。需要县级以上组织处理的事项，由乡镇人大主席团（街道人大工委）报告县（区）人大常委会，由县（区）人大常委会根据事权交给相关部门或逐级向上报告处理；也可以委托本代表联络站相应层级的人大代表认真调研后，通过“14710 三联系”工作机制或“省人大代表建议直通车”机制向同级人大常委会提出代表建议，由各级人大常委会批转同级国家机关和组织研究处理。

七、强化组织保障

14. 全市各级人大组织开展联络站活动要按照党委决策部署，聚焦改革发展稳定大局，积极回应社会关切，选准选好活动主题，听取和反映群众意见，发挥代表汇集民意民智、服务中心大局的作用。

15. 市县乡三级人大上下联动，合力推进人大代表联络站全覆盖和规范化建设，切实为代表联系人民群众提供工作平台。要对代表联络站站长和联络员开展业务培训，为代表联络站建设提供必要的物质保障和技术支持。

16. 市县两级人大常委会要加强对人大代表联络站、人大代表联络点建设的工作指导，及时协调解决代表联络站全覆盖和规范化建设中遇到的困难和问题。要把代表联络站、代表联络点建设和开展活动所需经费列入本级财政预算，专款专用，确保代表联络站、代表联络点各项活动正常开展。

17. 各乡镇人大主席团（街道人大工委）要充分发挥代表联络站全覆盖和规范化建设的主体作用，积极主动争取同级党委、政府的支持配合。要负责代表联络站的日常管理、做好场所选定、人员配备、活动安排、制度建设等工作，确保代表联络站发挥效能。

18. 全市各级人大常委会、各乡镇人大主席团（街道人大工委）要把握正确的舆论导向，充分利用各种新闻媒体和自媒体，加强对代表联络站的宣传，提高代表联络站在所在乡镇（街道）区域内的知晓率和群众参与度，推动代表同人民群众建立更加紧密的联系。

19. 全市各级国家机关、组织要切实尊重人大代表的权利，加强同人大代表的联系，支持代表密切联系人民群众。有关机关、组织要采取切实举措，解决代表通过联系人民群众反映的问题，研究采纳代表提出的意见建议。

阳泉市人大常委会
关于对任命人员开展述职评议工作的实施方案

（2019年8月28日阳泉市第十五届人民代表大会常务委员会第二十五次会议通过）

为更好地行使宪法和法律赋予地方人大及其常委会的职权，进一步加强对市人大常委会任命的国家机关工作人员的监督，根据《中华人民共和国地方各级人民代表大会和地方各级人民政府组织法》《中华人民共和国各级人民代表大会常务委员会监督法》等有关法律法规的规定，结合我市实际，制定本实施方案。

一、指导思想

以习近平新时代中国特色社会主义思想为指导，深入贯彻党的十九大精神，以党的路线、方针、政策和宪法、法律、法规为依据，坚持党的领导、实事求是、民主公开、客观公正原则，实现党管干部和人大依法任免的有机统一。通过述职评议，增强被任命人员的宪法和法律意识，认真履行职责，提高依法办事和接受监督的自觉性，促进依法行政和公正司法，更好地完成任期内工作目标任务，为我市“聚力六大突破、实现转型崛起”汇聚力量。

二、述职评议对象

述职评议对象为市人大常委会任命的国家机关工作人员，述职评议人员在市人大常委会本届任期内应至少接受述职评议一次。任职未满一年的一般不安排述职评议（专项工作评议除外）。

受市人大常委会监督的机构，应结合工作实际，统筹安排，每年6月底前向市人大常委会提出接受评议的名单，经市人大常委会主任会议研究并报市委同意后施行。

三、述职评议时间

述职评议工作一般安排在每年第四季度的市人大常委会会议上进行。

在2021年底前，完成本届所有被任命人员的述职评议工作。

四、述职评议内容

（一）贯彻执行宪法、法律法规，依法行政、公正司法情况；

（二）完成市委、市政府安排的工作目标和任务情况及履行岗位职责情况；

（三）贯彻执行市人民代表大会及其常务委员会的决议、决定和落实审议意见情况，办理人大代表提出的议案、建议、批评和意见情况；

（四）密切联系群众，为民办实事情况；

（五）存在的主要问题及今后的改进措施。

五、述职评议步骤

（一）准备阶段

确定接受述职评议名单，制定工作方案，通知述职评议对象和市人大常委会组成人员及参评代表。

述职评议对象根据述职评议内容撰写述职报告。报告要实事求是，客观公正，正确评价自己的成绩，查找问题和不足，提出整改措施。述职报告一般控制在3000字以内。

述职报告经分管领导签字后，于常委会评议工作专题会议召开 5 日前报市人大常委会人事代表工委。

（二）评议阶段

10 月下旬，在市人大常委会会议上对述职评议对象进行评议。参加人员：常委会组成人员、部分市人大代表、述职人员。

述职评议的具体程序：

1. 述职评议对象作述职报告（每人不超过 15 分钟）

2. 参评人员在听取述职报告的基础上，以电子表决方式对述职评议对象按“赞成、反对、弃权”进行满意度测评。测评结果分为满意、基本满意、不满意三个档次，赞成票达参评人员 80% 及以上的为满意，赞成票达 60% 至 80% 的为基本满意，赞成票不达 60% 的为不满意。

3. 公布电子表决整体情况。

（三）整改总结阶段（评议工作会议后两个月内）

述职评议对象被评议为不满意的，市人大常委会责成述职人员向主任会议说明情况，并在 2 个月内就整改情况重新评议，连续两次被评议为不满意的，市人大常委会专项报告市委。

市人大常委会人事代表工委于年底对本年度评议工作进行总结，经市人大常委会党组通过后以党组文件报告市委。述职评议结果抄送述职评议机构及有关部门。

六、组织领导

述职评议工作在市人大常委会的领导下进行，由主任会议组织实施，市人大常委会人事代表工委负责具体工作。

七、具体要求

1. 实事求是、依法评议。述职评议活动要严格按照法定程序进行，坚持以事实为依据，以法律为准绳，对述职评议对象作出实事求是、客观公正的评价。

2. 加强督促、注重实效。抓好整改，确保述职评议活动正常进行。

3. 提高认识、主动配合。述职评议对象要按照述职评议实施方案的要求，积极主动配合做好各项工作，保证述职评议工作顺利开展。

阳泉市人民代表大会常务委员会组成人员守则

（2007 年 7 月 30 日阳泉市第十三届人民代表大会常务委员会第二次会议通过，2019 年 10 月 30 日阳泉市第十五届人大常委会第十七次会议修订）

第一条 为加强市人民代表大会常务委员会（以下简称常委会）组织制度建设，保障常委会组成人员更好地履行职责，依据宪法、法律和法规的有关规定，制定本守则。

第二条 常委会组成人员应当高举中国特色社会主义伟大旗帜，以马克思列宁主义、毛泽东思想、邓小平理论、“三个代表”重要思想、科学发展观、习近平新时代中国特色社会主义思想为指导，坚持党的领导、人民当家作主、依法治国有机统一，坚持和完善人民代表大会制度，坚定不移走中国特色社会主义政治发展道路。

第三条 常委会组成人员应当坚定维护以习近平同志为核心的党中央权威和集中统一领导，牢固树立政治意识、大局意识、核心意识、看齐意识，全面贯彻党的基本理论、基本路线、基本方略，紧紧围绕统筹推进经济建设、政治建设、文化建设、社会建设、生态文明建设的总体布局和协调推进全面建成小康社会、全面深化改革、全面依法治国、全面从严治党的战略布局，依法履职尽责，推动国家、省和本市重大决策部署的贯彻落实。

第四条 常委会组成人员应当坚持以人民为中心，全心全意为人民服务，坚定中国特色社会主义道路自信、理论自信、制度自信、文化自信，不断推进社会主义民主法治建设。

第五条 常委会组成人员应当学习中国特色社会主义理论体系，熟悉宪法、法律和法规，掌握正确行使职权所必备的知识。积极参加常委会组织的各类学习培训，坚持理论联系实际，与时俱进、求实创新，自觉运用法治思维和法治方式开展工作，不断提高依法履职的能力和水平。

第六条 常委会组成人员应当模范遵守宪法、法律和法规，自觉践行社会主义核心价值观。坚持群众路线，密切联系人大代表和人民群众，深入调查研究，认真听取人大代表和人民群众的意见，自觉接受人大代表和人民群众的监督，并积极向常委会反映有关情况。

第七条 常委会组成人员必须切实履行职责，其他工作和社会活动应当服从常委会工作需要。

第八条 常委会组成人员应当全程出席常委会会议。因特殊情况不能出席常委会会议的，应当履行书面请假手续，未经批准不得缺席会议。

常委会组成人员出席和缺席常委会会议的情况，在常委会公报上公布。

第九条 常委会会议举行前，常委会组成人员应当根据会议通知的建议议程进行必要的调查研究，做好审议准备。

第十条 常委会组成人员在常委会各种会议上，应当遵守议事规则和其他有关程序性的规定，围绕议题充分发表意见，并贯彻落实常委会会议决定、决议等。

第十一条 在常委会会议期间成立会风会纪组。会风会纪组负责会风会纪监督检查，对会风会纪问题依据有关规定进行处理。

第十二条 常委会组成人员应当积极参加常委会组织的视察、调查和检查等活动。活动时，应深入实际了解情况，可以向被视察、调查和检查单位提出询问、建议、批评和意见，但不直接处理问题。

第十三条 常委会组成人员应当严守国家秘密。凡属规定不应当公开的内容，不得以任何方式传播。

第十四条 常委会组成人员在外事活动中，应当模范地遵守外事纪律，维护国家尊严和利益。

第十五条 建立常委会组成人员联系代表制度。常委会组成人员要严格落实执行人大代表联系人民群众“14710 三联系”制度，每年至少与联系的代表联系两次。

第十六条 建立常委会组成人员述职制度。常委会组成人员应当在每年 12 月底前向市人大常委会提交书面述职报告。

述职报告的主要内容包括：学习贯彻党和国家方针政策、出席常委会会议、参加履职学习和闭会期间活动等基本情况，履职的主要成效，改进履职的措施以及意见和建议等。

第十七条 常委会组成人员应当遵守廉洁从政从业规定，保持清正廉洁。

第十八条 常委会组成人员应当正确处理从事个人职业活动与执行职务的关系，不得利用其身份干预执法、干涉具体司法案件或者招标投标等经济活动牟取个人利益。

第十九条 常委会组成人员应当接受纪检监察部门对其履职情况的监督。

第二十条 本守则自通过之日起施行。

阳泉市人民代表大会常务委员会执法检查工作办法

（2020 年 10 月 29 日阳泉市第十五届人民代表大会常务委员会第三十四次会议通过）

一、总　则

第一条　为进一步加强和规范人大执法检查工作，充分发挥“法律巡视”监督利剑作用，根据《中华人民共和国各级人民代表大会常务委员会监督法》《山西省实施〈中华人民共和国各级人民代表大会常务委员会监督法〉办法》和《山西省人民代表大会常务委员会关于加强和改进执法检查工作的意见》规定，结合工作实际，制定本办法。

第二条　本办法所称执法检查，是指阳泉市人民代表大会常务委员会（以下简称常委会）根据宪法和法律赋予的职责，对市人民政府、市监察委员会、市中级人民法院、市人民检察院（以下简称“一府一委两院”）实施法律法规情况进行检查监督，促进依法行政、依法监察、公正司法的活动。

第三条　执法检查坚持以习近平新时代中国特色社会主义思想为指导，全面贯彻落实党中央和省委、市委各项决策部署，抓住市委工作重点、与党委同向，旗帜鲜明讲政治；把握百姓关注热点、与人民同心，为民代言献实策；盯住政府工作难点、与政府同力，依法履职促发展，确保宪法和法律全面有效实施，确保行政权、监察权、审判权、检察权得到正确行使，确保人民权益得到维护和实现，为重塑竞争新优势，倾力打造晋东区域中心城，奋力在转型发展上率先蹚出一条新路来提供有力的法治保障。

第四条　执法检查要依照法定职责、限于法定范围、遵守法定程序，聚焦法律法规责任落实情况；坚持问题导向，落实法律规定，维护法治尊严，增强工作实效；坚持依法、公开、集体行使职权、不直接处理问题的原则。

第五条　执法检查的范围包括：

（一）遵守《中华人民共和国宪法》的情况；

（二）执行全国人大及其常委会制定的法律及有关决议、决定的情况；

（三）执行国务院制定的行政法规的情况；

（四）执行省、市人大及其常委会制定的地方性法规及有关决议、决定的情况。

二、执法检查的选题与计划

第六条　常委会每年应当选择若干重要法律法规，就其贯彻实施情况开展执法检查。

执法检查议题的基础来源：

（一）全局性工作中关注的法律法规实施问题；

（二）常委会组成人员审议专项工作报告、专题询问、视察调研时提出的法律法规实施问题；

（三）市人大代表对“一府一委两院”工作提出建议、批评和意见反映的法律法规实施问题；

（四）市人大专门委员会、常委会工作机构在督查、调研中发现的法律法规实施问题；

（五）人民群众来信来访反映法律法规执行中存在的问题；

（六）社会普遍关注的法律法规实施问题。

法律法规实施主管部门可以向常委会提出执法检查议题的建议。

第七条 市人大专门委员会、常委会工作机构在每年年末提出下年度执法检查议题的建议，交常委会办公室汇总形成计划草案，由主任会议研究通过。根据需要，主任会议可以对年度执法检查议题进行部分调整。

制定年度执法检查计划时，应与省人大常委会执法检查工作安排相衔接，应与县（区）人大常委会协同配合，注重拓展检查的广度和深度。

执法检查计划应纳入常委会年度工作要点提交市委研究决定。

三、执法检查的前期准备

第八条 执法检查工作在主任会议领导下，由相关专门委员会、常委会工作机构组织，办公室协助实施。

第九条 执法检查开展前，执法检查组应当制定执法检查方案，对如下事项进行说明：

（一）检查的指导思想和目的；

（二）检查的内容和对象；

（三）检查的时间和步骤；

（四）检查的方式方法；

（五）检查的组织领导；

（六）其他需要注意的事项。

执法检查方案经主任会议同意后，应当通知法律法规实施主管部门。

第十条 实施执法检查，以常委会组成人员和相关专门委员会委员、人大代表为主体，组成执法检查组，组长由主任会议成员担任，特殊情况可采用总组＋分组形式，由常委会主任担任总组长、副主任担任分组长。应当邀请通过议案建议关注相关问题的人大代表，以及有关方面专家学者参加检查。

涉及两个以上专门委员会、常委会工作机构的执法检查，应当成立联合执法检查组。

第十一条 执法检查组应当召开动员会，开展集中培训，学习相关法律法规及专业知识，掌握执法检查的程序安排、目标任务和各项要求。

四、执法检查的组织实施

第十二条 执法检查要贯彻落实中央八项规定精神，驰而不息纠正“四风”，综合运用法律法规知识测试、召开座谈会、实地检查、暗访走访、问卷调查、随机抽查、调阅案卷、第三方评估检测等多种方法，掌握第一手资料。根据需要，可以向社会公布举报电话、电子邮箱，接受群众举报。

第十三条 执法检查应当听取法律法规实施相关部门和单位的情况汇报，深入了解实施法律法规的成效和经验、存在问题及原因、具体改进措施、修改完善法律法规建议。相关部门和单位应当如实报告，并及时提供必要协助。

第十四条 执法检查应当抓住重点案例，通过“解剖麻雀”、以点带面，找准影响法律法规实施的症结关键，就地反馈情况，指出存在问题，推动边查边改、立行立改。

第十五条 执法检查结束时，应当召开情况反馈会，实事求是反馈整体情况、作出综合评价、指出存在问题，提出可操作、能落实的意见建议。

第十六条 执法检查组一般赴 2 至 3 个县（区）开展检查，可以委托其他县（区）人大常委会进行自检自查，并提交自查报告。

第十七条 执法检查应当探索市县两级联动的方式，通盘安排部署，统筹时间地点，统一组织实施，提高监督质效。

第十八条 执法检查期间，县（区）人大常委会应当积极支持配合，做好组织协调、服务保障等工作，并提供问题线索，客观反映情况，督促解决问题，形成整体合力。

第十九条 省人大常委会委托开展的执法检查，应当与常委会执法检查执行同一标准、同一流程。执法检查报告经主任会议审定后，以常委会名义报告省人大常委会。

五、执法检查的报告与审议

第二十条 执法检查工作结束后，执法检查组应当及时召开会议，汇总执法检查情况并进行研究分析，组织起草执法检查报告。

第二十一条 执法检查报告包括下列内容：

（一）执法检查工作的基本情况；

（二）法律法规实施情况及评价；

（三）法律法规实施中存在的主要问题；

（四）改进执法工作或追究相关责任的建议；

（五）修改完善法律法规的建议。

第二十二条 执法检查报告应当用准确翔实、有说服力的案例和数据，对照发现的问题，从思想认识、发展理念、责任担当、制度措施等方面深挖原因和根源。检查发现的典型问题，可以作为执法检查报告的附件反映。

第二十三条 执法检查报告应当聚焦压实法律责任，提出落实法律法规的建议，督促有关部门拿出务实有效的政策举措，从动力、导向、环境、条件等关键因素着力，健全完善体制机制，从根本上、长效上解决问题。

第二十四条 执法检查报告应当审视法律制度设计、法条的可操作性、法律责任的清晰度等方面的情况，提出修改法律法规的可行性和合理化建议。

第二十五条 执法检查报告经主任会议研究通过后提请常委会审议，由执法检查组组长或受委托的其他成员向常委会会议报告。

第二十六条 常委会组成人员审议执法检查报告时，应当聚焦法律法规实施情况，就报告反映情况的真实性和准确性、提出建议的针对性和可行性等提出具体意见。

参加执法检查的人员应当进行深度发言，介绍情况，提供例证。

第二十七条 常委会审议执法检查报告时，“一府一委两院”及有关部门负责人应到会听取意见，回答询问。

第二十八条 常委会审议过程中，可以开展对相关执法情况的专题询问、满意度测评，可以作出相应的决议、决定。

第二十九条 常委会会议结束后，相关专门委员会、常委会工作机构应当根据会议审议和组成人员发言情况，组织撰写常委会审议意见（草案），报请主任会议研究决定。

六、审议意见的处理与落实

第三十条 常委会审议意见后附执法检查报告，以常委会办公室文件交由“一府一委两院”研究办理。

第三十一条 “一府一委两院”收到常委会审议意见后，应在3个月内将研究处理情况送交市人大相关专门委员会、常委会相关工作机构征求意见后，向主任会议提出书面报告。

第三十二条 对于“一府一委两院”送交的研究处理情况征求意见稿，市人大相关专门委员会、常委会相关工作机构要仔细审查是否回应了常委会组成人员的关切、整改措施能否解决问题，并提出修改意见。

第三十三条 对于“一府一委两院”提出的研究处理情况报告，经主任会议研究决定印发常委会会议，可同时责成相关专门委员会、常委会工作机构对办理情况进行跟踪监督，并向主任会议提出报告。

每年选取1至2项重点跟踪的执法检查项目，列入监督工作计划。主任会议可以安排相关部门负责人作研究处理情况的报告。根据需要可以提请常委会会议听取审议报告，开展专题询问或进行满意度测评。

对于需要连续监督的重大事项，或法律法规实施中一些长期得不到解决的突出问题，可以连续几个年度安排检查，每年检查有所侧重，一抓到底、逐步深化，确保取得实效。

第三十四条 执法检查中涉及的有关修改完善法律法规的建议，由执法检查组整理汇总，交市人大法制委员会按法定程序处理。

第三十五条 对执法检查中发现影响法律法规实施、制约工作发展、损害群众利益的突出问题，可以采取常委会办公室文件通报、督促制定整改方案等形式，推动解决突出问题，促进法律法规全面有效实施。

对于执法主体在落实法律责任方面的失职渎职等行为，应当向相关部门提出处理意见，依法追究相关责任。

七、执法检查的宣传与公开

第三十六条 执法检查组应当组织新闻媒体对执法检查活动开展宣传报道。必要时，可以就执法检查工作举行专题新闻发布会。

第三十七条 “一府一委两院”对常委会审议意见研究处理情况的报告，由常委会办公室向市人大代表通报，并通过新闻媒体向社会公布。

第三十八条 本办法自通过之日起施行。

第三节　市人大常委会主任会议规范性文件

阳泉市人民代表大会常务委员会
主任会议议事规则

（2002 年 5 月 15 日阳泉市第十二届人大务委会第二次主任会议通过）

第一条　为保证市人民代表大会常务委员会主任会议依法履行职责，根据《中华人民共和国地方各级人民代表大会和地方各级人民政府组织法》的有关规定，制定本规则。

第二条　市人民代表大会常务委员会主任、副主任、秘书长组成主任会议。

第三条　主任会议由常务委员会主任召集并主持。常务委员会主任可以委托 1 位副主任召集并主持主任会议。

第四条　主任会议每月至少举行 1 次，必要时，可以临时召集。

主任会议必须有全体组成人员的过半数出席始得举行。

第五条　主任会议在工作方式上实行集体负责制。主任会议的决定，必须由全体组成人员的过半数同意。

第六条　主任会议处理常务委员会的下列重要日常工作：

（一）决定常务委员会会议举行的日期，拟定常务委员会会议议程草案和日程草案，决定常务委员会会议列席、旁听人员；

（二）提出常务委员会向市人民代表大会的工作报告草案和举行市人民代表大会有关的准备事项，决定提请常务委员会会议审议；

（三）拟定常务委员会年度工作要点草案，决定提请常务委员会会议审议，并组织实施；

（四）研究市人民代表大会代表视察工作，并组织实施；

（五）听取市人民代表大会专门委员会提出的关于代表议案的审议结果报告，决定提请常务委员会会议审议；

（六）对市人民政府、市中级人民法院、市人民检察院、市人民代表大会专门委员会向常务委员会提出的议案，决定提请常务委员会会议审议，或者先交有关的专门委员会审议、提出报告，再提请常务委员会会议审议；

（七）对常务委员会组成人员依法提出的议案，决定是否提请常务委员会会议审议，或者先交有关的专门委员会审议、提出报告，再决定是否提请常务委员会会议审议；

（八）对常务委员会组成人员依法提出的对市人民政府、市中级人民法院、市人民检察院的质询案，决定交受质询机关答复；

（九）研究决议、决定草案，决定提请常务委员会会议审议；

（十）讨论应由常务委员会任免的人选，决定提请常务委员会会议审议；

（十一）听取市人民代表大会专门委员会、常务委员会工作机构提出的关于下一级人民代表大会及其常务委员会不适当的决议、市人民政府不适当的决定和命令的初步审查意见，决定提请常务委员会会议审议；

（十二）讨论市人民检察院检察长提出的重大案件和其他重大问题，决定提请常务委员会会议审议；

（十三）讨论人民群众对市人民政府、市中级人民法院、市人民检察院和国家工作人员的重要申诉和意见，提出处理意见；

（十四）听取市人民政府及其所属部门、市中级人民法院、市人民检察院的专题工作汇报，提出处理意见；

（十五）指导和协调市人民代表大会专门委员会的工作，听取专门委员会提出的视察报告、调查报告和其他工作汇报，提出处理意见；

（十六）听取常务委员会工作机构的工作汇报，提出处理意见；

（十七）讨论县、市辖区人民代表大会常务委员会提出的有关事项，提出处理意见；

（十八）向常务委员会提出属于常务委员会职权范围内的议案；

（十九）讨论市人民代表大会常务委员会交办的有关事项，提出办理意见；

（二十）处理常务委员会授权的事项和法律、法规规定的其他重要日常工作等。

第七条 主任会议的议题由秘书长征求常务委员会主任、副主任和市人民代表大会专门委员会、常务委员会工作机构的意见后提出，常务委员会主任或者其委托的副主任确定。

第八条 在主任会议举行的1日前，常务委员会办公厅应将会议议题、开会日期和地点通知主任会议组成人员，并将会议文件会前送达主任会议组成人员。

临时召集的主任会议，不适用前款规定。

第九条 根据工作需要，市人民代表大会专门委员会和常务委员会工作机构主要负责人或者有关人员可以列席主任会议。必要时，可邀请市人民政府、市中级人民法院、市人民检察院及有关方面负责人列席会议。

第十条 主任会议决定的事项需要行文时，由常务委员会办公厅草拟，秘书长或办公厅主任签发。

第十一条 常务委员会办公厅负责主任会议的记录，对主任会议议定的重要事项编印会议纪要，根据工作需要，印发常务委员会组成人员、市人民代表大会专门委员会和常务委员会工作机构。

第十二条 主任会议讨论的重要问题和决定的事项，经主任会议同意，应当通过新闻媒介公开发布。

第十三条 主任会议议定的事项应由市人民代表大会专门委员会和常务委员会工作机构负责办理和落实，有的应向主任会议报告办理结果。

第十四条 本规则经主任会议通过后施行。

阳泉市人民代表大会常务委员会机关信访工作办法

（2005年10月9日阳泉市第十二届人大常委会第四十七次主任会议通过）

为加强阳泉市人民代表大会常务委员会同人民群众的密切联系，维护人民群众的合法权益，更好地为阳泉市人民代表大会常务委员会了解社情民意、依法履行职责服务，依据《信访条例》和《全国人大常委会机关信访工作若干规定》，结合阳泉市人民代表大会常务委员会机关信访工作的任务，制定本办法。

第一章　来信来访的受理

第一条　公民、法人或者其他组织（以下简称信访人）采用书信、电子邮件、传真、电话等形式，向市人大及其常委会、阳泉市人民代表大会常务委员会主任会议组成人员、市人大专门委员会、阳泉市人民代表大会常务委员会工作委员会或者阳泉市人民代表大会常务委员会办公厅反映情况，提出建议、批评和意见，提出申诉、控告和检举，由市人大专门委员会、阳泉市人民代表大会常务委员会工作委员会和阳泉市人民代表大会常务委员会办公厅分别受理。

人民群众来访，由阳泉市人民代表大会常务委员会办公厅信访科（以下简称信访科）统一接待。

第二条　信访人给市人大及其常委会的来信，信访人给阳泉市人民代表大会常务委员会主任会议组成人员的来信，信访人给阳泉市人民代表大会常务委员会办公厅的来信，市人大代表本人或者转递信访人的申诉、控告和检举类来信，由信访科受理并负责交办。

第三条　市人大专门委员会、阳泉市人民代表大会常务委员会工作委员会和阳泉市人民代表大会常务委员会办公厅信访科收到信访人来信后，按照统一规定的格式，将来信人姓名、地址，受信人或受信单位、信访要求、信访人数、信访内容摘要、信访件承办人和承办日期等，函件登记或者录入计算机信访办公系统（以下简称录入）。其内容按照职责分工属于应由各受理单位研究处理的，由各受理单位负责研究处理；其内容属于申诉、控告和检举的，由受理单位在7个工作日内转送信访科按有关规定处理。

第四条　收到市人大代表依法提出对各方面工作的建议、批评和意见或者因本人被终止代表资格提出的申诉，收到信访人反映的各级人民代表大会选举工作中的问题，以及反映市人大代表问题的信件，受理单位受理后登记或者录入，在7个工作日内转送阳泉市人民代表大会常务委员会人事代表工作委员会按有关规定处理并定期进行综合分析。

第二章　信访情况的综合分析

第五条　信访科应每季度对信访信息和信访工作情况进行综合分析，综合分析应全面反映本季度内来信来访的情况和趋势。分析的重点是：来信来访中反映的政治、经济、社会和改革发展中带有倾向性的问题；人民群众反映强烈的热点问题；民主法制建设和影响社会稳定的其他重大问题；对人大工作的意见和建议。

第六条　信访科应在综合分析的基础上，为阳泉市人民代表大会常务委员会开展执法检查等监督工作，以及为市人大代表进行视察、专题调研等，提供信息和建议。

第七条 信访科对信访情况、信访情况的综合分析和建议，应分别通过《信访简报》等形式进行反映，由分管信访工作的阳泉市人民代表大会常务委员会副秘书长（以下简称副秘书长）核准发送范围并签发。

第八条 信访人给常委会主任来信反映国家机关和国家工作人员严重违法乱纪的典型或者重大案件，关系群众利益的重大问题，涉及改革和发展的方向性、全局性的重要情况，以及其他重要社会动态，信访科应及时汇总和分析，每月通过《信访月报》，经分管副秘书长签发，报送常委会主任。

第九条 为保证向主任、副主任报送的信访件反映情况的真实性，经分管副秘书长批准，信访件可以请有关县、区人大常委会办公室协助初步核实情况，或者直接派人调查了解。调查了解时可以请有关机关、组织予以协助。

第十条 需要向社会公开发布的信访信息，由信访科与阳泉市人民代表大会常务委员会办公厅研究处理。

第三章 信访件的交办

第十一条 信访人向市人大及其常委会、人大常委会主任会议组成人员、市人大专门委员会、阳泉市人民代表大会常务委员会工作委员会和阳泉市人民代表大会常务委员会办公厅的来信来访，需要由其他机关、组织研究处理的，由信访科按照“属地管理、分级负责，谁主管、谁负责”的原则统一交办。

第十二条 常委会主任、副主任和秘书长的信访批示件，由阳泉市人民代表大会常务委员会办公厅根据批示向有关机关、组织交办。

第十三条 有下列情况之一的信访件，经分管副秘书长审核同意，由阳泉市人民代表大会常务委员会办公厅向有关机关、组织发函交办：

反映严重违法，引起社会广泛关注的信访件；

人民群众反映强烈的热点问题的信访件；

经检查案件事实清楚却久拖不决的信访件；

市人大代表本人或者其转递信访人的重要申诉、控告和检举类信访件；

其他应由阳泉市人民代表大会常务委员会办公厅发函交办信访件的具体事宜由信访科负责承办。

第十四条 阳泉市人民代表大会常务委员会办公厅发函交办以外的信访件，由信访科逐件登记，由办公厅分管主任批准，单独或者开列清单统一向有关机关、组织交办。

第十五条 应由市政府及其部门研究处理的信访件，函请市政府办公厅或者市政府有关部门办公室处理；

应由市中级人民法院或者市人民检察院研究处理的信访件，函请市中级人民法院或者市人民检察院办公室处理；

应由地方有关机关、组织研究处理的信访件，函请有关县、区人大常委会办公室处理。

第十六条 对可能造成社会影响的重大、紧急信访事项，经阳泉市人民代表大会常务委员会办公厅分管主任批准，应及时向有关单位通报情况，提请有关单位及时采取措施，并将办理情况报告阳泉市人民代表大会常务委员会秘书长或分管副秘书长。

第十七条 对长期、反复多次到阳泉市人民代表大会常务委员会机关上访的人员，信访科应检查分析，将情况报告分管副秘书长，并向有关单位通报。

第四章 信访件办理情况的反馈

第十八条 对阳泉市人民代表大会常务委员会办公厅发函或者信访科单件发函交办的信访件，收函单位应及时落实到承办单位。收函单位应从收到交办的信访件之日起三个月内向信访科反馈办理结果，并同时由承办单位将办理结果答复信访人。不能按规定办理期限反馈办理结果的，收函单位应在规定的办理期限内以书面形式说明情况，办结后及时反馈。

第十九条 对信访科列表统一发函交办的信访件，收函单位应从收到交办的信访件之日起六个月内向信访科反馈办理情况。

第五章 信访科的督查

第二十条 对常委会主任信访批示件的办理，信访科应与有关办理单位互通情况，协同督办。

第二十一条 对阳泉市人民代表大会常务委员会办公厅或者信访科发函交办的信访件，收函单位无正当理由未按规定期限反馈办理结果或者办理情况的，信访科可以电话催办、发函催办或者派人督办，也可以请收函单位或者承办单位派人来信访科汇报办理情况。发函催办、派人督办和请收函单位或者承办单位派人来信访科汇报情况，须经阳泉市人民代表大会常务委员会办公厅分管副主任批准。督办工作可以采取听取汇报、调查、协商、协调等方式进行。

第二十二条 信访科的催办、督办等工作，可以视情况与市人大专门委员会、阳泉市人民代表大会常务委员会工作委员会和阳泉市人民代表大会常务委员会办公厅共同进行。

第二十三条 根据收函单位反馈的信访件办理结果或者办理情况，经办公厅分管副主任批准，可以作结案或者暂不结案处理；也可以经分管副秘书长批准，由信访科派人调查核实。调查核实的情况经分管副秘书长审核后，告知有关机关、组织。

第二十四条 信访科每季度以《信访件办理情况通报》向有关机关、组织反映，各收函单位对信访交办件的办理情况，年底对全年情况进行汇总通报。对反馈率低的收函单位。信访科应作为重点进行督查。

第六章 异常上访情况的处理

第二十五条 下列情况属于异常上访：

（一）信访人在阳泉市人民代表大会常务委员会机关办公场所周围非法聚集，围堵、冲击机关，拦截公务车辆，或者堵塞、阻断交通的；

（二）携带危险物品、管制器具的；

（三）侮辱、殴打、威胁国家机关工作人员；

（四）在阳泉市人民代表大会常务委员会机关人民来访接待室滞留、滋事，或者将生活不能自理的人弃留在阳泉市人民代表大会常务委员会机关人民来访接待室的；

（五）煽动、串联、胁迫、幕后操纵他人信访或者以信访为名借机敛财的；

（六）利用信访活动，扰乱公共秩序、妨害国家和公共安全的其他行为。

第二十六条 为加强对异常上访的快速处理能力，防止事态扩大，阳泉市人民代表大会常务委员会机关成立由法制委、信访科、机关后勤服务中心，以及市公安局市政府大院派出所等部门人员组成的阳泉市人民代表大会常务委员会机关异常上访情况处置小组，统筹异常上访情况的处理。阳泉市人民代表大会常务委员会分管副秘书长为异常上访情况处置小组组长。

异常上访情况处置小组的主要任务是：对异常上访 的信访人进行劝阻、批评或者教育；维护上访秩序，确保接待场所安全；依法、快速、妥善处置异常上访事件。

对可能造成重大社会影响，或者可能带来其他严重后果的异常上访情况，异常上访情况处置小组应及时向秘书长报告，并通知有关机关、组织依法采取适当措施处理。

第七章 信访工作的组织与程序

第二十七条 阳泉市人民代表大会常务委员会机关建立信访工作联席会议制度，统筹协调市人大机关信访工作。信访工作联席会议由分管副秘书长负责召集，由市人大法制委、阳泉市人民代表大会常务委员会办公厅、信访科等部门的主要负责同志参加。必要时，可以请阳泉市人民代表大会常务委员会机关其他部门负责同志列席会议。

信访工作联席会议每季度召开一次会议。其主要任务是：听取信访科对来信来访情况的通报；听取有关部门对信访情况的综合分析；研究阳泉市人民代表大会常务委员会机关信访工作形势和信访工作中的突出问题；确定信访工作重点；提出做好机关信访工作的建议。

信访工作联席会议每半年召开一次扩大会议，向机关各有关部门负责人通报工作情况，征求对机关信访工作的意见和建议。

第二十八条 阳泉市人民代表大会常务委员会机关信访工作联系会议办公室设在信访科。

市人大各专门委员会、阳泉市人民代表大会常务委员会各工作委员会、阳泉市人民代表大会常务委员会办公厅应指定专人负责本部门的信访工作，及时反映紧急信访情况，并担任机关信访工作联席会议联络员。

第八章 信访干部队伍的建设

第二十九条 阳泉市人民代表大会常务委员会机关信访工作人员要牢固树立党的观念、政治观念、大局观念、群众观念，自觉实践“三个代表”重要思想，全心全意为人民服务。

第三十条 信访工作人员要努力学习宪法及相关的法律、法规和政策，熟悉并了解各方面的业务知识和有关情况，不断提高信访工作的水平。

第三十一条 信访工作人员应严守工作纪律，不得泄露国家秘密；不得将信访人的检举、揭发材料或者有关情况透漏给被检举、揭发的人员或者单位；不得违反工作程序、越权办理信访件；不得接受信访人及其亲属的宴请或者馈赠。违反以上规定者，由阳泉市人民代表大会常务委员会机关人事部门调查核实后，做出相应的处理。

第三十二条 信访工作人员与信访事项或者信访人有直接利益关系的，应当回避。

第三十三条 阳泉市人民代表大会常务委员会机关各部门应为信访部门和信访工作人员做好信访工作创造必要的工作条件。

阳泉市人大机关贯彻实施监督法若干意见

（2006年12月20日阳泉市第十二届人大常委会第六十一次主任会议通过）

《中华人民共和国各级人民代表大会常务委员会监督法》是一部符合我国国情和人大工作实际的重要法律，对人大监督工作提出了新任务新要求。全面贯彻实施监督法对于人大常委会依法行使监督职权，增强监督实效，促进依法行政和公正司法，更好地发挥人民代表大会制度的特点和优势，推进社会主义民主法制建设意义重大、影响深远。市人大机关作为阳泉市人民代表大会常务委员会的集体参谋班子和集体服务班子，在阳泉市人民代表大会常务委员会实施监督法中负有极为重要的责任。机关全体干部职工要把思想统一到监督法上来，树立新观念新思路，实施新举措新作为，切实做好贯彻实施监督法的工作。为此，特提出以下若干意见。

一、认真学习，准确把握监督法的精神实质和主要内容

（一）进一步提高对贯彻实施监督法重要性的认识。监督法的颁布实施是我国社会主义民主法制建设的一项重要举措，是构建和谐社会的客观要求，是坚持和完善人民代表大会制度的内在需要，是包括人大在内的全社会的共同责任。机关全体干部职工要从坚持和完善人民代表大会制度，走中国特色社会主义政治发展道路的高度，要从建设社会主义政治文明，坚持党的领导、人民当家作主和依法治国有机统一，更好地发挥人民代表大会制度特点和优势的高度，要从贯彻落实科学发展观、推进社会主义民主法制建设，促进改革发展稳定大局的高度，进一步提高对全面贯彻实施监督法重要性的认识，自觉学习监督法，熟悉监督法的各项规定，深刻领会监督法的精神实质，准确把握实施监督法的基本要领，切实提高机关为常委会实施监督法做好参谋服务工作的能力和水平。

（二）准确把握实施监督法的基本要领。人大监督（包括工作监督和法律监督）是党和国家监督体系的重要组成部分，是宪法赋予人大的一项重要职权。监督的目的，在于确保宪法和法律得到正确实施，确保行政权、审判权、检察权得到正确行使，确保公民、法人和其他组织的合法权益得到尊重。人大作为国家权力机关，与行政机关、审判机关、检察机关虽然职责分工不同，但目标完全一致，都在党的领导下依法履行职责，协调一致开展工作。人大依法对"一府两院"进行监督，既是一种制约，又是支持和促进。必须把监督与支持有效结合、有机统一起来。

（三）始终坚持监督法规定的五项原则。即党的领导的原则、依法监督的原则、民主集中制的原则、接受人民代表大会监督的原则和监督工作公开的原则。

（四）明确阳泉市人民代表大会常务委员会开展经常性监督的内容。监督法规定人大常委会的经常性监督的主要内容是：听取和审议"一府两院"专项工作报告；审查和批准决算，听取和审议计划、预算执行情况的报告和审计工作报告；组织执法检查；规范性文件的备案审查。对于监督法规定的询问和质询、特定问题的调查、撤职案的审议和决定等三个方面的监督工作。如果遇到这方面情况时，一定要严格按照监督法规定的程序，专门研究处理。

（五）要运用好监督法规定的监督方法和方式。要掌握好监督法规定的监督方法，按照敢于监督、善于监督的要求，根据不同情况，采取工作监督与法律监督相结合，专项监督与综合监督相结合，初次监督与跟踪监督相结合，听取专项报告与开展执法检查相结合，推动自行整改与依法纠正相结合的方式，加强和改进监督工作，提高监督的针对性，切实增强监督实效。

（六）要切实履行好为常委会实施监督法的参谋和服务职责。监督法的主体是人大常委会。市人大机关主要职责是为常委会实施监督法当好参谋、做好服务。这是一项工作量大、涉及面广的系统工程。机关各部门、各单位要站在全局的高度、讲政治的高度，以奋发向上的精神，高度负责的态度，周密筹划，细致安排，精心组织，扎实工作，切实履行职责，真正做到不缺位、不错位、不越位，确保常委会的各项监督工作依法顺利进行，富有成效。

二、规范常委会听取审议“一府两院”专项工作报告程序

（七）精心选择听取审议专项工作报告的议题。监督法规定，听取和审议专项工作报告要选择若干关系改革发展稳定大局和群众切身利益、社会普遍关注的重大问题，有计划、有准备地进行。机关各部门、各单位要明确分工，各司其职、各负其责。要广泛听取和综合分析来自各个途径的反映，提出听取和审议专项工作报告的议题建议，由主任会议根据监督法规定的六个途径反映的问题来确定，确保议题符合法律规定的要求。这六个途径是：阳泉市人民代表大会常务委员会在执法检查中发现的突出问题，由相关委员会负责汇总整理；市人大代表对“一府两院”工作提出的建议、批评和意见集中反映的问题，由人事代表工作委员会负责汇总整理；阳泉市人民代表大会常务委员会组成人员提出的比较集中的问题，由调查研究室负责汇总整理，办公厅和相关委员会予以配合；专门委员会、工作委员会在调查研究中发现的突出问题，由进行该项调查研究的部门和单位负责汇总整理；人民群众来信来访集中反映的问题，由办公厅负责汇总整理；社会普遍关注的其他问题，由调查研究室根据媒体报道分析归纳，汇总整理。

（八）制定听取审议专项工作报告年度计划。每年12月上旬，相关专门委员会、常委会工作机构、办事机构提出下一年度听取审议专项工作报告的议题建议。议题建议既要有情况反映，又要综合分析，还要阐述出议题建议的理由。议题建议提出后，办公厅负责与机关有关部门和单位及市“一府两院”沟通协调，经过综合平衡，提出下一年度听取审议专项工作报告的计划方案，报秘书长审定后提请主任会议审议通过。办公厅将听取审议专项工作报告计划印发有关方面。

（九）先期调研及交换意见。相关专门委员会、常委会工作机构、办事机构先期组织专题调研，人事代表工作委员会负责安排代表参加调研。常委会举行会议的一个月前，办公厅汇总先期调研报告及意见，送市“一府两院”及有关部门。常委会举行会议的20日前，市“一府两院”将专项工作报告稿送相关专门委员会、常委会工作机构、办事机构征求意见。

（十）听取审议专项工作报告。常委会举行会议的10天前，市“一府两院”提交报告稿，由秘书长提请主任会议决定列入常委会会议议程，办公厅将报告稿印发常委会组成人员及列席人员。人事代表工作委员会确定列席常委会会议的代表名单，办公厅通知“一府两院”派人到会听取意见，回答询问。常委会全体会议听取专项工作报告，分组或联组会议审议专项工作报告。

（十一）整理、督办听取审议专项工作报告的审议意见。常委会会议结束后，以相关委员会为主，吸收常委会会议简报反映的内容，按照综合整理、突出重点的要求，对各项报告分别归纳整理审议意见。审议意见要努力做到真实、全面、准确、鲜明，不同意见要如实反映。审议意见初稿经该委员会负责人核阅后报秘书长签发。办公厅将审议意见送市“一府两院”处理，并报市领导和送市直有关部门参阅，抄送相关委员会。相关委员会要进一步了解情况，进行跟踪监督，就审议意见的处理情况听取汇报，与有关部门沟通。市“一府两院”在6个月内将处理情况的书面报告送常委会办公厅。办公厅将市“一府两院”处理情况的报告送相关委员会研究提出意见后，将该意见连同报告印发主任会议和常委会会议。

三、做好审查决算、监督计划和预算执行情况的服务工作

（十二）做好审查决算、监督计划和预算执行情况的前期工作。每年 6 月上旬，财经委提出审查决算的安排意见，报常委会秘书长批准后执行。财经委提出对市本级决算草案的初步分析意见。每年 7 月财经委就计划和预算执行情况听取市发改委、财政局关于上半年执行情况的汇报。

（十三）对决算草案进行初步审查。财经委对决算草案进行初步审查，听取上年度预算执行情况的审计工作报告，并提出初步审查意见。财经委的初步审查意见，送相关委员会和市政府有关部门。财经委提出对决算草案的审查报告。审查报告稿征求市政府有关部门意见定稿后，财经委向主任会议汇报。

（十四）常委会审查决算草案、监督计划与预算执行情况。每年 6 月常委会听取决算及决算审查报告和审计工作报告，每年 8 月常委会听取上半年计划和预算执行情况报告。常委会举行会议 10 日前，市政府提交报告稿，秘书长提请主任会议决定列入常委会议程。财经委根据会议安排，结合常委会审议情况，对审查报告进行修改，同时，起草对决算（必要时对审计工作报告）的决议代拟稿，提交常委会会议表决。

（十五）决议、审查报告和审议意见的落实。常委会会议结束后，财经委根据常委会组成人员的意见、建议整理出审议意见，由秘书长签发，送市政府及其有关部门。财经委通过分析情况、进行跟踪监督，督促市政府及有关部门于 4 个月内书面报告审议意见落实情况。常委会办公厅将书面报告送财经委研究提出意见后，将意见连同该报告印发主任会议和常委会会议。

四、抓好法律法规实施情况的执法检查

（十六）制定执法检查年度工作计划。每年 12 月上旬，机关专门委员会、常委会工作机构、办事机构参照本意见第 7 款提出执法检查议题建议。办公厅负责与机关有关部门和单位及市“一府两院”沟通协调，综合平衡，与常委会听取审议专项工作报告年度计划同时提出。拟订的年度执法检查计划，经秘书长同意，报主任会议审议通过。

（十七）组织执法检查。相关委员会根据年度计划制定执法检查方案，组织执法检查组、调配工作人员。人事代表工作委员会负责安排代表参加检查组。办公厅将执法检查方案通知市“一府两院”和有关部门及有关县（区）人大常委会。检查组召开全体会议，听取市“一府两院”有关部门关于法律实施情况的汇报，执法检查组赴县、区和市直有关部门采用各种方式开展检查工作。检查组组长根据执法检查情况，在征求市“一府两院”有关部门的意见后，主持研究、修改和审定执法检查报告稿。

（十八）听取和审议执法检查报告。执法检查报告定稿后提请主任会议决定列入常委会议程。常委会全体会议听取执法检查报告，分组或联组会议审议执法检查报告。

（十九）落实执法检查报告和审议意见。常委会会议结束后，相关委员会整理汇总审议意见，经该委员会负责人审核后报秘书长签发。办公厅将执法检查报告及审议意见送市“一府两院”处理，并报市领导和送市直有关部门参阅，抄送相关委员会。相关委员会负责了解有关情况，跟踪检查，听取落实情况的汇报，与市“一府两院”有关部门沟通。市“一府两院”于 6 个月内将研究处理情况的书面报告送常委会办公厅。办公厅将市“一府两院”研究处理情况的报告送相关委员会研究提出意见后，将该意见连同报告印发主任会议和常委会会议。

五、监督工作情况的通报和公布。

（二十）根据监督法的规定，常委会听取审议专项工作报告的年度计划、常委会年度执法检查计划，经主任会议通过后，办公厅印发常委会组成人员和有关方面，人事代表工作委员会向代表通

报，调查研究室向社会公布。

（二十一）根据监督法的规定，常委会听取专项工作报告、计划执行情况报告、预算执行情况报告、审计工作报告、执法检查报告及审议意见、“一府两院”对审议意见的研究处理情况或者执行决议情况的报告，由人事代表工作委员会负责向市人大代表通报。通报一般采用书面或电子邮件形式。

（二十二）根据监督法的规定，常委会听取专项工作报告、计划执行情况报告、预算执行情况报告、审计工作报告、执法检查报告及审议意见、“一府两院”对审议意见的研究处理情况或者执行决议情况的报告，由调查研究室负责向社会公布。向社会公布可以采取刊登阳泉市人民代表大会常务委员会公报、召开新闻发布会以及在媒体上公开报道等灵活多样的形式。

六、规范性文件的备案审查。

（二十三）明确备案程序。市人民政府发布的决定、命令和县、区人民代表大会及其常委会作出的决议、决定，自公布之日起30日内报送阳泉市人民代表大会常务委员会备案。报送备案须附备案报告、文件正式文本等。

（二十四）明确审查程序。对报送的规范性文件，法制委员会经初审报领导审批后，进入审查程序。审查从规范性文件制定的必要性、可行性和合法性三个方面进行，审查后出具书面的《规范性文件备案审查意见书》。

（二十五）明确改正程序。对存在问题的规范性文件，文件制发机关必须在收到《规范性文件备案审查意见书》之日起60日内进行整改，并将改正结果报市人大法制委员会。

（二十六）市人民代表大会及其常委会作出的决议、决定，由办公厅负责报省人大常委会进行备案和审查。

七、加强机关内部、外部的沟通与协调。

（二十七）进一步提高对机关内外部沟通与协调重要性的认识。加强沟通与协调是统一思想，统一行动，整合各方力量，发挥各方优势，为常委会实施监督法提供好参谋、服务的关键，涉及机关内部各部门、各单位，也涉及外部有关部门。为使各方面和谐一致、协调配合地开展工作，各部门、各单位必须改进工作方法和工作作风，在各个环节上加强相互沟通和协调。凡是需要与外部沟通的事项，事前应在机关内部进行沟通，形成一致意见。

（二十八）在听取审议专项工作报告、组织执法检查的年度计划方案初步拟订后，常委会秘书长和办公厅要与市政府办公厅、市中级人民法院和市人民检察院有关部门进行沟通，听取他们的意见。市“一府两院”依法要求报告的专项工作，要尽量予以安排。在以我为主选择议题的前提下，力求与有关方面取得一致意见。

（二十九）在准备听取和审议专项工作报告、组织执法检查时，相关专门委员会、工作委员会要认真听取市“一府两院”有关部门的意见。执法检查要请有关方面参与，务求反映的问题客观全面、符合实际，提出的建议针对性强、切实可行。批评、建议都要从维护大局和人民群众利益出发。

（三十）在专项工作报告、执法检查报告初稿完成后，相关专门委员会、工作委员会要与市“一府两院”有关部门及时沟通，交换意见，认真修改完善，力求在重大问题上相互认同。

（三十一）在审议专项工作报告、执法检查报告时，办公厅要提前与市“一府两院”及其有关部门联系，请他们安排有关负责同志到会听取意见，回答询问。

（三十二）在专项工作报告、执法检查报告审议后，专门委员会、工作委员会要继续保持与有关方面的联系和沟通，及时了解研究处理情况，督促有关方面向常委会提出研究处理情况的报告。

阳泉市人民代表大会常务委员会关于落实代表法对无固定工资收入市人大代表发放履职补贴的意见

（2015年4月1日阳泉市第十四届人大常委会第三十五次主任会议通过）

市人大代表是我市地方国家权力机关的组成人员。市人大代表依照《代表法》的规定在代表大会会议期间和闭会期间的活动，都是执行代表职务，国家和社会为代表执行代表职务提供保障。为严格贯彻落实代表法，保障无固定工资收入市人大代表（以下简称代表）依法履职，根据《代表法》第三十四条、第三十五条和《地方组织法》第三十六条的规定，结合我市实际，提出如下发放代表履职补贴的意见。

一、补贴范围。根据代表法规定和我市实际，发放范围为代表中的农民、企业工人（包括农民工）和其他无固定工资收入且需要补贴的代表。

二、补贴条件。代表参加市人民代表大会会议；闭会期间参加阳泉市人民代表大会常务委员会、阳泉市人民代表大会常务委员会委托各县（区）人大常委会组织的代表活动，主要包括：应邀列席阳泉市人民代表大会常务委员会会议、各县（区）人民代表大会会议和常委会会议，参加阳泉市人民代表大会常务委员会或各县（区）人大常委会组织的集中视察、专题调研、执法检查、小组活动、学习培训等。

阳泉市人民代表大会常务委员会组织的代表活动，包括市人大各专门委员会和阳泉市人民代表大会常务委员会各工作机构组织的代表活动。

三、补贴标准。代表参加市人民代表大会会议和阳泉市人民代表大会常务委员会组织的代表活动，参照省人大常委会有关代表发放履职补贴的做法，按照2013年度全市城镇职工人均年收入（47992元）除以261天的标准补贴（180元）；在各县（区）参加代表活动，按照各县（区）2013年度城镇职工人均年收入除以261天的标准补贴。全市、各县（区）城镇职工人均年收入以市统计局和各县（区）统计局公布的数据为准。

四、补贴方式。代表参加市人民代表大会会议，由大会秘书处发放；列席阳泉市人民代表大会常务委员会会议，由阳泉市人民代表大会常务委员会办公厅发放；参加阳泉市人民代表大会常务委员会组织的代表活动，由阳泉市人民代表大会常务委员会人事代表工作委员会发放；参加各县（区）人大常委会组织的代表活动，由各县（区）人大常委会发放。

五、经费保障。代表履职补贴经费、代表活动经费按照代表法的规定纳入市级财政预算。

代表参加市人民代表大会会议的补贴列入会议专项预算。

代表参加闭会期间代表活动，按照无固定工资收入代表人数、每位代表每年参加集体组织活动不少于27天的标准列入财政预算。

六、各县（区）人大常委会每年12月底，将本年度代表履职补贴情况书面报送阳泉市人民代表大会常务委员会人事代表工作委员会，经阳泉市人民代表大会常务委员会办公厅审核后，作为下年度拨付履职补贴的依据。阳泉市人民代表大会常务委员会对各县（区）人大常委会发放履职补贴情况进行通报。

七、阳泉市人民代表大会常务委员会对代表履职补贴标准实行动态管理，如无其他变化，一般每届调整一次，从每届市人民代表大会第一次会议起执行。

八、各县（区）人大常委会、各乡镇人大主席团可以结合本地实际，参照本意见，分别制定各级无固定工资收入代表履职补贴办法。

九、阳泉市人民代表大会常务委员会要对各县（区）、各乡（镇）发放无固定工资收入代表履职补贴情况进行检查，确保《代表法》有关规定的贯彻落实。

十、执行时间。上述意见从2015年4月起执行。

阳泉市人民代表大会常务委员会关于服务和保障市人大代表围绕发展大局建言献策的实施意见

（2015年12月21日阳泉市第十四届人大常委会第四十八次主任会议通过）

为进一步服务和保障市人大代表（以下简称代表）依法履行职责、围绕发展大局建言献策，根据宪法和有关法律规定，贯彻中共十八届四中全会精神，落实省、市委各项任务要求，结合我市代表工作实际，制定本意见。

一、畅通代表履职渠道

1.代表履职活动主要包括：出席市人民代表大会会议、应邀列席阳泉市人民代表大会常务委员会会议和参加阳泉市人民代表大会常务委员会、市人大专门委员会、阳泉市人民代表大会常务委员会工作机构组织的有关会议和活动；参加市或者县（区）人大常委会组织的视察、调研、执法检查、工作评议和建议督办等活动；参加闭会期间的市人大代表小组活动；依法列席县（区）人民代表大会会议，应邀列席县（区）人大常委会会议或者参加县（区）人大常委会召开的其他会议；应邀列席或参加市人民政府及其部门和市中级人民法院、市人民检察院（以下简称“一府两院”）组织的有关会议和活动；向阳泉市人民代表大会常务委员会和“一府两院”及其他有关组织提出建议、批评和意见。

2.代表履职以集体活动为主，在闭会期间以代表小组活动为基本形式。代表小组活动要有内容、有制度、有计划、有考勤、有记录、有总结，每年不少于4次，一般以每季最后一个月的10日为代表活动日。

3.代表活动一般在原选举单位的行政区域内进行，根据需要，也可以在本市范围内跨区域进行视察。代表活动还可以综合运用学习、培训、走访、座谈、听取汇报、交流经验等多种形式开展，努力丰富活动内容，增强活动实效。

4.代表每年在市人民代表大会举行前进行一次集中视察。视察活动应突出重点，抓住关键，有目的、有准备地进行。要深入实际，深入基层，深入群众，察实情、听民意，掌握真实情况，善于发现问题，增强视察实效。视察期间，代表可以集体约见本级或者下级有关国家机关负责人，也可以请本级或者下级国家机关负责人报告工作，向被视察单位提出建议、批评和意见，但不直接处理问题。视察结束后，组织视察的机构应汇总整理代表提出的建议、批评和意见，交由有关机关和组织研究处理并答复代表。阳泉市人民代表大会常务委员会委托各选举单位组织的代表视察活动，视察后10个工作日内应向阳泉市人民代表大会常务委员会人事代表工委报送书面视察情况报告。

5. 根据常委会统一安排，代表每年至少进行一次专题调研。专题调研委托县（区）人大常委会组织。专题调研应围绕重点、热点、难点问题，精心选题，周密组织，把握实情，提出对策。专题调研结束后，应形成调研报告，在15个工作日内送阳泉市人民代表大会常务委员会人事代表工委研究处理。

6. 代表可以持代表证就地进行视察，向被视察单位提出建议、批评和意见。阳泉市人民代表大会常务委员会人事代表工委要为代表持证视察提供帮助和服务。

7. 代表应通过多种渠道保持与选民的联系，通过走访、座谈、电话联系等形式，广泛听取和反映人民群众的意见、要求。

8. 对于人民群众递交的申诉、控告和检举等信件，或者当面反映的问题，代表可以交由阳泉市人民代表大会常务委员会有关工作机构转有关机关、组织研究处理，并由有关机关、组织负责答复。代表个人不得干预具体司法案件的审理和执行。

9. 代表应严格依照有关法律、法规规定的程序，在代表大会上提出议案，附议代表要认真审阅并取得一致意见后再联名提出。代表议案的内容应当属于代表大会职权范围内的事项，书写规范，具有案由、案据和方案。对不符合基本条件的议案，可由相关议案建议工作人员帮助领衔代表进行修改完善，或者改作代表建议、批评和意见提出。

10. 代表应紧紧围绕全市改革、发展和稳定大局，围绕经济、政治、文化、社会和生态文明建设中的重大问题，围绕民生改善和群众普遍关心的问题，在深入调查研究的基础上，提出有质量、有价值，具有针对性和可行性的建议、批评和意见。代表建议、批评和意见可以在大会会议期间提出，也可以在大会闭会期间提出；可以由代表一人提出，也可以由代表联名提出。凡涉及解决代表本人及其亲属个人问题、代转人民群众来信、属于学术探讨、产品推介的或者没有实际内容的，不得作为代表建议、批评和意见提出。

二、为代表履职提供优质服务

11. 阳泉市人民代表大会常务委员会和“一府两院”应通过不同方式向代表及时通报重大事项和重要情况，分别寄送有关文件、资料和报刊，为代表知情知政提供足够信息。

12. 在市人民代表大会举行会议前，阳泉市人民代表大会常务委员会和“一府两院”应将拟提请大会审议的工作报告征求意见稿及早印发代表征求意见。

13. 阳泉市人民代表大会常务委员会和“一府两院”邀请代表列席有关会议或参加有关活动，应提前向代表告知会议主题和活动内容。邀请单位一般要事先与阳泉市人民代表大会常务委员会人事代表工委联系。

14. 坚持邀请代表列席阳泉市人民代表大会常务委员会会议制度，每次阳泉市人民代表大会常务委员会会议召开时，应邀请8—10名代表列席。阳泉市人民代表大会常务委员会办公厅应根据会议议题及时提出列席代表建议名单。市人大各专门委员会和工作机构召开的会议，应根据需要，邀请有关代表列席。常委会组织的视察、调研、执法检查、工作评议等活动，应根据活动内容，安排有专业特长和相关工作领域的代表参加。

15. 为代表深入审议各项议案和报告创造条件。在每次市人民代表大会召开7日前，应将各项报告文本提前送达代表审阅。合理安排会议议程和日程，丰富审议组织方式，保证代表集中精力参与审议。充分发扬民主，鼓励代表畅所欲言，充分反映各方面的意见和建议。代表审议各项报告和议案时，有关部门负责人应到会作出解读、回答询问、听取意见，并根据代表意见认真修改完善各项报告。大会相关工作机构应及时汇总整理代表提出的意见，交由有关方面研究处理。坚持差额选举制度和代表联合提名候选人制度，保障代表对候选人的知情权和选择权。

16. 阳泉市人民代表大会常务委员会要对代表小组活动给予具体指导，每年指定若干内容作为一次代表小组活动的专题。可以开展代表小组联组活动，也可以开展同一辖区内各级代表共同参加的活动。积极探索代表活动方式，提高代表活动质量和效果。

17. 代表参加集体视察、专题调研、执法检查和持证视察、走访调查时，有关国家机关、社会团体、企事业单位有义务接待代表，如实反映情况，为代表依法履职提供便利条件。

18. 提高议案建议办理实效。要把办理议案建议与加强人大监督、推动有关方面改进工作结合起来。每次代表大会形成的议案建议，由阳泉市人民代表大会常务委员会人事代表工委组织、协调，在大会闭会后一个月之内统一向"一府两院"及有关组织交办，由其具体落实承办部门。有关承办部门应建立健全办理责任制，严格办理程序，加强沟通交流，确保办理质量和效率，提高代表满意率。坚持议案和重点建议常委会主任会议成员领衔督办、各专委会分工督办、人事代表工委协调督办制度。人事代表工委应会同相关专委会和工作机构，及时督促办理进度，检查办理质量。代表在闭会期间提出的建议，人事代表工委应及时转交有关部门办理。探索建立议案建议办中督查问为、办后跟踪问效和责任追究机制。借助新闻媒体和网络平台，实行议案建议办理责任和办理结果公示制度，接受社会和广大人民群众监督。对在办理议案建议工作中拖拉、推诿、敷衍的单位和个人，阳泉市人民代表大会常务委员会建议有关机关、组织给予批评教育；对贻误工作造成严重损失的，建议有关机关、组织作出严肃处理。阳泉市人民代表大会常务委员会坚持每年听取和审议有关部门办理议案建议情况综合和专项报告制度，并将办理情况报告代表大会。

三、切实保障代表依法履职

19. 依法保障代表活动经费。代表活动经费主要用于闭会期间组织代表视察、调研、开展代表小组活动、为代表订阅报刊和学习资料、组织代表培训、外出考察等事项。要确保代表活动经费足额到位，并随着经济社会发展和工作需要逐步提高标准。对代表小组活动和委托县（区）人大常委会组织的代表活动，阳泉市人民代表大会常务委员会要给予适当补助。健全代表活动经费管理和使用制度，实行专款专用，严格管理。

20. 完善代表的各类待遇补助。对代表依法参加的代表活动，代表所在单位必须给予时间、工资、奖金和其他福利待遇等各项保障，积极支持代表优先履行代表职务。没有固定收入的代表执行代表职务，要给予适当补助。

21. 依法保障代表权利。代表在人大各种会议和活动中的发言和表决不受法律追究。司法机关对有违法犯罪嫌疑的代表采取法律规定的限制人身自由的强制措施之前，必须及时按照法律规定报请阳泉市人民代表大会常务委员会许可。对妨碍代表依法执行职务和对代表执行职务打击报复的违法行为，必须依法进行处理。

22. 坚持阳泉市人民代表大会常务委员会组成人员联系代表制度。常委会组成人员要按照规定要求，采取走访、通信、电话、座谈、参加代表小组活动等多种方式，加强同代表的联系。完善常委会主任会议成员接待代表制度，及时听取代表意见建议。

23. 完善为代表履职提供服务保障的各项措施。阳泉市人民代表大会常务委员会要积极创造条件，改进工作作风，为代表执行代表职务提供更加优质的服务。阳泉市人民代表大会常务委员会人事代表工委要进一步改进代表联络工作，完善代表联络制度，确定专人负责，加强组织、指导、督促、检查，为代表履职提供支持和服务。常委会各厅、委、室都要强化服务意识，把服务代表履职作为重要任务，落实到研究和部署工作、组织各项活动之中。

阳泉市人民代表大会常务委员会
关于常委会组成人员联系代表办法

（2015 年 12 月 21 日阳泉市第十四届人大常委会第四十八次主任会议通过）

人大代表是人民代表大会的主体，代表工作是人大工作的源泉和基础。为进一步加强阳泉市人民代表大会常务委员会（以下简称常委会）组成人员与市人大代表之间的联系，充分发挥代表作用，使常委会自觉接受代表和人民群众的监督，确保常委会各项决策更加科学、更加符合民意，推动人民代表大会制度与时俱进，推进国家治理体系和治理能力现代化，根据《地方组织法》《代表法》的有关规定，落实常委会《关于切实改进代表工作充分发挥代表作用的若干意见》的要求，制定本办法。

第一条 常委会组成人员应当牢固树立尊重代表、依靠代表、服务代表的思想，把联系代表作为一项重要职责和常态化工作，做到密切联系、接受监督、搞好服务，为代表依法履职创造条件、提供方便。

第二条 常委会组成人员分别联系所有市人大代表，每人固定联系 6—8 名。联系的重点对象是与组成人员在同一选举单位或者工作性质相近的基层代表。

第三条 常委会组成人员应当依照法律法规规定的职权范围，有计划、有目的地联系代表。联系的主要内容是：

（一）了解宪法和法律法规、重要方针政策，以及上级人大及其常委会决议决定在本行政区域内的贯彻实施情况；

（二）围绕市人大及其常委会审议、讨论、决定的事项，了解贯彻落实情况，征求代表意见；

（三）向代表介绍常委会工作情况，听取代表的意见建议；

（四）听取和了解代表对所提议案和建议办理情况以及对“一府两院”各方面工作的意见建议；

（五）听取和了解代表对社会反映强烈、人民群众关注的热点难点问题的反映；

（六）介绍推广先进经验和做法，了解和掌握代表履职情况以及在发挥作用过程中的问题和困难。

第四条 常委会组成人员应当通过走访、座谈、通信、参加原选举单位组织的活动、代表小组活动、视察调研、接待来信来访等多种渠道，保持与代表的密切联系。

每位组成人员每年联系代表不少于两次，并登记在案。

基层代表也可以主动联系常委会组成人员，反映有关情况。

第五条 常委会组成人员对代表反映的情况和问题，能解释说明的应当当场解释说明；不能及时解释说明的，分别按照以下方法处理：

（一）市人民代表大会闭会期间代表的建议、批评和意见，由常委会代表工作机构依法交由有关机关、组织研究处理并负责回复代表；

（二）重要的情况反映和意见、建议应当及时向主任会议汇报，或在常委会会议上提出；

（三）其他情况反映和意见、建议，以文字或口头形式转交常委会有关机构处理。

常委会有关机构对代表反映的情况和问题，应当认真研究分析和处理，并及时将研究结果或处理情况告知代表本人。

第六条 常委会要加强对联系代表工作的组织领导，把联系代表工作列入议事日程，并由一名主任会议成员分管。

常委会代表工作机构负责指导和协调联系代表工作。代表大会专门委员会和常委会有关工作机构应当根据工作需要，做好代表联系工作。

第七条 常委会组成人员联系代表后，应当填写《联系代表情况登记卡》，在每年的六月底和十二月底交常委会代表工作机构汇总。

常委会组成人员联系代表的情况，应当在常委会会议上予以通报。

阳泉市人民代表大会常务委员会
关于加强市人大代表与人民群众联系的若干意见

（2015 年 12 月 21 日阳泉市第十四届人大常委会第四十八次主任会议通过）

第一条 为了进一步加强市人大代表与人民群众的联系，促进市人大代表听取、反映选举单位和人民群众的意见和要求，充分发挥市人大代表的作用，根据党的十八大、十八届四中全会精神和《选举法》《代表法》《监督法》的规定，贯彻阳泉市人民代表大会常务委员会《关于切实改进代表工作充分发挥代表作用的若干意见》《关于进一步规范市人大代表履职行为的暂行办法》，制定本意见。

第二条 密切联系选举单位和人民群众是市人大代表的法定职责和义务。市人大代表应当依法履行职责，深入基层，了解和反映人民群众的意见和要求，积极协助宪法和法律的实施，推动解决关系群众切身利益的问题。

第三条 根据有关法律规定和履职需要，市人大代表联系人民群众的重点是选举单位的县（区）人大代表、本行业和居住地的人民群众。每名市人大代表相对固定联系选举单位的县（区）人大代表和人民群众不少于 10 名。代表按地域就近、行业就近和联系方便的原则提出联系名单，由各选举单位汇总报送阳泉市人民代表大会常务委员会人事代表工委备案。

第四条 市人大代表联系人民群众的主要内容是：

（一）积极向人民群众宣传宪法和法律法规，宣传市人大及其常委会作出的决议、决定及各种会议精神，及时了解掌握法律法规和市人大及其常委会决议、决定的贯彻实施情况；

（二）听取和反映人民群众对阳泉市人民代表大会常务委员会、市人民政府、市中级人民法院、市人民检察院等国家机关及其工作人员的意见和建议，协助上述机关推行工作；

（三）听取和反映人民群众对民生工作的诉求，促进解决人民群众生产生活中的实际困难，努力为人民群众排忧解难，维护人民群众的合法权益；

（四）接受选举单位和人民群众的监督。

第五条 市人大代表应当采取走访基层、“结对”联系、参加有关会议或活动等方式，主动加强同选举单位和人民群众的联系。

第六条 县（区）人大常委会以适当方式向县（区）人大代表公开本选举单位选举产生的市人大代表的联系方式；市人大代表也可根据本人认为合适的方式将联系方式告知联系的群众。

第七条 市人大代表在联系选举单位和人民群众时，不直接处理问题。对人民群众反映的问题和提出的意见、建议，应当认真研究，区别处理：

（一）对经过调查研究后可作为议案建议的，以议案建议的形式向市人大及其常委会书面提出，由阳泉市人民代表大会常务委员会人事代表工委转交有关机关、组织研究处理，并将处理结果答复群众；

（二）对代表工作和代表活动方面的意见、建议，能够当场回答的，当场予以回答。不能够当场回答的，可在事后向阳泉市人民代表大会常务委员会或者选举单位的有关部门了解情况后，予以回答；

（三）对于人民群众来信来访，可以将信访材料转交市或者县（区）人大常委会信访部门处理，并将处理结果反馈群众。

第八条 有关机关、组织应当尊重代表的权利，为市人大代表密切联系人民群众提供服务和保障：

（一）阳泉市人民代表大会常务委员会、市人民政府、市中级人民法院、市人民检察院等国家机关应当采取多种方式向代表及时通报重大事项和重要情况，提供信息，保障代表的知情权；

（二）阳泉市人民代表大会常务委员会应当精心组织代表开展闭会期间的各项活动，努力推进代表下农村进社区入企业活动，支持代表收集和反映民意，为代表联系群众畅通渠道，提供服务保障；

（三）市人民政府、市中级人民法院、市人民检察院等机关和组织应当依法办理代表建议，提高建议办理质量，切实解决代表建议中反映的人民群众生产生活中的困难和问题；

（四）阳泉市人民代表大会常务委员会应当完善与代表所在单位的联系机制，落实代表法关于代表所在单位应当支持保障代表履职的有关规定。代表参加联系群众活动，其所在单位应当给予时间保障，对代表所承担的生产和工作任务作出适当调整，并按正常出勤对待，享受所在单位的工资、奖金和其他福利待遇。

第九条 市人大代表应当定期或不定期向选举单位报告履职情况，自觉接受选举单位和人民群众的监督。每位代表任期内至少应当向选举单位口头或书面述职一次。选举单位每年应当选择至少五名代表向其常委会会议述职。述职情况报阳泉市人民代表大会常务委员会人事代表工委存档。

第十条 选举单位应当主动加强与市人大代表的联系，了解和掌握市人大代表联系选举单位和人民群众的情况，并记入代表履职档案。每次代表大会之前，将有关代表联系选举单位和人民群众的情况，报送阳泉市人民代表大会常务委员会人事代表工委备案。

第十一条 县（区）人大常委会应当向县（区）人大代表通报本选举单位选举产生的市人大代表上一履职年度联系人民群众的情况。

第十二条 阳泉市人民代表大会常务委员会可以通过适当方式组织市人大代表交流履职经验和联系人民群众的做法，并充分利用新闻媒体，宣传代表联系群众、履行代表职务的事迹，推动市人大代表联系人民群众工作深入开展。

第十三条 市人大代表在联系选举单位和人民群众过程中，应当模范遵守宪法和法律，廉洁自律，依法履职，正确处理从事个人职业活动与执行代表职务的关系，不接受企事业组织、社会团体和个人出资赞助，不泄露国家秘密事项，不干涉具体司法案件的审理和执行，不在招投标等经济活动中牟取私利。

阳泉市人民代表大会常务委员会计划审查咨询专家库管理办法

（2017年7月25日阳泉市第十五届人大常委会第六次主任会议通过）

第一章 总 则

第一条 为加强和改进我市计划审查监督工作，充分发挥专家学者在计划审查中的咨询作用，进一步提高计划审查监督实效，特制定本办法。

第二条 阳泉市人民代表大会常务委员会建立计划审查咨询专家库（以下简称“专家库”），对计划审查咨询专家（以下简称“咨询专家”）进行管理。

第三条 本办法所称咨询专家，是指符合本办法规定的条件，经阳泉市人民代表大会常务委员会聘任，为计划审查提供咨询意见的人员。

第四条 咨询专家的聘任、解聘和专家库的管理适用本办法。

第二章 咨询专家选聘的条件、程序和任期

第五条 咨询专家的基本条件：

（一）政治素质好，具备依法履职的责任感和使命感，能够积极为人大及其常委会计划审查监督工作献计献策。

（二）具有财税、经济、工程管理等专科或本科以上学历，并具备5年以上相关行业工作经验，或具有经济管理、工程管理类中级以上专业技术职称，熟悉相关行业的发展情况和动态。

（三）遵守职业道德，坚持原则，秉公办事，具备胜任计划审查咨询的工作能力和时间保障，且能够围绕全市年度工作战略目标，实事求是地提出有利于促进全市国民经济及社会发展的具体意见和建议。

第六条 咨询专家的聘任程序：

（一）专家咨询组成员在市直有关部门、企业、科研院校的专家中推荐产生，对符合上述条件的人大代表、相关单位中曾经为全市国民经济发展工作做出贡献的优先选聘，征得本人同意后纳入计划审查专家库。

（二）市人大财政经济委员会负责对拟聘任人员资料进行初审，报阳泉市人民代表大会常务委员会主任会议审定。

（三）审定的专家由阳泉市人民代表大会常务委员会聘任，并颁发聘书。

（四）增补和续聘咨询专家的方式参照上述程序办理。

第七条 咨询专家聘期与市人民代表大会届期同步。

第八条 对不正确履行职责或因工作调动、身体健康状况等原因无法履行职责的咨询专家，由市人大财政经济委员会提出初步意见，报阳泉市人民代表大会常务委员会主任会议审定后解聘。

第三章　咨询专家的主要职责、权利和义务

第九条 咨询专家的主要职责：

（一）参与全市国民经济和社会发展计划草案的审查。

（二）参与市级国民经济和社会发展计划执行情况的审查。

（三）参与全市五年规划的审查。

（四）参与全市重大项目实施情况的审查。

（五）参与全市国民经济和社会发展相关课题调研及其他方面的工作。

第十条 咨询专家有以下权利：

（一）参加市人大财政经济委员会组织的学习培训。

（二）在计划审查期间，要求市人大财政经济委员会提供相关文件资料，解答疑问。

（三）对计划审查工作提出意见和建议。

（四）对专家库管理提出意见和建议。

第十一条 咨询专家应当履行以下义务：

（一）对计划审查提出意见和建议。

（二）服从工作安排，严守工作纪律。

（三）不向外界透露计划审查情况。

第四章　专家库的管理

第十二条 市人大财政经济委员会负责专家库的具体管理工作。

（一）建立咨询专家信息档案。

（二）向咨询专家提供计划审查相关材料。

（三）组织召开咨询专家座谈会。

（四）办理专家库管理的其他事宜。

第十三条 咨询专家对计划审查提出的意见和建议作为市人大财政经济委员会初审的参考依据，由市人大财政经济委员会向阳泉市人民代表大会常务委员会主任会议汇报。

第十四条 专家库由10名咨询专家组成，实行动态管理。

第十五条 阳泉市人民代表大会常务委员会设立计划审查工作专项经费，用于支付专家报酬及审查工作其他支出，并纳入财政预算专款专用。

第五章　附　则

第十六条 本办法由市人大财政经济委员会负责解释。

阳泉市人民代表大会常务委员会
预算审查咨询专家库管理办法

（2017 年 7 月 25 日阳泉市第十五届人大常委会第六次主任会议通过）

第一章 总 则

第一条 为加强和改进我市预算审查监督工作，充分发挥专家学者在预算审查中的咨询作用，进一步提高预算审查监督实效，特制定本办法。

第二条 阳泉市人民代表大会常务委员会建立预算审查咨询专家库（以下简称“专家库”），对预算审查咨询专家（以下简称“咨询专家”）进行管理。

第三条 本办法所称咨询专家，是指符合本办法规定的条件，经阳泉市人民代表大会常务委员会聘任，为预算审查提供咨询意见的人员。

第四条 咨询专家的聘任、解聘和专家库的管理适用本办法。

第二章 咨询专家选聘的条件、程序和任期

第五条 咨询专家的基本条件：

（一）政治素质好，具备依法履职的责任感和使命感，能够积极为人大及其常委会预算审查监督工作献计献策。

（二）具有财政、税务、审计、金融等专科或本科以上学历，并具备 5 年以上相关行业工作经验，或具备经济管理类、工程管理类中级以上专业技术职称，熟悉相关行业的发展情况和动态。

（三）遵守职业道德，坚持原则，秉公办事，具备胜任预算审查咨询的工作能力和时间保障，且能够围绕全市年度工作战略目标和经济社会发展大局，实事求是地提出有利于促进政府部门依法行政、依法理财的具体意见和建议。

第六条 咨询专家的聘任程序：

（一）专家咨询组成员在市直有关部门、企业、科研单位的专家中推荐产生，对符合上述条件的人大代表、相关单位中曾经为全市财经工作做出贡献的优先选聘，征得本人同意后纳入预算审查专家库。

（二）市人大财政经济委员会负责对拟聘任人员资料进行初审，报常委会主任会议审定。

（三）审定的专家由阳泉市人民代表大会常务委员会聘任，并颁发聘书。

（四）增补和续聘咨询专家的方式参照上述程序办理。

第七条 咨询专家聘期与市人民代表大会届期同步。

第八条 对不正确履行职责或因工作调动、身体健康状况等原因无法履行职责的咨询专家，由市人大财政经济委员会提出初步意见，报阳泉市人民代表大会常务委员会主任会议审定后解聘。

第三章　咨询专家的主要职责、权利和义务

第九条 咨询专家的主要职责：

（一）参与全市财政预决算及市级部门预决算情况的审查；

（二）参与市级预算执行情况及预算调整方案的审查；

（三）参与全市重大项目实施情况的审查；

（四）参与全市财政经济相关执法检查、课题研究及其他事项。

第十条 咨询专家有以下权利：

（一）参加市人大财政经济委员会组织的学习培训；

（二）在预算审查期间，要求市人大财政经济委员会提供相关文件资料，解答疑问；

（三）对预算审查工作提出意见和建议；

（四）对专家库管理提出意见和建议。

第十一条 咨询专家应当履行以下义务：

（一）对预算审查提出意见和建议；

（二）服从工作安排，严守工作纪律；

（三）不向外界透露预算审查情况。

第四章　专家库的管理

第十二条 市人大财政经济委员会负责专家库的具体管理工作。

（一）建立咨询专家信息档案；

（二）向咨询专家提供预算审查相关材料；

（三）组织召开咨询专家座谈会；

（四）办理专家库管理的其他事宜。

第十三条 咨询专家对预算审查提出的意见和建议作为市人大财政经济委员会初审的参考依据，由市人大财政经济委员会向阳泉市人民代表大会常务委员会主任会议汇报。

第十四条 专家库由 11 名咨询专家组成，实行动态管理。

第十五条 阳泉市人民代表大会常务委员会设立预算审查工作专项经费，用于支付专家报酬及审查工作其他支出，并纳入财政预算专款专用。

第五章　附　则

第十六条 本办法由市人大财政经济委员会负责解释。

阳泉市人民代表大会常务委员会
关于进一步完善提升市人大代表“14710三联系”制度的指导意见

（2019年7月17日阳泉市第十五届人大常委会第四十一次主任会议通过）

结合全市人大代表联络站全覆盖和规范化建设工作实际，充分发挥人大代表联络站作为代表联系群众的载体平台和基础依托作用，进一步畅通社情民意反映和表达渠道，为全面深化市人大代表在闭会期间“14710三联系”工作，现就市人大代表（下面简称代表）在闭会期间开展代表联系工作提出以下指导意见。

第一条 “14710三联系”是指1名市人大常委会主任会议成员联系4名常委会委员、1名市人大常委会委员联系7名市人大代表、1名市人大代表联系10名及以上县乡人大代表和人民群众。

第二条 代表联系对象每年实行轮换，每年至少联系2次。原则上巩固往年联系对象，次数不作规定。

第三条 代表要积极运用新兴媒体手段联系代表群众，创建履职微信群，便于开展在线民意收集、互动交流、建议提交。

第四条 代表联络站要结合年度联系对象情况，将代表编入联系基层代表较为集中的代表联络站点，同时公开接待时间和联系方式。

第五条 代表按照代表联络站的安排，积极参加代表接待日，以及走访、视察等代表联系群众主题活动。

第六条 代表每季度要参加一次小组活动，每半年要走访一次联系对象，届内列席一次市人大常委会。

第七条 代表收集到的意见建议，要按层级对口转办。对于了解到涉及省级层面解决的重大而敏感问题，直接向市人大常委会有关领导汇报并经同意后，可以通过“省人大代表直通车”的渠道向上级人大反映。承办部门应在接到代表意见建议3个月内将办理结果反馈代表。

第八条 代表每半年以书面形式将本人“14710三联系”工作开展情况向所在联络站反馈。各联络站负责人要将代表履职情况每年年底向县（区）人大常委会人事工委上报。各县（区）汇总后，向市人大常委会人事工委备案。

第九条 各代表联络站每年要组织所在辖区20—30名群众代表对编组的代表履职情况进行测评，对代表履职成效予以评价，对存在的不足提出意见，并将测评结果经县（区）人大常委会人事工委汇总后报市人大常委会人事工委备案。

第十条 每年4月份，各县（区）向市人大常委会推荐3—5名闭会期间履职优秀的市人大代表。在市人大常委会上，听取5名［原则上每县（区）1名］履职优秀代表“14710三联系”工作开展情况的口头（书面）报告。

第十一条 身兼其他层级的代表，同时要执行本级人大常委会联系群众的有关规定。

阳泉市人大代表建议办理工作年度目标责任考核实施方案

（2019年8月26日阳泉市第十五届人大常委会第四十二次主任会议通过）

为推动人大代表建议办理工作，提高代表建议办理质量，根据《阳泉市人大代表建议办理工作考核办法（试行）》的要求，特制定本实施方案。

一、指导思想

以习近平新时代中国特色社会主义思想为指导，进一步监督、支持和推动“一府两院”及相关组织依法认真办理代表建议，提升办理质量，切实解决实际问题，积极回应代表关切，真正做到让代表满意，让人民群众满意。

二、基本原则

实事求是、科学合理、客观公正、公开透明、全面评价、定性与定量结合，过程与结果统一。

三、考核对象

承办本年度人大代表建议的有关机构和部门。

四、考核内容

各承办部门的重视程度、办理机制和办理结果。具体从基础工作和办理工作两方面考核。

（一）基础工作

1、承办建议工作制度健全，分工明确，有综合协调机构和负责办理的工作人员。

2、按要求参加代表建议办理工作的调研、视察、座谈等活动。

3、加强与代表的联系，坚持办前、办中、办后听取代表意见，及时通报办理情况。

（二）办理工作

1、承办情况

①按时参加交办会，在规定时间内确认、接收交办件。

②对交办意见有异议，按规定程序、时限反馈交办单位，提出调整意见并说明理由。

2、办理情况

①及时部署办理工作，制定办理方案，落实办理责任和目标要求，积极推进办理工作。

②主办单位加强与协办单位的沟通协调；协办单位主动配合，按规定要求、时限提出协办意见。

③在办理过程中，注重调查研究，采取现场办理、上门走访和公开答复等形式，丰富办理方式。

④注重办理实效，具备条件限时解决，已列入计划的积极推进；暂不具备条件的制定计划，逐步解决；不符合条件解决的答复诚恳清晰。

3、答复情况

①答复意见符合党的方针政策和国家法律法规，程序、格式规范，针对性强，有理有据，态度诚恳，表述准确；主办、协办单位答复一致。

②书面答复前，先征求代表意见，及时向代表寄送答复件，并附送办理情况征询意见表。

③及时向市人大常委会人事代表工委和市政府督查室报送答复件。

五、考核方式

考核工作由市人大常委会人事代表工委牵头，组织市人大有关机构、提出建议代表和市人大常委会委员共同实施。

考核分值由日常督查评分、年终综合评分和综合加减分三部分组成。

（一）日常督查评分

考核测评：由提出建议代表、市人大督办委室、市人大常委会人事代表工委组成日常考核组，依据平时督办检查过程中掌握的各承办单位办理工作情况，按考核赋分表逐项打分。

考核时间：在承办部门办结建议并回复代表、向市人大常委会人事代表工委报送备案答复件之后。

分值占比：总分为 100 分，其中：代表考核占 25 分，市人大督办机构考核占 60 分，市人大常委会人事代表工委考核占 15 分。

（二）年终综合评分

考核测评：邀请5至7名常委会委员组成综合考评组，对办理工作进行核查，提出综合考评得分。

考核时间：每年 12 月下旬

考评分值：100 分

（三）综合加减分

加减分值为 5 分。综合加分：对承办数量大、工作有创新、办理质量高且满意率在 90% 以上的单位予以加分，每承办 5 件加 1 分，加满 5 分为止。综合减分：代表对答复情况的征询意见签注为“不满意”，或没有签注意见的，每件扣 1 分，扣完 5 分为止。

考核测评：市人大常委会人事代表工委

考核时间：每年 12 月下旬

（四）分值汇总

1、考核总分值权重，日常督查考核占 60%，年终综合评定占 40%。

2、综合加减分在总分中体现，其中：综合加分部分，加到100分为止。减分部分，扣完5分为止。

承办单位考核分值测算公式：日常督查评分 ×60%+ 年终综合评分 ×40% ± 附加分值

3、市人大常委会人事代表工委汇总统计。

六、结果运用

每年 12 月底，市人大常委会人事代表工委将各承办单位建议办理考核评分情况，报市人大常委会主任会议研究通过后，报市考核领导组。

七、组织领导

考核在市人大常委会领导下进行，由人事代表工委牵头，市人大常委会办公室协助组织实施，各相关机构参与。

为确保考核工作有序推进，成立考核工作领导组。领导组下设办公室。

第六章　机关工作制度

第一节　市人大常委会机关党建工作制度

阳泉市人大常委会党组会议制度

一、根据《中国共产党章程》的有关规定，结合市人大常委会工作的实际情况，制定本制度。

二、党组会议由党组书记主持，或由党组书记委托副书记主持，党组成员参加。必要时，经会议主持人同意，可以通知有关方面负责人列席。

三、党组会议每两个月举行一次，根据工作需要，可以随时召开。党组民主生活会原则上每年安排一次。

四、党组会议讨论决定下列事项：

（一）关于在市人大常委会工作中贯彻执行党的路线、方针、政策方面的问题；

（二）省人大常委会交付市人大常委会研究办理的有关重大事项；

（三）市委建议市人民代表大会及其常务委员会会议选举任免干部名单草案和“两院”提请的任免名单草案；

（四）市委要求党组讨论的问题；

（五）全市民主与法制建设和人大工作方面出现的重大问题；

（六）以党组名义或以常务委员会名义发出的重要文稿；

（七）关于召开市人民代表大会会议的工作安排方案和常务委员会工作活动中的有关重大事项；

（八）市人民政府、市中级人民法院、市人民检察院和市人大常委会办事机构、区县人大常委会提请讨论的重要事项；

（九）常委会机关的机构设置和调整，人员编制的安排和确定；

（十）机关干部的考核、任免、调动、奖惩。

五、需党组会议讨论、研究的事项由办公厅负责收集汇总。报党组书记同意后，提前一天通知与会人员。办公厅和有关部门应围绕议题准备和提供必要的材料。

六、党组会议实行民主集中制原则。党组在充分发扬民主的基础上讨论决定问题，最后由主持会议的书记或副书记集中大家意见，归纳决议事项，必要时应进行表决。每个党组成员都必须遵守和服从会议作出的决议、决定，如有不同意见，允许保留并有权向上级党组织反映，但不得在群众中随意散布与会议决定精神相悖的言论。

七、党组成员应按时出席会议。因特殊情况不能与会时，应在会前向党组书记或主持会议的副书记请假。

八、党组会议要做好记录，并整理会议纪要，会议纪要和会议通过的其他文件，由会议主持人签发。

九、党组会议决议的事项，必须认真贯彻落实。常务委员会办公厅应及时与承办单位取得联系，加强催办工作，收集办理情况；有关重要问题，应向党组书记、副书记或党组会议汇报。

阳泉市人大常委会中心组学习制度

为了进一步推进市人大常委会中心组有计划、有步骤、有重点地开展学习活动，严格学习纪律，不断提高政治理论水平，结合实际，制定本制度。

一、中心组成员：市人大常委会中心组由常委会主任、副主任、秘书长、副秘书长，市人大及其常委会各机构主要负责人组成。

中心组学习由常委会党组书记或副书记主持。

二、学习内容：重点学习马克思列宁主义、毛泽东思想、邓小平理论、“三个代表”重要思想和科学发展观；学习党的路线、方针、政策；学习中国特色社会主义理论；学习党的全国代表大会、届中全会和习近平总书记系列讲话精神，学习中央、省委、市委的重要文件和会议精神，结合人大工作实际，学习有关法律、法规。

三、学习方法：自学和集中学习相结合。

四、学习时间：按照中央和省委、市委的要求，每年学习不少于四次，一般每季度安排一次，遇特殊情况临时调整。

五、学习要求：坚持理论联系实际的学风，抓重点，重实效，防止形式主义。应使用专用笔记本做好学习笔记，及时总结理论学习体会和收获，并指导和带动机关干部职工的理论学习。因特殊情况不能参加集体学习时，应履行请假手续。

六、组织协调：中心组学习秘书由办公厅具体牵头组织，提出年度计划、内容安排，并承办会议通知、学习资料准备、领导讲话、学习讨论情况记录、学习考勤、汇总归档等工作，并按要求及时将学习情况向有关部门报告。

七、中心组学习新闻报道等事宜由调研室承办。

阳泉市人大常委会党组民主生活会制度

为进一步加强和改善党的领导，健全党的组织生活，提高民主生活会质量，增强党组领导班子的凝聚力和战斗力，根据《中国共产党章程》和《中共中央关于党内政治生活的若干准则》有关规定，结合工作实际，制定本制度。

一、基本原则

（一）党的利益至上原则。民主生活会必须从维护党的利益和人大工作大局出发，对照思想工作、生活作风方面存在的问题开展批评与自我批评。

（二）增强班子团结的原则。民主生活会必须从团结的愿望出发，坦诚相待，互帮互助，使班子成员相互理解，相互信任。

（三）批评与自我批评原则。民主生活会必须开展思想交锋，对党组领导班子建设及其成员工作中的失误和存在的问题提出批评，并指出努力的方向。

二、会议组织

（一）民主生活会是党组领导班子自身建设的重要形式，每年至少召开一次，具体时间由党组书记决定。会议的日期和议题要提前 10 天通知与会人员，每位班子成员都要认真做好准备，拟好发言提纲。

（二）民主生活会由党组书记或党组书记委托副书记主持，党组成员均应参加。特殊情况不能参加的须经书记批准。

（三）民主生活会上的发言，由党组指派专人记录，并负责保管，年终交办公厅存档备查。

三、基本内容与方法

（一）民主生活会的基本内容：

1. 执行党的路线、方针、政策和市委决策的情况；

2. 加强领导班子自身思想、组织、作风、执政能力建设以及执行民主集中制的情况；

3. 艰苦奋斗，清正廉洁，遵纪守法的情况；

4. 坚持群众路线，深入调查研究，密切联系群众的情况；

5. 其他重要问题。

（二）召开民主生活会的准备工作：

1. 党组根据全局工作或领导班子建设中存在的主要问题，确定主题。

2. 党组成员之间要开展谈心活动，交流思想，增进理解。

3. 为了更好地接受机关干部职工和广大群众的监督，在党组民主生活会召开之前，必要时可由机关党总支组织征求党内外群众意见，并于会前转告党组成员，或在会上通报。

4. 召开民主生活会之前要报告市委和有关部门。民主生活会后，要将会议情况向市委写出书面报告，必要时，民主生活会情况可在一定范围内通报。

（三）在民主生活会上，会议主持人要带头开展批评与自我批评，引导大家畅所欲言。与会人员均应本着知无不言、言无不尽、言者无罪、闻者足戒和有则改之、无则加勉的要求进行批评与自我批评，深入开展积极健康的思想斗争。充分体现党内生活的思想性、原则性。

（四）因故缺席的人员可以提交书面发言。书面发言在会上宣读并列入会议记录。由主持人将会议情况和批评意见会后转告缺席人员。

（五）民主生活会上反映出来的问题，要认真制定整改措施，切实加以解决。需要市委帮助解决的，应及时向市委报告。

（六）民主生活会后对于群众普遍关心的问题的整改措施，应视情况采用适当的方式予以公布，以便接受监督。

四、本制度自通过之日起施行。

阳泉市人大常委会机关党建工作责任制

第一章　总　则

第一条　为了进一步推进市人大常委会机关党建工作制度化、规范化，根据《中国共产党章程》《中国共产党党和国家机关基层组织工作条例》（以下简称《条例》）和《中共山西省委关于贯彻中国共产党党和国家机关基层组织工作条例的实施办法》的有关规定，结合实际，制定本规定。

第二条　机关党建工作责任制，以马克思列宁主义、毛泽东思想、邓小平理论、“三个代表”重要思想和科学发展观为指导，以提高机关党组织凝聚力、号召力、战斗力为目标，以《党章》《条例》等规定为依据，通过明确职能，落实责任，严明奖惩，全面加强对机关党建工作的领导和指导，增强机关党组织的活力，保证和促进市人大常委会机关各项工作任务的完成。

第三条　机关党建工作责任制，坚持党要管党，从严治党的方针；坚持对广大党员干部特别是党员领导干部严格教育、严格管理、严格监督，坚持集体领导与个人分工负责相结合，一级抓一级，一级对一级负责，层层抓落实。把机关党的工作与本单位、本处室业务工作一起布置、落实、检查、考核、奖惩。

第二章　责任体系

第四条　市人大常委会党组作为市人大常委会机关的领导核心，对机关党总支的工作负有重要领导责任，党组书记是市人大常委会机关党的工作的“第一责任人”。

第五条　市人大常委会机关党总支在市直机关工委的指导下和市人大常委会党组的领导下开展工作。按照《条例》的有关规定，机关党总支书记由常委会机关党员行政负责人兼任。机关党总支书记为机关党建工作的“直接责任人”，主持机关党总支的全面工作；机关党总支副书记为机关党建工作的“具体责任人”，在机关党总支的集体领导下，负责机关党总支的日常工作；机关党总支其他成员配合协作，齐抓共管。

第六条　市人大常委会机关各党支部书记为本支部党建工作的“主要责任人”。

第三章　责任内容

第七条　市人大常委会党组在机关党的工作中的主要职责：

（一）指导市人大常委会机关党组织工作，协调加强和改进机关党的建设的有关事宜；

（二）督促市人大常委会机关落实党的工作的各项任务；

（三）加强机关党组织领导班子和党务工作人员队伍建设；

（四）支持机关党总支履行职责，保障党建活动经费的落实；

（五）督促党员干部特别是各级党员领导干部，带头执行机关党总支的决议。

第八条 机关党总支在机关党建工作中承担以下职责：

（一）宣传和执行党的路线、方针、政策，执行上级党组织和本级组织的决议、决定。团结和号召全体党员在思想、政治、行动上同党中央保持高度一致。充分发挥党组织的战斗堡垒作用和党员先锋模范作用。紧紧围绕市人大常委会的中心任务和重要部署，做好各项工作；

（二）加强思想政治工作。坚持用中国特色社会主义理论武装机关党员干部，组织党员学习马克思列宁主义、毛泽东思想、邓小平理论、“三个代表”重要思想和科学发展观，学习党的十八大精神和习近平总书记系列讲话精神。抓好机关处以上党员干部的政治理论、法律、科学文化和业务知识学习。协助党组坚持和完善中心组理论学习制度。抓好机关思想作风建设，保证机关所承担的各项工作任务的圆满完成；

（三）严格党的组织和党员管理。健全党的组织，严格党的组织生活，监督党员切实履行党员义务，保障党员的权利不受侵犯。定期分析机关党的建设状况，研究制定并认真组织实施机关党建工作计划，检查机关党建工作责任制落实情况；

（四）维护和执行党的纪律，教育党员遵守党纪、政纪。认真贯彻落实中央八项规定、市委党风廉政建设规定和市人大常委会机关党风廉政建设责任制。对群众有反映或已出现轻微违纪行为，但尚未构成纪律处分的党员及时进行诫勉谈话。按照管理权限，受理党员和群众的检举、控告和申诉。决定对违纪党员的纪律处分，坚决同腐败行为做斗争；

（五）审批所属党组织的设置、党支部的改选报告。做好入党积极分子的教育、培养工作；做好发展党员工作。决定对先进党支部、优秀共产党员和优秀党务工作者的表彰。组织、协同人事处做好年度党员民主评议和考核工作，对干部的任免、调动和奖惩提出意见和建议；

（六）加强机关精神文明建设工作。抓好机关“文明和谐单位”创建工作，定期分析机关工作人员的思想状况，并紧密结合实际，积极组织安排机关干部职工的文体活动；

（七）加强对机关工会、共青团、妇委会等群众组织的领导，支持他们依照各自的章程独立开展工作；

（八）做好党费的收缴、使用和管理工作，按规定上缴和留存党费，定期向全体党员公布党费收缴和使用情况；

（九）承办上级党组织交办的其他任务。

第九条 党支部在机关党总支的领导下，全面负责所属单位、处室的党建工作：

（一）根据机关党总支的工作部署和要求，结合实际制定支部党建工作计划和措施，并组织实施；

（二）组织所在党支部党员认真学习马克思列宁主义、毛泽东思想、邓小平理论、“三个代表”重要思想和科学发展观，学习党的十八大精神和习近平总书记系列讲话精神，学习党的路线、方针、政策，学习党的基本知识；

（三）负责贯彻执行上级党组织和党员大会决议，完成机关党总支布置的各项工作。积极协助行政领导完成本单位、处室担负的工作任务；

（四）搞好党支部自身建设，不断提高党组织的向心力、凝聚力和战斗力。加强对本支部党员的教育管理，严格执行“三会一课”制度和民主生活会制度；

（五）围绕市人大常委会中心工作，开展党员政治思想教育，作风纪律教育和廉政建设教育。密切联系群众，经常了解群众对党员和党建工作的批评和意见，维护群众的正当权益，做好群众的思想政治工作；

（六）负责对入党积极分子的教育、培养和考察，做好本支部党员的发展工作，保证新党员的质量；

（七）协助部门、单位行政领导抓好本单位、处室党风廉政建设工作，抓好党风党纪教育，监督党员严格遵守廉洁自律的各项规定，自觉抵制不良倾向和各种消极腐败现象；

（八）做好党支部所辖单位、处室的文明和谐创建工作；

（九）积极推动“一岗双责”责任制的落实，负责处理党支部日常工作，并定期向党员大会和机关党总支报告；

（十）完成机关党总支交办的其他工作。

第四章　责任考核

第十条　机关党总支作为落实党建工作责任制的职能部门，负责对责任制执行情况进行监督、检查，做好上情下达、下情上报工作。

第十一条　机关党建工作责任制作为机关党组织的任期目标，每两年进行一次检查评比，对评比出的先进机关党组织及优秀党务工作者进行表彰奖励。

第十二条　党建工作责任制的执行情况，作为领导干部民主生活会和述职报告的一项重要内容，接受党员的监督和评议，与年度考核、民主评议党员、开展“创先争优”活动相结合，广泛听取党内外群众的意见。

第十三条　党建工作责任制执行情况的考核结果，作为对干部的业绩评定、奖励、选拔任用的重要依据，同时列为领导干部民主生活会和述职报告的一项重要内容。

第五章　责任追究

第十四条　机关党总支书记、副书记不履行职责，对上级部署的重点工作不贯彻、不落实，对机关党建工作不重视、不过问的，由市人大常委会党组和市直机关工委，根据情节轻重，予以责任追究。

第十五条　机关党总支对各党支部工作进行定期或不定期检查，对不称职的党支部书记或处室负责同志兼任党支部书记不能履行“一岗双责”的，应及时调整。

第十六条　党支部对本支部党员发生问题不及时教育帮助，对严重违犯党纪政纪的不及时提出处理意见，知情不报或隐瞒、敷衍，视情节轻重给予负有直接责任的主管人员组织处理。

第十七条　机关各党支部在年度党建工作中业绩不突出，党支部属内的厅、委、室有党员发生违法违纪事件受到党纪处分的，年度内不得参加先进党组织的评比，责任人不得参加各类先进的评比。

第十八条　实施党建工作责任制追究，要实事求是，分清责任，充分调动各方面的工作积极性，确保责任制的贯彻执行。

阳泉市人大常委会机关落实中央八项规定精神实施细则

为进一步贯彻落实中央八项规定精神，深入全面推进从严治党，不断加强和改进市人大常委会机关作风建设，树立地方国家权力机关良好形象，根据省人大常委会《落实中央八项规定精神实施细则》和市委、市政府《关于进一步贯彻落实中央八项规定精神的实施细则》，结合市人大常委会机关实际，依法依规制定本实施细则。

一、改进调查研究

（一）改进机关各类调研检查活动

1. 注重实际效果。各类调研要明确主题，突出重点，务求实效。严禁无实质内容、无明确目的的调研考察，严禁走过场、搞形式主义，不要集中或频繁到一个地方、一个点、一条线路去调研，要深入基层、深入群众、深入实际，既要到工作开展好的地方去总结经验，更要到困难较多、情况复杂、矛盾尖锐的地方去解决问题，注重进村入户调研。在调研点上，领导同志要有更多的自主活动，力求准确、全面、深入了解情况，防止调研工作走形式、走过场。常委会领导每人每年到基层考察调研时间不少于45天，每年驻村不少于4天。秘书长和各机构负责同志每人每年到基层考察调研时间不少于60天。调研后有价值的意见、建议，应及时报告常委会党组。

2. 改进调研方法。常委会主任到基层调研，陪同的市直有关部门负责同志不超过4人，所到县（区）陪同的负责同志不超过3人；其他副主任到基层调研时，陪同的市直有关部门负责同志不超过2人，所到县（区）按照对口陪同原则，安排1位负责同志陪同。调研现场要真实，调研点和住地要保持常态，不得为迎接考察调研装修布置，增添设备、改变环境，不得“踩点”，更不得弄虚作假，不得改变原有工作、生活秩序。

3. 严明调研纪律。常委会领导调研，县（区）负责同志一律不得迎送，可安排工作人员进行道路引导。调研点不张贴悬挂标语横幅，不安排群众迎送，不铺设迎宾地毯，不摆放花草，不组织专场文艺表演，不赠送纪念品或土特产，一般不安排接见合影。需要住宿、用餐的，严格按规定标准执行，并自觉缴纳相关费用。调研期间一律不安排宴请和工作餐，不上高档菜肴，一律不饮酒。调研活动原则上安排集体乘车。除工作需要外，不安排去名胜古迹、风景区参观。增强相关人员保密意识，严禁将现场图片、活动视频等内容通过微信、微博等传播。

（二）规范闭会期间的代表活动

4. 闭会期间的代表视察、调研、执法检查和代表小组活动等工作，要紧紧围绕市委的重大决策部署、市人大常委会的年度工作计划以及人民群众普遍关注的重点热点难点问题，确定具体内容，细化活动方案，认真组织实施。

5. 市人大及其常委会有关机构开展视察、调研、执法检查等活动时，可邀请熟悉情况、专业对口的代表参加。活动结束后，有关机构要向人事代表工委通报代表参加活动情况，人事代表工委要对市人大代表参加闭会活动的情况进行汇总，并作为考核代表履职的重要依据。

6. 代表小组活动由小组召集人负责召集，人事代表工委提供服务保障。代表小组召集人要结合全市中心工作和本小组代表的职业构成、专业特点，提出本年度小组活动计划。可根据内容需要，邀请常委会有关领导、其他小组代表参加，邀请的人数不宜过多。每次活动一般不超过 2 天。

7. 代表活动要深入基层，掌握实情，提出实策，解决实事，不安排宴请，不接受礼品，不得以代表名义谋取不正当利益，不得参加与代表职责无关的活动。

8. 代表活动产生的费用严格按有关规定结算，不得向基层和个人转嫁。

二、规范会议管理

9. 减少会议活动。坚持务实高效原则，除法定会议外，严格清理、切实减少各类会议，能不开的坚决不开，能合并的坚决合并。建立并会套开制度，对于时间相近、主题相近、参会范围相近的会议，一律实行并会套开。未经市委批准，常委会领导一律不出席各类剪彩、奠基活动和庆祝会、纪念会、表彰会、博览会、研讨会及论坛等，不得在活动中挂名任职、发贺信贺电、题词、剪彩等。

10. 提高会议活动效率和质量。提倡开短会、讲短话，力戒空话、套话。需要安排讨论的会议，要精心设置议题，充分安排讨论时间，发言要紧扣主题、紧贴实际，多提建设性建议，不要搞成工作汇报。

11. 严格审批程序。市人大召开的各类会议应当坚持厉行节约、规范简朴、务实高效的原则。市人大及其常委会各机构召开的本系统业务会议、座谈会、论证会、听证会等会议，须经常委会分管副主任同意。常委会办公厅召开的全市人大系统会议须经常委会主任或秘书长批准。

12. 严格控制天数。市人代会会期根据市人大常委会通过的会议议程安排确定；市人大常委会会期根据主任会议通过的会议议程确定；主任会议及其他会议，一般不超过半天。

13. 严格控制规模。市人代会、市人大常委会参会人员和列席人员由市人大常委会、主任会议依法确定，参会工作人员数量要从严控制。

14. 规范地点选择。要按照降低成本、提高效率的原则，合理选择会议地点，凡可在本机关举行的会议，一律不安排在宾馆和其他经营性场所。严禁到风景名胜区举办会议和活动。

15. 严格经费审批。会议费应由会议主办单位承担，不得向参会人员收取，不得以任何方式向下属机构、企事业单位和县（区）转嫁或摊派会议费用。严禁套取会议费设立“小金库”，严禁在会议费中列支公务接待费以及与会议无关的其他费用。不得使用会议费购置电脑、复印机、打印机、传真机等固定资产。

16. 严控会议支出。会议一律不摆花草，不制作背景板。不配发公文包和高档文具，笔记本、笔等会议文具按需发放。会议期间不安排水果、饮品等茶歇，不安排文艺表演。用餐为自助餐，一律不饮酒，一律吃家常菜，严格执行财政部门规定的用餐标准。会议期间，不得安排宴请，不得组织旅游以及与会议无关的参观活动，严禁组织高消费娱乐、健身活动。严禁以任何名义和形式发放纪念品、礼品；严禁印制各种台历、挂历、纪念册、画册。

三、精简文件简报

（一）精简各类文件

17. 精简发文数量。加强对发文的统筹，科学制定并严格执行年度发文计划，减少临时性发文。没有实质内容、可发可不发的文件，一律不发。脱离实际、缺乏针对性和操作性的文件，一律不发。现行文件规定仍然适用的，不重复发文。通过媒体公开发布的文件，不下发纸质文件。推进机关信息化建设，积极推广电子公文和二维条码应用，逐步实现文件和简报资料网络传输和网上办理，减少纸质文件和简报资料，降低运行成本，提高工作效率。

18. 控制文件篇幅。报告要侧重于存在的问题及解决措施，减少一般性论述和工作过程性叙述，其中，常委会专项报告（书面）一般不超过 8000 字，法规草案说明一般不超过 4000 字，法规草案审议结果报告一般不超过 4000 字，法规草案审议（研究）意见报告一般不超过 2000 字，报告审议意见一般不超过 4000 字，内容较多的，可采用附件形式。其他文件一般不超过 4000 字，请示一般不超过 1500 字，报告一般不超过 3000 字，参考资料和研究报告一般不超过 4000 字，超过的要附内容摘要。

19. 减少文件种类。各机构、各单位信息由常委会办公厅整合，统一编发情况通报，不再单独编发。

20. 严格文件材料发放。市人代会文件的发放范围为市人大代表、列席人员及相关工作人员，常委会会议文件的发放范围为常委会组成人员、列席人员及相关工作人员。代表大会期间与会议有关的非会议文件材料发放需经大会秘书处负责人批准，常委会期间与会议有关的非会议文件材料发放需经分管会务的副秘书长批准。

（二）精简市人代会、常委会简报

21. 市人代会、常委会简报只刊发建设性的意见建议，一般性表态、汇报工作类发言一律不发，相同或相近的意见建议尽可能合并刊发。

22. 市人代会、常委会简报要进一步压缩简报头节约空间，导语要开门见山、直言其事，不写结束语。市人代会简报每期不超过 2000 字，常委会简报每期原则上不超过 2000 字，篇幅均不应超过 4 个页码。

23. 市人代会简报结合会议日程和议题确定期数，各代表团刊发简报期数不得突破规定的上限。常委会简报按照会议议程编发。

四、规范因公出国（境）活动

24. 严格按照计划安排因公临时出国（境）。根据工作需要，按照有关控制并降低总量的要求，科学制定年度出国（境）计划。原则上不安排计划外因公临时出国（境），特殊情况一事一议，在本单位计划总量中调剂。坚持因事定人，不安排照顾性、考察性和无实质内容的一般性出访。

25. 严格规范安排因公临时出国（境）团组。认真执行中央关于因公临时出国（境）限量管理规定和我省实施意见，落实“因事定人”“人事相符”要求，合理安排团组。原则上，常委会班子成员 1 个任期内因公出国（境）不超过 2 次或 2 年内不超过 1 次；其他县处级及以下领导干部从严控制。

26. 严格遵守临时出国（境）活动纪律。严格控制出访团人数、国家数和在外停留天数。不得安排无关人员跟随或分行，不得携带配偶、子女及其他亲属同行。严格按规定标准乘坐交通工具和安排食宿，不得安排有关部门负责同志迎送。严禁变相公款旅游，严禁安排与公务活动无关的娱乐活动，严禁出入赌博、色情场所。不得私自改变出访路线，严禁脱团私自行动。严禁向下属单位、企业、驻外机构等摊派或转嫁出国（境）费用。出国（境）团组与我国驻外使领馆等外交机构和其他中资机构、企业之间一律不得以任何名义、任何方式互赠礼品或纪念品，不得用公款相互宴请。严格执行出国（境）经费先行审核核销管理制度，对无经费预算安排的团组，一律不得出具经费审核意见；严格按照批准的预算核销，不得核销与任务无关的开支。凡公费出国（境）的团体和个人必须通过因公出国（境）审批渠道办理手续，严禁持普通护照（因私护照和因私证件）出国（境）执行公务。

27. 加强出访后续管理。出访团组回国后，应在 1 个月内将出访报告交由团长签报组团单位或派出单位，同时抄送外事部门。出访报告应包括出访国家、团组人员、时间、主要公务和主要成果等。严格执行因公临时出国（境）信息公开、公示与成果共享有关规定。对出访达成的协议和作出的承诺，要认真抓好落实，确保出访成效。因公护照、因公赴港澳通行证应在回国入境后 7 天内交发证机关保管；因公办理的《大陆居民往来台湾通行证》应在入境后 7 天内按干部管理权限交组织人事部门保管。

五、改进新闻报道

（一）规范和改进“三会”新闻报道

28. 规范市人民代表大会新闻报道。牢牢把握正确舆论导向，积极营造正面的舆论氛围，全面展示我市政治经济社会各项事业发展和人大代表履职议政情况，及时发布会议通过的法规、决议、报告及其他事项。

29. 规范市人大常委会会议新闻报道。根据会议安排，要及时准确做好各次全体会议的程序性报道。围绕重要议程做好前期策划，加强深度报道。及时发布会议通过的法规、决议、决定、人事任免及其他事项，要把更多的版面和节目时间用于报道基层代表，特别是工人、农民、知识分子代表。

30. 规范主任会议新闻报道。及时准确做好会议的程序性报道，根据会议要求，做好有新闻价值的深度报道。

（二）规范和改进会议活动新闻报道

31. 有关各类会议、活动的新闻内容，要根据工作需要、新闻价值、社会效果决定是否报道，尽量压缩报道的数量、字数、时长。

32. 市人大常委会举办的全市性会议活动，常委会主任出席的，文字稿不超过 700 字，播出时间不超过 1.5 分钟。其他副主任出席的，文字稿不超过 500 字，播出时间不超过 40 秒。

33. 常委会主任的调研活动，文字稿不超过 500 字，播出时间不超过 1.5 分钟。其他副主任的调研活动，文字稿不超过 300 字，播出时间不超过 40 秒。

34. 一位常委会领导一日赴多地参加同一内容活动或多位常委会领导同日参加同一主题活动的，综合报道 1 次。

35. 除经市委、市人大常委会、市政府批准的重大展览和文艺演出活动外，常委会领导参观展览、观看一般性文艺演出以及出席其他文艺活动，一律不作报道。常委会领导参加与人大工作无关的庆典、颁奖、剪彩、奠基、联谊、探视、研讨、首发等一般性活动或会议，出版著作等，一般不作报道。

36. 加强新闻报道统筹协调。常委会领导的新闻报道工作由调研室负责统筹协调和日常管理，联系阳泉日报、阳泉广播电视台，提供报道通稿或对稿件把关。市直新闻单位运用新闻网站、微博、微信、客户端做好常委会主要领导活动宣传报道。其他副主任活动一般不在新媒体报道，如确需报道要从严从简，控制数量、字数、时长和推送频率，对商业网站不安排专门的报道计划或推送方案。

六、严格“三公”经费管理

37. 要严格编制“三公”经费预算。根据预算管理有关规定，及时编制“三公”经费预算，确保“三公”经费只减不增，不在部门预算之外安排“三公”经费支出。

38. 严格执行“三公”经费预算。严禁超预算或者无预算安排“三公”经费支出。严格控制“三公”经费支出规模，年度预算执行中，原则上不得追加“三公”经费预算，因特殊需要确需追加的，要按照市政府规定程序报批。

39. 严格进行“三公”经费决算。各项费用报销结算时，要对照年度预算，严格审核预算额度、支付用途、开支标准，对超预算、无预算、超范围、超标准的“三公”经费一律不予报销结算。

40. 及时公布“三公”经费决算。“三公”经费决算及说明，经有关领导审定后报送市财政局，同时在阳泉人大门户网站上公布，主动接受监督。

41. 严禁将应列入“三公”经费的支出通过其他科目反映。严禁将“三公”经费转嫁到下级单位或其他单位、企业和个人。

七、严格公务接待管理

42. 公务接待要严格落实报批登记制度。接待前要按程序报经有关领导和市委接待办审批，接待任务完成后，接待部门要如实填写接待清单，并由相关负责人审签。公务外出确需接待的，常委会办公厅应当向接待单位发出公函，告知内容、行程和人员。无公函的公务活动和来访人员一律不予接待。接待单位应当根据规定的接待范围，严格接待审批控制，严禁将休假、探亲、旅游等非公务活动纳入公务活动范围，对能够合并的公务接待统筹安排。公务活动结束后，接待单位应当如实填写接待清单，并由相关负责人审签。无接待公函、接待清单、财务票据的一律不予报销。严禁转嫁、摊派、隐匿、违规报销接待费用，严禁公款报销或支付应当由个人负担的费用，严禁借公务接待名义列支其他支出。

43. 公务接待一律不得在车站和辖区边界组织迎送活动，不得跨地区迎送，不得张贴悬挂标语横幅，不得铺设迎宾地毯。单位主要负责人不得参加迎送，严格控制陪同人数，不得层层多人陪同。

44. 公务接待要严格按照标准安排住房。除宾馆免费提供的房间用品外，不得额外配备其他物品，不得摆放香烟、鲜花、水果等。实行定点公务接待，执行协议价格。严禁使用私人会所、高消费场所进行公务接待活动。

45. 公务接待原则上应以自助餐为主，15 人以下或者不具备自助餐条件的可安排桌餐。接待对象应按照财政部门差旅费管理规定缴纳相关费用。确因工作需要，可以安排工作餐一次，以家常菜、地方菜为主。接待对象在 10 人以内的，陪餐人数不得超过 3 人，超过 10 人的，不得超过接待对象人数的三分之一。重要公务接待活动要严格控制工作人员数量，工作人员（含秘书、司机等）一律安排自助餐。

46. 公务活动原则上安排集中乘车，6 人及以上人员出行，以乘坐普通商务、中巴或大巴车为主。要从严控制随行车辆，车队规模一般不超过 3 辆。

47. 严禁借公务活动名义游山玩水，严禁到风景名胜区举办活动。严禁举办与公务无关的专场晚会等活动。严禁以任何名义赠送礼金、有价证券、纪念品和土特产品等。

48. 招商引资、洽谈项目和参加商会活动，应严格遵守招商引资有关规定。与少数民族地区或代表交流互访时，应尊重少数民族风俗习惯。

八、严格公务用车管理

49. 严格车辆配备。严格按照车辆配备有关规定和相应标准配置正厅级领导干部公务用车，不配备轿车以外的越野车等其他车辆。使用 8 年以上或达到报废条件的，可由公务用车主管部门安排更新，达到更新年限仍能使用的，应当继续使用，在不造成浪费的前提下逐步换乘国产自主品牌轿车和新能源汽车。取消一般公务用车，保留必要的机要通信、应急公务和符合调研、接待、扶贫等规定的车辆及其他需要公务出行的车辆。调研和接待用车以中巴车型为主，由办公厅统一管理。

50. 严格城区范围内公务用车使用管理，除下列特殊情况外，不得安排使用公务用车：

单位组织 6 人以上集体活动的；单位集体组织、常委会领导参加公务出行的；需要紧急呈送市级领导批示和审签文件材料的；陪同常委会主任参加公务活动，且公务活动没有安排其他车辆的；离退休市级领导有医疗需求等特殊需要的。

51. 公务用车保险、维修、加油等按照政府采购程序实行定点管理，公务用车加油应统一使用公务卡。实行公务用车单车成本核算和单车成本公示制度。不得支付超编超标公务用车购置费用，不得办理未经政府集中采购程序的购车支付手续。

52. 规范公务用车的使用审批程序。特殊情况下城区范围内公务用车，市内外公务长途用车和接待任务用车，须持本机构领导批示的报告卡（附公务活动通知）经办公厅签批派车单，由车队调度联系安排车辆，城区范围内公务用车派车单要随车携带备查。常委会重大会议、重大活动、任务期间的车辆保障，由办公厅根据需求做出用车计划，经常委会领导同意后，由机关车队统一安排。

53. 加强公务用车的日常使用管理。实行公车统一停放管理，一般公务用车严格执行回单位停放制度，节假日期间除特殊工作需要外，应当封存停驶，严禁公车私用。严禁为公务用车增加高档配置和豪华内饰，3 年内不得重新装潢，不得在车辆维修费用中虚列夹带其他费用，严禁报销各类罚款。

54. 严肃公务用车纪律。不得以特殊用途等理由变相超编制、超标准配备公务用车，不得换用、借用、占用下属单位或其他单位和个人的车辆，不得以任何理由违反用途或固定给个人使用机要通信等公务用车。常委会主要领导职务调动的，在 1 个月内办理车辆资产划转手续，其配备的公务用车须在调动后 1 个月内交原公务用车管理部门。

九、严格办公用房管理

55. 严控用房标准。严格执行行政单位资产配置标准、通用办公设备配置标准，严禁豪华装修；不得配置高档办公用品、高端设备和豪华家具；办公用房 10 年内不得重复装修，不更换和添置办公家具。按照经济适用原则配备办公设备，不配备与办公无关的设施设备。办公家具的更换必须达到最低使用年限，达到最低使用年限仍能使用的应当继续使用，不得随意更换和添置办公家具。

56. 落实用房规定。领导干部原则上只能占用一处办公用房，在不同单位同时任职的，由主要工作单位安排办公用房，其他任职单位不再安排；确因工作需要需另行安排的，须经严格审批后，由兼职（任职）单位提供小于标准面积的办公用房。不得在宾馆、培训中心等场所占用办公用房。调离人大和已办理离退休手续的，办公用房要在调动工作或离退休文件下达后一个月内腾退。

57. 规范用房管理。机关办公用房实行集中统一管理，统一权属、统一规划、统一配置、统一处置。不得擅自改变办公用房用途。不得私下交换、变相买卖，或以出租、出借等方式转让使用权。新建、调整办公用房的，按照“建新交旧”“调新交旧”原则，在搬入新建或者新调整办公用房的同时，及时将原办公用房腾退移交机关事务管理部门，不得继续占用或自行处置。严格按照规定整改超标准办公用房。

十、严格公务出差管理

58. 严格公务出差审批制度。出差必须按规定报经单位有关领导批准，从严控制出差人数和天数，严格差旅费预算管理，控制差旅费支出规模，严禁无实质内容、无明确公务目的的差旅活动。

59. 严格遵守公务出差乘坐交通工具有关规定。出差人员未按规定等级乘坐交通工具的，超支部分由个人自理。省外出差应优先选择高铁、动车等交通工具出行。路途较远或任务较急，确需乘坐飞机的，本机构负责人签批后，报常委会秘书长审批。

60. 严格遵守公务出差住宿费有关规定。出差人员应当按照财政部门规定在职务级别对应的住宿费标准限额内，选择安全、经济、便捷的宾馆住宿，按相应的职级安排住房。

61. 严格执行公务出差伙食和交通费补助。伙食补助按出差自然（日历）天数计算，按照财政部门规定的标准执行。出差人员应当自行用餐，凡由接待单位统一安排用餐的，应当按当地规定向接待单位交纳伙食费。出差人员由接待单位或其他单位提供交通工具的，应向接待单位或其他单位交纳相关费用。

62. 严格执行公务出差报销有关规定。外出参加会议、培训，举办单位统一安排食宿的，会议、培训期间的食宿费和市内交通费用由会议、培训举办单位按规定统一开支；往返会议、培训地点的差旅费按照规定报销。未按规定开支差旅费的，超支部分由个人自理。住宿费、机票、车票支出等用公务卡结算。

63. 严格公务出差纪律。出差人员不得向接待单位提出正常公务活动以外的要求，不得在出差期间接受违反规定用公款支付的宴请、游览和非工作需要的参观，不得接受礼品、礼金和土特产品等。

十一、规范婚丧喜庆事宜

64. 办理婚丧喜庆事宜，不准讲排场、比阔气、铺张浪费，不准通过分批宴请等方式变相大操大办，不准违反规定使用公车，不准借机敛财。

65. 办理婚嫁、丧葬事宜，不得邀请管理和服务对象以及其他与行使职权有关系的人员参加。办理生日、乔迁、升学等喜庆事宜，邀请人员严格限定在亲属范围以内。

66. 办理婚嫁、丧葬事宜实行报告制度。办理婚嫁事宜须提前 7 天向市纪委监委派驻市人大机关纪检监察组（下称机关纪检监察组）报告，由机关纪检监察组备案和监督；宴请人数超过 150 人的，由机关纪检监察组在机关内部进行公示。办理丧葬事宜须事后 7 天内向机关纪检监察组报告，由机关纪检监察组备案和监督。办理婚丧喜庆事宜的时间、地点、规模、用车等情况，纳入本人年度述职述廉内容。

67. 机关党员、干部应当带头文明治丧，简办丧事。坚决禁止在城区街道、居民区、公共场所搭建灵棚、停放遗体、办丧扰民、沿街游丧、抛撒纸钱、燃放鞭炮、焚烧祭品等行为。党员、干部应当带头文明祭奠，不得在林区、景区等禁火区域焚烧纸钱、燃放鞭炮。

68. 除国家另有规定外，党员、干部去世后一般不成立治丧机构，不召开追悼会。举行遗体送别仪式的，要严格控制规模，力求节约简朴。

十二、规范培训活动

69. 严格审批程序。各机构于每年初制定年度培训计划，经机关财务进行经费预审核后，按程序提请常委会主任会议、秘书长会议批准，并列入年度工作计划要点。培训所需经费列入年度预算，年度培训计划一经确定，原则上不得调整。

70. 确保培训质量。各类培训要立足工作实际，兼顾常委会整体工作安排和要求，突出培训内容的专业性和实用性，合理安排培训内容和课程。不得举办没有明确目的与实质性内容的培训。

71. 严控定额标准。培训费实行综合定额标准，分项核定、总额控制，住宿费、伙食费、场地费、讲课费及其他费用之间可以调剂使用。

72. 严格审核报销。要严格按照规定审核培训费开支，超范围、超标准开支的费用不予报销。报销应当提供培训通知、实际参训人员签到表、讲课费签收单以及培训机构出具的原始明细单据、电子结算单等凭证。严禁在培训费中列支公务接待费、会议费，严禁套取培训费设立“小金库”。

73. 严明培训纪律。参训人员必须严格遵守廉洁自律各项规定，严格遵守考勤纪律。严禁在学习培训期间公款旅游、借机旅游及以学习培训为名的变相旅游。不得在学习培训期内绕道旅游或在学习培训结束后擅自滞留不归，培训报到和撤离时间分别不得超过 1 天。严禁携带与培训无关的人员同行。7 日以内的培训不得组织调研、考察、参观。

十三、依法履行信访职责

74. 严格落实信访接待制度。严格按照规定程序办理信访事项，实行首办负责、督办审批、重要来信领导阅批等制度。严格落实值班制度，严禁脱岗。杜绝为官不为、懒政怠政。要按规定的时限办结信访事项并答复，确保民意、民情、民忧的畅顺上达。

75. 坚持以人为本，提升信访服务水平。强化换位思考，倡导接访干部充分感受群众的情绪，了解群众的诉求，用群众容易接受的语言和方式解答信访问题，进一步改善人大“窗口”的形象，拉近与人民群众的距离。

76. 严格纪律要求。办理信访事项时，严禁拉关系、送人情，严禁选择性交办、转办、督办，严禁办信接访过程中吃拿卡要，严禁利用办理信访事项权力进行利益交换。加强对亲属和工作人员管理，防止利用职务和影响谋取不正当利益。

十四、规范领导干部在企业、社会团体兼职（任职）

77. 从严规范在企业兼职（任职）。现职和不担任现职但未办理退休手续的领导干部，不得在企业兼职（任职）。对辞去公职或者已退休的领导干部到企业兼职（任职）的必须从严掌握、从严把关，确因工作需要到企业兼职（任职）的，应当按照干部管理权限严格审批。辞去公职或者退休三年内，不得到本人原任职务管辖的地区和业务范围内的企业兼职（任职），也不得从事与原任职务管辖业务相关的营利性活动。辞去公职或者退休三年内拟到本人原任职务管辖的地区和业务范围外的企业兼职（任职）的，应经市人大常委会党组按规定审核并按干部管理权限征得相应组织（人事）部门同意后，方可兼职（任职）；辞去公职或者退休三年后到企业兼职（任职）的，应由市人大常委会党组按规定审批并按干部管理权限向相应组织（人事）部门备案。按规定经批准在企业兼职的领导干部（含退休），兼职不得超过 1 个；所兼任职务实行任期制的，任职届满拟连任必须重新审批或备案，连任不超过两届，兼职年龄不得超过 70 周岁。按规定经批准在企业任职的领导干部，应及时将行政、工资等关系转入企业，不再保留公务员身份，不再保留党政机关各种待遇。

78. 从严规范在社会团体兼职。领导干部未经批准不得发起成立社会团体。在职领导干部不得兼任基金会、社会服务机构负责人；不得兼任学会、协会、商会、研究会等社会团体领导职务（含分支机构负责人），因特殊情况确需在社会团体兼任领导职务的，按照干部管理权限从严审批，且兼职不得超过 1 个。已退休领导干部在社会团体兼任职务（包括领导职务和名誉职务、常务理事、理事等），须按干部管理权限审批或备案，且只可兼任 1 个职务。凡经批准后在社会团体兼职的在职和退休领导干部，除工作特殊需要外，不得担任法定代表人，不得牵头成立新的社会团体或兼任境外社会团体领导职务；任职届满拟连任的必须重新履行有关审批手续，兼职不得超过两届，兼职年龄不得超过 70 周岁。

79. 从严规范兼职取酬。领导干部现任和退休后按规定经批准在企业、事业单位、社会团体兼职的，一律不准领取薪酬、奖金、津贴等报酬，不准获取股权和其他额外利益，不得领取各种名目的补贴等。兼职期间，禁止利用职权和职务上的影响为企业、社会团体或个人谋取不正当利益。退休或不担任现职的领导干部在企业、社会团体兼职的，确因工作需要的工作经费要从严控制，不得超过规定标准和实际支出。兼职期间是否取酬和报销有关工作费用，本人应在每年年底以书面形式报告市人大常委会党组。

十五、规范各类补助、奖励与福利发放

80. 规范值班补助发放。严格审批程序，按照人社部门、财政部门制定的标准合理发放值班补助。

81. 严格落实带薪年休假制度。机关所有工作人员除不符合享受当年年休假条件的，原则上一律按规定进行休假。确因工作需要不能安排休假的要严格履行批准手续，并按规定领取年休假工资报酬，但必须严格控制在本机构人员总数的 1/3 以内。

82. 规范干部福利待遇。严禁违反有关规定增加薪酬或滥发津贴补贴、奖金等。认真执行市总工会关于慰问、困难补助、文体活动、困难职工帮扶和服务职工经费支出若干问题的具体规定。用于解决本单位工作人员生活困难和集体福利的福利费，严禁违规发给个人。

十六、加强干部自律

83. 严格文稿发表。常委会领导代表市人大常委会发表讲话和文章及个人发表署名文章，须报市委批准。除常委会统一安排外，个人不公开出版著作，不发贺信、贺电，不题词、题字、作序。在任或退休市级领导主动送给报刊发表的个人署名文章，由本人按程序报市委批准后发表。严格落实谁主管、谁负责和属地管理原则，明确由组稿单位按程序报审并把关负责。领导干部不得用公款编印、出版个人专著或文集，不得以任何名义向单位和个人要求为编印、出版自己的专著和文集提供经费赞助，不得利用职权和个人影响向分管或有工作联系的单位和个人摊派发行个人专著和文集；未经组织批准，不得将报告、讲话等工作性文稿汇编署名公开出版，不得在出版物上挂署党政职务头衔。

84. 规范网络言行。领导干部严禁参与以下网络传播行为：发表违背党的基本路线，否定四项基本原则，歪曲党的政策，或者其他有严重政治问题的文章、演说、宣言、声明等；妄议中央大政方针，破坏党的集中统一；丑化党和国家形象，诋毁、污蔑党和国家领导人，歪曲党史、国史、军史，抹黑革命先烈和英雄模范；制造、传播各类谣言特别是政治类谣言，散布所谓“内部”消息和小道消息；出版、购买、传播非法出版物；宣扬封建迷信、淫秽色情；制作、传播其他有严重问题的文章、言论、音视频等信息内容。禁止参加以下网络活动：组织、参加反对党的理论和路线方针政策的网络论坛、群组、直播等活动；通过网络组党结社，参与和动员不法串联、联署、集会等网上非法组织、非法活动；参与网上宗教活动、邪教活动，纵容和支持宗教极端势力、民族分裂势力、暴力恐怖势力及其活动；利用网络泄露党和国家秘密；浏览、访问非法和反动网站等。党员干部以职务身份在微博、微信、网络直播、论坛社区等境内外网络平台上注册账号、建立群组的，应当向所在的党组织报告。

85. 树立良好社会形象。各级领导干部不得妄议中央大政方针，公开发表不当言论；不得信教和参加迷信活动；不得组织、利用宗教活动、宗教势力妨碍党委、政府决策部署的实施或者破坏党的基层组织建设；不得参加邪教组织及其活动。不得编织“关系网”，拉帮结派搞“小圈子”，要努力净化社交圈、生活圈、休闲圈；不得违背社会公序良俗，在公共场合耍特权、逞威风；不得生活奢靡、贪图享乐、追求低级趣味，严重违反社会公德、家庭美德。

86. 严肃请假报备制度。领导干部要带头严格执行外出请假报备制度。常委会主要领导离开岗位或工作所在地，须提前向市委请示报备；其他副主任离开岗位或工作所在地，须提前向常委会主任请假，经批准后，向市委办公厅报备；市人大及其常委会各机构主要负责同志出差、出访、休假、学习以及公休日等离开辖区，要按规定经常委会分管副主任批准后，向办公厅书面报备；特殊紧急情况或行程调整的，要及时补报和履行有关程序；各机构在重要时间节点、涉及重大敏感的外出活动，须批准同意后才能安排。报告情况要准确，对往返时间、外出地点和事由，批准人等要详细表述。

87. 严守廉洁纪律。严禁违规收受年货节礼、红包、礼金、礼品，以及银行卡、购物卡、充值卡、消费卡、会员卡、加油卡等各类有价证券、支付凭证。严禁通过提货券、微信红包、电子礼品预付卡等方式违规收受礼品礼金。严禁利用职权或者职务上的影响从事古玩字画、珠宝玉石、名贵花木及其他艺术品、奢侈品收藏和交易，违规从事营利活动。严禁接受可能影响公正执行公务的宴请、旅游、健身、娱乐等活动安排。严禁出入私人会所等规避组织监督的场所。

88. 注重家庭家教家风。严格执行领导干部个人有关事项报告制度。教育管理好亲属和身边工作人员，要求他们谨言慎行、本分做人。进一步规范配偶、子女及其配偶从业行为，不得违规经商办企业。严禁利用职权或影响力为亲属亲友谋求特殊照顾，严禁亲属亲友插手领导干部本人职权范围内的工作和人事安排。

十七、严格贯彻落实

89. 落实主体责任。机关党组织要把贯彻落实本细则作为履行主体责任的重要内容，切实加强监督管理，做到真管真严，敢管敢严，长管长严。要把落实中央八项规定精神作为严肃党内政治生活的规定动作，严格对照检查，切实增强制度执行的思想自觉和行动自觉。

90. 坚持以上率下。各级领导干部要带头贯彻执行中央八项规定精神及本细则，以身作则，以上率下，一级带一级，层层抓落实，带动全体干部职工严格自律，使中央八项规定精神落地生根、取得实效。

91. 严格执纪问责。市纪委监委派驻市人大机关纪检监察组要加强督促检查，将执行细则作为一项经常性工作来抓。要将领导干部执行细则情况纳入年度述职范围。对违反上述规定者进行严肃批评，造成不良影响的，给予纪律处分。

92. 本实施细则自印发之日起施行，此前机关制定的有关制度规定与本实施细则不一致的，以本实施细则为准。

阳泉市人大常委会机关党组织工作制度

一、党总支委员会工作制度

（一）党总支委员会实行集体领导和个人分工负责相结合的原则。

（二）每年年初研究并制定机关党总支委员会本年度工作计划。

（三）每季度召开一次党总支委员会会，研究本季度重大工作事项和问题，必要时可作出决议或决定。

（四）每年召开一次党总支委员会委员民主生活会，开展批评和自我批评，加强机关党总支自身建设。

（五）机关党总支委员会委员要严格按照党章规定，参加党支部、党小组的活动，自觉履行党员义务，接受党员监督。

二、党组织活动制度

（一）机关党组织活动日每周不少于半天。

（二）每季度由机关党总支统一安排一次组织活动。其他活动时间由党支部根据机关党总支年度工作计划，结合各自的实际情况组织落实。

（三）机关党总支、党支部、党小组应建立健全会议记录制度。

（四）党员有事外出一个月以上，回来后应向所在党支部、党小组汇报思想和工作情况。

（五）党员因特殊情况不能参加组织活动，要向党支部请假，未经同意不得无故缺席。

（六）各党支部每年召开一次党员民主生活会，开展批评和自我批评。并及时将党支部民主生活会召开情况，书面报机关党总支。

（七）机关党总支每年年底对机关干部理论学习情况进行检查，检查结果作为“创先争优”活动表彰的重要依据。

（八）机关党总支每两年在“七一”前夕开展一次表彰先进基层党组织、优秀党务工作者、优秀党员和党风廉政建设先进工作者活动。

三、党支部“三会一课”制度

（一）党小组会。一般每月召开一次，学习党的文件，传达上级党组织的指示精神，贯彻执行支部决议和召开组织生活会。

（二）支委会。一般每月召开一次，讨论制定执行上级党组织的决议和指示的措施；研究党员学习、教育、管理、监督的具体措施；研究发展新党员工作及支部近期活动作出安排。

（三）支部大会。一般每季度召开一次，传达贯彻上级党组织的决定、决议、指示及工作任务的部署；听取和讨论党支部的工作计划、工作总结报告；讨论党组织的思想、组织、作风建设方面的重要问题；召开组织生活会，开展批评与自我批评；要求本支部党员在完成各项工作任务中发挥先锋模范作用；讨论发展党员及党员奖惩等问题。

（四）党课。一般每年安排一至两次党课，主要是对党员进行党的基本理论、基本路线、形势任务教育，具体包括党的性质、目标、宗旨和现阶段总任务、党的指导思想、党的民主集中制原则、党的团结和统一、党的纪律、党的优良作风以及党员的义务和权利等党的基本知识教育，针对一个时期党内思想倾向，结合党的现行重大方针、政策等，开展有关增强党性观念的教育。党课教育要紧密联系实际，力求生动活泼，注重实效。各级党组织的领导成员和党员领导干部，都应带头讲党课。每个党员都要自觉参加党课学习，同时，可吸收入党积极分子参加。

四、党费缴纳管理使用制度

（一）党员应按中组部规定的标准于每月 20 日前自觉向所在党支部的组织委员或党小组长交纳党费。

（二）党支部组织委员或党小组长应于每季度最后一个月的 25 日前将党费上缴机关党总支组织委员。

（三）党总支组织委员在每季度将党费上缴市直工委。

（四）机关党总支、党支部建立党费收缴、管理、使用账目，每年向党员公布一次党费收支（缴）情况。

（五）党员晋升工资后，应从起薪之月起自觉增缴党费。

（六）老干部党支部上缴返还的党费，要设立专门账户，严格按规定使用。

五、发展党员工作程序

党支部应严格执行党章规定的标准和程序，按照“坚持标准、保证质量、改善结构、慎重发展”的方针和“个别吸收的原则”，做好发展党员工作。

对提出入党申请超过一年以上的入党积极分子，在积极培养和考察的基础上，经支部委员会研究认为具备党员条件者，按下列程序发展：

（一）按规定要求填写《申请入党积极分子培养考察登记表》。

（二）党支部研究同意发展对象，报机关党总支安排参加市直工委组织的“入党积极分子培训”。培训结束后，应将培训鉴定表报送机关党总支。

（三）28 岁以下的团员和青年入党要有团组织的推荐意见。

（四）党支部组织填写《预备党员预审表》，并对发展对象进行政治审查。

（五）申请人填写《入党志愿书》。支部派专人同申请人谈话。要有正式党员 2 人作为入党介绍人，然后召开支部大会进行讨论，并作出决议。

（六）机关党总支召开会议进行研究审查。审查前，要派专人同发展对象谈话。审查后报送市直工委批准。

（七）市直工委审查批准后，党总支通知所在支部，支部通知本人并对其进行一次认真谈话。

（八）组织预备党员进行入党宣誓。

（九）在预备党员一年预备期中，党支部要责成介绍人按季度填写《预备党员考察表》。

预备期满由本人写出转正申请，党支部应及时讨论，召开支部党员大会决定其能否转为正式党员，报机关党总支审查后，报市直工委审批。

（十）预备党员转正后，将其全部入党材料（《入党志愿书》《预备党员预审表》《申请入党积极分子培养考察登记表》《党校培训鉴定表》、政审材料、入党申请书、转正申请书）等材料入人事档案。

六、入党积极分子培养考察制度

（一）对提出入党申请的积极分子，党小组要及时确定培养联系人，列为重点培养对象的，确定2名培养人作为入党介绍人。

（二）对要求入党的积极分子，联系人每季度应向党小组汇报一次考察、培养情况。党支部每半年应对积极分子进行一次考察鉴定，并填写鉴定表。考察鉴定时应注意征求党内外有关群众的意见。

（三）对列为重点培养对象的，应及时对本人历史、父母及配偶等主要家庭成员及联系密切的社会关系进行调查了解。

（四）党小组和党支部认为积极分子经培养考察已具备党员条件，应提出意见，连同本人申请书，政审、鉴定材料等一并上报机关党总支预审。

（五）党支部组织委员负责积极分子的申请、汇报、鉴定等材料的保管，建立积极分子个人档案。积极分子调动工作应随工作调动手续一并将个人档案转入新单位。

（六）党支部每年年底应制定出第二年发展党员计划，上报机关党总支。党总支集中研究，统一决定。

七、预备党员考察鉴定制度

（一）党支部大会通过并经机关党总支审查，市直工委批准后的预备党员应在预备期内参加入党宣誓。

（二）预备党员的入党介绍人应继续负责预备党员预备期内的考察培养工作。预备党员每季度至少向入党介绍人或党小组汇报一次思想。

（三）党支部每半年对预备党员进行一次全面考察鉴定，之前预备党员应向党支部写出书面思想汇报。

（四）预备党员预备期满前应主动向党支部提出转正申请，并总结汇报一年来思想工作情况。

（五）支部委员会根据本人申请应及时提交支部大会讨论，做出同意转正、延期转正或取消预备党员资格的决议，送机关党总支审查后，报市直工委审批。

八、民主评议党员制度

每年组织一次民主评议党员，与公务员年度考核同步进行。民主评议党员工作在机关党总支领导下，以支部为单位有计划有步骤地进行。民主评议党员坚持实事求是的原则，坚持民主、公开、公平的原则。

阳泉市人大常委会机关党支部民主评议党员制度

第一条 民主评议党员制度，是从严治党，提高党员素质的一项重要措施，是加强对党员进行经常性教育、管理和监督的有效方法，通过做合格党员的教育、民主评议和组织考察、表彰优秀党员，处置不合格党员，充分发挥党的领导核心作用和党员的先锋模范作用，增强党组织的凝聚力和战斗力。

第二条 民主评议党员在支部年度组织生活会上进行。党员一般应按照组织隶属关系，参加所在支部的民主评议。党员领导干部要自觉参加民主评议。流动党员可在流入地所编入的支部参加民主评议。年老体弱、长期患病、行动不便的党员以适合的方式参加民主评议。预备党员参加民主评议，但不评定等次。因故不能参加民主评议的党员，需向支部说明理由，支部应采取适当方式，听取本人意见，并对其作出评议。

第三条 民主评议党员主要内容。民主评议党员，要把党员思想表现、工作作风、遵守纪律、履行职责、发挥作用、道德品行等作为主要内容。

第四条 民主评议党员按照以下程序进行：（一）党员自评。党员联系自己思想和行为表现，实事求是作出自我评价，讲明存在的差距和问题。（二）党员互评。互相提出批评意见和建议，帮助党员找准不足、提高认识。（三）民主测评。组织党员填写民主评议测评表，采取无记名方式，对每名党员进行测评。（四）组织评定。支委会综合分析民主评议情况和党员日常表现，对每名党员提出评定意见，按优秀、合格、基本合格、不合格，确定党员评议等次。评为优秀等次的党员，一般不超过支部党员总数的百分之二十。党员人数较多的党支部，党员自评和党员互评可按党小组进行。机关、企事业单位干部职工党员民主评议可与年度考核结合进行。

党支部要及时将党员评议结果报上级党委备案，并向党员反馈。对党员领导干部的评议结果，按照干部管理权限，报上级党委组织部门备案。对评为优秀等次的党员，党支部通过适当方式进行表扬。上级党组织表彰优秀党员，一般应从党支部评为优秀等次的党员中产生。对评为合格等次的党员，要引导其向优秀党员看齐，不断提高自己。对评为基本合格等次的党员，党支部书记要与其谈话，严肃指出不足，帮助改正缺点。

第二节　市人大常委会机关办公制度

阳泉市人大常委会机关值班工作制度（试行）

为进一步规范值班工作，制定本制度。

一、职责和任务

市人大常委会机关值班工作，应履行值守应急、信息汇总和综合协调职能，实行24小时值班制度。主要职责是：

（一）接听电话，填写《电话记录》，接收网络、传真、电报以及其他形式的重要信息，及时报有关领导阅示。

（二）接待来访和洽谈公务人员。

（三）接收有关通知、文件、函、请柬等。

（四）通知有关事项。

（五）及时掌握并向分管领导报告重大情况和动态。

（六）办理领导交办的其他事项。

二、工作程序

（一）对于人大机关内部或外单位来电通知的会议、活动、请示、报告、询问情况等事项，要认真做好电话记录，登记清楚来电时间、内容，来电人姓名、联系方式，是否需要答复等事项，再根据内容及时报办公厅领导批办。

（二）通知会议要说明会议时间、地点、参会范围、主要内容，落实参会人员名单，并通知相关人员搞好会务工作。

（三）对有关单位或部门报送的文件，要登记文件名称、文号、送件人及联系方式，然后送领导审阅或转相关机构办理。向外发出的文件，要登记文件名称、文号、取件人，需要落实办理结果的，将办理结果记录在案。

（四）对邀请市人大领导出席有关活动的请柬或邀请函，要详细登记送件人姓名、移动电话，市委、市政府、市政协领导参加活动情况，活动简要日程或安排，是否讲话及其他需要记录的事项。

（五）接待来访或者洽谈公务人员，要认真核实对方身份，问清事由，详细登记并负责与有关人员联系。

（六）对有关部门及单位报告的紧急情况和重大事项，值班人员确认后，要及时报告办公厅领导。

三、组织协调

（一）值班工作由办公厅办公室负责，各专委、工委及其他工作机构协助配合。

（二）值班工作实行节假日领导带班制度，市人大常委会副主任、秘书长、副秘书长轮流带班。

（三）正常上班时间由办公室工作人员兼职值班。下班时间（双休日、午休、夜间）由办公厅安排人员轮流值班。法定节假日期间，由办公厅安排各委、厅、室有关人员值班。

（四）为值班工作配备相关设备，属于临时用工性质的值班人员，按规定发放适当补助。

四、具体要求

（一）坚持值班原则。按照“及时、准确、稳妥、保密”的原则，优质、高效办理有关事项。如因个人行为贻误值班事务的，贻误一次，内部通报批评；贻误两次的，写出书面检查；造成严重后果的，视情况作出组织处理。

（二）坚守工作岗位。不擅自离岗，并按照规定值班时间交接电话记录簿。因特殊原因需要离岗的，要征得带班领导同意并在替班人员到岗交接后方可离开。

（三）保证通信畅通。避免长时间通话，防止电话占线。有电话打入时，要及时接听，确保通信联络快捷、通畅。

（四）坚持文明值班。接听或打出电话，接待来访或者洽谈公务人员，要谦和、礼貌。遇有不良电话打入，亦要保持良好的职业操守，不急、不躁、耐心、细致地予以处理。

（五）严格请示报告制度。处理值班事宜，要坚持事前、事中、事后及时向有关领导报告，避免重复报送，杜绝漏报、误报。遇有紧急公务和突发事件以及重要情况，应及时电话报告带班领导或按分工向有关领导和部门报告。

（六）增强保密观念。严禁非联系公务的外部人员在办公室逗留，值班人员不得向外部人员透露涉密情况。对于上访人员应劝其在办公期间到信访科联系。

（七）保持环境整洁。值班室内物品整齐摆放，地面及时清扫，多余东西及时清理，避免杂乱堆放。桌、椅、床铺等保持清洁，避免脏、乱、差现象。

阳泉市人大常委会机关干部职工考核办法（试行）

为进一步规范机关干部职工的考核工作，使考核更加客观、公正，促进依法履职、优质服务，提高效能，特制定市人大常委会机关干部职工考核办法。

一、考核以机关干部职工的岗位职责和所承担的工作任务为基本内容，全面考核德、能、勤、绩、廉，重点考核工作实绩。

德，是指思想政治素质及个人品德、职业道德、社会公德等方面的表现。

能，是指履行职责的业务素质和能力。

勤，是指责任心、工作态度、工作作风等方面的表现。

绩，是指完成工作的数量、质量、效率和所产生的效益。

廉，是指廉洁自律方面的表现。

办公厅要结合年度工作目标、工作岗位职责等实际，对德、能、勤、绩、廉进行细化分解，制定科学合理的考核要素及标准。

二、考核分为平时考核和年度考核。年度考核以平时考核为基础。

平时考核以一个月为一个周期，重点考核干部职工出勤情况、完成日常工作任务及阶段工作目标情况，并以平时绩效考评情况为依据。考核采取部门负责人负责填写干部职工个人考核表的方式进行，由主管领导予以审核评价，作为年度考核的依据。对不按要求进行工作小结、无故拖延或不交相关考核表的，年度考核不能定为优秀等次。办公厅要责成专人做好平时考核的原始资料积累，为年终量化考评提供依据。

年度考核在每年年末或者翌年 1 月进行，在翌年 1 月底前完成。

三、年度考核的结果分为优秀、称职、基本称职和不称职四个等次。

（一）确定为优秀等次须具备下列条件：

1. 思想政治素质高，有良好的职业道德和社会道德风尚；

2. 精于业务，工作能力强，能够优质高效完成各项工作；

3. 工作责任心强，工作自觉主动，工作作风好；

4. 在工作岗位上做出突出成绩；

5. 清正廉洁；

6. 量化考评得分一般在 85 分以上。

（二）确定为称职等次须具备下列条件：

1. 思想政治素质较高，有较好的职业道德和社会道德风尚；

2. 熟悉业务，工作能力较强，能够按时保质完成各项工作；

3. 工作责任心较强，工作积极，工作作风较好；
4. 能够完成本职工作；
5. 廉洁自律；
6. 量化考评得分一般在65—84分。
（三）具有下列情形之一的，应确定为基本称职等次：
1. 思想政治素质一般；
2. 业务素质一般，履行职责的工作能力较弱；
3. 工作责任心一般，工作作风方面存在明显不足；
4. 能基本完成本职工作，但完成工作的数量不足，质量和效率不高。
5. 能基本做到廉洁自律，但某些方面存在不足；
6. 量化考评得分一般在60—64分。
（四）具有下列情形之一的，应确定为不称职等次：
1. 思想政治素质较差；
2. 业务素质和工作能力不能适应工作要求；
3. 缺乏工作责任心，工作作风差；
4. 不能完成工作任务，或在工作中因严重失误、失职造成重大损失或者恶劣影响；
5. 服务态度差，方法简单粗暴，群众评议差；
6. 当年因与职务行为有关的错误而受严重警告处分；
7. 存在不廉洁问题；
8. 量化考评得分一般在60分以下（不含60分）。

四、年度考核优秀等次人数，一般掌握在常委会机关参加年度考核的干部职工总人数的15%以内。优秀等次名额将根据实际情况在机关内各职务层次人员中合理确定。

五、年度考核时设立考核委员会。考核委员会由常委会机关领导成员、各厅委室负责人和干部职工代表组成。

六、年度考核按下列程序进行：

（一）被考核干部职工按照岗位职责和有关要求进行总结。
（二）考核委员会根据平时考核情况和个人总结，写出评语，提出考核等次建议。
（三）考核委员会将考核等次建议返回机关各部门征求意见，被考核对象有异议的，应在一个星期内向考核委员会书面提出。
（四）党组会议研究确定考核等次。

七、人大机关要对年度考核工作进行总结，并将年度考核结果作为干部职工调整职务和兑现奖惩的依据。

阳泉市人大常委会机关人事管理暂行办法

为进一步加强和规范机关人事管理，根据《党政领导干部选拔任用条例》和《中华人民共和国公务员法》的有关规定，结合机关实际，特制定市人大机关人事管理暂行办法。

一、适用范围

机关公务员、事业单位的科级以下工作人员（含科级）。办公厅负责履行机关人事管理职能。

二、人员补充与调动

（一）机关公务员录用

机关公务员录用，要在规定的编制限额内，有相应的职位空缺，由办公厅根据常委会主任的意见制定录用计划，报常委会党组研究同意后，呈送市有关部门按规定程序进行招录。

（二）人员调动

1. 人员调入。须在机关规定的编制限额内，有相应的职位空缺。拟调人员年龄控制在35周岁左右，大学文化程度，并具有岗位所需的专业知识和专业技能。

2. 拟调人员可由组织推荐、他人推荐或自荐。拟调入人员应提供能证明本人有关情况的书面资料（包括学历、简历、成果等。）

3. 拟调人员确定后，由办公厅与机关相关部门组成考察组，根据岗位职责要求，对拟调人员进行全面考察。

4. 考察组在考察结束三日内写出对拟调人员的考察报告，报请常委会党组研究决定，由办公厅负责办理相关调入手续。

5. 人员调出。在编机关工作人员如调出人大机关，须经常委会党组研究决定，同意调出后，由办公厅负责办理相关调出手续。

6. 退休办理。办公厅在接到机关在编人员到龄退休的通知后，要呈报常委会领导阅知，并负责办理相关退休手续。

三、干部任用

（一）干部任用须在规定的职数范围内进行，由常委会党组研究决定，由办公厅按规定和程序承办具体工作。

（二）办事员拟升任科员的，一般应具有大专以上文化程度或者时任职务满三年。

（三）拟提任副科级职位的，应具有时任职务满三年；拟提任正科职位的，应具有时任职务满两年；拟提任人员，一般应具有大学专科以上文化程度。

（四）确定拟提任人员，要严格按照民主推荐、民主测评、全面考察、个别谈话、集体研究的程序产生。

（五）确定拟任人选后，要在机关对拟任干部的基本情况进行为期一周的公示。

（六）公示结束后，办公厅负责报市委组织部审批职数，批准后按程序任命。

四、工作考核

（一）考核的组织：办公厅根据党组决定负责考核工作的具体组织实施。

（二）考核的范围：机关各机构和机关工作人员。

（三）考核的内容：按市委组织部、市人事局有关考核要求和《市人大机关工作考核办法》的考核内容执行。

（四）考核的形式：采取定期考核和平时考核相结合的方式进行。被考核对象逐月填写工作考核表，按规定时间交办公厅。办公厅每半年对收集的考核表进行一次汇总，并将汇总结果在机关进行通报。年终时，办公厅负责对被考核对象全年的工作情况进行汇总，作为年度考核结果。在定期考核的同时，办公厅随机确定被考核对象，对其工作情况进行抽查并认真做好记录，抽查结果将作为平时考核的依据。

（五）考核的述职与考核的等次，被考核对象每年年终都要按照德、能、勤、绩、廉、学等方面的要求进行书面述职。科级以下（含科级）工作人员的述职与考核，由机关组织实施。县级干部的述职与考核，由机关协助市有关部门组织实施。机关公务员考核等次分为优秀、称职、基本称职、不称职，事业单位工作人员考核等次分为优秀、合格、基本合格、不合格。科级以下（含科级）公务员、事业单位工作人员的考核等次由机关确定，其中，优秀等次按 10%–15% 的比例执行。县级干部考核等次的确定，属副县级的由机关提出考核等次意见，上报市委组织部审核；正处级的由市委组织部确定。

五、其他人事管理事项

（一）按照有关规定，及时做好涉及工资晋升、调级、套改等方面的工作。

（二）加强机关人事档案管理，做到专人负责、职责明确，分类科学、管理规范。

阳泉市人大常委会机关财务管理办法

为进一步规范、加强机关财务管理，为“三会”提供优质服务，保障机关各项工作顺利开展，特制定市人大常委会机关财务管理办法。

一、机关财务管理的基本原则和基本任务

（一）基本原则：执行国家有关法律、法规和财务规章制度；坚持节约，勤俭办事，反对铺张浪费；保证重点，兼顾一般，注重资金使用效率。

（二）基本任务：严格执行机关财务管理制度，科学编制机关经费预算，统筹安排资金的合理使用，保障机关正常运转所需资金；定期编制机关财务工作报告，如实反映经费的使用情况，对机关财务活动出现的新情况、新特点进行科学分析，并及时向常委会领导反映，提出合理化建议；加强对机关固定财产的管理，防止国有资产流失。

二、编制经费预算

（一）每年 11 月下旬由办公厅财务室负责编制机关下一年度的经费预算。

（二）编制预算要充分考虑下一年度全国人大、省人大重大工作、活动的安排部署所需费用，充分考虑机关办公设施更新所需费用，充分考虑各委、厅、室专项工作和重要活动所需费用。

（三）预算编制（草案）完成后，报常委会主任阅审，然后印发各委、厅、室征求意见。

（四）各委、厅、室的意见汇总报常委会主任，根据常委会主任的意见，进一步完善预算编制（草案）。

（五）预算编制（草案）完成后，提请主任会议决定。

（六）办公厅财务室要将主任会议通过的预算编制报告，按规定时间报送市财政局。

三、机关经费类别

（一）基本经费。是由财政部门按照规定确定的用于日常性办公的费用。包括：

1. 工资福利支出（工资、津贴、补助等）；

2. 商品和服务支出（办公用品、印刷、邮电、交通、燃油、差旅、车辆维修等商品和服务性支出费用）；

3. 对个人和家庭的补助（离、退休费、住房公积金、离、退休人员其他费用）。

（二）专项经费。是由财政部门拨付的各类专项工作活动的费用。专项经费原则上专款专用，不可挪作他用。省人大代表活动经费的使用管理，按照市人大机关印发的《省人大代表活动经费管理使用办法》执行。

（三）其他经费。主要是由机关后勤服务中心收取的租金、其他营业性收入、社会募集赞助的活动经费等。其他经费中的租金和营业性收入主要用于机关职工的福利性支出。社会募集赞助的经费主要用于机关组织开展的各类工作、学习活动的支出。

四、经费支出及审批

（一）商品购置性支出与审批

1. 机关凡属购置商品性支出，原则上统一由机关后勤服务中心承办。后勤服务中心负责填写商品购置审批表，报办公厅分管领导审阅并呈送常委会主任签批后，方可进入购置程序；

2. 凡所购商品价值在 3000 元以上的，由机关委托市政府采购中心承办，机关后勤服务中心承办委托工作的具体事宜。凡所购置物品价值在 3000 元以下的，由机关后勤服务中心承办；

3. 凡一次性支出在 500 元（含 500 元）以下的由办公厅主任审批和签批，一次性支出在 500 元以上（不含 500 元）10 万元以下（不含 10 万元）的，报常委会主任审批，由办公厅主任签批。一次性支出在 10 万元以上的，由主任会议研究决定、常委会主任签批后由办公厅按程序办理。

（二）差旅费支出及审批

1. 机关人员因公外出需填报《外出情况报告单》（如有会议通知、邀请函需附报告单后），报常委会主任签批后由办公厅通知财务室承办有关事宜；

2. 因公外出需借公款时，由借款人填报借款单后，送办公厅主任报常委会主任审批，由办公厅主任签批。借款额标准按下述要求执行：出差在本省范围内，时间在 2 天以上 5 天以内，常委会领导借款额不超过 5000 元，其他人员不超过 2000 元；出差区域在省外，时间在 7 天左右，常委会领导不超过 20000 元，其他人员不超过 10000 元。如外出人员较多，行程较远，借款额可视情况而定；

3. 借款人员出差归来后，须在一周内到财务室办理结账手续。

（三）车辆维修、燃油费支出及审批

1. 机关车辆属大修范围、需市财政支出费用的，由办公厅分管主任、后勤服务中心主任、车队队长审验决定。属小修范围、需机关支出费用的，由后勤服务中心主任同车队队长审验决定。修车点由车队队长提出建议，报办公厅分管主任同意后，方可进入修理程序；

2. 车队队长负责将每月车辆维修费用和燃油支出情况制表，一式四份报常委会主任、秘书长、办公厅主任和分管副主任；

3. 车辆维修费原则上每半年结算一次。车队队长负责填写维修明细支出表，经办公厅分管副主任审核报常委会主任审批后，由办公厅主任签批；

4. 机关车队队长负责机关车辆燃油考核，单车油耗逐月上报。燃油费支出时，车队队长填写燃油支出表经办公厅分管副主任审核报常委会主任审批后，由办公厅主任签批。

（四）其他服务性支出及审批

1. 凡属政策性规定的服务性支出（如医疗保险、住房公积金、离休费、退休费等），由财务人员具体承办，由办公厅主任签批；

2. 凡属政策性规定之外的服务性支出，由财务人员填写支出明细表，经办公厅主任审核报常委会主任审批后按程序办理。

（五）接待费支出及审批

1. 凡属由机关支出费用的接待性活动，由具体承办接待的机构填写接待审批表，报常委会主任同意后，由办公厅负责办理；

2. 原则上，接待费每半年结算一次，由财务室填写接待费支出审批表，送办公厅领导审核报常委会主任审批后按程序办理。

五、财务支出月报

财务室要在每月 5 日前将机关上月的支出情况列表报常委会主任。

阳泉市人大常委会关于驻阳泉的省人大代表活动经费管理使用暂行办法

为加强对省代表活动经费的监管力度，规范支出，提高资金使用效益，根据《中华人民共和国会计法》《行政单位财务规则》及其他有关规定，制定本办法。

一、经费管理的基本原则：单独核算、专款专用、量入为出、按规定的用途使用，努力提高资金的使用效率。

二、经费使用范围：主要用于省人大代表的集中视察、专题视察、专题调研、小组活动、代表培训和为代表订阅资料等项开支。

三、办公厅、人事委于每年初制订经费使用计划，经常委会分管领导签注意见、报常委会主任同意后实施。

四、审批权限：使用代表活动经费需填写《省人大代表活动经费支出表》，经常委会分管主任签注意见、报常委会主任同意后方可支出。

五、设置“省代表活动经费管理台账”进行日常管理，定期对经费使用情况进行专项检查，加强事前、事中和事后的监督，发现问题，及时纠正。

六、代表活动经费支出情况每年向常委会主任报告，向省人大代表通报。每年年底分别向主任会议和省人大有关部门报送全年支出情况资料。

七、所有报销原始凭证，必须内容合法，手写发票签章、字迹要清晰，项目填写齐全，要具备费用开支项目、单位名称、单价、数量、金额等内容，大小写相符，不得涂改。经办人必须在发票上注明每笔支出的事由，部门负责人签字证实。否则，财务不予报销。

阳泉市人大常委会机关固定资产管理办法

为有效加强机关财产管理，保障国有资产不流失，特制定市人大机关固定资产管理办法。

一、机关购置的汽车、计算机、空调、桌、椅、照相机、摄像机等固定资产，按照公物公用和不流失的原则，由办公厅统一管理。

二、机关固定资产由后勤服务中心确定专人负责管理，按电器类、木器类、器械类、车辆类等分项登记造册。

（一）所有固定资产应记录购买时间、采购厂（商）家、价格及使用人和使用地点，定人定室登记造册。

（二）对电器类资产要将原始说明书、图片、保修卡及维修服务联系电话等资料妥善保管，以便于查询。

（三）器械类要有专人使用、保管，如使用人变动，要及时办理交接变更手续。

三、由机关为各委、厅、室配置的固定资产由使用人负责保管，非自然因素损坏或丢失公物者，应按价值的 50% 赔偿。

四、机关固定资产不得随意转让。确需变更使用人的，办公厅研究报主任会议批准。

五、使用期满并已失去使用价值的机关固定资产，由办公厅统一登记提出处置建议报主任会议批准后进行处理。

六、每年对现有固定资产进行一次清查核实，做到实有资产与登记卡相符，发现问题及时处理。

阳泉市人大常委会机关考勤和请销假管理办法

第一章　总　则

第一条　为加强市人大常委会机关作风建设，严肃工作纪律，提高工作效能，根据《中华人民共和国公务员法》《行政机关工作人员处分条例》和《职工带薪休假条例》等有关规定，结合实际情况，制定本办法。

第二章　出　勤

第二条　在市人大常委会机关工作的处级及以下公务员和工勤人员（以下统称职工），均适用本办法。

第三条　根据国务院作息时间的规定，机关的上班时间为：夏季上午 8:00—12：00，下午 15：00—18：00；冬季上午 8：00—12：00，下午 14：30—18：00。

第四条　严格执行作息时间，按时上下班，不迟到早退。

第五条　未经批准不上班的，或迟到早退超过 1 小时未请假的视为旷工。

第六条　上班期间不得做与工作无关的事情，比如打扑克、下象棋、串办公室聊天、上网炒股、玩游戏等非工作行为。

第三章　考　勤

第七条　机关各委、厅、室为独立的考勤单位。

第八条　各委、厅、室设本部门考勤专管员，负责登记考勤表和请销假情况。各考勤单位的主要领导为考勤工作的主要负责人。

第九条　司机的考勤和请销假情况由车队负责登记。

第十条　考勤专管员要据实填写考勤表和登记请销假情况，每月将考勤和请销假情况，经考勤单位主要负责人审核签字后留存一份，次月第一个星期向办公厅备案一份。

第四章　假　期

第十一条　假期的各类种类包括带薪年休假、探亲假、婚假、丧假、产假（护理假）、病假、事假等。

第十二条　凡连续工作1年以上的职工，享受带薪年休假。

第十三条　职工累计工作满1年不满10年的，享受带薪年休假5天；满10年不满20年的，享受带薪年休假10天；满20年的，享受带薪年休假15天。

第十四条　国家法定的休假日、休息日不计入带薪年休假的假期。

第十五条　探亲假、婚假、丧假、产假（护理假）不充抵带薪年休假。

第十六条　凡在机关工作满1年以上的职工，与配偶分居两地（阳泉市以外），又不能在公休假日团聚的，可以享受探望配偶的待遇。每年休假一次，假期30天。

第十七条　凡在机关工作满1年以上的职工，与父母亲分居两地（阳泉市以外），又不能在公休假日团聚的，可以享受探望父母的待遇。未婚职工探望父母，每年给假一次，假期20天。已婚职工探望父母的，每4年给假一次，假期20天。

第十八条　职工与父亲或与母亲一方能够在公休假日团聚的，不能享受本规定探望父母的待遇。

第十九条　按照法定结婚年龄（女20周岁，男22周岁）结婚的，可享受3天婚假。

第二十条　符合晚婚年龄（女23周岁，男25周岁）的，可享受晚婚假30天。一方晚婚的一方享受，双方晚婚的双方享受。

第二十一条　再婚的可享受法定婚假3天，不享受晚婚假。

第二十二条　职工直系亲属（父母、配偶、子女）死亡后，给予3天的丧假。

第二十三条　女职工生产可享受产假90天，其中包括产前休假15天。符合晚育（24周岁）规定的，女方享受产假4个月，男方享受护理假15天。产假期间采取长效节育措施的，享受产假6个月。

第二十四条　探亲假、婚假、丧假、产假（护理假）包括国家法定的休假日和休息日在内，期间工资和津贴补贴照发。

第二十五条　病假5天以内的，本人提出书面申请，履行请假手续。

第二十六条　病假5天以上的，应提供医院或机关医务室的病假证明，住院须持住院通知单履行请假手续。

第二十七条　已享受带薪年休假的，一般不得再请事假。需要处理私事的（包括因私出国），应安排到假期中进行。未享受带薪年休假的，带薪年休假可以充抵事假。

第二十八条　确有特殊原因必须请事假的，本人提出申请，履行请假手续。

第五章　请销假

第二十九条　各委、厅、室副职领导请假3天以内的，由正职领导审批；5天以上的，经正职领导同意后报秘书长审批。各部门正职领导请假3天以内的，由秘书长审批并报告常委会分管领导；5天以上的，由常委会分管领导审批。秘书长请假由常委会主任审批。秘书长、副秘书长的请销假由办公厅办公室负责登记。

第三十条 科级以下干部和工勤人员请假 3 天以内的，由各委、厅、室负责人审批；5 天以上 20 天以内的，秘书长审批。

第三十一条 职工请假应办理请假手续，填写《请（休）假审批表》，假期结束后应及时办理销假手续。

第三十二条 因特殊情况未能办理请销假手续的，应及时说明情况，补办请销假手续。

第六章 管理与奖惩

第三十三条 机关成立考勤工作领导组，负责机关考勤工作，办公室设在办公厅，人员由各委、厅、室办公室主任组成，负责日常工作，定期通报考勤结果。

第三十四条 考勤专管员不据实填写考勤结果和请销假情况，各考勤单位的主要负责人未尽检查职责造成本部门考勤和请销假情况失实的，在机关通报批评，年度考核不得评为优秀等次。

第三十五条 委厅室年平均出勤率达不到 80% 的，不得评为先进集体。

第三十六条 个人出勤率达不到 90% 的，不得参加年度考核的评优活动。

第三十七条 累计工作满 1 年不满 10 年的，请病假累计 2 个月以上的，从第 3 个月起按 90% 计发工资和津贴补贴。累计工作满 10 年不满 20 年的，请病假累计 3 个月以上的，从第 4 个月起按 90% 计发工资和津贴补贴。累计工作满 20 年以上的，请病假累计 4 个月以上的，从第 5 个月起按 90% 计发工资和津贴补贴。

第三十八条 带薪年休假充抵事假后，请事假累计 20 天以上的，从所超过天数起按 80% 计发工资和津贴补贴。

第三十九条 旷工 1 天的，本人写出书面检查，年度考核不得评为优秀等次；旷工 1 天以上 15 天以内的，在机关通报批评，并进行诫勉谈话，年度考核评为基本称职以下等次，按旷工天数扣发工资和津贴补贴；旷工连续 15 天以上的或者一年内累计超过 30 天的，可予以辞退。

阳泉市人大常委会机关印章管理制度

一、市人大常委会机关各类印章的制发、收回、销毁等事项，由办公厅统一承办。

二、市人大常委会、党组和办公厅的印章，由办公厅指定专人管理。

三、使用市人大常委会的印章，须经常委会主任或副主任、秘书长批准；使用市人大常委会党组的印章，须经党组书记或副书记批准。

四、使用市人大常委会办公厅的印章，一般的业务须经办公厅分管领导批准，向“一府两院”正式行文或涉及人、财、物方面的事宜，须报秘书长批准。使用专门委员会、工作委员会、研究室、信访科的印章，须经本部门的主要负责人批准。

五、印章管理人员要妥善保管印章，非经领导批准，不得擅自委托他人代管。

六、印章管理人员要坚持原则，对于审批手续不全或不属于用印范围的，不予盖章。

七、印章保管不善、私盖印章、滥用印章造成后果的，要追究相关人员的责任。

阳泉市人大常委会机关报刊订阅规定

为了规范市人大常委会机关各部门公费报刊订阅工作，做如下规定：

一、公费报刊订阅的原则。坚持从工作实际出发，贯彻既要保证工作需要，又要厉行节约的原则，加强和改进报刊订阅管理，充分发挥报刊的信息传播作用，切实提高报刊的实际利用率。

二、公费报刊订阅的种类。公费报刊订阅必须以党报党刊为主和业务报刊为辅。订阅业务报刊要做到少而精，要根据实际工作需要，认真了解业务报刊的内容、质量和参考价值，避免盲目和重复订阅。机关除阅览室、老干部管理科统一订阅需要的报刊外，不准用公款订阅纯生活娱乐类报刊。

三、公费报刊订阅的日常管理。各机构采取综合部门统一订阅、轮流阅读、减少重复、增加种类等办法，充分利用报刊中的文章和资料，提高报刊的阅读利用率。

四、公费报刊订阅的费用标准。

在职正市级领导干部为每人每年 1200 元；

在职副市级干部为每人每年 800 元。

如因物价和其他因素造成费用增加时，根据具体情况请示有关领导后，酌情调整费用标准。

各单位公费订阅报刊的支出总额，原则上不超过 800 元。

五、通过机要部门订阅的资料，按照机要部门有关阅读的规定，以内部集体传阅为主，确需订阅的，以每位领导每年订阅一份的标准执行。

六、为市人大代表订阅的报刊由人事代表工作委员会负责统一办理，经费由代表经费列支。

七、离退休人员的报刊订阅工作由老干部管理科根据有关规定负责统一办理。

八、机关各部门公费报刊订阅工作，由各单位提出订阅目录，经单位负责人签字，报秘书长、主任审定，于每年 10 月 31 日前报收发室统一办理订阅手续。职工个人订阅报刊由本人到收发室订阅。收发室统一汇总并办理订阅手续。

阳泉市人大常委会办公厅
关于机关殡葬及善后工作的暂行规定

为做好机关工作人员和离退休人员去世后的殡葬工作，根据有关文件精神，按照移风易俗、简办丧事的原则，特制定以下暂行规定。

一、根据丧事简办原则，凡机关在职或不在职人员去世后，机关成立丧事办理机构。在职工作人员去世由所在部门牵头、离退休人员去世由办公厅牵头，代表机关协助家属办理丧事，办公厅负责协调工作。

二、根据有关规定，机关工作人员、离退休人员去世后不举行追悼会。机关负责为处级以上（含处级）领导干部举行遗体告别仪式，协助家属为处级（不含处级）以下人员举行遗体告别仪式。

三、参加遗体告别仪式人员及送花圈范围的确定。

（一）逝者生前工作过的单位代表（由机关确定并负责通知），原则上不通知外地人员参加和送花圈。

（二）逝者的亲友及生前好友（由其家属确定并负责通知）。

（三）逝者生前曾担任市人大常委会领导职务或批准享受地市级政治、生活待遇的，以市人大常委会名义送花圈；常委会班子成员以个人名义送花圈；逝者生前为县处级（含县处级）以下人员的，以市人大常委会办公厅和所在部门名义送花圈。

四、逝者生前是党员的，可在遗体上覆盖一面5号党旗，遗体火化时，应将党旗取出并妥善保管。

五、遗体告别仪式场所安排。遗体告别仪式设在殡仪馆进行，场所的布置由单位负责与殡仪馆联系安排，横幅字样一般为“沉痛悼念 ××× 同志逝世”，悼念场所周围放置单位和个人送的花圈或花篮。悼念活动场所出入口设悼念签到处，负责签到、发放小白花，所需小白花由单位负责购买。

六、曾担任正厅级领导职务的去世后，办公厅在征求家属意见之后，将丧事办理安排意见以书面形式上报市委，待市委批示后组织实施。曾担任副厅级领导职务的、享受副厅级待遇的、曾是离休干部的、曾是常委会班子成员的去世后，遗体告别仪式由常委会秘书长主持，由常委会副主任、党组副书记介绍生平；曾担任正处级职务的（含享受正处级待遇）去世后，遗体告别仪式由常委会副秘书长主持，由常委会秘书长介绍生平；曾担任副处级职务的（含副处级、享受副处级待遇）去世后，遗体告别仪式由常委会分管副秘书长主持，常委会另一副秘书长介绍生平。

七、逝者生平介绍由单位组织撰写。撰写生平介绍应实事求是，简明扼要。关于逝者生平介绍文稿可请家属阅改，由组织最终定稿。

八、逝者如生前曾担任市人大常委会领导职务的，由《阳泉日报》刊登消息，并介绍其工作简历。逝者如享受地市级政治生活待遇的，可在《阳泉日报》发一消息，向报社发送消息的格式为：××× 同志逝世（标题），原 ×××（单位），×××（职务），享受 ×× 待遇的 ××× 同志，因病医治无效于 ×××× 年 × 月 × 日 × 时 × 分在 ×××（地方）不幸逝世，享年 ×× 岁。××× 同志 ×××× 年 × 月 × 日加入中国共产党，×××× 年 × 月 × 日参加革命工作。逝者生前是县处级或批准享受县处级政治生活待遇的，由机关负责在《阳泉日报》刊发讣告；逝者生前是县处级以下（不含县处级）的刊发讣告费用，逝者家属自理。

九、根据有关文件规定，因公死亡职工的丧葬补助费和因病或非因公死亡职工的丧葬补助费均为1000元。超出补助标准的费用由家属自理（丧葬费用包括：服装、被褥、移尸、存放、化妆、遗体火化、骨灰盒、骨灰存放等费用）。

十、机关工作人员、离退休人员去世后，其抚恤金和遗属生活困难补助按国家及省政府的有关文件规定办理。

十一、遗属抚恤金由家属到办公厅财务室办理。

市人大常委会机关工作人员学习制度

为提高机关工作人员的政治、业务素质，特制定学习制度如下：

（一）政治理论学习，由机关党总支部负责组织、并制定具体的学习计划，学习时间为每周半天，定为星期五下午。

（二）业务学习，由各厅、委、室组织学习，学习时间为每周半天（星期二下午）。

（三）要重视法律、法规的学习。新颁布的法律、法规，应组织全体工作人员认真学习。

（四）政治理论学习一般集中进行，业务学习可根据情况有集中、有分散地进行，集中学习由办公厅组织，分散学习由各厅、委、室自行安排。

（五）机关全体干部要主动、自觉地参加理论和业务学习，做到没有特殊情况不缺席。学习要理论联系实际，积极参加讨论，并做好笔记。

（六）各厅、委、室每季要抽查干部的学习情况。

（七）各项学习都要分层次登记，每年要认真进行总结。

阳泉市人大常委会机关公文处理办法

第一章　总　则

第一条　为使市人大机关的公文处理工作规范化、制度化、科学化，提高公文处理的质量和效率，参照全国、省人大常委会“人大机关公文处理办法”，结合市人大机关的实际，制定本办法。

第二条　市人大机关的公文，是市人大及其常委会在依法行使各项职权过程中形成的具有特定效力和规范格式的文书，是发布决定、决议、公告，指导、布置和商洽工作，请示和答复问题，报告和交流情况的重要工具。

第三条　市人大常委会办公厅是人大机关公文管理的工作机构，负责公文的处理；协调和指导本机关各部门的公文处理工作。人大机关各机构应当明确公文管理人员，负责本机构公文的处理工作。

文秘工作人员应当忠于职守、保守秘密、作风严谨，具备相应的业务知识，努力提高工作质量和效率。

第四条　市人大机关的公文处理，包括公文拟制、审核、办理、管理、立卷归档等一系列衔接有序的工作。公文处理必须做到规范、准确、及时、安全。

第五条　公文处理必须严格执行国家保密法律、法规和人大机关内部的保密规定，确保国家秘密的安全。

第二章　公文种类

第六条　市人大机关的公文种类主要有：公告，决议，决定，议案，建议、批评和意见，请示，批复，报告，通知，通报，函，意见，会议纪要等。

公告，适用于发布市人大常委会需要公开的重要事项。

决议，适用于经会议审议或讨论通过的重要事项。

决定，适用于对重要事项做出的决策和安排。

议案，适用于根据法律规定，依据法定程序，提案人向人大及其常委会提请审议的事项。

建议、批评和意见，适用于人大代表向人大及其常委会提出，由常委会的办事机构交由有关机关、组织研究处理并负责答复的事项。

请示，适用于请求指示、批准事项。

批复，适用于答复请示事项。

报告，适用于汇报工作、反映情况、提出建议等。

通知，适用于传达指示，转发公文，传达需要办理、执行或周知的事项，任免人员等。

通报，适用于表彰先进，鞭策后进，传达重要精神或者情况。

函，适用于不相隶属机关之间商洽工作、询问和答复问题；向有关主管部门提出请求事项等。

意见，适用于对议案或重要问题提出见解和处理办法等。

会议纪要，适用于记载、传达会议情况和议定事项。

第三章　公文格式

第七条　市人大机关的公文，一般由秘密等级和保密期限、紧急程度、发文机关标识、发文字号、签发人、标题、主送机关、正文、附件、发文机关署名、成文日期、印章、主题词、抄送机关、印制版记等部分组成。

（一）秘密等级和保密期限。涉密公文应当分别标明“绝密”“机密”“秘密”，标注于公文首页发文机关标识右上方。“绝密”“机密”级公文还应当标明份数序号，位于公文首页左上方。

（二）紧急程度。紧急公文应当根据紧急程度分别标明“特急件”“急件”；紧急电报应分别标明“特提”“特急”“加急”“平急”。

（三）发文机关标识。即版头，由发文机关全称或者规范化简称加“文件”组成（函件由发文机关全称或者规范化简称组成）。联合行文，主办机关名称应当排列在前，或者按照规范顺序排列。

（四）发文字号。发文字号由发文机关代字、年份、序号组成。发文字号应当排列于发文机关标识之下，横线之上居中处。联合发文，只标明主办机关发文字号。

（五）签发人。上报公文应当在发文字号右侧标注“签发人”，由发文机关的领导审批签字。

（六）标题。公文标题应当准确简要地概括公文的主要内容，并标明公文的种类。由发文机关全称（或者规范化简称）、主要内容和文种组成，也可以由主要内容和文种组成。位于主送机关或者正文之上居中排列。

（七）主送机关。指主要受理公文的机关。应当用全称或者规范化简称，位于正文上方，顶格排列。

（八）正文。公文的主体，用来表述公文的内容，位于标题或者主送机关下方。

（九）附件。公文附件，应当注明顺序号和名称。位于正文之后，发文机关署名之前。

（十）发文机关署名。发文机关应当写全称或者规范化简称。

（十一）成文日期。应当以领导签发的日期为准；联合行文，以最后签发机关领导的签发日期为准。电报应当以发出日期为准。

（十二）加盖印章。公文中有发文机关署名的（含联合发文），应当加盖发文机关印章。印章必须与署名相符。加盖印章必须有正文，不得采取“此页无正文”的方法处理。

（十三）主题词。主题词的标注，应当符合公文主题词标注的各项规则。位于公文末页抄送单位之上。

（十四）抄送单位。指除主送机关以外的其他需要告知的上下级、同级或不相隶属机关，应当使用全称或者规范化简称、统称，排列于公文末页下端。

（十五）印制版记。由公文制发机关名称、印发日期和份数组成，位于公文末页下端。印发日期和份数应当用阿拉伯数字书写。

（十六）公文用纸。一般为 A4 型（210mm×297mm），左侧装订（页面边距均为 30 毫米，每页 22 行，每行 28 个字）。

公文标准印刷字号，通常情况下，标题用 2 号（或小 2 号）标宋体字，主送机关、正文用 3 号仿宋体字。文中小标题，按结构层次，第一层用 3 号黑体字，第二层用 3 号楷体字，附件、发文机关署名、抄送单位用 3 号仿宋体字。主题词使用 3 号黑体字。

上述规定主要用于对外行文，会议文件、会议纪要以及非正式文种的文件，要采用有关规定及习惯常用的统一格式书写。

第四章　行文规则

第八条　行文要注重实效，坚持少而精的原则，可发可不发的公文不发，凡是通过口头、电话或其他便捷方式能够解决的问题，不再行文。

（一）市人大及其常委会各工作机构向省人大常委会及办公厅、市“一府两院”、县（区）人大常委会行文，以市人大常委会或办公厅名义行文。

（二）市人大及其常委会各工作机构在本部门职权范围内，可相互行文。

（三）市人大及其常委会各工作机构在本部门职权范围内，可向下一级人大机关的有关业务部门行文。必要时，同时抄送其直接上级机关。市人大及其常委会各工作机构之间对有关问题未经协商一致，不得各自向下行文。

（四）市人大及其常委会各工作机构在本部门职权范围内，可对外向不同隶属关系的部门行文。重要问题的行文，应当与有关部门协商一致后再行文。

（五）市人大及其常委会各工作机构在本部门职权范围内，可互相联合行文，可与上一级人大机关部门、下一级人大机关部门联合行文；也可与市委、市政府部门及其他部门联合行文。

联合行文应当确有必要，单位不宜过多。

第九条　请示问题，应当一事一文，不得在非请示公文中夹带请示事项。不得越级请示或者多头请示。因特殊情况必须越级请示时，应当抄送被越过的上级机关。

第五章　公文办理

第十条　公文的办理分为收文和发文。收文办理主要包括：公文的签收、登记、拟办、批办、分发、传阅、传批、承办和催办等程序；发文办理主要包括：公文的起草、校对审核、审批签发、登记编号、印制和分发等程序。

（一）收文的办理

1. 签收。收文时应逐件清点，重要文件要逐页清点，并以签字或盖章的方式签收。发现问题（如散包、被拆、错送等），应及时向发文机关查询并采取相应的处理措施。

2. 登记。公文办理过程中对公文的特征和办理情况作记载。登记应将公文的发文机关、发文字号、标题、秘密等级、份数、收到时间及处理情况等逐项填写清楚，以利于管理、查询和催办。

3. 拟办、批办、分发。市人大及其常委会各工作机构收到文件后，要根据来文内容或者来文单位的要求提出拟办意见，报部门分管领导审定办理意见，将公文及时送有关领导批示后送有关部门阅知或研办。

分发公文要严格按照有关规定和领导批示范围进行，时效性强的要及时分送。密级较高的要尽量缩小知密范围。

4. 传阅、传批。对需送几位领导传阅或传批的公文，要按顺序送有关领导阅知或批示。传阅件按领导排序由前向后递送，传批件按领导分工和排序由后向前递送。办理公文传阅、传批应随时掌握公文去向并做好必要的记录，避免漏传、误传和延误。

5. 承办。领导批示后的公文，应当按照批示内容办理。对属于有关职能部门承办的公文，应尽快交职能部门办理。承办部门应及时办理，不得延误、推诿。如认为不属于本部门职责或者不适宜由本部门承办的，应及时退回交办部门并说明理由。

对需要报请领导批示的重要公文，应由承办单位提供成熟的解决问题的方案、意见和必要的背景材料，并尽量减少二次审批。对领导批示要认真登记，需要行文的应及时处理。紧急公文应当提出办理时限。

6. 催办。对办理中的公文应当进行督办、查询。紧急、重要的公文应及时、重点催办，一般公文也应当定期催办，做到件件有结果，并采取适当方式随时或定期向领导反馈办理情况。

（二）发文的办理

1. 公文的起草。草拟公文应当做到：

（1）符合宪法、法律、法规和党的方针、政策及有关规定。

（2）情况确实，观点明确，重点突出，结构严谨，条理清晰，文字精练，用词和标点符号准确、规范。

（3）结构层次序数，第一层为“一”，第二层为“（一）”，第三层为“1、”，第四层为“(1)”。

（4）必须使用国家法定计量单位。

（5）人名、地名、单位名称、时间、数字、文字表述、密级、抄送单位、主题词应当准确、恰当，汉字、标点符号的用法应当符合有关规定。

引文要校对原文，做到准确无误。引用其他公文应先列出该文标题，并注明文号。

公文中的数字，除部分结构层次序数和词、词组、惯用语、缩略语、具有修辞色彩语句中作为词素的数字必须使用汉字外，其他的应当使用阿拉伯数字。在同一公文中，数字的使用应当前后一致。

（6）根据公文的内容和行文规则，准确把握发文规格，正确使用文种。

2.校对审核。公文文稿送领导审批之前，应当逐级认真细致地校对审核。公文校对审核的内容是：

（1）报批程序是否符合规定。

（2）内容是否符合宪法、法律、法规和党的方针、政策及有关规定，是否完整、准确地体现发文机关的意图，是否同现行有关公文相衔接。

（3）涉及有关部门业务的事项是否经过协调并取得一致意见。

（4）所提措施和办法是否切实可行。

（5）文字格式是否符合规范。

为确保文件的质量，机关对外正式行文，在呈送签发文件前，发文部门的负责人要对文稿进行认真审阅把关，然后送秘书长审核。审核的重点是：是否确需行文；是否符合法定程序；是否符合文件起草的基本要求；是否符合审批、会签手续；文种使用是否准确；文件格式是否符合要求；主送、抄送单位是否恰当。

3.审批签发。公文文稿要按程序报批，签发文件必须使用供领导人签发用的正式发文稿纸。一般公文须经主管领导审批签发。重要公文应当由发文机关主要领导审批签发。联合发文，应当由所有联署机关的领导会签。领导审批签发公文，主批人应当明确签署意见，并写上姓名和日期。签批公文应当用钢笔、签字笔或者毛笔，不要用铅笔。

（1）市人大常委会党组文件，由承办部门主要负责人核稿，党组书记或副书记签发。

（2）以市人大常委会名义发的文件、公函，由市人大及其常委会各工作机构负责人审核后，送常委会主任签发。

（3）以市人大常委会办公厅名义发出的文件、公函，由市人大及其常委会各工作机构负责人审核后，由秘书长签发。内容比较重要或涉及“一府两院”及人、财、物方面的文件、公函，报常委会主任批准，由秘书长签发。

（4）市人大及其常委会各工作机构名义发的文件、公函，由各工作机构负责人签发。

（5）市人大及其常委会各工作机构以市人大常委会办公厅名义发的便函，由办公厅负责人审核，秘书长签发，办公室统一编号，视情况使用办公厅便函本或印有办公厅文头的发文纸。

（6）市人大常委会主任会议纪要，由承办部门起草，经承办部门负责人认真审核后，送常委会主任或副主任签发。秘书长联席会议纪要，由承办部门起草，送常委会主任签发。市人大及其常委会各工作机构的会议纪要，由承办部门起草，工作机构负责人签发。

4.登记编号。市人大常委会党组文件、市人大常委会文件、市人大常委会办公厅文件、便函及纪要，由办公厅办公室负责登记、编号、核定印刷份数。市人大及其常委会各工作机构名义发的文件、公函及纪要，由各工作机构负责登记、编号、核定印刷份数。

5.印制。做到准确、及时、规范、安全、保密。

6.分发。发外单位的文件统一由办公厅寄出或送达。“三密”文件（即绝密、机密、秘密文件）由承办单位按规定封装，送机要室签收登记，加盖密件章后按规定发出。

第十一条　传递秘密公文，必须采取保密措施，确保安全。

第六章　公文立卷、归档和销毁

第十二条　公文办理完毕，应当根据档案法及机关档案管理的规定，按时将公文的正本、定稿和有关材料立卷，并定期向档案部门移交。部门和个人不得保存应当归档的公文。

第十三条　联合办理的公文，原件由主办单位负责立卷，相关单位可保存复印件。

第十四条　市人大及其常委会各工作机构应于次年第一季度，向办公厅档案室移交文件档案。

第十五条　没有归档和存查价值的公文，经鉴别和主管领导批准，可定期销毁。销毁机关公文，应当到保密部门指定的场所，由两人以上监销，确保不丢失、不漏销。销毁绝密级公文（含电报），应当进行登记。

附件：市人大机关行文种类及主要文件格式

一、市人大常委会文件、函件（两种）：

（一）阳泉市人民代表大会常务委员会文件，发文字号为：阳人发〔* * * *〕× × 号。市人大常委会用于发布必须遵循和执行的规范文件及向省人大常委会报告有关事项。如公告、决议、决定、议案、请示、意见等。

（二）阳泉市人民代表大会常务委员会文件，发文字号为：阳人函〔* * * *〕× × 号。市人大常委会用于平行或无隶属关系部门之间商洽工作、联系事项、询问和答复有关事宜等。

二、市人大常委会党组文件（两种）：

（一）中国共产党阳泉市人民代表大会常务委员会党组文件，发文字号为：阳人党字〔* * * *〕× × 号。市人大常委会党组用于向市委请示、报告工作、出具党内有关材料等。

（二）中国共产党阳泉市人民代表大会常务委员会党组函，发文字号为：阳人党函〔* * * *〕× × 号。市人大常委会党组用于党内有关部门商洽工作、联系事项、询问和答复有关事宜，出具有关材料等。

三、市人大常委会办公厅文件、函件（三种）：

（一）阳泉市人民代表大会常务委员会办公厅文件，发文字号为：阳人办发〔* * * *〕× × 号。市人大常委会办公厅用于人大内部及人大系统传达指示、布置工作、通知有关事宜，向“一府两院”及有关部门通报情况、通知有关事宜等。如通报、通知、意见、批复等。

（二）阳泉市人民代表大会常务委员会办公厅函，发文字号为：阳人办函〔* * * *〕× × 号。市人大常委会办公厅用于平行或无隶属关系部门之间商洽工作、联系事项、询问和答复有关事宜，向有关主管部门提出请求事项等。

（三）阳泉市人民代表大会常务委员会办公厅便函，发文字号为：阳人办便函〔* * * *〕× × 号。市人大常委会办公厅用于日常工作与有关部门进行联系事项、出具介绍、证明等。

四、市人大及其常委会各工作机构文件、函件（两种）：

（一）阳泉市人民代表大会 × × 委员会文件，发文字号为阳人 × 发〔* * * *〕× × 号。

（二）中国共产党阳泉市人民代表大会常务委员会机关总支委员会文件，发文字号为：阳人党总支〔* * * *〕× × 号。市人大常委会机关党总支文件用于向市直工委请示、报告工作、印发党总支决定、工作安排、通知、出具党内有关材料等。

五、有关说明

（一）发文字号的括号内填写年份。年份与序号统一使用阿拉伯数字。

（二）单位名称采用全称或规范化简称，简称为："阳泉市人大常委会""中共阳泉市人大常委会党组""阳泉市人大常委会办公厅""阳泉市人大××委员会""阳泉市人大常委会××委员会""中共阳泉市人大常委会机关党总支委员会"。

（三）会议文件、会议纪要以及非正式文种的文件，要采用有关规定及习惯常用统一格式书写。

阳泉市人大常委会机关来文、来电办理程序

市人大常委会机关来文、来电程序一般为：公文签收、接听电话、登记、拟办、请办、传阅、承办（转办）、反馈。

一、签收（包括接听电话）。签收公文时应查看来件标明的收件单位是否本工作机构，核对文件编号、份数后签名。签名要姓名俱全，并注明日期，急件应注明具体时间。接听电话时视情况需要，给对方留下接电人姓名及联系方式。接听电话要使用文明礼貌用语，态度要积极、主动、热情。

二、登记。收文登记要使用专用的《收文登记簿》，记清收文日期、份数、公文标题（或内容摘要）、密级、发文字号、发文机关、成文日期、主送机关、附件和办理情况等。接听电话要使用专用的《电话记录簿》，及时、准确记录电话内容、来电人姓名、单位、联系方式（包括移动电话）、经办人、接听时间及其他需要记录的内容。

三、拟办。对需要办理的公文或事项，一般由委厅室办公室主任提出拟办意见，报秘书长批办。对于涉及重要问题或临时性、突发性工作，没有明确分工范围的，由办公厅提出初步办理建议，经秘书长审批，报常委会主任批办。工作人员在送审前一定要仔细阅文，标出需要引起领导注意的重要信息；需要有两个以上工作机构办理的，在提出拟办意见时应明确主办工作机构。

四、请办。对需要请办的事项，送请相关领导阅批、圈阅的，视为同意拟办意见，工作人员按拟办意见办理；领导作出批示的，将批示报送提出拟办意见的领导，经领导阅知后工作人员按批示结合拟办意见办理。

五、传阅。对需要常委会领导传阅的文件或需要周知的重大事项，原则上按领导排序送阅。如遇排序在前的领导外出时，可先送其他领导阅示，待该领导返回后，再及时送阅。

六、承办（转办）。经领导批示的来文、来电，属本工作机构职权范围内的事项，直接办理；不属本工作机构职权范围内的事项，按照领导批示转承办工作机构办理，涉及两个以上承办工作机构办理的，分别转交并记录交办人姓名、交办时间。主要承办机构负责协调有关事宜，相关工作机构应当予以配合。

七、反馈。来文来电办结后要向拟办单位反馈情况，有相关文字材料的要连同批办件一并退回拟办单位。对于重要来文来电或不能立即办结的事项，要及时向秘书长和分工联系（分管）副主任报告进度，办公厅视情况填写《有关工作事项完成情况登记表》，相关工作机构应当在规定时限内将《登记表》和相关材料送回办公厅。逾期没有完成的，书面报告秘书长、分管副主任。办公厅将汇总工作任务完成情况作为机关年底考核的依据。

阳泉市人大常委会机关档案管理制度

一、总则

（一）为了加强市人大常委会机关档案工作的管理，有效地保护和利用档案，更好地为人大工作服务，根据《中华人民共和国档案法》和档案工作的有关规定，结合机关工作实际，制定本办法。

（二）机关的档案工作必须遵循国家有关法律、法规的规定，集中统一管理机关各种门类和载体的档案，确保档案的完整与安全。市人大常委会机关档案工作由办公厅领导，业务工作接受市档案局的指导。

（三）办公厅应加强对档案工作的领导，在档案的人员配备、业务经费、保管条件、卫生保健等方面给予保证，并努力创造条件逐步实现档案管理现代化。

档案不能随意更改。如需更改，必须严格履行报批手续。

（四）立卷归档工作是机关各部门的工作任务之一。机关各部门应把文件材料的形成、积累和立卷归档工作，列入职责范围，列入工作程序，列入有关人员的岗位责任制，列入目标责任制考核。

二、档案机构及其职责

（五）办公厅设立档案室，由一名副主任分管档案工作，并配备专职档案工作人员。机关各部门应确定一名同志兼管本部门文书处理档案工作。

（六）档案工作人员应当忠于职守，遵守纪律，学习掌握有关的档案专业知识，档案室工作人员须经培训考核取得岗位资格证书。

（七）档案室的主要工作职责是：根据国家有关档案工作的规定，建立、健全机关档案工作规章制度；指导并督促机关公文处理部门和业务部门做好文件材料的立卷、归档工作；接收机关各有关部门移交的档案，并进行分类编号和排列上架，电脑管理；积极开展档案编研工作；为档案利用提供服务；定期向市档案馆移交档案；对机关各部门的档案工作进行监督和指导。

（八）机关各部门确定的文书处理档案工作人员负责本部门档案的收集、整理、立卷工作，并按规定向档案室移交本部门的档案。

三、文件材料归档范围及文书档案保管期限

（九）机关文件材料归档范围是：

1、反映本机关主要职能活动和基本历史面貌的，对本机关工作、国家建设和历史研究具有利用价值的文件材料；

2、机关工作活动中形成的在维护国家、集体和公民权益等方面具有凭证价值的文件材料；

3、本机关需要贯彻执行的上级机关、同级机关的文件材料；下级机关报送的重要文件材料；

4、其他对本机关工作具有查考价值的文件材料。

（十）机关文书档案的保管期限定为永久、定期两种。定期一般分为30年、10年。

1、永久保管的文书档案主要包括：

⑴本机关召开重要会议、举办重大活动等形成的主要文件材料；

⑵本机关职能活动中形成的重要业务文件材料；

⑶本机关关于重要问题的请示与上级机关的批复、批示，重要的报告、总结、综合统计报表等；

⑷本机关机构演变、人事任免等文件材料；
⑸本机关重要的合同协议、资产登记等凭证性文件材料；
⑹上级机关制发的属于本机关主管业务的重要文件材料；
⑺同级机关、下级机关关于重要业务问题的来函、请示与本机关的复函、批复等文件材料。
2、定期保管的文书档案主要包括：
⑴本机关职能活动中形成的一般性业务文件材料；
⑵本机关召开会议、举办活动等形成的一般性文件材料；
⑶本机关人事管理工作形成的一般性文件材料；
⑷本机关一般性事务管理文件材料；
⑸本机关关于一般性问题的请示与上级机关的批复、批示，一般性工作报告、总结、统计报表等；
⑹上级机关制发的属于本机关主管业务的一般性文件材料；
⑺上级机关和同级机关制发的非本机关主管业务但要贯彻执行的文件材料；
⑻同级机关、下级机关关于一般性业务问题的来函、请示与本机关的复函、批复等文件材料；
⑼下级机关报送的年度或年度以上计划、总结、统计、重要专题报告等文件材料。

（十一） 机关形成的人事、基建、设备、会计及其他专门文件材料的归档范围和档案保管期限，按国家有关规定执行。

四、档案的收集整理及归档时间

（十二）机关工作活动中形成的应归档的文件材料，声像资料，由承办人员及时收集整理，交本部门文书处理档案工作人员立卷，并定期交档案室归档。任何部门和个人不得据为己有或拒绝归档。

（十三）机关各部门对上年度已办理完毕的文件，按档案整理要求，进行立卷并在第一季度向档案室移交。会计文件材料于次年上半年立卷，由财务部门保存一年后向档案室移交；设备档案从设备购置使用起归档，及时向档案室移交；声像材料随时归档，及时向档案室移交。

（十四）归档的文件材料应该做到收集齐全、完整，保持文件之间的历史联系，区分保存价值，科学分类，合理组卷，准确排列，案卷标题简明确切，便于保管和使用。

（十五）档案室在接收机关各部门移交的档案时，应查点清楚，并由交接双方在移交目录上登记并签字。

五、档案的分类管理

（十六）机关不同门类和载体的档案，按照统一的分类方案管理。分类应保持前后一致，不能同时采用两种以上分类方法。

1、文书档案一般采用年代——组织机构分类法和年代——问题分类法；
2、会计档案按年度——类型（凭证、账簿、财务报告及其他）分类，或按类型——年度分类；
3、设备档案按设备名称分类；
4、声像档案按类型分为照片（含底片）、录音带、录像带、光盘、软件及其他类；
5、荣誉实物档案按实物种类分类；
6、电子档案按光盘、U 盘、移动存储等分类。

（十七）根据档案保管期限表和分类方案，将接收的案卷进行分类排列，逐一编制文书号、目录号、流水号，并编制案卷目录，排列上架入库。

（十八）根据专门档案管理规定，对声像、会计、基建档案进行整理编目。

六、档案的保管与统计

（十九）严格按照档案法规定，档案库房与档案阅览室、工作人员办公室分开，其面积适应档案保管需要，防护结构基本达到国家规定的要求。档案库房须有防火、防盗（配有铁门、铁窗）、防高温、防潮、防尘、防鼠、防虫等设施。

（二十）配备标准档案柜架，柜架质量、数量满足档案保管的需要。案卷装具符合国家标准。

（二十一）定期对档案保管状况进行检查，并做好记录，发现问题要及时解决，确保档案的安全。

（二十二）对档案的收进、移出、保管、利用等情况要及时做好登记，并按规定汇总统计，按时向档案业务管理机关报送档案工作基本情况统计表。

七、档案的开发利用

（二十三）机关应编制配套齐全的档案检索工具，包括文书档案案卷目录、会计档案案卷目录、基建档案案卷目录、声像档案案卷目录。

（二十四）档案利用登记齐全，坚持做好档案查阅登记、档案利用效果登记。

（二十五）机关要积极开展档案编研工作，编制公报汇集、会议文件汇集、组织沿革、大事记等。

（二十六）机关应根据工作需要，采用先进技术设备，努力实现档案管理的科学化、现代化。

八、档案的鉴定、销毁和移交

（二十七）档案部门应对机关档案定期进行鉴定。在办公厅分管主任的主持下，由档案部门和有关业务部门组成鉴定小组，对已到期的档案进行鉴定，提出存毁意见。对确无保存价值的档案进行登记造册，经机关分管领导批准后，由两人以上在指定地点监销，监销人要在销毁清册上签字。

（二十八）机关档案室应按照国家档案局的规定，定期将永久档案向市档案馆移交。

（二十九）机关干部职工调动工作时，必须在办完档案移交手续后方能离开岗位。

阳泉市人大常委会机关保密工作管理规定

为加强机关保密工作，积极防范、突出重点，既保守国家秘密，又便利各项工作，促进保密工作制度化、规范化，特制定本制度。

一、机关工作人员要认真贯彻《保密法》，严格执行党和国家及省、市保密工作的政策、法律和有关规定。

二、加强领导干部保密工作责任，切实把保密工作摆上议事日程，实行领导干部保密工作责任制、责任追究制，并把保密工作纳入机关干部考核的内容。

三、机关工作人员要严格执行《保密法》规定的保密制度，做到不该说的不说，不该问的不问，不该看的不看，不用电话和信笺联系秘密事项。各委、厅、室的负责人对本委、厅、室的保密事项承担相应的责任。

四、机关保密工作领导小组负责机关保密工作。领导小组要经常对机关人员进行保密宣传教育，定期听取保密工作部门汇报，督促并指导各部门做好保密工作。

五、机关要害部门的涉密人员须经保密业务培训，考试合格后，持证上岗。

六、严格机关办文程序。传阅文件不得横传，密件不得随意扩大阅文范围。绝对禁止擅自翻印、复印或摘抄有密级的文件。

七、机关各部门的电脑、打印机、复印机、传真机要指定专人管理，重要的信息和文件传递、复印须经秘书长批准，严禁传递、下载、复印涉密文件和信息。

八、机关各委、厅、室年初应将上年度的文件、内部资料、刊物等文件清理后交机要室统一归档、处理，不得当作废纸出售。涉密文件销毁须登记造册，经机关保密领导小组负责人签字后送指定厂家销毁。

九、发现失密、泄密或窃密情况，应立即采取补救措施并及时报告有关机关处理。

阳泉市人大常委会机关收发工作管理规定

一、收发室职责

（一）负责接收和分发邮政局及有关单位送市人大常委会领导同志和机关工作人员及各单位的报纸、刊物，信函和电报、汇款、明信片、包裹单、特快专递（以下简称邮件）等。

（二）负责领导同志和机关各单位及个人的报刊订阅分发工作。

（三）负责领导同志和机关各单位通过邮政局发往其他单位或个人的报刊、邮件的登记、发送、邮资结算等工作。

二、邮件的领取

（一）机关各单位的报刊、邮件由办公厅办公室从事内勤工作的同志负责送发常委会领导办公室和机关各单位。

（二）机关工作人员个人的邮件，一般由本人到收发室领取。领导同志邮件由工作人员负责领送。

（三）到收发室领取邮件时按规定办理有关领取登记手续。

三、邮件的发送

（一）各单位发送的一般普通邮件，交由办公厅办公室负责投寄。

（二）包裹、大件邮品、特快专递等邮件，由办公厅分管领导批准，安排收发室办理相关发送手续。

（三）特殊邮件由各单位提出申请，报办公厅分管领导批准后，送收发室办理相关发送手续。

四、特急邮件的发送

需要直接送到邮局的特急邮件或大宗邮件（报刊、资料等），发件部门要做好邮件发送的准备工作，注明发送时间，办公厅根据需要派车发送。

五、保密要求

禁止用平信寄发机密、秘密邮件，收发室不受理装有机密、秘密文件资料等的普通邮件。需要寄发机密、秘密文件资料的，请与机关机要档案人员联系。

六、私人邮件的发送

机关工作人员需要寄发的个人邮件，一般应自行到邮政局直接办理。如需收发室代办，必须贴足邮票。

七、送发邮件的封面格式要求

送发的邮件必须写清楚收件人的邮政编码、详细地址、收件人或单位。书写字迹要清晰，内容要准确。

八、机关离退休人员的报刊订阅、邮件收发工作由老干部管理科负责，收发室协助承办。

第三节　市人大常委会机关宣传工作制度

加强全市人大宣传工作实施方案

为进一步加强和规范人大的宣传工作，不断提高人大宣传工作质量，为人民代表大会及其常委会依法行使职权营造良好的舆论氛围，不断推进全市社会主义民主政治建设，根据有关法律、法规的规定，结合实际，特制定本实施方案。

第一条　人民代表大会制度是我国的根本政治制度。地方人大及其常委会是坚持和完善人民代表大会制度的基础。宣传人大工作就是宣传人民当家作主，就是宣传我国的根本政治制度。全市各级人大常委会、各新闻单位要自觉把人大宣传工作摆在重要位置，牢固树立政治意识、大局意识、核心意识、看齐意识，为迎接党的十九大胜利召开提供有力的思想舆论保证。

第二条　人大宣传工作要深入贯彻落实以习近平同志为核心的党中央各项决策部署，始终坚持党的领导、人民当家作主和依法治国的统一，坚持中国特色的政治发展道路，全面贯彻落实党的路线、方针、政策，以宪法和法律、法规为依据，以宣传人民代表大会制度的性质、地位和作用为主体，以弘扬民主法制、服务改革发展稳定大局为目的，运用各种宣传方式，全方位、多层次地对人大及其常委会履行职权、开展工作的情况进行深入细致的宣传报道。

第三条　对人大工作的宣传报道主要通过报刊、广播、电视和新媒体进行。新闻单位根据需要设立专栏、专刊、专题进行报道。各级人大常委会应充分利用内部刊物、网站、微信公众平台、培训讲座、墙报板报、印刷资料和标语等多种形式进行宣传。

第四条　人大宣传报道的主要内容：

（一）人民代表大会会议的宣传报道。在人民代表大会会议召开前，市县两级人大常委会要设立宣传组，主动与党委宣传部门、新闻单位沟通联系，制定出切实可行的会议宣传报道方案。宣传报道方案应明确宣传工作的指导思想、主要任务、组织领导和纪律作风，组织指导宣传组工作人员及新闻媒体记者尽职尽责，完成好各项宣传报道工作，包括预备会议、历次主席团会议、历次全团会议、历次全体会议消息的发布，会议通过的各项名单、决定、决议、公告、事项的发布，提交会议的各项工作报告、会议期间的领导讲话、代表审议发言摘要及新闻媒体社论的发布等。

（二）常委会会议的宣传报道。常委会会议的新闻报道工作由会议资料宣传组牵头，主要负责会议消息及会议各项名单、决定、决议、公告、规范性文件、领导讲话等事项的发布。

（三）常委会活动的宣传报道。常委会日常工作的新闻报道由组织活动的专门委员会和工作机构具体负责。常委会日常活动和工作的形式主要包括常委会组织的专题培训、学习考察、视察调研、执法检查、督促检查、宣传庆典等，以及对议案和代表建议办理情况的督办等。

（四）主任会议的宣传报道。主任会议的宣传报道由办公厅（室）或调查研究室具体负责。新闻媒体要及时发布主任会议消息，常委会听取专项工作报告的年度计划和年度执法检查计划等。

（五）人大代表活动的宣传报道。人大代表活动的宣传报道由人事代表工作委员会负责。新闻媒体要及时报道人大代表依法履职、联系群众、反映民意的情况，以及代表小组开展的重要活动。

第五条 对人民代表大会和常委会会议的宣传报道工作实行组长负责制。认真落实人民代表大会新闻报道稿件三级审签制度，会议通过的程序性文件由常委会秘书长审签。常委会会议的重要报道，由常委会秘书长或分管宣传工作的副主任审签。

第六条 各新闻单位的工作人员要深入学习习近平总书记系列重要讲话精神和治国理政新理念新思想新战略，认真学习人民代表大会制度的基本知识，掌握人大及其常委会行使职权、开展工作的基本原则、主要特点、各项程序及方式方法，在新闻报道中努力做到政治上过硬，内容上求实，形式上合规。

第七条 常委会办公厅（室）和调查研究室要加强同党委宣传部、各新闻单位的联系，经常沟通情况，畅通联系渠道，每年组织召开一次人大宣传工作座谈会。

第八条 常委会要充分利用现有的宣传手段，不断扩大宣传影响。市人大常委会调查研究室要努力提高《阳泉人大》、阳泉人大微信公众平台质量，及时出刊《市人大常委会公报》，办公厅要继续办好市人大常委会网站，及时、全面反映各项工作的进展情况。各县（区）人大常委会也要结合实际，在加强宣传阵地建设、提升人大工作影响力上求突破。

第九条 市人大常委会要建立人大宣传网络。机关各厅、委、室要确定1—2名人员担任人大宣传工作通讯员，负责本部门的宣传报道工作。各县（区）人大常委会要从各级人大代表、机关工作人员中选拔政治敏锐、事业心强、文字功底扎实的同志担任人大宣传工作通讯员，负责本县（区）的人大宣传工作及与市人大常委会调查研究室的联系。

第十条 市人大常委会要建立学习培训制度。每年举办一期人大宣传报道通讯员培训班，邀请有关领导、新闻界的专家讲解新闻采访、写作、投稿等方面的知识，帮助和促进通讯员掌握采写技能，提高写作能力和水平，为进一步做好人大宣传工作奠定良好的基础。

第十一条 要对人大宣传工作实行目标管理。市人大常委会机关的通讯员每人每年在市级以上报刊的上稿数不少于5篇，县（区）人大常委会的通讯员每人每年在市级以上报刊的上稿数不少于2篇。市人大常委会调查研究室要强化督查考核，表扬先进，督促后进。

市人大常委会会议新闻报道实施方案

为进一步加强对市人大常委会会议的新闻报道工作，根据监督法及有关法律、法规的规定，结合实际，特制定本实施细则。

第一条 在常委会会议确定具体召开时间后，办公厅应及时成立会议资料宣传组，组长由调研室副主任担任。

第二条 办公厅至少提前一日通知阳泉日报社、阳泉电视台、阳泉广播电台、市信息中心及山西画报驻阳泉记者站参会。临时召开的常委会会议及时通知。

第三条 有关新闻单位要按照通知要求，及时委派新闻采写、摄影、摄像记者准时参加会议。

第四条 新闻记者应全程参加常委会预备会议、全体会议、联组会议和分组会议等，认真记录会议内容，准确完善地撰写新闻报道稿件。

第五条 新闻记者不宜参加的常委会有关会议，由办公厅提前通知记者；常委会会议不宜公开报道的内容，由资料宣传组提前告知记者。

第六条 常委会会议的新闻报道稿件，由会议资料宣传组组长审核签发，也可由会议资料宣传组组织起草。重要的新闻稿件由常委会分管领导签批。

第七条 对常委会会议召开的情况，各新闻单位要及时准确地在显著位置进行报道。会议的新闻报道稿件，各新闻单位应严把政治关、质量关。

第八条 常委会会议新闻报道的主要内容：常委会会议消息、会议的主要议程、组成人员的审议意见和常委会领导的重要讲话应作为新闻报道重点。

第九条 常委会会议通过的决议、决定、人事任免名单和办法等，须由常委会相关工作机构负责人签发，新闻媒体要及时公布。

第十条 会议资料宣传组要加强同各新闻单位的联系，畅通联系渠道，及时沟通情况，不断提高常委会会议的新闻报道质量。

第十一条 会议资料宣传组人员和新闻单位记者要严格党的政治纪律和政治规矩，坚持在思想上政治上行动上同党中央保持高度一致，全面贯彻市委和市人大常委会党组的部署和要求，严谨高效有序地开展各项工作。要严格遵守工作纪律、会议纪律和保密纪律，全面履行职责，严格执纪问责；要树立精品意识，增强创新能力，提高工作质量，精心打造“人大好新闻”。

市人大常委会机关活动新闻报道实施方案

为进一步加强对市人大常委会机关组织活动情况的新闻报道工作，依据有关法律、法规的规定，结合实际，特制定本实施细则。

第一条 常委会机关活动主要是指常委会机关组织的重要会议、学习考察、专题培训、专题讨论、比赛竞赛、调查研究及其他重大活动，包括召开主任会议、机关党建工作方面的会议和活动等。

第二条 常委会机关活动的具体时间确定后，由办公厅提前一天通知阳泉日报社、阳泉电视台、阳泉广播电台、市信息中心及山西画报驻阳泉记者站。临时组织的活动及时通知。

第三条 有关新闻单位应按照通知要求，及时委派新闻采写、摄影、摄像记者准时参加活动。

第四条 承办活动的机构或机关党组织，要向新闻单位记者提供活动的有关情况及资料，搞好协调配合工作。

第五条 新闻记者要全程参与活动，准确把握活动内容，认真撰写新闻稿件，突出新闻报道重点。

第六条 常委会机关活动新闻报道的主要内容：主题、内容、程序、效果和领导重要讲话等。

第七条 常委会机关活动的新闻报道稿件，由常委会调查研究室负责人进行审核。重要的新闻稿件由常委会秘书长签批。

第八条 对常委会机关活动情况，各新闻单位要及时准确地进行报道。新闻报道原则上每次活动集中报道一次。各新闻单位应严把政治关、质量关。

第九条 常委会机关活动的宣传报道要全面贯彻市委和市人大常委会党组的部署和要求，树立精品意识，增强创新能力，提高工作质量，精心打造“人大好新闻”。

《阳泉人大》编辑印发工作制度

为了切实加强和改进《阳泉人大》编辑工作，实现制度化、规范化运作，促进其对外宣传、对内服务功能的进一步发挥，制定本制度：

一、把握正确方向

《阳泉人大》作为地方人大宣传的重要阵地，要牢牢把握正确的政治方向，充分体现政治性、法律性和权威性。所有编辑工作都要有利于社会主义民主法制建设，有利于坚持和完善人民代表大会制度，有利于党和国家中心工作的推进。要将政治意识、大局意识、核心意识、看齐意识贯穿编辑工作的每个环节、所有方面和全部过程。要认真把好所有稿件的政治关、思想观和法律关，始终坚持正确的舆论导向。

二、明确办刊宗旨

要坚持“宣传人大制度、弘扬民主法制、反映人民意愿、彰显代表风采、交流工作经验、服务发展大局”的办刊宗旨，立足人大工作，面向人大代表，做到“三多”：多刊登坚持完善人大制度、推动民主法制建设的文章；多刊登宣传人大工作亮点、交流人大工作经验的文章；多刊登加强人大代表工作、彰显人大代表风采的文章，充分体现人大刊物的特色，充分发挥人大刊物宣传人大工作、弘扬民主法制和服务发展大局的作用。

三、坚持“两个贴近”

要贴近各级人大代表、贴近人大工作实际，重点宣传市人民代表大会的情况、人大常委会与主任会议行使职权和重要活动的情况，宣传县（区）、乡（镇）、街道人大工作的情况；突出宣传各级人大代表认真履职的业绩，宣传人大代表提出建议、议案的情况和承办部门认真办理代表建议、议案的工作实效；经常开展有奖征文活动，做到既“写代表”，又请“代表写”，使刊物真正成为代表知情知政、反映民意、交流经验的平台，使代表真正成为关心刊物、办好刊物、利用刊物的主人。

四、注重总体构思

总体构思选题要做到六个围绕：一要围绕党和国家重大政策出台、重要工作决策进行构思选题；二要围绕民主法制建设的推进情况进行构思选题；三要围绕人民群众普遍关注的热点、焦点问题进行构思选题；四要围绕“一府两院”依法行政、公正司法，并自觉接受人大及其常委会监督进行构思选题；五要围绕各级人大代表依法履职、发挥作用进行构思选题；六要围绕强化人大监督职权、提高人大监督质量进行构思选题。

五、加强栏目策划

栏目设置的总体要求是：突出重点，丰富多彩。要把《本期视点》《代表风采》《代表之声》《基层连线》等主体栏目的编辑工作放在突出位置，切实加大常委会工作和代表工作的宣传分量。要保持《法律天地》《府院传真》《漾泉碧波》等特色栏目的适当比重，下功夫增加稿源，办出特色。临时栏目，要根据党和国家的中心工作和形势发展的需要及时增设，使刊物既体现人大特色，又具有较强的可读性。

市人大机关各工作机构要加强与编辑部的联系，编辑部要加强与基层人大的联系，加强与协办单位的联系，不断增强组稿意识，重点专题、重点文章要提前策划、提升质量。

六、搞好版面设计

总的要求：以精致的外部装帧和多变的版面设计，凸现刊物的外观特色。外部装帧，要有创意、有特点，别具一格；封面设计，要清新、大气、亮丽，内涵丰富；内版编排，力求生动活泼，意新多变，增强视觉效果。

要进一步加强与印刷单位的沟通和联系，虚心听取有关设计和操作人员的意见和建议，不断改进刊物的外部装帧、封面设计和内版编排。

七、提高编辑水平

编辑部要定期召开编辑会议，讨论编辑计划、探讨编辑主题、进行编后总结等，引导编辑人员在实践中学习提高。要创造条件开展多形式、多渠道的培训工作，下功夫造就一支德才兼备、多才多能的编辑队伍,以增强刊物的创新能力,实现刊物的可持续发展。所有编辑人员都要加强人大业务、相关工作和宣传知识的学习，更新编辑理念、掌握现代编辑方式、熟悉电脑操作技术、适应编辑对象复杂化趋势，逐步具备相当的人大理论功底、熟悉新闻业务知识，并具有一定艺术审美能力，具有与现代社会相适应的编辑职业敏感性，不断提高综合素质，多出快出与刊物特色相一致的好作品。

八、组建通讯员队伍

要下功夫组建以市、县（区）两级人大机关工作人员为主，包括一定数量的乡镇、街道人大工作者和其他热心民主法制宣传和人大工作宣传的通讯员队伍，有效增加稿件来源，确保稿件量多质优。要通过有效的途径，采取切实的措施，发现和联系一批热心人大宣传工作的基层人大工作者、各级人大代表和从事其他工作的同志，形成基本固定的通讯员队伍，并逐步扩大这一队伍，充分调动他们的撰稿积极性。

九、扩大宣传影响

要发挥网站作用，每期《阳泉人大》出刊后，要及时编排上网。要搞好刊物发放，《阳泉人大》发放范围为以下方面：①在阳泉的全国、省人大代表；②市级人大代表；③市县两级四大班子领导；④市直机关党政主要负责人；⑤市人大机关全体工作人员；⑥省人大常委会有关机构，省新闻出版局，《人民代表报》《山西人大》编辑部；⑦全省各市人大常委会；⑧省外部分市级人大常委会；⑨本市宣传人大工作的通讯员；⑩不在以上范围的有关人员，指《阳泉人大》所发表文章的作者。

十、编辑工作岗位职责

编辑委员会由市人大常委会主任会议成员组成，实行主编全面负责、执行副主编具体负责制。

主编：全面负责刊物工作，把握办刊工作的方向，审核编辑计划，审订签发刊样，对编辑工作中的重要问题作出决定。

执行副主编：协助主编负责刊物统筹，确保出刊任务的顺利完成；协助主编负责后勤保障和刊物发放、交流工作；协助主编负责稿件内容审核和文字修改，严把稿件质量关；协助主编负责编辑部工作，组织编辑人员协调有序、优质高效地开展编辑工作，不断提高业务水平和办刊质量。

责任编辑：制定并实施编辑计划，搞好相关栏目的约稿、组稿、审稿、编稿、排版工作，负责刊物的整体校对、刊后审读等，加强联系沟通，提倡分工协作，确保按期按要求完成编辑任务，争创品牌栏目。处理编辑部内勤外联事务，搞好日常值班、上传下达、文字处理、文稿收存、照片收集、整体校对、刊物印刷和后勤服务等项工作。

发行人员：严格按规定范围及时准确发放刊物。出刊后第一时间送交市级各位领导，送交机关各工作机构，送交或寄送相关单位和个人，切实避免错投、漏投、晚投、投递不到位的问题。

阳泉市人大常委会网站管理办法

第一章　总　则

第一条　为进一步加强和规范阳泉市人大常委会网站的建设与管理，突出权威性、时效性、可读性、参与性，根据省人大常委会《关于印发（关于加快推进全省各级人大机关信息化建设的意见）的通知》（晋人发〔2013〕18号）的规定，结合市人大常委会机关工作实际，制定本办法。

第二条　市人大常委会网站以宣传人民代表大会制度、推动社会主义民主法制建设为己任，为市人大及其常委会依法履职和社会公众知情知政服务。

第三条　网站建设遵循“权威合法、统筹服务、资源共享、运行规范”的原则，着力打造服务型门户网站，促进市人大及其常委会依法履职能力和服务效能的提升。

第二章　组织管理

第四条　网站日常管理和维护工作由办公厅负责，机关信息中心具体承办。

第五条　强化网站建设的规划、指导、协调、运行维护和监督管理。机关各工作机构是网站信息保障的责任部门，要落实专人负责做好网站信息内容的提供工作。

第六条　建立网站协调管理联席会议制度，由办公厅定期召集各工作机构负责人及信息员参加，分析、研究网站运行情况，解决工作中遇到的具体问题，提出改进措施。

第三章　网站建设

第七条　建设完善承载信息公开、宣传引导、公民交流互动以及支撑人大工作的互联网工作平台，注重新媒体作用发挥，突出信息发布的权威性和时效性。

第八条　网站栏目设置要以公众为中心，加强法律法规的宣传和舆论引导；强化交流互动栏目，方便人大代表、人民群众建言献策，为公民有序参与人大工作提供便捷渠道。

第九条　根据经济社会发展要求和公众需求，结合网站运行情况，及时做好网站栏目规划，对功能、内容和形式进行调整和完善。

第十条　网站建设应当将安全保护系统纳入重要建设内容，加强电子认证等安全技术和手段的应用，对信息系统的安全进行监控，完善数据备份以及防攻击、防病毒，防篡改等安全防护措施。

第四章　信息管理

第十一条　网站发布的内容主要包括：国内、省内的重要新闻；全国、省人大及其常委会的重要信息；市人大及其常委会依法行使立法、监督、决定、任免和代表工作、自身建设等工作动态，各工作机构组织的执法调研、专题调研和履职工作等信息。

第十二条 网站实行栏目责任制。办公厅根据工作实际，对网站栏目进行责任分工。各工作机构按照要求承担网站相关栏目的信息保障及网上服务相关事项的办理工作。

第十三条 网站发布的信息按照“以公开为原则、以不公开为例外”的要求，公开的信息应当做到要素完整，标注来源、发布时间，确保网站信息的真实性、合法性、权威性和时效性。严格信息“谁提供谁审核”制度，未经审核的信息不得上网发布。

第十四条 网站信息报送及相关制度

1. 信息资料报送内容及其要求。报送的信息资料应当真实可靠；反映事例、数字、单位和姓名等应当准确无误；反映的情况和问题力求有深度；文字简明扼要。各工作机构信息员所报送的新闻类信息搭配与新闻相关的图片，按照审稿签发制度上传。

2. 审稿签发制度。各厅、委、室负责的栏目内容，由各厅、委、室信息员负责采集、整理，各工作机构负责人审核后方可上传网站后台。重大稿件须经秘书长审批后上传。

3. 稿件报送制度。网站信息分即时更新和定期更新两大类，即时更新内容做到当天的重大活动、重要会议当天撰写稿件，当天上传至网站后台，由网站管理员发布。定期更新内容由各厅、委、室网站信息员将所需发布信息汇总后，一个月统一上传一次。

第五章 运行维护

第十五条 强化网站的栏目策划、内容更新、安全管理、新功能新技术应用、应急值守等运行管理工作，定期综合分析网站的运行情况并向有关领导报告。委托专业网站运行维护机构具体承担网站的技术维护、安全保障等工作。

第十六条 强化网站的日常监测，对网站提供的各项功能、栏目内容更新情况等进行检查。

第六章 网站安全

第十七条 提高网站安全意识，建立健全网站信息安全管理制度，严禁涉密信息上网。

第十八条 坚持定期对网站运行、网络和主机设备巡检。

第十九条 制定网站应急处置预案，划分网站安全事件等级，明确相应处理流程，每年进行至少一次应急安全演练。

第二十条 网站要确定安全管理责任人，建立健全网站安全日常检查、技术监督及安全管理制度。

第二十一条 各工作机构信息员的网站后台账号密码由网站管理员设置分配，应妥善保管且只限本人使用，如发生密码丢失需及时联系网站管理员更改密码。门户网站管理人员的管理平台密码应每月更换一次。

第二十二条 本制度自印发之日起执行。

市人大常委会微信公众平台信息审核发布制度

为了充分发挥市人大常委会微信公众平台的作用，建立规范的信息采集、审核、发布、更新机制，依据国务院《互联网信息服务管理办法》等有关规定，制定本制度。

一、信息资源提供

1. 常委会微信公众平台以发布人大常委会信息为主，重点发布工作动态、人大要闻、决议决定、监督动态、代表工作以及其他与人大工作相关的信息。

2. 常委会微信公众平台发布的信息来自于市人大常委会机关及县（区）人大常委会。

3. 市人大常委会各机构和县（区）人大常委会机关要按照微信公众平台所设栏目要求，积极主动、准确及时地提供信息，利用人大常委会微信公众平台搞好对外宣传。

4. 信息公开栏目内容，由市人大常委会各机构及县（区）人大常委会机关自行报送，经审核，并最终发布到微信公众平台。

二、信息审核发布

1. 常委会微信公众平台应依据《中华人民共和国保守国家秘密法》《互联网信息服务管理办法》和《互联网电子公告服务管理规定》等有关保密的法律、法规，坚决杜绝有害信息的扩散，严禁涉密信息上网，防止泄露国家秘密。发布的信息不得含有下列内容：

（1）违反宪法所确定的基本原则；

（2）危害国家安全，泄露国家秘密，煽动颠覆国家政权，破坏国家统一；

（3）损害国家的荣誉和利益；

（4）煽动民族仇恨、民族歧视，破坏民族团结；

（5）破坏国家宗教政策，宣扬邪教，宣扬封建迷信；

（6）散布谣言，编造和传播假新闻，扰乱社会秩序，破坏社会稳定；

（7）散布淫秽、色情、赌博、暴力、恐怖或者教唆犯罪；

（8）侮辱或者诽谤他人，侵害他人合法权益；

（9）法律、法规禁止的其他内容。

2. 常委会微信公众平台发布的信息应履行严格的审批程序，未经审核的信息不得上网发布。

3. 在信息公开前，遵循“谁主管谁公开”“谁公开谁审查”“谁审查谁负责”和“先审查后公开”的原则，依照《中华人民共和国保守国家秘密法》以及其他法律、法规和国家有关规定，确定对拟公开的信息进行审查后再发布。

三、信息监控管理

1. 常委会微信公众平台由市人大常委会调查研究室负责管理。要加强对网上信息的监控和检测，防范有害信息网上传播。

2. 建立信息资源库，充分发挥信息共享的效用，为人大常委会领导、为机关办公提供及时、有效的信息服务。

3. 本制度自印发之日起执行。

市人大常委会机关宣传工作鼓励办法

为进一步加强和改进人大宣传工作，充分调动机关工作人员的参与热情，为我市人大工作营造良好的舆论氛围，特制定本办法。

一、鼓励范围

在省级以上（含省级）报刊发表消息、通讯、图片等新闻作品。

二、鼓励对象

机关全体干部职工。

三、鼓励条件

1. 作品内容须与市人大及其常委会工作密切相关，突出反映市人大及其常委会依法履职的新成就，展示人大代表履职尽责的新风采；

2. 作品内容要求真实准确；

3. 作者及时申报并按规定登记。

四、鼓励标准

在省级以上报刊发表新闻作品的，在外出考察学习、购买学习资料等方面，给予鼓励，并作为评先评优、提拔使用的重要依据。在《人民日报》《山西日报》发表新闻作品的，在当年考核中，优先推荐进入优秀等次。

五、鼓励程序

1. 稿件报送：稿件被媒体采用后，作者应及时持报刊或获奖原件，到调研室登记；

2. 稿件认定：稿件由调研室汇总，报秘书长会议审定；

3. 鼓励兑现：由秘书长会议研究实施。

本办法自行文之日起执行。

市人大常委会宣传工作通讯员队伍建设实施细则

为进一步搞好人大宣传工作，加强人大系统通讯员队伍建设，根据市委宣传部和市人大常委会办公厅《关于进一步加强和改进人大宣传工作的意见》，结合实际制定本实施细则。

第一条　人大宣传工作通讯员队伍建设在市人大常委会的领导下，由调查研究室具体负责实施。

第二条　通讯员队伍由市人大常委会机关厅、委、室各确定1—2名工作人员，各县（区）人大常委会选拔若干名具有政治敏锐性、事业心强、文字功底扎实的机关工作者或人大代表等组成。

第三条　通讯员由机关各厅、委、室和县（区）人大常委会推荐，也可个人自荐。经调查研究室审核，报市人大常委会秘书长会议研究确定。

第四条　通讯员名单确定后，由调查研究室发文并颁发统一的人大宣传通讯员证书。

第五条 通讯员要坚持党的基本路线和宣传工作方针，熟悉有关法律法规和人大工作业务，有较强的写作能力、吃苦耐劳的精神和对人大宣传工作的热情，能及时优质高效地完成工作任务。

第六条 通讯员的主要任务是向市内外媒体及时提供高质量的稿件（有新意、有深度、实在实用），宣传全市特别是本地区本部门人大工作的新情况、新举措、新经验、新成果。

第七条 通讯员要认真完成市人大常委会和各县（区）人大常委会安排的采访、组稿任务及其他有关工作，积极参加人大组织的有关活动。

第八条 通讯员要积极推荐本地区、本部门有宣传价值的先进典型、先进经验，提供需要关注的新动向、新问题的线索，反映人民群众对人大工作的意见建议。

第九条 要建立通讯员学习培训制度，每年至少举办一期人大宣传报道通讯员培训班，邀请有关领导、新闻界的专家讲解新闻采访、写作、投稿等方面的知识，帮助和促进通讯员掌握采写技能，提高写作能力和水平。

第十条 对通讯员宣传工作实行目标管理。调查研究室每季度通报一次上稿情况，表扬先进，督促后进。

第十一条 每年年初要对上一年度的人大宣传工作进行总结评比。评比采用积分制。稿件一经市级以上报刊采用，按通讯员和所在单位、部门分别记分。根据文稿在市级以上报刊采用情况、类型及实际效果，逐篇给予记分。分值基数为：新闻消息类稿件每条记10分；专题类稿件每篇记20分；在全国、省以上报刊刊载或被市级以上领导批示的文稿每篇加计20分。

第十二条 建立通讯员激励机制。每年年初，按市各新闻单位、各县（区）人大常委会和市人大常委会机关各厅、委、室的积分情况，评选人大宣传工作先进单位，设一等奖一名，二等奖二名，三等奖三名。按通讯员的积分情况，评选人大宣传工作先进个人。设立一等奖二名，二等奖四名，三等奖八名。市人大常委会每年第一季度都要召开人大宣传工作总结表彰会议，对优秀稿件推荐参与山西省人大好新闻评选及其他评奖活动，对全市人大宣传工作先进单位和先进个人进行表彰。

第十三条 市各新闻单位、市人大常委会机关各厅、委、室及各县（区）人大常委会，要为通讯员采写新闻稿件提供便利工作条件。

后 记

在中国共产党百年华诞的重大时刻，在“两个一百年”奋斗目标的历史交汇点上，《阳泉市人民代表大会志（2001—2020）》终于问世出版了，这是市人大常委会为党敬献的一份厚礼，是为党史学习教育交出的靓丽答卷。

跨入新世纪的20年，特别是中共十八大以来，市人大常委会高举中国特色社会主义伟大旗帜，坚持以习近平新时代中国特色社会主义思想为指导，在中共阳泉市委的坚强领导下，始终坚持围绕中心、服务大局，民有所呼、我有所应，依法履职、厉行法治，推动人民代表大会制度在探索创新中与时俱进、完善发展，焕发出蓬勃生机和活力，在全面建成小康社会的伟大实践中展现出巨大优势，积累了宝贵经验。做好《阳泉市人民代表大会志（2001—2020）》编纂工作，充分发挥其以史鉴今、资政育人作用，对于全市各级人大深学笃用习近平总书记关于坚持和完善人民代表大会制度的重要思想有着重要借鉴和启示。志书编纂工作启动以来，常委会党组高度重视，加强领导，精心组织，科学策划，将编纂工作纳入机关目标责任考核，与部门业务工作同安排部署、同检查指导、同督促落实。机关干部职工全体参与、全员动手，利用业余时间，坚持认真学习理论，刻苦钻研业务，深入走访座谈，搜集信息资料，反复核实求征，广采博收、披沙拣金、去粗存精，严格按照编纂方案及职责任务，挂图作战、对表推进。市委党史研究室、市档案馆及县区人大给予大力协助。初稿完成后，广泛征询意见，聘请我市方志专家坐班编校，聘请资深人大工作者、史志工作者参与编审，力求志书门类齐全、归属得当、层次分明、排列有序，突出时代特点和地方特色。至今近两年时间，经众手撰稿，仔细推敲，精雕细刻，反复修改，编委会集体审定，出版社严格审查，终成志书。在此，对给予编纂工作关心支持的领导与同志表示衷心的感谢，对参与编纂工作的机关干部职工表示深深的敬意。

本书在编辑过程中，由于水平所限，难免有疏误之处，竭诚欢迎读者批评指正。

编　者

2021年11月